Die Highlights

2 Hikkaduwa

Ob Wellenreiten oder Wellness,
Schlemmen oder Schwofen:
Dieser angesagte Küstenort lässt
keinen Wunsch offen. S. 220

3 Galle

Nostalgie als Norm: Wo man sich
perfekt in die Zeit längst vergangener
Jahrhunderte zurückversetzen kann.
S. 229

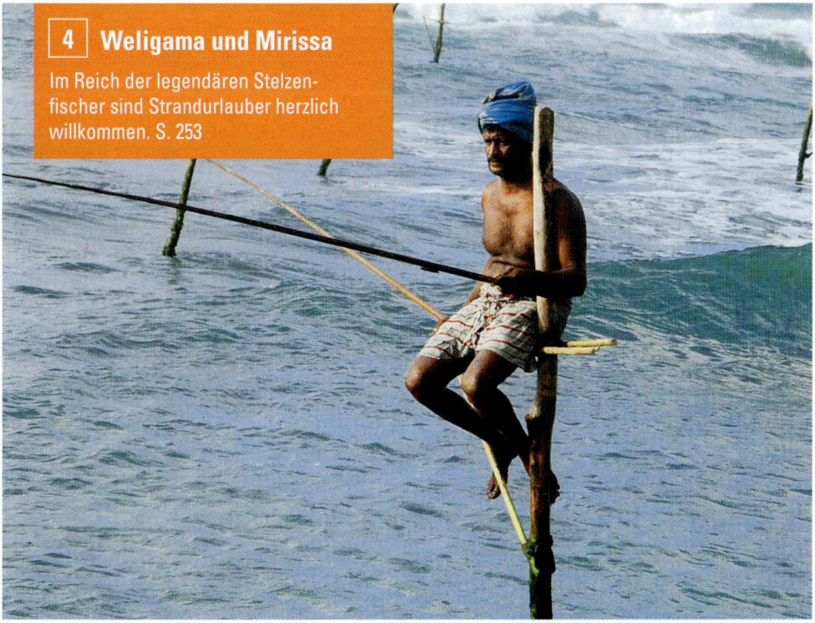

4 Weligama und Mirissa

Im Reich der legendären Stelzenfischer sind Strandurlauber herzlich willkommen. S. 253

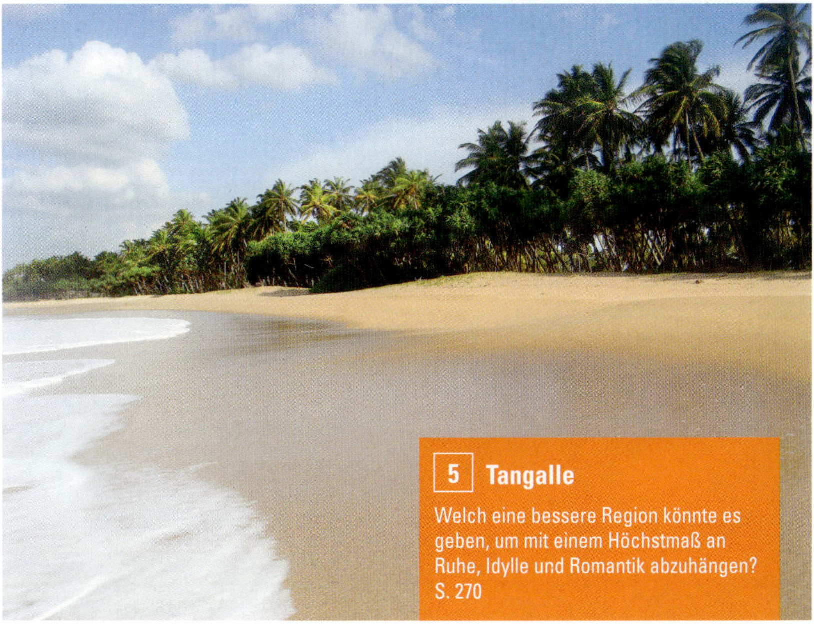

5 Tangalle

Welch eine bessere Region könnte es geben, um mit einem Höchstmaß an Ruhe, Idylle und Romantik abzuhängen? S. 270

6 | Bundula

Wer hier auf Safari geht, wird von dem Gefühl ereilt, mitten durch den Garten Eden zu streifen. S. 277

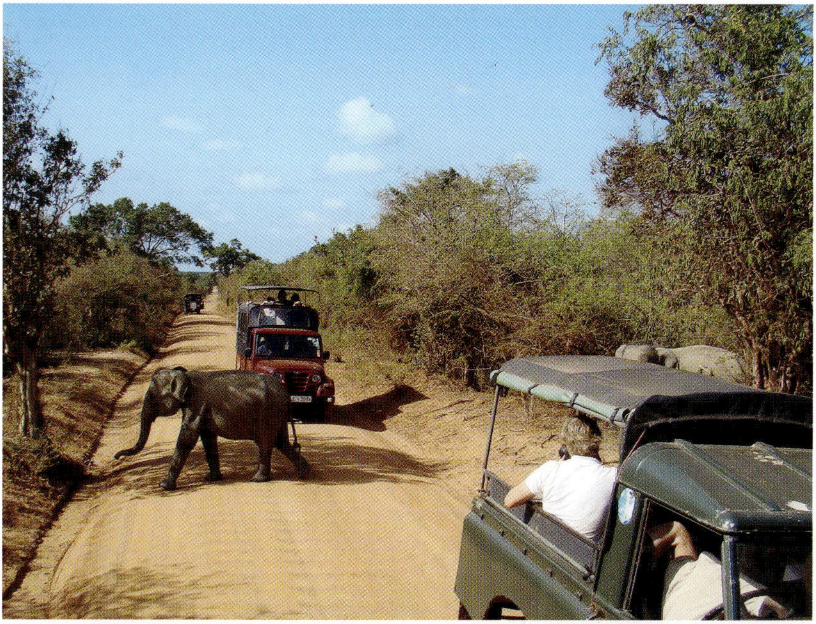

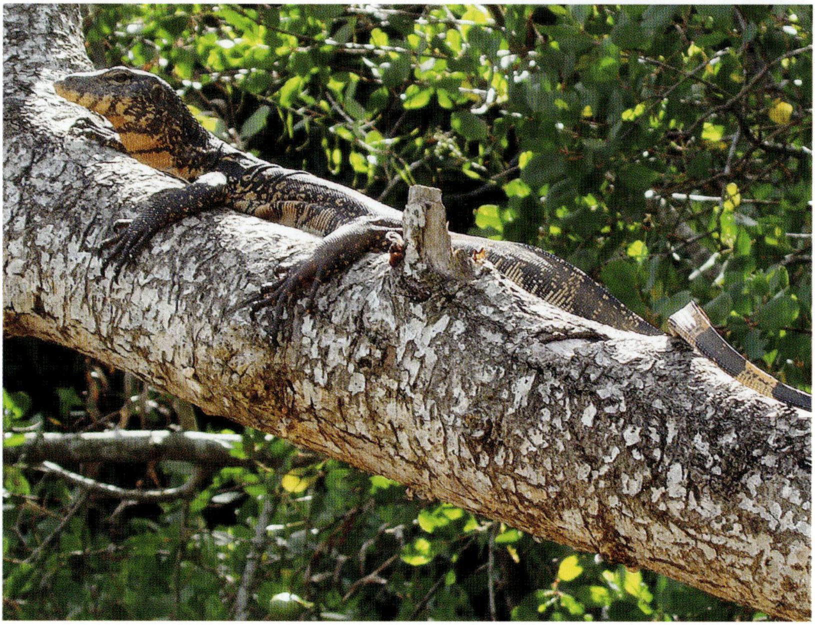

7 **Anuradhapura**

Über 1300 Jahre war die Stadt politisches und religiöses Zentrum der Insel. S. 302

8 **Sigiriya**

Der Aufstieg zur Felsenfestung ist ziemlich schweißtreibend. S. 338

9 Kandy

Über zwei Wochen lang findet in der letzten Königsstadt das berühmte Kandy-Perahera statt. S. 355

10 Nuwara Eliya

Nirgendwo ist Sri Lanka britischer als in der am höchsten gelegenen Stadt der Insel. S. 396

11 Ella

Der Ort lohnt allein schon wegen des spektakulären Panoramas einen Besuch. S. 418

12 **Nilaveli**

Der Strand nördlich von Trincomalee
zählt zu den schönsten an der Ostküste.
S. 447

13 Arugam Bay

Das Surfer-Paradies der Ostküste verwöhnt mit perfekten Wellen, relaxter Atmosphäre und den umliegenden Nationalparks. S. 463

14 | Jaffna-Halbinsel

Auf Schritt und Tritt begegnet man im Norden der vom Hinduismus geprägten Tamilen-Kultur. S. 485

Inhalt

Colombo

Themen

Monsun	32
Gewürze	44
Toddy und Arrack	45
Aluth Avurudu – Neujahr in Sri Lanka	47
Sri Lankas „Beach Boys" und die Urlauberinnen	50
Welt der Palmen	95
Geschlossene Gesellschaft – das Kastensystem	105
Kein Reichtum ohne Wasser – Sri Lankas Bewässerungssystem	108
König Ashoka (reg. ca. 268–232 v. Chr.)	109
Die Kautschuk-Story	115
Meister des Terrors	117
Der Tsunami von 2004	120
Stimmen zur nationalen Versöhnung	121
Parteien-ABC	122
Erfolge in der Armutsbekämpfung	123
Tipitaka	125
Die vier edlen Wahrheiten	126
Nirvana – das vollkommene Erlöschen	127
Wiederbelebung des Nonnenordens	128
Herr des Dschungels	131
Die vier Schutzgottheiten Sri Lankas	132
Stupa, Thupa oder Dagoba?	135
Die großen Chroniken	137
Michael Ondaatje	138
Henry Steel Olcott (1832–1907)	152
Antonius – ein Heiliger für alle	153
Galle Face	155

Reiseziele und Routen

„Ceylon tropft auf eine Landkarte und seine Umrisse bilden die Form einer Träne". So beschreibt der srilankische Bestseller-Autor Michael Ondaatje in seinem wunderbaren Roman *Es liegt in der Familie* die Heimat seiner Kindheit. Eine Miniatur ist diese Insel – verglichen mit dem riesigen Koloss Indien, an dem sie wie ein Wassertropfen hängt. Trotzdem oder gerade deshalb inspirierte sie wie wenige andere Länder Rei-

sende zu poetischen Vergleichen: Als Taprobane – „Insel des Kupfers" – wurde sie von dem ägyptischen Geografen Ptolemaios im 2. Jh. bezeichnet, später auch als „Insel der Gewürze", „Tee-Insel" oder „Perle des Indischen Ozeans". Als Serendib, „die Bezaubernde", besangen sie die arabischen Seefahrer, und Sri Lanka – „Ehrwürdige Schöne" – lautet ihr offizieller Name seit 1972, während sie bei der Minderheit der Tamilen Llankai – „die Wundervolle" – heißt.

Nach Jahrzehnten des Bürgerkriegs blicken die Menschen wieder nach vorn, sodass sich die legendäre Vielfalt Sri Lankas heute bunter denn je zeigt: Es locken nicht nur bildschöne Strände, antike Königsstädte, duftende Gewürzgärten, sondern auch tiefgrüne Berge und tierreiche Nationalparks. Das Land ist zur weltweit besten Adresse für Ayurveda-Urlauber geworden. Surfer zieht es an die Ostküste, Abenteurer in den wieder zugänglichen Norden und Nostalgiker in die vielerorts liebevoll renovierten Kolonialvillen. Und das alles in einem Land, das nicht einmal so groß ist wie Bayern.

Sri Lankas ...

- …**ältester Baum** ist auch der heiligste und befindet sich in Anuradhapura. S. 305
- …**bekanntester Panoramasitz** ist der 1935 m hohe Lipton's Seat bei Haputale. S. 410
- …**beste Marmelade** gibt es bei den Franziskanerinnen in Nuwara Eliya. S. 402
- …**coolstes Café** ist The Gallery Café in Colombo. S. 174, Kasten
- …**erotischste Frauen** sind die Wolkenmädchen von Sigiriya. S. 341
- …**hässlichster Busbahnhof** ist jener von Kandy. S. 337
- …**kurioseste Vögel** sind die Flughunde im Botanischen Garten von Peradeniya. S. 380
- …**mutigste Seilakrobaten** sind die Palmweinzapfer von Kalutara. S. 206, Kasten
- …**schlauste Affen** fegen durch die Ruinen von Polonnaruwa. S. 334, Kasten
- …**sportlichste Menschen** sind die Surfer von der Arugam Bay. S. 468, Kasten
- …**südlichste Spitze** markiert der schöne Leuchtturm von Dondra. S. 267
- …**versnobtestes Restaurant** befindet sich im Hill Club von Nuwara Eliya. S. 401, Kasten

Reiseziele

Der Slogan „Sri Lanka hat alles außer Schnee" mag zwar etwas übertrieben klingen, ist aber gar nicht so falsch. Die Insel ist eminent vielfältig und bietet für fast alle Interessen etwas. Das ist einer der Gründe, warum Besucher immer wieder nach Sri Lanka zurückkehren. Ein anderer ist die Herzlichkeit der **Menschen**, ihre Neugier, Religiosität und Kultur, die sich auch in den vielen **Festen** widerspiegelt. Die allseits präsenten **Märkte** sind wie überall auf der Welt eine Bühne, auf der die Gesellschaft sich in all ihrer Vielfalt und Widersprüchlichkeit zeigt.

Bei der Reiseplanung hat sich die Regel „weniger ist mehr" bewährt, denn einerseits ist man im Urlaub und andererseits kann man sowieso nicht alles sehen. Zudem hilft die buddhistische Lehre von der Unbeständigkeit: Alles ist der Veränderung unterworfen. Geänderte Fahrpläne, Pannen, Wetterumschwünge oder Naturereignisse können die ursprünglichen Pläne zunichte machen. Flexibilität, Gelassenheit und eine zeitlich nicht allzu straffe Reiseplanung sind unabdingbar.

Neben dem Budget sind vor allem die persönlichen Vorlieben ausschlaggebend, wohin die Reise geht. Der nun folgende Überblick mag bei der Entscheidungsfindung helfen.

Unesco-Welterbe

Sri Lanka besitzt acht Stätten, die von der Unesco in die „Liste des Welterbes" aufgenommen wurden (vgl. 🖳 www.unesco.de): **Anuradhapura** (S. 302), die erste bedeutende Metropole der Insel, mit mächtigen Stupas und Resten riesiger

Seit 1500 Jahren strahlt der Aukana-Buddha Ruhe und Gelassenheit aus.

Klosteranlagen; **Polonnaruwa** (S. 327), die zweite Hauptstadt mit ebenfalls eindrucksvollen Tempelruinen; die atemberaubende Felsenfestung **Sigiriya** (S. 338) und nicht weit davon entfernt der Felsentempel von **Dambulla** (S. 343).

Seit 1988 trägt auch das Holländische Fort von **Galle** (S. 229) mit dem harmonischen Gebäude-Ensemble das Rautensymbol der Weltkulturorganisation. Im selben Jahr wurde **Kandy** (S. 352), Sri Lankas letzte Königsresidenz und Stadt des Heiligen Zahns, als schützenswert erklärt. Das südlich von Ratnapura gelegene **Sinharaja Forest Reserve** (S. 432) fand wegen der letzten Reste Primärregenwaldes und des dortigen hohen Anteils an einheimischer Flora und Fauna den Weg in die Unesco-Liste. Die einmalige Natur führte dazu, die **Horton Plains** (S. 406), **Knuckles Range** (S. 386) und das **Peak Wilderness Sanctuary** (S. 102) 2010 gemeinsam als Teil des Zentralen Hochlandes zum Welterbe zu erklären.

Archäologische Stätten

Fünf der erwähnten Welterbestätten konzentrieren sich im sogenannten „Kulturellen Dreieck" Anuradhapura–Polonnaruwa–Kandy. Um weitere interessante Ausgrabungsstätten zu besuchen, braucht man ebenfalls nicht weit zu fahren. Von **Anuradhapura** (S. 302) bieten sich Ausflüge zum nur 10 km entfernten **Mihintale** (S. 317), der „Wiege des Buddhismus", zur abgelegenen Einsiedelei **Tantirimale** (S. 321) an. Auf dem Weg nach **Polonnaruwa** (S. 327) können die im Dschungel versunkene ehemalige Einsiedelei **Ritigala** (S. 323) und der in den Fels geschlagene stehende **Aukana-Buddha** (S. 322) besucht werden. Von der zweiten Hauptstadt lohnt sich ein Abstecher zu den eindrucksvollen Ruinen von **Medirigiriya** (S. 327) und den Resten einer Einsiedelei auf dem Bergzug **Dimbulagala** (S. 338), auch Gunners Quoin genannt. Am Weg von Dambulla nach **Kandy** (S. 352) liegen der **Nalanda-Tempel** (S. 347) und das Felsenkloster **Aluvihara** (S. 348) bei Matale, wo erstmalig der buddhistische Kanon schriftlich niedergelegt wurde. Wer von Colombo über Kurunegala in Richtung Anuradhapura fährt, sollte nicht versäumen, die Bergfeste **Yapahuwa** (S. 301) unweit von Maho zu besuchen.

Lebendige Orte des Glaubens

Nirgends zeigt sich die buddhistische Frömmigkeit so intensiv wie beim **Maha Bodhi-Baum** (S. 305) in Anuradhapura und im **Zahntempel** (S. 359) zu Kandy. Ein weiterer lebendiger Ort des Buddhismus liegt am Stadtrand von Colombo: der **Kelaniya Raja Maha Vihara** (S. 162).

Besonders zu den täglichen Opferzeiten *(puja)* ist ein Gang in einen Hindu-Tempel *(kovil)* von Reiz. Zu den interessantesten Stätten des Hinduismus gehören der **Maha Devale** (S. 291) in Kataragama, der **Koneswaram Kovil** (S. 441) in Trincomalee, der **Munnesvaram Kovil** (S. 195, Kasten) bei Chilaw und der **Nallur Kandaswamy Kovil** (S. 482) in Jaffna.

Der Anteil der Christen ist zwar gering, trotzdem sind die Kirchen nicht zu übersehen, vor allem an der Küste nördlich der Hauptstadt wie etwa in **Negombo** (S. 186). In Colombos Stadtteil Kochchikade lohnt sich besonders dienstags ein Besuch der **St. Anthony Church** (S. 152), da an diesem Tag viele Gläubige den Schrein des hochverehrten Antonius von Padua aufsuchen. Die St. Anna-Kirche in **Talawila** (S. 197) auf der Halbinsel Kalpitiya ist schon allein wegen der Lage am Meer einen Stopp wert.

Regionale Glaubensfeste

Esala Perahera: In den beiden Wochen vor dem Vollmond im Juli/August findet Sri Lankas bedeutendstes Fest mit täglichen Prozessionen statt. S. 289, Kasten

Karfreitag: In vielen Kirchen von Negombo erinnern die Katholiken durch Passionsspiele an das Leiden und Sterben Jesu. S. 192

Nallur Festival: Der Nallur Kandaswamy Kovil in Jaffna ist im August Schauplatz eines der größten Hindu-Feste der Insel. S. 482

Navam Perahera: Zum Vollmondfest im Februar findet rund um den Gangaramaya-Tempel in Colombo eine riesige Prozession statt. S. 155, Kasten

Poson Poya: Der Vollmond im Mai/Juni erinnert an die Anfänge des Buddhismus in Sri Lanka, weshalb zu dieser Zeit viele Gläubige nach Mihintale pilgern. S. 320, Kasten

Gute Vorbereitung: Reisen Sie zuerst im Kopf! Mit guter Vorbereitung können Sie Sri Lanka besser verstehen und deshalb mehr erleben. Dieser Reiseführer hilft Ihnen dabei. Auch Gespräche mit LandeskennerInnen sind äußerst wertvoll.

Miteinander kommunizieren: Ein Lächeln kostet nichts, aber es öffnet Türen und Herzen! Versuchen Sie stets höflich, freundlich und geduldig zu sein, auch wenn es Probleme gibt. Brüllen Sie nie. Sie verlieren nur Ihr Gesicht und erreichen nichts. Lernen Sie ein paar Brocken Singhalesisch und Tamil. Seien sie nicht durch das Hin- und Herwiegen des Kopfes Ihres Gesprächspartners irritiert. Es bedeutet keine Ablehnung – aber auch keine Zustimmung. Es drückt lediglich Aufmerksamkeit aus, ein klares Ja oder Nein wird auch in Sri Lanka mit einem Nicken oder Kopfschütteln kundgetan.

Klima und Bekleidung: Wir lieben Wärme und Sonne. Das gibt uns aber nicht das Recht, in Strandkleidern durch Städte und Heiligtümer zu bummeln. Frauen sollten auf angepasste Kleidung achten. Ein Mann, der respektiert werden will, trägt keine Shorts und läuft nicht im Unterhemd herum. Orientieren Sie sich an dem, was Einheimische tragen.

Gastfreundschaft: Sie ist überwältigend, aber nicht immer uneigennützig. Die Gastgeber versprechen sich oft etwas davon: Unterhaltung, Status, eine Adresse im Ausland oder Unterstützung. Kleine Überraschungen wie ein Bildkalender und bunte Ansichtskarten aus Ihrer Heimat oder eine Kleinigkeit für Kinder bereiten immer Freude.

Trinkgelder: Beschäftigte im Tourismus sind auf Trinkgelder angewiesen. Die Gegenleistung sollte aber stimmen. Seien Sie bei guter Leistung großzügig, aber übertreiben Sie nicht. Sonst schüren Sie falsche Erwartungen.

Sinnvoll einkaufen: Richtig ausgewählte Souvenirs sind nette Erinnerungen und können die lokale Wirtschaft stärken. Mit dem Kauf vor Ort hergestellter Souvenirs fördern Sie das Kunsthandwerk und garantieren Arbeitsplätze.

Bewusst geben: Ohne Sozialfürsorge sind viele Menschen aufs Betteln angewiesen. Doch der richtige Umgang mit Bettlern ist schwierig. Achten Sie darauf, ob Einheimische etwas geben. Das geschieht meistens vor religiösen Stätten. Geben Sie nur kleine Beträge, sonst sind Sie schnell von einem Pulk umringt. Ignorieren Sie die aggressiven „Touristen-Bettler". Spenden Sie lieber an Hilfsorganisationen, die in Sri Lanka Projekte unterstützen (s. S. 88).

Umweltbewusst handeln: Wasser ist kostbar und sollte nicht gedankenlos verschwendet werden. Duschen Sie nur kurz und wehren Sie sich gegen tägliches Wechseln der Handtücher und Hotelbettwäsche. Das spart Wasser und Chemie. GolfspielerInnen sollten bedenken, dass ihre Spielwiesen eine besonders ausgiebige Bewässerung benötigen.

Vermeiden Sie Abfall. Nehmen Sie keine Einwegpackungen mit, sondern verteilen Sie den Inhalt in größere Behälter. Bringen Sie Batterien und Spraydosen wieder zurück in die Heimat. Gehen Sie mit gutem Beispiel voran und lehnen Sie in Geschäften Plastiktüten ab. Anstelle von Trinkwasser aus Plastikflaschen können Sie Ihre eigene Wasserflasche mit abgekochtem und gefiltertem Wasser abfüllen oder sie mit industriell gereinigtem Wasser aus 20-Liter-Behältern nachfüllen lassen.

Religion respektieren: Spätestens beim Besuch von Tempeln oder Festen nehmen Sie an der Religion teil. Verdrängen Sie die Gläubigen bei Prozessionen nicht von den besten Plätzen. Ihre Schuhe müssen Sie vor vielen Heiligtümern ausziehen. Bitte fotografieren Sie keine Personen neben Buddhastatuen – weder Einheimische noch TouristInnen.

Ein Beitrag von *respect*

Respect ist eine Marke der *Naturfreunde Internationale* in Österreich und setzt sich für einen nachhaltigen Tourismus in aller Welt ein.
respect – Diefenbachgasse 36/9, A-1150 Wien, 💻 www.respect.at

Natur

Die Natur beschränkt sich in Sri Lanka nicht nur auf Palmen und Meer. Vom tropischen Dschungel bis zum kargen Hochland, von der Lagune bis zur Savanne hat die Insel alles zu bieten. Dank der geringen Entfernungen ist es relativ unkompliziert, eines der über **77 Schutzgebiete** zu besuchen. Nähere Hinweise sind auf S. 99 zu finden. Attraktive Wanderwege gibt es vor allem im Hochland, etwa im Umland von Kandy, bei Nuwara Eliya, Bandarawela oder Ella (s. Hochland-Kapitel). Schließlich ist das Eiland mit 236 heimischen Vogelarten, davon 33 endemischen, ein Eldorado für Vogelkundler. Entsprechende Tipps sind auf S. 97, Kasten, aufgeführt. Und wo sonst in der Welt kann man mit Glück an einem Tag die beiden größten Säugetiere der Welt bestaunen: Blauwale vor der Küste von Dondra und Elefanten im Uda Walawe-Nationalpark.

Norden

Seit dem Kriegsende 2009 ist der Norden wieder eine interessante Reiseoption geworden. Auf der **Jaffna-Halbinsel** (S. 485) können Besucher die facettenreiche Kultur der Tamilen kennenlernen und selbst **Jaffna** (S. 479) ist trotz Zerstörungen eine recht sympathische Stadt. Auch das Umland, vor allem die Inselwelt, wartet mit interessanten Sehenswürdigkeiten auf. Im Nordwesten liegt in **Madhu** (S. 475) der wichtigste Marienwallfahrtsort Sri Lankas, während die Insel **Mannar** (S. 476) schon gefühltes Indien ist. Wenn von dort künftig wieder die Fähre ins 32 km entfernte Rameshwaram verkehren wird, wird Mannar wie einst zum Eingangstor Sri Lankas avancieren.

Auch in Zukunft wird die Militärpräsenz im Norden noch sehr stark sein, weshalb man mit regelmäßigen Kontrollen rechnen muss. Bislang ist für jegliche Reise nördlich von Vavuniya eine Genehmigung des Verteidigungsministeriums, die sogenannte „M.O.D. clearance", erforderlich. Sie kann gegen Vorlage einer Passkopie und eines ausgefüllten Antrags über eine örtliche Reiseagentur oder direkt beim **Ministry of**

Elefantensafaris

Wer wilde Elefanten sehen möchte, muss in Sri Lanka nicht weit reisen. Schon beim Besuch von Sigiriya kann man auf Dickhäuter stoßen. Allerdings ist äußerste Vorsicht geboten. Bitte niemals sich einer Herde nähern, schon gar nicht einer Elefantenmutter mit Kalb. Leichtsinn kann tödlich enden! Gute Gebiete für Elefanten-Safaris sind folgende Nationalparks: **Bundula** (S. 277), **Gal Oya** (S. 456), **Kaudulla** (S. 326), **Minneriya** (S. 326), **Uda Walawe** (S. 435) und **Yala West** (auch Block I genannt) (S. 284).

Defence, 15/5, Baladaksha Mw., Col 3, ☎ 011-2430870, ✆ 2328109, ✉ modclearance@yahoo.com, 🖥 www.defence.lk, beantragt werden. Die Bearbeitungszeit beträgt etwa vier Tage.

Strände

Hauptanziehungspunkte der Insel sind fraglos die vielen Strände. Egal wie man die Reiseroute gestaltet, es lassen sich fast überall ein

Die interessantesten Tauchgründe

Batticaloa: Der 1942 gesunkene Flugzeugträger *Hermes* liegt in 60 m Tiefe und ist eines der berühmtesten Wracks der Welt. S. 450
Bentota: Die Unterwasserlandschaft in der Küstenregion von Bentota zeichnet sich durch riesige, vom Meeresboden aufsteigende Felsformationen aus. S. 212
Kalpitiya: Einen Hauch von Malediven erleben die Taucher beim Erkunden des 4,8 km langen und 1,6 km breiten Bar-Riffs. S. 196
Trincomalee: Die eindrucksvolle Unterwasserwelt, darunter viele Großfische, zieht Taucher-Enthusiasten zwischen Mai und Oktober an die Ostküste. S. 441
Unawatuna: Von Reiz sind acht Schiffswracks, darunter die 1863 bei Galle gesunkene *SSS Rangoon*. S. 244

Wale, Schildkröten und Delphine

Kalpitiya: Rund um die Halbinsel tummeln sich sowohl vor der Küste als auch in der Puttalam-Lagune gleich mehrere Delphinarten. S. 196
Mirissa: Sri Lankas Südküste zählt zu den besten Spots für die Walbeobachtung. S. 257
Rekawa: An einem Strandabschnitt, 10 km östlich von Tangalle, landen fast allnächtlich Meeresschildkröten zur Eierablage. S. 274, Kasten
Trincomalee: In den Gewässern vor Uppuveli kann man regelmäßig Delphine und im August sogar Blauwale beobachten. S. 446

paar Strandtage einbauen. Wegen seiner Nähe zum Flughafen (nur 20 Min. Fahrzeit) bietet sich **Negombo** (S. 186) für den Aufenthalt nach Ankunft oder vor Abreise an. Doch auch das 120 km lange Band von Palmen und Strand zwischen Colombo und Galle ist in wenigen Stunden erreicht. Hier hat man die Qual der Wahl: Große Hotelresorts finden sich vor allem in **Beruwela** (S. 208) und **Bentota** (S. 212), günstiger faulenzt es sich im ehemaligen Hippie-Zentrum **Hikkaduwa** (S. 220).

Wem es an der Südküste in **Unawatuna** (S. 244) zu touristisch ist, wird sich an den noch nicht so überlaufenen Stränden von **Mirissa** (S. 257) und **Tangalle** (S. 270) sicherlich wohlerfühlen. Hier gibt es auch eine Reihe preiswerter Unterkünfte.

Wer sich im „Kulturellen Dreieck" befindet und genug von Tempeln hat, kann von Polonnaruwa oder Habarana aus mit dem Zug nach **Trincomalee** (S. 441) fahren und an den dortigen Stränden einige Tage entspannen. Vom Hochland aus (z. B. Badulla) ist es nicht so weit bis zur **Arugam Bay** (S. 463), die zwischen April und September ein beliebter Treffpunkt für Surfer ist.

Wellness

Genüsslich räkelt sich die lächelnde Schönheit im blumenbedeckten Pool, in ihrem geschmeidigen Haar steckt eine weiße Frangipani-Blüte. Das Prospekt verspricht die „ganzheitliche Kunst der Verjüngung". Die Botschaft kommt an:

Immer mehr Touristen buchen Ayurveda-Kuren und Wellness-Urlaub. Die Kataloge europäischer Veranstalter sind voll mit Angeboten und auch die Hotels sind gerüstet. Kaum ein Resort kommt heute ohne Spa- und Ayurveda-Bereich aus. Doch aufgepasst: Es ist unabdingbar, sich über die Qualität der Einrichtungen und der Ärzte zu informieren (S. 69). Viele sind ausgezeichnet, aber leider versuchen auch schwarze Schafe auf der Gesundheitswelle mitzuschwimmen. Von daher ist es ratsam, sich schon vor der Reise mit dem Thema Ayurveda zu befassen.

Reiserouten

Sri Lanka kompakt

■ 10 Tage

Die Hauptanziehungspunkte Sri Lankas sind die vielen Strände.

Nichts spricht dagegen, sich zehn Tage am Strand zu entspannen und von dort Tagesausflüge zu unternehmen. Wer so viel wie möglich sehen möchte, kann seine Reise entsprechend seinen Neigungen gestalten.

Der Klassiker

Kulturinteressierte reisen nach der Ankunft am Flughafen schnurstracks nach **Kandy** (S. 352). Von dort geht es weiter über **Matale** (S. 348) und **Dambulla** (S. 343) nach **Sigiriya** (S. 338). Nach der Besteigung der Festung am frühen Morgen wird **Polonnaruwa** (S. 327) angesteuert. Zum Abschluss steht **Anuradhapura** (S. 302) auf dem Programm, bevor es zurück nach **Colombo** (S. 144) oder **Negombo** (S. 186) geht.

Tiefer Süden

Begonnen wird in der Hauptstadt **Colombo** (S. 144). Von dort geht es in die Edelstein-Stadt **Ratnapura** (S. 426). Der nächste Tag ist ausgefüllt mit dem Besuch des **Sinharaja Forest Reserve** (S. 432). Über Embilipitiya wird die Reise nach **Tangalle** (S. 270) fortgesetzt. Der Weg führt nun entlang der Westküste nach **Galle** (S. 229). Wer will, kann noch einen Strandaufenthalt an der Westküste einlegen, z. B. in **Hikkaduwa** (S. 220) oder **Bentota** (S. 212).

Perlen des Hochlands

Kandy (S. 352) ist die erste Station. Mit Zug und Bus geht es über Hatton nach **Dalhousie** (S. 391), um von dort den **Adam's Peak** (S. 422) zu erklimmen. Von den Strapazen ausruhen kann man sich in **Dickoya** (S. 349) unweit von Hatton oder in der Sommerfrische **Nuwara Eliya** (S. 396). Beide Orte bieten sich zum Besuch einer Teeplantage an. Es bleibt noch Zeit für einen Aufenthalt in **Bandarawela** (S. 414) oder **Ella** (S. 418), bevor es zurückgeht.

Öko-Tour

Auch hier ist **Kandy** (S. 352) eine gute Ausgangsbasis, z. B. für Wanderungen im **Knuckles Range** (S. 386) und/oder den **Hunas Falls** (S. 386). Landschaftlich äußerst reizvoll ist die Fahrt nach **Nuwara Eliya** (S. 396). Von dort kann man die **Horton Plains** (S. 406) bis zum „World's End" erwandern. **Ratnapura** (S. 426) ist das nächste Ziel, um von dort einen Tagesausflug in den **Sinharaja Forest Reserve** (S. 432) zu unternehmen. Dann geht es zurück nach **Colombo** (S. 144).

Sri Lanka intensiv

■ 2–3 Wochen

Unesco-Welterbetour

Einen guten Überblick über die Kultur und Natur Sri Lankas gibt folgender Routenverlauf, der zu allen acht Welterbestätten führt: Nach dem Besuch von **Colombo** (S. 144) geht es weiter nach **Anuradhapura** (S. 302). Nächste Ziele sind **Polonnaruwa** (S. 327) und **Sigiriya** (S. 338), dann **Dambulla** (S. 343) und **Kandy** (S. 352). Im Bergland stehen **Nuwara Eliya** (S. 396) und die **Horton Plains** (S. 406) auf dem Programm, bevor der Süden angesteuert wird: zuerst der **Sinharaja Forest Reserve** (S. 432) und danach **Galle** (S. 229). Die nahen Strände von **Unawatuna** (S. 244) oder **Hikkaduwa** (S. 220) bieten sich als Abschluss für Partygänger an, Ruhesuchenden stehen zahlose Resorts entlang der Westküste zur Verfügung.

Kreuz und quer

Negombo ist ein guter Start für die Reise gen Norden und Osten. Nächste Stopps sind die Halbinsel **Kalpitiya** (S. 196), der **Wilpattu-Nationalpark** (S. 197) und **Anuradhapura** (S. 302). Von dort geht es hoch zur **Jaffna-Halbinsel** (S. 485). Zurück im Kulturellen Dreieck kann man von **Habarana** (S. 325) aus den **Minneriya-Nationalpark** (S. 326) und **Sigiriya** (S. 338) besuchen, um dann weiter nach **Trincomalee** (S. 441) und an die dortigen Strände zu reisen. Entlang der Küste geht es weiter nach **Batticaloa** (S. 450) und zur **Arugam Bay** (S. 463). Wer weiterhin das Meer im Blick haben möchte, kann nach einer Safari im **Yala-Nationalpark** (S. 102) die Fahrt via **Mirissa** (S. 257) und **Galle** (S. 229) entlang der Küste nach **Colombo** (S. 144) fortsetzen. Alternativ ist die Arugam Bay guter Ausgangspunkt für das Hochland mit Aufenthalten in **Ella** (S. 418), **Nuwara Eliya** (S. 396) und **Kandy** (S. 352), von wo es zurück zum Flughafen geht.

Mit dem Zug

Eingefleischten Bahnfahrern bietet sich in Sri Lanka eine erstaunliche Vielfalt an, auch wenn sie immer mal wieder auf Mietwagen oder Busse umsteigen müssen. So könnte die Tour mit einer

Die Oruwa genannten Auslegerkanus sind typisch für Negombo.

Zugfahrt von **Colombo** (S. 144) nach **Kandy** (S. 352) beginnen. Von dort geht es weiter auf der „Main Line" ins Hochland, via Nanu Oya nach **Nuwara Eliya** (S. 396), **Ella** (S. 418) und **Badulla** (S. 422). Von dort kann man mit dem Bus nach **Batticaloa** (S. 450) fahren. Die Stadt an der Ostküste ist Endpunkt der Strecke nach Colombo. Man kann jedoch zunächst in **Polonnaruwa** (S. 327) einen Halt einlegen, einen Abstecher mit dem Zug nach **Trincomalee** (S. 441) einbauen und dann direkt zurück nach **Colombo** (S. 144) fahren. Oder man steigt in **Habarana** (S. 325) aus, besucht **Sigiriya** (S. 338), fährt mit dem Bus anschließend nach **Anuradhapura** (S. 302) und von dort per Zug zurück nach Colombo. Lust auf Entspannung? Dann in Colombo umsteigen und auf der „Coast Line" weiterfahren, um dort in einem der Badeorte auszusteigen.

Klima und Reisezeiten

Nicht Jahreszeiten, sondern Monsunwinde beeinflussen das tropische Klima von Sri Lanka: der **Südwestmonsun** und der **Nordostmonsun**. Während der Südwestmonsun von Mai bis Oktober an der West- und Südküste heftige Regenfälle bringt (bis zu 5000 mm), bleibt die Ostküste dank der Berge im Landesinneren weitgehend trocken. Das gilt auch für das Kulturelle Dreieck. Umgekehrt beschert der Nordostmonsun zwischen November und Februar dem Osten Regen (allerdings weit weniger), während im Süden und Westen normalerweise die Sonne scheint.

Allerdings folgt das Klima nicht immer den strikten Wetterregeln. Gerade in den **Übergangsperioden** Oktober/November und März/April können überall heftige Gewitter auftreten. Dies gilt noch mehr für die Berge, wo es ganzjährig zu Niederschlägen kommen kann. Darüber hinaus gibt es Regionen, die im Regenschatten der Monsune liegen. So erhalten der Nordwesten, der Norden und Südosten landesweit die geringsten Niederschlagsmengen, in manchen Jahren sind es weniger als 600 mm.

An den Küsten und auf dem Flachland herrschen ganzjährig im Schnitt **Tagestemperaturen** von 30 °C, in der Nacht um 22 °C. In den höheren Regionen um 500 m NN wie z. B. Kandy liegt die Tagestemperatur bei 30 °C, in der Nacht zeigt das Thermometer durchschnittlich weniger als 19 °C an. Hingegen muss man sich in den Bergen um Nuwara Eliya zumindest nachts warm anziehen. Im Schnitt fällt die Quecksilbersäule auf unter 15 °C, in den Monaten November bis Anfang März zum Teil sogar auf weit unter 10 °C. Auch tagsüber kann man bei einer Durchschnittstemperatur von 20 °C eine Jacke gut gebrauchen. Am angenehmsten ist es in den Monaten April und Mai. Zum Aufwärmen empfiehlt sich ein Sprung ins Meer, das rund um die Insel das ganze Jahr über eine konstante Temperatur von 25–27 °C aufweist.

Fazit: Sri Lanka ist ein **ganzjährig attraktives Reiseziel**. Zwischen November und März herrschen an der Süd- und Westküste optimale Reisebedingungen. Hauptsaison für den Norden und die Ostküste ist zwischen Mai und Oktober.

Monsun

Der Name leitet sich von dem arabischen Wort *mausim* ab und bedeutet „Saison" oder genauer: „wiederkehrende Festzeiten". Damit bezeichneten die arabischen Seefahrer jene in Asien halbjährlich wechselnden Winde, die zwischen Mai und Oktober von Südwest nach Nordost und November bis März in umgekehrte Richtung wehen. Ursache ist ein zwischen März und Mai über Süd- und Zentralasien dominierendes umfangreiches Hitzetief, das dem Indischen Ozean feuchte Luftmassen entnimmt und zu ergiebigen Regenfällen führt. Es wird ab November von einem kräftigen Kältehoch mit trockenen Luftmassen über Sibirien abgelöst, die sich erwärmen und Richtung Südwesten wandern.

Als ab dem frühen 16. Jh. die Portugiesen die Weltmeere beherrschten, verwandelten sie den arabischen Terminus in *monção*. In seiner 1596 publizierten Reisebeschreibung *Itinerario* verwendet der holländische Seefahrer Jan Huyghen van Linschoten die Begriffe *monssoyn* und *monssoen*. Über diesen Weg fand vermutlich der „Monsun" Eingang in den allgemeinen Sprachgebrauch.

Anuradhapura

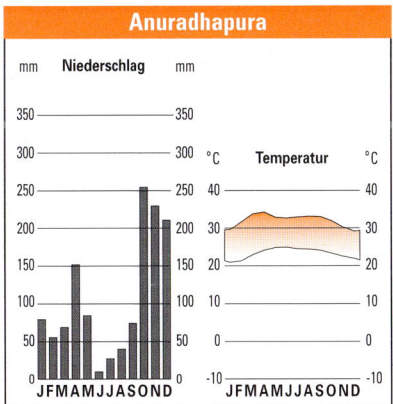

Colombo

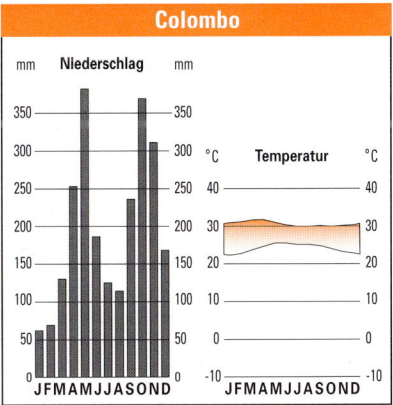

Jaffna

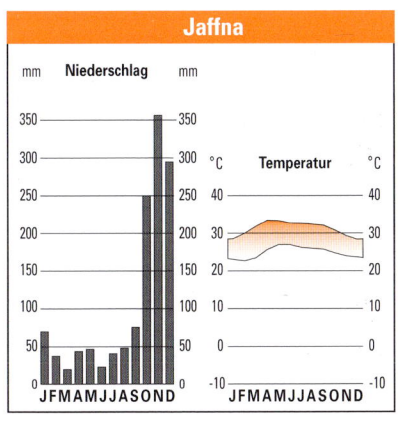

Kandy

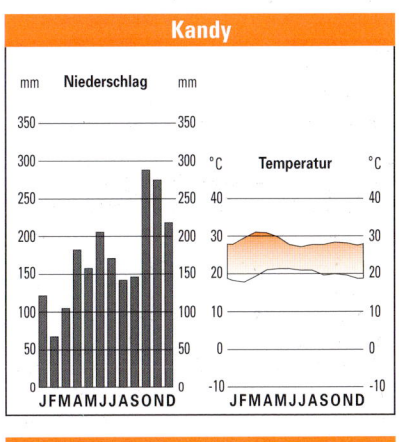

Nuwara Eliya

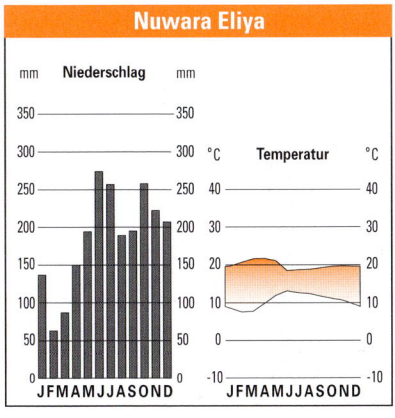

Trincomalee

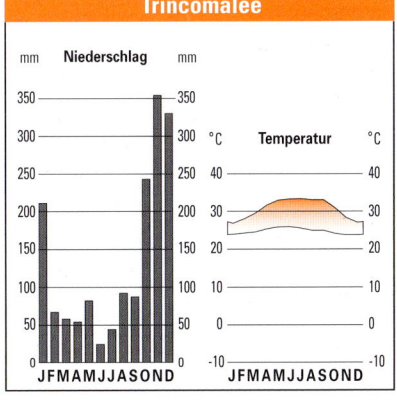

Klima und Reisezeiten

Reisekosten

Verglichen mit Indien oder Thailand ist Sri Lanka kein günstiges Reiseland. Zahlreiche Steuern und Gebühren, hohe Benzinkosten, saftige Eintrittsgelder und je nach Ort und Saison überzogene Übernachtungspreise reißen tiefe Löcher in die Reisekasse. Aber es gibt einen Lichtblick für Sparsame: Angesichts der billigen Tickets beim Fahren mit öffentlichen Verkehrsmitteln – ob Bus oder Bahn – geraten selbst Schwaben ins Schwärmen. Und auch die Essenspreise halten sich durchaus im Rahmen des Erträglichen.

Bei den **Unterkünften** folgen die Eigentümer ganz den Regeln der freien Marktwirtschaft. Wo die Konkurrenz groß ist, etwa in Kandy, gibt es einfache Unterkünfte bereits für unter US$10. Andernorts ist kaum ein Budget-Zimmer unter US$15 zu haben. Ordentliche klimatisierte Doppelzimmer sind von US$20–35 zu haben. Gehobenen Ansprüchen werden Zimmer ab etwa US$40 gerecht. Bei Hotels und Resorts gibt es bei Preisen und Komfort keine Obergrenze.

Wie erwähnt sind die **Fahrpreise** für öffentliche Busse und Bahnen sehr günstig. So kostet etwa die Fahrt von Colombo nach Galle im klimatisierten Bus gerade mal 215 Rs und die Zugreise nach Badulla im Hochland in der 2. Klasse bereits für 370 Rs zu haben. Teurer ist die Fahrt mit den allgegenwärtigen Three-Wheelern, die gerne überzogene Touristenpreise fordern. Für den Kilometer sind um 40 Rs zu veranschlagen.

Wer mit Wagen inklusive Chauffeur unterwegs ist, sollte je nach Entfernung etwa 6000 Rs pro Tag einkalkulieren (S. 81).

Nahezu hemmungslos erhöhten die verantwortlichen Behörden die **Eintrittspreise** für Ausländer. Will etwa eine Familie mit zwei Kindern von 11 und 13 Jahren die Felsenfestung in Sigiriya besuchen, so muss sie US$105 hinblättern und beim Pinnawala Elefanten-Waisenhaus ist sie mit 7000 Rs dabei. Ganz deftig wird der Besuch des Yala-Nationalparks, wo höhere Mathematikkenntnisse vonnöten sind, um die Berechnung des Eintritts zu verstehen: US$15 pro Erwachsenem (6–12 Jahre die Hälfte) plus US$8 Service-Charge (für Gruppe) plus 250 Rs pro Fahrzeug plus 2 % Nation Building Tax plus 12 % MwSt., also unter dem Strich fast US$34 für eine Person oder rund US$46 für zwei Personen.

Wer mit schlichtem Reis und Curry zufrieden ist, einfache Zimmer ohne Klimaanlage mag und die komfortarmen Busse bevorzugt, kann mit einem **Tagesbudget** von US$20–25 auskommen. Etwa US$10–15 teurer wird es für den, der sich öfter mal einen Drink oder bessere Zimmer gönnen möchte. Ansonsten sind US$70 zu kalkulieren, um bequem in klimatisierten Komfort-Zimmern zu nächtigen und in besseren Restaurants Seafood-Gerichte zu verspeisen. Große Posten wie Mietwagen und Eintrittsgelder wären noch hinzuzurechnen.

Was kostet wie viel?

Trinkwasser	ab 50* bzw. 150** Rs (0,30–1 €)
Softdrink	40* bzw. 150** Rs (0,25–1 €)
Großes Bier	150* bzw. 220–350* Rs (1–2,30 €)
Kännchen Tee	ab 150 Rs (1 €)
Frühstück	300–500 Kyat (2–3,30 €)
Reis und Curry	ab 250 Rs (1,70 €)
Teures Gericht	ab 700 Rs (4,70 €)
1 Liter Benzin	135 Rs (0,90 €)
Tuk Tuk-Fahrt (3 km)	120 Rs (0,70 €)
*Laden-, **Restaurantpreis	

Traveltipps von A bis Z

Anreise

Auch wenn Sri Lanka über Jahrhunderte hinweg eine wichtige Station im europäisch-asiatischen Schiffsverkehr war, wird derzeit wohl außer den Teilnehmern von Kreuzfahrten jeder mit dem **Flugzeug** anreisen. Das wird sich in naher Zukunft ändern, wenn der Fährbetrieb nach Indien wieder aufgenommen wird.

Bislang einziger internationaler Flughafen ist der **Bandaranaike International Airport (BIA)**, der sich 30 km nördlich von Colombo in Katunayake befindet. Zurzeit entsteht jedoch bei **Hambantota** (S. 276, Kasten) ein weiterer internationaler Flughafen, der Ende 2012 eröffnet werden soll.

Europa

In den letzten Jahren wurden die Verbindungen zwischen Europa und Sri Lanka ziemlich ausgedünnt, vor allem Charter-Airlines stellten ihre Flüge ein. Dies kann sich in nächster Zeit wieder ändern. Doch bis dahin ist Sri Lanka mangels großer Konkurrenz nicht unbedingt eine Billigdestination für Flüge. Ein Ticket in der Touristenklasse kann schnell 800–900 € kosten.

Sri Lankan Airlines, 🖥 www.srilankan.aero, fliegt 4x wöchentl. von Frankfurt nonstop nach Colombo (ca. 10–11 Std.). Die Airline ist vor allem bei Kombinationen mit anderen asiatischen Destinationen wie Bangkok, Singapore oder Hongkong attraktiv. Auch für den Weiterflug auf die Malediven und zu diversen indischen Städten ist Sri Lanka eine interessante Option.

Emirates, 🖥 www.emirates.com, bietet sich aufgrund des dichten Verbindungsnetzes in Asien und Europa an. Täglich starten Maschinen von Düsseldorf, Frankfurt a.M., Hamburg, München,

Rückbestätigung des Flugs

Gebuchte Flüge müssen bei manchen Airlines noch bis spätestens drei Tage vor Abflug rückbestätigt werden, was auch telefonisch geschehen kann. Fluginformationen gibt es auf der Webseite des BIA, 🖥 www.airport.lk, und unter ✆ 011-2252861.

Zürich und Wien aus nach Dubai (ca. 6 Std.). Dort bestehen 2–3x tgl. Verbindungen nach Colombo (ca. 4 1/2 Std.). Den Aufenthalt in der Wüstenmetropole kann man durch diverse Stop-Over-Angebote verlängern. Emirates bietet auch immer wieder preislich attraktive Ticket-Kombinationen für Flüge von Europa nach Fernost oder Australien/Neuseeland an.

Qatar Airways, 🖥 www.qatarairways.com, eine weitere Premium-Airline, fliegt 1–2x tgl. von Berlin, Frankfurt a.M., München, Stuttgart, Wien und Zürich nach Doha (ca. 6 Std.) und von dort 3x tgl. nach Colombo (ca. 5 Std.). Auch sie wirbt mit Stop-Over- und Billig-Angeboten.

Weitere arabische Fluglinien, die Colombo ansteuern, sind **Etihad**, **Gulf Air**, **Kuwait Airways**, **Royal Jordanian** und **Saudi Arabian Airlines**.

Condor, ✆ 01803-888866, 🖥 www.condor.com, bedient die Route Frankfurt a.M. – Dubai – Colombo (ca. 11–12 Std.) zwischen November und April 2x wöchentl., Sa und Mo.

Flüge nach Sri Lanka sind auch im Rahmen von Pauschalreisen attraktiv, die von Reiseveranstaltern wie Kuoni, FTI, Neckermann, Thomas Cook oder TUI angeboten werden.

Südasien

Eine zunehmende Zahl asiatischer Billig-Airlines steuert Colombo an. Das kommt gerade jenen zugute, die ein Returnticket zum **indischen Subkontinent** in der Tasche haben und nach Sri Lanka weiterreisen wollen (oder umgekehrt). Zu den Anbietern gehört **Jet Airways**, 🖥 www.jetairways.com, die 1–2x tgl. Colombo mit Chennai, Delhi und Mumbai verbindet. **Kingfisher**, 🖥 www.flyingfisher.com, und **Spice Jet**, 🖥 www.spicejet.com, haben 1x tgl. Direktflüge nach Chennai. Sri Lankas erste Budget-Airline **Mihin Lanka**, 🖥 www.mihinlanka.com, steuert derzeit Dhaka in Bangladesch, Gaya, Tiruchirappalli und Varanasi an.

Unter den etablierten Fluglinien hat **Sri Lankan Airlines** das dichteste Flugnetz. Es verbindet Colombo mit Bangalore, Chennai, Delhi, Kochi, Mumbai, Tiruchirappalli und Trivandrum sowie Karachi in Pakistan. **Air India Express**, 🖥 www.airindiaexpress.in, fliegt Colombo aus Chennai und Tiruchirappalli an.

Bis 1982 gab es regelmäßige Fährverbindungen zwischen **Talaimannar** und dem nur 32 km entfernten südindischen **Rameshwaram**. Die Anlegestelle wurde 2011 erneuert, sodass mit der baldigen Wiederaufnahme des Fährbetriebs (3–3 1/2 Std.) zu rechnen ist.

Da die **Malediven** vor der Haustür Sri Lankas liegen, ist eine Reise dorthin problemlos mit dem Eiland zu verknüpfen. Mihin Lanka, Sri Lankan und Emirates bringen Touristen in das Taucher- und Schnorchlerparadies.

Südost- und Ostasien

Zu den südostasiatischen Drehkreuzen **Bangkok**, **Kuala Lumpur**, **Hongkong** und **Singapore** fliegen neben Sri Lankan Airlines auch die entsprechenden nationalen Fluggesellschaften: **Thai Airways International**, **Malaysian Airlines**, **Cathay Pacific** (über Bangkok) und **Singapore Airlines**. **Air Asia**, 🖥 www.airasia.com, unterhält eine tägliche Verbindung nach Kuala Lumpur.

Flugbuchung im Internet

Die Zahl der Online-Anbieter von Flug- und Reisebuchungen ist kaum mehr überschaubar. Zum Preisvergleich lohnt sich ein Blick auf die **Webseiten der Airlines** und in folgende, von der Stiftung Warentest (2/2010) geprüfte und für gut befundene Flugdatenbanken:

Flugdatenbanken
🖥 www.billigflieger.de
🖥 www.kayak.com
🖥 www.skyscanner.de
🖥 www.swoodoo.com
🖥 www.travel-iq.com

Last-Minute-Anbieter:
AVIGO, 🖥 www.avigo.de
Expedia, 🖥 www.expedia.de
L'TUR, 🖥 www.ltur.com

Flughafen-Transfer

Am stressfreisten haben es natürlich diejenigen, die ihr Hotel, Gästehaus oder gar ihre ganze Reise vorgebucht haben und vom Flughafen abgeholt werden. Wer nicht erwartet wird, fährt am bequemsten und schnellsten mit dem Taxi. Billiger, aber wesentlich unkomfortabler ist der öffentliche Bus.

Taxi: Im Ausgangsbereich des Flughafens werden die Jetlag-geplagten Ankömmlinge von einer Horde Touragenten bestürmt, die eine Taxifahrt oder gleich eine ganze Rundreise verticken wollen. Es empfiehlt sich, noch in der Ankunftshalle den Schalter des rund um die Uhr geöffneten **Travel Information Centre** von Sri Lanka Tourism aufzusuchen und sich nach den aktuellsten Fahrpreisen zu erkundigen. Relativ günstig ist der **Airport Taxi Service**, ☎ 011-2252861, Ext. 3097, der einen Schalter in der Ankunftshalle des Flughafens unterhält und eine Preisliste für zahlreiche Destinationen in Sri Lanka aushängen hat. Dort werden für die bis zu 1 1/2 Std. dauernde Fahrt nach Colombo je nach Stadtteil und Qualität des Wagens zwi-

Wer am Flughafen ankommt, wechselt am besten gleich bei einem der sieben **Bankschalter** im Ankunftsbereich einige seiner Reiseschecks oder Banknoten in Sri Lankan Rupies (Rs). Der Wechselkurs unterscheidet sich untereinander ebenso wenig wie von Banken und Wechselstuben andernorts. Um genügend Wechselgeld zu haben, empfiehlt es sich, auch kleinere Stückelungen (50 und 100 Rs) anzunehmen. Wer auch innerhalb Sri Lankas viel telefonieren möchte, kann ebenfalls bereits in der Ankunftshalle eine **lokale SIM-Karte** erwerben. Zwei der größten Telekom-Unternehmen, Dialog und Mobitel, unterhalten an der linken Hallenseite einen rund um die Uhr besetzten Schalter. Wer auch aufs Internet nicht verzichten möchte und sein eigenes Notebook dabeihat, kann dort seinen mitgebrachten **Surfstick** funktionsfähig machen lassen. Abgesehen vom bergigen Hochland ist die Empfangsgeschwindigkeit recht gut.

schen 1800 Rs und 2400 Rs verlangt. Offiziell dürfen dort jedoch keine Ausländer buchen, was sicherlich mit der „Taxi-Mafia" am Flughafen zu tun hat, deren Vertreter im Zugangsbereich zum Flughafen auf Neuankömmlinge warten und sie zu diversen Schaltern lotsen. Dort sind jedoch die Kosten um 2500 Rs für eine Fahrt nach Colombo höher. Für die 20-minütige Fahrt nach Negombo sind mit 1200 Rs zu rechnen, für die dreistündige Fahrt nach Kandy mit 6000 Rs.

Ein **Three-Wheeler** legt die Strecke nach Negombo für 600–700 Rs in einer 1/2 Std. zurück. Von einer Fahrt mit dem motorisierten Dreirad nach Colombo ist um der eigenen Gesundheit willen abzuraten!

Alternativ kann man sich zur links vom Flughafengebäude liegenden Autoauffahrt oder dem einige hundert Meter entfernten Parkplatz wenden und nach einem Wagen Ausschau halten, der gerade Fahrgäste abgeliefert hat. Mit Glück lässt sich dort ein billigerer Fahrpreis aushandeln.

Fast jedes Gästehaus in Colombo oder Negombo kann ein Taxi für etwa 3000 Rs/1200 Rs zum Flughafen arrangieren. Oder man kontaktiert:

Airport Express
☎ 011-5555050
Airport Link
☎ 011-5336666

Kangaroo Cabs
☎ 011-2588588, 🖥 www.kangaroocabs.com
GNTC
☎ 011-2688688
Yellow Radio Cabs
☎ 011-2942942

Bus: Der Busbahnhof von **Katunayake** liegt ca. 500 m entfernt. Dorthin verkehrt alle 15 Minuten ein Shuttle-Bus, der etwa 40 m links vom Eingang des Ankunft-Terminals wartet. Zwischen Katunayake und dem chaotischen Busbahnhof in Colombo verkehrt zwischen 4.30 und 23 Uhr alle 30 Min. Bus Nr. 187 (30 km, ca. 1 1/2 Std.). Nach Negombo kann man im 15-Min.-Takt mit Bus Nr. 240/3 fahren (8 km, 20–30 Min.). Weitere Busse fahren u. a. nach Kandy (95 km, 3 1/2 Std.).

Zug: Ein **Luxury Express Train** verkehrt derzeit 1x tgl. zwischen der Station Katunayake und der Secretariat Station unweit des Hilton Hotels in Colombo (Ticket: 500 Rs). Die seltene Abfahrtszeit macht diese Variante allerdings zu einer wenig attraktiven Reiseoption. Wer direkt nach Kandy weiterreisen möchte, lässt sich mit dem Tuk Tuk zum Bahnhof von Veyangoda (20 km, 45 Min., ca. 1500 Rs) fahren. Dort besteht Anschluss um 6.44*, 10.30*, 11.22, 13.22, 18.30 und 20.47* Uhr (* in Peradeniya aussteigen!). Infos unter ☎ 033-2287271.

 Weniger fliegen – länger bleiben! Reisen und Klimawandel

Der Klimawandel ist vielleicht das dringlichste Thema, mit dem wir uns in Zukunft befassen müssen. Wer reist, erzeugt auch CO_2: Der Flugverkehr trägt mit einem Anteil von bis zu 10 % zur globalen Erwärmung bei. Wir sehen das Reisen dennoch als Bereicherung: Es verbindet Menschen und Kulturen und kann einen wichtigen Beitrag für die wirtschaftliche Entwicklung eines Landes leisten. Reisen bringt aber auch eine Verantwortung mit sich. Dazu gehört darüber nachzudenken, wie oft wir fliegen und was wir tun können, um die Umweltschäden auszugleichen, die wir mit unseren Reisen verursachen.

Wir können insgesamt weniger reisen – oder weniger fliegen und länger bleiben, den Zug nehmen (wenn es einen gibt), Nachtflüge meiden (da sie mehr Schaden verursachen). Und wir können einen Beitrag an ein Ausgleichsprogramm wie 🖥 **www.atmosfair.de** leisten. Dabei ermittelt ein Emissionsrechner, wie viel CO_2 der Flug produziert und was es kostet, eine vergleichbare Menge Klimagase einzusparen. Mit dem Betrag werden Projekte in Entwicklungsländern unterstützt, die den Ausstoß von Klimagasen verringern helfen.

nachdenken • klimabewusst reisen

Botschaften und Konsulate

Vertretungen Sri Lankas in Europa

Deutschland
Embassy of Sri Lanka
Niklasstr. 19, 14163 Berlin
☎ 030-80909749, ✆ 80909757
🖳 www.srilanka-botschaft.de
🕐 Mo–Fr 8.30–16.30 Uhr
🕐 Konsularabt.: Mo–Do 9–12.30 Uhr
Generalkonsulat
Lyoner Str. 34, Tower 2, 7. Stock
60528 Frankfurt a. M.
☎ 069-66053980, ✆ 660539899
✉ info@slconsulate.net

Österreich
Embassy of Sri Lanka
Rainergasse 1/2/5, 1040 Wien
☎ 01-5037988, ✆ 5037993
🖳 www.srilankaembassy.at
🕐 Mo–Fr 9–17 Uhr
🕐 Konsularabt.: Mo–Fr 9–12 Uhr

Schweiz
Consulat général de Sri Lanka
56, rue de Moillebeau, 1209 Genève
☎ 022-9191250, ✆ 7349084
🖳 www.lankamission.org

Vertretungen Sri Lankas in Asien

Indien
High Commission of Sri Lanka
27 Kautilya Marg
Chanakyapuri, New Delhi 110021
☎ 011-3010201 oder 3010202, ✆ 3793604
🖳 www.slhcindia.org, 🕐 Mo–Fr 8.45–17 Uhr
Generalkonsulate
196 T.T.K. Road, Chennai 600018
☎ 044-4987896 oder 4987612
✆ 4987894 oder 4660353
🕐 Mo–Fr 9–17.15 Uhr

Sri Lanka House, 34 Homi Modi St.,
Mumbai 400023
☎ 022-2045861 oder 2048303, ✆ 2876132
✉ slcon@bom5.vsnl.net.in
🕐 Mo–Fr 9–16.45 Uhr

Singapore
High Commission of Sri Lanka
13-07/12, Goldhill Plaza 51, Newton Rd.
Singapore 308900
☎ 62544595/6/7, ✆ 62507201
🖳 www.lanka.com.sg

Thailand
Embassy of Sri Lanka
Ocean Tower 11, 13th Floor, No 75/6-7
Sukhumvit Soi 19, Bangkok 10110
☎ 02-2611934 oder -35, ✆ 02-2611936
✉ slemb@ksc.net.th
🕐 Mo–Fr 8.15–16 Uhr

Ausländische Vertretungen in Sri Lanka

Deutschland
40 Alfred House Ave., Colombo 3
☎ 011-2580431, ✆ 2580440
🖳 www.colombo.diplo.de

Österreich
Zuständig ist die österreichische Botschaft
in Indien
EP – 13, Chandragupta Marg
Chanakyapuri, New Delhi 110021
☎ 0091-11-24192700, ✆ 26886929
✉ new-delhi-ob@bmeia.gv.at
🖳 www.bmeia.gv.at, 🕐 Mo–Fr 9–12 Uhr
Honorarkonsulat
242 Carmart Building, Union Pl., Colombo 2
☎ 011-2691613, 2693494
✉ austriacon@sltnet.lk
🕐 Mo–Fr 9.30–12.30 Uhr

Schweiz
63 Gregory's Rd., Colombo 7
☎ 011-2695117, ✆ 2695176
✉ vertretung@col.rep.admin.ch
🕐 Mo–Do 8.30–11.30, Fr 8–10.30 Uhr

Indien
High Commission of India
36-38 Galle Rd., Kollupitiya, Colombo 3
☏ 011-2422788 oder 2421605
🖳 www.indiahcsl.org
Wer ein Visum für Indien beantragt, kann
dies nur über die **India Visa Application
Centres (IVAC)** in Colombo, Kandy oder Jaffna
erledigen. Unbedingt die näheren Infos auf der
Webseite beachten!
IVAC Colombo: 433 Galle Rd., Kollupitiya,
Col 3
IVAC Kandy: 701/A, Old Peradeniya Rd.
IVAC Jaffna: 89 Brown Rd.
☏ 011-4505588
🕐 Mo–Fr 8–17.30 Uhr
(Visabeantragung nur bis 14 Uhr)
🖳 www.vfs-in-lk.com

Einkaufen

Wenn sich Sri Lanka auch nicht mit Thailand
oder Hongkong vergleichen lässt, so präsentiert
sich die Insel doch als erfreulich vielfältiges,
preiswertes Einkaufsparadies. Die besten Möglichkeiten zu Shopping und Schnäppchenjagd
eröffnen sich in der Hauptstadt Colombo. Hier
wie auch im ganzen Land sind die meisten Geschäfte zwischen Montag und Freitag von 9 bis
19 Uhr, zuweilen auch samstags bis 13 Uhr geöffnet. In den Touristenzentren wird oft erst am
späten Abend geschlossen. Märkte und Basare
(z. B. in der Pettah) haben in der Regel ebenfalls
länger und auch täglich geöffnet.

Vor allem auf Märkten gehört Handeln zum
Einkaufserlebnis, wobei als Faustregel meist
nicht mehr als zwei Drittel des ursprünglich
geforderten Preises bezahlt werden sollten. In
Colombo bieten sich neben dem in die Jahre gekommenen Liberty vor allem Crescat Boulevard,
Majestic City und ODEL als schicke Einkaufszentren an. Neben günstigen Textilien in der Hauptstadt lockt in der Provinz eher der Erwerb von
Sri Lankas vielfältigem, mitunter etwas bieder
wirkendem Kunsthandwerk, Edelsteinen, Ayur-
veda-Produkten, Tee und Gewürzen.

Textilien

Die Insel verfügt über eine dynamische Textilindustrie – wie allein schon die gute, preisgünstige Kleidung beweist, die vielerorts feilgeboten
wird. Viele **Markenhersteller**, die auf Sri Lanka
produzieren lassen, verkaufen einen Teil ihrer
Ware in Outlet-Centern. Ebenfalls von recht guter Qualität sind **Lederwaren**, die sich in Form
von Jacken, Taschen oder Koffern erwerben lassen. Entlang der Straße von Colombo nach Galle
entstehen in zahlreichen kleinen Betrieben mit
aufwendiger Handarbeit zumeist kunstvoll-bunte
Batiken, die ihren indonesischen Vorbildern weder in Qualität noch in Wirkung nachstehen.

Seide wird vorwiegend zu Kleidung oder
auch Wandbildern verarbeitet. Vor allem in der
Gegend von Galle hat sich die einst von den Portugiesen in das Land gebrachte **Spitzenklöppelei**
erhalten, die Tischdecken oder Taschentücher
für den Souvenirverkauf entstehen lässt.

Kunsthandwerk

Ein breites Sortiment an kunsthandwerklichen
Souvenirs bieten in jeder größeren Stadt die Arts
and Craft Center oder auch die staatlich geführten Laksala-Läden an. Srilankische **Schnitzer**
können aus Teak-, Satin- und Ebenholz herrliche
Buddhafiguren, Tiere, Lampen, Kerzenhalter,
Schalen oder Vasen schnitzen. Zu den beliebtesten Souvenirs zählen furchterregende, bunte
Masken und traditionelle **Marionetten**. Ihr Kauf
bietet sich vor allem in Ambalangoda an der
Südwestküste an, wo sich viele Werkstätten und
auch ein entsprechendes Museum befinden.

Mancherorts ist es sogar möglich, gewich-
tige Souvenirs in Form von kompletten **Möbel-
Garnituren** zu erwerben, für die das Geschäft
auch gleich den Schiffstransport organisiert.
Messingwaren werden mit religiösen oder auch
profanen Motiven verziert, Bronze und Kupfer werden zu Wand- und Tischdekorationen
verarbeitet. Bestecke und Schmuck aus Silber, Korbwaren und Bastmatten, Keramik- und
Kokosprodukte sowie eine Fülle von filigranen
Lackarbeiten runden das Angebot ab.

Edelsteine

Hier kann der Kauf zum kostspieligen Erlebnis werden, wenn man sich in unseriösen Geschäften oder gar von fliegenden Händlern am Strand Saphire, Topase, Rubine, Mondsteine oder andere glitzernde Preziosen aufschwatzen lässt. Wer garantiert hochwertige und echte, zumeist aus der Gegend von Ratnapura stammende Edelsteine erwerben will, sollte zuallererst Vorsicht walten lassen. Es ist ratsam, sich an die **National Gem & Jewellery Authority**, 🖳 www.srilanka gemautho.com, zu wenden, wo Adressenlisten seriöser Händler erhältlich sind oder die kleinen Kostbarkeiten gleich mitsamt **Quittung** (kann bei Ausreise wichtig werden) und **Echtheits-Zertifikat** erworben werden können. Ebenfalls attraktiv, wenn auch nicht immer perfekt verarbeitet, kann das **Schmuckangebot** der Juwelierläden sein.

Heilmittel, Gewürze und Tee

Öle und **Kräuter** der traditionellen, landestypischen Ayurveda-Heilkunst können auch daheim wahre Wunder wirken. Ein ebenfalls beliebtes Mitbringsel aus Sri Lanka sind **Gewürze** wie Muskatnuss, Vanille, Kardamom oder Zimt, die sich in den Gewürzgärten direkt vom Erzeuger oder auch in reichhaltiger Auswahl auf den Märkten erwerben lassen. Die Preise für selbst die allerbesten **Tee**-Sorten, die sich natürlich am originellsten in einer der zahlreichen Tee-Fabriken rund um Nuwara Eliya erwerben lassen, sind vergleichsweise gering. Die zollfreie Ausfuhr ist jedoch auf 3 kg beschränkt, während in die EU Mengen im Wert bis zu 430 € eingeführt werden dürfen.

Essen und Trinken

Spätestens seit die alten Römer die aromatischen Gewürze von „Taprobane" zu schätzen begannen und viele Goldmünzen dafür bezahlten, ist Sri Lanka als „Gewürzinsel" bekannt. Doch verdient sie diesen Titel nicht weniger

Edelstein-Test

Die **National Gem & Jewellery Authority** bietet eine Überprüfung von erworbenen Glitzersteinchen unter folgender Adresse an:
25 Galle Face Terrace, Col 3, 📞 011-2390657
Zudem sind folgende Unternehmen für den Test autorisiert:
Gem and Jewellery Exchange, Level 5, World Trade Centre, Col 1, 📞 011-2391132
Gem Export Centre, Ratnapura, 📞 045-22221591

aufgrund des fleißigen Gebrauchs der Gewürze in der srilankischen Küche, die zur schärfsten Asiens zählt. Grund sind vor allem die raffinierten, mit Chili und Pfeffer angereicherten Curry-Mischungen, welche dem beigefügten Fisch, Fleisch oder Gemüse einen eigenen unverwechselbaren Geschmack geben. Und damit jener sich im Gaumen auch entsprechend entfalten kann, wird mithilfe der Fingerspitzen der **rechten Hand** – nur diese, denn die linke gilt als unrein – der Curry mit den Beilagen wie Reis, Kartoffeln oder Gemüse vermischt und anschließend zusammen gegessen. Viele Sri Lanker schwören auf diese Art der Essensaufnahme, denn ihrer Meinung nach lässt sich so die Melange am besten schmecken. Da sich die meisten Europäer weder Zunge noch Finger verbrennen wollen, wird in touristischen Restaurants das Essen wesentlich abgemildert und mit Besteck serviert.

Frühstück

Zum Morgenmahl oder abends als Snack kommen für gewöhnlich **Hoppers** *(appa)* auf den Tisch. Zubereitet werden sie aus einem Mix aus Reisteig, Palmzucker und Kokosnussmilch, der über Nacht stehen gelassen wird und kurz vor dem Verzehr in einer kleinen Pfanne in der Form eines Dessertschälchens erhitzt wird. Hoppers isst man zusammen mit Curry oder Sambol, womit eine mit viel Chili angereicherte Gemüsemischung gemeint ist; gerne auch als **Egg Hoppers** *(biththara appa)* mit einem Spiegelei darauf. Was wie ein platter Wollknäuel aussieht, sind die **String Hoppers** *(indhi appa)*. Sie erhalten ihre Form, indem flüssiger Reisteig durch ein Sieb gepresst und gedämpft wird. Er kann zu verschiedenen Soßen oder Curry-Gerichten gegessen werden.

Auch in tamilischen Küchen wird der Reisteig in diversen Arten serviert: flach und gedämpft als **Idli**, in Form von Fladen als **Thosai** (sprich: *dhose*), als Reisteigfladen mit einer Gemüse-Gewürz-Mischung gefüllt, als **Masala Thosai** oder als in Öl gebackener Reispfannkuchen **Uttapam**.

Mittag- und Abendessen

Das srilankische Mittagessen ist geradezu ein Synonym für „Reis und Curry". In traditionellen, einfacheren Restaurants wird es auf einer großen Platte aus Messing gereicht. Darauf befindet sich jede Menge Reis, der gewünschte Curry, Pickle (fermentiertes und daher sehr sauer schmeckendes eingelegtes Obst, Gemüse oder Fleisch), Joghurt und verschiedenerlei Gemüse. In etwas besseren Restaurants bekommt man eine Vielzahl von **Currys** zum Gericht serviert. Diese reichen von Fisch-Curry *(malu hodhi)*, jenen angereichert mit Tomaten *(thakkali malu)*, Krebs- *(kakul uwo)* oder Garnelen-Curry *(isso thel dhala)* über Hühner- *(kukul mas)* und Rindfleisch-Curry *(harak mas)* bis zu verschiedenen Arten von Gemüse-Curry, darunter Kürbis- *(vatakka)*, Bananenblüten- *(alu kehel)* oder Hibiskusblüten-Curry *(sapattu mal)*. Wird „Mutton Curry" *(elu mas)* angeboten, dann ist in Sri Lanka prinzipiell Ziegenfleisch gemeint.

Dazu gibt es **Sambol** mit gerösteten Zwiebeln *(badhapu lunu sambol)*, mit rotem Chili und Zwiebeln *(lunu miris sambol)*, Aubergine *(brinjal sambol)* oder der sehr populären Kokosnuss

Eldorado für Vegetarier

Da das srilankische Essen sehr gemüseorientiert ist, kommen auch Vegetarier auf ihre Kosten. Sie brauchen im Restaurant nur nach „Elawalu", was so viel wie Gemüse bedeutet, zu fragen.

(pol sambol). Zur Linderung des Gaumens darf **Parripu**, ein Brei mit roten Linsen (eine Dhal-Art), nicht fehlen. Beliebte Beigaben sind **Brinjal**, gekochte und zerstoßene Aubergine, oder **Nelum Ala**, zusammen mit Tomaten, Kurkuma, Kokosmilch und Chili angebratene Lotoswurzeln. Erfrischung bringen **Mallung**, kleingehackte grüne Blätter (etwa Basilikum) mit Chili, und **Gotu Kola** (Tamil: *vallaarai*). Dieser besonders gesunde Salat besteht aus kleingehacktem Tigergras (lat. *Centella asiatica*), vermischt mit Zwiebeln, Chili, getrocknetem Fisch, Kokosnussraspeln und Limonettensaft. In der ayurvedischen Küche wird er wegen seiner konzentrationsfördernden Wirkstoffe gereicht.

Der gekochte **Reis** *(bath)* stellt die Grundlage von alledem dar. Leider wird er in Sri Lanka vorwiegend in minderer Qualität serviert. Etwas besser und nahrhafter ist der ungeschälte Reis *(rathu kekulu haal)*, der sich unter der Landbevölkerung großer Beliebtheit erfreut, oder der gelbe Reis *(kaha bath)*, für den meist der aus Indien oder Pakistan importierte Basmatireis Verwendung findet.

Wer in Jaffna weilt, sollte es nicht versäumen, **Tool** zu probieren. Dies ist eine mit zahlreichen Zutaten wie Tapioka, Tamarindensaft und Thymian angereicherte Fischsuppe. Liebhaber von Scharfem werden auch an **Miris Malu**, gedämpftem Fisch mit Chili und anderen Gewürzen, ihre Freude haben. **Pittu** – in einem hohlen Bambusstamm gedämpfter Reisteig mit Kokosflocken – isst man mit Sambol und dem gekochten Saft der Kokosnuss *(pol hodi)*. Ein Relikt aus holländischer Zeit ist **Lamprais**: In einer Fleischbrühe gekochter Reis wird zusammen mit Gemüse und Fleisch in ein Bananenblatt eingewickelt und darin gebacken.

Zwischenmahlzeit

Der Tag wird für die Bewohner Sri Lankas kulinarisch durch die vielen Snacks auf der Straße bereichert. Was der tamilische Verkäufer aus dem brutzelnden Fett in Zeitungspapier einwickelt, ist nicht selten **Parripu Vadai** (sprich: *wade*), flache Klöpse aus roten Linsen. Gern gegessen werden auch **Thairu Vadai**, mit Joghurt gefüllte Teigtaschen, und das bereits erwähnte **Masala Tho-sai**. Wie ein Zirkusakrobat wirbelt der Mann am Stand den Pfannkuchenteig herum und legt ihn dann auf eine heiße Platte, bevor er ihn mit Zutaten gefüllt zusammenfaltet. Dies ist **Roti**. Es kann süß, etwa mit Bananen oder Kokosmilch gefüllt, oder als „Kothu Roti" scharf mit einer Gemüse-und/oder Fleischfüllung gegessen werden.

Süßspeisen

Auch in Sri Lanka haben angesichts der zahlreichen Süßspeisen die Zahnärzte allerhand zu tun. Erfrischung bereitet **Büffelquark mit Sirup** *(kiri peni)*, der aus dem Saft der Kittulpalme gewonnen wird. Wenn dieser Saft über längere Zeit verkocht wird, entsteht Palmzucker (engl. *jaggery)*, ein bräunliches Bonbon, das eine Herausforderung für die Zähne ist. Nicht viel besser geht es ihnen mit *Rasakevili*, wie die Singhalesen die verschiedenen Arten von Süßigkeiten nennen, darunter **Kavum**, **Kokis** und **Athiraha**. Palmzucker mit Cashewnüssen und Kokosmilch ergibt **Kalu Dodol**. Werden diese Beigaben noch mit Eiweiß und gelegentlich Rosinen bereichert, gewinnt man das ursprünglich aus dem malaiisch-indonesischen Raum stammende **Watalappan**. Es lässt vage Erinnerungen an einen Vanillepudding aufkommen. **Halape** basiert auf Kokosnuss und Palmzucker.

Gaumenfreuden bereiten auch die Sesambällchen **Thalaguli** und **Bibikkan**, Reiskuchen mit Palmzucker, Kokosnuss, Cashewnüssen und getrockneten Früchten. Oder das aus dem arabischen Raum stammende **Aluwa**, einer Masse aus Klebreis, Palmzucker, Cashewnüssen, Kokosmilch und verschiedenen Gewürzen. Schließlich geraten Naschkatzen auch noch bei **Puhul Dosi**, eingelegtem Kürbis, und **Kiri Bath**, dem an Festtagen gereichten Milchreis, in Versuchung.

Tropische Früchte

Wem das srilankische Essen zu scharf und die Süßspeisen zu klebrigsüß sind, braucht keine Angst vor dem Hungertod zu haben, denn die tropische Insel bietet eine Vielzahl von vitaminreichen Früchten, die einem das Wasser im Munde zusammenlaufen lassen – wie etwa die vielen nahrhaften **Bananenarten**. Hier gilt das Motto „je kleiner, desto süßer", eine Besonderheit ist die schmackhafte rote Banane. Manchen schmeckt die orange **Papaya** etwas zu fade. Eine Limone über ihr ausgepresst, und schon hat sie den richtigen Pepp. Die apfelgroße grünliche **Guave** – ursprünglich aus Mittelamerika stammend – ergibt in ein Salz-Chili-Gemisch gedippt eine erfrischende Zwischenmahlzeit. Die im südasiatischen Raum beheimatete **Mango** ist während ihrer Hauptsaison zwischen April und August eine vielseitige Delikatesse: Als gelbe süße Frucht jagt sie innerhalb kurzer Zeit den Zuckerspiegel im Blut in die Höhe und stellt mit ihrem hohen Vitamin A- und C-Gehalt eine wahre Vitaminspritze dar. Die grüne Mango wird wie die Guave ebenfalls gerne mit einem Salz-Chili-Gemisch gegessen. In fermentiertem Zustand ist sie als Pickle eine beliebte Beigabe zum Curry. Geschält, für einige Stunden in Zucker eingelegt und anschließend zusammen mit Knoblauch, Ingwer, Senfkörnern, Kardamom und anderen Gewürzen für 10 Min. gekocht, ergibt sie das äußerst populäre *Mango Chutney*.

Leider ist in Sri Lanka touristische Nebensaison, wenn zwischen Juni und September die **Mangostane** mit ihrer markanten rotbraunen Schale – übrigens ein gutes Färbemittel – zur vollen Reife gelangt. Das innere blütenweiße Fleisch schmeckt verführerisch süß, was auch für das Fruchtfleisch der **Rambutan** (Zwillingspflaume) gilt. Diese pflaumengroße Frucht ist an den zahlreichen weichen Borsten auf der roten Schale erkennbar. Die bräunliche, einer Kartoffel ähnelnde **Sapote** wird wegen ihres klebrigsüß schmeckenden weichen Inneren auch Breiapfel genannt.

Größte aller tropischen Früchte ist die **Jackfruit**, welche teilweise über 25 kg schwer am mächtigen Stamm des gleichnamigen Baumes hängt. Essbar sind die zahlreichen daumengroßen orangegelben Schnitze im Inneren. Gerne werden die in rohem Zustand süßlich schmeckenden Stücke auch zu Curry verkocht. Kontroverseste aller Früchte ist hingegen die **Durian**. Die grüne, rugbyballgroße Frucht ist

Chili: Kaum ein Gewürz wird so mit der asiatischen Küche in Verbindung gebracht wie der Chili. Dabei kommt er ursprünglich aus Südamerika. Columbus brachte den „Spanischen Pfeffer", wie er anfänglich fälschlich hieß, nach Europa. Durch die Portugiesen gelangte er im frühen 16. Jh. über Afrika nach Asien. Von „Chile-Pfeffer" abgeleitet, wurde das Gewürz unter dem Namen Chili bekannt. Etwa 35 Capsicum-Arten werden gezählt, wozu auch Paprika zählt. Die bohnenlangen grünen oder roten Chilis sind am schärfsten, wenn sie frisch auf den Tisch kommen. Geröstet verlieren sie etwas an Schärfe, pulverisiert werden sie in Soßen und Currys gemischt.

Curry: Der von **kari**, dem tamilischen Wort für Soße, hergeleitete Begriff bezeichnet eine Mischung vieler Gewürze, die die Basis eines Gerichtes bilden. Zu den Gewürzen, deren Kombination individuell gestaltet wird, gehören Pfeffer, Chili, das Curryblatt, Koriander, Gewürznelken, Kurkuma, Kardamom, Zimt u.v.m.

Gewürznelken: Ursprünglich auf den Molukken beheimatet, trat der bis zu 20 m große Nelken-Baum seinen Siegeszug durch viele tropische Länder an. Die Knospen werden zweimal jährlich geerntet und getrocknet, bis der knapp 2 cm lange nagelförmige Kern übrig bleibt. Für den scharfen Geruch ist das Eugenol verantwortlich, das dem Glühwein und dem Weihnachtsgebäck oder der in Indonesien gern gerauchten Kretek-Zigarette einen unverwechselbaren Geschmack gibt. Aus den jungen Sprossen und Blättern des Baumes wird das wertvolle Nelkenöl destilliert. Man setzt es als Magenmittel und Antiseptikum ein.

Ingwer: Die Knollen des in über 100 Arten im süd- und ostasiatischen Raum verbreiteten Ingwerstrauches sind wegen ihres brennend scharfen Geschmacks als Bestandteil des Curry-Gerichtes nicht wegzudenken. Sie werden frisch als ganzes Stück oder pulverisiert angeboten. Immer beliebter werden mit Ingwer angereicherte Getränke. Unbestritten ist sein medizinischer Nutzen: als Einreibemittel gegen Rheuma sowie oral eingenommen gegen fiebrige Erkältung und Schmerzen.

Kardamom: Die intensiv riechenden Samen des zur Familie der Ingwergewächse zählenden Baumes veredeln Currygerichte und Süßspeisen. In arabischen Ländern wird Kardamom dem Kaffee beigefügt.

Koriander: Sowohl Blätter als auch Samen des bis zu 80 cm hoch wachsenden Strauches sind verwendbar, Letztere zum Würzen von Fisch- und Fleischgerichten.

Kurkuma: Die Wurzel der auch „Gelbwurz" genannten Staude wird wegen ihres leicht bitteren Geschmacks zum Würzen und wegen der safrangelben Farbe zum Kolorieren von Stoffen – etwa der Mönchsroben – oder von Speisen, darunter Reis, genommen.

Pfeffer: Die Schärfe liegt in den grünen Beeren der Kletterpflanze **Piper Nigrum**, die zu 20 oder 50 Stück an über 10 cm langen Fruchtstangen wachsen. Schwarzer Pfeffer entsteht nach dem Trocknen der reifen Beere, der weiße Pfeffer durch das Einlegen der Beere in Wasser und dem anschließenden Entfernen der Beerenhülle. Grün bleibt der Pfeffer, wenn er kurz vor der Reife geerntet wird und sofort in ein Salz- oder Essigbad eingelegt wird.

Vanille: Das süßliche Aroma der zur Orchideen-Familie zählenden Kletterpflanze entsteht durch Fermentieren der bis zu 30 cm langen fingerdicken Früchte. Dazu müssen sie über längere Zeit hinweg bei 70 °C entwässert werden. Dadurch verfärben sie sich braun und geben das wertvolle Vanillin frei. Dieses findet von der Parfum- über die Likör- bis zur Speiseeisindustrie vielseitige Verwendung.

Zimt: Der bis zu 12 m hohe Ceylon-Zimtbaum wächst vor allem entlang der Südwestküste. Er begründete neben dem Kardamom Sri Lankas Ruhm als „Gewürzinsel". Während der Regenzeit wird die Rinde von Asttrieben oder jungen Bäumen abgeschält und von ihrer Außenseite befreit. Bei der anschließenden Lufttrocknung rollt sie sich etwas ein. In Asien sind weitere Zimtarten verbreitet, etwa der aromatischere Chinesische Zimt *(Cinnamonum aromaticum)*, der Burma-Zimt *(Cinnamonum burmanii)* und der Vietnamesische Zimt *(Cinnamonum loureiri)*.

an den markanten Spitzen erkennbar. Wohl bei kaum einer anderen Sorte gehen die Meinungen dermaßen auseinander. Ruft der Geruch bei vielen unangenehme Erinnerungen an alte Socken oder Käse wach – nicht von ungefähr wird sie auch Stinkfrucht genannt –, so nimmt sie bei anderen wegen des süßlichen weichen Fruchtfleischs einen nahezu religiösen Status ein. Die pflaumengroße **Nelli** (Phyllanthus emblica), auch unter dem Sanskritwort Amalaka bekannt, wird im Ayurveda wegen ihres hohen Vitamin-C- und Mineralstoffgehaltes geschätzt. Allerdings schmeckt die mit der Stachelbeere verwandte, etwa 2,5 cm große Frucht mit gelblich-grüner Schale äußerst säuerlich.

Aus dem tropischen Amerika haben eine Reihe von Früchten ihren Weg nach Sri Lanka gefunden, darunter die tennisballgroße **Passionsfrucht** (Granadilla), deren säuerlich schmeckender Saft gerne für Cocktails verwendet wird, die birnengroße **Avocado**, wegen ihres extrem hohen Protein- und Ölgehaltes gefragt, und natürlich die **Ananas**. Aus dem östlichen Mittelmeerraum hat sich der **Granatapfel** eingebürgert. Ihn schätzt man vor allem wegen seines Saftes, der zu Limonade verarbeitet wird oder zusammen mit der Kokosnussmilch einen herrlichen erfrischenden Pudding ergibt.

Getränke

In vielen Restaurants wird obligatorisch zum Essen **Wasser** gereicht. Hier sollte man sich versichern, dass es aus sicherer Quelle stammt, also entweder in einer abgepackten Flasche gebracht wird oder vorher abgekocht wurde. Da die besten Blätter des **Tees** als Exportware ins Ausland gelangen, wird in Sri Lanka zumeist nur zweite Wahl angeboten, weshalb die Insel außerhalb der Teeplantagen für passionierte Teetrinker nicht unbedingt ein Eldorado ist. Die Einheimischen trinken den Tee gerne zusammen mit viel Milch und Zucker. Diese Variante ist allerdings nicht jedermanns Sache, was auch für den **Kaffee** gilt, der diesen Namen oft nicht verdient. Ausnahme sind die zunehmend auch bei Sri Lankern populären Café-Bars, welche eine von Espresso bis Macchiato reichende

Toddy und Arrack

Traditionell ist das saftige Innere der Kokos-, Palmyra- oder Kittulpalme Basis für diverse Alkoholika. In den palmreichen Gegenden sieht man wie die Zapfer auf Seilen, die zwischen die Palmen gespannt sind, umhergehen, um die unter der Palmkrone hängenden Gefäße zu leeren und die Blütenstil neu anzuschneiden. Etwas angegoren kommt der gesammelte süße Saft als **Toddy** auf den Tisch. Wie beim Suser bzw. Federweißen verursacht er bei übermäßigem Genuss Durchfall und Beschwipstheit mit nachfolgendem Kopfweh.

Viel beliebter ist jedoch der daraus gebrannte **Arrack**, welcher je nach Destillationsgrad einen Alkoholgehalt zwischen 30 und 40 % erreicht. Der Name „Arrack" ist ein vom arabischen araq abgeleitetes Lehnwort und heißt im engeren Sinne „süßer Saft". Das in arabischen Staaten praktizierte Brennen von Palmsaft führten Anfang des 16. Jhs. die Portugiesen ein, und so hat sich auch der Name eingebürgert. Eines der großen Zentren der Arrack-Herstellung ist der Küstenort Kalutara, etwa 40 km südlich von Colombo. Dort wird der Hochprozentige vorwiegend aus dem klebrigen Saft der Kokospalme gebrannt.

Auswahl bieten. **Softdrinks** sind in lokalen und internationalen Marken vertreten. Gesund und vitaminreich ist die Milch der orangen Königs-Kokosnuss, **Thambili** genannt, welche für 40–50 Rs an vielen Straßenständen zu bekommen ist. Von geringerer Geschmacksqualität ist **Kurumba**, der Saft aus der grünen Kokosnuss.

Nicht von ungefähr herrscht an den Vollmondtagen, Poya, und den Wahltagen Alkoholverbot, erfreuen sich doch die alkoholischen Getränke unter den srilankischen Männern – Frauen trinken selten Alkohol – übergroßer Beliebtheit. Unter den **Biersorten** dominieren die lokalen Marken „Lion Lager" und „Three Coins". Auch die große dänische Brauerei Carlsberg lässt ihren Gerstensaft in Sri Lanka brauen. Für srilankische Verhältnisse ist das Gebräu wegen der Steuern allerdings nicht billig: Pro 620-ml-Flasche werden in durchschnittlichen Restaurants und Bars zwischen 100 Rs und 150 Rs verlangt. Weinliebhaber müssen in Sri Lanka auf die Hotels und besseren Restaurants ausweichen, wo importierter **Wein** angeboten wird, was sich auch im Geldbeutel bemerkbar macht.

Feste und Feiertage

Eine „Insel der Feste" könnte man Sri Lanka nennen, denn hier wird gern und viel gefeiert. Neben den staatlichen Feiertagen bestimmen vor allem die Festtagszyklen der großen Religionsgemeinschaften den Kalender. Die Daten der meisten Feste – auch private wie etwa Hochzeiten – werden vom **Mondkalender** bestimmt. Das gilt auch für die wichtigsten Feiertage der Muslime: Id al-Fitr, das Ende des Ramadan, *Maulid un-Nabi,* der Geburtstag des Propheten Mohammed, und *Id al-Adha,* das Ende der jährlichen Haj-Pilgerfahrt nach Mekka.

Jeder **Vollmondtag** (Poya) ist Feiertag, d. h. Banken, öffentliche Einrichtungen sowie viele Geschäfte bleiben geschlossen. In dem buddhistisch geprägten Land erinnern die **Poya-Tage** an historische oder legendäre Ereignisse aus dem Leben des Erleuchteten oder wichtige Ereignisse im srilankischen Buddhismus. Die Sittenregeln werden besonders streng befolgt, vor allem die fünfte (keine berauschenden Mittel zu sich nehmen), weshalb an diesem Tag kein Alkohol ausgeschenkt wird. Die aktuellen Poya-Daten und andere Feiertagstermine findet man unter 🖳 www.srilanka.travel.

Dezember/Januar

An **Duruthu Poya**, dem Vollmondtag im Dezember/Januar, erinnern sich die Gläubigen an Buddhas Besuch auf Sri Lanka. Der Legende zufolge betrat er neun Monate nach seiner Erleuchtung erstmalig die Insel. In Kelaniya bei Colombo wird dieses Fest mit einem prächtigen Perahera (Prozession) gefeiert.

Mitte Januar feiern die Hindus mit dem mehrtägigen **Thai Pongal** ihr Erntedankfest zu Ehren des Sonnengottes Surya. Als Symbol des Über-

flusses wird Milchreis zum Überkochen gebracht (*pongal* heißt „überkochen") und Kühe werden festlich dekoriert.

Januar/Februar

Der **Unabhängigkeitstag** am 4. Februar erinnert mit Festakten und Paraden an die zurückgewonnene Souveränität Sri Lankas im Jahr 1948.

Der **Navam Poya** wird seit 1979 besonders feierlich in Colombo begangen. Dort findet rund um den Gangaramaya-Tempel ein Perahera statt. Die Buddhisten erinnern sich an diesem Vollmondtag an die Verkündung der Mönchsregeln (Vinaya) durch den Erleuchteten und an das erste buddhistische Konzil.

Februar/März

Zum Neumond des in den Februar und März fallenden Mondmonats feiern die Hindus eines ihrer wichtigsten Feste, **Maha Shivarathri**. Anlässlich der Vereinigung Shivas mit seiner Gemahlin Parvati halten sie Nachtwachen ab und bringen in den Tempeln zahlreiche Opfergaben dar.

Etwa zwei Wochen später, am Vollmond **Medin Poya**, rufen sich die Buddhisten die Predigt Buddhas vor 1250 Erleuchteten (Arahats) im indischen Rajagaha ins Gedächtnis.

März/April

Zum **Bak Poya**, dem Vollmond im März/April, wird Buddhas zweitem legendären Besuch in Sri Lanka fünf Jahre nach seiner Erleuchtung gedacht.

Die Christen feiern die **Kar- und Ostertage** (Karfreitag ist Feiertag) vor allem in Negombo und Umgebung mit Passionsspielen.

Höhepunkt dieses heißen Monats ist sowohl bei den Tamilen als auch bei den Singhalesen Mitte April **Aluth Avurudu**, das Neujahrsfest (s. Kasten). Obwohl nur zwei Tage gesetzlich frei sind, nehmen viele Sri Lanker eine ganze Woche Urlaub, um ihre Familien zu besuchen oder sich zu erholen. Viele reisen ins Hochland – mit Vor-

Wenn die Sonne aus dem Sternzeichen des Fisches in jenes des Widders übertritt – der Zeitpunkt fällt zwischen den 13. und 14. April – beginnt wie in Indien und einigen südostasiatischen Ländern auch in Sri Lanka ein neues Jahr. Im Geiste der Erneuerung und der Versöhnung werden zuvor neue Kleider gekauft, Haus oder Wohnung gereinigt, Schulden beglichen und Streitigkeiten nach Möglichkeit beendet. Damit das neue Jahr auch gut gelingt, veröffentlichen die Astrologen in den Medien die Glück und Unglück verheißenden Augenblicke während des Jahreswechsels. So gilt die Phase kurz vor dem Eintritt der Sonne in das Sternzeichen des Widders als Unglück bringend, weshalb alle Tätigkeiten unterlassen werden sollten.

Ihren Übertritt begrüßen die Sri Lanker mit dem Schlagen der Trommeln, dem Läuten der Tempelglocken und dem Entzünden von Feuerwerkskörpern (leider nicht selten mit entsprechenden Verletzungen). Im zuvor gereinigten heimischen Herd entzündet die Hausfrau ein neues Feuer und lässt in einem Topf als Zeichen des Überflusses Milch überkochen. Dann wird Milchreis *(kiri bath)* serviert, gefolgt von einem an Curry und Süßigkeiten reichen Festmahl. Es ist der Höhepunkt an Neujahr, bei welchem nach Möglichkeit alle Familienmitglieder versammelt sind. Geschenke werden ausgetauscht und als Geste des Respekts und der Verbundenheit ein Bund mit Blättern des Betelpfeffers *(bulath hurulla)* überreicht – diese Geste ist auch bei anderen Anlässen wie Geburt oder Hochzeit üblich. Kinder bitten damit ihre Eltern um Vergebung für die Verfehlungen im vergangenen Jahr. Auch Nachbarn und Freunde werden mit Milchreis und Betelblättern bedacht.

In den ersten Neujahrstagen müssen weitere astrologisch vorbestimmte Zeitpunkte beachtet werden, etwa der Zeitpunkt des neuen Arbeitsbeginns oder des „Telgana Avurudda". Bei dieser Zeremonie reibt das Familienoberhaupt die Stirn der Angehörigen mit einem eigens zubereiteten Öl ein, um sie damit zu segnen. Trotz aller Verwestlichung vieler Familien sind die Zeremonien zu Aluth Avurudu noch lebendig, vor allem auf dem Lande.

liebe nach Nuwara Eliya – oder an den Strand. Wer in den beiden Wochen um den 13./14. April unterwegs ist, muss daher mit ausgebuchten, manchmal aber auch mit geschlossenen Unterkünften rechnen. Zudem sind viele Restaurants und Geschäfte nicht geöffnet.

April/Mai

Wie fast überall auf der Welt wird auch in Sri Lanka am 1. Mai der **Tag der Arbeit** begangen.

Wichtigstes Ereignis im buddhistischen Festkalender ist **Vesak Poya**, der Vollmond im April/Mai. Dieser „dreifach gesegnete Tag" mahnt an die wichtigsten Begebenheiten im Leben Buddhas: seine Geburt, seine Erleuchtung und sein vollkommenes Erlöschen. Da sowohl der Vollmondtag als auch der Tag danach Feiertage sind, werden diese gern für Familienbesuche genutzt. Öffentliche Verkehrsmittel, Straßen und auch Unterkünfte können dann besonders voll sein, was bei Reisen während dieser Zeit beachtet werden sollte. Im Zentrum der Feierlichkeiten stehen die geschmückten Klöster und Tempel, zu denen die weiß gekleideten Gläubigen ziehen. In der Vollmondnacht brennen dort zahlreiche Öllampen und Laternen. Mit dem Vesak-Fest endet die Pilgersaison auf den Adam's Peak.

Mai/Juni

Der **Poson Poya** im Mai/Juni ist für die Singhalesen von großer Bedeutung, denn in diesem Mondmonat soll der indische Mönch Mahinda Thera den Buddhismus nach Sri Lanka gebracht haben. Daher pilgern Tausende Gläubige zu dem Ort, an welchem Mahinda im 3. Jh. v. Chr. die Lehre des Buddha an König Devanampiya Tissa weitergegeben hat: Mihintale bei Anuradhapura.

Juni/Juli

Esala Poya, der Vollmond im Juni/Juli, markiert den Beginn der dreimonatigen buddhistischen Fastenzeit Vas (Pali: Vassa) und erinnert an die erste Predigt Buddhas im indischen Sarnath bei Varanasi. Diese Periode bedeutet nicht wie im muslimischen Ramadan oder in der christlichen Fastenzeit den Verzicht auf Nahrung, sondern ist eine Zeit der Besinnung und Mäßigung. Die Mönche ziehen sich in ihre Klöster zurück und widmen sich der Lehre und der Meditation.

Juli/August

Die großartigsten Feste Sri Lankas fallen in den Mondmonat um Juli/August. Die Hindus zelebrieren an **Vel** mit feierlichen Prozessionen die Vereinigung ihres Kriegsgottes Skanda (Murugan) mit seiner Gemahlin Valli. Auf großen Wagen wird die Statue von Skanda durch die Straßen gezogen. Nicht fehlen darf der Namensgeber des Festes, der Dreizack (Tamil: *vel*).

Besonders festlich wird Vel in Colombos Stadtteil Pettah und in Jaffna begangen. In der tamilischen Hochburg im Norden der Insel findet auch um diese Zeit im Nallur Kandaswamy Kovil ein fast vierwöchiges Tempelfest statt. Ganz strenge Hindus unternehmen von dort aus den „Kataragama Pada Yatra", eine Wallfahrt in Richtung Süden nach **Kataragama**, wo das berühmte gleichnamige Fest stattfindet (s. S. 288).

Alle Feiern werden jedoch vom **Kandy Esala Perahera** überstrahlt. Zu Ehren der heiligen Zahnreliquie veranstaltet die alte Königsstadt vom Juli-Neumond über zehn Tage hinweg zahlreiche Peraheras (s. S. 366, Kasten), die an Buntheit und Lebendigkeit ihresgleichen suchen.

Der Vollmond im Juli/August, **Nikini Poya**, ist vor allem für die Mönche von Relevanz. An diesem Tag rufen sie sich durch die Rezitation des Vinaya die von Buddha erlassenen Ordensregeln in Erinnerung.

August–November

Eher stille Wochen folgen den festreichen Monaten Juli und August. **Binara Poya** im August/September ist wiederum in erster Linie für die Mönche von Belang.

Mit dem **Vap Poya** im September/Oktober endet die dreimonatige Fastenzeit. Der Vollmond

Zu Beginn der dreimonatigen buddhistischen Fastenzeit ziehen sich die Mönche in ihre Klöster zurück.

wird mit der Rückkehr Buddhas aus dem Tavatimsa-Himmel in Verbindung gebracht. Dort predigte er über eine Vas-Periode hinweg den Göttern und seiner Mutter Maya, welche in diesem Himmel wiedergeboren worden war. Seinen Weg zurück begleiteten zahlreiche Himmelswesen mit ihren Lichtern, weshalb Öllampen die buddhistischen Tempel erleuchten. In den folgenden Wochen werden Kathina-Zeremonien abgehalten, an denen Mönche neue Roben erhalten.

Lichter spielen auch an **Deepavali** eine wichtige Rolle. Die Hindus feiern im Oktober/November die Rückkehr des Gottes Rama in seine Geburtsstadt Ayodhya nach dem Sieg gegen Ravana und damit den Sieg des Guten über das Böse. Diesmal erstrahlen die Hindu-Tempel im Licht der Öllampe (*deepavali* heißt „Lichterreihe").

Schließlich können sich die Sri Lanker auf einen weiteren freien Tag um Oktober/November freuen, zum Vollmond **Il Poya**.

November/Dezember

Im letzten Monat des Sonnenjahres beginnt die Pilgersaison auf den Adam's Peak. Zudem gedenken die Buddhisten am Vollmondtag **Unduvap Poya** der Überbringung des jungen Bodhi-Baumes nach Anuradhapura durch die Nonne Sanghamitta, weshalb die alte Königsstadt Zentrum der Feier ist.

Auch wenn Schnee und echte Tannenbäume fehlen, sehnen sich vor allem die Kinder in den christlichen Familien Sri Lankas das **Weihnachtsfest** am 25. Dezember herbei.

Fotografieren

Vielerorts besteht in Foto-Geschäften oder Internet-Cafés die Möglichkeit, sich seine Digitalfotos auf CDs oder DVDs brennen zu lassen. Auch der Ausdruck einzelner Fotos ist fast überall möglich. Man sollte daran denken, das eigene **Verbindungskabel** für den USB-Anschluss mitzunehmen. Auch ein **Ladegerät** und **Ersatzakku** gehören ins Gepäck. Wer mit hoher Auflösung fotografiert, wird schneller als gedacht an die

Sensibilitäten

Sri Lanka ist ein Eldorado für Fotografen, doch bevor man die Kamera auf alles und jeden richtet, sollten ein paar Dinge verinnerlicht werden:

- Es ist verboten, Staudämme, Flughäfen, Straßensperren, militärische Einrichtungen und uniformierte Personen zu fotografieren.
- Wer Menschen fotografiert, sollte ihre Zustimmung einholen! Meist genügt ein kurzer Blickkontakt, ein Lächeln oder Kopfnicken. Wenn jemand nicht fotografiert werden möchte, ist dies zu respektieren.
- Bei religiösen Zeremonien und in Tempeln empfiehlt sich Zurückhaltung.
- Niemals Personen neben Buddha-Bildnissen fotografieren, auch wenn es andere Touristen oder gar Einheimische vormachen sollten!

Kapazitätsgrenzen seines **Speicherchips** stoßen, weshalb es ratsam ist, mindestens einen weiteren einzustecken.

Aufgrund der hohen Luftfeuchtigkeit oxidieren sehr schnell die Kontakte für die Batterien und es kann zu einem Totalausfall der Stromversorgung kommen. In so einem Fall genügt es zumeist, die Batterie herauszunehmen und die Kontakte mit einem trockenen Tuch abzureiben.

Die beste Zeit zum Fotografieren ist bei Sonnenaufgang und am späten Nachmittag. Dann sind die Schatten länger, das Licht weicher und die Kontraste weniger stark. Mit dem automatischen oder manuellen **Weißabgleich** verhindert man, dass Farbstiche entstehen. **Polarisationsfilter** führen gerade bei matten Lichtverhältnissen zu besseren Farbkontrasten, während **UV-Filter** auch das Objektiv vor Kratzern schützen.

Frauen unterwegs

Sri Lanka ist eine Männergesellschaft. Das zeigt sich auch im Servicebereich, wo eindeutig Männer dominieren. Einheimische Frauen, die allein für mehrere Tage verreisen, sind eine Rarität.

Auch in Gaststätten und Kneipen sind sie ohne Begleitung selten zu finden.

Obwohl (oder weil) die srilankische Gesellschaft eher als konservativ und prüde gilt, sind **sexuelle Belästigungen** einheimischer Männer gegenüber europäischen Frauen leider keine Ausnahme. Deshalb sollten Frauen allzu freizügige Kleidung ebenso vermeiden wie nächtliche Spaziergänge an einsamen Stränden oder in dubiosen Gegenden – wie zum Beispiel der Malay Street in Colombo. In vollen Bussen und Zügen ist es empfehlenswert, sich nach Möglichkeit zu einheimischen Frauen zu gesellen (in vielen Bahnhöfen gibt es auch Warteräume für Frauen). Etwaige **Grabscher** sollten durch lautes Beschimpfen oder zur Not auch eine Ohrfeige in die Flucht getrieben werden. Kneipen, die von angeheiterten Männergruppen bevölkert sind, sollten Frauen meiden und aufdringliche Möchtegernmachos freundlich, aber bestimmt in die Schranken weisen. Auch bei der Weitergabe der eigenen Handy-Nummer ist Vorsicht geboten, um vor ungebetenen Anrufen sicher zu sein.

Besonders hüten sollten sich ausländische Urlauberinnen vor dem Charme der sogenannten **„Beach Boys"**, die – von den bekannten, gesundheitlichen Risiken einmal abgesehen – schon so manche Frau um ihr Herz und/oder Vermögen gebracht haben. Besonders Sri-Lanka-Neulinge fallen oft auf die selbstbewussten, stets lächelnden, professionellen Dampfplauderer herein,

Sri Lankas „Beach Boys" und die Urlauberinnen

Physiotherapeutin Monika hatte eine Liebelei in Beruwela an der Westküste: „Jung, nett, naiv", schildert sie ihn. „Er hatte ansonsten nie etwas mit Touristinnen zu tun". Krankenschwester Anita war „verliebt" im weiter südlich gelegenen Hikkaduwa: „Wahnsinnig lieber Typ. Schöner Körper. Echt aufregend". Und Lehrerin Elisabeth lässt ihren srilankischen Freund – einen Kellner im Hotel – gerade nachkommen: „Wir wollen heiraten". Frauen, die man so kennt. Urlaubsaffären, die sich gegen die Bezeichnung der „Prostitution" verwahren.

Reist eine Frau allein, so kann es sein, dass sie es nicht lange bleibt. Beispielsweise auf Sri Lanka, wo nur allzu viele Männer bereitstehen. Wärme aus der Ferne. Aber ist das „Prostitution"? Gleichzusetzen mit den berühmtberüchtigten „Bumsbombern" nach Bangkok? Die wenigen Studien zum Thema Sex-Tourismus sind sich einig: Auch Frauen sind Sex-Touristinnen. Denn: „Sextouristen sind alle Reisenden, die in den Zielländern (der Dritten Welt) materiell belohnte, sexuelle Kontakte mit einheimischen Partnern haben", definiert eine empirische Studie zum Thema „Aids, Sex, Tourismus – Ergebnisse einer Befragung deutscher Urlauber und Sex-Touristen" (Band 33, Schriftenreihe des Bundesministeriums für Gesundheit, Nomos Verlagsgesellschaft, Baden-Baden).

Sexuelle Kontakte, bei denen sich das südliche Objekt der Begierde aus ökonomischen Gründen prostituiert. Vom Papagallo der 60er-Jahre bis zum srilankischen „Beach Boy" – das Reservoir der männlichen Gespielen kam und kommt in der Mehrzahl aus unteren Schichten – wie beispielsweise auch bei den weiblichen Prostituierten in Thailand. Die „Beach Boys" sind Einzelunternehmer in Sachen Sex. Ihr Kapital ist der eigene Körper und Charme. Beides setzen sie spielerisch ein. Ihr Bordell ist der ganze Strand. Sie treten mit viel Einfühlungsvermögen auf – abgestimmt auf den sozialen Status und die Persönlichkeit der Touristin. Doch diese schlichten Anbieter haben wenig gemein mit einer durchorganisierten, aggressiven Prostitutions-Industrie wie auf den Philippinen oder in Thailand mit all ihren kriminellen Methoden zur Sicherung der „Frischfleischzufuhr" für die männlichen Freier.

Bumsschuppen für Frauen stünden den weiblichen Freierbedürfnissen konträr entgegen: Ihre funktionale Eindeutigkeit zerstört die Lust der Vorlust und alle Liebesillusion von vornherein. Die sogenannten weiblichen Sextouristen bewegen sich in einer Grauzone von Anmache und Anziehung, von materiellem Nutzen, sexueller Ausbeutung und manchmal vielleicht auch Liebe … Weiblichem Sex-Tourismus fehlt die organisierte

fühlen sich von ihren durchtrainierten, bronze-farbenen Körpern angezogen und/oder haben Mitleid mit den anschaulich geschilderten, ärmlichen Familienverhältnissen (s. Kasten: Sri Lankas „Beach Boys" und die Urlauberinnen).

Geld

Währung

Offizielle Währung Sri Lankas ist die **Sri Lankan Rupie** (offiziell mit LKR, in diesem Buch mit Rs abgekürzt), die nochmals in **100 Cent** unterteilt wird. Es gibt sie als Banknote in folgender Stückelung:

20, 50, 100, 500, 1000 und 5000. Münzen sind zu 25 und 50 Cents sowie zu 1, 2, 5 und 10 Rs im Umlauf. In der Regel sind die meisten Rechnungen in Rupie zu begleichen.

Größere Posten wie Flüge, Mietwagen, organisierte Touren oder Hotelzimmer sind nicht selten in US-Dollar ausgewiesen, in manchem Hotel auch in Euro. Der Name „Rupie" kommt übrigens von *rupa*, dem Sanskrit-Wort für „Silber".

Geldwechsel

In jedem größeren Ort gibt es staatliche und private **Banken**, in denen Bargeld und Reiseschecks gewechselt werden können. Die übli-

Eindeutigkeit und triebhafte Eindimensionalität männlicher Sexausflüge nach Bangkok.

Die Frau freit, indem sie sich freien lässt. Sie wählt unter einem Überangebot an Männern aus. „Frauen", so Kleiber/Soellner/Wilke in ihrer Untersuchung zum Sex-Tourismus, „fühlen sich viel häufiger als Männer einem romantischen Liebesideal verpflichtet. Verliebtheit, Liebe und eine romantische Verklärung der sexuellen Interaktion liefern oftmals erst die Basis für ‚legitime' sexuelle Kontakte und dienen als Rechtfertigung für die Herstellung sexueller Intimität". Denn die Frauen selbst zählen ihre Affäre nicht zu der Kategorie Sex-Tourismus.

Auch der sich anbietende Mann definiert sich selten als Prostituierter, selbst wenn er hauptsächlich davon lebt. Und die Frau zahlt kaum in barer Münze. Sie macht Geschenke, lädt ein, nimmt ihn für ein paar Tage mit auf die Reise oder finanziert ihm den Flug in den saturierten Norden. Die Bezahlung der Urlaubsliebe – auch wenn sie erwartet wird – ist nicht wie bei der weiblichen Prostituierten klar geregelt. Sie spielt sich verschämt in traditionellen Rollenmustern ab, sie kommt oft als Liebesdienst daher. Die Frau hilft, unterstützt, leidet mit.

Die sexuelle Lust der Frauen segelt unter romantischer Flagge. Es ist daher nur logisch, wenn alle in der Studie befragten Frauen lediglich mit

einem einheimischen Partner sexuelle Kontakte hatten. Dies steht in eindeutigem Gegensatz zum Verhalten männlicher Sextouristen, die innerhalb von 24 Tagen durchschnittlich fünf Partnerinnen hatten.

Die Frau dagegen hält die Illusion der „Urlaubsliebe" aufrecht. Vom professionellen Liebhaber will sie nichts wissen. Deshalb nahmen viele in der Studie befragte Frauen zwar die Prostitution der Männer wahr, ihre eigene Urlaubsliebe fällt aber nur selten in diese Kategorie. Dass dieser nach ihrem Abschied gleich die nächste anfliegt, sieht Frau nicht. „Liebe" macht ohnehin blind. Die Frau also letztendlich doch als Opfer patriarchaler Selbstherrlichkeit: hereingelegt und ausgebeutet von polygamen männlichen Strand-Schönheiten? Mitnichten. Sie ist auch romantisch verbrämte Lusttäterin, die sich holt, was sie braucht – und wie sie es braucht.

Edith Kresta

Edith Kresta arbeitet als Redakteurin für Reise und Interkulturelles bei der „Tageszeitung" (taz). Gemeinsam mit Christel Burghoff ist sie Autorin von „Schöne Ferien, Tourismus zwischen Biotop und künstlichen Paradiesen" (Beck-Verlag) sowie Herausgeberin des „Strandgeschichten – Sonne, Sand und Sex" (Erzählband aus Schreibwettbewerben der taz).

chen Öffnungszeiten sind Mo–Fr 9–15 Uhr. Manche Geldinstitute haben bis in die Abendstunden oder sogar am Wochenende geöffnet. Selbst auf dem Land verfügen viele Filialen über **Geldautomaten** (ATM = Automatic Teller Machine).

In Colombos Stadtteil Fort und manchen Touristenorten gibt es private **Wechselstuben** *(Money Changer)*, in denen Banknoten der führenden Währungen (Euro, US$, Schweizer Franken, Britische Pfund etc.) ohne Gebühren eingetauscht werden können. Oft sind die Kurse etwas besser als bei Banken, jedoch empfiehlt es sich, die Umtauschkurse bei mehreren Wechselstuben zu vergleichen. Auch größere **Hotels** bieten den Geldwechsel an, allerdings zu sehr schlechten Konditionen und meist nur für Gäste.

Es kann vorkommen, dass man von **Schwarzhändlern** angesprochen wird. Bitte die Finger davon lassen, es lohnt sich nicht! Zum einen ist der angebotene Kurs kaum besser, zum anderen wird man nicht selten übers Ohr gehauen.

Da die Rupie an den US-Dollar gebunden ist, folgt sie dessen Kursschwankungen. Wer mit Reiseschecks bezahlt, bekommt einen etwas besseren Kurs, allerdings wird der Vorteil durch die nicht unerheblichen Gebühren wieder zunichte gemacht.

Reisekasse

Die Mischung macht's: Man sollte sowohl Bargeld (Euro und US-Dollar) als auch EC- und Kreditkarte mitnehmen, um flexibel zu sein.

Bargeld

Größere Ausgaben können in US-Dollar, mancherorts auch in Euro, beglichen werden. Daher ist es ganz gut, etwas Bargeld mitzunehmen. Rat-

---

sam sind kleinere Stückelungen, denn das Wechseln von großen Geldscheinen bereitet nicht selten Probleme. Manchmal wird die Annahme von US$100-Scheinen aus Angst vor Falschgeld verweigert – also am besten erst gar keine mitnehmen.

Reiseschecks

Travellers Cheques sind aus der Mode gekommen, seit bargeldloses Bezahlen immer üblicher wird. Nach wie vor sind sie das sicherste Zahlungsmittel, da vor Ort für Ersatz gesorgt werden kann.

Jede Heimatbank verkauft Reiseschecks gegen eine geringe Gebühr, allerdings sind sie nicht immer vorrätig. Eine frühzeitige Vorbestellung ist daher sinnvoll. Beim Kauf sollte man darauf achten, nur Reiseschecks international bekannter Geldinstitute zu kaufen wie etwa **American Express** oder **Thomas Cook**. Wie bei Bargeld gilt auch hier, nicht zu große Währungseinheiten mitzunehmen (am besten zwischen 20 und 50 €/US$).

In Sri Lanka ist die **Nations Trust Bank**, 🖳 www.nationstrust.com, offizielles Partner-Unternehmen von American Express. Bitte vor dem Einlösen nach den Gebühren fragen. Die Kaufabrechnung immer an anderer Stelle aufbewahren als die eigentlichen Schecks. Außerdem sollten Nummern, Betrag und Ort der Einlösung von bereits verwendeten Schecks in einer Liste aufgeführt werden.

Kredit- und EC-Karten

Überall wo die Zeichen für American Express, Visa, Mastercard oder Diners Club angebracht sind, sind diese auch willkommen. Dies gilt gerade für Hotels, Restaurants, Souvenirgeschäfte oder Reisebüros. Bitte nach den Gebühren er-

---

Wechselkurse	
1 € = 157 Rs	100 Rs = 0,63 €
1 sFr = 130 Rs	100 Rs = 0,77 sFr
1 US$ = 109 Rs	100 Rs = 0,9 US$
Aktuelle Wechselkurse unter 🖳 www.cbsl.gov.lk und www.oanda.com	

kundigen – manchmal werden sie auf den ge-nannten Betrag aufgeschlagen.

Wer mit Visa und Mastercard Geld abheben möchte, kann dies in der Bank of Ceylon, Commercial Bank, People's Bank, Seylan Bank sowie in vielen Niederlassungen internationaler Banken in Colombo tun (s. S. 175).

Viele Bankfilialen verfügen über Geldautomaten (ATM), besonders jene der Commercial Bank, Seylan Bank, Sampath Bank, Union Bank und HNB. Wo am Automaten das Cirrus/Maestro-Zeichen aufgeführt ist, kann auch mit der normalen EC-Karte Geld gezogen werden. Allerdings werden dafür von der Heimatbank Gebühren erhoben, mind. 1 % des gewünschten Geldbetrags.

Infos und Notruftelefone

Die meisten Banken bieten eine 24-Stunden-Servicenummer an, die auf der Rückseite der Kreditkarte oder Kartenabrechnung vermerkt ist. Diese Nummer sollte man am besten im Handy speichern, um sie immer griffbereit zu haben.

Zentraler Sperrnotruf:
☏ 0049-116116
American Express
☏ 0049-69-97972000 (auch bei Verlust für Ersatzkarten zuständig)
☏ 011-2454485 (nur für Reiseschecks)
🖱 www.americanexpress.com/germany
Mastercard
☏ 001-636-7227111 (als kostenloses R-Gespräch – „trunk call" – anmelden)
🖱 www.mastercard.com/de
Visa
☏ 001-410-5819994 (als kostenloses R-Gespräch – „trunk call" – anmelden)
🖱 www.visa.de

Sicher bezahlen mit der Kreditkarte

Die Kreditkarte sollte beim Bezahlen nicht aus den Augen gelassen werden, damit kein zweiter Kaufbeleg erstellt werden kann, auf dem später die Unterschrift gefälscht wird. Sie darf auch niemals in einem Safe, der auch anderen zugänglich ist, verwahrt werden.

Überweisungen

Wer sich Geld nach Sri Lanka überweisen lassen möchte oder muss, kann dafür das Money-Transfer-System von **Western Union**, 🖱 www.westernunion.com, nutzen. Ihr sind landesweit viele Bankfilialen angeschlossen. Um zu überweisen, muss eine Person zu Hause Bargeld bei einem Western-Union-Vertragspartner, z. B. der Postbank oder der Reisebank, einzahlen und den Namen des Begünstigten sowie die Adresse der entsprechenden Partnerbank in Sri Lanka angeben. Anschließend teilt sie dem Begünstigten die Referenznummer (Money Transfer Control Number) für den Transfer mit. Gegen Vorlage des Reisepasses und der Referenznummer kann dieser sich anschließend den Betrag auszahlen lassen. Über die Webseite sind auch Online-Überweisungen möglich.

Money Gram, 🖱 www.moneygram.com, bietet einen ähnlichen Service an. In Sri Lanka sind die Vertragspartner vorwiegend Bankfilialen, etwa von Commercial Bank, HNB, Nations Trust, Seylan Bank und Pan Asia.

Die Gebühren richten sich nach der Summe, der gesamte Überweisungsvorgang dauert nicht lange, nach Eigenangaben von Money Gram für gewöhnlich „nur 10 Minuten".

Gepäck und Ausrüstung

Rucksäcke, Koffer und Taschen

Die Wahl der Gepäckart hängt von der Art des Reisens ab. Wer vorwiegend mit öffentlichen Verkehrsmitteln unterwegs ist und auch schon mal längere Strecken zu Fuß geht, ist mit einem **Rucksack** gut bedient (ob dieser passt, lässt sich beim Kauf feststellen, wenn er mit etwa 15 kg bepackt ist und sich damit gut tragen lässt).

Kofferrucksäcke sind ein Kompromiss für all jene, die mal mit dem Taxi und mal mit dem Bus fahren. Diese Kombination aus Koffer und Rucksack wird von der Vorderseite bepackt und hinten vom Tragegestell geschützt, sodass die Kleidung im Gegensatz zum Rucksack relativ ordentlich und knitterfrei transportiert werden kann.

Ein **Koffer** eignet sich dann, wenn keine längeren Fußmärsche geplant sind, was vor allem auf Teilnehmer von Reisegruppen zutrifft. Von Vorteil ist bei Hartschalenkoffern mit Zahlenschloss, dass eingeschlossene Wertsachen nicht so einfach entwendet werden können.

Kleidung

Für die Kleidung gilt: viel Baumwolle, wenig Kunstfaser. Sie sollte lässig-bequem, aber gepflegt sein. Zur Grundausstattung gehören neben strapazierfähigen Trekkinghosen ein Paar geschlossene sportliche Schuhe und robuste Sandalen oder Trekkingsandalen.

Gummischlappen sind nicht nur beim eiligen Gang über den Flur zur Toilette unverzichtbar, sondern auch bei Zimmern mit angeschlossenem Bad. Da die Duschen selten von einer Duschwanne umgeben sind, stehen die Bäder fast immer unter Wasser und bilden einen idealen Nährboden für Pilze.

Ein **Tagesrucksack** oder eine Falttasche für Tagesausflüge und Kurztrips ist in jedem Fall sinnvoll. Er bietet zudem zusätzlichen Stauraum auf dem Heimflug.

Kameras sind am besten in einer **Fototasche** untergebracht, die von außen möglichst wertlos aussieht, aus festem Material besteht und gut verschließbar ist. Wertsachen (Geld, Pässe, Schecks, Tickets) sollten immer am Körper in einem **Hüftgurt** aus Baumwolle aufbewahrt werden. Diese Taschen können auf Reisen unauffällig unter den Kleidern getragen werden. Papiere, auch Geld und Flugtickets, am besten in einer Plastikhülle vor Schweiß und Nässe schützen.

Bei Fahrten in Rikschas und offenen Bussen kann ein Tuch vor Sonne, Staub und Abgasen schützen. Gut sind auch Kapuzenjacken oder Sweatshirts mit Kapuze, die zudem den Hals vor Sonnenbrand schützen. In den Bergen Sri Lankas kann es in den Monaten November bis Februar empfindlich kalt sein, weshalb warme Pullover und Jacken unabdingbar sind.

Wie überall in der Welt werden Menschen auch in Sri Lanka zuerst nach ihrem Äußeren beurteilt. Schmutzige oder zerrissene Kleidung hinterlässt keinen guten Eindruck. Bei Frauen wird weit ausgeschnittene oder eng anliegende Kleidung als anstößig empfunden. Die Röcke sollten bis zum Knie reichen und die Schultern bedeckt sein. Letzteres gilt auch bei Männern, die außer am Strand und am Pool zudem auf kurze Hosen verzichten sollten.

Shorts sind in Städten und vor allem beim Besuch religiöser Stätten unangebracht; das erinnert die Sri Lanker zudem an Schuljungen.

Für den Fall, dass man auf seiner Reise von Einheimischen eingeladen wird oder offizielle Termine (Empfänge, Gespräche mit Offiziellen, Behördengänge, etc.) wahrnehmen muss, gehört auch ein etwas besseres, nicht allzu empfindliches Stück mit ins Gepäck. Krawatten können zu Hause bleiben, außer man diniert in Fünf-Sterne-Hotels oder im legendären Hill Club in Nuwara Eliya.

Ausrüstung

Wer sich länger in den kühleren Bergregionen aufhält, wird über einen mitgebrachten **Schlafsack** dankbar sein, wenn er in billigen Unterkünften übernachtet. Die dortigen Kunstfaserdecken wärmen meist nur unzureichend und eignen sich eher zum Aufpolstern der Matratzen. Daunenschlafsäcke sind nicht geeignet, da sie bei hoher Luftfeuchtigkeit nicht trocknen. Ansonsten reicht ein Leinenschlafsack oder ein **Bettbezug** aus.

Für Trekkingtouren haben sich **Dschungelboots** aus Armeebeständen bewährt. Diese leichten Schnürstiefel aus Baumwoll-Canvas sind knöchelhoch und haben ein griffiges, wenn auch dünnes Gummiprofil. **Bergwanderschuhe** eignen sich vor allem für steiniges Gelände, weniger für nasse Lehmböden. Außerdem bieten sie entgegen allen Erwartungen keinen besseren Schutz vor Blutegeln, und nach dem Durchqueren von Bächen und Pfützen sind sie buchstäblich Klötze am Bein.

Eine **Taschenlampe** ist nützlich bei Stromausfall, und auch ein **Taschenmesser** und ein **Feuerzeug** können vielfache Dienste leisten.

Die folgende Liste kann als Hilfe beim Packen dienen.

Kleidung

- [ ] **Feste Schuhe**, für Wanderungen reichen Sportschuhe aus, evtl. Dschungelboots*
- [ ] **Sandalen** oder **Trekkingsandalen***
- [ ] **Gummischlappen***
- [ ] **Hosen** bzw. **Röcke**, die locker sitzen, aus Baumwolle und leichten Materialien
- [ ] **Kurze Hosen** für den Strand, bei Männern knielang, bei Frauen bis unters Knie
- [ ] **Hemden*** oder **Blusen***
- [ ] **T-Shirts***
- [ ] **Allwetterjacke**, am besten mit Kapuze
- [ ] **Pullover**
- [ ] **Baumwolltuch** zum Schutz vor Straßenstaub, Zugluft und Sonne
- [ ] **Sonnenschutz**: Hut*, Kappe*, Brille* in bruchsicherer Box, Sonnenmilch
- [ ] **Strickmütze***, im Norden zur kalten Jahreszeit, gegen Fahrtwind etc.
- [ ] **Socken**, für den Abend dichte, nicht allzu kurze Socken als Moskitoschutz
- [ ] **Unterwäsche**, in der Regenzeit außer aus Baumwolle auch aus feinen, schnelltrocknenden Materialien
- [ ] **Badeanzug** für Frauen, dazu ein Wickelrock*

Hygiene und Körperpflege

- [ ] **Zahnbürste***
- [ ] **Zahnpasta*** in stabiler Tube
- [ ] **Shampoo***
- [ ] **Nagelschere** und Nagelfeile
- [ ] **Nassrasierer***
- [ ] **Kosmetika**
- [ ] **Papiertaschentücher**
- [ ] **Feuchties**, zur Hygiene unterwegs und wenn kein Wasser in Reichweite ist
- [ ] **Tampons**
- [ ] **Toilettenpapier***, in einfachen Hotels und auf vielen Toiletten nicht vorhanden
- [ ] **Nähzeug**

Für einfache Unterkünfte

- [ ] **Seife*** im bruchsicheren Behälter
- [ ] **Handtücher**, die schnell trocknen
- [ ] **Waschmittel** für alle, die Wäsche selbst waschen
- [ ] **Plastikbürste*** zum Schrubben von Wäsche und Schuhen
- [ ] **Kordel** als Wäscheleine oder zum Aufspannen des Moskitonetzes
- [ ] **Klebeband***, um Löcher im Moskitonetz zu flicken
- [ ] **kleine Nägel*** oder Reißzwecken zum Befestigen des Moskitonetzes
- [ ] **Moskitonetz**
- [ ] **Vorhängeschloss*** und kleine Schlösser* fürs Gepäck
- [ ] **Leinenschlafsack** oder Bettbezug, da die Laken in billigen Hotels nicht häufig gewechselt werden
- [ ] **Schlafsack** in billigen Herbergen und in höheren Regionen

Sonstiges

- [ ] **Reisewecker** oder Armbanduhr mit eingebautem Wecker
- [ ] **Taschenlampe***
- [ ] **Taschenmesser**, z. B. Schweizer Messer
- [ ] **Reiseapotheke**, s. S. 57
- [ ] **Notizbuch*** und Stifte*
- [ ] **Adressbuch** und E-Mail-Adressen
- [ ] **Reisepass**
- [ ] **Impfpass** oder eine Kopie für den Notfall
- [ ] **Geld**
- [ ] **Flugtickets**
- [ ] **Reiseführer**, Landkarten
- [ ] **Reiselektüre**

Tipp: Alle wichtigen Reisedokumente zu Hause einscannen und an die eigene Webmail-Adresse schicken, evtl. auch Telefonnummern, Reiseschecknummern etc. So können diese im Notfall unterwegs abgerufen werden.

* Diese Gegenstände sind in Sri Lanka billiger

Wäsche waschen

Je billiger die Unterkunft, desto günstiger ist auch der Wäscheservice (Laundry), allerdings ist das Bügeln fast nie eingeschlossen. Da mit kaltem Wasser und viel Pulver gewaschen wird, kommt das bunte T-Shirt häufig farbloser zurück. Abgerechnet wird meist pro Stück. Wer auf ein steifes Hemd wert legt oder etwas chemisch reinigen muss, sollte sich an eine Wäscherei wenden, die es in jeder größeren Stadt gibt. Allerdings werden dafür meist mehrere Tage benötigt.

Der Wäscheservice in den großen Hotels und Resorts rechnet pro Wäschestück ab. Die Preise sind in einer Liste aufgeführt, wobei die Größe des Kleidungsstücks ausschlaggebend ist.

Gesundheit

Das gesundheitliche Risiko ist bei einer Reise durch Sri Lanka relativ gering, und ein Großteil der möglichen Erkrankungen (s. S. 499) lässt sich durch umsichtiges Verhalten vermeiden. Trotzdem sollte man wie vor jeder Tropenreise einen Blick in den Impfpass werfen und gegebenenfalls die Schutzimpfungen gegen **Wundstarrkrampf** (Tetanus), **Kinderlähmung** (Polio) und **Diphtherie** auffrischen, falls die letzten schon zehn Jahre oder länger zurückliegen.

Reisemedizin im Internet

Centrum für Reisemedizin
🖳 www.crm.de
Die Reisemedizin
🖳 www.die-reisemedizin.de
Deutsche Gesellschaft für Tropenmedizin
🖳 www.dtg.org
Fit for Travel
🖳 www.fitfortravel.de
Reisemedizinische Beratung Freiburg
🖳 www.tropenmedizin.de
Robert-Koch-Institut
🖳 www.rki.de
Tropeninstitut Hamburg
🖳 www.gesundes-reisen.de

Impfungen

Für die Einreise nach Sri Lanka sind keine Impfungen vorgeschrieben, außer man kommt aus einem Land, in dem Gelbfieber verbreitet ist. Trotzdem raten Tropenmediziner zumindest zur Impfung gegen **Hepatitis A** und **B**.

Bei längeren Aufenthalten, vor allem in ländlichen Regionen, ist ein Impfschutz gegen **Tollwut** und **Japanische B Enzephalitis** angemessen. **Malaria** (S. 501) ist noch immer in manchen Regionen Sri Lankas verbreitet, womit sich die Frage nach einer Prophylaxe bzw. Mitführens entsprechender Schutzmittel stellt. In jedem Fall empfiehlt sich sechs Wochen vor Reiseantritt die Konsultation eines Tropeninstitutes oder Facharztes. Bitte den internationalen Impfpass nicht vergessen, in den die Impfungen mit Ortsangabe, Datum und Unterschrift des Arztes eingetragen werden, und von diesem am besten auch eine Sicherheitskopie mitführen.

Tropenmedizinische Institute
Deutschland
Berlin, Spandauer Damm 130, 14050
📞 030-301166
🖳 www.charite.de/tropenmedizin
Dresden, Friedrichstr. 39, 01067
📞 0351-4803801
Düsseldorf, Moorenstr. 5, 40225
📞 0211-811703,
🖳 www.uni-duesseldorf.de
Freiburg i. Br., Häge 20, 79111
📞 0761-34100
🖳 www.tropenmedizin.de
Göttingen, Werner-von-Siemens-Str. 10, 37077
📞 0551-307500
Hamburg, Bernhard-Nocht-Str. 74, 20359
📞 040-428180
🖳 www.bni.uni-hamburg.de
Heidelberg, Im Neuenheimer Feld 324, 69120
📞 06221-562925
🖳 www.klinikum.uni-heidelberg.de
Leipzig, Philipp-Rosenthal-Str. 27, 04129
📞 0341-9894505
🖳 www.uniklinikum-leipzig.de
München, Leopoldstr. 5, 80802
📞 089-218013500
🖳 www.tropinst.med.uni-muenchen.de

✕ Vorschlag für eine Reiseapotheke

Von allen regelmäßig benötigten Medikamenten sollte man einen ausreichenden Vorrat mitnehmen. Nicht zu empfehlen sind Zäpfchen oder andere hitzeempfindliche Medikamente. Bitte bei den Medikamenten Gegenanzeigen und Wechselwirkungen beachten und sich vom Arzt oder Apotheker beraten lassen!

Verbandzeug
- [ ] **Pflaster** (Heftpflaster, Leukoplast, Blasenpflaster) und **Mullbinden** (elastische Binde), sterile **Kompressen**, **Verbandpäckchen**, **Dreiecktuch**
- [ ] **Alkoholtupfer**
- [ ] **Desinfektionsmittel** (Betaisodona Lösung, Kodan Tinktur)
- [ ] **Schere**, **Pinzette**

Malaria-Prophylaxe
- [ ] **Standby-Therapie** * (z. B. Malarone)
- [ ] **Mückenschutz** (für Kinder: Zanzarin)

Schmerzen und Fieber
- [ ] **Fieberthermometer**
- [ ] **Benuron, Dolormin**
- [ ] **Buscopan** (gegen starke krampfartige Schmerzen)
- [ ] **Antibiotika***gegen bakterielle Infektionen (in Absprache mit dem Arzt mitnehmen)

Magen- und Darmerkrankungen
- [ ] **Imodium** (gegen Durchfall)
- [ ] **Elotrans** (zur Rückführung von Mineralien; Kinder: Oralpädon Pulver)
- [ ] **Dulcolax** Dragees, **Laxoberal** Tropfen (gegen Verstopfung)

Hauterkrankungen
- [ ] **Nebacetin** Salbe RP (bei infizierten oder infektionsgefährdeten Wunden)
- [ ] **Soventol** Gel, **Azaron** Stift, **Fenistil** Tropfen, **Teldane** Tabletten (bei Juckreiz nach Insektenstichen oder allergischen Erkrankungen)
- [ ] **Soventol** Hydrocortison Creme, **Ebenol** Creme (bei starkem Juckreiz oder stärkerer Entzündung)
- [ ] **Wund- & Heilsalbe** (Bepanthen)
- [ ] **Fungizid ratio**, **Canesten** (bei Pilzinfektionen)
- [ ] **Berberil**, **Yxin** (Augentropfen bei Bindehautentzündungen)

Erkältungskrankheiten
- [ ] **Olynth** Nasenspray, **Nasivin**
- [ ] **Dorithricin**, **Dolo Dobendan** (bei Halsschmerzen)
- [ ] **Silomat** (Hustenstiller)
- [ ] **ACC akut** (zum Schleimlösen)

Sonnenschutz
- [ ] **Ladival** Milch oder Gel, **Ilrido** ultra Milch
- [ ] **Sonnenschutzstift** für die Lippen
- [ ] **Calamine** (bei Sonnenallergie)

Sonstiges
- [ ] **Einwegspritzen**
- [ ] **Kondome**
- [ ] **Ohrenstöpsel**
- [ ] **Beipackzettel**
- [ ] **Superpep Kaugummis**, **Vomex** (gegen Reisekrankheit)

* rezeptpflichtig in Deutschland

Rostock, Ernst-Heidemann-Str. 6–8, 15055
📞 0381-4947583
Tübingen, Kepplerstr. 15, 72074
📞 07071-2982364
🖥 www.medizin.uni-tuebingen.de
Würzburg, Salvatorstr. 7, 97074
📞 0931-7912821
🖥 www.tropen.missioklinik.de

Österreich
Wien, Alsterstr. 48, 1090
📞 01-4038343, 🖥 www.reisemed.at

Schweiz
Basel, Socinstr. 57, 4051
📞 061-2848111, 0900-575131
🖥 www.swisstph.ch

Allgemeines

Essen

Grundsätzlich gilt die Regel der Weltgesundheitsorganisation (WHO): kochen, braten, schälen – oder vermeiden! Denn ein Großteil der Infektionen wird durch verunreinigte Nahrungsmittel übertragen. Wer kein ungeschältes Obst und keine rohen oder halbgaren Speisen (vor allem Fisch) isst, hat seiner Gesundheit schon einen großen Dienst erwiesen.

Am sichersten ist gut durchgegartes Essen, allerdings nicht, wenn es länger herumstand oder aufgewärmt wurde (wie es an Essensständen der Fall sein kann). Im Zweifelsfall die Finger davon lassen!

Wasser

Vorsicht mit Wasser! Auf keinen Fall sollte man Leitungswasser trinken. Besondere Wachsamkeit ist in ländlichen Gebieten geboten, wo Haushalte ihr Wasser in einem meist offenen Reservoir sammeln und die Leitungen aus einfachen Materialien bestehen.

Wer sichergehen will, hält sich an Trinkwasser aus abgefüllten (leider nicht sehr umweltfreundlichen) Flaschen, die überall zu haben sind. Bitte vor dem Kauf die Sicherheitsverschlüsse kontrollieren. Für Eiswürfel gilt dasselbe wie für Trinkwasser. Speiseeis sollte in Gebieten mit unregelmäßiger Stromversorgung gemieden werden, da bei angeschmolzenem Eis Salmonellengefahr besteht.

Klima

Sonne und Hitze machen Reisenden oft am meisten zu schaffen. Wer vom winterlichen Europa in das tropische Sri Lanka reist, hat nicht selten eine Temperaturdifferenz von 25 °C und mehr zu bewältigen. Am wichtigsten ist es, stets ausreichend zu trinken, denn der Körper schwitzt gerade in den ersten Tagen erheblich. Als Faustregel gilt: **drei Liter Flüssigkeit pro Tag** (Alkohol, Kaffee und Tee zählen nicht!). Es genügt mit Sicherheit nicht, sich auf das Durstgefühl zu verlassen, denn dann ist der normale Wasserhaushalt meist schon unterschritten. Kein oder nur wenig (dunkeloranger) Urin ist eine unmissverständliche Warnung.

Übermäßiges Schwitzen führt zu Salzverlust und kann Muskelzittern oder -krämpfe, schlimmstenfalls Herzrythmusstörungen verursachen. In diesem Fall ist es sinnvoll, neben viel Flüssigkeit ein wenig Salz zu sich zu nehmen.

Wie überall in den Tropen stellt die Sonne eine Gefahr dar, selbst wenn der Himmel bedeckt ist. Das gilt noch mehr auf dem Wasser. Je nach Typ braucht die Haut etwa fünf Tage, bis der Eigenschutz aufgebaut ist. Man sollte sich daher mit einer **Sonnencreme mit hohem Lichtschutzfaktor** (15 und höher) und einer **Kopfbedeckung** schützen. Eine **Sonnenbrille** ist nicht nur schick, sondern auch zum Schutz der Augen unerlässlich.

Medizinische Hilfe vor Ort

Sicherlich können sich die Gesundheitseinrichtungen in Sri Lanka nicht mit westlichen messen lassen, aber dank der geringen Distanzen im Land ist ein akzeptables Krankenhaus nie allzu weit entfernt. Zudem gibt es in nahezu jedem Dorf eine Person mit medizinischen Kenntnissen, sei es ein Ayurveda-Doktor oder eine Krankenschwester. Auch Apotheken sind in nahezu jeder größeren Siedlung zu finden. Private Gesundheitseinrichtungen sind den staatlichen vorzuziehen. Diesbezüglich ist vor allem in den Städten die Auswahl groß. Entsprechende Adressen befinden sich bei den jeweiligen Ortsbeschreibungen in diesem Buch.

Informationen

In Vertretung von Sri Lanka Tourism agiert das Büro von AVIAREPS Tourism Public Relations in München:
Sri Lanka Tourism
℡ 089-552533830
✉ info.germany@srilanka.travel
🖥 www.srilankatourism.org

Wer bereits im Land ist, kann das Büro von Sri Lanka Tourism in Colombo aufsuchen, in welchem neben englischsprachigen Broschüren der halbjährlich aktualisierte *Accommodation Guide* erhältlich ist. Als nützliche Informationsquellen vor Ort erweisen sich die örtlichen Reisebüros, Gästehaus-Besitzer, Rikscha-Fahrer, Gastwirte und Mitreisende. Hier sollte man unbedingt mehrere Quellen heranziehen, um ein objektiveres Bild zu bekommen, denn die Informationen sind fast immer von eigenen Interessen geleitet.

Sri Lanka Tourism
80 Galle Rd.
Kollupitiya, Colombo 3
℡ 011-2437055 oder -59, -60
🕐 Mo–Fr 8.30–16.15, Sa 8.30–12.30 Uhr
🖥 www.srilanka.travel
Unterhält auch eine Filiale in Kandy und das rund um die Uhr geöffnete **Travel Information Centre** in der Ankunftshalle des Bandaranaike International Airport, Katunayake, ℡ 011-2252411.

Im Internet

Auch für Sri Lanka ist das Internet eine schier unerschöpfliche Informationsquelle. Folgende Webadressen sind daher nur als kleine Auswahl zu verstehen.

Reiseinfos
🖥 www.exploresrilanka.lk
🖥 www.go-lanka.com
🖥 www.infotravelsrilanka.com
🖥 www.infolanka.com
🖥 www.lanka.at
🖥 www.lanka.net

Reiseforen
🖥 www.stefan-loose.de/globetrotter-forum
🖥 www.sri-lanka-board.de
🖥 www.srilankaforum.homesites.de
🖥 www.lakdasun.org

Orte und Regionen
🖥 www.arugam.info
🖥 www.colomboguide.net
🖥 www.haputale.de
🖥 www.hikkaduwanet.com
🖥 www.negombo.org
🖥 www.nuwaraeliya.org

Hotel-Buchung
🖥 www.reddottours.com
🖥 www.srilankainstyle.com
Über beide Seiten können geschmackvolle Edelunterkünfte und Reisen gebucht werden.

Öko-Tourismus
🖥 www.jetwingeco.com
🖥 www.srilankaecotourism.com
Beide Webseiten sind von privaten Veranstaltern, bieten aber darüber hinaus viele Infos zu Nationalparks und Aktivitäten
🖥 www.dwc.gov.lk
Webseite des Department of Wildlife Conservation (DWLC)

Politk, Wirtschaft und Gesellschaft
🖥 **www.lmd.lk**
Webseite des führenden srilankischen Wirtschaftsmagazins.
🖥 **www.cpalanka.org**
Auf der Webpage des 1996 gegründeten Centre for Policy Alternatives (CPA) lassen sich einige gute fundierte Analysen finden.
🖥 **www.peace-srilanka.org**
Adresse des National Peace Council (NPC) mit hervorragenden Stellungnahmen zum politischen Geschehen. Offeriert auch einen englischsprachigen Newsletter per E-Mail.
🖥 **www.suedasien.info**
Portal des Südasien-Informationsnetz e.V. mit Informationen über Politik, Gesellschaft und Kultur Südasiens.
🖥 **www.archaeology.lk**
Hier gibt es Informationen zu Geschichte und Archäologie.

Regierungsseiten
🖥 www.priu.gov.lk
🖥 www.gov.lk

Landkarten und Stadtpläne

In heimischen Buchläden steht am ehesten *Nelles Maps Sri Lanka* (Maßstab 1:450 000) mit Stadtplänen von Anuradhapura, Colombo, Galle und Kandy im Regal. In besser bestückten Buchläden Sri Lankas wird die vom Survey Department herausgegebene *Road Map of Sri Lanka* (Maßstab 1 : 500 000) angeboten. Dort finden sich auch gute Stadtpläne von Colombo, darunter das umfangreiche blaue *A to Z Colombo*. Seltener ist der ebenfalls vom Survey Department herausgegebene *Road Atlas of Sri Lanka* zu finden, der neben einer Straßenkarte Pläne der 15 wichtigsten Städte enthält. Diesen Straßenatlas wie auch etwas unhandliche Regionalkarten (Maßstab 1 : 50 000) bekommt man gegen Vorzeigen des Passes im Survey Department, Kirula Rd., Narahenpita, Colombo 5, ℡ 011-2369011, 🖥 www.survey.gov.lk, 🕐 Mo–Fr 9–15 Uhr.

Internet und E-Mail

Auch in Sri Lanka hat das Internet seit seiner Einführung 1996 einen beispiellosen Siegeszug angetreten. Kaum ein größerer Ort, der nicht über ein **Internet-Café** verfügt. Mit der wachsenden Zahl fallen die Preise, so kann vielerorts bereits ab 40 Rs/Std. gesurft werden. Während der „Rushhour" zwischen 17 und 20 Uhr sind oftmals die Server überlastet, weshalb die Übertragungsgeschwindigkeit extrem abnehmen kann. Hier empfiehlt es sich, diese Zeit zu meiden. Bezüglich **WLAN** hinkt Sri Lanka dem globalen Trend etwas hinterher, aber auch hier verbessert sich die Situation rapide, viele Cafés und Gästehäuser bieten kostenlosen Zugang an. Zum **mobilen Internet** per GPRS siehe Mobiltelefone S. 77.

Kinder

Sri Lanka ist für Kinder eine spannende Destination. Damit der Familienurlaub für alle Beteiligten zu einem schönen Erlebnis wird, sollte er gründlich vorbereitet werden. Da heißt es beim Programm Kompromisse schließen und ein gemächlicheres Tempo einlegen. Wichtig ist, sie bei der Reiseplanung zu Hause und der Ausflugsgestaltung vor Ort mit einzubeziehen.

Anreise: Die Anreise und die damit verbundene Zeitverschiebung sind immer beschwerlich. Um lästige Wartezeiten auf den Flughäfen

zu vermeiden, sollte darauf geachtet werden, Direktflüge zu buchen, auch wenn das Ticket etwas teurer sein sollte. Denn mitten in der Nacht auf den nächsten Flieger warten zu müssen, wie das häufig bei den Fluggesellschaften der Golfstaaten der Fall ist, ist kein Vergnügen.

Der Komfort im Flugzeug variiert je nach Fluggesellschaft, wobei sich Sri Lankan Airlines besonders um das Wohl der Kinder bemüht. Mit Spielen und Bastelmaterial wird den Kleinen die lange Zeit verkürzt. Bitte vor dem Buchen abklären, ob die Fluggesellschaften „schwebende Kinderbettchen" für Säuglinge anbieten oder Kinder-Menüs, die vor den Mahlzeiten der Erwachsenen ausgegeben werden, damit die Eltern den Sprösslingen beim Essen behilflich sein können.

Eine Rückentrage für die Kleinsten hat sich bewährt, man kann sie notfalls auch im Flugzeug aufstellen und dem Kind somit ein Minimum an Bewegungsfreiheit geben. Es empfiehlt sich, Windeln, Babynahrung und Wechselwäsche für drei Tage mitzunehmen. Auf diese Weise ist man auch für einen unvorhergesehenen Zwischenstopp gewappnet.

Für die ersten Nächte nach der Ankunft sollte man ein gutes, möglichst ruhiges Hotel reservieren, um nicht noch lange nach einer Unterkunft suchen zu müssen. Wegen der Nähe zum Flughafen bieten sich ein paar Strandtage in Negombo (s. S. 186) an. Ältere und reisegewohnte Kinder kommen mit der Umstellung sicherlich eher zurecht, jedoch sollte auch bei ihnen auf allzu großartige Unternehmungen gleich nach der Ankunft verzichtet werden. Für die Nacht bitte unbedingt etwas Ess- und Trinkbares griffbereit halten.

Gesundheit und Hygiene: Eltern müssen sich im Klaren darüber sein, dass die medizinische Versorgung im Land nicht westlichem Standard entspricht. Wichtig ist, das Kind vor der Reise gründlich medizinisch untersuchen zu lassen. Zur frühzeitigen Impfung – einschließlich gegen Kinderkrankheiten – und der Auswahl der Malariaprophylaxe ist der Besuch bei einem erfahrenen Tropenarzt unerlässlich. Art und Dosierung der Medikamente müssen auf das Körpergewicht des Kindes abgestimmt sein.

Vor Ort sollte noch stärker auf saubere Nahrung und eine hygienische Umgebung geachtet werden als zu Hause. Bitte die Kinder eindringlich vor dem Berühren von Haustieren warnen! Zwar lassen sich die scheuen halb wilden Hunde und Katzen nicht so schnell anfassen wie bei uns, doch ist Tollwut weit verbreitet, und die Tiere reagieren viel schreckhafter.

Babynahrung und Wegwerfwindeln sind vorwiegend in den Städten und Touristenzentren erhältlich. Während einer Fahrt sind Plastikwindeln von Vorteil, bleibt man länger an einem Ort, sollte man besser auf Baumwollwindeln zurückgreifen. Feuchties im Gepäck beruhigen jeden Erwachsenen, auch wenn sie längst nicht so oft eingesetzt werden wie vorher vermutet.

Unterkunft und Essen: Da auch srilankische Familien viel reisen, herrscht in Gästehäusern und Hotels an geräumigen Familienzimmern mit drei und mehr Betten kein Mangel. Wer längere Tage an einem Ort bleibt, sollte die Umgebung berücksichtigen: ruhige Lage, nicht zu nah an der Straße, ein kleiner Garten oder Hof zum Spielen.

In den meisten Geschäften der landesweit führenden Supermarktketten „Keells Super" und „Cargills" ist importierte Babynahrung erhältlich. Ansonsten bieten die Restaurants auch Gewohntes für den Kindergaumen. Über das Angebot an Süßem lässt sich auch nicht klagen: Fruchtsäfte, Eis (Stangeneis gilt meist als sicher) oder Joghurt sind fast überall zu haben; ganz zu schweigen von der großen Auswahl an tropischen Früchten. Aber wie bei den Erwachsenen gilt auch bei Kindern: Mut zum Ausprobieren!

Verkehrsmittel: Zwar sind die Distanzen in Sri Lanka relativ gering, doch besagt die Kilometerzahl angesichts der oft schlechten Straßenverhältnisse wenig über die Fahrzeit. Es empfiehlt sich daher, keine zu großen Entfernungen auf einmal zurückzulegen.

Am bequemsten und flexibelsten lässt es sich in einem Mietwagen mit Fahrer reisen – womöglich die einzige Fortbewegungsart über Land, die mit einem Kind unter drei oder vier Jahren überhaupt in Erwägung gezogen werden sollte. Kürzere Strecken lassen sich bei älteren Kindern auch mit einer Rikscha bewältigen.

Längere Touren mit öffentlichen Bussen sind nicht zu empfehlen, denn einerseits ist kaum Platz für das Gepäck, andererseits sind sie häufig überfüllt. Um ein Vielfaches angenehmer ist eine Bahnfahrt, denn erstens sind die Waggons meist nicht so voll und zweitens können die Kinder sich bewegen. Schließlich ist bei Bedarf auch eine Toilette nicht weit (immer dem Geruch nach ...). Bei einigen Strecken wie von Colombo nach Kandy sind die landschaftlichen Reize auch für Kinder spannend.

Nicht vergessen: genügend Proviant und ein T-Shirt zum Wechseln ins Handgepäck nehmen! Bei Fahrten in die Berge ist ein Pullover sinnvoll.

Maße und Elektrizität

Maße

Im Großen und Ganzen hat sich das metrische System durchgesetzt. Trotzdem stößt man immer wieder auf das Messsystem der alten Kolonialmacht oder gar auf alte srilankische. Ist etwa von „one lakh" die Rede, dann ist damit die Zahl 100 000 gemeint. Lakh ist ein Hindi-Wort und bedeutet eigentlich „unzählige". Für 10 Mio. hört man gelegentlich den Begriff „crore".

Längenmaße

1 inch = 2,54 cm
1 cm = 0,3937 inch
1 foot = 30,4803 cm
1 m = 3,2808 feet
1 yard = 91,44 cm
1 m = 1,0936 yard
1 mile = 1,609 km
1 km = 0,621 miles

Flächenmaße

1 acre = 40,47 Ar
1 acre = 0,40 ha
1 ha = 2,4711 acre
1 km^2 = 247,11 acre

Hohlmaße

1 imperial gallon = 4,546 l
1 l = 0,2201 imperial gallon

Gewichtsmaße

1 ounce = 28,35 Gramm
1 Gramm = 0,0035 ounce
1 pound = 0,4536 kg
1 kg = 2,2046 pound

Elektrizität

Die übliche Wechselstromspannung beträgt 230 Volt und die Frequenz 50 Hertz. Auf jeden Fall sollte ein Adapter für die Steckdosen mitgenommen werden, da vor Ort allerlei Variationen vorkommen. Häufig sind die englischen Steckdosen mit drei flachen Stiften anzutreffen. Auch sollte man sich auf Stromausfall einstellen, der gerade zum Ende der Trockenzeit hin, aber auch in der Regenzeit nach einem Gewitter vorkommen kann.

Medien

Ein Blätterwald an Zeitungen, Magazinen und anderen Printmedien überschwemmt die Kioske und Zeitschriftenstände der Insel. Zwar garantiert die Verfassung in Kap. 3, Art. 14, Abs. 1, die Presse- und Meinungsfreiheit, doch kam es in der Vergangenheit vor allem im Zusammenhang mit der Bürgerkriegs-Berichterstattung immer wieder zur Zensur – wegen der „nationalen Sicherheit", so die favorisierte Begründung der Regierung. Auch die gegenwärtige Regierung drangsaliert kritische Journalisten, nicht selten verschwinden sie spurlos.

Unter den englischsprachigen **Zeitungen** gilt die *Daily News*, www.dailynews.lk, als Sprachrohr der jeweiligen Regierung, da sie zum staatseigenen Lake House-Unternehmen gehört. Ausgewogener sind *The Island*, www.island.lk, und *Daily Mirror*, www.dailymirror.lk. Einige Zeitungsverlage bringen am Wochenende eigene Sonntagsblätter heraus wie *The Sunday Leader*, www.thesundayleader.lk, *Sunday Observer*, www.sundayobserver.lk, *The Sunday Island* und *The Sunday Times*, www.sundaytimes.lk.

Auf Wirtschaftsnachrichten haben die Magazine *Business Today*, www.businesstoday.lk, und das monatlich erscheinende, sehr zu empfehlende *LMD* (Lanka Monthly Digest), www.lmd.lk, ihren Schwerpunkt gelegt. *Explore Sri Lanka*, www.exploresrilanka.lk, erscheint ebenfalls monatlich und bietet interessante Artikel zu touristisch relevanten Themen. Auch das kostenlos erscheinende *Travel Lanka* hat viele Tipps.

Ausländische Printmedien wie die *Time* oder der renommierte britische *Economist* sind vorwiegend in den großen Hotels und besser bestückten Buchläden zu finden. Bollywood-Fans werden an der vierzehntägig erscheinenden *Filmfare* ihre Freude haben. Deutsche Printmedien sucht man meist vergeblich.

Radio und Fernsehen

Sieben **Fernsehkanäle** – die meisten privat – beglücken die einheimischen Zuschauer mit Seifenopern, Ratespielen und Sport. Straßenfeger ersten Ranges sind die Übertragungen der Kricketspiele, gefolgt von indischen Endlosserien. In Hotels mit Satellitenempfang können auch internationale Sender wie CNN, BBC World, MTV und einige indische Kanäle empfangen werden. Nicht immer hat man das Glück, dass auch DW TV, das 24-stündige Fernsehprogramm der Deutsche Welle, in das hoteleigene Netz eingespeist wird.

Radiohörer mit gutem Weltempfänger können die Deutsche Welle über Kurzwelle empfangen. Aktuellen Frequenzen unter ⌨ www.dw-world. Das Gleiche gilt für die britische BBC World, ⌨ www.bbc.co.uk/worldservice.

Meditation

Nicht wenige Besucher Sri Lankas möchten den Buddhismus näher kennenlernen und suchen nach Orten, um dort eine Zeit lang zu leben und zu meditieren. Wer noch keine Meditationserfahrung hat, sollte unbedingt vorher in seiner Heimat Einführungskurse besuchen, denn es wird leicht unterschätzt, wie körperlich und psychisch anspruchsvoll Meditation ist. Zudem herrscht in den Klöstern eine strikte Disziplin. Der Tag beginnt nicht selten bereits um 4 Uhr in der Frühe und endet gegen 21 oder 22 Uhr. Es wechseln sich Sitz- und Gehmeditationsübungen mit kleinen Pausen ab, nach 12 Uhr wird nichts mehr gegessen. Alkohol, Sex und Rauchen sind untersagt, dafür darf man schweigen. Am besten trägt man bequeme weiße Kleidung. In vielen Zentren wird eine Variante der **Vipassana-Meditation** gelehrt. Ein Aufenthalt lohnt sich aber nur über einen längeren Zeitraum hinweg (mind. eine Woche), denn es dauert einige Zeit, bis man sich in den neuen Lebensrhythmus eingefunden hat.

Eine gute Einführung in die Praxis der Vipassana-Meditation gibt das Buch von Joseph Goldstein: *Vipassana-Meditation – Die Praxis der Freiheit* (Arbor Verlag 2006).

Auch in Europa gibt es zahlreiche Gruppen, die diese Meditationstechnik üben. Allgemeine Informationen über Buddhismus und relevante Themen oder Adressen gibt die Deutsche Buddhistische Union e. V., Amalienstr. 71, 80799 München, ✆ 0700-28334233, ⌨ www.dharma.de. Hilfreich mögen auch die Websites ⌨ www.buddha netz.de und in englischer Sprache ⌨ www.buddha net.net sein. Nähere Informationen über die meisten der auf S. 64/65 aufgeführten Zentren findet man unter ⌨ www.metta.lk/temples und ⌨ www.retreat-infos.de. Unter letzterer Website kann auch die Broschüre „Meditation in Südostasien" als PDF-Datei heruntergeladen werden.

Öffnungszeiten

Behörden haben normalerweise Mo–Fr von 9–16.30 Uhr ihre Schalter geöffnet, manche schließen eher. Es ist ratsam, nicht zwischen 11.30 und 14 Uhr aufzutauchen, da während der Mittagszeit meist zwar offen ist, aber viele Beamte gerade beim Mittagessen sind.

Banken haben Mo–Fr von 9–15 Uhr geöffnet, manche auch am Samstag. In Touristenzentren und den Städten ist der Wechselschalter teilweise sogar noch länger geöffnet.

Postämter sind für gewöhnlich Mo–Fr von 8.30–17 Uhr geöffnet, Sa 8.30–13 Uhr.

Ein Ladenschlussgesetz gibt es in Sri Lanka nicht, weshalb **Geschäfte** je nach Gutdünken des Besitzers Kunden empfangen. Die meisten öffnen gegen 10 Uhr und schließen zwischen 18 und 20 Uhr, manche später. Viele Geschäfte sind am Sonntag zu.

Post

Auf die srilankische Post ist für gewöhnlich Verlass. Eine **Luftpostsendung** von/nach Europa braucht selten länger als eine Woche. Postkarten kosten 20 Rs, Briefe bis 10 g 45 Rs, jede zusätzlichen 10 g kosten jeweils 10 Rs mehr.

Päckchen und Pakete benötigen als Seefracht etwa zwei bis drei Monate und als Luftpost etwa 14 Tage. Seefracht (Surface) kostet nach Deutschland bis 1 kg 2095 Rs, bis 3 kg 2225 Rs. Ein Luftpost-Paket bis 500 g kostet nach Deutschland derzeit 1730 Rs, alle weiteren 500 g jeweils 510 Rs. Kurioserweise werden für Schweiz und Österreich andere, ca. 400 Rs günstigere Gebühren verlangt. Schneller, aber teurer sind EMS-Sendungen (Express Mail Service), die von jedem größeren Postamt entgegengenommen werden. Für Postsendungen empfiehlt es sich, die Briefe und Postkarten direkt im Postamt abzugeben und darauf zu achten, dass die Briefmarken gleich abgestempelt werden.

Alternativ können die Dienste internationaler **Kurierdienste** wie DHL, FedEx, TNT oder UPS in Anspruch genommen werden. Sie sind deutlich teurer, dafür aber schneller und zuverlässiger.

Dies empfiehlt sich gerade bei wertvollen oder eiligen Sendungen.

Postlagernde Sendungen (Poste restante) werden von den Hauptpostämtern in Empfang genommen und für bis zu zwei Monaten aufbewahrt. Die Adresse sollte wie folgt geschrieben sein:

- Vorname und Name (am besten unterstrichen und/oder mit Blockbuchstaben)
- General Post Office
- Poste restante
- Stadt
- Sri Lanka

Bei der Abholung muss man sich in der Regel ausweisen. Manchmal wird eine kleine Gebühr verlangt. Es ist keine schlechte Idee, auch unter dem Vornamen suchen zu lassen.

Reisende mit Behinderungen

Immer mehr Behinderte bereisen mit großer Selbstverständlichkeit Fernreiseziele, darunter auch Sri Lanka. Die Insel hat zwar die im Alltag typischen Barrieren wie fehlende Lifte, steile Treppen, schlechte Gehwege, hohe Bordsteinrampen in Hülle und Fülle aufzuweisen, doch ist die touristische Infrastruktur auch für Körperbehinderte annehmbar. Kaum ein großes Hotel und Ferienresort, das nicht über behindertengerechte Einrichtungen verfügt; viele lokale Reiseagenturen haben zudem Erfahrungen mit Behinderten und schließlich reichen die gastfreundlichen Inselbewohner bei Bedarf gern eine helfende Hand.

Meditationszentren

Dhammakuta Vipassana Meditation Centre, Mowbray Galaha Rd., Hindagala, Peradeniya, ☎ 081-2385774, 🖥 www.kuta.dhamma.org. Liegt in wunderschöner Berglandschaft in der Umgebung von Kandy. Mit dem Bus fährt man von Kandy bis nach Mahakanda. Von dort führt ein ca. 2 km langer Weg über Steilhänge zum Zentrum. Alternativ kann man einen Three-Wheeler für ca. 150 Rs nehmen. Von Kandy kostet die Fahrt mit dem Three-Wheeler etwa 600 Rs. Das Zentrum bietet regelmäßig zehntägige Vipassana-Kurse an. Für die Teilnahme ist eine Vorreservierung notwendig.

International Vipassana Meditation Centre, 108 Wijerama Mw., Colombo 7, ☎ 011-2694100, 🖥 www.lankavipassana.org. Das „Lanka Vipassana Bhavana Samitiya" ist eine gute Anlaufstelle für den Erstkontakt.

Island Hermitage, Polgasduwa, Dodanduwa, Kontakt in Colombo: Mr. Samarasekera, ☎ 011-4920304, in Deutschland: Erik Hausstädtler, ☎ 01520-2455606; ✉ eh173@web.de, 🖥 www. metta.lk/temples/ih. Polgasduwa liegt etwa 5 km südlich von Hikkaduwa. Die Island Hermitage ist eine Mönchseinsiedelei in der Theravada-Waldtradition und wurde 1911 vom ersten deutschen buddhistischen Mönch Nyanatiloka Mahathera (1878–1957) gegründet. Für ernsthaft interessierte Männer ist es auf der im Rathgama-See gelegenen Insel möglich, buddhistische Studien zu betreiben oder Meditationstechniken aus der Theravada-Tradition zu praktizieren. Eine mind. sechs Wochen vorausgehende Anmeldung richtet man an: Monk-in-Charge, Polgasduwa Island Hermitage, Dodanduwa 80250. Nur wer ein Einladungsschreiben in der Hand hat, kann die Insel betreten!

Lewella Meditation Centre, 160 Dharmashoka Mw., Kandy, ☎/📠 081- 4921814. Das Meditationszentrum liegt am Stadtrand von Kandy an der Ostseite des Udawattakele-Reservats und ist für jene gedacht, die ihre Meditationspraxis vertiefen wollen. Nur Männer können hier wohnen, Frauen jedoch tagsüber die Einrichtungen nutzen. Ein Lehrer bietet mehrmals wöchentlich Yoga-Sessions an. Als Spende werden umgerechnet 3 €/Tag erwartet.

Na Uyana Aranya, Pansiyagama, Kurunegala, ☎ 037-5677328, 066-2224936, ✉ nauyana@gmail. com. Von Kurunegala oder Dambulla entlang der A 6 bis nach Melsiripura und dort die Straße nach Madahapola nehmen. In Pansiyagama die Straße in Richtung Galewela weiterfahren (ca. 1 km). Bekanntes Wald- und Meditationskloster

Bei der Reisevorbereitung mag das Webportal 🖥 www.metareha.de mit einer Vielzahl von Links und Kontakten behilflich sein; oder die Nationale Koordinationsstelle **Tourismus für Alle** (NatKo), Fleher Straße 317a, 40223 Düsseldorf, ✆ 0211-3368001, 🖥 www.natko.de. Auf der Webseite sind eine Reihe von spezialisierten Reiseveranstalter aufgeführt, darunter folgende:

rfb-Touristik – Reisebüro Clemens
Marktstr. 5, 41236 Mönchengladbach
✆ 02166-6189020
🖥 www.rfb-touristik.de
Reisebüro mare nostrum
Oudenarderstr. 7, 13347 Berlin
✆ 030-45026454
🖥 www.mare-nostrum.de

Eine weitere gute Adresse mit Infos und Ratschlägen zum Thema „Reisen mit Behinderung":
Bundesverband Selbsthilfe Körperbehinderter e.V. (BSK)
Altkrautheimer Str. 20, 74238 Krautheim
✆ 06294-42810
🖥 www.bsk-ev.org

Reiseveranstalter

Bereits nach Ankunft am Flughafen wird man von zumeist kleineren Reiseveranstaltern bedrängt, um eine mehrtägige oder -wöchige Tour zu buchen. Wer nur ein Fahrzeug mit Fahrer braucht, kann dies auch problemlos und spontan

mit über 60 Mönchen, aber auch offen für auswärtige Gäste. Gut, um die monastische Praxis kennenzulernen.
Nilambe Meditation Centre, Galaha Rd., Kandy, ✆ 077-2951098, 🖥 www.nilambe.net. Das populäre Meditationszentrum liegt ca. 20 km südlich von Kandy inmitten eines schönen Teeanbaugebietes. Mit dem Bus fährt man von Kandy in Richtung Galaha zur Nilambe Office Junction (Km 18). Von dort muss man dem Hauptweg zum Berggipfel folgen. Nach etwa 3 km ist das Zentrum erreicht. Ein Three-Wheeler von Kandy kostet etwa 1200 Rs.
Paramita International Buddhist Centre, Kadugannawa, ✆/📠 081-2570732, 🖥 www.paramita ibc.org. Das Zentrum liegt außerhalb des Ortes Kadugannawa an der A 1 (Colombo–Kandy) und ist für seine gute Einführung in die Vipassana-Meditation bekannt.
Rockhill Hermitage, Wegirikanda, Hondiadeniya, via Gampola, ✆ 081-3801871, 🖥 www.rock hillsrilanka.com. Von Kandy mit dem Bus nach Wegiriya fahren, dort dem Schild „Rockhill Hermitage" folgen. Nach 10 Min. Berganstieg ist das Zentrum erreicht. Alternativ kann man den Bus nach Gampola nehmen und von Gelioya mit dem Three-Wheeler bis nach Werigikanda fahren

(ca. 100 Rs). Vom 1.–11. des Monats findet ein intensiver Meditationskurs in Vipassana statt. Eine Voranmeldung ist erwünscht, ebenso eine Spende von mind. US$10 pro Tag.
University Forest Solitude, 77 Bowalawatta, Hantana, Kandy. Das auch als „Bowalawatta Aranya" bekannte Zentrum liegt oberhalb der Peradeniya University unweit des Resorthotels **Amaya Hills**. Bei angenehmen Temperaturen wohnt Mann in einem der 15 sauberen Kutis. Frauen ist der Aufenthalt nicht gestattet. Die Meditation richtet sich nach der birmanischen Vipassana-Tradition. Von der Bushaltestelle am Uhrturm den Bus in Richtung Bowalawatta nehmen und dort bis zum Hotel Amaya Hills fahren. Von dort sind es zu Fuß noch 15 Min. durch eine Teeplantage.
Vipassana Meditation Centre Kanduboda, Kanduboda, Delgoda, ✆/📠 011-2570306, 🖥 www. metta.lk/temples/kandubodha. Das Zentrum liegt in Kanduboda, etwa 26 km östlich von Colombo und kann mit Bus Nr. 224 (Colombo–Pugoda) in 1–1 1/2 Std. erreicht werden. Die Besucher sollten mind. zwei Wochen im Zentrum ausharren. Ihnen wird eines der 70 Einzelzimmer zugewiesen. Der Aufenthalt ist kostenlos, wobei Spenden gerne angenommen werden.

über die Hotels und Gästehäuser organisieren lassen. Wer eine Tour mit qualifiziertem lokalen Reiseleiter, schönem klimatisierten Auto und human fahrendem Chauffeur bevorzugt, kann sich an folgende Agenturen wenden:

Aitken Spence Travels, Aitkin Spence Towers, 305 Vauxhall St., Col 2, ☏ 011-2308308, 🖥 www. aitkenspencetravels.com. Als Zweig eines bereits 1868 gegründeten, breit aufgestellten Großkonzerns arrangiert das größte Touristik-Unternehmen Sri Lankas attraktive, maßgeschneiderte Gruppen- und Einzelreisen. Unter anderem verfügt es über eine stattliche Flotte von Fahrzeugen, um Touristen durch das Land zu chauffieren, sowie einige empfehlenswerte Luxusherbergen. Deutschsprachige Kunden werden von Sajeewa Kalambaarachchige betreut, ☏ 011-2308094.

Bernard Tours & Travels, 86-2/1 Chatham St., Col 1, ☏ 011-4014205, 🖥 www.bernardtours. com. Das etablierte Reisebüro im Herzen von Colombo-Fort organisiert unter der Führung des agilen Managers Anjalo Mendis maßgeschneiderte Reisen, vom „Honeymoon-Package" bis zu Ramayana-Touren. Für Frauen stellt die Agentur weibliche Guides zur Verfügung.

Hemtours, 6th Fl., Hemas House, 75 Braybrooke Pl., Col 2, ☏ 011-2300001, 🖥 www.hem tours. com. Ein weiterer etablierter Veranstalter mit langjähriger Erfahrung im Reise-Business.

Jetwing Travels, Jetwing House, 46/26 Nawam Mw., Col 2, ☏ 011-2345700, 4714830, 🖥 www. jetwingtravels.com. In der Hand der seit Jahrzehnten im Tourismusgeschäft aktiven Coorey-Familie – ihr gehören auch einige der schönsten Hotels auf der Insel – zimmert die Agentur passende Touren für Gruppen und Einzelreisende. Naturfreunden und Vogelkundlern bietet der dazugehörige Spezialveranstalter **Jetwing Eco Holidays**, ☏ 011-2381201, 🖥 www.jetwingeco.com, entsprechende Touren an.

Quickshaws Tours, 3 Kalinga Pl., Col 5, ☏ 011-2583133, 🖥 www.quickshaws.com. Die 1950 etablierte Agentur bietet maßgeschneiderte Touren. Besitzt auch Autoverleih für Selbstfahrer.

Walkers Tours, 130 Glennie St., Col 2, ☏ 011-2306306, 🖥 www.walkerstours.com. Einer der größten Veranstalter auf der Insel mit internationalem Renommee.

Sicherheit

Sri Lanka gilt als erfreulich sicheres Reiseland. Wer bestohlen oder beraubt wird, hat durch sein Verhalten oft selbst dazu beigetragen. Auch Raubüberfälle, politische Übergriffe oder gar Handgreiflichkeiten gegenüber Touristen sind nicht üblich, wohl aber unter den Einheimischen, da sie ihre spontanen Temperamentsausbrüche – ob im Verlust von Ehrgefühl, einem Geschäfts-Disput, Eifersucht, Neid oder Missgunst begründet – manchmal nur schwerlich kontrollieren können. Gelegentlich gerechnet werden muss allerdings mit Taschendieben und kleinen Gaunereien.

Hüten sollte man sich auf jeden Fall vor dem Umgang mit **Drogen**, denn Konsum, Besitz oder gar Handel sind gesetzlich streng verboten. Nicht zuletzt deshalb sollte man sich keinesfalls dazu verführen lassen, sich durch den unbedarften Transport von mysteriösen Päckchen unfreiwillig zum Drogenkurier zu machen!

Diebstahl

Obwohl der Diebstahl an Touristen auf Sri Lanka nicht an der Tagesordnung ist, gilt die bekannte Formel: Gelegenheit macht Diebe! Deshalb sollten Wertsachen oder Reiseunterlagen nicht offen im Zimmer herumliegen, sondern im **Hotelsafe** oder unter **Verschluss** im eigenen Gepäck aufbewahrt werden. Zudem tragen westliche Urlauber oft mehr Geld mit sich herum, als ein Einheimischer das ganze Jahr über verdient. Auch wenn sich die inflationäre Rupie-Währung dazu

Sicherheitshinweise

Mit Kriegsende hat sich die Sicherheitslage in Sri Lanka rapide gebessert. Wer auf Nummer sicher gehen möchte, kann auf die ständig aktualisierten Hinweise der Auswärtigen Ämter zugreifen:

🖥 www.auswaertiges-amt.de (D)
🖥 www.bmaa.gv.at (A)
🖥 www.eda.admin.ch (CH)

anbietet, sollte nicht ständig mit Bündeln voller Goldscheine gewedelt werden.

Auf **Märkten** und bei größeren **Menschen-ansammlungen** – vor allem aber in den voll besetzten **Bussen** entlang der Galle Road in Colombo – ist erhöhte Vorsicht vor Taschendieben geboten. Auch bei flüchtigen **Bekanntschaften** sollten der gesunde Menschenverstand gewahrt und angebotene Snacks oder Getränke auch mal abgelehnt werden: Die trompetenartigen Blüten des einheimischen Nachtschatten-Gewächses „Kalu Attane" enthalten Alkaloide und sind mitunter schon dazu verwendet worden, bewusstlos gewordene Opfer bis auf den letzten Knopf auszurauben.

Schlepper und Betrüger

Wie in fast allen Urlaubsländern, finden sich auch auf Sri Lanka Geschäftemacher, Schlepper oder Trickbetrüger. Die Vorsicht sollte vielleicht schon bei unerklärlich günstiger Sonnenmilch beginnen – falls diese in Plastikflaschen namhafter Hersteller angeboten wird. Auch Ayurveda-Produkte können **Fälschungen** sein oder ein angeblich aus teurem Edelholz geschnitztes Souvenir durchaus auch nur aus entsprechend angemaltem Billigholz bestehen. Besondere Vorsicht ist beim Kauf von Edelsteinen geboten. Bitte Hinweise hierzu auf S. 41, Einkaufen, beachten.

Schnell lästig kann in den stark frequentierten Touristenzentren das Problem der **Schlepper** und **Schnorrer** werden: Sie sprechen Ausländer freundlich auf der Straße an, um sie in Gespräche zu verwickeln und dann ihre mehr oder weniger kostenpflichtige „Hilfe" anzubieten. Das gilt in besonderem Maße für Fahrer von **Three-Wheelern**, denen meist vor allem an Provisionszahlungen von Unterkünften, Restaurants oder Geschäften gelegen ist. Zudem hat der Tsunami die ohnehin schon verbreitete Unart beflügelt, für fadenscheinige Zwecke **Spendengelder** zu sammeln.

Andernorts wiederum kommt es vor, dass sich Einheimische vor Sehenswürdigkeiten aufbauen, um mit gestrenger Miene und **gefälschtem Ticket** unberechtigte Eintrittsgelder zu

kassieren. Ebenfalls nicht unbedarft akzeptiert werden sollten die zuweilen gewaltig übertriebenen Preise von Three-Wheeler-Fahrern.

Baden und Schwimmen

Oft weist schon die tosende Brandung unüberhörbar darauf hin, dass die Gefahr der **Wellen** und **(Unter-)Strömungen** an den Küsten Sri Lankas keinesfalls unterschätzt werden darf. Das gilt besonders für die Zeit des Sommermonsuns zwischen Ende März und Mitte Oktober, wenn das Baden an der West- und Südküste zum lebensgefährlichen Vergnügen werden kann, während die Risiken an der Ostküste von Oktober bis März am größten sind. Ungeübte Schwimmer sollten dann höchstens so tief ins Wasser vordringen, dass sie Kontakt zum Meeresboden halten können – zumal es **Warneinrichtungen** (Beflaggung) und **Rettungskräfte** prinzipiell nur vereinzelt an Strandabschnitten größerer Hotelanlagen gibt.

Auch verfügt Sri Lanka bisher noch über kein landesweites **Frühwarn-System** für Naturkatastrophen, doch sind Gefahren-Bewusstsein und Wachsamkeit dafür inzwischen erheblich gewachsen. Viele Hotels üben sich zudem in privater Tsunami-Prävention, indem sie sich über Computer und Mobiltelefone zum effektiven Datentransfer mit internationalen Messstationen vernetzt haben.

Sport und Aktivitäten

Obwohl Sri Lanka kein typisches Ziel für einen Aktiv-Urlaub darstellt, finden sich auf der Insel eine Menge ungeahnter Möglichkeiten, den Urlaub mit körperlichen Aktivitäten anzureichern. Dazu zählen nicht nur diverse Wassersportarten in den Küstengebieten, sondern auch ausgedehnte Wanderungen, Trekking- oder Fahrrad-Touren im Inselinneren. Weitaus weniger Muskelkater ist gewiss bei Kricket, Golf oder Tennis zu erwarten und erst recht nicht bei eher stillen, musischen Aktivitäten wie Meditations- und Yoga- (vor allem in der Region Kandy) sowie Batik-Kursen – die mancherorts ebenfalls angeboten werden.

Kanufahren

Die an großen Lagunen gelegenen Resorts bieten zuweilen **Kanus** oder **Kajaks** zur umweltschonenden, lautlosen Erkundung der Natur an. Stromschnellen bis zum vierten Schwierigkeitsgrad indes erwarten den Kanuten auf dem Kelani Ganga bei Kitulgala (s. S. 425), worauf sich einige Veranstalter wie „Action Lanka" (s. S. 75, Kasten) spezialisiert haben. Eine weitere Adresse für feuchten Naturzurlaub auf Sri Lanka, wo Urlauber auch gleich in stilechten Baumhäusern übernachten können, ist der Ella Adventure Park, 🖥 www.ellaadventurepark.com.

Kricket, Golf und Tennis

Kricket – oder auf Englisch: Cricket – ist Sri Lankas Nationalsport Nr. 1. Es gibt keine größere **Schule** ohne eigene Kricket-Mannschaft und kaum einen **Dorfplatz**, auf dem sich Jugendliche nicht bei diesem Sport vergnügen. In Colombo und Galle finden sich sogar eigens für Meisterschaften errichtete **Stadien**. Über „Sri Lanka Cricket", ☏ 011-2681601, 🖥 www.srilankacricket.lk, können sich Urlauber nach den Turnierdaten erkundigen.

Golf indes ist auf Sri Lanka noch nicht zum Volkssport geworden, sondern eher mit dem elitären Dünkel der Kolonialzeit behaftet: Die Insel verfügt lediglich über drei Anlagen mit internationalem 18-Loch-Standard – und zwar den feinen Royal Golf Club von 1896 in Colombo, 🖥 www.rcgcsl.com, das international renommierte Victoria Golf & Country Resort bei Kandy mit dem wunderbaren Blick auf den Victoria-Stausee, 🖥 www.golfsrilanka.com, sowie den 1889 gegründeten Nuwara Eliya Golf Club, ☏ 052-2222835, der durch seine landschaftlich besonders reizvolle Einbettung erfreut.

Tennisplätze, die zum Teil sogar mit Flutlicht ausgestattet sind, finden sich vor allem in den Hotelanlagen der oberen Kategorien – werden jedoch aufgrund des tropischen Klimas nur relativ selten genutzt.

Surfen und Segeln

Als bekanntester und bester Ort fürs **Windsurfen** gilt Bentota an der Westküste, wo die großen Strandhotels mit der entsprechenden Ausrüstung und auch Unterrichtsstunden aufwarten können.

Für klassisches **Wellenreiten** indes bieten sich vor allem der beliebte Badeort Hikkaduwa oder inzwischen auch die noch tiefer im Süden gelegenen Buchten von Mirissa und Medigama an, wo von November bis April gesurft wird. Vielerorts kann Surf-Ausrüstung – wie Boogie Boards oder Wetties – in Strandnähe günstig gemietet oder auch gebraucht gekauft werden. Das gilt natürlich erst recht für die legendäre Arugam-Bucht an der Ostküste, die mit ihren drei Spots Arugam Point, Pottuvil Point und Crocodile Rock jedes Jahr zwischen April und September zu den zehn besten Surf-Revieren der Welt gezählt wird. So scheint es auch nicht verwunderlich, dass an diesem entlegenen Ort jedes Jahr eine bunte, begeisterte Surfer-Schar aus aller Welt internationale Meisterschaften austrägt.

Obwohl **Segeln** aufgrund der an vielen Stellen gefährlichen Strömungen und Korallenriffe nicht so sehr verbreitet ist, wird es mit Jollen gelegentlich vom Strand aus angeboten. Nähere Auskünfte können der „Colombo Rowling Club", ☏ 011-2433758, oder der „Otter Aquatic Club", ☏ 011-2692308, 🖥 www.otter.lk, erteilen. Fischer bieten zuweilen Fahrten mit *Oruwa*-Auslegerbooten zu vorgelagerten Inseln oder über die Lagunen an. Wer sich mit maritimen Globetrottern zusammenschließen will, um auf Jachten von Weltumseglern mit dem Monsunwind nach Thailand zu gelangen, sollte sich im Hafen von Galle umsehen.

Freiwilligenarbeit

Wer sich im Land auf besondere Weise nützlich machen möchte, sollte sich bei einer der internationalen Hilfsorganisationen nach offenen Stellen für Ehrenamtliche erkundigen. Weiterhelfen können evtl. **Projects Abroad**, ☏ 030-23457223, 🖥 www.projects-abroad.de, oder **Working Abroad**, 🖥 www.workingabroad.com.

Ayurveda

Altes Wissen, neues Leben

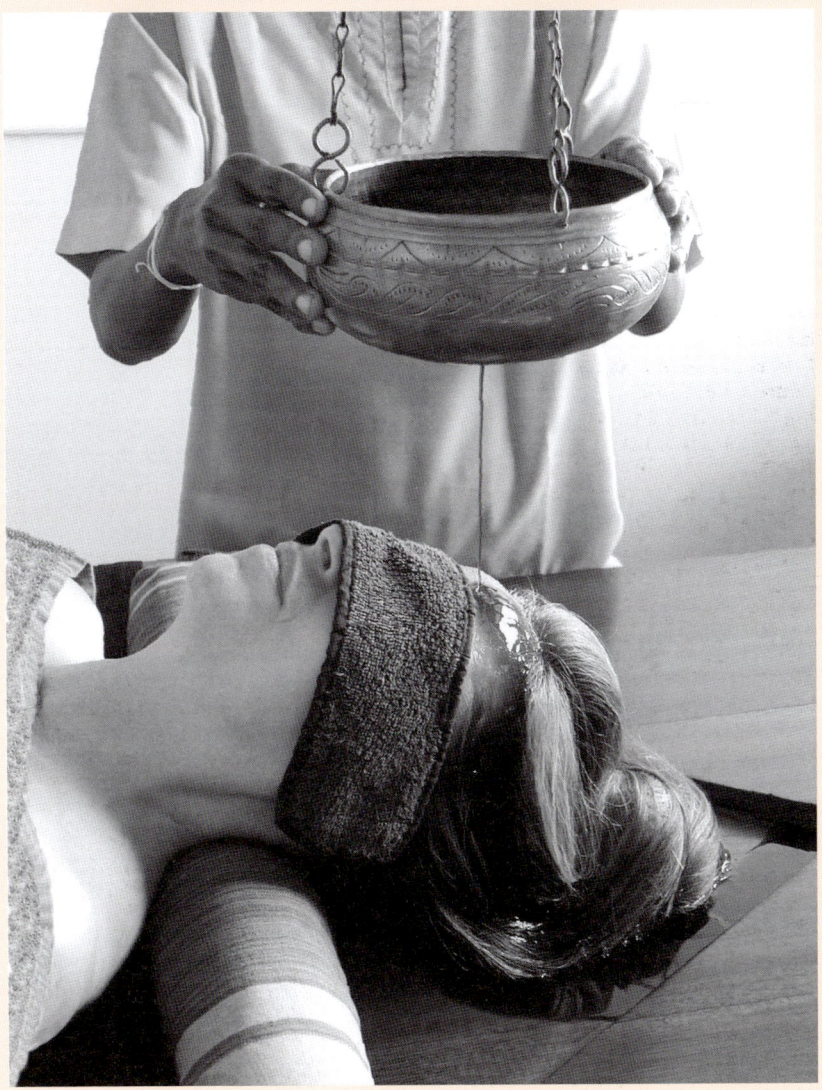

Das Gleichgewicht des Lebens zu erreichen, wird im hektischen Alltag immer schwieriger. Doch auf der Suche nach Harmonie und einem gesünderen Leben gibt es Hilfe: Sie stammt aus Südasien und wird Ayurveda genannt – das Wissen vom gesunden Leben (*ayur* = gesundes, langes Leben, *veda* = Wissen). Der Legende nach einst von Schöpfergott Brahma den Menschen geschenkt, gilt sie als eine der ältesten Gesundheitslehren der Welt.

Als irdischer Begründer wird der königliche Leibarzt Charaka vermutet, der um das 1. Jh. im pakistanischen Peshawar praktiziert und die grundlegende Abhandlung Charaka Samhita verfasst haben soll. Seitdem wurde die ganzheitliche Naturmedizin parallel zur Erforschung des Menschen und der Natur ständig weiterentwickelt – und erst durch den Import westlicher Medizin während der britischen Kolonialzeit in den Hintergrund gedrängt. Ihre Renaissance erfuhr sie durch die staatliche Unabhängigkeit. Heute gewinnt diese Kunst, in Harmonie mit den Gesetzen der Natur zu leben, auch in Deutschland immer mehr Anhänger. Die anerkannten Erfolge reichen von der Stärkung des Immunsystems bis zu oft verblüffenden Heilungen von Stoffwechsel-Problemen, Hautkrankheiten, Rheuma, Bluthochdruck, Knochenbrüchen, Gelenkschmerzen oder Gewichtsproblemen.

Kompliziertes Gleichgewicht aus drei Bio-Energien

Im Gegensatz zur westlichen Medizin wird allerdings nicht nur die Krankheit behandelt, sondern der ganze Mensch als ein komplexes Wesen. Nach der Ayurveda-Lehre regulieren drei Grundkräfte – als Doshas bezeichnete Bio-Energien – die Wechselwirkungen zwischen Körper, Seele und Geist. **Vata** (Luft) kontrolliert Bewegungsabläufe und Sinnesorgane, **Pitta** (Feuer) steuert die Energie aus Verdauung und Stoffwechsel und sorgt für Intelligenz und strahlendes Aussehen, während **Kapha** (Erde und Wasser) Zusammenhalt, Struktur und Widerstandskraft des Körpers fördert. Geraten diese energetischen Urkräfte durch eine falsche Lebensweise oder andere Faktoren aus dem ursprünglichen Gleichgewicht, kommt es unweigerlich zu Erkrankungen.

Die Mixtur der Doshas gestaltet sich bei jedem Menschen unterschiedlich, sodass auch jeweils – nach einer gründlichen Untersuchung, bei der die aktuelle Befindlichkeit unter anderem mithilfe einer Puls-Diagnose ermittelt wird – ein ganz individueller Behandlungsplan entworfen werden muss. Der kann dann sogar die Empfehlung einer ganz bestimmten Shampoo-Sorte beinhalten, zielt aber vor allem auf den Stoffwechsel. So fungiert der Speisezettel zugleich als Therapie-Faktor: Während einer klassischen

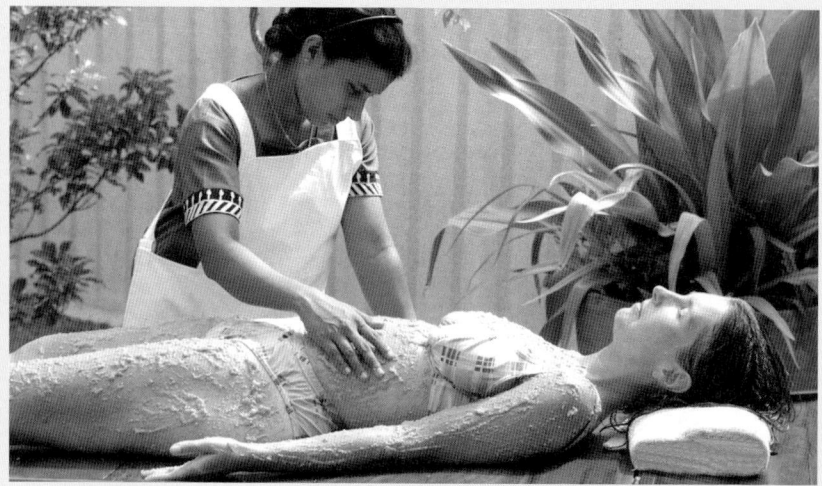

Ayurveda-Kur bekommt jeder Patient je nach Konstitution und Lebensweise eine exakt auf ihn abgestimmte Ernährung, um die Ausscheidung abgelagerter Giftstoffe zu erzielen. Der Verzicht auf Alkohol und Nikotin ist selbstverständlich, doch auch Fleisch ist untersagt: Tierisches Eiweiß beschäftigt den Körper zu lange, sodass die Reinigung von Giftstoffen – als Grundlage der Heilung – behindert wird. Irgendwann erwischt es die Patienten auch mit jenem Glas schlammig-braunen Inhalts: Das ist ein Abführmittel und dann auch schon der unangenehmste Teil einer Ayurveda-Kur. Denn bei den meisten Anwendungen wie Gesichts- oder Ganzkörpermassagen – nicht selten zwischen flackernden Öllampen und dampfenden Räucherstäbchen zelebriert – können paradiesische Gefühle aufkeimen.

Heilkunst als Wellness-Komponente und Kassenschlager

Noch stärker als in Indien hat Ayurveda auf Sri Lanka boomartig zu neuen Urlaubsformen mit vielen Hotel-Gründungen geführt. Ob am rauschenden Meer oder in den kühleren Bergen, in einem gediegenen Strand-Resort oder einer familiär betriebenen Kolonial-Villa verabreicht – in der Verknüpfung mit Luxus-Tourismus ist die exotische Heilkunst zu einer wichtigen Wellness-Komponente und zum Kassenschlager geworden. Doch das schnelle Geld lockt auch Trittbrettfahrer. Oft werden nur einige Elemente – wie Massage oder Stirngüsse – angewendet, um Abwechslung und kurzfristiges Wohlgefühl in den Alltag von Urlaubern zu zaubern. Andere Einrichtungen wiederum schmücken sich mit werbewirksamen Kräutergärten und verkaufen ihre ominösen Erzeugnisse daraus als hochwertige Ayurveda-Produkte.
In vielen renommierten Einrichtungen indes werden Ayurveda-Produkte teilweise sogar noch nach mittelalterlich anmutenden Methoden hergestellt. Dort werden Kräuter und Blätter in mächtigen Mörsern gestampft, köcheln Extrakte und Tinkturen über offenem Feuer in Kupferkesseln, während ringsherum in bauchigen Tontöpfen bereits gemixte Elixiere und Pasten heranreifen. Insgesamt soll es allein über 1500 verschiedene Öle geben, deren Wahl sich nach den persönlichen Doshas, der aktuellen Konstitution und sogar den Jahreszeiten richtet. Professionelle Ayurveda-Ärzte müssen eine sechsjährige Ausbildung an einer der beiden etablierten Heilkunst-Schulen Sri Lankas absolvieren, während ein eigenes Ministerium für Naturmedizin über die perfekte Ausführung der hohen Kunst wacht – nicht nur in Einrichtungen für betuchte Ausländer, sondern auch in einfachen Ayurveda-Krankenhäusern für Einheimische, die es heute in jedem größeren Ort oder Bezirk gibt.

Wohlgefühl durch warme Öltropfen und duftende Blütenbäder

Mit ihren „fünf Handlungen" gelten die zwei- bis dreiwöchigen Panchakarma-Kuren als intensivste Art der Anwendung. Sie umfassen unter anderem Meditations-Stunden und Yoga-Sitzungen. Sogar das Balancieren auf bestimmten Baumstämmen gehört zum Programm, denn deren Rinde soll Knochen stärken können. Alle Therapien tragen uralte Sanskrit-Namen – wie das S(ch)irodhara, bei dem aus einem „Kalebasse" genannten, aufgehängten Tongefäß stetig ein feiner, warmer Ölfaden auf die Stirn rinnt. Das soll Kopfschmerzen, Nervosität oder Stirnhöhlen-Beschwerden lindern, kann aber auch ganz hervorragend aus Europa mitgebrachten Stress wegspülen. Typisch für den Abschluss einer nachhaltigen Ayurveda-Behandlung auf Sri Lanka ist ein wohltuendes Blütenbad, das – mit warmem Wasser und betörend duftenden Blumenkelchen – oft in einer aus einem einzigen Granitblock gestemmten Badewanne genommen wird.
Einen besonders guten Ruf für Ayurveda-Anwendungen genießt das Siddhalepa Ayurveda Health Resort in Wadduwa, wo die Kuren von Pionieren der ayurvedischen Heilmethode verabreicht werden. Alle verwendeten Salben, Öle und Arzneimittel stammen aus der eigenen Fabrik. Dort wird auch der gleichnamige, legendäre Balsam angerührt, der auf der gesamten Insel zu haben ist. Die Einheimischen schwören darauf, dass er bei Rheuma, Bauchweh, Bronchitis oder Schnupfen helfen soll. Der Großvater von Firmensenior Victor Hettigoda hatte die Mischung einst erfunden und die Rezeptur – unter der Bedingung, dass stets auch die Ärmsten sich diese leisten können – in Sanskrit auf ein Blatt der Talipot-Palme geritzt: Dieses ist innerhalb der Familie von Generation zu Generation weitergereicht worden.

Volker Klinkmüller

Ayurveda-Resorts

Diese Aufstellung umfasst einige der besten und bekanntesten Ayurveda-Resorts, aber auch kleine Einrichtungen, die einen gewissen Geheimtipp-Charakter aufweisen. Fast alle haben sich vorwiegend – manche sogar ausschließlich – auf deutschsprachige Gäste eingestellt und bieten einen entsprechenden Service. Auf die Beratung und Buchung von Ayurveda-Reisen hat sich vor allem der Starnberger Veranstalter **aytour**, 🖥 www.ayurveda-reisen.de, spezialisiert.

Hotels. Keine Strandlage, aber Meerwasser-Schwimmbad. Ein weiterer Ableger findet sich in Beruwela. S. 256

Centauria Ayurveda Lake Resort / Embilipitiya ⑨
🖥 www.centauriahotel.com
Entfaltet durch seine landschaftlich schöne Lage an einem See und mitten in der Provinz einen besonderen Reiz. Zehntägige Ayurveda-Programme mit Kräuter-Schwerpunkt oder auch nur einwöchige Wellness-Kuren. S. 436

Eva Lanka Hotel / Tangalle ㉒
🖥 www.eva.lk
Schönes, von einem tropischen Garten umgebenes Resort in Hanglage mit fantastischem Meeresblick. Die Gäste der 29 geräumigen Cabañas werden von einem bewährten Ärzte- und Therapeuten-Team betreut. S. 272

Aida / Bentota und Induruwa ⑩
🖥 www.aidaayurveda.com
Renommiertes, großes Resort mit kreativem Design und luxuriösem Ambiente. Hübsche Lage am Bentota-Fluss und in der Nähe zu einem der landesweit bekanntesten Strände. Intime Dependance im Nachbarort Induruwala. S. 214

Greystones Villa / Diyatalawa ②
🖥 www.greystones-villa.de
Von einem deutschen Heilpraktiker 1992 gegründet, zählt es zu den ersten Anbietern von ayurvedischen Panchakarma-Kuren. Kolonialvilla mit 17 Zimmern und familiärer Atmosphäre auf 1400 m Höhe. Kasten S. 417

Hotel Paragon / Unawatuna ⑭
🖥 www.paragonsrilanka.com
Gehört mit 84 Zimmern zu den größten Anlagen des Landes und ist spätestens durch Alt-Bundeskanzler Helmut Kohl bekannt geworden, der hier während des Tsunamis logiert hatte. S. 248

Hiru Villa Ayurveda Resort / Kalutara ④
🖥 www.hiruvilla.com
Mit 10 geräumigen Zimmern in einer ehemaligen Kolonialvilla, die 20 m über dem Meer auf einer felsigen Halbinsel liegt und einen Panoramablick auf die Strände zu beiden Seiten bietet. Kompetenzteam aus 4 Ärzten.

Barberyn Beach Ayurveda Resort / Weligama & Beruwela ⑤
🖥 www.barberynresorts.com
Das 2003 mit 45 Zimmern eröffnete, authentische Ayurveda-Resort hat den Charme eines Designer-

Isolabella Ayurveda Resort / Dikwella ㉑
🖥 www.ayurveda-isolabella.de
Attraktive Anlage in einer verlockenden Strandregion an der Südküste. 7 Zimmer und schönes

Schwimmbad auf einem 5000 m² großen Grundstück. Angesehene Ärzte, bis zu 70 Anwendungen in zwei Wochen. S. 269

Jetwing Ayurveda Pavilions / Negombo ①
🖳 www.jetwinghotels.com
Erstklassiges Ayurveda-Hotel mit 12 Bungalows und schönem Ambiente. Ernährung und Behandlungen sind dank des gut ausgebildeten Personals exzellent aufeinander abgestimmt. S. 190

Kuma Villa Ayurveda Centre / Kosgoda ⑬
🖳 www.privatelanka.de
Privater Charakter mit 4 Zimmern für Ayurveda-Gäste und 4 weiteren für die Unterbringung von Besuchern. Zum einsamen Sandstrand geht es 200 m weit durch Palmen- und Bananenhaine.

Lanka Princess / Beruwela-Kaluwamodara ⑥
🖳 www.lankaprincess.com
Ende 1997 als Ayurveda-Resort von einem Deutschen gegründetes Strand-Resort mit insgesamt 110 Zimmern. Trotz der Größe herrscht eine angenehme Atmosphäre mit empfehlenswerten Anwendungen. S. 212

Lawrence Hill Paradise Resort / Hikkaduwa ⑲
🖳 www.ayurvedakurlaub.de

Kleines, naturnah begrüntes Resort mit 17 Zimmern bzw. max. 20 Gästen sowie intensiver, persönlicher und professioneller, medizinischer Betreuung. Der berühmte Badeort ist in nur wenigen Minuten zu Fuß erreichbar. S. 224

Lotus Villa / Ahungalla ⑮
🖳 www.lotus-villa.com
Hoch qualifiziertes, auch auf schwere Krankheiten spezialisiertes Ayurveda in dem lange etablierten Resort eines Österreichers. 19 Zimmer, funktionelle Atmosphäre, hübsche Strandlage. S. 218

Muthumuni Ayurveda Beach Resort / Beruwela ⑧
🖳 www.muthumuniayurbedabeachresort.com
Neu seit 2009 als empfehlenswerte, einladende Anlage mit professionellem Management und renommiertem Arzt. Schöne Architektur mit rustikal-romantischen Zimmern, nahe gelegene Meditationsinsel. S. 210

Maha Gedara (Neptune Village) / Beruwela ⑦
📞 034-2276031-2, 🖳 www.heritancehotels.com
Wenn die aufwendige Renovierung im vierten Quartal abgeschlossen ist, dürfte sich für dieses beliebte 60-Zimmer-Haus, das Neptune Village, schnell der neue Name Aitkin Spence Heritance Maha Gedara durchsetzen. S. 210

Siddhalepa Ayurveda Health Res. / Wadduwa ③
🖳 www.ayurvedaresort.com
Besonders authentisch, weil zu einem großen, singhalesischen Ayurveda-Familienbetrieb gehörig, der auch Heilmittel produziert und ein eigenes Krankenhaus bei Colombo betreibt. Attraktive Lage direkt am Meer. S. 205

Shunyata Villa / Induruwa ⑫
🖳 www.shunyata-villa.com
Von einem engagierten deutschen Ehepaar Ende 2004 eröffnete, sehr kleine Anlage mit 4 hübschen, extravagant eingerichteten Zimmern und einem Beach-Bungalow. Verlockend schöner Strandabschnitt. S. 217

Sri Budhasa / Bentota ⑪
🖳 www.sribudhasa.com
Geschmackvoll gestaltete Anlage mit stilvollem, kolonialem Ambiente. Elegante Kolonialvilla mit 20 Zimmern in Nebentrakten und schöner Gartenanlage. Schweizer Management mit hoch qualifiziertem Team. Therapiekosten werden von deutschen Privatkrankenkassen übernommen.

Sri Lanka Ayurveda Garden / Ambalangoda ⑰
🖳 www.ayurveda-garden.de
Hochkarätige Behandlungen durch zwei Ärzte und ein kompetentes Therapeuten-Team. Familiär

geführte, direkt am Strand liegende Kolonialvilla mit 8 Zimmern und hübschem Garten.

Surya Lanka / Matara ⑳
🖳 www.suryalanka.com
Hohes medizinisches Niveau mit intensiver Betreuung. Hübsches, im Kolonialstil erbautes Haus mit 34 geschmackvoll eingerichteten Zimmern. Ruhige Atmosphäre direkt an einem herrlichen Sandstrand.

Oasis Ayurveda Beach Resort / Hambantota ⑯
🖳 www.oasis-ayurveda.de
Gilt als professionellstes Ayurveda-Resort im Bereich der Südostküste. 52 Komfort-Zimmer in reizvoller Küstenlage. Hervorragender Ausgangspunkt für die Erkundung der umliegenden Nationalparks. S. 277

Vattersgarden / Dikwella ⑱
🖳 www.vattersgarden.de
Von einer deutschen Familie geführtes, idyllisch auf Hügeln direkt am Meer liegendes Resort mit 13 auf Bungalows und Chalets verteilten Zimmern. Authentisches, medizinisch intensiv betreutes Ayurveda. Dem Erfolg des Stammsitzes folgte die Neugründung der Resorts Vattersgarden Ayurveda Villa in Negombo und Vattersgarden Ayurveda Beach in Chilaw. S. 270

Wasserski im Schlepptau von Motorbooten lockt vor allem auf dem Bentota-Fluss. Wakeboardcamps.com, 🖳 www.wakeboardcamps.de, bietet bei Waikkal nördlich von Negombo und in Hikkaduwa ein reichhaltiges Wassersportangebot von **Slalom-Wasserski**, **Wakeboarding**, **Wind-** bis zu **Kite-Surfen**. Letzteres bietet auch das Kitekuda Camp, 🖳 www.srilankakiteschool.com, auf der Halbinsel von Kalpitiya.

Schnorcheln und Tauchen

Mit ihrem feinen Sand, Schatten spendenden Palmen und tiefblauen Meeresfluten zählen die Badestrände von Sri Lanka zu den schönsten Asiens – und verführen entsprechend zu Badefreuden und Wassersport. Oft schon in unmittelbarer Strandnähe laden die ersten Korallenriffe zum Schnorcheln ein. Tauchgänge in die Tiefen der Unterwasserwelt lohnen sich vor allem wegen des eindrucksvollen **Fischreichtums**, der oft mit dem der Malediven verglichen wird. Statt mit üppigem Korallenbewuchs kann der Indische Ozean hier vor allem mit **Schluchten- und Felslandschaften** aufwarten – wie sie auch im Mittelmeer zu finden sind.

Entlang der West- und Südküste – vor allem in Beruwela, Hikkaduwa, Unawatuna, Mirissa, Wligama und Tangalle – bieten zwischen November und März zahlreiche Tauchunterneh-

men ihre Ausrüstung und Ausflüge an. Darunter auch Exkursionen zu einigen der insgesamt über 300 **Schiffswracks**, die hier auf dem Meeresboden liegen. Das mit Abstand interessanteste, aber wegen der örtlichen Infrastruktur noch schwer zugängliche Tauchziel ist der 1942 von den Japanern vor Batticaloa versenkte britische Flugzeugträger *Hermes*. Weitere interessante Tauchspots können von April bis Oktober zwischen Trincomalee und Nilaveli Beach an der Ostküste erkundet werden. Nähere Informationen gibt es im Internet unter 🖳 www.divesrilanka.com.

Wandern, Trekking und Mountainbiking

Als spannende und landschaftlich abwechslungsreiche **Wanderdestination** entpuppt sich wegen der abwechslungsreiche Berglandschaft vor allem das Hochland rund um Kandy, Ella und Nuwara Eliya, wo zwischen Dezember und März besonders viele sonnige, trockene Tage mit Temperaturen um die 20 °C zu **Erkundungstouren** einladen. Entsprechende Routenbeschreibungen und Kartenmaterialien sind in den Buchläden Colombos oder den Hotels vor Ort erhältlich.

Obwohl die meisten Ausflüge durchaus auf eigene Faust unternommen werden können, vermitteln einschlägige Reiseagenturen und Unterkünfte bei Bedarf versierte Wanderführer. Die meisten Nationalparks Sri Lankas werden mit Jeeps erkundet, doch im Schutzgebiet von Sinharaja zum Beispiel können Naturfreunde zwischen mehreren erlebnisreichen **Wander- und Trekkingtouren** wählen. Wer sich im **Klettern** üben will, was am ehesten im Bereich des Adam's Peak möglich ist, muss sich bisher zumeist noch auf seine Eigeninitiative verlassen.

Wer sich im Hügelland zwischen Kandy, Nuwara Eliya und Ratnapura auf ein **Mountainbike** schwingt, wird aufgrund der schönen, landschaftlichen Eindrücke ebenfalls schnell begeistert sein. Das Sportgerät muss jedoch im Flieger mitgebracht oder ggf. bei einem Spezialveranstalter wie Lanka Sportsreizen, 🖳 www.lsr-srilanka.com, im Rahmen einer Pauschaltour angemietet werden. Der im thailändischen Bangkok ansässige Anbieter Spice Roads Cycle Tours, 🖳 www.spiceroads.com, hat eine spannende 14-tägige Rundtour im Angebot. Als Tour mit einem ganz normalen Drahtesel bietet sich z. B. die Erkundung der Ruinen von Anuradhapura und Polonnaruwa an (s. S. 82, Zweiräder).

Telefon

Viel hat sich in der Kommunikation verändert, seit 1858 in Colombo und Galle die ersten Telegrafenstationen errichtet wurden. Dem globalen Trend nacheifernd wurde auch in Sri Lanka der Telekommunikationsbereich liberalisiert. 1997 erfolgte die Privatisierung der staatseigenen Sri Lanka Telecom. Ergebnis: eine wachsende Zahl miteinander konkurrierender Anbieter mit sinkenden Preisen und verbessertem Service. Doch ist der Tarif-Dschungel oft schwer durchschaubar und veränderungsanfällig, weshalb die folgenden Informationen schnell veralten sein mögen.

Zwar kann man von fast jedem Hotel aus direkt ins Ausland telefonieren (IDD = Internatio-

Wichtige regionale Vorwahlen			
Alutgama	034	Kalutara	034
Ampara	063	Kandy	081
Anuradhapura	025	Kataragama	047
Avissawella	036	Kegalle	035
Badulla	055	Kurunegala	037
Bandarawela	057	Mannar	023
Batticaloa	065	Matale	066
Bentota	034	Matara	041
Beruwela	034	Nawalapitiya	054
Chilaw	032	Negombo	031
Colombo	011	Nuwara Eliya	052
Ella	057	Polonnaruwa	027
Galle	091	Ratnapura	045
Gampaha	033	Tangalle	047
Giritale	027	Tissamaharama	047
Habarana	066	Trincomalee	026
Hambantota	047	Unawatuna	091
Haputale	057	Vavuniya	024
Hatton	051	Weligama	041
Jaffna	021	Wellawaya	055
Kalmune	067		

Wichtige Telefonnummern

Internationale Vorwahlen	
Von Sri Lanka nach	
Deutschland	📞 0049
Österreich	📞 0043
in die Schweiz	📞 0041
Von Deutschland, Österreich und der Schweiz nach Sri Lanka	📞 0094
Auskunft	
Inland	📞 161
Ausland	📞 134
Vermittlung	
Inlandsgespräche	📞 101
Auslandsgespräche	📞 100
Notruf	
Feuerwehr/Ambulanz	📞 110
Polizei	📞 119

nal Direct Dialling), doch ist dies wegen der erhobenen Servicegebühren teuer. Praktisch und preiswerter sind die in jeder Stadt vorhandenen **Communication Centres**, die bevorzugt von Einheimischen genutzt werden – nicht selten bieten sie Fax- und Internet-Service an.

Festnetzgespräche mit Sri Lanka Telecom, 🖥 www.slt.lk, kosten nach Deutschland 7 Rs/Min., in die Schweiz und nach Österreich 12 Rs/Min.

Mobiltelefone

Alle großen Mobilfunkanbieter im deutschsprachigen Raum wie T-Mobile, Vodafone oder O$_2$ haben Abkommen mit **Roaming-Partnern** in Sri Lanka abgeschlossen, entsprechende Hinweise bieten die Unternehmen. Diese Telefonate sind allerdings nicht billig! Preisbeispiele für Vodafone und O2 pro Minute: ankommende Verbindungen aus Sri Lanka und dem Ausland 1,53 € bzw. 1,59 €; von Sri Lanka nach Europa 5,12 € bzw. 2,99 €; SMS-Versand 0,46 € bzw. 0,59 € pro Nachricht.

Eine wesentlich günstigere Variante, mit dem eigenen Handy zu telefonieren, ist der Kauf einer aufladbaren **lokalen SIM-Karte** von „Dialog", 🖥 www.dialog.lk, oder „Mobitel", 🖥 www.mobitel. com. Beide Unternehmen haben in der Ankunftshalle des Internationalen Flughafens bei Colombo einen Schalter, wo gegen Vorlage des Passes

die SIM-Karte gekauft werden kann. Bei Mobitel kann in die deutschsprachigen Länder bereits ab 20 Rs/Min., in das nationale Festnetz ab 2 Rs telefoniert werden. Pro SMS zahlt man gerade mal 1 Rs. Gesprächsguthaben können fast überall erworben werden, denn fast jeder Tante-Emma-Laden hat Karten im Angebot.

Alle srilankischen Mobilfunkbetreiber bieten selbst für Pre-Paid-Kunden **Internetzugang über den Surf-Stick**. Wer bereits einen solchen Stick besitzt, sollte ihn mitbringen und mit einer lokalen SIM-Karte bestücken. Auch Handy- und iPhone-Besitzer können mittels **GPRS** (General Packet Radio Service) günstig ins Internet. Wer Probleme mit der Konfiguration hat, kann sich über die Webseiten der Anbieter und in einschlägigen Handy-Geschäften kundig machen.

Transport

Dank massiver staatlicher Subventionen sind Fahrten mit Bussen und Bahnen äußerst günstig – nur selten übersteigen die Fahrtkosten den Preis eines günstigen Essens. Doch ist der Komfort nicht gerade der Beste. Oft sind öffentliche Verkehrsmittel überfüllt und kommen nur langsam vorwärts. Die Bahn rattert mit durchschnittlich 30 km/h Höchstgeschwindigkeit durch die Lande, die Busse mit 40–50 km/h. Bei längeren Fahrten ist die Bahn den Bussen vorzuziehen: Zum einen sind die Züge nicht gar so überfüllt, zum anderen ist mehr Bewegungsfreiheit gegeben, selbst wenn man stehen muss. Und nicht zuletzt sind sie angesichts der aggressiven Fahrweise mancher Busfahrer etwas sicherer. Wer die Chance auf einen freien Sitzplatz in einem voll scheinenden Bus oder Zug erhöhen will, kann den Einheimischen nacheifern, die bereits bei dessen Einfahrt ein Tuch oder eine kleine Tasche durchs Fenster auf einen frei werdenden Platz werfen.

Flüge

Die geringen Entfernungen und verbesserten Straßenverhältnisse machen es kaum notwendig, mit dem Flugzeug zu fliegen. Reguläre Flug-

Adressen der Airlines

Deccan Aviation Lanka, The Landmark,
385 Galle Rd., Colombo 3,
✆ 077-7703703, 077-7377876,
🖳 www.simplifly.com.
Expo Air, 466 Galle Rd., Colombo 3,
✆ 011-2372952, 2360290,
🖳 www.expoavi.com.
Helitours, 395 Galle Rd. Colombo 3,
✆ 011-3144944, 3144244,
✉ slafhelitours@yahoo.com,
🖳 www.airforce.lk.
Sri Lankan Airlines, in Deutschland:
✆ 069-90439010,
✉ fra.reservations@srilankan.aero;
in Sri Lanka: ✆ 019-7335500,
✉ airtaxi@srilankan.aero
🖳 www.srilankan.aero

verbindungen gibt es derzeit zwischen Colombo,
Ampara, Batticaloa, Jaffna und Trincomalee. Sie
werden gegenwärtig von **Helitours** bedient, die
zur Luftwaffe gehört. **Expo Air** unterhält derzeit
keine Inlandflüge, was sich möglicherweise
in naher Zukunft ändern wird. Abhängig von
der Nachfrage offeriert **Deccan Aviation** mind.
1x tgl. Shuttle-Flüge per Hubschrauber vom Bandaranaike International Airport nach Tangalle mit
Stopps in Colombo, Bentota und Galle.

Sri Lankan Airways setzt bis zu 15 Plätze bietende Wasserflugzeuge des Typs Cessna Cara-
van als **Air Taxis** ein und fliegt entsprechend der
Nachfrage (als Minimum gelten 4 Passagiere)
und Saison acht Destinationen an, darunter 2x
tgl. Dickwella und Koggala sowie nach Bentota
und Nuwara Eliya. Die Passagiere schätzen neben der Zeitersparnis vor allem die praktischen
Umsteigemöglichkeiten auf dem Bandaranaike-
Flughafen von Colombo – und natürlich auch
die atemberaubenden Ausblicke aus den Kabi-
nenfenstern, die sich aus der geringen Flughöhe
ergeben. Allerdings ist der Spaß nicht billig. Ein
Sitz kostet ab 129 €.

Der Inlandsflughafen von Colombo liegt in
Ratmalana (RAT), südlich von Mount Lavinia, der
Palali Airport 17 km nördlich von Jaffna (JAF) und
der Airport in Trincomalee (TRR) am Rand der

Koddiyar (China) Bay. Die Airports werden auch
vom Militär genützt, weshalb wegen der aus-
führlichen Sicherheits-Checks bereits gute zwei
Stunden vor Abflug eingecheckt werden sollte.

Busse

Ein „Monster" nannte einmal ein Finanzminister
den 1958 als Staatsunternehmen gegründeten
„Sri Lanka Central Transport Board" (SLCTB),
meist nur kurz CTB genannt. Heute in neun Re-
gionaldepartements unterteilt, ist diese Mammut-
behörde für knapp 17 000 Busse zuständig. Die
vorwiegend rot gestrichenen Fahrzeuge steuern
fast jedes Dorf auf der Insel an. Doch sind die
CTB-Busse von schlechter Qualität und häufig
überfüllt. Stauraum für Gepäck gibt es kaum. In
den 50-Sitzern drängen sich nicht selten mehr als
100 Passagiere, Traveller von Menschen hängen
an den Eingängen. Die Komfortarmut wird jedoch
durch jede Menge Unterhaltung aufgewogen: die
immer wieder ein- und aussteigenden Händler
mit ihren fantasiereichen Angeboten, die sie in
rekordverdächtiger Zungenakrobatik anbieten;
der blinde Bettler, der sich mit schrägem Gesang
durch den engen Gang tastet; schließlich der
Passagier nebenan, der gerne wissen möchte,
wie alt man ist, wie es um die Familie steht, was
man von Sri Lanka hält ... Während für manche
Traveller Fahrten in vollen CTB-Bussen das
höchste der Gefühle sind, mögen Passagiere mit
viel Gepäck und wenig Lust auf zudringliche Körperkontakte nicht glücklich werden.

Sie können auf **private Busunternehmen** ausweichen, welche die Hauptstrecken mit neueren
klimatisierten Intercity-Bussen (IC) – meist japanischer Bauart – und die Nebenstrecken mit Mi-

Gute Sitzplätze im Bus ergattern

Bei Busfahrten empfiehlt es sich, nach Möglichkeit die hinterste Sitzreihe zu meiden, denn
hier spürt man den teilweise kriminellen Fahrstil
des Fahrers am schmerzhaftesten. Die beiden
vordersten Sitze neben dem Eingang sind für
buddhistische Mönche reserviert. Meist lohnt
es sich, früh an der Haltestelle zu sein.

nibussen befahren. Da die Ticketpreise für CTB-Busse ohnehin spottbillig sind, schmerzt es auch nicht im Geldbeutel, für die privaten das Doppelte hinzublättern. So kostet eine Fahrt von Colombo nach Kandy in CTB-Bussen nur 130 Rs, in privaten IC-Bussen 230 Rs. Weitere Preishinweise gibt es in den jeweiligen Regionalkapiteln.

Eisenbahn

Am 27. Dezember 1864 schnaufte die erste Dampflok von Colombo ins 54 km entfernte Ambepussa, drei Jahre später fuhr die Bahn bis Kandy. 1885 wurde die „Main Line" bis Nanu Oya fortgeführt, 1924 erreichte sie schließlich Badulla.

Bis 1895 konnten Gleisarbeiter die „Coast Line" nach Matara fertigstellen und bis 1905 auch die „Northern Line" nach Jaffna (heute nur noch bis Vavuniya in Betrieb). 1928 schließlich waren auch die an der Ostküste liegenden Hafenstädte Batticaloa und Trincomalee ans Bahnnetz angebunden. Damit kontrollierte die koloniale „Ceylon Government Railways" über 1500 Bahnkilometer.

Seit den Pionierjahren der Eisenbahn scheint sich nicht viel geändert zu haben. Zwar sind die meisten Dampfloks durch Dieseltriebwagen ersetzt, doch immer noch tuckern die Züge gemächlich durch die Lande und ächzen im Hochland die steilen Trassen hinauf. Aber gerade dies macht den Reiz einer Bahnfahrt durch die Insel aus, weshalb nicht nur Eisenbahnfreunde auf ihre Kosten kommen. Da macht es auch nichts, dass der Zug nicht selten weit über eine Stunde Verspätung hat. Dafür sind die noch handgestempelten Papp-Billetts supergünstig: In der 2. Klasse kostet eine Fahrt von Colombo nach Trincomalee 370 Rs, also gerade mal 2,5 €. Selbst im „Observation Saloon" liegt der Preis unabhängig von der Entfernung nur 750 Rs, knapp 5 €, verlangt.

Die Bahn ist eine **Drei-Klassen-Gesellschaft**. Die billigste und unbequemste ist die 3. Klasse, deren Holzbänke oder hartgepolsterten Sitzbänke wegen des günstigen Tarifes (z. B. Colombo–Kandy nur 105 Rs) zumeist überbelegt sind. Doppelt so teuer ist die bequemere 2. Klasse. Hier handelt es sich um Großraumwagen mit jeweils zwei gepolsterten Sitzen an den Seiten. Etwas

Observation Saloon

Die IC-Züge zwischen Colombo und Kandy sowie die Hochlandzüge zwischen Colombo und Badulla führen als Schlusswaggon einen „Observation Saloon" mit sich. Dieser Aussichtswaggon wird mit einer großen Scheibenfront abgeschlossen. Unabhängig von der Entfernung kostet ein Sitzplatz einschließlich Reservierung 750 Rs zwischen Colombo und Badulla bzw. 350 Rs zwischen Colombo und Kandy. Die Aussichtswaggons gibt es mit 24 oder 44 Plätzen. Bei Ersteren befinden sich die Sitznummern 11, 12 und 23, 24 an der abschließenden Fensterfront und bei den 44-Sitzern die Sitznummern 21, 22 und 43, 44. Wer also die schönste Aussicht genießen möchte, sollte diese Plätze frühzeitig reservieren.

Kühlung verschaffen – falls funktionierend – die klappernden Ventilatoren an der Decke. Die zumeist klimatisierte 1. Klasse gibt es bei Nachtzügen mit Schlafwagenabteilen, ansonsten mit normalen Abteilen und bei Zügen ins Hochland als Aussichtswagen (s. u.). Allerdings wird die 1. Klasse bei manchen Hauptstrecken wie etwa Colombo–Vavuniya oder Colombo–Trincomalee nicht mitgeführt.

Außer bei Nacht- und Intercity-Zügen können **Reservierungen** nur in der 1. Klasse vorgenommen werden – bis zu 10 Tagen vor Abreise. Dies empfiehlt sich vor allem am Wochenende oder an Feiertagen. Fahrtunterbrechungen bis zu 24 Std. sind erst nach 80 km möglich. Informationen gibt es an jedem größeren Bahnhof. Beim Schalter „Inquiries" in Colombos Fort-Station erfährt man die aktuellen Abfahrtszeiten, ℡ 011-2434215. Das ebenfalls im Hauptgebäude das Bahnhofs befindliche **Eisenbahn Tourist Informationsbüro** (Railway Tourist Information Office), ℡ 011-2440048, 2435838, ◷ tgl. 9–17 Uhr, ist zwar auskunftsfreudig, aber seine freundlichen Mitarbeiter sind eher am Verkauf eigener Touren interessiert.

„A Journey of Romance", eine romantische Nostalgiefahrt, bietet „JF Tours" mit dem Dampfzug *Viceroy Special* an. Angetrieben von der „Sentinel Camel"-Dampflok, Baujahr 1928,

Eisenbahnlinien

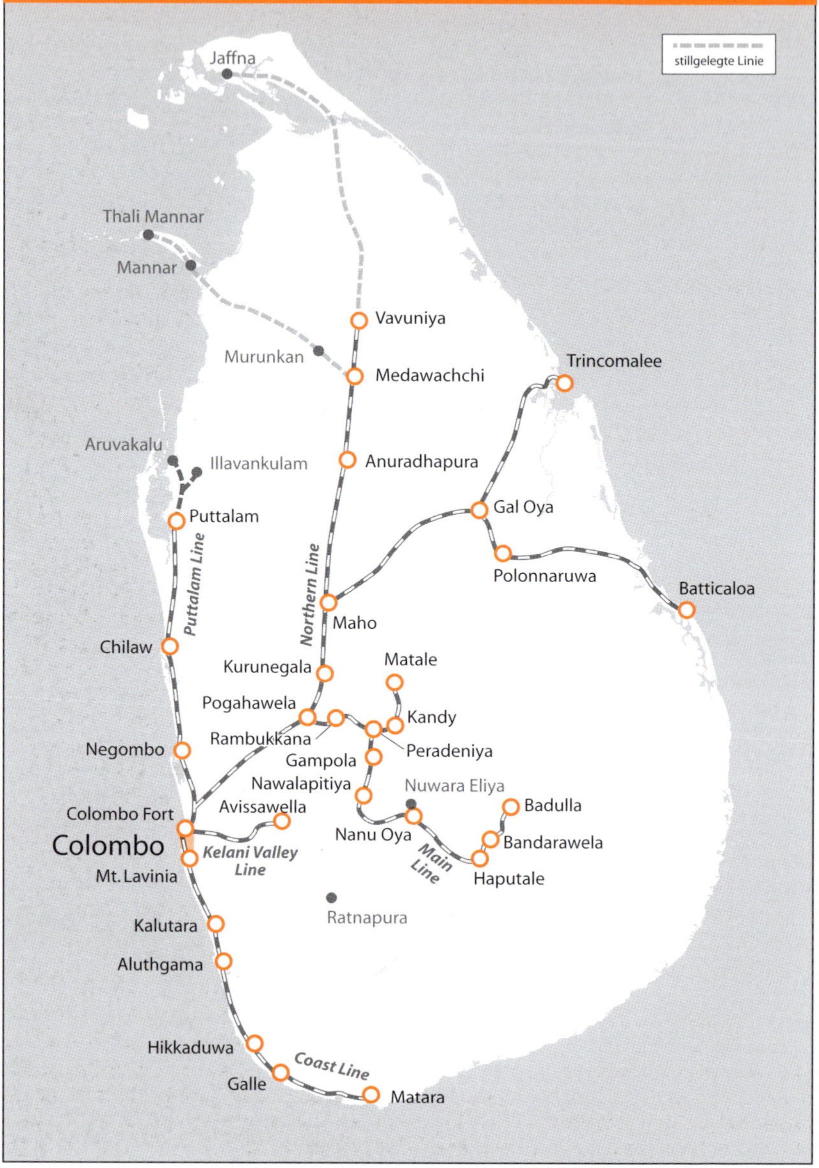

N

0   50 km

stillgelegte Linie

Jaffna

Thali Mannar

Mannar

Vavuniya

Murunkan

Medawachchi

Trincomalee

Aruvakalu

Illavankulam

Anuradhapura

Puttalam

Gal Oya

Puttalam Line

Polonnaruwa

Batticaloa

Northern Line

Maho

Chilaw

Kurunegala

Matale

Pogahawela

Kandy

Rambukkana

Peradeniya

Negombo

Gampola

Nawalapitiya

Nuwara Eliya

Avissawella

Badulla

Colombo Fort

Nanu Oya

Bandarawela

Colombo

Kelani Valley Line

Main Line

Haputale

Mt. Lavinia

Kalutara

Ratnapura

Aluthgama

Hikkaduwa

Coast Line

Galle

Matara

können sich die bis zu 64 Gäste in den beiden klimatisierten Aussichtswaggons von Colombo nach Kandy oder je nach Vorreservierung auch anderswohin schaukeln lassen. Buchung und Informationen bei: **JF Tours & Travels (Cey) Ltd.**, 58 Havelock Rd., Colombo 5, ☎ 011-2589402, 🖳 www.jftours.com.

Mietwagen

Für Selbstfahrer

Wer mit **Linksverkehr** und dem eigenwilligen lokalen Fahrstil keine Probleme hat, kann selbst ein Auto mieten. Doch ist dies nicht selten teurer als die Fahrzeugmiete mit Fahrer, wenn man Versicherungen und Zuschläge einberechnet. Abhängig von Mietdauer, Kilometerzahl und Qualität des Fahrzeugs werden pro Tag ab 25 € verlangt. Autovermietungen gibt es in den großen Städten und Touristenzentren. Adressen werden in den jeweiligen Regionalkapiteln aufgeführt.

Damit man fahren kann, ist eine **temporäre Fahrerlaubnis** („Recognition Permit") erforderlich. Sie ist ein Jahr gültig und kostet 1000 Rs. Dazu müssen der internationale Führerschein und zwei farbige Passbilder bei der „Automobile Association of Ceylon" vorgelegt werden (40 Sri Macan Markar Mw., Kollupitiya, Colombo 3, ☎ 011-2421528, ◷ Mo–Fr 8–16.30 Uhr). Wer den internationalen Führerschein nicht dabeihat, muss zum Department of Motor Traffic gehen (Elvitigala Mw., Narahenpita, Colombo, ☎ 011-2545891). Dort wird gegen Vorlage von drei Passfotos (Schwarzweiß) ein temporärer Führerschein ausgestellt, der bis zu drei Monate gültig ist.

Auch wer es nicht für möglich halten sollte, es gibt gewisse Verkehrsregeln auf der Insel – selbst Geschwindigkeitskontrollen werden gelegentlich durchgeführt. Zugelassene Höchstgeschwindigkeit innerhalb geschlossener Ortschaften ist 56 km/h und außerhalb 72 km/h.

Mit Chauffeur

Weitaus üblicher und einfach zu arrangieren ist die Miete eines Wagens mit Fahrer. Bereits kurz nach Ankunft am internationalen Flughafen versuchen Agenturen, mehrtägige Fahrten mit Fahrzeug und Chauffeur zu verkaufen. Auch

Rundum sorglos

Besonders praktisch ist es, sich schon mit einem vorgebuchten Taxi vom Flughafen abholen zu lassen, das dann vielleicht auch gleich für eine Rundreise zur Verfügung steht. Schon oft ist aus einer mehrtägigen Tour mit einem gut englisch sprechenden Chauffeur, der meist auch als Reiseführer fungieren oder sogar eine Rundum-Sorglos-Betreuung bieten kann, eine Freundschaft erwachsen.

Einen hohen Standard bieten die professionellen Fahrer von Aitken Spence (s. S. 66). Sie fahren ihre Gäste im Firmenwagen durch das Land, wie der routinierte **M.B. Chandrasiri**, ☎ 077-9578766, mit einem komfortablen Minibus, oder wie der junge, sympathische **Buddhika Perera**, ☎ 077-3749641, mit der eigenen Limousine.

Als Einzel-Unternehmer besonders bewährt hat sich z. B. der freundliche, liebenswürdige **W. T. D. Perera**, ☎ 077-3059 496, 033-2262071. Er verfügt über eine 30-jährige Erfahrung als Chauffeur und Guide, kennt sich auf der Insel bestens aus und kann auf Wunsch auch günstige Gästehäuser oder Hotels vorbuchen. Neben bestem Englisch spricht „Nimal" – wie ihn seine Freunde nennen – Tamil und eignet sich deshalb auch besonders für das Bereisen des Nordens und der Ostküste. Ein Tag mit seinem Toyota Corolla Kombi liegt bei 6000 Rs plus Sprit und Kost & Logis. Transfers und Rundreisen zu ähnlichen Konditionen bietet auch der stets aufgeweckte **Sunil Gee (Sunny)**, ☎ 0777-581343, 038-7900282, ✉ geesunilsunilgee@ yahoo.com. Er spricht sogar bestes Deutsch – stets gepaart mit Humor, Gesellligkeit und Kompetenz und sogar einer staatlichen Lizenz als Reiseleiter (25 € pro Tag). Für Kandy s. S. 373, Kasten: „Gut gefahren".

warten vielerorts unweit von Bahnhöfen und zentralen Plätzen die Fahrer mit ihren Wagen auf Kundschaft. Schließlich gibt es auch kaum ein Gästehaus oder Hotel, das nicht willens wäre, ein Fahrzeug zu vermitteln. Doch hier ist zu beachten, dass die Vermittlung mit einer Provision verbunden ist, was die Kosten in die Höhe treibt.

Der Preis kann unterschiedlich festgesetzt werden: abhängig von Kilometern oder pauschal. Je nach Unternehmen und Fahrzeugart wird eine Kilometerpauschale zwischen 50 und 80 Rs erhoben. Nicht selten sind die ersten 100 km als Minimum festgesetzt. Bei mehrtägigen Reisen ist es angebracht, einen Pauschalpreis auszuhandeln. Dabei sollten Reiseverlauf und Konditionen vorher genau festgelegt werden – und zwar mit dem Fahrer und nicht mit irgendeinem Vermittler, damit keine Missverständnisse auftreten. Über-haupt ist es sinnvoll, zumindest bei mehrtägigen Reisen, den Fahrer und Wagen vor Reiseantritt kennenzulernen. Vielleicht ergibt sich ja die Möglichkeit, mit ihm eine eintägige „Testfahrt" zu einer nahe gelegenen Sehenswürdigkeit zu machen. Üblich sind bei einigermaßen guten Fahrzeugen mit AC 5000–7000 Rs, also etwa 35–50 € am Tag. Ausschlaggebend ist die Qualität des Fahrzeugs. Weitere Faktoren sind die Entfernungen und Straßenverhältnisse. Bei mehrtägigen Fahrten fällt der Preis niedriger aus.

Wichtig zu beachten

Vor einer Fahrt mit einem Mietwagen sind folgende Dinge zu beachten: Ist mit dem Preis alles abgedeckt, oder erwartet der Fahrer ein „bata", also einen Betrag für Kost und Logis? Wer kommt für den Sprit auf? Im Allgemeinen ist es besser, einen Fixbetrag auszumachen und bei Zufriedenheit mit der Leistung ein Trinkgeld von ca. 10 % zu bezahlen.

Konflikte tauchen bei mehrtägigen Fahrten immer wieder hinsichtlich der Unterkunft auf. Da möchte der Fahrgast in einem bestimmten Gästehaus absteigen, doch der Fahrer macht dieses schlecht oder behauptet gar, es sei geschlossen. Schnell verdächtigt der Gast den Fahrer, er habe es auf Provisionen abgesehen. Angesichts der miesen Bezahlung der Chauffeure kann dies durchaus der Fall sein. Doch weitaus öfters mag der Grund für seine Behauptung darin liegen, dass dieses Gästehaus keine spezielle Unterkunft für Fahrer hat, weil es zu klein ist, oder aber ihnen keine Vergünstigungen gewährt wie kostenlose oder billige Übernachtung, Essen, usw. Manche Unterkünfte haben zwar schöne Zimmer für die Gäste, jedoch nur Löcher für die Fahrer. Gerade Hotels haben diesbezüglich einen schlechten Ruf. Hier ist es sinnvoll, die Unterkunftsfrage relativ rechtzeitig anzusprechen – also nicht erst dann, wenn man den Ort für die Übernachtung bereits erreicht hat – und auch offen zu fragen, wie die Übernachtungsmöglichkeiten für die Fahrer sind. Schließlich hat man mehr davon, wenn der Chauffeur gut gelaunt und ausgeschlafen ist.

Zweiräder

Motorräder können in den meisten größeren Touristenorten gemietet werden und sind für Tagesausflüge ideal. Sri Lankas Straßen bieten viele Gelegenheiten, die Landschaft zu genießen. Pro Tag werden abhängig von der Größe des Fahrzeugs ab 1200 Rs verlangt. Meist ist eine Unfall- und Diebstahlversicherung eingeschlossen. Als Sicherheit muss man den Pass oder das Flugticket hinterlegen.

Wer ein Motorrad mietet, sollte darauf achten, dass er einen Helm bekommt, denn auf der Insel herrscht **Helmpflicht**. Zwar ist es bei den hohen Temperaturen verlockend, ohne Kopfschutz zu fahren, doch kann ein Helm lebensrettend sein. Zudem ist eine penible Kontrolle der auszuleihenden Maschine unerlässlich: Wie steht es um das Reifenprofil, die Fußpedalen, den Ölstand, und besonders wichtig: Funktionieren die Bremsen? Für den Fall einer Polizeikontrolle ist es wichtig, internationalen Führerschein, Passkopie und die Zulassung dabeizuhaben. Abends und nachts unterwegs zu sein kann wegen der teilweise spärlichen Beleuchtung entgegenkommender Fahrzeuge, der fehlenden Beleuchtung von Kühen und Fahrrädern sowie der Schlaglöcher nicht ungefährlich sein.

Fahrräder eignen sich angesichts der landschaftlichen Reize und geringen Entfernungen ebenfalls für eine Inselrundfahrt. Wer anspruchsvolle Überlandfahrten vorhat, nimmt am besten seinen eigenen Drahtesel mit, denn gute Fahrräder mit Gangschaltung sind rar gesät. Erst langsam breiten sich auf der Insel Mountainbikes aus. Dabei sollte man nicht vergessen, wichtige Ersatzteile, Zweitschläuche und ein gutes Schloss einzupacken.

In jedem größeren Touristenort gibt es einen **Fahrradverleih**. Auch Gästehäuser stellen nicht selten Drahtesel zur Verfügung. Pro Tag werden ab 200 Rs aufwärts verlangt. Nicht versäumen sollte man eine Testfahrt mit dem ausgeliehenen Fahrrad, das seit seiner Herstellung in chinesischen und indischen Fabriken selten eine regelmäßige Wartung erfahren hat. Ist genügend Luft in den Reifen, funktioniert die Klingel (falls vorhanden), wie sieht es mit den Bremsen aus (falls vorhanden), ist der Sattel richtig eingestellt, wackeln und streifen irgendwelche Teile …?

Trampen

Trampen ist in Sri Lanka gemeinhin nicht üblich und angesichts der günstigen Fortbewegungsmittel auch nicht notwendig. Doch kann es vorkommen, dass man in irgendeinem gottverlassenen Ort strandet und nicht weiterkommt. Am besten fragt man dann im nächsten Laden oder Restaurant nach Weiterfahrtsmöglichkeiten. Ein Three-Wheeler ist relativ schnell aufgetrieben. Wer sich trotzdem zum Trampen an den Straßenrand stellt, sollte angesichts der damit verbundenen potenziellen Risiken die üblichen Vorsichtsmaßnahmen beachten: nach Möglichkeit nicht alleine trampen (vor allem Frauen) und nicht nach Einbruch der Dunkelheit.

Nahverkehrsmittel

Stadtbusse
Stadtbusse sind nur in den größeren Orten wie Colombo und Kandy zu finden. Allerdings sind die Busse meist nicht in Englisch beschriftet, weshalb man sich durchfragen muss. Aber meistens ist jemand aufzutreiben, der etwas Englisch spricht. Die Preise bewegen sich bei 6 Rs pro Kilometer. Bei vollen Bussen gilt erhöhte Vorsicht vor Taschendieben.

Three-Wheeler (Tuk Tuk)
Wegen ihres Fahrstils gefürchtet und häufiger Grund zum Streit, sind sie aus dem Straßenbild

nicht wegzudenken – die Three-Wheeler, Bajajs, Trishaws oder Tuk Tuks. Viele Namen gibt es für diese offenen Dreiräder mit den Zweitaktmotoren, deren markante Geräusche ebenso zu Sri Lanka gehören wie der Geschmack des Curry oder der Duft des Jasmins. Ohne eine Verkehrsregel zu beachten, wuseln sie wie Ameisen durch den Straßenverkehr, begleitet von dem Quacken ihrer Hupe und dem Schimpfen der Passanten. Die Three-Wheeler sind die dominierenden Fahrzeuge im individuellen Nahverkehr. Wohl kaum ein Tourist, der nicht einmal damit fährt – und entweder süchtig danach wird oder diese Gefährte hasst.

Da Taxameter fehlen, ist das Feilschen um den Fahrpreis vor Fahrtantritt ein Muss. Als Richtwert sind pro Kilometer 40 Rs zu veranschlagen, auf dem Land etwas weniger. Bei Touristen neigen die Fahrer zu überhöhten Forderungen. Dies gilt besonders bei jenen, die in Gruppen vor Hotels oder Sehenswürdigkeiten warten. Besser ist es daher, man winkt einen vorbeifahrenden Three-Wheeler heran und macht dem Fahrer einen Preisvorschlag. Falls auch er sich als wenig verhandlungsfreudig zeigt, lässt man ihn weiterfahren und wartet auf den nächsten. Meist ist die Konkurrenz recht groß. Schlechtere Karten hat man bei einem Sturzregen oder nachts.

Taxis
Reguläre Ruftaxen (Radio Cab) mit Taxameter gibt es nur in Colombo und Kandy (Adressen siehe dort). Ansonsten ist in nahezu jedem Ort ein Fahrzeug aufzutreiben – meist gebrauchte japanische Modelle. Die Preise sind wie üblich vorher auszuhandeln. Als Orientierungswert gelten hier 70–80 Rs pro Kilometer.

Übernachtung

An Übernachtungsmöglichkeiten besteht wahrlich kein Mangel. Sie reichen vom einfachen Gästehaus über das traditionelle Rasthaus und die Kolonialvilla bis hin zum teuren Vier- und Fünf-Sterne-Hotel mit allem Komfort. Auch in Sri Lanka gilt die Regel der freien Marktwirtschaft: Konkurrenz drückt den Preis. Dies gilt besonders für Orte mit einer großen Auswahl an Unterkünften und dort vor allem in der Nebensaison.

Zu gewissen Zeiten wiederum muss teilweise das Mehrfache hingeblättert werden wie etwa in Kandy während des Perahera im Juli/August oder in Nuwara Eliya während der Wochen nach Aluth Avurudu, dem srilankischen Neujahrsfest Mitte April. Dann ist eine Reservierung unbedingt zu empfehlen. Dies gilt auch für viele Unterkünfte in den Strandorten während der Hauptsaison. „High Season" ist an West- und Südküste von November bis Mitte März und an der Ostküste von April bis Anfang Oktober, wobei es nochmals Spitzenzeiten gibt wie etwa in den mitteleuropäischen Weihnachts- und Osterferien oder im August (an der Ostküste).

Wer ohne Reservierung anreist, hat vormittags die besten Chancen, unterzukommen, denn nachmittags sind die Unterkünfte oft bereits ausgebucht. Allerdings nehmen gerade Billigunterkünfte mit wenigen Zimmern äußerst ungern oder gar keine Reservierungen an, außer man bezahlt vorab.

Wer vorher in Indien gereist ist, wird feststellen, dass die Übernachtungspreise in Sri Lanka insgesamt etwas höher liegen.

Gästehäuser

Im untersten Preissegment liegen die Gästehäuser. Einfache Zimmer mit Ventilator (Fan) sind in Orten mit großer Auswahl bereits für wenige Eu-

Vorsicht Schlepper!

Wer mit dem Three-Wheeler auf der Suche nach einer günstigen Unterkunft ist, sollte die Meinung des Fahrers mit Vorsicht genießen, vor allem wenn er die vom Fahrgast gewünschte Unterkunft schlechtmacht oder gar behauptet, sie sei geschlossen. Es ist auch schon vorgekommen, dass eine andere Unterkunft als die gewünschte ausgegeben wurde. Hier möchte der Fahrer nur eines: Provision kassieren. Doch nicht alle Gästehausbesitzer wollen Geld an die Fahrer zahlen. Am besten ruft man vorher persönlich die Unterkunft an.

ros zu haben. Allerdings gibt es erhebliche Unterschiede im Standard, was wiederum mit der Konkurrenz zu tun hat: Wo die Gästehaus-Dichte am größten ist, hat man das bessere Preis-Leistungs-Verhältnis. In jedem Fall lohnt eine vorherige Zimmerinspektion mit Matratzentest und Blick ins Badezimmer. Sauberkeit hat leider bei manchen Gästehausbesitzern nicht die oberste Priorität, auch wenn der Vorgarten noch so gefegt sein mag.

Viele Unterkünfte sind mit Familienanschluss, also Privathäuser, in denen die Eigentümer nur wenige Zimmer vermieten. Dies ist eine schöne Möglichkeit mit Einheimischen in Kontakt zu kommen, mehr über Land und Leute zu erfahren sowie darüber hinaus die lokale Küche kennenzulernen. Denn nicht selten werden die Zimmer mit Vollpension angeboten. Wer jedoch Wert auf Privatsphäre legt, wird sich in Unterkünften mit eigenem Gästebereich wohler fühlen.

Dormitories (Schlafsäle) gibt es auf der Insel selten. Wer die Übernachtungskosten mit anderen teilen möchte, kann in manchen Gästehäusern auf „Family Rooms" mit drei und mehr Betten zurückgreifen. Grundsätzlich ist gerade bei Unterkünften mit wenigen Zimmern ein vorheriger Anruf angebracht, um sicherzugehen, ob noch etwas frei ist. Das gilt besonders für Spätankommende. Manche Gästehäuser können über 🖥 www.hostelworld.com gebucht werden.

Rasthäuser (Rest Houses)

Bereits die Holländer begannen in den Hauptorten und an wichtigen Verkehrsknotenpunkten Rasthäuser für Handelsreisende und Beamte zu errichten. Dieses Netz wurde von den Engländern parallel zur Infrastruktur erheblich ausgeweitet, sodass es heute kaum einen größeren Ort ohne „Rest House" gibt. Mancherorts sind sie nach wie vor die einzige reguläre Unterkunft. Ihr Standard variiert erheblich. Diejenigen, die der Verwaltung der „Ceylon Hotels Corporation", 🖥 www.ceylonhotels.lk, unterstellt sind, zeichnen sich durch höhere Preise, aber auch durch mehr Sauberkeit und Komfort aus. Gute Beispiele dafür sind die Rasthäuser in Polonnaruwa, Kitulgala und Sigiriya. Andere sind wesentlich

Gebühren-Dschungel

Im Bereich von Gebühren und Steuern zeigt sich die Regierung eindrucksvoll erfinderisch. Für gewöhnlich addieren Restaurants und Unterkünfte 10 % **Service Charge** (SC) auf den Rechnungsbetrag. Vier- bis Fünf-Sterne-Hotels und teure Restaurants schlagen darauf noch zusätzlich eine **Value Added Tax** (VAT), also Mehrwertsteuer, von 12 % (Standard-Rate) oder 20 % (Luxus-Rate). Und dann weist die Rechung oftmals noch die 2009 eingeführte **National Building Tax** (NBT) von 3 % auf.

einfacher (gelegentlich auch etwas heruntergekommen), dafür recht billig, wie etwa in Habarana oder Negombo. Auf jeden Fall besitzen sie viel Charme und gäben eine exzellente Filmkulisse für einen Kolonialstreifen ab. Ein weiterer Pluspunkt ist bei vielen die traumhafte Lage. Dies gilt wiederum für die Rasthäuser in Polonnaruwa (selbst die Queen of England war bei ihrem Besuch 1954 amused) und Sigiriya sowie für Anuradhapura oder auch mehrere Ableger in der Küstenregion. Wer koloniales Ambiente mag, sollte es also nicht versäumen, zumindest einmal in einem Rest House zu nächtigen.

Hotels und Resorts

Soll es ein einfaches sauberes Minihotel zu US$20 sein? Oder ein gediegenes Ferienresort zu US$50? Oder gar eine komplette Kolonialvilla für US$350? Unter den Hotels und Resorts gibt es fast nichts, was es nicht gibt: Vom *all inclusive*-Hotel mit dem Charme der 1970er-Jahre über das schottische Landhaus bis zum Resort & Spa mit schönen Bungalows unter Palmen gibt es alles zu haben. Letztlich entscheiden Geldbeutel und Geschmack.

Mit Ende des Krieges 2009 ist nach langer bleierner Zeit wieder Optimismus eingekehrt. Große Hotelketten ebenso wie einfache Besitzer renovieren ihre alten Häuser oder bauen neue. Im Zuge des Wellness-Booms werden viele Resorts zudem mit einem Spa-Bereich oder Ayurveda-Behandlungszentrum ausgestattet.

Auch nimmt die Zahl der „Öko-Resorts" zu. Ob alle den Namen verdienen, ist allerdings fraglich. Die Hotelkette von Aitken Spence, 🖳 www. aitkenspencehotels.com, will nach Vorbild ihres preisgekrönten Kandalama-Hotels auch ihre anderen Häuser gemäß den Standards des Öko-Labels „Green Globe", 🖳 www.greenglobe.com, umweltgerecht ausrichten.

Tipp: Seit 2011 gelten für Colombo und andere Orte offizielle Mindestpreise pro Zimmer von US$125 für Fünf-Sterne-, US$95 für Vier-Sterne-, US$75 für Drei-Sterne- und US$60 für Zwei-Sterne-Hotels. Hinzu kommern noch diverse Steuern und Gebühren. Dies macht Sri Lanka zu einem teuren Pflaster. Da viele große Hotels und Resorts mit internationalen Veranstaltern wie TUI, Thomas Cook oder FTI Verträge abgeschlossen haben, lohnt sich ein Blick in deren Webseiten. Die Übernachtungen sind im Rahmen von Pauschalangeboten wesentlich niedriger als über die offiziellen Listenpreise (Walk-in prices) an der Rezeption. Wer einen längeren Aufenthalt in einem solchen Hotel plant, sollte sich auf jeden Fall über entsprechende Angebote (meist in Verbindung mit Charterflügen) erkundigen. Alternativ bietet eine wachsende Zahl einschlägiger Internetportale günstige Hoteltarife an. Hier lohnt sich vorab der Blick ins Internet.

Preiskategorien

Die Hotels und Gästehäuser werden in diesem Buch nach den unten aufgeführten Kategorien eingeteilt. Die Preise beziehen sich auf ein **Doppelzimmer** (DZ) in der Hauptsaison und schließen Zuschläge wie Service Charge (SC) und Mehrwertsteuer (VAT) mit ein. Die Preise der klimatisierten Zimmer (mit AC) liegen deutlich höher als für jene ohne AC. Dies hängt mit den hohen Strompreisen in Sri Lanka zusammen.

❶	bis US$10
❷	bis US$20
❸	bis US$40
❹	bis US$60
❺	bis US$80
❻	bis US$120
❼	über US$120

Unterhaltung

Das abendliche Unterhaltungsangebot auf Sri Lanka hält sich außerhalb der Hauptstadt und einigen Strand-Destinationen wie Hikkaduwa oder Unawatuna ziemlich in Grenzen. In „Cool-ombo" ist nach bleiernen Kriegsjahren in letzter Zeit wieder eine lebendige Partyszene enstanden, die aber immer wieder mit dem willkürlichen Umgang der Behörden mit Ausschanklizenzen für Alkohol zu kämpfen hat. Vielerorts bleibt einem am Abend nichts anderes übrig, als am Strand den nächtlichen Sternenhimmel zu genießen, eine rechtzeitig organisierte Flasche Bier oder Wein zu trinken oder sich in aller Gemütlichkeit hinter mitgebrachter Lektüre zu vergraben – was ja auch nicht das Schlechteste ist.

Kino, Musik und Tanz

Hollywood-Filme werden zumeist nur in Colombo gezeigt, während in den Kinos der Provinz vorwiegend die einschlägig bekannten Musik-Tanz-Streifen aus einheimischer bzw. indischer Produktion über die Leinwand flimmern. Auch die Möglichkeiten zu **Musik- und Tanzgenuss** finden sich fast ausschließlich in der Hauptstadt, bei entsprechenden Preisen in den Nachtclubs der größeren Urlauber-Resorts von Bentota oder in Form von rar gesäten **Diskotheken** in den Badeorten Negombo, Hikkaduwa und Unawatuna. Obwohl die Voraussetzungen dafür ideal wären, haben sich feucht-fröhliche **Strand-Partys** ebenfalls noch nicht so recht durchgesetzt. In Kandy können Urlauber Tanz vor allem in Form von abendlicher, traditioneller **Bühnenkunst** genießen.

Restaurants und Kneipen

Wer die perfekte Vollendung eines Tages eher bei **Schlemmereien** sucht, sollte sich aufgrund relativ früher Schließzeiten der Restaurants lieber rechtzeitig auf den Weg machen. Besonders lauschig kann es auf den urgemütlichen Veranden oder in den Innenhöfen der zahlreichen Herbergen aus der Kolonialzeit zugehen. Überdurchschnittlich durstige Touristenkehlen

jedoch sollten sich rechtzeitig darauf einstellen, dass **Alkohol** außerhalb der Restaurants und Kneipen zumeist nur in modernen Supermärkten oder speziell dafür eingerichteten Geschäften erhältlich ist, während an den etlichen Feier- und Vollmondtagen der Ausschank von Bier, Wein, Schnaps oder Likören überall – mitunter sogar in den großen Hotels – verboten ist.

Alternativen

Entlang der Küste verbindet sich das auf Sri Lanka stets ausgeprägte Meeresrauschen mit dem von Sternen gespickten Himmel vielerorts zu einem überaus romantischen **Strandgenuss**. Prinzipiell empfiehlt es sich, außer dem Reiseführer auch genügend **Romane** oder andere Lieblings-Lektüre mitzuführen, um lange Abende ausfüllen zu können. In den größeren Urlauber-Hotels ist neben englischsprachigen Nachrichtensendern zumeist auch das **TV-Programm** der Deutschen Welle zu empfangen.

Verhaltenstipps

Niemand in Sri Lanka erwartet, dass ein ausländischer Tourist alle Verhaltensweisen und religiösen Sitten kennt. Wer unsicher ist, braucht keine Hemmungen zu haben, einen Einheimischen zu fragen. Dieser wird meist gerne Auskunft geben, denn die Bewohner Sri Lankas gelten als mitteilungsfreudig und aufgeschlossen. Zudem honorieren sie jedes Bemühen, die Traditionen und Konventionen zu verstehen. Wer auf die Freundlichkeit und Höflichkeit der Einheimischen auf gleiche Weise antwortet und es auch noch schafft, bei Problemen und Komplikationen sein **Lächeln** zu bewahren, fährt am besten.

Körperkontakt ist normal und selbstverständlich. Es ist ein Zeichen enger Freundschaft, wenn zwei Männer oder zwei Frauen Hand in Hand durch die Straßen bummeln. Körperkontakte zwischen Männern und Frauen sind dagegen in der Öffentlichkeit tabu. Strenge Verhaltensmuster regeln das Verhältnis der Geschlechter und es gilt als äußerst unschicklich, Gefühle zwischen Mann und Frau zu zeigen. Das gilt auch für homosexuelle Paare, die ansonsten keine Diskriminierung zu befürchten haben.

Begrüßung

Ein Handschlag zur Begrüßung ist eher in Geschäftskreisen und bei Sri Lankern mit vielen westlichen Kontakten üblich. Bei der Begrüßung von Höherstehenden, etwa einem Direktor oder Professor, werden die Handflächen auf Brusthöhe zusammengelegt. Ansonsten reicht ein Lächeln. Wer unsicher ist, wartet am besten auf das, was die einheimische Gegenseite tut.

Körpersprache

Mehr als im westlichen Kulturkreis „spricht" der Körper eines Sri Lankers mit. Dies ist vor allem beim **Kopf** sichtbar, der im lebhaften Gespräch permanent zu wackeln scheint. Man ist versucht, dies als Kopfschütteln und damit als ablehnende Geste zu interpretieren. Das ist es aber nicht, sondern im Gegenteil: Das Gesagte oder Gehörte soll positiv unterstrichen werden. Bei Fragen bedeutet es ein „Ja!". Grundsätzlich gilt der Kopf als heilig und sollte nie, auch nicht in europäisch-freundschaftlicher Geste, berührt werden. Wer zwischen hockenden oder sitzenden Menschen, etwa im Tempel oder bei

Geschenke

Es kommt gar nicht so selten vor, dass man von Einheimischen eingeladen wird. In so einem Fall ist es ganz gut, eine Kleinigkeit als Geschenk in der Tasche zu haben. Gern gesehen sind Kalender mit Motiven aus der Heimat oder andere kleine Souvenirs von zuhause. Für Kinder eignen sich kleine Spielsachen oder Stifte (ihren Zähnen zuliebe bitte keine Süßigkeiten!). Blumen sind eher unüblich und Alkohol in streng religiösen Familien – nicht nur bei Muslimen – verpönt.
Niemals sollte man aber wahllos Geschenke austeilen, denn dies fördert eine Bettelkultur wie sie leider weltweit an vielen touristischen Orten entstanden ist. Schenken sollte immer einen Anlass haben und nicht das eigene Gewissen beruhigen. Kinder kann man indes auch dadurch erfreuen, dass man mit ihnen Zeit verbringt und einfache Spiele spielt.

Versammlungen, hindurchgehen muss, beugt den Oberkörper etwas nach vorn und hält den rechten Arm schräg nach unten gestreckt.

Die **linke Hand** gilt als unrein. Deshalb benutzt man die rechte Hand, um zu essen, etwas zu geben oder in Empfang zu nehmen. Der **Fuß** ist der unedelste Körperteil und darf deshalb nie einem anderen Menschen oder gar einer Buddhastatue entgegengestreckt werden.

Kleine Selbstverständlichkeiten

Wie im Washingtoner Artenschutzabkommen (vgl. 🖥 www.cites.org) festgelegt, stehen bestimmte Pflanzen- und Tierarten unter strengem Schutz. Sie dürfen nicht – auch nicht in einzelnen Bestandteilen – aus Sri Lanka ausgeführt werden. Dazu zählen z. B. bestimmte Orchideen- und Farnarten, aber auch Schildkrötenpanzer sowie Krokodil-, Waran- und Schlangenhäute, Felle und Krallen von Raubtieren, Vogelfedern oder Elfenbein. Obwohl die Herstellung derartiger Souvenirs längst verboten ist, setzen sich manche Einheimische darüber hinweg. Es liegt in der Verantwortung jedes Besuchers, auf der-

art zweifelhafte Mitbringsel, die zuweilen schon in einem einfachen Schmuckanhänger mit einem Korallensplitter bestehen können, zu verzichten. Ganz abgesehen davon, dass bei etwaigen Verstößen daheim bis zu 50 000 € Strafe oder sogar Gefängnis drohen können. Zudem sollten Touristen freiwillig auf den Erwerb von Schnitzereien aus selten gewordenen Edelhölzern verzichten. Wer mehr als 50 Jahre alte **Antiquitäten** wie Bücher, Palmenblatt-Manuskripte oder Buddhastatuen ausführen möchte, bedarf einer Sondergenehmigung des **Archeological Commissioners**, ✆ 011-2694727.

Respekt und Hierarchie

Die Familie ist der Kern der Gesellschaft. Sie bietet Sicherheit und Geborgenheit. Jüngere Mitglieder werden dazu angehalten, die ältere Generation zu ehren und zu unterstützen. Wer dies nicht tut, verstößt gegen die traditionellen Regeln und wird im Ernstfall sogar aus der Gemeinschaft ausgeschlossen. Das gilt auch für die äußerst hierarchisch geprägten Strukturen in einem Unternehmen oder in der Verwaltung. Wer damit in Berührung kommt – etwa in einer Behörde – sollte sie respektieren, auch wenn es schwerfällt.

Kleidung

Ein Blick in die Straßen und Gassen zeigt, dass die Bewohner Sri Lankas eher konservativ gekleidet sind und Frauen die meisten Körperteile bedeckt halten. Zu knappe, schmutzige oder schlampige Kleidung ruft Naserümpfen hervor, auch wenn dies nicht offen ausgesprochen wird. Außerhalb der Strände und Hotelpools sollten deshalb sowohl Männer als auch Frauen Schultern und Knie bedecken, auch wenn die Sonne noch so gnadenlos brennt und der Schweiß den Nacken hinunterläuft. Ärmellose Hemden oder nabelfrei Tops, Shorts und Miniröcke oder kein BH unterm T-Shirt sind auch dann nicht angebracht, wenn der eigene Körper jenen von Brad Pitt oder Angelina Jolie in den Schatten stellen sollte. Anzüge mit Hemd und Krawatte gehören ins Reisegepäck von Geschäftsleuten. Man benötigt sie bei offiziellen Empfängen, ansonsten nicht.

An Stränden und Pools gilt für Frauen immer „oben mit" und nicht ganz so knappe Badekleidung. Ansonsten ist die ganze Palette der Bikini- und Badehosenkollektionen akzeptiert. Hier muss man nicht den Einheimischen nacheifern, die mit der kompletten Kleidung ins Wasser steigen – was manchmal auch ganz neckisch aussehen kann.

Vor dem Betreten eines Hauses – häufig auch in Gästehäusern – zieht man die Schuhe aus. Gleiches gilt für buddhistische und hinduistische Tempel (s. Kasten „Religion und Tourismus").

Helfende Hände

Wer die Augen offenhält, dem wird die Armut vieler Menschen nicht verschlossen bleiben. Gerade im Norden und Osten hat der jahrzehntelange Bürgerkrieg zu Vertreibungen der Zivilbevölkerung geführt. Aber auch in anderen Landesteilen litten die Menschen unter dem Konflikt. Wiederaufbau und Rückkehr von Vertriebenen und Flüchtlingen an ihre Heimatorte sowie die Demobilisierung von Soldaten (darunter auch Kinder) und nicht zuletzt die aufwendige und gefährliche Entfernung der Landminen erfordern über Jahre hinweg große Anstrengungen. Zudem kommt es immer wieder zu Überschwemmungen und langanhaltenden Dürreperioden. Schließlich hat auch die Flutkatastrophe von 2004 unzählige Menschen in den Küstenregionen in die Armut gestürzt. Auch wenn niemand in Sri Lanka verhungert, leben viele Menschen am Existenzminimum.

Eine Reihe von Hilfsorganisationen und privaten Initiativen versucht den Menschen vor

Religion und Tourismus

- Eine religiöse Stätte nur ordentlich und ausreichend bekleidet betreten und die Schuhe (außer in Kirchen) ausziehen.
- Im Tempel keine hinduistischen oder buddhistischen Statuen berühren und schon gar nicht für Fotos darauf oder davor posieren.
- Es ist üblich, dass Besucher eines Tempels eine Spende für den Erhalt der Anlage hinterlassen (deshalb immer genügend Kleingeld bereithalten).
- Buddhistischen Mönchen besonderen Respekt entgegenbringen. Zur Begrüßung faltet man die Handflächen unter dem Kinn zusammen. Man lässt ihnen den Vortritt und geht am besten einen Schritt hinter ihnen. Auch sollte man nie so stehen oder sitzen, dass der eigene Kopf den eines sitzenden Mönches überragt.
- Frauen sollten Mönchen gegenüber zurückhaltend sein, sie nicht berühren, sich nicht neben sie setzen oder sich nur auf Wunsch hin mit ihnen fotografieren lassen.

Ort zu helfen. Sie in ihrer Arbeit zu unterstützen ist sinnvoller, als einem Bettler aus schlechtem Gewissen heraus ein paar Rupies in die Hand zu drücken. Wer etwas spenden möchte, kann zuhause beispielsweise mit folgenden Organisationen Kontakt aufnehmen:

Deutsche Welthungerhilfe e. V.
Friedrich Ebert Str. 1, 53173 Bonn
☎ 0228-22880, 🖳 www.welthungerhilfe.de
Hilft zusammen mit ihrer einheimischen Partnerorganisation, **Sewalanka Foundation**, 🖳 www.sewalanka.org, beim Wiederaufbau von kriegszerstörten Dörfern und der **Erschließung neuer Einkommensquellen** für die arme Bevölkerung.

Don Bosco
Sträßchensweg 3, 53113 Bonn
☎ 0228-53965-0, 🖳 www.donboscomission.de
Der katholische Salesianer-Orden unterhält in Sri Lanka zahlreiche Jugend- und Sozialzentren und ist vor allem in der Berufsbildung aktiv.

Johanniter
🖳 www.johanniter.de
Die Organisation baut die Katastrophenvorsorge aus, unterstützt Orthopädie- Werkstätten und bildet in Erster Hilfe aus.

Srilankahilfe Nürnberg
🖳 www.srilankahilfe-nuernberg.de
Der Verein „Nürnberger helfen Menschen in Sri Lanka e.V." engagiert sich für Projekte in den von Bürgerkrieg und Naturkatastrophen betroffenen Gebieten an der Ostküste.

Stiftung Terre des hommes Lausanne
En Budron C 8, CH-1052 Le Mont-sur-Lausanne,
☎ 021-6546666, 🖳 www.tdh.ch
Die Organisation legt ihren Schwerpunkt auf die Gesundheitsversorgung in den Bezirken Ampara, Batticaloa und Vanni und die psychologische Betreuung kriegstraumatisierter Kinder.

Trinkgeld

Angesichts der niedrigen Löhne im Servicebereich (oft nur 20–30 € im Monat) wird Trinkgeld gern angenommen. In Restaurants ist es angebracht, 10 % des Rechnungsbetrages auf dem Tisch oder in der Rechnungsmappe liegen zu lassen. Manche Touristenrestaurants schlagen 10 % Service Charge (SC) auf den Rechnungsbetrag auf. Auch da wird von der Bedienung gerne ein Obolus genommen, da sie von diesen 10 % kaum etwas sehen.

Das ebenfalls unterbezahlte Hotelpersonal freut sich nicht weniger über die Anerkennung seiner Dienste. Wird das Gepäck auf das Zimmer getragen, dann sind 50 Rs. durchaus angebracht. Wer mit Fahrer und Guide unterwegs ist, kann seine Zufriedenheit ebenfalls mit einem Trinkgeld ausdrücken. Da sind US$2 pro Pers. und Tag okay.

Versicherungen

Die großen Versicherungsunternehmen bieten eine verwirrende Vielfalt von Versicherungspaketen an, die Reiserücktritt-, Unfall-, Gepäck- und Auslandskrankenversicherung einschließen können. Letztlich liegt es im Ermessen des Reisenden, was er alles versichert haben möchte. Die einzig wichtige Urlaubsversicherung ist eine **private Auslandskrankenversicherung**, die den Krankenrücktransport einschließt.

Reiserücktrittskosten- versicherung

Bei pauschal gebuchten Reisen ist gelegentlich eine Reiserücktrittskostenversicherung im Preis inbegriffen (Kleingedrucktes lesen oder nachfragen!). Wer individuell plant, muss sich um die Absicherung dieses Risikos selbst kümmern. Das kann über die Reisebüros geschehen. Viele Reiserücktrittskostenversicherungen müssen kurz nach der Buchung abgeschlossen werden (in der Regel bis 14 Tage danach). Eine Reiseunfähigkeit wegen Krankheit muss ärztlich nachgewiesen werden. Auch bei Krankheit oder Tod eines Familienmitglieds oder Reisepartners ersetzt die Versicherung die Stornokosten der Reise.

Die Kosten der Versicherung richten sich nach dem Preis der Reise und der Höhe der Stornogebühren. Sie liegen in der Regel zwischen 15 € und 90 € p. P. Zum Teil gibt es eine Selbstbeteiligung.

Reisegepäckversicherung

Viele Versicherungen bieten die Absicherung des Verlustes von Gepäck an, meist als Teil eines Paketes wie etwa beim „FernFlug-Vollschutz" von Elvia. Allen Versicherungen ist gemein, dass die Bedingungen, unter denen das Gepäck abhandenkommen „darf", sehr eng gefasst sind. Deshalb ist es wichtig, die Bedingungen genau zu studieren und sich entsprechend zu verhalten. Bei vielen Versicherungen ist z. B. das Gepäck in unbewacht abgestellten Kraftfahrzeugen zu keinem Zeitpunkt versichert. Kameras oder Fotoapparate dürfen wegen möglicher Mopedräuber nicht über die Schulter gehängt werden, sondern müssen am Körper befestigt sein, sonst zahlt die Versicherung nicht (so Gerichtsurteile). Ohnehin sind foto- und videotechnische Geräte meist nur bis zu einer bestimmten Höhe oder bis zu einem bestimmten Prozentsatz des Neuwertes versichert, auch Schmuck unterliegt Einschränkungen, ebenso Bargeld. Wer eine wertvolle Foto- oder Kameraausrüstung mitnimmt, sollte erwägen, eine Zusatzversicherung abzuschließen.

Entscheidet man sich für eine Reisegepäckversicherung, ist darauf zu achten, dass sie Weltgeltung hat, die Dauer der Reise umfasst und in ausreichender Höhe abgeschlossen ist.

Tritt ein Schadensfall ein, muss der Verlust sofort bei der Polizei gemeldet werden. Eine zuvor angefertigte Checkliste, auf der alle Gegenstände und ihr Wert eingetragen sind, ist dabei hilfreich. Generell sollte alles, was nicht ausreichend versichert ist, nach Möglichkeit im Handgepäck transportiert werden.

Eine Reisegepäckversicherung ist bezüglich der Reisedauer und Höhe der Versicherungssumme meist gestaffelt und kostet z. B. bei Allianz Global Assistance bei einer Deckung von 2000 € für 31 Tage 58 €. Barmenia offeriert für einen Jahresbetrag von 60 € eine Versicherung bis zu 2500 €.

Auslandskrankenversicherung

Ohne eine Auslandskrankenversicherung mit Rücktransport abgeschlossen zu haben, sollte niemand sein Heimatland verlassen, denn bei Krankheiten und Unfällen kann sehr schnell eine erhebliche Summe zusammenkommen, die aus eigener Tasche bezahlt werden müsste. Versicherte können die Kosten hingegen nach Einreichen der Rechnungen bei der Versicherung geltend machen. Einschränkungen gibt es natürlich auch hier, besonders bezüglich Zahnbehandlungen (nur Notfallbehandlung) und chronischen Krankheiten (Bedingungen durchlesen!). Der feine juristische Unterschied liegt im Detail: Die meisten Versicherer zahlen den Rücktransport nur, wenn er „medizinisch notwendig" ist. Bei manchen, etwa bei Ergo Direkt und Huk-Coburg, genügt es, dass der behandelnde Arzt den Transport in die Heimat für „medizinisch sinnvoll" erachtet. Bei einer Schwangerschaft ist eine schriftliche Bestätigung des Versicherers ratsam, dass er für Kosten von Frühgeburten und die medizinische Versorgung des Neugeborenen aufkommt. Ältere Personen ab 70 Jahren müssen in der Regel tiefer in die Tasche greifen.

Die bei der Versicherung einzureichende **Rechnung** sollte folgende Angaben enthalten:
- Name, Vorname, Geburtsdatum, Behandlungsort und -datum
- Diagnose
- erbrachte Leistungen in detaillierter Aufstellung (Beratung, Untersuchungen, Behandlungen, Medikamente, Injektionen, Laborkosten, Krankenhausaufenthalt)
- Unterschrift des behandelnden Arztes
- Stempel

Auslandskrankenversicherungen werden von nahezu allen großen Versicherern angeboten. Sie sind normalerweise für ein Jahr gültig und decken Reisen zwischen sechs und acht Wochen ab. Es empfiehlt sich der Abschluss eines automatisch sich verlängernden **Jahresvertrages**.

Den umfassendsten Schutz bietet der bis zu 42 Reisetage geltende RV/RVF-Tarif von der Huk-Coburg, 🖳 www.huk.de, denn sie zahlt bei Krankheit über das Vertragsende hinaus bis zur Wiederherstellung der Transportfähigkeit und übernimmt die Kosten für den Krankenrücktransport, wenn der Arzt dies für notwendig erachtet. Personen bis 69 Jahre zahlen 8 €, Familien 20 € im Jahr. Der RD-Tarif von Ergo Direkt, 🖳 www.ergo direkt.de, bietet einen 56 Tage währenden Schutz und kostet jährlich 8,90 € für die Einzelperson und 17,80 € für Familien. Inkludiert sind die Kosten eines medizinisch sinnvollen und vertretbaren Rücktransportes einschließlich der Reisekosten für eine Begleitperson, wenn diese ebenfalls versichert ist. Die Deutsche Familienversicherung, DFV, 🖳 www.dfv.ag, schützt gesetzlich Krankenversicherte mit ihrem AKV-Tarif für ein Jahr auf allen Auslandsreisen bis sechs Wochen zu einem Preis von 8 € p. P. und übernimmt die Kosten medizinisch notwendiger, ärztlich verordneter Rücktransporte nach Deutschland. Weitere gute und von der Stiftung Warentest (3/2011) empfohlene Versicherer sind die **Envivas, HanseMerkur/ DAK, R+V, UKV** und die Würzburger.

Wer länger als zwei Monate verreist, sollte nach **Langzeittarifen** fragen. Hanse Merkur, 🖳 www.hansemerkur.de, bietet mit dem Tarif RK365 Schutz für bis zu einem Jahr mit einem Selbstbehalt von 25 € für eine Tagesprämie von 1,05 €. Für Studenten gibt es gesonderte Tarife. Die Pax Familienfürsorge, 🖳 www.bruderhilfe.de, bietet bei ihrem RT-Tarif für 71 € einen Schutz über 90 Tage. Die AXA bietet einen Einmal-Reise-Krankenschutz (ARE) für 365 Tage an. Dabei werden für die ersten 30 Tage 0,60 €/Tag und vom 31.–365. Tag 1,20 € berechnet – ab dem 65. Lebensjahr das Doppelte. Die DKV offeriert mit ihrem Tarif AS6 bis zu 99 Tage, mit dem Tarif AS 12 bis zu zwölf Monate und mit dem Tarif AVL bis zu 36 Monate Schutz. Die monatlichen Beiträge richten sich nach Alter und Geschlecht. Weitere Anbieter von Langzeittarifen sind die Barmenia (RK-Tarif) und ERV.

Visa

Die Einreise nach Sri Lanka ist bislang noch recht unkompliziert. Voraussetzung ist ein **Reisepass** (bzw. Kinderreisepass), der noch mindestens sechs Monate über den geplanten Ausreisetag hinaus gültig ist. EU-Bürger und Schweizer können sich bis zu **30 Tage** ohne Visum im Land aufhalten (es genügt der Einreisestempel).

In naher Zukunft soll jedoch ein gebührenpflichtiges **Visa On Arrival** eingeführt werden, das vorab über den Online-Service der Electro-

Wichtige Dokumente kopieren

Es ist sehr zu empfehlen, nach Erhalt des Einreisestempels **Kopien des Reisepasses** anzufertigen und sie getrennt vom Original aufzubewahren. Das erleichtert die Beschaffung eines Ersatzpasses bei der Botschaft. Wer auf Nummer sicher gehen möchte, kann auch *vor* der Reise die wichtigsten Dokumente scannen und auf der eigenen Webadresse speichern.

nic Travel Authority (ETA) beantragt werden soll. Die Gebühren sollen sich nach jenen richten, die Sri Lanker im Gegenzug bei der Einreise in das jeweilige Herkunftsland der Touristen bezahlen müssen. Im Falle Deutschlands wären dies 60 €. Zur Zeit der Recherche waren jedoch die genauen Bestimmungen noch nicht bekannt. Infos unter 🖳 www.immigration.gov.lk.

Wer länger als einen Monat bleiben möchte, kann entweder in Sri Lanka oder vorab bei der Botschaft ein **90-Tage-Visum** beantragen. Das entsprechende Formular gibt es unter 🖳 www.srilanka-botschaft.de. Es werden zwei Passfotos benötigt. Die Kosten betragen zurzeit für Deutsche, Schweizer und Österreicher 33 € p. P. (Rupienpreise s. Kasten S. 92). Auf der Website sind auch die Visabestimmungen für Geschäftsleute, Studenten etc. einsehbar.

Visumsverlängerung

Wer länger als 30 Tage im Land bleiben möchte, kann gleich zu Beginn der Reise das **Department of Immigration and Emigration** in Colombo aufsuchen und sich ein insgesamt **drei Monate** gültiges Touristenvisum ausstellen lassen. Es gilt vom Einreisetag an, d. h. die ersten 30 Tage werden mitgerechnet. Eine weitere Verlängerung der Aufenthaltsdauer hängt vom Wohlwollen der Einwanderungsbehörden ab und muss entsprechend begründet werden.

Die Antragsprozedur gibt einen guten Einblick in die srilankische Bürokratie und dauert nicht selten länger als eine Stunde. Deshalb sollte man nicht kurz vor Büroschluss eintreffen. Zuerst ist ein Formular (über Webseite herunterladen!)

Folgende Visa-Gebühren sind zurzeit für ein **90-Tage-Visum** fällig:

Deutschland	2948 Rs
Luxemburg	2960 Rs
Österreich	2970 Rs
Schweiz	2995 Rs

auszufüllen, das nach Abgabe am ersten Schalter von Schreibtisch zu Schreibtisch wandert.

Bitte unbedingt Ticket, Travellerschecks und/ oder EC-/Kreditkarten mitbringen. Sie müssen bei Bedarf vorgezeigt werden, da die Behörde sichergehen möchte, dass man über genügend Geld (offiziell 15 US$/Tag) verfügt. Außerdem benötigt man zwei Passfotos.

Department of Immigration and Emigration
41 Ananda Rajakaruna Mw.
Punchi Borella, Colombo 10
☎ 011-5329000, 🖥 www.immigration.gov.lk
🕐 Mo–Fr 9–15.15 Uhr

Zeit und Kalender

Sri Lanka ist zusammen mit Indien der Mitteleuropäischen Zeit 4 1/2 Stunden, während der europäischen Sommerzeit 3 1/2 Stunden voraus. Wer von Thailand kommt, muss die Uhr um 1 1/2 Stunden und von Singapore um 2 1/2 Stunden zurückdrehen.

Zoll

Einreise: Ausländische Touristen können laut Sri Lanka Customs, www.customs.gov.lk, folgende Artikel zollfrei einführen: 1,5 l Spirituosen und zwei Flaschen Wein; 200 Zigaretten oder 250 g Tabak; 250 ml Parfum und Mitbringsel im Wert von US$250. Mitgebrachte Kameras, Handys oder Computer müssen bei der Einreise angegeben werden, ebenfalls ausländische Devisen über US$5000. Auch in Sri Lanka hat man etwas gegen die Einfuhr von Waffen, Munition und Pornos.

Ausreise: Pro Person dürfen 3 kg ceylonesischer Tee mitgenommen werden und nicht mehr als 250 Rupies in bar. Die Ausfuhr von Antiquitäten, d. h. alle Gegenstände, die älter als 50 Jahre sind, ist strengstens untersagt. Sondergenehmigungen erteilt das Department of Archeology, Sir Marcus Fernando Mawatha, Colombo 3, ☎ 011-2694727, 🖥 www.archaeology.gov.lk. Nicht vergessen, beim Kauf von Edelsteinen und Schmuck auf eine Quittung zu bestehen!

Grundsätzlich ist es nicht erlaubt, durch das Washingtoner Artenschutzübereinkommen von 1973, 🖥 www.cites.org, geschützte Tiere und Pflanzen ein- oder auszuführen. Das gilt auch für Erzeugnisse, die aus ihnen hergestellt wurden wie etwa Krokodilleder, Elfenbeinschnitzereien oder Brillengestelle aus Schildkrötenpanzer. Fast alle Staaten der Erde, also auch die EU-Mitgliedsländer, die Schweiz und Sri Lanka, haben das Abkommen unterzeichnet. Nähere Informationen gibt es auch unter 🖥 www.artenschutz-online.de.

Land und Leute

Land und Geografie

Fläche: 65 525 km² (Bayern: 70 548 km²)
Nord-Süd-Ausdehnung: 435 km
West-Ost-Ausdehnung: 225 km
Entfernung zum Äquator: ca. 600 km
Hauptstadt: Sri Jayawardenepura Kotte (bei Colombo)
Längster Fluss: Mahaweli Ganga (335 km)
Höchster Berg: Pidurutalagala (2524 m)

„Perle des Indischen Ozeans" oder „Träne im Meer" – beide Vergleiche passen sehr gut zu Sri Lanka, denn sie veranschaulichen nicht nur die Form der Insel, sondern fassen auch ihre paradiesische Natur und tragische Geschichte in ein Bild. Als „Landkarte" wird gern die Fläche der linken Hand herangezogen: An der Spitze des Mittelfingers liegt Jaffna, an der des kleinen Fingers Trincomalee, am Daumengelenk befindet sich Colombo und ganz unten Galle. In der Mitte der Handfläche wird Kandy lokalisiert.

Mit einer Nord-Süd-Ausdehnung von 435 km und einer West-Ost-Ausdehnung von 225 km erreicht die 65 525 km² große Insel nicht einmal die Fläche des weißblauen Freistaates Bayern. Dafür erfreuen 1330 km blauweiße Küste die Strandliebhaber. Zwischen dem südlichsten Punkt der Insel unweit von Matara, **Dondra Head**, und dem Äquator liegen etwa 600 km Meer. Die Palk Straits trennt Sri Lanka vom indischen Subkontinent. Diese Meerenge ist zwischen dem nördlichsten Punkt der Insel, **Point Pedro**, und der südindischen Küste 48 km breit. Sandbänke, Riffs und kleine Inseln formen die 32 km lange **Adam's Bridge** zwischen Talaimannar und dem südindischen Pilgerort Rameshwaram. Die christliche Tradition sieht in ihr den Weg des ersten Menschen Adam nach seiner Vertreibung aus dem Paradies (wo blieb Eva?). Das Ramayana lokalisiert hier den Übertritt des weißen Affengenerals Hanuman auf die Insel vor der großen „Schlacht von Lanka" zur Befreiung der gefangenen Sita. Prosaischer ist die geologische Erklärung, die darin Reste einer Landverbindung mit dem Subkontinent vor vielleicht 45 Mio. Jahren vermutet, als die Insel Teil der riesigen Indischen Platte war (deren Kollision mit der Asiatischen Platte ließ den Himalaya entstehen). Sie war jedoch vor gut 20 Mio. Jahren, während des sogenannten Miozäns, wie fast das gesamte Tiefland der Insel von Wasser bedeckt. Darauf weisen in Kalkstein eingeschlossene Korallenreste auf der Halbinsel Jaffna und an der Nordwestküste hin.

Ein Großteil der insgesamt **103 Flüsse** entspringt im zentralen Bergland. Nicht wenige bilden im Mündungsbereich Lagunen, die heute einmalige Biotope sind. Die großen Ströme werden *Ganga* genannt, saisonale heißen auf Singhalesisch *Oya* und in Tamil *Aru*. Ihr mitgeführtes Schwemmmaterial lagert sich in den Mündungsbereichen als fruchtbares Alluvial ab. Das wird bereits im Namen von Sri Lankas längstem Fluss deutlich, dem Mahaweli Ganga, was „Großer sandiger Fluss" bedeutet. Dieser für die Wasser- und Energieversorgung der Insel nicht wegzudenkende Strom schlängelt sich auf 335 km von seinem Quellgebiet östlich des Adam's Peak vorbei an Kandy und dem Osten Polonnaruwas bis zu seiner Mündung am Koddiyar Bay, südlich von Trincomalee. Der Malwathu Oya (Tamil: Aruvi Aru), mit 164 km zweitlängster Strom, verläuft von der Gegend bei Matale in Richtung Nordwesten, füllt die Reservoirs von Anuradhapura und mündet südlich von Mannar ins Meer. Während der Kolonialzeit war der Kalu Ganga („Schwarze Fluss") für die Verschiffung von Kaffee und Tee von Bedeutung. Er speist sich aus Quellen in den Bergen östlich von Ratnapura und fließt gen Westen, um nach 129 km bei Kalutara das Meer zu erreichen.

Landschafts- und Klimazonen

Hinsichtlich der Höhenlagen lässt sich Sri Lanka in drei Zonen einteilen: die Tiefebene, die mittlere Hochebene und das zentrale Hochland. Die **Tiefebene** erreicht selten mehr als 100 m über dem Meeresspiegel. Unterbrochen wird sie von felsigen Erhebungen wie Sigiriya und Kandalama oder Höhenzügen wie Ritigala. Die Landschaft um Kandy ist typisch für die **mittlere Hochebene** zwischen 500 m und 1800 m: Sanfte Ebenen wechseln sich mit Bergzügen ab. Das **Zentrale Hochland**, mit dem Pidurutalagala (2524 m) bei Nuwara Eliya als höchste Erhebung, zeichnet sich durch eine ausgeprägte Berglandschaft aus.

Besuchern der Insel kommt vor allem eine Palmart in den Sinn: die **Kokospalme** *(Cocos nucifera)*. Neben dem blauen Meer und einem weißen Sandstrand ist sie *das* Symbol des Tropenparadieses. Für Sri Lanka ist sie ein wichtiges Exportprodukt, und ihr Nutzwert scheint keine Grenzen zu kennen: Das Holz findet als Bau- und Brennmaterial Verwendung, Milch und Fleisch der Nuss als Nahrung und die Nussschale als Behälter und Dünger. Ihr Öl wird zum Kochen genutzt und ihr Baumsaft zu Schnaps gebrannt. Besonders wegen des reichhaltigen Fruchtwassers ist die gelbe Königs-Kokosnuss beliebt.

Weniger bekannt, aber genauso nützlich ist die vorwiegend in den weiten Ebenen der Trockenzone wachsende **Palmyrapalme** *(Borassus flabellifer)* – die altindische Schrift Tala Vilâsa führt 801 Verwendungsmöglichkeiten auf! Aus dem Saft der bis zu 30 m hohen Fächerpalme wird Palmzucker, Palmwein oder -schnaps produziert und ihre faustgroßen Früchte werden gegessen. Der Stamm eignet sich vorzüglich als Baustoff, die Palmblätter zur Herstellung von Verpackungen und Abdeckungen.

In vielen einheimischen Gärten steht die wie eine Nadel aufragende **Arecapalme** *(Arcea ca-*

techu). Die unter der Krone wachsenden grünen und gelblichen Früchte enthalten die wichtige Betelnuss, die zusammen mit dem Betelpfeffer ein beliebtes Genussmittel ergibt. Sri Lankas Literaturgeschichte ist mit einer weiteren Palmart verbunden: der **Talipotpalme** *(Corypha umbraculifera)*. Aus ihren festen fasrigen Blättern wurden die Palmblattmanuskripte hergestellt, welche teilweise viele Jahrhunderte überstehen konnten.

Die stacheligen festen Stämme der fünf heimischen **Rotangpalmarten** *(Calamus)* enden nach dem Schälen, Trocknen und Formen als Rattanmöbelstück im Wohnzimmer. Entlang der Kanäle und Flüsse sind sehr oft die im Wasser stehenden **Nipapalmen** *(Nypa fruticans)* zu sehen, deren Wedel zur Abdeckung von Häusern verwendet werden. Kulinarische Genüsse wiederum bieten die an der **Salakpalme** *(Salacca zalacca)* wachsende Schlangenfrucht und der gegorene (Toddy) oder gebrannte Saft (Arrak) der **Ostindischen Brennpalme** *(Caryota urens)*, auch Kittulpalme genannt. Der Eingerollte **Palmfarn** *(Cycas circinalis)* ist zwar keine Palmart, sieht aber so aus und wird wegen der gleichmäßigen Wedel gerne zur Zierde gepflanzt.

Die unterschiedlichen Höhenlagen haben auch Auswirkungen auf das Klima. So führen die im südlichen Kernland liegenden Berge dazu, dass der Süden und Südwesten der Insel vom Südwestmonsun am meisten abbekommt (bis über 5000 mm Niederschlag zwischen Mai und Oktober). Man spricht daher auch von der „niederen Feuchtzone". Das zentrale Hochland erhält ganzjährig gleichmäßig viel Regen, z. B. Nuwara Eliya im Schnitt 80–250 mm pro Monat. Hier kann das Quecksilber zwischen November und Januar auf den Gefrierpunkt fallen. Ausnahme ist die an der Ostseite des Hochlandes liegende Provinz Uva, die im Regenschatten der Berge kaum vom Südwestmonsun berührt wird. Drei Viertel der Landesfläche liegen in der sogenannten „niederen Trockenzone", das sind die nördlichen, südöstlichen und östlichen Niederungen. Diese Gebiete müssen mit 600–2000 mm jährlicher Nie-

derschlagsmenge auskommen. Der meiste Regen fällt dort während des Nordwestmonsuns zwischen November und Februar. Manche Regionen im Südosten (z. B. bei Hambantota) und im Nordwesten liegen im Regenschatten beider Monsune und erhalten teilweise weniger als 600 mm im Jahr. Ihre kargen Savannenlandschaften werden nochmals als „Aride Zonen" zusammengefasst.

Flora und Fauna

Flora

Die Landschaft Sri Lankas ist von folgenden Ökozonen bestimmt: **Wälder**; **Grasflächen** *(Patana)* in den Trockengebieten; **Feuchtgebiete** entlang der Flüsse, rund um die Wasserreservoirs *(Wewa)* und in den saisonalen Überschwemmungsgebieten; **Küste** mit Mangrovenwäldern, Stränden und Sanddünen sowie dem **Meer**.

Für die Größe der Insel gibt es eine ungemeine Pflanzenvielfalt. Bislang konnten um die 6800 Pflanzenarten identifiziert werden, wovon die meisten in der niederen Feuchtzone vorkommen. Dazu zählen 2900 Blütenpflanzen (30 % endemisch) und 314 Farnarten (20 % endemisch). Insgesamt sind 172 Orchideenspezies erfasst worden, wovon 73 ausschließlich auf der Insel beheimatet sind, darunter eine im Sinharaja Forest Reserve entdeckte endemische Orchideenart, die 1997 den botanischen Namen *Bromheadia srilankensis* erhielt.

Zur **Nationalblume** wurde 1986 die Blaue Wasserlilie *(Nympheae stellata*, singh. *Nil Manel)* erhoben, die, wie auch die Lotosblume und die duftenden weißen Blüten des Jasmin, kaum aus dem religiösen Leben wegzudenken ist.

Wälder

Gegenwärtig sind noch etwa 15 000 km² bewaldet. Das ist etwas mehr als ein Fünftel der Gesamtfläche Sri Lankas. Vor 100 Jahren waren es zwei Drittel. Reste von Primärwald gibt es nur noch an wenigen Orten, u. a. in Ritigala, Sinharaja und Udawattakele bei Kandy. Neben kleineren Gebieten **tropischer Regenwälder** und **montaner Nebelwälder** (ab 1500 m) dominieren Laub abwerfende und immergrüne **Monsunregenwälder** mit vorwiegend zur Familie der Flügelfruchtbaumgewächse zählenden Shorea-, Hopea- und Dipterocarpus-Baumarten. Dort gedeiht zudem eine Vielzahl wertvoller **Nutz- und Zierbäume** wie Teak *(Tectona grandis)*, Asiatisches Ebenholz *(Diospyros ebenum)*, das äußerst seltene Coromandel-Ebenholz (engl. *Calamander*, lat. *Diospyros quaesita*), Ceylonesisches (Ostindisches) Satinholz *(Chloroxylon swietenia)*, der mit dem Kapok-Baum verwandte Indische Seidenwoll-Baum *(Bombax ceiba)* und der Nationalbaum von Sri Lanka, das Ceylonesische Eisenholz (lat. *Mesua ferra*, singh. *Na)*.

Der wegen seiner ausladenden Krone gern als Schattenspender in Dörfern und an Straßenrändern gepflanzte **Regen-Baum** *(Albizia saman)*

ist nicht einheimisch. Er wurde 1851 von den Briten aus Südamerika eingeführt. Eine Reihe der weltweit über 1000 **Feigenbaumarten** *(Ficus)* sind auch in Sri Lanka anzutreffen, darunter der Indische Banyan-Baum *(Ficus benghalensis)*, der Gummi-Baum *(Ficus elastica)*, die Würgefeige *(Ficus sp.)* und natürlich der hoch verehrte Bodhi-Baum *(Ficus religiosa)*, dessen ältestes Exemplar seit über 2300 Jahren in Anuradhapura steht.

Viele einheimische Bäume sind von enormem **medizinischen Nutzen**, was auch die Ayurveda-Medizin erkannt hat. Dazu zählen der **Niem-Baum** *(Azadirachta indica)*, der **Dita-Baum** *(Alstonia scholaris)*, der **Plosso-Baum** *(Butea monosperma)* oder die wegen ihrer zartvioletten bzw. orangegelben Blüten gern zur Zierde gepflanzten **Indischen Zedrach-** *(Melia azedarach)* und **Ashoka-Bäume** *(Saraca indica)*. Nicht zu viel sollte vom Samen des **Brechnuss-Baumes** *(Strychnox nux-vomica)* eingenommen werden: Das darin enthaltene Strychnin führt zu heftigen Krämpfen und evtl. zum Tode.

In den etwas höheren Lagen, etwa bei Matale und Kandy, wachsen jene Bäume und Sträucher, die den Ruf Sri Lankas als **Gewürzinsel** begründeten: Ceylon-Zimt *(Cinnamomum zeylanicum)* und die zu den Ingwergewächsen zählende Staude des Kardamom *(Elettaria cardamomum)*.

Ab 1500 m sind montane **Nebelwälder** zu finden, die sich durch einen starken Epiphytenbewuchs an Baumstämmen und Ästen wie Moos, Farne und Orchideen auszeichnen. Dort gedeihen auch viele Rhododendron- und Bambusarten sowie Baumfarne, die „zierlichsten und anmutigsten Produkte der Tropenflora", wie der deutsche Biologe Ernst Haeckel (1834–1919) einst meinte. An den Küsten überwiegen die anspruchslosen und daher zur Wiederaufforstung geeigneten **Kasuarinen** *(Casuarina equisetifolia)* sowie **Mangrovenwälder**, deren typische Stelzwurzeln Heimat vieler Wassertiere sind.

Fauna

Insgesamt sind 89 Säugetierarten auf der Insel beheimatet, davon 14 endemische. Das beeindruckendste Tier ist fraglos der asiatische **Elefant**, welcher auf der Insel in zwei Subspezies

Beste Zeit für Vogelbeobachtungen sind November bis April, wobei sich März und April besonders gut eignen. Zum einen ist es in diesen Monaten am trockensten, zum anderen sind die Zugvögel noch im Land – wie etwa die bei Vogelliebhabern geschätzten Neunfarbenpitta (engl. *Indian Pitta*, lat. *Pitta brachyura*) und Elsterdrossel (engl. *Pied Thrush*, lat. *Zoothera wardii*).

Um eine gute Auswahl an endemischen Vogelarten zu sehen, sollte man einen Besuch der **niederen Feuchtzone**, z. B. im Sinharaja Forest Reserve (die meisten der 33 einheimischen Vogelarten sind dort vertreten), Kitulgala oder Bodhinagala Forest Reserve mit jenem des Hochlands, etwa in den Horton Plains oder Hakgala, kombinieren. Die meisten Vogelkundler machen auf dem Weg von Colombo nach Sinharaja im Bodhinagala Forest Reserve bei Ingiriya Halt, weil dort die Wahrscheinlichkeit am größten ist, den äußerst seltenen endemischen Ceylonkuckuck (engl. *Green-billed Coucal*, lat. *Centropus chlororhynchus*) zu sehen. Um eine Vielzahl von Vögeln und Säugetieren des indischen Subkontinents zu beobachten, sind folgende drei **Nationalparks** empfehlenswert: Uda Walawe, Yala und Bundula. Letzterer ist für Meeresvögel-Enthusiasten ein Muss! Im Umkreis von Colombo sind das Bellanwila-Attidiya Marschland sowie Talangama Wewa vorzügliche Orte für die Beobachtung von Wasservögeln.

Den Besuch der **untergegangenen Städte** Sri Lankas kann man ebenfalls gut mit Vogelbeobachtungen verbinden: Das Sigiriya-Schutzgebiet am Fuß der gleichnamigen Felsenfestung ist ein bekannter Ort für die Blaumerle (engl. *Blue Rock-Thrush*, lat. *Monticola solitarius*), die

Damadrossel (engl. *Orange-headed Thrush*, lat. *Zoothera citrina*) und eine einheimische Unterart des Wanderfalken, des *Falco peregrinus peregrinator* (engl. *Black Shaheen Falcon*). Rund um die archäologischen Stätten Anuradhapura und Polonnaruwa gibt es genügend Büsche und Dickicht, in denen Vögel nisten. Im **Botanischen Garten** von Peradeniya sind folgende endemischen Spezies anzutreffen: Goldstirn-Bartvogel (engl. *Yellow-fronted Barbet*, lat. *Megalaima flavifrons*), Blauschwanzsittich (engl. *Layard's Parakeet*, lat. *Psittacula Calthropae*) und das Blumenpapageichen (engl. *Sri Lanka Hanging Parrot*, lat. *Loriculus beryllinus*).

Eine zweiwöchige **Vogelbeobachtungstour** könnte in etwa so aussehen: Colombo – Bodhinagala Forest Reserve – Sinharaja Forest Reserve – Udawalawe-Nationalpark – Bundula-Nationalpark – die Feuchtgebiete von Debarawewa, Weerawila und Pannegamuwa (unweit von Tissamaharama) – Yala (West)-Nationalpark – Fahrt ins Hochland nach Nuwara Eliya und Besuch des Victoria-Parks – Horton Plains – Kitulgala Forest Reserve – Kandy und Hunas Falls – Dambulla und Sigiriya samt Sigiriya Sanctuary – zurück nach Colombo/Negombo.

Gehan de Silva Wijeyeratne

Gehan de Silva Wijeyeratne zählt zu den bekanntesten Wildlife-Spezialisten Sri Lankas und ist Autor zahlreicher Bücher, darunter des praktischen *Photographic Guide to Birds of Sri Lanka*. Gehan publiziert regelmäßig in Zeitschriften und Magazinen. Einige Veröffentlichungen sind unter 🖥 www.jetwingeco.com downloadbar.

vorkommt: dem Ceylonesischen Elefant *(Elephas maximus maximus)* und dem Ceylonesischen Marschelefant *(Elephas maximus vilaliya)*. Die Zahl der wild lebenden Dickhäuter hat sich seit Beginn des 20. Jhs. um 70 % reduziert und wird vom Department of Wildlife Conservation auf gegenwärtig 3100–4400 Exemplare geschätzt. Dazu kommen noch etwa 400–600 domestizierte Elefanten (s. S. 353).

Unter den **Affenarten** toben am häufigsten Ceylon Hut-Affen *(Macaca sinica)*, eine von drei heimischen Makakenarten, und der Hanuman- oder Graue Langur *(Semnopithecus priam)* in Wald und Tempelgelände herum. Seltener ist der endemische Weißbartlangur (engl. *Purple-faced Langur*, lat. *Trachypithecus vetulus*) anzutreffen. Fast vollständig ausgestorben sind die nur ein Fuß großen endemischen Schlanklori-Arten.

Wildschweine, **Leoparden** und **Lippenbären** *(Melursus ursinus)* halten sich vorwiegend in den Wäldern der Schutzgebiete auf, **Sambarhirsche** *(Cervus unicolor)*, **Ceylonesische Axishirsche** (Axis axis ceylonensis), **Büffel** und die scheuen **Schakale** sind auch in den offenen Steppen anzutreffen. Die einzelgängerischen nachtaktiven Leoparden kommen in Sri Lanka als Unterart vor *(Panthera pardus kotiya)* und sind fast ausschließlich in den Schutzgebieten verbreitet. Die *World Conservation Union*, 🖳 www.iucn.org, schätzt ihre Zahl auf 500.

Gegebenenfalls huscht ein bis zu 2 m langer **Waran** am Straßenrand vorbei. Diesem grauen Ungetüm wird man immer wieder begegnen, denn obwohl es recht scheu ist, hält es sich gern in Höhlen und Nischen unweit menschlicher Besiedlungen auf. Freunde von **Schmetterlingen** können sich auf 242 Arten, 61 davon endemisch, freuen.

Meerestiere und Amphibien

Beim Besuch einer Aufzuchtstation begegnen Strandurlauber einer der fünf im Meer rund um Sri Lanka vertretenen Arten von **Meeresschildkröten**. Alle stehen auf der Roten Liste bedrohter Tierarten: Echte Karettschildkröte (engl. *Hawksbill turtle*, lat. *Eretmochelys imbricata*), Unechte Karettschildkröte (engl. *Loggerhead turtle*, lat. *Caretta caretta*), Bastardschildkröte (engl. *Olive ridley turtle*, lat. *Lepidochelys olivacea*), Grüne Meeres- oder Suppenschildkröte (engl. *Green turtle*, lat. *Chelonia mydas*) und die Lederschildkröte (engl. *Leatherback turtle*, lat. *Dermochelys coriacea*). Die mächtige Lederschildkröte kann eine Panzerlänge von bis zu 2 m erreichen und ernährt sich in tieferen Gewässern hauptsächlich von Algen. Suppen- und Echte Karettschildkröten sind Allesfresser und vorwiegend in Küstennähe zu finden.

Auch viele der in den Gewässern Sri Lankas lebenden knapp 60 **Süßwasserfischarten** sind bedroht. Dass einige nahezu ausgestorben sind, liegt nicht nur an der zunehmenden Wasserverschmutzung, sondern auch an der Gefräßigkeit fremder Fischarten wie etwa dem ostafrikanischen Buntbarsch oder der in den 1880er-Jahren ausgesetzten Regenbogenforelle. Letztere ist heute selbst vom Aussterben bedroht, so-

dass sie im einzigen Gewässer, in dem sie noch vorkommt, dem Belihul Oya im Horton Plains-Nationalpark, streng geschützt ist.

Gefürchtet und gefährdet zugleich sind nicht zuletzt die mehr als 80 **Schlangenarten**, davon weniger als ein Zehntel giftige (s. S. 502), die in den verschiedenen Ökozonen der Insel leben und für das biologische Gleichgewicht äußerst bedeutsam sind. Am meisten Respekt flößt sicherlich die hochgiftige Königskobra ein, die sich vorwiegend von Kleintieren wie Mäusen und Kröten ernährt, sich manchmal aber auch in ebenerdige Gästezimmer verirrt.

Taucher treffen im Meer auf unzählige **Fischspezies** und mit Glück auf eine von sechs **Delphinarten** – wenn diese nicht bereits im Schleppnetz verendet oder als Delikatesse in ostasiatischen Spezialitätenrestaurants gelandet sind.

Vogelwelt

In Sri Lanka sind 203 Zugvogel- und 236 heimische Vogelarten gezählt worden. 33 davon sind vom Ceylon Bird Club als endemisch, d. h. nur auf der Insel vorkommend, anerkannt worden. Eine Vogelart wurde 1986 zum Nationaltier erhoben: das **Lafayette-Huhn** (singh. *Wali kukula*, lat. *Gallus lafayettii*). Leicht an der gelbroten Färbung auf der oberen Körperhälfte erkennbar, ist dieses Federvieh gelegentlich im offenen Gelände der Trockenzone anzutreffen. Das gilt auch für den **Pfau** *(Pavo cristatus)*, der öfters auf Feldern herumstolziert oder auf Stromleitungen sitzt, sowie den treuen Begleiter von Kühen und Wasserbüffeln, den **Kuhreiher** *(Bubulcus ibis)*.

Die vielen Reservoirs und Kanäle auf der Insel sind gute Möglichkeiten, die Vogelwelt zu beobachten. Neben Reihern und Störchen halten sich dort auch Falken und Adler auf, darunter der **Weißbauch-Seeadler** (engl. *White-bellied Sea Eagle*, lat. *Haliaeetus leucogaster)*. Wer die historischen Kulturdenkmäler besucht, wird mit Glück auf einige interessante Spezies treffen, unter anderem auf ein halbes Dutzend Eisvogel- und einige Sitticharten wie den hellgrünen **Halsbandsittich** (engl. *Rose-ringed Parakeet*, lat. *Psittacula krameri)* und den an den roten Stellen an Nacken und oberem Flügelteil erkennbaren **Alexandersittich** (engl. *Alexandrine*

Parakeet, lat. *Psittacula eupatria)*. Für besonders Interessierte mögen die Tipps des Vogelexperten Gehan de Silva Wijeyeratne hilfreich sein (s. S. 97, Kasten: Tipps für Vogelkundler).

Umwelt und Naturschutz

Sri Lanker weisen gerne darauf hin, dass bereits im 3. Jh. v. Chr. auf Anraten des Mönchs Mahinda der König Devanampiya Tissa „als Beschützer von Mensch und Tier" das Gebiet um Mihintale zum Schutzgebiet erklärt hat und damit das erste Sanktuarium der Welt begründete. Viele Jahrhunderte später verbot Nissanka Malla (reg. 1187–96) das Töten von Tieren in einem Umkreis von ca. 25 km rund um seine Metropole Polonnaruwa. Beide Regenten bezogen sich dabei auf das buddhistische Ideal des Nichttötens *(ahimsa)*. Doch diese Regel konnte nicht verhindern, dass die Kolonialmächte durch Großjagden und Abholzung den Tier- und Baumbestand der Insel dermaßen dezimierten, dass sich 1889 der britische Waldschützer Colonel Clark gezwungen sah, bei der Regierung zu intervenieren. Doch erst um die Jahrhundertwende erklärte diese mit Yala und Wilpattu erstmals zwei größere unbewohnte Gebiete für schützenswert.

Heute sind dem 1949 etablierten „Department of Wildlife Conservation" insgesamt **77 Schutzgebiete** unterstellt. Sie nehmen etwa 10 % der Landesfläche ein und werden in vier Kategorien untergliedert: 1. Strikte Naturreservate (3), in denen keinerlei menschliche Aktivitäten, also auch keine Besuche erlaubt sind; 2. Nationalparks (14), die begrenzt besucht werden können; 3. Naturreservate (4), in denen traditionelle Aktivitäten gestattet sind, nicht jedoch Safaris; und 4. Sanktuarien (56), in denen menschliche Aktivitäten in beschränktem Maße möglich sind. Um viele Schutzgebiete wurde eine Pufferzone errichtet, um das nach wie vor große Problem der Wilderei und illegalen Abholzung wenigstens etwas in den Griff zu bekommen. Der Ökotourismus soll die enormen Kosten für Schutz, Überwachung und Verwaltung zumindest teilweise abdecken.

Die Eintrittspreise in die Nationalparks sind daher sehr hoch.

Insgesamt ist das **Umweltbewusstsein** in der Bevölkerung nicht sehr ausgeprägt, was ein Blick auf Straßen, entlang der Bahnlinien und leider auch auf viele Strandabschnitte zeigt: Abfälle überall. Zudem fordert die zunehmende Urbanisierung und Industrialisierung ihren Tribut. Wachsende Müllberge, ungeklärte Abwässer, ungefilterte Emissionen aus Fabrikschloten und Auspuffrohren ... die Liste der Umweltprobleme ist lang. Immerhin nimmt die Zahl der lokalen Umweltverbände und Tierschutzgruppen zu. Auch im Tourismus ist diesbezüglich ein langsamer Prozess des Umdenkens im Gange. Eine zunehmende Zahl von Unternehmen hat sich der Nachhaltigkeit verschrieben.

Schutzgebiete

Die aufgeführte Auswahl von Reservaten ist sicherlich nicht erschöpfend, vor allem im Norden sind einige Nationalparks aufgrund des jahrzehntelangen Bürgerkriegs nicht oder nur beschränkt zugänglich. Trotzdem geben die erwähnten einen sehr guten Einblick in die Flora und Fauna Sri Lankas. Diese erschließt sich jedoch nur dann, wenn man mit Geduld, gutem Fernglas und einer kompetenten Führung unterwegs ist. Besonders Interessierte können sich für weitere Informationen auch an folgende Organisationen wenden:

Ceylon Bird Club
✉ contact@ceylonbirdclub.org,
🖥 www.ceylonbirdclub.org

Field Ornithology Group of Sri Lanka (FOGSL)
Department of Zoology, University of Colombo, Colombo 3, ✆ 011-5342609, 🖥 www.fogsl.net

Wildlife and Nature Protection Society (WNPS)
86 Rajamalwatta Rd., Battaramulla, Colombo, ✆ 011-2887390, 🖥 www.wnpssl.org

The Young Zoologists' Association of Sri Lanka
National Zoological Gardens, Anagarika Dharmapala Rd., Dehiwala, Colombo, ✆ 011-4852828, 🖥 www.yzasrilanka.org

---

Umweltverträglich reisen

Hier einige Tipps, wie Touristen ihr Reiseverhalten umweltverträglich gestalten können:

■ bei einer Trekking- oder Bootstour die einheimischen Guides und Bootsleute darum bitten, nicht kompostierbaren Müll von einer Tour wieder mit nach Hause zu nehmen und dort sachgerecht zu entsorgen.

■ in Nationalparks auf den angelegten Wegen bleiben und die Tiere nicht stören.

■ keine Souvenirs kaufen, die aus bedrohten Pflanzen- oder Tierarten hergestellt sind. Das Washingtoner Artenschutzübereinkommen von 1973 verbietet deren Aus- und Einfuhr, s. 🖥 www.cites.org.

■ beim Tauchen und Schnorcheln keine Korallen berühren und nicht abbrechen.

■ auf Plastiktüten und überflüssige Verpackungen verzichten.

■ Pfandflaschen kaufen.

■ sparsam mit dem kostbaren Nass umgehen. Touristen gelten in den Tropen als die größten Wasserverschwender!

■ Besitzer und Betreiber von Resorts und Restaurants danach fragen, wie das Abwasser entsorgt wird.

Bodhinagala Forest Reserve

Das 1841 ha große Schutzgebiet liegt etwa 2–3 Autostunden von Colombo entfernt in der Nähe der A 8 bei Ingiriya und kann auf dem Weg nach Ratnapura und/oder Sinharaja besucht werden. Wegen des hohen Anteils an endemischen Vögeln ist es in erster Linie für Vogelkundler interessant.

Bundula-Nationalpark

1993 wurde ein 6216 ha großer Küstenstreifen im Osten Hambatotas zum Nationalpark aufgewertet. Rund um die Lagunen tummeln sich Tausende von Wasservögeln, u. a. Flamingos und die bedrohten Graupelikane *(Pelecanus philippensis)*. Zwischen August und April halten sich hier zudem zahlreiche Zugvögel auf. Am Strand legen Meeresschildkröten ihre Eier ab.

Gal Oya-Nationalpark

Der 259 km^2 große, etwas abgelegene Nationalpark ist am besten von Arugam Bay an der Ostküste aus zu erreichen. Herzstück ist der Senanayake Samudra, ein fast 90 km^2 großer Stausee, der Heimat zahlreicher Wasservögel ist. Dort oder in der umgebenden Grassteppe können zudem Elefanten und Sambarhirsche beobachtet werden. Gelegentlich kreuzen auch Leoparden den Weg.

Horton Plains-Nationalpark

Auf einem Hochplateau von durchschnittlich 2100 m Höhe gelegen, ist dieses 2160 ha große Gebiet im Süden Nuwara Eliyas vor allem für Vogelkundler und Naturfreunde interessant. Highlights sind die Baker's Falls und World's End. Neben Sambarhirschen und Leoparden ist hier der endemische Weißbartlangur anzutreffen.

Kitulgala Forest Reserve

Im Einzugsgebiet des Kelani Ganga im Norden des Adam's Peak gelegen, weist das Kitulgala Forest Reserve einen hohen Anteil an endemischer Flora und Fauna auf. Cineasten kennen das attraktive Waldgebiet vor allem aus dem 1950er-Jahre-Film *Die Brücke am Kwai*, Vogelfreunde wegen der Vielzahl einheimischer Vögel. Beliebt ist das Gebiet auch für Rafting auf dem Kelani Ganga.

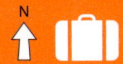

Nationalparks und Schutzgebiete

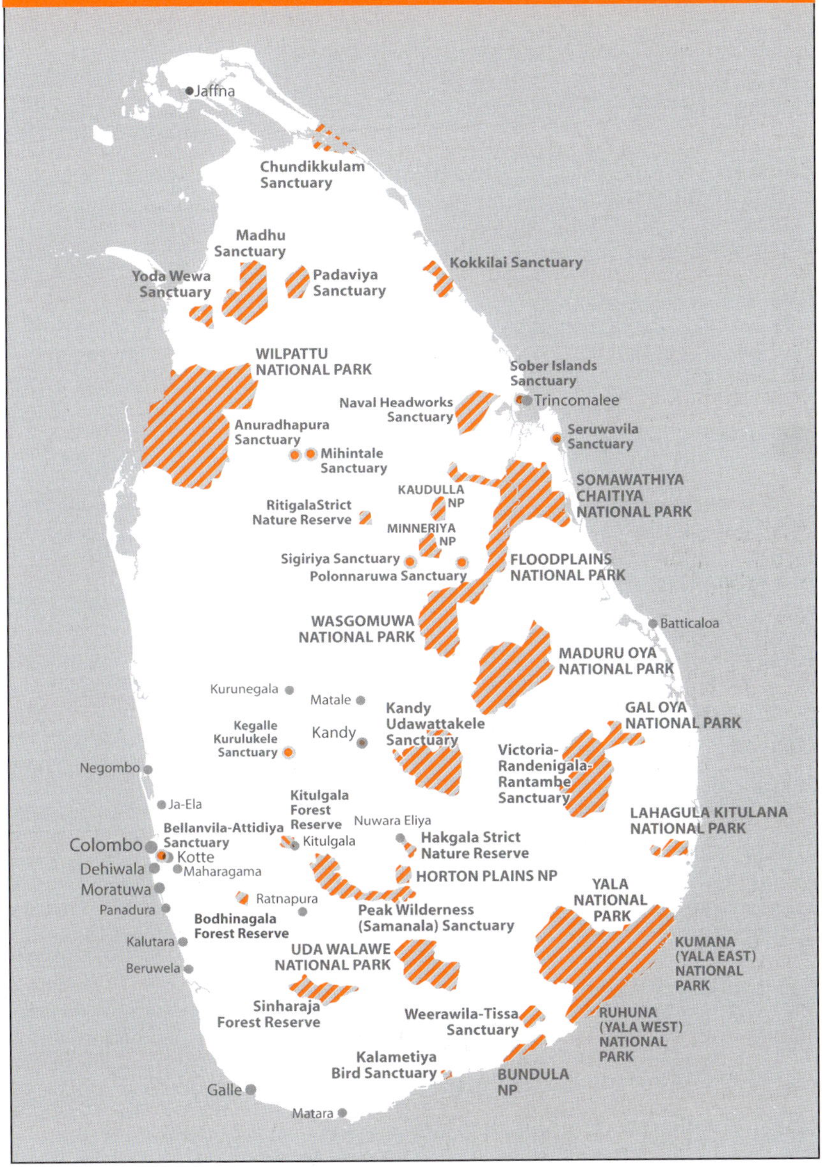
N
Jaffna
Chundikkulam Sanctuary
Madhu Sanctuary
Yoda Wewa Sanctuary
Padaviya Sanctuary
Kokkilai Sanctuary
WILPATTU NATIONAL PARK
Sober Islands Sanctuary
Naval Headworks Sanctuary
Trincomalee
Anuradhapura Sanctuary
Seruwavila Sanctuary
Mihintale Sanctuary
KAUDULLA NP
SOMAWATHIYA CHAITIYA NATIONAL PARK
RitigalaStrict Nature Reserve
MINNERIYA NP
Sigiriya Sanctuary
Polonnaruwa Sanctuary
FLOODPLAINS NATIONAL PARK
WASGOMUWA NATIONAL PARK
Batticaloa
MADURU OYA NATIONAL PARK
Kurunegala
Matale
Kandy Udawattakele Sanctuary
GAL OYA NATIONAL PARK
Kegalle Kurulukele Sanctuary
Kandy
Victoria-Randenigala-Rantambe Sanctuary
Negombo
Ja-Ela
Kitulgala Forest Reserve
Nuwara Eliya
LAHAGULA KITULANA NATIONAL PARK
Bellanvila-Attidiya Sanctuary
Kitulgala
Hakgala Strict Nature Reserve
Colombo
Kotte
Dehiwala
Maharagama
HORTON PLAINS NP
Moratuwa
Ratnapura
YALA NATIONAL PARK
Panadura
Peak Wilderness (Samanala) Sanctuary
Bodhinagala Forest Reserve
Kalutara
UDA WALAWE NATIONAL PARK
KUMANA (YALA EAST) NATIONAL PARK
Beruwela
Sinharaja Forest Reserve
Weerawila-Tissa Sanctuary
RUHUNA (YALA WEST) NATIONAL PARK
Kalametiya Bird Sanctuary
BUNDULA NP
Galle
Matara

Peak Wilderness Sanctuary (Samanala)

Das 224 km² Schutzgebiet rund um den Adam's Peak ist wegen seiner verschiedenen Vegetationszonen von enormer ökologischer Bedeutung und daher seit 2010 Unesco-Welterbe. Dort sind u. a. Java-Muntjaks, Hirsche, Zibetkatzen und Leoparden anzutreffen.

Sinharaja Forest Reserve

Star unter den Schutzgebieten Sri Lankas ist fraglos der 189 km² große Sinharaja Forest Reserve im Süden Ratnapuras. 1988 nahm ihn die Unesco wegen der dortigen Reste Primärregenwaldes und des hohen Anteils an einheimischer Flora und Fauna in ihre Welterbe-Liste auf. Eindrucksvolle 64 % der vorkommenden Baumarten sind endemisch, fast alle einheimischen Vogelarten sind dort verbreitet und die Hälfte aller endemischen Säugetier- und Schmetterlingsarten – leider auch viele Blutegel.

Uda Walawe-Nationalpark

Die Popularität des 308 km² großen Nationalparks liegt in der großen Zahl wilder Elefanten und der relativen Nähe zu Colombo (ca. 190 km südöstlich). Die Parklandschaft ist von einer Mi- schung aus aufgegebenen Teakholz-Plantagen, Grasland, Dschungel und Feuchtgebieten gekennzeichnet.

Wilpattu-Nationalpark

Mit 1317 km² ist dies der größte Nationalpark von Sri Lanka. Etwa 190 km nördlich von Colombo an der Westküste gelegen, kann er entweder von Puttalam oder Anuradhapura aus angesteuert werden. Auch von Kalpitiya aus ist er per Boot erreichbar. Landschaftlich dominieren zahlreiche Seen, *villus* genannt, Grasland und niederes Gestrüpp. Daher ist der Nationalpark gut geeignet, Leoparden zu beobachten. Darüber hinaus sind hier u. a. Muntjaks, Lippenbären und Elefanten beheimatet.

Yala-Nationalpark

Das sich an der Südostküste erstreckende Schutzgebiet ist eines der ältesten (seit 1938) und mit Abstand das populärste. Nicht zu Unrecht, lassen sich hier doch bequem vom Fahrzeug aus eine Vielzahl von Wildarten beobachten. Hauptattraktion sind Elefantenherden und die große Zahl von Sambar- und ceylonesischen Axishirschen. Zudem soll hier eine der höchsten Leopardendichte der Welt herrschen. Des

Nirgends in Asien lassen sich Elefanten so gut in freier Wildbahn beobachten wie auf Sri Lanka.

Weiteren sind hier Lippenbären, verschiedene Affenarten und nicht zuletzt Sumpfkrokodile (*Crocodylus palustris*) heimisch. Die Tiere finden im Park eine Vielzahl an Lebensräumen vor: Dschungel, Steppen, Reservoirs, Lagunen, Mangroven, Küste. Im Nordosten wird der Park vom Kumbukkan Oya durchflossen, im Südwesten vom Menik Ganga.

Der Yala-Nationalpark ist in fünf Blöcke unterteilt, wobei nur zwei für Besucher zugänglich sind: Yala West und Yala Ost. Der 979 km² große Block 1, bekannt als **Yala West (Ruhuna)** ist am besten von Tissamaharama zu erreichen, zum 181,5 km² großen **Yala Ost (Kumana)** hat man nur von Norden Zugang. Guter Ausgangspunkt ist die 25 km entfernte Arugam Bay. Wegen der vielen Wasserstellen eignet sich Yala Ost gut für die Vogelbeobachtung.

Bevölkerung

> **Einwohner:** ca. 21 Mio. (1981: 14,8 Mio.; 1871: 2,4 Mio.), davon 25 % jünger als 15 Jahre
> **Bevölkerungswachstum:** 1 %
> **Lebenserwartung:** 76,9 J. bei Frauen, 71,8 J. bei Männern (1922: 32 J.)
> **Säuglingssterblichkeit:** 13 pro Tausend (1970: 65)
> **Alphabetisierungsrate:** 91 % bei Frauen, 95 % bei Männern
> **Stadtbevölkerung:** 14 %

Bei einem Streifzug durch Colombos Stadtteil Pettah oder einer Fahrt in den Norden der Insel wird es augenscheinlich: Sri Lanka ist mit seinen rund 21 Mio. Einwohnern ein multikulturelles Land. Die Singhalesen als größte Gruppe stellen 74 % der Gesamtbevölkerung, die srilankischen Tamilen mit 12 % die zweitgrößte Gruppe. Die muslimischen Moors, mit 8 % an dritter Stelle, leben vorwiegend im Osten. An vierter Stelle stehen die Hochland- oder indischen Tamilen mit 5 %. Eine verschwindend geringe Minderheit von wenigen Tausend oder gar nur Hundert stellen die indigenen Veddas dar, die genetisch mit der Urbevölkerung Afrikas verwandt sind.

Singhalesen

Die dominierende Volksgruppe, die Singhalesen („Löwenhaften"), konzentriert sich im Süden, Westen und in den zentralen Gebieten. Der Großteil ist buddhistisch, nur eine kleine Minderheit christlich. Ihre fernen, zu den Ariern zählenden Vorfahren gelangten in den vorchristlichen Jahrhunderten von Nordindien kommend auf die Insel. Säulen ihrer kulturellen Identität sind der Theravada-Buddhismus, als dessen Bewahrer sie sich sehen, und ihre Sprache, die zwar indische Wurzeln hat, aber heute eigenständig ist. Eine wichtige ideologische Basis für das singhalesische Nationalgefühl bildet die „Legende vom Prinzen Vijaya" (s. S. 107).

Tamilen

Hier werden zwei Gruppen unterschieden. Die **srilankischen Tamilen** wanderten etwa zeitgleich mit den Singhalesen nach Sri Lanka ein und siedelten vorwiegend auf der Halbinsel von Jaffna und entlang der Ostküste. Phasenweise hatten sie ihr eigenständiges Tamilenreich (Tamil Eelam). Der Großteil der Tamilen ist hinduistisch, etwa ein Fünftel christlich.

Die zweite Gruppe, die **indischen Tamilen**, kam während der britischen Kolonialherrschaft aus dem südindischen Bundesstaat Tamil Nadu ins Land und lebt vorwiegend im zentralen Hochland (daher auch die gelegentliche Bezeichnung „Hochland-Tamilen"). Nach wie vor arbeiten die meisten von ihnen in den Teeplantagen. Als Angehörige der niederen Kasten haben sie mit den srilankischen Tamilen wenige Gemeinsamkeiten, auch spielen sie keine Rolle in der separatistischen Bewegung.

Moors

Unter diesem holländischen Begriff für „Mauren" werden alle Muslime zusammengefasst, obwohl ihre Vorfahren aus verschiedenen Regionen stammen: aus der arabischen Welt, West- und Südasien sowie aus dem malaiisch-indonesischen Raum. Auch wenn ein Großteil

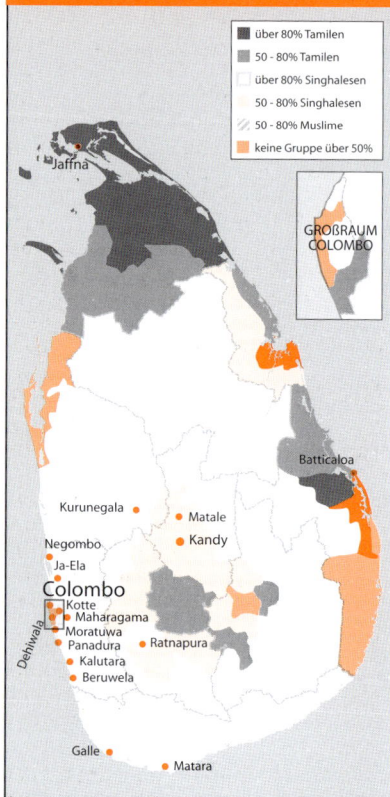

Ethnien

N

- über 80% Tamilen
- 50 - 80% Tamilen
- über 80% Singhalesen
- 50 - 80% Singhalesen
- 50 - 80% Muslime
- keine Gruppe über 50%

Jaffna

GROSSRAUM
COLOMBO

Batticaloa

Kurunegala • Matale
Negombo • Kandy
Ja-Ela
Colombo
Kotte
Maharagama
Dehiwala
Moratuwa
Panadura • Ratnapura
Kalutara
Beruwela

Galle •
• Matara

(Javaner) genannt. Sie sprechen Bahasa in abgewandelter Form und bewahren bestimmte Eigenheiten aus dem Kulturkreis ihrer Ahnen. Eine große Gemeinde südostasiatischer Muslime lebt in Hambantota.

Als kleine Minderheit von nur 8 % und vorwiegend im Handel Beschäftigte sind die Moors im Allgemeinen an einer friedlichen Koexistenz mit den anderen Volksgruppen interessiert.

Burghers

Nicht selten begegnet man Nachnamen wie Fernando, de Silva, Mendis, Perera oder Rodrigo. Dabei handelt es sich größtenteils um Eurasier mit holländischen oder portugiesischen Vorfahren. Sie werden unter dem niederländischen Begriff für „Bürger", Burgher, zusammengefasst. Unter diese Bezeichnung fallen manchmal auch Sri Lanker mit britischem Blut, zumeist werden sie jedoch „Eurasier" genannt. Der Großteil von ihnen lebt in den Städten und ist christlich. In der Kolonialzeit fühlten sie sich den Europäern naturgemäß näher und waren überdurchschnittlich in Führungspositionen vertreten. Nach der Unabhängigkeit und vor allem infolge des singhalesischen Nationalismus in den 50er-Jahren erfuhren sie eine zunehmende Marginalisierung, was viele zur Auswanderung nach Nordamerika und Europa bewog. Heute leben weniger als 40 000 in Sri Lanka.

Veddas

Der Name „Vedda" leitet sich vom Sanskritwort *vyadha* ab und bedeutet „Jäger". Damit bezeichneten die Singhalesen die Ureinwohner der Insel und beschrieben zugleich deren Hauptaktivität. Sie selber nennen sich **Wanniya-laeto**, Waldbewohner. Sie unterteilen sich in „Kele Weddo" (Dschungel-Veddas) und „Can Weddo" (Dorf-Veddas) und sind matrilinear organisiert, d. h. ihre Herkunft leiten sie von der mütterlichen Linie ab. Als mythologische Urahnin gilt die Yaka-Prinzessin Kuveni. Ihre Gesamtzahl ist schwer zu schätzen und variiert zwischen einigen Hundert und mehreren Tausend.

der Moors Tamil spricht, ist die Sprache kein Faktor für ihre kulturelle Identität. Ein Grund liegt sicherlich darin, dass sie sich im Laufe der Zeit mit anderen Volksgruppen gemischt und an die örtlichen Gepflogenheiten angepasst haben. Sie definieren sich heute vorwiegend über die islamische Religion. Eine Ausnahme bilden die aus dem malaiisch-indonesischen Raum vorwiegend während der holländischen Kolonialherrschaft (1658–1796) eingewanderten Muslime. Je nach Herkunft nennen sie sich „Orang Java" (Javaner) oder „Orang Melayu" (Malaien), von den Singhalesen werden sie manchmal „Ja-minissu"

Als wäre die ethnische Vielfalt nicht kompliziert genug, bestimmt auch noch ein Kastensystem das gesellschaftliche Leben. Dabei haben die Tamilen wie auch die Singhalesen ihre eigene Hierarchie, die sich von jener in Indien gravierend unterscheidet, obwohl das Kastensystem von dort ursprünglich übernommen wurde. Doch wie im benachbarten Subkontinent wird auch in Sri Lanka das Zusammenleben dadurch zementiert. Das gilt vor allem in ländlichen Gebieten, wo zuweilen noch ganze Straßenzüge bestimmten Kasten zugeordnet sind und zu manchen Haushalten höherer Kasten noch ein niederer Stuhl *(kolamba)* gehört, der für Angehörige unterer Kasten reserviert ist. Selbst in modernen Familien ist es verpönt, außerhalb der eigenen Kaste zu heiraten.

Die srilankische Ausprägung der Kasten erfolgte im Rahmen des feudalen Systems Rajakariya („Dienst für den König"), das bestimmte Arbeiten für den Königshof (aber auch für Klöster) einer Kaste zuteilte. Daher sind fast alle Kastennamen traditionellen Berufsgruppen zugeordnet, auch wenn deren Mitglieder heute ganz anderen Tätigkeiten nachgehen.

An oberster Stelle stehen bei den **Singhalesen** die Goyigama. Die Mitglieder dieser ursprünglichen Bauernkaste – etwa die Hälfte der singhalesischen Bevölkerung – dominieren bis heute das politische und gesellschaftliche Geschehen. An Prestige gewinnen konnten während der Kolonialzeit Angehörige von folgenden niederen Kasten, die anfänglich vorwiegend entlang der Westküste angesiedelt waren: die Karava (Fischer), die Salagama (Zimtschäler) und die Durava (Palmzapfer). Einige Kasten beschränken sich auf bestimmte Regionen wie die Batgam oder Padu (Landarbeiter) und die Kinnara (Arbeiter) auf die Gegend von Kandy. Andere sind im ganzen Land verstreut und dominieren bis heute ihr traditionelles Tätigkeitsfeld, darunter die Hena (Wäscher), die Berava (Tempeltrommler) und die Navandanna bzw. Acari (Kunsthandwerker). Auf unterster Stufe fristen die Rodi, die Unberührbaren, ihr Dasein, jedoch gehören ihnen nur wenige Tausend an.

Unter den hinduistischen **Tamilen** bilden die Brahmanen die Elite. Doch dominieren zahlenmäßig wie gesellschaftlich die Vellala, die Landbesitzer und Bauern, die etwa die Hälfte der tamilischen Bevölkerung ausmachen. Nur wenig unterhalb sind die Karaiya (Fischer) und Chetti (Händler) angesiedelt, deren Angehörige heute das Wirtschaftsleben bestimmen. Es folgt die Kastengruppe der Handwerker und daran anschließend jene der Arbeiter (Palla). Ganz unten stehen die Kastenlosen, die Paraiyar (aus diesem Wort leitet sich der Begriff „Pariah" ab).

Das Schicksal der Veddas ähnelt jenem vieler Ureinwohner. Jahrhundertelange Diskriminierung – teilweise wurden sie als Sklaven gehalten – und die Dezimierung ihres natürlichen Lebensraumes haben sie an den Rand des Verschwindens gebracht. Während sich der Großteil assimiliert hat, versuchen einige wenige Gruppen ihre Eigenständigkeit zu wahren (s. 🖳 www.vedda.org). Noch während der niederländischen Kolonialherrschaft (1658–1796) waren Veddas im Raum Jaffna zu finden, heute siedeln die meisten zwischen Badulla und Batticaloa. Doch auch dort gibt es immer wieder Probleme wie das Beispiel des Maduru Oya-Nationalparks zeigt. Als das 588,5 km² große Gebiet zwischen Kandy und Batticaloa 1983 zum Schutzgebiet erklärt wurde, sahen sich die dort sesshaften Vedda ihrer Lebensgrundlage beraubt, weil Jagd und Landwirtschaft nun verboten waren. Anfänglich an den Rand des Parks umgesiedelt, gestand die Regierung 1990 vier Vedda-Dörfern in einem 600 ha großen Teil des Nationalparks Siedlungsrecht zu. Dies genügt den Bewohnern jedoch nicht, sodass der Konflikt weiterschwelt.

Bildung und Soziales

Von einer Alphabetisierungsrate von 91 % können Länder wie Indien (68,3 %), Pakistan (54,2 %) oder Bangladesch (56,5 %) nur träumen. **Bildung** spielt in Sri Lanka eine wichtige Rolle, und das

Schulsystem

Das Schulsystem ist dem britischen nachempfunden und besteht aus vier Stufen: Primary School (1.–5. Klasse), Junior Secondary School (6.–8. Klasse), Senior Secondary School (9.–11. Klasse) und College (12.–13. Klasse). Letzteres besuchen etwa 7 % aller Schüler, bis zur Senior Secondary School schaffen es knapp ein Viertel aller Schüler. Mitglieder des buddhistischen Sangha folgen einem eigenen Curriculum in einer der insgesamt 599 Mönchsschulen, *Pirivenas* genannt.

nicht erst seit der Kolonialzeit. Seit der Einführung des Buddhismus waren die Klöster auch Orte des Lernens. Wer ins Kloster eintrat, musste dort lernen, Pali zu lesen und zu schreiben. Die Mönche gaben es dann an Laien weiter, sodass auch außerhalb der Metropolen ein gewisses Basiswissen vorhanden war. Neben Studien religiöser Texte aus dem Pali-Kanon standen Logik, Mathematik, Medizin und Geschichte auf dem Lehrplan. Orte höherer Bildung waren die großen Klöster in den Metropolen wie der Mahavihara in Anuradhapura oder auf dem Land der Tissamaha Vihara im südöstlichen Magama.

Mit den Kolonialherren kam auch das europäische Bildungssystem ins Land, denn die Einheimischen sollten der christlichen Zivilisation zugeführt werden. Zumeist waren es Konfessionsschulen. Bis 1930 war ihre Zahl auf 2122 angewachsen, der im gleichen Jahr 1490 staatliche Schulen gegenüberstanden. Die einheimische Elite wurde auch in den ersten 20 Jahren nach der Unabhängigkeit vorwiegend in den Konfessionsschulen ausgebildet, was nicht im Sinne der nationalistisch gesinnten Sirimavo Bandaranaike war, die bald nach Übernahme des Premieramtes 1960 alle Schulen in religiöser Trägerschaft verstaatlichte. Heute sind fast alle der landesweit knapp 10 000 Schulen staatlich (nur 80 sind in der Hand privater Träger), die überwiegend kostenlos besucht werden können.

Die höhere Bildung im westlichen Sinne musste im kolonialen Ceylon lange auf sich warten lassen. 1894 wurde in Colombo ein Technical College eröffnet. Erst nach vehementem Druck der sogenannten „Universitätsbewegung" öffnete 1942 in Peradeniya bei Kandy die University of Ceylon ihre Pforten. Heute besuchen knapp 50 000 Studenten eine von 15 staatlichen Universitäten. Darüber hinaus gibt es 37 Technical Colleges. Doch Sprösslinge betuchter Familien werden nach Möglichkeit zum Studium ins westliche Ausland geschickt, bevorzugt in den angelsächsischen Raum.

Im **Gesundheitsbereich** stehen die Sri Lanker ebenfalls nicht so schlecht da, was die recht hohe Lebenserwartung von 74,4 Jahren zeigt. Zum Vergleich: Indien 64,4; Pakistan 67,2; Bangladesch 66,9; Thailand 69,3 Jahre. Nur 3 % aller Schwangeren müssen bei ihrer Niederkunft auf qualifiziertes Personal (Hebamme, Krankenschwester, Arzt) verzichten. Die Müttersterblichkeit liegt bei 58 pro 100 000 Geburten. Von 1000 Kindern sterben 13 kurz nach ihrer Geburt (Indien 50, Pakistan 71, Bangladesch 41), und 15 von 1000 erleben ihren fünften Geburtstag nicht. 1970 war es noch jedes zehnte Kind. Natürlich überdecken diese Zahlen das Stadt-Land-Gefälle, aber dank der geringen Entfernungen ist im Krankheitsfall medizinisches Personal nicht weit. Auf 100 000 Bewohner kommen 43 Ärzte. Neben westlichen Gesundheitseinrichtungen gibt es zudem vielerorts Ayurveda-Praxen.

Lag das **Bevölkerungswachstum** bis in die 1970er-Jahre noch weit über 2 %, so fiel es in den letzten Jahren knapp unter 1 %. Zwei Kinder sind in Durchschnittsfamilien die Regel, auf dem Land ab drei. Folglich wird auch in Sri Lanka die Überalterung in den kommenden Jahrzehnten zum Problem werden. 2015 schätzt die UNDP den Anteil der über 65-Jährigen auf fast 10 % (in Deutschland über 20 %).

Geschichte

Frühgeschichte

Fa Xian (Fa Hsien), ein im 5. Jh. in Anuradhapura lebender chinesischer Reisender, schrieb in seinem Bericht, dass die Insel ursprünglich nur von Geistern und Nagas bewohnt gewesen sei. Das glauben die rational denkenden Forscher über

1500 Jahre später zwar nicht mehr, doch hat auch ihre Arbeit nur wenige neue Erkenntnisse zur Frühgeschichte Sri Lankas gebracht.

Vergleiche mit Indien lassen eine erste Besiedlung um 500 000 v. Chr. vermuten, obwohl Beweise dafür fehlen. Aus der mittleren Steinzeit, dem Mesolithikum (ca. 50 000–28 000 v. Chr.), datieren Knochen- und Steinwerkzeugfunde in Höhlen. Nach dem Hauptfundort östlich von Ratnapura wird diese Kultur **Balangoda-Kultur** genannt. Die für die Neusteinzeit (Neolithikum) typischen Aktivitäten des sesshaft gewordenen *Homo Sapiens* wie Landwirtschaft, Keramikherstellung, Tierzucht und die Verwendung ausgefeilter Steinwerkzeuge lassen sich ab dem 6. Jt. v. Chr. auch beim sogenannten *Homo Sapiens Balangodensis* nachweisen. Ihm werden Keramikfunde in Höhlen, dem Domizil dieses frühen Inselbewohners, zugeschrieben. Möglicherweise ist er ein entfernter Vorfahre der Veddas. Eisen war spätestens ab dem 6. Jh. v. Chr. verbreitet.

Erste Staatenbildung

Etwa ab dem 5. Jh. v. Chr. setzte eine verstärkte Migration arischer Siedler aus Nordindien ein. Die Chronik Mahavamsa kleidet diese Entwicklung in die **Legende vom Prinzen Vijaya**, die für die kulturelle Identität der Singhalesen von großer Bedeutung ist: Die Tochter des Königs von Vanga wurde eines Tages von einem Löwen entführt. Sie lebte mit ihm in einer Höhle und gebar einen Sohn und eine Tochter, Sinhabahu und Sinhasivali. Beide heirateten einander später, nachdem Sinhabahu ihren Löwenvater umgebracht hatte. Aus ihrer Verbindung ging Vijaya hervor, den sie jedoch wegen seiner Aufmüpfigkeit aus ihrem Königreich Lala verbannten und mit 700 Gefolgsleuten auf ein Schiff brachten. An jenem Tag, als Buddha ins Parinirvana einging, landete Vijaya auf der Insel Lanka und errichtete dort sein erstes Königreich. Auf dem Sterbebett sprach Buddha zum obersten Gott Shakka: „Vijaya, Sohn des Königs Sinhabahu, ist mit 700 Getreuen auf Lanka gelandet (...). Auf Lanka wird meine Religion erblühen. Herr der Götter, schütze daher ihn und Lanka!" Die Geschichte ist eine Art Gründungsmythos für die Singhalesen, in

dem die Einheit von Land, Volk und Buddhismus beschworen wird. Daraus leiten sie die Bezeichnung Sinhala, die „Löwenhaften", ab und ihre „Pflicht", Beschützer des Buddhismus zu sein.

Die ersten Singhalesen ließen sich entlang der Flussniederungen in den Ebenen der Insel nieder und verdrängten die einheimischen Veddas in die Bergregionen oder vermischten sich mit ihnen. Sie kultivierten Nassreis und legten den Grundstein für das ausgefeilte Bewässerungssystem. Mit dem indischen Subkontinent betrieben sie Handel, allen voran mit Edelsteinen und Gewürzen. Die ersten dravidischen Migranten, Vorfahren der Tamilen, wanderten wohl zeitgleich mit den Singhalesen aus Südindien in den Norden der Insel ein.

Aus dem Dunkel der Geschichten und Legenden tritt als erster historisch nachweisbarer Herrscher **Devanampiya Tissa** (reg. ca. 250–210 v. Chr.) hervor, ein Zeitgenosse des großen indischen Königs Ashoka. Über seine Konversion zum Buddhismus nach der Begegnung mit Ashokas Sohn Mahinda berichtet ausführlich der Mahavamsa, eine im 6. Jh. von einem Mönch verfasste Chronik. Devanampiya Tissa wurde wie sein indisches Vorbild zu einem Förderer der Religion des Erleuchteten und gründete zahlreiche Klöster und Heiligtümer. Pali dominierte als religiöse Sprache, es begann sich ein einheitliches Schriftsystem durchzusetzen. Seine Königsresidenz Anuradhapura entwickelte sich zu einem bedeutenden Zentrum des Buddhismus, besonders nachdem wichtige Reliquien Buddhas und ein Ableger des Mahabodhi-Baumes in die Königsstadt gelangten. Doch bis ins 2. Jh. v. Chr. war Anuradhapura nur eines von mehreren Machtzentren auf der Insel. Neben kleineren Fürstentümern gab es größere im südöstlichen Rohana und an der Westküste mit Fürstensitz in Kelaniya bei Colombo.

1000 Jahre Anuradhapura

Unter **Dutthagamani** (reg. 161–137 v. Chr.) stieg die Metropole erstmals zum Mittelpunkt eines geeinten Reiches auf, nachdem der König seinen tamilischen Rivalen Elara besiegen konnte. Doch diese Einheit war in der Folgezeit immer wieder bedroht: Zum einen weil zwei mächtige Clans, die Lambakanna und die Moriya, stetig um die Macht stritten; zum anderen, weil sich die rivalisierenden südindischen Dynastien der Pandya, Pallava und Chola ab dem 5./6. Jh. immer wieder in die Angelegenheiten Sri Lankas einmischten und zeitweise dort die Herrschaft ausübten, wie z. B. im 5. Jh. fast 25 Jahre lang, bis **Dhatusena** (reg. 455–473) das Land wieder zurückerobern und einen konnte.

Südindien spielte als Machtfaktor auch bei einer der größten innenpolitischen Krisen im ersten Millennium eine wichtige Rolle – der wir übrigens eine der schönsten Felsenfestungen Asiens zu verdanken haben: Sigiriya. Als **Kassapa** nach der Ermordung seines Vaters Dhatusena 473 den Thron an sich riss, floh sein Halbbruder Moggallana I. ins Reich der Pandya. Bis 491 konnte Kassapa das Land von seiner Bergfeste Sigiriya aus kontrollieren, dann vermochte

Moggallana I. (reg. 491–508) mit Unterstützung indischer Söldner die Herrschaft zu übernehmen. Spätere Könige wie **Aggabodho III.** (reg. 628–39) griffen ebenfalls auf den militärischen Beistand aus dem Subkontinent zurück, was sie in dessen zeitweilige Abhängigkeit führte.

Schon vor der Zeitenwende spielte Sri Lanka im **Seehandel** zwischen Ostasien und Europa eine nicht unbedeutende Rolle. Bereits dem römischen Gelehrten Gaius Plinius Secundus (23–79 n.Chr.) war die Insel bekannt. Er erwähnte sie in seiner berühmten *Naturalis historia* unter dem Namen *Taprobana*. Im 2. Jh. fertigte in Alexandria der römische Geograf und Astrologe Claudius Ptolemaeus eine Karte an, in der die Insel in überdimensionierter Größe unter gleichem Namen auftauchte. Zu jener Zeit unterhielten die Römer unweit des heutigen südindischen Pondicherry (südlich von Chennai) eine Handelsstation, wo auch Sri Lankas begehrte Produkte

Kein Reichtum ohne Wasser – Sri Lankas Bewässerungssystem

Eine Zivilisation wie sie sich im Sri Lanka des 1. Jts. herausgebildet hat, wäre ohne die schätzungsweise mehr als 100 000 Wasserreservoirs (Wewa) und Kanäle nicht möglich gewesen. Denn der Schwerpunkt des Siedlungsraumes der Singhalesen lag bis zum 14. Jh. in der Trockenzone (120–200 mm Niederschlag im Jahr). Um die Versorgung sicherzustellen, war von Anfang an ein umfassendes Bewässerungssystem notwendig. So besaß fast jedes Dorf sein eigenes Reservoir. Um weite Anbauflächen bewässern zu können, waren jedoch große Reservoirs nötig, was die Mobilisierung vieler Arbeitskräfte bedeutete. Das erforderte wiederum ein komplexes Organisationssystem mit dem Herrscher an der Spitze, denn die Wasserzuteilung musste genau festgelegt sein, die Anlagen kontrolliert und Schäden behoben werden. Kriege und die Zunahme der Bevölkerung machten immer wieder Instandsetzung, Erweiterung und das Neuanlegen von Wewa und Wasserkanälen notwendig. So ließ König Mahasena (reg. 274–301) 16 Wewa graben. Kaum hatte Vijayabahu I. (reg. 1055–1110) die Chola vertrieben, ließ er das zerstörte Bewässerungssystem restaurieren. Von

Parakramabahu I. (reg. 1153–86) wird berichtet, er habe 3910 Kanäle, 163 große und 2376 kleinere Wewa restauriert oder neu errichtet. Sein Motto war: „Kein noch so kleiner Regentropfen soll ins Meer fließen, ohne zuvor den Menschen zugutegekommen zu sein!"

Eine entscheidende Innovation stellte im 1. Jh. die Einführung von quadratischen Schleusenschächten *(bisokotuva)* dar, denn dadurch konnte der Wasserfluss durch Druckabminderung genau reguliert werden. Somit war die gleichmäßige Bewässerung auch bei großen Stauseen gewährleistet. In weiten Teilen der Trockenzone waren nun bis zu drei Reisernten im Jahr möglich.

Mit dem Niedergang der großen Königreiche ab dem 13. Jh. verfiel auch das Bewässerungssystem. Tausende Wewa blieben jedoch über die Jahrhunderte hinweg intakt oder wurden in den vergangenen Jahren wieder restauriert und sind nach wie vor wichtiger Bestandteil der Wasserversorgung. In nicht unerheblichem Maße prägen diese Reservoirs – die zudem Heimat vieler seltener Wasservögel sind – die Kulturlandschaft der Trockenzone Sri Lankas.

wie Perlen, Elfenbein, Edelsteine und Gewürze umgeschlagen wurden. Ab dem 5./6. Jh. begannen neben Indern persische Kaufleute den Warenaustausch zu dominieren, einige von ihnen ließen sich auch in Anuradhapura nieder.

Obwohl der Schwerpunkt von Rajarata, wie das Reich genannt wurde, inmitten der Trockenzone lag – Niederschlag gab es nur zwischen Oktober und Februar –, konnte die Versorgung einer wachsenden Bevölkerung dank eines ausgefeilten Bewässerungssystems sichergestellt werden. Viele Jahrhunderte später pries ein britischer Kolonialbeamter angesichts der Tausenden von Wasserreservoirs auf der Insel: „Wohl in keinem anderen Teil der Welt gibt es auf gleichem Gebiet so viele Bewässerungsanlagen, weder in solcher Altertümlichkeit noch in solcher Größe, wie auf dieser Insel!"

Chola-Besatzung – Aufstieg Polonnaruwas

Das ausgefeilte Bewässerungssystem war jedoch anfällig. Unter schwachen Herrschern wurde es zum Teil vernachlässigt, in Kriegszeiten war es ein empfindliches Ziel – wie etwa bei den verheerenden Angriffen der Chola, die am Ende des 1. Jts. zur führenden Macht Südasiens aufgestiegen waren. Eine erste große Invasion erfolgte Mitte des 10. Jhs., eine zweite unter dem Chola-König **Rajaraja I.** (reg. 985–1014) im Jahr 993. Die dritte große Invasion unter dessen Sohn **Rajendra I.** (reg. 1014–42) im Jahre 1017 hatte den Untergang Anuradhapuras und eine langjährige Besatzungszeit zur Folge. Der letzte Herrscher, **Mahinda V.** (reg. 982–1017) musste in die südindische Verbannung gehen. Nur das im Südosten der Insel gelegene Rohana konnte seine Unabhängigkeit wahren.

Die neuen Herren verlegten ihren Sitz ins strategisch günstiger gelegene **Polonnaruwa**, das sie Jananatha Mangalam nannten, und begannen als glühende Hindus den Buddhismus zu unterdrücken. Das änderte sich erst, als sie ihre Macht einigermaßen gesichert hatten. Die ganze Insel litt unter der enormen wirtschaftlichen Ausbeutung. Ein Großteil der Abgaben und Schätze wurde in die südindische Chola-Metropole Tan-

Der Enkel von Chandragupta Maurya, Begründer der großen indischen Maurya-Dynastie, ist zum Inbegriff eines rechtschaffenen buddhistischen Königs geworden. Nach dem Sieg über die Kalingas um 262 v. Chr. herrschte er über ein Gebiet, das vom heutigen Afghanistan im Westen und dem Himalaya im Norden bis an die Grenzen der Reiche der Cholas und Pandyas in Südindien ging. Doch dieser letzte große Vernichtungskrieg ließ Ashoka angesichts der vielen Opfer (im Felsen-Edikt XIII ist von 100 000 Getöteten die Rede) zu einem glühenden Anhänger Buddhas und Verfechter der Gewaltlosigkeit werden. Er begann sein Imperium zu einem „buddhistischen Wohlfahrtsstaat" umzugestalten, den er in vielen Edikten erläuterte.

Säulen seiner Politik waren Friedfertigkeit, soziale Gerechtigkeit und religiöse Toleranz. Von weitreichenden Folgen sollte seine Entscheidung sein, im Anschluss an das Dritte Buddhistische Konzil in Pataliputra (um 235 v. Chr.) Missionare in neun nahe gelegene Länder zu senden. Das führte dazu, dass sich die Religion des Buddha im ganzen asiatischen Raum auszubreiten begann. In das befreundete Sri Lanka entsandte er seinen eigenen Sohn Mahinda, der Mönch geworden war.

jore abgeführt. Unter Führung **Vijayabahus I.** (reg. 1055–1110) gelang es singhalesischen Widerstandsgruppen von ihrem zeitweiligen Herrschersitz in Kataragama aus die Chola nach zähen Kämpfen zu vertreiben. 1070 war Polonnaruwa nach langer Belagerung wieder frei.

Interne Machtkämpfe und der Wiederaufbau der Infrastruktur ließen die Konsolidierung des Reiches jedoch nur schleppend vorankommen. Noch **Parakramabahu I.** (reg. 1153–86), der fünfte in Polonnaruwa residierende König, hatte mit zahlreichen Widersachern zu kämpfen. Als es ihm schließlich gelang, Rajarata zu einen, begann er ein beispielloses Bauprogramm. Im Zuge einer Verwaltungsreform wurde das Land in 48 Provinzen eingeteilt, angeführt von königstreuen Statthaltern, den *samantas*. Schon Parakramabahus Nachfolger **Nissanka Malla** (reg. 1187–96) konnte sich bei seiner Thronbesteigung nur mit Mühen gegen seine Opponenten durchsetzen. Nach einer letzten Periode der Stabilität während seiner Regentschaft erlebte das Königreich Polonnaruwa einen rapiden Niedergang. Seinem Tod folgte Chaos, bis 1215 wechselte die Krone zwölf Mal den Besitzer. Deshalb war es dem Despoten **Magha** aus dem südindischen Kalingha ein Leichtes, das zerrissene Rajarata einzunehmen. Als seine Tyrannenherrschaft mit seinem gewaltsamen Tod 1255 endete, war das Land ökonomisch ausgeblutet und politisch zerrissen. **Parakramabahu II.** (reg. 1236–70) versuchte noch einmal, Polonnaruwa zum Mittelpunkt eines geeinten Sri Lanka zu machen, doch das war vergebens. Im Raum **Jaffna** hatte sich bereits ein kleines, aber starkes Tamilenreich etabliert und im südlich anschließenden **Vanni** mehrere Fürstentümer.

Geteilte Insel: 13.–15. Jh.

Zum Schutz vor möglichen Überfällen südindischer Aggressoren verlegten die singhalesischen Könige mehrmals ihre Residenz: zuerst nach Dambadeniya, dann Ende des 13. Jhs. für kurze Zeit in die Felsenfestung Yapahuwa und nach Kurunegala. Mit der Erhebung Gampolas unweit des heutigen Kandy zum Königssitz 1341 gewann erstmalig das zuvor bedeutungslose Hochland an Gewicht. Ein weiteres Reich etablierte sich entlang der Westküste mit Zentrum in Kotte (Colombo), das aufgrund seiner Lage wirtschaftlich vor allem vom Seehandel profitierte. Dominierende Akteure waren muslimische Zwischenhändler, die sich seit dem 10. Jh. verstärkt in den Küstenorten wie Beruwela, Bentota und „Kalanbu" (Colombo) niederließen und über exzellente Kontakte im ganzen asiatischen Raum verfügten. Zu den lukrativsten Produkten von „Serendib", wie zeitgenössische arabische Quellen die Insel nannten, zählten Zimt und Edelsteine.

Parakramabahu VI. (reg. 1411–66) gelang es in seiner langen Regentschaft von Kotte aus die Insel letztmalig zu einen, doch nach seinem Tod zerfiel sie wieder in mehrere Herrschaftsgebiete. Jaffna machte sich abermals unabhängig, im Norden und entlang der Ostküste erblühten kleine Fürstentümer, die *vanniyars*, und im Bergland herrschte von Kandy aus **Senasammata Vikramabahu** (reg. 1469–1511) über das Königreich Udarata. Derart zerrissen präsentierte sich die kleine Insel (wie übrigens auch viele andere asiatische Länder, etwa Myanmar und Kambodscha), als in Asien ein neuer Machtfaktor ins Spiel kam, der die geopolitische Lage dieses riesigen Kontinentes nachhaltig verändern sollte: die Europäer.

Die Portugiesen: Ende 1505–1658

Als **Vasco da Gama** im Auftrag der portugiesischen Krone am 8. Juli 1497 von Rastello aus mit vier Karavellen in See stach, um den Seeweg nach Indien zu erkunden, hatte er vorwiegend ein Ziel: das arabische Monopol über den lukrativen Handel mit Gewürzen und anderen edlen Gütern zu brechen. Mit seiner Landung am 20. Mai 1498 im indischen Calicut war das Ziel erreicht. Innerhalb weniger Jahre brachte Portugal mit seiner damals unschlagbaren Flotte die Seerouten im ganzen asiatischen Raum unter seine Kontrolle. Nach der Eroberung von Goa (1509) und dem malaiischen Melaka (1511) durch den rücksichtslosen Dom Alfonso de Albuquerque waren die wichtigsten Hafenstützpunkte in ihrer Hand. Es war unvermeidlich, dass auch „Ceilão", wie die Insel den Portugiesen bekannt war, in ihr Blickfeld geriet. Bereits bei der ersten Reise da Gamas 1497–99 notierte sein Schreiber, dass es auf Ceilão den feinsten Zimt und die edelsten Rubine gäbe.

Als erster Portugiese landete **Dom Lourenço de Almeida** am 15. November 1505 in Colombo. Eine gute Dekade später, 1517, errichtete die südeuropäische Seemacht dort ein Fort. Es war nicht in Portugals Interesse, Kolonien zu gründen, dazu fehlten der menschlichen Ressourcen. Es genügte, über wehrhafte Handelsstützpunkte zu verfügen, mit einer modernen Flotte die Seewege zu kontrollieren und die lokalen Herrscher gefügig zu machen. In vielen Regionen Asiens wurde es den Portugiesen leicht gemacht, denn Erbfolgestreitigkeiten, die die Regime schwächten, gab es zuhauf – auch in Sri Lanka. Im dortigen Königshaus Kotte kam es 1521 zu einem Machtkampf zwischen drei Söhnen des von ihnen gemeuchelten **Vijayabahu VI.** (reg. 1513–21). Indem sie sie gegeneinander ausspielten, rangen die Portugiesen ihnen das Monopol im Zimthandel ab und übernahmen Ende des 16. Jhs. in deren Herrschaftsgebieten die direkte Kontrolle. Auch das Königreich Jaffna fiel ihnen leicht in die Hände: Nachdem der dortige König katholische Missionare hatte hinrichten lassen, eroberten die Portugiesen 1591 nach einem erfolglosen ersten Versuch Jaffna, entmachteten den Monarchen und setzten einen Vasallen ein. Nur das von Bergen geschützte Kandy vermochte halbwegs seine Unabhängigkeit wahren.

In der ersten Hälfte des 17. Jhs. konnten die Portugiesen ihre Herrschaft festigen. Die Ländereien in Ceilão waren profitabel. Neben Zimt und Pfeffer dominierten die Portugiesen nun auch den Handel mit Elefanten und Betelnuss. Zahlreiche katholische Orden wie die Franziskaner und Jesuiten etablierten auf der Insel Missionsstationen und Schulen. Am erfolgreichsten waren sie in Jaffna, Mannar und den Fischerdörfern nördlich von Colombo. Mit der Konversion von **Dharmapala** (reg. 1551–97), dem zweiten Nachfolger von Vijayabahu, fanden auch immer mehr Adlige die neue Religion opportun.

Doch der Stern Portugals sollte so schnell sinken, wie er aufgestiegen war. Verantwortlich dafür war neben Problemen im Mutterland eine zweite europäische Seemacht: die Niederlande.

In der Hand der VOC: Ende 1658–1796

Um am lukrativen Fernhandel teilzuhaben, gründeten die Niederländer am 20. März 1602 die **Vereenigde Oostindische Compagnie** (VOC) – übrigens die erste moderne Aktiengesellschaft – und etablierten 1619 in Batavia (heute Jakarta) deren Hauptsitz. Gern kamen sie der Bitte des Königs von Kandy, **Vimala Dharma Surya I.** (reg. 1591–1604), nach, ihn im Kampf gegen die Portugiesen zu unterstützen. Aber erst unter dessen Enkel **Rajasimha II.** (reg. 1635–87) kam es 1638 zu einem Vertrag, der der VOC im Gegenzug für militärische Hilfe das Monopol im Zimthandel zugestand. Bald kam es zu massiven Zusammenstößen zwischen den europäischen Rivalen. In den folgenden beiden Jahren verloren die Portugiesen die wichtigen Hafenstädte Trincomalee, Batticaloa, Negombo und Galle. 1656 fiel Colombo, zwei Jahre später Jaffna in die Hände

Entlang der Küste erinnern zahlreiche Forts an die Zeit der Kolonialherrschaft.

der Niederländer. Die Portugiesen mussten die Insel verlassen.

Doch die neuen Herren von „Ceylan", wie sie die Insel nannten, dachten nicht daran, die Macht an Kandy zu übergeben, wie Rajasimha erhofft hatte. „Ich gab Pfeffer und erhielt Ingwer", zitierte er ein Sprichwort, um die unglückselige Abmachung zu beklagen. Im Gegenteil, die Niederländer weiteten das von Portugal kontrollierte Territorium aus. Nach der Besetzung der Ostküste 1668 war nahezu die gesamte Küstenlinie in ihrer Hand. Alle Schiffe, die Häfen in Sri Lanka anliefen, mussten Abgaben an die VOC zahlen. Die damals weltgrößte Handelsgesellschaft weitete ihr Monopol auch auf Betelnuss, Perlen und Elefanten aus. Sie legte größere Plantagen an und pflanzte dort auch neu eingeführte Nutzpflanzen wie Kaffee, Zucker und Baumwolle an. Ferner unterlagen Importgüter ihrer Kontrolle, was zu enormen Preissteigerungen führte. Durch den Bau von Kanälen und Forts in den Hafenstädten wurde die Infrastruktur erheblich verbessert.

Verschiedene Versuche Rajasimha II., seinen Einfluss auszuweiten und verlorenes Terrain zurückzugewinnen, blieben erfolglos, wie z. B. die nur kurz währende Einnahme des Hafens von Trincomalee mit Hilfe französischer Truppen 1671/72. Auch seine Nachfolger konnten nicht viel ausrichten. Das Verhältnis zu den aggressiven Niederlanden blieb auch während des ganzen 18. Jhs. gespannt. Immer wieder kam es zu Guerillaattacken, die der europäischen Macht erhebliche Probleme bereiteten. 1761 brach unter dem Regenten von Kandy, **Kirti Sri Rajasimha** (reg. 1747–82), ein offener Krieg mit den Niederländern aus, der im Februar 1765 mit der zeitweiligen Einnahme der Königsstadt einen Höhepunkt erreichte. Ein Jahr später schrieb ein demütigender Vertrag die völlige Abhängigkeit des kleinen und vom Meer abgeschnittenen Königreiches Kandy fest.

Die Niederlande teilten die Küstenregionen in die drei Jurisdiktionsbezirke Colombo, Jaffna und Galle auf. Mit Ausnahme der Führungspositionen besetzten sie die Posten in Regierung und Wirtschaft mit Einheimischen, die zumeist eine westliche Erziehung in den christlichen Schulen genossen hatten. Das führte zu einer lokalen Elite, bei welcher religiöse Schranken und Kastenbar-

rieren eine eher geringe Rolle spielten. Während der Buddhismus in den niederländisch besetzten Teilen im Niedergang begriffen war, erlebte er im bedrängten Königreich Kandy eine Renaissance.

Doch angesichts der veränderten Machtverhältnisse in der Region und Europa ereilte die Niederlande ein ähnliches Schicksal wie zuvor die Portugiesen: Im benachbarten Subkontinent stritt die britische **East India Company** mit Frankreich vehement um die Vorherrschaft. Der Konflikt verschärfte sich, als infolge der Französischen Revolution 1789 die Niederlande in die Abhängigkeit Frankreichs geraten waren. London befürchtete nun, dass die holländischen Besitzungen der Grande Nation zufallen würden und nahm dies zum Anlass, Sri Lanka anzugreifen. Vom Juli 1795 bis Februar 1796 dauerte der von Trincomalee ausgehende Eroberungsfeldzug. Dann hatte mit dem britischen Empire die dritte europäische Kolonialmacht das Sagen.

Teil des Empires: 1796–1948

In den ersten Jahren wurden die eroberten Besitzungen von Madras (heute Chennai) aus durch die East India Company verwaltet. Doch nach einer Rebellion und zunehmenden administrativen Problemen erhoben die neuen Herren der Insel am 1. Januar 1802 zur **British Crown Colony of Ceylon** mit Gouverneurssitz in Colombo.

Von Anfang an war das Königreich Kandy dem Empire ein Dorn im Auge. Ein militärischer Vorstoß 1803 endete für die Briten in einem Desaster. Doch sahen sie ihre Zeit gekommen, als der herrschsüchtige König **Sri Vikrama Rajasimha** (reg. 1798–1815) mit der mächtigen Aristokratie von Kandy in Konflikt geriet. Mit Einverständnis vieler Adeliger rüsteten sie zu einer zweiten Invasion, die nach nur 40 Tagen mit der Festnahme des Königs am 18. Februar 1815 endete. Mit dem Vertrag von Kandy ging am **2. März 1815** um 15.30 Uhr „der Herrschaftsbereich der Provinz von Kandy" in die Hand der britischen Krone über. Zwar war die Insel nach über einem halben Jahrtausend erstmals wieder geeint, doch verlor sie den letzten Rest an Unabhängigkeit.

Rebellionen blieben nicht aus, denn viele Angehörige der singhalesischen Oberschicht verloren nach dem Untergang der letzten Monarchie ihre Privilegien. Am gravierendsten war die sogenannte **Uva-Rebellion**, benannt nach der Hauptprovinz des Widerstandes, die 1817 ausbrach und sich zu einem landesweiten Aufstand ausweitete. Erst unter massivem Militäreinsatz konnte die Kolonialmacht im folgenden Jahr den Aufstand unterdrücken – dabei verlor sie über ein Viertel ihrer Streitkräfte.

Kolonialwirtschaft

Nachdem es den Briten gelungen war, das Land einigermaßen zu befrieden, begannen sie mit dem systematischen Ausbau der Kolonialwirtschaft. Dazu gehörte eine entsprechende Infrastruktur. Unter Einsatz von Zwangsarbeit ließen sie das Straßen- und später das Eisenbahnnetz massiv erweitern. 1825 feierte die Kolonialmacht die Eröffnung der Straße von Colombo nach Kandy, am 26. April 1867 die Fertigstellung der Bahnlinie in die letzte Königsstadt.

Um die Kolonie für die zunehmende internationale Konkurrenz fit zu machen, begann ab 1832 unter dem Gouverneur Sir **Robert W. Horton** (nach ihm sind die Horton Plains benannt) die Umsetzung der **Colebrooke-Cameron-Reformen**, benannt nach zwei hohen Kolonialbeamten: Alte Privilegien und Handelsmonopole wie z. B. auf Zimt wurden abgeschafft, Grundbesitz- und Eigentumsrechte erleichtert, was vor allem den Plantagenbesitzern zugutekam. Schließlich gehörte auch die Leibeigenschaft zumindest juristisch der Vergangenheit an.

Die Reformen hatten eine enorme Ausweitung der Plantagenwirtschaft zur Folge. An die Stelle des einst dominierenden Zimtanbaus trat vor allem Kaffee, der sich in Europa zunehmender Beliebtheit erfreute. Mitte der 40er-Jahre des 19. Jhs. gab es weit mehr als 500 Kaffeeplantagen. Ab den 1860er-Jahren nahm auch der Anbau von **Kokosnüssen** zu, vor allem im „Kokosnuss-Dreieck" Colombo-Kurunegala-Chilaw. Daneben spielten die aus den Nebelwäldern Südamerikas eingeführten Chinarindenbäume *(Cinchona)* zur Gewinnung des fiebersenkenden Chinin eine gewisse wirtschaftliche Rolle.

Eine 1869 erstmals auftretende Blattkrankheit (hervorgerufen durch den Pilz *Hemileia vastatric*) führte jedoch innerhalb von zehn Jahren

zum rasanten Niedergang des Kaffeeanbaus. Erstaunlich schnell hatten die Plantagenbesitzer sich von der Katastrophe erholt und eine Alternative zur schwarzen Bohne gefunden: **Tee**. In kurzer Zeit überzogen die grünen Teesträucher wie Teppiche die Berge Ceylons. 1890 war das feine Gebräu zum Agrarprodukt Nr. 1 avanciert. Einen ähnlichen steilen Aufstieg erlebte Naturgummi, **Kautschuk**, der nach seiner Einführung 1876 und der erfolgreichen Kultivierung bereits um die Jahrhundertwende zum zweitwichtigsten Exportgut aufgerückt war.

Die koloniale Wirtschaft erlebte im ausgehenden 19. Jh. eine goldene Ära, was auch Auswirkungen auf die Gesellschaftsstruktur hatte. Der Bedarf an Arbeitskräften infolge der rasanten Ausweitung der Plantagen führte zu einer massiven Einwanderung **indischer Tamilen**, die billige und willige Arbeitskräfte für die harte Arbeit waren. Bis zur Jahrhundertwende stieg ihre Zahl auf fast 300 000 – mehr als 8 % der Gesamtbevölkerung von 3,56 Mio. Zehn Jahre später machten sie bereits knapp 13 % aus.

Nationales Erwachen

Doch die einträgliche „Lieblingskolonie" des Empires hatte ihre Schattenseiten. Wirtschaftlich profitierten neben den etwa 7000 Europäern überwiegend Angehörige höherer Kasten und die Burghers, während ein Großteil der Bevölkerung am Existenzminimum lebte. Reis musste teuer importiert werden, da sein Anbau aufgrund seines geringen Profits vernachlässigt wurde. Es kam wiederholt zu Hungersnöten. Sri Lanker waren von allen höheren Posten ausgeschlossen. Unter Anwendung ihrer bewährten Methode „Divide et Impera" (Teile und Herrsche) spielten die Briten die ethnischen Gruppen und Kasten gegeneinander aus – sodass sie eine geschlossene Opposition nicht zu befürchten hatten.

In der zweiten Hälfte des 19. Jhs. begann sich eine **buddhistische Erneuerungsbewegung** zu formieren. Die Religion des Erleuchteten hatte mit der Abdankung des letzten Königs von Kandy ihren traditionellen Fürsprecher verloren und war gegen die im Schutz der Kolonialmacht offensiv agierenden christlichen Missionare ins Hintertreffen geraten. Reformorientierte Mönche stellten sich gegen diesen Trend und begannen in Debatten die Christen offen herauszufordern. Mit der Gründung der „Gesellschaft zur Verbreitung des Buddhismus" und eines Druckhauses in Galle 1862 sollte die buddhistische Lehre mit modernen Mitteln verbreitet werden. Die Bemühungen hatten Erfolg und führten zu einem wachsenden Selbstbewusstsein unter den singhalesischen Buddhisten. 1881 verkündete der damalige Gouverneur Sir **James R. Longden** die Trennung von Staat und Kirche – was vor allem auf Kosten der anglikanischen Kirche ging. Mit der Gründung buddhistischer Schulen versuchten die Buddhisten, das Monopol der straff organisierten und finanziell gut bestückten christlichen Missionsschulen zu durchbrechen, was ihnen jedoch nur mäßig gelang.

In den ersten Jahren des 20. Jhs. fand ein langsames Erwachen des **Nationalbewusstseins** statt, das sich in einer wachsenden Zahl nationalistisch gesinnter Organisationen widerspiegelte. Während es buddhistisch inspirierten Gruppierungen wie der Theosophischen Gesellschaft oder der zeitweise sehr starken „Abstinenz-Bewegung" vorwiegend um die Erneuerung der kulturellen Identität ging, forderten radikalere Einzelstimmen wie Anagarika Dharmapala, „swaraj": die Unabhängigkeit. Im März 1915 kam es zur 100. Wiederkehr des Falls von Kandy zu landesweiten Unruhen, die sich aber eher gegen muslimische Händler richteten – ein Ausdruck der Frustration vieler Singhalesen über ihre schlechte wirtschaftliche Lage. Prominente Vertreter der involvierten Abstinenz-Bewegung wurden daraufhin inhaftiert, darunter Mitglieder des einflussreichen Senanayake-Clans.

Eine breite politische Bewegung wie im benachbarten Indien gab es im Ceylon jener Zeit nicht. Zwar wurde nach Vorbild des indischen Nationalkongresses 1919 der **Ceylon National Congress** gegründet, eine Kasten und Nationalitäten übergreifende Interessensvertretung, doch sollte er nie dessen Bedeutung erlangen. Das lag vor allem daran, dass die führenden Mitglieder von Beginn an zutiefst gespalten waren, nicht zuletzt auf ethnischer Basis. Nirgends wurde das so deutlich wie bei den erstmals abgehaltenen Wahlen zum Legislative Council 1921, als sich die Vertreter der jeweiligen Volksgruppen nicht auf eine Sitzverteilung verständigen konn-

ten. Erstmalig wurde den Tamilen bewusst, dass sie eine Minderheit darstellten. Um ihre Interessen besser vertreten zu können, gründeten sie im gleichen Jahr den **Rat der Tamilen** (Thamilar Mahajana Sabhai).

Transfer der Macht

Die Stagnation der Wirtschaft und eine rasant steigende Bevölkerungszahl (von 1921–31 um über 18 % auf 5,31 Mio.) ließen in den 1920er-Jahren die Unzufriedenheit der Sri Lanker wachsen. Dadurch erhöhte sich der Druck auf die Kolonialmacht, mehr Selbstbestimmung zuzulassen. Aus diesem Grund beauftragte sie 1927 die **Donoughmore-Kommission**, benannt nach dem Vorsitzenden Earl of Donoughmore, entsprechende Änderungsvorschläge zu unterbreiten. Die Kommission empfahl in ihrem Bericht, die „Kluft zwischen Macht und Zuständigkeit" durch eine „halbverantwortliche Regierung" zu schließen.

Der Vorschlag wurde umgesetzt: Erstmals in einer britischen Kolonie kam es im Mai 1931 zur allgemeinen Wahl eines **Staatsrates**, an der alle Männer und Frauen über 21 Jahre teilnehmen durften. Dieses Gremium mit 61 Abgeordneten ersetzte den bisherigen Legislative Council, hatte aber weitreichendere Befugnisse. Als Mitglied des gleichzeitig bestimmten Ministerrates nahm der spätere erste Premier, **D. S. Senanayake**, zum ersten Mal eine Führungsposition ein.

Die Folgen der Weltwirtschaftskrise und einer Malaria-Epidemie führten zu einer enormen Verelendung breiter Bevölkerungsmassen. Das verstärkte bei den Parteien noch mehr den Hang, aus populistischen Gründen die „ethnische Karte" auszuspielen, vor allem im Vorfeld der zweiten Staatsratswahlen im Januar 1936. Die im darauf folgenden Jahr von **S. W. R. D. Bandaranaike**, ebenfalls ein späterer Premier, gegründete singhalesisch-chauvinistische Partei Sinhala Maha Sabha erlebte einen enormen Aufschwung.

Alles lief darauf hinaus, dass nach Verhandlungen unter Führung von D. S. Senanayake die Insel bald ihre Souveränität zurückerhalten würde, doch die Katastrophe des Zweiten Weltkriegs ließ den Prozess ins Stocken geraten. Der rasante **Eroberungsfeldzug Japans** ab 1940 setzte das Empire massiv unter Druck. Innerhalb kurzer

Die Karriere des Kautschuks vom altertümlichen Naturprodukt Mittel- und Südamerikas zu einem der lukrativsten Exportgüter in der Kolonialzeit liest sich wie ein spannender Wirtschaftskrimi. Die spanischen Eroberer waren die ersten Europäer, die mit der klebrigen Masse Bekanntschaft machten. So berichtet der Spanier Pedro Matir de Anghiera 1521 von elastischen Bällen, mit denen die Bewohner Haitis spielten. Tatsächlich wurden in Zentral- und Südamerika bereits seit dem 6. Jh. v. Chr. Gummibäume angeritzt, um aus dem hervortretenden weißen Pflanzensaft Latex zu gewinnen. Die Mayas nannten sie „weinende Bäume", caa-o-chu, wovon die Spanier ihr Wort für Kautschuk, caucho, herleiteten. Deren Extrakt verbrannten sie anlässlich religiöser Zeremonien oder benutzten ihn zum Abdichten von Schuhen und Kleidern.

Von den mehr als 1000 Arten der Wolfsmilchgewächse, aus denen Latex gewonnen werden kann, machte der im südamerikanischen Amazonasgebiet wachsende **Kautschuk-Baum** *(Hevea brasiliensis)* die rasanteste Karriere. Von ihm brachte 1736 der Franzose Charles Marie de la Condamine Proben nach Paris. Einige Jahrzehnte später entdeckte der Engländer Edward Nairne per Zufall die Eignung von Kautschuk als Radiergummi. Fortan hieß der Baum bei den Briten **Rubber Tree** (von *rub off*). Wieder war der Zufall im Spiel, als dem US-Amerikaner **Charles Goodyear** im Winter 1839 ein Kautschuk-Schwefel-Gemisch auf einen heißen Ofen fiel. Die abgekratzte Masse entsprach dem, wonach er lange forschte: ein Gummi, der unabhängig von der Temperatur seine Elastizität beibehielt. Der Prozess der Vulkanisierung war geboren. Goodyear sollte jedoch die Früchte seiner Entdeckung niemals ernten, denn er starb 1860 hoch verschuldet. Immerhin hat ein Reifenhersteller seinen Namen verewigt.

Zu jener Zeit begann bereits der Siegeszug des Kautschuks, dessen vielseitige Verwendbarkeit keine Grenzen zu kennen schien. Von der wachsenden Nachfrage profitierten vor allem die „Gummibarone" im Amazonasgebiet Brasiliens, die aus dem verschlafenen Manaus an der Mündung des Rio Negro in den Amazonas eine glanzvolle Metropole machten. Mit Argusaugen (und großer Brutalität) wachten sie über das Monopol der Latexgewinnung aus wilden Kautschuk-Bäumen. Während ihr Reichtum sich täglich mehrte, kämpften die sklavenhaft gehaltenen Gummizapfer, die *seringeiros*, ums Überleben.

Doch die goldenen Tage von Manaus sollten bald gezählt sein: 1876 gelang es dem Engländer **Henry Wickham**, 70 000 Samen des *Hevea brasiliensis* nach England zu schmuggeln – ob in einem Sarg oder in zwei ausgestopften Krokodilen, darüber wird fantasiereich spekuliert. Nach einer Zwischenstation in den Royal Botanic Gardens im englischen Kew kamen insgesamt 2700 keimfähige Kautschuksamen nach Indonesien, Singapur und Ceylon. Im **Henaratgoda Botanic Garden** (s. S. 115) gelang es erstmalig außerhalb Amerikas, 1700 der insgesamt 1919 Samen zum Keimen zu bringen. Ceylon lief Brasilien als Kautschukzentrum den Rang ab. Als 1881 die ersten Kautschuk-Bäume zum Blühen kamen, brachte man deren Samen auch nach Südindien und Malaysia. Dort und in anderen asiatischen Kolonien des Empires entstanden innerhalb kurzer Zeit große Plantagen. Die Nachfrage nach Naturgummi wuchs rasant. Dafür war vor allem der 1887 von John Boyd Dunlop erfundene Gummireifen verantwortlich, der in der aufkommenden Automobilindustrie Verwendung fand. Die Antwort darauf war die Gründung noch heute bekannter Reifenkonzerne: Michelin (1889), Goodyear (1898) und Firestone (1899). Wegen einer effektiveren und billigeren Plantagenwirtschaft etablierte sich Asien auf Kosten Südamerikas als das Hauptanbaugebiet für Kautschuk. Dort wird heute mehr als 95 % des Naturkautschuks gewonnen.

Martin H. Petrich

Zeit hatten die Truppen des Tenno alle südostasiatischen Kolonien besetzt. 1942 griffen japanische Flugzeuge die wichtigen Versorgungshäfen Colombo und Trincomalee an, wurden aber nach verlustreichen Kämpfen erfolgreich zurückgeschlagen. Aus strategischen Gründen verlegte Großbritannien 1944 das Südostasien-Oberkommando unter Lord Louis Mountbatten nach Kandy. Von dort wurde die erfolgreiche Rückeroberung der verlorenen Kolonien geleitet, für deren Nachschub die Insel eine wichtige Rolle spielte. Zum Ende des Krieges konnten die Unabhängigkeitsverhandlungen fortgesetzt werden. 1947 fanden Wahlen statt, die Senanayake gewann, und am **4. Februar 1948** war es so weit: Der Union Jack wurde eingezogen, Sri Lanka war wieder ein souveräner Staat.

Unabhängiges Ceylon bis 1956

Nach einer der friedlichsten Machtübernahmen in der Geschichte der britischen Kolonien wurde **D. S. Senanayake** erster Premierminister. Seine Idee eines geeinten, aber pluralistischen Ceylons wollte er in der neu gegründeten United National Party (UNP) verwirklichen, doch opferte er sie bald dem politischen Opportunismus: Aus Angst vor Sympathieverlust bei singhalesischen Wählern und einer tamilischen Dominanz versagte er einem Großteil der indischen Tamilen mit dem Staatsbürgerschaftsgesetz von 1948 die Bürgerrechte. Wirtschaftlich ging es mit dem Land in den Anfangsjahren bergauf, die drei Exportschlager Tee, Kautschuk und Kokosnuss spülten wichtige Devisen ins Land.

Von der Popularität des charismatischen Senanayake konnte nach dessen plötzlichem Tod am 22. März 1952 auch sein Sohn Dudley profitieren. Er gewann die Wahlen vom Juli haushoch, trat jedoch bereits im folgenden Jahr nach massiven Protesten zurück, nachdem er auf Anraten der Weltbank die Preise für subventionierte Lebensmittel um ein Mehrfaches erhöht hatte. Sein Onkel Sir **John Kotelawala** übernahm die Regierungsgeschäfte, doch als typischer Vertreter der anglisierten singhalesischen Oberschicht war er der falsche Mann zur falschen Zeit. Angesichts der 2500. Wiederkehr des Parinirvana Buddhas 1956 schwamm die Insel auf der Welle eines singhalesisch-buddhistischen Nationalismus. Dieser drückte sich vor allem in der Forderung aus, Singhalesisch zur Nationalsprache zu erheben. Der glücklose Premier musste nach den verlorenen Wahlen 1956 seinen Stuhl räumen. An seine Stelle trat **S. W. R. D. Bandaranaike** mit seiner Sri Lanka Freedom Party (SLFP).

Singhalesischer Nationalismus: 1956–1972

Der singhalesische Historiker K. M. de Silva hat in seinem exzellenten Buch *Reaping the Whirlwind* den komplizierten singhalesisch-tamilischen Konflikt sehr gut auf den Punkt gebracht:

> *Es ist mehr als ein Konflikt zwischen einer Mehrheit und einer Minderheit. (...) Es ist ein Konflikt zwischen einer Mehrheit mit Minderwertigkeitskomplex und einer Minderheit mit Verlangen nach mehr Gewicht, einer Minderheit mit einem Mehrwertigkeitskomplex.*

Kaum an der Macht, erhob Bandaranaike mit seiner populistischen „Sinhala only"-Politik Singhalesisch zur alleinigen offiziellen Sprache. Es folgten ethnische Unruhen und Angriffe gegen **Tamilen**. Die Tamil Federal Party (FP) wehrte sich gegen diese Bestimmung und forderte für die vorwiegend von Tamilen bewohnten Gebiete im Norden und Osten Autonomie in einem föderalen Staat. Diesen Forderungen kam der Premier insoweit entgegen, als er ihre Sprache als offizielle Verwaltungssprache zuließ. Seine Kompromissbereitschaft musste er mit dem Leben bezahlen: Am 26. September 1959 wurde er von einem radikalen Mönch erschossen. Bis heute wird er von vielen Singhalesen verehrt, so ist nach ihm der internationale Flughafen benannt.

Nach Monaten der Interimsregierung, u. a. unter Dudley Senanayake, wurde bei der Wahl im Juli 1960 Bandaranaikes Witwe **Sirimavo** von einer überwältigenden Mehrheit zur Premierministerin gewählt. Als weltweit erste Frau an der Spitze einer Regierung schrieb sie damit Geschichte. Sirimavo radikalisierte die Verstaatlichungspolitik, die ihr Mann eingeleitet hatte. Da dieser Politik auch fast alle Konfessionsschulen zum Opfer fielen, zog sie sich die Feindschaft der katholischen Minderheit zu. Am 27. Januar 1962 unternahmen vorwiegend katholische Generäle einen Coup d'État, der jedoch mangels breiterer Unterstützung scheiterte.

Sirimavos innenpolitisches Ziel war es, das Problem mit den indischen Tamilen zu lösen. Seit 1948 waren die Tamilen zwar ihrer Bürgerrechte

Wie eine Trophäe wurde der Leichnam am 19. Mai 2009 der Weltöffentlichkeit präsentiert. Erst dann konnten die Menschen glauben, dass Sri Lankas meistgesuchter Terrorist, **Velupillai Prabhakaran**, nicht mehr lebte. Einen Tag zuvor war der LTTE-Führer auf der Flucht vor der srilankischen Armee in der Nanthikadal-Lagune bei Mullaitivu erschossen worden.

Liberation Tigers of Tamil Eelam

Wie kein anderer Inselbewohner hat Prabhakaran die Geschichte Sri Lankas über drei Jahrzehnte bestimmt. Am 26. **November 1954** in eine Fischerfamilie in Valvettiturai nördlich von Jaffna geboren, musste er als Kind mit ansehen, wie sein Onkel bei lebendigem Leib verbrannt wurde. Im College traf er auf Gleichgesinnte und gründete mit ihnen 1972 als 18-Jähriger die „Tamil New Tigers" (TNT), aus denen am 5. Mai 1976 die „Liberation Tigers of Tamil Eelam" (LTTE) hervorgingen. Ein Jahr zuvor beging er seinen ersten Mord am gemäßigten tamilischen Bürgermeister von Jaffna. Innerhalb weniger Jahre formte er aus der LTTE eine der „tödlichsten, bestorganisierten und diszipliniertesten Terror-Organisationen der Welt", wie manche Experten behaupten. In den 1980er-Jahren ließ der misstrauische Prabhakaran rivalisierende, meist gemäßigte Tamilen-Führer ermorden, um seinen Anspruch auf Alleinherrschaft durchzusetzen. Ab 1986 hatte die LTTE die Führungsrolle unter den Tamilen inne. Prabhakaran verstand sich als der Präsident eines unabhängigen „Tamil Eelam". Ihren Kampf finanzierten die Tamil Tigers mit Schutz- und Drogengeldern, auch viele Tamilen im Ausland unterstützten sie. Auf ihr Konto gingen zahllose Attentate und Anschläge: auf einen Pilgerbus in Anuradhapura (1985),

Präsident Premadasa (1993), die Zentralbank in Colombo (1997), den Zahntempel in Kandy (1998). 2001 sprengten sie die halbe Flotte der damaligen Air Lanka in die Luft.

Kinderleben als Waffe

Die LTTE bestand aus einem militärischen und einem untergeordneten politischen Flügel, die dem Zentralen Führungskomitee unterstellt waren. Der militärische Arm gliederte sich in die Sea Tigers, Air Tigers und die gefürchteten Black Tigers, dem Suizid-Kommando. Letzteren gehörten viele Jugendliche an, deren „Leben als Waffe" (uyirayutham) dienten. In religiöser Überhöhung wurden die Selbstmordattentäter als Märtyrer verehrt. Dem LTTE-Kader gehörten zwischen 7000 und 16 000 Mitglieder an, davon ein Drittel Frauen und vermutlich bis zu 40 % Minderjährige. Bis zu seinem Tod war Prabhakaran der „Thesia Thalaivar", der nationale Führer der LTTE, jeder Soldat musste einen Eid auf ihn schwören. Selbst unpolitische und gemäßigte Tamilen waren ihm lange Zeit wohlgesinnt, denn es war Prabhakaran, der ihrem Volk ein neues Selbstbewusstsein zu vermitteln verstand.

Den Waffenstillstand von 2002 nutzte Prabhakaran vor allem zur Aufrüstung seiner Armee. Doch eine zunehmende Isolierung und Kriegsmüdigkeit innerhalb der Tamilen-Gemeinde, vor allem aber die Abspaltung einer Gruppe unter der Nummer zwei des militärischen Flügels, Karuna Amman, führten zur massiven Schwächung der LTTE. Sie war daher auch chancenlos, als die srilankische Armee 2006 mit großangelegten Militäroperationen begann. Mit dem Tod Prabhakarans am 18. Mai 2009 ging eines der tragischsten Kapitel in der Geschichte Sri Lankas zu Ende.

Martin H. Petrich

---

beraubt, doch befanden sie sich noch immer im Land. 1964 einigte sich Sirimavo Bandaranaike mit dem indischen Premier darauf, dass die Hälfte der etwa 1 Mio. indischer Tamilen im Zeitraum von 15 Jahren repatriiert werden sollten, während 300 000 die srilankische Staatsbürgerschaft erhielten. Über den Rest könne man zu einem

späteren Zeitpunkt verhandeln. Zum Missfallen der tamilischen Minderheit vervielfachte sich der Anteil der Singhalesen in den von ihnen dominierten Gebieten im Norden und Osten.

Sirimavos radikale Politik ließ ihre Popularität sinken. Bei den Wahlen 1965 kehrte die UNP mit Dudley Senanayake an der Spitze zurück an die

Macht. In Koalition mit der Tamil Federal Party schlug die UNP gegenüber den Tamilen einen versöhnlicheren Ton an, führte aber die Verstaatlichungspolitik fort, was eine zunehmende singhalesische Dominanz in den staatlichen Betrieben zur Folge hatte.

Nach einem hohen Wahlsieg der Parteienallianz United Front (UF) hatte fünf Jahre später wieder Sirimavo Bandaranaike das Zepter in der Hand. Unter Beteiligung der Kommunistischen Partei rückte ihre Regierung weiter nach links, verschlimmerte aber mit ihrer Verstaatlichungspolitik die ohnehin enormen wirtschaftlichen Probleme. Im April 1971 sah sie sich dem groß angelegten Aufstand einer radikalisierten marxistischen Bewegung gegenüber: der **Janatha Vimukthi Peramuna (JVP)**. Von der Bewegung fühlten sich vor allem frustrierte arbeitslose Jugendliche aus der städtischen Bildungsschicht angezogen, die für sich keine Perspektive sahen. Erst nach einigen Monaten konnte die Revolte eingedämmt werden.

Demokratie in der Krise: 1972–83

Arbeitslosigkeit, hohe Inflation und Nahrungsmittelverteuerung, mit denen die mittlerweile 13 Mio. Sri Lanker zu kämpfen hatten, führten zu wachsendem Unmut der Bevölkerung gegenüber der UF-Regierung. Um Sympathien zurückzugewinnen, spielte Sirimavo Bandaranaike wieder mit dem singhalesischen Nationalgefühl und änderte im Zuge einer Verfassungsreform im Mai 1972 den Landesnamen: Die Insel hieß nun offiziell **Demokratische Sozialistische Republik Sri Lanka**. „Ceylon", der Name aus der Kolonialzeit, wurde endgültig getilgt. Die neue Verfassung gab dem Buddhismus Vorrangstellung und stellte ihn unter den besonderen Schutz des Staates. Der Regierung wurden mehr Machtbefugnisse eingeräumt.

Durch die Festschreibung der singhalesischen Dominanz und eine neue Aufnahmeverordnung für Universitäten, die tamilische Studenten benachteiligte, sahen sich die Tamilen weiter marginalisiert. Es kam zu neuen Unruhen. Führende Parteien wie FP und Tamil Congress schlossen sich in der Tamil United Front (TUF) zusammen, seit 1975 Tamil United Liberation Front (TULF). Die TULF schrieb in der sogenannten Vaddukodai-Resolution 1976 die Forderung nach **Tamil Eelam**, einem eigenen Staat, fest. Im gleichen Jahr gründeten radikale tamilische Jugendliche unter Führung des nur 21-jährigen Velupillai Prabhakaran die militante **Liberation Tigers of Tamil Eelam (LTTE)**, die bald durch Attentate auf gemäßigte Tamilenführer von sich reden machte.

Im Jahr 1977 gewann die UNP mit **J. R. Jayewardene** an der Spitze überraschend hoch die Wahl. Die TULF wurde stärkste Oppositionspartei. Durch die am 7. September 1978 in Kraft getretene neue Verfassung wurde dem Präsidenten nach US-amerikanischem und französischem Vorbild Exekutiv-Vollmacht gegeben. Den Tamilen kam Jayewardene entgegen, indem er Tamil zur „Nationalen Sprache" (Kap. 4 Art. 19) erhob. Zwar änderte er die von der Vorgängerregierung abgeschlossene Verstaatlichung der Plantagen nicht, doch ging es wegen der Stärkung des Privatsektors und auf dem Weltmarkt gestiegener Tee- und Kautschukpreise wirtschaftlich wieder bergauf. Im ausgehenden Jahrzehnt konnte das Land ein Wirtschaftswachstum zwischen 5 und 8 % verzeichnen. 1982, dem Jahr von J. R. Jayewardenes Wiederwahl, hatte sich die Zahl der Arbeitslosen halbiert. Doch die Zahl der Angriffe durch LTTE und andere militante Gruppen nahm rapide zu.

Land im Bürgerkrieg: 1983–92

In eine durch mehrere Wahlen aufgeheizte politische Stimmung fiel am **24. Juli 1983** ein Angriff der LTTE auf einen Militärposten in Jaffna, bei dem 13 Soldaten getötet wurden. Wie eine Lawine brach daraufhin in den Städten, allen voran in Colombo, eine vorher nicht gekannte Welle der Gewalt gegen Tamilen los. Die Sicherheitskräfte schauten zumeist tatenlos zu, wie Häuser niedergebrannt und Geschäfte geplündert wurden – am Schluss waren über 600 tote Tamilen zu beklagen. Colombos Stadtteil Pettah, Heimat vieler Tamilen, lag in Schutt und Asche. Zehntausende fühlten sich nicht mehr sicher und flüchteten in den Norden oder ins Ausland.

Mit diesem „schwarzen Juli" begann ein Bürgerkrieg, der Sri Lanka in die wirtschaftliche Krise führen und Zehntausenden, meist unschuldigen Menschen, das Leben kosten sollte. Die LTTE erschütterte das Land durch Attentate und zahlreiche Überfälle, das srilankische Militär antwortete mit ebenso großer Brutalität. Auch moderate Tamilen verschwanden spurlos oder wurden Opfer von Folter und Mord. Da viele Tamilen ins südindische Tamil Nadu flohen, wurde auch der große Nachbar immer stärker in den Konflikt hineingezogen. Während sich die indische Premierministerin Indira Gandhi noch vorwiegend auf humanitäre Hilfe und eine Vermittlerrolle beschränkte, nahm ihr Sohn Rajiv Gandhi, der das Amt des Premierministers nach dem Attentat auf seine Mutter durch militante Sikhs 1984 übernommen hatte, eine aktivere Rolle ein. Der indische Geheimdienst Research and Analysis Wing (RAW) rekrutierte bereits seit Anfang der 1980er-Jahre radikale Tamilen und bildete sie in Tamil Nadu militärisch aus. Die „Operation Befreiung", eine groß angelegte Invasion durch das srilankische Militär 1987, die die Einkesselung der LTTE in Jaffna zum Ziel hatte, unterminierte die indische Regierung durch offene und verdeckte Unterstützung der LTTE.

Indische Einmischung

Um den bilateralen Konflikt zu entschärfen, unterzeichneten Gandhi und Präsident J.R. Jayewardene am 29. Juli 1987 ein Abkommen, das die Entsendung indischer Truppen nach Sri Lanka und die Repatriierung tamilischer Flüchtlinge aus Tamil Nadu vorsah. Die 50 000 Mann starke **Indian Peace-Keeping Force** (IPKF) sollte den verwaltungstechnisch nun zusammengefassten Norden und Osten befrieden, doch ihre Präsenz hatte das Gegenteil zur Folge: Viele Singhalesen fühlten sich an die Invasionen der Vergangenheit erinnert. Aus Protest gingen daher viele auf die Straße, angeführt von buddhistischen Mönchen und politischen Oppositionellen. Die in die Bedeutungslosigkeit versunkene marxistische JVP erlebte eine Renaissance.

Der erfolglose Versuch der IPKF, die LTTE zu entwaffnen, führte vor allem zu zivilen Opfern. Als immer mehr Gräueltaten bekannt wurden, nahmen die anti-indischen Ressentiments rapide

zu. Die JVP erschütterte das Land mit einer Serie von Attentaten auf Politiker der regierenden UNP. Die im Dezember 1988 abgehaltene Wahl war die gewalttätigste seit Langem und führte zum Sieg des neuen UNP-Führers **Ranasinghe Premadasa** (reg. 1988–93).

Der neue Präsident versuchte die Lage zu entspannen, doch sah er sich immer mehr in einen Zweifrontenkrieg verwickelt: Die JVP unter Führung von **Rohana Wijeweera** überrollte das Land mit einer Terrorwelle, die bis zu ihrer brutalen Niederschlagung Ende 1989 über 60 000 Menschenleben kostete. Andererseits trieben die ungeliebten IPKF-Truppen mit ihren Übergriffen immer noch mehr Sympathisanten in die Arme der LTTE. Schließlich zog die indische Regierung im Mai 1990 ihre zuletzt 100 000 Mann starke Truppe ab. Sie hatte nicht nur ihr Ziel verfehlt, sondern das Gegenteil erreicht: Die LTTE war gestärkt und das Land anstatt befriedet weiter militarisiert. Rajiv Gandhi sollte für dieses desaströse Engagement bitter bezahlen: Am 21. Mai 1991 riss ihn eine junge LTTE-Anhängerin bei einem Selbstmordattentat mit in den Tod. Ein fehlgeschlagener Großangriff gegen die Tamil Tigers und eine Serie von LTTE-Attentaten und -Massakern ließen trotz Wirtschaftswachstum die Popularität des Präsidenten Premadasa sinken.

Frieden durch Krieg: 1993–2009

Attentate auf den Oppositionsführer Lalith Athulathmudali am 23. April 1993 und Präsident Premadasa am 1. Mai sowie militärische Misserfolge der srilankischen Armee ließen die Kriegsmüdigkeit in der Bevölkerung anwachsen. Als im folgenden Jahr die bisherige oppositionelle People's Alliance (PA) mit einem Friedensversprechen in den Wahlkampf zog, ging sie mit **Chandrika Kumaratunga** an der Spitze als haushohe Siegerin hervor.

Die Tochter Sirimavo Bandaranaikes übernahm im Oktober 1994 das Präsidentenamt, ihre 78-jährige Mutter das Amt des Premierministers. Ein mit der LTTE ausgehandelter Waffenstillstand hielt nur kurz und führte 1995 zur „Operation Sonnenschein", die mit der Einnahme Jaffnas durch die srilankische Armee zuerst erfolgreich

Land und Leute

Der Tsunami von 2004

Am Morgen des 26. Dezember 2004 erlebte die kleine Insel die größte Naturkatastrophe ihrer jüngeren Geschichte. Gegen 9.30 Uhr – etwa 2 1/2 Stunden nach einem gewaltigen Seebeben vor der indonesischen Insel Sumatra – erreichten die ersten **Flutwellen** die Küste Sri Lankas. Innerhalb weniger Minuten drangen die Wassermassen teilweise über mehrere hundert Meter ins Landesinnere vor und verursachten immense Zerstörungen. Über 1100 km des 1330 km langen Küstenstreifens waren betroffen. Etwa 35 000 Menschen verloren ihr Leben, mehr als 800 000 ihr Obdach.

Dem Tsunami folgte eine beispiellose Hilfsaktion. Hunderte Millionen Euro flossen in eine schier unüberschaubare Zahl von Initiativen. Wie nie zuvor stand Sri Lanka im Rampenlicht der Weltöffentlichkeit. Doch die Hilfe kam nicht immer an. Besonders die Behörden waren überfordert, aber auch die großen Hilfsorganisationen ließen es an Koordination missen. Entgegen aller Hoffnungen führte die Katastrophe nicht wie im indonesischen Aceh zur Versöhnung der verfeindeten ethnischen Gruppen.

People's Freedom Alliance (UPFA) knapp gewann. Angeführt von Premier **Mahinda Rajapakse**, begann das Abkommen immer mehr zu bröckeln, vor allem nach mehreren Anschlägen und einer Abspaltung innerhalb der LTTE. Als im November 2005 der populistische Rajapakse zum neuen Präsidenten gewählt wurde, bekannte er sich rhetorisch zwar noch zum Friedensprozess, beantwortete aber jeden weiteren Terrorakt der LTTE mit Angriffen seitens der Armee.

Im Juli 2006 war der Krieg wieder voll entbrannt. Eine Offensive des srilankischen Militärs brachte die LTTE zunehmend in Bedrängnis. Am 2. Januar 2008 kündigte die Regierung offiziell das Waffenstillstandsabkommen auf und begann mit massiven Militäroperationen im Norden der Insel. Ein Jahr später gelang es der Armee, **Kilinochchi**, jahrzehntelang das Hauptquartier der LTTE, einzunehmen. Besonders blutig waren die Folgemonate, als Hunderttausende von Zivilisten zwischen die Fronten gerieten. Trotz massiver Kritik seitens der UN und des Westens ließ Rajapakse unter Leitung seines Oberkommandeurs Sarath Fonseka den Krieg fortführen. In den letzten Monaten war nur noch ein schmaler Küstenstreifen bei Mullaitivu unter Kontrolle der Tamil Tiger. Dann musste die LTTE am **17. Mai 2009** eingestehen: „This battle has reached its bitter end". Einen Tag darauf wurde ihr Anführer, Velupillai Prabhakaran, getötet.

Mit einem hohen Blutzoll ging der 26-jährige Krieg zu Ende. Ein 2011 veröffentlichter UN-Bericht schätzt, das allein in den letzten fünf Kriegsmonaten bis zu 40 000 Zivilisten getötet worden sein könnten. Seit Kriegsbeginn starben 23 790 Soldaten und über 22 000 LTTE-Kader.

Aufbruch nach dem Krieg

Im ganzen Land jubelten die Menschen über das Ende des bitteren Krieges. Weniger zu lachen hatten die 300 000 vertriebenen Tamilen im Norden, welche in gesicherten Lagern unter katastrophalen Bedingungen interniert wurden und über Monate nicht in ihre Dörfer zurück durften. Zum einen lauerte die Gefahr von über 1,5 Mio. Landminen, zum andern war die Angst

schien. Doch der folgende, sich jahrelang hinziehende zermürbende Krieg forderte zahlreiche Opfer auf beiden Seiten. Bis zum Beginn des 3. Jts. sollten es weit mehr als 70 000 sein.

Wieder war ein Versprechen, das Land zu befrieden, wahlentscheidend: Im Dezember 2001 ging UNP-Anführer **Ranil Wickremesinghe**, ein Neffe Jayewardenes, als Sieger der Parlamentswahl hervor. Dem neuen Premier gelang es, die Ende 2000 von Norwegen initiierten Friedensverhandlungen zum vorläufigen Erfolg zu führen. Am 22. Februar 2002 unterzeichneten der Regierungschef und Velupillai Prabhakaran von der LTTE ein **Waffenstillstandsabkommen**. Der LTTE-Gründer zeigte sich kompromissbereiter als früher und gab seine vehemente Forderung nach einem eigenen Staat auf.

Doch dies sollte sich ändern, als nach vorgezogenen Parlamentswahlen 2004 die United

anfänglich groß, dass die LTTE sich neu gruppieren könnte. Im Zuge der Nachkriegseuphorie vermochte Mahinda Rajapakse im Januar 2010 auch zum zweiten Mal die Wahl zum Präsidenten zu gewinnen. Hauptrivale war sein einstiger Oberkommandeur, Ex-General Fonseka, der nach dem Wahlsieg wegen fragwürdiger Korruptionsvorwürfe im Gefängnis landete. Bei den Parlamentswahlen vier Monate später gewann Rajapakses United People's Freedom Alliance 60 % der Mandate.

Seitdem verfügt der Präsident über nahezu uneingeschränkte Macht. Während er unter den Singhalesen durchaus Ansehen genießt, wird er von den meisten Tamilen und westlichen Ländern wegen seines autoritären Regierungsstils kritisiert. Seinen militärischen und wirtschaftlichen Erfolgen – mit jährlichen Wachstumsraten von 7–8 % – stehen eine Erosion des Rechtsstaates und politischer Chauvinismus gegenüber. Das sind keine guten Vorzeichen für die dringend notwendige nationale Versöhnung.

Regierung und Politik

Die am 22. Mai 1972 verabschiedete Verfassung der **Demokratischen Sozialistischen Republik Sri Lanka** – die erste nach der Unabhängigkeit – ersetzte das koloniale Amt des Generalgouverneurs durch das Präsidentenamt, wie bisher übte der Premierminister die Exekutivmacht aus. Das wurde mit der zweiten, heute gültigen Verfassung vom 7. September 1978 geändert. Seitdem liegt die Exekutivmacht in der Hand des Präsidenten, der alle sechs Jahre direkt vom Volk gewählt wird (eine Wiederwahl ist nur einmal möglich).

Der **Präsident** ist nach Kap. 7, Art. 30 Abs. 1 das „Oberhaupt des Staates, das Oberhaupt der Exekutive und des Parlamentes, und Oberkommandeur der Streitkräfte". Er kann Krieg erklären (Kap. 7, Art. 33 e), den Premier und seine Minister ernennen oder entlassen (Kap. 8, Art. 44), das Parlament auflösen (Kap. 11, Art. 70) und die Richter des Obersten Gerichtshofes ernennen (Kap. 15, Art. 107). Eine derart gebündelte Macht

Stimmen zur nationalen Versöhnung

„Solange wir nicht nach einer nationalen Einheit streben und eine srilankische Identität entwickeln, der alle Gruppen angehören können und der sich alle verpflichtet fühlen, solange werden wir immer wieder mit Konfliktsituationen zu tun haben und Probleme lösen müssen."
Godfrey Gunatilleka, Marga-Institute,
⌨ www.margasrilanka.org

„Meine Tochter lernt in der Schule auch die tamilische Sprache. Aber dies ist leider nicht selbstverständlich. In allen Erziehungseinrichtungen sollte sowohl Singhalesisch als auch Tamil ein Pflichtfach sein. Dadurch kämen sich die Volksgruppen näher."
Rupert Outschoorn, Jetwing Hotels

„Im Bewerbungsbogen für eine Stelle in meinem Hotel frage ich auch nach der Nationalität. Meist füllen die srilankischen Bewerber darin *Muslim*, *Tamil* oder *Singhalese* aus, kaum jemand *Srilanker*. Daran erkennt man gut, wie die Ethnien

noch immer nicht in ihrer Nationalität angekommen sind."
Gerd Arthur Haisch, The Icebear Negombo

„Krieg und Terrorismus sind glücklicherweise vorbei. Wenn wir Friede als Abwesenheit von Krieg betrachten, dann haben wir Frieden. Aber Frieden ist mehr, er bedeutet, dass die Menschen glücklich sind und das Gefühl haben, an der Regierung teilhaben zu können und fair behandelt zu werden, dass sie eine gute Zukunft erkennen. In dieser Hinsicht sind wir noch weit von einem wahren Frieden entfernt. (…) Auch wenn der Krieg zu Ende ist, der ethnische Konflikt ist nicht vorbei, denn die Wurzeln des ethnischen Konfliktes liegen letztlich im Unwillen, Macht zu teilen und Anwalt aller zu sein. Was also Sri Lanka unbedingt braucht, ist eine politische Kultur der Konsultation, des Entgegenkommens und Einvernehmens."
Dr. Jehan Perera, National Peace Council,
⌨ www.peace-srilanka.org

findet innerhalb der Zivilgesellschaft zahlreiche Kritiker. Auch die jeweiligen Oppositionsparteien haben sich seit der Einführung für eine Änderung ausgesprochen.

Das gegenwärtige **Parlament** besteht aus 225 Abgeordneten und wird alle sechs Jahre neu gewählt. Seit April 2010 regiert die United People's Freedom Alliance mit überwältigender Mehrheit. Angesichts der Dominanz des Präsidentenamtes ist die Macht der Regierung jedoch stark eingeschränkt.

Verwaltung

Verwaltungstechnisch ist die Insel in **25 Distrikte** und **neun Provinzen** unterteilt: die südliche und westliche Provinz, die Sabaragamuwa- und Uva-Provinz, die östliche, nordwestliche und nördliche Provinz, die Zentralprovinz sowie die nördliche Zentralprovinz. Diese Einteilung ist allerdings meilenweit von jeglicher regionaler Autonomie entfernt, wie sie Teile der Tamilen fordern. Zwar können Teile des 1987 eingeführten Provinzrates (Province Council) vom Volk gewählt werden, doch wird der vorsitzende Provinzgouverneur direkt vom Präsidenten ernannt. Dem Gouverneur obliegt in der Provinz die Exekutive. Zudem bestimmt er Generalsekretär und Minister.

Nationalflagge

Seit 1951 weht die markante Löwenflagge als offizielles Staatssymbol von den öffentlichen Gebäuden. Der von einem goldenen Rahmen eingegrenzte Löwe mit Säbel in der erhobenen rechten Pfote auf karmesinrotem Grund wurde von

Parteien-ABC

Folgende Parteien und Allianzen sind mit insgesamt 225 Sitzen in der laufenden Legislaturperiode im Parlament vertreten. Zahlen und Sitzverteilung in Klammern beziehen sich auf die Wahl vom 8. April 2010; s. 🖳 www.slelections.gov.lk. Da die politischen Allianzen kommen und gehen, kann die srilankische Parteienlandschaft nach den nächsten Wahlen wieder ganz anders aussehen.

United People's Freedom Alliance (UPFA) – (60,3 %, 144 Sitze); die 2004 geformte Regierungsallianz besteht aus 18 Parteien, darunter die **People's Alliance (PA)**, die von buddhistischen Mönchen geführte „Partei des nationalen Erbes", **Jathika Hela Urumaya (JHU)**, diverse muslimische Gruppierungen und sogar die **Sri Lanka Communist Party (CP)**. Unter der Führung von Präsident Rajapakse schwimmt die UPFA seit Kriegsende auf der Welle eines singhalesisch dominierten Nationalismus. Wirtschaftspolitisch verfolgt die Allianz eine Variante sozialer Marktwirtschaft mit Schwerpunkt auf dem Agrarsektor.
United National Front (UNP) – (29,34 %, 60 Sitze); die 1947 gegründete Partei stellte mit D.S. Senanayake den ersten Premier und hat ihren Rückhalt vor allem in der urbanen Bildungsschicht. Sie forcierte in ihrer letzten Zeit als Regierungspartei (2001–04) die freie Marktwirtschaft und verschrieb sich dem Friedensprozess. Zusammen mit dem **Sri Lanka Muslim Congress (SLMC)** und der **Democratic People's Front** trat sie als **United National Front** an, verlor jedoch 8,49 % gegenüber den Wahlen von 2004.
Illankai Tamil Arasu Kachchi (ITAK) – (2,9 %, 14 Sitze); die hohen Stimmengewinne in den Wahlbezirken Jaffna (43,8 %), Vanni (39 %) und Batticaloa (36,7 %) zeigen deutlich, wo die Basis der „Tamilischen Staatspartei Lanka" liegt: in den Gebieten mit dem höchsten Tamilen-Anteil. Zusammen mit zwei weiteren Tamilen-Parteien formte sie die **Tamil National Alliance (TNA)**.
Janatha Vimukthi Peramuna (JVP) – (5,5 %, 7 Sitze); die „Einheitsfront für die Volksbefreiung", so die Bedeutung von JVP, hat sich aus einer Gruppe militanter Marxisten in eine linksextreme Partei gewandelt und mischt nationalistisch-singhalesische Töne mit sozialistischen Idealen. Sie trat mit vier weiteren Parteien unter Führung von General Fonseka als **Democratic National Alliance** an.

der Standarte des letzten Königs von Kandy, Sri Vikrama Rajasimha (reg. 1798–1815), übernommen. Die vier Blätter des Bodhi-Baumes an den Ecken symbolisieren die vier buddhistischen Tugenden: liebevolle Zuwendung *(maitri),* Mitgefühl *(karuna),* Mitfreude *(mudita)* und Gelassenheit *(upeksha).* Die beiden vertikalen Streifen auf der linken Seite repräsentieren die hinduistischen Tamilen (orange) und die Muslime (grün).

Wirtschaft

Wachstum: 8 %
Inflation: 8 %
BIP pro Kopf: ca. 2100 US$
Anteil der Armen: 24 %
Agrarsektor: 11,9 %
Industriesektor: 28,7 %
Dienstleistungen: 59,3 %
Export: 8,3 Mrd. US$
Import: 13,5 Mrd. US$

Dem „Bericht zur Menschlichen Entwicklung" des Entwicklungsprogramms der Vereinten Nationen, 🖳 www.undp.org, zufolge rangierte Sri Lanka im Jahr 2010 an 91. Stelle von insgesamt 169 Ländern. Der große Nachbar Indien lag weit abgeschlagen auf Rang 119. Die Insel gehört also sicherlich nicht zu den ärmsten Ländern der Welt, doch wäre die ökonomische Lage weit besser, hätten neben weltwirtschaftlichen Faktoren wie extreme Preisschwankungen im Agrarbereich nicht eine Reihe hausgemachter Probleme die Wirtschaftskraft der Insel ausgebremst: Die Verstaatlichungspolitik der 1960er- und 1970er-Jahre ließ den Privatsektor verkümmern und vertrieb viele qualifizierte Arbeitskräfte ins Ausland. In den 1980er- und 1990er-Jahren zerstörte der Bürgerkrieg die Infrastruktur im Norden und Osten und verhinderte wichtige inländische und ausländische Investitionen. Seit einigen Jahren verzeichnet Sri Lanka jedoch ein kräftiges Wirtschaftswachstum, für 2011 werden 8 % pro Jahr erwartet.

Dominierte mit den Exportschlagern Tee, Kautschuk und Kokosnuss-Erzeugnissen während der Kolonialzeit und der ersten Jahrzehnte der Unab-

Erfolge in der Armutsbekämpfung

Eine 2009/10 durchgeführte Untersuchung ergab, dass landesweit 7,6 % aller Haushalte unterhalb der Armutsgrenze liegen, bei der Untersuchung von 2006/2007 waren es noch 15,2 %. Anfang der 1990er-Jahre hatte noch jeder Dritte weniger als US$1,25 pro Tag zur Verfügung. Damit erzielt das 1994 zur Armutsbekämpfung etablierte „Samurdhi"-Programm *(samurdhi* = Reichtum) wesentliche Erfolge.
Ein Großteil der armen Haushalte ist auf dem Land (7,7 %) und dort vor allem in den Teeplantagen des Hochlandes (9,2 %) zu finden. Die wenigsten Armen leben im Großraum Colombo, die meisten in den einstigen Bürgerkriegsgebieten und im Hochland. 87,3 % haben Zugang zu sauberem Wasser und fast jedes Kind kann eine Schule besuchen. Das sind sehr gute Werte verglichen mit anderen Ländern Südasiens, doch dafür ist das Gefälle zwischen Arm und Reich ziemlich hoch: Die reichsten 10 % der Sri Lanker verfügen über 40 % des Einkommens, während die ärmsten 10 % gerade mal über 1 % verfügen. Im Schnitt kann eine arme, durchschnittlich fünfköpfige Familie monatlich nur mit einem Einkommen von 50–60 € rechnen. Davon wird mehr als die Hälfte für Lebensmittel ausgegeben. Mit Kriegsende und dem derzeitigen Wirtschaftswachstum ist die Chance jedoch groß, dass Sri Lanka das Millenniumsziel der UN übertreffen wird, bis 2015 die Armut erfolgreich zu halbieren.

hängigkeit die Plantagenökonomie, so spielt heute der gesamte **Agrarsektor** eine untergeordnete Rolle. Im Jahr 2010 trug er zum Bruttoinlandsprodukt (BIP) noch 11,9 %, zum Export immerhin 24,6 % bei. Tee führt den Export von Agrarerzeugnissen mit 16,6 % bzw. 1,4 Mrd. US$ an, gefolgt von Kokosnuss und Kautschuk mit je 2,1 %. Außerdem kommt dem Export von Tabak und Gewürzen eine nicht unwesentliche Bedeutung zu.

Allein die Edelsteinindustrie ist bei den **Bodenschätzen** von wirtschaftlicher Relevanz. Saphire, Rubine, Topase und andere Klunker aus den Minen Ratnapuras spülen etwa 1,3 % des Gesamterlöses aus dem Export auf die Insel.

Darüber hinaus werden importierte Diamanten weiterverarbeitet und wieder exportiert, was 4,7 % der Gesamtdevisen ausmacht.

Der **Industriesektor**, der fast ein Drittel des Bruttoinlandsproduktes erwirtschaftet, wird seit Anfang der 1990er-Jahre von der Textilindustrie dominiert. Damals wurden in den seit 1978 eingerichteten Freihandelszonen 300 Fabriken aus dem Boden gestampft, in denen etwa 150 000, vorwiegend junge Frauen für einen Hungerlohn arbeiten (ca. 1 €/Tag). Mit mehr als 3,2 Mrd. US$ Exportwert entfallen auf Textilien derzeit 46,2 % der Devisaneinnahmen. Sie sind damit einsamer Spitzenreiter. Da Sri Lanka jedoch nicht das einzige textilverarbeitende Land ist – halb Asien hängt davon ab – und diese Industrie äußerst abhängig von ausländischen Investoren ist, bleibt dieser Bereich auch sehr anfällig für weltwirtschaftliche Veränderungen. Weit abgeschlagen liegen die Exporterlöse aus der Petroleumproduktion, der Elektro- und der Keramikindustrie.

Diese Zahlen spiegeln jedoch nur bedingt die Wirklichkeit wider, da die Arbeitslosenquote – offiziell 3,5 % bei den Männern und 7,7 % bei den Frauen, in der Realität jedoch um ein Vielfaches höher – viele Familien dazu zwingt, im sogenannten **informellen Sektor** Alternativen zum regulären Arbeitsmarkt zu suchen. Vom kleinen Straßenstand bis zu zahllosen Dienstleistungen, gerade auch im touristischen Bereich, reicht diese „Schattenwirtschaft", die in keiner volkswirtschaftlichen Statistik auftaucht. Schließlich suchen auch viele Sri Lanker als **Gastarbeiter** im Ausland ihr Glück. Im Schnitt verlassen pro Jahr 200 000–250 000 Arbeitswillige die Insel. Zwei Drittel der Ausreisenden sind Frauen, die vorwiegend als Hausangestellte arbeiten. Die größten Chancen bieten die Golfstaaten und ostasiatische Länder wie Taiwan, Singapur und Korea.

Zudem zwingt die fehlende Berufsperspektive und der geringe Verdienst (durchschnittlich 150–200 € monatlich) auch qualifizierte Fachkräfte und Akademiker zur **Auswanderung**. Bevorzugte Ziele sind Nordamerika, Westeuropa und Australien. Dem neuen Leben im Ausland ist nicht selten Erfolg beschieden. Im Vergleich zu anderen zeichnen sich die srilankischen Migranten durch ein überdurchschnittliches Bildungsniveau aus, was ihre Chancen auf dem Arbeitsmarkt erheblich erhöht. Ihre Transferleistungen – 2010 betrugen sie satte 4,1 Mrd. US$ – stellen alle Devisenbringer Sri Lankas in den Schatten.

Tourismus

„Die mageren Jahre sind vorbei!". So lautet der einhellige Tenor aus der Tourismusindustrie seit dem Kriegsende im Mai 2009. Der Jahrzehnte während Bürgerkrieg hat manche Regionen der Trauminsel in Orte des Grauens verwandelt und viele Erholungssuchende abgeschreckt. Ein weiterer Tiefpunkt war die Tsunami-Katastrophe im Dezember 2004. Doch seit die Waffen schweigen, wird kräftig investiert und die touristische Infrastruktur massiv ausgebaut.

2010 kamen 654 476 Besucher ins Land, 46,1 % mehr als im Vorjahr. Aus Deutschland reisten 45 727 Touristen nach Sri Lanka. Mit 567 Mio. US$ Einnahmen im Jahr 2010 rangiert das Gastgewerbe an vierter Stelle der Devisenbringer und bietet mehr als 132 000 Sri Lankern einen Broterwerb. Dem internationalen Trend folgend versuchen die Tourismusplaner die Bereiche Wellness und Ökotourismus auszubauen. Auch Golfspieler sollen vermehrt in angenehmem Ambiente ihrer Passion nachgehen können (und viel Geld im Land lassen). Zweifellos hat das Land noch immenses Potenzial, vor allem entlang der nördlichen Westküste und an der Ostküste. Allerdings will sich die Tropeninsel vorwiegend als Destination für Besserverdienende profilieren und investiert bevorzugt in Luxusresorts. Auch die Übernachtungspreise ziehen seit 2010 drastisch an. Familien und Budget-Reisende haben das Nachsehen.

Religion

Buddhisten:	69 %
Hindus:	15 %
Muslime:	8–9 %
Christen:	7–8 %

Sri Lanka ist ein Schmelztiegel der vier großen Weltreligionen, auch wenn der Buddhismus fraglos am intensivsten die Kultur der Insel durchdrungen hat. In der Vergangenheit kam es immer wieder zu blutigen Konflikten zwischen den Religionen, doch ist die Insel weit von einem „Kampf der Kulturen" entfernt. In ihrem Alltag leben die Gläubigen der verschiedenen Religionen meist friedlich Tür an Tür. Christen meditieren in buddhistischen Klöstern, Hindus legen vor einer Madonnen- oder Antoniusstatue Blumengebinde nieder, Muslime pilgern zusammen mit Buddhisten auf den Adam's Peak. Fast jeder buddhistische Tempel hat auf seinem Grundstück einen hinduistischen Devale (Schrein).

Buddhismus

Nicht nur für Singhalesen, sondern auch für Gläubige anderer asiatischer Länder gilt Sri Lanka als Hort des traditionellen Buddhismus, seit Mahinda, Ashokas Sohn, im 3. Jh. v. Chr. den König Anuradhapuras von der Lehre des Erleuchteten überzeugte. Die Insel zog schon sehr früh Pilger aus der ganzen Region an, wie etwa im 5. Jh. den Chinesen Fa Xian. Mit dem Eckzahn Buddhas besitzt sie die bedeutendste buddhistische Reliquie der Welt.

Befreundete Königreiche wie Siam oder Birma entsandten Mönche, um sie in den renommierten Klöstern die orthodoxe Lehre studieren zu lassen oder dem in die Krise geratenen srilankischen Buddhismus neue Impulse zu geben.

Im 19. Jh. ging von der Insel eine buddhistische Erneuerung aus, die ihre Auswirkungen bis nach Europa hatte. Der Engländer Rhys-Davids machte mit einer englischen Übersetzung den Pali-Kanon auch westlichen Lesern zugänglich, sodass sich am Buddhismus Interessierte anfänglich bevorzugt in den Klöstern Sri Lankas niederließen. Darunter waren auch die beiden Deutschen Anton Walter Güth (1878–1957) und Siegmund Feniger (1901–94), die als Nyanatiloka und Nyanaponika zu hochgeachteten Mönchen wurden.

Mit der Wiedereinführung des im Theravada-Buddhismus mehr als 1000 Jahre lang verschwundenen Nonnenordens Ende des 20. Jhs. hat die Insel wieder Maßstäbe gesetzt. Das gilt leider auch in negativer Hinsicht: In keinem anderen buddhistischen Land gibt es so viele

Tipitaka

Nur kurze Zeit nach Buddhas Tod hielten seine Schüler in Rajagaha die Erste Buddhistische Synode ab, um die Lehre verbindlich festzulegen. Die damalige regionale Verkehrssprache war Pali, deshalb nennt man die als ursprüngliche Lehre anerkannten Texte auch Pali-Kanon. Nach mehreren Jahrhunderten mündlicher Überlieferung schrieben im 1. Jh. v. Chr. Mönche im Höhlenkloster Aluvihara (s. S. 348) den Pali-Kanon erstmalig auf Blättern (ola) der Talipotpalme nieder. Er wird in drei Textgruppen eingeteilt: die Ordensregeln (vinaya pitaka), die Lehrreden Buddhas (suta pitaka) und die erst später hinzugefügte systematisierte Lehre (abhidhamma pitaka). Da die Palmblattmanuskripte in drei Körben aufbewahrt wurden, nennt man den Pali-Kanon auch auf Pali „Tipitaka" (skt. tripitaka). Der Text füllt etwa 38 Bücher mit jeweils 400 Seiten.

nationalistisch gesinnte Mönche, die sich nicht scheuen, durch gewalttätige Demonstrationen Hass zwischen den Religionen und Volksgruppen zu schüren.

Ursprung

Die „Lehre (vada) der Älteren (thera)" stützt sich weitestgehend auf die überlieferte Lehre Siddharta Gautamas. Der spätere Buddha wurde in das nordindische Adelsgeschlecht der Shakya hineingeboren, weshalb ihm auch der Titel **Shakyamuni**, „der Weise (aus dem Stamm) der Shakya", verliehen wurde.

Am Hof seines Vaters, dem König von Kapilavashtu, führte der Prinz ein bequemes Leben. Alles deutete darauf hin, dass Gautama in die Fußstapfen seines Vaters treten würde, doch im Alter von 29 Jahren verließ er seine Frau Gopa und ihren gemeinsamen Sohn Rahula. Da er erkannt hatte, dass alles Leben mit Leiden behaftet ist, wollte er den Weg eines Hauslosen gehen und zog als Wanderasket in der Region umher. Er besuchte berühmte gurus (Lehrmeister), um von ihrer Weisheit zu lernen, jedoch wurde er immer wieder enttäuscht. Eine Zeit lang übte er mit fünf Gleichgesinnten extreme Hungeraskese,

In seiner ersten Predigt im Ishipatana-Park („Gazellenhain") von Sarnath legte Buddha die Lehre von den „Vier edlen Wahrheiten" dar. Damit zeigt er einen klar strukturierten „therapeutischen" Weg aus dem Leiden. Er erläutert, was Leiden ist, was dessen Ursachen sind, welches Ziel anzustreben ist und wie der Weg dorthin aussieht:

1. Alles Dasein ist leidvoll.
2. Ursache allen Leidens ist Begierde *(tanha)* und Anhaftung *(upadana)*.
3. Nur durch das Vernichten von Gier *(lobha)* und Hass *(dosa)* kann Leiden überwunden werden.
4. Der Weg dorthin ist der Edle Achtfache Pfad, der sich wiederum in drei Bereiche untergliedert: sittliches Verhalten *(sila)*, wissende Einsichtigkeit *(pañña)* und Konzentration *(samadhi)*. Ihnen sind folgende acht Teile zugeordnet:

1. rechtes **Verstehen** der vier edlen Wahrheiten.
2. rechte **Absicht** hinsichtlich des Verzichts, des Wohlwollens, der Friedfertigkeit.
3. rechte **Rede**: nicht lügen, nicht verletzend reden, keine harten Worte benutzen, nicht einfältig reden.
4. rechtes **Handeln**: nicht töten, nicht stehlen, keine sexuellen Verfehlungen.
5. rechter **Lebenserwerb**: kein Handel mit Waffen, Sklaven, Fleisch, berauschenden Mitteln und Giften.
6. rechtes **Bemühen**, eine positive Geisteshaltung zu kultivieren.
7. rechte **Achtsamkeit** gegenüber dem Körper, den Empfindungen, den Geisteszuständen und den Geistesinhalten.
8. rechte **Konzentration**.
Pañña wird durch die Punkte 1 und 2 gefördert, *sila* durch 3 bis 5 und *samadhi* durch 6 bis 8.

---

doch dem Tode nah verwarf er diesen für ihn falschen Weg.

Endlich, nach fast sieben Jahren harter Übung, wurde der mittlerweile 35-Jährige unter einem *Ficus religiosa* im heutigen Bodhgaya im indischen Bundesstaat Bihar zum Erwachten, zum Buddha (von *bodhi* = „erwachen"). Er hatte die Ursachen allen Leidens und den Weg zu deren Überwindung erkannt. Seine neue Lehre von den „Vier edlen Wahrheiten" und dem „Achtfachen Pfad" legte er erstmalig in Sarnath bei Varanasi (Benares) seinen damaligen fünf Mitstreitern dar. Immer mehr Anhänger schlossen sich ihm an, sodass er einen Orden für Mönche *(bhikkhu sangha)* und später auch einen Orden für die Frauen *(bhikkhuni sangha)* gründete.

Buddhas Lehre *(dharma)* verbreitete sich sehr schnell und gewann auch unter Königen und Fürsten Anhänger, die seine Asketenbewegung – sie war seinerzeit nur eine unter vielen – unterstützten und ihn immer wieder in ihr Herrschaftsgebiet einluden. Mehr als 40 Jahre lang zog er mit seinen Gefährten von Ort zu Ort, um den *dharma* darzulegen. Im hohen Alter von 80 Jahren starb er in Kushinara an einer Lebensmittelvergiftung. Sein Todesjahr ist umstritten. Die buddhistische

Zeitrechnung beginnt mit dem Jahr 544/543 v. Chr., andere Traditionen datieren seinen Tod um 484/483 v. Chr. Anhand nordindischer Quellen gehen neuere Forschungen davon aus, dass er um etwa 370 v. Chr. gestorben sein muss.

Lehre

Einer der Grundpfeiler der buddhistischen Lehre ist die Vorstellung, dass alle Erscheinungen dem ständigen Prozess des Werdens und Vergehens unterworfen und daher **unbeständig** *(anicca)* sind. Sie existieren nicht isoliert, sondern entstehen und bestehen in **bedingter Abhängigkeit** *(paticca samuppada)* zueinander. Damit verwirft Buddha die hinduistische Auffassung, dass der Welt ein ewiges göttliches Sein *(brahman)* und den Lebewesen ein unveränderbares Selbst *(atman)* zugrunde liegt. Für ihn ist das nur ein Versuch des Menschen, sich und der Welt Dauerhaftigkeit zu verleihen. Doch das ist eine Illusion *(avijja)*, die Leiden *(dukkha)* verursacht. Dieses **Leiden** kann als permanente Frustration verstanden werden, die aufgrund der Anhaftung des Menschen an diesem Wunschbild entsteht.

Auch das Ich, also die menschliche Person, besitzt keinen ewigen Kern, sondern ist ein sich unentwegt wandelndes Zusammenspiel der **fünf Daseinsgruppen** *(khandhas):* Körper, Sinnesempfindungen, Sinneswahrnehmung, Geistesregung und Bewusstsein.

Die Reinkarnation im Sinne von Wiederfleischwerdung des Selbst, also eine Art Seelenwanderung, gibt es nicht. Was wiedergeboren wird, ist die im Laufe eines Lebens angesammelte **karmische Energie**. Sie entsteht, wenn Denken und Tun *(karma)* von Gier, Hass und Verblendung motiviert sind. Erst wenn beides vollkommen frei davon ist, kann der Wiedergeburtenkreislauf *(samsara)* beendet werden. Dieser schwer zu definierende Zustand der vollendeten Freiheit wird **Nirvana** genannt (Pali *nibbana*). Mit dem Tod nach der letzten Wiedergeburt, in der man zur höchsten Stufe der Vollkommenheit gelangt ist, wird Parinirvana, das komplette Verlöschen, erreicht.

Ein zentraler Gedanke des Buddhismus ist der **Mittlere Weg** *(majjhima patipada)*, demzufolge der Mensch Extreme vermeiden soll. Sowohl radikale Askese als auch ausschweifender Lebenswandel schaden ihm und verhindern seine spirituelle Entwicklung. Es ist der Pfad der goldenen Mitte, der „sehend macht, Wissen erzeugt, zu Beruhigung der Leidenschaften, zu höherer Erkenntnis, Erleuchtung und Verlöschen führt" (Samyutta Nikaya).

Das Verhalten des Menschen wird von **Sittenregeln** *(sikkhapada)* bestimmt. Folgende fünf gelten für alle Buddhisten: nicht töten, nicht stehlen, keine sexuellen Verfehlungen begehen, nicht lügen und keine berauschenden Mittel zu sich nehmen. Mönche, Nonnen und Novizen

---

Nirvana – das vollkommene Erlöschen

In einem Text aus dem Pali-Kanon, dem Sutta Nipata, wird *nibanna* folgendermaßen beschrieben: „Wie die Flamme, die von der Kraft des Windes ausgelöscht wird, an ihr Ende kommt und erlangt, was keiner beschreiben kann – so gelangt der schweigende Weise, befreit von Name und Form, ans Ziel und erreicht einen Zustand, den keiner beschreiben kann (...). Sind alle Bedingungen beseitigt, dann sind auch alle Wege der Sprache beseitigt."

---

dürfen überhaupt keinen sexuellen Verkehr haben. Darüber hinaus gelten für sie weitere fünf Regeln, die manchmal auch zu drei zusammengefasst werden: Essen nach 12 Uhr ist untersagt. Sie müssen sich von Vergnügungen fernhalten, jede Art von Schmuck und Pomp vermeiden, dürfen nicht auf hohen üppigen Betten schlafen und kein Gold und Silber annehmen.

Die **Freigiebigkeit** *(dana)* bringt den Gläubigen laut buddhistischer Lehre gleich „fünffachen Segen" ein: Sie macht sie beliebt, bringt sie mit guten Menschen zusammen, führt zu einem guten Ruf und stärkt das Selbstbewusstsein. Vor allem garantiert *dana* eine himmlische Wiedergeburt, vorausgesetzt, das Geben geschieht aus Uneigennutz. Die Buddhisten sollen sich allen Wesen liebevoll zuwenden *(maitri)*, ihnen sowohl Mitgefühl *(karuna)* als auch Mitfreude *(mudita)* erweisen und dabei gleichzeitig gelassen *(upeksha)* bleiben, um sich nicht in positive oder negative Gefühle zu verstricken.

Sangha – die Mönchsgemeinschaft

Um seiner radikalen Asketenbewegung eine Form zu geben, gründete Buddha den Mönchs- *(bhikkhu sangha)* und etwas später den Nonnenorden *(bhikkhuni sangha)*. Der „Hauslose" *(bhikkhu)* gibt jegliche Bindung an Haus und Familie auf. Als Ausdruck dieser Lebensweise dienen die geschorenen Haare und schlichten Gewänder (ursprünglich Leichentücher).

Die zunehmende Zahl der Mönche und Nonnen erforderte entsprechende Reglementierungen für das Zusammenleben. Für den Bhikkhu Sangha erließ Buddha insgesamt **227 Regeln** *(pathimokkha)*, für den Bhikkhuni Sangha **311 Regeln**, die im Vinaya Pitaka gesammelt sind. Beim Eintritt in die Mönchsgemeinschaft empfängt der Buddhist zuerst die niedere Ordination als Samanera, um als Novize das Leben im Sangha kennenzulernen. Durch die höhere Ordination *(upasampada)*, für die er das 20. Lebensjahr erreicht haben muss, wird er zum vollwertigen Mönch und hat nun alle Regeln des Vinaya einzuhalten. Im Gegensatz zu den theravada-buddhistischen Ländern Südostasiens wie Myanmar oder Thailand bleiben die Mönche Sri Lankas ein Leben lang im Kloster. Hier hat das Mönchtum auf Zeit keine Tradition.

Alle zwei Wochen, an den Voll- und Neumondtagen, tritt der gesamte Sangha zur Abhaltung der sogenannten **Uposatha-Zeremonie** zusammen. Hier werden Verfehlungen bekannt und die Mönchsregeln rezitiert. In den drei Monaten zwischen Juli- und Oktobervollmond müssen sich die Mönche zur **Regenzeit-Periode** (*vas*, von Pali *vassa*) ins Kloster zurückziehen und dürfen es nicht für längere Zeit verlassen. Zu verschiedenen Anlässen, sei es zur Hauseinweihung, zur Hochzeit oder Beerdigung, bei Unglücksfällen und schweren Krankheiten, werden Bhikkhus eingeladen, um **Pirit** (Pali *paritta* = „Schutz, Sicherheit") durchzuführen, eine Zeremonie, die Schaden fernhalten soll. Dazu halten die Gläubigen oft Fäden in der Hand, die mit den Mönchen verbunden sind, während Letztere Texte aus dem Pali-Kanon rezitieren.

Staat und Sangha

Das Verhältnis zwischen Staat und Sangha ist seit der Zeit Ashokas (s. S. 109) von gegenseitiger Abhängigkeit geprägt. Das ist in Sri Lanka bis heute der Fall. Der Sangha soll die Regierenden wie alle Anhänger Buddhas anhalten, sich an die buddhistischen Prinzipien zu halten. Vor allem nationalistisch gesinnte Mönche sehen darin eine Legitimation ihres Auftritts als politische Agitatoren. Begnügten sie sich früher mit der Beraterrolle des Königs, so sind Bhikkhus heute als Parteimitglieder sogar im Parlament vertreten. Dem Staat wiederum obliegt es traditionell, die Reinheit des Sanghas zu gewährleisten und darauf zu achten, dass sich keine Missstände einschleichen – der Grund, weshalb Könige immer wieder Klöster entmachteten.

Im Laufe der Zeit etablierten sich auf der Insel drei Mönchsorden *(nikaya)*, die bis heute das religiöse Leben dominieren:

Der älteste Orden, der **Siyam Nikaya**, entstand 1753 in Kandy zu einer Zeit, als der Sangha auszusterben drohte. Der Name leitet sich vom alten thailändischen Landesnamen „Siam" her. Von dort lud König Kirti Sri Rajasimha (reg. 1747–82) hoch stehende Mönche ein, um Einheimische zu ordinieren. Doch er gestattete

---

Wiederbelebung des Nonnenordens

Sri Lanka ist das einzige theravada-buddhistische Land, in dem der Nonnenorden fest etabliert war. Als Gründerin des singhalesischen Bhikkhuni Sangha gilt laut Mahavamsa-Chronik Sanghamitta, eine Tochter des Königs Ashoka, die zusammen mit ihrem Bruder Mahinda im 3. Jh. v. Chr. auf die Insel kam und in Anuradhapura das Nonnenkloster Hatthalhaka gründete. Doch nach über einem Jahrtausend verschwand der weibliche Ordenszweig infolge der Chola-Invasion 1017 (s. S. 109). Erst 900 Jahre später gab es Anzeichen der Wiederbelebung.

Einen ersten Versuch startete der buddhistische Reformer Anagarika Dharmapala in Colombo. Doch gebührt **Catherine de Alwis Gunatilaka** (1885–1937) das Verdienst der Wiederbelebung. Die in eine katholische Familie in Bentota hineingeborene de Alwis fühlte sich von der Religion des Buddha angezogen und ging nach Birma, um dort von Daw Nichari unter dem Namen Sudhammacari die niedere Ordinationsstufe als *samaneri* zu empfangen. Nach ihrer Rückkehr gründete sie 1903 in Katukelle bei Kandy eine Nonnengemeinschaft. Doch deren Mitglieder waren nicht als vollwertige Nonnen *(bhikkhunis)* anerkannt, sondern nur als „Folgerinnen der zehn Regeln", **Dasa Sil Mata**. Trotz dieser Diskriminierung wuchs die Zahl weiblicher Klostergemeinschaften in Sri Lanka und fand in der Bevölkerung weitgehende Akzeptanz – nur nicht bei den obersten Mönchen. Erst nach zähen Kämpfen und mit ausländischer Unterstützung empfingen auf Initiative der Sakyadhita International Organisation of Buddhist Women, 🖵 www.sakyadhita.org, am 8. Dezember 1996 im indischen Sarnath die ersten elf Dasa Sil Matas die vollwertige Nonnenordination *(upasampada)*. Zwei Jahre später wurden von der Bhikkhuni Sasanodaya Society in Dambulla die ersten 23 Nonnen auf srilankischem Boden ordiniert. Nach anfänglichen Widerständen werden die Bhikkhunis von immer mehr führenden Mönchen anerkannt, mittlerweile ist ihre Zahl auf über 1000 gestiegen.

---

diese Ordination nur Angehörigen der beiden höchsten Kasten, Goyigama und Vellala. Zudem erhielten die beiden Hauptklöster Kandys, Asgiriya und Malwatta Vihara, die Exklusivrechte für diese Zeremonie. Alle Mönche, die nicht diesen Kasten angehörten, wurden verbannt.

Aus Protest gegen diese Diskriminierung reiste der Mönch Nanavimala Tissa in die damalige birmanische Hauptstadt Amarapura (bei Mandalay) und empfing dort die höhere Ordination. Nach seiner Rückkehr gründete er 1803 den **Amarapura Nikaya**, der allen offensteht. Vom Amarapura Nikaya spaltete sich 1865 der reformorientierte **Ramañña Nikaya** ab, der die Mönchsregeln strenger interpretiert und Fremdeinflüsse wie die des Hinduismus ablehnt. Obwohl der kleinste Nikaya, verfügt er über enormen Einfluss.

Im Gegensatz zu den Mönchen des Siyam Nikaya bedecken Bhikkhus der anderen beiden Schulen beide Schultern mit ihrer Mönchsrobe. Alle drei Nikayas verfügen über eine eigene Organisationsstruktur.

Hinduismus

Um die vielfältigen religiösen Strömungen Indiens zusammenzufassen, prägten britische Gelehrte 1830 den Begriff „Hinduismus". Er umfasst widersprüchliche Vorstellungen, die jedoch alle in der ausgeprägten Toleranz indischer Religiosität ihren Platz haben: die Idee vom All-Einen *(brahman)* und dem menschlichen Selbst *(atman)*; ein Heer von sehr menschlich wirkenden Dämonen und Gottheiten; extreme Selbstkasteiung, aber auch euphorische Ausgelassenheit; meditative Versenkung und ekstatische Tänze, Tieropfer neben konsequenter Gewaltlosigkeit *(ahimsa)*.

Diese Auffassungen und Praktiken haben sich in einer bis ins 3. Jt. v. Chr. zurückreichenden Geschichte entwickelt. Für gewöhnlich unterscheidet man folgende Entwicklungsphasen:

Kultur des Indus-Tals (2500–1500 v. Chr.): Berge, Sonne, Mond, Wind und andere Naturphänomene werden mit Gottheiten assoziiert. Der Lingam ist als Symbol der Fruchtbarkeit schon bekannt.

Vedische Periode (1500–800 v. Chr.): Die aus Westasien in das Herz des Subkontinents einwandernden arischen Stämme verdrängen die Draviden nach Südindien. Es entstehen die vedischen Schriften (skt. *veda* = „Wissen") mit rituellen Texten. Im Zentrum der Verehrung stehen Natur- und Fruchtbarkeitsgottheiten wie Indra, Agni oder Surya sowie Dämonen und Erdgeister wie Yakshas, Rakshasas und Nagas. Hauptakteure der Opferrituale sind Priester (Brahmanen), die im Laufe der Zeit in einer eigenen Kaste zusammengefasst werden.

Jüngere vedische Periode (800–500 v. Chr.): In Abgrenzung zur starren Ritualisierung und elitären Brahmanenkaste entstehen Reformbewegungen, deren Focus auf spirituellen Praktiken wie Yoga und Meditation liegt. In den Upanishaden ist der hinduistische Reinkarnationsgedanke voll entfaltet: Jede Tat *(karma)* hat Folgen für die nächste Wiedergeburt. Durch religiöse Übungen wie Yoga, Meditation oder Selbstkasteiung ist Befreiung *(moksha)* aus dem Wiedergeburtskreislauf *(samsara)* möglich.

Zeit der Epen und Puranas (500 v. Chr.–500 n. Chr.): Die großen Hindu-Gottheiten Shiva und Vishnu rücken immer stärker in den Mittelpunkt der Verehrung. Ihre Geschichten werden in den ersten Jahrhunderten nach Christus in den Puranas („Götterlegenden") niedergeschrieben. Die in den vorchristlichen Jahrhunderten nach Sri Lanka eingewanderten Tamilen bringen auch den Hinduismus auf die Insel, wo die bedeutenden Epen *Mahabharata* und *Ramayana* an Popularität gewinnen. Letzteres Epos wird teilweise in Sri Lanka lokalisiert.

Mittelalter (500–1500): Die religiöse Hingabe an Gottheiten *(bhakti)*, vor allem an Shiva und Vishnu, entfaltet sich immer weiter und findet auch unter singhalesischen Buddhisten Anklang. Vishnu und Skanda avancieren zu Schutzgottheiten Sri Lankas. Daher befinden sich auf dem Gelände vieler buddhistischer Klöster Schreine *(devales)* zu ihrer Verehrung.

Shiva

Keine andere Hindu-Gottheit ist so vielseitig und widersprüchlich wie Shiva. In ihm vereinen sich alle Gegensätze. Neben dem Schöpfergott Brahma und dem Bewahrer Vishnu ist er der Gott der

Zerstörung. Doch tritt er auch als „König des Tanzes" *(Nataraj)* und „großer Asket" *(Mahayogin)* auf. In den heiligen Schriften ist er unter 1008 Namen bekannt, als Schrecken erregender „Heuler" *(Rudra)* ebenso wie als der „Sanfte" *(Shiva)* und „Wohltätige" *(Shankara)*. Das wohl wichtigste Shiva-Symbol ist der Lingam (skt. „Zeichen"), der Shivas schöpferische Energie repräsentiert. Sein Sitz ist der Berg, deshalb ist für die Hindus in Sri Lanka der Adam's Peak ein wichtiges Pilgerziel. Tamilen nennen ihn Shivanolipatham, den „Bergpfad zum Licht Shivas". Zu seinen Hauptattributen zählen der Dreizack, der Halbmond und das senkrechte Weisheitsauge. Erkennbar ist er auch an seinem Begleittier, dem weißen Bullen Nandi.

Vishnu

„Der Eintretende" (skt. *vish* – „eintreten, durchdringen") wird als einer der vier Schutzgottheiten Sri Lankas (s. u.) auch von Buddhisten verehrt. Als Erhalter nimmt er immer wieder irdische Formen an, um in die Welt einzutreten (daher sein Name) und zu retten. Bisher ist er in neun Inkarnationen erschienen, u. a. als Rama, Krishna und Buddha. Die zehnte als Pferd Kalki steht noch aus. Meist wird er vierarmig dargestellt. Seine Attribute sind: Kauryamuschel (Zeichen der Lebensquelle), Diskus (Zeichen der ewigen Erneuerung), Lotus (Symbol der Reinheit) und Keule (Symbol der Kraft). Sein Begleittier ist der Vogel Garuda. In Sri Lanka ist er auch unter dem Namen **Upulvan** (Blauer Lotos) bekannt.

Kataragama (Skanda)

Als Gott des Krieges wird der jüngere Sohn Shivas und Parvatis wie Vishnu als eine der vier Schutzgottheiten Sri Lankas auch von Buddhisten verehrt. In seinen zwölf Händen hält der sechsköpfige Gott Waffen, sein Begleittier ist der Pfau. Die Tamilen kennen ihn unter dem Namen **Murugan Kataragama**. Um ihn ranken sich verschiedene Legenden und Traditionen, so soll er in Kataragama (s. S. 291, Kasten) mit einem Vedda-Mädchen namens Valli zusammengelebt haben.

Die Erzählung *Kanda Mala* berichtet von einem Wettstreit zwischen Ganesha und Skanda, den beiden Söhnen Shivas. Wer als Erster dreimal die Welt umrunde, erhalte eine Mango, versprach Shiva. Während Skanda auf seinem Pfau losspurtete, umkreiste Ganesha dreimal Shiva in der Ansicht, sein Vater vereine die Welt in sich. Das schmeichelte Shiva so sehr, dass er ihm die Mango gab. Aus Wut stieß Skanda nach seiner Rückkehr seinen Bruder um, dem daraufhin ein Stoßzahn abbrach. Zur Strafe verbannte ihn sein Vater in die Welt des Vergänglichen, wo er sich in Kataragama niederließ.

Weibliche Gottheiten

Ohne ihre Partnerinnen sind die männlichen Hindu-Gottheiten tot, meint der britische Indologe Gavin Flood. Die Göttinnen verkörpern die weibliche Energie *(shakti)*. Als solche können sie sich mütterlich fürsorglich, aber auch dämonisch und zerstörerisch zeigen.

Das Zerstörerische offenbart sich vor allem in **Kali** („die Schwarze"), deren Kult in Nordindien entstanden ist. Bilder und Figuren zeigen sie mit herausgestreckter Zunge, langen Eckzähnen und flammendem Haar. **Mariamman**, die „Mutter der Pocken", ist das südindische Pendant zu Kali. Einer Legende zufolge wurde sie in die Brahmanen-Kaste geboren und von einem sich als Brahmanen ausgebenden Unberührbaren in die Ehe gelockt. Daraufhin beging das Mädchen Selbstmord und wurde zu einer rachsüchtigen Gottheit. Ihr zu Ehren fügen sich Gläubige oft Selbstkasteiungen zu.

Parvati, die Tochter des Berggottes Himavan, ist als treue Ehefrau Shivas und gute Mutter Ganeshas und Skandas geradezu das Gegenteil. Zu ihren Attributen zählen Gebetskranz, Spiegel und Krone. Eine weitere Partnerin Shivas ist **Durga**, die „schwer Zugängliche", die sowohl das Fürsorgliche als auch das Zerstörerische in sich birgt. **Lakshmi**, auch Shri genannt, die Partnerin Vishnus, findet als Göttin der Schönheit, des Reichtums und Glücks Verehrung.

Geister und Dämonen

Die Chronik Mahavamsa berichtet, dass die Insel vor der Ankunft der Singhalesen nur von Geistern, Yakshas und Nagas bewohnt gewesen sei. Dies ist ein Hinweis darauf, dass die ursprünglichen Bewohner, die Vedda, verschiedenen Formen des Geisterglaubens anhingen. Mit dem Aufkommen des Hinduismus verschmolzen ihre

An Straßenrändern und in Dörfern finden sich vielerorts Schreine mit dem dickbäuchigen Elefantengott **Ganesha**. Der Sohn Shivas und Parvatis wird mit menschlichem Körper und Elefantenkopf dargestellt, wofür es eine Reihe von Erklärungen gibt. Einer Geschichte zufolge soll Parvati ihn anlässlich einer längeren Abwesenheit Shivas aus Salben und Schlamm geformt haben, damit er sie während ihres alltäglichen Bades bewacht. Als ihr Gatte zurückkehrt und von Ganesha, der Shiva nicht erkennt, am Zutritt gehindert wird, schlägt er ihm wütend den Kopf ab. Nach Protesten Parvatis ersetzt Shiva den Kopf mit dem eines unglückseligen Elefanten, der gerade des Weges kommt.

Ganesha wird in vielen Alltagsdingen angerufen. In seiner Verbindung mit den „Herren des Dschungels", den Elefanten, soll er Reisende vor Gefahren schützen. Sein Begleittier ist die Ratte.

Geister und Dämonen mit Gestalten aus dem Subkontinent. In dieser Form sind sie sowohl unter Hindus als auch unter Buddhisten lebendig.

Zu den bekanntesten Dämonen zählen die **Yakshas** (singh. *yaka),* die die Naturkräfte verkörpern und in unterschiedlichen Formen, u. a. als Tiere und Menschen, auftreten. Sie können gutartig oder bösartig sein. Als Freunde der Nacht und einsamer Plätze flößen sie Menschen Furcht ein und stören Einsiedler in ihrer Meditation. In der schwarzen Magie spielt der Huniyam Yaka eine führende Rolle, da er den Betroffenen Unglück und Tod bringen kann. Tätowierungen, Amulette und Zeremonien sollen vor ihm schützen.

Rakshasas (singh. *raksha)* sind wie die Yakshas eine Verkörperung der Naturkräfte, doch von bösartiger Natur. Selbst mächtige Gottheiten leiden unter ihnen. So muss dem Ramayana zufolge Vishnu auf Wunsch der Götter als Rama in die Welt hinabsteigen, um sie von dem Rakshasa Ravana zu befreien, der von Lanka aus sein Unwesen treibt. Gebieter über sämtliche Dämonengestalten ist der Gott Kubera.

Zu den ältesten Kulten Süd- und Südostasiens gehört die Verehrung von **Nagas** in Form einer Kobra. Sie symbolisieren die kosmische Energie. Naga-Schlangen tauchen in vielen hinduistischen Mythen auf. Auch im Buddhismus haben sie ihren Platz. Dort umschlingt der siebenköpfige Naga-König Mucalinda den meditierenden Buddha mit seinem Körper und schützt ihn so vor einem Gewittersturm.

Christentum

Mit den Portugiesen (1505–1658) kamen die ersten Missionare ins Land, um die Insel auch „spirituell zu erobern". Dazu gehörte die Zerstörung von Hindu-Tempeln und buddhistischen Klöstern und die gesellschaftliche Bevorzugung von Konvertiten. Die katholischen Missionsorden wie Augustiner, Franziskaner, Dominikaner und Jesuiten waren vor allem unter den Fischern der Westküste erfolgreich, die als Angehörige der niederen Karava-Kaste in der traditionellen Kastenhierarchie diskriminiert waren und sich von der neuen Religion einen höheren Status erhofften.

Als die Holländer (1658–1796) die Kolonialherrschaft übernahmen, warfen sie die Missionare hinaus, bannten die katholische Kirche und etablierten die kalvinistische Holländische Reformierte Kirche. In der Bevölkerung konnte sie jedoch kaum Fuß fassen. Unter den Briten (1796–1948) wiederum begann die Anglikanische Kirche zu dominieren und genoss die koloniale Unterstützung. Doch das Empire erlaubte auch anderen Konfessionen, aktiv zu sein. Im 19. Jh. nahm die Zahl von christlichen Schulen sprunghaft zu. Man erhoffte sich damit zweierlei: das Bildungsniveau nach westlichem Muster zu verbessern und die Einheimischen im christlichen Sinne zu erziehen. Mit diesem kolonialen Hintergrund wird das Christentum unter vielen Sri Lankern noch heute als Fremdkörper betrachtet.

Zur Zeit der Unabhängigkeit gehörten wie heute etwa 7 % einer der christlichen Kirchen an. Um deren Einfluss zu beschneiden, ließ Premier Sirimavo Bandaranaike 1960 die Konfessionsschulen verstaatlichen. Das zwang die Kirchen zu einer Neuorientierung. So bemühte sich die katholische Kirche, mit knapp 1,3 Mio. Mitgliedern die größte christliche Gruppierung, – vor allem im Anschluss an das Zweite Vatikanische Konzil (1962–65) – um eine stärkere Integration der lokalen Kultur in ihre Lehre und den Dialog mit dem Buddhismus. Zudem wandte sie sich verstärkt sozialen Belangen zu. Eine ähnliche Entwicklung erlebte die seit 1796 auf der Insel präsente Anglikanische Kirche. Sie machte sich 1970 mit ihren zwei Diözesen Colombo und Kurunegala als „Church of Ceylon" unabhängig. Wie in anderen Teilen Asiens nimmt die Zahl der aggressiv missionierenden evangelikalen Gruppen zu, die mit ihrer dogmatischen Haltung die interreligiöse Atmosphäre vergiften.

Islam

Lange vor dem Christentum gelangte der Islam nach Sri Lanka. Vermutlich im 9./10. Jh. ließen sich die ersten arabischen Händler in den Küstenorten nieder und brachten die 7. Jh. gegründete Religion des Propheten Mohammad mit. Im heutigen Colombo und in Mannar wurden Grabsteine aus dieser Zeit gefunden. In den

Land und Leute

späteren Jahrhunderten wanderte der Großteil der Muslime aus Südasien, während der niederländischen Herrschaft (17./18. Jh.) auch aus dem malaiisch-indonesischen Raum ein.

Obgleich sie sich mit der einheimischen Bevölkerung vermischten, bilden die muslimischen *Moors* (s. S. 103) eine eigene ethnische Gruppe. Zwar sind sie weitgehend in die Gesellschaft Sri Lankas integriert, doch kam es in der Vergangenheit gelegentlich zu anti-muslimischen Übergriffen wie etwa bei den Unruhen 1915 (s. S.114). Der rigiden Missionierung unter den Portugiesen fielen fast alle ihre Moscheen zum Opfer. Die LTTE verfolgte in den von ihr kontrollierten Gebieten Ende der 1980er-, Anfang der 1990er-Jahre ein Programm der ethnischen Säuberung, dem vor allem die dortigen muslimischen Gemeinden zum Opfer fielen. So wurden im August 1990 mehr als 300 Muslime im Großraum Batticaloa niedergemetzelt. Bei diesen wie auch anderen Übergriffen war jedoch weniger ihre Religion Ursache des Konfliktes, sondern die Tatsache, dass die meisten Muslime Händler sind und somit überproportional in der Wirtschaftselite vertreten sind.

Religiöse Kunst und Architektur

Buddhistische Ikonografie

In den ersten Jahrhunderten nach Buddhas Tod vermied man seine bildhafte Darstellung und wies nur durch Symbole auf ihn hin, z. B. durch einen Stupa, ein Rad, einen Fußabdruck oder einen Bodhi-Baum. Etwa zu Beginn des 2. Jhs. entstanden in Mathura (südlich von Delhi) und Gandhara (heute Pakistan und Afghanistan), den beiden Zentren des Kushan-Reiches, die ersten Bildnisse. Schon damals übertrugen die Künstler die „32 Kennzeichen eines Großen Wesens" *(Mahapurusha lakshana)* auf die Gestalt Buddhas. Viele von ihnen beziehen sich auf das Aussehen eines wohlproportionierten Körpers: gerade Gliedmaßen, lange Finger und bis über die Knie reichende Arme, Beine einer Antilope,

Kinn und Oberkörper eines Löwen, dunkelblaue Augen mit den Wimpern einer Kuh, 40 gleichmäßige, strahlend weiße Zähne usw. Einige von ihnen sind zum Charakteristikum einer jeden Buddha-Darstellung geworden, dazu gehören ein Schädelauswuchs *(ushnisha)*, kurz gelockte Haare, eine als Punkt angedeutete Haarlocke zwischen den Augenbrauen *(urna)*, drei Halsfalten, lange Ohren und eine Radabbildung an den Fußsohlen.

Mudras und Asanas

Handhaltung *(mudra)* und Körperposition *(asana)* einer Buddha-Abbildung sind in der buddhistischen Ikonografie genau festgelegt und lassen vonseiten des Künstlers kaum Spielraum zu. Sie beziehen sich auf Lebensereignisse des Erleuchteten oder Aspekte seiner Lehre. Eine **liegende Buddhafigur** erinnert an den Tod und Eingang ins Parinirvana, eine **stehende Figur** an seine Rückkehr aus dem „Himmel der 33 Götter" (Tavatimsa), wo er der Legende nach eine Regenzeit lang lehrte. Am häufigsten ist die Darstellung des Buddha im **Meditationssitz**, wobei seine beiden Beine gekreuzt sein können oder nur ein Bein auf dem anderen ruht. Seltener finden sich Positionen im „**Europäischen Sitz**" mit nach unten ausgestreckten Beinen.

Die sechs klassischen Handhaltungen sind:

Abhaya-Mudra

In dieser Geste der Furchtlosigkeit und Ermutigung sind ein oder zwei Hände nach vorn ausgestreckt. Die Handflächen weisen nach außen, die Finger nach oben. Dieses Mudra kommt fast ausschließlich bei stehenden Figuren vor. In Sri Lanka finden sich viele stehende Figuren, bei welcher die rechte Hand im Abhaya-mudra nach vorne weist und die linke an der Schulter ruht und das Mönchsgewand berührt.

Bhumisparsha-Mudra (Erdberührung) oder
Maravijaya-Mudra (Sieg über Mara)

Diese populäre Handhaltung erinnert an die Versuchung des Buddha durch Mara kurz vor seiner Erleuchtung. Mara (wörtlich „Tod" oder „Mörder") ist die Verkörperung der Leidenschaften und des Begehrens. Als Zeugin seiner Standhaftigkeit ruft Buddha durch Berührung mit seiner rechten Hand die Erde auf. Malereien oder Reliefs stellen gern die daraufhin erscheinende Erdgöttin dar. Sie wringt ihr langes Haar aus und schwemmt mit dem herausfließenden Wasser die Armee des Mara weg. Das Wasser ist Symbol für die vielen guten Taten der früheren Inkarnationen Buddhas.

Dharmachakra-(pravartana)-Mudra
Daumen und Zeigefinger beider Hände, die sich auf der Höhe der Brust befinden, bilden einen Kreis, wobei die Fingerspitzen sich berühren. Die übrigen Finger sind ausgestreckt. Diese Geste des Andrehens des Rades (chakra) der Lehre (dharma) gedenkt Buddhas erster Predigt, in der er in Sarnath die Vier edlen Wahrheiten darlegte.

Dhyana- oder Samadhi-Mudra

Beide Hände liegen flach ineinander und ruhen im Schoß. Dies ist die Haltung der Meditation (dhyana, samadhi).

Varada-Mudra
Die Finger der nach außen hin geöffneten Hand weisen in Richtung Erde. Diese Geste erinnert an Buddhas Güte und Großherzigkeit.

Virtarka-Mudra
Ähnlich wie beim Dharmachakra-Mudra, allerdings nur mit einer erhobenen Hand, formen Daumen und Zeigefinger einen Kreis. Die restlichen Finger sind wieder gespreizt. Diese Handhaltung stellt die argumentative Kraft des lehrenden Buddha dar.

Neben diesen klassischen Handhaltungen gibt es noch einige weitere, z. B. das **Vajrapradama-Mudra**, bei dem der stehende Buddha seine beiden Hände auf Brusthöhe ineinandergelegt hat, was auf sein wie ein Diamant (vajra) unzerstörbares Selbstbewusstsein (pradama) hinweist.

Buddhistische Architektur

Der **Stupa** gilt als das älteste und wichtigste Symbol des Buddhismus. Lange bevor die ersten Buddha-Bildnisse aufkamen, war der Stupa-Kult verbreitet. Um Streit unter seinen Anhängern zu vermeiden, wurden kurz nach dem Tod des Erleuchteten die verbrannten Überreste des Leichnams an acht nordindische Fürsten verteilt und in halbrunden, mit Steinen befestigten Grabhügeln beigesetzt, wie sie Königen vorbehalten waren. In Anlehnung an die ursprünglichen Begräbnisstätten hatten die ersten Stupas die Form einer Halbkugel. Die ältesten Beispiele im zentralindischen Sanchi (bei Bophal) und in Patan (Nepal) stammen aus der Zeit des Königs Ashoka (reg. ca. 268–232 v. Chr.), etwa zeitgleich entstand in Anuradhapura der Thuparama.

In Sri Lanka folgen die meisten Dagobas dem traditionellen Aufbau: Wichtigster Bestandteil ist der auf einer quadratischen Plattform ruhende halbkugelförmige **Anda** aus Ziegelstein und Stuck. Ihm schließt sich der quadratische **Harmika** an, gefolgt von runden, sich verjüngenden Scheiben, den **Chattravali**. Den Abschluss bildet meist der **Kalasha**, eine die Fülle des erleuchteten Geistes symbolisierende Vase, und darauf eine Kugel, das „Wunschjuwel" **Chintamani**. Einige Dagobas wie der Thuparama in Anuradhapura oder in Medirigiriya waren mit einem Zirkuszelt ähnelnden Dach bedeckt. Sie werden **Vatadage**, „rundes Reliquienhaus", genannt.

Der Dagoba kann vieles sein: eine Grabstätte für eine verstorbene Person, ein Reliquienschrein oder, an exponierter Stelle wie auf einem Berg, Ausdruck für die Präsenz Buddhas. In

Stupa, Thupa oder Dagoba?

Alle drei Begriffe meinen dasselbe. *Stupa* ist ein Wort aus dem Sanskrit und bezeichnete anfänglich einen Erdhügel. Der Wortstamm *stup* (Pali *thupa*) bedeutet „aufrichten", „erhöhen". *Dagoba* führt seinen Ursprung auf das Sanskritwort *dhatugarbha*, „Reliquienkammer", zurück. Um die Verwirrung komplett zu machen, wird gelegentlich der Begriff *Ceta* verwendet. Dieses singhalesische Wort leitet sich von *Cetiya* (skt. *caitya*), dem Palinamen für „Heiligtum", her.

Miniaturform hat er die Funktion einer Votivgabe. Als Reliquienschrein erinnert er an Buddhas vollkommenes Erlöschen und enthält daher in seinem Inneren eine Kammer mit Reliquien des Erleuchteten (meist Kopien), buddhistischen Schriften, Miniatur-Stupas oder Buddhafiguren. Der Stupa fordert die Gläubigen auf, dem Erleuchtungsweg Buddhas vom Samsara zum Nirvana zu folgen. Die Anhänger umschreiten ihn im Uhrzeigersinn dreimal und nehmen damit Zuflucht zur Person Buddha, seiner Lehre *(dharma)* und Gemeinschaft *(sangha)*.

Schließlich ist der Stupa auch ein kosmisches Symbol. Der Anda (skt. „Ei") drückt die

Vatadage

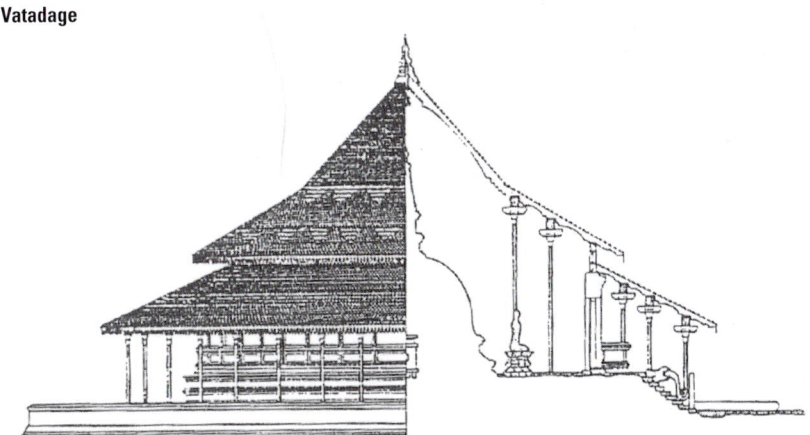

Land und Leute

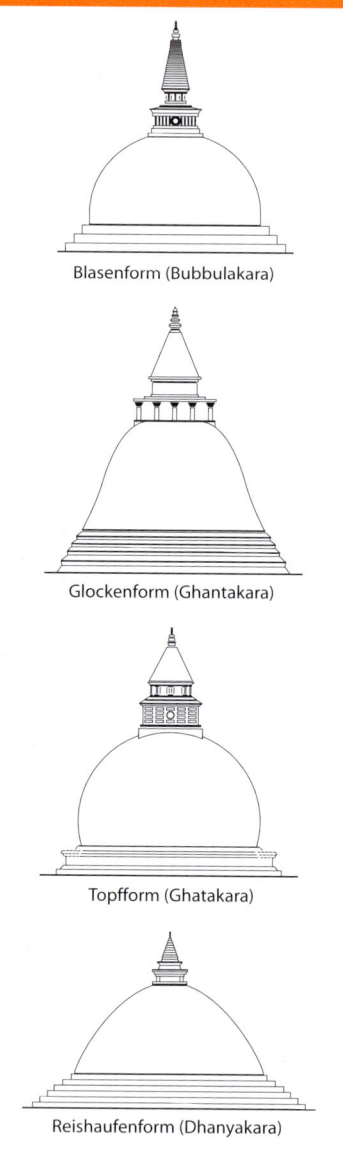

Blasenform (Bubbulakara)

Glockenform (Ghantakara)

Topfform (Ghatakara)

Reishaufenform (Dhanyakara)

indische Vorstellung vom Weltei aus, das den Kosmos hervorbringt. In der Mitte des Kosmos steht der Berg Meru, der durch die Zentralachse symbolisiert wird. Sie gilt auch als Verbindung zwischen dem Irdischen, dargestellt durch die quadratische Plattform, und dem Himmlischen, vom runden Anda versinnbildlicht.

In Sri Lanka werden insgesamt sechs Dagoba-Formen unterschieden: 1. **Glockenform** (Ghantakara); 2. **Topfform** (Ghatakara); 3. **Blasenform** (Bubbulakara); 4. **Reishaufenform** (Dhanyakara), 5. **Lotosform** (Padmakara) und 6. **Form einer Nelli** (Amalaka). Letztere ist eine pflaumengroße grüngelbe Frucht (*Phyllanthus emblica*, skt. *amalaki*), die mit der Stachelbeere verwandt ist und im Ayurveda Anwendung findet. Die ersten vier kommen am häufigsten vor (s. Abbildung).

Die Dagobas können vereinzelt stehen oder in ein Kloster (Vihara oder Vehera) eingebunden sein. War ursprünglich mit **Vihara** nur eine Versammlungshalle gemeint, so schließt der Begriff heute den ganzen Klosterkomplex ein. Dazu gehören auch folgende Einrichtungen: der Wohnraum der Mönche, **Sangha Vasaya**, und ihr Speisesaal, auch Almosenhalle, **Dana Sala**, genannt, die Halle zur Verehrung des Buddha, **Viharage**, eventuell eine eigene Ordinationshalle, **Uposathaghara**, ein abgegrenzter Bereich für den Bodhi-Baum, **Bodhighara**, und der Schrein zur Verehrung der Schutzgötter des Buddhismus (meist Hindu-Gottheiten), der **Devale**. Im **Pansala** wird der Pali-Kanon, früher in Form von Palmblattmanuskripten aufbewahrt.

Große und bedeutende Klöster führen häufig die Bezeichnung Raja Maha Vihara, „Königliches Großes Kloster", im Namen. Hier handelt es sich um alte königliche Stiftungen. Sie können sehr reich sein und große Ländereien besitzen, weshalb die dort lebenden Mönche nicht gerade dem buddhistischen Armutsideal folgen. Dies gilt besonders für viele Klöster in und um Kandy.

Hindu-Architektur

Die Architektur der srilankischen Hindu-Tempel (Tamil: Kovil) ist stark von den südindischen Sakralbauten beeinflusst. Wie dort folgt der

Aufbau den traditionellen Vorgaben. Der Kovil repräsentiert den Berg Meru, die Heimstatt der Götter und Mitte des Kosmos. Als solcher ist er Vermittlungsraum zwischen Götterwelt und der Welt der Menschen.

Das drückt sich auch in der Architektur aus: Im Zentrum steht das rechteckige **Zentralheiligtum** (Garbha Griha) mit dem Kultobjekt, einem Lingam oder einer Statue. Der Zutritt ist den Brahmanen-Priestern vorbehalten. Nach außen verziert und von einem reichlich dekorierten Turm (Shikhara) gekrönt, ist das Garbha Griha (skt. „Haus des Mutterschoßes") im Inneren schlicht gestaltet, um alle Konzentration auf das Kultobjekt zu lenken. Ihm schließt sich (meist östlich) ein **Zwischenraum** (Antarala) zur Vorbereitung der Zeremonien und die **Vorhalle** (Mandapa) an. Je nach Größe des Tempels halten sich dort die Gläubigen auf, um zur Opferzeit (Puja) den Zeremonien beizuwohnen. Von den dravidischen Kovil Südindiens, wie etwa in Madurai, wurde der markante vierseitige **Eingangspavillon**, Gopuram, übernommen. Wie bei einer Pyramide laufen die Seiten nach oben hin spitz zu und sind über und über mit Götter- und Dämonenfiguren verziert. Abhängig von der Bedeutung des Kovil gibt es seitlich des Mandapa eine Reihe von kleineren Schreinen zur Verehrung weniger bedeutender Hindu-Gottheiten und eine Halle für den riesigen Prozessionswagen.

Literatur, Theater, Kunsthandwerk und Film

Die Kunst Sri Lankas, ob Literatur, Musik oder Tanz, ist überwiegend religiöser Natur. Das kommt nicht von ungefähr, denn Religion und Gesellschaft waren in der Vergangenheit nicht getrennt. Aller Globalisierung und Verwestlichung zum Trotz sind sie auch heute noch eng miteinander verwoben. Auch wenn der große Nachbar Indien zweifellos über enormen kulturellen Einfluss verfügt, hat sich Sri Lanka in vielem seine Eigenständigkeit bewahrt. Ein Grund liegt sicherlich darin, dass der Buddhismus im Gegensatz zum Subkontinent gesellschaftsbestimmend war und ist.

Literatur

Parallel mit dem Aufstieg der ersten srilankischen Königreiche entstand eine in Pali oder Sanskrit abgefasste Literatur. Neben den geschichtlichen **Chroniken** (Vamsa) waren es vor allem religiöse Texte, vermischt mit Volksdichtkunst, die auf den Ola-Blättern der Talipotpalme niedergeschrieben wurden. Als eindrücklichste Zeugnisse der frühen säkularen Dichtkunst gelten die **Graffiti** an der sogenannten Spiegelwand

---

Die großen Chroniken

Die ältere Geschichte Sri Lankas wäre heute nicht in dem Maße bekannt, gäbe es nicht zahlreiche Inschriften und Chroniken. Bereits aus dem 3. Jh. v. Chr. sind Inschriften auf Steintafeln und Säulen erhalten geblieben. Meist behandeln sie religiöse Schenkungen und Klosterregeln. Die älteste in Pali verfasste Chronik, der **Dipavamsa** („Insel-Chronik"), wird in das 5. Jh. datiert. Wahrscheinlich von mehreren Autoren kontinuierlich fortgeschrieben, beginnt sie mit Buddhas Leben, seinem angeblichen Besuch in Sri Lanka und endet mit der Regierungszeit des Königs Mahasena (reg. 274–301). Darauf baut die bedeutendste Geschichtsschreibung auf, der

Mahavamsa („Große Chronik"). Von Mönchen um das 6. Jh. herum verfasst, ist der Mahavamsa im engeren Sinne eine religiöse Historie des srilankischen Buddhismus. In diesem Sinne muss er gelesen und interpretiert werden, was besonders für die Legende des Vijaya (s. S. 107) gilt, mit der das in Pali verfasste Werk beginnt. Nichtsdestotrotz bieten die Chronologien und Ereignisbeschreibungen (darunter manche mit regionalem Bezug) einen wichtigen Fundus für die Historiker. Dies gilt auch für die Fortsetzung des Mahavamsa aus dem 13. Jh., dem **Culavamsa** („Kleine Chronik"), der mit der Regentschaft Parakramabahu I. (reg. 1153–86) endet.

in Sigiriya (s. S. 341). Sie werden ins 7. und die nachfolgenden Jahrhunderte datiert und beziehen sich vor allem auf die gemalten Wolkenmädchen, deren „güldene Haut die Gedanken und Augen verführen" und „deren Brüste mich an Schwäne, trunken mit Nektar" erinnern, wie ein erregter Verehrer vermerkte.

Eine schier unerschöpfliche Inspirationsquelle boten die 547 Geburtsgeschichten Buddhas, die **Jatakas**. Sie schildern die abenteuerlichen Erlebnisse und Taten des Buddha in seinen früheren Existenzen – sei es als Tier oder als Prinz – und porträtieren ihn als selbstloses und kluges Wesen. Der volkstümliche Charakter der Jatakas animierte die Autoren, meistens Mönche, die Geschichten mit Lokalkolorit auszuschmücken. Daraus entstand eine eigene literarische Gattung, die **Mahakavyas**. Eines der bekanntesten Beispiele ist das von König Parakramabahu II. (reg. 1236–70) geschaffene, 770 Verse umfassende Werk *Kavsilumina* („Diadem-Edelstein der Dichtung"), das auf dem Kusa Jataka basiert, in dem der spätere Buddha als

Michael Ondaatje

In neuerer Zeit hat sich der in Toronto lebende Michael Ondaatje von holländisch-tamilisch-singhalesischer Abstammung einen Namen gemacht. 1943 in Colombo geboren, folgte er als Elfjähriger seiner Mutter nach Großbritannien und zog später zum Studium der Englischen Literatur nach Kanada, um dort ab 1971 an der York University in Toronto zu lehren. Sein berühmtestes Werk, *The English Patient* (dt. „Der englische Patient"), erhielt 1992 den renommierten Booker-Preis und strich als Verfilmung 1997 neun Oscars ein. Eine „Entdeckungsreise ins Land seiner Vorfahren" unternimmt er im 1982 erschienenen *Running in the Family* (dt. „Es liegt in der Familie") und führt in *Anil's Ghost* (dt. „Anils Geist") aus dem Jahr 2000 die Leser in die Zeit des Bürgerkriegs von Sri Lanka. Alle drei Werke sind auch ins Deutsche übersetzt worden. Besonders letztere beide eignen sich hervorragend als Einstimmung für die Reise nach Sri Lanka.

hässlicher Prinz Kusa wiedergeboren wird und sich in die schöne Prinzessin Pabhavati verliebt.

Etwa zeitgleich entstand nach dem Vorbild der nordindischem „Wolkenboten" (Meghaduta) – Wolken sollten die Gedichte zu den Adressaten, Geliebte oder Götter, bringen – eine eigenständige säkulare Literatur, die **Sandeshas** („Botschaften"). Dabei handelt es sich überwiegend um Natur- und Liebesgedichte, Heldenpreisungen oder kurze Erzählungen. Vögel waren die Boten der Gedichte, darum sind viele Sandeshas nach ihnen benannt, z. B. das *Mayura Sandeshaya* („Botschaft des Pfaus") aus dem 13. Jh. oder der im 14. Jh. verfasste *Thisara Sandeshaya* („Botschaft des Schwans"). Als größter Sandesha-Dichter gilt der Mönch Sri Rahula, der zur Zeit des in Kotte regierenden Königs Parakramabahu VI. (reg. 1411–66) lebte und vor allem mit seinen Werken *Paravi Sandeshaya* („Botschaft der Taube") und *Salalihini Sandeshaya* („Botschaft des Stars") herausragt. Mit ihm erreichte die säkulare Dichtkunst ihren Zenit. Sie gibt dem heutigen Leser einen guten Einblick in das Denken der damaligen Zeit. Eine eigenständige Literatur etablierte sich ebenfalls in der tamilischen Gemeinde, vielfach auf der Basis hinduistischer Geschichten. Die erotischen Abenteuer von Krishna erregten auch die Fantasie der Singhalesen, sodass sie ebenfalls Eingang in ihre Volksdichtkunst fanden.

Als Pioniere der **neueren srilankischen Literatur** gelten Aluthgamage Simon de Silva mit seinem 1905 erschienenen Erstlingswerk *Meena* und der Tamile Arumuga Navalar. Letzterer war ein Universalgelehrter mit weitreichenden Interessen. So beteiligte er sich an der Übersetzung der Bibel ins Tamil und gab die hinduistischen Klassiker wie den *Ramayana* in modernem Tamil heraus. Über ein halbes Jahrhundert hinweg war Martin Wickremesinghe (1891–1976) in Literaturzirkeln eine Art Institution. Mit seinen Romanen und Kritiken gab er der modernen Literatur wesentliche Impulse. Manche Autoren schrieben überwiegend in der Kolonialsprache Englisch wie etwa der Journalist J. Vijayatunga, dessen 1933 in London veröffentlichter Roman *Grass for my Feet* ihm Ruhm einbrachte. Ein weiterer bekannter Schriftsteller ist Leonard Woolff. Sein 1913 publizierter Roman *A Village in the Jungle* gibt eine düstere Beschreibung des kolonialen Ceylons.

Tanz und Theater

Die Tanztradition der Insel reicht weit in die vor-buddhistische Zeit zurück. Nachdem der Tanz gerade während der Kolonialzeit vernachlässigt wurde, hat er in den vergangenen Jahrzehnten wieder an Stellenwert gewonnen. Das zeigt sich auch in den vielen Lehrangeboten an Schulen und Universitäten. Nicht nur für Touristen, sondern zu vielen Anlässen werden Tänze vorgeführt, allen voran bei religiösen Zeremonien und zu den Peraheras. Traditionelles Theater ist in Sri Lanka immer Tanztheater, das seinen Stoff aus den zahllosen hinduistischen und buddhistischen Epen und Erzählungen bezieht. Insgesamt dominieren folgende Strömungen:

Kandy-Tänze

In den Kandy-Tänzen haben sich noch Tanztraditionen aus der Zeit der letzten Könige von Kandy erhalten, was sich einerseits in der prächtigen Kostümierung zeigt und andererseits in den teils akrobatisch anmutenden Bewegungsabläufen. Sie untergliedern sich in vier Typen: 1. Pantheru, 2. Naiyandi, 3. Udekki, 4. Ves.

Der **Pantheru** ist der Göttin Pattini (s. S. 362) gewidmet und bezieht seinen Namen vom Instrument (einer Tamburine ähnlich), das der Tänzer verwendet. Der **Naiyandi**, ein Initiationstanz, wird zu Beginn einer Zeremonie aufgeführt, etwa beim Anzünden der Öllampen oder dem Zubereiten von Speisen für Dämonen und Götter. Auch der **Udekki** ist nach einem vom Tänzer verwendeten Instrument benannt: eine knapp 20 cm lange Trommel in der Form einer vergrößerten Sanduhr. Er hat Gemeinsamkeiten mit dem indischen Bharata Natyam, zu dem die Udekki-Trommel ebenfalls verwendet werden kann. Wohl am prächtigsten ist der **Ves**, bei dem die Tänzer eine von Ornamenten verzierte Tracht tragen. Dieser Tanz hat seinen Ursprung in einem Reinigungsritual zu Ehren des Gottes Kohomba (eine auf Kandy beschränkte Lokalgottheit) und darf nur von Männern aufgeführt werden.

Im **Vannama**, einer weiteren Kandy-Tanzart, stellen die Tänzer in 18 eigenständigen Sequenzen Tiere dar, darunter einen Pfau im Mayura Vannama, einen Elefanten im Gayaga Vannama, die Naga-Schlange im Naga Vannama oder den Affengott Hanuman im Hanuman Vannama. Der Tanz wird von einem Sologesang (Kavi) begleitet, der Themen aus bekannten Geschichten aufgreift wie etwa aus dem Ramayana, um ein bestimmtes Gefühl (Schmerz, Freude, Sehnsucht etc.) auszudrücken.

Kolam, Sokari und Nadagama

Mehr volkstümlicher Art sind die Tanztheater Kolam, Sokari und Nadagama. Am bekanntesten ist der entlang der Südwestküste verbreitete Maskentanz **Kolam**, bei dem Szenen aus Volkslegenden zur Aufführung kommen, wie z. B. aus dem *Sandakinduru Katawa*, einer in ganz Asien beliebten Liebesgeschichte zwischen einem Prinzen und Manora, einem Vogel-Mensch-Wesen, das sich in die Welt der Menschen begibt und sich darin verliert, bis es auf einen Prinzen stößt, sich in ihn verliebt und nach vielen Abenteuern heiratet. Vielfach wird auch Aktuelles in das Spiel eingeflochten und Personen des öffentlichen Lebens mit Spott bedacht.

Der Ursprung des Kolam ist mit einer Legende verbunden, die zu Beginn der Aufführung erzählt wird: Eine hochschwangere Königin hatte das eindringliche Verlangen, einen Maskentanz zu sehen und wurde darüber krank. Der König war verzweifelt, denn so etwas hatte es in seinem Reich noch nie gegeben. Auch seine Minister wussten keinen Rat und so flehte er Sakka, den obersten Gott um Hilfe an. Dieser ordnete den vier Schutzgottheiten der Insel an, Masken aus Sandelholz zu schnitzen. Sie lagen am nächsten Morgen verstreut im Palastgarten. Und so kam es zum ersten Kolam.

Bei der Aufführung können mehrere Dutzend Charaktere zum Zuge kommen, dabei ist weniger die Geschichte als das Spektakel von Bedeutung. Von großer Popularität ist etwa der schwarzgesichtige Dämon Yamma Raksha mit seinen langen Eckzähnen, der Schlangenkönig Naga Raksha oder der hässliche zweigesichtige Dämon Nanda Gere. Wegen des großen Aufwands wird ein Kolam eher selten aufgeführt, am ehesten noch zu Aurudu (Neujahr) Mitte April. Auf Touristen abgestimmte, verkürzte Vorführungen gibt es vor allem in Ambalangoda.

Der **Sokari**, eine der ältesten Tanzformen, richtet sich an die Schutzgottheit Pattini. Dabei geht es in erster Linie um Angelegenheiten der Fruchtbarkeit (Schwangerschaft, Ernte). Vor allem in ländlichen Gebieten des zentralen Hochlands ist dieser Ausdruckstanz verbreitet. Die Darsteller setzen bei der allnächtlichen Vorstellung – meist auf einem freien Gelände inmitten der Zuschauer – sehr viel Mimik und Improvisation ein. Nur wenige tragen dabei eine Maske.

Im **Nadagama** wird dem melodischen Gesang größere Bedeutung beigemessen. Seine Wurzeln liegen im südindischen Bundesstaat Karnataka, von wo er sich zuerst innerhalb der srilankischen Tamilengemeinde ausbreitete. Katholische Missionare sahen darin ein gutes Instrument, den Glauben zu vermitteln, und machten den Nadagama als religiöses Theater auch bei Singhalesen der West- und Südküste populär. Ab dem späten 19. Jh. experimentierten Nadagama-Regisseure mit westlichen Ausdrucksmitteln, wie z. B. Ediriweera Sarachchandra in seinem Stück *Maname*, das auf einer Jataka-Geschichte basiert.

Magische Tänze

Eine Reihe von Tänzen dient der Erhaltung oder Wiederherstellung der kosmischen Harmonie. Sie werden unter dem Begriff „Bali-Tovil" zusammengefasst. Durch das **Bali** („Aufopferung") sollen negative Einflüsse der neun Planeten *(grahas)* abgewiesen werden. Bei einer ernsthaften Erkrankung mag der Astrologe zu solch einer Zeremonie raten, wenn er die Gestirne für das Unglück verantwortlich hält. Der Betroffene sitzt während der Zeremonie neben einer lebensgroßen Darstellung der Gottheit aus Ton, welche einen der neun Planeten repräsentiert: Sonne (Ravi), Vollmond (Chandra), Mars (Kuja), Merkur (Budha), Jupiter (Guru), Venus (Sukra), Saturn (Sani), zunehmender (Rahu) und abnehmender Mond (Ketu). Sie sind in der südasiatischen Astrologie von elementarer Bedeutung.

Beim **Tovil** versucht ein Schamane (Kattadiya) durch Tanz und Riten eine besessene oder kranke Person zu heilen. Grundidee ist, dass die physische oder psychische Krankheit durch einen oder gar mehrere Dämonen (Yakas) – es können auch die bösen Geister Verstorbener sein – verursacht wurde. Je nach Krankheitsfall werden unterschiedliche Rituale durchgeführt, wie z. B. das *Suniyama*, *Rata Yakuma* oder *Sanni Yakuma*.

Bei Letzterem sind 18 Dämonen identifiziert, die bestimmte Krankheitsbilder, *sanniya* genannt, verursachen. Während der Zeremonie trägt der Kattadiya die Maske des für die Krankheit verantwortlichen Yaka (s. „Masken"). Der Ablauf ist ähnlich: Durch ekstatischen Tanz zieht der Kattadiya den Patienten in Bann, bis er in Trance und Ekstase verfällt. Indem der Kattadiya in die Rolle des oder der Dämonen schlüpft, wird dieser provoziert und erscheint. Daraufhin erinnert der Kattadiya ihn an seine Pflichten, aber auch an seine Macht im kosmischen Ordnungsgefüge. Zum Höhepunkt hin kann ein lebendiger Hahn geopfert werden, um den Dämonen mit einem Ersatz zufriedenzustellen. Zum Abschluss wird ein Fackeltanz getanzt, um das Haus des Patienten rituell zu reinigen. Sowohl Bali- als auch Tovil-Zeremonien werden in der Nacht durchgeführt, weil man glaubt, dass dann die Macht der Dämonen am stärksten ist.

Masken

Abhängig von der Verwendung unterscheidet man in Sri Lanka drei Typen: Kolam-, Raksha- und Sanni-Masken. Bei allen drei Arten werden die dargestellten Wesen künstlerisch karikiert und ihre Charaktermerkmale ins Groteske gezogen.

Der größte Variationsreichtum findet sich bei den **Kolam-Masken**, da während einer Kolam-Aufführung sehr viele Charaktere zum Einsatz kommen können, darunter Menschen, Tiere, Dämonen und Gottheiten.

Auf Prozessionen und bei Zeremonien sind oftmals **Raksha-Masken** gebräuchlich. Der Name leitet sich vom Sanskrit-Begriff *rakshasa* (s. S. 131) ab und bezieht sich auf verschiedene Dämonenwesen, wie z. B. den *Naga Raksha* (Naga-Schlange) oder *Garuda Raksha* (Garuda-Vogel).

Die **Sanni-Masken** werden für Tovil-Zeremonien verwendet, um einen erkrankten Menschen zu heilen. Dabei repräsentieren 18 Masken jeweils einen für die Krankheit *(sanniya)* verantwortlichen Dämonen *(yaka)*: 1. Kana Sanni Yaka (Blindheit), 2. Kora Sanni Yaka (Lähmung), 3. Gini Jala Sanni Yaka (Malaria), 4. Vedda Sanni Yaka (Beulenpest), 5. Demala Sanni Yaka (Albträume), 6. Kapala Sanni Yaka (Geisteskrankheit), 7. Golu Sanni Yaka (Taubstummheit), 8. Bihiri Sanni Yaka (Taubheit), 9. Maru Sanni Yaka (Wahnsinn), 10. Amuku Sanni Yaka (Erbrechen), 11. Gulma Sanni Yaka (Würmer), 12. Deva Sanni Yaka (ansteckende Krankheiten wie Typhus oder Cholera), 13. Naga Sanni Yaka (Albträume, vor allem von Schlangen), 14. Murta Sanni Yaka (Ohnmachtsanfälle), 15. Kala Sanni Yaka (Pest), 16. Pita Sanni Yaka (Galle- und Blasenkranken), 17. Vata Sanni Yaka (Schüttelfrost und Gliederschmerzen) und 18. Slasma Sanni Yaka (Epilepsie). Eine weitere Maske, die Kola Sanni, stellt den obersten Dämonen Maha Kola Yaka dar.

Eine gute Maskensammlung findet sich im Colombo National Museum und in Ambalangoda, wo die meisten Masken geschnitzt werden – und übrigens auch im Berliner Völkerkundemuseum. Bevorzugtes Material ist das wegen seiner Langlebigkeit geschätzte Holz des Brechnuss-Baumes (Strychnox nux-vomica), in Sri Lanka Kaduru genannt. Daneben wird das weichere Holz des Erythrina indica, einer Korallenbaumart, oder des Dita-Baumes (Alstonia scholaris) verwendet. Letzterer Baum ist von vielerlei Nutzen: Aus seiner Rinde wurde früher Pergament hergestellt und im Ayurveda wird sie zu Tee verarbeitet. Sein Samen gilt als exzellentes Aphrodisiakum. Nach mehrfachem Schmirgeln trägt der Künstler die Grundierung auf, eine Mischung aus pulverisiertem Lack und Öl. Dann wird die Maske bunt angemalt, wobei heute künstlich hergestellte Farben die Naturfarben ersetzt haben, sodass sie greller erscheint als ursprünglich. In der Vergangenheit war der Maskenträger – meist ein einfacher Bauer oder Fischer – selbst für das Schnitzen „seiner" Maske zuständig, um zur repräsentierten Gestalt eine intensivere Beziehung herzustellen.

Kunsthandwerk

Der kulturelle Reichtum der Insel hat sich auch im Kunsthandwerk niedergeschlagen. Vielerorts ist es noch lebendig, auch wenn die Qualität infolge der Massenherstellung leidet. War es früher der Adel, der den Kunsthandwerkern ein Einkommen sicherte, so sind es heute die kauffreudigen Urlauber.

Batik und Spitze

Die **Batikherstellung** hat sich seit den 1970er-Jahren zu einer wahren Industrie entwickelt und ist in erster Linie auf Touristen eingestellt. Folglich kann man unweit vieler Sehenswürdigkeiten eine der Verkaufswerkstätten besuchen und den aus Indonesien übernommenen Herstellungsprozess verfolgen: Bevor der Färbevorgang beginnt, wird das Muster auf den Baumwollstoff aufgetragen. Diejenigen Bereiche, die nicht eingefärbt werden sollen, werden mit Wachs beschichtet. Dann folgt das Färbebad. Dieser Prozess wird mehrfach wiederholt, um die Stofffelder entsprechend verschieden einfärben zu können. Dadurch entsteht das typische, etwas verschwommene Batik-Design auf Hemden, Röcken und Wandbehängen.

Im südlichen Galle hat sich seit der Einführung durch die Portugiesen im 16. Jh. das Klöppeln von **Spitzen** (Lace) erhalten. Beliebt sind Deckchen in allen Größen.

Lackmalerei und Metallarbeiten

Aus der Zeit der letzten Monarchie haben sich in und um Kandy herum noch einige Handwerkskünste erhalten, darunter die **Lackmalerei**. Dabei werden vor allem Holzschachteln, Aschenbecher oder Bucheinbände verziert. Der von bestimmten Baumarten gewonnene Naturlack wird eingefärbt und mit dem Fingernagel (Niyapotuwada-Technik) oder einem Stab (Biraluwada-Technik) auf den Gegenstand aufgetragen.

Auch **Metallarbeiten** hatten im alten Kandy-Reich eine lange Tradition. Werkstätten gibt es noch heute im Westen von Kandy, z. B. in der Nähe von Gadaladeniya. Bei den Gegenständen handelt es sich überwiegend um dekorative Gefäße oder Zeremonialleuchter. Sie sind zumeist aus Bronze und werden im Wachsausschmelzverfahren hergestellt. Dazu wird die gewünschte Form zunächst aus Wachs modelliert und vollständig mit einer Tonschicht überzogen. Beim folgenden Brennen schmilzt das Wachs und läuft über eigens vorbereitete Kanäle ab. Dann wird die entstandene „verlorene Form" mit verflüssigtem Metallgemisch aus Kupfer und Zinn gefüllt und nach dem Erkalten vom Ton befreit. Doch der Bronzegegenstand ist noch nicht fertig: Um die feinen Muster und Verzierungen zu erhalten, wird das Metall mit Meißeln unterschiedlicher Größe bearbeitet. Um Schwingungen beim Schlagen zu vermeiden, werden die Hohlräume und Einbuchtungen mit Wachs ausgefüllt.

Korbflechterei und Holzschnitzerei

Leider werden die **Flechtarbeiten** auch in Sri Lanka immer mehr vom Plastik verdrängt. Immerhin ist mancherorts diese schöne Tradition noch lebendig, wie z. B. in Kalutara südlich von Colombo. Dort werden aus den äußerst fasrigen Blättern der Hanfpalme *(Trachycarpus fortunei)* Matten, Körbe und anderes geschaffen. Größere Gegenstände oder Sitzmöbel sind meistens aus Bambus oder Rattan gearbeitet. Hanf und Binse findet im Bergland für die Herstellung von Matten Verwendung. Meist sind es Frauen, die die Fasern auf Webstühlen verarbeiten.

Neben den oben erwähnten Masken produzieren die geschickten Hände der **Holzschnitzer** auch Figuren, Schalen und Wandbilder. Bevorzugtes Material ist das Holz vom Teak-, Tamarinden, Ebenholz- oder Jackfrucht-Baum sowie mancher Palmart wie Kokosnuss mit dem typischen gefleckten Muster oder Palmyra.

Film

Das srilankische Kino hat es im Schatten seines indischen Nachbarn schwer. Die in Mumbai, dem südasiatischen „Bollywood", entstehenden Dreistundenstreifen mit üppigen Schönheiten und Hüften schwingenden Helden erfreuen sich auch auf der Insel großer Beliebtheit. Die einheimische Produktion folgt größtenteils diesem Genre: viel Emotion, viel angedeutete Erotik, viel Gesang – wenig Inhalt. Filme mit anspruchsvollen Themen führen eher ein Schattendasein, auch wenn sie bei internationalen Festivals teilweise mit respektablem Erfolg laufen. Doch die Masse will sich in die Traumwelt der Schönen und Reichen entführen lassen. Wieso sollte

auch ein armer srilankischer Bauer im Film dem Schicksal eines anderen armen srilankischen Bauern zuschauen …

Die Geburtsstunde des Kinos in Sri Lanka schlug 1925 mit dem Film *Rajakeeya Wickramaya* („Königliche Abenteuer"). Doch der verschollene Streifen wurde in Indien produziert wie auch *Kadawunu Poronduwa* („Falsches Versprechen"), der 1947 gedrehte erste Film in singhalesischer Sprache. Mit seinen Werken *Rekawa* („Schicksalslinie"), *Gamperaliya* („Dorf im Wandel") und *Nidhanaya* („Schatz") machte sich in den 1950er- und 60er-Jahren der Regisseur **Lester James Peiris** auch im Ausland einen Namen. Bekannte Filmemacher der jüngeren Generation sind **Dharmasena Pathiraja** und **Vasantha Obeysekera**. Neuere Produktionen thematisieren auch den Bürgerkrieg, wie z. B. der vierte Film des 1962 geborenen **Prasanna Vithanage**, *Purahanda Kaluwara* („Tod an einem Vollmondtag"). Dieser 1997 gedrehte Film beschreibt die Geschichte eines Vaters, der den Tod seines gefallenen Sohnes nicht wahrhaben will. Die srilankische Regierung war vom Stoff nicht begeistert, sodass sie ihn anfänglich verbot. Vithanages 2008 veröffentlichter Film *Akasa Kusum* („Blumen des Himmels") erzählt von einer ehemaligen berühmten Filmschauspielerin, die ein Zimmer ihrer Wohnung als Liebesnest für Schauspieler vermietet und dadurch mit den Schattenseiten ihres Lebens konfrontiert wird; s. auch 🖳 www.vithanage.com.

Auch **Vimukthi Jayasundara** wurde für seinen sehr poetischen Film *Sulanga Enu Pinisa* („Trügerische Stille") von der Regierung gerügt, weil der 1977 geborene Filmemacher die Folgen des Bürgerkriegs kritisch durchleuchtete. Wegen der eindringlichen Bildsprache gewann Jayasundara mit seinem Film als erster Sri Lanker 2005 in Cannes die Goldene Kamera. Trotz dieser erfolgreichen Vorstellungen blickt die srilankische Filmindustrie in eine düstere Zukunft. Im ganzen Land gibt es derzeit gerade noch 147 Kinos.

Colombo

Colombo

Stefan Loose Traveltipps

Die Pettah   Der Stadtteil mit quirligen Basaren lädt zum Schnuppern und Shoppen ein. S. 150

Galle Face Green   Besucher können bei frischer Meeresbrise über Colombos grüne Meile flanieren. S. 153

Galle Face Hotel   Nirgendwo lässt sich der Sonnenuntergang stilvoller genießen als im „Checkerboard". S. 153 und S. 165

National Museum   In diesem kolonialen Prachtbau können Besucher in Sri Lankas Geschichte eintauchen. S. 160

Beach Wadiya   Am Rand der Metropole Seafood schlemmen bei Meeresrauschen. S. 170

Wer wenig Zeit hat und sich nur auf die Hauptsehenswürdigkeiten Sri Lankas konzentrieren möchte, kann Colombo ohne schlechtes Gewissen links liegen lassen. Die Stadt ist kein „Muss" im Reiseplan, denn weder besitzt sie große Sehenswürdigkeiten, noch glänzt sie durch futuristische Fassaden wie andere asiatische Metropolen. Im Gegenteil: Wer sich übermüdet von der langen Anreise auf dem Weg vom Flughafen in die Stadt durch verstopfte Straßen quälen muss, den wird sie schwerlich zu Begeisterungsstürmen hinreißen.

Die Metropole mit über 2 Mio. Bewohnern erschließt sich nur jenen, die sich auf sie einlassen. Dann zeigt sie durchaus spannende, ja sogar überraschende Seiten: mondän und modern am World Trade Center; kulturell und kolonial in Cinnamon Gardens; bunt und belebt in den Gassen von Fort und der Pettah; gemütlich und gelassen entlang der Galle Face Green; cool und trendy beim Besuch der Einkaufszentren und Bars; oder kulinarisch vielfältig in den zahlreichen Restaurants. Als politisches und wirtschaftliches Zentrum ist die Stadt zudem hervorragend geeignet, um Besorgungen aller Art zu erledigen: sei es Visa verlängern, Einkäufe besorgen oder Informationen einholen.

Geschichte

Zwar hatte Buddha bereits vor über 2500 Jahren höchstpersönlich seinen Fuß ans Ufer des Kelani Ganga gesetzt – so zumindest weiß es die Legende. Doch gab es rund um Sri Lankas viertlängsten Fluss außer ein paar Siedlungen nur Sumpf und Krokodile. Möglicherweise ab dem 10. Jh. ließen sich hier muslimische Kaufleute aus Westasien nieder. **Kalanbu** (Hafen), wie sie den Ort nannten, avancierte zu einem von vielen Warenumschlagplätzen im asiatischen Raum, von denen aus sie den regionalen Seehandel betrieben und immer mehr zu kontrollieren begannen.

Als nach dem Niedergang Polonnaruwas die Insel in verschiedene Königreiche zerfiel, etablierte sich Ende des 14. Jhs. nur 10 km landeinwärts von Kalanbu das Zentrum des Königreichs **Kotte**. Von dort aus lenkte König Parakramabahu VI. (reg. 1411–66) zwar für einige Jahrzehnte ein inselweit geeintes Reich, doch bald nach Ankunft der **Portugiesen** 1505 schwand der Ein-

fluss der Könige Kottes rapide. Die südeuropäische Seemacht errichtete 1517 in Colombo ein Fort, um von dort aus den lukrativen Zimt- und Edelsteinhandel zu kontrollieren. 1597 zerstörte sie Kotte, vertrieb den König und übte von da an entlang der Küste Direktherrschaft aus.

Doch bereits nach wenigen Jahrzehnten begann ihr Stern zu sinken. Die **Holländer** setzten sich allmählich auf der Insel fest. Unterstützt vom König von Kandy, eroberten sie entlang der Küste eine portugiesische Festung nach der anderen. Am 12. Mai 1656 konnten sie auch das Fort von Colombo einnehmen. Nach fast siebenmonatiger Belagerung gaben die ausgehungerten Portugiesen auf.

Ähnliches erblühte wiederum den Holländern nach 140 Jahren selbst, als 1796 die **Briten** die Macht übernahmen und von da an der Union Jack von den Dächern wehte. Unter dem Empire erhielt Colombo das heutige Stadtbild: viktorianische Prachtbauten und breite Boulevards, eine Eisenbahn und die an Fanatismus grenzende Vorliebe für Kricket, das heute auf jedem freien Platz gespielt wird.

Mit der Unabhängigkeit 1948 wurde Colombo Hauptstadt Sri Lankas, und als sich nach dem schwarzen Juli 1983 der ethnische Konflikt immer mehr verschärfte, hatte dies auch fatale Folgen für die Metropole. Besonders der Stadtteil Fort wurde zum Ziel mehrerer verheerender Anschläge. Seit dem Kriegsende im Mai 2009 hat sich die Lage normalisiert. Die Bewohner schauen optimistisch in die Zukunft und es ist eine wirtschaftliche Aufbruchstimmung zu spüren.

Orientierung

Die für srilankische Verhältnisse überdimensionierte Metropole scheint sich endlos am Meer entlangzuziehen. Im Herzen liegen **Fort** und im östlichen Anschluss **Pettah**, in deren Straßen und Gassen sich das ohnehin schon chaotische Leben Colombos noch bunter und quirliger zeigt. Wie Magnete wirken der Hauptbahnhof Colombo-Fort und die Busbahnhöfe, wo ununterbrochen die Menschenmassen strömen. In Pettah sind auch die ältesten und interessantesten Sehenswürdigkeiten zu finden.

Nördlich davon locken in **Kotahena** einige historisch bemerkenswerte Kirchen zur Besichtigung. Weiter südlich schließt sich zwischen den beiden Beira Lakes der Business-Distrikt **Slave Island** mit den großen Hotels an. Dann folgen die Stadtteile **Kollupitiya** und **Bambalapitiya**. Durchzogen von der Bahnlinie parallel zur Küste und der ewig verstopften Galle Road, befinden sich hier viele Büro- und Geschäftsgebäude. Wer in der Galle Road eine Adresse sucht, sollte neben dem Stadtteil auch unbedingt den Namen der nächsten Querstraße wissen, denn die Häuser

sind nur innerhalb eines Distriktes fortlaufend nummeriert.

Landeinwärts zeigt sich in **Cinnamon Gardens** und – etwas abgeschwächt – in **Borella** Colombo mit vielen Stadtvillen von seiner feineren Seite. Je weiter man auf der Galle Road nach Süden fährt, desto gesichtsloser werden die Viertel – mit Ausnahme von **Mount Lavinia**, wo schon die ersten Strände zum Baden locken.

Offiziell wird die Stadt in 15 nummerierte Distrikte eingeteilt (s. Kasten). Verwirrung stiftet nicht selten die Verwendung unterschiedlicher Straßennamen, denn 1988 wurden einige wichtige Straßen umbenannt wie etwa ein Abschnitt der Duplication Road in R. A. de Mel Mawatha oder die New Bullers Road in Bauddhaloka Mawatha. Gegebenenfalls wird nochmals darauf hingewiesen.

Fort

Es ist schon lange her, dass an dieser exponierten Stelle am Meer wirklich mal ein Fort lag. Bereits 1872 hatten die Briten die gewaltige sternförmige Befestigungsanlage der Holländer abgerissen, weil die massiven Mauern verteidigungstechnisch nicht mehr notwendig waren. Vor allem jedoch um mehr Platz für die Bewohner zu schaffen. Das Fort lag zwischen Meer und einem Kanal, der den Hafen mit dem größeren Beira Lake verbindet.

Heute zeichnet sich dieser Stadtteil durch einen eigentümlichen Mix aus Alt und Neu aus. Hier die engen Gassen und oft heruntergekommenen Kolonialgebäude, dort die modernen Hochhausklötze, allen voran das World Trade Center und die Zentrale der Bank of Ceylon. Rund um das President's House ist das Gebiet weitläufig abgesperrt. Dies hat viel von der ursprünglichen Lebendigkeit der einst sehr belebten Straßenzüge genommen.

Uhrturm und President's House

Im nördlichen Teil von Fort sind die Straßenzüge zwischen Marine Drive und Janadhipathi Mawatha komplett gesperrt. Daher steht der massige **Uhrturm** an der Kreuzung Chatham Street/ Janadhipathi Mawatha etwas verloren da.

Distriktnummern für Colombo	
Col 1	Fort
Col 2	Slave Island
Col 3	Kollupitiya
Col 4	Bambalapitiya
Col 5	Havelock Town
Col 6	Wellawatta
Col 7	Cinnamon Gardens
Col 8	Borella
Col 9	Dematagoda
Col 10	Maradana
Col 11	Die Pettah
Col 12	Hulftsdorf
Col 13	Kotahena
Col 14	Grandpass
Col 15	Mutwal

Colombo

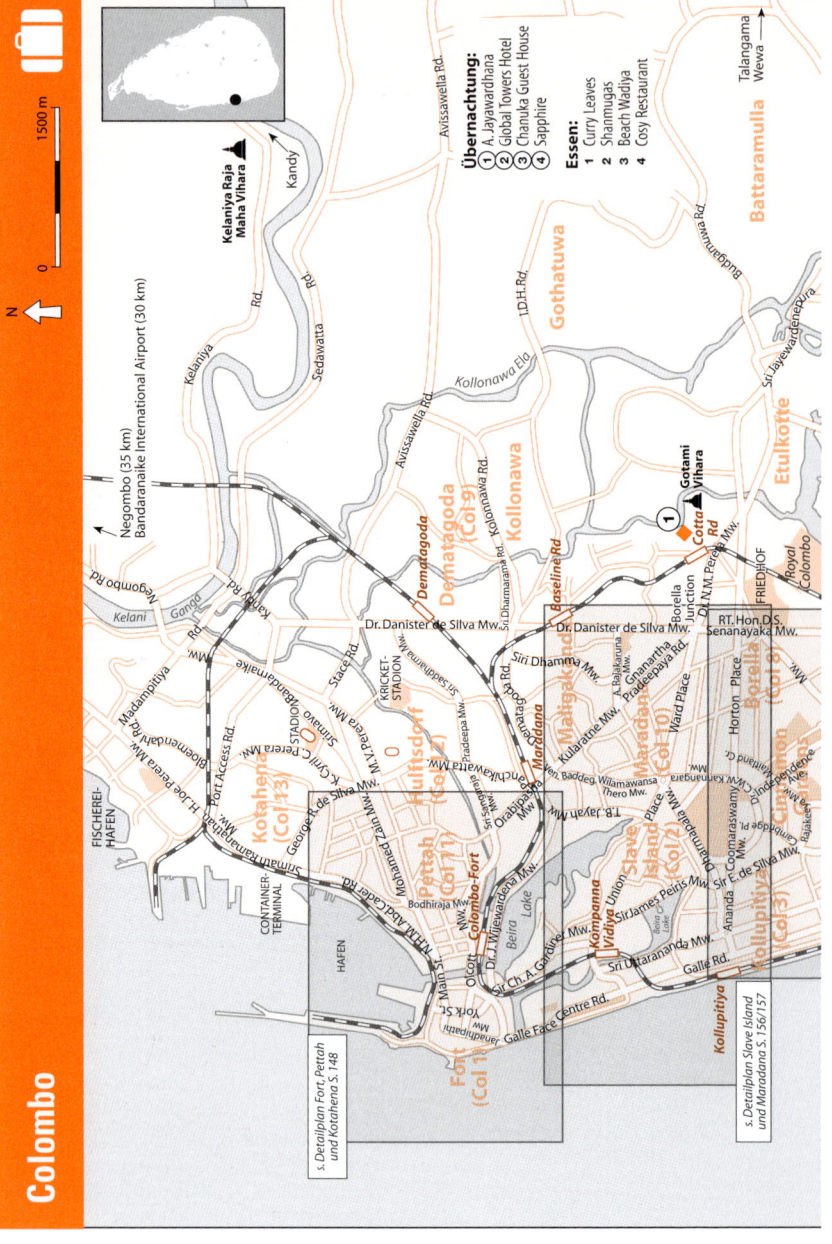

N

0   1500 m

Übernachtung:
① A. Jayawardhana
② Global Towers Hotel
③ Chanuka Guest House
④ Sapphire

Essen:
1 Curry Leaves
2 Shanmugas
3 Beach Wadiya
4 Cosy Restaurant

Negombo (35 km)
Bandaranaike International Airport (30 km)

Talangama Wewa

Kelaniya Raja Maha Vihara

Kandy

Battaramulla

Gothatuwa

Etulkotte

Kollonawa

Dematagoda (Col 9)

Kollonawa Ela

Baseline Rd.

Gotami Vihara

Cotta Rd

Borella Junction

RT. Hon. D.S. Senanayaka Mw.

FRIEDHOF

Royal Colombo

Dr. Danister de Silva Mw.

Maligakanda

Maradana (Col 10)

Borella (Col 8)

Horton Place

Hulftsdorf (Col 12)

Kotahena (Col 13)

Pettah (Col 11)

Colombo-Fort

Beira Lake

Slave Island (Col 2)

Kompanna Vidya Union

Cinnamon Gardens (Col 7)

Independence Sq.

Kollupitiya (Col 3)

Galle Rd.

Fort (Col 1)

HAFEN

CONTAINER-TERMINAL

FISCHEREI-HAFEN

KRICKET-STADION

STADION

Kelani Ganga

Kollupitiya

s. Detailplan Slave Island und Maradana S. 156/157

s. Detailplan Fort, Pettah und Kotahena S. 148

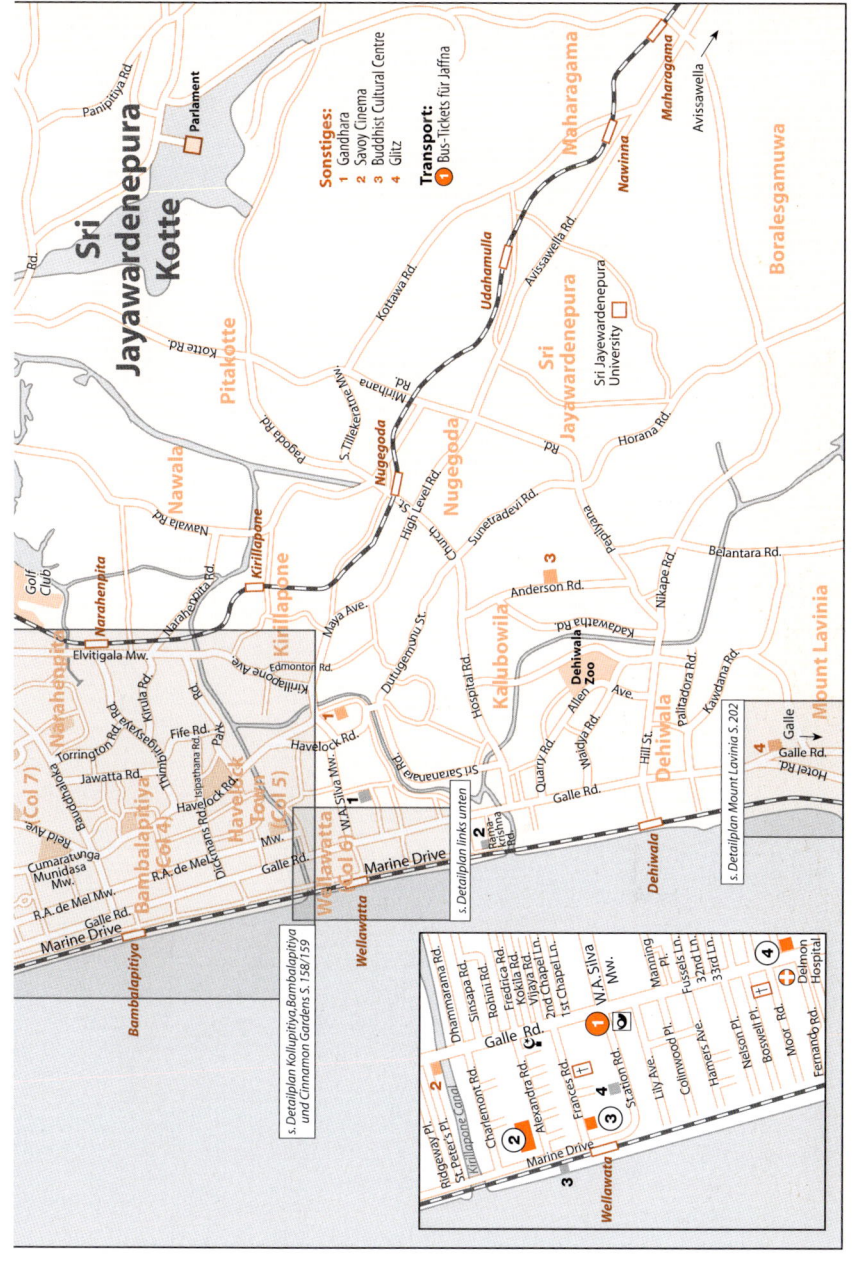

Sonstiges:
1 Gandhara
2 Savoy Cinema
3 Buddhist Cultural Centre
4 Glitz

Transport:
1 Bus-Tickets für Jaffna

Sri Jayawardenepura Kotte

Parlament

Panipitiya Rd.

Maharagama

Maharagama

Nawinna

Avissawella

Boralesgamuwa

Udahamulla

Kottawa Rd.

Avissawella Rd.

Pagoda Rd.

Pitakotte

Kotte Rd.

Nawala

Nawala Rd.

Narahenpita Rd.

S. Tillekeratne Mw.

Mirihana Rd.

Nugegoda

Nugegoda

High Level Rd.

Church Rd.

Sri Jayawardenepura

Sri Jayawardenepura University

Horana Rd.

Sunetradevi Rd.

Pepiliyana Rd.

Belantara Rd.

Nikape Rd.

Anderson Rd.

Kalubowila

3

Kadawatha Rd.

Mount Lavinia

Golf Club

Narahenpita

Kirillapone

Kirillapone

Maya Ave.

Dutugemunu St.

Hospital Rd.

Dehiwala Zoo

Allen Ave.

Palitadora Rd.

Kawdana Rd.

Elvitigala Mw.

Edmonton Rd.

Kirillapone Ave.

Havelock Rd.

Sri Saranankara Rd.

Waidya Rd.

Quary Rd.

Hill St.

Dehiwala

s. Detailplan Mount Lavinia S. 202

Galle Rd.

Hotel Rd.

Galle

Fife Rd.

Torrington Rd.

Kirula Rd.

Kirula Rd.

Havelock Town (Col 5)

Jawatta Rd.

Isipathana Mw.

Park Rd.

Havelock Rd.

W.A. Silva Mw.

1

Havelock Rd.

Rajagiriya Rd.

Thimbirigasyaya

Baudhaloka

Field Ave. (Col 7)

Bambalapitiya (Col 4)

R.A. de Mel Mw.

Dickmans Rd.

Galle Rd.

Wellawatta (Col 6)

Marine Drive

Wellawatta

Rame Krishna Rd.

s. Detailplan links unten

Cumaratunga Munidasa Mw.

R.A. de Mel Mw.

Galle Rd.

Marine Drive

Bambalapitiya

Wellawatta

s. Detailplan Kollupitiya, Bambalapitiya und Cinnamon Gardens S. 158/159

Ridgeway Pl.

St. Peter's Pl.

Charlemont Rd.

Dhammarama Rd.

Sinsapa Rd.

Rohini Rd.

Fredrica Rd.

Vokita Rd.

Vijaya Rd.

2nd Chapel Ln.

1st Chapel Ln.

Alexandra Rd.

Frances Rd.

Station Rd.

Manning Pl.

Fussels Ln.

32nd Ln.

33rd Ln.

Lily Ave.

Collinwood Pl.

Hamers Ave.

Nelson Pl.

Boswell Pl.

Moor Rd.

Fernando Rd.

Galle Rd.

W.A. Silva Mw.

2

1

4

3

3

4

Delmon Hospital

Kirillapone Canal

Marine Drive

Wellawatta

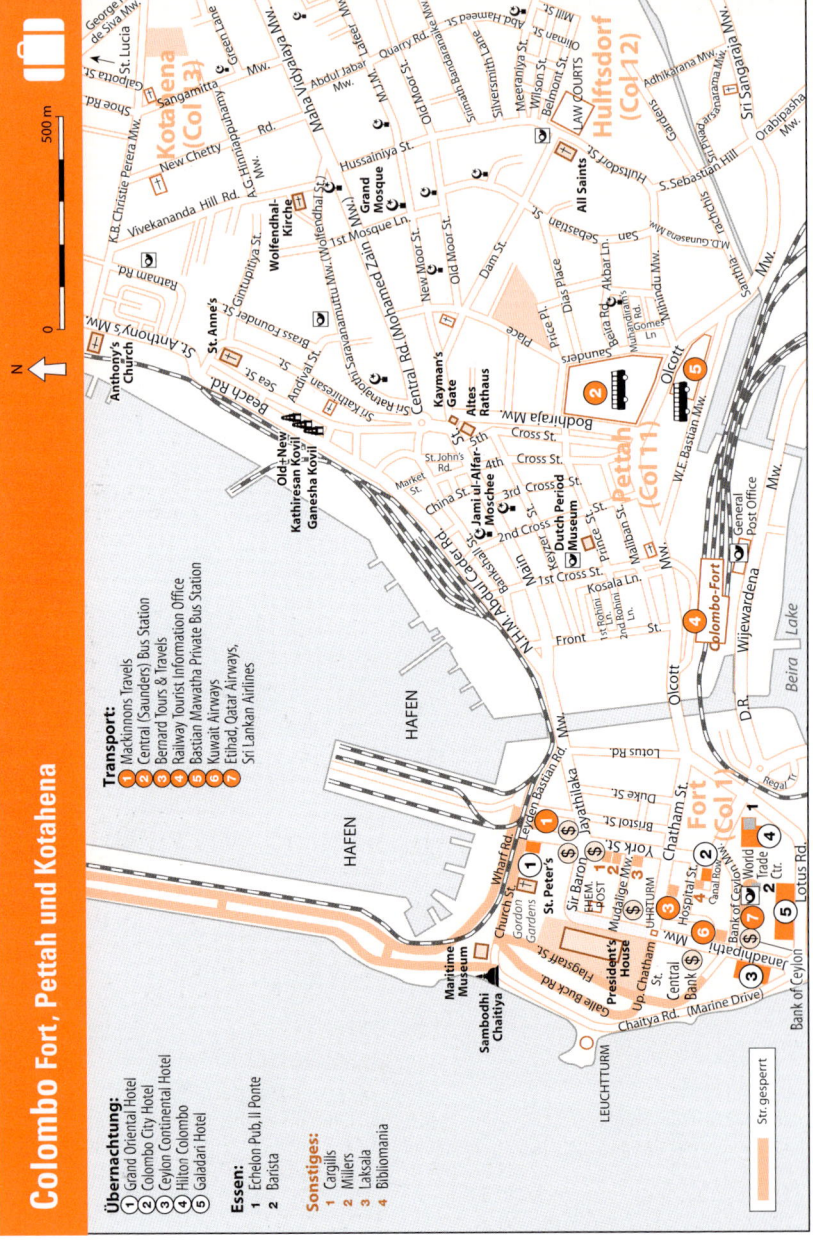

Colombo

Übernachtung:
1 Grand Oriental Hotel
2 Colombo City Hotel
3 Ceylon Continental Hotel
4 Hilton Colombo
5 Galadari Hotel

Essen:
1 Echelon Pub, Il Ponte
2 Barista

Sonstiges:
1 Cargills
2 Millers
3 Laksala
4 Bibliomania

Transport:
1 Mackinnons Travels
2 Central (Saunders) Bus Station
3 Bernard Tours & Travels
4 Railway Tourist Information Office
5 Bastian Mawatha Private Bus Station
6 Kuwait Airways
7 Etihad, Qatar Airways,
   Sri Lankan Airlines

Kotahena (Col 3)

Hulftsdorf (Col 12)

Pettah (Col 11)

Fort (Col 1)

HAFEN

Beira Lake

Str. gesperrt

1857 wurde er von Lady Ward, der engagierten Frau des Gouverneurs Henry G. Ward (1855–60), entworfen und zehn Jahre später in einen Leuchtturm umgewandelt, bis er zwischen den Häusern verschwand und vom Meer aus nicht mehr zu sehen war. Die Uhr wurde erst 1914 hinzugefügt, obwohl sie schon 1872 angeschafft worden war. Weil niemand die Kosten für das Anbringen aufbringen wollte, blieb sie über vier Jahrzehnte eingemottet. Vermisst hatten sie möglicherweise nur die Briten, denn was bedeutet in Sri Lanka schon Zeit …

Eingebettet in einen üppig-tropischen Garten liegt innerhalb dieser Absperrungen auch das nicht zugängliche **President's House** (Janadhipathi Mandiraya). Das attraktive neo-klassizistische Gebäude wurde 1856 fertiggestellt und ersetzte die von den Holländern errichtete Residenz ihres Statthalters. Die britischen Kolonialherren nutzten es als offiziellen Stadtsitz ihrer Gouverneure. Heute ist der mächtige Bau offizielle Residenz des srilankischen Präsidenten. In der Einfahrt steht noch die Statue von Sir Edward Barnes, Gouverneur Ceylons von 1824 bis 1831, der unter anderem für den Bau der Colombo-Kandy-Road verantwortlich war.

In einem repräsentativen Kolonialbau gegenüber war bis 2000 das **Hauptpostamt** untergebracht. 1895 wurde es nach vierjähriger Bauzeit vollendet. Es ist ebenfalls derzeit nicht zugänglich, weshalb man von dort aus auch nicht die Wachen in ihren schicken rotblauen Uniformen vor dem gegenüber liegenden Eingangstor zum President's House – bis 1972 noch als „Queen's House" bekannt – bewundern kann.

An der Ecke Flagstaff Street/Church Street liegen die ebenfalls im Sperrgebiet befindlichen **Gordon Gardens** mit einer üppigen Flora und einer Statue der ebenso üppigen Queen Victoria (reg. 1837–1901), zu deren goldenem Thronjubiläum der Garten von dem namensgebenden Gouverneur Sir Arthur H. Gordon gestiftet wurde.

York Street

Checkpoints in der **Chatham-** und **Hospital Street** haben das ehemals sehr bunte Leben zum Erliegen gebracht. Nur zu Rushhour und Mittagszeit eilen Geschäftsleute und Angestellte durch die beiden Straßen. Während hier viele Kolonial-bauten verfallen oder bereits durch unansehnliche Neubauten ersetzt wurden, geht es in der zum Hafen führenden **York Street** etwas mondäner zu.

Zum Beispiel im ehrwürdigen **Grand Oriental Hotel** an der Ecke zur Church Street. Seitdem es am 5. November 1875 seine Pforten öffnete, hat es wahrlich viele Gäste kommen und gehen sehen. Wegen seiner Hafennähe stiegen hier Durchreisende gerne auf ihrem Weg zwischen Asien und Europa ab, wenn sie in Colombo Zwischenstation machten. Dazu zählte der philippinische Freiheitskämpfer Jose Rizal ebenso wie Karl May. Der Winnetou-Erfinder hatte hier auf seiner 16-monatigen Orientreise Station gemacht. Nachdem er mit der *Preußen* am 4. April 1899 von Genua aus gestartet war, lief er mit der *Bayern* am 6. Oktober im Hafen von Colombo ein. Drei Wochen residierte er im Grand Oriental, bevor er nach Indonesien weiterreiste. Möglicherweise startete von hier aus auch Hermann Hesse am 11.11.1911 seinen nächtlichen Bordellbesuch – vielleicht um auf diese Weise das originelle Datum zu feiern.

Etwas weiter südlich der York Street, kurz vor der Mudalige Mawatha, dominiert eine rot-weiße Fassade das Straßenbild. Sie gehört zum berühmten **Cargills Department Store**. Als Saim Cargill, der Gründer der heutigen Supermarktkette, 1844 an dieser Stelle seinen ersten Laden eröffnete, verkaufte er die Waren noch in einer holländischen Villa. 1906 wurde das heutige Gebäude als „Cargills & Millers Deparment Stores" eingeweiht und mit dem Spruch beworben „das beste seiner Art diesseits des Suez" zu sein. Doch diese Zeiten sind längst vorbei, das Geschäft ist ziemlich heruntergekommen. Ebenso vernachlässigt wirkt die noch etwas weiter südlich liegende staatliche Verkaufsstelle **Laksala** mit einem großen Angebot an srilankischer Handwerkskunst.

Marine Drive

Die Galle Face Centre Road geht nach einem Rondell unweit des Ceylon Continental Hotels in die Marine Drive über. Wegen des **Sambodhi Chaitya** (auch: Cetiya) wird sie auch Chaitya Road genannt. Der auf Betonstelzen stehende buddhistische „Stupa *(chaitya)* der Erleuchtung *(sambo-*

dhi)" liegt an der Einmündung zur derzeit gesperrten Church Street und wurde 1956 zum Gedenken an den 2500. Todestag des Buddha gestiftet.

Nicht weit daneben können sich Freunde von Schiffsmodellen im 2003 eröffneten **Maritime Museum** umsehen. Dort wurden die Boote prominenter Inselbesucher in Miniaturform nachgebaut, wie etwa des chinesischen Pilgers des 5. Jhs., Fa Xian (Fa Hsien), oder des arabischen Seefahrers aus dem 14. Jh., Abu Abdullah Mohammed ibn Battuta. Zwar weiß man nicht, ob der legendäre Prinz Vijaya (s. S. 107) wirklich existiert hat, aber man weiß, wie sein Schiff ausgesehen hat – es ist ebenfalls als Modell ausgestellt. ⏱ tgl. 15–17 Uhr, Eintritt frei.

Die Pettah

Die von den Eingeborenen bewohnten Stadtteile haben schmale Straßen; die Häuser und Häuschen stehen eng beisammen. Man sieht Laden an Laden, und wer sich vor gewissen Gerüchen scheut, der tut wohl, sich in eine der stets und überall vorhandenen Rickschahs zu setzen und dahin zu fahren, wo es nicht mehr riecht.

Karl May in: *Und Friede auf Erden!*

Ähnliches könnte der fantasiereiche Bestseller-Autor und Colombo-Besucher über die Pettah auch heute noch schreiben. Die Gassen und Straßen sind voller Menschen, geruchsintensiv und vorwiegend einem Thema gewidmet – dem Kauf und Verkauf von Waren: bunte Saris, dunkle Anzüge, glitzernder Schmuck. Dazu kommen der Duft von Parfüm, der Geruch von Schweiß und vor allem der Gestank der Autos.

Pettah ist ein Brennpunkt der ethnischen Vielfalt wie nirgendwo sonst in Sri Lanka. Die vielen Kirchen, Moscheen und Hindu-Tempel geben Zeugnis davon. Muslime, Tamilen und Singhalesen leben hier eigentlich recht friedlich nebeneinander. Dies taten sie bereits, als die Niederländer das Sagen hatten. Während die Kolonialherren sich hinter den Mauern des Forts verschanzten, lebten die Einheimischen vorwiegend in diesem Stadtteil. „Pettai", Siedlung, nannten die Tamilen

schlicht ihr Wohngebiet, woraus später der anglisierte Name **The Pettah** abgeleitet wurde.

Typisch für asiatische Einkaufsviertel ist auch hier die Konzentration von Geschäften mit ähnlichem Warenangebot in bestimmten Straßen. So werden in der Front Street vorwiegend Lederwaren verkauft, in der parallel verlaufenden 1st Cross Street sind Elektroartikel zu finden und in der 3rd Cross Street Stoffe.

Dutch Period Museum

An die Zeit der holländischen Kolonialherrschaft (1658–1796) erinnert das **Dutch Period Museum** in der Prince Street Nr. 96. Im ausgehenden 17. Jh. als Residenz des Gouverneurs Thomas van Rhee (1693–97) erbaut, diente das schmucke Gebäude dann bis 1796 als Internat. Danach wurde es unterschiedlich genutzt, zuletzt als Postamt. Seit 1982 ist es ein recht verstaubtes Museum mit zahlreichen Memorabilien aus jener Zeit.

So finden sich im Erdgeschoss Grabsteine, Waffen, eine 1768 gegossene Glocke der „Vereenigden Oost-Indischen Compagnie" (VOC) und Kleidungsstücke. Ein Porträt erinnert an den holländischen Kommandeur Gerard Hulft, der am 10. April 1656 bei der Belagerung des portugiesischen Forts ums Leben gekommen war – einen Monat, bevor die Südeuropäer kapitulierten. Ihm zu Ehren wurde ein ganzes Stadtviertel östlich von Pettah benannt: Hulftsdorf (Col 12). Im Obergeschoss kann man im Verfall befindliches Mobiliar sowie alte Karten bewundern und im Innenhof die Stille und entspannte Atmosphäre des wenig besuchten Museums genießen.

⏱ Di–Sa 9–17 Uhr, Eintritt unverschämte 500 Rs (ermäßigt 300 Rs), Kameragebühr 250 Rs.

Entlang der Sea Street

Am östlichen Ende der Main Street gelangt man zu einer Straßenkreuzung mit dem kuriosen Namen **Kayman's Gate**. Möglicherweise ist der Name des heute verschwundenen Tores ein Bezug auf die Kaimane, welche in den Sümpfen Colombos herumschwammen.

Auf der Südseite der Kreuzung liegt das **Alte Rathaus**. In dem schönen Kolonialgebäude kann man alte Schreib- und Straßenbaugeräte besichtigen und über die knarrende Treppe zum ersten Stock hinaufgehen. Im dortigen Ratssaal sitzen

Als am 13. Juni 1231 in Padua der wortgewaltige Franziskanerpater Antonius im Alter von nur 36 Jahren starb, begann die beispiellose Karriere eines Heiligen weit über die italienischen Grenzen hinaus. „Suchst du Wundertaten, gehe zu Antonius", so hieß es bald in aller Munde. Bereits nach elf Monaten wurde er heiliggesprochen und ist seitdem für vieles zuständig: gegen Unfruchtbarkeit ebenso wie gegen das Altwerden, gegen Fieber, Pest und Viehkrankheiten; auch im Falle von Schiffbruch und Krieg kann man ihn anrufen. Aber vor allem hilft er jenen,

die etwas verloren haben – sei es die Brille oder den Verstand.
Kein Wunder, dass sich auch viele srilankische Nichtchristen zu ihm hingezogen fühlen. Ob Hindus, Buddhisten oder eben Christen, sie alle pilgern bevorzugt am Dienstag (dem Tag seiner Bestattung) zu seiner Statue in die St. Anthony Kirche. Oder sie verneigen sich vor einem Reliquiar, in dem ein kleines Stück seiner Zunge aufbewahrt wird. Schaffte sie es doch, dass sogar die Fische vor der Küste Riminis seiner Predigt lauschten.

ihr auf Knien, fallen vor ihr nieder und berühren sie. Ein englischsprachiger Gottesdienst findet dienstags um 12 Uhr statt.

Historisch interessanter ist die **Wolfendhal-Kirche** (Wolfendaal Kerk), deren eigentümlicher Name sich von dem alten holländischen Gebietsnamen (deutsch: Wolfstal) ableitet. Er stammt noch aus einer Zeit, als in dieser Gegend nicht Automotoren, sondern wilde Tiere heulten und irrtümlich für Wölfe gehalten wurden. Nach Grundsteinlegung 1749 wurde das dem Grundriss eines griechischen Kreuzes nachempfundene Gebäude nach siebenjähriger Bauzeit fertiggestellt. Seitdem trifft sich hier die reformierte Kirchengemeinde zum Gebet.

Innerhalb der massiven Außenmauern gruppieren sich vier Bankreihen um den mittleren Predigtstuhl. Doch nicht jeder war vor Gott gleich, wie man an den schön geschnitzten Sitzen des Gouverneurs und der Kirchenminister sehen kann. Unter den beschrifteten Bodenplatten ruhen einst bekannte Persönlichkeiten, darunter fünf Gouverneure. Sie wurden 1819 hierher umgebettet. Jeden Sonntag findet um 9.30 Uhr ein englischsprachiger Gottesdienst statt, ⏱ Di–So 8–17 Uhr, Spende ab 100 Rs.

Colombos gewaltigster Kirchenbau erhebt sich weiter östlich an der St. Lucia Street: **St. Lucia**, die katholische Kathedrale und Sitz des Bischofs. Zwischen 1873 und 1910 in neoromanischem Stil errichtet, kann das dreischiffige Gotteshaus unter seiner Kuppel über 5000 Menschen fassen. Mit zwei benachbarten Konventen, darunter

einem Benediktinerkloster, bildet St. Lucia in der ansonsten unspektakulären Wohngegend ein interessantes architektonisches Ensemble. Englischsprachige Gottesdienste: Sa 18, So 5.30, 6.30, 18 Uhr.

Galle Face Green

„Commenced by Sir Henry Ward 1856. Completed and recommended 1859 to his successors in the interest of the Ladies and Children of Colombo". So heißt es auf der unscheinbaren Stiftungsplakette der langgezogenen **Uferpromenade**, die sich von Fort bis zum Galle Face Hotel zieht. Seitdem Ceylons Gouverneur von 1855 bis 1860 diesen Grünstreifen der Öffentlichkeit übergab, spazieren nicht nur Damen und Kinder entlang des Küstenstreifens, sondern auch Touristen – und dazwischen Bettler, Nepper und andere weniger angenehme Gesellen.

Lange ist es her, als sich die feine Gesellschaft an Pferderennen vergnügte, doch nach wie vor werden Konzerte gegeben und private Kricketmeisterschaften ausgetragen. Vor allem ist die Galle Face Green jedoch ein Treffpunkt für Jung und Alt, die sich bevorzugt nachmittags und am Wochenende zum Flanieren einfinden. Eine schöne Gelegenheit, mit den Einheimischen ins Gespräch zu kommen. Zum Abschluss bietet sich ein Sundowner oder eine Tasse Tee auf der Terrasse des „Checkerboard" im benachbarten **Galle Face Hotel** an.

Antonius – ein Heiliger für alle

Colombo

www.stefan-loose.de/sri-lanka

Galle Face Green 153

Das Galle Face Green lädt zum Schlendern und Schauen ein.

Am nördlichen Ende der Flaniermeile liegt auf der anderen Straßenseite das **alte Parlamentsgebäude**, ein enormes neoklassizistisches Bauwerk, das unter dem Gouverneur Sir Herbert Stanley 1930 seiner Bestimmung übergeben wurde. Zuerst tagte der 50-köpfige „Legislative Council" in seinen Räumen, nach der Unabhängigkeit 1948 das Parlament. Seit 1982 finden die politischen Debatten im bemerkenswerten Neubau in Kotte statt, und das alte Gebäude wird vom Sekretariat des Präsidenten genutzt. Im ausladenden Vorplatz sind fünf Statuen aufgestellt: die ersten drei Premierminister und zwei Minister.

Slave Island

Ein eigentümlicher Name für ein Gebiet, das sich südlich von Colombo-Fort zwischen den beiden **Beira Lakes** erstreckt. Die Seen waren ursprünglich miteinander verbunden und Teil eines riesigen Schwemmgebietes, welches als natürliches Rückhaltebecken des Kelani Ganga fungierte. Um 1700 integrierte es der holländische Wasseringenieur Johan De Beer in ein ausgefeiltes Kanalsystem, das zum Warentransport und zur Absicherung des Forts diente. Dazu legte er weite Teile des Marschlandes trocken (s. S. 187). Ob der Name der Seen sich von De Beer ableitet, ist nicht ganz geklärt.

Die Vorgeschichte von „Slave Island" beginnt im frühen 17. Jh., als die Portugiesen ostafrikanische Sklaven, von ihnen *cafrinha* genannt, über Goa nach Sri Lanka brachten. Später standen die Afrikaner in Diensten der Holländer – nun unter der Bezeichnung *kaffir* bekannt – und als sie an Zahl zunahmen und es zu sozialen Spannungen kam, wurden sie auf einer Insel inmitten des damals größeren Beira Lakes angesiedelt.

Das verslumte Eiland nannten sie „Kaffir Veldt", woraus die englische Bezeichnung „Slave Island" abgeleitet wurde. Heute leben noch einige ihrer Nachkommen in der Umgebung von Puttalam. Im 17. Jh. entstand auf der Insel eine Garnison für malaiische und indonesische Soldaten, die in Diensten der holländischen Armee standen. Heute ist die Insel aufgrund der Aufschüttungen verschwunden. Die Nachfahren der Südostasiaten leben jedoch noch hier, vor allem rund um die geschäftige **Malay Street**, deren Name an die Herkunft der Bewohner erinnert. Die vielen Halal-Geschäfte und Moscheen zeugen zudem von ihrem Glauben.

Gangaramaya und Seema Malaka

Südöstlich des kleineren Beira Lakes liegt an der Sri Jinaratana Road Colombos ältestes buddhistisches Kloster, das **Gangaramaya**. 1885 von dem reformorientierten Mönch Hikkaduwe Sri Sumangala Nayaka Thera (1827–1911) gegründet – er arbeitete eng mit Olcott zusammen (s. Pettah) – avancierte es schnell zu einem bedeutenden religiösen Zentrum. Es ist ein idealer, stimmungsvoller Ort zum Verweilen, um der Hektik Colombos zu entfliehen und in aller Ruhe das stille Treiben der Gläubigen zu beobachten.

Auf dem Gelände finden sich ein weißer Dagoba, ein gewaltig ausladender Bodhi-Baum und ein Museum, das einer Rumpelkammer ähnelt. Hier kann man alte Schallplatten, Uhren, Devotionalien und Schreibmaschinen bestaunen oder eine aus der Kolonialzeit stammende Druckmaschine der Firma „Imperial Press". Sehenswerter ist die Sammlung von Buddha-Figuren, darunter Kopien bekannter Statuen aus Polonnaruwa und Schenkungen aus Birma und Thailand. In einigen Winkeln überraschen illustre Oldtimer – darunter ein stattlicher Mercedes aus den 1930er- Jahren, amerikanische Straßenkreuzer, ein VW-Bus und etliche Austin Minors. Ein besonderes Schauspiel bietet der tempeleigene Elefant, wenn er zur Fütterungszeit mit Leichtigkeit dicke Palmenstämme zerkleinert. ⊙ tgl. 5.30–23 Uhr, Eintritt 100 Rs.

Architektonisch bemerkenswerter ist das mitten in den kleinen Beira Lake gebaute **Seema Malaka** aufgrund seiner schlichten und klaren Formen. Die Ordinationshalle, so die Bedeutung des Namens, ist auf einer dreiteiligen Plattform komplett aus Holz errichtet und besteht aus einem Hauptpavillon und zwei flankierenden Sei-

Colombo

tenpavillons. Mit dem Festland ist sie über einen Steg verbunden.

Als 1976 der agile Abt des Gangaramaya den Bau für die Ordination der Mönche aus seinem Kloster in Auftrag gab, konnte er dafür Sri Lankas renommiertesten Architekten, Geoffrey Bawa, gewinnen. Dieser ließ sich dabei von den alten buddhistischen Einsiedeleien aus der Anuradhapura-Periode inspirieren. Zwei Jahre später wurde es eingeweiht, nachdem ironischerweise ein muslimischer Geschäftsmann die Finanzierung gesichert hatte.

Cinnamon Gardens

Zimtgärten gibt es in diesem vornehmen Stadtteil schon lange nicht mehr, doch ist er durch die Parkanlagen und vielen hinter hohen Bäumen verborgenen Villen noch immer recht grün. Daher ist er ein bevorzugtes Wohngebiet für betuchte Sri Lanker, auch mehrere Botschaften und wichtige Institutionen wie etwa das Goethe-Institut sind hier zu finden.

Als grüne Lunge Colombos gilt der sich zwischen Dharmapala Mawatha und Horton Place erstreckende **Viharamahadevi Park**. Unter den Engländern als „Victoria Park" angelegt, wurde die herrliche Parkanlage 1951 nach der legendären Mutter des großen Königs Dutthagamani benannt (s. S. 281). Eine Statue erinnert an sie. Zudem steht hier möglicherweise der einzige Zimt-Baum des gesamten Stadtteils. Jacaranda, Cassia und andere Baumarten sind ebenfalls zu sehen; Fliegende Hunde hängen von den Wipfeln und Elefanten schlendern gelegentlich

Beira Lake

Kovil Veediya

D.R. Wijewardana Mw.

Sri Chittampalam Gardiner Mw.

1

ALTES PARLAMENT

POLIZEI

Morgan Rd.

Kumaran Ratnam Rd.

Kew Points Rd.

Slave Island (Col 2)

Sri Subramania Kovil

1

Galle Face Green

Malay Mews St.

Yawa Ln.

Glennie St.

New Ferry St.

Kew Rd.

Galle Face Drive

Galle Face Centre Rd.

De Soysa Pl.

Jampettah St.

Sir Henry de Mel Mw.

Vellons St.

Kew Pl.

Bahiathula Ln.

Vauxhall Ln.

2

Justice Akbar Mw.

Sir M.Macan Markar Mw.

Kompannaveediya

Church

Rifle St.

2

Vauxhall

3

St.

Union Place

3

Vauxhall St.

3

Wekande Jumma Masjid Rd.

Ahamath St.

Sri Sangbhodya Mw.

Union Place

Lotus Ln.

$

2

4

(Dr. Colvin R. de

Vauxhall

5 St.

7

Galle Face Terr.

3 **6** **5**

Sir M.Macan Markar Mw.

Stewart St.

We-kande Rd.

Vithanage Mw.

Nawaloka Hospitals

Staples St.

Dawson St.

5 Hilton Colombo Residence

7

High Comission of India

6

23rd Ln.

Galle Rd.

St. Andrew's Scotskirk

Sri James Peiris Mw.

Braybrooke St.

Braybrook Place

7

22nd Ln.

Uttarananda Mw.

8

Nawam Mw.

4

Nawam

Beira Lake

Muttatah Rd.

Park St.

10

Hunupitiya Rd.

Lake Gr.

Sri Lanka Tourism

20th Ln.

5

7

Rotunda Gdns.

9

Perahera

Seema Malaka

Sri Jinaratana Rd.

Hunupitiya Lake Rd.

6

11

Hyde Park

7 Rd.

Temple Trees Mw.

Nelson Ln.

Hudson Rd.

Alwis Pl.

Gangara-maya

Ramanayaka Mw.

W.A.D. Ramanayaka Cross Rd.

US BOTSCHAFT

Muhandiram's Ln.

Mosque

St. Michael's Rd.

Carmel Rd.

Bishop's College

Boyd Pl.

12

Polwatta

10 Mw.

13 $ **12**

Dharmapala Mw.

14

$

Kollupitiya

15

Station Rd.

25th Ln.

R.A. de Mel Mw.

Col.T.G. Jayawardena Mw.

Ananda

Sir Ernest de Silva Mw.

Sir Marcus Fernando Mw.

PUBLIC LIBRARY

NEW TOWN HALL

16

19th Ln.

18th Ln.

Marine Drive

Sellamuthu Ave.

Mile Post Ave.

Clifford Ave.

Palm Grove

Flower Terrace

Abd. Gaffoor Mw.

Green Path Rd.

Flower Rd.

Chelsea Gdn.

Unity Pl.

Inner Flower Rd. Mw.

Übernachtung:
- **1** Cinnamon Lakeside
- **2** Nippon Hotel
- **3** Taj Samudra
- **4** Garden Guest House
- **5** Ramada
- **6** Galle Face Hotel
- **7** YWCA International Guest House
- **8** Cinnamon Grand
- **9** YWCA National Centre
- **10** The Park Street Hotel
- **11** Delini Peiris
- **12** Lake Lodge
- **13** Tintagel
- **14** A Wayfarer's Inn
- **15** Parisare

Essen:
- **1** Fashion Café (Arena)
- **2** Rohan's
- **3** The Bavarian
- **4** Union Bar & Grill
- **5** Cheers Pub
- **6** Park Street Mews
- **7** Raja Bojun (Seylan Towers)
- **8** The Mango Tree

und sich im Garten mit einer Statue verewigen. Eindrucksvoller als sein Abbild ist jedoch der riesige Banyan-Baum im Eingangsbereich. Seit geraumer Zeit wird das Museum restauriert, Teile der Ausstellungen zeigen sich bereits in neuem Gewand.

🕐 tgl. außer feiertags 9–18.30 Uhr, Eintritt 500 Rs (ermäßigt 300 Rs), Kameragebühr absurde 1000 Rs, die man sich aber sparen sollte, denn viele Museumswächter gestatten trotzdem das Fotografieren.

Erdgeschoss

Im Erdgeschoss stehen Kultur und Geschichte Sri Lankas während der **Anuradhapura-** und **Polonnaruwa-Periode** im Vordergrund. Eine langatmige, 50-minütige audiovisuelle Präsentation will Besuchern mehr über die Bedeutung von Sri Lankas erster Hauptstadt vermitteln. Wand- und Schaubilder gehen auf die sozialen und wirtschaftlichen Aspekte ein.

Eine illustre Sammlung von **Skulpturen** zeugt von der künstlerischen Schaffenskraft jener Epoche, beispielsweise mit einem Kalkstein-Buddha in Meditationshaltung, der aus dem Toluwila-Komplex in Anuradhapura (300–500 n. Chr.) stammt. Mit seinem ovalen Kopf und den feinen Gesichtszügen sowie der körperlichen Ausgeglichenheit wirkt er äußerst harmonisch. Dies ist auch am Torso eines stehenden Buddhas aus Marmor (6./7. Jh.) zu erkennen. Zu den weiteren Exponaten zählen Darstellungen von hinduistischen Gottheiten, darunter einem Surya und einer Durga aus dem 10. Jh. Hinzu kommen Schmuck und Kopien von Wandmalereien.

Während sich ein Raum den baulichen Elementen von Klöstern widmet – dazu zählen Dagoba-Typen, Mondsteine, Versammlungshallen und Einsiedeleien –, stehen in einem anderen Raum hervorragend gearbeitete **Bronzefiguren** aus Polonnaruwa (12. Jh.) im Vordergrund. Viele von ihnen stammen aus dem Shiva Devale Nr. 1, wie etwa die tanzende Shiva Nataraja, ein tanzender Krishna und mehrere Darstellungen von Shivas Gemahlin Parvati. Auch Shiva in Eintracht mit seiner Gattin ist in sitzender und stehender Pose zu bewundern.

In weiteren Sälen werden antike Münzen (unter anderem aus Rom und Westasien), chinesi-

sche Keramik und königliche Regalia des letzten Monarchen von Kandy präsentiert. Auch ein **Königsthron** ist ausgestellt – Geschenk eines holländischen Gouverneurs an die Kandy-Regenten Vimala Dharma Surya II. (reg. 1687–1707).

Obergeschoss

Im oberen Stockwerk nimmt die Qualität der Ausstellung rapide ab. Unter den mäßig interessanten Exponaten, darunter Waffen und Puppenfiguren aus aller Welt, ist am ehesten die 2010 renovierte Gemäldegalerie sehenswert. Dort sind neben Kopien bekannter Wandmalereien **Aquarelle** von Andrew Nicholl (1804–86) mit vorwiegend Landschaftsmotiven zu sehen. Der irische Künstler hatte einige Jahre am Royal College Colombo unterrichtet.

Dehiwala Zoo

Im 10 km südlich von Colombo-Fort gelegenen Dehiwala, das mit Mount Lavinia eine eigenständige administrative Einheit bildet, liegt der sehr schön gestaltete Zoo. Tierfreunde kritisieren jedoch die nicht gerade artgerechte Haltung. Das gilt jedenfalls für die Primaten, von denen einige einheimische Arten wie der Weißbartlangur und der Graue Langur auch problemlos in Sri Lankas Wildnis beobachtet werden können. In zu kleinen Gehegen schmoren Löwen, Tiger und Jaguare. Aus Afrika wurden Elefanten und Giraffen importiert, aus den Anden Südamerikas die mit den Lamas verwandten Guanakos und aus Australien Kängurus. Sehenswert sind das Aquarium und das Vogelgehege. Täglich um 16 Uhr wird eine Seelöwen-Vorstellung und um 16.30 Uhr eine halbstündige Elefanten-Show präsentiert. Insgesamt ist der saftige Eintrittspreis nicht gerechtfertigt.

Transport: Bus Nr. 101 fährt von Pettah die Galle Road entlang nach Dehiwala. An der Kreuzung Station Road bzw. Hill Street aussteigen und dort Bus Nr. 118 bzw. 176 oder einen Three-Wheeler zum Zoo nehmen. Alternativ fährt man von Pettah mit Bus Nr. 115 entlang der Kotte Road zur Endstation in Pittakotte und dort mit Bus Nr. 118 weiter zum Zoo.

🕐 tgl. 8.30–18 Uhr, Eintritt 2000 Rs (Kinder 1000 Rs), 🖥 www.colombozoo.gov.lk.

Sri Jayawardenepura Kotte

Genau genommen heißt Sri Lankas Hauptstadt seit dem 29. April 1982 nicht mehr Colombo, sondern Sri Jayawardenepura Kotte (Ehrwürdige befestige Stadt des zunehmenden Sieges). So benannte im frühen 15. Jh. der Fürst Nissanka Alagakkonara seine Festung, die er etwa 10 km von der Meeresküste entfernt zur Verteidigung gegen die Invasoren aus dem tamilischen Königreich Jaffna anlegen ließ. Geschützt von Wassergräben und einer durch den nahen Diyawanna Oya gespeisten Sumpflandschaft war „Kotte" (Festung), so die verkürzte Bezeichnung, bis ins ausgehende 16. Jh. Zentrum eines Königreiches. Als die Portugiesen die Macht übernahmen, etablierten sie im nahen Colombo ihren Herrschaftssitz und Kotte verfiel.

Vogelbeobachtung am Talangama Wewa

Wenige Kilometer östlich des Stadtteils Battaramulla, nahe Kotte, liegt der künstlich aufgestaute **Talangama Wewa**, eine grüne Oase am Rande der Großstadt. Nur 30–40 Min. vom Stadtzentrum entfernt, kann man an diesem stillen Gewässer über 100 Vogelarten beobachten, darunter Kormorane, Purpurreiher, Wasserfasane und den seltenen Braunliest (engl. White-throated Kingfisher, lat. *Halcyon smyrnensis*). Mit Glück ist in den Büschen der endemische Weißbartlangur zu entdecken. Bus Nr. 186 fährt von der belebten Borella Junction bis zur Endstation Jayavadanagama. Von dort nimmt man einen Three-Wheeler und fährt bis zum Reservoir (ca. 1 km) oder geht zu Fuß entlang der Wewahena Road und folgt einem Schild links in Richtung „Brighthill Buddhist Centre". Weiter geht es durch eine kleine Kautschukanlage bis zu einer Abzweigung, dann biegt man rechts ab und nach 100 m ist der Wewa bereits zu sehen. Übernachten kann man in der feudalen Villa Talangama ◉, mit tollem Blick auf das Gewässer. Buchung über **Jetwing Eco Holidays**, ✆ 011-2381201, ▭ www.jetwingeco.com. Die Agentur arrangiert auch eine Vogelbeobachtungstour mit professionellem Guide.

Erst als 1978 der damalige Präsident J. R. Jayewardene entschied, ein neues **Regierungsviertel** zu errichten, erlebte Kotte eine Wiederbelebung – allerdings war es schon längst mit Colombo zusammengewachsen. Durch Trockenlegung des Sumpfgebietes entlang des Diyawanna Oya schuf man einen großen See samt einer 5 ha großen Insel in der Mitte. Auf ihr wurde nach Plänen von Geoffrey Bawa der neue **Parlamentsgebäude** errichtet. Seitdem tagen die Abgeordneten in diesem attraktiven Komplex, dessen Dachkonstruktion von den alten Kandy-Bauten inspiriert ist. Besuchern ist das Parlament nur in Ausnahmefällen zugänglich, man kann es daher nur aus der Ferne betrachten.

Kelaniya Raja Maha Vihara

Gut 10 km östlich von Colombo-Fort liegt in einer Schleife des Kelani Ganga das bedeutendste buddhistische Heiligtum der Westküste. Hier war der Legende nach das Ziel von Buddhas dritter Sri-Lanka-Reise. Die Chronik Mahavamsa berichtet:

> *Im achten Jahr nach seinem Erwachen, als der Eroberer in Jetavana weilte (…), stand er am zweiten Tag des schönen Monats Vesakha, es war Vollmond, auf, nahm den Almosentopf und ging, umgeben von 500 Mönchen, ins Kalyaniland, dem Wohnort des Maniakkhika. Dort betrat er zusammen mit den Mönchen einen Pavillon aus Edelsteinen, der errichtet worden war, wo heute der Kalyani Cetiya steht, und nahm Platz auf einem wertvollen Thron.*

Immer wieder zerstört – von den Cholas im 10./11. Jh. genauso wie von den Portugiesen 1510 – wurde er umso prächtiger aufgebaut. Die Holländer gestatteten dem in Kandy residierenden König Kirti Sri Rajasimha, die Anlage 1767 umfassend neu zu gestalten.

Eingebettet in eine 4 ha große Anlage zählt der Kelaniya Raja Maha Vihara heute zu den größten Heiligtümern Sri Lankas. Auf einer er-

Duruthu Perahera

An **Duruthu Poya**, dem Vollmondtag im Dezember/Januar, erinnern sich die Gläubigen an Buddhas ersten Besuch auf der Insel. Kein Wunder, dass dies besonders in Kelaniya feierlich begangen wird. An den beiden Tagen vor dem Vollmond finden insgesamt drei feierliche Prozessionen mit zahlreichen festlich geschmückten Elefanten statt. Höhepunkt ist der „Randoli Perahera", benannt nach dem am Prozessionsende mitgetragenen Sänften *(randoli)* mit Insignien der Schutzgötter. Der prächtigste Elefant trägt eine Reliquie, andere verschiedene Flaggen. Stoisch marschieren sie, umringt von wilden Tänzern, feurigen Flammenwerfern und ohrenbetäubenden Trommlern.

höhten Ebene liegen umgeben von einer Mauer die wichtigsten Gebäude. Allen voran ein **weißer Stupa** in Reishaufenform (Dhanyakara), der den Ort von Buddhas Besuch markiert. Im Zentrum erstreckt sich der ausgeschmückte **Vihara** (45 x 27 m) mit feinsten Wandmalereien, die teilweise noch aus dem 18. Jh. stammen. Die Themen der Illustrationen reichen von Jataka-Erzählungen über die Vita Buddhas bis zur Entwicklungsgeschichte des srilankischen Buddhismus und Episoden aus der Historie des Tempels.

Links vom Vihara wird ein prächtiger **Bodhi-Baum** verehrt. Ein seitlich der Anlage liegender **Devale** dient der Verehrung Vishnus und Kataragamas (Skanda).

Transport: Bus Nr. 235 fährt von der Außenseite des Bastian Mawatha-Busbahnhofs direkt zum Tempel in Kelaniya.

Übernachtung

Während es eine ganze Reihe von Top-Hotels gibt, ist die Zahl der Budget-Unterkünfte ziemlich dürftig. Dies hat damit zu tun, dass die meisten Traveller Colombo links liegen lassen oder sich dort nur kurz aufhalten. Bei nicht wenigen der günstigen Bleiben handelt es sich um Privathäuser, in denen nur wenige Zimmer vermietet werden. Wer dort wohnen möchte, sollte unbedingt vorher anrufen, da sie schnell ausgebucht sind. Es ist keine gute Idee, unangekündigt aufzutauchen, da die Eigentümer nicht immer vor Ort oder die Zimmer eben bereits besetzt sind.

Es gibt keine Traveller-Zentren wie in anderen asiatischen Metropolen, weshalb sich die Touristen in der weitläufigen Stadt ziemlich verlieren. Wer es ruhig haben möchte, ist sicherlich in Cinnamon Gardens gut aufgehoben; eine etwas größere Auswahl hat man in Kollupitiya und Bambalapitiya. Die großen Hotels liegen zumeist in Slave Island. Seit 2011 gelten offizielle Mindestpreise pro Zimmer von US$125 für 5-Sterne-, US$95 für 4-Sterne-, US$75 für 3-Sterne- und US$60 für 2-Sterne-Hotels – exklusive Steuern. Dies macht Colombo zu einem teuren Pflaster.

Fort und Slave Island (Col 1 und 2)
Karte S. 156/157, sofern nicht anders angegeben

Untere und mittlere Preisklasse
Delini Peiris, 62/2 Park St., Col 2, ☎ 011-2328350. Zentral und doch ruhig gelegen. Die betagte Frau Peiris vermietet in ihrem markant rot gestrichenen Haus am Anfang der Park St. 2 simple, aber saubere Zimmer mit Bad. Frühstück inkl. ❷
Nippon, 123 Kumaran Ratnam Rd., Col 2, ☎ 011-2431887, ✆ 2332603. Trotz des Namens verfügt dieses 1883 eröffnete Hotel über eine eindrucksvolle Backstein-Fassade mit Kolonnaden, hinter der sich ein in die Jahre gekommenes Mittelklassehotel mit Charakter verbirgt. Die 32 Zimmer mit Bad sind unterschiedlichen Standards, man sollte jene auf der Frontseite wegen des Straßenlärms meiden. ❸

Colombo als Tagestour

Wer kein Freund pulsierender Großstädte ist und abends lieber in einer lauschigen Strandbar als in einem szenigen Hauptstadt-Pub hockt, sollte sich in dem 12 km entfernten Seebad Mount Lavinia (s. S. 199) einquartieren und Colombo auf Tagestouren erkunden. Als Verkehrsmittel dafür empfiehlt sich besonders der preisgünstige Vorortzug.

Business-Hotel in Topplage

Im Fort gegenüber dem World Trade Centre bzw. mitten im Geschäftszentrum der Hauptstadt liegt das **Colombo City Hotel** (Karte S. 148). Diese angenehme Unterkunft verfügt über 32 wohnliche Zimmer, die sich über zwei Etagen verteilen. Auf dem Dach lockt ein Restaurant, von dem sich ein schöner Ausblick eröffnet. 33 Canal Row, Col 1, ℰ 011-5341962, 🖥 www.colombocityhotels.com. ❹

YWCA International Guest House, 393 Union Pl., Col 2, ℰ 011-2324181. Ein ruhiger Ort inmitten des Stadtzentrums, der vor allem von seinem Ambiente lebt. Insgesamt 20 einfache, aber gepflegte Zimmer mit Bad in einem fast 150 Jahre alten Kolonialbau und einem neueren Seitenbau, teilweise recht groß und mit altem Mobiliar. Das Anwesen wirkt vernachlässigt, doch nicht zuletzt die freundlichen Mitarbeiter und ein schöner großer Garten mit altem Baumbestand sorgen für eine angenehme Atmosphäre. ❷–❸

Obere Preisklasse

Ceylon Continental, 48 Janadhipathi Mw., Col 1, Karte S. 148, ℰ 011-2421221, 🖥 www.ceylon continental.com. Bereits 1972 eröffnet und das erste Fünf-Sterne-Hotel Sri Lankas. 9 Stockwerke mit 189 Komfort-Zimmern und Suiten, zumeist mit tollem Meerblick. ❻–❼

Cinnamon Lakeside, 115 Sir Chittampalam A. Gardiner Mw., Col 2, ℰ 011-2491000, 🖥 www. cinnamonhotels.com. Das 1985 eröffnete Businesshotel liegt am Rand des größeren Beira-Sees. Außen geprägt vom Zeitgeist, glänzt es jedoch in seinem Inneren mit 340 stilvollen Zimmern und Suiten. Guter Service und eine Auswahl an hervorragenden Restaurants wie „Royal Thai", „7° North" und „Long Feng" machen es zu einer der ersten Adressen. ❻–❼

Galadari Hotel, 64 Lotus Rd., Col 1, Karte S. 148, ℰ 011-2544544, 🖥 www.galadarihotel.lk. Mit 426 etwas in die Jahre gekommenen Zimmern und einer Fülle von Restaurants ist das Galadari Hotel eines der größten Hotels in der Hauptstadt. Das „Zouk" zählt zu den bekanntesten Nachtclubs. ❻–❼

Grand Oriental Hotel, 2 York St., Col 1, Karte S. 148, ℰ 011-2320320, 🖥 www.grandoriental. com. Seit seiner Gründung 1875 hat das ehrwürdige Grand Oriental wahrlich viele Gäste kommen und gehen sehen. Wegen seiner Hafennähe stiegen hier Reisende auf dem Weg von oder nach Europa ab, wenn sie in Colombo Zwischenstation machten. Also der richtige Ort für Nostalgiker, auch wenn das 4-stöckige Hotel etwas Patina angesetzt hat und der koloniale Charme teilweise verloren ging. Seine 74 Zimmer, einschließlich der 2 Suiten, sind aber sauber und atmosphärisch, teilweise sogar noch mit Baldachin-Betten ausgestattet. Tipp: ein Dinner mit Hafenblick im „Harbour Room"-Restaurant (frühzeitig reservieren!). ❺–❻

Hilton Colombo, 2 Sir Chittampalam A. Gardiner Mw., Col 2, Karte S. 148, ℰ 011-2544644, 🖥 www.hilton.com. Mit seinen auf 19 Stockwerken verteilten 384 Zimmern ist es eine der ersten Adressen Colombos. Auch Nicht-Hausgäste wissen die 6 Restaurants und Bars zu schätzen, müssen allerdings beim Benützen des Swimming Pools mit US$8 tief in die Tasche greifen. ❼

The Park Street Hotel, 20 Park St., Col 2, ℰ 011-2439977, 🖥 www.parkstreethotel-colombo.com. Das 250 Jahre alte Geburtshaus des Präsidenten J.R. Jayewardene war lange Zeit die Residenz der flamboyanten Künstlerin Begum Zarina Moosajee. Die Wände voller Bilder machen das Hotel zu einem wunderbaren Refugium für Individualisten, Kunstgesinnte und Nostalgiker. Individuell eingerichtete Zimmer mit allem Komfort. Netter Pool. Dies hat jedoch seinen Preis. ❼

Kollupitiya (Col 3)
Karte S. 156/157, sofern nicht anders angegeben

Untere und mittlere Preisklasse
Asian Villa, 46 Alfred House Gardens, Col 3, Karte S. 158/159, ℰ 011-2595513, 🖥 www. asianvillasrilanka.com. Frau Balalle vermietet 6 gemütliche AC-Zimmer mit Textilboden und Bad (am schönsten sind Nr. 3 und Nr. 6). Die zentrale, aber trotzdem ruhige Lage und

der akzeptable Preis machen das Privathaus zu einer guten Wahl. ❸–❹

Indra Regent, 383 R. A. de Mel Mw., Ecke Alfred Pl., Col 3, Karte S. 158/159, ✆ 011-2577405, 🖳 www.indraregent.net. Funktionales Mittelklasse-Hotel, 26 AC-Zimmer mit Bad und TV, aber nur die Hälfte mit Fenstern. Eine akzeptable Wahl für anspruchlose Nachtschwärmer und Shopper. Viele nette Geschäfte, Restaurants und Kneipen liegen in der Umgebung. Im Haus ist auch die beliebte „Hot Rock Lounge". ❹

Lake Lodge, 20 Alvis Terrace, Col 3, ✆ 011-2326443, 🖳 www.taruhotels.com. 1974 etablierte Unterkunft, direkt hinter dem Bishop's College, südlich des kleinen Beira Lakes. Hat sich durch die Hand der Eignerin und Designerin Taru zu einem schicken Boutiquehotel gemausert. 13 nüchtern-klare Zimmer mit AC, TV und schönem Bad. Im Obergeschoss 2 einladende Terrassen mit Bar. Ein geräumiges Miniapartment. ❹–❻

YWCA National Centre, 7 Rotunda Gardens, Col 3, ✆ 011-2328589, 2323498, ✉ natywca@sltnet.lk. Etwas Internatscharakter, aber durchaus akzeptabel. Nur für Frauen oder Paare. Männliche Singles müssen draußen bleiben. 3 Zimmer mit Bad, 3 Zimmer mit Gemeinschaftsbad, alle schlicht und sauber. Das 4-Bett-Zimmer ist gut für Familien geeignet. Günstige Cafeteria. ❶–❸

Obere Preisklasse

Cinnamon Grand, 77 Galle Rd., Col 3, ✆ 011-2437437, 🖳 www.cinnamonhotels.com. Eine der ersten Adressen für Geschäftsreisende mit zahlreichen Annehmlichkeiten, die vom Spa über einen Pool bis zu mehreren Bars und Restaurants reichen. 310 Zimmer und 23 Suiten. Im „London Grill" kann man sich an Steaks und 12 Kartoffelsorten satt essen, im „Tao" sich von einer euro-asiatischen Melange inspirieren lassen oder Seafood im „Lagoon" schlemmen. Steter Zulauf herrscht im Coffee Stop. ❼

Galle Face Hotel, 2 Galle Rd., Col 3, ✆ 011-2541010-16, 🖳 www.gallefacehotel.com. Die „Grand Dame" der Stadt direkt am Meer. Schon seit 1864 können hier Besucher dem Rauschen des Meeres lauschen. Die Gästeliste reicht von Jawaharlal Neru bis zur James-Bond-Legende

Keinerlei Schild weist darauf hin, dass es sich bei dieser Garten-Villa um eine Unterkunft handelt: Wie die Besitzerin Padmini Nanayakkara strahlt auch das **Chelsea**, 20 Chelsea Gardens, Col 3, Karte S. 158/159, ✆ 011-2573095, eine unaufdringliche Eleganz aus. Das dürfte nicht zuletzt an der Frankophilie der 75-jährigen Grande Dame liegen, die fließend Französisch spricht und auf fast drei Jahrzehnte Homestay-Erfahrung mit Touristen zurückblicken kann. Das mit Antiquitäten möblierte Wohnzimmer fungiert als Lobby, doch auch die 3 mit renovierten Bädern versehenen Zimmer (am schönsten ist der „Garden Room") faszinieren mit urgemütlichem Ambiente. ❷

Roger Moore. Bei 9 Restaurants und 4 Bars wird die Wahl zur Qual. Zum Standardprogramm vieler Colombo-Besucher gehört ein Drink im „Checker Board", derweil die glühendrote Sonne im Indischen Ozean versinkt. Szenisch ist nicht zuletzt auch eine Fahrt mit dem alten Lift, der noch über eine Handkurbel gesteuert wird. Wer es ganz exquisit möchte, kann in einem der 82 Zimmer des Regency Wing logieren und sich dort im Spa verwöhnen lassen. ❻–❼

Ramada, 30 Sir Mohamed Macan Markar Mw., Col 3, ✆ 011-2422001, 🖳 www.ramadacolombo.com. In einer ruhigen Seitenstraße der Galle Face Rd. gelegenes, effektiv geführtes Business-Hotel. Das Ambiente wird auch durch die Fassade – eine 1970er-Jahre-Interpretation der indischen Mogul-Architektur – nicht besser. Doch die rund 94 AC-Zimmer mit Bad und teils schöner Aussicht sind komfortabel. Zu den Annehmlichkeiten gehören Pool (für Nichtgäste 500 Rs), Fitnessraum und mehrere Restaurants. ❻–❼

Renuka & Renuka City, 328 Galle Rd., Col 3, Karte S. 158/159, ✆ 011-2573598, 🖳 www.renukahotel.com. Zwei miteinander verbundene Stadthotels mit gutem Preis-Leistungs-Verhältnis. 81 wohnliche Zimmer mit Bad, Pool, Business Center und das stadtbekannte Restaurant „Palmyra" machen es zu einer beliebten Adresse. ❺–❻

Colombo

Taj Samudra, 25 Galle Face Centre Rd., Col 3, ☏ 011-2446622, 🖳 www.tajhotels.com. Das imposante Hotel mit seinem großzügigen, angenehmen Ambiente und dem nostalgischen, fast 150 Jahre alten Heritage-Pavillon gehört zur renommierten indischen Taj-Gruppe. Die meisten der 300 Zimmer wurden hübsch renoviert. Ansonsten verfügt es über alle Annehmlichkeiten, die man von einem Fünf-Sterne-Hotel erwarten darf – inkl. schönem Blick auf das Meer bzw. die Stadtkulisse. Für US$20 dürfen auch Tagesgäste das großzügige angelegte Schwimmbad und das neue, bestens ausgestattete Fitnesscenter nutzen. ❻–❼

Bambalapithiya und Havelock Town (Col 4 und 5)

Karte S. 158/159

Casa Colombo, 231 Galle Rd., Col 4, ☏ 011-4520131, 🖳 www.casacolombo.com. Der 200 Jahre alte Minipalast gehörte einst einer der reichsten indischen Familien. Mit dem entsprechenden Kleingeld kann man hier ganz dem Luxus frönen. Die 12 Suiten sind perfekt durchgestylt. Auch der pinky Pool und die 3 Restaurants tragen die Unterschrift des Designers und Eigners, Lalin Jinasena. ❼

Grand Concord, 3 Bambalapitiya Terrace, Col 4, ☏ 077-2332424, 🖳 www.bernardtours.com. Das Apartmenthaus liegt unweit der Galle Rd., Ecke Dickman's Rd. Die Apartments haben bis zu 3 Schlafzimmer mit separaten Bädern, großem Wohnzimmer und Küche. Zimmer auch einzeln mietbar. Interessant für Familien und bei längeren Aufenthalten. ❸–❺

Havelock Place Bungalow, 6-8 Havelock Pl., Col 5, ☏ 011-2585191, 🖳 www.havelock bungalow.com. Traumhaftes Ambiente in 2 kolonialen Villen macht den Ort zu einer Oase in der Großstadt. 3 Suiten und 4 Standardzimmer mit viel Atmosphäre. Gutes Restaurant, kleiner Pool, netter Garten. ❻

Ottery Inn, 29 Melbourne Ave., Col 4, ☏ 011-2583727. Aus der Lage unweit des Indischen Ozeans und den geräumigen, hellen 8 Zimmern (das beste ist Nr. 5) mit Bad könnte die freundliche Betreiberin Mary wirklich etwas mehr machen. Dafür ist es billig und verfügt über einen Billardtisch. ❶

Setthupathy, 23/2 Shrubbery Gardens, Col 4, ☏ 011-2587964, ✉ jbs@slt.lk. Etwas zurückversetzt neben der Church of Christ. Die geschäftstüchtige Eignerin, Frau Setthupathy, vermietet in ihrem Wohnhaus 4 Zimmer mit Bad, 3 davon mit AC. Frühstück kann man in der Küche selbst machen und im Gemeinschaftsraum oder dem Balkon verzehren. Eine gute Adresse. ❷

Sunshine, 5 A Shrubbery Gardens, Col 4, ☏ 011-4017676, ✉ sunshine.shrubbery@gmail. com. Ein bei südasiatischen Geschäftsleuten beliebtes Gästehaus in ruhiger Gegend; 20 gepflegte Zimmer mit Bad, 8 mit AC. Gutes Preis-Leistungs-Verhältnis, häufig ausgebucht. ❷–❸

Wellawatta (Col 6)

Karte S. 146/147

Chanuka Guest House, 29 Frances Rd., Col 6, ☏ 011-2585883. In Meeresnähe nahe der Bahnstation Wellawatta gelegenes Gästehaus; 5 Zimmer mit Bad und abgewetztem Mobiliar. Bescheiden und mäßig sauber, aber billig. ❶

Global Towers Hotel, Marine Drive, Col 6, ☏ 011-2591000, 🖳 www.globallanka.com. 2004 unweit des Bhf. Wellawatte eröffnet und als 10-stöckiges Apartment-Hochhaus mit 84 Wohneinheiten konzipiert, aber durchaus auch für kürzere Aufenthalte geeignet. Mit 2–3 Schlafzimmern plus Kochgelegenheit ist es zudem familienfreundlich, wenn auch nicht billig. Kleiner Pool, Shops, Restaurants, darunter das originelle „Trainspotter". Toller Meeresblick, insgesamt recht ruhig gelegen. ❻

Sapphire, 371 Galle Rd., Col 6, ☏ 011-2363306-8, 🖳 www.hotelsapphirelk.com. Mittelklasse-Hotel, fast 7 km außerhalb des Zentrums. 40 große, recht wohnliche Komfort-Zimmer in 3 Kategorien. Es gibt ein Restaurant, Schwimmbad und ein kleines Fitnesscenter sowie ein Internet-Café und WLAN. ❹

Cinnamon Gardens (Col 7)

Karte S. 158/159

Ranjit's Ambalama, 53/19 Torrington Ave., Col 7, ☏ 011-2502403, 2582389, 🖳 www.ranjits ambalama.com. Liegt in einer Seitenstraße, die auf Höhe einer Moschee links von der

Lauschig wohnen

In ihrem Wohnhaus vermieten die gastfreundlichen Eigentümer 5 einfache, aber geräumige Zimmer (AC gegen Aufschlag von US$5). Die ruhige Lage, der riesige Garten und der große Balkon machen das **A Wayfarer's Inn**, 77 Rosmead Pl., Col 7, ✆ 011-2693936, 077-7350692, ✉ wayfarer@slt.lk, zu einer sehr angenehmen Adresse. Kostenloses WLAN. Teeküche und ein benutzbarer Pool in der Nachbarschaft wird die Familien freuen. Kein Namensschild, nur Hausnummer 77 angegeben. ❸

Das **Parisare**, 97/1 Rosmead Pl., Col 7, ✆ 011-2694749, ein modernes Wohnhaus aus den 1970er-Jahren neben dem UNHCR, liegt angenehm ruhig. 3 schlichte, aber wohnliche Zimmer und die nette Veranda zum Sitzen verbreiten eine heimelige Atmosphäre. Kein Namensschild, die Klingel ist auf der rechten Seite des Eisentores. ❷
Hinweis: Beide Unterkünfte sind sehr beliebt und häufig ausgebucht. Eine frühzeitige Reservierung ist unabdingbar. Beide s. Karte S. 156/157.

Torrington Ave. abgeht. Komfortables Stadthaus, in dem der geschäftstüchtige Eigner, Ranjit Samarasinghe, 7 Zimmer, nur teilweise mit Bad, vermietet. Der Garten ist wahrlich ein „Ruheplatz für Reisende" (singh. *ambalana*). ❸

Borella und Maradana (Col 8 und 10) und Battaramulla

A. Jayawardhana, 42 Kuruppu Rd., Col 8, Karte S. 146/147, ✆ 011-2693820, ✉ jkaj42 gmail.com. In einer kleinen Nebenstraße nahe der Bahnstation „Cotta Road", unweit der Dr. N. M. Perera Mawatha. Am besten abholen lassen, da schwierig zu finden. Privathaus mit 3 schlichten Zimmern, die ihr Geld wert sind, davon 1 mit AC. ❷–❸
Garden Guest House (Chitrangi de Fonseka), 7 Karlsruhe Gardens, Col 10, Karte S. 156/157, ✆ 011-2697919, ▭ www.gardenguesthouse colombo.com. Die 76-jährige Frau Fonseka und ihr Sohn offerieren in ihrem geräumigen Haus 3 große, behagliche Komfort-Zimmer, davon eines ganz in Rosa gehalten. Schöner Garten, gut für Familien geeignet. ❹–❺

Katunayake

Wer früh zum Flughafen muss oder nachts ankommt, hat in der Nähe gute, allerdings teure Übernachtungsmöglichkeiten. Günstigere Übernachtungsoptionen in Flughafennähe gibt es zuhauf im nur 20 Min. entfernten Negombo:
Taj Airport Garden, 234-238 Colombo-Negombo Rd., Seeduwa, ✆ 011-2252950, ▭ www. tajhotels.com. Großes Business-Hotel der

indischen Taj-Gruppe mit 120 Zimmern und 14 Suiten. Liegt in einer großen Anlage an der Negombo Lagune. Business Center, Konferenzräume, Restaurants und Pool. Zum Bier geht es in die Bar „Cricketers Arms". ❻–❼
The Tamarind Tree, Airport Rd., Minuwangoda, ✆ 011-2253802, ▭ www.thetamarindtreehotels. com. Nur 5 Min. vom Airport entfernt. Ruhige, weitläufige Anlage mit 36 Bungalows, 23 Deluxe-Zimmern und 2 Suiten. Restaurants, ein großer Pool und zahlreiche Sportmöglichkeiten. ❻–❼

Essen

Verglichen mit dem Rest des Landes ist die Restaurantlandschaft Colombos ziemlich kosmopolitisch. Hier findet man etablierte indische und chinesische Lokale ebenso wie feine Hotelrestaurants – etwa im Taj Samudra

Haus mit Geschichte

Im **Tintagel**, einer 1930 erbauten Villa, wurde Geschichte geschrieben. Sie diente als Privatresidenz des Premierministers S.W.R.D. Bandaranaike, der 1959 auf der Veranda erschossen wurde. Seine Witwe, Sirimavo Bandaranaike, weltweit erster weiblicher Premier, lebte hier bis zu ihrem Tod im Oktober 2000. In den 10 individuell gestalteten Suiten kann man dem Geist des Hauses nachspüren. Alles hat Stil – von der Bar bis zum Pool. 65 Rosmead Pl., Col 7, Karte S. 156/157 ✆ 011-4602121, ▭ www. tintagelcolombo.com. ❼

---

oder Hilton, wo angeblich mit der besten Küche der Hauptstadt aufgewartet wird, oder im Grand Oriental Hotel, wo es sich besonders stimmungsvoll schlemmen lässt. Auch die europäischen Küchen sind hier gut vertreten, sei es die deutsche (das Hilton veranstaltet alljährlich Ende Oktober/Anfang November ein großes, beliebtes Oktoberfest), französische oder italienische. Wer nach dem vielen „Rice and Curry" mal richtig Heißhunger auf Hamburger und Pizza bekommen hat, kommt ebenfalls auf seine Kosten; in der Galle Rd. gibt es McDonald's und Pizza Hut. Eine erfreuliche Bereicherung ist jedoch die zunehmende Zahl von Cafés und Restaurants, die durch ein interessantes Interieur und vielseitige Menüangebote Aufmerksamkeit erregen.

Fort und Slave Island (Col 1 und 2)
Karte S. 156/157, sofern nicht anders angegeben
Il Ponte, Hilton Colombo, 2 Sir Chittampalam A. Gardiner Mw., Col 2, Karte S. 148, ☎ 011-2544644. Die beste Adresse für italienische Küche mit schöner Sitzgelegenheit am Pool. Insgesamt eine lockere Atmosphäre. ⏰ tgl. 11–23 Uhr.
Park Street Mews, 48 Park St., ☎ 011-5232132. Stylisches Restaurant mit guter internationaler Küche von Panini bis Reisgerichte (ab 400 Rs). Sonntags Familienbrunch. ⏰ So–Do, 8–23, Fr–Sa 9–24 Uhr.
Rohan's, 199 Union Pl., Col 2, ☎ 011-2302679. Hier gibt es hervorragende nordindische Küche in gepflegtem Ambiente. Beliebt bei Geschäftsleuten. ⏰ tgl. 11.30–15, 18.30–23.30 Uhr.
Union Bar & Grill, Hilton Colombo Residence, 200 Union Pl., Col 2, ☎ 011-5344659. Das UBG, wie es auch genannt wird, bedient vor allem die Bedürfnisse der Geschäftsleute. Mittags gibt es Lunch-Buffet, abends öffnet die Bar, dann gibt es auch solide internationale Küche, die vom Steak über Pizza bis zum Curry reicht. ⏰ tgl. 12–16, 18–24 Uhr.

Kollupitiya (Col 3)
Karte S. 158/159, sofern nicht anders angegeben
Amaravathi, 2 Mile Post Ave., Col 3, ☎ 011-2577418. Gegenüber dem Hotel Renuka gelegenes südindisches Restaurant mit guten vegetarischen Gerichten. Aber auch die

Freunde von Chicken Biryani und Masalas kommen auf ihre Kosten. Recht preisgünstig. ⏰ tgl. 11.30–15.30, 18.30–23 Uhr.
Chesa Swiss, 3 Deal Pl., Col 3, ☎ 011-4712716. Nicht nur für Schweizer eine gute Adresse. Schlichtes Ambiente, aber gutes Essen und netter Service zu ganz passablen Preisen. ⏰ tgl. außer Mo und Poya-Tage 19–23 Uhr.
Great Wall, Sumathi Court, 491 Galle Rd., Col 3, ☎ 011-4521907; Eingang in der Edward Lane. Populäres China-Restaurant mit üppiger Speisekarte und effektivem Service. Gute Seafood-Gerichte. ⏰ tgl. 11.30–15, 18.30–23 Uhr.
Palmyrah, Hotel Renuka, 328 Galle Rd., Col 3, Karte S. 156/157, ☎ 011-2573598. Wegen der vorzüglichen srilankischen Küche stadtbekannt, wird auch von vielen Bewohnern Colombos aufgesucht. ⏰ tgl. 12–14.30, 19–22.30 Uhr.
Raja Bojun, Seylan Towers, 90 Galle Rd., Col 3, Karte S. 156/157, ☎ 011-4716171. Mittags und abends werden hier zum Buffet wunderbare srilankische Gerichte aufgetischt. Häufig voll, daher reservieren. ⏰ tgl. 11–23.30 Uhr.
Sakura, 14 Rheinland Pl., Col 3, ☎ 011-2573877. Eines der ältesten japanischen Restaurants Colombos mit recht soliden Sushi & Co.-Angeboten. ⏰ tgl. 11.30–14, 17.30–23 Uhr.
The Bavarian, 11 Galle Face Court, Col 3, Karte S. 156/157, ☎ 011-2421577. Gegenüber dem Galle Face Hotel. Alles was das germanische Herz begehrt, dazu gutes Bier vom Fass. Empfehlenswert. ⏰ tgl. 12–15, 18–23 Uhr.
The 1864, im Galle Face Hotel, 2 Galle Rd., Col 3, Karte S. 156/157, ☎ 011-2541010-16. Eines von

Opulentes Frühstück
Ein oft gelobtes Frühstücks-Buffet mit herrlichem Ambiente bietet das **Galle Face Hotel** jeden Tag von 7–10.30 Uhr. Für 1190 Rs können sich auch externe Gäste – im gediegenen Innenbereich oder auf der herrlichen Terrasse mit Meeresblick – an einer reichhaltigen Präsentation leckerer, einheimischer und internationaler Speisen laben ... Lunch- und Dinner-Buffet hingegen werden im Sea Sray-Restaurant des Hotels aufgebaut und schlagen mit 1390 Rs bzw. 1590 Rs zu Buche.

9 hoteleigenen Restaurants. Ultimatives „Fine Dining" mit exklusiven Speisen und erlesenen Weinen – deshalb natürlich auch entsprechende Preise.

Bambalapitiya und Havelock Town (Col 4 und 5)
Karte S. 158/159

Chinese Dragon Café, 11 Milagiriya Ave., Col 4, ℘ 011-2502733. Beliebtes chinesisches Restaurant mit großer Auswahl (auch etwas Thai-Küche) ab 400 Rs. In einer Seitenstraße nahe der Galle Rd. zu einer Institution geworden. ⏲ tgl. 18–23 Uhr.

Greenlands, 3 A Shrubbery Gardens, Col 4, ℘ 011-2585592. Seit 1965 als gutes, ausgesprochen preisgünstiges Vegetarier-Restaurant mit vorwiegend südindischer Küche ansässig. Wer sich hier einquartieren möchte, sollte sich mal die 16 geräumigen, akzeptablen Zimmer ❸ im Obergeschoss ansehen. ⏲ tgl. 8–22 Uhr.

Mathura, 185 Havelock Rd., Col 5, ℘ 011-2582909. Sehr gute tamilische Küche mit hervorragenden vegetarischen Gerichten. Üppiges Mittagsbuffet.

Saraswathie Lodge, 191-193 Galle Rd., etwa 100 m nördlich des Casa Colombo. Eine gute Adresse für ein solides srilankisches Frühstück zu günstige Preisen. ⏲ tgl. 6.30–22.30 Uhr.

Siam House, 17 Melbourne Ave., Col 4, ℘ 011-2595966, 🖳 www.siamhouse.lk. Hier gibt es hervorragende Thai-Gerichte zu guten Preisen. ⏲ tgl. 10.30–24 Uhr.

Shanti Vihar, 3 Havelock Rd., Col 5, ℘ 011-2580224. Ein hervorragendes indisches Lokal mit einer guten Auswahl an vegetarischen Gerichten. Schlichtes Ambiente, dafür sind die Preise völlig okay. Hat auch Lieferservice.

Wellawatta (Col 6)
Karte S. 146/147

Beach Wadiya, 2 Station Ave., Col 6, ℘ 011-2588568. Schräg gegenüber dem Global Tower direkt am Meer. Wem es abends zu voll ist, kann hier auch schon tagsüber schlemmen – zumal der Strand in diesem Bezirk Colombos sogar zum Baden einladen kann. Seafood-Cocktails 200–400 Rs, Fische 500–800 Rs, Lobster Thermidor 1600 Rs. Abends reservieren! ⏲ tgl. 11–15, 18.30–23 Uhr (s. Kasten S 170).

Cosy, 25 Station Rd., Col 6, ℘ 011-2581359. Der aus Jaffna stammende Eigentümer tischt hier wunderbare nordindische Tandoori-Gerichte, Punjab-Leckereien und natürlich Spezialitäten aus Jaffna auf. ⏲ tgl. 11–23 Uhr.

Curry Leaves, 68 W. A. Silva Mw., Col 6, ℘ 011-2593364. Ein populäres nordindisches Lokal, leider etwas abseits. Doch hervorragende Biryani-Gerichte. ⏲ tgl. 11.45–15, 18.45–23 Uhr.

Shanmugas, 53/3 Ramakrishna Rd., Col 6, ℘ 011-2361384. In einer von der Galle Rd. Richtung Meer abgehenden Seitenstraße, gegenüber der Ramakrishna Hall. Vegetarische Köstlichkeiten aus Nord- und Südindien. Mittagsküche, Lieferservice. ⏲ tgl. 10–22 Uhr.

Cinnamon Gardens (Col 7)

Orient Hong Kong Seafood, 1 A Race Course Ave., Col 7, Karte S. 158/159, ℘ 011-2699007. Beliebt sind in diesem typischen kantonesischen Restaurant die Seafood-Gerichte. ⏲ tgl. 11.30–15, 18.30–23 Uhr.

The Mango Tree, 82 Dharmapala Mw., Col 7, Karte S. 156/157, ℘ 011-5379790. Die Adresse für nordindische Speisen. Tolle Atmosphäre, die 106 Gerichte sind ansprechend zubereitet. ⏲ tgl. 12–15, 19–23 Uhr.

Cafés

Barefoot Garden Café, 704 Galle Rd., Col 3. Lauschiges Gartencafé unter Frangipanis und Kokospalmen im hinteren Bereich des beliebten Geschäftes. Weit weg vom Lärm der verstopften Galle Rd. Sandwiches, Waffeln und Kuchen um 300 Rs. ⏲ Mo–Sa 10–19, So 10–16 Uhr.

In den coolen **Barista Espresso Bars** treffen sich Colombos Schöne und Erfolgreiche zu Latte Macchiatto, Cappuccino, Espresso und kostenlosem WLAN:

- 3rd Fl., World Trade Centre, Col 1, ⏲ Mo–Sa 8–18 Uhr;
- Station Rd., gegenüber dem Majestic, Col 4, ⏲ tgl. 7.30–22 Uhr;
- 20 A R. A. de Mel Mw., Col 4, ⏲ So–Fr 8–23, Sa 8–24 Uhr (samt Eisdiele Il Gelate);
- 215 Bauddhaloka Mw./Ecke Reid Ave., Col 7., ⏲ tgl. 7.30–23 Uhr.

Deli France, Odel Unlimited, De Soysa (Lipton) Circus, Col 7. Seine Lage in einem der populärsten Einkaufszentren macht das Café für Shopper zu einer beliebten Adresse. Croissants zu kostenlosem WLAN. ⊙ tgl. 10–20 Uhr.

Fashion Café, 338 T. B. Jayah Mw., Col 10. Kleines schickes Café in der Boutique Arena mit guten Shakes und Eiscreme.

Hotshot, 4th Fl., Majestic City, Galle Rd., Col 4. Eine gute Auswahl an Kaffees, „man" schlürft hier zum Billardspiel gerne den „Mocha Chocolate Marathon". Leider recht verraucht. ⊙ tgl. 10–2 Uhr.

The Commons, 39 A Flower Rd., Col 7. Crêpes meet Rottis. Beliebtes Café mit allerlei Leckereien. Die umfangreiche Kaffee-liste wird wohl jede Geschmacksrichtung befriedigen. Spezialität des Hauses: „Commons Valencia", Café Latte mit Orangen-Schokoladen-Geschmack. ⊙ So–Do 7.30–24, Fr–Sa 9–24 Uhr.

Unterhaltung

Zwar hat sich einiges getan in Sachen Nachtleben, aber verglichen mit anderen asiatischen Hauptstädten ist Colombo ziemlich verpennt. Das hat auch damit zu tun, dass die Regierung bezüglich der Vergabe einer Ausschanklizenz extrem rigide ist. Trotzdem wird man fündig: Ob urige Pubs, coole Lounges

Beach Wadiya – ein Restaurant als Phänomen

Diese einsame, dunkle Ecke von Colombo wirkt nicht unbedingt einladend. Über Bahngleise geht es Richtung Strand in eine schummrig beleuchtete Hütte mit schilfgedecktem Dach, abgewetztem Zement-Fußboden und spartanischem Holz-Mobiliar. Kaum zu glauben, dass hier schon prominente Politiker, hochnäsige Prinzessinnen, mächtige Konzernbosse und berühmte Filmemacher gespeist haben. Doch das „Beach Wadiya" an der Station Avenue ist mehr als nur ein Restaurant: Es ist ein Phänomen! Und dieses lebt nicht nur von seiner eigenen Legende, der Lage direkt am Meer und der hervorragenden, günstigen Speisekarte, sondern vor allem von Olwyn Weerasekera, der es 1974 eröffnet hat. Seitdem hat sich hier so gut wie nichts verändert. Und auch nach über drei Jahrzehnten lässt es sich der 74-Jährige nicht nehmen, in seinem Restaurant jeden Tag nach dem Rechten zu schauen. „Ich bemühe mich um jeden einzelnen Gast, als wenn es der erste wäre", meint Olwyn, der sich am liebsten mit persönlichem Handschlag verabschiedet.

Dicke Wälzer als ideale Werbung

Zu den wichtigsten Fotos, die als imposante Collage die Wände des Beach Wadiyas zieren, gehört eine vergilbte, größere Aufnahme. Sie zeigt eine dralle, blonde Münchnerin mit einem kleinen Leoparden im Arm. „Die gehörte damals zu meinen allerersten Gästen", erinnert sich Olwyn – und sogar noch daran, dass sie „Evelyn" geheißen hat. Auch sonst hat der kultverdächtige Gastronom ein grandioses Gedächtnis: In seinen jeweils mindestens 7 cm dicken Gästebüchern findet er z. B. auf Anhieb den Eintrag der legendären Film-Regisseurin Leni Riefenstahl, die sich hier im Februar 1980 mit den Worten „Ein wundervoller Platz, ausgezeichnetes Essen – wir werden es nie vergessen" verewigt hatte. Wer sich durch die dicken Wälzer arbeitet – während die Erde vibriert, weil in wenigen Metern Entfernung mal wieder ein Zug vorbeidonnert –, blättert auch stets ein bisschen durch die Weltgeschichte. Denn darin finden sich nicht nur Widmungen, Gedichte, originelle Zeichnungen oder jede Menge Visitenkarten, sondern auch Briefmarken, Münzen, Geldscheine, Kreditkarten und Bier-Etiketten.

Die ganze Welt zu Gast in einer Hütte

Indische Filmstars, arabische Scheichs, amerikanische Models, japanische Autobosse oder internationale Kricket-Teams sind schon hier gewesen, komplette Flugzeug-Besatzungen und ganze Dynastien ausländischen Botschaftspersonals. Geraldine Chaplin hat sich in dieses einfache Restaurant und die Nachbarschaft von

oder heiße Clubs, es ist für jeden Geschmack etwas dabei. Und am Wochenende ist vielerorts Livemusik angesagt.

Bars
Cheers Pub, Cinnamon Grand, 77 Galle Rd., Col 3. Familienfreundliche Bar mit britischem Flair. Während die Eltern sich ihr Bier gönnen, können die Kinder in der Spielecke toben. ⊙ tgl. 11–2 Uhr.
Cricket Club Café, 34 Queens Rd., Col 3, ☎ 011-2501384. Hier floss schon viel Bier durch die Kehlen, während Besucher die Kricket-Memorabilien an den Wänden bestaunten. Die Traditionskneipe garantiert wegen der

lockeren und entspannten Atmosphäre nach wie vor vergnügliche Stunden. ⊙ 11–23 Uhr.
Echelon Pub, Hilton Colombo, 2 Sir Chittampalam A. Gardiner Mw., Col 2. In der Lobby des Hilton Hotels, ziemlich groß und an jeder Ecke steht ein Fernseher für die Sportübertragungen.
The Library and Nightclub, Cinnamon Lakeside Colombo, 115 Sir Chittampalam A. Gardiner Mw., Col 2. Eigentlich nur für Hotelgäste und Clubmitglieder, hat es eher Lounge-Charakter. Etwas versnobte Atmosphäre. Freitags gibt es ab 21 Uhr Livemusik.
The Mix Bar, Taj Samudra Hotel, 25 Galle Face Centre Rd., Col 3. Ein altbewährter Ort zum Bier

Colombo

Slum-Hütten genauso locken lassen wie der Chef der Fastfood-Kette McDonald's und – von Olwyn gern an erster Stelle genannt – die britische Prinzessin Anne. Der mit Abstand jüngste Gast indes war gerade mal zwölf Stunden alt: ein frisch geborenes Baby. Die renommierte US-Zeitschrift *Newsweek* hat sich erlaubt, das Restaurant unter den „Ten of the best Pubs in the world" zu listen, und der *Financial Times* war es mit der Überschrift „Olwyn and the giant lobsters" sogar eine ganze Seite wert.

Fang des Tages als Tellergericht
Insgesamt 20 Angestellte sind es, die sich im Beach Wadiya um das Wohl der Gäste kümmern. Unter anderem bringen sie „den Fang des Tages" – als vielversprechendes Tellergericht arrangiert, aber zunächst noch roh – an den Tisch, um die Entscheidung zu erleichtern. Der Profit seines spartanischen Restaurants jedoch, dessen Charme sich nur durch die Tischdecken von einem typischen Traveller-Treffpunkt unterscheidet, interessiert Olwyn nur am Rande. Der Vater zweier erwachsener Kinder scheint sich eher ein bisschen als Botschafter seines Landes zu verstehen – mitsamt philosophischer Ansätze. „Essen ist die wichtigste Angelegenheit eines jeden Lebewesens", weiß er, „und die beste Kost ist das, was dir deine Mutter kocht!". Wäh-

rend sich seine Gäste – mit Baked Crabs, Prawn Mayonnaise oder einem Lobster Thermidor – oft durch die ganze Speisekarte futtern, sodass sich ihre Tische nur so unter fangfrischem Fisch und tropischen Meeresfrüchten biegen, ist Olwyn seiner eigenen einfachen Lieblingsspeise treu geblieben: „Fisch mit Curry und Reis". Bescheidenheit und Zufriedenheit, aber auch Kontinuität führt der überzeugte Buddhist als gute Gründe an, warum ihm das Glück im Leben, zu dem nicht einmal ein Handy gehört, so hold geblieben ist.

Gleich nach dem Tsunami kam CNN
Über den Tsunami indes spricht er nur mit Wehmut. Zwar hat es hier im gesamten Küstenbereich keine Todesopfer gegeben – und schon nach sechs Wochen hatte er wieder eröffnet. Doch die Flutwellen hatten das Restaurant zerstört – und fünf seiner damals neun Gästebücher davongetragen. Die erste kam um 9.30 Uhr, die zweite um 10.30 Uhr und die dritte um 11 Uhr. Und wen mag es verwundern, dass Olwyn schon auf den ersten Bildern zu sehen war, die von der Tsunami-Katastrophe in Sri Lanka um die Welt gingen? Bereits gegen 10 Uhr war ein Team des internationalen Nachrichtensenders CNN angerückt, um die Überreste des Beach Wadiyas in Colombos Ortsteil Wellawatta zu filmen.

Volker Klinkmüller

Tipps zu Livemusik und Tanzen

Amuseum, 2 Galle Rd., Col 3, ☎ 011-2541010, liegt im 1. Stock des Galle Face Hotels, ist aber nur über eine eiserne Wendeltreppe am rückwärtig liegenden Parkplatz zugänglich. ☉ Mi–Sa ab 22 Uhr, Eintritt 1000 Rs p. P.

Clancy's Pub & Restaurant, 29 Maitland Crescent, Col 7, ☎ 011-2682945. Der Pub liegt im Geschäftsviertel und ist für das „Business Lunch" genauso geeignet wie für einen „After Work"-Drink. Am Wochenende gibt es ab 22 Uhr Livemusik.

Club Mojo, Taj Samudra Hotel, 25 Galle Face Centre Rd., Col 3, Eingang vom Parkplatz. Derzeit der hippste Ort zum Tanzen und Cocktail schlürfen. Erst nach Mitternacht geht es hier richtig ab. ☉ Mi–Sa ab 21 Uhr, Eintritt 1000 Rs.

Rhythm & Blues, R. A. de Mel Mw., etwa 100 m nördl. der Daisy Villa Ave., Col 4. Hier trifft sich Colombos kleine, eingefleischte Musikerszene. Di–Sa gibt es ab 22 Uhr Livemusik von einer der sieben führenden Bands. ☉ ab 17 Uhr.

Zouk Club, Galadari Hotel, 64 Lotus Rd., Col 1. Beliebter Club mit Livemusik und stadtbekannten DJs. ☉ Mi–Sa ab 20 Uhr.

Anjalo Mendis (Bernard Tours)

und Cocktail schlürfen. Samstags spielt eine Band. ☉ 17–24 Uhr.

Wine Lounge, The Regency, 2 Galle Rd., Col 3. In Colombos ehrwürdigster Bleibe kann man in edlem Ambiente ebenso edle Tropfen genießen.

Casinos

Von den insgesamt 9 srilankischen Spielbanken liegen 8 in Colombo. Eher von einer bescheidenen Größe, aber meist rund um die Uhr geöffnet, sind sie vor allem auf asiatisches Publikum eingerichtet. Hübsche Hostessen und fein gekleidete Croupiers sorgen für ein entsprechend spendables Ambiente bei Black Jack, Poker und natürlich Roulette. Wer seine letzten Rupies verlieren oder seine nächste Reise finanzieren will, hat hier die große Chance.

Bally's Casino, 34 D. R. Wijewardana Mw., ol 10, ☎ 011-2331150.

Bellagio Casino, 430 R. A. de Mel Mw., Col 3, ☎ 011-2575271.

MGM Casino, 772 Galle Rd., Col 4, ☎ 011-2502268.

Star Dust Casino, 9 15th Lane, Galle Rd., Col 3, ☎ 011-4219900, 🖥 www.stardustcasino.lk.

The Ritz Club, 5 Galle Terrace, Col 3, ☎ 011-2341496. Gilt u. a. mit 6 Black-Jack-, 6 Baccarat- und 4 Roulette-Tischen als größtes Spielerparadies Sri Lankas.

Einkaufen

Colombo ist sicherlich kein Shoppingmekka à la Bangkok oder Singapore, trotzdem werden hier Schnäppchenjäger ebenso fündig wie Modebewusste. Namhafte internationale Modefirmen lassen ihre Stücke auch in Sri Lanka fertigen, weshalb in Colombo qualitativ gute Markenklamotten günstig zu bekommen sind.

Boutiquen

Arena, 338 T. B. Jayah Mw., Col 10. Top-Boutique mit Schuhen, Taschen und Kleidern im höheren Preissegment. ☉ tgl. 10.30–21 Uhr.

Barefoot, 704 Galle Rd., Col 3, 🖥 www.barefootceylon.com. Ein Treffpunkt für die Expat-Gemeinde: Kaffee trinken, in der Buchhandlung stöbern und die knallbunten Stoffe und Kleider kaufen. Das Design stammt zumeist von der stadtbekannten Besitzerin Barbara Sansoni. ☉ Mo–Sa 10–19, So 11–17 Uhr.

Beverly Street, 438 R. A. de Mel Mw., Col 3. Beliebte Boutique mit einer großen Auswahl an Streetwear. ☉ tgl. 10–21 Uhr.

Cotton Collection, 40 Sri Ernest de Silva Mw. (Flower Rd.), Col 7. Schöne modische Kleidung für den jungen Geschmack. Eine Filiale gibt es im Majestic City.

Glitz, 67 High Level Rd., 7th Mile Post, Nugegoda & 179 Galle Rd., Mt. Lavinia. Sri Lankas größte Modekette verkauft in ihren Geschäften Kleider für die ganze Familie. Weitere Filialen unter dem Namen NoLimit. ☉ tgl. 9–20 Uhr.

Hameedia, 34 Galle Rd., Col 6. Etablierter Herrenausstatter mit Filialen im Majestic City, Crescat Blv. und in der 69 Main St., Col 11 (Pettah).

Mondy Seven Eight, 78 Dharmapala Mw., Col 3. Das exklusive Angebot an Kleidern und Schuhen hat schon manche Frau schwach und manchen Mann zur Verzweiflung gebracht … ⏱ tgl. 10–19.45 Uhr.

Rithihi, 19 Alfred House Gardens, Col 3. Colombos Frauen schwören auf die hier verkauften edlen Saris, Salwars und Schmuckstücke. Einer der besten Läden für südasiatische Mode.

Romafour, 71 Galle Rd., Col 4. Eine gute Adresse für Streetwear. Auch große Auswahl an Männerklamotten. Gutes Preis-Leistungs-Verhältnis.

Bücher und Landkarten

Barefoot, 704 Galle Rd., Col 3. In der bekannten Boutique findet sich angesichts des beengten Raumes eine erstaunlich große Auswahl an Büchern, darunter auch schöne Reprints alter Reiseberichte. Im angeschlossenen Café kann man die Bücher auch gleich lesen.

Bibliomania, 32 Hospital St., Col 1. Mitten in Colombo-Fort gelegen. Etwas angestaubt, aber nett zum Stöbern. Manchmal stößt man auch auf interessantes Antiquarisches.

Bookland, 40 Galle Rd., Ecke Aloe Ave., Col 3. Relativ große Buchhandlung, allerdings nicht ganz so üppige Auswahl wie bei Vijitha Yapa.

Buddhist Cultural Centre, 125 Anderson Rd., Nedimala, Dehiwala, 🖥 www.buddhistcc.net. Sehr engagiert geführtes spirituelles Zentrum

Landkarten und Stadtpläne

Die Filialen von Vijitha Yapa Bookshop bieten eine gute Auswahl. Detailkarten von der ganzen Insel bezieht man direkt beim **Survey Department**, Kirula Rd., Narahenpita, Col 5, 📞 011-2585111. ⏱ Mo–Fr 9–15 Uhr.

mit einer exzellent bestückten Buchhandlung zu buddhistischer Literatur. ⏱ tgl. 8.30–17.30 Uhr.

Lake House Bookshop, 1st Fl., New Wing, Liberty Plaza (s. u.), Col 3. Eine weitere gute Adresse für englischsprachige Bücher von und über Sri Lanka.

Vijitha Yapa Bookshop, Unity Plaza (s. S. 174.), 2 Galle Rd., Col 4. Verfügt über die beste Auswahl englischsprachiger Literatur, auch viel zu Sri Lanka. Weitere Filialen: Crescat Blv., Col 3; 32 Thurstan Rd., Col 7; Barista, Level 3, World Trade Centre, Col 1. Die Auswahl in den Zweiggeschäften ist jedoch um einiges bescheidener.

Einkaufszentren

Crescat Boulevard, 75 Galle Rd., Col 3. Neben dem Cinnamon Grand Hotel. Zahlreiche schicke Läden zum Shoppen. Wer sich die Füße wund gelaufen hat, kommt im **Mood Café & Bistro** oder nach einer Fuß- und Kopfmassage bei **Foot Rub** wieder auf die Beine. Gutes Internet im **i-Café**.

House of Fashion, 28 R. A. de Mel Mw., Ecke Visaka Rd., Col 6. Eine große Auswahl an günstigen Markenklamotten, die Schnäppchen-jäger aus dem In- und Ausland anspricht.

Liberty Plaza, 512 R. A. de Mel Mw., Col 3. Zwar etwas in die Jahre gekommen, trotzdem ist der überschaubare Einkaufskomplex immer noch ein guter Ort zum Flanieren und Stöbern. Neben zahlreichen Kleiderläden gibt es auch eine gut sortierte Buchhandlung.

Majestic City, 10 Station Rd./Ecke Galle Rd., Col 4. Neben dem Odel Colombos beliebtestes Einkaufszentrum mit Filialen von Odel, Mondy, Cotton- und Leather Collection. Schöne Batikkleider gibt es bei Prasanna, knallbunte Girlie-Klamotten bei Infinity. Im Untergeschoss kann man den großen und kleinen Hunger

Colombo

(überraschend üppiges Lakritz- und Weingummi-Angebot) stillen, im 4. Stock Billard im **Hot Shot** spielen oder ins Kino gehen. Wenn die Kohle ausgeht: Im Erdgeschoss gibt es auch Geldautomaten.

Odel, 🖥 www.odel.lk. Landesweit insgesamt 13 Niederlassungen, davon eine im Bandaranaike International Airport und ein halbes Dutzend in Colombo. Neben der Hauptfiliale am Alexandra Pl., Col 7, gibt es weitere in 38 Dickmans Rd., Col 5, im Majestic City, Col 4, und in 322 Koswatte, Battaramulla. Odel garantiert mit zahlreichen Boutiquen, Cafés, Buchhandlungen und weiteren Geschäften angenehme Einkaufserlebnisse. ⏰ tgl. 10–20 Uhr.

Unity Plaza, 2 Galle Rd., Col 4, neben dem Majestic City. Von außen ziemlich abweisend, ist es jedoch die erste Adresse für alles rund um Computer und Handys. Hier ist auch die größte Filiale von **Vijitha Yapa Bookshop** zu finden.

Kameras und Fotos

Photo Technica, 288 Galle Rd., Col 3, ✆ 011-2577877. Kompetentes Fotogeschäft mit insgesamt 5 Filialen im Stadtgebiet. Recht gut sortiert und hilfreich auch bei Problemen mit Digital-Kameras. ⏰ tgl. außer So 9–18 Uhr.

Vishan's Colourlab, 182 Galle Rd., Col 4, ✆ 011-4518451. Neben dem Holy Family Convent.

Eine gute Adresse für alles rund ums Thema Knipsen. Schneller Service für Fotoprints.

Kunsthandwerk und Design

Gandhara, 28 Stratford Ave., Col 6. Fundgrube für hochwertiges Kunsthandwerk aus der ganzen asiatischen Welt. Neben Möbeln und Statuen sind auch schöne Textilien im Angebot.

Kalaya Designer Home Store, 260/A Pannipitiya Rd., Pelawatta, Battaramulla. Ausgefallene Designerstücke, darunter Lampenschirme in Form des Blattes eines Bodhi-Baums. Leider recht abgelegen.

Lakmedura, 113 Dharmapala Mw., Col 7, ✆ 011-2328900. Eine exzellente Auswahl an srilankischer Handwerkskunst wie Statuen und Silberarbeiten, allerdings nicht billig.

Laksala, 60 York St., Col 1. Eine ziemlich staubige Atmosphäre breitet sich in dieser staatlichen Verkaufshalle für traditionelles Handwerk aus, dafür sind Auswahl und Preise ganz passabel. Besser ist die Filiale an der 215 Bauddhaloka Mw., Col 7., Ecke Reid Ave. ⏰ Mo–Fr 9–19, Sa/So 9–17 Uhr.

Paradise Road, 213 Dharmapala Mw., Col 7, 🖥 www.paradiseroadsl.com. Eine der ersten Adressen für qualitativ gute Designerstücke, von der Lampe bis zur Vase, allerdings muss man dafür tief in Tasche greifen.

Paradise Road nach „Cool-ombo"

Dieses bereits 1986 gegründete Unternehmen scheint ein glückliches Händchen zu haben, um ein avantgardistisches, denkbar angenehmes Ambiente zu generieren. Mittlerweile zählen fünf stil- und stimmungsvolle, ganz unterschiedliche Meilensteine zur Firmenkette von Paradise Road, 🖥 www.paradiseroadsl.com. Besonders gut sortiert ist das **Paradise Road Studio** in der Nr. 12 Alfred House Gardens, Col 3, ✆ 011-2506844, ⏰ 10–20 Uhr, das mit einem kreativen Angebot aus Porzellan, Kerzen, Seifen, Büchern, CDs oder Spa-Sets und vielem mehr aufwarten kann. Mit einem ganz anderen Charakter verwöhnt das nur einen Steinwurf entfernte, in einer Seitenstraße liegende **The Gallery Café Paradise Road**, ✆ 011-2582162, ⏰ 10–22.30 Uhr.

Der Galerie-Laden zählt zu den atmosphärischsten Anlaufpunkten, die sich derzeit in „Cool-ombo" finden. In der ehemaligen Arbeitsstätte des Architekten Geoffrey Bawa kann man zu Chill-out-Musik hervorragend essen, Kaffee trinken oder einfach nur den Tag bei einem Drink ausklingen lassen. Die Speisekarte präsentiert fein zubereitete Gerichte mit euro-asiatischem Touch, während im Eingangsbereich wechselnde Ausstellungen gezeigt werden. Auf schweren Eisenstühlen kann man unterm Dach oder im länglichen, lauschigen Innenhof mit Wasserbecken sitzen. Im **Tintagel** (S. 167) kann man sogar übernachten, denn der nach allen Regeln der Kunst durchgestylte Prachtbau bietet zehn gediegene Suiten.

Plâté, 580 Galle Rd., Col 3, 🖳 www.platelimited.com. Fotostudio mit einer exquisiten Sammlung an historischen Fotoaufnahmen. Zudem kann man schicke Saris kaufen.

Roux Brothers, 7 De Fonseka Rd., Col 5, ✆ 011-5339016. Verkauft in einem wunderbaren Kolonialhaus seit 1959 Antiquitäten und exquisites Kunsthandwerk.

Schmuck und Edelsteine

„Eigentlich wollte ich überhaupt nichts kaufen", klagen viele beim Verlassen eines Schmuckgeschäftes. Der dortige Besuch kann zum kostspieligen Vergnügen werden, denn die versiertesten Verkäufer sind in der Edelsteinbranche zu finden. In den etablierten Läden braucht man keinen Betrug zu befürchten. Wer sichergehen möchte, kann sich zum Qualitätstest an den **Sri Lanka Gem & Jewellery Exchange** (Adresse s. S. 41) wenden.

Agasti Jewels, 62 Havelock Rd., Col 5. Großer Ausstellungsraum mit einer reichhaltigen Auswahl an modischem Schmuck.

Colombo Jewellery Stores, 1 Alfred House Gardens, Col 3. Schon seit 1922 im Schmuckgeschäft zuhause, von exklusivem Charakter. Filialen im Crescat Blv. und Galle Face Hotel. ⊙ 9.30–18 Uhr.

Mallika Hemachandra, 73 Horton Pl., Col 7. Etabliertes Geschäft mit Filialen im Majestic City und Liberty Plaza.

Premadasa, 560 Galle Rd., Col 3. Seit 1956, eines der ältesten Edelstein- und Schmuckgeschäfte Colombos. Familienbetrieb mit 5 Schürfgebieten in Ratnapura.

Ridhi Silver Studio, 74 Lauries Rd., Col 4, neben der Kirche St. Mary, hat eine gute Auswahl an Silberschmuck. ⊙ Mo–Sa 10–17 Uhr.

Sifani, Odel Unlimited, De Soysa (Lipton) Circus, Col 7. Seit 1970 etabliertes Schmuckgeschäft mit vielen Filialen, u. a. im Galadari und Galle Face Hotel.

Tee

Außerhalb der Teefabriken des Hochlandes ist es erstaunlich schwierig, qualitativ hochwertigen Tee zu bekommen.
Eine gute Auswahl bieten:

Mlesna Tea Centre, 🖳 www.mlesnateas.com,

mit Filialen im Majestic City, Liberty Plaza, Crescat Boulevard und dem Hilton Colombo Residence, 200 Union Place, Col 2.

House of Tea Tang, 16 Galle Face Court 11, Col 3, 🖳 www.teatang.com, mit Ablegern im Liberty Plaza, im World Trade Center und am Flughafen. Schließlich wird man auch in den Supermarktfilialen von Keells und Cargills fündig.

Sonstiges

Autovermietungen

Selbstfahrer und jene, die einen Wagen mit Chauffeur mieten wollen, können sich an eine der Reiseagenturen (s. S. 178) oder an folgende Adressen wenden:

Avis Car Rent, c/o Keels Tours, 429 Ferguson Rd., Col 15, ✆ 011-2529239, 🖳 www.avis.de.

Kings Rent a Car, 50 Ramya Mw., Subuthipura, Battaramulla, ✆ 011-2889860, 2875063, 🖳 www.kingsrentacar.com.

Mackinnons Travels, 4 Leyden Bastian Rd., Col 1, ✆ 011-2329887.

Malkey Rent-A-Car, 58 Pamankada Rd., Col 6, ✆ 011-2502008, 🖳 www.malkey.lk.

US Rent-a-Car, 215 Galle Rd., Mount Lavinia, ✆ 011-2727205.

Geld

In Colombo gibt es zahlreiche Filialen der großen srilankischen Banken. Die meisten verfügen auch über Geldautomaten (ATM), die ausländische Kredit- und EC-Karten akzeptieren. Für Bargeldumtausch eignen sich zudem die vielen Wechselstuben (Money Changer) in der Hospital St. in Colombo-Fort.

Bank of Ceylon, Bank of Ceylon Mw., Col 1, ✆ 011-2446790. Wechselschalter in der Bank of Ceylon-Filiale „Fifth City", 85 York St., Col 1, ✆ 011-2449646, ⊙ Mo–Fr 8.30–18, Sa, So 8.30–16 Uhr.

Citibank, 65 C Dharmapala Mw., Col 7, ✆ 011-4794700, 2447316.

Commercial Bank, 21 Bristol St., Col 1, ✆ 011-2430420.

Hatton National Bank, 149-151 Main St., Col 11, ✆ 011-2343800.

HSBC, 24 Sir Baron Jayatilaka Mw., Col 1, ✆ 011-2325435, 2511611 (Hotline). Neben dem Cargills.

Colombo

People's Bank, 75 Sir Chittampalam A. Gardiner Mw., Col 2, ☎ 011-2327841–6. Filialen u. a. im Majestic City und Liberty Plaza.
Seylan Bank, Seylan Towers, 90 Galle Rd., Col 3, ☎ 011-2456789, ⏰ 24 Std. Ist Partner von Western Union bei internationalen Geld-überweisungen.
Standard Chartered Bank, 37 York St., Col 1, ☎ 011-2480000.
Thomas Cook, 393 Union Pl., Col 2, ☎ 011-4628258. Auf dem Gelände des YWCA International Guest House. ⏰ Mo–Fr 8.30–17, Sa 8.30–12.30 Uhr.

Golf

Den Schläger schwingen kann man im ehrwürdigen **Royal Colombo Golf Club** von 1879 in Borella, Model Farm Rd., Col 8, ☎ 011-2695431, 2691401, 🖥 www.rcgcsl.com. Nach Kolkata der zweitälteste Golfplatz Asiens, ist er etwas in die Jahre gekommen, genießt jedoch in der Golfwelt einen guten Ruf. Mit 18 Löchern und 5570 m Länge ist er angesichts der vielen Wasserstellen recht anspruchsvoll. Die Greenfee beträgt wochentags 5500 Rs, am Wochenende 7500 Rs/Tag. Im Club House kann man bei etwas sterilerer Atmosphäre speisen.

Informationen

Die beste Anlaufstelle für Informationen zu Reisen und Unterkünften ist die Zentrale von **Sri Lanka Tourism**, 80 Galle Rd., Col 3, ☎ 011-2437059-60, 1912 (Hotline), 🖥 www.srilanka.travel, ⏰ Mo–Fr 9–16.45, Sa 9–12.30 Uhr. Dort kann man neben vielen Broschüren auch den zweimal jährlich erscheinenden „Accommodation Guide" mit zahllosen Unterkunfts-adressen erstehen.
Die Tourismusbehörde unterhält auch das rund um die Uhr geöffnete **Travel Information Centre** in der Ankunftshalle des Bandaranaike International Airport, Katunayake, ☎ 011-2252411.

Internet

Mit zunehmender Zahl an Cafés und Unterkünften mit WLAN nimmt das Angebot an Internetcafés kontinuierlich ab. Internet gibt es in den großen Einkaufszentren wie Majestic City und Crescat Blv. (hier das **i-Café**).

Central Cultural Fund (CCF)

Im Hauptbüro des CCF kann man die Rund-tickets für den Besuch des Kulturellen Dreiecks erstehen. Allerdings geht dies auch problemlos bei den Sehenswürdigkeiten vor Ort. Zudem gibt es im CCF einen Shop mit dessen Publikationen. Von der Polizeisperre sollte man sich nicht irritieren lassen.
CCF, 212/2 Bauddhaloka Mw., Col 7, ☎ 011-2587912, 2500732.

Kinos

Von Colombos Leinwänden flimmern überwiegend Bolly- und Hollywood-Schlager, vom srilankischen Film ist ziemlich selten etwas zu sehen. Allerdings leiden die Kinos wie anderswo auch unter der DVD-Schwemme und der TV-Endlosserien-Manie südasiatischer Prägung. Zu den besten Kinos zählen:
The Savoy Cinema, 12 Savoy Building, Galle Rd., Wellawatta, Col 6, ☎ 011-2552877;
Majestic Cinema, 4th Fl., Majestic City, Col 4, ☎ 011-2581759. Tickets kosten um 200 Rs.

Kulturzentren und Galerien

Alliance Française, 11 Barnes Pl., Col 7, ☎ 011-2694162, 🖥 www.alliancefr.lk. Zeigt französische Filme mit englischen Untertiteln Di um 15 Uhr und Mi um 18 Uhr. Internet im Multimediaraum. ⏰ Mo–Fr 9.30–19, Sa/So 9.30–14.30 Uhr.
British Council, 49 Alfred House Gardens, Col 3, ☎ 011-7521521, 🖥 www.britishcouncil.lk. Gut bestückte Bibliothek und gelegentliche kulturelle Veranstaltungen oder Filmabende – mit Zweigstelle in Kandy. ⏰ Di–Sa 9–17.30 Uhr.
Elphinstone Theatre, Maradana Rd., Maradana, Col 10, ☎ 011-2433635, 2678517. Der 1925 etablierte Kulturtempel lockt mit regelmäßigen Gastspielen ausländischer Theatertruppen ein kunstbeflissenes Publikum an.
Goethe Institut, 39 Gregory's Rd., Col 7, ☎ 011-2694562, 🖥 www.goethe.de. Regel-mäßige Veranstaltungen, Ausstellungen und Filmvorführungen.
Indian Cultural Center, 133 Bauddhaloka Mw., Col 4, ☎ 011-2500014, 🖥 www.hcicolombo.org.

Kurse in Hindi, klassischem Tanz, Musik und Yoga. Zudem regelmäßige Filme, Konzerte und kulturelle Veranstaltungen. Sehr zu empfehlen.

Lionel Wendt Art Centre, Guildford Crescent, Col 7, ℡ 011-2695794, 🖥 www.lionelwendt.org. Colombos wichtigstes Kulturzentrum für Ausstellungen, Konzerte und Theater, benannt nach dem seinerzeit bedeutsamen Pianisten und Fotografen Lionel Wendt (1900–44).

Saskia Fernando Gallery, 61 Dharmapala Mw., Col 7, ℡ 011-7429010, 🖥 www.saskiafernando gallery.com. Die engagierte Galeristin präsentiert in ihren schlichten Räumen einige der führendsten srilankischen Künstler. 🕐 Mi–Sa 10–19 Uhr.

Medizinische Hilfe

Man sollte darauf achten, bei Arztbesuchen und Krankenhausaufenthalten immer genügend Bargeld oder eine Kreditkarte dabeizuhaben und vorab die Kosten abzuklären, um böse Überraschungen zu vermeiden. Mit Ausnahme des General Hospitals sind die genannten Kliniken privat und werden von der deutschen Botschaft empfohlen.

Krankenhäuser

Asiri Hospital, 181 Kirula Rd., Col 5, ℡ 011-4523300, 🖥 www.asiri.lk. Bekanntes Privatkrankenhaus mit guter Ausstattung.

Central Hospital, 114 Norris Canal Rd., Col 10, ℡ 011-4665500, 🖥 www.thecentral.lk. Das 2010 eröffnete Krankenhaus mit 264 Betten gehört zur bekannten „Asiri Group of Hospitals".

Durdans Hospital, 3 Alfred Pl., Col 3, ℡ 011-5410000, 2575555, 🖥 www.durdans.com. Besonders bei Herzproblemen gefragte Privatklinik mit 300 Betten.

Lanka Hospitals, 578 Elvitigala Mw., Col 5, ℡ 011-5530000, 1566 (Notruf), 🖥 www.lanka hospitals.com. Richtige Adresse im Falle eines Schlaganfalls; 24-Std.-Apotheke.

Nawaloka Hospitals, 23 H. K. Dharmadasa Mw., Col 2, ℡ 011-2544444 (bis 7), 25577111, 🖥 www.nawaloka.com. Renommiertes Privatkrankenhaus.

Oasis Hospital, 18 A Muhandiram E. D. Dabare Mw., Col 5, ℡ 011-5506000, 4514770 (bis 9),

Notfall	
Notruf	℡ 011-2433333
Polizei	℡ 011-2421111
Unfall	℡ 011-2691111
Ambulanz	℡ 011-4222222
Rotes Kreuz	℡ 011-2691095
Feuer	℡ 011-2422222

🖥 www.oasis.lk. Privates Krankenhaus mit vielen Spezialisten inkl. Zahnärzten.

The General Hospital, 8 Regent St., Col 8, ℡ 011-2691111. Als staatliches Krankenhaus oft überfüllt, von daher wirklich nur etwas für den Notfall.

Privatärzte

Mr. A. T. Navaratnam & Mrs. V. Navaratnam, 117 Inner Flower Rd., Col 3, ℡ 011-2573322, 2573577. Etablierte Praxis, wird häufig von Diplomaten aufgesucht.

Dr. A. M. Sebastiampillai, Solomon Ave., 44/4 Pamankada Rd., Col 6, ℡ 011-2582190 (Klinik), 2366642 (zu Hause). Im New Delmon Hospital, 258 Galle Rd., Col 6, tätig. Deutschsprachig, macht auch Hausbesuche.

Dr. T. A. Fernando, Neptune Hospital, 186 Park Rd., Col 5, ℡ 011-2590200, 2590201, ist Kinderarzt.

Zahnärzte

Dr. Irene Ratnayake, 205 De Saram Pl., Col 10, ℡ 011-2691550.

Dr. J. N. Chinniah, 84 St. Anthony's Mw., Col 3, ℡ 011-2573728, 2574494.

Optiker

Albert Edirisinghe, Vision House, 52 Galle Rd., Col 4, ℡ 011-2583536.

Eric Rajapakse & Co Opticians, 341 Galle Rd., Col 3, ℡ 011-2575121.

Polizei

Die Touristenpolizei sitzt in Colombo-Fort, Lotus Rd., ℡ 011-2503629, 2433333.

Post

Colombos Hauptpostamt, das **General Post Office** (GPO), befindet sich in der D. R. Wijewardena Mw. in Pettah, südlich der

Colombo

Gleisanlagen von Colombo-Fort, Col 1. Dort gibt es auch einen Poste Restante-Dienst, ☏ 011-2326203, ⏰ Mo–Sa 7–18 Uhr. In der Stadt liegen weitere Postfilialen, darunter eine im World Trade Center, ⏰ Mo–Sa 8.30–16.30 Uhr. **United Parcel Service**, UPS, wird durch IML Pvt Ltd., UPS House, 209/2 Union Pl., Col 2, ☏ 011-2337773, 4703354, vertreten. **DHL Service Point**, 148 Vauxhall St., Col 2 und 300 Galle Rd., Col 3, ☏ 011-2304304, 🖥 www.dhl.com.lk, ⏰ Mo–Fr 8–19, Sa, So 8.30–17 Uhr. Die örtliche Repräsentanz von **TNT Express** liegt in Händen von Ace International Express, 368 Vauxhall St., Col 2, ☏ 011-2308444, 5739752. **FedEx** nutzt den Service von Mountain Hawk Express, 300 Galle Rd., Col 3, ☏ 011-4522222.

Reiseagenturen

Schon am Flughafen wird man von zumeist kleineren Reiseveranstaltern bedrängt, eine Rundtour zu buchen. Wer nur ein Fahrzeug mit Fahrer braucht, kann dies auch problemlos und spontan über die Hotels und Gästehäuser organisieren lassen. Wer eine Tour mit qualifiziertem lokalem Reiseleiter, schönem klimatisiertem Auto und human fahrendem Chauffeur bevorzugt, findet auf S. 65 die Adressen etablierter Agenturen.

Wichtige Busverbindungen

Nr. 100 Panadura–Pettah: über Mt. Lavinia, entlang der Galle Rd.
Nr. 101 Moratuwa–Wattala: über Mt. Lavinia, entlang der Galle Rd., Malay St. und N. H. M. Abdul Cader Rd. (entlang des Hafens)
Nr. 102 Moratuwa–Kotahena: über Mt. Lavinia, entlang der Galle Rd. und der N. H. M. Abdul Cader Rd.(entlang des Hafens)
Nr. 135 Kohuwala–Kelaniya: entlang der Dutugemunu St., Danister de Silva Mw. und Kirula Rd.
Nr. 154 Mt. Lavinia–Kiribathgoda: entlang der Galle Rd., Bauddhaloka Mw., Borella, Kandy Rd.
Nr. 155 Ratmalana–Mattakkuliya: über Mt. Lavinia, entlang der Galle Rd., Bauddhaloka Mw., Maradana und Kotahena
Nr. 235 Pettah–Kelaniya

Busse

Die Stadt hat ein dichtes Busnetz, eine attraktive Option für jene, die auf die Rupie schauen müssen. Allerdings sind die rostigen Ungetüme meist ziemlich voll – was Langfinger und Frauenbetatscher auszunutzen verstehen. Wer sich längere Zeit in Colombo aufhält, kann *Arjuna's A-Z Street Guide* kaufen. Dort sind die lokalen Busverbindungen samt Plan aufgeführt.

Vorortzüge

Sie fahren etwa im 30-Min.-Takt – zur Rush Hour häufiger, abends und an Sonntagen seltener – von Maradana über Fort entlang der Küste in Richtung Mount Lavinia mit Stopps in Kompannaveediya, Kollupitiya, Bambalapitiya, Wellawatta und Dehiwala. Außerhalb der Hauptverkehrszeiten sind sie eine attraktive Variante für alle, die in den Süden der Stadt wollen. Anstelle der Abgase weht vom Meer eine frische Prise.

Three-Wheeler

Bei Weitem die effektivste Art des Fortkommens. Die quakenden Dreiräder mit dem Zweitakter, von westlichen Touristen gern – wie in Thailand – einfach als „TukTuk" bezeichnet, sind fast zu jeder Tages- und Nachtzeit verfügbar. Da Taxameter fehlen, ist das Feilschen um den Fahrpreis vor Fahrtantritt ein Muss. Als Richtwert gelten 30–40 Rs pro Kilometer. Von Pettah nach Galle Face Green oder Colombo-Fort zum Majestic City in Bambalapitiya muss man mit etwa 100 Rs rechnen. In der Nacht oder bei Regenschauern gehen die Preise nach oben. Vor Hotels und Bahnhöfen wartende Fahrer nennen Touristen gegenüber stets einmal Fantasiepreise. Hier heißt es hart handeln oder (besser) einen vorbeifahrenden Three-Wheeler heranwinken.

Taxis

In zwei Varianten auf Colombos Straßen unterwegs: Meist ohne Taxischild und Taxameter warten sie als Kombi oder Wagen an festen Punkten wie etwa an der Sea Street in Pettah auf Kundschaft. Vor der Fahrt muss der Preis

Alt und Neu in Colombo-Fort: Die Türme des World Trade Centers hinter dem alten Cargills-Gebäude

ausgehandelt werden. Es werden 30–40 Rs pro Kilometer verlangt, allerdings hängt dies auch von der Qualität des Fahrzeugs ab. Es gibt einige etablierte Taxi-Unternehmen mit Taxameter (Radio Cab). Allerdings sind sie auf den Straßen selten anzutreffen, weshalb man sie bestellen muss:

Airport Express, ☎ 011-5555050
Autolink Cabs, ☎ 011-2848748
GNTC, ☎ 011-2688688
Lavinia Cabs, ☎ 011-2724000
Shel, ☎ 011-2727046
Quick Radio Cabs, ☎ 011-2502888
Unique Tours, ☎ 011-2733733
Yellow Radio Cabs, ☎ 011-2942942

Transport

Busse

Knäuel rostiger Blechungetüme, dazwischen das Gequake der TukTuks und das Schreien der Busbegleiter, beim Einsteigen drängelnde Passanten, die schwül-heiße Luft voller Abgase – es gibt wahrlich entspanntere Orte als die beiden Busbahnhöfe in Colombos Stadtteil Pettah. Doch kommt an ihnen niemand vorbei, der mit dem Bus weiterfahren möchte oder in der Hauptstadt ankommt. Die Orien-

tierung fällt auf den ersten Blick nicht leicht, doch auf den zweiten Blick erkennt man sogar eine gewisse Logik.

Von der **Bastian Mawatha Private Bus Station** östlich des Hauptbahnhofs starten die privaten Busse. Informationen können unter ☎ 011-2333222, 3150916 eingeholt werden. Von „Platform 1" fahren Busse entlang der nördlichen Westküste zum BANDARANAIKE INTERNATIONAL AIRPORT (Nr. 187, alle 10 Min.), nach CHILAW und PUTTALAM (Nr. 4, alle 30 Min.) sowie über Puttalam nach VAVUNIYA.

„Platform 2" ist Startpunkt für Busse entlang der südlichen Westküste nach GALLE (Nr. 2, alle 30 Min.), nach MATARA (Nr. 2, alle 15 Min.) und nach KATARAGAMA (Nr. 32, jede Std.).

An der „Platform 3" warten Busse nach KANDY (Nr. 1, AC alle 20 Min., non-AC alle 10 Min.), nach KURUNEGALA (Nr. 6, AC alle 20 Min., non-AC alle 15 Min.) und nach ANURADHA-PURA-VAVUNIYA (Nr. 15, AC alle 30 Min., non-AC alle 25 Min.). Es fahren auch von dort Busse über Kandy nach MATALE (Nr. 8, alle 30 Min.) sowie nach NUWARA ELIYA (Nr. 79, bis 15 Uhr AC und non-AC jede Std.) los.

Bus nach Jaffna

Unzählige private Buslinien unterhalten die lukrative Strecke Colombo-Jaffna. Da das Geschäft fast ausschließlich in der Hand der Tamilen liegt, starten fast alle Busse im Stadtteil Wellawatte (Col 7), wo viele Tamilen aus dem Inselnorden leben. Tickets können in einem der zahllosen Geschäfte entlang der Galle Rd./Ecke Station Rd. in Wellawatte gekauft werden. Dort starten auch die Busse je nach Anbieter zwischen 19.30 und 21 Uhr. Die Fahrt entlang der 396 km langen Strecke kann wegen der Checkpoints bis zu 12 Std. dauern. Das Ticket kostet abhängig von der Qualität der Busse 600–500 Rs. Zu den vielen Anbietern gehören Cosy Travel & Tours (Abfahrt vor dem Cosy Restaurant, 25 Station Rd.), D.S. Gunasekara, Mahesh Travels, ℡ 011-2553527, PSR Travels, ℡ 077-5389023, Super Line Travels, ℡ 011-2882222, Tinakaran Express, ℡ 011-4579017, und Vayaputhraa Travels. Hinweis: Zur Zeit der Recherche benötigten Ausländer zum Besuch der Jaffna-Halbinsel eine Genehmigung des Verteidigungsministeriums, das über eine Agentur organisiert werden kann. Die klimatisierten Busse können recht unterkühlt sein, zudem plärrt häufig eine Videoanlage.

Die „Platform 4" ist u. a. Ausgangspunkt für Busse nach BADULLA (Nr. 99, alle 40 Min.), RATNAPURA (Nr. 122, alle 20 Min.) und POLONNARUWA (Nr. 48, alle 45–60 Min.). Nach TRINCOMALEE starten die Busse Nr. 49 um 5.30, 7.30, 8, 9.30, 10, 10.35, 11.35, 12.45, 13.30, 14.10, 15.40, 16.45, 17.45, 19.45 und 22.45 Uhr. AC-Busse fahren um 10.30 und 11.50 Uhr ab. In einem seitlich gelegenen Gebäude können Sitze für Busse nach MPARA um 8.30 und 10.30 Uhr reserviert werden. Die staatliche zentrale **Central (Saunders) Bus Station** liegt jenseits der Olcott Mawatha der privaten schräg gegenüber. Von den wuchtiggeschwungenen Terminals starten die roten Rostlauben zu unschlagbaren Preisen in nahezu jede Ecke der Insel. Infos unter ℡ 011-2329604, 2328081. Busse nach NEGOMBO (Nr. 240) starten dort alle 15 Min. Zudem fahren Busse

nach JAFFNA um 19, 20, 22 und 24 Uhr, nach BATTICALOA um 10 und 18 Uhr sowie nach MANNAR um 20 Uhr ab. Entlang der Olcott Rd. halten Busse, die in Colombos nähere Umgebung fahren.

Eisenbahn

Der quirlige Hauptbahnhof liegt in Colombo-Fort. In dessen Hauptgebäude finden sich die Schalter für die entsprechenden Destinationen. Beim Schalter „Inquiries" erfährt man die aktuellen Abfahrtszeiten, ℡ 011-2434215. Für Fragen stehen auch die freundlichen Mitarbeiter des **Railway Tourist Information Office**, ℡ 011-2440048, 2435838, ⊙ tgl. 9–17 Uhr, bereit. Auch wenn sie keinen Fahrplan herbeizaubern können, haben sie viele Tipps zur Hand. Allerdings sind sie eher am Verkauf von Rundreisen interessiert. Eine Gepäckaufbewahrung gibt es auf der linken Seite des Hauptgebäudes im „Cloak Room", ⊙ tgl. 5.30–21 Uhr. Wie überall auf der Welt treiben sich auch rund um diesen Bahnhof Nepper, Schlepper und Touristenfänger herum. Entsprechend sollte man erhöhte Aufmerksamkeit an den Tag legen. (Fahrpläne und -preise s. Kasten).

Flüge

Der Inlandsflughafen liegt in Ratmalana (RAT), südlich von Mount Lavinia. 1935 hoben von ihm die ersten Maschinen ab. Derzeit startet hier nur die zur Luftwaffe gehörende Airline **Heli Tours** nach Jaffna (Mo, Mi, Fr 8 Uhr) und Trincomalee (Mo, Fr 8 Uhr). **Expo Air** hat zur Zeit der Recherche mangels Nachfrage den Flugbetrieb eingestellt, will ihn aber irgendwann wieder aufnehmen. Am besten fährt man mit einem Taxi oder Three-Wheeler zum Flughafen. Alternativ bietet sich der Nahverkehrszug nach Mount Lavinia oder Ratmalana an und von dort die Weiterfahrt zum Flughafen mit dem Three-Wheeler. Da Ratmalana auch als Militärflughafen benutzt wird, muss man mit strengen Kontrollen rechnen und sollte daher 1 1/2 Std. vor Abflug erscheinen.

Buchungen und Informationen
Deccan Aviation Lanka, The Landmark, 385 Galle Rd., Col 3, ℡ 077-7703703, 077-7377876,

Zug-Nr.	9*	19	23	10*	35	39
Col-Fort	7.00	10.35	12.40	15.25	16.35	17.45
Kandy	9.35	13.50	16.00	18.00	19.40	21.00

Preise: 1. Kl. 340 Rs, 2. Kl. 190 Rs
* Intercity Express (1. Kl. 350 Rs, 2. Kl. 220 Rs)

Zug-Nr.	5	15	45
Col-Fort	5.55	9.45	20.00
Nanu Oya	12.35	15.55	3.30
Haputale	14.09	17.34	5.07
Band'wela	14.36	18.01	5.37
Ella	15.07	18.31	6.11
Badulla	16.00	19.25	7.10

Preis 1. Kl. Observation Saloon: 750 Rs;
Preise 2. Kl.: Nanu Oya 290 Rs, Bandarawela 340 Rs, Badulla 370 Rs

Zug-Nr.	50	40	86	56	58	96	766	775
Col-Fort	6.55	8.35	10.30	14.05	15.50	16.45	18.00	19.30
Kalutara-Süd	8.10	9.34	11.30	15.04	16.40	17.45	19.04	20.40
Aluthgama	8.42	9.58	12.00	15.29	17.03	18.08	19.30	21.20
Bentota	8.45	10.03		15.41				21.23
Hikkaduwa	9.25	10.45	12.40	16.22	17.45	18.50	20.13	22.30
Galle	10.00	11.16	13.02	17.05	18.25	19.20	20.38	22.55
Weligama	10.52	12.08	14.10	18.00	19.00	20.04	21.43	
Matara	11.17	12.27	14.26	18.25	19.15	20.25	22.07	

Preise 2. Kl.: Galle 180 Rs, Matara 230 Rs

Zug-Nr.	1*	85	3*	89
Col-Fort	5.45	13.45	16.20	22.00
Kurunegala	7.20	15.49	17.54	0.11
Anuradhapura	9.10	18.47	19.50	3.17
Vavuniya	10.07	20.15	20.57	5.05

Preise 2 Kl.: Anuradhapura, 290 Rs
* Intercity Express (Anuradhapura: 1. Kl. 600 Rs, 2. Kl. 320 Rs)

Zug-Nr.	81*	11*	79	83*
Col-Fort	6.05	10.30	19.15	21.00
Kurunegala	8.14	12.07	21.10	23.10
Gal Oya	12.00	15.06	0.24	3.00
Trincomalee	13.55	17.00		5.10
Polonnaruwa	13.02	16.08	1.18	4.29
Batticaloa	15.35	18.30	3.27	7.20

* für Polonnaruwa-Batticaloa in Gal Oya umsteigen!
Preise 2. Kl.: Kurunegala 160 Rs, Trincomalee 370 Rs, Polonnaruwa 340 Rs, Batticaloa 420 Rs

Colombo

Colombo

Hinweise zur Fahrt von und zum 30 km nördlich gelegenen Bandaranaike International Airport finden sich im Kapitel „Traveltipps von A bis Z" auf S. 37.

🖥 www.simplifly.com. Das Unternehmen offeriert je nach Nachfrage mind. 1x tgl. Shuttle-Flüge per Hubschrauber vom Bandaranaike International Airport nach Tangalle mit Stopps in Colombo, Bentota und Galle. Kosten: US$115–285 p. P.
Expo Air, 466 Galle Rd., Col 3, ✆ 011-2372952, 2360290, 🖥 www.expoavi.com.
Heli Tours, 395 Galle Rd. Col 3, ✆ 011-3144944, 3144244, ✉ slafhelitours@yahoo.com; seitlich des Landmark-Hochhauses, gegenüber McDonalds.
Sri Lankan Airlines verfügt über Wasserflugzeuge, die als „Air Taxis" für bis zu 15 Pers. vom Bandaranaike International Airport entsprechend der Nachfrage (als Minimum gelten 4 Passagiere) und Saison acht Destinationen anfliegen. Derzeit wird 2x tgl. Dickwella und Koggalla angesteuert und je nach Saison Nuwara Eliya. Information und Buchung unter ✆ 019-7335500, ✉ airtaxi@srilankan.aero.

Fluggesellschaften
Air Arabia, Nawaloka Aviation, 73 Nawaloka Building, Sir James Pieris Mw., Col 2, ✆ 011-2393994 und 95.
Air Asia, Setmil Aviation, Setmil Maritime Centre, 256 Srimath Ramanathan Mw., Col 15, ✆ 011-2485800.
Air India Express, Hayleys Advantis, 50 Foster Ln., Col 10 ✆ 011-2422249, 2325832.
Cathay Pacific Airways, Finlay House, 186 Vauxhall St., Col 2, ✆ 011-2334145.

China Eastern Airlines, 260 Sri Ramanathan Mw., Col 15, ✆ 011-4609609.
Condor, Walkers Tours, 130 Glennie St., Col 2, ✆ 011-2327540, 2421101.
Emirates, 9th Fl., Hemas House, 75 Braybrooke Pl., Col 2, ✆ 011-4704070.
Etihad, Level 26, East Tower, World Trade Center, Echelon Sq., Col 1, ✆ 011-4766500.
Gulf Air, 1 Justice Akbar Mw., Col 2, ✆ 011-2359888.
Jet Airways, 1 Justice Akbar Mw., Col 2, ✆ 011-2318770.
Kingfisher Airlines, Aitken Spence Tower I, 315 Vauxhall St., Col 2, ✆ 011-2308155, 2308308.
Kuwait Airways, South Asian Travel, Ceylinco House, 69 Janadhipathi Mw., Col 1, ✆ 011-2445531 – ext. 250/251.
Malaysia Airlines, Hemas Air Services, 81 York St., Col 1, ✆ 011-2342291-4.
Pakistan International Airlines, 47 Andana Coomaraswamy Mw., Col 7, ✆ 011-2573475, 2576781.
Qatar Airways, Level 2, West Tower, World Trade Center, Echelon Sq., Col 1, ✆ 011-5570000.
Royal Brunei Airlines, 40 A Cumarathunga Munidasa Mw., Col 3, ✆ 011-2375082.
Royal Jordanian, 40 A Cumarathunga Munidasa Mw., Col 3, ✆ 011-2301621.
Saudi Arabian Airlines, 466 Galle Rd., Col 3, ✆ 011-2577241, 2577242.
Singapore Airlines, 7th Fl., Aitken Spence Tower II, 315 Vauxhall St., Col 2, ✆ 011-2499690, 2499699.
Sri Lankan Airlines, Level 3, East Tower, World Trade Center, Echelon Sq., Col 1, ✆ 019-7335555 (Allgemein), 019-7335500 (Reservierung).
Thai Airways International, Hilton Colombo Residence, 200 Union Pl., Col 2, ✆ 011-2307100-8.

Negombo
Colombo
Galle

Die Westküste

Stefan Loose Traveltipps

Negombo Pittoreske Katamarane verzaubern den Horizont – wie auf einem Gemälde von Caspar David Friedrich. S. 186

Kalpitiya Ein Hauch von Malediven, wo Delphine tanzen und Fischschwärme sich zwischen Riffen tummeln. S. 196

Wilpattu In Sri Lankas größtem Nationalpark können sich Besucher auf Leoparden-Pirsch begeben. S. 197

Mount Lavinia Überragt von einer ehrwürdigen Kolonialherberge, lockt der Hausstrand von Colombo. S. 199

1 Beruwela und Bentota Das Sri Lanka, wie es schon seit den 1970er-Jahren die Reise-Kataloge ziert. S. 208 und S. 212

Ambalangoda Von rituellen Masken und geheimisvollen Teufelstänzen. S. 218

2 Hikkaduwa Wo die Party-Szene der Insel vibriert und die Nächte am längsten werden lässt... S. 220

3 Galle Eine vom Meer umrahmte, historische Hafenstadt, die sich immer mehr mit neuem Leben füllt. S. 229

Man kann darüber diskutieren, ob die Strände der Westküste tatsächlich die schönsten des ganzen Landes sind. Nicht aber darüber, dass sie allein schon durch ihre unendliche Weite mit wogenden Palmenhainen und bunt-belebten Korallenbänken faszinieren, die bekanntesten der Insel sind und die touristische Entwicklung entscheidend geprägt haben. Die „Riviera Sri Lankas" ist nur so gespickt mit attraktiven Badeorten, die sich entlang der Küstenstraße A 2 und am parallel verlaufenden Strang der Eisenbahn wie die Perlen einer Kette aufreihen, um je nach Geschmack und Bedürfnis als Urlaubsziel erwählt zu werden. Während des Monsuns im Sommer ist **Nebensaison** und die Brandung höher, doch es gibt keinen Dauerregen und es darf mit verhandelbaren Zimmerpreisen, erfreulich viel Freundlichkeit und individuellerem Service gerechnet werden.

Unterwegs an der Westküste

Das Bereisen von Sri Lankas Westküste ist erfreulich einfach, besonders von Colombo in Richtung Süden. Denn die in der Hauptstadt beginnende, berühmt-berüchtigte Galle Road – neben der Strecke nach Kandy die verkehrsreichste Verbindung des Landes – führt als Küstenstraße A 2 stets direkt zu den Badezielen und Sehenswürdigkeiten, sodass sie praktisch und preisgünstig mit öffentlichen (Mini)Bussen oder auch gecharterten Taxis und Three-Wheelern bereist werden kann.

Regional- und Überland-**Busse** lassen sich meist einfach per Handzeichen stoppen, doch verfügen alle wichtigeren Orte auch über Busstationen. Darüber hinaus verkehren **Züge** die Küste entlang bis hinunter nach Galle (bzw. Matara) und bieten sich als ideales, beschauliches Verkehrsmittel an.

Die insgesamt rund 115 km lange Küstenstrecke kann auf der Straße in 2–3 Std. zurückgelegt werden (Busse für die Gesamtstrecke kosten 100–200 Rs, Charter-Taxis US$40–50), über den Schienenstrang in 5–8 Std. (US$2–4).

(Siehe auch unter Transport bei Colombo, Hikkaduwa und Galle.)

Von Colombo aus in Richtung Süden bietet der koloniale Badeort **Mount Lavinia** nur einen Vorgeschmack auf das, was an Urlaubs- und Badefreuden noch folgt. Die größten und besten Hotelparadiese konzentrieren sich bei **Beruwela** und **Bentota**, ohne dass sich die Besucher an den breiten Stränden als Massentouristen fühlen müssen: etablierte Herbergen für Pauschalurlauber, weitläufige Bungalowanlagen, stilvolle Boutique-Resorts, renommierte Ayurveda-Zentren, koloniale Luxusvillen oder preisgünstige Gästehäuser – nicht selten geführt von deutschsprachigen Europäern. Fast überall wird mit hübscher Architektur, tropischen Gartenanlagen, großen Schwimmbädern, wohltuendem Komfort, exzellentem Service und einem breiten Angebot an Wassersport aufgewartet. Bis man schließlich – immer der Meeresbrise folgend an der Küste hinunter – in der ehemaligen Hippie-Enklave **Hikkaduwa** landet, die sich mit ihrem vielfältigen, preisgünstigen Angebot zum inselweit größten Badeort und Partyspot entwickelt hat.

Die Westküste ist aber auch der am dichtesten besiedelte und fruchtbarste Teil Sri Lankas. Die idyllischen, üppigen Palmenwälder werden genauso kreativ wie ergiebig bewirtschaftet. Der einstige Dschungel ist zwar durch die Briten auf vereinzelte Baumgruppen zusammengeschmolzen, doch präsentiert sich das Hinterland der Küste meist als überraschend grün, da es hier auch in der Trockenzeit mal regnen kann. Es ist geprägt von Kautschuk-Plantagen und Reisfeldern, die allmählich zu den Vorhügeln des zentralen Berglands ansteigen. Zugleich gedeiht die Region als Gewürzgarten Sri Lankas und überrascht mit paradiesischen Oasen wie dem **Wilpattu-Nationalpark** im Norden oder dem künstlich angelegten, verwunschenen Brief Garden bei **Alutgama**.

Malerisch ergießen sich die Flüsse als imposante Lagunen in den Indischen Ozean und locken zur Erkundung mit erlebnisreichen Bootstouren. Überall findet sich noch die Fischer-Romantik von einst: die Dorfgemeinschaft, die das Arbeitslied *Kavi* singend ein schweres Netz an Land zieht, oder die legendäre Flotte der Oruwa-Katamarane, die bei **Negombo** durch die Fluten kreuzt. Und trotzdem bleibt ausreichend Lebensraum für Meeresschildkröten, die die hiesigen Strände zur Eiablage aufsuchen und von den Einheimischen geschützt werden.

Im Unterschied zu anderen Landesteilen konzentrieren sich die kulturhistorischen Sehenswürdigkeiten der Westküste nicht auf engem Raum, sondern laden entlang der Reiseroute zu idealen Zwischenstopps ein – wie die einzigartige Dagoba von **Kalutara** oder die Kachchimalai-Moschee von **Beruwela**, die mit ihren weißen Minaretten an die Landung der Araber erinnert. **Ambalangoda** hat sich auf wunderbare Weise als Zentrum der traditionellen Masken-Schnitzkunst und der Teufelstänze in die Neuzeit gerettet. Und die historische Hafenstadt **Galle** erfreut mit ihren massiven, weitläufigen Festungsanlagen, ihrem gut erhaltenen Stadtkern und nostalgischen Unterkünften als ein einziges Freilichtmuseum, in dem jeder Quadratmeter Boden Geschichte atmet.

Nördlich von Colombo

Die Küste nördlich von Colombo ist mit Ausnahme **Negombos** weit weniger touristisch entwickelt als der südliche Teil, fehlt es ihr doch an Traumstränden und interessanten Sehenswürdigkeiten. Man kann sie auf einer Fahrt entlang der A 3 von Colombo ins 205 km entfernte Anuradhapura kennenlernen. Zuerst zeigt sich die Landschaft mit zahlreichen Kokospalmenplantagen herrlich tropisch. Wer einsamere Strände sucht, kann Negombo links liegen lassen und sich in schönen Resorts in **Waikkal** oder **Marawila** einquartieren.

Nördlich des unscheinbaren Fischerstädtchens **Chilaw** mit dem bekannten hinduistischen Munnesvaram-Tempel wird das Gebiet infolge der geringen Niederschläge deutlich karger. Einen Übernachtungsstopp kann man nach 130 km in **Puttalam** an der gleichnamigen Lagune einlegen oder in die faszinierende Inselwelt von **Kalpitiya** eintauchen. Dort sollen in den kommenden Jahren superedle Resorts vor allem betuchte Urlauber anziehen. Auf der Weiterfahrt nach Anuradhapura lohnt sich auf halber Strecke eine Safari-Tour durch den an Leoparden reichen **Wilpattu-Nationalpark**.

NÖRDLICH VON COLOMBO

Die Westküste

Entlang der alten Negombo-Colombo-Road

Im Süden Negombos zeigt sich die Landschaft zwischen der langgezogenen Lagune und der Küste beschaulich tropisch. Kokos- und Betelnusspalmen säumen die Straße, in den Dörfern ragen die bunten Kirchtürme gen Himmel, Kinder tummeln sich im Dutch Canal, während Frauen dort ihre Saris waschen. Eigentlich schade, dass sich nur so wenige Besucher hierher verirren – finden sich doch fernab von der Hektik des nahen Colombos recht passable Unterkünfte.

Zudem können Naturenthusiasten das 15 km südlich von Negombo gelegene **Muthurajawela-Marschland** besuchen. Es schließt sich unmittelbar an die Lagune an und ist nur 7 km vom internationalen Flughafen entfernt. Vom Besucherzentrum aus kann man Bootstouren unternehmen und die interessante Vogelwelt beobachten, darunter Eisvögel, Reiher und Störche. Vielleicht sichtet man eine der 73 Fischarten (51 davon sind endemisch!) oder gar das bedrohte Flusskrokodil. Zudem sind hier Makaken und Otter beheimatet. Am schönsten ist die Stimmung frühmorgens oder am späten Nachmittag.

Das **Besucherzentrum** mit angeschlossenem Imbiss befindet sich bei Pamunugama nahe des Dutch Canals, ✆ 011-4830150, ⏰ tgl. 6.30–18 Uhr. Der Eintritt inklusive zweistündiger Bootsfahrt beträgt 900 Rs p. P. Die Fahrt von Negombo aus kostet hin und zurück 2500 Rs. Eine vorherige telefonische Reservierung ist ratsam.

Übernachtung

Palm Village H., 262 Old Colombo Rd., Hendala, ✆ 011-4795114, 7828114, 🖥 www.palmvillage hotel.com. Etwas in die Jahre gekommenes Mittelklassehotel, etwa 5 km nördlich des Kelani Ganga oder 15 km von Colombo-Fort entfernt. 50 AC-Zimmer mit Balkon oder Terrasse. Direkt am Strand gelegene Anlage. Großer Pool. ❹
Pegasus Reef H., St. Maria Mw., Uswetakeiyawa bei Hendala, ✆ 011-2930205, 🖥 www.pegasus reefhotel.com. Etwa 3 km nördlich des Kelani Ganga. Die große Hotelanlage mit 107 hellen, aber etwas nüchternen Zimmern (Bad, AC, TV) ist vorwiegend auf Pauschaltouristen eingestellt. Großer Pool, viele Sportmöglichkeiten. ❺

Villa Palma, Beach Rd., Pamunugama, ✆ 011-2236619, 🖥 www.villapalmasrilanka.com. Freundliches Mittelklassehotel mit 20 Zimmern (Bad, AC) direkt am Meer mit Pool. Beliebt bei jenen, die es ruhiger haben wollen. ❸–❹

Transport

Von Negombo aus kostet eine Rundtour zum Muthurajawela-Marschland mit dem Three-Wheeler etwa 2500 Rs. Wer mit dem Zug fährt, kann im Bahnhof von Ja-Ela aussteigen und dort für die etwa 1 km bis zum Besuchereingang einen Three-Wheeler nehmen.

Negombo

Die Strandabschnitte nördlich der sympathischen Hafenstadt Negombo waren die ersten, die Anfang der 1970er-Jahre für den Tourismus erschlossen wurden. Doch schon lange hat der attraktivere Küstenstreifen zwischen Colombo und Galle ihnen den Rang abgelaufen. Trotzdem sind sie bei Touristen nicht unbeliebt, denn ihre Nähe zum internationalen Flughafen verlockt zum Urlaub bis zur letzten Minute. Ein bis zwei Nächte nach Ankunft in Sri Lanka zum Jetlag-Auskurieren oder vor Abflug zum letzten Sonnentanken: Negombo mit seiner großen Auswahl an Unterkünften eignet sich dazu besonders gut.

Die Qualität der Strände hat sich gebessert, seit sie regelmäßig gereinigt werden. Ein Markenzeichen Negombos sind die **Auslegerkanus** mit ihren braunen Segeln, **Oruwa** genannt. Vor allem wenn sie nach dem Fischfang durch die Lagune von Negombo fahren und auf die Fischerinsel Duwa zurückkehren, geben sie ein pittoreskes Bild ab. Mit ihrem Ausleger (Tamil: *teppam*) können die Oruwa als Vorläufer der modernen Katamarane gelten. Der Name „Katamaran" leitet sich von dem tamilischen Wort *kattu maram* ab (*kattu* = zusammenbinden, *maram* = Holz, Baumstamm).

Geschichte

Negombo verdankt seinen Aufstieg vorwiegend einem Produkt: dem **Zimt**. Von hier verschifften anfänglich arabische Händler dieses im Hinterland wachsende Gewürz in die westliche Welt. Ende des 16. Jhs. wurden sie von den Portugiesen abgelöst, die zur Sicherung des Handels ein Fort errichteten. Sie begannen – nicht gerade gewaltlos – mit der Missionierung der Bevölkerung und waren besonders unter den niedriggestellten Angehörigen der singhalesischen Karava-Kaste erfolgreich. Zu dieser Kaste zählen fast alle Fischer der Westküste, und heute bekennen sich weit mehr als Zweidrittel der hiesigen Bevölkerung zum Katholizismus.

1640 nahmen die Holländer für kurze Zeit das Fort ein, konnten jedoch erst vier Jahre später wirklich dort die Herrschaft übernehmen. Ihre Vereenigde Oost-Indische Compagnie (VOC) baute den Zimthandel massiv aus und ließ den über 120 km langen „Dutch Canal" von der Negombo-Lagune bis zur Puttalam-Lagune graben. Doch als die Engländer 1796 die Herrschaft über „Ceylan" übernahmen, hatte der Handel mit der süßlichen Rinde an Bedeutung eingebüßt. Heute ist Negombo vor allem ein wichtiger Umschlagplatz für Fische aus dem Meer und Garnelen und Lobster aus der Lagune.

Orientierung

Das Geschäftszentrum Negombos liegt westlich des Bahnhofs rund um den Uhrturm an der Kreuzung Green's Road und Rajapakse Broadway.

In letzterer Straße sind einige der Banken sowie der Buchladen Vijitha Yapa mit einer guten Auswahl englischsprachiger Bücher zu finden. Fast alle Unterkünfte befinden sich an den nördlichen Strandabschnitten: die preisgünstigen vor allem im unmittelbar an das Fischerstädtchen anschließenden **Lewis Place**, die Hotels gehobenen Standards noch etwas weiter im Ortsteil **Ethukala** entlang der **Poruthota Road**.

Sehenswürdigkeiten

Vom Fischfang leben noch zahlreiche der etwa 130 000 Einwohner, wie die Boote in der **Negombo-Lagune** belegen. Das Stadtbild ist geprägt von einer Vielzahl von Kirchen und Schreinen, die Negombo den Titel „Rom Sri Lankas" einbrachten. Besonders augenfällig ist die rosa gestrichene Barockfassade der **St. Marien-Kathedrale** im Herzen der Stadt. Weitere Gotteshäuser reihen sich entlang der Küste wie etwa die **St. Sebastian-Kirche** an der Sea Street.

Vom **holländischen Fort** an der Nordspitze der Lagune ist außer einigen Mauerresten und dem ins Jahr 1678 datierten Tor nichts erhalten geblieben. Funktionslos geworden, wurde die Festung von den Engländern geschleift, um einem heute noch aktiven Gefängnis Platz zu

---

Die Gewürzstraßen Sri Lankas

Entlang der Westküste verbinden zahlreiche Wasserwege die Flüsse und Lagunen. Sie wurden angelegt, um im Zuge des zunehmenden internationalen Gewürz- und Edelsteinhandels die Waren vom Hinterland zu den Häfen an der Küste zu transportieren. Gefragte Güter waren Juwelen, Perlen und Betelnuss sowie Nelken, Kardamom und Pfeffer – allen voran jedoch Zimt. Der in Kotte (bei Colombo) residierende König Vira Parakramabahu VIII. (reg. 1477–89) verband seine Hauptstadt und den an einer Lagune liegenden Hafen von Negombo mit einem Kanal. Unter den Portugiesen wurde er erweitert. Es waren vor allem aber die „Meister der Hydraulik", die **Holländer**, welche während ihrer Herrschaft zwischen 1658 und 1796 ein ausgefeiltes **Kanalnetz** anlegten: von ihrem Gouverneurssitz Colombo zum Kelani Ganga im Norden, weiter durch die Lagunen von Negombo und Chilaw bis nach Puttalam; in Richtung Süden über den Kalu Ganga bei Kalutara nach Beruwela. Weitere Kanäle entstanden bei Galle, Matara und Batticaloa. Wegen der geringen Wassertiefe und der niedrigen Brücken waren die Transportboote, *padda* genannt, sehr flach und nur mit einem Palmblattdach bedeckt.

Die Briten ließen die Kanäle reparieren und vergrößern. Deshalb wird die als „Dutch Canal" bekannte Wasserstraße von Negombo nach Puttalam nach dem britischen Generalgouverneur Sir Arthur Hamilton Gordon (1883–90) auch „Hamilton Canal" genannt. Ihre alte Funktion haben die Kanäle verloren. Sie bilden jedoch heute bedeutsame Biotope für Wasservögel und Fische und sind als Wasch- und Spielplatz aus dem Leben der Anwohner nicht wegzudenken.

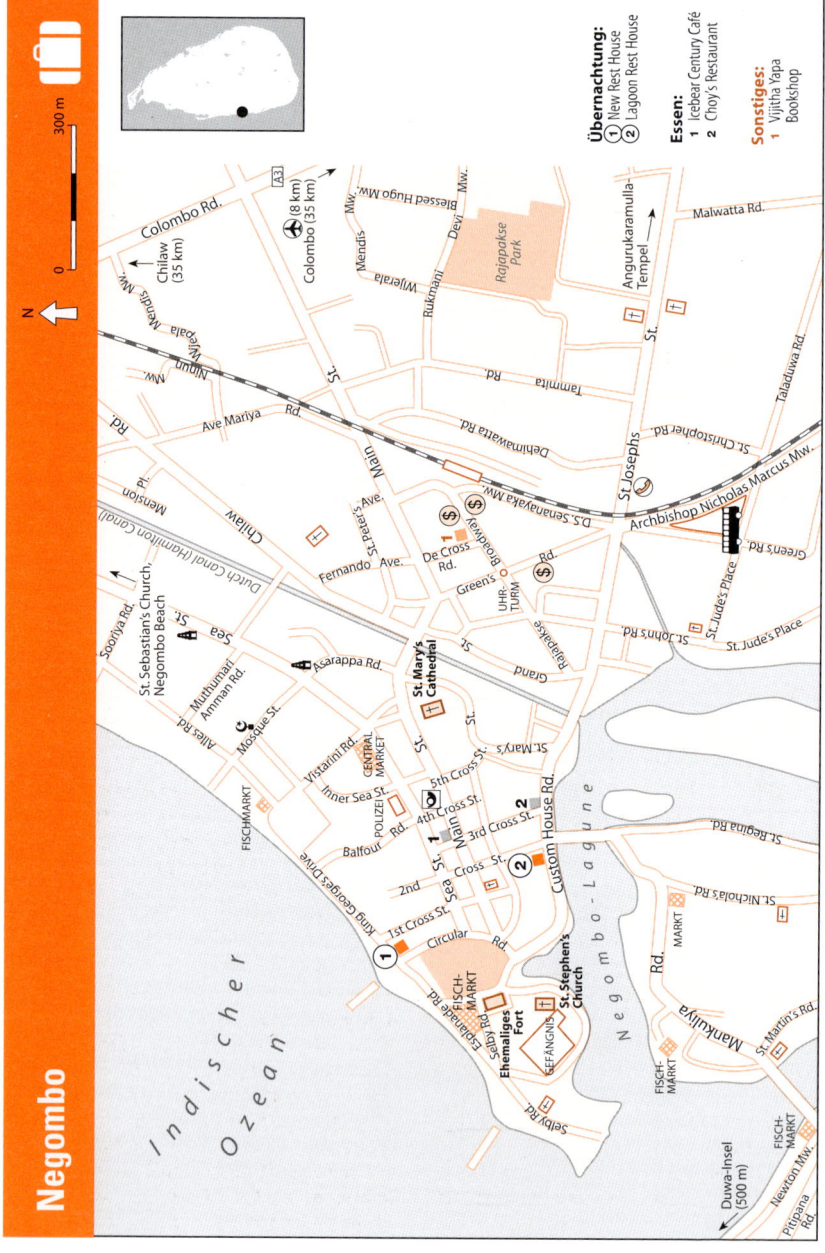

Übernachtung:
1 New Rest House
2 Lagoon Rest House

Essen:
1 Icebear Century Café
2 Choy's Restaurant

Sonstiges:
1 Vijitha Yapa Bookshop

Colombo Rd.

Chilaw (35 km)

A3

Colombo (35 km)

Colombo (8 km)

300 m

0

N

Malwatta Rd.

Blessed Hugo Mw.

Devi

Rajapakse Park

Angurukaramulla-Tempel

St.

Mendis

Wijerala

Rukmani

Ave Mariya Rd.

Nimini Mw.

Mendis Mw.

Wijepala Rd.

Tammita Rd.

Dehiwatta Rd.

St. Christopher Rd.

St. Ludes Place

Taladuwa Rd.

Green's Rd.

St. Josephs

D.S. Senanayaka Mw.

Archbishop Nicholas Marcus Mw.

Main

Mension Pl.

Chilaw

Dutch Canal (Hamilton Canal)

Fernando Ave.

St. Peter's Ave.

De Cross Rd.

Broadway

Green's Rd.

UHR-TURM

Rajapakse St.

Grand St.

St. John's Rd.

St. Jude's Place

Sea St.

Sooriya Rd.

St. Sebastian's Church, Negombo Beach

Muthumari Amman Rd.

Alles Rd.

Mosque St.

Asarappa Rd.

St. Mary's Cathedral

St. Mary's Rd.

St.

Vistarini Rd.

CENTRAL MARKT

5th Cross St.

Inner Sea St.

POLIZEI Rd.

4th Cross St.

3rd Cross St.

2 Custom House Rd.

St. Regina Rd.

Negombo-Lagune

FISCHMARKT

Balfout Rd.

Main St.

1

2nd Cross St.

2

St. Nicholas Rd.

MARKT

King Georges Drive

1st Cross St.

Circular Rd.

Mankuliya Rd.

St. Martin's Rd.

Indischer Ozean

FISCH-MARKT

Esplanade Rd.

Selby Rd.

Ehemaliges Fort

GEFÄNGNIS

St. Stephen's Church

Selby Rd.

FISCH-MARKT

FISCH-MARKT

Newton Mw.

Pitipana Rd.

Duwa-Insel (500 m)

machen. Unweit des Tores steht die 1879 eingeweihte anglikanische **St. Stephen's Church**.

Von Interesse ist zudem noch der buddhis-
tische **Angurukaramulla-Tempel** im Osten der
Stadt, auch wenn die meisten Gebäude neueren
Datums sind. In einem 1980 errichteten Bau um-
geben Wandmalereien mit Szenen aus dem Le-
ben Buddhas die 6 m lange liegende Statue des
Erleuchteten. Wie bei anderen buddhistischen
Tempeln Sri Lankas befindet sich auch hier ein
Hindu-Schrein, der „Sri Vishnu Devalaya". Er
flankiert den Haupt-Vihara und wird von einer
Statue des Elefantengottes Ganesha dominiert.

Es herrscht ein üppiges Angebot an Unterkünften jeglicher Preisklasse. Hauptklientel sind
Pauschaltouristen. Außer dem New Rest House
liegen fast alle Hotels und Gästehäuser entlang
der Küste nördlich von Negombo. Allerdings
sind manche unter ihnen erheblich in die Jahre
gekommen und daher vom Standard nicht
unbedingt auf dem neuesten Stand. Doch hat
die allgemeine touristische Aufbruchstimmung
im Land auch Negombo erfasst, weshalb immer
mehr Hotels ein Facelifting erfahren.

Untere Preisklasse

Angel Inn, 189/17 Lewis Pl., ☎ 031-2236187,
✉ jeniferperis_87@hotmail.com. Sehr
sympathisches Gästehaus mit 6 freundlichen
Zimmern mit Warmwasser-Bad und teilweise
AC, Balkon/Veranda. ❷–❸

Beach Villa Gh., 3/2 Senavirathna Rd.,
☎ 031-2222833, 🖥 www.beachvillanegombo.
com. Der Name ist übertrieben, trotzdem
ist die Strandunterkunft mit 15 Zimmern
verschiedener Kategorien, darunter 4 mit AC,
recht nett. Gemütliche Bar für den Sundowner
und kostenloses WLAN. ❶–❷

Dephanie Beach, 189/15 Lewis Pl., ☎ 031-
2234359, ✉ dephanie@slt.lk. Eine der ersten
Adressen für Budget-Reisende. Freundliche
12 Zimmer mit Bad, davon 6 mit Meer- und
Palmblick vom Balkon. Uriger kleiner Garten
und eigener Zugang zum Strand. Dephanie
Beach, Silver Sands und Jeero werden von
freundlichen geschäftstüchtigen Geschwistern
gemanagt. ❷–❸

Jeero Gh., 239 Lewis Pl., ☎ 031-2234210.
Freundliche Familienherberge; 4 gemütliche
Zimmer mit Bad, 2 davon sind dem Strand
zugewandt; netter Garten. Essen kann man im
benachbarten Silver Sands. ❶–❷

New Rest House, 14 Circular Rd., Negombo,
☎ 031-2222299. Rustikaler Charme eines
200 Jahre alten Rasthauses inmitten von
Negombo. Doch die 20 Zimmer mit Bad
(teilweise AC) haben schon bessere Zeiten
gesehen, seit Queen Elisabeth hier 1954
nächtigte. Die Zeit kann man sich am Piano
vertreiben. ❷

Ocean View Gh., 104 Lewis Pl., ☎ 031-2238689,
🖥 www.oceanview-negombo.com. Keines der
13 Zimmer mit Bad, teilweise mit AC und TV,
wird dem Namen des Hauses gerecht. Jene im
Erdgeschoss sind so dunkel wie die Tiefen des
Ozeans … Dafür ist die Familie sehr freundlich
und hilfsbereit. WLAN in manchen Räumen,
insgesamt okay. ❷–❸

Sea Joy, 122/1 Lewis Pl., ☎ 031-2221659.
Wahre Freude für den Besucher mit kleinem
Geldbeutel. Die 8 Zimmer mit Bad sind eher
charakterlos. Im Restaurant gibt es gutes Reis
und Curry ab 300 Rs. ❶–❷

Silver Sands, 229 Lewis Pl., ☎ 031-2222880,
✉ silversands@sltnet.lk, 🖥 www.silversands.
go2lk.com. Teils etwas verwohnte 23 Zimmer
mit Bad (davon 12 mit AC) in Gebäude mit verspielten Kolonnaden. Einige der Zimmer haben
eigenen Balkon oder Veranda. Eine der besten
Optionen im unteren Preissegment. ❷–❸

Star Beach Gh., 83/3 Lewis Pl., ☎ 031-2222606,
5310877. Die 15 Zimmer mit Bad sind ordentlich
und für den Preis okay. Am billigsten wohnt man
in den unteren 4 Zimmern mit Kaltwasser-Bad.
Pluspunkt ist der strandnahe Garten. ❶–❷

Mittlere und obere Preisklasse

Browns Beach H., 175 Lewis Pl., ☎ 031-5555000,
🖥 www.aitkenspencehotels.lk. Das direkt am
Strand gelegene Resort wurde 2011 komplett
renoviert. Die 140 Zimmer, davon 5 Suiten und
10 Villas, bieten allen Komfort. Zum Fünf-Sterne-
Verwöhnprogramm gehören Pool, Bars und
zahlreiche Sportmöglichkeiten. ❻–❼

Camelot Beach H., 345 Lewis Pl., ☎ 031-2235881,
✉ camelothotel@sltnet.lk. Das Hotel ist nicht

Die Westküste

gerade neu, macht jedoch einen gepflegten und sauberen Eindruck. 80 geräumige Zimmer mit Meerblick. Netter Pool. Wird vorwiegend von Pauschaltouristen frequentiert, die auch das abwechslungsreiche Essen zu schätzen wissen. **❹–❺**

Golden Star Beach H., 163 Lewis Pl., ✆ 031-5310818, 2233564, 🖥 www.goldenstarbeach.com. Dieses Mittelklassehotel mit 52 Zimmern (AC, Warmwasser-Bad) ist trotz des 1970er-Charmes mit toller Retro-Fassade durchaus empfehlenswert. Netter Garten und Pool. **❹**

Goldi Sands H., Ethukala, ✆ 031-2279021, 2278020, 🖥 www.goldisands.com. Überschaubare Anlage. Seit einer Totalrenovierung 2011 bieten die 70 geschmackvoll eingerichteten Zimmer mit Meerblick alle Annehmlichkeiten. Pool und Restaurant direkt am Strand. **❺–❻**

Jetwing Ayurveda Pavilions, Ethukala, ✆ 031-4870764, 🖥 www.jetwinghotels.com. Erstklassiges Ayurveda-Hotel mit 12 Bungalows in jeweils bis zu 270 m² großen, abgeschlossenen

---

Schweizer Alm unter Palmen

The Icebear, 95/2 Lewis Pl., ✆ 031-2233862, 🖥 www.icebearhotel.net, kein Telefon, liegt am Strand und vereint srilankische Gastfreundschaft mit Schweizer Perfektion. Zur Auswahl stehen 8 geräumige Zimmer und 2 Ferienwohnungen in einem Bungalow und einer Villa. Im 3000 m² großen Tropengarten können sich die Kinder mit dem freundlichen Personal raufen oder im Restaurant „Old Europe" den Käse um die 250 g schweren Gabeln wickeln – während die Erwachsenen tropisch-entspannt die Pétanque-Kugeln rollen lassen. Und wenn es bimmelt, kommt nicht die Kuh, sondern das „Captain's Dinner".

Wer die lokale Wirtschaft unterstützen will: Es gibt srilankischen Fruchtwein aus Maracuja, Orangenmarmelade von katholischen Nonnen und zum Abschied fünf ayurvedische Teesorten – damit man gesund wiederkommt und dem lesehungrigen Schweizer Eigner, Gerry Haisch, eine gute Zeitung aus der europäischen Heimat mitbringt. Kostenloses WLAN und Fahrradverleih. **❷–❹**

Arealen. Ambiente, Ernährung und Behandlungen sind dank des gut ausgebildeten Personals exzellent aufeinander abgestimmt. Im Angebot sind auch Yoga, Musiktherapie und Entschlackungskuren. Der Wellness-Luxus ist allerdings nicht billig. **❻–❼**

Jetwing Beach, Ethukala, ✆ 031-2273500, 🖥 www.jetwinghotels.com. Eines der besten Häuser am Platz. Die 75 Zimmer und 3 Suiten – alle mit Meerblick – bestechen durch ein klares, helles Design. *Fine dining* bieten die Restaurants Sands oder Black Coral. Pool, Bar und Spa beleben die Sinne. In Letzterem können Paare während der „Rama Sita Therapy of Romance" ihre Liebe auffrischen. **❼**

Jetwing Blue, Ethukala, ✆ 031-2279003, 🖥 www.jetwinghotels.com. Der Name ist Programm: Nicht nur der Pool ist blau, sondern auch die Böden in den 112 Zimmern, die durch klare Strukturen gefallen. Die beiden Restaurants, der große Pool, Spa und guter Service stehen für unaufgeregten Luxus. **❼**

Jetwing Sea, Poruthota Rd., ✆ 031-4933413, 🖥 www.jetwinghotels.com. Seit einem Totalumbau ist das 1970er-Jahre-Resort zu einem schmucken Strandhotel mit 83 Zimmern in 3 Kategorien geworden. Großer Pool, ein schickes Spa auf dem Dach und ein offenes Restaurant mit Meeresbrise wirken architektonisch sehr schön abgestimmt. **❼**

Sunset Beach H., 5 Senavirathna Rd., Lewis Pl., ✆ 031-2222350, 4870624, ✆ 4870623. Empfehlenswertes Mittelklassehotel mit 40 Zimmern mit Bad und Balkon. Pluspunkte sind der nette Pool und das offene Restaurant mit Meerblick. **❹**

The Pearl, 13 Poruthota Rd., ✆ 031-4927744, 🖥 www.pearl-negombo.com. In deutschem Besitz befindliche Mittelklasseherberge nur wenige Schritte vom Meer. Die 6 sauberen AC-Zimmer mit Bad sind oft ausgebucht. Zu Recht, denn hier kann man sich exzellent entspannen – allen voran im offenen Restaurant mit Meerblick. **❹**

The Reef Beach H., Ethukala, ✆ 031-5313121, ✉ reef-beech-hotel@web.de. Etwas nüchternes, aber gut geführtes Mittelklassehotel mit Meerblick und 16 sauberen AC-Zimmern mit Bad, Balkon und TV. Für Familien gibt es eine

geräumige Suite mit 2 Räumen ab 6000 Rs.
③–④

Villa Araliya, 154/10 Poruthota Rd., Kochchikade, ✆ 031-2277650, 071-2728504, ✉ villa.aralia@wow.lk. Das nur 5 Gehminuten vom Strand entfernte Boutiquehotel mit 8 Zimmern, 5 Apartments und lauschigem Pool besticht durch eine geschmackvolle Einrichtung mit viel Sinn für Ästhetik. Palitha, der Eigentümer, sorgt auch dafür, dass im Restaurant gegenüber neben srilankischen Speisen regelmäßig gute Holzofenpizzen auf den Tisch kommen. Kostenloses WLAN. **④–⑦**

Essen

Negombo-Stadt

Choy's Restaurant, 31 Custom House Rd., Ecke 3rd Cross St. Das beliebte Stadtlokal bietet ordentliche asiatische Küche, Tagessuppen ab 190 Rs und sogar Pizza-ähnliche Teigwaren. Im angeschlossenen „Choy's Golden Puff" gibt es Gebäck, Samosa und Süßspeisen. ⊙ tgl. 7–21.30 Uhr.

Icebear Century Café, 25 Main St., ✆ 031-2238097. Ob Kaffee und Kuchen, Hightea oder „Business Lunch" (von 11–14 Uhr), dieser wunderbare Kolonialbau bietet den richtigen Rahmen dazu. Als Mitbringsel gibt es Fair-Trade-Kaffee und andere Produkte. Ein Grund mehr, sich vom Strand mal weg in die Stadt zu bewegen. Wer gleich dableiben möchte, kann die obere Wohnung mieten. ⊙ Mo–Sa 9–18 Uhr.

Negombo Beach

Das Browns Beach Hotel und die Strandhotels der Jetwing-Gruppe bieten in ihren Restaurants hervorragende Küche in schönem Ambiente. Wer Lust auf Steinoffenpizza hat, sollte die Villa Araliya aufsuchen, ansonsten bietet auch The Icebear hervorragende Speisen. Für gutes Seafood ist The Pearl eine richtige Adresse. Ansonsten kann man sich den Restaurants entlang der Poruthota Rd. zuwenden.

Alta Italia, 35 Poruthota Rd., Ethukala, ✆ 031-2279206. Versucht recht erfolgreich, die italienische Küche nach Negombo zu bringen. Besonders gelobt werden Pasta-Gerichte und Tiramisu. Zum Verdauen gibt es guten Kaffee.

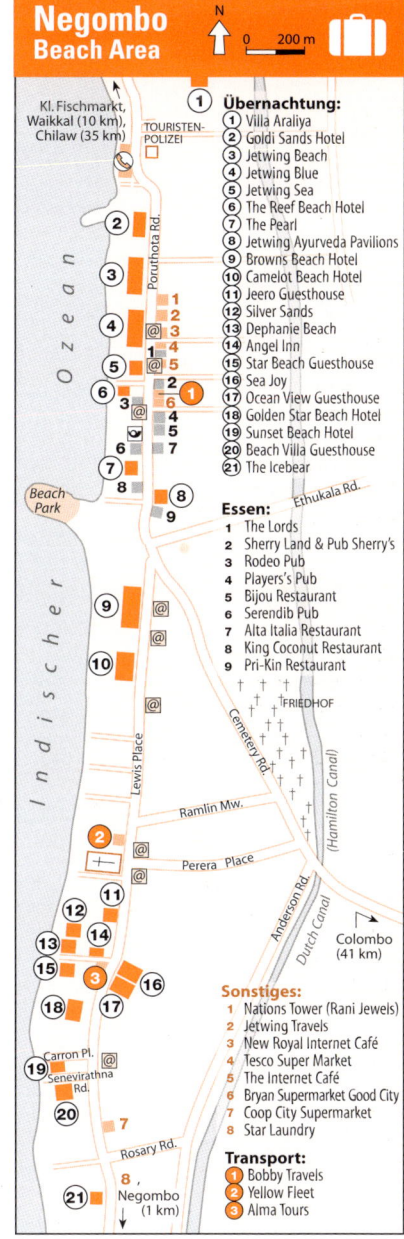

Negombo Beach Area

Übernachtung:
① Villa Araliya
② Goldi Sands Hotel
③ Jetwing Beach
④ Jetwing Blue
⑤ Jetwing Sea
⑥ The Reef Beach Hotel
⑦ The Pearl
⑧ Jetwing Ayurveda Pavilions
⑨ Browns Beach Hotel
⑩ Camelot Beach Hotel
⑪ Jeero Guesthouse
⑫ Silver Sands
⑬ Dephanie Beach
⑭ Angel Inn
⑮ Star Beach Guesthouse
⑯ Sea Joy
⑰ Ocean View Guesthouse
⑱ Golden Star Beach Hotel
⑲ Sunset Beach Hotel
⑳ Beach Villa Guesthouse
㉑ The Icebear

Essen:
1 The Lords
2 Sherry Land & Pub Sherry's
3 Rodeo Pub
4 Players's Pub
5 Bijou Restaurant
6 Serendib Pub
7 Alta Italia Restaurant
8 King Coconut Restaurant
9 Pri-Kin Restaurant

Sonstiges:
1 Nations Tower (Rani Jewels)
2 Jetwing Travels
3 New Royal Internet Café
4 Tesco Super Market
5 The Internet Café
6 Bryan Supermarket Good City
7 Coop City Supermarket
8 Star Laundry

Transport:
① Bobby Travels
② Yellow Fleet
③ Alma Tours

Bijou Restaurant, 44 Poruthota Rd., Ethukala, ✆ 031-5319577. Gehört sicherlich zu den besten Restaurants von Negombo. Nicht zuletzt liegt es am effektiven Service. Die Menükarte reicht von Fischgerichten über Wiener Schnitzel bis Schweizer Käsefondue.

King Coconut, 11 Poruthota Rd., Ethukala, ✆ 031-2278043. Liegt auf der Strandseite und ist deshalb recht populär. Die Pizzen (um die 400 Rs) sind überraschend essbar, ansonsten sollte man sich an die guten Seafood-Gerichte halten.

Pri-Kin, 10 Poruthota Rd., Ethukala, ✆ 031-2278646. Bietet schmackhafte Seafood-Gerichte zu recht ordentlichen Preisen um 400 Rs. Vor allem die chinesische Küche kann sich sehen lassen. Freundlicher, wenn auch etwas gemächlicher Service.

Serendib Pub, 35 A Poruthota Rd., Ethukala, ✆ 031-4927152. Das offene Gartenlokal auf der Strandseite ist eine weitere gute Adresse für Seefood und Curry-Gerichte. ⏲ tgl. 10–24 Uhr.

Sherry Land, 74 Poruthota Rd., Ethukala. Serviert im Garten ordentliche Fischgerichte oder Reis und Curry – und das zu recht günstigen Preisen.

The Lords, 80 B Poruthota Rd., Ethukala (schräg gegenüber dem Jetwing Blue), ✆ 077-7234721, 🖳 www.lordsrestaurant.net. Negombos mondänstes Restaurant außerhalb der Hotels tischt unter Leitung des Briten Martin Fullerton bei Kerzenschein schön zubereitete Gerichte auf. Tipp des Chefs: King Prawns mit Frühlingszwiebeln, Knoblauch und Pfeffer auf Ananas. Zum Verdauen kann man sich die Werke in der Kunstgalerie ansehen. Unbedingt reservieren! ⏲ tgl. 10.30–23.30 Uhr

Unterhaltung

Der Bär ist in Negombo nicht unbedingt los. Zur unvermeidlichen Reggae-Musik sitzt man ganz nett im **Rodeo Pub**, Poruthota Rd., und im **Players's Pub**, Lewis Pl., kann man zum Bier auch Billard spielen. Auch der **Serendib Pub**, 35 A Poruthota Rd., bietet sich für ein paar spätabendliche Drinks an.

Sonstiges

Auto- und Motorradvermietungen

Alma Tours, 217 Lewis Pl., ✆ 031-4873624, 077-7621625, ✉ almatours65@yahoo.com.

Etablierter Motorrad- und Autoverleih unter Leitung von Anton Fernando. Im Angebot stehen Hondas mit 125 und 250 cc ab 1200 Rs/Tag, Scooter ab 1000 Rs und Räder für 200 Rs/Tag. Selbstfahrer können auch Wagen und Minibusse für 3000 Rs/Tag leihen. Hinzu kommt eine bis 1 Monat gültige Versicherung für US$50 bei Motorrädern, US$100 bei Autos sowie ein Deposit von 100 € bzw. 200 €.

Bobby Travels, 20 D Poruthota Rd., Ethukala, ✆ 031-2274549, 🖳 www.bobbytravelslk.com. Unweit des Sherry Land-Restaurants. Fahrräder ab 300 Rs/Tag, Autos mit Fahrer ab 4500 Rs/Tag.

Yellow Fleet, 279 Lewis Pl., 100 m nördlich der St. Sebastian-Kirche, ✆ 077-6267866, ✉ rent abike_5@hotmail.com. Seit 1996 verleihen Herr Hanees und seine Mitarbeiter Motorräder (125 und 250 cc) und Scooter für 10 bis 18 €/Tag. Die notwendige Fahrgenehmigung kann für 1000–1500 Rs arrangiert werden. Als Sicherheit werden Reisepass, Flugticket oder Personalausweis plus US$200 genommen.

Bücher

Vijitha Yapa Bookshop, 135 Rajapakse Broadway, hat eine gute Auswahl an englischsprachigen Büchern und Zeitschriften. ⏲ Mo–Sa 9–18 Uhr.

Einkaufen

Tesco Super Market gegenüber Jetwing Blue und **Bryan Supermarket Good City**, beide an der Poruthota Rd., Ethukala, bieten alles für den täglichen Bedarf.

Fahrradverleih

Wer die nähere Umgebung erkunden möchte, steigt am besten auf den Drahtesel, den viele Unterkünfte ab etwa 200 Rs vermieten. Ansonsten kann man sich an **Bobby Travels** und **Alma Tours** wenden (s. o.).

Feste

Alljährlich in der Karwoche werden im Fischerdorf Duwa auf der Südseite der Lagunenmündung **Passionsspiele** aufgeführt. Am Karfreitag finden zudem vielerorts **Prozessionen** statt. Im Juli feiern die Bewohner ihr **Fischerfest**.

Die Westküste

Negombo per Drahtesel

Am besten ist Negombo mit dem **Fahrrad** zu erkunden: Vorbei an verschiedenen Kolonialgebäuden, wie etwa dem Lagoon Rest House an der Custom House Road, kann man streckenweise direkt entlang des „Dutch Canals" radeln. Ein Halt lohnt sich natürlich auch an den Fischmärkten unweit des Forts oder jenseits der Brücke über die Lagune. Im Süden der Lagune kann man kleinere Fischersiedlungen besuchen.

Geld

Eine Reihe von Banken im Zentrum von Negombo bieten die Möglichkeit, Geld zu tauschen, wie etwa die **Bank of Ceylon**, ⏲ Mo–Fr 8.30–15, Sa 9–13 Uhr, und die schräg gegenüber liegende **Seylan Bank** am Rajapakse Broadway.

Internet

Eine zunehmende Zahl von Unterkünften bietet WLAN. An der Poruthota Rd. gibt es einige kleine Internet-Läden, darunter das **New Royal Internet Café** und **The Internet Café** schräg gegenüber dem Jetwing Blue Hotel.

Medizinische Hilfe

Das **Base Hospital** an der Colombo Rd. ist unter ✆ 031-2222261 zu erreichen.

Polizei

Poruthota Rd., Ethukala, ✆ 031-2275555.

Wäschereien

Star Laundry, 152 Lewis Pl., ✆ 077-3802601. Ordentliche Wäscherei inkl. chemischer Reinigung zu günstigen Preisen.

Transport

Negombo ist eine gute Basis, um Ausflüge oder Rundreisen durch Sri Lanka zu organisieren. Entsprechend hoch ist das Angebot an Mietwagen. Nicht selten wird man auch von Fahrern direkt angesprochen – das ist meist billiger, als wenn man eine Tour über die Hotelrezeption bucht.

Busse

Der relativ geordnete **Busbahnhof** Negombos liegt an der Archbishop Nicholas Marcus Mawatha. Die CTB-Busse halten im nördlichen, die privaten im südlichen Teil.
Bus Nr. 907 fährt von 5.30–18 Uhr alle 10 Min. nach CHILAW (35 km, 1 1/2 Std.) und AC-Bus Nr. 34 alle 30 Min. nach KURUNEGALA (75 km, 2 Std.). Abfahrtszeiten des Bus Nr. 245/1 nach KANDY (100 km, 3 1/2 Std.) sind zwischen 4.30 und 16 Uhr etwa alle 30 Min.
Zum BANDARANAIKE INTERNATIONAL AIRPORT kann man im 15-Min.-Takt mit Bus Nr. 240/3 fahren (8 km, 20–30 Min.), während Bus Nr. 240 ab 4.30 Uhr bis 20 Uhr alle 10 Min. nach COLOMBO startet (35 km, 2 Std.).

Eisenbahn

Negombo liegt an der 1926 eröffneten Bahnstrecke Colombo–Chilaw–Puttalam. Nach COLOMBO (1 1/2 Std.) bestehen zahlreiche Verbindungen: 5.05, 5.35, 6.20, 6.50, 7.12, 7.30, 10.25, 12.42, 13.55, 17.05, 18.10 und 19.52 Uhr. Allerdings sind die Züge während der Rushhour sehr voll.
Bis nach CHILAW (1 Std.) fahren die Züge um 5.30*, 7.15, 9.15*, 10.55, 12.50*, 15.20, 17.50, 18.14*, 19.30, 20.20 und 21.40. Mit * gekennzeichnete Züge fahren weiter nach PUTTALAM (2 1/2 Std.). Info unter ✆ 031-2222271.
Tipp: Wer mit dem Zug nach KANDY fahren möchte, lässt sich mit dem Tuk Tuk zum Bahnhof von VEYANGODA (25 km, 45 Min., ca. 1800 Rs) fahren. Dort besteht Anschluss um 6.44*, 10.30*, 11.22, 13.22, 18.30 und 20.47* Uhr (* in Peradeniya aussteigen!). Informatione unter ✆ 033-2287271.

Taxis und Three-Wheeler

Rund um die Hotels warten zahlreiche Three-Wheeler und Taxen, die von Ganztagsausflügen bis zu mehrtägigen Rundreisen alle Variationen im Angebot haben. Ein Three-Wheeler von Lewis Pl. nach Negombo sollte 200 Rs kosten, von Kochchikade, weiter nördlich, 300 Rs. Für eine Fahrt zwischen Negombo und dem INTERNATIONALEN FLUGHAFEN muss man je nach Lage etwa 1000–1200 Rs bezahlen, mit dem Wagen ab 1500 Rs. Hinweis: Viele Fahrer von Three-Wheelern sind in der Negombo Hoteliers Association organisiert und an den weißen Hemden erkennbar. Bei größeren Problemen kann man sich an diese Vereinigung wenden, ℡ 011-4720433.

Nach COLOMBO mit dem Three-Wheeler zu fahren, ist angesichts der Abgase auf den vollgestopften Straßen nicht zu empfehlen. Ein Mietfahrzeug mit Fahrer kostet dorthin einfach 3500–4000 Rs. Wer etwas mehr Zeit hat, sollte die interessantere und etwas weniger frequentierte Colombo-Route über Pamunugama nehmen. Die Straße führt teilweise entlang des Dutch Canals.

Für einen Wagen nach KANDY muss man mit 6000–7000 Rs rechnen.

Waikkal

Eingebettet in eine schöne, wenn auch etwas felsige Strandlandschaft liegen nur etwa 10 km nördlich von Negombo bei Waikkal einige herrliche Resorts. Im Hinterland, das ideal mit dem Fahrrad zu erkunden ist, erstrecken sich Reisfelder und Palmenhaine. Die meisten Bewohner Waikkals und anderer Ortschaften der Umgebung ernähren sich vom Fischfang und der Landwirtschaft – manche auch von der Töpferei, weshalb gelegentlich Brennöfen zu sehen sind.

Das Richtige für Wasserratten

Das **Kumudu Valley Resort**, Thaldeka Rd., Naimadama, ca. 4 km nördlich von Waikkal, ℡ 031-2252277, 5670972, 🖥 www.kumuduvalley. com, ist ein Eldorado für Wassersportler, denn es liegt direkt im Mündungsbereich des Ging Oya und unweit des Meeres. In der herrlichen Tropenlandschaft verteilen sich 20 Chalets mit 10 Deluxe- und 10 Standard-Zimmern zu recht günstigen Preisen. Das Angebot des angegliederten **Waterski-Camps** reicht von Slalom-Wasserski, Wakeboarding, Wind- bis zum Kitesurfen. Näheres unter 🖥 www.wake boardcamps.de. Wer es lauschiger haben will, kann im Pool plantschen oder im Fluss angeln gehen. ❹

Farbenfrohe Kirchen lockern das Bild dieser grünen Kulturlandschaft auf, denn wie in den meisten Teilen der Westküste überwiegt unter den Bewohnern die Zahl der Katholiken.

Übernachtung

Club Hotel Dolphin, Kammal South, ℡ 031-2277788, 🖥 www.serendibleisure.com. Das großflächige Resort mit 96 Zimmern und 50 Bungalows ist vor allem bei aktiven Pauschaltouristen und Familien beliebt. Zu den vielen Sportangeboten zählen Kanufahrten auf einer Lagune, aber auch Tennis und Squash. Sportschwimmer kommen im 80 m langen Pool auf ihre Kosten, Kinder können im kleineren Becken spielen. 3 Restaurants bieten eine gute kulinarische Abwechslung. ❻

🏠 **Ranweli Holiday Village**, ℡ 031-2277359, 🖥 www.ranweli.com. Das behutsam in die Mangrovenlandschaft integrierte 9-ha-Resort hat sich der Ökologie verschrieben und dafür mehrere Preise erhalten. Die Gäste wohnen in einem der 83 Bungalows und können sich durch Ayurveda oder Yoga revitalisieren. Naturbeobachtungsgänge, Kanu- und Fahrradadtouren gehören ebenfalls zum Programm. Ein schöner Pool lädt zum Schwimmen ein, der Strandabschnitt ist jedoch nicht so schön. ❻

Marawila

Unweit des 25 km nördlich von Negombo bzw. 10 km südlich von Chilaw gelegenen Fischerdorfes Marawila befinden sich ebenfalls einige Resorts und Hotels direkt am Strand. Sie sind vor allem für jene zu empfehlen, die es ruhiger haben möchten und wenig Interesse haben, die Welt jenseits der Hotelmauern kennenzulernen. Einige Kilometer weiter nördlich von Marawila liegt der für seine Batikarbeiten bekannte Ort **Mahawewa**.

Übernachtung

Club Palm Bay, Thalwila Wella, Thoduwawa, ℡ 032-2254956, ✉ palmbay@lanka.com.net. 9 ha-Resort mit 106 geräumigen Zimmern. Hier vergnügen sich vorwiegend All-inclusive-

Touristen. Ihnen wird ein umfassendes Programm geboten, das von Ayurveda über Minigolf bis Wasserball im riesigen Pool reicht. ❺–❻

Marawila Sports Resorts, Beach Rd., ☎ 032-2254888, 🖳 www.ceylonhotel.com. 30 in die Jahre gekommene Zimmer, die bevorzugt von Sportlern bezogen werden, denn die Anlage verfügt neben Pool und Tennisplatz auch über eine Sporthalle. ❸–❹

Olenka Sunside Beach Hotel, Moderawella, ☎ 032-2252170. In dem U-förmigen Bau rund um einen kleinen Pool wurden etwas viel Kacheln verarbeitet, aber dafür sind die 44 Zimmer (AC, Warmwasser-Bad und Balkon) sauber und geräumig. ❸–❹

Palm Haven, Teppanwella, Beach Rd., ☎/📠 032-2251469. Das sympathische kleine Resort verfügt über 23 Zimmer mit Bad, teilweise mit AC, sowie einen Pool. ❷–❸

Sanmali Beach Hotel, ☎ 032-2254766, 🖳 www.sanmali.com. Etwas in die Jahre gekommene Anlage. Alle 20 funktionalen Zimmer haben Balkon oder Terrasse mit Meerblick. Pool und Ayurveda-Center. Netter Strandabschnitt. ❸–❹

Chilaw

Entlang der pittoresken Küstenstrecke zwischen Negombo und dem 35 km entfernten Chilaw dominieren noch die Kokospalmen. Weiter nördlich wird es sichtbar karger: Hier beginnt die Trockenzone mit durchschnittlich weit weniger als 2000 mm Niederschlag im Jahr.

Touristen halten sich in Chilaw selten auf, ein interessanter Stopp lässt sich im morgendlichen **Fischmarkt** einlegen. Ansonsten hat das staubige Chilaw wenig zu bieten. Der katholische Einschlag des Fischerstädtchens ist angesichts der vielen Kirchen unübersehbar – wie etwa die alles überragende Bischofskathedrale **St. Marien** aus dem Jahre 1851. Der Ortsname leitet sich von dem Tamilenwort *cilapam* (tauchen) her und bezieht sich auf die jahrhundertealte Praxis des Perlentauchens im flachen Küstengewässer.

Etwa 12 km nördlich liegt beim Fischerdorf **Udappuwa** direkt am Meer ein interessanter

Hauptattraktion Chilaws ist der 4 km östlich der Stadt gelegene **Munnesvaram Kovil**. Dieser Hindu-Tempel zählt zu den fünf wichtigsten Shiva-Heiligtümern des Landes. Zu seinem fast vierwöchigen Hauptfest im August/September ist er Magnet Zehntausender Pilger – viele von ihnen läutern sich durch einen Gang über glühende Kohlen. Fromme Hindus glauben, dass das Lingam des Kovil von Rama höchstpersönlich gestiftet wurde, nachdem er nach dem Sieg gegen Ravana auf dem Heimweg nach Ayodhya hier mit seinem hölzernen Pfau eine Zwischenlandung einlegte. Von den Portugiesen 1578 dem Erdboden gleichgemacht und durch eine Kirche ersetzt, wurde der Tempel unter König Kirti Sri Rajasimha 1753 wieder errichtet und seitdem wiederholt verändert.

Der Kovil folgt dem üblichen Plan eines Hindu-Tempels. Im Zentrum steht das Hauptheiligtum zur Verehrung des Lingams und einer goldenen, mit Girlanden behangenen Statue der Shiva-Gemahlin Parvati. An der rechten Außenseite ist Durga auf dem Wasserbüffel-Dämon dargestellt. Umgeben wird das Sanktuarium von einer außen mit rot-weißen Streifen bemalten Vorhalle (Mandapa). Auf der linken Hallenseite stehen einige Prozessionswagen mit den Reittieren der Hauptgötter, die zu den Hauptfesten durch die Straßen gezogen werden. Rechts wiederum befinden sich Schreine mit diversen Darstellungen von Vishnu.

Beste Besuchszeit ist zu den Pujas um 5.30, 7.30, 12, 17, 19 und 20 Uhr. Männer betreten den Raum mit nacktem Oberkörper.

Hindu-Tempel. Schließlich können von Chilaw aus auch die 40 km östlich an der Straße nach Kurunegala gelegenen Ruinen von **Panduwasnuwara** besucht werden (s. S. 299). Naturfreunden wiederum bietet sich der Besuch des etwa 10 km nördlich von Chilaw gelegenen Wasserschutzgebietes **Anaivilundawa** an, wo sich bis zu 100 Arten von Wasservögeln tummeln. Bereits im 12. Jh. wurde in Strandnähe ein Kanalsystem mit acht Reservoirs angelegt, um die umliegenden Reisfelder zu bewässern.

Die Westküste

Puttalam

Übernachtung

Chilaw Rest House, Sea Beach Rd., ☎ 032-2222299. 16 AC- und non-AC-Zimmer mit Balkon unweit des Strandes. Die wenig einladende und überteuerte Unterkunft bietet sich nur für den Notfall als Übernachtung an. ➋–➌

Transport

Zwischen NEGOMBO und Chilaw verkehrt Bus Nr. 907 alle 10 Min. (35 km, 1 1/2 Std.). Der Ort liegt an der Bahnstrecke Negombo–Puttalam, Abfahrt der Züge s. Negombo. Für einen Tagesausflug von Negombo aus sind mit etwa 4000 Rs zu rechnen.

Puttalam

Bislang verirren sich nur wenige Touristen nach Puttalam. Nicht ganz zu Unrecht, denn Interessantes zu sehen gibt es in der Stadt an der gleichnamigen Lagune, dem Endpunkt des **Dutch Canals**, wenig. Die etwa 45 000 Einwohner leben vorwiegend vom Fischfang, der Perlenzucht und der Salzgewinnung. Relevant ist die Stadt als Zwischenstopp auf der Fahrt von Colombo (130 km) nach Anuradhapura (74 km), um den 26 km entfernten **Wilpattu-Nationalpark** zu besuchen.

Übernachtung und Essen

Dammika Holiday Resort, 31 Good Shed Rd., ☎/☏ 032-2265192. Das freundliche Gästehaus liegt etwa 1 km südlich der Stadt und bietet 14 Zimmer mit Bad, davon 6 mit AC. Eine recht angenehme Übernachtungsoption. ➋
Ranketha Gh., 156 Anuradhapura Rd., ☎ 032-2265408. Eine weitere ordentliche Schlafmöglichkeit mit 24 AC- und non-AC Zimmern mit Bad. Solide Curry-Gerichte im hauseigenen Restaurant. Ebenfalls eine gute Wahl. ➋
Senatilaka Guest Inn, 81 A Kurunegala Rd., ☎ 032-2265403. Mit ihren 10 Zimmern, einige mit AC, und 3 Bungalows eine durchaus angenehme Herberge. Hilft beim Arrangieren von Touren in den Wilpattu-Nationalpark. ➊–➋

Transport

Vom Busbahnhof an der Kurunegala Rd. verkehrt **Bus** Nr. 914 nach CHILAW (52 km,

1 1/2 Std.) alle 20 Min., Nr. 901 nach KALPITIYA (46 km, 2 Std.) ebenfalls alle 20 Min. und die Busse Nr. 04 und 07 via NEGOMBO (96 km, 2 1/2 Std.) nach COLOMBO (130 km, 3 1/2 Std.) alle 30 Min. KURUNEGALA (87 km, 2 Std.) wird alle 20 Min. angesteuert.
Die **Züge** starten in Richtung COLOMBO um 4.30, 7, 9.55, 12.30 und 16.45 Uhr. Für die 130 km benötigen sie jedoch bis zu 4 Std.! Info unter ☎ 023-2265271.

Kalpitiya

Für den Ort am Ende der Landzunge zwischen Puttalam-Lagune und Meer sind die ruhigen Tage gezählt, denn die Inselwelt in der vorgelagerten **Dutch Bay** wird zu einer Top-Destination für betuchte Urlauber ausgebaut. In den kommenden Jahren werden hier mehrere High-End-Resorts ihre Pforten öffnen. Die Attraktionen liegen auf der Hand: unberührte Sandstrände, Spots zum Kitesurfen, tolle Tauchgründe – allen voran das 300 km² große Bar Reef und das Kalpitiya Ridge – sowie Bootsfahrten in den Wilpattu-Nationalpark und auf der Lagune. Zudem ist Kalpitiya zwischen November und April Sri Lankas bester Ort für Delphin-Beobachtungen: Während vor der Küste Ostpazifische Delphine *(Stenella longirostris)* zuweilen in Gruppen von über 100 Exemplaren herumschwimmen, sind die seltenen Indopazifischen Buckeldelphine *(Sousa chinensis)* mit ihrer markanten rosa Farbe vor allem in der Lagune zu sehen. Dort tummelt sich

Vom Winde verweht

Die Halbinsel von Kalpitiya zählt zu Sri Lankas Topspots für Kitesurfer. Unter Leitung des erfahrenen Mischi P. Walter können Besucher in dessen **Kitekuda Camp** nicht nur die Kunst des „Drachensurfens" lernen, sondern in einem der vier Bungalows auch vor Ort übernachten. Für Mitreisende gibt es attraktive Alternativangebote. Die besten Windverhältnisse mit 15–30 Knoten bestehen von Mai bis September. Kontakt: ☎ 077-5748361, ⌨ www.srilankakiteschool.com.

auch der urtümlich wirkende Dugong *(Dugong dugon)*. Selbst für Walexpeditionen bietet sich Kalpitiya an.

Die holprige Straße nach Kalpitiya führt entlang der westlich der Lagune verlaufenden Halbinsel und ist von Salinen und Palmyra-Palmhainen gesäumt. Hier lohnt ein Halt an der traumhaft schön am Meer gelegenen St. Anna-Kirche in **Talawila**. Die Säulen der seit der Grundsteinlegung 1837 mehrfach erweiterten Kirche bestehen aus Stämmen des Ostindischen Satinholzes. Der freistehende Glockenturm ist bereits von Weitem zu sehen. Der seit dem 18. Jh. verehrten Statue von Anna, der Mutter Mariens, wird Wundertätigkeit nachgesagt. Zweimal im Jahr wird Talawila zum Pilgerziel Tausender Gläubiger: am zweiten Sonntag im März und am ersten oder zweiten Sonntag im August (zur Nachfeier des Gedenktages von Anna am 26. Juli).

Der vorwiegend von Muslimen bewohnte Ort **Kalpitiya** bietet wenige Sehenswürdigkeiten. Das unter der holländischen Herrschaft 1676 errichtete **Fort Calpentyn** ist zwar relativ gut erhalten, aber heute ein militärischer Stützpunkt und daher nicht zu besichtigen ist. Leider ziemlich heruntergekommen ist die ebenfalls von den Holländern erbaute **Pieterskerk**.

Bar Reef Resort, Palmyrah Rd., Alankuda, Ettalai, ✆ 077-7352200, 🖳 www.barreefresort.com. Fast 4 ha große, von Palmen gesäumte Anlage mit tollem Tropenfeeling direkt am Meer. Die Wahl besteht zwischen 2 Villen, 3 Cabanas, 6 „Begonia Houses" und dem schicken „Khomba House". Salz- und Süßwasserpools samt 2 Restaurants sind ebenso vorhanden. ❹–❻

Makara Resorts – Dolphin Beach, Alankuda, Ettalai, ✆ 077-7723272, 🖳 www.dolphinbeach.lk. Etwa 100 m neben dem Bar Reef Resort gelegene Anlage mit sieben 60 bzw. 40 m² großen Luxuszelten im Rajastan-Stil mit AC, Butler-Service und anderen Annehmlichkeiten – sehr stilvoll und komfortabel. Das Richtige für Familien mit größerem Geldbeutel. Mitnutzung der Swimming Pools des Bar Reef Resort. Bietet schöne Ausflüge, u. a. auf Pferden an. ❺–❼

Ruwala Nature & Adventure Park, Thihaliya, Ettalai, ✆ 032-3299299, 077-7530542. Das Resort liegt ca. 1 km südlich von Kalpitiya sehr idyllisch an der Lagune und verfügt über 4 Zimmer in 2 komfortablen Bungalows sowie 2 Cabanas auf Stelzen. Die freundlichen Eigentümer bieten ein interessantes Aktivitätenprogramm von Kayaking in der Lagune über Pferdereiten bis zu Schnorcheln und Delphinbeobachtungstouren. ❻–❼

Sethawadiya Dolphin View Eco Lodge, Sethawadiya, Kalpitiya, ✆ 072-2222072, 033-5676305, 🖳 www.sethawadiya.com. Hier trifft ästhetischer Minimalismus auf tropische Einfachheit. Das rustikale Hideaway liegt an der Kalpitiya-Lagune, nur wenige Kilometer von Kalpitiya entfernt. Derzeit gibt es 4 karge, aber wohnliche Hütten mit Blick aufs Wasser. Nettes offenes Restaurant. Strom gibt es von 18–23 Uhr. ❹–❺

Von der Hauptstraße in Kalpitiya starten **Busse** nach COLOMBO (160 km, 5 Std.) frühmorgens zwischen 3 und 7 Uhr alle halbe Stunde; später gibt es Verbindungen um 8, 13, 17.30 Uhr nur bis NEGOMBO (125 km, 4 Std.). Bus-Nr. 901 fährt im 20-Min.-Takt nach PUTTALAM (46 km, 2 Std.).

Wilpattu-Nationalpark

Der 1938 etablierte, 26 km nördlich von Puttalam liegende **Wilpattu-Nationalpark** zählt aufgrund der relativ großen Leoparden- und Elefantenpopulation zu den beliebtesten Naturschutzgebieten Sri Lankas. Während des Bürgerkrieges war er über Jahrzehnte gesperrt. In seinen Wäldern finden sich wertvolle Edelhölzer, darunter das fast schwarze Asiatische Ebenholz *(Diospyros ebenum)* oder das Ostindische Satin- bzw. Zitronenholz *(Chloroxylon swietenia)*. Bekannt ist der mit 1317 km² landesweit größte Nationalpark vor allem aufgrund der über 40 Seen. Sie werden villus genannt und verteilen sich wie überdimensionale Wasserpfützen im Schutzgebiet, um während der Monsunzeit vom Regenwasser gespeist zu werden.

WILPATTU - NATIONALPARK UND KALPITIYA

N

0 — 25 km

Pearl Banks
Silavatturai Reef
Cheval Bank
Kondaichchi
Periyamurippu
Ulukkulama
Cheddikulam
Mankulam
Karadikkuli
Marichchukkaddi
Kudremalai Point
Raja Maha Vihara Tantirimale
Kaaradumunai
WILPATTU-
Paymadu
Tulaweliya
Elapatgama
KARAITIVU
Portugal Bay
Nikawewa
Gambirigaswewa
Helambewa
Elayapattuwa
Mardanmaduwa
Ranorewa
Dutch Bay Point
Bar Reef
Pomparippu
NATIONALPARK
PARK-EINGANG
Anuradhapura
Kirimundal
Dutch Bay
Hunuwilagama
Sinharagama
Ratmale
Aruvakalu
Illavankulam
Hidogama
① Kalpitiya
Periyanagavillu
Thimbiriwewa
② Pahala Halmillewa
Talawa
Kandakuli
Karaitivu
Kala Oya
Ottappuwa
③ Vannativillu
Palugassegama
Tumbulagama
Eppawala
④ Puttalam-Palakkadah
Tabbowa Wewa
Rajangana-Reservoir
Tambuttegama
Talawila
⑤ Lagune
Kumbukwewa
Dikwewa
St. Anna-Kirche
Medagama
Nuraicholai
Karuwalagaswewa
Rajangana
Mahagalkadawala
Puttalam
Sellankandal
Kalladi
Nillakgama Boduighara
Weliyaya
Mampuri
Palavi
Mahananneriya
Galgamuwa
Tetapolai
Maha
Maha Uswewa
Thorawa
Inginimitiya Reservoir
Ehetuewewa
Galgiriya
Kottukachchiya
Madurankuli
Ambanpola
Konwewa
Madagalla
Perukkuwattan
Mangalaveli
Anamaduwa
Kumbukwewa
Daladagama
Maho
Polpitigama
Degadaturawa
Mundal Lagoon
Mahakum-bukkadawala
Yapahuwa
Alutwegedara
Kiriyankaliya
Pahala Mawatagala
Nagollagama
Welangollo
Andigama
Nikaweratiya
Rambe
Udappuwa

Übernachtung:
① Sethawadiya Dolphin View Eco Lodge
② Preshamel Safari Hotel
③ Bar Reef Resort
④ Ruwala Nature & Adventure Park
⑤ Makara Resorts-Dolphin Beach

Wegen des niederen Bewuchses um die Wasserstellen ist die Wahrscheinlichkeit größer als in anderen Nationalparks, auf Leoparden, Muntjaks oder Lippenbären zu treffen. Auch für Vogelbeobachtungen eignen sich diese *villus* hervorragend. Mit Jeeps können Besucher etwa 50 km tief in den Park hineinfahren.

Der Parkeingang, ⏰ tgl. 6–18 Uhr, befindet sich in **Hunuwilagama**, das über das 8 km ent-

fernte **Thimbiriwewa** an der A 12 (Puttalam–Anuradhapura) zu erreichen ist. Ein Großteil der Besucher bucht einen Tagesausflug in den Nationalpark vom 30 km östlich gelegenen Anuradhapura aus. Eintritt: US$15 für Erwachsene, die Hälfte für Kinder bis 12 Jahre. Hinzu kommt eine „Service Fee" von 920 Rs für den Conservation Fund sowie Fahrzeuggebühren von 250 Rs plus 12 % Mehrwertsteuer.

In Parknähe gibt es das **Preshamel Safari Hotel**, an der A 12 (Puttalam–Anuradhapura), Nähe Abzweigung zum Nationalpark. Die einfache Unterkunft hat nur 5 Zimmer, davon eines mit AC. Das Management arrangiert für ca. 4000 Rs Tagestouren in den Nationalpark, ✆ 025-2257699, oder in Colombo unter ✆ 011-2521866. ❷

Im Park selbst gibt es unweit der *villus* übeteuerte Unterkünfte des **Department of Wildlife Conservation**. Buchung: DWLC, 811A Bodhiraja Mw., Jayanthipura, Battaramulla, ✆ 011-2888585, 🖳 www.dwc.gov.lk. **Eco Team Sri Lanka** unterhält komfortable Zeltcamps. Info: ✆ 011-5830833, 🖳 www.mahoora.lk.

Südlich von Colombo

Mount Lavinia

Der Name klingt vielversprechend, und der Strand zeichnet sich durch eine herrliche Breite aus, auch wenn man in Mount Lavinia kein idyllisches, tropisches Badeparadies erwarten sollte. Trotzdem bietet sich dieser gern als Wochenendziel und Hausstrand der Hauptstädter genutzte Ort auf dem Weg in Richtung Süden als erste Küstenetappe an, um von hier aus angenehm, praktisch und preisgünstig Colombo zu erkunden. Je nach Zählart 10–14 km vom Zentrum entfernt, ist der Vorort hervorragend per Bus, Taxi (tagsüber 30–60, abends nur 15–20 Min.) und vor allem mit der Eisenbahn zu erreichen. Es haben sich hier einige Ayurveda-Zentren etabliert, doch lädt vor allem die Fülle von vergleichsweise preiswerten Unterkünften und schönen Strandrestaurants dazu ein, die ersten oder letzten Nächte eines Sri-Lanka-Urlaubs hier zu verbringen.

Einige Einheimische nennen den Villen-Vorort von Colombo – wie zu seinen Zeiten als kleines Fischerdorf – noch immer **Galkissa**. Über die Herkunft des Namens *Mount Lavinia* indes gibt es verschiedene Theorien. Er könnte ganz einfach auf den Namen der gleichnamigen Pflanze zurückzuführen und mit einem „Mount" (Berg)

versehen worden sein. Auch die Ableitung vom singhalesischen Begriff **Lihinia-gala**, auf Deutsch: Möwenfelsen, wäre eine Möglichkeit.

Am meisten Romantik jedoch verspricht die These, dass die Bezeichnung des Strandorts auf die einst hier lebende Tänzerin **Lovina** zurückgeht. Diese nämlich hatte sich der britische Gouverneur und Junggeselle Thomas Maitland zur Freundin erwählt. Um mit ihr möglichst ungestört und fernab der Regierungsgeschäfte zu sein, ließ er sich hier um 1806 eine Residenz errichten, die heute als **Mount Lavinia Hotel** zu den bekanntesten Kolonial-Herbergen Asiens zählt und – auf einem Felsvorsprung thronend – als Wahrzeichen des Ortes gilt (s. Kasten S. 203). Was kann es Schöneres geben, als hier auf der großen Terrasse einen szenischen Fünf-Uhr-Tee oder Cocktail zu nehmen, um mit Panoramablick über die ganze Bucht den Sonnenuntergang zu genießen – und das alsbald folgende Funkeln der Wolkenkratzer-Kulisse von Colombo.

Die engen, verwinkelten Straßenzüge von Mount Lavinia, das inzwischen über den Stadtteil **Dehiwala** mit Colombo zusammengewachsen ist, sind überraschend ruhig. Hinter mancher Mauer sind hübsche Anwesen und Gärten zu erkennen. Das **Strandleben** ist abwechslungsreich und erfreut durch zahlreiche Spaziergänger, Frühsportler und Sonnenanbeter sowie noch einige Fischer. Nicht selten dient der Strand mit seinen stets filmreif heranrauschenden Wellen sogar als Drehort für einheimische Kinofilme.

Doch da die Abwässer aus dem Großraum Colombo teilweise noch immer ungeklärt ins Meer fließen, lässt die **Wasserqualität** mitunter zu wünschen übrig. In der Monsunzeit können zudem hohe Wellen und gefährliche Unterströmungen im Uferbereich den Badespaß trüben. Außerdem muss durch die Nähe zur Metropole – vor allem nach Einbruch der Dunkelheit – mit Taschendieben und Schleppern gerechnet werden. Oder gar mit Einheimischen, die es als Beach Boys (s. S. 50, Kasten) auf Besucherinnen abgesehen haben. Dass die Eisenbahn hier mehrmals täglich quasi direkt über den Strand bzw. zwischen den Hotels und Restaurants hindurchdonnert oder auf dem Weg ans Meer stets unbeschrankte Gleise zu überqueren sind, sollte zur Exotik dieses Badeorts gezählt werden.

Die Westküste

Übernachtung

Außer dem Mount Lavinia Hotel finden sich auch Unterkünfte der Mittelklasse und oft von Familien betriebene Gästehäuser, die allerdings gern mal für Schäferstündchen käuflicher oder echter Liebe genutzt werden. AC-Zimmer kosten oft den doppelten, manchmal sogar fast den dreifachen Preis. An Wochenenden, Feier- oder Ferientagen kann es sehr voll werden.

Bay Show, 34/7 De Seram Rd., ☎ 011-4200765. Eröffnet 2005 als passable Unterkunft mit 6 Zimmern, davon 3 mit AC zum doppelten Preis (am schönsten ist der VIP-Room No.1). ❷–❸

Berjaya Hotel, 36 College Ave., ☎ 011-2739610-4, 🖥 www.berjayahotel.com. Etabliert schon seit den 1970-Jahren. Versteht sich als zweitgrößtes und zweitbestes Hotel am Ort. Angelegt in der Form eines Hufeisens mit 75 Standard- und Deluxe-Zimmern zu US$55 bzw. US$65. Großes, schönes Schwimmbad. ❹–❺

Beverly Hills Hotel, 27 De Saram Rd., ☎ 011-2733556, ✆ 2733557, ✉ bhills2001@hotmail.com. Seit 2001 und empfehlenswert. 18 gute, saubere Zimmer und Apartments, davon 5 neu und 10 mit AC. Freundliche Atmosphäre. ❷–❸

Blue Seas Tourist Guest House, 9/6 De Saram Rd., ☎ 011-2716298. Existiert bereits seit 1982, beliebtes Gästehaus mit kleiner, gemütlicher

Ein Haus mit Stil

Vor 25 Jahren von einem Deutschen gegründet, verspricht das **Haus Chandra**, 37 Beach Rd., ☎ 011-2732755, ✉ hauschandra@wow.lk, eine besondere Atmosphäre. Beidseits der Straße verteilen sich 4 Bauten und einer der insgesamt 4 Hotel-Pools von Mount Lavinia. Es gibt 40 Komfort-Zimmer, aber besonders empfehlenswert sind die mit Antiquitäten eingerichteten Suiten zu 8000 Rs. Hier finden sich sogar Klaviere in den Küchen … Das Stammhaus lockt (auch externe Gäste) mit dem **Boathouse Café** – einem stilvollen Restaurant mit Terrasse und Meeresblick. Hautgerichte liegen bei 750–1100 Rs, ein Glas Wein kostet 400 Rs, eine ganze Flasche 2500–3000 Rs. ❺

Lobby, lauschiger Lese-Ecke im Obergeschoss und einigen Antiquitäten. 15 mit etwas schäbigem Mobiliar ausgestattete Zimmer, davon 12 mit eigenem Bad und 8 mit Balkons (am besten sind die Eckzimmer) und 1 mit AC. Spartanisch, aber sauber und extrem ruhig. Familiäre Atmosphäre. ❷

Ivory Inn, 21 De Saram Rd., ☎ 011-2715006, ✉ ivoryinn@hotmail.com. 15 einfache, angenehme, aber etwas teure Zimmer mit Balkon. Schöner Garten mit Brunnen. ❸

Mount Breeze, 22/5 A De Saram Rd., ☎ 011-2725043-5, 🖥 www.mountbreeze.com. 1985 eröffnet, mit 14 sauberen, aber etwas einfachen, düsteren und nicht zuletzt etwas übberteuerten AC-Zimmern. ❷–❸

Mount Lavinia Hotel, 100 Hotel Rd., ☎ 011-2715221-7, 🖥 www.mountlaviniahotel.com. Landesweit einziges Hotel mit Privatstrand. 226 (meist sind nicht alle in Betrieb) schöne Zimmer und Suiten mit Balkon und Meeresblick, teilweise sogar mit Holzparkett und Baldachinbetten. Wer sich hier einquartiert, sollte eines der noch im Originalstil eingerichteten 39 Zimmer im Altbau bzw. „Governor's Wing" wählen, während die „Gouvernor's Suite" als Museum fungiert. Die Standard-Kategorie kostet US$106, Deluxe US$124, Suites liegen bei US$118–223. Die zahlreichen Geschäfte an der Zufahrt setzen sich in der hoteleigenen Ladenpassage fort. Der schöne Privatstrand wird gut gepflegt, externe Gäste dürfen für 600 Rs am Hotelpool relaxen, von dem sich ein herrlicher Blick auf den Strand und das nahe Colombo eröffnet. Das nostalgische Restaurant ist ein Erlebnis, der Nachtclub „Little Hut" leider ziemlich oft geschlossen. Dafür entschädigt z. B. das alljährlich im Oktober mit 5 internationalen Bands angesetzte Jazz-Festival. ❻–❼

Palm Beach Hotel, 52 De Saram Rd., ☎ 011-2712713, 🖥 www.palmbeach.lk. Nicht direkt am Strand, aber mit 43 geräumigen Komfort-Zimmern (leider nur kleinen, enttäuschenden Bädern) für US$68 eines der 3 besten Hotels am Ort. Versteht sich als Boutique-Resort im Hazienda-Stil – mit hübschen Säulen, Ballustraden, schmucken Ziegeldächern und einer großen Innenhof-Oase. Herrlich eingegrüntes, dunkelblaues Schwimmbad. ❹

Die Westküste

200   Mount Lavinia   www.stefan-loose.de/sri-lanka

Colombo
Peliyagoda
Kelaniya
Dompe
Kosgama
Avissawella
Sitavka

Kotte
Kotikawatta
Angoda
Kaduwela
Kelani Ganga
A4
Getahetta
Deraniyagala

Maharagama
Hanwella
SABARA-

Godagama
Labugama
Eheliyagoda

Dehiwala
Dehiwala
Zoo
Homagama
Padukka
A4
Ratnapura

Mt. Lavinia
KATMALANA
AIRPORT
Piliyandala
PROVINCE
Parakaduwa

Kesbewa
Kindelpitiya
Handapangoola
Ellawala
GAMUWA

Moratuwa
Polgasowita
Ingiriya
Idangoda
Gorakaela

Koralawella
Widiyagoda
Gonapola
Kalupahana
Kiriella
A8

Egoda Uyana
A2
Bandaragama
Nambapana
Kahangama

Panadura
A8
Horana
Kalu Ganga
Ratnapura

Alubomulla
Gonaduwa
Egaloya

Wadduwa
Anguruwatota
Bulatsinhala
Kukulugala
△ 704

Waskaduwa
Panapitiya
Divakandura
Ayagama

Mahagama
Molkawa

Gangatilaka
Vihara
Neboda

Kalutara
Nagoda
*Rubber Research
Institute*
Pimbura

Katukurunda
Dodangoda
Agalawatta
Lathpandura

Maggona
Eladuwa
Matugama
Badureliya

Beruwela
Kachchimalai-Moschee
Brief Garden
Moragala

CORAL
GARDENS
Dharga
Welipenna
Migahatenna

Alutgama
Pelawatta

Bentota
Haburagala
Walallawita

Induruwa
Udugama
Tawalama

Pitigala
△ 661

Kosgoda
Uragasman-
handiya
Telgaspe
Hinidumakanda

Ahungalla
Kurunduga-
hahetekma
Hiniduma

Balapitiya
Elpitiya
SOUTHERN

Watugedara
Tanabadde-
gama
Niyagama
PROVINCE

Ambalangoda
Batapola
Nagoda
Kurupanawa

Mitiyagoda
Gin Gang

Kahawa
Baddegama
Unanwitiya

Telwatta
Gonapinuwala
Wanduramba

Hikkaduwa
Pituwalgoda
Uluwitike
Yakkalamulla

HIKKADUWA
CORAL SANCTUARY
Wakwella
Akmimana

Dodanduwa
Boossa
Walahanduwa

Gintota
Labuduwa
Agulugaha

Galle
Jihalpe
Weligama

Point de Galle
Unawatuna
A2

Habaraduwa
Koggala

Ahangama

Indischer Ozean

Low Country Expressway Highway

Maha

Colombo

Moguru Ganga

Southern

Expressway

A17

Die Westküste

Die Westküste

Sangamitta Ave.

Siripala Rd.

1 (0, 4 km),
Colombo-Fort (12 km),
Dehiwala

Beach   Rd.

Samudra Mw.

De

Off de Saram Rd.

Barnes Ave.

Delawis Ave.

Saram

College   Ave.

Rd.

Peiris Rd.

Vidyala Path   SCHULE   Mount
Clinic of
Oriental
Medicine

Hotel Rd.

De Zoysa Mw.

Cross Rd.

Wickrama Mw

De Saram Rd.

Mount Rd.

De Simon Ab

Circular Rd.

Lilian Ave.

Galle Rd.

Station Rd.

Bahnhof

Old   Quarry   Rd.

Vihara Rd.

Wadduwa (18 km)
Bentota (60 km)
Hikkaduwa (88 km)
Galle (102 km)

Übernachtung:
1 Q 1-Mag Beach
   Appartement Complex
2 Haus Chandra
3 Blue Seas Tourist Guest House
4 Mount Breeze Hotel
5 Bay Show Hotel
6 Ivory Inn
7 Serandib Villa
8 Beverly Hills Hotel
9 Tropic Inn
10 Berjaya Hotel
11 Palm Beach Hotel
12 Hotel Rivi Ras
13 Mount Lavinia Hotel

Essen:
1 Mount Grill
2 Boathouse Café
3 Star Dogs
4 The Lion Pub
5 Casserole Restaurant
6 New Golden Bridge
7 Sawasdee Restaurant
8 Lavinia Breeze
9 Bay Show Restaurant
10 Steam Boat
11 La Voile Blanche
12 Loon Tao
13 The Golden Mile
14 Shelton Sea Food
15 Governor's Restaurant
16 La Langousterie
17 The Beach House
18 California Waves

Sonstiges:
1 Aprico Supermarkt
2 Family Supermarkt

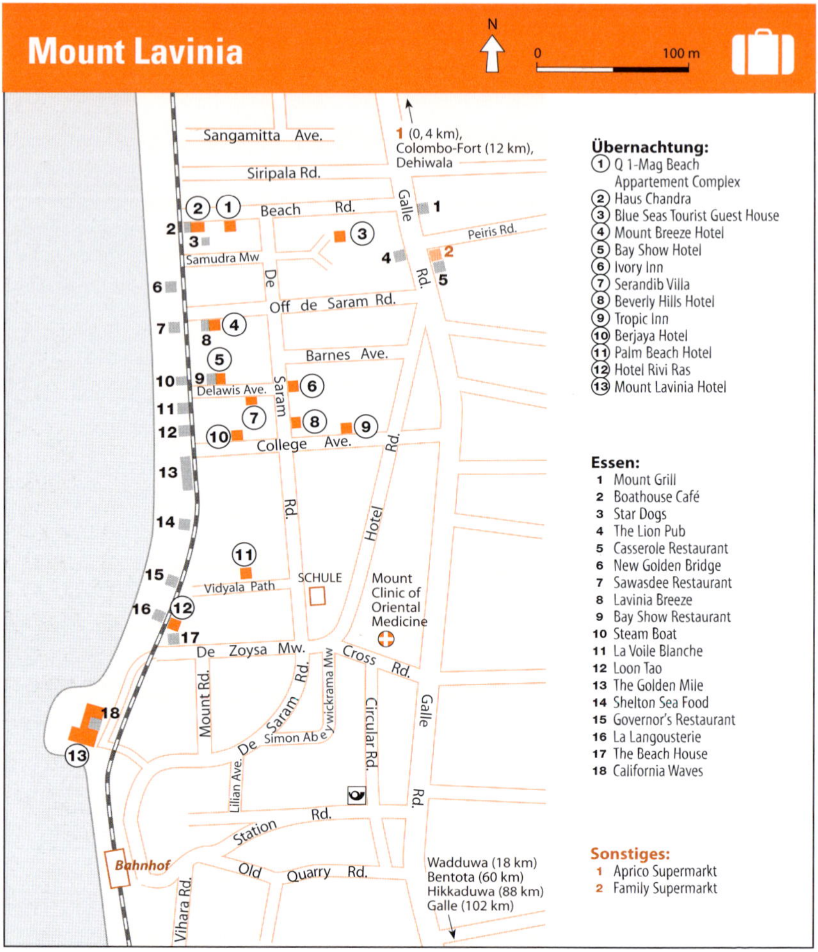

Q1-Mag Beach Appartement Complex,
35 Beach Rd., ☎ 011-2737345, 🖷 2737582.
Apartmenthaus mit Dachterrasse und allem
Komfort. Gute, günstige 3-Zimmer-Apartments
mit Küche für 2500 Rs. ❸
Rivi Ras, 50/2 De Saram Rd., ☎ 011-2717786,
🖳 www.rivirashotel.com. In einem weitläufigen
Palmengarten verteilen sich 2-stöckige Rot-
klinker-Bauten mit 25 einfachen, aber schönen,
stilsicheren Zimmern, davon 8 mit AC. Zum
Strand geht es über eine schmale Brücke. ❸

Serandib Vila, 34/1 De Seram Rd., ☎ 011-
2717374. Seit 2005 mit gutem Preis-Leistungs-
Verhältnis – jedenfalls bei den Zimmern mit
Ventilator für 1300 Rs, denn die mit AC sind fast
dreimal so teuer. ❷ – ❸
Tropic Inn, 30 College Ave., ☎ 011-2738653,
🖳 www.tropicinn.com. Empfehlenswert mit
16 gediegen-wohnlichen, komfortablen Holzboden-Zimmern zu US$35. Schönes Ambiente –
nicht zuletzt durch die herrliche Magahoni-
Treppe in das Obergeschoss. ❷ – ❸

Eine Aufnahme vom Hotelpersonal, das seinen Dienst noch in den geschniegelten Kolonial-Uniformen der Engländer verrichtet, zählt zu den beliebtesten Urlaubsfotos aus Sri Lanka. Einem italienischen Palast nachempfunden, war das Gebäude um 1806 als weißer Prachtbau mit grünen Dächern und Zweitresidenz von Gouverneur Sir Thomas Maitland errichtet worden. Da das Anwesen nur an den Wochenenden bewohnt wurde und sowieso ohne Genehmigung aus London erbaut worden war, musste es sein Nachfolger Edward Barnes verkaufen. Danach als „Rest House" genutzt und baulich immer wieder verändert – ein Abgleich mit den ältesten Skizzen oder Fotos ist verblüffend –, wurde es 1877 als elegante Luxusherberge eröffnet. Zu seinen Gästen zählten der Schriftsteller Somerset Maugham wie auch König Leopold von Belgien, Vivian Leigh, Kirk Douglas, Gregory Peck und Yuri Gagarin. Der größte Einschnitt erfolgte in den 1980er-Jahren durch die Ergänzung eines sechsgeschossigen, gesichtslosen Neubauflü-gels, der aber immerhin den Zuwachs schöner Zimmer mit Panorama-Blick auf die Küste und Kulisse von Colombo bescherte.

Es kann Spaß bereiten, sich in dem alten, renovierungsbedürftigen Bauwerk auf historische Spurensuche zu begeben. Da wären z. B. der unter der Kuppel liegende Prunksaal, die aristokratisch ausgestattete Gouverneurs-Suite, die kleinen Innenhof-Oasen, allerlei Ballustraden, Arkaden, Treppen, Lampen und sogar noch der unterirdische Geheimgang, der einst vom Weinkeller direkt in den Garten von Gouverneurs-Gespielin Lovina geführt hatte – die Liason dauerte immerhin sieben Jahre, bis Maitland 1911 wegen seines aufwendigen Lebensstils nach London zurückbeordert wurde.

Erstaunlich wie erfreulich erscheint, dass diese Kolonialherberge im Vergleich zu ihren legendären, luxussanierten Pendants – wie etwa dem Bangkok Oriental, dem Strand in Yangon oder dem Raffles von Singapore – heute noch immer über recht viel Patina verfügt.

Essen

Die Gastronomie-Szene erfreut mit reichhaltiger Auswahl. Wer hier zu viel bechert, sollte bei der Rückkehr zur Unterkunft allerdings bedenken, dass gänzlich unbeschrankte Schienenstränge zu überqueren sind ...

Am Strand

California Waves, 43/21 Beach Rd., ☎ 0777-345012. Etabliert seit 1976 in bester Lage und als ansprechendes Restaurant mit einer schönen, einen guten Ausblick bietenden Terrasse im Obergeschoss. ☉ 9–3 Uhr.

Governor's Restaurant, Symbolisiert im Mount Lavinia Hotel, s. S. 200, das feudale Ambiente längst vergangener Zeiten, das man sich zumindest mal angeschaut haben sollte. Besonders lauschig speist und trinkt es sich auf der großen Terrasse. ☉ 6.30–1 Uhr. Jeden Sonntag gibt es von 11–15 Uhr Brunch-Buffet mit Jazz-Musik. Wer lieber bei Wellenrauschen speist, hat die Qual der Wahl unter insgesamt 3 hoteleigenen, lauschigen Strand-Restaurants!

La Langousterie, s. o. Gehört als halboffenes Restaurant zum Hotel Rivi Ras und liegt am Südende des Strands – mit schönem Blick auf das Mount Lavinia Hotel. Einfach ausgestattet, gutes Preis-Leistungs-Verhältnis. ☉ 9–22 Uhr.

Lavinia Breeze, 43/7 Beach Rd., ☎ 011-4205183, 🖥 www.laviniabreeze.lk. Spezialisiert auf Seafood, im Obergeschoss klimatisiert. ☉ 11–23 Uhr.

La Voile Blanche, ☎ 011-4561111. Neu seit 2008 als attraktive Strandbar mit schickem, weißen Mobiliar unter Palmen. Mediterrane Küche und gut geschüttelte Cocktails für 600–900 Rs. ☉ 9–23.30 Uhr.

Loon Tao, 43/12 College Ave., ☎ 011-2722723, 🖥 www.loontao.com. Gegründet 2007 als professionell geführtes, populäres und wohl auch beliebtestes Restaurant von Mount Lavinia. Halboffen und schön aus Naturmaterialien gestaltet, 350 Sitzplätze und sagenhafte Speisekarte mit 253 Gerichten, darunter 23 mit Lamm und 15 im Lehmtopf, Flasche Bier für 300 Rs. ☉ 11–15 und 18–23 Uhr.

Holz-Veranda unter Palmen

Das seit 2008 zum Mount Breeze Hotel gehörende Restaurant **Sawasdee** wurde in U-Form an den Palmenstrand gesetzt und verfügt über eine massive, urige Holzveranda, auf der sich herrlich entspannen und speisen lässt. Fast alle Gerichte liegen bei 400–500 Rs, empfehlenswert sind besonders die mit Mutton, was auf Sri Lanka stets Ziege (und nicht Lamm) bedeutet. ⏱ 9–24 Uhr.

Shelton Sea Food, 43/16 College Rd., ✆ 011-2724277. Seit 2006 als 2-stöckiges, halboffenes Strand-Restaurant mit viel guter Stimmung – u. a. aufgrund von Stühlen direkt im Sand, Kerzenlicht-Stimmung, Seafood-BBQ und Beach-Partys. ⏱ 8–23 Uhr.

Steam Boat, 43 8/A Beach Rd., ✆ 011-5677877. Denkbar attraktive Speisekarte mit insgesamt 162 fein säuberlich, zum Teil auch mit Fotos aufgelisteten Gerichten. ⏱ Mo–Fr 11–14 und 17–23, Sa und So 11–23 Uhr.

The Beach House, 43/17 Beach Rd., ✆ 072-7717070. Gehört zum Palm Beach Hotel und lockt als halboffenes, mit viel Holz errichtetes Strand-Restaurant unter Palmen – zuweilen auch mit flottem DJ's-Mix zu Strandpartys.

The Golden Mile, 43/12 Beach Rd., ✆ 011-2733997. Populäres Restaurant mit 2 Stockwerken und einem Baywatch-Turm als Markenzeichen. Zu den Hauptgerichten zählt das „Seafood Rendezvous" für 1000 Rs, als Nachtisch munden lecker kreierte Süßspeisen wie der „Jamaican Dream". ⏱ 11–23 Uhr.

Im Ort

Bay Show, s. S. 200. Der Name ist Programm: Turmartiges, halboffenes Restaurant mit schönem Ausblick, besonders aus dem 3. Stock. Nudelgerichte um die 400 Rs, Seafood wird im 100-Gramm-Modus abgerechnet.

New Golden Bridge, 17 Hotel Rd., ✆ 011-2717981. Die Außenterrasse im 1. Stock ermöglicht ein lauschiges Speisen in Baumwipfelhöhe, auch wenn das Plastikmobiliar reichlich verwittert wirkt. Gerichte mit

Huhn oder Schwein 400 Rs, mit Seafood ab 450 Rs, als Takeaway 10 % günstiger. ⏱ 11–15 und 18–22.30 Uhr.

An der Galle Road

Casserole, 253 Galle Rd., ✆ 011-2733333. Einheimische, chinesische und für 400–800 Rs auch westliche Küche. ⏱ 11–15 und 13.30–18 Uhr. Im Erdgeschoss finden sich ein angenehmes, klimatisierte Backwaren-Bistro mit reichhaltiger Auswahl und der Supermarkt Family Super. ⏱ 9–22 Uhr.

Mount Grill, 221 Galle Rd., ✆ 011-2722558. Trotz der Lage eine beliebte, romantische Oase. Gemütlicher Innenhof, kleiner Palmengarten, plätschernde Wasserspiele und Kerzenlicht. Einheimische, chinesische und westliche Küche, meist 300–500 Rs. ⏱ 19–23.30 Uhr.

Star Dogs, 229 Galle Rd., ✆ 071-7775777. Seit 2010 als beliebter, moderner Fast-Food-Shop mit Burger, Pommes und 24 kreativen Hot Dogs – auch als Tandoori. Regular 160–200 Rs, Jumbo 200–250 Rs. ⏱ 10.30–22.30 Uhr.

The Lion Pub, 221 Galle Rd., ✆ 011-2761961. Beliebtes Restaurant mit szenischem Biergarten rund um einen dicken Bambusstrauch. Frisch gezapftes Fassbier für rund 160 Rs, chinesisches Essen 500–600 Rs. ⏱ 11–24 Uhr.

Der Expressway – die Erlösung

Eine lang gehegte Sehnsucht vermag der neue **Colombo-Matara-Express-Highway** zu erfüllen. Auch **Southern Expressway** genannt, macht die Mitte 2011 eröffnete, 126 km lange Autobahn auf wichtigen und weiten Strecken des Landes die Benutzung der stets in unmittelbarer Nähe zum Meer entlangführenden, völlig überlasteten **Galle Road** (H2) verzichtbar. Die zwei- bis sechsspurige, rund 600 Mio. US$ teure Tangente, auf der max. Tempo 120 km/h erlaubt ist, verkürzt die Fahrtzeit zwischen Colombo und Matara um 2 1/2 auf nur noch 1 1/2 Std. Allerdings mussten seit dem Baubeginn in 2006 rund 1300 Familien umgesiedelt werden. Es dürften noch einige dazukommen, wenn erst einmal der Bau der 100 km langen, bis nach Weerawila/Tissaharama geplanten Strecke beginnt.

Transport

Obwohl es nur rund 14 Straßen-Kilometer ins Zentrum Colombos sind, empfehlen sich wegen des Dauerstaus auf der Galle Rd. nicht die fast schon im Minutentakt vorbeifahrenden Busse für ca. 30 Rs oder ein für US$7 gecharterter Three-Wheeler (beides etwa 1 Std.), sondern vor allem die tagsüber fast stdl. verkehrenden Vorortzüge für um die 20 Rs (1/2 Std.).

Wadduwa

Wer die rund 30 km südlich von Colombo gelegene Ortschaft Wadduwa erreicht, hat den Großraum der Hauptstadt endgültig verlassen. Hier überwiegt endlich das dichte Grün der Landschaft, während die Küste nach kurzer Fahrt vom ersten wirklich schönen Strand gesäumt wird. Dieser setzt sich bis in das 7 km weiter südlich gelegene Kalutara fort. Ab Wadduwa fallen die für die südliche Westküste typischen Seile auf, die sich zwischen den bis zu 30 m hohen Palmen-Wipfeln spannen. Darauf balancieren morgens und abends die Duravas oder Toddy Tapper (Palmweinzapfer) als leichtfüßige Akrobaten, um den säuerlichen, milchig-trüben Palmsaft zu sammeln.

Übernachtung und Essen

Die Hotels sind beliebt als Naherholungsziel der Hauptstadt-Bewohner, doch wer sich hier als Urlauber einquartiert, muss meist tief in die Tasche greifen und könnte sich etwas ausgesetzt fühlen.

Serene Pavilons, ✆ 038-2296890, 🖳 www. serenepavilions.com. Seit Ende 2009 edelstes und mit Abstand teuerstes Resort der Region. Perfekter Wohlfühlcharakter mit Säulengängen und vielen Wasserflächen. Zwölf 2-stöckige Pavillons mit großen Terrassen; US$600–840. ❼

Siddhalepa Ayurveda Health Resort, ✆ 038-2296967-70, 🖳 www.ayurvedaresort.com. Wunderschön dekorierte Lobby. 52 charaktervolle, aber leider teure Zimmer in einer etwas spärlich begrünten Anlage, davon 2 als Höhlenhäuschen. Angesehenes Ayurveda-Resort: 6 Tage US$525, 13 Tage US$1300, 20 Tage US$1765 – plus Zimmer-kosten. ❻

Mehr Sein als Schein

Das beste Preis-Leistungs-Verhältnis der Region bietet das dicht am Strand liegende, unter deutscher Beteiligung geführte **Sun View Beach**, ✆/📠 038-4284747, 🖳 www.sunview beachhotel.de. Obwohl Garten und Gebäude etwas schlicht erscheinen, überraschen die 12 Zimmer für 1100 Rs und 1500 Rs (AC) mit ihrer Größe und Wohnlichkeit. ❶–❷

The Blue Water, ✆ 038-2235067-8, 🖳 www. bluewatersrilanka.com. Ein von Geoffrey Bawa erschaffenes Strandresort als angenehme, großzügige Anlage mit 100 behaglichen Komfort-Zimmern und geometrischen Wasserflächen in einem weiten Palmengarten. Ausgezeichnetes Restaurant. Die ultimative Relax-Atmosphäre an einem herrlichen Strandabschnitt kostet ab US$180. ❼

The Privilege, ✆ 038-2295367, 🖳 www.privilege lanka.com. Boutique-Resort auf schmalem Grundstück am Meer. Attraktive Lobby, 12 stilvolle, aber etwas kleine und mit US$210–250 reichlich überteuerte Suiten. ❻

Villa Ocean View, ✆ 038-4299699, 🖳 www. villaoceanhotels.com. Aus den 1980er-Jahren mit 143 Zimmern in einem 3-stöckigen Flügel und in 2-stöckigen Cabanas zwischen vielen Palmen. ❺–❻

Wadduwa Holiday Resort, 286/3 Galle Rd., ✆ 038-2232815, 🖳 www.wadduwaholidayresort. com. Dicht am „The Blue Water" mit 35 schönen Komfort-Zimmern, davon 20 als Deluxe in einem Neubau. ❸–❺

Kalutara

Durch breite Straßen und lange Brücken über den **Kalu Ganga** macht die Bezirkshauptstadt Kalutara (Schwarzer Fluss) 47 km südlich von Colombo und 31 km vor Bentota mit ihren 50 000 Einwohnern schon fast einen großstädtischen Eindruck. Mitte des 11. Jhs. war sie kurzfristig Regierungssitz des südöstlichen Königreichs Ruhuna. Ab 1655 herrschten hier die Holländer, indem sie an der Mündung ein Fort errichteten. Die

Palmen sind das Maß aller Dinge. An den Stränden Sri Lankas bestimmen sie über die Höhe der Bauten und haben somit die faszinierende Schönheit der Küstenregion bewahrt. Und es gibt wohl kaum eine andere Pflanze, die sich von den Menschen nützlicher verwenden lässt als der **Baum des Lebens**. Denn Palmen bieten Unterkunft, Fortbewegung, Nahrung, Genussmittel, Körperpflege, Medizin, Brennmaterial – und sogar eine gewisse Arbeitsplatz-Garantie, da sich die Ernte ihrer Früchte über das gesamte Jahr verteilt. Für Touristen meist nur ein Symbol für Fernweh, Urlaub und exotische Romantik, wissen die Einheimischen den Tropenbaum von der Wurzel bis zum Wedel, vom Stamm bis zur Nuss komplett zu verwerten.

Rund 270 l Wein pro Baum
Mancherorts verraten zackig eingekerbte Stämme etwas über die schwierige Ernte der Kokosbauern, die aus schwindelerregender Höhe erfolgt. An der Westküste sind es aber vor allem die Seile, die sich zwischen den 20–25 m, zuweilen sogar bis zu 30 m hohen Wipfeln spannen. Darauf balancieren am Morgen und Abend die sogenannten **Duravas** oder **Toddy Tapper** (Palmweinzapfer) als leichtfüßige Akrobaten, um den etwas säuerlichen, milchig-

einstige Handels- und Hafenstadt lebte früher vom Gewürzhandel, heute präsentiert sie sich als Zentrum der **Kautschukindustrie**. Im „Rubber Research Institute" in **Agalawatta** können sich Besucher anschaulich über die Produktion von Rohgummi informieren.

Ebenfalls bekannt ist die Stadt für ihre **Kokosweber** und vor allem die **Korbflechter**, die ihre Produkte mit kunstvollen geometrischen Formen und vielfältigen Farben verzieren. In der Nähe des Basars liegt die **Kalutara Basket Hall**, wo man die Herstellung beobachten und schöne Stücke erwerben kann.

Ein Besuch Kalutaras lohnt sich besonders zwischen Mai und Juli, wenn die Erntesaison der **Mangosteen** die örtlichen Märkte mit einer fotogenen Woge der purpurfarbenen Früchte überschwemmt. Sie werden als die besten der Insel gerühmt. Das südlich liegende Straßendorf Moratuwa indes ist für seine Tischler-Tradition und perfekte Nachbauten antiker **Kolonialmöbel** bekannt.

trüben Palmsaft abzusammeln – wobei der Blütenstumpf erneut angeritzt wird, damit der Saft auch weiterhin ausläuft. Durch seine leicht berauschende Wirkung erfreuend, wird ein Teil frisch an die Männerwelt verkauft, während der Rest in Brennereien zum Nationalschnaps **Arrack** destilliert wird. Doch die etwa 270 l Palmwein, die sich pro Baum und Jahr ernten lassen, dienen auch zur Produktion von Zucker, Honig und dem Palmen-Sirup **Jaggery** – ganz abgesehen davon, dass die Blüten selbst als essbare Leckerbissen gelten. Wie auch die zarten Sprösslinge im Umfeld des Baumes oder die oben am Stamm sitzenden Knospen **Bada**, die als eingelegtes Gemüse von Gourmets geschätzt werden.

Öl für die Küche und Kosmetik

Urlauber erfreuen sich vor allem an der Milch, die am besten direkt aus der gelblich-grünen **Kings Coconut** genossen werden sollte. Diese prägt auch in erheblichem Umfang die landestypische Küche, wie sich nicht zuletzt an der Vielzahl der Coconut-Curry-Gerichte ablesen lässt. Das Fleisch der Kokosnuss, auf Sri Lanka **Kobra** genannt, dient – getrocknet, zerschnitten oder auch mit Hilfe von mit Ochsenkraft betriebenen Mühlen zu Öl verarbeitet – zum Kochen, aber auch als Grundstoff von Seife, Sonnenmilch und Shampoo zur Pflege von Haut und Haaren. Die Schalen werden nicht nur als gutes Brennmaterial oder naturnahe Blumentöpfe verwendet. Es lassen sich auch Becher, Schöpfkellen und andere Utensilien für den Haushalt

daraus schnitzen. Die aufgeweichten Fasern der äußeren Hülle indes werden zu Schnüren, Stricken und Seilen gedreht, zu Keidung und Fischernetzen versponnen oder zu Besen, Bürsten und Matten verarbeitet. Auch Autositze und Matratzen lassen sich damit polstern.

Gut für Dekoration und Legenden

Das Holz des Stammes dient schon seit eh und je zum Bau von Behausungen und Schiffen, wie den landestypischen Auslegerbooten. Die „Blätter" der Palmen lassen sich für Dächer und Zäune verwenden, trotz ihrer Widerspenstigkeit erstaunlicherweise auch als Viehfutter und Vogelscheuchen sowie zur Herstellung von Korbwaren, Hüten und Geldbörsen oder sogar Dekoration für Festivals und Prozessionen. So scheint es nicht verwunderlich, dass Palmen – einst von Amerika über Polynesien, Neuguinea und Indonesien nach Sri Lanka gelangt – auch zu mythischer Bedeutung gelangt sind. Der als „Lepra-König" bekannte König Raja soll sein Leiden mit den Extrakten aus Kokosnüssen kuriert und somit den medizinischen Wert der Früchte erkannt haben. Und: Der Legende nach sollen Palmen am besten in der Nähe menschlicher Siedlungen und Stimmen gedeihen. Eine andere besagt, dass Kokosnüsse Augen haben, damit sie Menschen nicht so schnell auf den Kopf treffen – wofür immerhin sprechen würde, dass weltweit verhältnismäßig wenige Menschen von den fruchtigen Geschossen aus luftiger Höhe getötet werden.

Volker Klinkmüller

Der Kalu Ganga ist zwar nur 129 km lang, wirkt aber hier bei seiner Mündung in das Meer mit seiner Breite von 300 m wie ein mächtiger Strom. Durch mehrere Zuflüsse aus dem regenreichen Landesinneren ab Ratnapura schiffbar, wurde er bis tief in das 20. Jh. hinein als Transportweg genutzt. Heute bietet er sich zu beschaulichen Kanu- und Schlauchboottouren für Touristen an – wie zum eindrucksvollen **Richmond Castle**. Als Symbiose indischer und englischer Architektur auf einem 16 ha großen Grundstück errichtet,

gehörte es einst dem reichen Gouverneur Padikara Mudaliyar, um nach dessen Tod als Schule genutzt zu werden.

Nicht weit hinter der zweibogigen **Kalu Ganga-Brücke** verbreitert sich die Straße, sodass am Rand problemlos angehalten werden kann. Denn an der Tempelanlage **Gangatilaka Vihara** pflegen buddhistische Verkehrsteilnehmer gern einen Zwischenstopp einzulegen, um mit Gebeten, Blumen und kleinen Geldspenden um unfallfreies Fahren und eine glückliche Heim-

Modernes Designer-Resort

Die herrlich exponierte Lage zwischen Meer und Lagune in Süd-Kalutara war dem **Kani Lanka Resort & Spa**, ☎ 034-2226537-9, 🖳 www.kanilanka.com, beim Tsunami nur 48 Stunden nach der Eröffnung zum Verhängnis geworden. Heute präsentiert es sich als empfehlenswertes, modernes Designer-Resort – eröffnet in einem alten Hotel aus den 1980er-Jahren, an dem einst Geoffrey Bawa (s. S. 215) mitgewirkt hatte. Es gibt 105 Zimmer für US$160–200, davon 6 Suiten. Avantgardistisches Restaurant sowie originelle Details – auch wenn die Qualität des Strandes da kaum mithalten kann. ➐

kehr zu bitten. Dazu finden sich an der Westseite der Fahrbahn ein mächtiger Bodhi-Baum sowie zahlreiche Opferstöcke und Buddhafiguren.

Die eigentliche Sehenswürdigkeit jedoch liegt gegenüber: die schon aus der Ferne leuchtende, weiße Kuppel der **Kalutara Dagoba**. Sie ist beeindruckende 40 m hoch, stammt aus den 1960er-Jahren und fällt durch das rundherum laufende Band von Fenstern als moderne Konstruktion auf. Es ist die einzige in Asien, deren Innenraum hohl und begehbar ist. In der Mitte der großen Kuppelhalle liegt ein Reliquienschrein, dem die Gläubigen in tiefer Andacht mit Räucherstäbchen und Lotusblüten ihre Ehre erweisen. An der Innenwand der Kuppel erzählen 74 Wandmalereien das Leben Buddhas.

Übernachtung

Die Urlauber residieren hier vorwiegend in den abgelegenen, überteuerten Strandresorts auf der 3 km langen Nehrung im Norden Kalutaras. Etwas rätselhaft bleibt, wie die weit verstreuten Touristengeschäfte Umsatz machen.
Dugong Beach Hotel, ☎ 072-4195570. 9 spartanische, etwas dunkle, aber akzeptable Zimmer mit einfachen Bädern für 850 Rs, die sich um einen Innenhof gruppieren. Nette Betreiberfamilie, darunter sogar ein Maskenschnitzer. Guter Kuchen und gratis Fahrradverleih für Gäste. ➊
Hibiscus Beach Hotel, ☎ 034-5582222, 🖳 www.hibiscusbeachhotel.com. 2-stöckige

Anlage mit einladendem Foyer. 50 etwas kleine, aber schöne Zimmer und 6 Luxus-Villen mit reichlich Holz. Viele Hibiskus-Sträucher und Stelzwurzel-Bäume. ➏
La Saman Villa, ☎ 034-2221660. 200 m vom Strand bzw. direkt an den Schienen bietet der freundliche Mr. Saman 5 AC-Zimmer mit großen Bädern für 3000 Rs in einem 3-stöckigen gepflegten Haus. Gefliest Ballustrade und schöne Sitzgelegenheiten. ➌
Mermaid Hotel & Club, ☎ 034-7200478, 🖳 www.mermaidhotelclub.com. 81 gut ausgestattete, wohnliche, aber teure Komfort-Zimmer mit Balkons, großen Bädern und 2 Schwimmbädern in schöner Lage am Strand. ➐
Ramada Resort, ☎ 034-2228484, 🖳 www.ramadainternational.com. Große, architektonisch ansprechende Anlage in angenehmen Erdtönen. 100 Zimmer und Cabanas sowie 3 Restaurants bzw. Bars. ➐
Royal Palms Beach Hotel, ☎ 034-2228113-7, 🖳 www.tangerinehotels.com. Seit 1998 mit ansprechender Architektur. Rund 120 luxuriöse Zimmer und 5 Suiten mit reichlich Holz ab US$140. Das Foyer wirkt mit seiner hohen Decke wie eine Kathedrale, birgt riesige Möbel und viel Dekoration. Das 101 m lange, lagunenartige Schwimmbad zählt zu den größten Asiens. ➐
Tangerine Beach Hotel, ☎ 034-2237295, 🖳 www.tangerinehotels.com. Seit 1982, mit 166 schön designten Zimmern und 7 Suiten eines der ältesten Hotels der Region, aber perfekt renoviert und teuer. Weitläufig mit großem Garten, Ayurveda-Zentrum. Hübsches Foyer im Hazienda-Stil mit Säulen und Wasserspielen. ➐

1 HIGHLIGHT

Beruwela

Schon bevor der Ort beginnt, offenbart die Anfahrt über die Küstenstraße, was Beruwela zu bieten hat: wunderschöne Sandstrände mit vorgelagerten Felsinselchen, flankiert von ausgedehnten Palmenhainen, in denen sich einige der schönsten und bekanntesten **Urlauberresorts** Sri Lankas verstecken. Die schützenden Korallen-

Für einen Besuch des seit 1979 zugänglichen **Brief Gardens** sollte lieber gleich ausreichend Zeit eingeplant werden. Denn viele Besucher bleiben länger, als sie eigentlich wollten … Wer das von Statuen geschmückte Tor inmitten einer Bambushecke durchschreitet, wird seinen Augen nicht trauen: Hier lockt nicht nur ein Japanischer Garten mit weiten Rasenflächen, herrlichen Blumen und Büschen, einem romantischen Teich und schattigen Wegen, sondern ein verwunschenes Märchenland.

Auf dem 2 ha großen Gelände lassen sich Überraschungen aufspüren wie seltene (aber aus Prinzip nicht blühende) Pflanzen, fantasievolle Wasserspiele, romantische Lauben, verspielte Pergolas oder überwucherte, geheimnisvolle Skulpturen. Kaum zu glauben, dass dieses Nirvana einst eine trostlose Kautschuk-Plantage gewesen sein soll. Der ab 1929 angelegte Garten ist das Ergebnis einer jahrzehntelangen, liebevollen Planung und Pflege des Landschaftsarchitekten und Bildhau-

ers **Bevis Bawa** sowie einiger Freunde. Das Geld dafür stammt von seinem Vater, der als Jurist mit einem erfolgreichen **Legal Brief** (Schriftsatz) üppiges Honorar verdiente, woraus sich auch der Name des Anwesens ableitet. Da der 1909 geborene, skurrile Lebenskünstler keinerlei Erben hatte, wurde der Besitz nach seinem Tod 1992 – je nach Anzahl der Dienstjahre – an seine Mitarbeiter verteilt. Auch die einsame und schlichte, aber stilvolle Villa Bawas schmiegt sich noch unversehrt an den Hang. In ihr findet sich eine private Kollektion von Möbeln, Skulpturen, Gemälden und Fotografien.

Der Brief Garden, ☎ 034-5676298, ⏰ 8–17 Uhr, Eintritt happige 1000 Rs, findet sich in Nähe des Dorfs **Kalawila** und ist auf Wunsch auch mit versierter Führung zu erkunden. Zudem arrangiert Besitzer Dooland De Silva für 2200 Rs (p. P. und inkl. Eintritt) stimmungsvolle Mittags-Mahlzeiten mitten in der Botanik (max. 4–10 Pers.), der Bau von 6 Gästezimmern soll folgen.

riffe vor den seicht ins Meer verlaufenden, breiten Stränden ermöglichen meist unbeschwerte Badefreuden, um gleichzeitig zum Schnorcheln und Tauchen einzuladen. Es sind gerade die Deutschen, die diese rund 60 km unterhalb von Colombo und etwa 8 km vor Bentota liegende Region so sehr lieben – als Besucher, aber oft auch als Gastgeber. Die zahlreichen **Pauschaltouristen** haben jedoch nicht nur für ein relativ hohes Preisniveau, sondern auch für eine große Schar zuweilen etwas lästiger Strandhändler gesorgt.

Der Name Beruwela entstammt dem singhalesischen Wort „Baeruala" – der Ort, an dem das Segel niedergelassen wurde. Das passt gut, denn hier sollen aus Indien einst die ersten arabischen Kaufleute an Land gegangen sein. Daran erinnern nicht nur die früher „Barberyn" genannte, älteste **Muslim-Kommune** Sri Lankas, sondern auch die weißen Minarette der malerisch auf einer felsigen Landzunge thronenden **Kach(ch)imalai-Moschee**. In einem Gedenkraum auf der östlichen Seite findet sich der steinerne Sarkophag von Scheich Ashraf Velliulah, einem Nachfahren des Propheten Mohammed, der hier

der Legende nach auf wundersame Weise über das Meer angetrieben worden sein soll. Daran erinnert alljährlich ein großes **Festival** mit bis zu 50 000 Pilgern, das zum Ende des Fasten-Monats Ramadan und nach dem 30-tägigen Rezitations-Gottesdienst „Bohari Mulu" veranstaltet wird.

Östlich der Moschee schützt eine lange Steinmole die eindrucksvolle Armada bunter **Fischerboote**. Die kleineren gehen nachts in Küstennähe auf Fang, während sich die größten sogar bis zu den 750 km entfernten Malediven vorwagen. Ein interessantes Erlebnis ist die morgendliche, etwas blutige Fischauktion gegenüber vom Rest House. Von hier lassen sich auch kleine Bootstouren zum **Leuchtturm** unternehmen, der auf einem Felsen vor der Küste thront. Schöner als von seiner Spitze aus wird sich Beruwelas Palmenküste mit der Moschee und dem **Hafen** wohl kaum einfangen lassen.

Nur 5 km von Beruwela erhebt sich im **Kandavihara-Tempel** seit 2006 der mit fast 50 m höchste Buddha des Landes. Sehenswert ist aber auch das eindrucksvolle, bunte Tsunami-Relief im Unterbau der Statue.

Übernachtung

Die teuersten Häuser müssen nicht immer die besten sein. Die Mittelklasse-Hotels oder sogar auch die Gästehäuser können oft ein viel besseres Preis-Leistungs-Verhältnis bieten.

Barberyn Reef Ayurveda Resort, ✆ 034-2276036, 🖥 www.barberyn.com. Seit 1982; charaktervolle Anlage und erstes Ayurveda-Zentrum für Ausländer. 75 Zimmer und Strandbungalows mit Vollpension. ❼

Chaaya Bay, ✆ 011-2306600 (Colombo-Büro), 🖥 www.chaayahotels.com. Neues, 300 Zimmer umfassendes Luxusresort der John Keells-Gruppe. Soll 2012 eröffnen als Ersatz für das vom Tsunami schwer beschädigte und später abgerissene Confifi Beach Hotel. ❼

Maha Gedara, ✆ 034-2276031-2, 🖥 www.heritancehotels.com. Als „Neptune" bezeichnet und erstes Hotel der Unternehmensgruppe Aitkin Spence, soll dieses beliebte Haus nur rund 60 Zimmern Ende 2011 in neuem Gewand und als eines der landesweit 4 Hotels der edlen Kategorie Heritance eröffnet werden. ❼

Muthumuni Ayurveda Beach Resort, ✆ 034-2277048, 🖥 www.muthumuniayurvedabeach.com. Existiert seit 2009 am Strand und ist empfehlenswert nicht nur für Ayurveda-Gäste.

Wohnen bei Dennis und Judy

In vielerlei Hinsicht als Wohlfühl-Oase entpuppt sich das 1992 eröffnete, rund 100 m vom Strand liegende **Bavarian Guesthouse**, 92 Barberyn Rd., ✆ 034-2276129, 🖥 www.bavariaguesthouse.com. Die üppig begrünte Anlage mit Schwimmbad bietet 6 schöne, geräumige Komfort-Zimmer mit Himmelbetten, davon 2 als AC (ca. 600 Rs Aufpreis pro Tag), und 1 Suite für 4500–5000 Rs. Das sympathische Besitzer-Ehepaar Dennis und Mallika (Judy) Leard spricht fast akzentfrei Deutsch und lässt keinerlei Wünsche offen. Das gilt auch für die exzellente Küche, aus der Geschnetzeltes mit Rösti, die besten Wiener Schnitzel Sri Lankas (700 Rs) oder guter deutscher Filterkaffee (Kännchen 200 Rs) gezaubert werden. Es sind allerlei Ausflüge im Angebot – darunter 3-stündige Lagunen-Touren für 3000 Rs. ❹

34 große, schöne Zimmer, 1 Tag Ayurveda rund 120 €, im Altbau „Muthumuni Ayurveda River Resort" an der Galle Rd. nur 80 € (17 Zimmer). Der freundliche Mr. Muthumuni und Manager Mr. Asok sprechen fließend Deutsch, betreuen ihre Gäste auf ausgezeichnete Weise. ❻–❼

Okay Gästehaus, ✆ 034-2276248, ✉ okayrest @aol.com. Beliebte Anlage, die bis Ende 2011 als Neubau mit 10 Zimmern, davon 3 AC, 2 Bungalows und Schwimmbad direkt am Strand entstehen soll. Seine für DJ- und Bongo-Rhythmen beliebte „Okay Disco", Eintritt 200 Baht, will Besitzer D. Wilbert Silva (20 Jahre Deutschland) natürlich mit umziehen lassen. ❸

Riverina Hotel, ✆ 034-2276044-5, 🖥 www.confifihotels.net. Schönes Resort mit Relax-Charakter. 190 Zimmer, 5 Restaurants und Bars, 1 Disco. ❻

Sagarika Beach Hotel, ✆ 034-4931558, 🖥 www.sagarikabeachhotel.webs.com. Das rund 100 m vom Meer entfernt als herrschaftliches Anwesen mit Schwimmbad erbaute Hotel gibt es seit 1976. 5 stilvoll möblierte Zimmer (besonders schön ist Nr. 4) und 4 Apartments mit schönen Bädern. ❹

🏠 **Tropical Villas**, ✆ 034-2276780. Rund 300 m vom Strand als schönes, naturnah angelegtes Resort mit 52 originell gestalteten Zimmern inkl. in den Bädern platzierte Minibars. Für 2011/12 sind Verkauf und Sanierung des komfortablen Hotels im Gespräch. ❻

Ypsilon Tourist Resort, ✆ 034-2276132, 🖥 http://ypsilon-sri-lanka.de. Seit 1981 als beliebte, familiäre Anlage direkt am Meer mit 25 gepflegten Zimmern, davon 2 mit AC. Zudem bietet die Berliner Managerin Dagmar eine etablierte Tauchschule (pro Tauchgang 20–25 €) und neuerdings auch ein Ayurveda-Center (1 Tag mit 5 Behandlungen für 45 €). ❸

Essen

Alle Hotels verfügen über Restaurants bzw. bieten Vollpension an, was es einer eigenständigen Gastronomie-Szene hier nicht gerade leichtmacht.

Coconut Bar, nahe Barberyn Resort am Strand, ✆ 034-2279136. „We follow Bob Marley" bekennt der urige Beach-Bar-Besitzer Emil

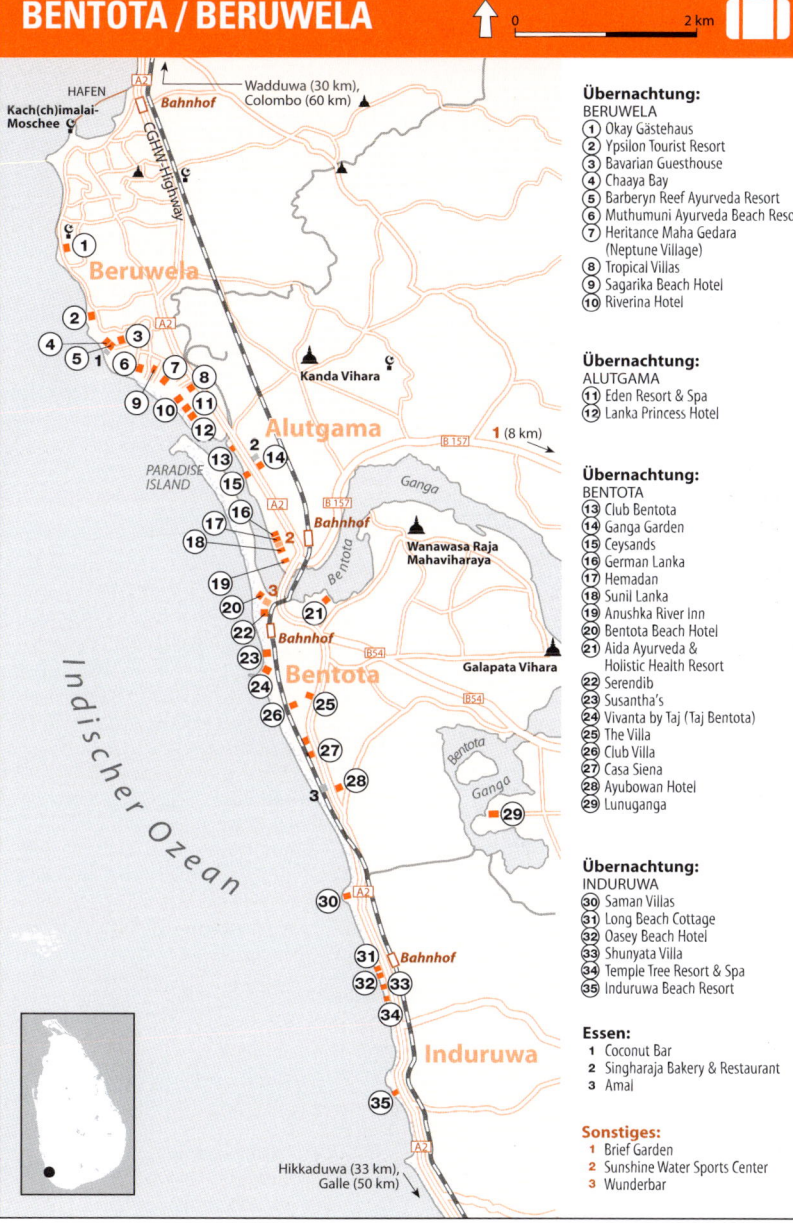

BENTOTA / BERUWELA

N

0   2 km

HAFEN

Kach(ch)imalai-
Moschee

Bahnhof

Wadduwa (30 km),
Colombo (60 km)

CGHW-Highway

Beruwela

Kanda Vihara

Alutgama

1 (8 km)

PARADISE
ISLAND

Ganga

Bahnhof

Wanawasa Raja
Mahaviharaya

Bentota

Bentota

Bahnhof

Galapata Vihara

I n d i s c h e r   O z e a n

Bentota

Ganga

Induruwa

Bahnhof

Hikkaduwa (33 km),
Galle (50 km)

Übernachtung:
BERUWELA
1. Okay Gästehaus
2. Ypsilon Tourist Resort
3. Bavarian Guesthouse
4. Chaaya Bay
5. Barberyn Reef Ayurveda Resort
6. Muthumuni Ayurveda Beach Resort
7. Heritance Maha Gedara
   (Neptune Village)
8. Tropical Villas
9. Sagarika Beach Hotel
10. Riverina Hotel

Übernachtung:
ALUTGAMA
11. Eden Resort & Spa
12. Lanka Princess Hotel

Übernachtung:
BENTOTA
13. Club Bentota
14. Ganga Garden
15. Ceysands
16. German Lanka
17. Hemadan
18. Sunil Lanka
19. Anushka River Inn
20. Bentota Beach Hotel
21. Aida Ayurveda &
    Holistic Health Resort
22. Serendib
23. Susantha's
24. Vivanta by Taj (Taj Bentota)
25. The Villa
26. Club Villa
27. Casa Siena
28. Ayubowan Hotel
29. Lunuganga

Übernachtung:
INDURUWA
30. Saman Villas
31. Long Beach Cottage
32. Oasey Beach Hotel
33. Shunyata Villa
34. Temple Tree Resort & Spa
35. Induruwa Beach Resort

Essen:
1. Coconut Bar
2. Singharaja Bakery & Restaurant
3. Amal

Sonstiges:
1. Brief Garden
2. Sunshine Water Sports Center
3. Wunderbar

Die Westküste

Pumpernickel im Singharaja

Wen die Seeluft an der Westküste hungrig gemacht hat, sollte dem kurz vor der Brücke von Alutgama nach Bentota gelegenen **Singharaja Bakery & Restaurant**, 120 Galle Rd., ☏ 034-2274978, einen Besuch abstatten. Betrieben von dem schon seit rund 16 Jahren auf Sri Lanka lebenden, freundlichen Bäcker Heinz Hausotter – einem ehemaligen Steuerberater aus Unterfranken – ist sie besonders bei deutschen Urlaubern beliebt. Im Erdgeschoss gibt es Brot und sogar Pumpernickel (700 Gramm für 280 Rs), allerlei Kuchen und Kekse (30–150 Rs) sowie besonders leckere Cheese Pastry (45 Rs), im Obergeschoss tgl. günstige Buffets (morgens 220 Rs, mittags 260 Rs) aus 13–14 Gerichten. ☉ 7.30–22 Uhr.

(14 Jahre Deutschland) und lässt das nicht nur durch den hier dudelnden Reggae-Sound spüren … Gut geschüttelte Cocktails kosten 350–450 Rs, besonders lecker ist „Nihal's Special". ☉ 9–21 Uhr.

Alutgama

Das etwa 5 km südlich von Beruwela und nur 2 km vor Bentota liegende Alut(h)gama (Neues Dorf) erweist sich als sympathisches, kleines Bindeglied zwischen zwei der beliebtesten Urlauberziele Sri Lankas und fungiert ebenfalls als Tor zu vielen kleineren Ferienresorts am Meer. Das lebhafte Dorf kann noch mit viel Lokalkolorit aufwarten – wie dem turbulenten **Fischmarkt**, auf dem natürlich auch die in dieser Region besonders schmackhaften Austern feilgeboten werden. An seinem Südende stößt Alutgama an den Bentota-Fluss, über den eine Brücke direkt nach Bentota führt.

Wer jedoch zuvor in die Richtung des Muslimdorfs **Dharga** abzweigt, gelangt über eine insgesamt rund 16 km lange, von gut erhaltenen Kolonialvillen und Kautschuk-Plantagen gesäumte Nebenstrecke zum legendären **Brief Garden** (s. S. 209, Kasten: Ein Garten als Märchenland) von Bevis Bawa, dem älteren Bruder des begab-

ten, auf der ganzen Insel bekannten Architekten Geoffrey Bawa (s. S. 215, Kasten: Geoffrey Bawa: Der Architekt der Sinne).

Übernachtung

Das hiesige Angebot ist dem der beiden wichtigen Nachbarziele angeglichen.
Eden Resort & Spa, ☏ 034-2276075-6, 🖥 www.edenresortandspa.com. Elegantes Haus mit 158 Zimmern, 5 Restaurants bzw. Bars und einer als Hallenrund gestalteten, attraktiven Lobby. Paradiesische Parklandschaft mit großem Schwimmbad und Spa. Verlockend üppiges Unterhaltungsangebot. ❼
Lanka Princess Hotel, ☏ 034-2276711-17, 🖥 www.lankaprincess.com. Neben dem Eden Resort und unter deutscher Leitung. Modernes, 4-stöckiges Strandhotel mit 110 Zimmern, davon 6 Suiten, sowie einem renommierten Ayurveda-Zentrum. 10 Tage Beauty-Kur für 750–900 €, 12 Tage Schlankheits- und Schlafheilkuren 1000–1200 €. ❺–❻

Bentota und Induruwa

Auf vielen Landkarten Sri Lankas ist er nicht zu entdecken. Denn der aus den Katalogen etlicher Asien-Veranstalter bekannte Ort **Bentota** ist gar keine Stadt, sondern ein Konglomerat aus touristischen Einrichtungen, die sich als **National Resort Complex** über ein Gelände von insgesamt 40 ha verteilen. Schon seit den 1970er-Jahren wird das rund 63 km südlich von Colombo liegende Areal mit Hotels gefüllt und von Pauschaltouristen belebt, doch entdeckt hatten den Reiz der Region bereits die Engländer, die hier ein Rest House für die Reise nach Galle errichteten. Der Bentota Ganga macht an dieser Stelle einen großen Bogen nach Süden, bevor er nordwärts ins Meer mündet. Der eingeschlossene Landstreifen bildet auf diese Weise eine schmale, aber 3 km lange **Halbinsel**. Die faszinierende Lage hat eine Vielzahl verlockender Strandresorts entstehen lassen, die – inmitten der üppigen Palmenwälder und teilweise sogar nur mit Booten erreichbar – mit all ihrem Luxus und Komfort oft in sich geschlossene Oasen bilden und den Urlaubstraum Sri Lanka symbolisieren.

Trotz der vielen Resorts verteilen sich die Gäste so sehr über die Weite der Strände, dass gewiss kein Gefühl von Massentourismus aufkommt. Im Gegensatz zu den meisten anderen Urlauberzielen Sri Lankas gibt es hier sogar **Rettungsschwimmer** und eine organisierte **Strandreinigung**, während das Meer und die Lagune beste Voraussetzungen zum Schwimmen, Schnorcheln und Segeln oder Windsurfing und Wasserski bieten. Von der Küstenstraße A 2 ist die Existenz der Resorts oft nur durch entsprechende Hinweisschilder erkennbar. Auch die meist mitten durch die Palmenhaine verlaufende Eisenbahnlinie (tgl. 12–15 Expresszüge) stellt keine wirkliche Verkehrsbelastung dar, sondern wird von den Ausländern vielerorts sogar als Touristenattraktion verstanden.

Neben allen Facetten des Strandurlaubs bieten sich auch eine Entdeckungsfahrt in die Lagune (s. Kasten unten) oder ein ausgedehnter Strandspaziergang in das 4 km weiter südlich gelegene **Induruwa** an, wo auf dem beliebten Dienstagsmarkt allerlei kunstvoll geflochtene Korbwaren verkauft werden. Aber auch ganz besonders auf den entlang der Küstenroute als **Turtle Hatcheries** deutlich ausgeschilderten Schildkrötenfarmen (s. S. 216, Kasten: Hoffnung im Reich der Meeresschildkröten), von denen es auf der kurzen Strecke nach **Kosgoda** gleich mehrere gibt, sind Touristen gern gesehene Gäste.

Die vor Bentota liegenden Korallengärten zählen zu den fischreichsten Regionen des Indischen Ozeans und geben (von Mitte November bis Mitte April) verlockende Tauchgebiete ab. Gleichzeitig bietet sich ob des ruhigen Wassers und der Sandböden die breite Lagunen-Mündung als ideales Revier für Windsurfing (8-stündige Anfänger-Kurse US$130), Wakeboarding oder Wasserski (2 Runden US$30) an. Auf das und noch viel mehr spezialisiert hat sich das **Sunshine Water Sports Center**, ✆ 034-4289379, 0777-941857, 🖥 http://sunshinewatersports. net. Geleitet wird es von dem sympathischen, 43-jährigen **Thusal Gunawardena**, der gut deutsch spricht und über insgesamt 16 Mitarbeiter verfügt.

Übernachtung

Das Preisniveau in dieser Region ist hoch, so dass es sich durchaus empfehlen kann, im nahen Beruwela unterzukommen.

Im Bereich der Lagune (am Westufer)
Hier liegen die meisten der seit Jahrzehnten etablierten, großen Pauschalhotels wie das **Serendib**, 🖥 www.serendibleisure.com, oder das nur per Boot zu erreichende, bis November

Reizvolle Erkundung der Lagune

Wie die anderen großen Flussmündungen der Westküste lässt sich auch die von Bentota mit einem faszinierenden **Bootsausflug** erkunden. Fast alle Unterkünfte halten Angebote mit Kanus, Katamaranen oder Motorbooten bereit. Bis zu 38 km weit können Neugierige hier über den Wasserweg in das Landesinnere vordringen, wobei sich das südliche Ufer wesentlich naturnaher präsentiert als das nördliche (hier gibt es sogar eine unsägliche Müllkippe). Besonders reizvoll geht es in den Seitenarmen zu, wo im märchenhaften Ambiente der aufgestelzten **Mangrovenwälder** eine Begegnung mit Eisvögeln, Flughunden, Waranen oder sogar kleinen Krokodilen garantiert werden kann.

Zu den Höhepunkten zählt ein Besuch des buddhistischen Tempels **Galapatha Vihara**. Ursprünglich schon im 2. Jh. v. Chr. gegründet, hat ihn eine eingemauerte Zahnreliquie von Buddha-Schüler Kashyapa zu einem wichtigen Pilgerziel werden lassen. Betreten wird er durch ein steinernes Tor aus dem 12. Jh., doch der Legende nach soll das Heiligtum einst sogar durch unterirdische Gänge mit allen anderen Tempeln der Region verbunden gewesen sein. 1976 wurde die alte, von den Portugiesen unterbrochene Tradition der **Bentota Dalada Perahera** wieder aufgegriffen, die sich zum Vollmond im November/Dezember als Attraktion anbietet.

Der richtige Touch

Es fällt nicht leicht, sich an den neuen Namen zu gewöhnen – und es scheint wesentlich einfacher, die alte Bezeichnung „Taj Exotica" oder einfach „Taj Bentota" zu verwenden ... Doch offiziell heißt dieses einladende Großhotel, das seit 1998 in Bentota bzw. an einem der schönsten Strandabschnitte Sri Lankas liegt und nach wie vor zu den besten Hotels der Westküste zählt, nun **Vivanta by Taj**, ℡ 034-5555555, 💻 www.vivantabytaj.com. Die großzügig konzipierte, 6-stöckige Anlage verfügt über 162 geräumige, geschmackvoll ausstaffierte Zimmer (über Internet ab US$120) mit großen Balkons, schöne Restaurants und natürlich ein verlockendes Spa. ❼

2011 in der Sanierung befindliche **Ceysands**, 💻 www.ceysands.com.
Aida Ayurveda & Holistic Health Resort, ℡ 034-2271137-39, 💻 www.aidaayurveda.com. Professionelles Ayurveda-Zentrum mit 2 Stützpunkten. Das Haupthaus liegt mit hübscher Architektur, Pavillons, 35 Zimmern und einem verlockenden Restaurant direkt am Bentota-Fluss. Ein Tag mit Unterkunft, Vollpension und Behandlungen kostet 198 €. In Indurawa findet sich am Meer ein überaus stilvoller Ableger mit 10 Zimmern. Viele Formen und Farben künden von einem verspielten Designer-Resort. ❼

Eines der wenigen Restaurants

In Bentota ist es üblich, innerhalb der Unterkunft zu speisen, wobei man durchaus auch mal „fremdgehen" sollte. Zu den wenigen eigenständigen Restaurants gehört das **Amal**, 135 Galle Rd., ℡ 034-3942831, 💻 www.amal-villa.com. Professionell geführtes, populäres Restaurant mit Bar und Beach Partys. Originelle Speisekarte mit Leckereien wie „Teufelshähnchen" für 650 Rs, deutschem Kaffee 350 Rs, Cocktails 580 Rs. 🕐 ab 9 Uhr. Auf der anderen Straßenseite bietet Mr. Amal 7 Luxus-Zimmer und ein schönes dunkelblaues Schwimmbad.

Bentota Beach Hotel, ℡ 034-2275176-7, 💻 www.johnkeellshotels.com. 1970/71 erbaut und teilweise von Geoffrey Bawa gestaltet, wie sich z. B. an dem großen Sonnen-See-Stern des Eingangs oder den Batik-Wänden ablesen lässt. Die Preise der 133 Zimmer und Suiten beginnen bei US$165. ❼
Club Bentota, ℡ 034-2275167-71, 💻 www.clubbentota.com. Wunderschön auf der Landzunge von Bentota gelegen, ist der ehemalige Robinson Club nur per Boots-Pendelverkehr zu erreichen. Attraktives Resort mit insgesamt 150 Zimmern und großartigen Wassersport-Möglichkeiten. ❼

Im Bereich der Lagune (am Ostufer)

Wer sich in diesen kleinen Guesthouses einquartiert, kann Bentota relativ preiswert erleben.
Anushka River Inn, 97 River Ave., ℡ 034-2275377, 💻 www.anushka-river-inn.com. Populäres, aber etwas düster wirkendes Guesthouse mit 6 Zimmern, 3-stöckiger Terrasse und üppigem Ayurveda-Angebot. ❸
Ganga Garden, 126/27 Galle Rd., ℡ 034-4289444, 💻 www.ganga-garden.com. Stilvoll, sauber und angenehm mit 9 Zimmern und lauschiger Terrasse am Fluss. ❸–❹
German Lanka, 5 River Ave., ℡ 034-2275333, ✉ ananda.elfriede@yahoo.de. Seit 1980 vermietet die 70-jährige Rosenheimerin Elfriede Ananda hier 4 Zimmer mit Ventilator in absoluter Ruhe bzw. mit lauschiger Veranda direkt am Fluss. ❷–❸
Hemadan, 25 River Ave., ℡ 034-4289019, ✉ 034-4289019. Freundliches Haus, schöne Wiese mit asiatischem Gras am Fluss. 10 ordentliche Zimmer mit Ventilator, davon 6 mit Balkon. ❸
Sunil Lanka, 45 River Ave., ℡ 034-5082536, ✉ sunilef@lankabellnet.com. Nur einen Steinwurf entfernt vom „German Lanka" und mit diesem familiär verbunden. 5 Zimmer und 1 Bungalow. ❸

Südlich der Lagune (und meist direkt am Meer)

In diesem Abschnitt liegen viele Unterkünfte mit Privat- bzw. Villen-Charakter, die sich

Kaum einer hätte Anfang der 1960er-Jahre geahnt, dass dieser mit einem Silver Cloud Rolls Royce durch die Straßen Colombos kreuzende Geoffrey Bawa einmal zum einflussreichsten Architekten Sri Lankas werden würde. Sein Leben war typisch für das eines verwöhnten Sprosses aus gutem Hause. 1919 hineingeboren in eine betuchte Burgher-Familie, kam der Sohn eines erfolgreichen muslimischen Rechtsanwalts kurz vor Ausbruch des Zweiten Weltkriegs zum Jurastudium nach Großbritannien. Nach dem Abschluss 1946 und einem kurzen Zwischenspiel in Colombo als Rechtsanwalt, begab er sich auf Weltreise, die ihn auch nach Italien führte. Als aus seinem Plan, sich am Gardasee eine Villa zu kaufen, nichts wurde, kehrte er 1948 zurück.

Bei Bentota erwarb er 1949 die verlassene Kautschukplantage **Lunuganga**, um sie nach dem Vorbild italienischer Gartenanlagen zu gestalten (kann gemietet werden, s. S. 217). Ab 1951 arbeitete er für das Architekturbüro „Edwards, Reid & Begg", ging aber drei Jahre später erneut nach England, um dort in London Architektur zu studieren. Nach seinem Abschluss 1957 übernahm der mittlerweile 38-Jährige die Leitung des unterdessen verwaisten Architekturbüros. Zusammen mit befreundeten Designern suchte er in seiner Architektur nach einer Moderne, die auf die örtlichen Bedingungen abgestimmt war und traditionelle Elemente integrierte. Als 1959 der Däne **Ulrik Plesner** in sein Büro eintrat, begann eine fast symbiotische, auf jeden Fall äußerst fruchtbare Zusammenarbeit.

Architektur für alle Sinne

Bereits bei seinen ersten Projekten, etwa einem 1961 geplanten Wohnhaus in Colombo (das heutige Gallery Café), wurde eines seiner Markenzeichen deutlich: die Inszenierung von offenen Räumen, Licht und Wasser. Gerne griff er lokale und koloniale Bauelemente auf: von der portugiesischen Architektur die Säulen und großen Fenster mit Läden; von holländischen Kolonialbauten die einstöckige und ebenerdige, zum Innenhof offene Bauweise wie auch die Veranda; schließlich lokale Materialien wie Stämme der Kokospalme und die halbrunden Ziegel *(sinhala ulu)* aus gebranntem Ton. Bei einigen Bauten nahm er deutlichen Bezug auf historische Vorbilder wie etwa beim Dach des Neuen Parlaments auf die traditionellen Walmdächer von Kandy.

„Gebäude sollen mit allen Sinnen erfahren werden können", war einer seiner Leitsätze, und dies verwirklichte er in seinen späten Jahren immer kompromissloser. Dazu gehörte für ihn auch, den *genius loci* – den ganz eigenen Charakter eines Ortes – zur Grundlage der Architektur zu machen. Ein gelungenes Beispiel ist das nahezu mit einem Berg verwachsene Kandalama Hotel bei Dambulla (s. S. 346, Kasten). Form, Material und Raum zu etwas Ganzheitlichem zu vereinen – wenigen Architekten ist es so gelungen wie dem 2003 verstorbenen Geoffrey Bawa.

Martin H. Petrich

Wichtige Bawa-Bauten:
Nazareth Convent, Bandarawela (1961)
Bentota Beach Hotel, Bentota (1967)
Heritance Ayurveda Maha Gedara,
Beruwela (1976)
Seema Malaka, Colombo (1978)
Heritance Ahungalla, Ahungalla (1981)
Neues Parlament, Kotte bei Colombo (1982)
Kandalama, bei Dambulla (1994)
Jetwing Lighthouse, Galle (1997)
The Blue Water, Wadduwa (1998)

---

aber durchaus für ein romantisches Dinner empfehlen.
Ayubowan Hotel, 171 Galle Rd., ✆ 034-2275913, 🖥 www.ayubowan.ch. Nicht am Strand, aber mit einer 10 000 m² großen, parkähnlichen Anlage, die ein Schwimmbad und neuerdings auch einen paradiesischen See mit Insel umfasst. 8 stilvolle Zimmer für 15–85 €. Oft ausgebucht – zumal der Schweizer Walter Hubacher nichts dem Zufall überlässt. ❸–❻
Club Villa, 138/15 Galle Rd., ✆ 034-2275312, 🖥 www.club-villa.com. Seit 1978, direkt neben

Die Westküste

Obwohl auf der Strecke zwischen Bentota und Ambalangoda gleich mehrere Schilder auf eine „Turtle Hatchery" weisen, ist K. Chandrasiri Abrew der mit Abstand beliebteste Anlaufpunkt. Das mag daran liegen, dass er mit seinem 1981 bei Kosgoda gegründeten **Sea Turtles Research Center**, 409 A Main Street, ☎ 091-4921802, 🖥 http://turtlesanctuary.org. die älteste Schildkröten-Brutstation Sri Lankas betreibt. Vielleicht aber auch daran, dass seine Liebe zu den weltweit vom Aussterben bedrohten Tieren echt wirkt – z. B. wenn er die blinde „Danuta" aus dem Wasser zieht und sie zärtlich an sich schmiegt. Immerhin war die 30 kg schwere Schildkröte ja auch die einzige, die der 47-Jährige nach dem Tsunami wiederfinden konnte – erst 20 Tage später in einer Wasserlache. Noch am Morgen des Katastrophen-Tages hatte er damals 900 neue Eier vergraben ...

Viel Feind – viel Verlust

Wer auf seiner Farm für 200 Rs Eintritt die heute wieder massenhaft herum paddelnden Tiere beobachtet, vermag nicht zu glauben, dass von 1000 Schildkröten durchschnittlich nur eine zur Geschlechtsreife gelangt. Das kann bis zu 30 Jahre dauern – und allein schon 50 Tage, bis der Nachwuchs aus den abgelegten Eiern schlüpft. In dieser Zeit lauert bereits der Mensch, der die Eier als Delikatesse am liebsten direkt vom Muttertier in seinen Sammelkorb transferiert. Denn von ihm gehen – noch vor allen natürlichen Feinden wie Waranen, Greifvögeln oder Raubfischen – die mit Abstand größten Gefahren aus: Durch die Überbauung der Strände mit immer mehr Hotels oder die exzessive Fischfangindustrie, in deren kilometerlangen Schleppnetzen jedes Jahr hunderttausende Schildkröten qualvoll verenden und natürlich auch die zunehmende Verschmutzung – z. B. mit Plastikmüll, den die Tiere nicht selten für Quallen halten.

Aufkauf als Strategie

In den Küstengewässern rund um die Insel leben mit **Leatherback**, **Hawksbill**, **Olive Ridley**, **Green Turtle** und **Loggerhead** insgesamt fünf der weltweit acht vorkommenden Arten von Meeresschildkröten. Vier dieser fünf Arten tummeln sich – gemeinsam mit der an Land lebenden Stern-Schildkröte – ausschließlich zwischen den Breitengraden Sri Lankas. Obwohl sie seit den 1970er-Jahren geschützt sind, haben die Schildpattfabriken sogar noch bis 1995 die Tiere lebend aus ihren Panzern geschnitten, um daraus Schmuckkästchen, Kämme oder Armbänder zu produzieren. Heute indes kaufen Brutstationen die tennisballgroßen Eier auf, die von den bis zu 2,50 m großen und 900 kg schweren Tieren nachts im warmen Sand verscharrt werden.

Die Schildkrötenfarmen werden mitunter heftig kritisiert. Zwar zahlen sie den Sammlern – Hauptbrutzeit ist zwischen Dezember und Februar – relativ hohe Prämien (derzeit sind es 10 Rs pro Stück), um die wohlschmeckenden Eier vor Marktverkauf und Verzehr zu retten. Doch nach dem Schlüpfen dürften die Reptilien eigentlich nur wenige Tage in künstlichen Meerwasserbecken gehalten werden, um ihren natürlichen Instinkt für das Überleben im Indischen Ozean zu behalten. Zudem sollten sie auch nicht bei gleißender Sonne in Show-Aktionen ins Meer entlassen werden, nur um Touristen gute Schnappschüsse zu ermöglichen – und dafür die Tiere zur leichten Beute von Raubvögeln werden zu lassen.

Erfolg der Brutstationen

Gewiss wäre es die idealere Lösung, den Schutz der Schildkröten lediglich den Spielkräften der Natur zu überlassen. Dennoch sind die Brutstationen Sri Lankas als Erfolgsgeschichte zu betrachten: Zum einen haben die Betreiber der Farmen inzwischen viel dazugelernt und garantieren so manchen Arbeitsplatz, was in der Bevölkerung ja auch das Bewusstsein für den Naturschutz fördert. Und für die Besucher der Farmen gibt es nicht nur possierliche Erinnerungsfotos mit putzigen Panzertieren, sondern auch fundierten, nachhaltigen Naturkunde-Unterricht. Insgesamt mehr Schildkröten gibt es sicherlich auch. „Es macht mich immer wieder aufs Neue glücklich, die Babys schlüpfen zu sehen", beteuert Chandrasiri, und rechnet mit leuchtenden Augen gern vor, für wie viele Millionen Schildkröten er in den letzten 25 Jahren schon Geburtshelfer gespielt hat ...

Volker Klinkmüller

„The Villa" und mit einem Höchstmaß an Stil und Style: 15 unterschiedliche Zimmer ab US$200 und romantische Kerzenlicht-Dinner in einer wohltuenden Gartenanlage mit altem Baumbestand und Schwimmbad – auch wenn der Zug hier quasi mitten durchrattert. Geführt von der agilen, charmanten Schweizerin Danny Hameed und ihrer Familie. ❼

Lunuganga, ✆ 034-4287056, 🖥 www.lunuganga. com, www.geoffreybawa.com. Zu erreichen in etwa 20 Min. von Bentota landeinwärts über eine kurvige Straße. 6 exklusive Studios und Suiten in der einstigen Landresidenz von Geoffrey Bawa (s. S. 215, Kasten) – eingebettet in einen italienisch inspirierten Tropengarten. Zuweilen residieren hier auch Künstler. ❼

Susantha's, Resort Rd., ✆ 034-2275324, 🖥 www.hotelsusanthas.com. In Bahnhofsnähe als beliebtes, lauschiges Guesthouse mit Innenhofgarten. 18 saubere, hübsche Balkon-Zimmer, davon die Hälfte als AC. Ayurveda-Center und 50 m bis zum Strand – auch hier natürlich über die Schienen. ❹

The Villa, 138/18 Galle Rd., ✆ 034-2275311, 🖥 www.villabentota.com. Direkt neben der „Club Villa". Mehr Boutique geht nicht! Shanth Fernando – Besitzer der Paradise Road-Geschäfte – hat das von 1976 stammende Anwesen, in dem auch Geoffrey Bawa gewohnt hat, 2009 perfekt restauriert und möbliert. 7 Zimmer und 8 Suiten zu US$311–342 bzw. US$621. ❼

Wunderbar, ✆ 034-2275908, 🖥 www.hotel-wunderbar.com. Seit 1996, 50 m von einem tollem Strand entfernt, besonders beliebt und deshalb oft ausgebucht. 14 gute Terrassen-Zimmer als Standard (60 €) und Deluxe (80 €). Lauschiges Holzterrassen-Restaurant und Schwimmbad. ❺–❻

Induruwa

An diesem schönen Strandabschnitt verläuft die Eisenbahntrasse endlich einmal weiter im Hinterland.

Long Beach Cottage, 550 Galle Rd., ✆ 034-2275773, ✉ hanjayas@yahoo.de. 250 m vom Bahnhof entfernt an schönem Strand gelegen, geführt von einem deutsch-srilankischen Ehepaar. 5 günstige Zimmer mit Ventilator für

Im Vergleich zu den anderen Unterkünften mit „Villen-Charakter" erscheint das **Casa Siena**, 146/4 Galle Rd., ✆ 034-4287088, 🖥 www.casasienalanka.com, bezahlbar. Der knuffige **Errol Coomarawel** hat das ehemalige Anwesen „Taprobana" behutsam in Szene gesetzt, kauft dafür sogar 80 Jahre alte, brüchige Dach-schindeln (30 % überstehen den Transport nicht) aus dem Inselinneren an. 10 stilvolle Zimmer, als Standard ab US$120, als Superior ab US$140. ❼

1800 Rs, davon 3 im Obergeschoss mit Gemeinschaftsbalkon. ❷

Oasey Beach Hotel, ✆ 034-2290422, 🖥 www.oaseybeachhotel.com. Schön dicht am Meer mit 11 geräumigen AC-Zimmern und einem Schwimmbad. ❺

Saman Villas, Galle Rd., ✆ 034-2275435, 🖥 www.samanvilla.com. Zählt als zauberhafte Oase zu den schönsten Resorts des Landes und thront mit 27 exklusiven, stilvollen Bungalows, davon 4 mit eigenem Pool, auf einer Felsnase zwischen 2 endlosen Stränden. 5 Kategorien für US$405–950. ❼

Shunyata Villa, 660 A Galle Rd., Induruwa, ✆ 034-2271944, 🖥 www.shunyata-villa.net. Keines, stilvolles und intimes Ayurveda-Resort an einem herrlichen Strand, geführt von dem freundlichen Ehepaar Jürgen und Maria Neurohr. 6 helle, piksaubere Zimmer mit originellem Interieur für 90–100 €. 2 intensive Ayurveda-Wochen bekommt man ab 1460 € p. P. (alles inkl.). ❼

Das für die Westküste preiswert anmutende, 6,5 km südlich von Bentota liegende Pauschal-hotel **Induruwa Beach Resort**, ✆ 034-2275545, 🖥 www.villaoceanhotels.com, lockt als 4-stö-ckige Anlage mit schöner Schwimmbad-Terrasse. 90 komfortable Balkon-Zimmer für US$63 und 6 Suiten zu US$93, die sämtlichst mit AC und Meeresblick aufwarten. ❺–❻

Temple Tree Resort & Spa, 660 Galle Rd., ☎ 034-2270700, 🖳 www.templetreeresortand spa.com. An herrlichem Strand mit 10 Balkon-Zimmern, exklusiv und faszinierend – mit klarem, kargem Design. Bei Preisen ab US$300 enorm teuer. ❼

Ahungalla und Balapitiya

Das ungefähr 15 km südlich von Bentota liegende **Ahungalla** erfreut mit einem breiten, makellosen und besonders hellen Traumstrand als einer der schönsten Küstenabschnitte im Westen. Mancherorts wird der begleitende Palmengürtel sogar mehrere hundert Meter breit. Wind und Wellen können die Sandmassen mitunter in Bewegung versetzen, sodass Mündungen kleinerer Flüsse mit Buhnen geschützt werden müssen, um Überschwemmungen im Hinterland zu verhindern. Geprägt wird der Ort von dem legendären, weitläufigen **Hotel Heritance**, ehemals Hotel Triton, das zu den berühmtesten Bawa-Hotels im Land gehört (s. S. 215).

Wenige Kilometer weiter südlich, wo der Eisenbahnstrang wegen der Lagunensümpfe weiter im Hinterland verläuft, liegt das Fischereizentrum **Balapitiya**. Von hier bieten sich reizvolle Bootstouren auf dem **Madu Ganga** an, der – malerisch durchsetzt mit 25 Inselchen – in das Meer mündet. Seit 2006 stehen 2300 ha unter Naturschutz, leben hier doch z. B. 70 von landesweit 78 Fischarten, 31 verschiedene Reptilien oder 50 Arten Schmetterlinge.

Fünf Veranstalter bieten Erkundungstouren per Boot an – wie z. B W. Jayantha De Silva mit seiner „Green Lagoon Maadoowa River Safari", ☎ 091-2257638. Er ist am südlichen Ende der Brücke zu finden und verfügt bereits über 35 Jahre Erfahrung. Die 90-minütigen Trips kosten 1700–1900 Rs und sind am besten zum Sonnenauf- oder vor dem Sonnenuntergang zu genießen.

Nicht wenige Besucher der Region kommen nur wegen dieser beiden Häuser:
Heritance, ☎ 091-5555000, 🖳 www.heritance hotels.com. An einem herrlichen Strandabschnitt liegend, zählt das nach dem Tsunami umfassend neu gestaltete, ehemalige „Triton" zu den Hotels von Geoffrey Bawa bzw. den besten entlang der Westküste. Luft- und lichtdurchflutete Anlage mit 152 Zimmern ab US$283, spektakulärer Schwimmbad-Landschaft, üppigem Sport- und Unterhaltungsangebot sowie ausgedehnten Geschäftsarkaden. ❼
Lotus Villa, ☎ 091-2264082, 🖳 www.lotus-villa.com. Versteht sich mit 19 bewusst schlicht gehaltenen Zimmern eher als eine Art Krankenhaus. Mit 90 Angestellten und geführt von dem sympathischen 68-jährigen Österreicher Peter Huber zählt es zu den renommiertesten Ayurveda-Zentren im Land, mit einer angeblichen Erfolgsquote von über 90 %. Kuren nur ab 2 Wochen, bei Tagespreisen um 130–160 € p. P. im DZ. ❼

Ambalangoda

Das 25 km südlich von Bentota und 14 km vor Hikkaduwa liegende Ambalangoda wirkt als größter Ort zwischen Kalutara und Galle nicht besonders einladend, hat aber einige Sehenswürdigkeiten zu bieten. Außer dem Basar, einer schmucken Kirche aus der Holländer-Zeit und einem natürlichen, von Felsen geformten **Meeresschwimmbad** gibt es noch zwei attraktive Ziele in der Umgebung: die **Mondsteinminen** bei **Mitiyagoda** und den 35 m langen, liegenden Buddha des rund 5 km vom Zentrum entfernten Tempels **Sailatalaramaya Vihara**. Der längste Buddha (Südost) Asiens ist diese angeblich 800 Jahre alte Statue allerdings nicht – wie die Schilder und das Ticket für 250 Rs glauben machen wollen. Den rund 1 kg schweren Schlüssel für die auf einem Hügel thronende Halle gibt es beim Abt.

Weiterhin findet sich hier eine der interessantesten kulturhistorischen Attraktionen an der Westküste: Seit Jahrhunderten schon ist Ambalangoda das Zentrum der **Maskenherstellung**, der **Puppenspielkunst** und des **Teufelstanzes**. Vor vielen Häusern hängen die bunten Holzgesichter zum Verkauf, einige Werkstätten lassen Besucher auch bei der Entstehung der kleinen Kunstwerke zuschauen – wie das **Ariyapala Mask Mu-**

seum, 426 Galle Road., ☎ 091-2258373, 🖥 http://masksariyapalasl.com. ⏱ 8.30–17.30 Uhr.

Es wurde 1987 mit Hilfe des Auswärtigen Amtes, des Stuttgarter Linden-Museums und vor allem des Musems für Völkerkunde in Berlin gegründet, wie eine Holztafel am Eingang feierlich verkündet. Ursprünglich geht es auf Ariyapala Gurunnanse zurück, der 1899 als Spross der Handwerkerfamilie Wijesooriya geboren wurde, die schon seit Generationen das Metier der Maskenschnitzkunst ausgeübt hat. Erst im Alter von fast 100 Jahren legte er sein Werkzeug aus der Hand, um den Familienbetrieb endgültig seinen Söhnen zu überlassen. Diese wollen ebenfalls dafür sorgen, dass die Kunst – wahrscheinlich im Gegensatz zu der des Marionettenspiels – nicht aussterben wird. In der familieneigenen **Werkstatt** werden die Masken noch mit Naturfarben bemalt, während im Obergeschoss das Museum und ein üppig dekorierter **Verkaufsraum** zur Erkundung einladen.

Auf der gegenüberliegenden Straßenseite liegt die **Bandu Wijesuria Dance School**. Hin und wieder werden Maskentänze, deren Inhalt auf mythologischen Geschichten basiert, auch vor Publikum aufgeführt. Doch im Gegensatz zu diesen *Kolam* genannten Tänzen, lassen die Einheimischen ausländische Besucher bei den für diese Region typischen *Sanni Yakuma* kaum zuschauen. Denn diese dienen als exorzistisches Heilritual für Leiden, bei denen traditionelles Ayurveda oder westliche Medizin versagt haben. Während der Teufelstänze werden die **Dämonen** angelockt und nach bestimmten Riten besänftigt, um sich ihrer möglichst dauerhaft zu entledigen.

Die Westküste

Übernachtung und Essen

Araliya Restaurant, 333 Galle Rd., ☎ 091-2258906. Rund 200 m hinter dem Masken-Museum verheißt ein pavillonartiger, blau-gelber Glasbau Gutes: Hier gibt es vielfältige, frisch zubereitete Leckereien für wenig Geld. Zudem empfiehlt sich eine Visite im Obergeschoss, wo an runden Glastischen günstige Gerichte mit Fisch, Hühnchen oder Spaghetti serviert werden. ⏱ 6–21.30 Uhr.

Piya Nivasa, ☎ 091-2258146, ✉ kandinternet@sltnet.lk. An der Galle Rd., ca. 7 km vor Hikkaduwa links direkt an der Straße. Einfache, aber empfehlenswerte Unterkunft in einem 100 Jahre alten, weißen Kolonialbau mit

Die Produktion von Masken und Marionetten erfordert ein hohes Maß an Fingerfertigkeit.

Zwischen Ambalangoda und Hikkaduwa liegt die weltweit größte Fundstelle für Mondsteine. Der rötlich-milchige Feldspat gilt als weiches Material (s. S. 427), lässt sich aber durch den entsprechenden Schliff ideal zu mondfarben schimmernden Schmuckstücken verarbeiten.

Im sumpfigen Niederungsland von Mitiyagoda wird der Mondstein aus bis zu 30 m Tiefe gefördert, und das mitunter sogar in faustgroßen Exemplaren. Die eingesessene Besitzerfamilie schürft hier schon seit Generationen und zeigt auch gern ihre Werkstatt. Hier kann man sich auch gleich mit entsprechenden Souvenirs eindecken, während die meisten Stücke nach Deutschland exportiert werden.

lauschigem Innenhof – familiär geführt von dem sympathischen Rohana (Roy) de Zoysa und seiner Frau Nisha. 5 einfache Zimmer (Nr. 2 hat sogar 2 Fenster) für 1200 Rs, davon 2 mit AC (Aufpreis 500 Rs). Lohnende Ausflugstouren. ❶

2 HIGHLIGHT

Hikkaduwa

Ob dieser populäre Küstenort eher als tropisches Paradies oder touristischer Albtraum fungiert, darf jeder für sich selbst entscheiden. Fakt ist, dass das etwa 100 km von Colombo und 15 km vor der historischen Hafenstadt Galle liegende Hikkaduwa trotz seiner Probleme eine unglaubliche Anziehungskraft besitzt. Zuweilen auch als „Hippie-Duwa" verspottet, fungiert dieses Urlaubsziel nach wie vor als Treffpunkt einer multikulturellen Globetrotter-Gemeinde, aber auch als solides Urlauberparadies für Pauschaltouristen.

Auch wenn echte Rucksack-Pioniere schon längst nach Mirissa, Tangalle oder zur Arugam Bay weitergezogen sind, besteht der größte Reiz des Küstenorts wohl darin, dass er das einzige Strandziel Sri Lankas ist, an dem „etwas los ist". Leidenschaftliches Surfen, geselliges Frisby-

spielen, Kicken oder Volleyballspiel am Strand enden nicht selten in bis zum Morgengrauen dauernden Strandpartys (s. Kasten S. 222). Und an der verkehrsreichen Durchgangsstraße reiht sich auf einer Länge von über 3 km eine bunte Vielfalt von Hotels, Guesthouses, Restaurants, Kneipen, immer mehr Ledergeschäften, Boutiquen oder Schmuckläden auf, die außer einem gewissen Charme auch für jeden Geldbeutel etwas zu bieten hat.

Nicht wenige Hotels von Hikkaduwa schmücken sich mit dem Beinamen „Coral", was auf die vorgelagerten **Korallenriffe** hinweist, die den Ort einst bekannt gemacht haben. Im Laufe der letzten Jahrzehnte haben sie durch den Abbau von Kalk stark gelitten, doch hat der britische Zoologe Arthur Clarkes 1988 erwirken können, dass die Unterwassergärten als **Hikkaduwa Coral Sanctuary** unter Schutz gestellt wurden – und somit auch die 180 verschiedenen Korallenarten, die sie bevölkern. Die Vielfalt der Fische präsentiert sich nach wie vor berauschend, und mitunter lässt sich von den Gästehäusern oder Restaurants sogar beobachten, wie selten gewordene Meeresschildkröten gleich scharenweise in Strandnähe herumpaddeln. Tiefere Einblicke können die für Hikkaduwa typischen, als Armada zahlreich in der Bucht dümpelnden **Glasbodenboote** (800–1000 Rs p. P. und Std.) bieten, zumal das Wasser meist nur in 3–4 m Höhe über dem Riff steht.

Heute besteht das größte Problem des Küstenorts darin, der fortschreitenden Erosion beizukommen, die den Strand stellenweise und besonders zur Hochsaison im Dezember auf ein denkbar dünnes Sandband reduziert hat. Und dann ist da natürlich noch die berühmt-berüchtigte Galle Road, die als Küstenstraße A2 bisher mitten durch den Ort führt – mitsamt den auf ihr rasenden Bussen. Doch hier dürfen Bewohner wie Besucher auf etwas Abhilfe durch den neuen Southern Expressway hoffen, der rund 20 km entfernt im Hinterland verläuft und zumindest den Schwerlastverkehr aufnehmen wird.

Umgebung von Hikkaduwa

Nicht weit vom Trubel des Zentrums kann man überraschend schnell in Gegenden gelangen, die bisher kaum mit dem Tourismus in Berührung

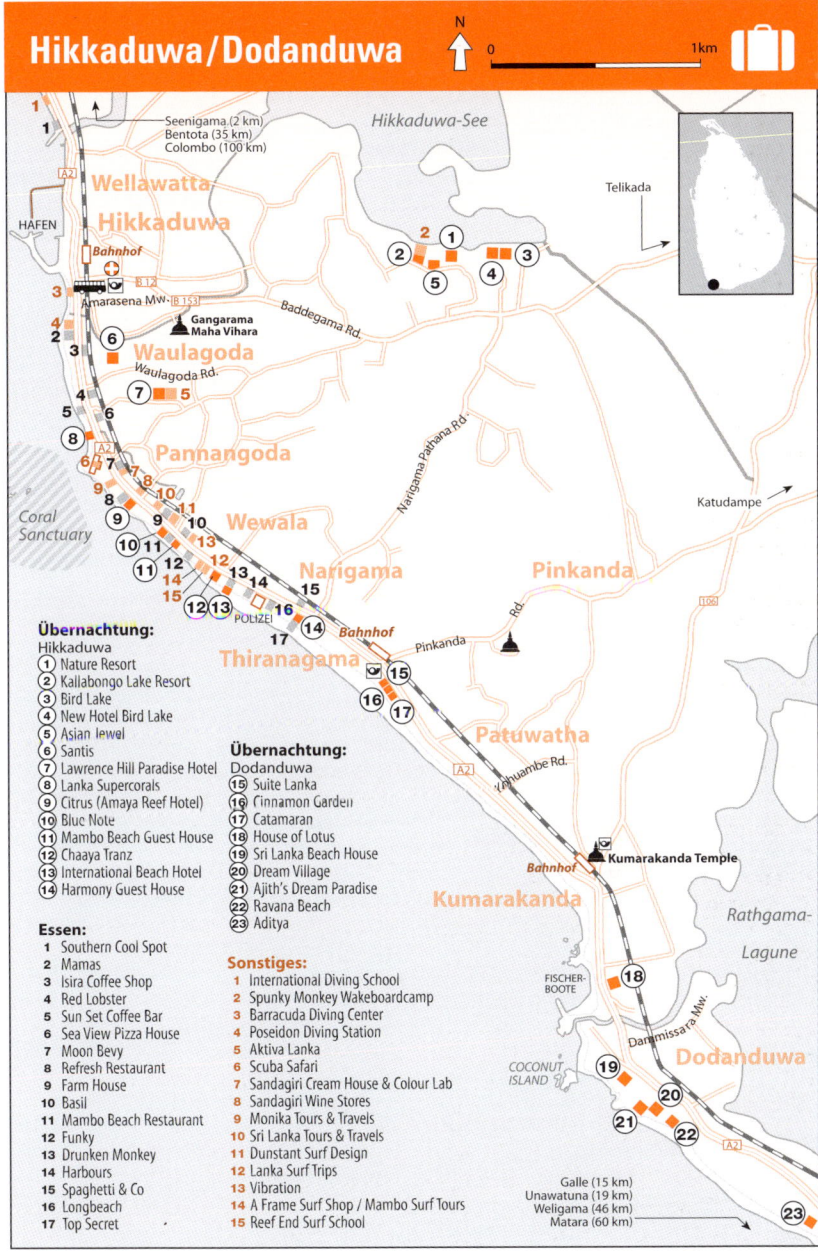

Hikkaduwa/Dodanduwa

N
0   1km

Seenigama (2 km)
Bentota (35 km)
Colombo (100 km)

Hikkaduwa-See

Wellawatta

Hikkaduwa

HAFEN

Bahnhof

Telikada

Amarasena Mw.

Gangarama
Maha Vihara

Baddegama Rd.

Waulagoda

Waulagoda Rd.

Narigama Pathana Rd

Pannangoda

*Coral
Sanctuary*

Wewala

Katudampe

Narigama

Pinkanda

POLIZEI

Bahnhof

Pinkanda

Thiranagama

Rd.

Patuwatha

Yahuambe Rd.

Bahnhof

Kumarakanda Temple

*Rathgama-
Lagune*

Kumarakanda

FISCHER-
BOOTE

*COCONUT
ISLAND*

Danamissara Mw.

Dodanduwa

Galle (15 km)
Unawatuna (19 km)
Weligama (46 km)
Matara (60 km)

Übernachtung:

Hikkaduwa
1. Nature Resort
2. Kailabongo Lake Resort
3. Bird Lake
4. New Hotel Bird Lake
5. Asian Jewel
6. Santis
7. Lawrence Hill Paradise Hotel
8. Lanka Supercorals
9. Citrus (Amaya Reef Hotel)
10. Blue Note
11. Mambo Beach Guest House
12. Chaaya Tranz
13. International Beach Hotel
14. Harmony Guest House

Essen:

1. Southern Cool Spot
2. Mamas
3. Isira Coffee Shop
4. Red Lobster
5. Sun Set Coffee Bar
6. Sea View Pizza House
7. Moon Bevy
8. Refresh Restaurant
9. Farm House
10. Basil
11. Mambo Beach Restaurant
12. Funky
13. Drunken Monkey
14. Harbours
15. Spaghetti & Co
16. Longbeach
17. Top Secret

Übernachtung:

Dodanduwa
15. Suite Lanka
16. Cinnamon Garden
17. Catamaran
18. House of Lotus
19. Sri Lanka Beach House
20. Dream Village
21. Ajith's Dream Paradise
22. Ravana Beach
23. Aditya

Sonstiges:

1. International Diving School
2. Spunky Monkey Wakeboardcamp
3. Barracuda Diving Center
4. Poseidon Diving Station
5. Aktiva Lanka
6. Scuba Safari
7. Sandagiri Cream House & Colour Lab
8. Sandagiri Wine Stores
9. Monika Tours & Travels
10. Sri Lanka Tours & Travels
11. Dunstant Surf Design
12. Lanka Surf Trips
13. Vibration
14. A Frame Surf Shop / Mambo Surf Tours
15. Reef End Surf School

Die Westküste

gekommen zu sein scheinen. Am nördlichen Ortsrand z. B. beginnt ein malerisches Hinterland, das mit viel Natur, ursprünglichem Leben und ungeahnt idyllischen Unterkünften aufwarten kann. Wer z. B. der Baddegama Road folgt, landet nach 2 km am beschaulichen **Hikkaduwa-See**, auf dem sich Bootstouren (s. S. 223, Kasten: Lauschig in der Lagune) organisieren lassen.

Nur 500 m hinter der Busstation liegt der **Gangarama Maha Vihara**, wobei ein Abstecher zu dem etwa 3 km entfernten Dorf **Telwatta** mit seinem **Purana Totagama Raja Maha Vihara** lohnender erscheint. Hier lebte Anfang des 15. Jhs. Sri Ranula, der bekannteste Dichter der Insel. Die heutige Anlage wurde 1805 über historischen Trümmern errichtet, ein stimmungsvoller Komplex mit einem ansehnlichen Makara-Bogen und etlichen Statuen.

Im Süden ist Hikkaduwa mit den einst eigenständigen Nachbardörfern **Wewala** (gute Surfmöglichkeiten), **Narigama** und dem wunderschönen **Thiranagama** zusammengewachsen.

Hier präsentiert sich der Strand mit erfreulich mehr Breite, während das Badevergnügen kaum noch durch Korallenriffe gestört wird. Dafür gibt es mitunter – wie überhaupt in dieser Region – quer zum Ufer abtreibende Unterströmungen, die jedes Jahr mehrere Todesopfer fordern.

Ebenfalls einen schönen Strand findet man in dem nur 2 km nördlich liegenden **Seenigama**, wo die Küste eine kleine Felsinsel mit dem hübschen, weißen Tempel **Seenigama Devale** vorgelagert ist. Weitere reizvolle Bademöglichkeiten eröffnen sich in **Pereliya** oder im 6 km nördlich liegenden **Kahawa**, wo es auch einige Unterkünfte gibt.

Übernachtung

Es gibt eine erfreuliche Vielfalt an Übernachtungsmöglichkeiten. Der geschäftige Norden bzw. ehemalige Ortskern wird von großen Pauschalhotels geprägt, doch ist es sinnvoller, in einem der kleineren Häuser oder Guesthouses einzuchecken. Die Unterkünfte im Hinterland

Beliebte Partymeile

Von Mittwoch bis Samstag locken einschlägige Szene-Schuppen zu den angesagtesten Beachpartys der Insel … Wer einen perfekten Tag mit Strand, Tauchen, Surfen oder Wakeboarding stilgerecht abrunden will, kann hier nach heißen Beats ausgelassen bis in die frühen Morgenstunden tanzen oder chillen (es wird kein Eintritt, aber auf die Getränkepreise an Partytagen ein Aufschlag von rund 20 % erhoben). Die Strandbar-Restaurants **Top Secret** und **Harbours** bieten auch schon tagsüber perfekte Möglichkeiten, die Seele baumeln zu lassen. Hier darf man sogar seinen eigenen MP3-Player anschließen, um den ganzen Laden zu beschallen. Gegen 22 Uhr beginnt die Partyszene einzutrudeln, um sich mit Arrack, einheimischem Lion-Bier oder Carlsberg in Stimmung zu bringen. Wer ausreichend gebechert hat, zieht gern weiter – z. B. ins **Longbeach**, wo meist nach E-Musik abgehottet wird. Donnerstags ist das **Funky the Bar** an der Reihe: Die kleine Bar besticht mit familiärer Atmosphäre, sodass man – wenn man sich dazu berufen fühlt – durchaus auch mal den

DJ ablösen kann. Freitags sollte man unbedingt im **Vibration** vorbeischauen. Obwohl als einziges Etablissement nicht am Strand liegend, ist das sicherlich der am meisten etablierte Club im Ort – allein schon wegen des einladenden Garten-Charakters mit einer verheißungsvollen Bühne, wo selbst bei einsetzendem Regen weiter getanzt wird. Unermüdlich jagt der DJ heiße Disco-Rhythmen und aktuelle Hits durch die Lautsprecher – wenn er nicht gerade vom Besitzer des Ladens unterbrochen wird. Der nämlich ist der Gründer von „Janaka & Friends", einer inselweit bekannten Percussion-Band, deren Bongo-Sessions wortwörtlich in den Bann schlagen. Die szenigste Partycrew von Hikkaduwa bittet am Samstag ins **Mambo's**. Tagsüber einer der beiden beliebtesten Spots für Wellenreiter, biegt sich dieser ultimative Schuppen zu vorgerückter Stunde unter dem Sound von DJ Dishan – und das kann durchaus auch mal zwei Tage am Stück dauern …

André Noatsch (Notschi), Leiter des Wakeboard-Camps „Spunky Monkey"

sind weitaus günstiger, Tuk Tuks dorthin kosten meist 100–200 Rs, nachts 100 Rs mehr, doch bieten einige Unterkünfte auch Gratis-Transfers.

Im Stadgebiet

Blue Note, 424 Galle Rd., ☎/✆ 091-4383052, 🖳 www.eureka.lk/bluenote. Seit 1983 populäre Herberge in 2 parallel verlaufenden Reihen mit 9 AC-Zimmern und kleinen Bädern – erschaffen von einem kultverdächtigen, deutschen Aussteiger, der auch westliche Gerichte und Bundesliga bietet. ❸

Chaaya Tranz, 390 Galle Rd., ☎ 091-2277387, 🖳 www.chaayahotels.com. Seit 1979 das Wahrzeichen von Hikkaduwa, wird das ehemalige „Coral Gardens" Ende 2011 nach umfassender Renovierung und Aufstockung unter neuem Namen und Meilenstein der Keells-Gruppe eröffnen. 150 Zimmer und Suiten sollen den meisten Luxus am Ort bieten. ❼

Citrus (Amaya Reef Hotel), 400 Galle Rd., ☎ 091-438244, 🖳 citrusleisure.com. Etabliert und Mitte 2011 umbenannt, bietet es 50 Komfort-Zimmer – 40 weitere sind geplant. ❻

Harmony Quest House, 698 Galle Rd. ☎ 0777-628628, 🖳 www.srilanka-holiday.info. Rund 2,5 km vom Zentrum entfernt, in Narigama. Seit 2010 mit 13 etwas kleinen und einfach möblierten, aber angenehmen und sauberen Zimmern in einem 2-stöckigen Neubau. Unten 1500–2000 Rs, oben 2000–2500 Rs. ❷–❸

International Beach Hotel, Galle Rd., ☎ 091-2277202, 🖳 www.ibhsrilanka.com. Existiert seit 35 Jahren und war früher ein Hort der Hippies. Heute lebt es sich in der recht großen Anlage weitaus komfortabler – in 24 Zimmern, davon 4 mit AC. Zum Haus gehört das beliebte Strand-Restaurant „Drunken Monkey". ❷–❹

Lanka Supercorals, ☎ 091-2277387, 🖳 www.hotellankasupercorals.com. Bereits 1979 als zweitgrößtes Hotel am Ort eröffnet und vom Hazienda-Stil her eigentlich ansprechend, aber in die Jahre gekommen. 100 Balkonzimmer, davon die Hälfte mit AC, für überraschend günstige US$35–60. ❸–❹

Mambo Beach Guest House, 434/4 Galle Rd., ☎ 091-2275509, 🖳 www.mambo.nu. Für alle, die zum Surfen kommen oder/und mitten in der Szene von Hikkaduwa bzw. bei den Mambo-

Wer das quirlige Hikkaduwa erkunden und trotzdem nicht auf Ruhe, Idylle und Natur verzichten will, kann sich im Hinterland an der Lagune oder aber am herrlichen Strand des benachbarten Doanduwa einquartieren (mit Three-Wheeler ca. 300 Rs). Hier lockt der gold-gelbe Sand mit Einsamkeit und einer herrlichen Weite, während neue Unterkünfte immer mehr Komfort versprechen. Der schönste Abschnitt beginnt östlich des reizvollen Fischereihafens, der am besten morgens gegen 6–9 Uhr zur Visite lockt.

Brüdern logieren wollen, die beste Option. Die 14 Zimmer sind genauso hipp wie das Restaurant im Erdgeschoss. Hoher Wohlfühl-wert mit Meeresblick, viel Holz und AC für US$15–40 in der Nebensaison bzw. US$30–80 in der Hauptsaison (am schönsten ist Nr. 67). WIFI versteht sich von selbst – und auch, dass es bei den hier angesagten Partys etwas lauter werden kann. ❸–❺

Landeinwärts bzw. mitten in der Natur

Asian Jewel, Field View, Baddegama Rd., ☎ 091-4931388, 🖳 www.asian-jewel.com. Neu seit 2007 als exklusives Boutique-Resort eines Briten, 5 stilvoll möblierte, behagliche Zimmer mit Seeblick für US$95 oder US$110 (am schönsten sind „Lily" und „Jasmine"). Restaurant-Terrasse und Schwimmbad. ❻

Bird Lake, Baddegama Rd., ☎ 091-5679954, ✉ asoka.bellmail.lk. Etwa 3 km auf der

Lauschig in der Lagune

Ein herrliches, mit schmalen Holzstegen ver-bundenes Fels-Ensemble und originelle Wasser-Bungalows bietet das in/an der Lagune liegen-de, von Mangroven umrahmte **Nature Resort**, ☎ 091-4383006. Wer nicht in einem der insge-samt 10 Zimmer, davon 5 mit AC, wohnen möch-te, sollte zumindest mal im Floating Restaurant dinnieren oder von hier aus eine Bootstour auf der Lagune unternehmen. ❸–❹

Die Westküste

Baddegama Rd. landeinwärts. 1980 eröffnet, ist es das älteste Resort am See. Mrs. Rani bietet 6 große, behaglich eingerichtete Zimmer an einem Dschungelhang. Halboffenes Restaurant mit Blick ins Grüne und gutem Essen. ❷

Kallabongo Lake Resort, 22/8K Field View, Baddegama Rd., ☎ 091-4383234, 🖳 www.kalla bongo.com. Der Lagunenblick ist ein Hammer, der Anblick des von Holländern betriebenen Resorts irgendwie auch. 5 schöne Zimmer mit Ventilator (40 €) und 10 mit AC (50 €). Pool und Basis des "Spunky Monkey Wakeboard-Camps". ❹

Lawrence Hill Paradise Hotel, 47 Waulagoda Middle Rd., ☎ 091-2277544, 🖳 www.ayurveda kurlaub.de. 250 m landeinwärts und ruhig. Beliebtes, erfolgreiches Ayurveda-Resort und ein ganz besonderes Fleckchen Erde – inkl. einer hohen Erfolgsquote, zu verdanken der knuffigen, straffen Managerin Christine Keusch. 13 geräumige, behagliche Zimmer in einem großen Garten mit Schwimmbad und Aussichts-turm. All inclusive 110–160 € pro Tag. ❻

New Hotel Bird Lake, Baddegama Rd., ☎ 091-2277018, ✉ newbirdlake@slt.net. Rund 2 km auf der Baddegama Rd. landeinwärts. Fast am See als naturnahes Dschungel-Retreat mit Treppenlabyrinth. 3 einfache, aber schöne, große helle Zimmer mit Winkel-Balkons und Seeblick. Gratis-Verleih von Kanus. ❷

Santis, 22 Waulagoda Cross Rd., ☎ 0776-047876, ☏ 091-2277042, ✉ hotelsantis@yahoo.com. 200 m landeinwärts in ruhiger Lage. Seit 1987 mit 19 großen, komfortablen Laubengang- und Balkon-Zimmern für 1600 Rs, davon 6 mit

schönen Holzböden und 5 mit Küche. Schöne, große Bäder. Idyllischer Garten mit vielen blühenden Sträuchern. ❷

Essen

Die Gastronomie-Szene hat sich – parallel zu den rund 15 Roti-Shops am Ort – erfreulich gut entwickelt. Von Mai bis Oktober bleiben viele Restaurants geschl.

Basil, ☎ 077-1537920. Seit Ende 2010 geführt von Simone, Enerico und Emilio Romagna. Szene-Italiener am *Vibration* mit hausgemachter Pasta und quadratischen Pizzas zu 800–900 Rs. ⏰ 10–23 Uhr.

Drunken Monkey, s. S. 223, International Beach Hotel. Angesagtes Restaurant unter Palmen. Täglich Specials für 600 Rs und Mixed Seafood für 590/2200 Rs. Wie der Name verheißt, wird hier gern getrunken: Lassi 200 Rs, großes Bier ab 250 Rs, Wein 500 Rs. ⏰ 7–24 Uhr.

Farm House, 341 Galle Rd., ☎ 091-2277082. Seit 1980 als gastronomisches Fossil und nicht ohne Reiz. Günstige Speisekarte mit klassischer Kost, klassisch serviert – natürlich an Tischen mit Decken. ⏰ 9–23 Uhr.

Isira Coffee Shop, Waulogoda Rd., ☎ 0773-182396. Einfach, aber atmosphärisch. Günstig mit guter Speisekarte und frischen Obstsäften, Frühstück mit deutschem Kaffee. ⏰ 9–22 Uhr.

Mamas, 388 Galle Rd., ☎ 091-5677724. Eines der ältesten und besten Restaurants. H. W. Nelson Dias, der seine Speisekarte mit eigenen, hübschen Zeichnungen bebildert hat, und Sohn Kunmari verwöhnen z. B. mit Gerichten für 400–600 Rs, aber auch Mixed Seafood für 2 Pers. bzw. stattliche 5500 Rs. ⏰ 7.30–23 Uhr.

Mambo Beach, s. S. 223. Faszinierend, da direkt am Meer und bei Hikkaduwa-Original Mambo (schon 20 Jahre in der hiesigen Surf- und Partyszene). Ein kleines Bier gibt es hier schon für sagenhafte 100 Rs. Als lukullische Grundlage bieten sich z. B. die leckeren Pizzas für 800–1650 Rs an – wie das Modell „A Frame Style" mit Salami und Würstchen. ⏰ 7–3 oder 4 Uhr.

Moon Bevy, 363 Galle Rd., ☎ 0777-147453. 2-stöckig und urgemütlich durch aparte Dekoration, schummrige Beleuchtung und passende Musik. Die meisten Gerichte 500–700 Rs, der nette Wirt heißt Chandika.

Die Westküste

Die Hochsaison für Hikkaduwa – dem neben Bentota wichtigsten Wassersportzentrum des Landes – fällt auf November bis April. Für besonders gute Bedingungen sorgt die Kombination aus dem wellenreichen Meer und der geschmeidigen, tropischen Brackwasser-Lagune, die zwar 5 km^2 groß, aber nur rund 1,50 m tief ist.

Tauchen

Schnorchel-Ausrüstungen zur Erkundung vorgelagerter Riffe lassen sich oft in den Unterkünften leihen. Taucher bevorzugen weiter draußen liegende Riffe wie Gintota, Ralagala und Madagala oder die zahlreich auf dem Meeresgrund schlummernden **Schiffswracks**. Pro Tauchgang werden meist US$25–30 verlangt, 10 Tage gibt es für rund US$230–250 und Open-Water-Kurse für US$250–270. Der Ort verfügt über die meisten **Tauchanbieter** Sri Lankas, von denen zu den etabliertesten Unternehmen zählen:

Barracuda Diving Center, ☎ 077-7862772, 🖳 http://hikkaduwabarracuda.com
International Diving School, Coral Sands Hotel, ☎ 09722-231683, 🖳 www.internationaldivingschool.com.
Poseidon Diving Station, ☎ 091-2277294, 🖳 www.divingsrilanka.com.
Scuba Safari, Chaaya Tranz Hotel, ☎ 091-2277023 🖳 www.underwatersafaris.org.

Surfen

Hikkaduwa entwickelt sich mit der Arugam-Bay und Mirissa zu einem international beliebten „Surf-Dreieck". Es gibt insgesamt 5 Surf-Spots, der „Main Point" liegt im Stadtteil Narigama. Surfboards können meist für 300 Rs pro Std. oder 1000 Rs pro Tag gemietet werden, Body Boads kosten rund ein Drittel weniger.

Dunstant Surf Design, 401 Galle Rd., ☎ 092-275061. Verkauf und Vermietung von Ausrüstung.
Lanka Surf Trips, 154/1 Naghawatta, ☎ 091-4930258, 077-6242795, 🖳 www.lankasurftrips.com.
W.M. Chaminda organisiert Tagestrips für US$60 zu insgesamt 50 Surfspots in der Umgebung.
A Frame Surf Shop / Mambo Surf Tours, ☎ 091-2275509. Klassischer Anlaufpunkt für Surfer – mit allem, was dazugehört.
Reef End Surf School, 593 Galle Rd., ☎ 0777-043559, 🖳 www.reefendsurfschool.com. Kontakt über P. K. B. Saman (Besitzer des Harmony Guest Houses/Top Secrets) oder Kalu.

Wakeboarding

Schon seit 2005 hat sich die Variante dieses rasanten, gar nicht so schwer erlernbaren Wassersports hier etabliert und lockt neue Urlauberschichten an – was dem 33-jährigen André Noatsch (Oktober bis Mai, sonst daheim am Templiner See, 🖳 www.wassersport-caputh.de) und seinem (Geschäfts)Freund Holgor Brüemmer zu verdanken ist. Stützpunkt ist das **Kallabongo Lake Resort** (s. S. 224), 1 Tag kostet 85 €, 1 Set mit dem importierten, 320 PS starken Hightech-Boat dauert 15 Min. Zur Entspannung werden 4-stündige Lagunentrips für 2000 Rs angeboten.

Spunky Monkey Wakeboardcamp, ☎ 0779-613926, 🖳 www.waterskicamps.com, www.wakeboardcamps.com

---

Red Lobster, 287 Galle Rd., ☎ 077-904671. Seit 2003 und geführt von den Schwestern Janaki und Rushpa. Leckere, gebackene Krabben für 930 Rs, Lobster 400 Rs pro 100 g, Seafood-Basket für 2 Pers. 2200 Rs. ⏰ 8–23 Uhr.
Refresh, 384 Galle Rd., ☎ 091-2277810, 5058108, 🖳 www.refreshrestaurant.com. Zählt mit 4 ganz verschiedenen, verlockenden Bereichen und 350 Plätzen zu den größten Restaurants Sri Lankas. Schön, aber teuer. ⏰ 7.30–23.30 Uhr.
Sea View Pizza House, 297 Galle Rd., ☎ 091-2277014. Etabliert seit 1991 und empfehlenswert für die vergleichsweise günstigen, guten Holzofen-Pizzas. Klein 550 Rs, groß 660 Rs. Wirt Rohan ist nett, hat 6 Jahre als Koch in Mailand gearbeitet und spricht Deutsch. ⏰ 9–22 Uhr.

Die Westküste

Wer heute entlang der Küstenstraße die Ränder Sri Lankas bereist, vermag sich auch nicht entfernt vorzustellen, wie es hier nach dem 26. Dezember 2004 ausgesehen hat. Die Naturgewalten des Tsunami hatten nicht nur das Leben von etwa 35 000 Menschen gefordert und 800 000 obdachlos gemacht, sondern auch vier Fünftel der Fischereiflotte vernichtet und Schäden in Milliardenhöhe angerichtet. Doch schon unmittelbar nach der Katastrophe zeigte sich der Indische Ozean mit seinen türkisfarbenen Fluten wieder von seiner allerbesten Seite.

Überraschend viele Palmen hatten die Wucht der Wellen überstanden, und das am Boden wuchernde Tropengrün hat vielerorts schon wenige Monate später ein Übriges dazu beigetragen, die Folgen der Flutwellen zu überdecken. Die großen Hotels nutzten ihre Schäden zu einer oft schon überfälligen Renovierung, während sich aufgrund der reichlichen Auslandsspenden die neuen Fischerboote nur so stapelten. Und schon ein Jahr später waren die Zahlen ausländischer Besucher neuen Rekorden entgegengestiegen. Niemand hätte für möglich gehalten, dass sich das Land derart schnell vom Tsunami erholen könnte.

Schicksal, Schock und Schmerz
Doch wer nachfragt, bekommt auch heute schnell zu spüren, dass Schock und Schmerz der Naturkatastrophe noch nicht verwunden sind. Erstaunlich unbefangen berichten die Menschen von ihrem persönlichen Tsunami-Schicksal – dem Verlust von geliebten Angehörigen, Freunden und Nachbarn, der Behausung, den wenigen Besitztümern oder einfach dem unbeschwerten Lebensgefühl.

Als wenn es gerade erst passiert wäre, erzählen sie, wie sich das Meer damals plötzlich zurückgezogen hatte und die zuckenden Fische bizarr im strahlenden Sonnenschein glitzerten, wann und wie hoch die erste Welle kam oder wie sie sich mit Glück oder Geistesgegenwart retten konnten, während um sie herum die Apokalypse tobte. Es gehört zum Urlaubserlebnis, dass die Besuchten ihre Bewältigung der Vergangenheit mit den Besuchern teilen. Manch ein Restaurantbesitzer hält die Erinnerung auf seine Weise wach, hat die Höhe der Flutwellen an der Wand vermerkt oder die von den Wassermassen gestoppte Uhr hängen lassen. Andere legen sogar Fotoalben mit Tsunami-Bildern aus, um ihren Gästen die Wartezeit auf das Essen zu verkürzen.

Größtes Eisenbahnunglück der Geschichte

In der Nähe des beliebt-belebten Touristenorts Hikkaduwa erinnert ein kleines Privat-Museum (s. u.) an die unglaubliche Gewalt der Tsunami-Flutwellen und das durch sie verursachte unermessliche Leid. Denn hier ist das mit rund 1500 Toten schlimmste **Eisenbahnunglück** in der Geschichte der Menschheit geschehen: Beim Ort Seenigama war der Zug plötzlich stehen geblieben und wurde von einer etwa 10 m hohen Flutwelle erfasst, unglücklicherweise an einer nur 150 m im Landesinneren und dann auch noch fast auf Meeresniveau liegenden Stelle. Viele Monate erzählten die geborstenen, geborgenen **Waggonwracks** noch als stumme Zeitzeugen von der Tragödie, die sich hier an jenem schicksalshaften Tag abgespielt hatte – und die letztendlich ja doch nur eine Fußnote im ganzen Desaster gewesen ist.

Es war die dritte, letzte und höchste Tsunami-Welle, sodass zuvor noch Hunderte Anwohner zu ihrer vermeintlichen Rettung das Zugdach erklommen hatten. Doch dann traf die Wasserwand mit voller Wucht auf die Breitseite der **Königin des Meeres**, wie der stets überfüllte Morgenzug Nr. 50 von Colombo nach Matara genannt wurde. Die schwere Diesellok und viele Waggons wirbelten wie eine Spielzeug-Eisenbahn herum, während die Gleise herausgerissen wurden, um mit den Schwellen nach oben auf dem apokalyptischen Berg aus Baumstämmen, Schutt, Schrott, Unrat und Menschenleibern zu landen. Ein unfassbares Bild der Verwüstung, wie es damals in ähnlicher Weise auch die gesamte Küstenstraße geprägt hatte, sodass sie für längere Zeit unpassierbar gewesen ist.

Verbreitung mit Verwirbelungen

Eigentlich hatte sich bei einem Blick auf die Landkarte bis dahin niemand vorstellen können, dass ein Seebeben bei Sumatra sogar die Westküste Sri Lankas verwüsten konnte. Die Flutwellen trafen auch nicht unbedingt jeden Winkel der Küste, weil sie in eigenartigen Verwirbelungen an den Inselrändern entlangschwappten. So blieb mancherorts das eine unmittelbar am

Strand oder sogar auf Landzungen im Meer liegende Hotel verschont, während andere viel weiter im Hinterland gelegene zusammen mit den umliegenden Fischerhütten völlig zerstört wurden. Bizarr auch, dass einige Urlauberunterkünfte erst wenige Stunden neu eröffnet hatten, als die Katastrophe herannahte und Träume zum Alptraum werden ließ.

Ein Hotel an der besonders schlimm betroffenen Ostküste ist seiner Zeit sogar auf makabre Weise voraus gewesen: Es liegt an der Arugam Bay und sein Gründer, ein britischer Aussteiger, hatte es bereits 1999 mit **Tsunami** benannt, als noch kaum jemand wusste, was das überhaupt ist …

Volker Klinkmüller

In unmittelbarer Nähe des Eisenbahnunglücks erinnert seit 2007 das von einer Holländerin initiierte **Tsunami Photo Museum Telwatta**, ☎ 091-3900884, ⏱ 6–18.30 Uhr. Familiär und eher laienhaft geführt, aber nicht minder eindrucksvoll erinnert es an die schrecklichen Geschehnisse des 26. Dezember 2004 – wie auch die nicht weit entfernte **Gedenkstätte mit Bronzerelief**, die das größte aller Massengräber markiert.

Southern Cool Spot, 100 Galle Rd., ✆ 091-2277613. Gleich am westl. Ortsrand als ultimativer Imbiss für Rotis – besonders für die gehächselten. Alle Gerichte mit Riesen-Portionen für 100–300 Rs. ⏰ 8–23 Uhr.

Sun Set Coffee Bar, 348 Galle Rd., ✆ 091-4383389. Besitzer Sanjeewa setzt sich mit seinen genialen Tipps auch gern mal mit an den Tisch oder organisiert Transfers. Leckere Küche und guter Kaffee mit Pads. ⏰ 7.30–22 Uhr.

Top Secret, s. S. 222, Kasten. Der wahrschein-lich angenehmste Ort, um einen Strandtag zu verbringen. 100 m südl. vom „Main Point" kann man aus dem Sala-Schatten heraus den Surfern zuschauen. Hier gibt es noch Strand, wenn er woanders schon weggespült ist. Die öster-reichische Mangerin Nayana hat alles bestens im Griff. Strandbar-Betrieb nur ab Dez bis Mitte April. ⏰ 7.30–22 Uhr.

Vibration, ✆ 495 Galle Rd., ✆ 091-4924460, ✉ vibrationj@sltnet.lk. An Partytagen kostet das Bier 300 statt 250 Rs. *The Vibe* – so die Abkürzung – bietet auch 7 Ventilatorzimmer mit durchgestylten Bädern. Mittwochs gibt es neuerdings Livemusik im kleinen Rahmen. ⏰ ab 18 Uhr.

Sonstiges

Einkaufen

Sandagiri Cream House & Colour Lab, 364 Galle Rd., ✆ 091-2277183. Erstes und einziges Einkaufszentren am Ort mit Supermarkt, Schreibwaren-Handel, Apotheke, Fotolabor (Brennen von DVDs 400–700 Rs) und Internet-café (120 Rs pro Std.). ⏰ 8–21 Uhr.

Sandagiri Wine Stores, 368 Galle Rd., ✆ 091-2275549. 150 verschiedene Weine für 1000–3000 Rs und 60 Sorten Schnaps. ⏰ 9–21 Uhr.

Mietfahrzeuge

Sri Lanka Tours & Travels, 371 Galle Rd., ✆ 091-9777354. Verschiedene Touren, Autos ohne (US$40) oder mit Chauffeur (US$60) und auch Mopeds (US$10–20 Rs). ⏰ 8–20 Uhr.

Reisebüros

Aktiva Lanka, ✆ 0777-349518 (Mr. Kenneth), 0779-786653 (Mr. Udijange), Hotelbuchungen

oft 20 % günstiger, Tagestouren 12 000 Rs, 3 Tage 30 000 Rs. ⏰ 8–20 Uhr.

Monika Tours & Travels, 380 Galle Rd., ✆ 091-2275566, ✉ monika_shyamali@hotmail.com. Die freundliche Monika Shyamali vermittelt relativ günstige Charter-Taxis. ⏰ 9–21 Uhr.

Transport

Busse

Die Busse nach COLOMBO kommen von Galle und kosten rund 220 Rs (ca. 2 1/2–3 Std.). Der lokale Bus nach GALLE kostet 25 Rs, der Intercity nach MATARA 125 Rs (2 Std.). Die **Minibusse** halten/warten ebenfalls an der **Busstation** im Norden Hikkaduwas, können aber ggf. auch gechartert werden.

Three-Wheeler

Eine Tagestour nach Galle kostet 1500 Rs, ein einfacher Transfer nur 1000 Rs. Nach Dodanduwa verlangen die Fahrer 300 Rs.

Taxis

Charter-Taxis nach COLOMBO kosten rund US$55 und zum FLUGHAFEN US$60. Nach ARUGAM BAY US$200, KANDY US$120, BENTOTA und MATARA US$25–30 sowie GALLE US$20 – und als Rundtrip das Doppelte. **Three-Wheeler** für eine halbtägige Rundfahrt kosten 2000 Rs, der Transfer nach GALLE 1000 Rs – und als Tagestour mit Rückfahrt 1500 Rs. Für die Strecke nach DODANDUWA muss mit 300 Rs gerechnet werden.

Eisenbahn

Hikkaduwa verfügt über einen eigenen Bahnhof, Abfahrtszeiten s. S. 240.

Dodanduwa

Mit einem faszinierenden, aber fast völlig un-beschatteten Sandstrand kann das insgesamt 4 km entlang der Küstenstraße verlaufende Dorf Dodanduwa aufwarten. Zudem lockt der Ort mit seinem fotogenen Tempel **Kumarakanda Vihara**, zu dem eine lange Treppe hinaufführt. Mit seiner schneeweißen Fassade zwischen grünen Palmen erinnert er allerdings mehr an eine Kirche als an ein buddhistisches Heiligtum. Ebenfalls wie eine Barock-Kirche aus der Portugiesen-Zeit wirkt der über 200 Jahre alte **Gangaramaja Vihara**. In seinem Inneren thront ein eindrucksvoller Meditations-Buddha, um den ein bunt bemalter Wandelgang führt.

Die **Rathgama-Lagune** (Dodanduwa-See) erfreut als üppig begrüntes, bis zu 5 m tiefes Mischwasser-Biotop im Hinterland. Rundfahrten mit hölzernen Katamaranen zur Beobachtung der reichhaltigen Fauna ermöglicht z. B. W. Lal Jyasuriya, ℰ 0777-044057 (2 Std. 3000 Rs). Sie können zum „Island Hermitage" (s. S. 64) führen, die jedoch nur mit schriftlicher Genehmigung betreten werden darf. 1911 von dem deutschen Mönch Nyanatiloka gegründet, üben sich hier auch westliche Ausländer in Meditation.

Man sollte nicht unbedingt die einfachen Unterkünfte wählen, die sich direkt an der Straße aufreihen. In den Strandresorts wird überraschend viel Deutsch gesprochen.
Aditya, ℰ 0777-718588, 🖳 www.aditya-resort. com, Seit 2005 als exklusives, perfekt durchgestyltes Boutique-Resort mit 12 großen, behaglichen Suiten zu US$326–1053. ❼
Ajiths Dream Paradise, ℰ 077-0862133. Ajith bietet 5 Zimmer und ein lauschiges Bambus-Restaurant auf Stelzen direkt am Meer sowie gute Deutschkenntnisse und erlebnis- reiche Touren in die Umgebung. ❷–❸
Catamaran, ℰ 0777-327326, ✉ wewala@sltnet. lk. 12 Zimmer und 2 Cabanas (Nr. 1 bzw. das „Old Cabana" für 4000 Rs ist besonders lauschig und direkt am Meer), Eigentümer Hilme Wahab spricht deutsch. ❸
Cinnamon Garden, Galle Rd., ℰ 091-2277081, 🖳 www.cinnamongardenhotel.com. Hübsche, idyllische Anlage mit gelber Säulenarkade zum Sitzen. 9 Zimmer, davon 5 mit AC, mit schönen Bädern. ❸
Dream Village, 414 Galle Rd., ℰ 077-1288012. War 1980 das erste Resort der Region. 5 Zimmer in Cabanas, davon 2 mit AC, in einer weit- läufigen, tropischen Gartenanlage mit Dach- terrassen-Restaurant. Die sympathische Judy (Normala) Fuhrmann hat 15 Jahre in Magdeburg gelebt. ❸

House of Lotus, ℰ 077-9669031, 🖳 www. house-of-lotus.com. Seit 2006, liegt als einzige Unterkunft nicht auf der Strandseite der Straße. Atrium-Haus bzw. wunderschönes, durchge- styltes Retreat für Yoga und Meditation, in dem man herrlich relaxen kann. 5 behagliche Terrassen-Zimmer für 56 €, 1 Woche mit Yoga 420 € p. P. im DZ. Freundliches Schweizer Management. ❺
Ravana Beach, ℰ 091-2267629, 🖳 www. ravanabeach.com. Seit 1984 und empfehlens- wert mit 8 hübschen, runden Cabanas und schönem Restaurant. Tolle Begrünung, auch mit Mangroven, die zum Strand führen. ❷–❸
Sri Lanka Beach House, ℰ 091-5622562, 🖳 www.srilankabeachhouse.de. Als Bürger- meister der Region möchte W.L. Nimal Chandana sein Guesthouse zum Designer-Resort ausbauen. 5 geräumige Zimmer, davon 4 mit AC für 8000 Rs, überraschend hohe Decken und 20 m² große Bäder. Kleiner dunkelblauer Pool mit herrlichem Strand- und Meeresblick. ❸ und ❺
Suite Lanka, ℰ 091-2277136, ✉ suitelanka@ hotmail.com. 2-stöckige, gepflegte Anlage. 7 komfortable, schön möblierte Zimmer und Suiten mit AC und Balkon/Terrasse ❻–❼

3 HIGHLIGHT

Galle

Für deutschsprachige Reisende etwas unge- wöhnlich, da sie darunter ein Körperorgan ver- stehen, erscheint der Name der touristisch reizvollsten Stadt Sri Lankas: „Galle". Die Aus- sprache jedoch richtet sich nach dem englischen „Gawl" und wurde einst von dem singhalesi- schen Begriff Gala (Felsen) abgeleitet, den die europäischen Kolonialherren in Gallo (Hahn) um- münzten, worauf noch heute der kleine Hahn im Stadtwappen hinweist.

115 km südlich von Colombo und 17 km von Hikkaduwa sowie 45 km westlich von Matara und nur etwa 4 km von dem beliebten Badeort Unawatuna entfernt, bildet der rund 130 000 Ein- wohner zählende Ort die Schnittstelle zwischen der Südwest- und der Südküste. Belebt wird die

viertgrößte Stadt des Landes, die eine exotische Mischung aus asiatischer Gegenwart und kolonialeuropäischer Vergangenheit umschreibt, von Muslimen, Buddhisten und Christen – darunter auch viele Burgher, wie der niederländische Sammelbegriff für die Einheimischen lautet, die weißhäutige Nachfahren der europäischen Kolonialvölker sind.

Galles legendären Ruf als Touristenattraktion verdankt die Stadt in erster Linie ihrer erfreulich gut erhaltenen **Altstadt**, deren Ursprünge sogar bis in das 16. Jhs. zurückreichen. Auf einer Landzunge liegend, schützt sie wie eine geballte Faust die weit geschwungene Bucht, in der schon vor über 1000 Jahren Seefahrer aus Arabien und China ihre Waren umgeschlagen haben. Die Halbinsel ist von dicken Schutzwällen umgeben, in deren Innerem sich die **Fort** genannte, 35 ha große Altstadt erstreckt.

Zwar gibt es noch viel ältere Stätten auf der Insel, doch sind diese nicht mehr derartig belebt. Der authentische Alltag der Stadt, die Panorama-Blicke von den **Befestigungsanlagen** und die stets gegenwärtigen, kolonialen Reminiszenzen machen den unwiderstehlichen Reiz der Stadt aus, obwohl die Erwartungen – z. B. im Vergleich zu den homogen erscheinenden, farbenfrohen und charmanten Hafenstädten des Mittelmeerraums – nicht zu hoch angesetzt werden sollten.

Die meisten Gebäude stammen vom Ende des 18. bis Mitte des 19. Jhs., und das feuchtheiße Tropenklima hat vielerorts an der historischen Bausubstanz genagt. Doch spätestens seit die Unesco die Altstadt von Galle 1988 zum **Weltkulturerbe** erklärt hat, ist sie auf dem besten Weg, sich in ein stilvolles, edles **Freilichtmuseum** zu verwandeln. Für die Sanierung gibt es strenge Bauauflagen der Behörden – nicht zuletzt notwendig geworden durch das außergewöhnlich starke Interesse ausländischer Investoren. Denn seit Ausländern im Jahr 2002 durch eine Gesetzesänderung der Besitz von Grundstücken und Immobilien ermöglicht wurde, ist es zur Mode geworden, die leicht vergammelte, aber immerhin authentische Bausubstanz in schicke, gepflegte Kulissen zu verwandeln. Dagegen haben sich sogar schon Bürgerinitiativen formiert, denn die Bewohner des Forts fürchten, dass mit der Veredelung – wie sie sich z. B. in der Ver-

wandlung des New Oriental Hotels zum Amangalla Resort widerspiegelt (s. S. 237, Kasten: Nobel-Nostalgie: auf Hotel-Exkursion in Galle) – natürlich auch die Mieten steigen werden.

Nach dem Verlust des Hafens an Colombo Ende des 19. Jhs. präsentiert sich Galle heute als Provinzhauptstadt und Sitz zahlreicher Handels-Niederlassungen. Außer vom Tourismus lebt die Küstenstadt vom **Fischfang** (vor allem Thunfisch) und dem Export von Tee, aber auch von der Zementproduktion. Bedeutend ist zudem das traditionelle **Klöppelhandwerk**, das auf die Portugiesen zurückgeht. Mancherorts können Besucher noch die verblüffende Fertigkeit beobachten, bei der zur Produktion von Spitzen die Textilfäden mit Verrenkungen der Finger paarweise verdreht und verkreuzt werden.

Geschichte

Vielleicht ist Galle sogar der in der Bibel beschriebene, sagenumwobene Hafenplatz Tarsis gewesen, wo Gold, Juwelen und Gewürze für König Salomon verschifft wurden. Denn hier soll es schon vor fast 2000 Jahren einen **Handelsplatz** für Gold, Silber, Edelsteine, Elfenbein, Pfauen und Affen gegeben haben, an dem sich Griechen, Römer, Araber (sie nannten die Stadt „Kalahl"), Phönizier, Ägypter und Chinesen getummelt haben. Im 14. Jh. erwähnte der marokkanische Weltreisende Ibn Battuta den Ort in seinen Erzählungen als „kleine Stadt mit einem lebendigen Handelshafen".

Aus der Region der Malediven durch die Stürme der Monsunzeit abgetrieben, landete 1505 ein erster kleiner portugiesischer Schiffsverband in Galle. Unter dem Kommando von Don Lorenzo hatte er in Indien Segel gesetzt, um arabische Gewürzschiffe zu kapern. Die **Portugiesen** bezeichneten den Landstrich als „Punta de Galle" (später in das englisch-französische „Point de Galle" abgewandelt), zogen aber bald wieder ab. 1518 kehrten sie zurück, um 1578 eine Befestigungsanlage mit einem Wall und drei Bastionen zu errichten.

Über die portugiesische Epoche ist jedoch nur wenig überliefert, da die Holländer 1640 fast alle Dokumente und Hinterlassenschaften vernichteten, nachdem sie unter **Jacob de Coster** mit zwölf Fregatten und 2000 Mann die Festung

Galle

N

0   200 m

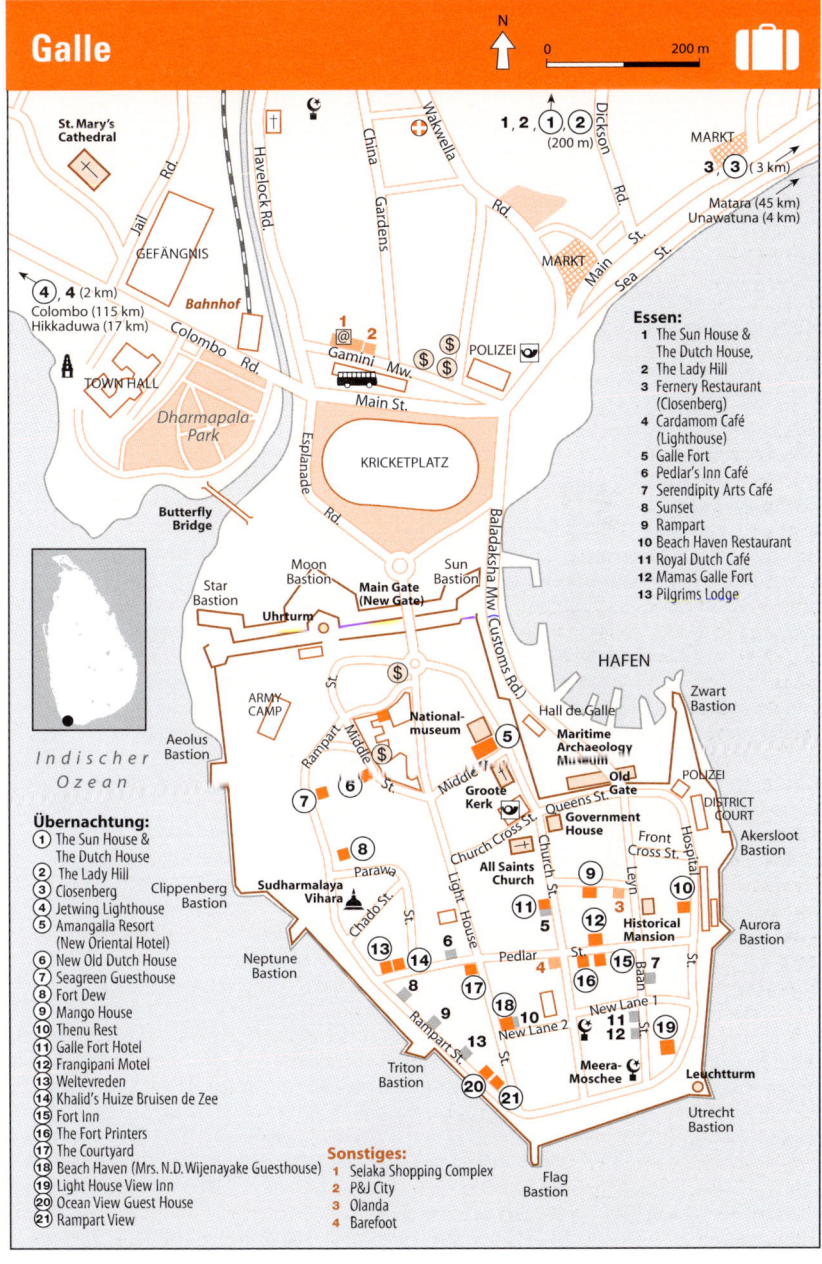

St. Mary's Cathedral

China

Wakwela

Rd.

Havelock Rd.

Jail Rd.

Gardens

1 , 2 (1) (2) (200 m)

Dickson Rd.

MARKT

3 (3) (3 km)

Matara (45 km)
Unawatuna (4 km)

GEFÄNGNIS

Sea St.

Main

MARKT

Die Westküste

(4) , **4** (2 km)
Colombo (115 km)
Hikkaduwa (17 km)

Colombo Rd.

Bahnhof

1 @ **2**
Gamini Mw.

$ $
POLIZEI

Essen:
1 The Sun House &
   The Dutch House,
2 The Lady Hill
3 Fernery Restaurant
   (Closenberg)
4 Cardamom Café
   (Lighthouse)
5 Galle Fort
6 Pedlar's Inn Café
7 Serendipity Arts Café
8 Sunset
9 Rampart
10 Beach Haven Restaurant
11 Royal Dutch Café
12 Mamas Galle Fort
13 Pilgrims Lodge

TOWN HALL

Dharmapala Park

Main St.

Esplanade Rd.

KRICKETPLATZ

Baladaksha Mw. (Customs Rd.)

Butterfly Bridge

Indischer Ozean

Star Bastion

Moon Bastion

Main Gate (New Gate)

Sun Bastion

Uhrturm

HAFEN

Zwart Bastion

$

ARMY CAMP

Rampart St.

Middle St.

National-museum

(5)

Hall de Galle

Maritime Archaeology Museum

Aeolus Bastion

(7)

(6)

$

Middle St.

Groote Kerk

Old Gate

POLIZEI

DISTRICT COURT

Queens St.

Government House

Front Cross St.

Hospital

Akersloot Bastion

(8)

Church Cross St.

Light House St.

All Saints Church

(9)

Leyn

Aurora Bastion

Sudharmalaya Vihara

Clippenberg Bastion

Parawa

Chado St.

(11)

5

3
Historical Mansion

(10)

Neptune Bastion

(13)

(14)

6

Pedlar St.

(12)

(15)

Baan St.

7

Übernachtung:
(1) The Sun House &
   The Dutch House
(2) The Lady Hill
(3) Closenberg
(4) Jetwing Lighthouse
(5) Amangalla Resort
   (New Oriental Hotel)
(6) New Old Dutch House
(7) Seagreen Guesthouse
(8) Fort Dew
(9) Mango House
(10) Thenu Rest
(11) Galle Fort Hotel
(12) Frangipani Motel
(13) Weltevreden
(14) Khalid's Huize Bruisen de Zee
(15) Fort Inn
(16) The Fort Printers
(17) The Courtyard
(18) Beach Haven (Mrs. N.D.Wijenayake Guesthouse)
(19) Light House View Inn
(20) Ocean View Guest House
(21) Rampart View

8

(17)

(18)

4

(16)

9

10

New Lane 2

13

Rampart St.

St.

New Lane 1

11
12

(19)

Triton Bastion

(20)

(21)

Meera-Moschee

Leuchtturm

Utrecht Bastion

Flag Bastion

Sonstiges:
1 Selaka Shopping Complex
2 P&J City
3 Olanda
4 Barefoot

Historical Mansion – Museum, Basar …

Das mit Abstand interessanteste **Museum** von Galle, auch Historical Mansion oder Dutch Period Museum genannt, findet sich in der 31-39 Leyn Baan Street, ✆ 091-2234114, ◔ Sa–Do 9–18, Fr 12–14 Uhr, Eintritt frei. Es wurde 1992 von dem Sammler **M. H. A. Gaffar** eröffnet und ist eine illustre Mischung aus Museum, Kuriositäten-Kabinett, Trödelbasar, historischer Kunstwerkstatt und Schmuck-Atelier.

Die Ausstellung ist das Ergebnis einer 40-jährigen Sammelleidenschaft und gleicht über weite Strecken einer wahren Rumpelkammer mit Fundstücken von der Wracksuche am Meeresgrund, antiken Möbelstücken, Schatztruhen, Schreibmaschinen, Küchenutensilien, Kunsthandwerk, Klöppelarbeiten, chinesischem Porzellan, holländischen Kacheln mit Windmühlen-Motiven, Schmuck, Brillen, Uhren, Laternen und Münzen sowie einem einsatzbereiten Grammophon aus den 1920er-Jahren.

All das findet sich in einem der schönsten und ältesten Häuser von Galle, das von dem muslimischen Edelsteinhändler äußerst behutsam renoviert worden ist. So sind die 50 cm starken Außenmauern des 1860 errichteten Anwesens mit der originalen, besonders haltbaren Mixtur aus Ton und Korallenkalk saniert worden, die Holzveranden wurden nach holländischen Originalentwürfen instand gesetzt, und auch der Brunnen im Innenhof ist keineswegs ein Stück Disneyland, sondern ein wieder freigelegter historischer Zeitzeuge.

Das 27-köpfige Personal verhält sich unaufdringlich und verkauft Kleinodien mitunter auch recht günstig, zumal hier keinerlei Provisionen an Schlepper ausgeschüttet werden.

von der Sun-Bastion her aufgerollt hatten. Damals als „Santa Cruz" bezeichnet, hatte sich das portugiesische Fort gerade mal vier Tage behaupten können.

Die Holländer machten Galle zum wichtigsten Stützpunkt und Hafen ihrer neuen Kolonie und bauten das Fort in den bis heute erhaltenen Dimensionen aus. Unter dem Kommando des als brutal geltenden, ab 1726 für drei Jahre regie-

renden Gouverneurs **Petrus Vuyst** wurden die Befestigungsanlagen erheblich erweitert: Die gesamte Halbinsel wurde von miteinander verketteten, schwarzen Sklaven um mehrere Meter aufgeschüttet und mit mühsam herangeschleiften Granitblöcken befestigt, die zuvor teilweise als Schiffsballast gedient hatten, während im Inneren der militärischen Anlage eine beschauliche Stadt europäischen Zuschnitts heranwuchs.

Die Übergabe an den britischen Regimentskommandeur Lachlan Macquarie erfolgte 1796 lediglich durch einen Vertrag und keinen einzigen Schuss Pulver (s. S. 112), was zu den wichtigsten Gründen für den guten Erhaltungszustand von Galle zählen dürfte. Doch die neuen Herren ließen die Stadt letztendlich in die Provinzialität versinken, da sie sich mehr an dem zentral gelegenen Colombo orientierten, von dem das Hochland mit seinen ertragreichen Plantagen wesentlich leichter – und auch durch eine Eisenbahnlinie – zu erreichen war. Als die Engländer 1870 die Wellenbrecher für den Hafen von Colombo vollendet hatten, diente Galle nur noch bedingt als Hafen für Postdampfer zum Bunkern von Kohle und Trinkwasser. Daran erinnert auch der „Watering Point" am östlichen Ende der Bucht, von wo aus sich die Sonnenuntergänge besonders romantisch erleben lassen. In der Nähe liegen der heilige Berg **Rumassala** und die Insel **Gibbet**: Sie soll von Geistern bevölkert sein – zumal sie ja einst auch als Exekutionsplatz genutzt wurde …

Orientierung und Besichtigung

Der Weg zum Fort führt über die Neustadt. Sie wird **Kaluwella** („Schwarze Stadt") genannt und zeigt sich mit Bahnhof, Busstation, Postamt, Gefängnis, Krankenhaus, Schulen und dem Markt als eher gesichtsloser Teil von Galle. Auf einem Hügel im Hintergrund thront das portugiesisch geprägte **St. Xavier's College**, benannt nach einem Heiligen des 16. Jhs., der hier auf seinen Missionsreisen verweilte.

Am Basarviertel der **Pettah** vorbei führt die Hauptstraße weiter in Richtung Matara. Ein auf eingeebneten Befestigungsanlagen angelegtes Kricketgelände und der **Dharmapala**-Park (früher Victoria Park) bilden den Übergang von der Neu- zur Altstadt. Man kann sie aber auch über die hölzerne, elegant geschwungene **Schmetter-**

lings-Brücke erreichen, die den ebenfalls noch aus holländischer Zeit stammenden Kanal **Parana Ela** überspannt.

Das erst von den Engländern in die Wallanlagen gebrochene **New Gate** führt in das Innere des Forts. Dieses sollte zuallererst mit einem Bummel über die Wallanlagen (s. Kasten S. 234) erkundet werden, die auch den Einheimischen als Promenade dienen und von Liebespaaren gern zu Schäferstündchen genutzt werden. Die Altstadt im Inneren ist mit einem rechtwinkeligen Straßennetz angelegt, in dem sich nicht nur – wie besonders in der Leyn Baan und der Church Street – die privaten Burgher-Häuser, sondern auch etliche Verwaltungsbauten, Museen und religiöse Stätten befinden.

Das **Government House**, in der britischen Ära „Queens House" genannt, diente den europäischen Kolonialherren als Regierungssitz und beherbergt heute ein Gästehaus mit Restaurant, während ein Steinwappen über dem Eingang noch an die ursprüngliche Bedeutung erinnert. Einen Besuch lohnt vor allem der Platz vor dem **Gerichtshof**, der mit acht mächtigen, aus Südamerika eingeschifften Regenbäumen begrünt ist. In ihrem Schatten und teilweise von Kletterpflanzen überwuchert, überrascht ein ver-

meintlicher Schutt- und Müllplatz mit Stein- und Sandhaufen, Holzbalken, Fässern und rostigen Maschinen, Auto- und Lkw-Wracks. All das sind allerdings *corpus delicti*, die in den hier geführten Prozessen als Beweismittel dienten.

Im Erdgeschoss eines ehemaligen Lagerhauses (Pakhus) an der Queens Street hat mit holländischer Hilfe 2010 das **Maritime Archaeology Museum**, ◷ 9–18 Uhr, Eintritt 565 Rs, Einzug gehalten. Der lang gestreckte, gelbfarbene Monumentalbau dürfte manchem Besucher eindrucksvoller erscheinen als das im Inneren Gezeigte – bestehend aus etlichen Schautafeln, Schiffsmodellen und Exponaten des Seehandels oder einem 13 m langen Walskelett. Auch vom 1980 eröffneten, 2011 restaurierten **National Museum**, Eintritt 300 Rs, kann man sich enttäuscht fühlen. Keinesfalls versäumt werden sollten indes das **Historical Mansion** (s. S. 232, Kasten: Historical Mansion – Museum, Basar …) sowie – etwa im Rahmen einer Cocktail-Stunde – der Besuch einiger **Kolonialherbergen** (s. S. 237, Kasten: Nobel-Nostalgie: auf Hotel-Exkursion in Galle).

Als religiöses Bauwerk fällt vor allem die weiß getünchte, ungewöhnlich eckige **Meera-Moschee** ins Auge, die einst als Kathedrale errichtet worden war und heute das wichtigste

Das reichhaltige architektonische Erbe macht Galle zu einem der verlockendsten Urlaubsziele Sri Lankas.

Muslim-Viertel kennzeichnet. Größtes buddhistisches Heiligtum innerhalb des Forts ist der Tempel **Sudharmalaya Vihara** mit seiner weißen Dagoba im Innenhof. Er liegt in der Nähe der Bastion Neptune, wo die Portugiesen 1543 eine als Ausgangspunkt für Missionare genutzte Kirche errichtet hatten.

Neben der von den Engländern 1871 erbauten anglikanischen **Allerheiligen-Kirche** (All Saints Church) mit ihren Epitaphen aus der Kolonialzeit ist vor allem die in der gleichen Straße gelegene **Groote Kerk** (Große Kirche, auch Dutch Reformed Church) von Bedeutung. Der kreuzförmig angelegte, von zwei verschnörkelten Barockgiebeln gezierte Bau ist heute die älteste protestantische Kirche im Land. In den Jahren 1752–55 über die Ruinen eines portugiesischen Kapuziner-Klosters gesetzt, war sie von der Gattin des niederländischen Festungs-Kommandeurs Gasparus de Jong gestiftet worden, als ihr endlich der lang ersehnte Stammhalter geboren wurde.

Der Boden im Inneren ist mit den verwitternden **Grabsteinen** eines alten Friedhofs gepflastert. Meist findet sich hier jemand, dem sich

Die kleinen Geheimnisse der großen Festung von Galle

Eine Wanderung über die grasbewachsenen Wälle des alten Forts gilt als Höhepunkt einer Erkundung von Galle. Umschmeichelt von sanften Meeresbrisen und dem salzigen Duft der unten schäumenden Flut, geht es auf begehbaren Abschnitten zu den trotzig in das Meer hineinragenden Bastionen, während der Blick über die Dächer und Fassaden der Altstadt schweift ... Immer wieder werden die weiten Flächen aus gelb-rötlichen, halbrunden Tonziegeln von engen Gassen mit weiß getünchten, windschiefen Häuschen, die von den Holländern mit beschaulich begrünten Innenhöfen und einladenden Veranden errichtet worden sind, unterbrochen. Dazwischen erheben sich größere Handelshäuser, Moscheen, Kirchen und Tempel.

Von Bastion zu Bastion

Der Streifzug (geführte Touren s. S. 240, Sonstiges) sollte am **Main Gate** beginnen, von wo es rechts am **Clock Tower** von 1883 vorbei nur wenige Schritte zur Bastion **Moon** sind. Hier bietet sich ein toller Ausblick auf das sich aus einem Kreisel erhebende, pfeilartige Kriegerdenkmal und die Neustadt. Den Weg gegen den Uhrzeigersinn und zur parallel verlaufenden **Rampart Street** fortsetzend, lassen sich nacheinander die Bastionen **Star**, **Aeolus** (noch heute militärisch genutzt und mit einem vorgelagerten Grabmal), **Clippenberg**, **Neptune** und **Triton** erreichen. Hier lag früher eine Windmühle, die Seewasser in die Stadt pumpte, das auf Ochsenkarren verladen und gegen Hitze und Staub auf die Straßen gespritzt wurde.

Die meisten Besucher und fliegenden Händler tummeln sich am **Flag Rock** als imposantester aller Bastionen. Von den Holländern einst **Vlagge-Klip** genannt, fungierte er tatsächlich als „Flaggen-Felsen": Von hier wurden die ankommenden Schiffe mit Signalen in den Hafen eingewiesen, zumal die Einfahrt aufgrund von Felsen, Korallenbänken und Untiefen nicht leicht zu bewerkstelligen war. Die Boote wurden sogar von einem Sicherheitsposten auf dem kleinen, vorgelagerten **Pidgeon Island** mit Musketenschüssen gewarnt, bis die Lotsen, meist ausgediente Seefahrer, hier mit ihrer Arbeit begonnen hatten. Im nahe gelegenen Wohnheim **Matreesen Point** lebend, durften sie die Stadt nie verlassen, damit sie nicht ungebetenen Besuchern den Weg weisen konnten.

Sprünge vom Flaggen-Felsen

Am Flag Rock erhob sich ab 1848 der erste Leuchtturm Asiens, der jedoch bei einem Luftangriff im Zweiten Weltkrieg zerbombt wurde. Im Boden weisen noch Metallschienen auf den Wendekreis eines ehemaligen Kanonengeschützes hin. Hier und auch auf anderen Bastionen soll die Luftaufklärung der Japaner getäuscht worden sein, indem man Attrappen aus Palmenstämmen und Holzkisten arrangiert hatte. Die Bastion diente den Engländern ab 1850 auch als Startpunkt für **Brieftauben**, die mit besonders eiliger, aus Europa eingetroffener Post nach Colombo flatterten und dafür mitunter nur 45 Minuten gebraucht haben sollen. Auch heute geht

etwas über die in dem Gemäuer ruhenden Gebeine entlocken lässt. Authentisch sind nicht nur die beiden **Orgeln**, sondern auch die imposante **Kanzel** aus Edelholz und der gegenüberliegende **Glockenturm**. Im Fort gibt es noch zwei kleinere Friedhöfe, doch werden die Toten heute nur noch auf dem außerhalb der Altstadt in der Nähe des Marktes liegenden **Kerkhof** bestattet. Dort geht es durch ein Tor mit der Inschrift „Memento Mori" und der Jahreszahl 1786 zu einem Gräberfeld mit kunstvoll dargestellten Erinnerungen an holländische Kolonialbeamte und Offiziere.

Übernachtung

Galle lässt sich durchaus auch bequem von den Strandzielen Hikkaduwa oder Unawatuna aus erkunden. Im Bereich des Forts fallen vor allem die teuren Luxusherbergen auf, die in aufwendig sanierten Kolonialbauten Einzug gehalten haben (s. S. 237, Kasten: Nobel-Nostalgie: auf Hotel-Exkursion in Galle). Als relativ unauffällig erscheinen indes die Guesthouses. Ebenfalls meist in Altbauten untergebracht, erfreuen sie bei moderaten Preisen oft mit einem vergleichsweise hohen bzw. gepflegten Standard,

es hier noch luftig zu: wenn sich Jugendliche als Touristenattraktion für 500–800 Rs offenbar halsbrecherisch in die Tiefe stürzen. Doch knapp an den gefährlichen Felsen und Flachwasserzonen vorbei steuern sie sich in ein 10 m tiefes Loch im Meeresboden, aus dem sie unverletzt wieder auftauchen.

Besteigung des Leuchtturms
Auf der Bastion **Utrecht** erhebt sich der Ende der 1930er-Jahre errichtete Leuchtturm. 18 m hoch, wird er meist für 500 Rs zugänglich gemacht. Einen Steinwurf entfernt findet sich ein laut Inschrift 1782 errichtetes, verfallen wirkendes Gewölbe, das die Holländer als Pulvermagazin nutzten. Wer seinen Blick über das offene Meer schweifen lässt, vermag sich kaum vorzustellen, dass die Tsunami-Fluten Ende 2004 bis zur Wallkrone anstiegen. Doch die stabilen Wälle verhinderten die Überflutung der Altstadt, sodass sich die Naturkatastrophe ihre Opfer vor allem an der belebten Busstation in der Neustadt von Galle holte.

Unterirdischer Gang
Über die Bastion **Aurora** geht es nach **Akersloot**, auch **Sailor's Point** genannt, 1759 errichtet und benannt nach dem Geburtsort des holländischen Kapitäns Jacob de Coster, der Galle einst den Portugiesen abgerungen hatte. Von hier gab es früher eine unterirdische Verbindung zur Bastion **Zwart**, wo sich heute eine Polizeistation befindet. Die letzten Überreste der 1580 von den

Portugiesen angelegten Festung Santa Cruz lassen sich an dieser Stelle noch identifizieren. Der Name „Schwarz" weist auf den Ruß hin, den die portugiesischen Schmiede einst mit ihrem Handwerk erzeugt haben. Vorbei am Amangalla Resort geht es zur letzten der insgeamt zwölf Bastionen, die **Sun** genannt wird. Nichts mehr zu sehen ist heute von den beiden Bastionen **Vismark** und **Commadement**, die es einst noch in diesem Winkel der Festungsanlage gab.

Maritime Kläranlage
Das **Old Gate** war zwischen 1669 und 1873 die einzige Zufahrt zur Stadt und gibt mit seinem langen Tunnelgewölbe Aufschluss über die Stärke der Wallanlagen. Über dem Portal ist in der Innenseite das **Wappen** der Vereenigden Oost-Indischen Compagnie (VOC) zu sehen, mit der Jahreszahl 1669, zwei flankierenden Löwen und einem kleinen, unauffälligen Hahn darüber. An der Außenseite prangt das Wappen König Georgs III. von England (1760–1820). Unsichtbar bleibt während des rund einstündigen Rundgangs das von den Holländern angelegte Abwassersystem. Das umfangreiche **Labyrinth der Kanäle** war so konzipiert, dass das Meer die Fäkalien bei Flut ausspülte. Wiederentdeckt wurde es erst 1922 während einer Aktion zur Rattenbekämpfung. Einst jedoch sollen die Holländer hier unter der Erde sogar Bisamratten gezüchtet haben, die zur Erzeugung wertvoller Duftstoffe exportiert wurden.

Volker Klinkmüller

lauschigen Dachterrassen und WIFI. Wer sie mit dem Three-Wheeler ansteuert, kann allerdings mit einem „leider voll" abgewiesen werden, da sich die Betreiber gern die leidig-lästigen Schlepper-Diskussionen ersparen wollen.

Untere Preisklasse (alle im Fort)

Beach Haven, 65 Lighthouse St., ✆ 091-2234663, 🖥 www.beachhaven-galle.com. Zählt seit 1968 als ältestes und größtes Guesthouse zu den beliebtesten Unterkünften. 10 Zimmer für 800–3000 Rs, davon 4 mit AC und im Obergeschoss durch einen Balkon-Flur verbunden. Geführt von der betagten Mrs. N. D. Wijenayake bzw. Tochter Shiromani. Oft gelobtes Essen. ❶–❸

Fort Dew, ✆ 091-2224365, ✉ fortdew@yahoo.com. Schön restaurierter Altbau mit 4 Zimmern, davon 1 als AC. Umlaufender Balkon und einladendes, stilvolles Dachterrassen-Restaurant. ❷–❸

Khalid's Huize Bruisen de Zee, 102 Pedlar St., ✆ 0773-177676. Mrs. Shakira Khalid bietet 5 einfache, aber große und gut möblierte Holzboden-Zimmer, davon 2 mit Meeresblick und 1 mit großem Balkon (AC in Planung). Im Erdgeschoss erfreut ein grandioses, nostalgisches Foyer – mit alten Torbögen, Treppen und den Original-Ventilatoren. Natürlich sollten sich die Gäste auch an der guten Küche des Hauses versuchen. ❷–❸

Light House View Inn, 44 Hospital St., ✆ 091-2232056, ✉ irifyaanwer@sltnet.lk. Recht gut und malerisch gelegen direkt gegenüber dem Leuchtturm. Guesthouse mit 3 einfachen, aber gepflegten Zimmern und Gemeinschafts-Balkon

Neu und schön

Die Guesthouses, die direkt an den Festungsmauern liegen, sind meist von besonderem Reiz. Dazu zählt das 2010 eröffnete **Seagreen Guesthouse**, 19b Rampart St., ✆ 091-2242754, 🖥 www.seagreen-guesthouse.com. Es gibt 5 geräumige, behagliche und mit stylischer Zement-Wasch-Möblierung ausstaffierte Zimmer, davon 2 mit AC, für 3000–3500 Rs, sowie natürlich auch eine besonders schöne Dachterrasse. ❸

mit gemütlicher Sitzecke – geführt von der netten Mrs. Fatima. ❷–❸

Rampart View, 37 Rampart St., ✆ 091-4380566, 🖥 www.gallefortrampartview.com. 4 schöne, saubere und freundliche AC-Zimmer (das beste ist Nr. 3) mit Gemeinschaftsbalkon. Der muslimische Besitzer Mohamed Rauf ist hilfsbereit und sprachgewandt. ❷–❸

Thenu Rest, 12 Hospital St., ✆ 091-2246608, 🖥 www.thenurest.com. Empfehlenswert als wunderschöne, niveauvolle Unterkunft mit 5 Zimmern zu einem guten Preis-Leistungs-Verhältnis und umfassendem Service-Angebot. ❷–❸

Weltevreden, 104 Pedlar St., ✆ 091-2222650. Rund 250 Jahre altes Anwesen, auf dem sich 8 leider nur schäbig möblierte, aber günstige Zimmer mit Ventilator (das beste ist Nr. 8) und Säulengang um einen gestreckten, romantischen Innenhofgarten gruppieren. Der 78 Jahre alte Mr. Piyasena sorgt für eine familiäre Atmosphäre und oft gelobtes Essen. ❶–❷

Mittlere Preisklasse (alle im Fort)

Fort Inn, 31 Pedlar St., ✆ 091-2248094, ✉ rasikafortinn@yahoo.com. Der freundliche Mr. Rasika bietet 3 kleine, aber gepflegte Zimmer mit guten Bädern. Gemeinschafts-Balkon im 1. Stock mit schönem Blick auf die Gasse. Geführt von dem freundlichen Besitzer Rasika. ❸

Frangipani Motel, 35 Pedlar St., ✆ 091-2242287, 🖥 www.frangipanigroup.com. In dieser Unterkunft grassiert der Boutique-Charakter. 2 einander gegenüberliegende Bauten mit 8 Zimmern, davon 4 als AC und 2 mit Balkon, in 3 Kategorien zu günstigen US$22–42. ❸

Mango House, ✆ 091-2247212, 🖥 www.frangipanigroup.com. Neu seit 2010 mit 7 angenehmen Zimmern, davon 4 mit AC, in 7 Kategorien von 1500–5000 Rs. ❷–❹

New Old Dutch House, 21 Middle St., ✆ 091-2232987, 🖥 www.newolddutchhouse.lk. 7 schöne Zimmer mit Holz- oder Fliesenböden, teilweise mit AC oder Gemeinschaftsbad. Kleiner Garten. ❸

Ocean View Guest House, 80 Light House St., ✆ 091-2242717, 🖥 www.oceanviewlk.biz. Altes Haus mit 6 etwas kleinen, aber gut möblierten

Urlaub hinter schwedischen Gardinen – das sollte auf spektakuläre Weise in Galle möglich werden und gilt als nettes (bislang aber nicht umgesetztes) Beispiel für den exzessiven Trend, die historischen Gemäuer der Stadt in Stätten für den Tourismus zu verwandeln. Im Gespräch dafür war das aus dem 17. Jh. stammende, mit einem Wassergraben versehene Gefängnis: Bei ihrer Ankunft – so die Ideenvorlage – sollten die Gäste in typische Häftlingskleidung schlüpfen, die kargen Hotelzimmer ihren „natürlichen Charme" als Knastzellen weitestgehend beibehalten. Im Gegensatz zu den früheren Insassen sollten die Touristen allerdings Schlüssel ausgehändigt bekommen, sodass sie ihre Behausung jederzeit wieder verlassen könnten …

Der Charme hat seinen Preis

Bereits zu einem Luxusresort ausgebaut worden ist das legendäre **New Oriental Hotel**, das als **Amangalla Resort** nun zu den teuersten Hotels des Landes zählt. 1684 als Verwaltungszentrum der Holländer erbaut und 1863 in Sri Lankas ältestes Kolonialhotel verwandelt, strahlt es trotz seiner Luxus-Sanierung noch heute viel viktorianischen Charme aus. Die günstigsten Zimmer liegen in der Nebensaison bei US$500, Suiten kosten bis zu US$1000 und das Gartenhaus sogar US$1750 pro Nacht. Ebenfalls mit einer nobel-nostalgischen Atmosphäre kann das Ende 2004 in der Altstadt eröffnete **Galle Fort Hotel** aufwarten – und sich zudem mit dem „Unesco Award of Distinction for heritage conversation" schmücken. Das von einer Bank, einem Internat und später einer Druckfirma genutzte **The Fort Printers** hingegen ist 2005 in ein durchdesigntes Boutique-Resort verwandelt worden. Zu einer ganz neuen Generation von Nostalgie-Unterkünften zählt das **Thambili House**. Amerikanische Investoren haben es komplett ausgehöhlt und so wieder aufgebaut, wie sie sich durch ihre romantischen Vorstellungen von Galle inspiriert fühlten …

Ambiente und Authentizität

Als ebenfalls gediegen, aber zutiefst historisch präsentieren sich zwei Luxusvillen auf einem umliegenden Hügel. Sie sind eine gelungene Mischung aus Geschichtsbewusstsein und modernem asiatischen Ambiente, zu der auch dekorativ in Szene gesetzte Oldtimer gehören. Das von einem Admiral 1712 errichtete **Dutch House (Doornberg)** fungiert seit seiner Renovierung ebenso als feudales Boutiquehotel wie das idyllische **The Sun House** und werden an betuchte Gäste vermietet. Es war 1860 von einem schottischen Gewürzhändler errichtet worden und bietet sich durchaus auch nur für einen Besuch des snobistischen Restaurants an, wo die Mahlzeiten regelrecht zelebriert werden. Erheblich preisgünstiger lässt es sich in Kolonialbauten logieren oder einkehren, die noch nicht luxussaniert sind und ein ganz unterschiedliches Maß an Authentizität aufweisen – wie das **Ocean View Guesthouse**, **New Old Dutch House**, **Royal Dutch House** oder das **Hotel Weltevreden**.

Neubau mit Reminiszenzen

Ebenfalls noch seiner Veredelung harrt das **Hotel Closenberg**. 3 km vom Fort und an der Ostseite des Hafens auf einem Palmenhügel liegend, erfreut es mit seinem reichlich angestaubt wirkenden, historischen Hauptbau. Eine Gemeinschaftsveranda mit kolonialen Sitzgarnituren führt zu geräumigen Zimmern, die mit antikem Teakmobiliar ausstaffiert sind. Errichtet wurde das Bauwerk 1860 an der Stelle des kleinen Holländer-Forts Klossenburg – von Hafenkapitän Francis Bailey, der das Anwesen einst zu Ehren seiner Frau zunächst „Villa Marina" genannt hatte. Nur als Neubau von 1997, aber als Imitation einer Festung und mit stilvollen Reminiszenzen an die holländische Kolonialzeit, präsentiert sich das 3 km westlich des Forts gelegene **Lighthouse**. Das zimtfarbene, auf einem Felsen direkt am Meer thronende Hotel gehört zum wertvollen Erbe von Architekt Geoffrey Bawa und den schönsten Sri Lankas – allein schon wegen seines rotundenartigen Treppengeländers mit Metallskulpturen der portugiesischen Invasionstruppen.

Volker Klinkmüller

Die Westküste

AC-Zimmern – geführt von der aufgeweckten, freundlichen Mrs. Yesreen, die sich auch auf das Juwelen-Geschäft versteht. Hauptattraktion ist der lauschige Dachgarten mit Säulen sowie Panoramablick auf das Meer und die Meera-Moschee. Das Warmwasser in den Bädern stammt aus Solarenergie. ❸

Obere Preisklasse

Amangalla Resort, im Fort, 10 Church St., ☎ 091-2233388, 🖥 www.amanresorts.com. Das ehemalige, 3-stöckige New Oriental Hotel fasziniert seit 2005 als nobles Haus mit 31 Zimmern, davon 8 als Suiten und eine Villa. Die Abrundung erfolgt durch ein herrliches Restaurant, einen hübschen Garten, ein 21 m langes Schwimmbad und ein exklusives Spa unter altem Baumbestand. Trotz der exorbitanten Preise von bis zu US$1800 pro Nacht, die vorwiegend von Briten und Japanern berappt werden, sollte man sich ruhig hineintrauen. Das Personal jedenfalls ist freundlich und führt Besucher gern durchs Haus. ❼

Closenberg, 11 Closenberg Rd., ☎ 091-2224313, 🖥 www.closenberghotel.com. Rund 3 km östl. des Forts, 20 Zimmer ab US$110, davon 16 mit AC und 4 im Altbau-Flügel. ❻

Galle Fort Hotel, im Fort, 28 Church St., ☎ 091-2232870, 🖥 www.galleforthotel.com. Nobel-nostalgisches Boutique-Resort mit 3 Zimmern und 9 Suiten zu US$200–300. ❼

Jetwing Lighthouse, Galle Rd., Dadella, ☎ 091-2223744, 🖥 www.jetwinghotels.com Etwa 3 km westlich des Forts als Flaggschiff des Jetwing-Konzerns. Herrliches, durchdesigntes Fünf-Sterne-Hotel mit 60 überaus behaglichen Deluxe-Zimmern ab US$250. 6 einladende Restaurants und Bars sowie ein exklusives Ayurveda-Spa. Großes Angebot von Natur-touren sowie mit den beiden naturnahen, per 10-minütiger Flussfahrt zu erreichenden Luxus-villen des Kurulubedda Retreats auch ein paradiesischer Ableger in der Wildnis. ❼

The Fort Printers, im Fort, 39 Pedlar St., ☎ 091-2247977, 🖥 www.thefortprinters.com. 2 Zimmer für US$125 und 3 Suiten für US$145 mit urgemütlichem Interieur – stilgerecht mit großräumigem Foyer, idyllischem Innenhof samt länglichem Schwimmbad. ❼

The Lady Hill, 29 Upper Dickson Rd., ☎ 091-2244322, 🖥 www.ladyhillsl.com. Mit 13 Komfort-Zimmern und 1 Villa höchstgelegene Unterkunft Galles. Es empfehlen sich besonders die auf den Ecken (bestes ist Nr. 301). Sogar vom kleinen Schwimmbad der Anlage eröffnet sich eine hübsche Aussicht. Noch relativ jung sind die Wellness-Einrichtungen. ❺

The Sun House & The Dutch House, 18 Upper Dickson Rd., ☎ 091-2222624, 🖥 www.thesunhouse.com. 2 Kolonialvillen mit rund einem Dutzend exklusiver Zimmer und Suiten, die alle unterschiedlich möbliert sind und trotz Peisen von je nach Jahreszeit US$220–500 ohne TV und Minibar auskommen. Mit dem „Tabrobane Island" in Weligama und „The Beach House" in Tangalle macht diese Gruppe ihr faszinierendes Quartett aus Edelhäusern komplett. ❼

Essen

Die exklusiven Nostalgie-Restaurants lassen sich ihr Ambiente natürlich gern bezahlen. Weitaus günstiger speist man in den Guest-houses, von denen sich einige auf externe Gäste eingestellt haben – oder in den neu gegründeten Restaurants, die sich oft mit Galerien oder Boutiquen verbinden. Am günstigsten verpflegen kann man sich in den Fast Food-Restaurants, Bäckereien und Eisdielen rund um den Busbahnhof.

Fernery, Closenberg. Großes, etwas anachro-nistisch wirkendes Restaurant mit guter Küche mit Currys oder Gerichten wie Knoblauch-Spinat, Lasagne, Mixed Grill oder Fisherman's Basket.

Galle Fort Hotel, s. o. Beliebter Treffpunkt von Ausländern, die besonders gern an den Rund-tischen der Arkade sitzen. Wunderschönes Ambiente, aber auch entsprechende Preise: Snacks wie Sandwich mit Pommes um 1000 Rs. Alkoholfreie Getränke um 300–500 Rs, Cocktails ca. 1000 Rs. ⊕ 7.30–23 Uhr.

Cardamom Cafè (Jetwing Lighthouse), s. o. Restaurant mit herrlicher Außenterrasse und hervorragender Speisekarte. Zur Spezialität des Hauses zählt das einsame, romantische Kerzenlicht-Dinner zwischen den Felsen am Meer (ab US$100 p. P.) oder im hoteleigenen Spa (ab US$350 für 2 Pers.).

Mamas Galle Fort, 76 Leyn Baan St., ☎ 091-2226415. Dieses Guesthouse-Restaurant zählt den beliebtesten im Fort – zumal es aus einer Dachterrasse mit schönem Ausblick besteht und günstige Küche bietet. ⏰ 6–22 Uhr.

Pedlar's Inn Café, 92 Pedlar St., ☎ 091-2227199. Anfang 2005 als erstes Restaurant einer neuen Generation eröffnet, aber noch immer empfehlenswert, da gemütlich und preiswert – wie z. B. die Kaffee-Kreationen (auch Lavazza) aus der Maschine für 200–300 Rs. Besitzer A. Abdul Azeez betreibt auch die Pedlars Inn Gallery. ⏰ 9–22 Uhr.

Pilgrims Lodge, 31B Rampart St., ☎ 077-6980257. Uriges Galerie-Restaurant, das zum Verweilen einlädt. Bei Mr. Namal lassen sich auch Touren buchen. ⏰ 8–22 Uhr.

Rampart, 37 Rampart St., ☎ 091-4380103. Früher das einzige Restaurant im Fort, routiniert betrieben und mit seinen 200 Plätzen gern on Gruppen besucht. Erhöhtes Preisniveau mit Hauptspeisen um 800–900 Rs. ⏰ 8–21 Uhr.

Royal Dutch Café, 72 Leyn Baan St., ☎ 077-1774949. Gleich neben dem „Mamas" als winziges, urgemütliches Restaurant mit 3 Veranda-Tischen und einer integrierten Klamotten-Boutique namens „Obera". ⏰ 8–21.30 Uhr.

Sunset, Rampart St., ☎ 091-2234433. Neu seit 2010 als einfacher Garagen-Imbiss für eine kleine Verschnaufpause. Günstige Rotis, Kebabs oder BBQ-Spießchen. ⏰ 8–20 Uhr, Sa und So erst ab 16 Uhr.

The Lady Hill, s. o. Dachrestaurant im 4. Stock mit schöner Aussicht. Reis- und Nudelgerichte 200–500 Rs, Firework Prawns als Spezialität

des Hauses mit Knoblauch-Butter-Sauce und gewickelt in Speck rund 1000 Rs, Hunters Special Mixed Grill 1450 Rs. ⏰ 6–23 Uhr.

The Sun House & The Dutch House, s. o. Exklusives Restaurant mit Salon-Atmosphäre. Das abendliche, stets kreativ arrangierte Menü ist festgelegt und muss vorbestellt werden (externe Gäste vor 14 Uhr). In „Dicks Bar" mundet der dazu passende Aperitif.

Sonstiges

Ballonfahrten

Von November bis April bietet der Veranstalter **Reddo Tours**, ☎ 011-895810, 🖥 www.reddotours.com, atemberaubende Trips per Heißluftballon an.

Einkaufen

Das größte Einkaufszentrum heißt **Selaka Shopping Complex** und liegt mit zahlreichen Geschäften, Imbissbetrieben und Service-Agenturen in der Neustadt. Nebenan hat mit dem **P&J City** ein weiteres Einkaufszentrum eröffnet, das auch eine Supermarkt-Filiale von **Cargills** enthält.

Barefoot, 49 Pedlar St., ☎ 091-2226299, 🖥 http://barefootceylon.com. Verlockendes Sortiment mit handgefertigten Textilien wie Kleidung, Taschen, Spielzeug, Kissen … ⏰ 9–19 Uhr.

Olanda, 30 Leyn Baan St., ☎ 091-2234398, 🖥 http://olandafurniture.com. In einem alten, holländischen Warenhaus als imposantes Sortiment aus Antikem und Reproduktionen. ⏰ 9–12 und 14–17.30 Uhr.

Zugfahrplan

Zug Nr.	97	59	57	349	85*	39**	51
Galle	5.35	6.30	7.30	9.00	10.55	14.30	15.45
Hikkaduwa	5.57	6.54	7.52	9.45	11.18	14.53	16.08
Aluthgama	6.30	7.40	8.40	11.10	11.59	15.40	17.08
Kalutara Süd	6.55	8.05	9.05	12.00	12.25	16.05	17.32
Colombo-Fort	8.15	8.58	10.05	13.30	13.20	17.05	18.37

* fährt weiter nach Anuradhapura-Vavuniya
** fährt weiter nach Kandy

Zug-Nr.	714	50	40	86	752	56	58	96
Galle	7.15	10.00	11.16	13.02	14.15	17.05	18.25	19.20
Weligama	7.57	10.52	12.08	14.10	15.10	18.00	19.00	20.04
Matara	8.18	11.17	12.27	14.26	15.31	18.25	19.15	20.25

Touren

Am schönsten und spannendsten erkunden lässt sich das Fort mit den 90-minütigen, 1500 Rs teuren Insider-Touren von **Daisy Perry** und **Juliet Coombe**, ✆ 0776-838659, als Autorinnen des Werks *Around the fort in 80 lives*. Auf 2–3-stündige Touren mit Mountainbikes spezialisiert hat sich **Idling Tours**, ✆ 0777-906156.

Transport

Busse

Der chaotische **Busbahnhof** liegt direkt an der Küstenstraße A 2 in der Neustadt und ist Mitte 2011 (endlich) in neuem Gewand erschienen. Die Strecke zwischen COLOMBO und Galle (etwa 2 1/2–3 Std.) ist die meistbefahrene Sri Lankas, sodass in Richtung Westen quasi alle 15 Min. ein Bus oder Minibus startet.
Tickets für klimatisierte **CTB-Busse** liegen bei 220 Rs. Zu beachten ist, dass Intercity-Busse gern durchfahren und nicht unbedingt in Hikkaduwa, Beruwela oder Bentota halten. Wer von hier ins Hochland möchte, sollte über Colombo fahren.

Häufige Verbindungen gibt es in Richtung Osten über Weligama und Mirissa nach MATARA (etwa 1 Std.), wo ggf. nach Tangalle oder Tissamaharama umgestiegen werden muss. Da die meisten Busse dorthin schon in Colombo starten und Galle nur als Haltepunkt ansteuern, gibt es mitunter keine freien Plätze.

Taxis

Wagen nach COLOMBO bzw. zum Flughafen lassen sich für US$75–85 chartern, nach MATARA für ca. US$50.
Three-Wheeler nach UNAWATUNA kosten 500–600 Rs, nach HIKKADUWA 800 Rs. Die Strecke von der Neustadt ins Fort liegt bei 200 Rs.

Eisenbahn

Galle ist auf dem Schienenweg hervorragend an COLOMBO und die dazwischen liegenden Küstenorte angebunden. Auch zum östlich gelegenen MATARA verkehren tgl. zahlreiche Züge, darunter einige Bummelzüge.
Der **Kopfbahnhof** von Galle liegt nur rund 100 m entfernt vom Busbahnhof an der Hauptstraße. Zugfahrplan s. Kasten.

Colombo
Kataragama
Matara

Der tiefe Süden

Stefan Loose Traveltipps

Unawatuna   Tropische Badefreuden in einer herrlich seichten Sichelbucht. S. 244

4 **Weligama und Mirissa**   Showtime für Stelzenfischer – in der Nachbarschaft eines angesagten Traveller-Treffpunkts. S. 253 und S. 257

5 **Tangalle**   Ein Name, der für die landesweit schönsten Strände steht, sich bisher aber noch nicht herumgesprochen hat. S. 270

Hambantota   Mehrere Mega-Projekte machen die Küstenstadt im tiefen Süden Sri Lankas zum Tor der Zukunft. S. 275

6 **Bundula-Nationalpark**   Vor paradiesischer Kulisse tummelt sich eine atemberaubende Vielfalt exotischer Tiere. S. 277

Nationalpark Yala West   Ein Naturschutzgebiet der Superlative, das eher an Afrika als an Asien erinnert. S. 284

Kataragama   Die heiligste Stadt Sri Lankas fasziniert mit einem hohen Maß an Spiritualität und Authentizität. S. 288

Östlich von Galle beginnt nicht nur die Südküste, sondern auch die für viele schönste und interessanteste Region Sri Lankas. Tatsächlich wohnt diesem noch weitgehend beschaulichen Landesteil ein besonderer Zauber inne. Denn die Reiseroute entlang der Küste bis in den Osten vermittelt einen erlebnisreichen, faszinierenden Querschnitt von dem, was diese tropische Insel an ultimativen Badefreuden, spektakulären Naturwundern und reichhaltigem Kulturgut zu bieten hat.

Je weiter es auf der **Küstenstraße A 2**, die unterwegs von der Galle Road zur Matara Road

mutiert, voran geht, desto kleiner und ruhiger wirken die Ortschaften, während die Strände immer länger, schöner und einsamer werden. Von all dem werden allerdings Reisende, die auf dem frisch geteerten **Colombo-Matara-Express-Highway** (Southern Expressway) unterwegs sind, nichts erfahren. Zwar gelangt man auf dem Highway nun wesentlich schneller und bequemer in den Süd(ost)en der Insel, doch verläuft er durch das Hinterland der Küstenregion.

Ist die rund 2 km lange, verlockende Bucht von **Unawatuna** bereits vom Tourismus erobert,

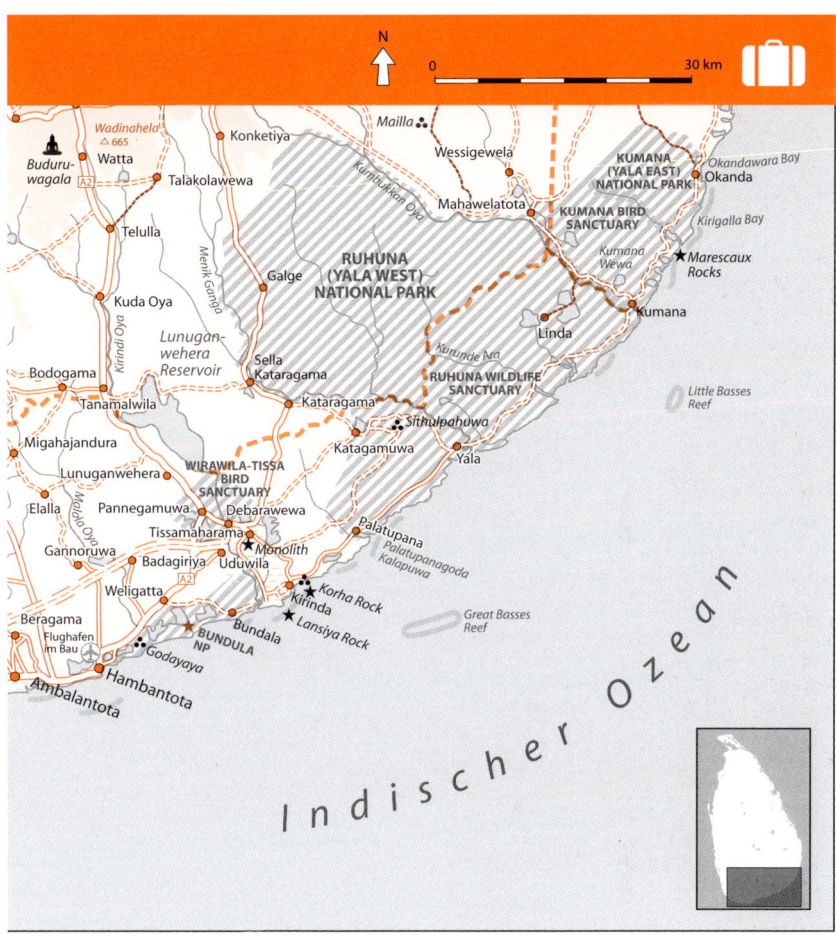

lässt sich weiter östlich noch das seit Jahrhunderten unveränderte Alltagsleben der Fischer zu beobachten. Überall lassen sich – bequem von der Hauptstraße oder über kleine Stichstraßen zum Meer – romantische, oft menschenleere Traumstrände entdecken. Hat eine Bucht zusätzliche Reize zu bieten, bleiben die Touristen hängen: in **Mirissa** wegen der herrlichen Küstenlandschaft, in **Midigama** wegen hervorragender Surfbedingungen, in **Weligama** wegen der legendären Stelzenfischer, in **Dikwella** wegen kultureller Sehenswürdigkeiten und in **Tangalle**

vielleicht sogar wegen des landesweit teuersten Strand-Hotels …

Überall hat sich das Angebot an Unterkünften mit so vielen Varianten erweitert, dass szenische Traveller-Tage genauso möglich sind wie ein erholsamer Luxus-Urlaub, aktiv gestaltete Sport-Ferien, klassische Ayurveda-Kuren oder eine stimmungsvolle Nostalgie-Reise. Denn von den mitunter – besonders in Unawatuna, Mirissa, Tangalle und Hambantota – beträchtlichen **Tsunami-Schäden** ist so gut wie nichts mehr zu entdecken.

Gewiss herrscht auch in diesem Teil Sri Lankas keinerlei Mangel an kulturhistorischen Zeitzeugen. Das filmreife Star Fort von **Matara**, der den südlichsten Zipfel des Landes zierende Leuchtturm von **Dondra** oder die aus dem legendären Königreich Ruhuna stammenden Staubecken von **Tissamaharama** lassen die Reiseroute durch den tiefen Süden besonders reizvoll erscheinen. Aber auch die beiden landesweit höchsten Buddhafiguren in **Weherehena** und **Wehwurukannala** oder der heilige Ort **Kataragama**, wo sich Touristen gern in die exotische Schar der Pilger einreihen dürfen, lohnen den Besuch. Obwohl die Vegetation in Richtung Osten immer spärlicher wird bzw. die Landschaft glattweg an die afrikanische Savanne erinnert, finden sich hier überraschend einzigartige Paradiese wie der artenreiche **Bundula-Nationalpark** oder **Yala West** als das bekannteste, größte

und am meisten besuchte Naturschutzgebiet Sri Lankas.

Vor allem für die Einheimischen enorm an Bedeutung gewonnen hat der Küstenort **Hambantota** – als frisch gebackener Standort eines modernen Tiefseehafens und des bald landesweit zweiten internationalen Flughafens.

Unawatuna

In unmittelbarer Nachbarschaft des Touristen-Magneten Galle erstreckt sich die viel gerühmte, 2 km lange Bucht von Unawatuna – als eine malerisch von Felshügeln und Palmen umrahmte **Sandsichel**. Bis zu ihrer Entdeckung durch Rucksack-Touristen, denen es in Hikkaduwa zu voll geworden war, sodass sie sich zur Neulandsuche in Richtung Osten getrieben fühlten, galt dieser Strand als schönster Sri Lankas. Trotz der enormen touristischen Entwicklung präsentiert sich Unawatuna noch heute von besonderem Reiz – nicht zuletzt auch, weil das hier vorgelagerte **Korallenriff** einen ganzjährigen Badebetrieb ermöglicht. Schnorchler können das Riff sogar ohne Boot erreichen, während der Strand so flach ins Meer verläuft, dass er sich besonders für Familienurlaub eignet.

Da die vielbefahrene **Küstenstraße A 2** hier nicht unmittelbar am Meer verläuft, verfügt die seichte Bucht über ausgewöhnlich viel Hinterland zur touristischen Nutzung. So hat die gewachsene **Vielfalt** an Unterkünften, Restaurants, Strandbars und Boutiquen erfreulicherweise für jeden Geschmack und Geldbeutel etwas zu bieten, was sicherlich auch für die unglaubliche Vielzahl an Juweliergeschäften gilt – es mögen bereits um die 40 sein. Ebenfalls extrem hohe Werte erreicht hier der Pegel der Partymusik, der des Öfteren das Meeresrauschen überlagert und schon so manchen Urlauber in die Flucht getrieben hat.

Dem 125 km südlich von Colombo, 21 km von Hikkaduwa und 4 km von Galle sowie 23 km westlich von Weligama liegenden Urlaubsort ist das typische Schicksal gut zugänglicher, tropischer Traumbuchten nicht erspart geblieben. Die hastige Entwicklung zum Urlaubsziel für Rucksack- und Pauschaltouristen führte zu er-

---

Rumassala – Kräuterberg des Affengotts

Der im nördlichen Hinterland von Unawatuna liegende Berg Rumassala ist für seine seltenen Heilkräuter berühmt. Diese sollen der Legende nach einst durch den Affengott Hanuman hierher gelangt sein.

Hanuman war, wie es das hinduistische Ramayana-Epos überliefert, von **Rama** zum Sammeln einer Heilpflanze, die Ramas verwundeten Bruder **Lakshmana** retten sollte, in den **Himalaya** geschickt worden. Als Hanuman dort ankam, hatte er jedoch den Namen des gewünschten Krauts vergessen und schnappte sich kurzerhand einen ganzen Berg – in der Hoffnung, dass schon das richtige Mittelchen dabei sein möge. Auf dem Rückweg nach Sri Lanka verlor er ein Stück des Berges im nördlich gelegenen Ritigala, eines in Hakgala bei Nuwara Eliya und eines im südlichen Unawatuna.

Deshalb nennen die Singhalesen den Strand *unawatuna*, „heruntergefallen". An die etwas tollpatschige Mission des Affengotts erinnern heute aber nicht nur der Name des Orts und die auf dem unter Naturschutz stehenden Berg wachsenden Kräuter, sondern auch die frech umherstreifenden Makaken …

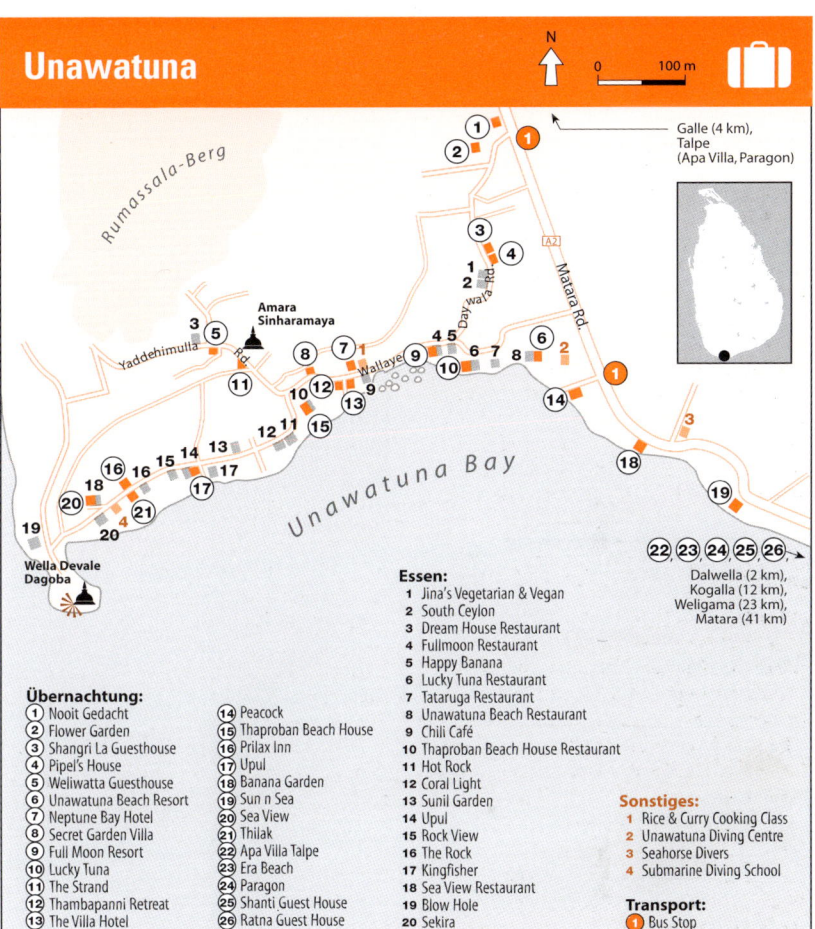

Unawatuna

N
0   100 m

Galle (4 km),
Talpe
(Apa Villa, Paragon)

Rumassala-Berg

Amara
Sinharamaya

Yaddehimulla

Wallaye

Day wara

Matara Rd.

A2

Unawatuna Bay

Wella Devale
Dagoba

Dalwella (2 km),
Kogalla (12 km),
Weligama (23 km),
Matara (41 km)

Essen:
1 Jina's Vegetarian & Vegan
2 South Ceylon
3 Dream House Restaurant
4 Fullmoon Restaurant
5 Happy Banana
6 Lucky Tuna Restaurant
7 Tataruga Restaurant
8 Unawatuna Beach Restaurant
9 Chili Café
10 Thaproban Beach House Restaurant
11 Hot Rock
12 Coral Light
13 Sunil Garden
14 Upul
15 Rock View
16 The Rock
17 Kingfisher
18 Sea View Restaurant
19 Blow Hole
20 Sekira

Übernachtung:
1 Nooit Gedacht
2 Flower Garden
3 Shangri La Guesthouse
4 Pipel's House
5 Weliwatta Guesthouse
6 Unawatuna Beach Resort
7 Neptune Bay Hotel
8 Secret Garden Villa
9 Full Moon Resort
10 Lucky Tuna
11 The Strand
12 Thambapanni Retreat
13 The Villa Hotel
14 Peacock
15 Thaproban Beach House
16 Prilax Inn
17 Upul
18 Banana Garden
19 Sun n Sea
20 Sea View
21 Thilak
22 Apa Villa Talpe
23 Era Beach
24 Paragon
25 Shanti Guest House
26 Ratna Guest House

Sonstiges:
1 Rice & Curry Cooking Class
2 Unawatuna Diving Centre
3 Seahorse Divers
4 Submarine Diving School

Transport:
1 Bus Stop

heblichen **Umweltproblemen**, die sich vor allem
in der mangelhaften Müllbeseitigung und durch
das Fehlen einer Kanalisation manifestierten.
Die Behörden ließen sogar etliche Gästehäuser abreißen, um die Problematik in den Griff
zu bekommen und der Bucht ein gepflegteres
Erscheinungsbild zu geben. Als die Pläne mehrerer **Hotelkonzerne** bekannt wurden, sich hier
mit großen Neubauten zu verewigen, beteiligten sich viele der etwa 500 vom Tourismus
lebenden Einheimischen an der Gründung der

Bürgerinitiative „Organization for Preservation
of Unawatuna", die für die Beibehaltung bzw.
schrittweise Verbesserung der gewachsenen
Strukturen kämpft. Unter anderem wird ein
ähnlicher Korallenschutz wie in Hikkaduwa an-
gestrebt. Relativ machtlos dagegen scheint man
indes gegen die Erosion des Strandes zu sein,
unter der vor allem der westliche Abschnitt der
Bucht leidet.

Die hölzernen Fischerhütten von einst finden
sich hier natürlich schon längst nicht mehr. Von

der Vergangenheit Unawatunas als paradiesischem Zufluchtsort holländischer Kommandeure und Kaufleute zeugen aber immerhin noch einige koloniale Anwesen wie das nostalgische Resort **Nooit Gedacht**, das 1735 von den Holländern mit großen Zimmern und Palmengarten für den Gouverneur erbaut worden war.

Wichtigste kulturhistorische Anlaufpunkte sind der am Ortsrand liegende Berg **Rumassala** (s. Kasten, S. 244) und der am Westende der Bucht auf einem Berg thronende **Wella Devale** mit seiner weiß leuchtenden Dagoba. Von hier bietet sich ein toller Blick auf Unawatuna, in Richtung Norden nach Galle und auf den schönen **Jungle Beach**, der von hier oder auch über die Verlängerung der Yaddehimulla Road erreichbar ist. Die Sonnenuntergänge jedoch lassen sich am romantischsten vom Osten des Strands genießen, wenn die Sonne am anderen Ende der Bucht glühend über dem buddhistischen Heiligtum zu schweben scheint.

Der **Tsunami** hatte Unawatuna schwer getroffen und den unmittelbaren Strandbereich für rund ein Jahr wieder weitgehend in eine Freifläche verwandelt. Die Flutwellen hatten hier 45 Todesopfer gefordert, darunter um die 30 Ausländer. Alt-Bundeskanzler Helmut Kohl hatte den 26. Dezember 2004 im obersten Geschoss des namhaften Ayurveda-Resorts **Paragon** erlebt und war anschließend in das Landesinnere evakuiert worden, weil er trotz der Naturkatastrophe in Sri Lanka bleiben wollte.

Übernachtung

Die Auswahl an Unterkünften in Unawatuna ist groß. Sie liegen entweder direkt am relativ eng bebauten Halbrund der Bucht, etwas aufgelockerter und hübscher von Grün umgeben in den kleinen Straßenzügen bis zu rund 200 m im Hinterland oder an der nach Weligama und Koggala führenden, in dieser Gegend noch Galle Rd. oder auch schon Matara Rd. genannten Küstenstraße A 2. Von Mitte Oktober bis Mitte April erweisen sich die Zimmerpreise oftmals als bis zu einem Drittel günstiger. Besucher Unawatunas sollten sich rechtzeitig auf die hier grassierende, leidig-lästige Schlepper-Problematik einstellen.

Untere Preisklasse

Banana Garden, ✆/✆ 091-4381089, 🖥 www.bananagarden.de. Empfehlenswert mit 13 Zimmern, davon 10 am Strand und 4 mit AC. Besitzer Saliya ist freundlich, spricht deutsch und gibt gute Tipps. ❸–❹

Peacock, ✆ 091-4384998, 🖥 www.peacock unawatuna.com. Liegt mit Aussicht über die gesamte Bucht dort, wo die Küstenstraße im Osten an das Meer führt. Besonders beliebt bei Travellern. Die Zimmer im Obergeschoss (z. B. Nr. 6 und Nr. 7) bieten einen besonders hübschen Ausblick. ❸–❹

Pipel's House, ✆ 091-2226702, 🖥 www.pipels. com. Die Dänin Elisabeth bietet 2 ungewöhnlich gestylte und fantasievoll möblierte Zimmer mit Mosaiken im Bad, eines davon recht schön als Dachgeschoss. ❸

Prilax Inn, ✆ 091-2250096, hinter dem Thilak, ✉ priyanthaprilaxinn@gmail.com. Neu seit Ende 2010 mit 5 geräumigen AC-Zimmern, die 4 im Obergeschoss liegen an einer großen Terrasse. Der sympathische Besitzer Priyantha hat lange in Italien gearbeitet, seine Frau Thushari kocht gut. Zum Haus gehört ein günstiger Tuk Tuk-Service. ❸

Sea View, ✆ 091-2224376, 🖥 www.seaview.slt. lk, www.seaviewunawatuna.com. Existiert seit 1982 und ist eines der ältesten Hotels. Weitläufige Anlage, 19 große, saubere Zimmer (besonders schön ist Nr. 1), davon 7 als Bungalows und 10 mit AC, alle mit gemütlichem Mobiliar, großen Terrassen oder Balkons. Es gibt ein behagliches, von Rundsäulen geziertes Restaurant, eine lauschige Strandbar und ein Schwimmbad. ❸

Wohnen in familiärer Atmosphäre

Als schöne Villa aus der Kolonialzeit fasziniert das **Weliwatta Guesthouse**, ✆ 091-2226642, 🖥 www.weliwatta.com, das von Nimal Samarasinghe hier nun schon seit 20 Jahren betrieben wird. Um 1900 errichtet, bietet das stilvolle Haus 5 einfache, aber saubere und bezahlbare Zimmer mit Ventilator, doch schätzen die Gäste stets auch das lauschige Garten-Restaurant und die familiäre Atmosphäre. ❷–❸

Der tiefe Süden

Shangri La, ✆ 091-4384252, 🖥 www.shangrila unawatuna.com. Seit 2000 und sehr zu empfehlen. Günstige Anlage mit 4 Zimmern, 7 Cabanas und 2 Cottages zu US$20, 30 und 40 in einem herrlichen, schattigen Garten mit vielen Bäumen, Felsen, Sitzgelegenheiten, Hängematten und Grillplatz. Nettes Personal. ➋–➌

The Strand, ✆ 091-2224358, 🖥 www.homestay-strand.net. In seiner hübschen Kolonialvilla bietet Mr. Asoka Weerasinghe eine Variation aus ganz unterschiedlichen Zimmern, von denen „The Nest" als beste Option erscheint. Wegen Andrangs Vermietung mitunter nur wochenweise. ➌

Thilak, ✆/✆ 091-4933422. Wer bei diesem Namen bzw. dem thailändischen Begriff für „Liebling" irgendeinen Thailand-Bezug vermutet, irrt sich. Dafür bietet das beliebte, 2-stöckige Guesthouse 5 günstige Zimmer, davon 3 mit AC und Meeresblick. Die besten liegen im Obergeschoss, im Erdgeschoss gibt es Hausmannskost. ➋–➌

Upul, ✆ 091-2227904, ✉ ajith999@hotmail.com. 7 Zimmer, davon 3 mit AC (am schönsten sind Nr. 1 und Nr. 2). Im Erdgeschoss betreibt Besitzer Ajith ein beliebtes Restaurant mit guter Speisekarte. ➌

Mittlere und obere Preisklasse

Full Moon Resort, ✆/✆ 091-2233091, 🖥 www.fullmoonvillage.com. Empfehlenswert als kreativ gestaltete Anlage eines Italieners mit 18 schönen Zimmern, davon 9 als AC. Viele Bäume und ein gemütliches Restaurant am Meer. ➍

Lucky Tuna, ✆ 091-2241629, ✉ luckytuna@ hotmail.com. Seit Kurzem 4 empfehlenswerte Zimmer in bester Strandlage. Je nach Saison US$65 oder US$90, aber geräumig, schick durchgestylt und mit Terrasse. ➍–➎

Neptune Bay Hotel, ✆ 091-2234014, 🖥 http://unawatunaneptunebayhotel.com. Seit Ende 2004 und empfehlenswert. 20 große, schöne Komfort-Zimmer mit Holzböden, davon 12 als AC und im 1. Stock mit Terrasse, Meeresblick und hübschem Schwimmbad. ➎

Nooit Gedacht, Matara Rd., erste Unterkunft aus Richtung Galle, ✆/✆ 091-2223449,

Exotisches Garten-Resort

Im paradiesischen **Flower Garden**, ✆ 091-2225286, 🖥 www.hotelflowergardensrilanka. com, fühlen sich nicht nur westliche Urlauber wohl, sondern auch exotische Vögel, Streifenhörnchen und zuweilen sogar Affen. Das 2000 eröffnete Garten-Resort empfiehlt sich mit einer idyllischen Atmosphäre und wirkt mit 19 Zimmern und 22 AC-Cabanas zu US$42, 59, 69, 89 und 105 erfreulich preiswert. Eine schöne Gartenanlage und ein hübscher Pool mit Lotus-Umrandung tragen ebenso zum Wohlfühl-Charakter bei. Besitzer Mr. Sassi, der in der Schweiz eine Hotelfachschule besucht bzw. ein Restaurant betrieben hat, und sein gut motiviertes Team wissen, worauf es ankommt. ➍–➏

🖥 www.sriayurveda.com. Nostalgisches, reichlich angestaubtes Ambiente – teilweise mit Baldachinbetten und antiken Kacheln. Hier lässt sich Geschichte atmen und im malerischen Garten herrlich entspannen. Obwohl bereits 1735 als Residenz für einen Gouverneur erbaut, erscheint die Unterkunft heutzutage bezahlbar – wie es schon der historische Name des Anwesens „Nicht gedacht" sagt. 38 Zimmer mit und ohne AC, davon 20 in einem stilgerechten Neubau. Das in einem Seitenflügel praktizierte Ayurveda liegt bei 500 € pro Woche. ➍–➏

Secret Garden Villa, ✆ 091-2241857, 🖥 www. secretgardenunawatuna.com. 1990 gegründet von der charismatischen Schweizerin Simona Simonett, wobei der Name Programm scheint. Die 6 für US$60–70 überraschend preiswerten Zimmer liegen in einem 100 Jahre alten Haus (plus Neubautrakt) bzw. wunderschönen Garten mit Bach. Besonders lauschig ist Bungalow Nr. 1 oder auch die US$116 teure Maimuna-Suite mit Ziegelboden und Baum im Bad. Ein kuppelartiger „Dom" für Meditation und Yoga rundet die reizvolle Anlage ab. ➌–➎

Thambapanni Retreat, ✆ 091-2234588, 🖥 www.thambapannileisure.com. Liegt als Unawatunas schönste und stilvollste Unter-

kunft am Fuß des Bergs Rumassala.
18 komfortable Boutiquezimmer zu US$45,
80 und 120 verteilen sich mit kolonialem Flair
in einem tropischen Wildgarten. Es gibt ein
Schwimmbad, Sauna, Spa und Meditationsplätze. Ebenso stilvoll sind die neuen
Apartments. ❹–❻

Thaproban Beach House, ✆ 091-4381722,
🖳 www.thambapannileisure.com. Etabliert
seit 1995, gehört diese Unterkunft zusammen
mit dem Thambapanni Retreat (s. S. 247) zur
Thambapanni Leisure-Gruppe. 14 Komfort-
Zimmer in einem orangefarbenen Turmbau
direkt am Strand. ❹–❻

The Villa Hotel, ✆ 091-2247253, 🖳 http://
villa-unawatuna.com. Empfehlenswert mit
6 stilvollen Holzboden-Zimmern in einem
2-stöckigen Gebäude. Aller Komfort inkl. Sat-TV,
Minibar und großen Baldachin-Betten. Schöner
Garten mit Rasen, Bäumen und Sitzgarnituren.
❺–❻

Unawatuna Beach Resort, ✆ 091-4384545,
🖳 www.unawatunabeachresort.com.
Seit 1980 erste und mit 72 Komfort-Zimmern
größte Anlage am Ort. Buchbar nur mit Halbpension. Schöne Lobby und großes Terrassen-
Restaurant (s. Unterhaltung). ❺–❼

Entlang der Küstenstraße A 2

Liegt westlich von Unawatuna lediglich das
Nooit Gedacht an der Hauptstraße, reihen sich
östlich des Orts in Richtung Koggala etliche

Bezahlbares Hideaway

Etwas abgelegen, aber empfehlenswert allein
schon wegen der schönen Meereslandschaft
mit Felsen lockt das **Ratna Guest House**,
Matara Rd., Dalawella, ca. 3 km hinter dem Ort,
✆ 091-4933405, 🖳 www.rathna-guesthouse.
com. Es gibt 10 bezahlbare Zimmer mit Ventilator, von denen sich besonders Zimmer Nr. 1
mit Sala-Balkon oder die Cabanas Nr. 1 und
Nr. 2 mit ihren lauschigen Sitzbänken im Obergeschoss empfehlen. Als Manager und Sohn
des Besitzers bietet der freundliche Manager
Mr. Kasun sogar auch ein umfassendes Tourenangebot. ❸–❹

Luxus- und Wedding-Resorts auf. Die meisten
davon zwängen sich zwischen Meer und die
Küstenstraße. Für westliche Urlauber von
Interesse sind allenfalls:

Apa Villa Talpe, Matara Rd., Dalawella.
✆/🖷 091-4381411, 🖳 www.villa-srilanka.com.
Exklusive Hotel-Oase im Besitz des Apa Guide-
Gründers Hans Höfer. Boutique-Resort mit
cremefarbenen Mauern, Ziegeldächern und
Säulen, lauschigen Veranden und vielen
Palmen. Die 12 Suiten und Villas ab US$175 sind
modern ausgestattet, komfortabel und teils von
Wasserbecken umrahmt. Entspannung pur,
gute Küche. ❼

Era Beach, Matara Rd., ✆ 091-2282302,
🖳 www.thefarpavilions.com. Seit 2010 als
exklusives Boutique-Resort der neuen
Generation, das man sich zumindest einmal
anschauen kann. Zimmer und Suiten US$210–
320, schöne Bar und 23-m-Pool. Zur gleichen
Gruppe gehören auch das Fort House in
Galle und das im Hinterland liegende Tea
House. ❼

Paragon, Matara Rd., rund 2 km südlich,
✆ 091-4384886, 0800-46646678 (kostenlose
Hotline in Deutschland), 🖳 www.paragonsri
lanka.com. Auf Deutsche spezialisiertes
Ayurveda-Resort, in dem Helmut Kohl den
Tsunami erlebte. Seit 1996 mit hässlicher
Fassade, 84 Zimmern, kleinem Garten und
schmalem Strand. Im Inneren kümmern sich
120 einheimische, professionelle Mitarbeiter
(auch Deutsche) um das Wohl der Gäste.
2 Wochen ab 1800 €, 3 Wochen 2600 €. ❻

Shanti Guest House, Matara Rd., Dalawella,
✆ 091-2283550, 🖳 www.shanthi-guesthouse.de.
Die Tochter von Besitzer P.H. Premachandra
lebt in Viernheim. 18 schöne Zimmer, davon
6 in gemütlichen, gelbfarbenen Cabanas und
3 mit AC. Freundliche Atmosphäre, gutes
Essen. ❸

Sun n Sea, ✆ 091-2253200, 🖳 www.sunnsea.
net. Am östlichen Ende der Bucht und attraktiv
durch Felsen, alte Bäume und Rasen-Terrassen.
Obwohl direkt an der Hauptstraße liegend, ideal
für das Erleben herrlicher Sonnenuntergänge.
10 stilvolle, rustikal eingerichtete Zimmer –
im Untergeschoss größer und erheblich teurer
als im Obergeschoss (schöner Holzbalkon).

Der tiefe Süden

Nach dem Tod der charismatischen Besitzerin Muharam Perera hat Tochter Kasi das Management übernommen. ❹–❻

Essen

Fast alle Unterkünfte verfügen über eigene Restaurants, doch die Speisekarten zeugen oft nicht gerade von Originalität – zumal vielerorts immer nur mit Spaghetti, Pizzas und Seafood geworben wird. Eine wohltuende Ausnahme bieten die vegetarischen Restaurants. Zum „Fremdgehen" empfehlen sich folgende, fast durchweg am Strand liegende Lokalitäten:

Blow Hole, ✆ 0777-147697, abgelegen am Westende der Bucht und am Dutch Channel. Klein, beschaulich und erfreulich preisgünstige Küche. Hinter dem Restaurant führt ein schmaler Pfad auf einen Berg bzw. zu einer Plattform mit Blick auf fotogene Felsformationen und die Pagode. ⏱ ab 8 Uhr.

Coral Light, ✆ 091-2248014. Populäres Restaurant mit günstiger Speisekarte. Ganzes Hühnchen 1200 Rs, Milchshakes 120 Rs., Cocktails nur 275 Rs. ⏱ 8–24 Uhr.

Dream House, ✆ 091-4381541. Gehört einem Toskaner und wird gern zu den besten Italienern des Südens gezählt. Erlesene Speisen auf hohem Niveau – zubereitet mit frischen Kräutern, als hübsche Tellergerichte drapiert und serviert bei klassischer Musik. ⏱ 9–23 Uhr.

Full Moon, s. S. 247. Schönes Ambiente in einem von Bäumen bewachsenen Terrassen-Restaurant direkt am Meer. ⏱ 7.30–20 Uhr.

Hot Rock, ✆ 091-2242685. Gutes und sauberes Restaurant mit günstiger Speisekarte. Reis- und Nudelgerichte, Seafood, Salate und Pizzas. ⏱ 7–23 Uhr.

Jina's Vegetarian & Vegan, ✆ 091-2226878. Der Besitzer hat 6 Jahre in London gekocht und versteht sich auf seine Klientel. Gutes Frühstück mit selbst gebackenem Brot, Salate und Öko-Kaffee. ⏱ 8–21.30 Uhr.

Lucky Tuna, s. S. 247. Etabliert seit 1990 als gemütliches, 2-stöckiges Restaurant mit viel Holz im Obergeschoss und recht hübscher Begrünung. Liegestühle mit Sonnenschirmen und natürlichem Schatten, allabendlich ab 19 Uhr BBQ am Strand. ⏱ 8–23 Uhr

Sea View, s. S. 246. Attraktives Hotel-Restaurant mit rustikalem Bar-Ableger am Strand. Empfehlenswert sind z. B. Huhn in Sahnesauce oder Steak mit Pilzen für 500–550 Rs. ⏱ 7–22 Uhr.

Sekira, ✆ 077-4199648. Bestehend aus einer einfachen Holzkonstruktion, aber ein bereits seit 1992 etabliertes, angenehmes Strand-Restaurant. Die Gerichte (inkl. Seafood) sind deftig und für 500–600 Rs erfreulich günstig. ⏱ 8–23 Uhr.

South Ceylon, ✆ 077-6986492. Seit 1983 als erstes vegetarisches, veganisches Restaurant im Süden. Beliebter, uriger Szene-Treff für eingefleischte Vegetarier mit hervorragender, weltumspannender Speisekarte. Zuckerfreie Kuchen 250 Rs, mexikanische Enchiladas mit Salat oder Pizzas für je 500 Rs – und populäre indische Dosa. ⏱ 7–22.30 Uhr.

Sunil Garden, ✆ 091-2226654, ✉ sunilgarden guesthouse@hotmail.com. Lauschiges Garten-Restaurant, angenehm zum Sitzen und zuweilen mit Livemusik von Besitzer Sunil. Hier gibt es z. B. 19 professionell zubereitete Kaffee-Spezialitäten für 250–500 Rs. ⏱ 8.30–22 Uhr.

Tataruga, ✆ 091-4927116, 🖥 www.tartaruga hotel.com. Bietet auch 10 Zimmer (davon 3 mit AC und 1 Cabana direkt am Strand), überzeugt aber vor allem als Restaurant. Der italienische Besitzer Mr. Neel empfiehlt sich u. a. für seine Kaffee-Spezialitäten, Spaghetti- und Seafood-Gerichte. Am Strand gibt es 2 lauschige Liegelager mit Bastmatten. ⏱ 7.30–22.30 Uhr.

Thaproban Beach House, s. o. Zählt zu den besten Restaurants am Ort, Plätze im vorderen und hinteren Bereich. Hervorragende, appetitlich dekorierte Speisen. Currys 700–800 Rs, Salate 350 Rs, Pizzas 450–660 Rs und Cocktails für 450–600 Rs. ⏱ 7.30–23 Uhr.

The Rock, ✆ 091-2246288, 🖥 www.therock unawatuna.com. Angesagt ist hier der Special Mixed Grill mit Meeresfrüchten, Rind und Huhn für orbitante 1990 Rs. Bier 250–350 Rs, Cocktails um 500 Rs. ⏱ 7.30–0.30 Uhr.

Rock View, ✆ 0777-069454. Einfaches Pub-Restaurant mit Strandliegen-Vermietung, in dem man bestens relaxen kann. ⏱ 9–22 Uhr.

Upul, s. S. 247. Populäres Restaurant am Strand. Gerühmt für die besonders reichhaltige Wein-Auswahl. Pizzas 400–500 Rs. ⏱ 7.30–23 Uhr.

Der tiefe Süden

Unterhaltung

Wer an einem Freitag oder Samstag in Unawatuna weilt, wird garantiert auf mind. eine Strandparty stoßen. Doch sind die hier aufgeführten Etablissements auch durchaus unter der Woche einen Besuch wert.

Chili Café, ☎ 0777-151461. Seit 2010 als 2-stöckiges Restaurant mit Cocktailbar und Holzterrasse am Meer. Mr. Roshan ist mit dem Mambo's in Hikkaduwa verbandelt und hat eine entsprechende, von Sound umrahmte Abhäng-Atmosphäre geschaffen. Cocktails 500–600 Rs. ⏱ 8–23 Uhr.

Happy Banana, ☎ 091-2232776, ✉ happy bananareservation@hotmail.com. Verfügt zwar über 11 Zimmer, doch empfiehlt sich eher die Nutzung als Restaurant bzw. Discothek. Happy Hour 10 % Ermäßigung auf Bier, 20 % auf Cocktails. Freitags ab 22 bis gegen 5 Uhr populär als Disco, alle Cocktails 450 Rs. Der angeschlossene Watersport Club bietet Spaß mit Surfbrettern, Katamaranen und natürlich: Bananenbooten. ⏱ ab 7.30 Uhr.

Kingfisher, ☎ 0773-408405, ✉ duminda@web62.com. Jeden Samstag bitten Duminda Roshan und die Schweizerin Christina zur lasziven Strand-Party: Ab 22.30 Uhr bis zum frühen Morgen mit wechselnden Themen und renommierten DJ's aus Colombo. Kleines Bier 180 Rs, an Party-Tagen 200 Rs, Cocktails 550–650 Rs. ⏱ 9–24 Uhr

Unawatuna Beach Resort, s.S. 248 Jeden Samstag verwandelt sich das weitläufige Terrassen-Restaurant in eine populäre Diskothek. ⏱ 7–24 Uhr

Sonstiges

Kochschule

Rice & Curry Cooking Class (in Sonja's Health Food Restaurant), ☎ 077-9615310. Mrs. Karuna rühmt sich als beste Köchin von Unawatuna und vermittelt ihre Kunst gern an Urlauber. Verlockende Fotoalben sorgen für den notwendigen Anreiz, Anmeldung am Vortag erforderlich.

Touren

Einen professionellen, recht preisgünstigen Tuk Tuk-Service bietet das Prilax Inn, ☎ 091-2250096, 0777-608341. Der junge, zum Guesthouse gehörende Fahrer Mr. Thisara entpuppt sich als sehr umgänglich und versteht sich auf Transfer- und Ausflugsfahrten (auch mehrtägig) aller Art.

Schnorcheln und Tauchen

Das große Wassersport-Angebot Unawatunas umfasst u. a. Surfkurse, aber vor allem die Erkundung der Unterwasserwelten (Tagesmiete für die komplette Ausrüstung 1000–1500 Rs). Wer nicht mit Muskelkraft zum vorgelagerten Korallenriff hinausschwimmen möchte, kann einen Katamaran chartern, mit dem sich auch weiter entfernte Ziele ansteuern lassen. Die zahlreichen Tauchanbieter haben sich auf das Tauchen nach acht Schiffswracks spezialisiert – wie das vor etwa 20 Jahren gekenterte Container-Schiff *Lord Nelson* mit einem 15 m großen Frachtraum oder die 1863 bei Galle gesunkene, 35 m lange *SSS Rangoon*. Sie ist aus Holz erbaut und liegt in 30 m Tiefe.
Zu den beliebtesten Unternehmen, die vor allem von Mitte Oktober bis Ende April Tauchkurse und Schnorcheltouren anbieten, gehören:

Unawatuna Diving Centre, Matara Rd., ☎ 091-2244693, 🖥 www.unawatunadiving.com. Professionell geführt von dem Deutschen Michael Busch und Sumith Shelton. Die meisten Kurse liegen bei 215–290 €. Tauchgäste werden gern im 2,5 km entfernten, schönen Rockside Cabanas, 🖥 www.rocksidecabanas.com, untergebracht.

Submarine Diving School, am Strand, ☎ 0777-196753, 🖥 www.divinginsrilanka.com. Seit 1991 und somit die älteste Tauchschule am Ort, nach dem Tsunami-Tod ihres Vaters geführt von den beiden Söhnen Vishni und Shirly.

Seahorse Divers, Matara Rd., ☎/📠 091-2283733, 077-6277622, 🖥 www.seahorsedivinglanka.com. Geführt von W. Rohana Kithsiri. Einzelne Tage oder 5- bzw. 10-tägige Arrangements. Ableger in Tangalle.

Der tiefe Süden

Busse

Weil die rund 500 m lange, als Hauptstraße nach Unawatuna hinein führende Yaddehimulla Rd. nicht von Bussen bedient wird, empfiehlt sich als Ausstieg der Bereich ihrer Einmündung auf die Küstenstraße A 2.

Nach GALLE, von wo es etliche Verbindungen in Richtung Nordwesten bis nach Colombo gibt, brauchen die Busse nur 10–15 Min.

In Richtung Osten nach WELIGAMA, MIRISSA, MATARA oder HAMBANTOTA kann einfach zugestiegen werden – insofern man sich nicht von geschickten Three Wheeler-Fahrern abwerben lässt.

Eisenbahn

Da die kleine Station in Unawatuna 2 km vom Strand liegt und sowieso meist nur lokale Bummelzüge abfertigt, empfiehlt sich eher der 4 km entfernte **Bahnhof** von GALLE (Zugfahrplan s. S. 240).

Taxis

Die Strecke nach COLOMBO bzw. zum Flughafen kostet US$60–70, nach HIKKADUWA US$10–12. Tagesausflüge in die Umgebung wie zur Lagune von Kosgoda oder Flusstouren auf dem Madu Oya (ab Balapitiya) liegen mit einem Charter-Taxi bei US$50, sind jedoch mit Minibus-Gruppen erheblich günstiger.

Three-Wheeler kosten für einen Tag 2500 Rs, nach Matara 3000 Rs, Hikkaduwa 1200 Rs, Weligama 1000 Rs und nach Galle 300 Rs.

Koggala

Herrliche, breite Sandstrände mit stattlichen Palmen und malerischen Felsformationen prägen die Küste in der Region von Koggala, zu der auch der verschlafene (Stelzen-) Fischerort **Ahangama** und das als Surfer-Paradies immer bekannter werdende **Midigama** gehören. Am Straßenrand stapeln sich vielerorts bunt bemalte **Tonkrüge** zum Verkauf, während sich im Norden der rund 130 km von Colombo und 15 km von Mirissa entfernten Stadt der weitläufige **Koggala-See** erstreckt. Seine Ufer werden von üppigen Palmen-

Der Besuch eines **Gewürzgartens** zählt zu den spannendsten Erkundungstouren in Koggala. Die beiden bedeutendsten liegen etwa 800 m im Landesinneren bzw. an der Lagune und haben sich mit entsprechenden Flyern und Führungen auf deutsche Besucher spezialisiert. Der 1982 von H.W. Ananda gegründete **Ananda Spice-garden**, ✆ 091-22283805, ⏰ 7–19 Uhr, lockt mit gehaltvollen Führungen durch den üppig sprießenden Garten und für 900 Rs etwa 1 1/2-stündigen Katamarantouren auf der Lagune.

Der **Lagoon Herbal Garden** von Manjula Peiris, ✆ 077-2018892, 🖥 www.lagoonherbalgarden.com, ⏰ 7–18 Uhr, erstreckt sich seit 2005 über ein 2 ha großes Anwesen am Ufer und bietet einen idyllischen Blick auf kleine, vorgelagerte Inselchen. 80-minütige Bootsafaris für 2 Pers. in einem Katamaran kosten 1500 Rs, in Motorbooten 3000 Rs. Angesteuert werden z. B. Buddha Temple Island, Cinnamon Island, Bird Island, eine Kokosnussfabrik oder Fischerhütten. Und: Angesichts des vielfältigen Sortiments an Gewürzen, Kräutern, Essenzen und Kosmetika dürften nur wenige Besucher mit leeren Händen in ihre Unterkunft zurückkehren.

hainen und vereinzelten Tempelanlagen geziert, während sich zwitschernde Vogelkolonien der im See liegenden Inselchen bemächtigt haben. Einige Fischer haben sich darauf spezialisiert, Urlauber herumzurudern und kehren dabei gern bei Familien ein, die Gewürzgärten betreiben (s. Kasten).

Im Zweiten Weltkrieg diente der Binnensee den Briten als Start- und Landeplatz für Wasserflugzeuge im Abwehrkampf gegen die Japaner. An der Küstenstraße orinnen noch die Überbleibsel einer Betonpiste an diese Zeit, in der Koggala gewaltsam evakuiert wurde, um es in einen **Luftwaffen-Stützpunkt** zu verwandeln. Der Ort sollte sich nie wieder davon erholen, wirkt heute seltsam zerrissen und lebt inzwischen vor allem von seinem Status als eine Art **Freihandelszone**: Seit 1992 konnten hier mit über 50 Textilfabriken viele neue Arbeitsplätze geschaffen werden.

Der tiefe Süden

Die kulturellen Sehenswürdigkeiten halten sich in Grenzen. Eingebettet in den schönen Garten des landesweit bekannten Schriftstellers Martin Wickramasinghe (1890–1976) lockt das **Folk Art Museum**, ⌨ www.martinwickramasinghe.org, ⏲ tgl. 9–17 Uhr, zur Erkundung. Gezeigt wird eine folkloristische Sammlung aus traditionellen Tanzkostümen, rituellen Masken, Puppen und Musikinstrumenten.

In dem rund 4 km östlich von Koggala liegenden **Kataluga** findet sich der Tempel **Purvaramaya Vihara**, in dem illustre Fresken zu bewundern sind. Die um 1880 entstandenen Wandmalereien zeigen Motive aus dem Leben Buddhas in unterschiedlichen Stilrichtungen, gestaltet von vier örtlichen Künstlern. Dargestellt sind Legenden, Tänzer und Musikanten, wobei die Menschen im Vergleich zu den Tieren und Pflanzen auf den Betrachter etwas hölzern und unbeholfen wirken.

Übernachtung und Essen

Direkt in Koggala findet sich nur ein großes Pauschal-Hotel, doch bieten sich auch die benachbarten Küstenorte **Ahangama** und **Midigama** zur Übernachtung an – zumal diese ganzjährig zum Schwimmen, Schnorcheln und besonders zum Surfen einladen. Alle Unterkünfte liegen an der Küstenstraße A 2, die hier Matara Rd. genannt wird, und sind in der unteren Kategorie überraschend preiswert. **Koggala Beach Hotel**, Habaraduwa, ☎ 091-2283243, ⌨ www.koggalabeachhotel.com. Professionelles und zu 85 % von Deutschen

Uriges Surfer-Resort

Der herrliche Strand wird zuweilen auch von Schildkröten bevölkert, während sich die hier meist zahlreichen Traveller-Gäste als Hinweis darauf verstehen, dass es sich im **7th Sky Idyll**, ☎ 0777-217667, ⌨ www.andreahaeussermann.de, ganz gut aushalten lässt … Das kleine, urige (Surfer)Resort bietet 10 Zimmer, davon 5 mit AC. Sie verdienen zwar keinen Designerpreis, sind aber tipp. a. US$23–30 günstig und sauber. Besitzer Mr. Ratnasiri generiert eine familiäre Atmosphäre und will demnächst auch Yoga-Sitzungen anbieten. ❸

gebuchtes Pauschal-Hotel, das sich allein schon wegen des attraktiven, breiten Sandstrands empfiehlt. Zusammen mit den 87 Zimmern des zur Anlage gehörenden Club Koggala Village 189 Komfort-Zimmer zu US$80. Mehrere Restaurants mit üppigen Buffets, stimmungsvollen Grillabenden und romantischem Meeresblick. ❺

In Ahangama

Easy Beach, ☎ 091-2282028, ⌨ www.easybeach.info. Geführt von der Norwegerin Hildegunn Thise, deren Mann 2009 den Surfertod gestorben ist. 8 Zimmer und 2 Cabanas, davon 3 AC, mit originellen Zimmer-Safes, schönen, blauen Bädern und Balkons. Großer Garten, italienischer Lavazza-Kaffee und professioneller Surfbrett-Verleih für 850 Rs pro Tag. ❸

Insight, ☎ 091-2283296, ⌨ www.insightsrilanka.com. Das einstige Hotel Club Lanka verfügt über 33 Zimmer in 2- und 3-stöckigen Flügeln. Foyer als eindrucksvolle Halle mit originellen Glastischen, großes Schwimmbad. ❹

Kabalana, ☎ 091-2283294, ⌨ www.kabalana.com. Hoher Nostalgie- und Wohlfühl-Charakter. 21 Standard- und Deluxe-Zimmer in 2-stöckigen Cabanas, die mit viel Holz und ungewöhnlicherweise mit Bilderfriesen in den Bädern erfreuen. ❹ – ❻

Kusuma's Lazyleft, ☎ 0776-891215, ✉ sugi.rest@yahoo.com. Kleines Resort mit 5 spartanischen Zimmern mit Ventilator für 600 Rs und somit billigste Option der Region. Originelles Surf-Gemälde an der Mauer. ❶

Ram's Surfing Beach, ☎ 041-2252639, ✉ ramssurfingbeach@gmail.com. Existiert bereits seit 1981, als eine Übernachtung hier noch 10 Rs gekostet hat. Beliebte Traveller-Unterkunft mit 17 günstigen, einfachen Zimmern mit Ventilator. Der freundliche Mr. Rama weiß, was Surfer so brauchen – wie z. B. die 3 guten Surfspots in unmittelbarer Nähe. ❶ – ❷

The Fortress, ☎ 091-4389400, ⌨ www.thefortress.lk. Dieses ungewöhnliche Hotel hatte nach der Eröffnung 2007 Schlagzeilen gemacht, weil es für einen Preis von US$14 500 das teuerste Dessert der Welt auftischte … Ihrem Namen macht diese Unterkunft durch eine massive Ummauerung mit mächtigem

Tor alle Ehre. Mit hohen Säulen, weitläufigem Schwimmbad und tollem Meerespanorama präsentiert sich das Foyer nicht minder eindrucksvoll. 53 Zimmer in 5 Kategorien für US$310–1525. **❼**

In Midigama

Subodinee, ✆ 091-2283383, von der Hauptstraße ca. 50 m landeinwärts, 🖥 www.subodinee.com. Beliebte Traveller-Unterkunft mit 26 Zimmern, davon 3 mit Gemeinschaftsbad. Familiäre Atmosphäre und oft gelobtes Restaurant. **❶–❷** Nur 150 m entfernt leitet die Tochter des Hauses seit 2007 ein neues, gleichnamiges Resort mit 5 Bungalows und 10 Zimmern zu 20–30 €, die ansprechend sind und sich in einer weitläufigen Gartenanlage verteilen. Der Franzose Yannick Poirier erteilt für US$30 pro Std. Unterricht im Surfen, die Bretter dafür können geliehen werden. **❸**

Villa Tissa, ✆ 04-12253434. Seit 2006 als Juwel – abgelegen, ruhig und exklusiv mit faszinierender Architektur im Kolonialstil, schönem Schwimmbad und natürlichem Felsenpool im Meer. 6 AC-Zimmer zu angemessenen Preisen von rund US$120 und ein einladendes Veranda-Restaurant mit verlockend guter Küche. **❻**

Transport

Koggala ist mit jedem **Bus** auf der Strecke zwischen Galle und Matara zu erreichen (s. Transport Weligama S. 257 und Mirissa S. 261). Ahangama und Midigama verfügen über einen eigenen, kleinen Bahnhof, an dem sogar auch einige **Züge** aus Colombo halten.

Sri Lankan Airlines plant, Koggala im Rahmen des Air Taxi-Angebots über Bentota anzufliegen, wobei die Flugzeit ca. 75 Min. betragen würde (s. S. 78).

 HIGHLIGHT

Weligama

Von rötlichen Lateritfelsen eingerahmt, schmiegt sich hier mit einem schmalen, flach ins Meer übergehenden Sandstreifen eine fast 4 km lange Bucht an die Küste. Das 32 km östlich von Galle, 23 km von Unawatuna und 15 km westlich von Matara liegende Weligama – übersetzt: „Dorf im Sand" – wurde schon in der Literatur des 19. Jhs. als eines der malerischsten Küstenziele im Land verklärt.

Der tiefe Süden

Die idyllische Insel Taprobane zählt zu den begehrtesten Fotomotiven im Süden Sri Lankas.

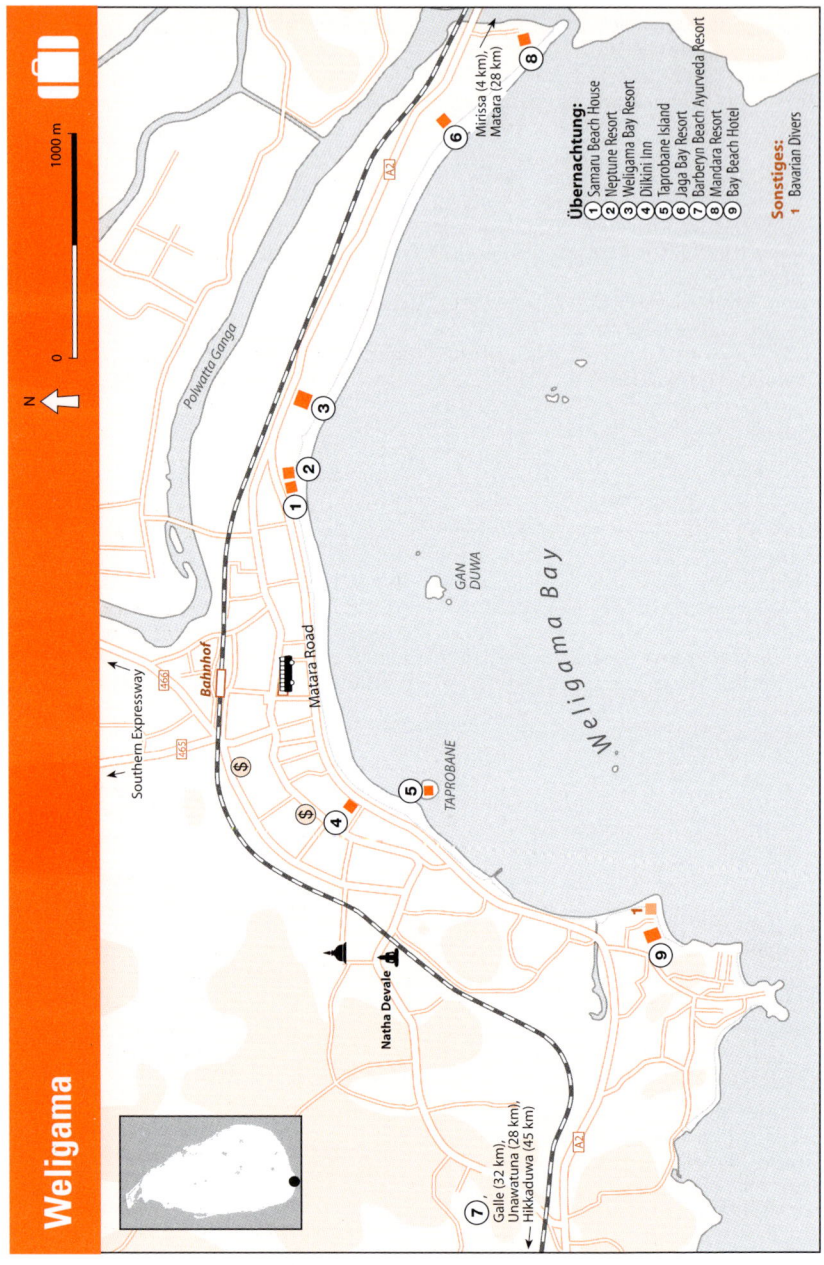

Übernachtung:
① Samaru Beach House
② Neptune Resort
③ Weligama Bay Resort
④ Dilkini Inn
⑤ Taprobane Island
⑥ Jaga Bay Resort
⑦ Barberyn Beach Ayurveda Resort
⑧ Mandara Resort
⑨ Bay Beach Hotel

Sonstiges:
1 Bavarian Divers

1000 m

0

N

Mirissa (4 km),
Matara (28 km)

Polwatta Ganga

A2

GAN
DUWA

W e l i g a m a   B a y

Bahnhof

Matara Road

Southern Expressway

TAPROBANE

Natha Devale

Galle (32 km),
Unawatuna (28 km),
Hikkaduwa (45 km)

A2

Reizvoll ist der vorwiegend von der Fischerei lebende Ort gewiss noch immer – auch wenn die Beschaulichkeit von einst in den 1960er-Jahren dem Bau einer **Umgehungsstraße** geopfert wurde. Diese hat eine Schleife der alten Küstenroute in das Landesinnere erspart und die Fahrtzeit zwischen Galle und Matara verkürzt. Aber die Strecke zerschneidet leider auch den Zugang zu den herrlichen Stränden – und zerstört somit ein ursprünglichen Charme Weligamas. Dennoch finden sich zwei legendäre Sehenswürdigkeiten, die den Reiz der Region prägen: die traditionellen **Stelzenfischer**, die heute vor allem als Wahrzeichen fungieren (s. Kasten S. 256), aber auch das ebenfalls fotogene Inselchen **Taprobane**.

Taprobane stammt aus dem Griechischen und lässt sich mit *Kupferinsel* übersetzen, ein Name, der in früheren Zeiten sogar für die gesamte Insel Sri Lanka verwendet wurde. Der französische **Graf Count de Mauny** hatte das küstennahe Eiland, das als tropische Bilderbuch-Insel geheimnisvoll auf dem Meer zu schweben scheint, Ende der 1920er-Jahre erworben. Er ließ sich dort ein schmuckes Domizil bauen, das in einen paradiesischen Garten eingebettet wurde. In den 1950er-Jahren verfasste der amerikanische Komponist und Romancier **Paul Bowles** hier *The Spider's House*, bevor ein irischer Verleger das Anwesen übernahm. Zuletzt gehörte es **Frederick de Silva**, dem ehemaligen srilankischen Botschafter in Frankreich, bevor es vom Luxus-Villen-Anbieter „The Sun House" in Galle übernommen und gründlich renoviert wurde. Seitdem kann es ab US$1000 pro Tag gemietet werden.

Bei Ebbe ist Parei Duwa (die Taubeninsel) – wie die Einheimischen das Eiland nennen – manchmal sogar zu Fuß erreichbar. Wer sich einen Urlaub dort nicht leisten kann, möge sich damit trösten, dass der Blick nach Taprobane sicherlich um einiges spektakulärer sein dürfte als umgekehrt …

Ungefähr 500 m östlich der idyllischen Insel führt eine Abzweigung von der Küstenstraße in das Landesinnere bzw. in das Zentrum von Weligama. Einst besaß der Ort einen lebhaften Seehafen, der seine Bedeutung aber später an Colombo verlor. Heute verfügt die kleine Küstenstadt immerhin noch über einen lebhaften Markt und einen regen Handel mit der hier produzierten, viel gerühmten Keramik oder auch Klöppelarbeiten.

In vielen Betrieben werden Kokospalmen zu Brettern für den Schiffs- und Hausbau, Seilen, Öl, Sirup und Zucker, den Palmenwein Toddy und natürlich auch den Nationalschnaps Arrak verarbeitet. In manchem Betrieb sind auch Zuschauer willkommen. Die wichtigste Aktivität von Touristen besteht jedoch darin, von Weligama aus mit gecharterten Katamaranen zu Bade- und Schnorchel- oder auch Tauchausflügen zu starten.

Westlich des Zentrums liegt ein kleiner Park mit dem **Natha Devale**. Es handelt sich um eine fast 4 m hohe, steinerne Relief-Plastik, die im 8.–11. Jh. als Nische aus einem Felsen herausgearbeitet wurde. Die Figur mit der turmartigen, von Medaillons mit Amitabha-Buddhas gezierten Haartracht stellt den zukünftigen Buddha Maitreya oder auch den Bodhisattva des Mitgefühls, Avalokiteshvara, dar. Beide spielen im Mahayana-Buddhismus eine wichtige Rolle. Dem Volksglauben nach handelt es sich jedoch um den indischen König **Kusta Raja**, der hier als *Lepra-König* geheilt worden sein soll, nachdem er sich drei Monate lang nur von Thambili, dem Saft der Königs-Kokosnuss, ernährt hatte.

Übernachtung

Die Unterkünfte verteilen sich über einen weiten Abschnitt der hier Matara Rd. genannten Küstenstraße A 2, sodass es Weligama an einem klassischen touristischen Zentrum

Originelle Option

Etwa in der Mitte der Bucht von Weligama liegt das **Samaru Beach House**, ✆/✉ 041-2251417, ✉ samaru.beachhouse@tiscali.nl, als eine der wenigen günstigen Unterkünfte. Es gibt 8 gepflegte, gut möblierte Komfort-Zimmer (als bestes Nr. 8) mit Balkons oder Terrassen. Im hübschen Garten finden sich einladende Relaxplätze, während am schönen Strand Surfbretter für 1000 Rs zu leihen und auch ideal zu benutzen sind. Der Besitzer hat eine Vorliebe für Farben und Türschlösser, schickt seine Gäste sogar durch Metalltüren in das Bad. ❷–❹

mangelt. Die meisten wirken arg überteuert, was auch für die beiden jüngst eröffneten Luxus-Hotels gilt.

Barberyn Beach Ayurveda Resort, 2 km westlich von Weligama auf einem Hügel, ☏ 041-2252994-5, 🖥 www.barberynresorts.com. Ayurveda-Resort im Designer-Stil und Ableger der gleichnamigen Anlage in Beruwela. Die 45 Zimmer kosten 125–155 € pro Tag, eine Woche Ayurveda-Anwendung liegt bei 420 €. Betreuung der Kurgäste erfolgt durch ein großes Experten-Team. Meerwasser-Schwimmbad. ❻

Bay Beach Hotel, ☏ 041-2250201, 🖥 www.baybeachhotel.com. Mit einer wenig ansprechenden Bunker-Architektur das älteste und lange auch beste Hotel der Region. Die Hälfte der 60 Zimmer lockt seit Anfang 2011 durch umfassende Renovierung als Deluxe-Kategorie, das Penthouse mit herrlichem Panorama-Ambiente. Vom Restaurant eröffnet sich ein bestechender Blick über die Bucht und hier dümpelnde Fischerboote. ❹

Dilkini Inn, ☏ 041-2250281. In erstaunlich guter Lage nahe Taprobane Island und billigste Option am Ort. 8 einfache Zimmer zu 1000 Rs, davon

5 in einem Neubau. Wird zuweilen aber als Stundenhotel genutzt. ❶

Jaga Bay Resort, Matara Rd., rund 2,5 km vor Mirissa, ☏ 041-2250033, 🖥 www.jagabay.com. Früher eine der besseren Adressen, heute aber nur bedingt einladend. 32 Zimmer, davon 3 als Cabanas und 12 mit AC. Etwas triste Gartenanlage mit Mini-Schwimmbad und Beton-Sitzbänken. Besitzer Jagath Premalal spricht deutsch und verlässt sich auf Stammgäste. ❸

Mandara Resort, ☏ 041-2253993-4, 🖥 www.mandararesort.com. Liegt auf einer Landzunge seit 2008 als Luxushotel mit 20 Zimmern. Sie sind als Semi Penthouses, Superior Rooms mit Jacuzzi und Deluxe Rooms mit Plunge Pool für US$175–225 ausgelobt und wirken entsprechend verlockend. ❼

Neptune Resort, 484 New Rd., Pelena, ☏ 041-2250803, 🖥 www.neptune-resort.com. Geräumige, geschmackvoll möblierte Komfort-Zimmer in einem Hauptbau oder doppelstöckigen Cabanas an einem wunderschönen Strand. Schönes Restaurant mit guter Küche. Surfbrett-Verleih, Ausflüge, Bootstrips. ❹–❺

Stelzenfischer als Statisten

Hier werden keine Fische gefangen, sondern fast ausschließlich Touristen – und wer glaubt, sich ganz einfach durch eine mehr oder weniger spontane Flucht entziehen zu können, irrt sich gewaltig. Denn die Stelzenfischer, die dort so fotogen, starr und Pelikanen gleich auf ihren hohen Pfählen in der Brandung hocken und als Wahrzeichen der Südküste brillieren, haben ihre eifrigen Helfer an Land. Und die treiben – meist schon bevor jemand auf den Auslöser gedrückt hat – rigoros den Obolus für Schnappschüsse und Video-Sequenzen ein. Wer sich rechtzeitig darauf einstellt und bereitwillig zahlt, wird sich auch daheim noch über die pittoresken Postkarten-Motive mit Brandungs-Anglern freuen können.

Die Heimat der legendären Stelzenfischer liegt zwischen **Koggala** und **Ahangama**. Nach der Tradition werden die Reviere innerhalb der Familien vererbt und können einen beträchtlichen Wert

erzielen. Bis zu 5 m hoch und mit einem Abstand bis zu 10 m sind die Holzpfähle in den Meeresboden gerammt. Die Küste fällt hier relativ steil ab, sodass es sich schon nahe am Ufer – einst nur in den Stunden des Sonnenauf- und untergangs – in beträchtlicher Wassertiefe fischen lässt. Am ergiebigsten soll es sich bei rauer See fischen lassen, wenn der ansteigende Pegel und die seitliche Drift vermehrt Fische zutreiben.

Als Köder dienen Garnelen, doch die Fangergebnisse sind insgesamt mager und nur mühselig zu erzielen. Denn die traditionelle Art des Fischens ist weitaus anstrengender, als sie optisch wirkt, zumal die Meeres-Akrobaten auf ihren schmalen Astgabeln die Balance halten müssen. Nicht zuletzt deshalb sind die Pfähle in der Brandung auch meist verwaist und die Stelzenfischer eigentlich nur noch Statisten. Sie erklimmen ihren Hochsitz heutzutage fast nur noch, wenn Touristen im Anmarsch sind …

Der tiefe Süden

Taprobane Island, Kontakt über den Luxus-Villen-Anbieter „The Sun House" in Galle, ℡ 091-4380275, ▭ www.taprobaneisland.com oder www.thesunhouse.com. Faszinierende Kolonial-Villa auf einer kleinen, wundervollen Insel. Besonders geeignet für Liebespaare, Honeymoon-Urlaub oder gediegene Privat-Partys. Es gibt 5 Zimmer für bis zu 10 Gäste bzw. US$1000–2200 pro Nacht. Um das Wohl der Gäste kümmern sich insgesamt 6 Angestellte. ❼

Weligama Bay Resort, ℡ 041-2253920, ▭ www.weligamabayresort.com. Unter tschechischem Management seit Ende 2008 das beste Hotel am Ort. Die 24 Zimmer laufen in zwei Villen-reihen auf das Schwimmbad bzw. den Strand zu. Stilsichere, komfortable Ausstattung in 4 Kategorien für US$200–320. Auch das Bawana Spa erfreut mit tollem Ambiente. ❼

Wellness

Secret Root Spa, ℡ 0773-294332, ▭ www.secretroot.yolasite.com. Neu seit 2010. Einfache, viel gelobte Wellness-Oase mit Massage und Ayurveda-Anwendungen, ab 500 Rs. ⊙ 8–21 Uhr.

Transport

Weligama ist meist kein Startpunkt für **Busse**, wird aber aus beiden Richtungen häufig von diesen durchquert. Der Zustieg erfolgt im Zentrum.

Die Stadt liegt mit einem größeren **Bahnhof** an der Eisenbahnstrecke zwischen Colombo (3 1/2 Std.), Galle (1 Std.) und Matara (30 Min.). Nähere Infos in den Fahrplan-Darstellungen (s. S. 240, **Galle**, und S. 266, **Matara**). **Charter-Taxis** nach Colombo liegen bei US$60–70, nach Hikkaduwa bei US$30.

Mirissa

Schon der melodische Klang des Namens lässt ein Paradies erahnen: Der kleine, etwa 50 km östlich von Hikkaduwa und 10 km westlich von Matara liegende Ort wird als eine der schönsten Buchten Sri Lankas gerühmt. Umso erstaunlicher ist, dass dieser Palmenstrand bis Ende der 90er-Jahre kaum Beachtung fand, was sich

Tauchen mit Eddie

Der knuffige Alt-Schwabinger Edgar K. Rupprecht erweist sich nicht nur als erfahrener Taucher und hervorragende Informationsquelle, sondern auch als uriges Aussteiger-Original an der Südküste. Sein Unternehmen **Bavarian Divers**, 189/9 Alen Egodawatta, ℡ 041-2252708, 0779-011739, ✉ bbasdive@sltnet.lk, ▭ www.bavarian-divers.com.com, kann bald schon auf eine rund 20-jährige Tradition in Weligama zurückblicken. Der 65-Jährige residiert in einem originellen Domizil, das er sich aus riesigen Fracht-Containern zusammengebastelt hat.

Eddie, wie er von Freunden und Gästen genannt wird, hatte als Bergungstaucher in Malaysia und später als Tauchlehrer 15 Jahre auf den Malediven gearbeitet, bevor er 1992 nach Sri Lanka übergesiedelt ist. Inzwischen hat der gelernte Kfz-Mechaniker die Tauchgründe vor Weligama und der gesamten Südküste Sri Lankas erforscht – wie z. B. die Geheimnisse der Basses Reefs (s. S. 285) oder der 1863 bei Galle gesunkenen *SSS Rangoon* – und kennt sich dort unten aus wie in seiner Westentasche. Schnupperkurse gibt es schon für 80 €, PADI Open Water-Kurse liegen bei 375 € und das PADI Divemaster-Zertifikat kostet 955 €.

nun ändert. Mirissa gilt als neues **Lieblingsziel** der Traveller, die Hikkaduwas und Unawatunas überdrüssig geworden sind. Maßgeblich zur touristischen Entwicklung trägt Mr. Ananda bci, der Mirissa mit den beiden besten Resorts beglückt hat.

Die immer zahlreicher werdenden Unterkünfte verteilen sich jedoch genauso unauffällig im dichten Palmengürtel wie die ausländischen Touristen. Und so darf dieses nur einen Steinwurf bzw. 4 km von Weligama entfernte Strandziel noch immer erfreulich verschlafen wirken.

Auf der fotogen vorgelagerten, kleinen Insel **Giragala**, die auch gern „Parrots Rock" genannt wird, hat es früher eine urige, populäre Bar für den Genuss romantischer Sonnenuntergänge gegeben. Sie war jedoch illegal errichtet und nach dem Tsunami von den Behörden geschlossen worden.

Mehr noch als zum Schwimmen, das hier in der Monsunzeit gefährlich werden kann, gilt die Küste von Mirissa als ideal zum Schnorcheln und Surfen. Alternativ bieten sich Fahrrad-touren in die umliegenden Dörfer wie Denipi-tiya an oder am Polwatta-Fluss entlang, wo sich Dschungelgebiete mit Kautschuk-Plantagen abwechseln.

Etwa 13 km tief im Hinterland der Bucht bzw. in Telijjawila verbirgt sich die **Schlangen-farm** von D.G. Wijayapala, ℡ 072-2527281. Der Ayurveda-Arzt spricht zwar kein Englisch, doch die Vorführung seiner faszinierenden Reptilien-Sammlung (500 Rs) führt bei den Zuschauern ohnehin meist zu Sprachlosigkeit. Weitaus teu-rer sind die neuen, von Dezember bis April ver-anstalteten **Schiffstouren** zum Beobachten von Meeressäugern (s. S. 261, Kasten: Meeressäuger in Sichtweite).

Die beiden Besten

Hinter den beiden besten Resorts am Ort steht der agile, freundliche Ananda Jayadewa. Schon seit 1983 hatte er am Palmenstrand von Mirissa eine Art Pionierfunktion inne, um mit dem **Paradise Beach Club**, ℡ 041-2251206, 🖥 www.paradisemirissa.com, schließlich das beliebteste und professionellste Hotel an die Bucht zu setzen. Es bietet 20 AC-Deluxe-Zimmer für US$80 sowie 22 Bungalows mit Ventilatoren für je US$50 und 91. Großes Schwimmbad und gute Buffets, was natürlich auch viele Familien mit Kindern anzieht.

Das 2007 eröffnete, auf einer bergigen Land-zunge thronende und rund 10 Min. Fußmarsch entfernte **Palace Mirissa**, ℡ 041-2251303, 🖥 www.palacemirissa.com, bietet herrliche Ausblicke auf die Bucht und fungiert als stilvollstes Resort Mirissas. Die 13 Chalets in Hanglage bestechen durch gelbe Wände, blaue Fenster, hübsche Ziegeldächer und im Inneren sogar mit Deckengemälden. Für 60 € verwöhnen sie im Schatten zahlreicher Palmen mit viel Komfort, Solartechnik-Bädern, schönen Terrassen und einem Schwimmbad. Beide Unterkünfte sind nur mit Halbpension buchbar. ❺ – ❻

Übernachtung

Anders als in Weligama konzentrieren sich die Unterkünfte nur an wenigen Punkten – direkt am Strand, zwischen Meer und Küsten-straße (kann bei empfindlichen Naturen ab ca. 6 Uhr als kostenloser Wecker fungieren), im Hinterland oder besonders schön auf der hügeligen, bewaldeten Halbinsel, die sich am Westende der Bucht erhebt. Die Klimatisierung der Zimmer ist hier noch keine Selbst-verständlichkeit.

Direkt am Sandstrand

Central Beach Inn, ℡ 041-2251699. Seit 1995 und empfehlenswert, 13 saubere Zimmer mit oder ohne AC, davon 7 als Cabanas, in angenehmer, grüner Anlage. ❶ – ❷

Long Wave Rest, ℡ 041-2253666, 🖥 www.longwaverest.de. Familiär geführt, ruhig und angenehm mit 8 Zimmern mit Ventilator. ❶ – ❷

Mirissa Beach Inn, ℡ 041-2250410, 📠 2250115, ✉ beachinn@sltnet.lk. Empfehlenswert mit 10 schönen, günstigen Zimmern, davon 3 als Cabanas. ❷

Ocean Moon, ℡ 041-2252328. Seit 1995, empfehlenswert und beliebt. 12 ansprechende, saubere Zimmer, davon 9 als Cabanas mit Strandblick. Freundliche Atmosphäre, oft gelobtes Restaurant. ❸ – ❹

Sudu Weli, ℡ 0777-472438, ✉ nalabank@yahoo.com. 2005 eröffnet, bietet diese angesagte Anlage (s. S. 260, Kasten: Alles Gute sind (diese) drei) 6 Zimmer mit Ventilatoren für 800 Rs und 6 als AC für 2000 Rs – davon 2 als verlockende Beachfront-Bungalows für je nach Saison 1500–7000 Rs bzw. beste Option, direkt am Meer zu residieren. Umfangreiches, bewährtes Service-Angebot.

Zwischen der A2 und dem Meer

Giragala Village, ℡ 041-2250496, 🖥 www.giragala.com. Seit 1994 direkt gegenüber der Insel Giragala mit großer Wiese, vielen Palmen, Hängematten und Sitzgelegenheiten. 19 Zimmer, davon 10 AC und die meisten in einem Lang-bau. Es gibt ein Spa. ❸

Palm Villa, ℡ 041-2250022. Szenisch und in reizvoller Küstenlage mit der Möglichkeit, nach

Übernachtung:
1. Mirissa Hills
2. Amara Guest
3. Mother's House
4. Amarasinghe Guest House
5. Katie's Hideaway
6. Mango Hut
7. Calm Rest
8. Paradise Beach Club
9. Central Beach Inn
10. Long Wave Rest
11. Dinu's Resort
12. Sudu Weli
13. Sajana Ocean Hill
14. Ocean Moon
15. Palm Villa
16. Summer Breeze
17. Mirissa Beach Inn
18. The Sun Set
19. Giragala Village
20. Palace Mirissa

Essen:
1. Calm Rest Restaurant
2. Paradise Beach Club Restaurant
3. Sudu Weli Restaurant
4. Baymoon
5. Water Creatures

Sonstiges:
1. Mirissa Watersports Club
2. Aldi Mini Market
3. Kangaroo Tours
4. Secret Root Spa

Weligama
(4 km)

Weligama Bay

Matara Road

HAFEN

Matara
(17 km)

GIRAGALA

Giragala hinüber zu laufen. 11 Zimmer mit
Ventilatoren und originellen Bädern, davon
6 mit Säulen-Veranda am Meer. ❶–❸
Summer Breeze, ☎ 041-2251574, ✉ asanka_
1977@yahoo.com. In seinem beliebten Resort
bietet Mr. Asanka 6 schöne Zimmer mit
Ventilator in 2-stöckigen, roten Klinkerbauten.
Netter kleiner Garten, felsiger Strand. Gutes
Frühstück. ❸–❹
The Sun Set, ☎ 041-2251577, ✉ damith@sunset.
com, 15 Zimmer, davon 10 als AC. Verglastes

Veranda-Restaurant direkt am Strand.
Wie bei den 3 anderen hier liegenden Resorts
bietet sich ein faszinierender Blick auf die
vorgelagerte Insel Giragala. ❸

Auf dem mit Palmen bewachsenen Hügel
Dinu's Resort, ☎ 0779-062185, 🖥 www.
dinumirissa.com. Das frühere Gadakula Surf
Village bietet 10 Zimmer mit Ventilatoren, davon
6 recht schön mit Meeresblick und durch-
gehendem Balkon. ❷–❸

Alles Gute sind (diese) drei

Schon tagsüber locken sie mit Palmenschatten und Meeresblick, doch erst recht angesagt sind sie zum und nach dem Sonnenuntergang. Die drei urigen, hölzernen Restaurants liegen am westlichen Ende der Bucht und sind leicht zu finden – zumal bunte Lichter und eingängige Rhythmen den Weg weisen … Die **Water Creatures**, ℘ 077-6648927, kreieren seit 2001 den ultimativen Szene-Spot am Ort. Der stets gut aufgelegte Mr. Harsha hält den Laden mit Deputy Mr. Kelum bestens in Schwung, sorgt für originäres Ambiente und lässt freitags und samstags ausgelassene Partys steigen. Zudem gibt es Surfbretter für 300 Rs pro Std. oder Unterricht für 2500 Rs. Im benachbarten, ähnlich konzipierten **Baymoon**, ℘ 071-9516877, lädt Mr. Bindu sonnabends zur Party, doch gibt es hier prinzipiell zu jeder Stunde den perfekten Sound. Vervollständigt wird das angesagte Strandpub-Trio durch das **Sudu Weli**, (s. S. 258), das auch über gratis WIFI und mehrere Zimmer verfügt. Der 32-jährige M. B. Nalaka Sujith Kumara dürfte zu den Nachwuchs-Originalen von Mirissa zählen und spricht sogar deutsch. Alle drei Pfahlbau-Restaurants haben quasi rund um die Uhr geöffnet und locken mit einer umfangreichen Speisekarte, Bier gibt es meist für 200 Rs, Cocktails werden für 400–500 Rs geschüttelt.

Sajana Ocean Hill, ℘ 0788-510429. Auf dem Hügel gelegen, gibt es 4 günstige, spärlich eingerichtete Zimmer in einem lauschigen Garten. Der Besitzer verfügt über ein Tuk Tuk. ❶

Im Ort bzw. Hinterland

Amarasinghe Guest House, ℘ -2251204, ✉ chana7@sltnet.lk. Rund 200 m von der Küstenstraße, je nach Wegwahl 6–10 Min. Fußweg zum Strand. Idyllisch und ruhig im Grünen verteilen sich 20 günstige Zimmer mit Ventilator in 3 Bauten bzw. einem weitläufigen Garten. Die freundlichen Betreiber brutzeln leckere Hausmannskost. Viele Serviceleistungen. ❶–❸

Calm Rest, ℘/℘ 041-2252546, ✉ calm.rest@ yahoo.com. Nur 100 m vom Strand und einst von Schweizern als beste Anlage am Ort

gegründet. 11 Zimmer mit sehr unterschiedlichen Preisen, davon einige als originelle Bungalows mit Dachfenster. Schöner, vielfältig erblühender Garten. ❸

Katie's Hideaway, ℘ 041-2253482, ✉ nalabank @yahoo.com. Gehört den Eltern von Sudu Weli-Betreiber M. B. Nalaka. Rund 150 m vom Strand zählt dieses Guesthouse mit 2 spartanischen Zimmern mit Ventilator für 600 Baht zu den billigsten Unterkünften am Ort. ❶

Mango Hut, ℘ 077-9336695. Direkt vor Katie's Hideway mit einigen Zimmern mit Ventilator, die etwas mehr Komfort versprechen als der Nachbar. Freundliche Betreiber. ❶–❷

Mirissa Hills, ℘ 041-2250980. Rund 2 km vom Strand bzw. in den Hügeln des Hinterlands als verlockendes Boutique-Resort mit hohem Maß an Authentizität. Gliedert sich mit stilvollen Zimmern in die drei Bereiche The Bungalows, Cinnamon Museum und Mount Cinnamon. ❺–❻

Mother's House, kein Telefon. 1999 eröffnet, trägt es seinen Namen zu Recht – wird es doch von den Eltern des örtlichen Hotel-Magnaten Ananda betrieben. Schön ruhig mit 9 unterschiedlichen Zimmern in Bungalows, umrahmt von einer hübschen Gartenanlage. ❶–❸

Essen und Unterhaltung

Die Gastronomie-Szene präsentiert sich überraschend spärlich, doch verfügen alle Anlagen über ein eigenes Restaurant. Hervorzuheben sind:

Calm Rest, s. o. Bietet recht gutes Essen – auch wenn man nicht hier wohnt. Gemütliches Restaurant mit üppiger Speisekarte, darunter auch westliche Gerichte. ⏱ 6.30–22 Uhr.

Wohnen zum Sparpreis

Nur etwa 150 m vom Strand eröffnet sich mit dem **Amara Guest**, ℘ 041-4021556, ✉ amara guest@hotmail.com, eine erfreulich günstige Unterkunft für schöne Tage in Mirissa. Mr. Amaranath empfiehlt sich mit 6 Zimmern mit Ventilator zu nur 800–1000 Rs. Sie wirken gut gepflegt und sauber, während die Betreiberfamilie mit viel Freundlichkeit erfreut. ❶

Zu den neuesten Attraktionen Sri Lankas, das über eine erfreulich reichhaltige Fauna verfügt, gehört die Möglichkeit, **Wale und Delphine** zu beobachten. Die Touren werden vielerorts an der Südküste angeboten, starten jedoch alle in Mirissa.

Wale wurden hier schon vor 20 Jahren gesichtet, doch kommerziell ins Leben gerufen wurden die Touren erst 2008 – und zwar von **Mirissa Water Sports**, s. u.. Die Trips starten morgens um 6.30 Uhr mit 2 Booten (für 15 und 25 Pers.), kosten 8960 Rs pro Pers. (Kinder bis 10 Jahre frei) und dauern rund 4 Std. Der **Paradise Beach Club** operiert ebenfalls mit 2 Booten (12 und 30 Pers.), Erwachsene US$80 (Kinder bis 4 Jahre frei). Insgesamt bringen mittlerweile sogar schon um die 10 Veranstalter Touristen hinaus auf das Meer, um meist nur wenige Kilometer vom Festland eine Begegnung mit den eindrucksvollen Meeressäugern zu garantieren.

Paradise Beach Club, s. S. 258. Vor allem die beim Abendbuffet gebotenen Speisen heben sich wohltuend bzw. mit einer gewissen Kreativität vom üblichen Angebot der Pauschalhotels ab. ⏱ 6.30–22.30 Uhr.

Sonstiges

Einkaufen

Aldi Mini Market, ☎ 041-2253514. Kleiner, aber überraschend gut sortierter Supermarkt. Der freundliche M. H. Sumaradasa und seine Familie verkaufen Getränke, Chips und gutes Eis. ⏱ 8.30–18.30 Uhr.

Touren

Kangaroo Tours, Matara Rd., ☎/✉ 041-2252402, ☎ 071-4469492, 💻 www.roundtours.com, ⏱ 9–21 Uhr. Unscheinbares Reisebüro an der Hauptstraße, das aber keinesfalls unterschätzt werden sollte. Mr. Camil weiß, was westliche Urlauber brauchen, und hat sich darauf eingestellt. Professionelles Service-Center für Touren und Transfers, Internet, Telefonate, 2 Miet-Mopeds für 800 Rs pro Tag und mit den 4 Zimmern seines Sky Garden Guesthouses natürlich auch eine Unterkunft.

Mirissa Water Sports Club, im örtlichen Fischerhafen, ☎ 077-3597731, 💻 www.mirissa watersports.com. Umfangreiches Angebot an Touren, wie Schnorchel-Safaris, Lagunen- und Mangroven-Trips.

Transport

Mirissa wird zwar häufig von **Bussen** nach Colombo durchquert, doch sind diese oft voll und sollten deshalb besser in Matara bestiegen werden. Die kleine Bahnstation liegt etwas außerhalb und wird vorwiegend für Stopps lokaler **Bummelzüge** genutzt. **Taxis** nach Colombo kosten um die US$80, nach Galle US$20, Hikkaduwa US$25 oder Unawatuna US$15. Örtliche **Three-Wheelers** nach Weligama liegen bei 500 Rs, bis Matara US$7.

Matara

Der tiefe Süden

Diese Stadt bietet die Möglichkeit, auf angenehme Weise das authentische srilankische Alltagsleben kennenzulernen. Denn das sich mit fast 60 000 Einwohnern als achtgrößte Stadt Sri Lankas an der Mündung des Nilwala-Flusses erstreckende Matara liegt etwas abseits und konnte sich noch viel von ihrer ursprünglichen Atmosphäre bewahren. Dieses Reiseziel wird erst von relativ wenigen Touristen besucht, obwohl es sich nicht zuletzt aufgrund der ausgedehnten Strände in der Umgebung – vor allem dem lang gestreckten, nur 4 km vor Matara liegenden **Polhena Beach** – und bedeutender Sehenswürdigkeiten wie dem landesweit höchsten Leuchtturm im benachbarten **Dondra** oder der imposanten Buddhastatue von Weherehena als attraktives Etappenziel anbietet.

Sich fast 160 km von Colombo, 70 km von Hambantota und nur 45 km von Galle an eine weitgeschwungene Bucht schmiegend, markiert die Bezirks-Hauptstadt das südliche Ende der Eisenbahnlinie – und neuerdings auch den vorläufigen Endpunkt des Southern Expressway. Matara fungiert aber nicht nur als wichtiger **Verkehrsknotenpunkt**, sondern auch intellektuelles Zentrum des Südens – oder sogar des ganzen Landes. Als Bestandteil des über 2000 Jahre zurückreichenden Königreichs von **Ruhuna** galten die Mönche von Matara stets als große Gelehrte mit herausragenden Pali- und Sanskrit-Kenntnissen. Bedeutung gewann die Stadt aber auch als Zentrum des Gewürzhandels (vor allem Zimt) und als wichtiger Stützpunkt der niederländischen Kolonialisierung.

Schon kurz nach der Eroberung Galles hatten die **Holländer** 1640 auch Matara eingenommen. Als letzten Akt massakrierten die abziehenden, hier bereits seit 1518 anwesenden Portugiesen alle muslimischen Händler, weil diese angeblich gemeinsame Sache mit den Holländern gemacht hatten. Diese bauten zwei Forts und sicherten sich unter anderem das Monopol im Elefantenhandel. Die damals in den umliegenden Wäldern noch reichlich vorkommenden Dickhäuter wurden in große Gehege getrieben und zu Arbeitstieren gezähmt. Nachdem die Briten den Küstenort 1796 übernommen hatten, verlor er seine Bedeutung an Galle – zumal die Distriktverwaltung nach Tangalle verlegt worden war.

Rund um die Batik

Die Begegnung mit der Kunstfertigkeit von **Shirley Disanayake** findet fast täglich statt. Denn der Professor der Ruhuna-Universität – er wurde von der Regierung sogar schon mit der Goldnadel des *Kala Booshana* (Meister der Kunst) ausgezeichnet – hat unter anderem die Grafik der 20-Rupie-Note entworfen. Trotz seiner Prominenz ist es nicht weiter schwierig, ihm in Matara zu begegnen. Denn in seinem unauffällig kleinen, am nördlichen Ende des Sportplatzes gelegenen Haus, 56/58 Udyana Rd., ✆ 041-2224488, ⏰ 8–18 Uhr, Eintritt frei, unterhält der passionierte Batiker unter dem Namen **Art Batik** eine Verkaufsausstellung. Die hochwertigen Exponate zeigen, wie sehr sich Disanayake auf besonders komplizierte Motive spezialisiert hat, die sich durch bis zu sieben verschiedene Farben und fließende Übergänge auszeichnen.

Selbst erlernen indes lässt sich die indonesische Kunst der partiellen Einfärbung von Textilien durch aufgepinselte Wachsabdeckungen sowie späteres Eindrehen, Wringen, Falten und Abbinden z. B. bei **Jeziman Mohamed**, die im Hinterhof ihres Hauses, 12 Yehiya Mawatha, ✆ 041-2222142, ⏰ 8–19 Uhr, Eintritt frei, die Seiden- und Batik-Werkstatt **Yezlook Batiks** betreibt. Sie lässt am liebsten nach alten Vorlagen arbeiten und unterhält in Matara eines der besten Batik-Geschäfte des Südens, in dem sogar schon die britische Königin eingekauft haben soll.

Heute wird Matara – abgeleitet von *Maka Tara* (großer Hafen) und *Maat-rah* gesprochen – unter anderem für die Qualität seines Joghurts gerühmt, der als einer der besten im ganzen Land bekannt ist. Die Stadt gilt aber auch als Hochburg der Batik-Kunst und Herkunftsort des berühmten Schauspielers Gamini Fonseka (eine Art Heinz Rühmann Sri Lankas). Ebenfalls gern angeführt wird die Stadt für das heiße Temperament ihrer Bewohner als auch Herkunftsort des **Matara-Diamanten** – eines Zirkon, der in der Umgebung gefunden wird und früher gern als minderwertiger Diamant verkauft wurde. Eine weitere Besonderheit der Region sind die mit dem indo-englischen Begriff „Hackeries" bezeichneten **Ochsenkarren**. An der Seite offen, werden sie hier im Alltag z. B. zum Transport von Tonschalen für die Joghurt-Produktion und am singhalesischen Neujahrstag bei illustren Wettrenn-Veranstaltungen im ganzen Land eingesetzt.

Orientierung und Sehenswertes

Am östlichen Rand der Stadt breitet sich der Campus der renommierten **Ruhuna-Universität** aus. 1978 als University College gegründet, wurden die Gebäude 1984 nach Plänen von Sri Lankas Star-Architekten Geoffrey Bawa errichtet. Ende der 1980er-Jahre war sie eine Hochburg der „Einheitsfront für die Volksbefreiung" (JVP). Diese radikal-marxistische Bewegung hatte bereits 1971 von Matara aus einen großen Aufstand gestartet, der jedoch brutal niedergeschlagen worden war (s. S. 118).

Wie Galle untergliedert sich auch das Zentrum von Matara in einen modernen und einen historischen Distrikt. Besonders auffällig ist das große **Sportareal** mit seinen vier Baumriesen inmitten der Neustadt, das natürlich vor allem für Cricket genutzt wird. Hauptverkehrsader ist die stets überfüllte Galle Road, die im Stadtgebiet **Anagarika Dharmapala Mawatha** im Volksmund *Broadway* genannt wird. Vor allem hier sind zwischen vereinzelten, kolonialen Bauwerken wie dem Kino spiegelverglaste, klimatisierte Geschäfte auf dem Vormarsch.

Größte historische Sehenswürdigkeit ist das **Star Fort**, das zwar relativ klein ist, aber mit seiner fünfzackigen Sternform und den massigen Mauern wie der Prototyp einer Bastion wirkt.

Zwischen 1763 und 1770 vom holländischen Gouverneur van Eck errichtet und einst mit zwölf Kanonen bestückt, wurde es jedoch niemals angegriffen. Eine Holzbrücke führt über einen rundherum flankierenden Burggraben, wo sich neben reichlich Mückenlarven auch Schildkröten und sogar noch ein Krokodil tummeln.

Im fotogenen, mit einem Wappen verzierten Eingangsbereich finden sich noch zwei Gefängniszellen für jeweils bis zu 25 Insassen. Im Innenbereich des Forts gibt es einen Brunnen und ein kleines Museum, ⏰ 8.30–17 Uhr, mit Münzfunden und Kunst zu besichtigen, wobei als Eintritt eine Spende von 300 Rs erwartet wird. Das historische Juwel befindet sich in Privatbesitz und ist nicht immer zugänglich, könnte jedoch eines Tages zu einer charmanten Touristenattraktion herausgeputzt werden.

Dichter Verkehr flutet über die breite, belebte Brücke des **Nilwala Ganga**, in dem Krokodile sogar schon bis ins Stadtgebiet vorgedrungen sein und badende Kinder angefallen haben sollen. Vorbei an der weißen **Muhiyiddeenil Jeelami-Moschee** führt die Straße in Richtung Dondra und Tangalle, aber auch in den historischen Südteil der Stadt, der in seinem westlichen Bereich von einer weiteren, aber sehr viel größeren Befestigungsanlage dominiert wird.

Das verschlafene Areal des **Forts** – nicht halbwegs so reizvoll wie die Festung von Galle – liegt auf einer Halbinsel, die von Verwaltungsbauten, Schulen, Wohnhäusern und Pensionen geprägt ist. Zuerst fallen die 1883 errichtete **Uhrturm** ins Auge, aber auch mächtige Regenbäume und die holländische **Kirche**, die zu den ältesten des Landes zählt. Über dem Eingang prangt die Jahreszahl 1769, doch in ihrem – leider meist verschlossenen – Inneren schlummern einige Bauelemente, die sogar noch bis 1686 zurückreichen, sowie einige Grabsteine. Das am Ufer liegende, hübsch renovierte **Rest House** soll sich teilweise in den Mauerresten der einstigen Elefanten-Ställe eingenistet haben.

Nicht weit davon führt eine Brückenkonstruktion zur kleinen, vorgelagerten Insel **Chula Lanka**, wo ein siamesischer Mönch einst ein Kloster gegründet hatte und sich heute eine besonders gern von Liebespaaren besuchte Tempelanlage befindet.

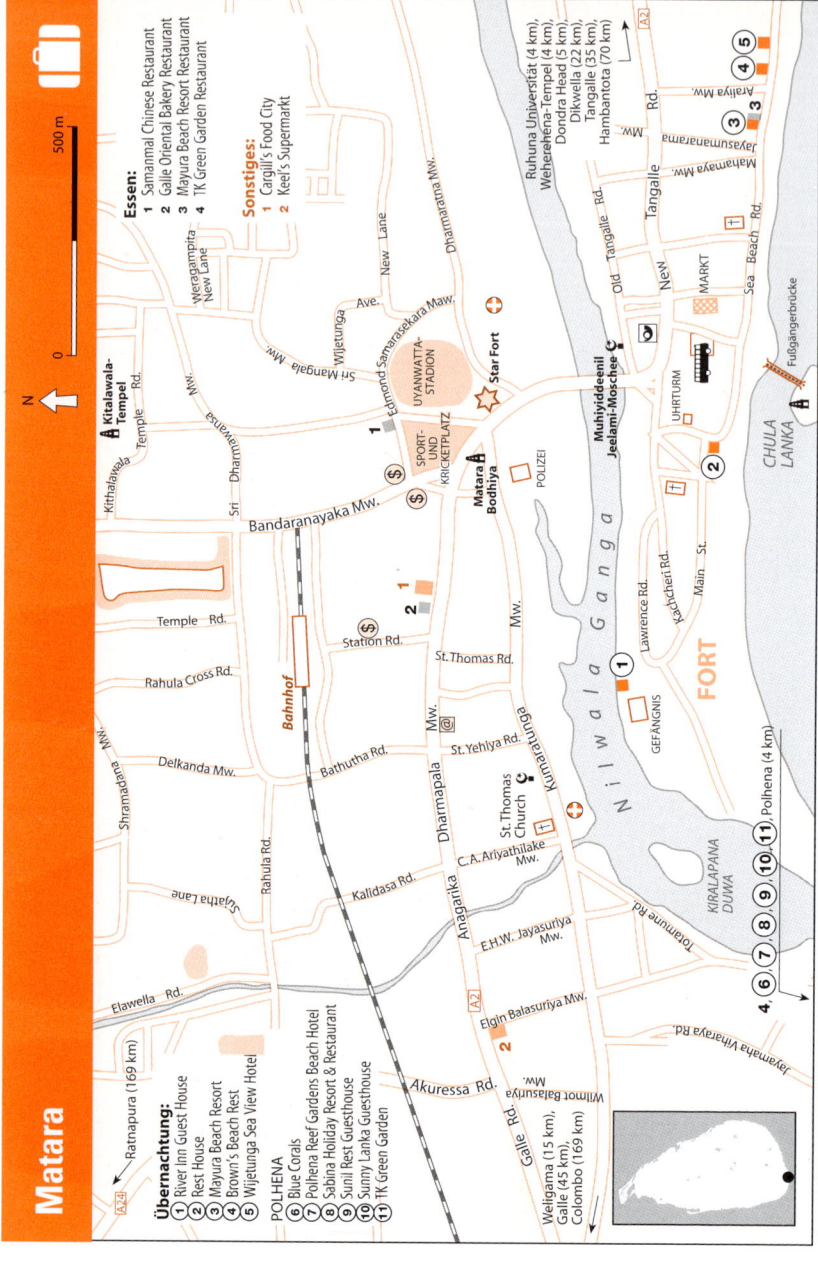

Der tiefe Süden

Matara

A24 →Ratnapura (169 km)

Übernachtung:
① River Inn Guest House
② Rest House
③ Mayura Beach Resort
④ Brown's Beach Rest
⑤ Wijetunga Sea View Hotel

POLHENA
⑥ Blue Corals
⑦ Polhena Reef Gardens Beach Hotel
⑧ Sabina Holiday Resort & Restaurant
⑨ Sunil Rest Guesthouse
⑩ Sunny Lanka Guesthouse
⑪ TK Green Garden

Essen:
1 Samanmal Chinese Restaurant
2 Galle Oriental Bakery Restaurant
3 Mayura Beach Resort Restaurant
4 TK Green Garden Restaurant

Sonstiges:
1 Cargill's Food City
2 Keel's Supermarkt

Ruhuna Universität (4 km),
Weherehena-Tempel (4 km),
Dondra Head (5 km),
Dikwella (22 km),
Tangalle (35 km),
Hambantota (70 km)

Weligama (15 km),
Galle (45 km),
Colombo (169 km)

N

500 m

FORT

CHULA LANKA

Nilwala Ganga

KIRALAPANA DUWA

Star Fort

UYANWATTA-STADION

SPORT- UND KRICKETPLATZ

Matara Bodhiya

POLIZEI

Muhiyiddeenil Jeelani-Moschee

UHRTURM

MARKT

GEFÄNGNIS

St. Thomas Church

Kitalawala-Tempel

Bandaranayaka Mw.

Temple Rd.

Rahula Cross Rd.

Delkanda Mw.

Bathutha Rd.

Kalidasa Rd.

Elawella Rd.

Akuressa Rd.

Galle Rd.

Station Rd.

St. Thomas Rd.

St. Yehiya Rd.

C.A. Ariyathilake Mw.

E.H.W. Jayasuriya Mw.

Elgin Balasuriya Mw.

Wilmot Balasuriya Mw.

Jasmaha Viharaya Rd.

Tolamune Rd.

Lawrence Rd.

Kadchcri Rd.

Main St.

Sea Beach Rd.

New Tangalle Rd.

Old Tangalle Rd.

Mahamaya Mw.

Jayasumanarama Mw.

Aratiya Mw.

Dharmapala Mw.

Anagarika

Kumaratunga Mw.

Rahula Rd.

Sujatha Lane

Shramadana MW.

Sri Dharmarama MW.

Kithalawela Temple Rd.

Weragampita New Lane

New Lane

Ave.

Sri Mangala Mw.

Edmond Samarasekara Maw.

Dharmaratna Mw.

Wijetunga Mw.

Bahnhof

A2

Polhena (4 km)

Fußgängerbrücke

264 Matara

www.stefan-loose.de/sri-lanka

Übernachtung

Bisher haben sich erst wenige Unterkünfte auf westliche Touristen eingestellt. Sie liegen meist am Flussufer oder im Küstenbereich, vor allem aber im etwa 4 km entfernten, über einen herrlichen Strand verfügenden **Polhena**. Dort reihen sich die Resorts zumeist direkt an der wenig befahrenen Beach Rd. auf. Nicht wenige fungieren als „Reception Hall".

In der Stadt

Brown's Beach Rest, 39 B Beach Rd., ☎ 041-2226298. Preiswerte Unterkunft am Meer. 7 recht komfortable Zimmer mit Ventilator, davon 3 mit AC wesentlich teurer und im hinteren, etwas ruhigeren Bereich. Nettes Personal, kleines Restaurant. ❶ – ❷

Mayura Beach Resort, 33 Beach Rd., ☎ 041-2223274. In einem Alt- und einem Neubau am Meer verteilen sich 16 moderne, saubere Komfort-Zimmer, davon 2 als AC. Vorsicht Hochzeitsgesellschaften! ❸

Rest House, ☎ 041-2222299, ✉ resthouse. matara@sltnet.lk. Zentrale Lage und direkt am Meer in einem Alt- und einem Neubau. Nach privater Übernahme aufwendig renoviert und nun hübsch herausgeputzt, vor allem die schicke, koloniale Säulen-Veranda. 8 Zimmer, davon 5 AC für 7150 Rs und somit reichlich überteuert. Nettes Restaurant mit Bar. ❸ – ❺

River Inn Guest House, 96/1 Wilfred Gunasekara Mw., ☎ 041-2222215, ✉ gcdahanayake@gmail. com. Preiswerte, empfehlenswerte Unterkunft einer Rechtsanwalts-Familie und in der Nähe des örtlichen Gefängnisses. Seit 1980 als 3-stöckiges Gebäude mit 7 sauberen Zimmern mit Ventilator für 1350 Rs, die Hälfte davon im Obergeschoss mit Balkon. Kleiner Pavillon am Flussufer – und ein Zaun gegen Krokodile. ❷

Wijetunga Sea View Hotel, ☎ 041-2234700, ✉ wijetunga@yahoo.com. Neben dem Rest House die stadtweit beste Option mit modernen, in Blautönen gehaltenen Zimmern, teilweise mit AC. ❷ – ❸

Am Polhena Beach

Blue Corals, ☎ 0777-600803. Der Name ist Programm: Die 3 Zimmer dieser überschaubaren Unterkunft liegen in einem schmalen, blau

getünchten Gebäude. Eigentümer Mr. Nishantha versteht sich besonders auf Schnorchel-, Tauch- und Flusstouren. ❶ – ❷

Polhena Reef Gardens Beach Hotel, 30 Polhena Beach Rd., ☎ 041-2222478, 🖥 www.prghotel. com. 18 Komfort-Zimmer mit AC, TV und Minibar. Das hoteleigene Restaurant findet sich zusammen mit dem Schwimmbad auf der gegenüberliegenden Straßenseite am Strand. ❺

Sabina Holiday Resort & Restaurant, Polhena Beach Rd., ☎ 041-2227951. Am südlichsten, einsam und romantisch am langen Strand liegende Unterkunft mit 4 preiswerten, akzeptablen Zimmern. Familiäre, freundliche Atmosphäre und gute Verpflegung. ❷

Sunil Rest Guesthouse, ☎ 041-2221983, ✉ sunilrestpolhena@yahoo.com. Sympathischer, beliebter Familienbetrieb mit ca. 10 Zimmern in mehreren Gebäuden. Die Brüder Sunil Kantha und Nisantha Kumarawadu organisieren Schnorchel- und Tauchausflüge sowie 3-stündige Bootstouren auf dem Nilwala Ganga. Im Restaurant wird herzhafte Hausmannskost serviert. ❶ – ❷

Sunny Lanka Guesthouse, 93 Polhena Beach Rd., ☎ 071 4135775, ✉ sunnyamare@yahoo. com. Rund 150 m vom Strand als Budget-Unterkunft mit 6 einfachen, aber sehr sauberen und günstigen Zimmern mit Ventilator. Oft gelobtes Restaurant und Organisation von Ausflugstouren. ❷

TK Green Garden, 116/1 Polhena Beach Rd., ☎ 041-2222603, ✉ tennysonk@sltnet.lk. Liegt zwar 50 m vom Meer entfernt, erfreut aber mit gutem Preis-Leistungs-Verhältnis. Gepflegte, in Grün gehaltene Anlage mit 11 komfortablen Zimmern, davon 2 als AC, mit Balkon oder Terrasse. Freundlicher Besitzer, der auf Anfrage auch vom Bahnhof abholt. ❷ – ❸

Essen

Die Möglichkeiten zum Schlemmen erweisen sich in Matara bisher noch als überschaubar.

Galle Oriental Bakery Restaurant, 41 Anagarika Dharmapala Mw. Mit seinem nostalgischen Charme der wohl populärste Gastronomie-Betrieb. Zur Mittagszeit gibt es Reis- und Currygerichte für unter 300 Rs, den ganzen Tag über Pasteten, Kuchen und andere preiswerte Snacks. ⊙ 6–21 Uhr.

Mayura Beach Restaurant, s. S. 265. Im Erdgeschoss des gleichnamigen Hotels mit Buffet-Tresen bzw. chinesischen und westlichen Speisen sowie moderner Alu-Bestuhlung. Integrierter Roti-Shop. Gegenüber liegt die Promenade mit beliebtem Meeres- und Inselblick, wo sich zum Sonnenuntergang stets eine Menge Leben abspielt. ⊙ 8.30–21 Uhr.

Samanmal Chinese Restaurant, 64 Udyana Rd., ✆ 041-2224828. Liegt neben dem Supermarkt Cargills am Nordrand des Sportplatzes. Zu den Spezialitäten des Hauses zählen Fisch süßsauer für 400 Rs oder gebratene Garnelen mit Salat für 300 Rs sowie gesellige Bierrunden. ⊙ 8–22.30 Uhr.

TK Green Garden, s. S. 265. Garten-Pavillon und gutes Restaurant am gleichnamigen Guesthouse. Gebratener Reis 400–500 Rs, Tintenfisch bis zu 700 Rs, Mixed Grill Fish mit Pommes 800 Rs. ⊙ 8–22.30 Uhr.

Der tiefe Süden

Sonstiges

Einkaufen

Im ehemaligen Broadway Cinema findet sich eine Filiale von **Cargill's Food City** und ein neues Einkaufszentrum, das einen **Keel's Supermarket** und verschiedene Fast Food Shops umfasst.

Geld

Die meisten Banken mit Geldautomaten finden sich im Geschäftszentrum nördlich des Star Forts. In Bahnhofsnähe liegt eine Filiale der **Commercial Bank**.

Transport

Busse

Der **Busbahnhof** von Matara liegt innerhalb des Forts und wirkt erfreulich geordnet. Die **CTB-Busse** nach COLOMBO (160 km, 4 1/2 Std., ca. 280 Rs) starten rund um die Uhr und in den Spitzenzeiten alle 15–30 Min., woran sich durch den neuen Southern Expressway wohl kaum etwas ändern dürfte.

Ebenfalls häufige Verbindungen gibt es zum westlich gelegenen GALLE (45 km, 1 Std.). Gen Osten fahren Busse über TANGALLE (40 km, 1 Std.) und Hambantota nach TISSAMAHARAMA, wo Fahrgäste nach Kataragama meist umsteigen müssen. Richtung Hochland gibt es tgl. bis zu 4 Verbindungen nach RATNAPURA sowie eine morgendliche nach NUWARA ELIYA.

Wer zur SINHARAJA FOREST RESERVE möchte, muss einen der wenigen Direktbusse nach Deniyaya erwischen oder in Akuressa umsteigen.

Um nach DONDRA zu gelangen, kann man irgendeinen Bus nehmen, der die Stadt in Richtung Osten verlässt – und von der Abzweigung einen Three-Wheeler zum Leuchtturm.

Alle 30 Min. verkehren Busse der Linie 349 zum Heiligtum von WEHEREHENA, die etwa 15 Min. benötigen.

Taxis

Die Strecke nach COLOMBO bzw. zum Flughafen liegt bei US$90, nach TISSAMAHARAMA bei US$80, HIKKADUWA bei US$40–50 und GALLE

Zugfahrplan								
Zug Nr.	**59**	**57**	**85***	**349**	**39****	**51**	**345**	**368**
Matara (Abf.)	5.20	5.50	9.30		13.10	14.05	15.15	17.00
Weligama	5.35	6.15	9.50		13.29	14.35	15.38	17.20
Galle	6.30	7.30	10.55	9.00	14.30	15.45	16.21	18.12
Hikkaduwa	6.54	7.52	11.18	9.45	14.53	16.08		
Aluthgama	7.40	8.40	11.59	11.10	15.40	17.08		
Kalutara Süd	8.05	9.05	12.25	12.00	16.05	17.32		
Colombo-Fort	8.58	10.05	13.20	13.30	17.05	18.37		

* fährt weiter nach Anuradhapura-Vavuniya
** fährt weiter nach Kandy

US$50. Für Ausflüge in die weitere Umgebung –
wie zum UDA WALAWE-NATIONALPARK –
kosten Mietwagen mit Chauffeur ungefähr
US$40, während ein Rundtrip mit einem **Three-Wheeler** zum WEHEREHENA-BUDDHA schon
für rund 700 Rs zu haben ist (Fahrtzeit 20 Min.,
alternativ alle 30 Min. mit dem lokalen Bus
Nr. 349). Transfers zu den Resorts von Polhena
kosten um die 300 Rs.

Eisenbahn

Eine Fahrt nach COLOMBO kostet 1. Klasse
450 Rs, nach ANURADHAPURA 380 Rs,
nach Kandy 350 Rs und nach GALLE 100 Rs.
Zugfahrplan s. Kasten S. 266.

Die Umgebung von Matara

Nicht nur als guter Ausgangspunkt zur Erkundung von Matara, sondern auch als gute Gelegenheit für einen Abstecher zum Baden, Schnorcheln oder Tauchen bietet sich **Polhena** an. Bei
einer Bootstour kann man ein Stückchen den
Nilwala Ganga, der in den nördlich gelegenen
Bergen von **Sabaragamuwa** entspringt, hinauf-
fahren. Die beliebtesten Abstecher jedoch führen nach **Dondra** (s. u.) und zu dem rund 5 km
östlich der Stadt gelegenen **Weherehena-Tempel**, der eine der modernsten und monumentals-
ten Buddhastatuen Sri Lankas birgt (Zutritt für
Ausländer als „Donation" ca. 100–200 Rs).

Die 39 m hohe Figur thront in der Samadhi-
Position (beide Hände in Meditationshaltung auf
dem Schoß liegend) auf einem ausgehöhlten
Felsen, der im 17. Jh. als versteckte Tempelanlage konzipiert war. Mit dem Bau der heutigen
Anlage wurde bereits um 1909 begonnen. Die
erst in den 1990er-Jahren vorgenommene halb-
seitige Umrahmung mit einem sechsstöckigen
Gebäude ist Geschmackssache, doch besteht
auf diese Weise immerhin die Möglichkeit, in
Kopfhöhe der Statue zu gelangen und von dort
einen Blick auf das Reisland der Nilwala-Niede-
rung und die umgebende Palmen- und Garten-
landschaft zu werfen.

Das Labyrinth der zum Teil unterirdisch gelegenen Räume, Korridore und Treppenhäuser
ist mit über 20 000 bunten Wandmalereien aus-

Goldener Glanz der Götter

Wo sich heute mit dem Maha Vishnu Devale
und seinen alten Vorbildern folgenden Re-
liefmotiven ein ebenfalls Vishnu geweihter
Tempel erhebt, funkelte einst ein bedeutendes
Heiligtum. Mit einem goldenen Dach, seinen
1000 Säulen, genauso vielen Statuen und Pries-
tern soll das **Heiligtum von Dondra** vor allem
von See her ausgesprochen prächtig gewirkt
haben – wie noch im 14. Jh. der arabische
Weltreisende Ibn Batuta schwärmte.

Im Zentrum des Heiligtums soll eine goldene
hinduistische Vishnu-Statue mit geheimnisvoll
leuchtenden Augen aus Rubinen gestanden
haben – umtanzt und umsungen von 500 Got-
tesdienerinnen (Devadasis), die für die Unterhaltung der Götter zuständig waren.

Die Figur wurde vermutlich von den **Portugiesen** geraubt und eingeschmolzen. Denn diese
fielen 1587 unter der Führung von De Souza
d'Arronches über Dondra her, nachdem sie
gerade Galle zurückerobert hatten – nicht
zuletzt wohl auch, um König Rajasimha I.
(reg. 1581–93) von der Belagerung Colombos
abzulenken. In einem barbarischen Rausch
plünderten sie die Schätze, zerschmetterten
Statuen, brandschatzten die Bauwerke – und
frevelten das Heiligtum, indem sie in den Überresten Kühe schlachteten. Bis zu 200 Säulen
der Anlage sollen noch bis in das 19. Jh. hinein
gestanden haben.

geschmückt, die dem Heiligtum über weite
Strecken einen gewissen Comic-Charakter verleihen. Auf den Bildern werden Leben und Lehre
des Buddha dargestellt. Zudem finden sich Porträts von Zeitgenossen, die dem Tempel größere
Geldsummen gespendet haben – wobei Name
und Betrag deutlich zu identifizieren sind.

Dondra

Zwischen diesem tropischen Fleckchen Erde
und der eisigen Antarktis gibt es nichts anderes
als Wasser. Nur 5 km südöstlich von Matara liegt
Dondra – gesprochen „Dondera" und zuweilen
auch Dondra Head oder Devi Nuwara (Stadt der
Götter) genannt – als südlichster Punkt Sri Lan-

kas. Ein Ort, der nicht nur von geografischer und historischer Bedeutung, sondern auch ein klimatischer Wendepunkt ist. Von hier in Richtung Osten wird die Küste stürmischer, während in ihrem Hinterland Cashew-Plantagen die grünen Reisfelder und Garten-Landschaften des Südwestens ablösen.

Ein Besuch lohnt sich vor allem aufgrund des stattlichen Leuchtturms, aber auch wegen der grandiosen Vergangenheit, die diesem verschlafenen Ort kaum noch anzusehen ist: Schon der um 170 n. Chr. verstorbene Astronom Claudius Ptolemaios hatte Dondra Mitte des 2. Jhs. unter dem Namen „Dagana" erwähnt. Und wo heute lediglich ein paar Fischerboote schaukeln, befand sich ab dem 13. Jh. ein großer Handelshafen.

Doch auch die Relikte eines wichtigen hinduistischen Heiligtums, dessen Ursprünge bis in das 7. Jh. zurückreichen, weisen auf die Bedeutung Dondras hin. Als „Galge" bezeichnet, zeugen noch einige Grundmauern davon, die aus fein behauenen, nahtlos zusammengefügten Granitblöcken bestehen und vom vermutlich ersten, vollkommen aus Stein hergestellten Tempel des Landes stammen (s. S. 267).

Noch heute ist Dondra eine wichtige **Wallfahrtsstätte** – für Hindus wie Buddhisten. Nicht weit von der Hauptstraße, auf der der Pilgerstrom im Juli/August weiter ostwärts nach Kataragama zieht, erhebt sich nicht nur der zweistöckige **Vishnu Devale**, sondern auch der buddhistische **Devinuvara-Tempel** sowie ein stehender Kolossal-Buddha und ein vermutlich 1500 Jahre alter, restaurierter Stupa. Für viele Gläubige ist hier schon das Ziel ihres Pilgerwegs erreicht. Denn zeitgleich mit Kandy wird hier im Juli/August der zehntägige „Dondra Perahera" abgehalten.

Auch in der Legende hat Dondra eine Rolle gespielt. Hier soll der vor allem im südlichen Sri Lanka verehrte Kriegsgott Skanda (Kataragama) an Land gegangen sein, und Prinz Rama soll hier seine von dem Dämonenkönig Ravana geraubte Gemahlin Sita wiedergefunden haben.

Dondras achteckiger **Leuchtturm** wurde 1889 von den Briten errichtet und ist mit 52 m der höchste Sri Lankas. Seit dort oben Ende 2010 eine Radaranlage installiert wurde, ist er für Besucher allerdings nicht mehr so leicht zugänglich. Der Aufstieg über die Wendeltreppe ist etwas anstrengend, belohnt jedoch mit einem herrlichen Ausblick über die Küstenlandschaft – und das für schwindelfreie Besucher sogar von einer Außen-Reling, zu der in luftiger Höhe ein Luken-Ausstieg führt. Wer Lust hat, kann auch ein bisschen am Drehteller mit den Scheinwerfern spielen, die bis zu 28 Meilen weit zu sehen sein sollen. Wer indes den besten Blick auf den Leuchtturm selbst erheischen möchte, sollte sich – wie es der Name schon sagt – im Restaurant „Light House View Resort", Hummana Road, ☎ 041-2220729, ⏱ 10–23 Uhr, am gegenüberliegenden Ufer niederlassen.

Dikwella

Obwohl das etwa 22 km östlich von Matara liegende Dikwella – auf Deutsch: Lange Brücke – eigentlich nur einen kleinen Küstenort bezeichnet, verbindet sich mit dem Namen eine ganze Region. Dorthin führt die A 2, die sich bis Tangalle überwiegend an malerischen, menschenleeren Stränden entlangschlängelt. Vielerorts führen Stichstraßen zu reizvollen, durch Felsgruppen voneinander getrennten Badebuchten und versteckten Fischerdörfern. Hier bieten sich allerlei stilvolle Unterkünfte für Badefreuden und Ayurveda sowie zur Erkundung der beiden wichtigsten Sehenswürdigkeiten an.

Nicht nur der Weherehena-Tempel im 20 km entfernten Matara kann mit einem heiligen Riesen aufwarten, sondern auch der **Buduraya-Tempel** von **Wehwurukannala**: Mit 50 m ist die hiesige Statue sogar noch um einiges höher und sogar die größte Sri Lankas. Rund 2 km nördlich von Dikwella blickt der Ende der 1960er-Jahre errichtete, meditierende **Samadhi-Buddha** über Palmenhaine und Reisfelder. Statt eines in der Tropensonne schnell verblassenden Farbanstrichs bekam er eine beständige Oberfläche aus Mosaiksteinen. Auch hier wird die Figur von einem Gebäude gestützt. Es besteht aus zehn Stockwerken und führt zu einer Aussichtsplattform in den Kopf der Figur.

Wie in Weherehena sind das Haus und die umliegenden Gebäude mit zahlreichen bunten Wandgemälden verziert. Sie dienen der religiösen Unterweisung und sind mitunter besonders brutal. Wie z. B. die Motive, auf denen die Sünder von Teufeln kopfüber in siedendes Wasser getaucht werden. Der älteste Teil des Heiligtums soll sogar 250 Jahre alt sein. Neueren Datums ist eine interessante Uhr, die von einem Häftling um 1930 angefertigt worden sein soll. ⏱ 6–18 Uhr.

Ungefähr 6 km nordöstlich von Dikwella zweigt am KM 185 nach rechts eine Straße zum sogenannten **Blowhole** (Blasloch) von **Mawella/Kudawella** ab. Dabei handelt es sich um ein atemberaubendes Naturschauspiel, wie es nur noch an sechs anderen Orten des Planeten zu finden ist: Aus einer auf einer Anhöhe gelegenen, ockergelben Felsspalte schießt in unregelmäßigen Abständen mit lautem Getöse eine bis zu über 20 m hohe weiße Fontäne in den blauen Himmel. Das Wasser wird mit dem Wellengang des nahen Meeres durch einen 23 m langen, natürlichen Felskamin gepresst. Während des Südwestmonsuns im Juni/Juli präsentiert sich das – von den Einheimischen *Hoo-maniya* (Blasebalg) genannte – Phänomen am spektakulärsten, während man bei spiegelglatter See vielleicht besser daran vorbeifahren sollte.

Das Gebiet um Mawella und Nakulungamuwa war Ende der 1980er-Jahre eine Hochburg der JVP, die hier sogar die Hauptstraße absperrten und die Bevölkerung mit ihrer Tyrannei überzogen, bis die Armee mit brutaler Gewalt einschritt. Wer sich für soziale Projekte interessiert, sollte nicht versäumen, der gegenüber dem Dikwella Resort liegenden Kooperative **Dikwella Lace**, ⏱ 9–17 Uhr, einen Besuch abzustatten. Hier werden Frauen aus bis zu 50 umliegenden Dörfern in traditioneller Knüpfkunst unterwiesen, um ihnen eine Verdienstmöglichkeit zu bieten und zugleich das Kunsthandwerk zu bewahren. Natürlich kann man hier auch Souvenirs erwerben.

Übernachtung und Essen

Verstreut in der Region Dikwella finden sich überraschend viele verlockende, exklusive Resorts – einige davon auf Ayurveda spezialisiert.

Claughton House, Kemagoda, ✆ 071-725470, 🖥 www.srilankayellowpages.com/claughton. Von Geoffrey Bawa konzipiert, zählt dieses rund 5 km hinter Dikwella liegende Juwel als Designer-Hotel zu den exklusivsten Resorts der Insel. Denkbar private Atmosphäre mit 3 geräumigen Zimmern in einer Villa inmitten einer 5 ha weiten Parklandschaft mit Hügeln, Schwimmbad und faszinierendem Meeresblick. ❻–❼

Dickwella Beach Hotel, 112 Mahawela Rd., ✆ 041-2255326. Vor allem für Einheimische und deshalb günstige Option der Region. Direkt an der Straße, aber innen und am Strand ruhig. 20 einfache, geräumige Zimmer, davon 2 als übeteuerte AC, in einem Blockbau mit Innenhof. ❷–❸

Dickwella Resort, Batheegama, ✆ 041-2255271, 🖥 www.dickwella.net. Seit 1981, spektakulär auf einer felsigen Landzunge am Meer liegendes, schönes Resort mit 76 Komfort-Zimmer ab US$170 in mediterran anmutenden Bauten. Geführt von dem sympathischen italienischen Original Enzo Azzola sowie seiner holländischen Frau Anke J. Riemsma. Großer Salzwasser-Pool, attraktives Spa und viele Sportmöglichkeiten. ❼

Isolabella Ayurveda Resort, ✆ 0049-2122-217385, (Susanne Tupait), 🖥 www.ayurveda-isolabella.de. Originelle, ansprechende Anlage, die sich mit 7 Zimmern und einem schönen Schwimmbad über 5000 m² verteilt. 17 Mitarbeiter und ein renommierter Ayurveda-Arzt kümmern sich um das Wohl der Gäste. Eine Woche 490 € p. P. im DZ, Einzelreisende 595 €. Bei 2 Wochen bis zu 70 Anwendungen.

Kadolana Beach Resort, Kemagoda, ✆ 041-2256140. Etwa 3 km von Dikwella am Beginn einer Bucht. Architektonisch ansprechende Anlage mit viel Rasen und Palmenschatten. 8 Zimmer, davon 4 AC, jeweils mit breitem Balkon oder Terrasse. ❸

Manahara Beach Cottage & Cabanas, Moraktiyara, ✆/✆ 047-2240585, 🖥 www.manaharabeachcabanas.com. Diese ca. 7 km hinter Dikwella im Schatten eines Palmengartens platzierte Anlage mit Schwimmbad bietet 9 ansprechend konzipierte Rund-Cabanas am herrlichen, 5 km langen Strand von Mahawela. ❹–❺

Surya Garden Guesthouse, Nakulungamuwa, ✆ 077-7147818, 🖥 www.srilanka-vacanze.com. Dieses 7 km nördlich von Tangalle liegende, überaus ansprechende Strandresort erscheint durch und durch italienisch, wie sich schon an der Homepage ablesen lässt. Die durchgängig verwendeten, warmen Farbtöne und ein kreativer Architekturstil sorgen für maximal mögliche Wohlfühlcharakter. 2 Zimmer, 3 Cabanas und selbstverständlich: ein hervorragendes Restaurant. ❹–❺

Tatalla Retreat, ✆ 041-2259171, 🖥 www.tatallaretreat.com. Versteht sich als Boutique-Resort. 8 doppelstöckige Villen, in denen jeweils 4 stilvoll ausstaffierte, jeden Komfort bietende Zimmer im Tropenlook liegen. 20-m-Pool, Yoga- und Massage-Angebot. ❹

Vattersgarden Ayurveda Resort, Kottegoda, ✆ 041-2259060, 0049-2163 – 57999 (Rosi Vatter), 🖥 www.vattersgarden.de. Rund 12 km hinter Matara und 800 m von der Hauptstraße. Angenehmes Ayurveda-Resort der deutschen, sympathischen Familie Vatter. Herrlich gelegen an einem schönen Strand und mit 13 Zimmern sowie mehreren Pavillons über einen grünen Palmenhügel verteilt. 55 Angestellte kümmern sich um bis zu 26 Gäste. Tagespreise 86–94 €, 2 Wochen 1200–1300 €. ❻

Transport

Bus- und Bahnverbindungen s. Transport unter Matara bzw. Tangalle. Der neue Flughafen wird Dikwella wesentlich leichter erreichbar machen.

5 HIGHLIGHT

Tangalle

Die rund 200 km von Colombo und 80 km von Galle entfernte Region Tangalle – auch Tangalla geschrieben und in der Übersetzung einen „Hervorstehenden Felsen" verheißend – lebt vorwiegend von der Fischerei und präsentiert sich mit einer wunderschönen, vergleichsweise menschenleeren Küstenlandschaft als ideales Ziel zum Relaxen. Der Ort selbst bietet nicht viel Besonderes außer einem belebten Marktplatz, einem geschäftigen Hafen und einigen Überbleibseln holländischer Kolonial-Architektur – wie dem örtlichen **Rest House**: 1774 von den Holländern erbaut und noch heute der Verwaltung dienend, zählt dieses Bauwerk zu den landesweit ältesten.

Aufgrund malerischer Felsformationen und Badebuchten zählen die Strände des Ortsteils **Goyambokka** zu den reizvollsten der gesamten Südküste, während sich in dem von der A 2 durchschnittenen Ortsteil **Pallikaduwa** die ältesten Unterkünfte befinden. Der schöne, fast 3 km lange **Medaketiya Beach** beginnt gleich am Hafen, um sich später mit dem einsamen **Medilla Beach** fortzusetzen. Dort findet sich auch eine große, sumpfige **Lagune**, die sich teilweise mit kleinen Booten erkunden lässt. Mit dem Marakolliya Beach setzt sich die paradiesische Natur in Richtung Osten fort – bis zu dem insgesamt 10 km östlich von Tangalle liegenden Ort Rekawa. Dessen faszinierende Strände sagen nicht nur den Meeresschildkröten (s. S. 274, Kasten: Schildkröten – Reproduktion in Rekawa), sondern auch immer mehr Urlaubern zu, was sich an dem zunehmend entstehenden Resorts ablesen lässt.

Da der Meeresboden in dieser Küstenregion stellenweise steil abfällt, können die Wellen und Strömungen manchmal gefährlich werden, und so scheint es kaum verwunderlich, dass diese Region besonders hart vom Tsunami getroffen worden war. Zu den **Tauchzielen** vor der Küste zählen neben einigen Korallenriffen ein um die 150 Jahre altes Dampfschiff-Wrack sowie ein vor fast 25 Jahren versunkener, 40 m langer Container-Frachter. Touren werden z. B. vom **Tangalle Diving Center**, ✆ 0776-277622, 🖥 www.tangalle divingcentre.com, organisiert, das im Tangalla Bay Hotel ansässig und ein Ableger von den Sea Horse Divers in Unawatuna ist.

Neben Ausflügen zum Naturphänomen **Hoomaniya** oder zum **Buduraya-Tempel** von Wehwurukannala (s. S. 268) bietet sich auch das wenig besuchte **Kalametiya Bird Sanctuary** (Zugang über das etwa 20 km entfernte, östlich gelegene Dorf Hungama) zur Erkundung an.

Rund 16 km nördlich von Tangalle findet sich in **Mulkirigala** die bedeutendste kulturhistorische Sehenswürdigkeit der Region: ein auf einem 211 m hohen, schwarzen Felsen gelegenes **Kloster**, zu dem 700 enge, steile und vielleicht schon vor 1500 Jahren angelegte Treppenstufen hinaufführen. Vermutlich schon im 1. Jh. v. Chr. von Mönchen genutzt, blieb es von den üblichen zerstörerischen Übergriffen der Portugiesen

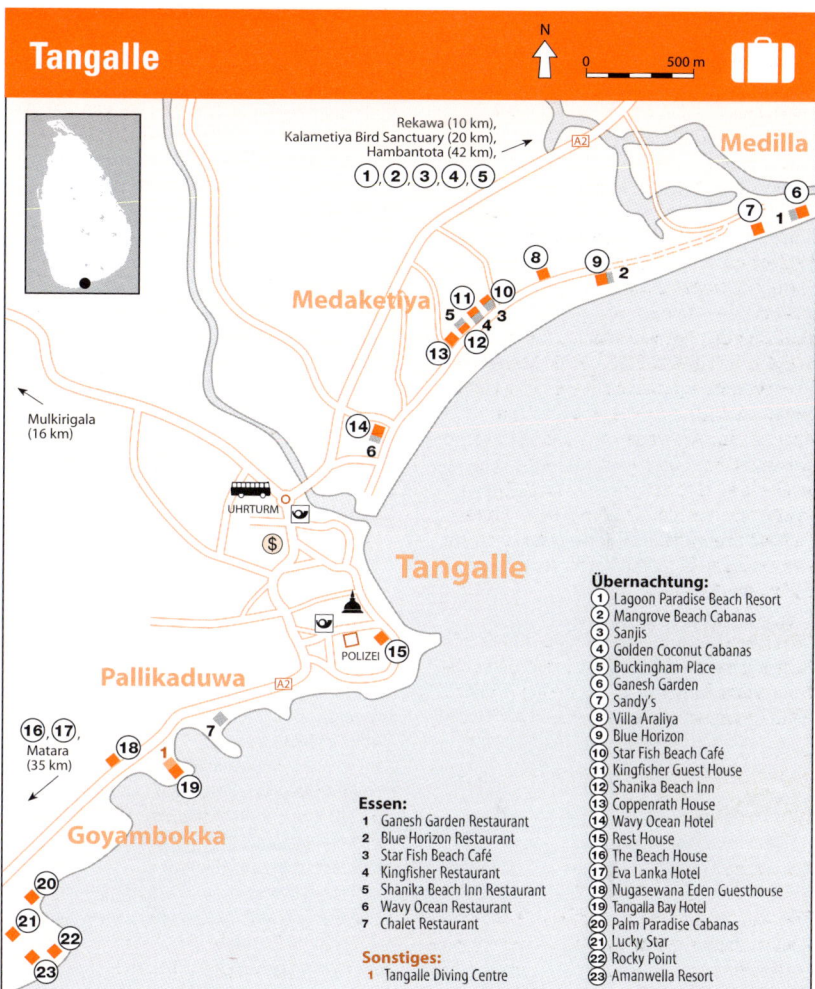

Der tiefe Süden

Rekawa (10 km),
Kalametiya Bird Sanctuary (20 km),
Hambantota (42 km),

A2

Medilla

① ② ③ ④ ⑤

⑦ 6
1

Medaketiya

⑧ ⑨
8   9   2

⑪ ⑩
5   4   3
⑬ ⑫

Mulkirigala
(16 km)

⑭
6

UHRTURM

$

Tangalle

Übernachtung:
① Lagoon Paradise Beach Resort
② Mangrove Beach Cabanas
③ Sanjis
④ Golden Coconut Cabanas
⑤ Buckingham Place
⑥ Ganesh Garden
⑦ Sandy's
⑧ Villa Araliya
⑨ Blue Horizon
⑩ Star Fish Beach Café
⑪ Kingfisher Guest House
⑫ Shanika Beach Inn
⑬ Coppenrath House
⑭ Wavy Ocean Hotel
⑮ Rest House
⑯ The Beach House
⑰ Eva Lanka Hotel
⑱ Nugasewana Eden Guesthouse
⑲ Tangalla Bay Hotel
⑳ Palm Paradise Cabanas
㉑ Lucky Star
㉒ Rocky Point
㉓ Amanwella Resort

POLIZEI ⑮

Pallikaduwa

A2

⑯ ⑰,
Matara
(35 km)
⑱ 7 1
⑲

Goyambokka

⑳

㉑ ㉒
㉓

Essen:
1 Ganesh Garden Restaurant
2 Blue Horizon Restaurant
3 Star Fish Beach Café
4 Kingfisher Restaurant
5 Shanika Beach Inn Restaurant
6 Wavy Ocean Restaurant
7 Chalet Restaurant

Sonstiges:
1 Tangalle Diving Centre

verschont und auch vor den Holländern – nicht zuletzt deshalb, weil diese das Heiligtum bis 1766 mit Adam's Peak verwechselten.

Ein britischer Kolonialoffizier entdeckte 1826 in der Schriftsammlung des Klosters, das zu den ältesten der Insel zählt, den auf Palmblätter geschriebenen *Tika* – einen Kommentar zu der in Pali verfassten Chronik *Mahavamsa*, der diese zu entschlüsseln half. Da die Briten den Mönchen

auferlegten, ihre Toten zu begraben, findet sich sogar ein eher seltener buddhistischer Friedhof.

Die auf fünf verschiedenen Ebenen liegenden Nischen, Höhlen und Andachtsstätten des Felsens sind mit Wandgemälden aus dem 19. Jh. und Statuen geschmückt, darunter ein 10,50 m langer, liegender Buddha. Von dem an die Heiligtümer von Dambulla und Sigiriya erinnernden Felsen, ⊙ 6–18 Uhr, Eintritt 400 Rs, bietet sich ein

In Tangalle zeigt sich Sri Lanka nicht nur landschaftlich von seiner schönsten Seite. Die reizvolle Region kann auch mit erstaunlich vielen attraktiven Unterkünften beglücken ... Was seinen Grund nicht zuletzt in den schlimmen Tsunami-Schäden hat, denn fast alle Resorts und Guesthouses wurden umfassend renoviert oder auch ganz neu erbaut. Die dafür gewählten Architekturstile und Materialien, Formen und Farben heben sich wohltuend vom üblichen Einerlei im übrigen Land ab. Doch auch das erfreulich günstige Preis-Leistungs-Verhältnis lädt zum längeren Verweilen ein. Wer hier mal richtig abhängen möchte, sollte sich an die Faustformel halten: Je weiter östlich von Tangalle die Unterkunft liegt, desto mehr Natur, Einsamkeit und Idylle sind zu genießen – was besonders für die famosen Stränden von Marakolliya und Rekawa gilt.

in alle Himmelsrichtungen bestechender Ausblick. Im unteren Bereich findet sich ein kleines Archäologisches Museum.

Übernachtung

Klimatisierte Zimmer sind in Tangalle bisher noch die Ausnahme. Der Strandabschnitt vom Hafen bis zur östlich liegenden Lagune wird bisher erst/schon mit rund 20 Unterkünften flankiert, was sich in den nächsten Jahren schnell ändern dürfte. Die Zufahrt zum famosen Marakolliya Beach ist nicht am Meer entlang möglich, sondern muss über den Highway bzw. mit Privatautos oder Taxis erfolgen.

Westlich von Tangalle
Amanwella Resort, Wella Wathurara, ☎ 047-2241333, 🖥 www.amanresorts.com. Der Name kombiniert Aman (Frieden) und Wella (Strand). Trotz schlichter, eigenwilliger Bunker-Architektur, viel tristem Grau und spärlicher Dekoration seit 2005 ein exklusiver Meilenstein der legendären, 1988 gegründeten „Aman Resorts Group" – und bei Übernachtungspreisen ab US$1000 auch das mit Abstand teuerste Hotel Sri Lankas. 30 gediegene Suiten

mit kleinem eigenen Pool, davon 14 direkt am Strand. Der Gemeinschaftspool misst 45 m, während sich fast 200 Angestellte um das Wohl der betuchten Gäste kümmern. ❼

Eva Lanka Hotel, ☎/🖷 047-2240940-1, 🖥 www. eva.lk. Schönes, in einen bunten Tropengarten am Berghang eingebettetes Ayurveda-Resort mit 29 großzügigen Zimmern ab 30 m², davon zwei Arten Chalets. Einquartierung von Kurgästen bervorzugt. Faszinierender Meeresblick. 2-tägige Behandlungen ab US$180, 4 Tage ab US$320 und 7 Tage ca. US$630. ❻

Lucky Star, ☎ 047-2241244, 🖥 www.luckystar-srilanka.de. Auf einem Felsen liegende, professionell geführte Pension mit 9 schönen, großen Komfort-Zimmern zu 35 €, Salzwasser-Pool, herrlichem Meeresblick und manchem Streifenhörnchen. Gepflegt, familiär, gratis WIFI – empfehlenswert. Die deutschen Besitzer haben sogar Steckdosen und Toilettendeckel aus der Heimat importiert. ❹

Nugasewana Eden Guesthouse, ☎ 047-2240389, 🖥 www.nugasewana.com. Das frühere „Tourist Guest House" zählt seit 1982 zu den frühesten Anlagen von Tangalle. 6 gute AC-Zimmer und 1 Apartment mit Ventilator. Großer Garten, freundliche Atmosphäre, professionelle Serviceleistungen wie Transfers und Internet. ❸

Palm Paradise Cabanas, ☎/🖷 047-2240338, 🖥 www.palmparadisecabanas.net. Empfehlenswertes Resort mit 22 Cabanas in weitläufiger, von dichtem, altem Palmen-Bestand beschatteter Gartenanlage an schönem Strand. Als Pionier-Projekt Anfang der 80er-Jahre gestartet von den Deutschen Karin Burdich und Manfred Meinecke. Nur mit Halb- oder Vollpension. Die Service-Angebote sind inkl. Massagen. ❹

Rocky Point, ☎ 047-2240834, 🖥 srilankarocky point.com. Rund 10 Zimmer und Bungalows in schöner, weitläufiger Gartenanlage am Hang. Vom Restaurant eröffnet sich ein herrlicher Blick auf die felsige Küste. ❸

The Beach House, Kontakt über den Luxusvillen-Anbieter „The Sun House" in Galle, ☎ 091-4380275, 🖥 www.thesunhouse.com. Einst im Besitz des US-Künstlers Douglas Johnson und mit Hilfe von Geoffrey Bawa restauriert, zählt das koloniale Strandhaus zu

Dieses ungewöhnliche Hotel sollte man sich zumindest einmal anschauen. Denn das auf einer felsigen Landzunge im Meer liegende **Tangalla Bay Hotel**, ✆/℡ 047-2240346, 💻 www.tangalla bayhotel.com, überrascht trotz seiner wenig attraktiven Fassaden als architektonisches Juwel. Im Inneren kann es mit vielen interessanten Details aufwarten. Das von dem heute in den USA lebenden Valentine Gunasekere mit zahlreichen Elementen eines Schiffs entworfene Hotel stammt zwar von 1971, ist seiner Zeit jedoch weit voraus gewesen, sodass es heute glattweg als zeitgenössisches Designer-Hotel durchgehen könnte … Vom Foyer aus gelangen die Gäste über eine Art Landungsbrücke und die Treppenhaus-Rotunden „Hatch" A, B oder C zu ihren 12 Deluxe-Zimmern (als „Captains Cabins" US$80) und 22 Standard-Zimmern (als „Crews Cabins" US$66), wobei der Aufschlag für AC-Benutzung tgl. US$5,50 beträgt. Die Zimmer sind ungewöhnlich geschnitten und passen mit ihren lukenförmigen Fenstern und allerlei anderen verspielten Raffinessen gut in den Rahmen.

den exklusivsten 20 Villenhotels der Welt. Extrem private, nostalgische Atmosphäre. Die 5 Zimmer sind mit Antiquitäten wie Baldachin-Betten eingerichtet und kosten ab US$850 pro Tag. Wunderschönes Wahrzeichen ist das frei stehende Tor am Meer. ❻

Im Bereich der Stadt
Rest House, ✆ 047-2240299. In szenischer Lage direkt am geschäftigen Fischerei-Hafen mit 24 Zimmern, davon 9 AC. Diese liegen jedoch separat und halten leider nicht das, was das schöne koloniale Empfangsgebäude mit seiner Säulen-Veranda und dem weißem Mobiliar verspricht. ❸

Östlich von Tangalle (Medaketiya Beach und Medilla Beach)
Blue Horizon, Medilla Beach, ✆ 047-2240721, 📧 bluehorizonhotel@live.com. Mit origineller Klinker-Architektur höchstes Bauwerk am Ort. Besonders zu empfehlen sind Zimmer Nr. 1 und 5, da mit Balkon bzw. bestechendem Meeresblick. Der freundliche Mr. Sudath bietet 5 gute Zimmer und ein Restaurant (Zeit mitbringen!) im 2. Stock. ❷–❸
Coppenrath House, 50 Medaketiya Beach, ✆ 047-2241941, 📧 petracoppenrath@t-online. de. Neu seit Ende 2010 als erstaunliches Konzept mit Bädern und Jacuzzis, die quasi mitten im Zimmer liegen. 6 Zimmer, davon 2 mit AC. Schöner Balkon, Katamaran als Restaurant-Plattform. Deutsche Beteiligung. ❸–❹

Kingfisher Guest House, 91 Medaketiya Beach, ✆ 047-2242 472, 📧 jaliya2004@yahoo.com. Seit 1970 als erstes Guesthouse von Tangalle und mit gutem Preis-Leistungs-Verhältnis. 7 gepflegte Zimmer zum Sparpreis von 600–800 Rs. Eine Scharz-Rot-Gold-Flagge versteht sich als Hinweis auf die deutschen Besitzer Chis und Olli. ❶
Shanika Beach Inn, 69 Medaketiya Beach, ✆ 047-2242079. Etabliert seit 1989 als empfehlenswertes 4-stöckiges Guesthouse mit 10 Zimmern, die meisten mit Balkon und bestem Meeresblick. Das schönste ist die Nr. 9 im neu aufgesetzten 4. Stock. ❶–❷
Star Fish Beach Café, Medilla Beach, ✆ 047-6178785, 📧 starfishtangalle@gmail.com. 4 saubere, gepflegte Zimmer (Nr. 1 am besten, da mit Balkon und Meeresblick), in schönem Blau gehaltene Bäder. Der Besitzer hat 15 Jahre in Bonn gelebt und spricht fließend Deutsch. ❷–❸

Eingerahmt von üppigem Grün und angenehm im Schatten besticht die **Villa Araliya** am Medilla Beach, ✆/℡ 047-2242163, mit einem ganz besonderen Flair. Der deutsche Eigentümer ist Architekt und bietet in seinem atmosphärischen Hideaway 3 Bungalows und 1 Zimmer für 2500 Rs mit herrlichen Terrassen und stilvoll ausstaffiert mit Antiquitäten. ❸

Wavy Ocean Hotel, 50 Medaketiya Beach, ✆ 047-2242680, ✉ rukman2004@yahoo.com. Schon länger etabliert, beliebt und empfehlenswert mit 7 schönen, gemütlichen Zimmern zu 1500 Rs. in einem rosafarbenen, 2-stöckigen Gebäude. Gute Bäder. ❷

Östlich von Tangalle (Marakolliya Beach)

Ganesh Garden, ✆ 047-2242529, 🖥 www.ganeshgarden.com. Zählt seit 1999 zu den Pionier-Anlagen an diesem herrlichen Strand. 12 behagliche Cabanas und 2 Bungalows aus Holz und Lehm (Nr. 14 als herrlicher Strand-Bungalow) sowie mit schönen Bädern für günstige US$25–40. Zudem bietet Mr. Nihal eine authentische Relax-Atmosphäre mit Hängematten am Strand. Schnorchelreviere und die Lagune (es gibt 4 Kajaks zu leihen) quasi direkt vor der Zimmertür. ❸

Lagoon Paradise Beach Resort, ✆ 047-2242509, 🖥 www.lagoonparadisebeachresort.com. Von der Bauweise reiht sich diese Unterkunft nicht so charaktervoll zwischen den hier liegenden, anderen Resorts ein, doch die faszinierende Landschaft ist die gleiche. 13 geräumige Zimmer und einige, etwas teurere Cabanas. ❸

🌳 **Mangrove Beach Cabanas**, ✆ 0777-906018, 🖥 www.beachcabana.lk. Als zweiteiliges, verträumtes Resort in faszinierender Lage nahe der Lagune von Rekawa bzw. teilweise von 3 Seiten mit Wasser umgeben. Maximal mögliche Naturnähe. Wer in einer der 12 urigen, behaglichen Cabanas und Chalets eingecheckt hat, will meist nicht mehr weg … ❸–❹

Sandy's, ✆ 077-200289, 🖥 www.sandycabanas.com. Seit 2004 in Nachbarschaft des Ganesh Garden als empfehlenswertes Resort mit 7 faszinierenden Cabanas für 1500–3000 Rs aus Holz, Bambus, Schilf und Lehm, während das Mobiliar teilweise aus kreativer Zement-Kunst erschaffen wurde. Zudem lockt der freundliche Inhaber Mr. Chaminda mit einem besonders dicht am Meer liegenden Restaurant. ❷–❸

Östlich von Tangalle (Rekawa)

Buckingham Place, ✆ 047-3489447, 🖥 www.buckinghamplace.lk. Der Name kommt nicht

von ungefähr, denn Inhaber Nick stammt aus britischen Adelskreisen. Neu als exklusives und großzügig angelegtes Designer-Hotel mit 11 Suiten und Schwimmbad, viel Schick und allem Komfort. Garten mit Blick auf die Lagune, teilweise sogar von den Betten aus. ❻

Golden Coconut Cabanas, ✆ 047-3489333, 🖥 www.golden-coconut.de. Als Neugründung des deutschen Ehepaars Karin und Georg Walther mit großen Zimmern in einem Haupttrakt und 2 doppelstöckigen Bungalows. Manager „Baby" sorgt für guten Service, Schwimmbad am Meer. ❹–❺

Sanjis The Seaside Cabanas, ✆ 0049-157-7846207, 🖥 www.sanjis.de. Neue und schöne Anlage mit 4 Zimmern in 2 Bungalows, 8 weitere sollen bis 2012 folgen. Ein perfekter Ort zum Entspannen und Träumen, der mit Zimmerraten von 78–86 € natürlich auch seinen Preis hat. ❻

Essen

Die meisten Hotels bieten ein in den Zimmer-Preis integriertes Frühstück, ansonsten wird dieses in der Regel als Plus oder Minus mit

500 Rs. verrechnet. Fast alle guten Restaurants verbinden sich mit Unterkünften.

Blue Horizon, s. S. 273. Die Gäste können zwischen kleinen Terrassen im 1., 2. oder 3. Stock wählen. Schöne Speisekarte mit Pasta und Reisgerichten für 250–300 Rs, Seafood 300–500 Rs. ⏲ ab 6.30 Uhr.

Chalet, ☎ 047-2240452. Seit 1981 originelles Restaurant, das mit seiner Pretiösen-Sammlung schon fast als kleines Museum hingeführt. Mit leckerem Essen und als sympathischer Familienbetrieb geführt von S. H. Bandupala und seiner Frau Subadua. ⏲ 8.30–21.30 Uhr.

Ganesh Garden, s. o. Lauschiges Strand-Restaurant, das sogar von Gästen aus dem exklusiven Amwella Resort besucht wird. Pastas 400–650 Rs, Fisch 600–700 Rs, halbes Kilo Hummer zu 3000 Rs. Regelmäßiges Beach-BBQ, sonntags verstärkt mit Seafood. ⏲ 7–22.30 Uhr.

Kingfisher, s. S. 273. Die rötlichen Energiesparlampen sind gewöhnungsbedürftig, sorgen aber für lauschiges Ambiente. Die meisten Gerichte liegen bei 450–600 Rs. ⏲ 6–24 Uhr.

Shanika Beach Inn, s. S. 273. Kleiner, lauschiger Restaurant- Pavillon am Meer. Speisekarte mit Seafood, Spaghetti, Reis & Currys. ⏲ 7–22 Uhr.

Star Fish Beach Café, s. S. 273. Seafood und einheimische Leckereien, schöner Meeresblick. Live-Übertragung von Fußballspielen und Formel-1-Rennen. ⏲ ab 6 Uhr.

Wavy Ocean Hotel, s. o. Das Restaurant des Guesthouses ist beliebt und einladend, auch wenn es hier vorwiegend den üblichen Mix aus Seafood, Spaghetti und Pizzas gibt. ⏲ ab 7.30 Uhr.

Transport

Für 250–300 Rs fahren **CTB-Busse** und **Minibusse** nach COLOMBO (Abfahrt alle 30 Min.), Galle, Matara, Hambantota, Tissamaharama und Kataragama. Nach MULKIRIGALA starten häufig **lokale Busse** von Tangalle über Wiraketiya oder Beliatta, während die Rundtrip mit einem **Three-Wheeler** um 1100 Rs kostet. Ein ähnlicher Preis wird für die Fahrt zum Schildkröten-Schutzprojekt in Rekawa verlangt. **Taxis** nach Colombo bzw. zum Flughafen liegen bei 12 000 Rs.

Hambantota

Der fast 240 km von Colombo und 120 km von Galle entfernte, muslimisch geprägte Ort ist zwar die größte Stadt der Südküste, hatte aber bis vor Kurzem außer seiner schön geschwungenen **Bucht** nicht viel zu bieten. Nun jedoch mischen sich immer mehr Frachter und Tanker unter die gewaltige **Armada** aus Fischerbooten, denn Hambantota ist seit Ende 2010 mit dem **Ruhunu Magampura International Port** Standort eines modernen, von Chinesen gebauten Tiefseehafens und bald auch des landesweit zweiten **internationalen Flughafens**. Damit hat sich die einst unterprivilegierte Region zu der am schnellsten wachsenden Sri Lankas entwickelt (s. Kasten S. 276). Für Touristen indes fungiert die Stadt bisher vor allem als Ausgangspunkt zur Erkundung des **Bundula-Nationalparks** oder auch des **Weerawila Tissa Bird Sanctuary**.

Schon griechischen Seefahrern bekannt und von dem alexandrinischen Geografen des 2. Jhs., Ptolemaios, als *Dionysii* auf seiner Karte eingezeichnet, wurzelt die heutige Bezeichnung ebenfalls in der Geschichte. Das Wort *Tota* bezeichnet einen Hafen und *Hamban* kommt von *Sampan,* den kleinen Booten der **malaiischen Einwanderer**, die einst von den Holländern aus ihrer Kolonie Niederländisch Ostindien und auch später von den Briten als Soldaten hierher verpflichtet wurden. Der bekannteste Vertreter der Kolonialmacht dürfte Leonhard Woolf gewesen sein, späterer Ehemann von Virginia Woolf und Autor des Romans *Das Dorf im Dschungel*, der hier von 1908 bis 1911 seinen Dienst verrichtete.

Neben der Produktion der Süßspeise *Maskat*, dem Kittul-Palmen-Sirup *Feni* und dem im ganzen Land gerühmten Büffelmilch-Joghurt *Kiri*, der viel entlang der Ausfallstraßen aus Tongefäßen verkauft wird, ist Hambantota vor allem für die **Salzgewinnung** bekannt. In der Kolonialzeit gehörte das weiße Gold zu den Reichtümern der Insel und gelangte von hier mit langen Kolonnen aus Eselskarren zu den Häfen. Bis heute blieb die jahrhundertelange Abbautechnik unverändert.

Das Meerwasser wird über Kanäle in die sogenannten *Lewayas* geleitet, die als natürliche, flache Lagunen-Bassins hinter den Deichen liegen. Dort verdunstet es so schnell, dass sich

Der tiefe Süden

eine zentimeterdicke, kristallisierte Kruste ab-schürfen lässt. Da jeder Regen die Konzentra-tion der Lauge in den rosafarbenen Salzpfannen verwässern würde, bietet sich der Salzabbau gerade in diesem trockenen Landesteil an. Fotos oder eine Besichtigung der Anlagen sind aber kaum oder nur mit Voranmeldung über das Büro in Mahalewaya, ✆ 047-2220387, möglich.

Die Umgebung von Hambantota

In der Region von Hambantota finden sich lange, aber meist schattenlose Strände. Ihr Hinterland wird von Wanderdünen und Palmyra-Palmen do-miniert, die diese aufhalten sollen. 11 km westlich der Stadt liegt **Ambalantota**, ein kleiner Ort mit den spärlichen Überresten eines holländischen Forts und dem Heiligtum **Girihandu Vihara**, wo sich ein bedeutendes Kalkstein-Relief aus dem

2. bis 1. Jh. v. Chr. verbirgt. Ein **Archäologisches Museum**, ⏲ tgl. außer Fr 9–17 Uhr, zeigt Funde aus dieser schon früh besiedelten Gegend.

Eine Straße führt zu dem mitten in der Wildnis gelegenen, zwischen 1928 und 1932 angelegten **Ridiyagama-Stausee**. In der nahen Höhle **Ku-randaka Lena** (oder auch Karmabagalle) wurden die ältesten bisher in Sri Lanka gefundenen Ma-lereien entdeckt. Aufgebracht worden sind sie einst mit roter Farbe auf einen weißen Belag und zeigen den Kopf eines Bodhisattvas sowie den Oberkörper einer aus den Wolken auftauchen-den Apsara, die eine Blume überreicht.

Übernachtung und Essen

Die billigsten Pensionen werden auch gern als Stundenhotel genutzt, während die beiden Luxus-Resorts am Ort einen ganz eigenen

Neue Superlative im Süden

Unter all den großen Infrastruktur-Projekten, die derzeit auf Sri Lanka in Planung oder bereits im Bau sind – wie der Colombo-Matara-Express-Highway zwischen Colombo/Negombo und Matara, lässt der seit 2005 regierende Premier-minister Mahinda Rajapaksa seiner Heimatstadt eine besondere Fürsorge angedeihen ...

Bald größter Tiefseehafen Südostasiens

Nach 30-jähriger Ideenvorlage und 3-jähriger Bauzeit hat Hambantota – fünf Monate vor der geplanten Fertigstellung – am 18. November 2010 den feierlich eingeweihten **Ruhunu Magampura International Port** bekommen, der zum größten Tiefseehafen Südostasiens werden soll. Wenn er gänzlich vollendet ist, wird er mit 17 m und 10 % mehr Tiefe bieten als der Hafen von Colom-bo, sich über insgesamt 16 km² erstrecken und 33 Frachtschiffe gleichzeitig abfertigen können. Der Hafen erstreckt sich nur wenige Kilometer von einer der weltweit wichtigsten Schiff-fahrtsrouten, die jährlich von 36 000 Schiffen (darunter 4500 Öltankern) befahren wird. Der zweite Bauabschnitt wird mit US$750 Mio. mehr als doppelt so teuer werden wie die erste Phase und bis 2014 mit einem Container-Terminal abgeschlossen werden. Das Megaprojekt soll

der strukturschwachen Region insgesamt 50 000 Arbeitsplätze bescheren und sich unter anderem mit Industieanlagen und einer Ölraffinerie sowie einem Safari Park und einem bereits fertigen Cricket-Stadion für bis zu 35 000 Zuschauer verbinden.

Flughafen in Nationalpark-Nähe

Als nächstes steht bis Ende 2012 die Eröffnung des **Mattala International Airport** auf dem Programm, mit dessen Bau bereits Ende 2009 begonnen wurde. Ebenfalls von den Chinesen erbaut, liegt der zweite internationale Airport des Landes in Mattala – rund 15 km nördlich von Hambantota. Er kostet in der ersten Phase US$200 Mio., soll sich über 2000 ha erstrecken, bis zu 800 Passagiere pro Std. abfertigen und sogar vom Airbus A380 angeflogen werden können.

Ursprünglich war diese Luftverkehrsdrehschei-be bei Weerawila geplant, was jedoch aus ökologischen Bedenken verworfen wurde. Der neue Airport ist mithilfe eines „green concept" angeblich umweltfreundlich konzipiert, aber ob das den nach wie vor unmittelbar benachbarten bedeutendsten Nationalparks von Sri Lanka wirklich etwas nützt ...?

Charme entfalten. Gegenüber dem Peacock Beach Hotel liegt das schon lange etablierte, beliebte **Jade Green Restaurant**, ◔ 7.30–3 Uhr.
Joy Rest Home, 48 Tangalle Rd., ✆ 047-2220328. Seit 1975, ein fast 100 Jahre altes Haus an der Straße, aber mit schönem Vorbau zum Entspannen. 6 einfache, spärlich möblierte Zimmer für nur 700 Rs – zusammen mit einem Restaurant betrieben von einer freundlichen Familie. ❶

Oasis Ayurveda Beach Resort, Sisilasagama, rund 7 km westlich der Stadt, ✆ 047-2220650-1, 🖥 www.oasis-ayurveda.de. Seit 1997, bestes Hotel der Stadt und mit 50 geschmackvoll eingerichteten Komfort-Zimmern empfehlenswert. Angenehme, erholsame Atmosphäre, nettes Personal und ein 50 000 m² großer Garten mit Dünen und herrlichem Strand. Sehr auf Deutsche eingestellt. Rund die Hälfte der Gäste kommt wegen der professionellen Ayurveda-Kuren. 10 Tage liegen bei rund 685 €, 15 Tage bei 1027 € und Verlängerungstage bei 69 €. ❺

Peacock Beach Hotel, Galwala, ✆ 047-2220377, 🖥 www.peacockbeachhotel.com. Seit 1986 für lange Zeit bestes Hotel der gesamten Region und mit seiner tropischen Gartenanlage auch heute noch faszinierend. Die 112 komfortablen Zimmer und Suiten für US$100–150 sind mehrfach renoviert worden, haben ihr ganz eigenes Ambiente und bieten allen üblichen Komfort. Schönes Frühstücks-Restaurant, freundliches Personal. Der originelle, 40-sitzige Doppeldecker-Bus für Ausflugstouren hat die schweren Tsunami-Schäden unbehelligt überstanden, da er unterwegs war. Das Baden am kahlen Hotelstrand ist nicht ganz ungefährlich: Das Meer fällt hier gleich bis 40 m Tiefe ab. ❻–❼
Ranmini Lake Guesthouse, 10 Well Rd., ✆ 047-2222296. An einem Lotusteich liegend, gibt es 9 einfache, aber saubere Zimmer mit guten Bädern. 2 davon verfügen – zum doppelten Preis – über AC. ❷–❸

Rest House, am alten Hafen, ✆/✆ 047-2220299, etwa 300 m südlich der Busstation. Unterkunft mit herrlichem Ausblick. Denkbar attraktiv platziert und empfehlenswert. 15 gute Zimmer, davon einige mit AC, mit großen Bädern. Sie sind auch im Obergeschoss über lange, breite

Veranden verbunden. Die Zimmer im Altbau sind teurer, haben aber auch wesentlich mehr Charme und bieten einen schöneren Ausblick. Gutes Restaurant. ❸
San Rose, 12 Matara Rd., ✆ 047-2220103. Dieses etwa 0,5 km vom Zentrum idyllisch an einem Lotus-See liegende Guesthouse erscheint mit 10 gepflegten Zimmern, davon einige mit AC, als beste Budget-Option am Ort. Von den geräumigen Zimmern sind vor allem die im Obergeschoss zu empfehlen.
 ❶–❷

Transport

Der **Busbahnhof** findet sich inmitten der Stadt. Die fast den ganzen Tag regelmäßig nach COLOMBO startenden **CTB-Busse** fahren über RATNAPURA (225 km) oder – zumindest noch bis zur Fertigstellung des Southern Express Highway – an der Küste entlang (238 km) und brauchen mind. 6 Std. Die Strecke nach TANGALLE dauert fast 1 1/2 Std.
Verbindungen über Embilipitiya nach Ratnapura und ins Hochland werden seltener angeboten. Nach TISSAMAHARAMA verkehren zahlreiche **lokale Busse**, die ungefähr 1 Std. benötigen.
Ein eigenes **Taxi** nach Colombo kostet US$90.
Sri Lankan Airlines plant, Hambantota/Weerawila im Rahmen des Air Taxi-Angebots über Bentota und Koggala anzufliegen (s. S. 78). Der neue Flughafen jedoch dürfte noch ganz andere Möglichkeiten mit sich bringen

6 HIGHLIGHT

Bundula-Nationalpark

Der von Hambantota (18 km) oder Tissamaharama (15 km) in nur 30 Min. zu erreichende, nicht weit vom Naturschutzgebiet Yala liegende Bundula-Nationalpark gehört mit 197 **Vogelarten** zu den wichtigsten Zielen für Ornithologen. Für sie am interessantesten ist die Erkundung im Winter (Sep–März), wenn bis zu 58 verschiedene Arten Zugvögel vom asiatischen Festland einfliegen. Denn da sich weiter südlich über Tausende Kilo-

Der tiefe Süden

In Hambantota, Kataragama und vor allem in Tissamaharama vermitteln fast alle Unterkünfte halb- oder ganztätige Exkursionen in die umliegenden Naturschutzgebiete oder verfügen sogar über ein eigenes Gelände-Fahrzeug. Oft wird damit allerdings auch „Jagd auf Touristen" gemacht. Ein Vergleich der Preise von verschiedenen Anbietern ist nur bedingt erforderlich, da die Angebote (bis auf die der Luxushotels) nur wenig variieren. Der Spielraum für Verhandlungen jedenfalls erweist sich als denkbar gering …

Die Abholung erfolgt bequem von der Unterkunft. Es sind vor allem Halbtagestouren üblich. Sie beginnen meist um 5.30 Uhr (mit Rückkehr gegen 10–11 Uhr) oder nachmittags um 14.30 Uhr, um zum Sonnenauf- bzw. Sonnenuntergang rechtzeitig vor Ort zu sein. Chauffiert werden die Nationalpark-Besucher vorwiegend mit betagten, rustikalen Jeeps, die bis zu 7 Pers. mitnehmen können. Einige verfügen über erhöhte Sitze.

Halbtagestouren zu den Nationalparks Bundula und Yala West liegen bei US$45, ganztägige Exkursionen bei US$80–90. Nach Uda Walawe geht es meist erst für US$35 mit einer Limousine und dann für den gleichen Betrag mit einem Jeep des Nationalparks weiter. Das allerdings sind nur die reinen Transportkosten, Eintritt und Tracker-Boys müssen jeweils noch extra bezahlt werden.

Alle Safari-Anbieter sind in der **Independant Jeep Safari Cooperation**, ✆ 0776-310215, zusammengeschlossen, die die Anzahl der Lizenzen auf 50 Unternehmen limitiert hat.

Der am längsten etablierte, professionellste und mit Abstand größte Safari-Unternehmer der Region ist der freundliche „Mr. Mola" in Weerawila. Der Fuhrpark seiner 1979 gegründeten **Flamingos Jeep Safari**, ✆/℡ 047-2237406, ✆ 0777-103835, ⏱ 4–19.30 Uhr, umfasst insgesamt 55 Jeeps und ist überall im Südosten präsent. Seit 2010 kann man sogar bei Wimalasiri Weerakoon – so sein bürgerliche Name – wohnen, denn mit einem Hotel am See hat sich der 50-Jährige einen lange gehegten Traum erfüllt (s. Übernachtung/Tissamaharama). Von hier zum Bundula-Nationalpark sind es 15 km, nach Yala 25 km und nach Uda Walawe 45 km.

Die exklusivste, intensivste und abenteuerlichste Möglichkeit, den Yala-Nationalpark zu erkunden, bietet Noel Rodrigo – ein waschechter Burgher-Nachkomme, der natürlich auch bestes Englisch spricht. Sein Unternehmen **Leopard Safaris** ✆ 0777-314004, ✆/℡ 031-2237544, 🖥 www. leopardsafaris.com, bietet sogar die (allerdings nicht gerade günstige) Möglichkeit, in einem Safari-Camp direkt im Yala-Nationalpark zu übernachten (s. Übernachtung/Yala).

meter nur noch der Indische Ozean erstreckt, ist hier ihre Endstation. Abgesehen davon empfiehlt sich der Besuch des Schutzgebiets vor allem zur Regenzeit (s. Kasten).

Neben der Vielfalt an Vögeln kann der Nationalpark mit vier Arten Meeresschildkröten und imposanten Krokodilen erfreuen sowie mit 32 verschiedenen Säugetierarten wie (sonst eher seltenen) Kaninchen, Affen, Wasserbüffeln, Wildrindern, Rotwild, Wildschweinen und natürlich auch Elefanten. Bundula präsentiert sich im wahrsten Sinne des Wortes als „Platz für Tiere": Wohin die Besucher auch schauen, können sie in diesem Garten Eden pralles Wildleben beobachten.

Die Landschaft des rund 6200 ha großen Naturschutzgebiets besteht aus Buschland und einer Serie von insgesamt fünf flachen **Küstenlagunen**, die sich in die lange Kette von ähnlichen Gewässern für rastende Vögel einreihen – wie die Lagunen von Kalametiya hinter Tangalle, von Kumana im Nationalpark Yala East sowie von Weerawila und Lunugamvehera im Landesinneren. Am Ostrand schlängelt sich der Kirindi Oya, nachdem er mehrere Reservoire gespeist hat, südwärts zum Meer. Der Ozean flankiert den Nationalpark auf einer Länge von insgesamt 20 km, was aber beim Tsunami zu keinen größeren Schäden geführt hat. Doch ist hier bereits ein Besucher einem Krokodil zum Opfer gefallen, sodass einer der insgesamt drei Campingplätze aus Sicherheitsgründen geschlossen wurde. Die Fahrzeuge indes dürfen nur an drei festgelegten Stellen verlassen werden.

Am Eingang, der die Besucher seit 2006 in Form eines avantgardistischen Bauwerks empfängt, gibt es eine Ausstellung mit informativen Postern, eingelegten Schlangen und allerlei Überbleibseln von Wildtieren wie Schädeln, Knochen oder Panzern. Natürlich setzt sich der Park-Eintritt auch hier aus divers-diffusen Abgaben zusammen. US$10 pro Erwachsenem (Kinder unter 6 Jahren frei, 6–12 Jahre: 50 %), plus US$8 pro Gruppe (Service-Charge), plus 250 Rs pro Fahrzeug (Vehicle Fee) – und all das dann besteuert mit 2 % NBT (Nature Building Tax) plus 12 % VAT (Value Added Tax) macht unter dem Strich z. B.: fast **US$24** für eine Person oder rund **US$35** für zwei Personen. Der obligatorische Tracker-

Boy ist inklusive, als Tipp erwartet dieser in der Regel um 300–500 Rs. Für 15 Rs pro Stück sind allerlei interessante Prospekte erhältlich sowie eine 450 Rs teure DVD. Bei einer Übernachtung auf den beiden Campingplätzen, buchbar z. B. über das Bundula Community Based Ecotourism Camping Council, ✆ 071-8307081 (Hambantota-Büro), müssen ein doppelter Ticketpreis bezahlt und das Equipment mitgebracht werden.

Tissamaharama

Am Südende des **Weerawila Tissa Bird Sanctuary** und am idyllischen, renaturierten Stausee **Tissa Wewa** aus dem 3. Jh. v. Chr. gelegen, eignet sich Tissamaharama ideal dazu, um sich auf den Besuch der umliegenden Nationalparks einzustimmen. Dass der ca. 280 km von Colombo und 25 km von der Küste entfernte Ort zudem auch als Touristen-Drehscheibe für Kataragama fungiert, zeigt sich an den vielfältigen Unterkünften. Wer lieber etwas abseits von Tissamaharama residieren möchte, kann das in Weerawila, in dem reizvollen Küstenort **Kirinda** oder auch in den wenigen Unterkünften tun, die sich nahe am Yala-Nationalpark finden.

Doch „Tissa", wie der Volksmund und auch Touristen den Bandwurm-Namen gern abkürzen, zählt sogar zu den alten Königsstädten der Insel. Von hier wurde vor 2200 Jahren das singhalesische Königreich **Ruhuna** regiert (s. Kasten). Zuvor hieß die Stadt Mahagama, benannt nach dem hier herrschenden Bruder des berühmten Königs Devanampiya Tissa. Mehr noch als Anuradhapura und Polonnaruwa gilt die Stadt als Symbol für den ewigen Widerstand gegen die Eindringlinge aus Südindien, denn hier wurde einst auch der Nationalheld **Dutthagamani** geboren.

Geprägt wird das Bild der Stadt von den Süßwasser-Reservoirs, die sich in der das ganze Jahr über eher trockenen Region als Paradies für Wasservögel und ihre Beobachter präsentieren. Die mehr als 2000 Jahre alten Ruinen der Königsstadt finden sich vorwiegend im Bereich des **Tissa Wewa**. Der rund 1,5 km vom Zentrum liegende, von Menschenhand angelegte Wasserspeicher gilt als einer der landesweit schönsten und präsentiert sich besonders an seinem Südufer von seiner idyllischen Seite, wo sich **Baumriesen** mit mächtigen Kronen im Wasser spiegeln.

Mit 56 m Höhe und einem Umfang von 165 m zählt die schneeweiße **Große Dagoba** von Tissamaharama für die Buddhisten zu den 16 heiligsten Orten des Landes. In ihrer Nähe liegt zusammen mit den Überresten der Klosteranlagen die wieder hergestellte **Sandagiri Dagoba**. Die stark restaurierte **Menik Dagoba** gehört zum Kloster Menik Raja Maha Vihara. Die quadratische Plattform der **Yatala Wehera Dagoba** ist von einem interessanten Elefantenfries und einem Wassergraben umgeben. Bei ihrer Restaurierung kamen bedeutende Funde zutage, die in einem kleinen **Museum**, ⊙ 8–17 Uhr, ausgestellt werden. Im Wäldchen ragen viele, fast geich lange, monolithische Pfeiler auf, die gern als „Palast" bezeichnet werden. Die größten Schätze und Heiligtümer von Ruhuna indes werden noch immer unter der Erde vermutet.

In Tissa ist es nicht unbedingt erforderlich, im Stadtzentrum zu wohnen, da sich die entscheidenden Dinge bzw. die Nationalparks sowieso in größerer Entfernung befinden. Es besteht die Wahl zwischen einfachen, preiswerten Unterkünften mit familiärem Charakter, die sich oft auf beschatteten Grundstücken im Zentrum anbieten und zur Perahera meist völlig ausgebucht sind, oder den etwas teureren, schönen Anlagen, die sich meist im Bereich des Sees finden. Überraschend viele Unterkünfte verfügen über eine Schwimmbad. Wer erst spät abends eintrifft, sollte besser vorher anrufen, da man sich in Tissa vergleichsweise früh zur Ruhe bettet. Fast alle Hotels vermitteln Ausflüge, einige verfügen über eigene Jeeps.

Innenstadt bzw. Umgebung des Uhrturms (Deberawewa)

Hotel Tissa, ☎ 047-2237104, ✉ pcsystem2008@gmail.com. Im Zentrum, aber nicht unbedingt laut. 5 große, saubere Fliesen-Zimmer mit schönen Bädern, davon 4 mit AC wesentlich teurer. Der freundliche Besitzer Mr. Tissa hat sich auf Jeep-Safaris spezialisiert. ❸

Refresh Hotel, ☎ 047-2237357. Das bedeutendste und teuerste Restaurant am Ort überrascht mit 5 schönen, originell ausstaffierten Zimmern (z. B. Lederstühle) zu akzeptablen Preisen von 2300–2800 Rs. Für 2012 sind weitere 20 Zimmer und ein Schwimmbad geplant ❸

Regina Holiday Home, ☎ 055-739625. Östlich des Uhrturms mit 6 guten Zimmern zum Sparpreis, 2 davon im Altbau. Schöne Säulenveranda. Fahrradverleih und ein Jeep für Exkursionen. ❶

Sakura, ☎ 047-2237189. Östlich des Uhrturms, Anlage mit 7 einfachen, kleinen Zimmern, aber recht guten Bädern. Großes Grundstück mit hohen Bäumen, familiäre Atmosphäre. Besitzerin Mrs. Silva wird für ihre guten Kochkünste gerühmt. ❶–❷

Tissa Inn, ☎ 047-2237233, 🖥 www.tissainn.lk. Seit 2004 als empfehlenswertes, behagliches Haus mit hohen Decken. 12 günstige, saubere Zimmer mit AC und guten Warmwasser-Bädern, alle im Obergeschoss und mit Balkon. ❷

Travellers Home, ☎ 047-2237958, ✉ travellershome@live.com. Nicht zu verwechseln mit dem Travellers Inn. Direkt am Reisfeld, mit 7 guten und günstigen Zimmern, davon 3 in hell gefliesten Bungalows (am besten ist Nr. 6).

Es sind nicht nur die Ruinen von Tissamaharama oder die historischen Klosteranlagen im Nationalpark Yala West, die noch heute vom einstigen Königreich Ruhuna zeugen, sondern auch die Wewas (englisch: „Tanks") genannten Staubecken. Wie die nördliche Region Rajarata wurde Ruhuna schon vor über 1000 Jahren mit einer Bewässerung aus riesigen Wasser-Reservoirs bewirtschaftet, um die Trockenzeit auszugleichen. Doch waren diese, von den Flüssen Kirindi Oya und Menik Ganga gepeist, kleiner und verfügten über kürzere Kanäle, sodass sie weniger Reisflächen bewässern konnten und die Siedlungen kleiner waren.

Einst gab es 32 000 Wewas

Ruhuna, auch „Rohana" oder „Ruhunu" geschrieben, war häufig Zufluchtsort der aus Rajarata vor den **Südindern** geflohenen Könige, denn hier sammelten sie neue Kräfte und Verbündete, um die Invasoren wieder auf das Festland zurückzuwerfen. Doch als die Eindringlinge vom indischen Festland im 12. Jh. schließlich die Bewässerungskultur vernichteten und die Bevölkerung in das Bergland und den Südwesten vertrieben, verödete Ruhuna. Die Reisfelder renaturierten sich – heute willkommen – zur Wildnis, die einstigen Stauseen zu reizvollen Vogel-Paradiesen. Einst gab es landesweit

insgesamt 32 000 kleinere und mittelgroße Wewas, von denen heute nur noch 12 000 übrig sind. Vor einigen Jahren sind mit dem Dahasak Maha Wev Project etwa 1000 dieser Staubecken saniert worden.

Sagenumwobenes Kirinda

Der kleine Fischerort Kirinda, ungefähr 12 km südlich von Tissamaharama, ist ein beliebter Ausgangspunkt für Tauchtouren zum **Basses Reef**. Die in der Nähe an der Mündung des **Kirindi Oya** bizarr aufragenden, dunklen Felsen umrahmen – wie auch ein Felsentempel mit einer Statue und eine kleine, weiße Dagoba direkt am Meer – die Legende der bildschönen Fürstentochter **Viharamahadevi**.

Von ihrem Vater in Kelaniya (nordöstlich des heutigen Colombo) zur Beschwichtigung bei einer Sintflut dem Meeresgott geopfert und auf einem goldenen, steuerlosen Boot ausgesetzt, trieb die Prinzessin viele Tage die Küste hinunter, um schließlich von einem Fischer entdeckt zu werden. Der im 2. Jh. v. Chr. regierende Ruhuna-Herrscher König Kavan Tissa nahm sie zur Frau und zeugte den Nationalhelden **Dutthagamani** als ersten Former des Singhalesen-Reichs (zog 161 v. Chr. nach Anuradhapura, um den Tamilenkönig Elara zu besiegen) sowie dessen Bruder und Nachfolger Sadhatissa.

Der tiefe Süden

Empfehlenswert, auch wegen des üppigen, günstigen Tourenangebots. Mr. H. K. Ebert entpuppt sich als geschäftstüchtiger Herbergsvater, spricht gut deutsch, bietet 3 Jeeps, gratis Fahrradverleih und Internet. ❷–❸

Im Bereich des Sees Tissa Wewa

Hibiscus Garden Hotel, ✆ 047-2230652, 🖳 www.hibiscus-garden.com. Neu seit 2007, mit deutscher Beteiligung und professionellem Management. Mit 16 schönen, geschmackvoll eingerichteten Komfort-Zimmern für US$60–75 und Schwimmbad eines der 3 besten Häuser von Tissamaharama. ❺

Lake Side Tourist Inn, ✆/📠 047-2237216, 🖳 http://tissalakesidehotel.com. Dicht am See,

ruhig und empfehlenswert. 23 gepflegte, günstige Zimmer, davon 17 mit AC. Breite Veranda mit gemütlichen Sitzgelegenheiten. Schwimmbad mit großem Restaurant, aber auch Klagen über Servicemangel. ❸

Lake Wind Hotel, ✆ 047-2239697, ✉ lakewind 14@yahoo.com 2010 eröffneter, moderner, nüchterner Kastenbau, der sich offensichtlich als Designerhotel versteht. 8 AC-Zimmer, Baumriese im Garten, Rasenterrassen zum See. ❸

Mihisara Lake View, ✆ 047-2237322, ✉ dilanchathuranga@yahoo.com. Empfehlenswert mit 6 gepflegten, günstigen Zimmern, davon 3 als AC. Gute Bäder und gemütliche Veranda. Sehr bemühte, freundliche Besitzerfamilie. ❶–❷

Tissamaharama

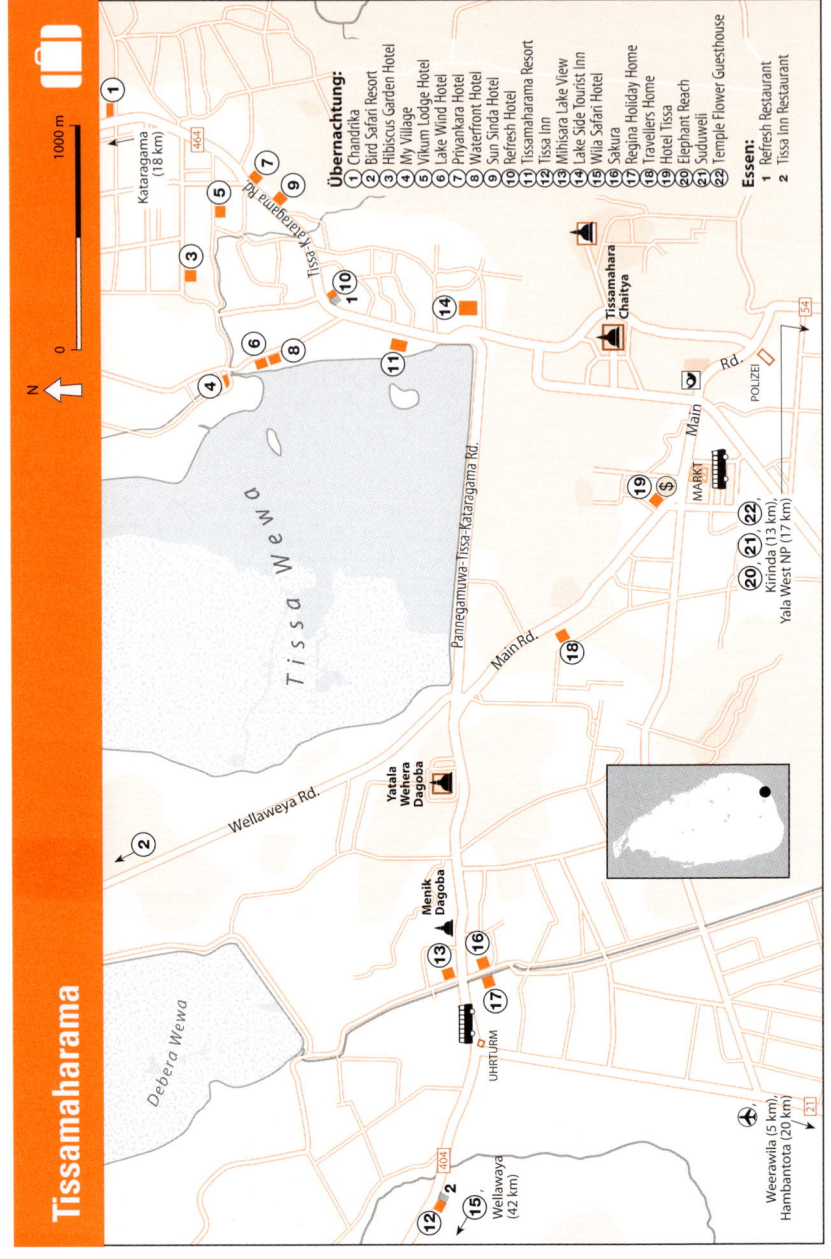

N

0   1000 m

Karagama
(18 km)

464

Tissa-Katagama Rd.

Pannegamuwa-Tissa-Kataragama Rd.

Tissa Wewa

Tissamahara
Chaitya

Main Rd.

MARKT

$

POLIZEI

Rd.

54

Debera Wewa

Yatala
Wehera
Dagoba

Wellaweya Rd.

Menik
Dagoba

UHRTURM

Wellawaya
(42 km)

404

Weerawila (5 km),
Hambantota (20 km)

217

Kirinda (13 km),
Yala West NP (17 km)

Übernachtung:
1. Chandrika
2. Bird Safari Resort
3. Hibiscus Garden Hotel
4. My Village
5. Vikum Lodge Hotel
6. Lake Wind Hotel
7. Priyankara Hotel
8. Waterfront Hotel
9. Sun Sinda Hotel
10. Refresh Hotel
11. Tissamaharama Resort
12. Tissa Inn
13. Mihisara Lake View
14. Lake Side Tourist Inn
15. Wila Safari Hotel
16. Sakura
17. Regina Holiday Home
18. Travellers Home
19. Hotel Tissa
20. Elephant Reach
21. Suduweli
22. Temple Flower Guesthouse

Essen:
1. Refresh Restaurant
2. Tissa Inn Restaurant

Wohlfühlen bei Sujit

Ganze 10 Jahre hat er an seinem **My Village**, ☎ 0773-500090, 🖳 www.myvillagelk.com, gebaut, doch der Aufwand hat sich gelohnt. Seit 2008 verwöhnt der eloquente Mr. Sujit seine Gäste mit 2 schönen Zimmern mit Ventilator für 2000–2500 Rs und 3 mit AC für 3000 Rs und einem hohen Maß an Wohlfühlcharakter. ❸

Tissamaharama Resort, ☎ 047-2237299, 011-5585858 (Colombo-Büro), 🖳 www.ceylonhotels.lk. Das ehemalige Rest House und auch als „The Safari" vermarktete Hotel erscheint nach der umfassenden Renovierung von 2010 als größte, beste und professionellste Unterkunft am Ort. In herrlicher Lage direkt am See gibt es 53 behagliche, luxuriöse Zimmer und Suiten sowie ein einladendes Schwimmbad. ❺
Vikum Lodge Hotel, ☎/✆ 047-2237585. Seit 1994 und etwas abgelegen als ruhige, viel gelobte Unterkunft mit 10 gepflegten Komfort-Zimmern, davon 3 als AC. Gutes Restaurant mit reichhaltiger Wein-Auswahl. ❸
Waterfront Hotel, ☎/✆ 047-2237287, 🖳 www.waterfronthoteltissa.com. Als Pelikan Tourist Inn einst heruntergekommen, zählt dieses Hotel nun zu den besten Optionen der Stadt. Dafür sorgen 15 AC-Zimmer sowie Terrassen und ein Schwimmbad mit fantastischem Seeblick. ❹

In der Umgebung

Bird Safari Resort, ☎/✆ 078-8549415, 🖳 www.srilanka-safari.de. Rund 10 km nordwestlich der Stadt inmitten der Natur. Seit 1999 von dem Heidelberger Ehepaar Änne und Frank Köhler geführte, angenehme Anlage. 6 Komfort-Zimmer mit Halbpension, Garten-Innenhof, Schwimmbad mit Wasserfall und professionell betreute Exkursionen. ❸
Chandrika, Kataragama Rd., ☎ 047-2237143, 🖳 www.chandrikahotel.com. Zählt zu den 3 besten Häusern am Ort. Hübsch angelegtes Hotel mit 20 teuren Komfort-Zimmern. Schönes Restaurant und ansprechende Bar, Palmengarten mit einladendem Schwimmbad. ❺
Priyankara Hotel, Kataragama Rd., ☎ 047-2237206, 🖳 www.priyankarahotel.com. Zählt

seit 1995 zu den 3 besten Unterkünften am Ort. Gut gestylt, professionell gemanagt, gediegen, wohnlich und für all das relativ preiswert. 26 Komfort-Zimmer mit hübschem Reisfeld-Blick und Schwimmbad, stilvolle Hotelbar und gepflegter Innenhof mit viel Grün. ❻
Sun Sinda Hotel, ☎ 047-2239078, ✆ 2283225, ✉ sterne@sltnet.lk. Zählt seit 2004 mit 18 Zimmern, davon 13 mit AC und Warmwasser-Bad, zu den besseren Hotels der Stadt. Modern und geschmackvoll. Verlockendes Restaurant, Schwimmbad, blau-gelbes Designer-Foyer. ❸

Im Küstenort Kirinda (ca. 13 km südlich)
Elephant Reach, ☎ 047-5677544, 🖳 www.elephantreach.com. Dicht am Nationalpark bzw. 1,5 km von Kirinda als schönes, naturnahes Resort mit 21 komfortablen Chalets im Schatten großer Bäume. ❻
Suduweli, ☎ 072-2631059. Ruhig gelegen mit 15 Min. Fußweg zum Strand. Mehrere preiswerte gute Zimmer, einige davon in Cabanas. Mr. Shanta und die Bremerin Astrid geben Tipps, wo es sich gefahrlos baden lässt. Verleih von Fahrrädern und Mopeds, gutes Tourenangebot. ❶–❷
Temple Flower Guesthouse, ☎ 047-492499, 🖳 www.templeflower.com. Diese von ihrem freundlichen Besitzer passioniert geführte, empfehlenswerte Unterkunft ist allein schon

Oase am Weerawila-See

Das mit einer Gartenanlage am Ufer des Weerawila-Sees liegende **Wila Safari Hotel**, ☎ 047-2239581, ✆ 2237406, bietet 24 große Zimmer mit AC, Terrassen oder Balkons. Weitere 16 Zimmer, ein AC-Restaurant und ein Schwimmbad sind in Planung. Betreut werden die Gäste von dem höflichen Manager Ruwan Bandara, der keinerlei Wünsche offenlässt. Wer auf Safari gehen will, sitzt hier direkt an der Quelle – zumal das rund 10 Min. von Tissamaharama liegende Hotel „Mr. Mola" als größtem Touranbieter gehört. Community based 1 1/2-stündige Boottrips über den 6–8 m tiefen See, in dem auch Krokodile dümpeln, kosten 1000 Rs (1–4 Pers.). ❹

wegen ihrer kolonialen, lauschigen Terrasse beliebt. Die Zimmer im Obergeschoss haben sogar Meeresblick. Attraktives Frühstück mit echtem Filterkaffee. ❷

Jede Unterkunft hat ein eigenes Restaurant, sodass die unabhängige Gastronomie-Szene denkbar überschaubar bleibt.

Refresh, ✆ 047-2237357, 🖥 www.refresh restaurant.com. Gepflegtes, professionelles Säulen-Restaurant als Ableger des Haupthauses in Hikkaduwa und mind. genauso exorbitante Preise. Pizzas 1800–2200 Rs, Mixed Seafood Basket für 2 Pers. 5200 Rs, Cocktails bei 600 Rs. Trotzdem ist die westlich anmutende Oase zur

Tragödie einer Schönheitskönigin

An der Straße zwischen Tissamaharama und Kataragama erinnert eine eindrucksvolle, aber von Ausländern meist kaum beachtete Gedenktafel an das schaurige Schicksal von **Premawathi Manampheri** (1949–1971). In mehreren Reliefs wird das Leben und Sterben der jungen Singhalesin dargestellt. Bis zu ihrem 18. Lebensjahr hatte das bestechend hübsche Mädchen ein ganz normales Leben geführt, die Schule besucht und war in einer Neujahrsfeier sogar zur Schönheitskönigin von Kataragama gekürt worden.

Doch das wurde ihr alsbald zum Verhängnis: Einige Soldaten hatten ein Auge auf sie geworfen und sie unter dem Vorwurf der JVP-Zugehörigkeit verhaftet. Kataragama gehörte damals zu den Hochburgen der Gruppierung, von der damals 10 000 Mitglieder gefoltert und getötet wurden. So erging es auch Premawathi Manampheri, die in der Haft so sehr gequält und vergewaltigt wurde, dass ihre Ermordung schließlich eine Erlösung gewesen sein muss.

Wegen der landesweiten Empörung wurden die Täter zur Verantwortung gezogen, während Präsident Premadasa vor dem Haus des jungen Opfers die heutige Gedenktafel aufstellen ließ. Später ist die Tragödie in Buchform und im Theaterstück *Das schöne Mädchen und das Gesetz* aufgearbeitet worden.

Mittagszeit stets proppevoll, sogar Ausbau auf 150 Plätze geplant. ⊙ 5–22.30 Uhr.

Tissa Inn, s. S. 280. Zählt zu den Restaurants der Unterkünfte, deren Besuch sich auch lohnen kann, wenn man nicht hier wohnt. Zur Toilette geht es über eine Holztreppen-Konstruktion. ⊙ 6.30–22.30 Uhr.

Für die Strecke nach COLOMBO (254 km) sollten die **CTB-Busse** in Matara gewechselt werden, da es von dort auch Express-Verbindungen zur Hauptstadt gibt. In das 19 km entfernte KATARAGAMA verkehren die **lokalen Busse** häufig und können entlang der entsprechenden Ausfallstraße bestiegen werden.

Ein eigenes **Taxi** nach Colombo kostet US$100–110, nach Hikkaduwa (165 km) US$70–80. Ein halber Tag mit einem **Three-Wheeler** kostet um die US$15.

Yala West-Nationalpark (Ruhuna)

Von **Kirinda** aus landeinwärts zweigt nach wenigen Kilometern eine viel befahrene Straße zum Eingang des größten Naturschutzgebiets von Sri Lanka ab. Von der Fläche her mit Groß-London vergleichbar, ist es zwar nicht der artenreichste, aber der bekannteste und meistbesuchte Nationalpark der Insel.

Normalerweise erkunden Besucher über ein insgesamt rund 40 km langes Wegenetz nur einen kleinen Teil des etwa 140 km² großen Blocks I des insgesamt fast 1300 km² umfassenden Nationalparks. Die übrigen Regionen sind für Touristen kaum erschlossen und mitunter nur über Yala East und die Ostküste erreichbar. Lediglich Wildhütern und Wissenschaftlern vorbehalten sind indes Touren in das streng geschützte Gebiet Strict National Reserve (SNR) im Zentrum des Nationalparks. Es bleibt zu hoffen, dass sich das böse Gerücht vom Bau einer Straße zwischen Hambantota und Pottuvil quer durch das Schutzgebiet nicht bewahrheiten wird …

Erst nachdem die Europäer den reichen Wildbestand Sri Lankas im 19. Jh. schon ziemlich dezimiert hatten, kamen erste Naturschutz-Gedan-

Als beste Besuchszeit gelten Dezember bis Mai. Wenn der Nationalpark während der Trockenzeit von Mitte August bis Mitte Oktober geschlossen ist, besteht immerhin noch die Möglichkeit, sich mit Jeep-Exkursionen in den zugänglichen Randgebieten umzusehen. Die besten Besuchszeiten sind der frühe Morgen nach Sonnenaufgang und die Abenddämmerung, wobei die Tagesgäste den Park bei Einbruch der Dunkelheit wieder verlassen haben müssen, ⊙ 5.30–18 Uhr. Doch können auch Nacht-Safaris mit Lagerfeuer-Romantik und Übernachtung gebucht werden. Tracker-Boys sind obligatorisch.

Selbstverständlich darf prinzipiell kein Müll im Park zurückgelassen werden. Auch die Verwendung von Blitzlichtern ist verboten. Die Fahrzeuge müssen geschlossen sein, dürfen die vorgeschriebenen Routen nicht verlassen oder schneller als 25 km/h fahren. Ihr Verlassen ist bis auf wenige ausgewählte Haltepunkte am Meer verboten. Denn die Elefanten – zu ihnen muss mind. 30 m Abstand gehalten werden – wirken zwar extrem friedlich und haben sich auch schon an die umherkreisenden Geländewagen gewöhnt, doch ist es schon zu Todesfällen ge-

kommen, als Touristen unerlaubt ihre Fahrzeuge verlassen haben. Die strengen Verhaltensregeln sind aber nicht nur zur Sicherheit der Besucher gedacht, sondern auch zum Schutz der Natur! Etwas leidig ist, dass der Park zeitweise so stark besucht wird, dass manchmal drei oder vier Jeeps im Konvoi fahren.

Am Parkeingang bei **Palatupana** findet sich eine informative Ausstellung über Flora und Fauna bzw. mit Fotos, Grafiken, Knochen und ausgestopften Tieren. Zudem ist üppiges Infomaterial erhältlich. Die Zauberformel für den Eintritt lautet: US$15 pro Erwachsener (Kinder unter 6 Jahren frei, 6–12 Jahre: 50 %), plus US$8 pro Gruppe (Service-Charge), plus 250 Rs pro Fahrzeug (Vehicle Fee) – und all das dann besteuert mit 2 % NBT (Nature Building Tax) plus 12 % VAT (Value Added Tax), macht unter dem Strich z. B.: fast **US$34** für 1 Pers. oder rund **US$46** für 2 Pers. Der obligatorische Tracker-Boy ist inklusive, als Tipp erwartet dieser in der Regel um 300–500 Rs. Wer jedoch glaubt, dass sich ob derart hoher Preise auf den Toiletten des Headquarters Papier finden wird, dürfte enttäuscht werden …

Der tiefe Süden

ken auf. Um 1900 richteten Plantagen-Besitzer im spärlich besiedelten Südosten Sri Lankas ein erstes Wildschutzgebiet ein, das den Bereich des heutigen Blocks I umfasst. Als erster Tierhüter wurde 1908 der legendäre H. H. Engelbrecht engagiert, ein ehemaliger, südafrikanischer Kriegsgefangener der Briten und erfahren mit der afrikanischen Tierwelt.

Eine erhebliche Erweiterung erfolgte 1938, als mit Wilpattu ein zweiter, großer Wildpark geschaffen wurde. 1969 wurde noch das 181 km² große Gebiet Yala East hinzugefügt und 1973 schließlich 44 km² des sich östlich daran anschließenden Naturschutzgebiets Kudimbigala. Das Reservat wird auch gern mit dem historischen Namen „Ruhuna" bezeichnet.

Der Nationalpark Yala West grenzt auf über 35 km ans Meer und wird von herrlichen Sandstränden und ausgedehnten Dünenhügeln gesäumt. Vielerorts unterbrechen mit Mangroven

bewachsene Lagunen die Küstenlinie, aber auch Flussmündungen wie die des **Menik Ganga**. Obwohl dieser Fluss während der Trockenzeit kaum noch Wasser führt, wird er streckenweise von stattlichen Bäumen flankiert. Im Reservat wachsen Kumbuck- und Halmilla-Bäume sowie die Früchte tragenden Arten Palu und Vira. Abgestorbene Baumriesen bilden in den zahlreichen Seen ideale Ruheplätze für Vögel. Landeinwärts dominieren savannenartige Graslandschaften mit Dornensträuchern und Felsbuckeln.

Die wunderbare Natur setzt sich sogar unter Wasser fort: Rund 20 km vor der Küste des Nationalparks und mit einer etwa einstündigen Bootsfahrt zu erreichen, liegen hier mit dem **Great Basses Reef** und dem weiter nordöstlich befindlichen **Little Basses Reef** fantastische Tauchgebiete (nur im März/April). Je ein Leuchtturm markiert die aus Sandstein gebildeten Felsinselchen, die unter Wasser mit faszinierenden

Formationen und bunt belebten Riffen aufwarten können. Hier tummeln sich Haie, Schnabel- und Schnapp-Fische, Engel- und Papageien-Fische oder Süßlippen und Rochen. Dazwischen schlummern vier **Schiffswracks**, von denen das älteste aus dem 17. Jh. stammt.

Trotz der für den Süden typischen, spärlichen Vegetation lebt im Nationalpark Yala West mit 32 Säugetieren und 142 Vogelarten (davon 5 endemisch) eine ungeheure Vielzahl Tiere. Die überraschend karge, an die Savannen Afrikas erinnernde Flora erleichtert sogar das Sichten der Fauna. Doch den erfahrenen Fahrern und Tracker-Boys entgeht so schnell sowieso nichts, wenn sie mit den Besucher-Jeeps über die Schotterpisten rollen.

In größerer Anzahl sichten lassen sich z. B. Elefanten, Wasserbüffel, Wild- und Stachel-

Der Tsunami und seine Folgen

1998 fielen die touristischen Einrichtungen des Nationalparks Yala West einem Brandanschlag tamilischer Rebellen zum Opfer, doch sehr viel größere Verluste verursachte der Tsunami 2004. Zwar konnte sich die Tierwelt offenbar auf wundersame Weise bzw. durch Instinkt vor den rund 6 m hohen Flutwellen retten, doch mussten im Parkgebiet insgesamt 70 Menschen (darunter 23 Ausländer, davon 15 Deutsche) ihr Leben lassen. 47 von ihnen kamen beim Picknick auf dem direkt am Meer liegenden Rastplatz Pattanagala um, wo im Schatten riesiger Bäume noch Gebäudereste von der Tragödie zeugen sowie ein stählernes Denkmal mit vier stilisierten Wellen und einer Gedenktafel. Während das im Umfeld des Nationalparks liegende Yala Village Hotel nur seine Beachfront-Bungalows verlor, wurde die Safari Game Lodge komplett zerstört. Nur Insider meinen zu wissen, dass sich über weite Strecken sogar der Küstenstreifen verändert hat. Eine weitere Folge der Naturkatastrophe könnte darin bestehen, dass seither die einst hohe Flamingo-Population verschwunden ist, was vor allem für den Bundula-Nationalpark gilt und von Experten u. a. auf den veränderten Salzgehalt des Bodens zurückgeführt wird.

schweine, Sambar- und Axis-Hirsche, Hut- und Hulmanaffen, mitunter sogar außergewöhnlich viele Leoparden, Streifen-Mungos, Goldschakale oder Lippenbären. Oft zu beobachten sind auch Reptilien wie Bengalenwarane, Sumpfkrokodile oder Pythons. Großvögel wie Pfauen, Pelikane oder Störche erscheinen fast als Plage, während von September bis Mai scharenweise Zugvögel aus Asien und sogar Europa überwintern.

Spuren der damaligen Zivilisation wie Hütten von Reisbauern oder Stauseen, die einst von den Bewohnern Ruhunas angelegt wurden, sind schon lange aus dem Nationalpark verschwunden. Doch weisen natürliche Felsgruppen als markante Punkte darauf hin, wo schon in vorchristlicher Zeit Einsiedler-Mönche gelebt haben. Wie **Sithulpahuwa** im Norden des Blocks I: Aus dem 2. Jh. v. Chr. stammend, ist es eines der wichtigsten alten Klöster, in dessen Umgebung bis zu 1000 Einsiedlermönche gelebt haben sollen. Kriege und Krankheiten, Dürre und Hungersnot beendeten die Blüte. Doch zeugen davon noch 61 Brahmi-Inschriften, zwei wiederhergestellte Dagobas und eine 6 m lange, liegende Buddhastatue (Zugang über die B 54 zwischen Tissamaharama und Kirinda, bis es bei Bambawa in den Park geht).

Das Kloster **Magul Maha Vihara** liegt mit neuer Dagoba, Statuen-Höhlen und Badeteichen als Station am Pilgerpfad – wie auch Akashachetiya, Thalaguluhela und Mayagala.

Übernachtung

Direkt im Schutzgebiet liegen 6 Bungalows des **Departments of Wildlife Conservation**, buchbar, s. S. 99. Sie können jeweils bis zu 10 Pers. aufnehmen, Einheimische zahlen nur 8000 Rs, Ausländer 20 424 Rs (jeweils plus Eintritt). Im unmittelbaren Umfeld des Nationalparks, wo sich zuweilen auch reichlich Fauna erspähen lässt, gibt es nur wenige und ziemlich speziell geartete Unterkünfte, sodass es sich eher anbietet, ein Quartier in Tissamaharama (oder Hambantota/Kataragama) zu beziehen, um von dort aus Tagestouren zu unternehmen.

Joe's Bungalows, ☎ 011-2507848, 🖥 www.joesbungalow.com. Einfach, aber stylisch und schön. 2 rustikale Zimmer mit Ventilator, Regenduschen-Bad und einladender Veranda.

Der tiefe Süden

N

0   5 km

Der tiefe Süden

Dikgala Ara

Datage Ara

Kataragama

Goyankola
Wewa

Neralan
Wewa

Damba
Wewa

Agara Ara

Menik Ganga

Tolangoda
Wewa

Kuda
Mayagala
Wewa

Katagamuwa
Wewa

Pilgerstation
Sithulpahuwa

Rugamtota

Thalgasmankada
Bungalow

Katagamuwa

Dharsa
Wewa

Korria
Wewa

Andunoruwa
Wewa

Yala

Arangamuwa
Wewa

Elephant
Rock

Yala
Village
Resort

Panagammana
Wewa

Heen
Wewa

Heen
Wewa
Bungalow

Gonagala
Wewa

Butawa
Wewa

BLOCK I

Bandu
Wewa

Ondoage

Jamburagala
Wewa

Butawa New Bungalow
Butawa Old Bungalow

Wilapala
Wewa

Bambawa

Palatupana

Mahaseelawa Bungalow

Palatupana
Wewa

Indischer Ozean

Nimalawa
Wewa

NIMALAWA
SANCTUARY

Palatupana
Maha Lewaya

Angunakola
Wewa

Im unmittelbaren Umfeld gibt es ein Baumhaus zur Beobachtung von Vögeln. ❸

Safari Bungalow Yala, ✆ 047-2237104. Neu, vom Besitzer des Hotel Tissa als abenteuerlicher Ableger am Strand und nur 10 Min. vom Eingang des Nationalparks Yala West erbaut. Einsamer Bungalow mit 3 Zimmern zu 3500 Rs, Gemeinschaftsbad, Generatorenstrom. ❸

Safari Camp, ✆ 0777-314004. Die spannendste Möglichkeit, im Yala-Nationalpark zu übernachten, bietet das Zeltlager von Leopard Safaris (s. S. 278, Kasten: Jeep-Safaris in die Nationalparks). Es besteht aus 5 Zelten und muss für mind. 2 Nächte gebucht werden. Pro Pers. und Nacht US$360 inkl. Eintritt, Touren mit Gelände-Toyota, Essen, Bier, Wein, Spirituosen. ❼

In der heiligen Stadt Kataragama können auch westliche Touristen Spiritualität erfahren.

Yala Village, ☎/℡ 047-2239049-51, 🖳 www.yalahotel.com. Gehört seit 2004 in herrlicher Lage und mit umfassendem Umweltschutz-Konzept zu den landesweit schönsten Hotels. 54 komfortable, originell ausstaffierte Jungle-Cabanas für US$145–165 und 6 Beach-Cabanas für US$175–195. Geräumige Bungalows mit kathedralenartigen, völlig asymmetrisch geschnittenen Decken, die Textilien meist aus Jute und Leinen. Aussichtsturm und faszinierendes Restaurant mit Seeblick und gutem Essen. Viele Wildtiere (sogar Elefanten) kommen bis in die Anlage. Paradiesischer Strand, aber Baden verboten – was die Gäste sogar mit einer Unterschrift zu bestätigen haben. ➐

Kataragama

Schon aus der Ferne grüßen die sieben über 400 m hohen Felsspitzen die Gläubigen, die aus dem Norden, Osten und Westen nach Kataragama strömen. Auch sonst zeichnet sich der wichtigste Pilgerort Sri Lankas durch seine reizvolle Lage am **Menik Ganga** (Fluss der Edelsteine) mit seinen vielen, mächtigen Bäumen am Ufer aus.

Kataragama bildet den Endpunkt der legendären jährlichen Pilgerreise **Pada Yatra**, die von Jaffna über die Ostküste und durch die Nationalparks verläuft – und im Jahr 2002 zum ersten Mal seit 1983 wieder in vollem Umfang durchgeführt werden konnte.

Das Zentrum der rund 290 km von Colombo, 19 km nordöstlich von Tissamaharama und am Rand des Nationalparks Yala West gelegenen Stadt wirkt überraschend zeitgemäß, durchgeplant und sauber.

Wer schon viele Heiligtümer in Thailand oder Myanmar besucht hat, dürfte eher etwas enttäuscht sein. Auch lässt die Würde des Ortes für westlichen Geschmack etwas zu wünschen übrig, was sich allein schon an den aufgeschnittenen Blechfässern festmachen lässt, die hier überall als Mülltonnen dienen. Die geopferten Früchte schwängern die Luft mit süßlichem Fäulnis-Duft, während vielerorts Schmeißfliegen um fette Beute bemüht sind. Auch dass die Kokosnüsse erst inbrünstig in die Gebete einbezogen und zärtlich geküsst werden, um dann gleich mit voller Wucht auf dem Boden zerschmettert zu werden, kann auf manchen empfindlichen Besucher befremdlich wirken. Auf jeden Fall sollten die hier liegenden religiösen Stätten am besten

Vor allem in den letzten Nächten des mystischen Festes sollen mit archaischen Ritualen Gelübde eingehalten und Buße getan werden. Das übernehmen mit Passion und Routine die Sadhus, die als wunderliche hinduistische Asketen aus dem ganzen Land hierher kommen. Nachdem sie sich durch Meditation in Trance oder durch Tanz in Ekstase versetzt haben, beginnen sie mit ihrem schaurig-spannenden Spektakel: Hingebungsvoll durchbohren sie sich Wangen, Lippen oder Zungen mit Mini-Speeren. Noch martialischer wirkt es, sich Metallhaken in das Rückenfleisch stechen zu lassen, um Prozessionswagen zu ziehen oder aufgehängt an Gerüsten zu schaukeln. Andere wiederum malträtieren ihren Körper mit Fackeln oder laufen barfuß über rot glühende Kohlen.

Die Darsteller verziehen dabei keine Miene, doch die Pilgerscharen staunen und belohnen die Selbst-Kasteiung mit Geldgaben. Warum die Peinigungen scheinbar weder Schmerzen noch Verbrennungen oder Wunden verursachen, wissen wohl nur die Götter, für die sie gedacht sind. Wie **Skanda**, dem die Tamilen bei seiner Ankunft auf der Erde Obdach verweigert und ihn verjagt hatten, wogegen er bei den Singhalesen Unterschlupf fand. Als Strafe verfügte er, dass die Tamilen jedes Jahr ihren Körper malträtieren sollen, und schuf somit einen prächtigen Anlass zum alljährlichen Esala Perahera. Es findet immer während des Esala Mondmonats (Juli/Aug) statt, dauert neun Tage und neun Nächte, wobei Intensität und Inbrunst der Festlichkeiten proportional zunehmen.

An der gesamten Südküste kündigt sich das religiöse Ereignis unübersehbar an. In Prozessionen werden mobile Schreine durch die Gegend transportiert. Die überfüllten Busse sind mit Blumen und Baumzweigen behangen. Von den Ladeflächen der von Pilgern besetzten Lkws schallen rhythmisches Klatschen und Gesänge. In Kataragama angekommen, beginnen sämtliche Zeremonien mit der rituellen Reinigung im **Menik Ganga**. Im Schein des Haupttempels Maha Devale bringen die Anhänger aller Glaubensrichtungen ihre Opfergaben dar.

In den zehn Tagen vor dem Vollmond entnimmt der *Kapurala* als Priester dem **Kataragama Devale** dem Heiligtum ein Tuch, das ein Yantra (magisches Zeichen) des Kriegsgotts Skanda enthält. Bei einer Prozession mit etlichen Musikern und Tänzern wird es von einem Elefanten unter dem Klang von Trommeln, Trompeten und Muschelgehäusen an den in hypnotischen *Haro Hara*-Chören (Anrufform für Vishnu) schwelgenden Massen vorbei zum Tempel von Valli Amma getragen, wo es zum Zeichen der Vereinigung für eine knappe Stunde verbleibt.

Unmittelbar vor der Vollmond-Nacht gibt es eine weitere Prozession zu der am Nordende des heiligen Bezirks gelegenen **Kiri Dagoba**, wo Buddha bei seinem dritten Sri Lanka-Besuch meditiert haben soll. Am nächsten Morgen zeichnet der Priester mit einem Schwert das heilige Zeichen Mandara in den Menik Ganga, der den südlichen Teil des Geländes umfließt, und taucht das Tuch mit dem Yantra ein, um den Gott zu baden. Das über der Klinge zusammenschlagende Wasser soll die Unverletzlichkeit und die Einheit der Insel Sri Lanka demonstrieren. Anschließend begeben sich die Pilgerscharen in das heilige Wasser, um sich von den Sünden zu reinigen und von der göttlichen Kraft zu partizipieren.

---

besucht werden, wenn sie ihren eigentlichen Reiz entfalten – also zur Zeit von Festivals, Prozessionen oder Zeremonien.

Die Geschichte von Kataragama reicht bis in das 3. Jh. v. Chr. zurück, als sich hier das Hauptquartier der Kriegerkaste der *Kshatryas* befunden haben soll. Und schon König Dutthagamani (reg. 161–137 v. Chr.) soll hier vor seinem erfolgreichen Feldzug nach Anuradhapura dem Kriegsgott **Skanda** (s. Kasten) gehuldigt haben. Skanda, der von den Buddhisten – wie auch der gesamte Ort – *Kataragama* genannt wird, wird vor allem von den Hindus verehrt. Da alle Hindus auch Buddha verehren, wenden sie sich mit ihren Bitten auch an ihn – und sogar die Muslime fühlen sich im Heiligtum integriert.

Kataragama

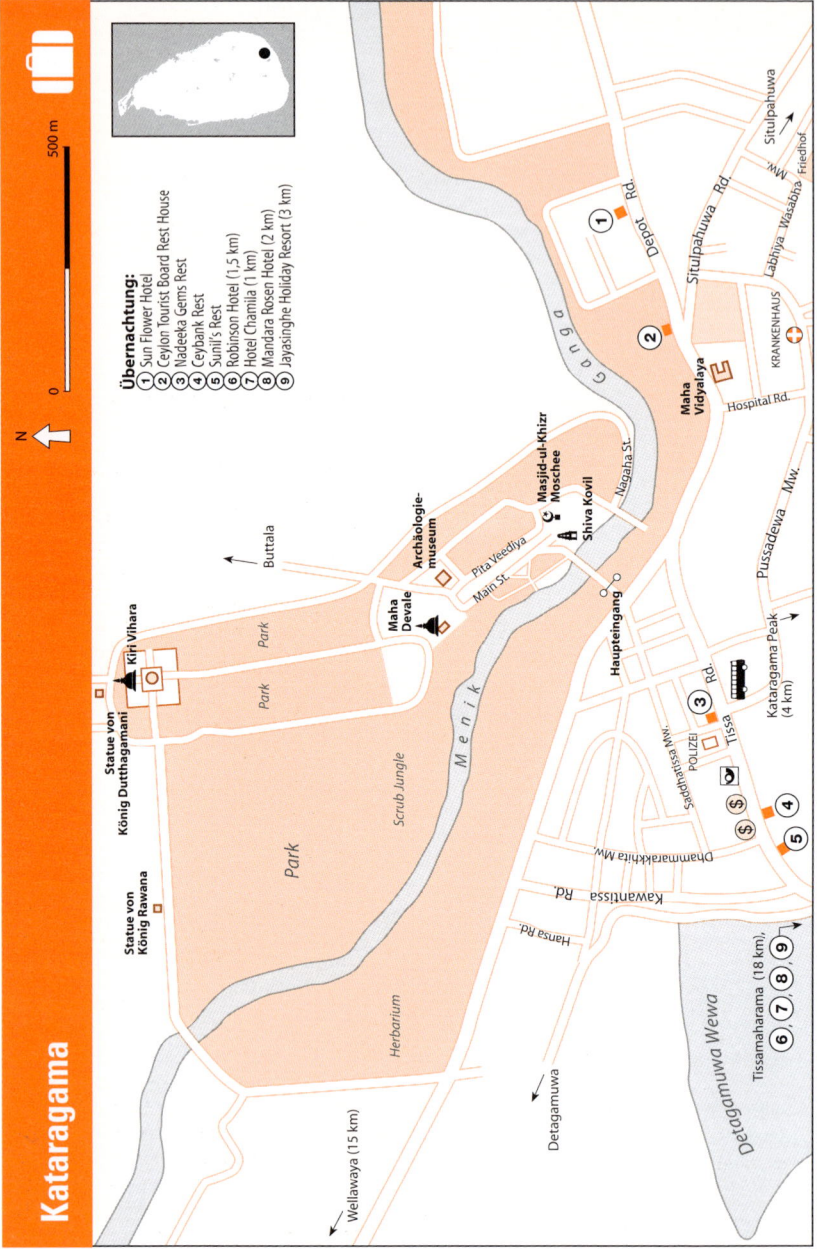

500 m

N

Übernachtung:
① Sun Flower Hotel
② Ceylon Tourist Board Rest House
③ Nadeeka Gems Rest
④ Ceybank Rest
⑤ Sunil's Rest
⑥ Robinson Hotel (1,5 km)
⑦ Hotel Chamila (1 km)
⑧ Mandara Rosen Hotel (2 km)
⑨ Jayasinghe Holiday Resort (3 km)

Ganga

Maha
Vidyalaya

Hospital Rd.

Situlpahuwa Rd.

Situlpahuwa
Mw.

Situlpahuwa

Labhiya Wasabha Friedhof

KRANKENHAUS

Depot Rd.

Pussadewa Mw.

Masjid-ul-Khizr
Moschee

Shiva Kovil

Archäologie-
museum

Pita Veediya

Main St.

Nagaha St.

Buttala

Maha
Devale

Kiri Vihara

Statue von
König Dutthagamani

Statue von
König Rawana

Park

Park

Park

Scrub Jungle

Menik

Park

Herbarium

Haupteingang

Kataragama Peak
(4 km)

③ Rd.

POLIZEI

Tissa

Saddhatissa Mw.

$

$

④

⑤

Dhammarakkhita Mw.

Kawantissa Rd.

Hansa Rd.

Detagamuwa

Wellawaya (15 km)

⑥ ⑦ ⑧ ⑨

Tissamaharama (18 km)

Detagamuwa Wewa

Orientierung und Sehenswertes

Das ganze Jahr über strömen die Gläubigen hierher, um ihren Göttern zu huldigen, die Erfüllung von Wünschen oder Vergebung von Sünden zu erbitten – aber ganz besonders zum fast zehntägigen **Esala Perahera** (s. Kasten S. 289) während des Vollmonds im Juli/August. Da diese eindrucksvolle Wallfahrt zeitgleich auch in Kandy veranstaltet wird, ergibt sich eine Qual der Wahl – oder auch nicht: Denn Abenteuerlustige sollten sich lieber durch die Menschenmassen in Kataragama schieben, wo das spektakuläre Treiben weitaus rustikaler und noch nicht so intensiv für Touristen aufbereitet ist.

Wer außerhalb des Perahera nach Kataragama kommt, muss auf hautnahe, spirituelle Impressionen keinesfalls verzichten: Jeden Tag um 5, 11 und 19.30 Uhr wird im Tempelbezirk eine Puja-Zeremonie veranstaltet. Beim Zutritt zertrümmern die Gläubigen mit voller Wucht Kokosnüsse auf den Eingangsstufen, was auf westliche Besucher befremdlich wirken mag, aber genauso Glück bringen soll wie der tausendfache Schein der kleinen Öllichter.

Skanda residiert im heiligsten, aber überraschend schmucklosen **Maha Devale**, der sogar ohne eine bildliche Darstellung des Kriegsgottes auskommt – ein weißer, quadratischer und fast unscheinbarer Tempelbau, der von einer mit Elefanten und Pfauen verzierten Mauer umgeben ist. An ihm wurde bisher offenbar noch nie etwas verändert. Das nach Osten gewandte Eingangstor ist mit Schnitzereien verziert. Zum Kern der Anlage, wo eine Reliquie aufbewahrt wird, haben nur Priester Zutritt. Hier werden Blumen und Früchte dargebracht, während die hier rußenden Öllampen schon seit ewigen Zeiten brennen sollen.

Die Wallfahrtsstätte kann zudem mit Schreinen für die hinduistischen Gottheiten Vishnu und Ganesha aufwarten, außerdem mit dem buddhistischen Heiligtum **Kiri Vihara** (Milch-Tempel) sowie mit der kleinen, schmucklosen Moschee **Masjid-ul-Khizr** und **Gräbern** von zwei muslimischen Heiligen. Auch ein kleines **Archäologisches Museum**, ⊙ 8–17 Uhr, befindet sich im Tempelbezirk. Ein noch älterer Kataragama-Tempel steht auf dem etwa 450 m hohen Hügel **Weddi Hiti**.

Zur Zeit des Perahera ist die Zimmersuche nahezu aussichtslos. Die meisten Unterkünfte bieten keine Ermäßigung für Einzelreisende. Auffallend viele Restaurants sind auf einfache Vegetarier-Kost ausgerichtet.

Ceybank Rest, Tissamaharama Rd., ✆ 047-2235229, ✉ ceybankhh@gmail.com. Rund 100 m vom Busbahnhof und recht beliebt. 26 große, einfache und etwas abgewirtschaftete Zimmer, davon 5 AC, die nach der Renovierung teurer werden sollen. Im Obergeschoss mit schönen Balkons, die einen Blick in die Berge bieten. ❷

Göttliches Familienglück

Als zweiter Sohn des hinduistischen Götterpaares Shiva und Parvati, dargestellt mit sechs Köpfen, zwölf Armen und einem Pfau als Reittier, genießt der als ungestüm und rachsüchtig geltende Kriegsgott **Skanda** auf Sri Lanka besondere Verehrung.

Einst war er in Indien mit der Prinzessin Thevani Amma verheiratet, bis ihm der Götterbote Narada eines Tages aus dem Land Lanka von einem wunderschönen Wesen namens **Valli Amma** berichtete. Als Tochter eines heiligen Eremiten und eines Rehs war sie im Südosten der Insel bei einem Häuptling der Veddas aufgewachsen. In der Verkleidung eines Bettlers und mit Hilfe einer List seines Bruders **Ganesha**, der das Mädchen in Gestalt eines wilden Elefanten erschreckte, konnte Skanda sie schließlich – sie hatte sich gewehrt, weil der Prinz bereits verheiratet war – für eine Vermählung gewinnen.

Da Thevani Amma ihren untreuen Gatten nicht nach Indien zurücklocken konnte, folgte sie ihm schließlich auf die Insel, wo alle drei bis heute in ihren Schreinen auf dem heiligen Gelände von Kataragama leben. Skandas Bruder Ganesha indes ließ sich aufgrund von verschüttetem Zaubertrank nur noch zur Hälfte zurückverwandeln und musste fortan als eine Mischung aus Mensch und Elefant weiterleben, was nur eine von mehreren Erklärungen für diesen Elefanten-Gott ist (s. S. 131).

Auf Rosen gebettet

Als Wohlfühloase inmitten von Kataragama erfreut das **Mandara Rosen Hotel**, 57 Detagamuwa, ✆/℡ 047-2236030-3, 🖥 www.mandarahotels.com. Rund 2 km vor den Toren der Stadt zählt es seit 2001 zu den besten Hotels im Süden Sri Lankas. Es gibt 48 angenehme, geräumige Zimmer für US$97 und 2 Suiten. Auch die schicken Bäder und großen Terrassen sowie der Fitness-Club, 2 Schwimmbäder (mit Unterwasser-Musik) und Ayurveda-Sessions für US$97 sind geeignet, Wohlergehen zu generieren. Restaurant mit gutem Abendbuffet. ❻–❼

Ceylon Tourist Board Rest House, ✆ 047-2235227, 🖂 chc@sltnet.lk. Am Eingang hängt ein illustres Baumhaus, ansonsten mangelt es an Flair. Mit 44 Zimmern, davon 13 AC, recht groß und wenig behaglich. ❸

Hotel Chamila, ✆ 047-2235294. Etwa 1 km außerhalb an der Straße nach Tissamaharama am Ufer eines Sees, aber ohne entsprechenden Blick. 2 imposante, doppelstöckige Gebäude mit 55 guten, recht preiswerten Zimmern, davon 30 AC. Ruhig mit Laubengängen und kleiner Parkanlage. Alkohol-Laden, ⏰ 10–22 Uhr, mit Barbetrieb. ❷–❸

Jayasinghe Holiday Resort, 23 A Detagamuwa, ✆/℡ 047-2235146, 🖂 jajasinresort@sltnet.lk. 25 gute, aber teure Zimmer, davon 20 mit AC. Schwimmbad im Innenhof, Tour-Agentur. ❹

Nadeeka Gems Rest, ✆ 078-9661890. Im Zentrum gegenüber der Busstation. Geeignet, um mal die Atmosphäre einer einfachen Pilger-Unterkunft

zu erfahren. 7 günstige, ziemlich schmuddelige Zimmer (das akzeptabelste ist Nr. 2) mit grünen und orangefarbenen Wänden. ❶

Robinson Hotel, ✆ 047-2235175, ℡ 2235299, 🖂 robinsonhotel@dialogst.net. Direkt Neben dem Chamila. 20 gepflegte, saubere und große Komfort-Zimmer mit Restaurant und Bar. Umfassendes Touren- und Transfer-Angebot. ❸

Sun Flower Hotel, ✆ 047-2235611, 🖥 www.hotelsunflowerlk.net. Empfehlenswert mit 17 schönen, großen und gepflegten Fliesen-Zimmern inkl. Warmwasser-Bad, davon 12 AC. Gutes Mobiliar, Balkone mit Blick ins Grüne und schönes Schwimmbad. ❸

Sunil's Rest, 61 Tissa Rd., ✆ 047-5677172. Familiäres, angenehmes Ambiente. Zu Zimmer Nr. 1 geht es über einen kleinen Teich bzw. eine Brücke. Ab Oktober 2011 mit 8 Zimmern, davon 5 AC. ❷

Transport

Die Busstation liegt mitten in der Stadt und nur 5 Min. von den Tempelanlagen. **CTB-Busse** nach COLOMBO verkehren regelmäßig, sind aber oft überfüllt. Die Strecke über Galle und die Küste beträgt 285 km, die über Ratnapura nur 260 km. Es gibt auch direkte Verbindungen ins Hochland sowie nach Monaragala.

Die Fahrtzeit nach TISSAMAHARAMA beträgt nur 30–40 Min.

Die am nächsten gelegene Eisenbahn-Station findet sich im rund 4 Bus-Stunden entfernten Matara.

Taxis nach COLOMBO lassen sich für US$100–110 chartern, nach GALLE für etwa US$80 und nach Hikkaduwa für rund US$90.

Anuradhapura   Polonnaruwa

Kandy

Colombo

Das kulturelle Dreieck

Stefan Loose Traveltipps

7 **Anuradhapura**   Hier lässt sich zwischen Tempelruinen Geschichte atmen. S. 302

Ritigala   Dschungeltour zu einer verlorenen Einsiedelei. S. 323

Minneriya-Nationalpark   Per Jeep auf Augenhöhe mit den Dickhäutern. S. 326

Polonnaruwa   Zu Vogelgezwitscher und Affengetöse mit dem Fahrrad durch den archäologischen Park. S. 327

8 **Sigiriya**   Schweißtreibender Aufstieg zu betörenden Schönheiten. S. 338

Dambulla   Faszinierende Höhlenmalereien im Dämmerlicht zeugen von tiefer buddhistischer Frömmigkeit. S. 343

Zwischen den alten Königsstädten Anuradhapura, Polonnaruwa und dem südlicher gelegenen Kandy befand sich über 1500 Jahre das
Zentrum von Sri Lankas Zivilisation. Auf Schritt
und Tritt stößt man auf die Errungenschaften
der früheren Bewohner: das ausgefeilte und
hoch entwickelte Bewässerungssystem, das
selbst die britischen Kolonialherren ins Staunen brachte; die in der ganzen buddhistischen
Welt berühmten Stupas und Klosteranlagen von
Anuradhapura und Polonnaruwa; nicht zuletzt
die Felsenfestung Sigiriya, eine technologische
Meisterleistung. Darüber hinaus gibt es weitere,
oft abgelegene Stätten, die weniger spektakulär

Das Cultural Triangle Ticket

Das Ticket für den Besuch der wichtigsten
Sehenswürdigkeiten im Kulturellen Dreieck
kann bereits in Colombo direkt beim **Central
Cultural Fund**, 212/1 Bauddhaloka Mw., Colombo 7, ☎ 011-2500732, 2587912, 🖳 www.ccf.
lk, erworben werden. Neben den Einzeltickets
ist ein **Rundticket** erhältlich, das derzeit US$50
kostet. Der Betrag ist in Rupies zu bezahlen
und wird wegen der Kursschwankungen immer
wieder neu vom CCF festgesetzt. Kinder im
Alter zwischen sechs und zwölf Jahren zahlen
die Hälfte, jüngere gar nichts. Offiziell gibt es
keine Studentenermäßigung. Das Rundticket
kann man auch in Anuradhapura, Polonnaruwa, Sigiriya und Kandy kaufen. Es berechtigt,
folgende Stätten zu besichtigen: Anuradhapura (Einzelticketpreis: US$25), Polonnaruwa
(US$25), Sigiriya (US$30), Ritigala (US$5),
Nalanda (US$5) und Medirigiriya (US$10) sowie
einige Tempel in und um Kandy (US$12). Nicht
eingeschlossen sind der Isurumuni Raja Maha
Vihara in Anuradhapura, der Zahntempel von
Kandy und die Höhlen in Dambulla. Das Ticket
gilt ab dem ersten Besichtigungstag drei Wochen lang. Leider können die Ruinenstätten nur
jeweils einen Tag besucht werden. Das heißt,
wer z. B. einen zweiten Besichtigungstag in
Polonnaruwa einlegen möchte, muss ein weiteres Einzelticket kaufen. Immerhin berechtigt
der Eintritt mit wenigen Ausnahmen zum kostenlosen Fotografieren.

sind, aber trotzdem von großer Kreativität zeugen, wie der einsam stehende Aukana-Buddha,
die im Dschungel versunkenen Einsiedeleien
Ritigala und Dimbulagala oder die Tempelruinen
in Medirigiriya.

Mehrere Jahrhunderte lang waren die meisten Stätten von Dickicht überwuchert und dem
Verfall preisgegeben. Erst in der britischen Kolonialzeit wurde damit begonnen, die ersten
Ruinen freizulegen. 1890 beauftragte die Kolonialregierung das neu gegründete Department
for Archeology mit der Restaurierung. Ein wichtiger Schritt war 1982 die Erhebung der Ruinenstätten Anuradhapura, Polonnaruwa und Sigiriya
zum Unesco-Welterbe. Seitdem fließen die notwendigen Gelder in größeren Mengen, um die
enormen Restaurierungsarbeiten fortzuführen.
Regelmäßig müssen die Ruinen vom Dschungel
befreit werden. Für die Wiederherstellung der
großen Stupas in Anuradhapura sind gewaltige
Materialaufwendungen erforderlich. Die Koordi-
nierung der Arbeiten liegt in der Hand des Central Cultural Fund (CCF) mit Hauptsitz in Colombo.
Er erhebt auch die saftigen Eintrittsgebühren für
die Sehenswürdigkeiten. Manche mögen sie als
zu hoch empfinden, Erhalt und Restaurierung der
Anlagen haben aber ihren Preis. Nicht zuletzt
sind es häufig Touristen, die den Stätten neue
Schäden zufügen.

Routen

Vier der acht Unesco-Welterbestätten in Sri
Lanka liegen nicht mehr als 100 km voneinander
entfernt. Das verführt dazu, sie **von einem Standort aus** mit dem eigenen Fahrzeug in Tagestrips
abzuhaken, wie es viele Reisegruppen tun. Wer
mehr Zeit investieren möchte – was zu empfehlen ist –, kann als Ausgangspunkt Anuradhapura
oder Kandy wählen. Beide Orte sind von Colombo mit dem Zug oder Bus in 5 bzw. 3–4 Std. zu
erreichen.

Eine **ausführliche Variante** könnte folgendermaßen aussehen: Mit Zug oder Bus nach
Kurunegala, um von dort aus die Felsenfestung
Yapahuwa zu besichtigen. Anschließend nach
Anuradhapura mit Tagesausflug nach Mihintale
und Tantirimale. Weiter geht es nach Polonnaruwa – am besten mit gemietetem Fahrzeug, um
unterwegs Ritigala und den Aukana-Buddha zu

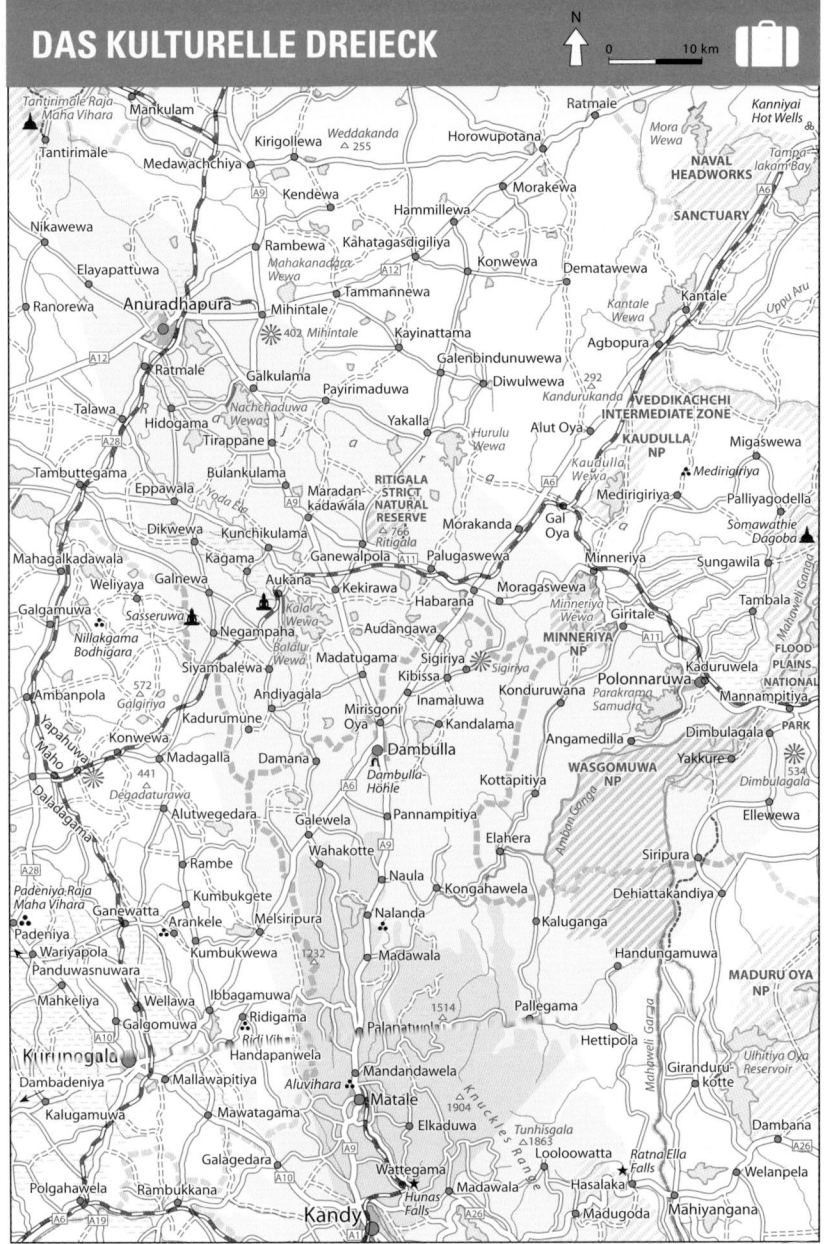

Tantirimale Raja Maha Vihara
Mankulam
Tantirimale
Medawachchiya
Kirigollewa
Weddakanda △255
Horowupotana
Ratmale
Mora Wewa
Kanniyai Hot Wells
NAVAL HEADWORKS
Tampa Jakam Bay
Nikawewa
Kendewa
Hammillewa
Morakewa
SANCTUARY
Rambewa
Kahatagasdigiliya
Konwewa
Dematawewa
Elayapattuwa
Mahakanadara Wewa
Tammannewa
Kantale Wewa
Kantale
Ranorewa
Anuradhapura
Mihintale
Kayinattama
Agbopura
Uppu Aru
Ratmale
Galkulama
Mihintale 402
Galenbindunuwewa
Diwulwewa 292
Kandurukanda
VEDDIKACHCHI INTERMEDIATE ZONE
Talawa
Payirimaduwa
Yakalla
Alut Oya
KAUDULLA NP
Migaswewa
Hidogama
Nachchaduwa Wewa
Hurulu Wewa
Medirigiriya
Tirappane
Bulankulama
RITIGALA STRICT NATURAL RESERVE
Kaudulla Wewa
Medirigiriya
Palliyagodella
Tambuttegama
Eppawala
Maradan-kadawala
△766 Ritigala
Morakanda
Gal Oya
Minneriya
Somawathie Dagoba
Dikwewa
Kunchikulama
Ganewalpola
Palugaswewa
Sungawila
Mahagalkadawala
Kagama
Aukana
Kekirawa
Habarana
Moragaswewa
Minneriya Wewa
Giritale
Tambala
Weliyaya
Galnewa
Kalaf Wewa
MINNERIYA NP
FLOOD PLAINS NATIONAL PARK
Galgamuwa
Sasseruwa
Negampaha
Audangawa
Kaduruwela
Nillakgama Bodhigara
Baldiu Wewa
Madatugama
Sigiriya
Sigiriya
Polonnaruwa
Mannampitiya
Ambanpola
572 Galgiriya
Siyambalewa
Andiyagala
Kibissa
Konduruwana
Parakrama Samudra
Dimbulagala
Kadurumune
Mirisgoni Oya
Inamaluwa
Kandalama
Yakkure
Konwewa
Madagalla
Damana
Dambulla
Angamedilla
WASGOMUWA NP
Dimbulagala 534
441
Degadaturawa
Dambulla-Höhle
Kottapitiya
Ellewewa
Alutwegedara
Galewela
Pannampitiya
Elahera
Siripura
Rambe
Wahakotte
Naula
Kongahawela
Dehiattakandiya
Padeniya Raja Maha Vihara
Kumbukgete
Melsiripura
Nalanda
Kaluganga
Ganewatta
Arankele
Madawala
Handungamuwa
Padeniya
Wariyapola
Kumbukwewa
1232
MADURU OYA NP
Panduwasnuwara
Ibbagamuwa
1514
Pallegama
Mahkeliya
Wellawa
Ridigama
Palanatunie
Hettipola
Ulhitiya Oya Reservoir
Kurunegala
Galgomuwa
Ridi Vihara
Handapanwela
Girandurukotte
Dambadeniya
Mallawapitiya
Aluvihara
Mandandawela
Kalugamuwa
Mawatagama
Matale
1904
Dambana
Galagedara
Elkaduwa
Tunhisgala △1863
Looloowatta
Ratna Ella Falls
Polgahawela
Rambukkana
Wattegama
Madawala
Hasalaka
Welanpela
Kandy
Hunas Falls
Madugoda
Mahiyangana

Das kulturelle Dreieck

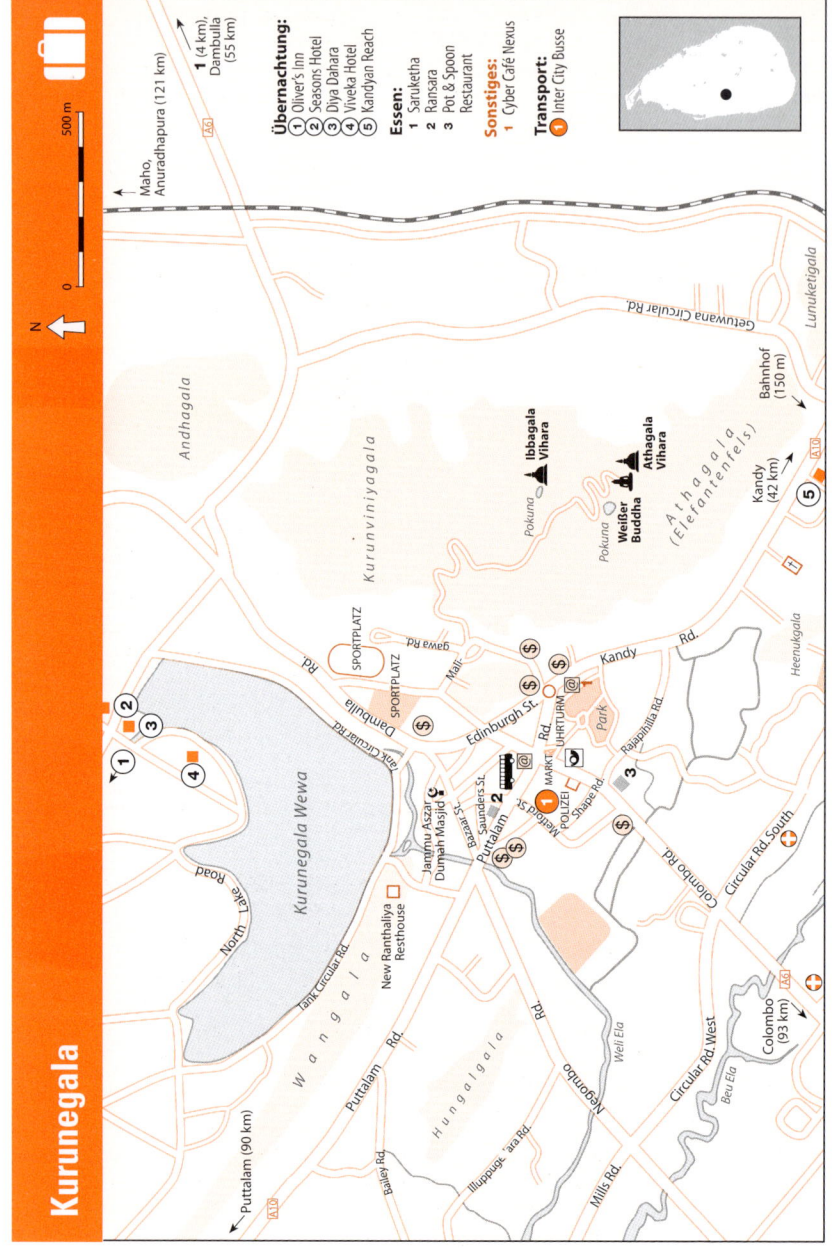

Das kulturelle Dreieck

Kurunegala

Übernachtung:
1. Oliver's Inn
2. Seasons Hotel
3. Diya Dahara
4. Viveka Hotel
5. Kandyan Reach

Essen:
1. Saruketha
2. Ransara
3. Pot & Spoon Restaurant

Sonstiges:
1. Cyber Café Nexus

Transport:
1. Inter City Busse

N

500 m

0

Maho, Anuradhapura (121 km)

1 (4 km), Dambulla (55 km)

Andhagala

Kurunviniyagala

Getuwana Circular Rd.

Lunuketigala

Bahnhof (150 m)

Ibbagala Vihara

Pokuna

Weißer Buddha

Pokuna

Athagala Vihara

Athagala (Elefantenfels)

Kandy (42 km)

Heenukgala

Kurunegala Wewa

SPORTPLATZ

SPORTPLATZ

Malir gawa Rd.

Dambulla Rd.

Tank Circular Rd.

Kandy Rd.

Edinburgh St.

UHRTURM

Park

Rajapihilla Rd.

Bazaar St.

Saunders St.

Puttalam St.

Medha St.

MARKT

POLIZEI

Shape Rd.

Colombo Rd.

Circular Rd. South

Circular Rd. West

Colombo (93 km)

Well Ela

Beu Ela

Negombo Rd.

Mills Rd.

Illuppugg~ara Rd.

Bailey Rd.

Hungalgala

Puttalam Rd.

New Ranthaliya Resthouse

Jammu Aszar Dumah Masjid

Wangala

North Lake Road

Tank Circular Rd.

Puttalam (90 km)

Jammu Aszar

besuchen (diese Stätten sind gar nicht oder nur umständlich mit öffentlichen Verkehrsmitteln zu erreichen). Die zweite Königsstadt ist Ausgangsbasis für einen Halb- oder Ganztagsausflug nach Dimbulagala und/oder Medirigiriya. Naturinteressierte können auch noch eine Nacht in Habarana oder Giritale einlegen, um von dort aus Safaris in die Nationalparks Minneriya oder Kaudulla zu unternehmen. Sigiriya und Dambulla sind die nächsten Stationen und eignen sich als Übernachtungsstätte. Schließlich geht es über Matale nach Kandy. Natürlich ist diese Variante auch umgekehrt durchführbar.

Kurunegala

Die Stadt mit etwa 90 000 Einwohnern ist ein wichtiger Verkehrsknotenpunkt. Hier kreuzen sich die A 10 von Kandy (42 km) nach Puttalam (90 km) und die A 6 von Colombo (97 km) nach Trincomalee (164 km). Zudem führt von hier die A 21 in Richtung Ratnapura (119 km). Die Folge ist ein recht starker Durchgangsverkehr, der jedoch auch eine gute Anbindung an die erwähnten Orte gewährleistet.

Wegen der fehlenden Attraktionen dient Kurunegala den meisten Touristen nur als Essens- oder Übernachtungsstopp, dabei eignet es sich hervorragend als Ausgangspunkt für Ausflüge in die Umgebung, etwa in die kurzzeitigen Königsstädte Dambadeniya, Panduwasnuwara und Yapahuwa. Markante Punkte der Distriktstadt sind der **Kurunegala Wewa**, das Wasserreservoir im Norden, und die umliegenden felsigen Bergzüge. Die Berge tragen Tiernamen, da es sich bei ihnen einer Legende zufolge um Tiere handelt, die zu Stein verwandelt wurden, weil ihretwegen während einer Dürreperiode die Wasserversorgung zusammenzubrechen drohte. Eine schöne Aussicht genießt man vom 325 m hohen **Athagala** (sprich: Etagala), einem lang gezogenen Felsrücken an der Ostseite der Stadt. Dieser „Elefantenfelsen" wird von einer weithin sichtbaren Buddhafigur gekrönt, zu der eine 2 km lange Straße hinaufführt.

Nichts erinnert daran, dass Kurunegala einige Jahrzehnte lang sogar Königsmetropole war. Nach dem Untergang von Polonnaruwa im 14. Jh. zerfiel die Insel in mehrere Machtzentren. König Bhuvanekabahu II. (reg. 1293–1302) verlegte seine Residenz von der Felsenfestung Yapahuwa nach Kurunegala. Dort erblühte unter Parakramabahu IV. (reg. 1302–26) das literarische Leben, und er förderte die Verehrung der Zahnreliquie (s. S. 363, Kasten: Der Eckzahn Buddhas). Doch der Erbfolgestreit unter seinen Söhnen ließ das Herrschaftsgebiet rasch zerfallen, und sein Neffe, Bhuvanekabahu IV. (reg. 1341–51), verlegte seinen Sitz in das durch die Berge geschütztere Gampola bei Kandy.

Die akzeptabelsten Unterkünfte befinden sich an der North Lake Rd. am Kurunegala Wewa. Mit dem Three-Wheeler kostet eine Fahrt vom etwas außerhalb gelegenen Bahnhof etwa 150 Rs, vom Uhrturm etwa 100 Rs.

Diya Dahara, 28 North Lake Rd., ☎ 037-2223452, 5266662, ✉ diyadahara@sltnet.lk. Das Hotel liegt direkt am See. Die 7 Zimmer sind akzeptabel, wenn auch nicht gerade die saubersten. Alle sind mit Du/WC ausgestattet, einige haben AC. Großes, offenes Restaurant mit durchschnittlichem Touristenessen; netter Garten. Insgesamt überteuert. ➌

Kandyan Reach, 344-340 Kandy Rd., ☎ 037-2224218, 2224466, 🖥 www.kandyanreach.com. Das freundliche Hotel liegt etwa 1,5 km außerhalb des Stadtzentrums und verfügt über 23 AC-Zimmer, ein großes Restaurant und Swimming Pool. Beliebt für Konferenzen und Hochzeiten. ➌–➍

Oliver's Inn, 2 Bamunungara Rd., ☎/📠 037-2223567, 5 Zimmer mit Ventilator (eines mit AC) in etwas blassem Gebäude; freundlicher Service. ➋–➌

Seasons Hotel, 28 North Lake Rd., ☎/📠 037-2223452, 5266662. Liegt dem Diya Dahara gegenüber und ist in gleichem Besitz. Bietet 4 geräumige AC-Zimmer. ➌–➍

Viveka Hotel, 64 North Lake Rd., ☎ 037-2222897, 🖥 www.hotelviveka.com. Fast 100 Jahre alte Kolonialvilla mit 5 etwas nüchtern geratenen Zimmern mit AC; insgesamt aber nettes Ambiente und freundliches Personal. Am Wochenende finden häufig Hochzeitsfeiern statt. ➌

Das kulturelle Dreieck

Essen

Mehrere „Hotels" mit dem üblichen Rice-
und-Curry-Angebot gibt es rund um den
Busbahnhof.

Pot & Spoon Restaurant, 79/21 Colombo Rd.,
✆ 037-2223436. Eines der populärsten
Restaurants in der Stadt, manchmal etwas
laut. Gute Curry- und Biryani-Gerichte.

Ransara, Puttalam Rd. Bietet Gebäck und nette
Snacks für den kleinen Hunger zwischendurch.
🕘 6–22 Uhr.

Saruketha, Dambulla Rd., 2nd Mile Post, ✆ 037-
4690667, 🖥 www.saruketha.com. Beliebter
Essensstopp für durchreisende Touristen, knapp
4 km nordöstlich von Kurunegala an der Straße
nach Dambulla. Schönes Gartenambiente mit
Bambushainen. Mittagsbuffet mit leckeren
Curry-Gerichten. 🕘 7–23 Uhr.

Sonstiges

Geld

Mehrere Banken im Stadtzentrum (s. Plan)
bieten die Möglichkeit, Geld zu tauschen.
Seylan Bank in der Colombo Rd. und
Commercial Bank in der Edinburgh St.
verfügen über Geldautomaten.

Internet

Cyber Café Nexus, Kandy Rd.,
🕘 7.30–21 Uhr, 60 Rs/Std.

Medizinische Hilfe

Government Hospital, Colombo Rd.,
✆ 037-2222261.

Polizei

Colombo Rd., ✆ 037-2222222.

Transport

Busse

Fast alle Busse zwischen Colombo und
Anuradhapura sowie zwischen Kandy und
Puttalam halten in Kurunegala. Der zentrale
Busbahnhof liegt an der Puttalam Rd., nördlich
des Uhrturms. Die Intercity-Busse halten an der
Metford St. gegenüber der Holy Family Basilica.
CTB-Busse zwischen COLOMBO (93 km) und
ANURADHAPURA (121 km) verkehren zwischen
6 und 17.30 Uhr etwa alle 30 Min. und brauchen

für die Fahrt nach Anuradhapura etwa 2 Std.,
nach Colombo 4 Std. Direktbusse steuern
regelmäßig NEGOMBO (74 km, ca. 3 1/2 Std.)
und während des Tages im 30-Min.-Takt auch
CHILAW (2 1/2 Std.) an. Die Strecke nach
KANDY (42 km, 1 Std.) und PUTTALAM (87 km,
5 Std.) wird in regelmäßigen Abständen von
CTB- oder Intercity-Bussen bedient.

Eisenbahn

Kurunegala liegt an der „Northern Railway",
die von Colombo nach Anuradhapura–Vavuniya
führt. Weitere Zugverbindungen gibt es nach
Trincomalee und Batticaloa.
9x tgl. fahren Züge in 2 1/2–3 Std. nach
COLOMBO, der Zug um 7.50 Uhr fährt weiter
bis nach GALLE und MATARA. Die Abfahrtszeiten der Züge nach ANURADHAPURA sind
7.20 (IC), 15.49 und 17.54 Uhr (IC). Die Fahrt
dauert 3 Std., im IC nur 1 1/2 Std. Wer auf der
Fahrt nach Anuradhapura (121 km) die Ruinen
von Yapahuwa (45 km) besuchen möchte,
nimmt einen der Morgenzüge nach Maho
(ca. 1–1 1/2 Std.), mietet sich dort einen Three-
Wheeler und fährt am Nachmittag mit Zug oder
Bus weiter in die alte Königsstadt. Nach MAHO
starten vormittags Züge um 6.53, 7.20, 8.14, 8.50,
10.43 und 12.07 Uhr. Züge nach TRINCOMALEE
fahren um 8.14, 12.07 und 23.10 ab. Um 21.10 Uhr
fährt ein Direktzug über POLONNARUWA
(Ankunft 1.18 Uhr) nach BATTICALOA (Ankunft
3.27 Uhr).

Dambadeniya

In einem Halbtagsausflug lässt sich von Kurunegala aus die 30 km südwestlich an der Straße
nach Negombo gelegene Ruinenstätte Dambadeniya besuchen. Dorthin verlegte König Vijayabahu III. (reg. 1232–6) während der Tyrannenherrschaft des südindischen Despoten Magha,
der in Polonnaruwa residierte, seinen Sitz. Vijayabahus Sohn Parakramabahu II. (reg. 1236–70)
gelang es, Magha zu vertreiben, doch war die
alte Königsstadt dermaßen zerstört, dass er
und seine beiden Nachfolger in Dambadeniya
blieben. Außerdem waren sie hier vor weiteren
tamilischen Einfällen sicherer.

Viel ist allerdings nicht erhalten geblieben: Archäologen legten Reste des Palastfundaments und der Wallanlagen frei. Etwa 400 m südöstlich des Ortszentrums liegt der **Vijayasundaramaya**. In diesem zweistöckigen Tempel wurde zur Zeit der Könige die Zahnreliquie aufbewahrt. Heute befinden sich im Inneren einige interessante Wandmalereien aus dem 18. Jh., als der Tempel umfassend renoviert wurde.

Transport

Am bequemsten ist es, aus KURUNEGALA mit dem **Three-Wheeler** anzureisen. Ansonsten halten in Dambadeniya auch alle **CTB-Busse** von und nach NEGOMBO.

Padeniya

Dort, wo die A 28 von Anuradhapura auf die A 10 von Puttalam nach Kurunegala und Kandy trifft, liegt der kleine Ort Padeniya. Er wäre nicht unbedingt erwähnenswert, gäbe es dort nicht den überregional bekannten **Padeniya Raja Maha Vihara**. Wer von Kurunegala nach Anuradhapura unterwegs ist und sich an Klöstern noch nicht satt gesehen hat, kann in diesem Vihara einen kurzen Halt einlegen und die beschauliche Atmosphäre der gepflegten Anlage genießen.

Das bemerkenswerteste Klostergebäude liegt etwas erhöht auf einem Felsblock neben einem ausladenden Bodhi-Baum: die Dharma-Halle. Das Satteldach wird von drei Säulenreihen aus Holz getragen, die Außenseite ist mit Löwenfiguren geschmückt. Im Inneren befindet sich ein quadratischer Schrein, der von einer schweren Holztür abgeschlossen wird. Der Türrahmen ist mit Ornamenten verziert, daneben steht jeweils eine Wächterfigur. Das düster beleuchtete Schreininnere gibt am Raumende den Blick auf eine von einem Vorhang geschützte Buddhafigur frei. An den Seiten befinden sich jeweils drei stehende Buddhafiguren. Die Halle ist von einer Mauer umgeben, in deren zahlreichen Nischen an besonderen Poya-Tagen Öllampen hingestellt werden. Interessant ist auch der seitlich offene Vihara *(Sangha Vasa)* mit einem hölzernen Altar sowie ein harmonisch proportionierter, weiß getünchter Dagoba. Kein Eintritt, Spende willkommen.

Transport

Alle **CTB-Busse** aus dem 25 km südöstlich gelegenen Kurunegala passieren auf ihrer Fahrt nach Anuradhapura (85 km) und Puttalam das Dorf Padeniya.

Panduwasnuwara

Reich an Geschichten ist dieser Ort, 32 km nordwestlich von Kurunegala an der Straße nach Chilaw: Von Panduwasnuwara aus soll der namensgebende legendäre König Panduvasudeva, zweiter Nachfolger des nicht weniger legendären Vijaya (s. S. 107), im 5./4. Jh. v. Chr. sein Reich gelenkt haben. Historisch gesichert ist jedoch nur, dass der große Parakramabahu I. (reg. 1153–86) hier seine Residenzstadt Parakramapura errichtete, um von ihr aus seine Rivalen in Polonnaruwa und Rohana zu bekämpfen. Nachdem ihm die Einigung des Reichs gelungen war, brachte er als unumstrittener Machthaber Polonnaruwa zu seiner letzten großen Blüte. Die mächtigen Wehranlagen lassen darauf schließen, dass Parakramapura eine nicht leicht einzunehmende Stadt war.

Die 20 ha große Anlage – nur einige Bereiche wurden ausgegraben – werden wohl in erster Linie Geschichtsinteressierte anregend finden. Die mächtigen Wälle und Wassergräben geben Archäologen Aufschluss über die Struktur einer Zitadelle aus dem 13. Jh. In einem etwas kärglichen **Museum** können gegen eine Spende einige Fundstücke besichtigt werden, u. a. eine kleine Bronze-Statue, die an die bekannte Figur im Potgul Vihara in Polonnaruwa erinnert. Ansonsten sind die freigelegten Fundamente zahlreicher Gebäude zu sehen, wie etwa die massiven Außenmauern, die königliche Audienzhalle und Klosteranlagen sowie Steininschriften und ein Wewa.

Beachtenswert ist der Tempel mit dem Bodhi-Baum, Bodhigara genannt. Dort wurde auch für einige Zeit die Zahnreliquie aufbewahrt. Schließlich erregt nicht weit davon entfernt ein rundes Fundament die Aufmerksamkeit – und die Fantasie der Geschichtenerzähler. Die Funktion dieses vermutlich ehemals mehrstöckigen Gebäudes ist unklar. Einer Legende zufolge ließ König Panduvasudeva dort seine Tochter Unmada Chitra einsperren, weil ihre Schönheit die Männer verrückt machte. Er wollte auch eine potenzielle Schwangerschaft verhindern, damit ihm nicht ein standesgemäß gezeugter Sohn den Thron streitig machen konnte.

Transport

Wer von Kurunegala kommt, muss etwa 20 km entlang der A 10 (Kurunegala–Puttalam) bis nach Wariyapola und von dort weitere 12 km in Richtung Chilaw bis zum Dorf Panduwasnuwara fahren. Die Ausgrabungsstätte liegt ca. 1 km außerhalb der Ortschaft. Die Strecke wird im 30-Min.-Takt von **Bussen** nach Chilaw befahren.

Arankele

Die sehr idyllisch gelegene, wenn auch an Sehenswürdigkeiten arme **Waldeinsiedelei** aus dem 6. Jh. liegt etwa 24 km nördlich von Kurunegala. Sie ist am besten mit einem Three-Wheeler zu erreichen, der von Kurunegala auf der A 6 knapp 12 km nach Ibbagamuwa fährt und dort in Richtung Kumbukgete abzweigt.

Die Ruinen liegen am Fuß eines Bergzuges und sind über einen gepflasterten Weg zu erreichen. Zu sehen sind zwei von einer Mauer umgebene erhöhte Plattformen – die kleinere mit ursprünglich neun Mönchszellen – und eine Krankenstation mit Mörser und steinerner Wanne für das Kräuterbad. Eine Reihe von Wegen führt in den Wald, einige davon waren anfänglich überdacht. Einer der Pfade passiert Reste eines Pavillons, der von einem Wassergraben umgeben ist. Außerdem gibt es in der Nähe einige **Grotten mit Brahmi-Inschriften**, die von Schenkungen an die Mönche berichten. Unweit von der Waldeinsiedelei leben auch heute wieder Mönche.

Ridi Vihara

Wer mit dem eigenen Fahrzeug unterwegs ist, kann diese interessante Klosterstätte, knapp 20 km nordöstlich von Kurunegala, gut mit der Besichtigung Arankeles verbinden. Der Name „Silberkloster" erinnert an eine Legende, derzufolge während der Regierungszeit des in Anuradhapura herrschenden Königs Dutthagamani im 2. vorchristlichen Jahrhundert in der Höhle Silber (singh. *ridi*) gefunden wurde. Da der König wegen eines Tempelbaus gerade knapp bei Kasse war, freute er sich dermaßen über den Fund, dass er aus Dankbarkeit dort einen Tempel stiftete. Doch seit wann dieser Ort wirklich als buddhistische Einsiedelei genutzt wurde, ist unklar.

Heute sind zwei Tempel von Interesse: Im **Pahala Vihara**, dem „Unteren Tempel", sind eine goldene Buddhastatue – dem Volksglauben nach eine Schenkung Dutthagamanis – und ein 9 m langer liegender Buddha zu sehen. Der dahinscheidende Erleuchtete liegt auf einer Plattform, die mit Delfter Kacheln verziert ist. Ein niederländischer Konsul soll sie gestiftet haben. Möglicherweise wollte er die Buddhisten zum christlichen Glauben bekehren, denn kurioserweise zeigen die blauweißen Kacheln biblische Motive. Die Bekehrung ist ihm nicht gelungen, noch immer leben hier buddhistische Mönche. Ein Blick lohnt sich auch auf den mit Elfenbeinintarsien verzierten Türrahmen – leider sind einige schon verschwunden.

Nicht weit entfernt liegt etwas erhöht der **Uda Vihara**, der „Obere Tempel". Er geht auf eine Stiftung des in Kandy residierenden Königs Kirti Sri Rajasimha (reg. 1747–82) zurück. In seinem Auftrag fertigte der Mönch Devaragampola Silvatenne zwischen 1771 und 1776 die Wandmalereien im Inneren an. Sie zählen zu den schönsten Beispielen der Malschule von Kandy. Auch wenn Hinweise fehlen, sollte beim Fotografieren *kein* Blitz verwendet werden. Vor dem Eingang befindet sich ein reichlich dekorierter Mondstein.

Es lohnt sich auch, etwas in der Gegend herumzuspazieren, z. B. zu einem verfallenen Dagoba auf einer Anhöhe. Für die Besichtigung wird eine Spende von mind. 100 Rs erwartet.

Transport

Selbstfahrer

Mit dem eigenen Fahrzeug oder Three-Wheeler fährt man von Kurunegala kommend zuerst die A 6 in Richtung Dambulla. Nach knapp 12 km ist der Ort Ibbagamuwa erreicht. Etwa 2 km dahinter muss man nach rechts abbiegen, bis nach weiteren 7 km eine Abzweigung kommt. Dort geht es wieder nach rechts und weiter bis zum 9 km entfernten Dorf Ridigama. Am Uhrturm muss man nach rechts fahren und nach etwa 200 m nach links. Dann sind es noch etwa 1,5 km bis zum Ridi Vihara.

Busse

Zwischen Kurunegala und Ridigama fahren in regelmäßigen Abständen Busse. In Ridigama kann man sich für den Besuch einen Three-Wheeler mieten (ca. 400–500 Rs einschließlich Wartezeit).

Yapahuwa

Die eindrucksvollste Ruinenstätte in der weiteren Umgebung von Kurunegala ist fraglos die etwa 45 km nördlich gelegene **Felsenfestung** Yapahuwa. Wer in Richtung Anuradhapura (75 km) unterwegs ist, kann dort problemlos einen Halt einlegen. Die Festung liegt 90 m über der Ebene an einem Berghang. Sie blickt auf eine fast 800-jährige Geschichte zurück: Während der Herrschaft des in der ersten Hälfte des 13. Jhs. regierenden südindischen Tyrannen Magha ließ König Vijayabahu III. eine Reihe von Festungsanlagen errichten, u. a. Yapahuwa nach dem Vorbild Sigiriyas.

Auch nach Maghas Vertreibung war die Gefahr vor weiteren Eindringlingen nicht gebannt, wie ein erfolgloser Angriff des malaiischen Herrschers Chandrabhanu in den Jahren 1262–63 auf Yapahuwa zeigt. Nach einem Attentat auf seinen in Dambadeniya regierenden Bruder Parakramabahu II. durch dessen obersten General ließ sich König Bhuvanekabahu I. (reg. 1272–84) wenige Monate nach seiner Krönung in der gut gesicherten Bergfeste Yapahuwa nieder. Zwei Wassergräben und eine doppelte Ringmauer an der Südseite des Berges sowie die im Palastbereich aufbewahrte Zahnreliquie sollten die Festung militärisch und spirituell absichern. Nach Bhuvanekabahus Tod folgte eine Periode der Anarchie, die ein indischer General namens Mitta ausnutzte, um die Zahnreliquie nach Indien zu bringen. Dort blieb sie, bis es 1288 Parakramabahu III. (reg. 1287–93) gelang, sie zurückzuholen. Er brachte sie nach Polonnaruwa, wo er zeitweise regierte. Sein Nachfolger, König

Bhuvanekabahu II., verlegte seine Residenz schließlich nach Kurunegala. Yapahuwa verlor an Bedeutung. Später besiedelten Mönche und Eremiten die immer mehr zerfallende Ruinenstätte. Noch heute existiert am Fuß der Anlage ein kleines Kloster – der Raja Maha Vihara Yapahuwa –, das für den Besuch 200 Rs kassiert.

Während Befestigungs- und Palastanlage weitgehend verfallen sind, ist die steile **Freitreppe** nach umfassender Restaurierung sehr gut erhalten. Sie führt auf der Südseite des Berges von der Ebene nach oben, wahrscheinlich zum Palastgebäude und/oder dem Schrein für die Zahnreliquie. Viel Platz kann nicht gewesen sein, denn bald nach dem oberen Ende der Treppe beginnt der Fels. Dass die Steinmetze ihren südindischen Vorbildern in nichts nachstanden, zeigen die feinen Verzierungen an den Treppenseiten. Aus dem Kalkstein zauberten sie feine **Reliefs**, neben Rankenwerk auch Frauen mit Opfergaben, Musiker und Tänzer. Hier sind dravidische Einflüsse aus dem Süden Indiens erkennbar. Künstlerischer Höhepunkt der Treppe sind jedoch die beiden **Wächterlöwen**, die mit ihren Pfoten den Kopf von Makaras (krokodilartige Wesen) festhalten. Wer vorab einen optischen Eindruck von den Löwen gewinnen möchte, muss nur seinen Blick auf einen Zehn-Rupien-Schein werfen. Auf der obersten Ebene befindet sich ein dreiteiliges Tor, dessen Säulen und Ziergiebel über den Seitendurchgängen ebenfalls feinste Reliefs aufweisen.

Zwischen dem heutigen Kloster und der Treppe befindet sich auf der rechten Seite ein kleines **Museum** (Spende erwünscht), das leider nicht viel hergibt. Vom Staub eingehüllt sind dort der Torso einer unbekannten Gottheit, eine siebenköpfige Naga-Schlange mit gewundenem Körper und ein mit Tänzern, Löwen und Hamsa-Vögeln verziertes vergittertes Fenster aus Kalkstein zu sehen. Etwas interessanter ist das **Kloster** nebenan mit einer kleinen Grotte.

Transport

Yapahuwa liegt etwa 4 km östlich von „Maho Junction", dem Eisenbahnkreuz, an dem sich die **Bahnlinie** von Colombo über Kurunegala nach Anuradhapura–Vavuniya von jener nach Trincomalee und Batticaloa trennt. Daher halten dort alle Züge (außer den IC). Am Bahnhof können **Three-Wheeler** für eine Rundtour gemietet werden. Einschließlich Wartezeit werden rund 500 Rs verlangt.

Etwa 2 km westlich von Maho führt die A 28 in Richtung Anuradhapura vorbei. Sie wird von allen aus Colombo oder Kurunegala kommenden **Bussen** frequentiert. Wer mit dem Bus anreist oder nach der Besichtigung mit dem Bus weiterfahren möchte, kann an der Straßeneinmündung einen Three-Wheeler nehmen bzw. sich dort absetzen lassen (Rundtour ca. 500 Rs).

Anuradhapura

Die erste Königsresidenz Sri Lankas ist sicherlich einer der herausragendsten Orte der Insel. Mehr als 1300 Jahre Geschichte sind hier vereint. Als politisches und religiöses Zentrum zog die Stadt früher Gelehrte aus der ganzen buddhistischen Welt an. Heute sind es vor allem Touristen, die sich von den Monumenten beeindrucken lassen. Pilger strömen allerdings noch immer hierher, denn Anuradhapura besitzt mit dem Jaya Sri Maha Bodhi eines der bedeutendsten buddhistischen Heiligtümer der Insel. Der heilige Bodhi-Baum steht vor allem zum Vollmondtag im Dezember, Unduvap Poya, im Mittelpunkt der Verehrung, da der Mahavamsa-Chronik zufolge die Nonne Sanghamitta in diesem Mondmonat

Anuradhapura

Der Mahavamsa-Chronik aus dem 6. Jh. zufolge wurde die Stadt (skt. *pura*) nach einem Minister namens Anuradha benannt, der zusammen mit dem legendären Reichsgründer Vijaya im 6. Jh. v. Chr. nach Sri Lanka gekommen war und sich am Ufer des Malwathu Oya niedergelassen hatte. Die neue Siedlung wurde nach ihm Anuradhagama, „Dorf des Anuradha", genannt. Er lud seinen Neffen, den dritten König Panduvasudeva, ein, dort seine Residenz zu gründen.

den Ableger des originalen Bodhi-Baumes nach Anuradhapura gebracht hat. Auch an Poson Poya, dem Vollmondtag im Mai/Juni, steigt die Zahl der Gläubigen, weil zu dieser Zeit der indische Mönch Mahinda Thera den Buddhismus in Sri Lanka etabliert haben soll.

Geschichte

Lange bevor Anuradhapura zur Königsstadt aufstieg, war die Gegend offensichtlich von größerer Bedeutung, denn Funde aus dem 8./7. Jh. v. Chr. lassen darauf schließen, dass hier während der Eisenzeit eine Siedlung existierte. Ältestes schriftliches Zeugnis sind Brahmi-Schriftzeichen auf Keramikscherben aus dem 7./6. Jh. v. Chr., was erste indische Einflüsse beweist. Chroniken schreiben die Stadtgründung dem dritten **König Panduvasudeva** im 5./4. Jh. v. Chr. zu. In der Regierungszeit von **Devanampiya Tissa** (reg. ca. 250–210 v. Chr.) war Anuradhapura zu einer 1 km² großen Stadt angewachsen. Um die Wasserversorgung zu sichern, ließ er den nach ihm benannten Tissa Wewa graben. Unter diesem ersten buddhistischen König Sri Lankas entstanden auch größere Tempelanlagen, so der Thuparama und das „Große Kloster", Maha Vihara, das über Jahrhunderte hinweg als Hort des orthodoxen Theravada-Buddhismus galt. Als eine Art Gegenpol dazu entstand 89 v. Chr. der Mahayana-buddhistische Abhayagiri Vihara. **Dutthagamani** (reg. 161–137 v. Chr.) gelang es, das Reich auszuweiten, wodurch auch die Bedeutung der Metropole zunahm. Als Krönung seines umfassenden Bauprogramms gilt der Ruwanweli Dagoba.

Der Mahavamsa berichtet, dass **Kutakanna Tissa** (reg. 44–22 v. Chr.) die Stadt erstmals mit einer Mauer und einem Graben umgeben ließ – wohl eine Antwort auf Feinde im Innern, mehr aber noch auf mögliche südindische Aggressoren. Mahasena (reg. 274–301) ließ mit dem Jetavana Vihara den dritten großen Klosterkomplex errichten. Nach dem Ableger des originalen Bodhi-Baums, der bereits im 3. Jh. v. Chr. nach Anuradhapura gelangte, kam im neunten Regierungsjahr von Mahasenas Nachfolger, dem **König Sirimeghavanna** (reg. 301–28), mit der Zahnreliquie das wichtigste buddhistische Symbol auf die Insel.

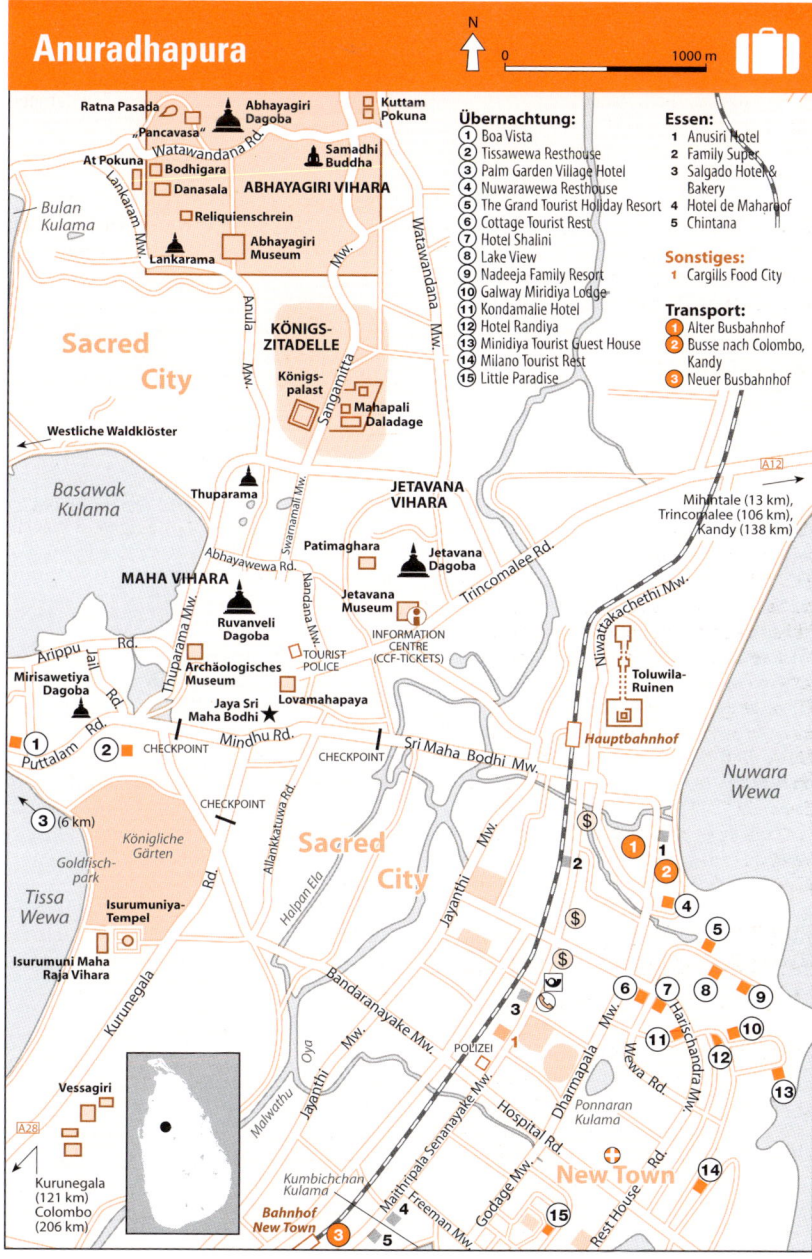

Anuradhapura

N
0   1000 m

Das kulturelle Dreieck

Ratna Pasada
"Pancavasa"
Abhayagiri Dagoba
Kuttam Pokuna
At Pokuna
Watawandana Rd.
Samadhi Buddha
Bodhigara
Danasala
ABHAYAGIRI VIHARA
Lankaram Mw.
Reliquienschrein
Bulan Kulama
Abhayagiri Museum
Lankarama
Anula

Sacred City

Watawandana Mw.

Übernachtung:
1 Boa Vista
2 Tissawewa Resthouse
3 Palm Garden Village Hotel
4 Nuwarawewa Resthouse
5 The Grand Tourist Holiday Resort
6 Cottage Tourist Rest
7 Hotel Shalini
8 Lake View
9 Nadeeja Family Resort
10 Galway Miridiya Lodge
11 Kondamalie Hotel
12 Hotel Randiya
13 Minidiya Tourist Guest House
14 Milano Tourist Rest
15 Little Paradise

Essen:
1 Anusiri Hotel
2 Family Super
3 Salgado Hotel & Bakery
4 Hotel de Maharof
5 Chintana

Sonstiges:
1 Cargills Food City

Transport:
1 Alter Busbahnhof
2 Busse nach Colombo, Kandy
3 Neuer Busbahnhof

KÖNIGS-ZITADELLE
Königs-palast
Mahapali Daladage
Sangamitta

Westliche Waldklöster

Basawak Kulama

Thuparama
Swarnamali Mw.

JETAVANA VIHARA

Patimaghara
Jetavana Dagoba

Mihintale (13 km),
Trincomalee (106 km),
Kandy (138 km)

A12

MAHA VIHARA
Abhayawewa Rd.
Nandana Mw.
Jetavana Museum
Trincomalee Rd.
Niwattakachethi Mw.

Arippu
Jail Rd.
Ruvanveli Dagoba
Archäologisches Museum
TOURIST POLICE
INFORMATION CENTRE (CCF-TICKETS)
Toluwila-Ruinen

Mirisawetiya Dagoba
Thuparama Mw.
Jaya Sri Maha Bodhi
Lovamahapaya
Hauptbahnhof

Puttalam
1
2
CHECKPOINT
Mindhu Rd.
CHECKPOINT
Sri Maha Bodhi Mw.

Nuwara Wewa

3 (6 km)
Königliche Gärten
CHECKPOINT
Aliankkatuwa Rd.
Holpan Ela
Sacred City

$
1 1
2 2
4
5

Goldfisch-park
Tissa Wewa
Isurumuniya-Tempel

$
Jayanthi Mw.

6 7 8 9
10

Isurumuni Maha Raja Vihara
Kurunegala
Bandaranayake Mw.
POLIZEI
3
$
11
Dharmapala Wewa Rd.
Harischandra Mw.
12
13

Vessagiri
Malwathu Oya
Jayanthi Mw.
Ponnaran Kulama
14

A28
Kurunegala (121 km)
Colombo (206 km)
Kumbichchan Kulama
Maithripala Senanayake Mw.
Hospital Rd.
Godage Mw.
Rest House Rd.
New Town

Bahnhof New Town
3
Freeman Mw.
4
5
15

Für die Besichtigung der Monumente von Anuradhapura gilt das **Rundticket** des Central Cultural Fund oder das **Einzelticket** für US$25 (Kinder von 6–12 Jahre US$12,50). Beide in Rupies zu bezahlenden Eintrittskarten können beim Verkaufsschalter im Jetavana-Museum erworben werden, ⏰ tgl. 8–17.30 Uhr. Der heilige Bodhi-Baum, Jaya Sri Maha Bodhi, und der Isurumuni Raja Maha Vihara stehen unter buddhistischer Verwaltung und sind daher vom CCF-Ticket ausgenommen. Der dortige Besuch ist kostenlos.

Da die Bevölkerungszahl stetig zunahm – Archäologen schätzen die damalige Einwohnerzahl Anuradhapuras auf etwa 120 000 –, musste ein ausgefeiltes Bewässerungssystem in dieser von Dürren geplagten Trockenzone angelegt werden. Immer wieder wurden neue Reservoirs (Wewa) und Kanäle ausgehoben oder alte erweitert. Allein während der Regentschaft König Mahasenas im 3. Jh. entstanden 16 **Stauseen**, darunter der vom Elahera-Kanal gespeiste Minneriya Wewa, mit 1868 ha damals der größte Stausee.

Die beiden rivalisierenden Klosteruniversitäten Maha Vihara und Abhayagiri Vihara sowie die Heiligtümer zogen zahlreiche Gelehrte aus der buddhistischen Welt an, u. a. im 5. Jh. den chinesischen Pilger **Fa Xian** (Fa Hsien). Aus seiner Feder stammt ein Bericht, der wichtige Informationen über das Leben in Anuradhapura gibt. So schätzt er die Gesamtzahl der Mönche im Maha Vihara auf 3000, im Abhayagiri Vihara auf etwa 5000. Außerdem erwähnt er persische und griechische Händler, die in edlen Häusern wohnten.

Gegen Ende des 1o. Jhs. war die Königsstadt immer wieder Ziel südindischer Angriffe. Zudem schwächten interne Machtkämpfe und Intrigen das Herrscherhaus. Die im Zenit ihrer Macht stehende südindische Chola-Dynastie weitete ihre Herrschaft auch auf die benachbarte Insel aus und griff Anuradhapura mehrmals an. Der Untergang der Stadt war im Jahr 1017 besiegelt, als sie vom **Chola-König Rajendra I.** (reg. 1014–42) eingenommen und über mehrere Jahrzehnte

besetzt wurde. Erst 1070 gelang es dem srilankischen **König Vijayabahu I.** (reg. 1055–1110), die Chola zu vertreiben. Doch verlegte er seinen Sitz ins sicherere Polonnaruwa.

Anuradhapura blieb zwar als religiöse Stätte weiterhin von gewisser Bedeutung, doch trotz der Restaurierungsbemühungen diverser Könige verfielen die Klosteranlagen immer mehr. Im 18. Jh. erlebte die Verehrung des Sri Maha Bodhi unter dem Kandy-König **Kirti Sri Rajasimha** (reg. 1747–82) eine gewisse Renaissance. Als 1828 ein englischer Major namens Forbes Anuradhapura besuchte, erwähnte er eine Vielzahl von Monumenten, die vom Dschungel überwuchert gewesen seien, mit Ausnahme des nach wie vor verehrten Bodhi-Baumes.

Die Briten waren es schließlich, die die Stadt aus dem Dornröschenschlaf rissen, als sie 1871 in Anuradhapura einen Verwaltungssitz etablierten. Unter Federführung des Archäologen Stephen Montagu Burrows begannen sie mit den ersten **Restaurierungsarbeiten**, die auch in den folgenden Jahrzehnten fortgesetzt wurden, vor allem im letzten Jahrzehnt des 19. Jhs. unter H. C. P. Bell. Zum Schutz der Monumente ließ die srilankische Regierung in den 1950er-Jahren das Gebiet zur „Heiligen Stadt" erklären und die Bewohner in die neu gegründete „Neustadt" östlich des Mawathu Oya umsiedeln. Doch erst in den vergangenen 25 Jahren wurden unter Leitung des Central Cultural Fund (CCF) umfassende Forschungs- und Instandhaltungsarbeiten durchgeführt.

Sehenswertes

Anuradhapura besteht aus zwei Teilen: der „Heiligen Stadt" (Sacred City) westlich des Malwathu Oya mit den archäologischen Stätten und der „Neustadt" (New Town) südöstlich davon, die sich zwischen Sri Lankas zweitlängstem Fluss und dem Nuwara Wewa erstreckt. Dort lebt der Großteil der knapp 70 000 Einwohner und dort befinden sich nahezu alle Unterkünfte. Beide Stadtteile haben einen eigenen Bahnhof. Wer mit dem Zug anreist, kann bis zum Bahnhof Anuradhapura durchfahren, da er näher zu den meisten Unterkünften liegt.

Der Hauptzugang zu den Ruinenstätten erfolgt über die Sri Maha Bodhi Mawatha, die direkt zum hoch verehrten Bodhi-Baum führt. Wegen der großen Entfernungen empfiehlt es sich, die Sehenswürdigkeiten mit dem Fahrzeug anzusteuern. Wer wenig Zeit hat, mietet sich einen Three-Wheeler oder ein Auto. Passender ist der Ruinenbesuch jedoch mit dem Fahrrad, denn damit ist man unabhängiger und kann die Stimmung im archäologischen Park mehr genießen. Allerdings kann es sehr heiß werden, deshalb sollte man früh am Tag aufbrechen. Getränke und Kleinigkeiten zu essen gibt es an zahlreichen Ständen.

Auch wenn die großen Stupas als markante Punkte die Landschaft überragen und damit eine gewisse Orientierung bieten, fällt es schwer, eine Idee von der ursprünglichen Stadtplanung zu bekommen. Ein großer Teil der Fläche gehört zu einem der drei großen Klosterkomplexe. Der Bereich östlich des Basawak Kulama und nördlich des Bodhi-Baumes wird dem ältesten Kloster zugerechnet, dem **Maha Vihara**. Östlich davon befand sich der **Jetavana Vihara**, und nördlich schloss sich die **Königszitadelle** mit dem Königspalast an. Doch von ihr ist fast nichts erhalten geblieben, da die Palastgebäude nach alter indischer Tradition vorwiegend aus Holz gebaut waren. Nördlich des politischen Machtzentrums erstreckt sich das weitläufige Gelände des ehemaligen **Abhayagiri Vihara**. Im weiteren Umfeld liegen noch einige kleinere Klosteranlagen wie der Isurumuni Raja Maha Vihara im südlichen Bereich.

Angesichts der religiösen Bedeutung der „Heiligen Stadt" sollte man trotz Hitze weder mit kurzer Hose noch mit schulterfreiem Hemd herumlaufen (s. S. 88). Beim Besuch der Stupas und des verehrten Bodhi-Baumes sind die Schuhe auszuziehen und die Kopfbedeckung abzunehmen.

Maha Vihara

Entlang des Basawak Kulama zieht sich das über 105 ha große Gelände des ältesten Klosters von Anuradhapura. Bis auf wenige Ausnahmen wie den Sri Maha Bodhi, den Loha Pasada und den Ruvanveli Seya Dagoba sind die Gebäude vollständig verschwunden.

Das Kloster war eine Schenkung des Königs Devanampiya Tissa an Mahinda, der den Buddhismus im 3. Jh. v. Chr. nach Sri Lanka brachte. Auf dem Gelände des königlichen Mahamegha-Gartens etablierte der indische Mönchsmissionar das nach dem Stifter **Tissarama** („Kloster von Tissa") genannte erste buddhistische Kloster auf srilankischem Boden. Später wurde es wegen seiner Größe und Bedeutung als „Großes Kloster" *(maha vihara)* bekannt. Im 1. Jt. war es als Hort des orthodoxen Theravada-Buddhismus berühmt und zog als „buddhistisches Oxford" Mönche und Gelehrte aus dem ganzen asiatischen Raum an. Einer der berühmtesten Lehrer war im 5. Jh. der indische Mönch Buddhaghosa.

Jaya Sri Maha Bodhi

Der König der Bäume – der Bodhi-Baum – verblieb viele Wunder vollbringend im schönen Mahamegha-Garten auf der Insel Lanka. Er brachte dem srilankischen Volk Wohlstand und seinem Glauben Fortschritt.

So beschreibt der Mahavamsa, die buddhistische Chronik aus dem 6. Jh., die Überbringung eines Ablegers des Bodhi-Baumes nach Sri Lanka, unter dem Buddha gut 200 Jahre zuvor die Erleuchtung erlangt hatte. Der Überlieferung zufolge hatte der indische König Ashoka im 3. Jh. v. Chr. seine Tochter, die buddhistische

Besuch beim Bodhi-Baum

Ganz gleich, aus welcher Richtung man kommt, etwa 200 m vor dem Bodhi-Baum muss man bei einem Checkpoint sein Fahrzeug stehen lassen und sich einer Kontrolle unterziehen. Dann geht es zu Fuß weiter. Das eigentliche Gelände ist von einer Umfassungsmauer (103 x 83,5 m) umgeben, die Kirti Sri Rajasimha (reg. 1747–82), drittletzter König von Kandy, errichten ließ, um den Baum vor wilden Elefanten zu schützen. Vor dem Betreten des Geländes sind die Schuhe auszuziehen. Halbstündige Pujas finden tgl. um 6.30, 10.30 und 18.30 Uhr statt.

Vor über 2300 Jahren gepflanzt: der Jaya Sri Maha Bodhi

Nonne Sanghamitta, entsandt, nachdem der neu bekehrte König Devanampiya Tissa um einen Ableger des heiligen Baumes gebeten hatte.

Neben der Zahnreliquie in Kandy ist der Bodhi-Baum *das* Symbol des srilankischen Buddhismus und damit sehr eng mit dem singhalesischen Nationalgefühl verbunden. Könige nahezu jeder Epoche pilgerten zu ihm, renovierten die umliegenden Gebäude oder stifteten neue. Auch lange nachdem Anuradhapura in Ruinen lag, blieb der heilige Baum ein Ziel der Pilger. Gelegentlich drohte ihm ein ähnliches Schicksal wie das des Mutterbaumes in Bodhgaya, der im 6. Jh. einem fanatischen Hindu-König aus Bengalen zum Opfer fiel. 1929 hackte ein Fanatiker einen Ast ab, 1985 stürmten LTTE-Rebellen das Gelände und töteten über 100 Gläubige. Der Baum blieb jedoch glücklicherweise unbeschadet. Heute gilt der „siegreiche, ehrwürdige große Bodhi-Baum", Jaya Sri Maha Bodhi, als der älteste dokumentierte Baum der Welt.

Rund um den originalen Bodhi-Baum haben Würdenträger bis in die jüngste Zeit neue Ableger gepflanzt. Der überraschend kleine originale Baum wird von Stahlträgern gestützt und befindet sich auf einer dreistufigen quadratischen Terrasse (21,6 x 17,4 m) in gut 6 m Höhe, wobei nur die erste betreten werden kann. Seit 1969 ist er von einem vergoldeten Eisenzaun eingeschlossen. Im Wandelgang rund um den Baum herrscht eine würdevolle Atmosphäre. Weiß gekleidete Gläubige knien in inniger Verehrung, Mönche in orangenen Roben umrunden murmelnd den Maha-Bodhi – am schönsten ist die Stimmung zum abendlichen Puja.

Der Bodhi-Baum *(Ficus religiosa)* gehört zur Familie der über 1000 Arten zählenden Feigenbäume (Ficus). Wie andere Ficus-Arten auch, pflanzt er sich auf Kosten von Wirtsbäumen fort, an denen er entlang wächst, bis diese absterben. Erkennbar ist er an den herzförmigen, bis zu 12 cm langen Blättern.

Lovamahapaya (Loha Pasada)

Nördlich des Bodhi-Baumes fällt ein Feld mit zahlreichen vierseitigen Säulen auf. Es sind die Überreste des „Großen mit einem Kupferdach bedeckten Palais" *(lohamahapaya)*, kurz „Kupferpalais" *(loha pasada)* genannt. Der Name geht auf den Prachtbau zurück, den König Dutthagamani im 2. Jh. v. Chr. an die Stelle des schlichteren Vorgängergebäudes von Devanampiya Tissa setzte. „Dieses schönste aller Palais hatte neun Stockwerke mit jeweils 100 Zimmern (...), dekoriert mit zahlreichen Edelsteinen und alle mit Fenster", weiß der Mahavamsa zu berichten.

Das vermutlich aus Holz errichtete Gebäude diente als Wohnraum für die Mönche und für ihr 14-tägiges Treffen zur Wiederholung der Mönchsregeln und Offenlegung ihrer Vergehen (Pali *uposatha kamma*). Bereits wenige Jahre nach der Errichtung wurde es bei einem Brand zerstört. Tissas Sohn Saddhatissa (reg. 137–119 v. Chr.) ließ es siebenstöckig wieder aufbauen. Der dem Kloster feindlich gesinnte König Mahasena (reg. 274–301) gab seinen Totalabriss in Auftrag. Von dessen Nachfolger wieder aufgebaut, musste das Gebäude in der Folgezeit immer wieder erneuert werden, doch die frühere Pracht erreichte es nicht mehr. Zuletzt ließ es der in Polonnaruwa regierende Parakramabahu I. im 12. Jh. nach den verheerenden Zerstörungen durch die Cholas rekonstruieren. Aus dieser Zeit stammen die heute sichtbaren Säulenreihen (40 x 40), die als Basis des Holzbaus dienten. Die Steinsäulen stammen von anderen Gebäuden und werden ins 5.–10. Jh. datiert.

Ruvanveli Seya Dagoba

Der baufreudige König Dutthagamani (reg. 161–137 v. Chr.) stiftete Anuradhapuras bedeutendsten Stupa und scheute keine Kosten: „Lass die Leute arbeiten, so viel sie wollen, und nehmen, so viel sie wollen!", ließ er die Bevölkerung wissen, und stellte zusätzlich zum Arbeitslohn Kleider und Getränke bereit. Die Fertigstellung des **Mahathupa** („Großer Stupa"), wie das Heiligtum angesichts der geplanten 55 m Höhe genannt wurde, sollte er jedoch nicht mehr erleben. Um dem sterbenskranken König einen Eindruck vom vollendeten Bau zu vermitteln, ließ sein jüngerer Bruder und Nachfolger Saddhatissa die unfertigen Teile mit weißen, bambusverstärkten Leintüchern bedecken. Nach Dutthagamanis Tod stellte er den Stupa in der damals populären Blasenform (Bubbulakara, s. S. 136) fertig.

Der Stupa ruhte auf drei massiven, mehr als 5 m hohen Terrassen und war von einer Elefantenwand umgeben. In seinem Inneren befand sich eine Kammer mit den Reliquien Buddhas und zahlreichen Beigaben, u. a. einem Bodhi-Baum aus Edelsteinen und eine goldene Statue des Erleuchteten. Spätere Könige renovierten oder veränderten den Kultbau. So ließ König Mahanaga (reg. 569–571) die Elefantenwand erneuern. Der in Polonnaruwa residierende Nissanka Malla (reg. 1187–96) war der letzte König, der Instandsetzungsarbeiten ausführen ließ. Unter anderem fertigte er ein Modell des Ruvanveli an. Dann zerfiel der mächtige Stupa zusehends, bis 1893 auf Initiative eines Mönches mit den ersten Restaurierungsversuchen begonnen wurde. Doch aus Mangel an Plänen folgten die Jahrzehnte währenden Arbeiten nicht der alten Form. Manches Originale wurde sogar zerstört wie etwa einige der noch erhaltenen Vahalkada, die Altaraufbauten an den Kardinalpunkten. Auf die vasenförmige Spitze, den Chattravali, wurde 1940 ein Bergkristall gesetzt, den birmanische Buddhisten gestiftet hatten.

In den vergangenen Jahrzehnten wurde der weiß getünchte Stupa weiter massiv restauriert. Heute erreicht er eine Höhe von 107 m und einen Durchmesser von 91,5 m. Der Stupa ruht auf einer Plattform mit 145 m Seitenlänge, die von 344 Elefanten getragen wird. Mit Ausnahme einiger weniger am Aufgang der Westseite sind sie jedoch erst in jüngerer Vergangenheit rekonstruiert worden. Vom östlichen Hauptzugang kommend passiert man am dortigen Vahalkada eine Inschrift des Königs Nissanka Malla, in der er seinen Besuch und die Stiftung des kleinen Stupas beschreibt. Im umliegenden Bereich befinden sich noch Reste von Schreinen, Versammlungshallen und Wasserbecken. Ein schönes Foto vom Ruvanveli mit dem Basawak Kulama im Vordergrund lässt sich am späten Nachmittag vom Nordufer des Reservoirs schießen.

Jetavana Vihara

Östlich an den Maha Vihara schließt der Klosterkomplex des Jetavana Vihara mit dem landesweit größten Stupa, dem Jetavana Dagoba, an. Dieses grandiose Bauwerk – seit Jahren bereits unter Aufsicht der Unesco restauriert – wurde von einem der umstrittensten Könige der Anuradhapura-Periode gestiftet: **Mahasena** (reg. 274–301).

Schmuck, Statuen und Keramik

Zahlreiche, während der Restaurierungsarbeiten aufgefundene Objekte sind im **Jetavana-Museum** ausgestellt. Es befindet sich im südlichen Bereich der Anlage an der Straße. Dort sind wunderschöne Schmuckstücke, Goldornamente, kleine Statuen hinduistischer Gottheiten aus Bronze (11./12. Jh.) und Münzen aus der Regentschaft Parakramabahus I. zu sehen. Römische und zentralasiatische Keramikgefäße aus dem 2./3. Jh. bezeugen rege Handelskontakte. In dem Museum befindet sich auch der Verkaufsschalter des **Central Cultural Fund (CCF)**. ⏱ tgl. 8–17.30 Uhr.

Gemeinsam mit seinem Bruder war Mahasena von einem indischen Mönch namens Sanghamitta erzogen worden, der ein harscher Kritiker der in seinen Augen dekadenten Theravada-Mönche des Maha Vihara war. Nachdem Mahasena zum König ernannt worden war, konnte Sanghamitta ihn überreden, die Maha-Vihara-Mönche dazu zu zwingen, die strikteren Ordensregeln einer mahayana-buddhistischen Splittergruppe (Vaitulyas) anzunehmen. Als sich diese dagegen auflehnten, verweigerte Mahasena ihnen seine Unterstützung, woraufhin die Mönche in das südwestliche Rohana flohen.

Mahasena ließ daraufhin die Gebäude des Maha Vihara abreißen und mit dem Material im östlichen Teil ein neues Kloster errichten. Es wurde nach dem Jotivana Park, der auf diesem Gelände angelegt war, Jetavana Vihara genannt. Doch die rigide Haltung des Königs sollte nicht ohne Folgen bleiben: Im ganzen Land kam es zu Volksaufständen, sodass Mahasena einlenken musste und den Maha Vihara wieder restaurieren ließ. Sanghamitta wurde auf Geheiß einer Frau Mahasenas umgebracht. Dennoch blieb Mahasena bis zu seinem Tod ein Unterstützer der Mahayana-buddhistischen Mönchspraxis im Jetavana und Abhayagiri Vihara. Die frühen Chronisten bewerten seine Regentschaft äußerst negativ, beim Volk blieb der König jedoch wegen seiner vielen Wohltaten, darunter das Anlegen des Minneriya Wewa, in guter Erinnerung.

Inmitten der Ruinen des Klosterkomplexes erhebt sich der massive **Jetavana Dagoba**. Bis vor Kurzem war der halbrunde Baukörper *(anda)* vollständig von Gestrüpp überwuchert, inzwischen wird er mehr und mehr davon befreit. Ursprünglich war der Stupa 122 m hoch. Ende des 9. Jh. wurde er jedoch von den südindischen Cholas zerstört und anschließend sich selbst überlassen. Im Rahmen der Restaurierungsarbeiten unter Parakramabahu I. erreichte er im 12. Jh. die heutige Höhe von 71 m und einen Durchmesser von 112 m. Der Stupa ruht auf einer Terrasse von 176 m Seitenlänge und besitzt wie üblich an seinen Kardinalpunkten Altaraufbauten zur Verehrung der vier Buddhas des jetzigen Zeitalters *(kalpa)*, Vahalkada genannt.

Westlich des Dagoba befanden sich die heute fast völlig verschwundenen Wohnanlagen der bis zu 3000 Mönche mit kleineren Vihara. Im westlichen Bereich lagen die wichtigeren Bauten, u. a. der **Patimaghara**, das Gebäude zur Verehrung der wichtigsten Buddhastatue. Noch heute fällt es wegen der über 8 m hohen Türrahmen auf. Der Patimaghara war seinerzeit das größte Gebäude Anuradhapuras. Archäologen schätzen, dass die Türrahmen aus Kalkstein ursprünglich mehr als 11 m hoch waren und die Gebäudefront eine Höhe von etwa 15 m erreichte. Im Inneren des traditionell auf einer Ost-West-Achse ausgerichteten Gebäudes verläuft ein Wandelgang rund um die heute verschwundene Figur. An der Stelle, an der sie stand, ist eine Vertiefung mit einem magischen Gitterstein *(yantragala)*, zu finden. In dessen Nischen wurden kleine Statuetten von Hindu-Gottheiten aufbewahrt.

Thuparama

Den Chroniken zufolge ist der Thuparama Sri Lankas ältester Stupa und soll von Devanampiya Tissa im 3. Jh. v. Chr. zur Aufbewahrung eines Brustbeins Buddhas gestiftet worden sein. Er wurde in der „Reishaufenform" errichtet *(dhanyakara)*, sein Name bedeutet „Stupa (singh. *thupa*) und Kloster (singh. *arama)"*. Anfänglich ein eigenständiges Kloster, war der Thuparama lange Zeit Teil des Maha Vihara. Weitere Bauten wie eine Versammlungshalle für die Mönche *(uposatha ghara)* und ein Vihara – fälschlicherweise „Tempel der Zahnreliquie" *(daladage)*

genannt – wurden später hinzugefügt. Die wie Zahnstocher in den Himmel ragenden, in Viererreihe angeordneten Säulen rund um den Dagoba sind Teil des Vatadage, einer konischen Überdachung aus Holz, die König Vasabha (reg. 67–111) zum Schutz des verehrten Stupa anbringen ließ. Weniger fromme Könige fügten dem Heiligtum indes Schaden zu. So plünderte der insolvente Datopatissa I. (reg. 639–650) die Reliquienkammer, um seine meuternden Soldaten zu bezahlen. Größten Schaden richteten jedoch die südindischen Pandyas im 9. Jh. und die Cholas 993 an, als sie Anuradhapura heimsuchten und die Heiligtümer ausraubten und zerstörten.

Der heutige Stupa in Glockenform *(ghantakara)* stammt aus dem Jahr 1862, als der Komplex umfassend renoviert wurde. Er hat eine Höhe von 19 m sowie einen Durchmesser von 18 m und ruht auf einer knapp 3,5 m hohen, runden Plattform. Der südlich gelegene Daladage weist einige Eigenheiten auf. So sind die Kapitelle der Säulen mit Dreizack dekoriert, die als Vajra (Diamant) die Weisheit symbolisieren – ein Motiv, das eher dem Mahayana zugerechnet wird. Sehenswert sind auch die Wächtergestalten *(dvarapala)* und der Mondstein am Eingang (10. Jh.).

Zitadelle (Etul Nuwara)

Entlang der Sanghamitta Mawatha – zwischen der zum Thuparama führenden Straße und dem Abhayagiri Komplex – sind noch die Überreste der einst 1,6 x 1,2 km großen Zitadelle zu finden. Viel ist nicht erhalten, da die meisten Bauten aus Holz waren. So fällt es schwer, sich das Leben in dieser internationalen Metropole vorzustellen. Zwei sich in der Mitte kreuzende gepflasterte Hauptstraßen teilten die Stadt einst in vier Quartiere. Händler aus dem ganzen asiatischen Raum gingen hier ein und aus, und Mönchsdelegationen aus anderen buddhistischen Ländern machten dem König ihre Aufwartung. Vermutlich aßen die Leute wie heute „Reis und Curry", und Frauen in edlen Saris stolzierten durch die Gassen.

Wer von Süden in die Sanghamitta Mawatha hineinfährt, kann noch Reste von Stadtgraben und Südtor – eines von vier in allen Himmelsrichtungen – erahnen. Bald tauchen linker Hand die Ruinen des **Königspalastes** auf, doch sie stammen aus dem 11. Jh., einer Zeit, als der Untergang Anuradhapuras bereits besiegelt war. Damals hatten die Cholas die glanzvolle Metropole in Schutt und Asche gelegt und sich in Polonnaruwa festgesetzt. Nachdem es Vijayabahu I. 1070 nach langjährigen Kämpfen gelungen war, die südindischen Besatzer zu vertreiben, baute er den zerstörten Palast wieder auf. Zwar feierte er darin in seinem 18. Regierungsjahr 1073/74 noch rauschende Feste, seine Residenz hatte er jedoch längst in Polonnaruwa eingerichtet.

Heute ist noch die Basis der 66 x 39 m großen Thronhalle zu sehen. Sieben Stufen führen zu dem ehemals zweistöckigen Gebäude hinauf. Der Eingang ist von zwei Wächtersteinen flankiert, die gnomenhafte Wesen darstellen. Dabei handelt es sich um Padmanidhi (mit Lotoskrone) und Shankanidhi (mit Muschelkrone), die Assistenten des Hindu-Gottes Kuvera, der die Weltschätze hütet.

Etwa 100 m weiter nördlich liegen auf der rechten Straßenseite die Reste einiger religiöser Bauten, u. a. des **Mahapali**, die ins 10 Jh. datierte königliche Almosenhalle. Hier sind noch das Fundament (36 x 39 m) mit mächtigen Säulen und ein 7 m langes „Reisboot", eine Art Steinwanne für die Speisung der Mönche, zu sehen. Oft nahm der König hier höchstpersönlich die Versorgung einer ausgewählten Mönchsgruppe vor.

In östlicher Nachbarschaft befand sich der **Daladage**. Dank einer Inschrift des Königs Mahinda IV. (reg. 956–972) konnte die 15,5 x 15,2 m große Ruine als der „Zahntempel" identifiziert werden. Um das Jahr 310 war diese wichtigste

---

Abhayagiri-Museum

Einen guten Einstieg für die Besichtigung des Abhayagiri Viharas bietet der mit chinesischer Hilfe erbaute **Mahatissa Fa Xian Cultural Complex**. Zu dem Komplex gehört das Abhayagiri-Museum, in dem archäologische Fundstücke ausgestellt sind, darunter eine bronzene Buddhafigur aus dem 4.–8. Jh., Schmuckstücke, Bronze- und Keramikgefäße sowie Inschriften. Ein Modell vermittelt einen Eindruck von der Gesamtanlage. Im angeschlossenen Buchladen können Publikationen des Central Cultural Fund (CCF) erworben werden. ⏰ tgl. 10–17 Uhr.

Reliquie Buddhas in die Obhut der Könige Sri Lankas gelangt und zu einer Art Palladium des Reiches Rajaraja geworden. Damit befand sich der Zahn insgesamt mehr als 700 Jahre lang innerhalb der Stadtmauer, vermutlich an dieser Stelle. Im Laufe der Zeit musste der Tempel wiederholt renoviert werden. In der Inschrift erläutert der König die Verwaltung dieses wichtigsten Heiligtums von Anuradhapura. So waren zu dessen Unterhalt auserwählte Dörfer und Ländereien mit Abgaben belegt – damals sicherlich ein Privileg für die Bewohner und keine Last.

Abhayagiri Vihara

Eine verwirrende Zahl von Fundamentresten und Ruinen zwischen dem Lankarama und dem Abhayagiri Dagoba gehören zum ursprünglich mehr als 200 ha großen Klosterkomplex Abhayagiri Vihara. Da er nördlich der Stadt Anuradhapura lag, nannte man ihn auch Uttara Vihara, „Nördliches Kloster".

Der Komplex ist eine Schenkung des Königs Vattagamani Abhaya (reg. 103 u. 89–77 v. Chr.) an einen Mönch namens Mahatissa. Dieser hatte den Herrscher dabei unterstützt, das Land von einer 14 Jahre währenden tamilischen Besatzung zu befreien. Viel spricht dafür, dass der König auch der Namensgeber des Klosters ist: „Berg (skt. giri) des Abhaya".

Anfänglich hatte das Kloster bescheidene Ausmaße. Sehr bald geriet die Mönchsgemeinschaft unter den Einfluss einer aus Indien stammenden Ordensrichtung. Sie vertrat Mahayana-buddhistische Ansichten und wurde in Sri Lanka nach ihrem Gründer „Dhammaruci Nikaya" genannt. Im Laufe der Zeit gewann der Abhayagiri Vihara als liberale Klosteruniversität an internationalem Renommee mit Kontakten in ganz Asien und unterhielt mehrere ausländische Tochterinstitutionen, u. a. auf Java. Als zwischen 412 und 413 der chinesische Pilger Fa Xian (Fa Hsien) im Kloster weilte, lebten innerhalb der Klostermauern 5000 Mönche. Von Bedeutung war das Kloster auch als „Wächter" der Zahnreliquie.

Der Untergang der Königsstadt im 11. Jh. bedeutete auch für das Kloster das Aus – nach über einem Jahrtausend des Bestehens. Erste Restaurierungsversuche begannen ab 1885 unter der anfänglichen Leitung des britischen Archäologen

Das kulturelle Dreieck

Hauptattraktion des **„Mahasena-Palais"** ist ein Mondstein vor den mit Reliefs verzierten Treppenstufen. In halbrunden Bändern umgeben Flammen, eine Prozession von Elefanten, Löwen, Pferden und Bullen, Rankenwerk und Gänse die mittlere Lotosblume. Die Bedeutung des Motivs ist umstritten. Möglicherweise stellt es den Übergang vom Samsara, dem Wiedergeburtenkreislauf (als Flammen der Begierde verbildlicht), zum vollkommenen Erlöschen, Nirvana (Lotus der Reinheit), dar. Da sich die Mondsteine immer vor Tempeleingängen befinden, könnten sie als Mahnung des Eintretenden dienen, dem von Buddha vorgezeichneten Weg zu folgen. Dieser Interpretation steht entgegen, dass die in Sri Lanka gefundenen Mondsteine kein einheitliches Motiv besitzen. Einer anderen Auffassung zufolge könnte es sich auch um eine symbolhafte Darstellung des in der hindu-buddhistischen Kosmologie vorkommenden heilbringenden und reinigenden Sees Anavatapta („ohne Hitze") handeln. Dieser See liegt am Fuß des Berges Meru und ist Ursprung der vier heiligen Flüsse, die durch Tiersymbole repräsentiert sind, nämlich Ochse *(ganges)*, Löwe *(sita)*, Pferd *(oxus)* und Elefant *(indus)*. Damit hätte der Mondstein die Funktion eines symbolischen Reinigungsbades.

S. M. Burrows. Doch erst in den vergangenen beiden Jahrzehnten wurden Instandhaltungsarbeiten in größerem Maßstab durchgeführt.

Lankarama Stupa

Nicht weit vom Museum entfernt steht an der Südwestecke des Klosters der weiß getünchte Lankarama Stupa. Vermutlich eine Stiftung des Königs Vattagamani Abhaya (reg. 103 u. 89–77 v. Chr.), verlor er bei der letzten Restaurierung leider seine ursprüngliche Gestalt. Wie sein architektonisches Vorbild, der Thuparama, war er mit einem konischen Holzdach, dem Vatadage, bedeckt. Es wurde Chroniken zufolge auf Veranlassung des Königs Kanittha Tissa (reg. 167–186) angebracht. Einige der Säulen sind noch heute zu sehen. Diesem König werden auch die nordwestlich anschließenden Ruinen zugerechnet, die wohl zu einer Mönchsschule *(parineva)* gehörten. Der Stupa mit einem Durchmesser von knapp 12 m ruht auf einer runden Plattform mit 40 m Durchmesser.

Ratna Pasada

Auf dem geteerten Weg nach Norden, vorbei am länglichen „Elefantenteich" (160 x 54 m), dem **At Pokuna**, gelangt man zum „Edelsteinpalais" (singh. *ratna pasada*). König Kanittha Tissa (reg. 167–186) ließ es zu Ehren eines Mönchs errichten. Seine Pracht sollte den Loha Pasada („Kupferpalais") des Maha Vihara in den Schatten stellen. Wie jener war das Edelsteinpalais eine reichlich ausgeschmückte mehrstöckige Versammlungshalle für Mönche *(uposatha ghara)*.

Der Bau, dessen Grundmauern heute zu sehen sind, geht auf König Mahinda II. (reg. 777–797) zurück. Was nach den Plünderungen der Cholas und dem anschließenden Verfall übrig blieb, sind mächtige Stützsäulen und ein fein gearbeiteter **Wächterstein** mit einer Darstellung des „Naga-Königs" (Nagaraja, 8. Jh.). Von Makaras (krokodilartige Wesen) umgeben und einer siebenköpfigen Naga-Schlange geschützt, hält er in seiner Linken eine Vase des Überflusses und in seiner Rechten Blumen als Symbol des Reichtums. Verlässt man den Ratna Pasada nach Norden, vorbei an einem nicht restaurierten Wasserbecken, gelangt man zu den Resten einer weiteren Halle mit einem schönen Mondstein.

Pancavasa („Mahasena-Palais")

Etwas weiter nach Osten Richtung Abhayagiri Dagoba taucht auf der linken Seite ein ursprünglich ummauerter, rechteckiger Platz mit den Fundamenten von fünf Gebäuden *(pancavasa)* auf, die wie die Fünf auf einem Würfel angeordnet sind. Aus unerfindlichen Gründen werden sie „Mahasena-Palais" genannt. Wahrscheinlich gehörten sie zu einem abgeschlossenen kleinen Klosterkomplex. Im größten Gebäude in der Mitte befand sich vermutlich eine stehende Buddhastatue.

Das kulturelle Dreieck

Abhayagiri Dagoba

Der mächtige Abhayagiri-Stupa wurde wahrscheinlich von König Vattagamani Abhaya zeitgleich mit dem Kloster gestiftet. Den Chroniken zufolge ließ ihn Vattagamani an jener Stelle errichten, an der ein Eremit namens Giri seine Einsiedelei hatte. Als der König kurz nach seiner Krönung im Jahr 103 v. Chr. vor den tamilischen Invasoren fliehen musste, kam er mit seinem Tross an der Hütte vorbei. Da ätzte Giri: „Oh, der große schwarze Sinhala ist auf der Flucht!" Das sollte der König ihm nicht verzeihen. Als er nach 14 Jahren wieder in Anuradhapura einzog, ließ er die Einsiedelei abreißen und den Stupa erbauen.

Im Laufe der Zeit erfuhr das Heiligtum immer wieder Veränderungen, vor allem unter Gajabahu I. (reg. 114–136) und im 12. Jh. unter Parakramabahu I. Von Letzterem wurden Münzen gefunden. Der 75 m hohe, halbrunde Stupa hat einen Durchmesser von 95 m und erstreckt sich auf einer über 5 ha großen quadratischen Plattform. Auf der Nordseite der Plattform ist der Fußabdruck Buddhas in einen Stein gearbeitet. Möglicherweise steht er im Zusammenhang mit dem Glauben – Fa Xian berichtet darüber –, Buddha habe bei seinem Besuch in Sri Lanka auch den Ort des Abhayagiri besucht.

Meditierender Buddha

Etwas weiter südöstlich des großen Abhayagiri-Stupa kommt man zum sogenannten **Bodhigara** mit einer gemeinhin als **Samadhi-Buddha** bekannten Statue des Erleuchteten. Ein Bodhigara ist ein Schrein, der rund um einen Bodhi-Baum errichtet wurde. Insgesamt gab es im Abhayagiri vier davon. Von diesem ist weder Baum noch Schrein übrig geblieben. Dafür überdauerte der ins 3./4. Jh. datierte Buddha in meditativer Haltung (Samadhi-mudra) die Jahrhunderte. Wegen seiner sanften Linien und harmonischen Proportionen gilt er als eine der schönsten Buddhaskulpturen Sri Lankas. Als ihn die Briten 1883 an dieser Stelle entdeckten, war die über 2 m große Figur mit Ausnahme der Nase noch völlig intakt. Leider entfernten 1914 Schatzjäger die aus Edelsteinen bestehenden Pupillen.

Kuttam Pokuna

Knapp 1 km östlich des Abhayagiri Dagoba befinden sich die sogenannten „Zwillingsbecken", die nach ihrer grundlegenden Restaurierung von 1949–53 wieder in ihren ursprünglichen Zustand versetzt wurden. Die beiden hintereinander liegenden Becken sind 40 x 15,5 m und 28 x 15,5 m groß und wurden wahrscheinlich seit dem 6. Jh. von Mönchen als Badeplatz benutzt. Es wird vermutet, dass sie nicht zur selben Zeit entstanden sind. Das Wasser strömte durch ein Makara-Maul zuerst ins kleine Becken und anschließend durch einen Kanal in das südlich anschließende große Becken. Beachtenswert sind die „Töpfe des Überflusses" *(pun-kalas)*, die die Zugangstreppen an den Stirnseiten der Wasserbecken flankieren, und ein Wächterstein mit einer fünfköpfigen Naga-Schlange am kleinen Becken.

Klosterbauten im Abhayagiri

Wer Zeit und Muße hat, kann noch durch das Ruinenfeld der einstigen Klosterbauten südlich und südwestlich des Abhayagiri Dagoba schlendern. In diesem bewaldeten Gelände lassen sich auch sehr gut Vögel (und gelegentlich Schlangen) beobachten.

Zu den interessanteren Sehenswürdigkeiten zählt zwischen Ratna Prasada und At Pokuna („Elefantenteich") ein weiterer **Bodhigara**, bei dem zwar ebenfalls der Bodhi-Baum fehlt, aber noch eine beschädigte, durch Verwitterung schwarz gewordene Buddhafigur in argumentativer Handhaltung (Virtarka-mudra) zu sehen ist. Sie ist die einzige von insgesamt vier um den Bodhi-Baum gruppierten Figuren, die sich noch vor Ort befindet.

Etwas südöstlich davon wurde der **Danasala**, das Refektorium der Mönche, mit einem 19 m langen „Reisboot" und Resten eines ausgefeilten Bewässerungssystems ausgegraben. Die kleinere längliche Steinwanne diente zur Ausgabe des Currys. Geht man noch weiter nach Süden, so fällt ein längliches Fundament mit gut erhaltenen Säulen und zwei schönen Wächtersteinen mit den Naga-Königen als zentralem Motiv auf. Diese Halle wurde von Archäologen als **Reliquienschrein** identifiziert.

Archäologisches Museum

Südlich des Ruvanveli Dagoba an der Thuparama Mawatha liegt das schöne koloniale Gebäudeensemble des Archäologischen Museums. Es zeigt eine äußerst sehenswerte Sammlung von Buddhafiguren, Stelen und Latrinensteinen.

Die meisten der in einem Seitenpavillon untergebrachten **Buddhafiguren** sind aus Kalkstein. Mit ihren fein gerippten, eng anliegenden Roben, dem ovalen Gesicht, dem kurzen, dicklippigen Mund und den ausgeprägten Haarlocken lassen viele der Skulpturen Einflüsse der indischen Gupta-Periode (4.–Ende 6. Jh.) erkennen. Von der nach dem indischen Hauptfundort benannten Amaravati-Schule (ca. 2.–4 Jh.) geprägte Figuren sind meist stehend dargestellt, mit der rechten Hand deuten sie die Geste der Furchtlosigkeit und Ermutigung an (Abhaya-mudra), mit der linken berühren sie die Schulter. Möglicherweise wurden diese Standbilder sogar in Indien angefertigt. Anmut und Ausgeglichenheit drücken sitzende Buddhafiguren in meditativer Handhaltung aus (Samadhi-mudra), die dem 4./5. Jh. zugeordnet werden.

Im Gebäudeinneren sind u. a. Werkzeuge und Waffen sowie ein Modell des Thuparama-Vatadage ausgestellt. Im Hof finden sich eine ganze Reihe von Latrinensteinen (s. Kasten) und sogenannte Yantragala: Steinplatten mit 9 oder 25 schachbrettartig angeordneten Vertiefungen, in die kleine Statuetten von Hindu-Gottheiten wie Brahma, Indra, Yama oder Varuna gelegt wurden. Als magischer Schutz wurden sie in Stupas oder unter der Basis von Buddhastatuen eingemauert. ☉ tgl. außer an Feiertagen 8–17 Uhr.

Mirisavati Dagoba

Dutthagamani (reg. 161–137 v. Chr.), einem der baufreudigsten Regenten, ist auch dieser mächtige Stupa südlich des Basawak Kulama zu verdanken. Noch bevor der König den Ruvanveli Dagoba in Auftrag gab, ließ er in nur drei Jahren dieses Heiligtum errichten.

Der Bau ist mit einer Legende verbunden: Als Dutthagamani am Tissa Wewa im Rahmen seiner Krönungszeremonie einer Wasserprozession beiwohnte, ließ er seine königlichen Regalia, u. a. ein Zepter, das eine Reliquie Buddhas enthielt, an der Stelle des Mirisavati Dagoba zurück. Als seine Diener ihm nach Beendigung der Feier das Zepter zurückgeben wollten, war es ihnen nicht möglich, es vom Platz zu bewegen. Der König sah dies als ein Omen und gab den Stupa in Auftrag, in dem er das Zepter einschloss.

Seitdem haben verschiedene Könige den Bau renovieren lassen. Sogar der König von Siam, Chulalongkorn (reg. 1868–1910), spendete einen hohen Betrag, damit nach Jahrhunderten des Verfalls 1892 erste Restaurierungsarbeiten in Angriff genommen werden konnten. Doch diese ge-

---

Pinkeln aus Protest

Zu den ungewöhnlichsten Exponaten des Archäologischen Museums gehören die teilweise fein verzierten **Latrinensteine**. Auf einigen der flachen Steinplatten sind Tempelbauten angedeutet, mit Dämonenfiguren an der Seite und Lotosblumen an den Ecken. Rankenwerk schmückt den Rand. Doch anstelle einer heiligen Figur ist in der Mitte das Loch des Pissoirs. Wenn die Mönche mit hochgezogener Robe in die Hocke gingen und hineinpinkelten, hatten sie die Prachtbauten ihrer Mitbrüder aus den reicheren Klöstern vor Augen. Damit protestierten sie gegen deren ihrer Ansicht nach dekadenten und verweltlichten Lebensstil.

Derartige Latrinensteine fand man vor allem in den Westlichen Waldklöstern außerhalb Anuradhapuras und in verstreuten Einsiedeleien wie Ritigala und Arankele. Dort lebten Buddhas „radikalste Jünger", die **Pamsukulika** („Lumpenroben"). Sie hatten sich geschworen, ihre Roben nicht aus feinem Stoff, sondern aus Leichentüchern anzufertigen und nur in Höhlen oder einfachen Hütten zu leben. Einen großen Teil ihrer Zeit verbrachten sie mit Meditationsübungen, nur einmal am Tag aßen sie Reis. Vor allem Ende des 7., Anfang des 8. Jhs. hatten die Pamsukulika großen Zulauf und fanden den Respekt der Könige und die Unterstützung des Volkes.

---

diehen mangels Geld nicht weit. Zur Katastrophe kam es am 7. Juni 1987, als nach einigen Jahren der Instandsetzungsarbeiten der Stupa in sich zusammenbrach. Daher ließ man im Anschluss einen neuen Stupa um den alten erbauen. Seit seiner Fertigstellung 1993 misst er fasst 60 m und hat einen Durchmesser von 43 m. Um ihn herum sind noch die Gebäude der zugehörigen Kloster-anlage zu sehen.

Westliche Waldklöster

Etwa 800 m nordwestlich des Basawak Kulama stößt man unweit des kleineren Reservoirs Bu-lan Kulama auf die 14 Ruinen der sogenannten Westlichen Waldklöster *(pascimarama tapova-na)*. In dieser Waldeinsiedelei lebte etwa ab dem 9. Jh. eine Gruppe der radikalen Pamsukulika-Mönche (s. Kasten S. 313). In einer Inschrift lässt König Kassapa IV. (reg. 898–914) wissen, er habe das Kloster an der Stelle einer Hinrichtungs- und Begräbnisstätte errichtet. Typisch für die zumeist auf Fels errichteten Gebäude der Pamsukulika ist ihre Schlichtheit.

Südliche Ruinenstätten

Zwischen Kurunegala Road und Tissa Wewa liegen weitere bemerkenswerte Sehenswürdig-keiten, darunter der einst 16 ha große **Königli-che Goldfischpark** *(ranmasu uyana)*. So nannte ihn Mahinda IV. (reg. 956–972) in einer Inschrift, wahrscheinlich existierte er jedoch bereits im 2. Jh. v. Chr. Das kühle Nass aus dem Tissa Wewa begrünte die Gartenanlagen und speiste Kanäle und Wasserbecken. Einige wurden in der Vergangenheit rekonstruiert. Dort wie auch an einigen Felsblöcken sind Basreliefs zu sehen, einige mit Elefanten-Motiven.

Basreliefs waren es auch, die den südlich anschließenden **Isurumuni Maha Raja Vihara** zu einem beliebten Ausflugsziel werden ließen. Seine Existenz ist seit dem frühen 4. Jh. belegt, als König Sirimeghavanna die Zahnreliquie nach Anuradhapura brachte und zuerst im damals Meghagiri Vihara („Wolkenberg-Kloster") ge-nannten Mönchskonvent ausstellen ließ. Das seit Ende des 19. Jhs. wieder aktive Kloster ist um zwei Felsblöcke errichtet. Vor dem länglichen Block ist ein Wasserbecken angelegt. Links des an den Fels gebauten Buddha-Schreins sind zwei Reliefs in den Stein gearbeitet: Sie zeigen zum einen „den Mann und das Pferd" – Feuer-gott Agni und das Pferd Parjanya – sowie etwas rechts davon weiter unten einen Elefantenkopf. Stilistisch werden sie ins 4. Jh. datiert. An der linken Seite des Felsblocks wurde in einem länglichen Bau ein künstlerisch nicht gerade spektakulärer, liegender Buddha angefertigt. Die Skulpturensammlung im Museum an der lin-ken Seite des Klosterhofes lohnt dagegen einen Blick. Leider dürfen die Figuren und Basreliefs nicht fotografiert werden. Zu sehen sind die als Gespielinnen der Götter bekannten Apsaras, der Gott des Reichtums und Herr über die Dämo-nen, Kubera, eine königliche Hofszene und die berühmten „Liebenden". Der Legende zufolge handelt es sich dabei um Dutthagamanis Sohn Saliya und seine nicht standesgemäße Geliebte Ashokamala, deretwegen er auf den Thron ver-zichtete. Betrachtet man ihre feinen Züge, so ist der Schritt nachvollziehbar. Stilistisch werden sie der Gupta-Periode (4.–6. Jh.) zugerechnet, in der die indische Skulptur- und Reliefkunst einen Höhepunkt erreichte. Von der Spitze des Felsens hat man vor allem am späten Nachmittag einen schönen Ausblick. Eintritt: 100 Rs

Während der Isurumuni Vihara häufig über-laufen ist, kommen im einige hundert Meter weiter südlich gelegenen **Vessagiri** die Ruhe-suchenden auf ihre Kosten. Das Gelände rund um drei felsige Erhebungen war bereits seit dem 3. Jh. v. Chr. eine Einsiedelei namens Issara Samana Arama („Kloster der edlen Asketen"). Damals sollen hier 500 Angehörige der Vaishya-Kaste – das ist die indische Kaste der Kaufleute und Bauern – nach ihrer Ordinierung durch den großen Mönchsmissionar Mahinda zurückgezo-gen gelebt haben. Daher rührt auch der Name Vessagiri, „Berg der Vaishyas". Zu sehen gibt es außer Fundamentresten und in den Fels geschla-gene Treppen nicht viel – wohl aber lädt das Ge-lände zu einem beschaulichen Rundgang ein. Auch Vogelfreunde kommen auf ihre Kosten.

Übernachtung

In Anuradhapura gibt es eine ausreichende Zahl an günstigen Unterkünften, eine Reservierung ist daher nicht notwendig. Das Frühstück ist zumeist nicht im Preis inbegriffen. Viele der

Gästehäuser können auch Touren arrangieren und fast alle bieten Fahrradverleih.

Untere Preisklasse

Cottage Tourist Rest, 38/388 Harischandra Mw., ✆ 025-2235363. Die 4 DZ und 2 Drei-Bett-Zimmer mit Bad, WC und Ventilator sind eher etwas für Anspruchslose, denen das Ambiente nicht so wichtig ist. ❶

Kondamalie Hotel, 42/388 Harischandra Mw., ✆ 025-2222029. 31 sehr unterschiedliche Zimmer mit Bad und WC in einem alten und einem neuen Gebäudeflügel. Für AC wird ein Aufschlag von 1300 Rs verlangt. Insgesamt eine nette und gepflegte Atmosphäre. Auch wer hier nicht wohnt, sollte das hoch gelobte Essen probieren. ❶ – ❷

Lake View, 4C4 Lake Rd., ✆ 025-2221593. Bietet insgesamt 15 saubere Zimmer (Bad, Ventilator), 3 davon mit AC und 2 mit wunderbarem Blick auf den Nuwara Wewa. Die stets hilfsbereite Familie macht diese Unterkunft zu einer der beliebtesten. Berät beim Arrangieren von Touren, Fahrradverleih (300 Rs/Tag). ❷ – ❸

Minidiya Tourist Guest House, 4N/2 Wasaladaththa Mw., ✆ 025-2224321, 077-5244776. Liegt wunderschön ruhig unweit des Nuwara Wewa; 4 einfache Zimmer mit WC, Kaltwasser und AC um einen Innenhof; ruhige Atmosphäre und freundliche Familie. Gäste loben die heimischen Kochkünste. ❷

Nadeeja Family Resort, 4C6 Lake Rd., ✆ 025-2221904. Freundliches, sauberes Gästehaus mit 7 etwas kleinen Zimmern mit Ventilator und Bad. Das Frühstück (250 Rs) wird auf dem Balkon serviert. Fahrradverleih, WLAN. ❷

The Grand Tourist Holiday Resort, 4B2 Lake Rd., ✆ 025-2235173. Der Name mag zwar etwas hochgestochen sein, doch können sich die 9 Zimmer mit TV, Ventilator, Bad und WC durchaus sehen lassen. Vom Restaurant auf der Veranda kann man bei guten Curry-Gerichten über den Nuwara Wewa bis nach Mihintale blicken. ❷ – ❸

Mittlere und obere Preisklasse

Galway Miridiya Lodge, Wasaladantha Mw., ✆ 025-2222519, 2222112, 🖥 www.galway.lk. Bei Reisegruppen beliebtes Hotel; 39 saubere

Zimmer mit Bad und AC in modernem Gebäude. Pluspunkte sind die schöne Gartenanlage und der Pool, in den Nichtgäste für 100 Rs springen können. ❹

Little Paradise, 622/18 Godage Mw., ✆ 025-2235132, 🖥 littleparadiseanuradhapura.com. Liegt hinter einem größeren Platz in einer Seitenstraße östlich des Godage Mawatha. Am besten anrufen und mit dem Three-Wheeler hinbringen lassen, da das Gästehaus nicht beschildert und daher schwer zu finden ist. Die 6 Zimmer mit Ventilator, WC und Balkon sind freundlich eingerichtet und besitzen eine farblich individuelle Note. Auf Wunsch zaubert die Besitzerin leckere Curry-Gerichte. ❹

Nuwarawewa Resthouse, südöstlich des alten Busbahnhofs, ✆ 025-2221372, ✉ nwrh@slt.lk. Das Gebäude im Charme der 1950er-Jahre bräuchte ein Lifting. Die 70 Zimmer mit Bad und AC wirken vernachlässigt. Pluspunkt: die Veranda mit Restaurant und die üppig grüne Gartenanlage mit Pool. ❹

Empfehlenswerte Unterkünfte

Das **Boa Vista**, 142 Old Puttalam Rd., Tissawa, ✆ 025-2235052, 🖥 www.srilankaboavista.com, liegt am Tissa Wewa und bietet in einem modernen Gebäude 11 saubere Zimmer mit Bad (6 Zimmer mit AC). Allerdings kann man nur von den oberen Räumen das Gewässer überblicken. Da die srilankisch-kanadischen Eigentümer an Three-Wheeler-Fahrer keine Provision bezahlen, behaupten diese zuweilen, das Gästehaus sei geschlossen oder schlecht. WLAN und kostenlose Abholung von Bahnhof und Busstationen. ❷ – ❹

Mehrere Hinweisschilder führen zu dem etwas abseits gelegenen, empfehlenswerten **Milano Tourist Rest**, 596/40 J.R. Jaya Mw., ✆ 025-2222364, 🖥 www.milanotouristrest.com, 15 nüchternen aber sauberen und geräumigen Zimmern. Netter (Bier-)Garten und Restaurant mit behaglicher Atmosphäre. Das Gästehaus arrangiert Touren und bietet auf Wunsch einen Abholservice. Internet und WLAN für 200 Rs/Tag. ❸

Palm Garden Village Hotel, Puttalam Rd., Pandulagama, 6 km westlich der Stadt, ☎ 025-2223961, 🖥 www.palmgardenvillage.com. Die erste Hoteladresse von Anuradhapura. Nachteil ist die große Entfernung von den Ruinenstätten, mit dem Three-Wheeler kostet die einfache Fahrt etwa 300 Rs. Dies wird jedoch mit allerhand Komfort mehr als wettgemacht. Die Bungalows mit jeweils 2–4 Zimmern sind in eine über 13 ha große Parkanlage einge-bettet. Von der Tempelbesichtigung kann man sich auf dem Tennis Court, im Pool oder an der Bar erholen. Das Restaurant ist ausgezeichnet. ❻

Randiya, 394/19A Muditha Mw., ☎ 025-2222868, ✆ 2236073, 🖥 www.hotelrandiya. com. Etablierte Unterkunft mit Flair: 14 nicht immer blitzblanke AC-Zimmer mit TV und Bad. Die Holzmöbel sorgen ebenso für eine heimelige Atmosphäre wie der nette Tropen-garten und das freundliche Restaurant; WLAN. ❸–❹

Shalini, 41/388 Harischandra Mw., ☎ 025-2222425, 🖥 www.hotelshalini.lk. 16 Zimmer unterschiedlichen Standards in 2 Gebäuden; die meisten mit AC, fast alle mit Warm-wasser. Nettes Restaurant mit guter Auswahl im Hauptgebäude. Weitere Pluspunkte: Internet und WLAN. Abholservice nach Voranmeldung; auch Touren in die Umgebung. ❸–❹

Tissawewa Resthouse, ☎ 025-2222299, ✆ 2223505. Aus dieser architektonischen Perle könnte man wirklich mehr machen. Schon die Lage unweit des Tissa Wewa inmitten eines großen Parks mit wunderbaren alten Bäumen ist kaum zu überbieten. In dieser 100 Jahre alten Kolonialvilla kann man zur Tea-Time auf der Veranda dem untergegangenen Empire nach-trauern. Aber Ausstattung und Service lassen zu wünschen übrig. Zwar wurden die 15 Zimmer teilweise renoviert, wofür Gäste aber auch kräftig löhnen müssen, doch leider nicht sehr originalgetreu. Wegen der unterschiedlichen Größe sollte man sich mehrere Zimmer zeigen lassen. Zimmer Nr. 1 wurde einst von Königin Elisabeth bezogen. Auch wer nicht im Rest-house wohnt, kann zur Mittagspause hier einkehren und inmitten antiker Möbelstücke speisen. ❹–❻

Essen

Das Restaurantangebot ist außerhalb der Unterkünfte dürftig. An der entlang der Bahn führenden Hauptstraße befinden sich einige „Hotels", in denen Snacks und Curry-Gerichte angeboten werden, z. B. das muslimische **Hotel de Maharoof** oder das **Chintana** unweit des Neuen Busbahnhofs. Gegenüber dem Alten Busbahnhof, am Dharmapala Mawatha, ist das **Anusiri Hotel** bei Einheimischen beliebt.

Family Super, M. Senanayake Mw. Großes Gebäude mit Supermarkt, Bäckerei und Restaurant. Solide chinesische Küche, Curry-Gerichte und Snacks. Eine gute Wahl für Hungrige, die es eilig haben, denn das Ambiente lädt nicht unbedingt zu längerem Verweilen ein. ⏱ 6.30–21 Uhr.

Salgado Hotel & Bakery, 222 M. Senanayake Mw. Bereits 1886 gegründet, ist das Lokal eine Institution in Anuradhapura. Gute Chicken Biryani und Nasi Goreng gibt es schon ab 250 Rs. ⏱ 6.30–19.30 Uhr.

Sonstiges

Geld

Die meisten **Banken** befinden sich entlang der Maithripala Senanayake Mw. (nördlich der Post). Fast alle verfügen über Geldautomaten.

Internet

Hotel Shalini, 60 Rs für 1 Std., 250 Rs für einen Tag WLAN.
Milano Tourist Rest, 50 Rs für 15 Min., 200 Rs für einen Tag WLAN.

Medizinische Hilfe

General Hospital, Bandaranayake Mw., ☎ 025-2222261, 2222264.

Polizei

Maithripala Senanayake Mw., ☎ 025-2222222, 2222228.

Nahverkehr

Die günstigste (und beste) Fortbewegungsart zur Erkundung der Ruinenstädte ist die mit dem **Fahrrad**, das ab 250 Rs/Tag bei den meisten Gästehäusern geliehen werden kann. Ansonsten bieten sich die allzeit bereiten **Three-Wheeler** an. Zu den meisten Gästehäusern sollte die Fahrt vom Hauptbahnhof etwa 100–150 Rs kosten, vom alten Busbahnhof um 100 Rs. Für eine Halbtagstour durch die Ruinen werden 1500 Rs erwartet.

Transport

Busse

In Anuradhapura gibt es einen neuen und einen alten Busbahnhof. Der **alte Busbahnhof** liegt im nördlichen Teil der Stadt zwischen Dharmapala Mawatha und Maithripala Senanayake Mawatha. Von dort fahren Busse etwa alle 30 Min. entlang der A 9 über DAMBULLA nach KANDY (138 km, 3–4 Std.) oder zwischen 5 und 20 Uhr ebenfalls im 30-Min.- Takt über KURUNEGALA nach COLOMBO (206 km, 5–6 Std.). Zudem fahren langsamere CTB-Busse alle 15 Min. nach KURUNEGALA (121 km, 2 1/2 Std.). Wer den Wilpattu-Nationalpark besuchen möchte, sollte einen Bus nach KALA OYA nehmen, das an der A 12 etwa auf halbem Wege nach Puttalam liegt.
Die Busse nach TRINCOMALEE fahren um 7.55 und 11.50 Uhr vom **neuen Busbahnhof** an der Maithripala Senanayake Mawatha im Süden Anuradhapuras los und brauchen für die 106 km 3 1/2 Std. POLONNARUWA (100 km, 3 1/2 Std.) wird zwischen 5.15 und 15.45 alle 30–60 Min. angesteuert. Via VAVUNIYA fährt um 5.15 Uhr ein Direktbus nach JAFFNA (195 km, 6 Std.).

Eisenbahn

Die alte Königsstadt liegt an der „Northern Line" und ist zentraler Haltepunkt auf der Strecke Colombo-Vavuniya. Alle Züge halten sowohl am kleineren Haltepunkt **Anuradhapura New Town** als auch am größeren Bahnhof **Anuradhapura Main Station**.
Die Züge nach COLOMBO (5 Std.) fahren tgl. um 5, 6.40 (IC), 9.30, 13.40, 16.55 (IC) und 23.40 Uhr ab. Im Intercity kostet die 4 1/2-stündige Fahrt 630 Rs (1. Kl.), 380 Rs. (2. Kl.) und 220 Rs (3. Kl.), mit dem normalen Express-Zug 290 Rs (2. Kl.). Der Zug um 5 Uhr fährt weiter nach GALLE (7 1/2 Std.) und MATARA (8 1/2 Std.). Nach VAVUNIYA (1–1 1/2 Std.) fahren die Züge um 9.10, 11.24, 18.47, 19.50 und 3.17 Uhr.

Die Umgebung von Anuradhapura

Mihintale

Etwa 13 km östlich von Anuradhapura, wo sich die A 12 in Richtung Trincomalee und die A 9 in Richtung Kandy bzw. Jaffna treffen, liegt Mihintale. Dieser Bergzug ist für Sri Lanka von größter religiöser Bedeutung, denn hier fand die geschichtsträchtige Begegnung zwischen dem König Devanampiya Tissa (reg. ca. 250– 210 v. Chr.) und **Mahinda Mahathera** statt. Der zum Mönch ordinierte Sohn des indischen Königs Ashoka (s. S. 109) war nach dem Dritten Buddhistischen Konzil in Pataliputra (um 253 v. Chr.) mit vier Mitbrüdern nach Sri Lanka entsandt worden, um dort den Buddhismus zu verbreiten. Er ließ sich auf dem damals als Missaka Pabbata bekannten Berg unweit der Königsstadt nieder. Bis zum Untergang Anuradhapuras war Mihintale eine Hochburg des klösterlichen Lebens. Fa Xian, ein chinesische Pilger im 5. Jh., berichtet von 2000 Mönchen, die dort lebten.

Untere Ebene

Noch vor dem Parkplatz sind die Reste einer **Krankenstation** (Vedahala) zu sehen. Inschriften deuten darauf hin, dass sie entweder unter Sena II. (reg. 853–887) oder Mahinda IV. (reg. 956–972) zur medizinischen Versorgung der Mönche errichtet wurde. Die Angestellten arbeiteten nicht für Buddhas' Lohn. Es war exakt festgelegt worden, was ein Arzneihersteller, Astrologe, Krankenpfleger, ja selbst der Barbier verdienten. Rund um einen quadratischen Innenhof mit einem buddhistischen Schrein in der Mitte waren die Zellen für die Patienten gruppiert. Seitlich befand sich das Badehaus, wo sie Kräuterbäder nehmen konnten. Die dazugehörige, einem Sarkophag ähnelnde Steinwanne *(beheth oruwa)* mit einer dem menschlichen Körper angepassten Innenseite ist noch zu sehen. Im südlichen Anschluss konnten die Archäologen noch ein Heißwasserbad, ein Refektorium und einen Lagerraum für die Medizin identifizieren. Dort fanden sie Keramikbehälter und Mörser zum

Das aktive buddhistische **Kloster Raja Maha Vihara Mihintale** erhebt einen Eintritt von 500 Rs, der am Ticketschalter unweit des Ambashtala Vatadage bezahlt werden muss. Am Parkplatz warten vom Kloster befugte Guides, die ihre durchaus kompetenten Dienste anbieten. Für die ca. zweistündige Tour werden allerdings 1000 Rs erwartet (verhandeln!). Um der Mittagshitze zu entgehen, ist ein Besuch Mihintales am frühen Morgen (beste Lichtverhältnisse für Fotografen!) oder späten Nachmittag angeraten.

Zerstampfen der Kräuter. Nicht weit entfernt sind kurz vor dem Treppenaufgang linker Hand die Reste von **Klostergebäuden** zu sehen.

In den etwas verstaubten Ausstellungsräumen des an der Zufahrtsstraße gelegenen kleinen **Museums** werden Ausgrabungsfunde gezeigt, darunter die Reste von Keramikbehältern aus China und Persien, welche Handelskontakte dorthin belegen, Gefäße und Gegenstände aus der Krankenstation sowie Beigaben aus Bronze, die beim Restaurieren der Stupas, vor allem des Mahaseya Dagoba, freigelegt wurden. ⏰ tgl. außer Di und an Feiertagen 9–17 Uhr, Eintritt frei.

Mittlere Ebene (Meda Maluwa)

Seit ihrer Wiederherstellung um 1940 können Besucher die alte Steintreppe benutzen, um zu den Heiligtümern zu gelangen. Seitlich wurden Frangipani-Bäume (singh. *araliya*) gepflanzt, deren duftende weiße Blüten als „Tempelblumen" gerne Buddhafiguren geopfert werden. Nach 421 Stufen ist die Mittlere Ebene erreicht, wo sich die Ruinen wichtiger Klosterbauten befinden, wie etwa linker Hand der Speisesaal, **Dana Salawa** genannt. Das rechteckige Gebäude (54 x 23 m) war zu einem Innenhof hin offen. Am Gebäudeende ist noch das 12,7 m lange „Reisboot" *(bat oruwa)* für die Ausgabe von Reis und links quer daneben die Steinwanne für den Curry *(kenda oruwa)* zu sehen.

Im Anschluss folgt das etwas erhöht liegende Reliquienhaus, der **Dhatuge**. Die aufstrebenden Stützpfeiler für die quadratische, möglicher-

weise zweistöckige Halle wurden bei der letzten Restaurierung in den 1950er-Jahren wieder aufgerichtet, ebenso wie die beiden Inschrifttafeln von Mahinda IV. aus dem 10. Jh. Die beiden den Eingang flankierenden, 2,13 x 1,21 m großen Tafeln sind aus einem einzigen Steinblock geschlagen. Auf ihnen ließ der König auf Singhalesisch genaue Regeln für das Kloster einmeißeln: dessen Tagesablauf und die Bezahlung der Angestellten in Form von Geld oder Land – niemand musste umsonst arbeiten.

Noch etwas weiter südlich liegt der **Sannipata Salawa**, die Versammlungshalle. Hier fanden klosterrelevante Zusammenkünfte statt, die vom Abt oder – in Vertretung – dem ältesten Mönch geleitet wurden. Er nahm auf dem Podest in der Hallenmitte seinen Sitz ein, dessen Reste noch zu sehen sind.

Auf der rechten Seite des Treppenaufgangs befindet sich unweit der alten Zufahrt das Löwenbad, **Sinha Pokuna**. Namensgeber ist eine 2 m große, aufrecht stehende Löwenfigur, die aus einem Fels geschlagen wurde und durch deren Maul das Wasser floss. Oberhalb der Figur bedeckt ein mit Friesen verzierter Steinaufbau den Wassertank, der vom Naga Pokuna gespeist wurde.

Kantaka Cetiya und Östlicher Stupa

Auf halbem Wege der ersten Treppe zweigt rechts ein Aufgang zum **Kantaka Cetiya** ab. Bis zur Freilegung seiner Überreste 1934 war er vollkommen zugewachsen und somit nicht mehr erkennbar. Der Urheber dieses Stupas ist nicht bekannt, jedoch findet er bereits in einer Inschrift aus dem 1. Jh. Erwähnung. Der Mahavamsa berichtet, Devanampiya Tissa habe in der Umgebung des Stupas 68 Höhlenzellen für die Schüler Mahindas gestiftet. Er muss also irgendwann zwischen dem 3. Jh. v. Chr. und dem ersten nachchristlichen Jahrhundert errichtet worden sein. Untersuchungen ergaben, dass er später vergrößert worden ist.

Die heutigen Reste des Stupas haben an dessen Basis einen Umfang von 130 m und eine Höhe von 12 m. Von großer Schönheit sind die vier Vahalkada an den Kardinalpunkten, deren Reliefverzierungen relativ gut erhalten geblieben sind. Diese Altaraufbauten dienten der Verehrung der

Das kulturelle Dreieck

Mihintale

N

0   100 km

Hotel Mihintale,
Anuradhapura (13 km)

A12

Vavuniya (40 km)   Trincomalee (93 km)

A9

Indikatu
Seya

Mönchs-
hospital   Museum

Grotte des
Mahinda

Kloster-
ruinen

Klosterruinen

Buddha-Statue

Östlicher Stupa

Rajagirilena

TICKETS

Ambasthala-
Plateau

Kantaka
Cetiya

Mittlere
Ebene

Mahaseya
Dagoba

Ambasthala
Vatadage

Aradhana
Gala

alte Straße

Sinha
Pokuna

Naga
Pokuna

Kandy
(125 km)

Klosterruinen

Ruinen   Kaludiya
Pokuna

Et Vehera

Das kulturelle Dreieck

---

vier Buddhas des jetzigen Zeitalters *(kalpa)*. Auf den vorgelagerten Steinaltären können Gläubige Blumengaben ablegen. Der untere Bereich der Vahalkada besteht aus Kalkstein, der obere aus gebrannten Ziegeln. Mit Rankenwerk verzierte Stelen flankieren ihre Seiten. An deren Spitze wie auch am unteren Teil der Aufbauten sind an jedem der vier Vahalkadas jeweils andere Tiere dargestellt: an der Ostseite Elefanten, im Süden Stiere, im Westen Pferde, im Norden Löwen. Möglicherweise wird mit ihnen auf die vier heiligen Flüsse angespielt, welche in der indischen Tradition durch diese Tiere symboli-

siert werden. Schließlich finden sich auch noch an den Friesen Darstellungen von Gnomen und Hamsa-Vögeln. In der felsigen Umgebung des Kantaka Cetiya sind zudem einige der im Maha-vamsa erwähnten Höhlen-Einsiedeleien zu finden. Teilweise weisen Felsinschriften auf deren Bewohner hin, z. B. die „Höhle von Asali, Sohn des Oberhauptes Naga".

Von dem unteren Treppenaufgang führen links Treppen zu einer weiteren **Stupa-Ruine**, deren Alter und Name mangels Inschriften nicht bekannt ist. Schatzjäger haben das Innere der ausgemalten, 3,6 m² großen Reliquienkammer geplündert.

Ambasthala-Plateau (Ambasthala Maluwa)

Weitere 321 Treppenstufen sind zu erschwitzen, um zum Haupttheiligtum zu gelangen: dem **Ambasthala Vatadage**, auch Sila Cetiya genannt. Dieser weißgetünchte „Mangobaum-Stupa" (singh. *ambasthala*) wurde spätestens unter Kutakanna Tissa (reg. 44–22 v. Chr.) erstmalig errichtet. Die Säulen (7. Jh.) um ihn herum sind Überbleibsel eines konischen Holzdaches (Vatadage), das den knapp 9 m hohen Stupa umgab. An seiner Stelle soll sich Mahinda befunden haben, als er erstmalig König Devanampiya Tissa traf. Der Name wiederum erinnert an Mahindas Intelligenztest (s. Kasten: Mahindas Intelligenztest). Das Plateau des Stupas darf nur unbeschuht betreten werden. Die Schuhe sind gegen einen Obolus bei der Aufbewahrungsstelle abzugeben. Unweit des Stupas markiert die Statue des Königs dessen Standort bei der Begegnung. Gegenüber überblickt auf einer Anhöhe hinter dem Klostergebäude eine neuere Buddhastatue das Geschehen. Östlich des Stupas führt ein Aufgang zum **Aradhana Gala**, dem „Fels der Einladung". Der Felsmonolith trägt diesen Namen, weil der Legende nach ein Schüler Mahindas namens Sumana dort emporstieg, um die Götter zur ersten Predigt Mahindas auf srilankischem Boden einzuladen.

Von der Felsspitze hat man einen wunderbaren Blick in die Umgebung, vor allem auf den im Morgenlicht erstrahlenden **Mahaseya Dagoba**. Um zu diesem „großen Stupa" (Maha Seya) zu gelangen, muss man den Treppenaufgang im Südwesten des Ambasthala-Plateaus benutzen. Mahadathika Mahanaga (reg. 7–19) gilt laut Mahavamsa als Schöpfer dieses Bauwerks. Mehrere Jahrzehnte flossen ins Land, um diesen von einem überwachsenen Steinhaufen zum heute über 14 m hohen Stupa in Blasenform (Bubbulakara) erstehen zu lassen. Als die Briten 1893 mit der Freilegung begannen, setzten sie Strafgefangene ein. 1951 wurden in der inneren Reliquienkammer zahlreiche Beigaben, u. a. ein Miniaturstupa sowie Menschenknochen, gefunden. Sie sollen die sterblichen Überreste von Mahinda Mahathera sein. Von der Plattform des Mahaseya hat man bei klarem Wetter einen Blick bis nach Anuradhapura – allerdings auf Kosten der Füße, die auf der nur unbeschuht zu betretenden, in der Sonne aufgeheizten Plattform etwas gebraten werden.

Nordöstlich führt ein steiniger Pfad zur **Grotte des Mahinda**, manchmal auch „Mahindas Bett" genannt (Schuhe mitnehmen!). In einer etwas erhöhten Felsnische soll der „große Ältere" (Mahathera) gesessen und meditiert oder eben auch geschlafen haben – sicherlich genoss er gelegentlich den herrlichen Ausblick.

Mahindas Intelligenztest

Als König Devanampiya Tissa eines Tages zur Jagd ausritt, traf er Mahinda und begrüßte ihn aufs Freundlichste. Er hatte von der buddhistischen Lehre bereits gehört, wollte aber mehr von ihr wissen. Doch bevor Mahinda mit den Erläuterungen begann, wollte er die Auffassungsgabe des Herrschers prüfen und stellte ihm anhand eines Mango-Baums Fragen: „Was ist dies für ein Baum?", fragte Mahinda. „Ein Mango-Baum", antwortete der König". „Gibt es noch weitere Mango-Bäume?", fragte der Mönch weiter. „Ja, es gibt hier viele Mango-Bäume", war die Antwort. „Und gibt es neben diesem und den anderen Mango-Bäumen noch weitere Bäume?" „Ja, es gibt außer diesem und den anderen Mango-Bäumen noch viele andere Bäume". „Und gibt

es neben den Mango- und den anderen Bäumen noch weitere Bäume?" „Ja, es gibt noch diesen Mango-Baum hier", wusste Devanampiya Tissa, womit er den ersten dokumentierten Intelligenztest der Geschichte bestand.

Bald darauf nahm der König die neue Lehre an, weshalb Mihintale heute als der Geburtsort des srilankischen Buddhismus gilt. Der Tradition nach geschah dies an Poson Poya, dem Vollmondtag im Mai/Juni, weshalb der Ort zu dieser Zeit Tausende von Gläubigen anzieht. Auf Anraten Mahindas verbot Devanampiya Tissa im Gebiet um Mihintale das Töten von Tieren. Damit schuf er das erste Tierschutzgebiet der Welt. Seit 1938 steht ein 10 km² großes Gebiet um den Bergzug wieder unter Naturschutz.

Naga Pokuna und Et Vehera

Auf dem Treppenaufgang zum Ambasthala-Plateau zweigt südlich (vom Aufstieg her gesehen rechts) ein Pfad ab, der um den Hügel mit dem Mahaseya Dagoba herum zum **Naga Pokuna** führt. Dieses 11 x 4,6 m große natürliche Wasserbassin wird „Naga-Schlangen-Teich" genannt, weil aus dem dahinter liegenden Fels das Relief einer fünfköpfigen Naga-Schlange herausgearbeitet wurde.

Wer noch etwas Energie hat, kann dem Weg bis zum **Et Vehera** folgen und dabei hinter den Resten eines Klosters 568 Stufen erklimmen. Der nur als Basis erhaltene Stupa liegt auf einer Anhöhe, 309 m über dem Meeresspiegel. Aus unerfindlichen Gründen wird er „Inneres Kloster" (Singh. *ethul vehera*; Pali: *anto vihara*) genannt. Möglicherweise ist mit diesem Stupa jener gemeint, in welchen laut einer in einen nahen Fels gearbeiteten Inschrift Mahadathika Mahanaga (reg. 7–19) die Asche seines älteren Bruders, des Königs Bhatika Abhaya (reg. 22 v. Chr.–7 n. Chr.), einmauern ließ. Wieder ist es vor allem der Ausblick, der für die Mühen des Aufstiegs entschädigt. Unter anderem ist in der Ebene der Kaludiya Pokuna zu sehen.

Indikatu Seya und Kaludiya Pokuna

Wieder zurück am Parkplatz kann man ein Stück die Straße nach Kandy hineinfahren, um zum **Indikatu Seya** zu gelangen. Zu sehen sind neben Fundamentresten die von Mauern umgebenen Basen zweier Stupas. Archäologen fanden Hinweise, dass dieses wahrscheinlich von Sena I. Mitte des 9. Jhs. gestiftete Kloster Mahayana-buddhistisch ausgerichtet war. In den beiden Stupas fanden sie Kupferplatten mit Sutren (Lehrtexte) des „Großen Fahrzeugs" (Mahayana).

Einige hundert Meter weiter, vorbei an einem Bergzug namens **Rajagirilena Kanda** („Königlicher Steinhöhlenberg"), wo Einsiedlergrotten mit Inschriften aus dem 9. Jh. entdeckt wurden, kommt man zum **Kaludiya Pokuna**, dem „Teich des schwarzen Wassers". Er ist über einen von der Hauptstraße abzweigenden Fußweg zu erreichen. In der Tat ist das Wasser des künstlich aufgestauten Reservoirs sehr dunkel. Am Fuße eines kleinen Hügels befinden sich die Reste eines Badehauses, einer Meditationshalle und

kleiner Zellen. Das Alter ist nicht ganz klar, möglicherweise ist der Teich identisch mit jenem namens Porodini, den König Mahinda IV. in einer Inschrift aus dem 10. Jh. erwähnte. Es wurden aber auch Brahmi-Schriftzeichen aus dem ersten vorchristlichen Jahrhundert gefunden. Wie auch immer, der Kaludiya Pokuna ist ein wunderbarer Ort, um die anstrengende Besichtigung von Mihintale ausklingen zu lassen und die beschauliche Atmosphäre zu genießen.

Übernachtung und Essen

Hotel Mihintale, an der A 12 gelegen, ☎ 025-2266599, 🖥 www.ceylonhotels.lk. Äußerst sympathisches Hotel mit 10 sauberen und stilvoll gestalteten Zimmern (Bad, AC). Das auch bei Tourgruppen beliebte Restaurant empfiehlt sich für die Einkehr nach der Besichtigung. ❸

Transport

Vom neuen Busbahnhof in ANURADHAPURA fahren zahlreiche **Busse** in Richtung Mihintale. Mit dem **Three-Wheeler** sollte eine Besichtigungstour einschließlich Wartezeit 1000 Rs kosten.

Tantirimale

„Das Erste, was du beim Betreten von Tantirimale spürst, ist die natürliche Schönheit des Ortes", heißt es auf der Website des Klosters Raja Maha Vihara Tantirimale, 🖥 www.tantirimale.net. Und in der Tat strahlt das etwa 45 km nordwestlich von Anuradhapura am Rande des Wilpattu-Nationalparks gelegene Kloster eine wohltuende Atmosphäre aus. Tantirimale blickt auf eine lange Geschichte zurück. Prähistorische Grabfunde aus der mittleren Steinzeit weisen auf eine frühe Besiedlung hin. Im 3. Jh. v. Chr. war der Ort eine der Zwischenstationen des heiligen Bodhi-Baumes auf seinem Weg vom antiken Hafen Jambukola Pattana (dem heutigen Ort Sambilturai auf der Jaffna-Halbinsel) in die damalige Königsstadt Anuradhapura. Ein Brahmane namens Thivakka soll die Nonne Sanghamitta mit dem Bodhi-Baum kurzzeitig aufgenommen haben und aus Dankbarkeit einen der acht jungen Baumtriebe erhalten haben. Seit dieser Zeit ist die in Chroniken Thivakka Bamunugama genannte Stätte ein wichtiges regionales Wallfahrtsziel.

Der Reiz von Tantirimale (Tamil: „unbezwingbarer Fels") liegt in der kargen felsigen Landschaft, in welcher rund um das Kloster einige buddhistische Heiligtümer verstreut liegen. Diese sind zu Fuß ohne größere Anstrengungen zu erreichen, doch die baumlose Gegend kann zur Mittagszeit sehr heiß werden, daher Kopfbedeckung und genügend Wasser nicht vergessen.

Die beiden höchsten Erhöhungen sind von einem weißgetünchten, 12 m hohen **Stupa** bzw. einem **Bodhi-Baum** gekrönt. Letzterer soll noch der Originalableger des heiligen Bodhi-Baumes aus dem 3. Jh. v. Chr. sein. In den großen Felsengrund, auf welchem der Bodhi-Baum gepflanzt ist, wurde auf der dem Stupa zugewandten Seite eine **liegende Buddhastatue** gemeißelt. Aufgrund stilistischer Parallelen mit Figuren aus Polonnaruwa wird er ins 11./12. Jh. datiert. Schatzjäger beschädigten den nach Osten weisenden Kopf auf der Suche nach Wertvollem, weshalb die fehlenden Teile aus Beton ersetzt werden mussten.

Auf der anderen Seite des Felsrückens wurde eine 2 m hohe **sitzende Buddhafigur** in Meditationshaltung (Samadhi-mudra) in den Fels geschlagen. In der sie umgebenden freigelegten Fläche, die 2,5 x 2,75 m misst, sind zwei Löwen und zwei Devatas zu erkennen. Wahrscheinlich entstand die gut erhaltene Statue ebenfalls in der Polonnaruwa-Periode (11.–13. Jh.). Zu ihrem Schutz wurde ein Schrein vorgebaut, dessen Reste noch zu sehen sind.

Vom Bodhi-Baum führt ein Weg zwischen einem natürlichen **Lotosteich** hindurch zum **Pothgula**. Ob die etwas erhöht liegenden, vor eine Felsnische gebauten Mauerreste wirklich einmal zu einer Bibliothek gehörten, wie der Name Pothgula vermuten lässt, ist nicht sicher. Über einen am Ende des Teiches gelegenen Felsrücken führt ein schattiger Weg etwa 400 m geradeaus bis zur sogenannten **Freskenhöhle**. Der Name ist irreführend, denn weder handelt es sich um eine Höhle, noch sind Fresken zu finden. Vielmehr ist damit ein über 4 m hoher, pilsförmiger Felsmonolith gemeint. Auf der Vorderseite sind Mauerreste, auf der Rückseite Felsenkritzeleien zu sehen. Es liegt die Vermutung nahe, dass sich

hier, wie auch an anderen Stellen in der umliegenden Umgebung, eine Einsiedelei befand. Besteigt man noch die dahinter liegende Felserhöhung, so bietet sich ein schöner Ausblick in die weite Ebene.

Wer keine Zeit verschwenden möchte, gönnt sich einen **Mietwagen** (um 5000 Rs) oder fährt mit dem Three-Wheeler (um 3000 Rs). Es gibt zwei Möglichkeiten, nach Tantirimale zu gelangen: Man kann von Anuradhapura der A 9 bis ins 27 km entfernte Medawachchiya folgen und dort in die A 14 nach Mannar abbiegen. Nach 18 km führt eine südlich abgehende Sandpiste bis nach Tantirimale. Oder aber man fährt zunächst in Richtung Nordwesten bis nach Nikawewa. Dort zweigt nördlich eine schlechte Straße ab, die nach etwa 15 km den Pilgerort passiert.

Busse fahren in sehr unregelmäßigen Abständen von Anuradhapuras altem Busbahnhof ab.

Aukana

Mit Abstand bestes Beispiel der srilankischen Steinmetzkunst ist der stehende **Aukana-Buddha**, westlich der A 9, etwa auf halbem Wege zwischen Anuradhapura und Dambulla. Trotz seiner 13 m Höhe wirkt der aus einem Fels geschlagene freistehende Buddha aufgrund seiner gerippten, eng anliegenden Robe recht anmutsvoll. In eindringlicher Weise drückt das breite Gesicht Ruhe und Gelassenheit aus. Auf dem *ushnisha*, dem Haarknoten, ragt eine Flamme als Symbol der Erleuchtung empor *(ketumala)*. Mit der linken Hand die Schulter berührend, streckt er die erhobene rechte Hand seitlich aus. Dies ist die Geste der Furchtlosigkeit und Ermutigung (Abhaya-mudra), manchmal auch als Segensgeste (Ashisa-mudra) interpretiert. Das Alter des Aukana-Buddhas ist mangels Inschrift schwer zu bestimmen. Seinen stilistischen Eigenarten zufolge könnte er zwischen dem 5. und 6. Jh. entstanden sein, möglicherweise aber erst 650 Jahre später während der Regentschaft Parakramabahus I. Der Tradition zufolge geht er auf

König Dhatusena (reg. 455–473) zurück, der auch den nahe gelegenen **Kala Wewa** graben ließ. Dieses rund 5,2 km lange Reservoir wird durch Zuflüsse des Kala Ganga gespeist und ist mit den Wasserspeichern von Anuradhapura über den ebenfalls von Dhatusena initiierten 80 km langen Jaya Ganga verbunden.

Rund um die Figur sind noch Reste einer früheren Klosteranlage zu sehen. Ihr volkstümlicher Name bedeutet „die Sonne essend" (singh. *avu kana*), was auf ihre Ausrichtung gen Osten, der aufgehenden Sonne entgegen, anspielt. Daneben stehen die neueren Klosterbauten des **Aukana Raja Maha Vihara**, welcher von internationalen Besuchern einen Eintritt von 500 Rs erhebt.

Trotz der etwas abgelegenen Lage ist die Verkehrsanbindung des Aukana-Buddhas gar nicht so schlecht.

Busse

Wer mit dem Bus aus ANURADHAPURA (50 km) oder DAMBULLA (25 km) anreist, steigt in KEKIRAWA aus und nimmt dort einen der halben Dutzend Busse, die tgl. in Richtung Aukana (etwa 11 km) weiterfahren, oder mietet sich dort einen Three-Wheeler (ca. 800 Rs).

Eisenbahn

Nur 2 km von der Statue entfernt liegt der **Bahnhof** Aukana an der Bahnstrecke Colombo–Trincomalee. Dort halten alle aus Colombo kommenden Züge nach TRINCOMALEE (1.34 und 10.34 Uhr). Die Züge in Richtung COLOMBO halten um 14.22 und 23.26 Uhr. In Gal Oya Junction besteht Anschluss nach POLONNARUWA und BATTICALOA.

Sasseruwa und Bodhigara Nillakgama

Nur 18 km vom Aukana-Buddha entfernt befindet sich westlich des Dorfes Negampaha auf dem Gelände eines Höhlenklosters namens **Rasve-hera** ein weiterer stehender Buddha, **Sasseruwa** genannt. Er ist nur wenig größer als der Aukana-Buddha und ebenfalls aus einem Granitfels ge-

schlagen. Stilistisch zeigt die Statue Parallelen zum berühmteren Vorbild, doch wurde sie nie vollendet, was zu einer Erzählung inspirierte: Ein Steinmetzmeister und sein Schüler verabredeten einen Wettstreit. Wer als Erster eine stehende Buddhastatue geschaffen habe, solle eine Glocke läuten. Natürlich siegte der Meister, und der Schüler stellte daraufhin seine Bemühungen ein. Der künstlerische Mangel wird durch die idyllische Lage mehr als wettgemacht. Doch ist die Straße dorthin in äußerst schlechtem Zustand und während der Regenzeit teilweise nicht passierbar. Ein in den Fels geschlagener Schrein birgt Malereien mit drei Jataka-Geschichten.

Etwa 10 km weiter westlich bzw. 10 km östlich des an der A 28 (Kurunegala–Anuradhapura) gelegenen Dorfes Galgamuwa liegen die Reste des **Bodhigara Nillakgama**. Es ist Sri Lankas besterhaltenes Beispiel eines Schreins zur Einfassung eines Bodhi-Baums (Bodhigara). Nach einer grundlegenden Restaurierung 1954 befindet sich die 10,3 x 10,3 m große Umfassungsmauer mit zwei Eingängen wieder in ihrem ursprünglichen Zustand. Sie umschließt eine innere Mauer, welche um den heute verschwundenen Bodhi-Baum gebaut war.

Ritigala

Der Ritigala ist mit 766 m ü. M. die höchste Erhebung in der flachen Trockenzone der Insel und liegt auf halbem Weg zwischen Anuradhapura und Polonnaruwa, 16 km nordwestlich von Habarana. Der Name wird mit „Fels *(gala)* der Sicherheit *(riti* von skt. *arishti)*" übersetzt. Möglicherweise diente er in Zeiten der Not den srilankischen Herrschern als Refugium. Ein spirituelles Rückzugsgebiet war er spätestens seit dem 9. Jh., als König Sena I. laut Culavamsa für die Pamsukulika (s. S. 313, Kasten: Pinkeln aus Protest) ein Kloster namens „Aritha Vihara" stiftete. Diese extrem asketische Mönchsgruppe lebte zurückgezogen in Grotten – 70 wurden in Ritigala identifiziert – und verbrachte die meiste Zeit mit Meditationsübungen. Sie lehnte jede Art buddhistischer Symbolik ab, weshalb weder Buddhastatuen noch Bodhi-Bäume oder Dagobas zu finden sind. Seit dem 12. Jh. ist nichts mehr

Hanumans Sprungbrett

Als Sita auf der Insel Lanka gefangen gehalten wurde, schickte Rama den Affengeneral Hanuman dorthin, um sie zu suchen. Nachdem Hanuman sie entdeckt hatte, sprang er vom Berg Arishta zurück nach Indien, um Rama die Neuigkeit zu berichten. Dieser im Ramayana erwähnte Berg wird in der Tradition mit dem 5 km in Nord-Süd-Richtung verlaufenden Bergzug Ritigala gleichgesetzt. Die dort anzutreffende Pflanzenvielfalt wird mit einer anderen Szene des Ramayana in Verbindung gebracht: Als es zur großen Schlacht von Lanka kam, wurde Ramas Bruder Lakshmana schwer verwundet. Eine ihn rettende Heilpflanze gab es nur im Himalaya. Hanuman eilte dorthin, um sie zu holen, doch da er in der Hektik vergessen hatte, welche es war, nahm er einen ganzen Gipfel mit und ließ ihn auf der Insel zurück.

von den Pamsukulika zu hören. Fast 800 Jahre lag Ritigala vergessen im Dschungel, bis 1872 der britische Kolonialbeamte James Mantell den Berg erforschte, um darauf eine Messstation zu errichten. In einem Report berichtete er von Ruinen am Fuße des Berges. 1893 untersuchte der Archäologe H. C. P. Bell die Stätte grundlegend und fertigte Zeichnungen davon an, die für die Restaurierung Ende der 1960er-Jahre von großer Bedeutung sein sollten.

Sehenswertes

Seit 1941 genießt ein 15 km² großes Gebiet rund um den Bergzug als „Ritigala Strict Nature Reserve" Naturschutzstatus. Ein Großteil dieses Schutzgebietes darf nur mit Erlaubnis des Department of Wildlife Conservation betreten werden. Problemlos zugänglich sind jedoch die in einem Taleinschnitt an der Ostseite des Berges gelegenen Klosterruinen. Um sie alle zu sehen, muss ein etwa 600 m langer Pfad begangen werden, der etwa 150 m Höhenmeter überwindet.

Nicht weit davon entfernt befindet sich ein dem Berg angepasstes, jedoch gebrochenes Wasserbassin, das **Banda Pokuna**. Es diente Mönchen und Pilgern sicherlich als Waschstelle. An Ashoka- und wilden Mango-Bäumen vorbei

führt ein Pfad weiter den Berghang hoch. Kurz hinter einer Brücke zweigt rechts ein schmaler Pfad zu einem **Heilbad** ab. In dem rechteckigen Bau sind noch das Becken sowie ein Mörser zum Zerkleinern der Kräuter zu sehen. Etwa 10 m weiter liegen die Fundamentreste des **Dana Salaya**, einst das Refektorium des Klosters. Nun führt ein wieder instandgesetzter gepflasterter Weg weiter den Berghang hoch, vorbei an den Resten eines **Vihara**. Etwas abseits liegen linker Hand auf einem erhöhten Fels die Ruinen eines als **Bibliothek** identifizierten Gebäudes, das über eine Steinbrücke betreten werden kann. Von ihm bietet sich ein schöner Blick in die Ebene. Botanikfreunde werden von dem alten Baumbestand entzückt sein, darunter finden sich Sri Lankas Nationalbaum, das Ceylonesische Eisenholz *(Mesua ferra,* singh. *Na)*, und das Asiatische Ebenholz *(Diospyros ebenum)*.

Etwas weiter den Steinweg entlang trifft man auf den größten Ruinenkomplex. Dort schließt eine etwa 1 m hohe Mauer drei **erhöhte Plattformen** ein, die miteinander durch Stege verbunden sind. Diese Erhöhung ist typisch für die Waldklöster der Insel. Die beiden Hauptbauten liegen auf einer Ost-West-Achse. Neben der nördlich anschließenden Plattform ist ein dekorierter Latrinenstein (s. S. 313, Kasten: Pinkeln aus Protest) zu sehen, der jedoch sicherlich nicht an seinem ursprünglichen Platz liegt. Die Funktion der Gebäude ist nicht ganz klar, wahrscheinlich dienten sie der gemeinsamen Meditations- und Studienpraxis. An der Südseite der Umfassungsmauer begrenzen Steinmarkierungen die Etappe für die Gehmeditationsübungen. Etwa 10 m weiter befindet sich eine weitere Anlage. Dann verliert sich der Weg im Dschungel und darf nur mit Erlaubnis des Wildlife Departments weiter begangen werden. Beeindruckend steht etwas erhöht eine mächtige Würgefeige *(ficus sp.)*, die noch den abgestorbenen Wirtsbaum umschließt.

Es ist durchaus ratsam, für die etwa 1 1/2 Std. dauernde Besichtigung einen Guide zu nehmen (ca. 500 Rs sind angebracht), denn die Ruinenstätte liegt doch recht einsam und wird zudem nicht sehr häufig besucht. Der Zugang erfolgt von den Bungalows des Archäologischen Departments aus, Eintritt US$8 (Kinder von 6–12 Jahren: US$4); es gilt das CCF-Rundticket.

Ritigala ist nur mit dem **eigenen Fahrzeug** zu erreichen. Von der Anuradhapura-Habarana-Road zweigt beim Dorf Galapitagala, etwas nordöstlich des 13-Kilometer-Postens, eine ungeteerte Straße gen Norden ab. Nach etwa 6 km muss man nach links abbiegen, bis nach weiteren 2,5 km die Bungalows des Archäologischen Departments erreicht werden. Während der Regenzeit ist die Straße gelegentlich unpassierbar.

Habarana

Als Verkehrsknotenpunkt spielt der Ort eine wichtige Rolle, touristisch nicht. Wohl aber eignet er sich wegen seiner zentralen Lage an der Kreuzung von A 11 (Anuradhapura–Polonnaruwa) und A 6 (Kurunegala–Trincomalee) als Ausgangspunkt für den Besuch der nahe gelegenen Nationalparks oder von Dambulla (30 km) und Sigiriya (22 km). Deshalb haben sich auch in Habarana zwei Komforthotels und Touristenrestaurants angesiedelt. Lokale Agenturen bieten Elefantenritte rund um den nahe gelegenen **Habarana Wewa** an. Eine Stunde Rundritt auf den Dickhäutern kostet um US$30.

Übernachtung und Essen

Abgesehen von den beiden Resorts ist das Übernachtungsangebot in Habarana ziemlich mager und überteuert. Man übernachtet besser und netter in Sigiriya.
Acme Transit Hotel, 90 Polonnaruwa Rd., ☏ 066-2270016. Wird mittags wegen des üppigen Curry-Buffets von Tourgruppen besucht. Die 9 Zimmer sind etwas dunkel, aber okay, die AC-Zimmer mit US$50 (inkl. Frühstück) überteuert. ❷–❹
Chaaya Village, ☏ 066-2270047, 🖥 www.chaayahotels.com. Die großflächige Bungalowanlage besitzt 106 geräumige Zimmer mit Veranda, Bad und AC. Die Gäste haben die Wahl zwischen Pool, Tennis und Ayurveda. Entlang des benachbarten Habarana Wewa kann man Vögel beobachten oder Rad fahren. ❺–❻
Cinnamon Lodge Habarana, ☏ 066-2270011, 2270072, 🖥 www.cinnamonhotels.com.

Die 131 Zimmer und 6 Suiten mit TV, Minibar und AC verteilen sich in einem 10 ha großen Gelände unweit des Habarana Wewa. Die Hausgäste, darunter viele Touristengruppen, können in den Pool eintauchen oder in die Luft schauen, um einige der 138 identifizierten Vogelarten zu beobachten: Das Resort bietet verschiedene „Nature Walks" an. Zum Entspannen steht das „Azmaara Spa" zur Verfügung. ❻–❼
Habarana Inn, Dambulla Rd., ☏ 066-2270010. Zählt mit seinen 7 dunklen Zimmern (4 mit AC) zu den günstigsten Unterkünften von Habarana. Kostenloses WLAN. ❷–❸
Habarana Rest House, Kreuzung A 6/A 11, ☏ 066-2270003. Wegen der nahen Verkehrskreuzung nicht leise. Die 3 Zimmer mit Bad und Ventilator in dem rustikalen Gebäude sind ordentlich, aber überteuert. ❸
Rukmali Hotel, Polonnaruwa Rd., Moragaswewa, ☏ 066-2270059, an der Straßenabzweigung nach Sigiriya. 10 bunt-fröhliche Zimmer (AC oder Ventilator), teilweise mit Bad. Das offene Restaurant bietet eine gewaltige Auswahl schmackhafter, allerdings entschärfter Currys. ❸–❹

Busse

An der Straßenkreuzung halten alle Busse zwischen COLOMBO und TRINCOMALEE oder zwischen dem 52 km nordwestlich liegenden ANURADHAPURA und dem 49 km entfernten POLONNARUWA. Manche fahren weiter bis nach BATTICALOA. Das Problem ist nur, dass viele bereits sehr voll sind, weshalb es sich empfiehlt, relativ früh nach den Bussen Ausschau zu halten.

Eisenbahn

Etwa 1 km nördlich liegt an der Straße nach Trincomalee der **Bahnhof**. Dort halten die Colombo-Trincomalee-Züge. Eine üppige Auswahl besteht jedoch nicht.
Die Züge nach COLOMBO fahren gegen 13 Uhr (Ankunft 19 Uhr) und 22.15 Uhr (Ankunft 5.30 Uhr) ab, jene nach TRINCOMALEE um 11.25 Uhr (Ankunft 13.30 Uhr) und 3.40 Uhr (Ankunft 6 Uhr).

Das kulturelle Dreieck

Minneriya-Nationalpark

Seit 1997 besitzt ein 8889 ha großes Gebiet um den **Minneriya Wewa** Nationalparkstatus. Der 1868 ha große Stausee wurde bereits im 3. Jh. während der Regentschaft des baufreudigen Königs Mahasena gebildet. Seitdem ist er ein Refugium für Wasservögel und Elefanten, die besonders während der Trockenzeit zwischen Juni und Oktober sehr gut zu beobachten sind. Die Zahl der Wildelefanten im Park wird auf 150–200 geschätzt. Mit ihnen tummeln sich am Wasserrand zudem Sambarhirsche *(Cervus unicolor)* und die endemischen Ceylonesischen Axishirsche *(Axis axis ceylonensis)*. Mit Glück lassen sich im Dschungel die ebenfalls nur auf der Insel beheimateten Weißbartlanguren *(Presbytis senex)* entdecken. Die Flora des zwischen 60 m und 500 m über dem Meeresspiegel liegenden Parks wird in den Feuchtgebieten rund um das Reservoir durch Steppen- und Schilfgras, daran anschließend von Niederholz und Dschungel dominiert.

Der Eingang des Nationalparks liegt 9 km östlich von Habarana an der Straße nach Polonnaruwa. Im Büro des Department of Wildlife Conservation, Ambagaswewa, ist die Eintrittskarte zu lösen: US$15 für Erwachsene, die Hälfte für Kinder bis 12 Jahre. Hinzu kommt eine „Service Fee" von 920 Rs für den Conservation Fund sowie Fahrzeuggebühren von 250 Rs. Damit der Fiskus nicht leer ausgeht, werden zu alldem noch 12 % Mehrwertsteuer erhoben.

Kaudulla-Nationalpark

Im Einzugsbereich des östlich von Gal Oya gelegenen **Kaudulla Wewa** – er entstand wie der Minneriya Wewa im 3. Jh. n. Chr. – wurde 2002 ein 6656 ha großes Gebiet zum Nationalpark erklärt, um zwischen dem Somawathiya Chaitiya-Nationalpark und dem Minneriya-Nationalpark einen Elefantenkorridor zu errichten. Flora und Fauna sind ähnlich wie in Minneriya, Hauptattraktion sind daher die auf 250 Exemplare geschätzte Elefantenpopulation und etwa 160 Vogelarten. Zudem leben dort Leoparden und Lippenbären *(Melursus ursinus)*. Beste Besuchszeit ist gegen Ende der Trockenzeit im September/Oktober.

Um zum Nationalpark zu gelangen, muss man der A 11 in Richtung Polonnaruwa folgen und am Kilometerstein 43 in Richtung Kaudulla abbiegen. Ab hier sind es noch etwa 8 km. Der Eintritt beträgt US$10 für Erwachsene (Kinder 50 %). Hinzu kommen 920 Rs „Service Fee" für den Conservation Fund, 250 Rs Fahrzeuggebühren plus 12 % Mehrwertsteuer (VAT).

Giritale

Der nach dem **Giritale Wewa** benannte Ort liegt nur 12 km von Polonnaruwa entfernt und eignet sich daher als alternativer Ausgangspunkt für die Besichtigung der zweiten Königsstadt. Wegen der beschaulichen Lage haben sich am Hügel beim Reservoir einige gute Hotels etabliert. Den Wewa ließ König Aggabodhi II. (reg. 604–614) graben, knapp 600 Jahre später wurde er unter Parakramabahu I. erweitert.

Übernachtung

Untere Preisklasse

Hotel Hemali, ☎ 027-2246257. 16 dunkle, geräumige Zimmer mit Veranda und Kaltwasser-Bad, einige mit AC. Einfaches Restaurant. Der Besitzer pflegt gute Kontakte zu den Fahrern, weshalb das Hotel gerne von Mietwagen angesteuert wird. ❷

Hotel The Village, ☎ 077-9007755. Die einfache Unterkunft bietet 5 Zimmer mit AC oder Ventilator, Kaltwasser und Veranda. Speisen kann man im netten offenen Restaurant mit Blick auf den Stausee. ❶ – ❷

Wood Side Tour Inn, Polonnaruwa Rd., ☎ 027-2246307. Angesichts des großen Gartens mit Mango- und Niem-Bäumen passt der Name. Die 5 AC-Zimmer sind etwas klein, besser hingegen die 10 großen Zimmer mit Ventilatur im Nachbargebäude. ❷ – ❸

Mittlere und obere Preisklasse

Deer Park Hotel, ☎ 027-2246272, 🖳 www. angsana.com. Das von „Banyan Tree Resorts" gemanagte Resort in Nachbarschaft zum „Royal Lotus" zieht alle Register, um gestresste Luxustouristen zu verwöhnen. Die zwischen Bäumen gesetzten 40 Cottages in vier

Das kulturelle Dreieck

Kategorien sind so ausgesucht und perfekt eingerichtet, dass man den fehlenden Seeblick nicht vermisst. Sehr schön sind die offenen Bäder. Im „Angsana Spa" werden diverse 90-Min.-Massagen ab US$48 angeboten. ⑥–⑦

Giritale Hotel, ☎ 027-2246311, ✆ 2246086. Etwas nüchternes Hotel, das an den Berghang gebaut ist, aber gutes Preis-Leistungs-Verhältnis. 42 Zimmer mit Bad, Warmwasser und AC, die „Luxury rooms" auch mit Balkon. Pluspunkte sind die Aussicht auf den Stausee und der große Pool, in dem gelegentlich auch Affen plantschen. ❸–❹

The Royal Lotus Hotel, ☎/✆ 027-2246316, 🖥 www.royallotus.com.lk. Dieses Hotel bietet von den meisten seiner 54 Zimmer aus einen schönen Blick auf das Reservoir. Bad, AC und Balkon. Wer es exquisiter haben möchte, kann zwischen 2 Königssuiten und 8 Luxus-bungalows wählen. Großer Pool, geräumiges Restaurant. ❹

Transport

Giritale liegt an der A 11, weshalb alle **Busse** zwischen Habarana und Polonnaruwa auch in Giritale halten. Der Haltepunkt liegt südöstlich des Stausees.

Medirigiriya

Knapp 40 km nördlich von Polonnaruwa liegen etwas abgelegen auf einer kleinen Anhöhe bud-dhistische Klosterruinen mit einem äußerst at-traktiven runden Reliquienhaus, dem Vatadage. Während das auch unter dem Namen **Mandala-girika Vihara** bekannte Kloster bereits ab dem 2. Jh. existierte, entstand der Vatadage erst wäh-rend der Regentschaft Aggabodhis IV. (reg. 667–683). Auf einer hohen runden Plattform umgeben drei Säulenreihen den einstigen Dagoba. Die äußeren Granitsäulen sind von einem gemauer-ten Geländer umgeben. An den Kardinalpunkten des inneren Rondells sind vier sitzende Buddha-figuren in Meditationshaltung (Samadhi-mudra) gruppiert. Von künstlerischer Qualität zeugen die Reliefarbeiten an den achteckigen Säulen und deren Kapitelle.

Im Anschluss an den Vatadage sind auf ei-nem Fels hintereinander drei Gedige („Statuen-häuser") mit den Resten von Buddhafiguren zu sehen. Neben dem dritten, das einen liegenden Buddha birgt, befindet sich eine Steinwanne *(be-heth oruva)* für die Kräuterbäder. Offensichtlich besaß das Kloster einen „Wellness-Bereich". Die drei nebeneinander stehenden Buddhafigu-ren in einem weiteren Statuenhaus sind noch relativ gut erhalten.

Der Eintritt beträgt für Erwachsene US$5, für Kinder von 6–12 Jahren US$2,50. Es gilt das CCF-Rundticket, welches aber nicht vor Ort erworben werden kann.

Transport

Ohne **eigenes Fahrzeug** sind die Ruinen von Medigiriya nur umständlich zu erreichen, denn sie liegen noch einmal 3 km vom gleichnamigen Ort entfernt. **Busse** dorthin fahren mehrmals tgl. ab Giritale und dem 24 km südlich an der A 11 gelegenen Ort Minneriya. Eine Zustiegs-möglichkeit besteht zudem in Hingurakgoda.

Polonnaruwa

„Naturidyll zwischen Ruinenmauern". So könn-te man Sri Lankas zweite Hauptstadt des alten Königreichs Rajarata charakterisieren. Wie Anuradhapura wartet die heute verschlafen wir-kende Provinzstadt mit eindrucksvollen Monu-menten auf, die vielerorts von Hainen umgeben sind. Deshalb ist das beste Fortbewegungsmittel das Fahrrad. Denn einerseits liegen die Ruinen teilweise weit auseinander, andererseits gibt es immer wieder Gründe zum Anhalten: Das Äff-chen, welches sich über Opfergaben hermacht, die über dem Parakrama-Reservoir versinkende Sonne ...

Geschichte

Über 200 Jahre schlug in Polonnaruwa das Herz des alten Königreichs Rajarata. Zwischen 1017 und 1235 regierten 17 Könige, darunter zwei Frauen: Lilivati (reg. 1197–1200, 1209–12) und Kalyanavati (reg. 1202–8). Doch war die Stadt aus strategischen Gründen bereits viel früher von Bedeutung, denn von ihr aus war der östlich gelegene Mahaweli Ganga besser zu kontrollieren – Sri Lankas längster Fluss spielte in den regelmäßigen Kämpfen mit der widerspenstigen, im Südosten der Insel liegenden Provinz Rohana eine wichtige Rolle. Bereits ab dem 2. Jh. lag hier ein Armeelager, das spätestens im 6. Jh. zu einem **Fort** ausgebaut wurde. Dank der nahe gelegenen Reservoirs (Giritale etc.) und Kanäle zogen immer mehr Menschen in die fruchtbare Gegend. Aus diesen Gründen ließ sich auch der südindische Eroberer **Rajendra I.** (reg. 1014–42) nach erfolgreicher Einnahme Anuradhapuras im Jahr 1017 nicht dort, sondern in Polonnaruwa nieder. Von dieser Stadt aus war der Süden der Insel besser zu beherrschen.

Als es **Vijayabahu I.** gelang, 1070 die Chola zu vertreiben, ließ er sich zwar in Anuradhapura krönen, wählte jedoch Polonnaruwa zu seiner Residenzstadt. Eine Blütezeit erlebte sie in der zweiten Hälfte des 12. Jhs. unter **Parakramabahu I.**, dem fünften in Polonnaruwa residierenden König. Dieser „weise, ruhelose und ehrgeizige" König, wie ihn der Autor des Culavamsa preist, ließ nach erfolgreicher Einigung des zersplitterten Rajarata in einem ambitionierten Bauprogramm die Stadt umgestalten. Viele der heutigen Ruinen gehen auf seine 33-jährige Herrschaft zurück. Sein gewaltigstes Projekt ist fraglos der 21,65 km² große Stausee Parakrama Samudra im Westen Polonnaruwas, welcher zwei frühere Wewas absorbierte. Auch sein Nachfolger **Nissanka Malla** (reg. 1187–96) blieb mit zahlreichen Bauten der Nachwelt in Erinnerung, doch setzte nach dessen Tod der Anfang vom Ende Polonnaruwas ein.

Innerhalb der folgenden 19 Jahre wechselte die Krone zwölfmal den Besitzer. Die von 1215–55 währende Terrorherrschaft des aus dem südindischen Kalingha stammenden **Magha** bedeutete ihren rapiden Niedergang. Klöster wurden in Armeelager umgewandelt, Heiligtümer geplündert. Nach dessen Vertreibung machte **Parakramabahu II.** Polonnaruwa noch einmal zum Mittelpunkt eines srilankischen Reiches. Nachdem **Parakramabahu III.** (reg. 1287–93) letztmals in der Stadt residierte und sein Nachfolger nach Kurunegala umzog, fiel sie dem Dschungel anheim.

Mit dem Niedergang Polonnaruwas übernahm die Natur die „Herrschaft", bis 1820 ein britischer Leutnant namens M. H. Fagan im Dschungel über die Ruinen stolperte. Doch erst auf Anlass des Gouverneurs von 1883–90, Sir Arthur H. Gorden, begann man unter Federführung des Archäologen S. M. Burrows die Ruinen freizulegen. Erste **Restaurierungsmaßnahmen** läutete in den 1890er-Jahren H. C. P. Bell ein. Diese wurden nach der Unabhängigkeit unter Leitung des renommierten srilankischen Archäologen Paranavitana fortgeführt. Heute ist dafür der Central Cultural Fund (CCF) zuständig.

Orientierung

Die „Heilige Stadt" (Sacred City) mit den meisten Ruinen liegt im Norden der sogenannten „Altstadt" (Old Town), wo auch fast alle Gästehäuser zu finden sind. Etwa 2 km südlich von ihr beginnt die eher ruhige Wohnsiedlung „Neustadt" (New Town). Bahnhof und Busbahnhof liegen im Ortsteil „Kaduruwela", der sich 3 km südöstlich des alten Stadtkerns an der A 11 nach Batticaloa entlangzieht.

Die Ruinen können in vier archäologische Zonen unterteilt werden: Die **Südgruppe** mit dem Potgul Vihara – sie befindet sich am Nordende der New Town –, die **Alte Königsstadt** mit zahlreichen Tempelanlagen, die **Zitadelle** einschließlich des Königspalastes sowie die **Nordgruppe**, welcher Gal Vihara zugeordnet wird.

Sehenswertes

Museum

Einen hervorragenden Einstieg für die Besichtigung bietet das Museum, ⏰ tgl. 9–18 Uhr, welches obendrein während der Mittagshitze dank Klimaanlage etwas Kühlung verschafft. Seine aneinandergereihten Räume sind ver-

Polonnaruwa

N

0   1000 m

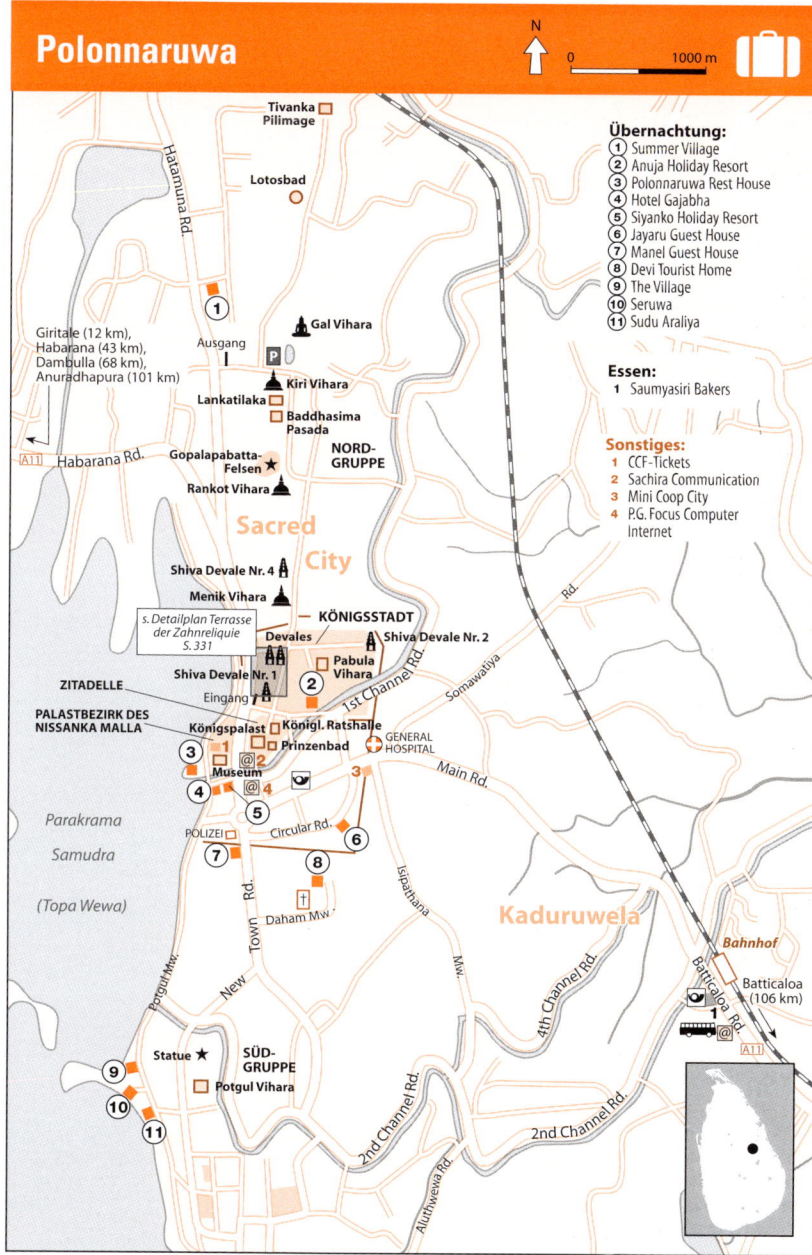

Tivanka
Pilimage

Lotosbad

Hatamuna Rd.

① Summer Village

Gal Vihara

Ausgang

P

Kiri Vihara

Giritale (12 km),
Habarana (43 km),
Dambulla (68 km),
Anuradhapura (101 km)

Lankatilaka

Baddhasima
Pasada

A11 Habarana Rd.

Gopalapabatta-
Felsen

NORD-
GRUPPE

Rankot Vihara

Sacred
City

Shiva Devale Nr. 4

Menik Vihara

s. Detailplan Terrasse
der Zahnreliquie
S. 331

KÖNIGSSTADT

Devales

Shiva Devale Nr. 2

Pabula
Vihara

Shiva Devale Nr. 1

ZITADELLE

Eingang

PALASTBEZIRK DES
NISSANKA MALLA

Königspalast

Königl. Ratshalle

③

Prinzenbad

GENERAL
HOSPITAL

1st Channel Rd.

Somawatiya

Rd.

②

Museum

④

⑤

POLIZEI

Circular Rd.

⑥

⑦

⑧

Main Rd.

Parakrama

Samudra

(Topa Wewa)

Daham Mw.

Kaduruwela

New Town Rd.

Porgul Mw.

Ipsathana Mw.

Bahnhof

Batticaloa
(106 km)

Batticaloa Rd.

A11

Statue

SÜD-
GRUPPE

⑨

⑩

Potgul Vihara

⑪

4th Channel Rd.

2nd Channel Rd.

2nd Channel Rd.

Aluthwewa Rd.

Übernachtung:
1 Summer Village
2 Anuja Holiday Resort
3 Polonnaruwa Rest House
4 Hotel Gajabha
5 Siyanko Holiday Resort
6 Jayaru Guest House
7 Manel Guest House
8 Devi Tourist Home
9 The Village
10 Seruwa
11 Sudu Araliya

Essen:
1 Saumyasiri Bakers

Sonstiges:
1 CCF-Tickets
2 Sachira Communication
3 Mini Coop City
4 P.G. Focus Computer
   Internet

Polonnaruwa

Die zweite Hauptstadt war unter vielen Namen bekannt. Anfänglich hieß sie schlicht *Kandavura*, „Lager". Später nannten sie die Tamilen *Pulanari* und die Singhalesen *Polonnaru*, eine Herleitung aus dem Pali-Wort *Pulatthinagara* („Stadt des Pulashti"). Davon stammt der heute gebräuchliche Name *Polonnaruwa*. Die Cholas gaben ihr während der Besatzung den Namen *Jananatha Mangalam* und die singhalesischen Könige benannten sie nach ihrem Herrschertitel. So hieß die Stadt unter Vijayabahu I. im 12. Jh. *Vijayapura*.

schiedenen Themen gewidmet. Fotografien, Originalfunde sowie Baumodelle, darunter eine Gesamtansicht der Stadt Polonnaruwa, Modelle des Königspalastes, des Vatadage oder der Hindu-Devales geben eine Vorstellung von der einstigen Gestalt. Sehenswert sind Exponate aus der Zitadelle, darunter ein Bronzekelch und Schmuck. Aus dem Inneren von Dagobas geborgene Ausstellungsstücke schließen ein Reliquiar, Statuetten und magische Gittersteine (Yantragala) ein. Im Mönchskrankenhaus gefundene medizinische Geräte vermitteln eine Vorstellung vom damaligen Stand der Medizin. Künstlerischer Höhepunkt sind sicherlich die hinduistischen Bronzestatuen im letzten Raum, die von hoher Kreativität zeugen. Zu sehen sind u. a. ein tanzender Shiva, Shiva und Parvati unter einem Glorienschein sowie ein Vishnu.

Palastbezirk des Nissanka Malla

Im nördlichen Bereich des Rest Houses liegen die Ruinen der Palastanlagen von Nissanka Malla aus dem ausgehenden 12. Jh., darunter ein vom Stausee gespeistes **Bad** und etwas nördlich davon eine nicht identifizierte Ruine, für gewöhnlich als Mausoleum bezeichnet. Zu den wichtigsten Gebäuden zählt das 40,5 x 19 m große **Audienzhalle**, welche allerdings außer Fundament- und Säulenresten nicht viel hergibt. Eindrucksvoller ist die **Königliche Ratshalle** schon allein des naturgetreuen Löwenthrons wegen. Aufschluss über Funktion der Ratsmitglieder geben Inschriften in den 48 quadratischen Säulen, die in vier Reihen

ein weiteres Stockwerk oder das Dach trugen. Vorne links nahm der Yuvaraja, der Thronfolger, Platz, gefolgt von Prinzen, dem Oberkommandeur der Streitkräfte, den Würdenträgern und Sekretären. Auf der rechten Seite saßen hintereinander die Regionalgouverneure und Geschäftsleute. Erholung von den Beratungen – Nissanka Malla hatte gegen viele Feinde zu kämpfen – bot der **Pavillon der Kühle** (Sitala Maligawa) auf einer kleinen Insel am Rand des Stausees.

Zitadelle

Herzstück der alten Königsstadt war die von einer Mauer eingeschlossene Zitadelle, in welcher die Könige im 12. und 13. Jh. residierten. Vor dem Hauptzugang, dem alten Nordtor, ist linker Hand eine **Stele** des Königs Nissanka Malla zu sehen. Im Innenbereich gehen alle Ruinen im Ursprung auf Parakramabahu I. zurück, darunter die massigen Reste des **Königspalastes**. Nach dem himmlischen Palast des Hindu-Gottes Indra nannte er ihn *Vijayanta Prasada*. „Sieben Stockwerke hoch mit 1000 Kammern" sei der Prachtbau gewesen, so der entzückte Autor des Culavamsa. Offensichtlich ein Intimkenner der königlichen Gemächer, beschreibt der Chronist aus dem 13. Jh. detailfreudig den Schlafraum, der „von zahllosen Perlen glänzt, die so weiß sind wie der Mondschein, und mit goldenen Stehlampen verziert ist, die permanent den Duft von Blumen und Räucherstäben von sich geben, und dessen goldene Glöckchen hier und da den Klang von fünf Musikinstrumenten wiedergeben." Davon ist leider nichts mehr zu sehen, zu riechen oder zu hören, doch die Reste sind eindrucksvoll genug: Die Seitenlängen des quadratischen Hauptpalastes betrugen 46 m. In dessen Inneren ragen die 3 m dicken Seitenmauern des mächtigen Backsteinbaus (31 x 13 m) bis zu 9 m in die Höhe. Dessen obere Stockwerke wurden von 36 Holzsäulen getragen, deren Vertiefungen im Boden noch zu sehen sind. Um den Palast herum gruppieren sich die Fundamentreste zahlreicher Nebengebäude.

Im Südosten der Zitadelle befindet sich die **Königliche Ratshalle** (Rajavesya Bhujanga). Auch sie legt nicht gerade Bescheidenheit an den Tag, was schon die Seitenfriese an der dreifach gestaffelten Basis zeigen. Jeder der in die untere Basis eingearbeiteten Elefanten ist individuell gestaltet. Auch die Löwen und Gnome über ihnen zeugen von großer Kunstfertigkeit. Die nördlich vorgelagerte zweiteilige Treppe wird von Makaras (krokodilartigen Fabelwesen), aus deren Maul die Balustrade „hervorquillt", und oben von zwei Löwen flankiert. Letztere erinnern an die Herkunft der Singhalesen. Das Holzdach über der seitlich offenen Ratshalle wurde von vier Reihen zu jeweils zwölf fein verzierten Säulen getragen.

Unterhalb der Ratshalle befindet sich an der Südostseite der Zitadellmauern das **Prinzenbad** (Kumara Pokuna). Ursprünglich war das 13,5 x 11,5 m große Becken Teil des Palastgartens. Zwei Wasserspeier in Form von Makaras an der Westseite füllten das Becken mit dem kühlenden Nass. Mit dem äußeren Wassergraben verbundene unterirdische Kanäle stellten die Versorgung sicher.

Terrasse der Zahnreliquie (Dalada Maluwa)

Etwas nördlich der Zitadelle liegt eine erhöhte ummauerte Terrasse mit den wichtigsten religiösen Bauten Polonnaruwas. Die Heiligkeit des Ortes wird bereits am Eingang deutlich. Den Treppenstufen ist ein längliches Wasserbecken für die Fußwaschung vorgelagert, rechts war ein kleineres Becken für die Handwaschung vorgesehen.

Auf der 100 x 110 m großen Terrasse dominiert an der Südostecke die **Vatadage**. Er ist Sri Lankas schönstes Beispiel eines runden Reliquienhauses. Zwei runde Plattformen mit einem Durchmesser von 36 bzw. 24 m bilden die Basis. Die Außenseite der unteren ist mit Löwen- und Gnomfriesen ausgeschmückt. Der Zugang erfolgt über die nördlich gelegene Treppe, die von zwei Wächtersteinen mit Nagarajas flankiert sind. Geschützt von einer siebenköpfigen Naga-Schlange halten sie wie ihre Vorbilder in Anuradhapura in den Händen eine Vase des Überflusses und Blumen als Symbol des Reichtums. Auch der vor dem Zugang in den Boden eingelassene halbrunde Mondstein folgt älteren Beispielen. Doch aus Respekt vor den Hindus, welche Shivas Reittier, den Bullen Nandi, verehren, fehlt in der Tierfolge der Bulle. Die beiden Terrassen werden

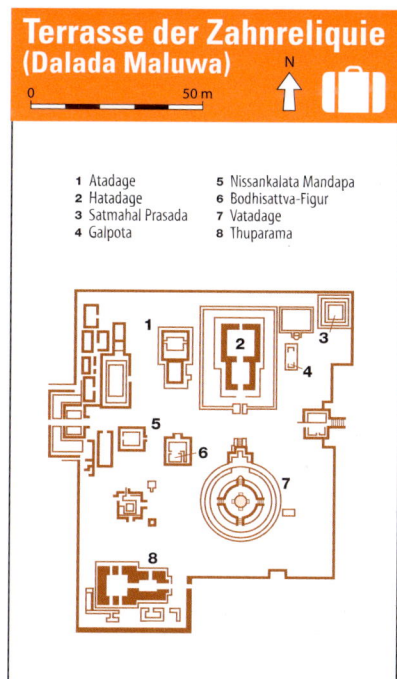

Terrasse der Zahnreliquie (Dalada Maluwa)

0 ————— 50 m   N ↑

1 Atadage
2 Hatadage
3 Satmahal Prasada
4 Galpota
5 Nissankalata Mandapa
6 Bodhisattva-Figur
7 Vatadage
8 Thuparama

Das kulturelle Dreieck

von einer noch intakten Mauer abgetrennt, welche im späten 12. Jh. nachträglich hinzugefügt wurde. Wie die außerhalb umlaufende Säulenreihe trug sie wohl ein Holzdach, das den Stupa im Zentrum schützte. Er ist fast verschwunden, erhalten geblieben sind jedoch an seinen Achsenpunkten vier Buddhastatuen in Meditationspose. Der fehlende Faltenwurf ihrer Robe sowie ihre glatten Haare machen sie zu einer Besonderheit unter den srilankischen Figuren.

Neben dem Vatadage steht eine **Bodhisattva-Figur**, welche im Mahayana-Buddhismus als mitleidendes „Erleuchtungswesen" (skt. *bodhisattva*) eine wichtige Rolle spielt. Der volkstümliche Glaube sieht in ihr eine Statue Nissanka Mallas.

Im Südwesten befindet sich der noch gut erhaltene **Thuparama**. Als Statuenhaus (singh. *gedige*) birgt das 26 x 16 m große Gebäude im Inneren neben der zentralen Buddhafigur, die jedoch heute fast völlig zerstört ist, Reste weiterer Skulpturen. Wahrscheinlich entstand der

Ziegelbau im 12. Jh. während der Regentschaft Parakramabahus I. Die Tempel oder Schreine darstellenden Reliefs an der Außenmauer gehen auf Vorbilder in Anuradhapura zurück – manche erkennen darin dravidische Einflüsse. Nach oben werden die Mauern immer stärker und tragen ein schweres Steindach, das sich über dem Zentralschrein im Inneren wölbt.

An der Westseite der „Terrasse der Zahnreliquie" fallen in Form von Lotosblumenstängeln gestaltete Granitsäulen auf, deren Kapitelle als halboffene Blüten gestaltet sind. Sie umgeben einen kleinen Stupa und werden von einem Steinzaun umschlossen. Dieser ehemals von einem Holzdach bedeckte offene Pavillon wird **Nissankalata Mandapa**, „Blumenranken-Halle von Nissanka", genannt und diente dem König zur Teilnahme an der Rezitation buddhistischer Texte (singh. *pirit*). Im nördlichen Anschluss folgen die Reste einer länglichen Halle mit einem liegenden Buddha.

Unter Vijayabahu I. war der **Atadage** das wichtigste religiöse Gebäude. Im „Haus der acht Reliquien" verehrte jener König, der 1070 erfolgreich die Chola vertrieben hatte, die heilige Zahnreliquie, welche er aus Anuradhapura hierher brachte. Sie wurde im zweiten aus Holz errichteten Stockwerk verehrt. Es fiel dem Zahn der Zeit zum Opfer, weshalb nur die untere Halle, die zahlreichen mit Rankenwerk verzierten Stützsäulen und eine von ehemals drei stehenden Buddhastatuen erhalten geblieben sind. Wichtige Informationen gibt eine tamilische Inschrift, derzufolge der im Dienste Vijayabahus stehende südindische Söldner Velaikkara die Reliquie nach dem Tod des Herrschers dem Schutz seiner Truppen unterstellte.

Ab der Herrschaft Parakramabahus I. beherbergte der benachbarte **Hatadage** die Zahnreliquie. Das heutige Gebäude ließ Nissanka Malla errichten – angeblich in 60 Stunden, wie der Name *hata dage* („Haus der Sechzig") gedeutet wird. Obwohl um einiges größer und mit einer Außenmauer versehen, folgt er dem Grundriss des Atadage: Einem quadratischen Bau schließt sich südlich eine Vorhalle mit dem Haupteingang an. Während im Untergeschoss drei Buddhas verehrt wurden, bewahrte man die Reliquie im Obergeschoss aus Holz auf.

An der Ostseite des Hatadage ist das mächtige „Steinbuch", der **Galpota**, zu finden. Auf diesem 8 x 1,4 m großen, einem Palmblattmanuskript nachempfundenen Granitblock ließ König Nissanka Malla mehr als 4300 Zeichen lang in selbstgerechter Weise, wie der britische Archäologe Bell bemerkte, seine Großartigkeit preisen. Großartig ist jedenfalls die Leistung der Arbeiter, die den rund 25 t schweren Monolith von Mihintale nach Polonnaruwa schleppen mussten.

Rechts daneben fällt ein ehemals siebenstufiger Pyramidenbau auf, der **Satmahal Prasada**. Dieser über 9 m hohe quadratische Cetiya mit Nischen an seinen Achsenpunkten zeigt Parallelen zum Wat Kukut im nordthailändischen Lamphun (südlich von Chiang Mai). Doch sind weder etwaige Zusammenhänge noch nähere Umstände über dieses Gebäude bekannt.

In der Königsstadt

Innerhalb der alten Befestigungsanlage – laut Culavamsa bestand sie aus vier Wällen und drei Wassergräben – befinden sich einige hinduistische Heiligtümer, die darauf schließen lassen, dass die tamilische Minderheit ihre Religion gleichberechtigt praktizieren konnte.

Einer der schönsten Hindu-Tempel ist der **Shiva Devale Nr. 1**, nördlich der Zitadelle. Seit er im Anastylose-Verfahren – fehlende Steine werden bei der Wiederherstellung eines Bauwerks nach Ermessen der Restaurateure durch neue ersetzt – restauriert wurde, wird die präzise Verarbeitung des Baumaterials wieder sichtbar. Stilistische Parallelen mit südindischen Tempeln lassen ihn ins 12./13. Jh. datieren. Im ummauerten Sanktuarium, dem Garbha Griha, ist noch das Symbol Shivas, der Lingam, zu sehen. Aufgefundene Bronze-Statuen können in Colombos Nationalmuseum und im hiesigen Museum in Augenschein genommen werden.

Gut 100 m nördlich der „Terrasse der Zahnreliquie" ragt auf der Ostseite der Dagoba-Stumpf des **Pabula Vihara** auf. Parakramabahus Lieblingsfrau Rupavati stiftete den Stupa im 12. Jh., damit er sie „wie ein goldenes Schiff im Meer des Samsara ans rettende Ufer des Nirvana" bringe, so eine Inschrift. Rund um den Stupa sind die Reste von neun Statuenhäusern zu sehen, die teilweise noch gut erhaltene Buddhastatuen beherbergen.

Nicht weit vom Vihara entfernt steht an der Ostecke der alten Stadtbefestigung der gut erhaltene **Shiva Devale Nr. 2**. Der Tempel ist das älteste hinduistische Bauwerk Polonnaruwas und wurde unter dem Chola-König Rajaraja I. (reg. 985– 1014) errichtet, nachdem dieser in Folge einer Invasion im Jahr 993 die wichtigsten Städte der Insel eine Zeit lang besetzt hielt. Das Heiligtum wurde nach Rajarajas Hauptkönigin „Vanavan Madevi Ishvaram Udaiyar" genannt. Dem Vorbild südindischer Tempelbauten folgend ist es vollkommen aus Granitstein errichtet. Im Allerheiligsten, dem Garbha Griha, befindet sich noch der Lingam an seinem angestammten Platz. Hingegen ist von den **drei Devales** am alten Nordtor (beidseitig der alten Straße) außer wenigen Fundamentresten nichts mehr erhalten. Sie waren Shiva, Ganesha und Vishnu geweiht.

Nordgruppe

Im Norden der alten Königsstadt lagen in loser Folge hintereinander die großen Klosteranlagen, z. B. kurz hinter dem Nordtor auf der linken Seite der **Menik Vihara**. Das „Edelstein-Kloster" wird von den Resten einer ummauerten quadratischen Terrasse mit Stupa in der Mitte und einem Statuenhaus (11 x 11 m) dominiert. Nördlich der Terrasse existierte offensichtlich ein größeres Mönchshospital. Ein nahe gelegener quadratischer Schrein aus dem 8. Jh. um einen heute verschwundenen Bodhi-Baum (Bodhigara) lässt vermuten, dass die Ursprünge des Klosters in die Zeit zurückreichen, als Polonnaruwa noch nicht Hauptstadt war.

Vorbei an **Shiva Devale Nr. 4** gelangt man zu einer weiteren Klosteranlage, dem **Rankot Vihara**. Aus seiner Mitte ragt der mächtige halbrunde „Dagoba mit der goldenen Spitze", so der volkstümliche Name, auf. Er wurde in den vergangenen Jahrzehnten grundlegend restauriert und folgt in seiner Gestalt den Vorbildern aus Anuradhapura. Mit 55 m Höhe (einst 61 m) und einem Durchmesser von 56 m ist er das größte Bauwerk der Stadt. Die um ihr Seelenheil besorgte zweite Frau Parakramabahus, Rupavati, initiierte seinen Bau, doch wurde er erst im 12. Jh.

unter Nissanka Malla vollendet. Offensichtlich traute der König den Bauarbeitern nicht, denn laut Inschrift hat er von einem östlich des Stupas gelegenen Steintisch aus den Fortgang der Arbeiten beobachtet. Der ursprüngliche Name war Ruvanveli Dagoba („Goldener Sandstupa"). An den Achsenpunkten sind die Altaraufbauten (Vahalkadas) noch einigermaßen erhalten.

Alahana Parivena

Auf dem ehemals 80 ha großen Gelände von Polonnaruwas größtem Klosterkomplex finden sich einige der imposantesten monastischen Bauwerke der Stadt. Dies verwundert nicht, wurde es doch von dem großen Parakramabahu I. gestiftet. Seinen Namen „Kloster beim Verbrennungsplatz" (singh. *alahana pirivena*) verdankt es dem Umstand, dass es auf dem Verbrennungsplatz der Könige errichtet wurde. In der südlich gelegenen Felsgruppe namens **Gopalapabbata** („Berg der Kuhherde") konnten Archäologen 1911 anhand von Brahmi-Schriftzeichen belegen, dass bereits in den ersten nachchristlichen Jahrhunderten hier Einsiedler lebten.

Auf dem höchsten Punkt sind die massigen Reste des **Baddhasima Pasada** zu sehen. Das laut Culavamsa ursprünglich zwölfstöckige Gebäude diente als Wohn- und Versammlungshalle der Mönche (Uposatha Ghara). Rund um das 34,5 x 32 m große Bauwerk waren die Mönchszellen gruppiert. Säulen als Grenzmarkierungen (Sima) umgaben den Versammlungsbereich, in dessen Mitte die obersten Mönche Platz nahmen, um bei den vierzehntägigen Treffen der Rezitation der Mönchsregeln und der Offenlegung der Vergehen durch die Mönche beizuwohnen.

Nicht weniger prächtig muss der **Lankatilaka**, das Statuenhaus, gewesen sein, sind doch die Überreste des „Kleinods von Lanka" eindrucksvoll genug. Massive Säulen flankieren den Eingang des im Inneren 8 m langen und 4 m breiten Ziegelbaus. Heute sind sie über 17 m hoch, ursprünglich maßen sie vermutlich die doppelte Höhe. Am Raumende ist der Torso einer einst über 12 m hohen stehenden Buddhastatue zu sehen. Sie kann über einen dahinter verlaufenden Gang umschritten werden. Ihr fehlender Kopf kam erst Anfang des 20. Jhs. abhanden. Den Zugang zum Statuenhaus bildete eine offene, von Steinsäulen gestützte Vorhalle aus Holz. Vor dem Eingang weisen die Treppenbalustraden reichliche Verzierungen auf. Die dort zu sehenden Gnome, Löwen, Naga-Königinnen und Makaras sollen den Bau vor bösen Einflüssen schützen. An den Außenmauern ist teilweise noch der Stuck erhalten, der dem Besucher Polonnaruwas vertraute Motive aufweist wie an der Basis Löwen und oben Tempelbauten.

In Nachbarschaft zum Lankatilaka sind die Stümpfe kleinerer Stupas zu sehen, welche die verbrannten sterblichen Überreste der Angehörigen des Königshauses aufnahmen. Etwas nördlich liegt der ebenfalls Vorbildern von Anuradhapura nachgeahmte **Kiri Vihara**. Der „milchweiße Dagoba" – eine Anspielung auf seine ehemals weiße Außenschicht aus einem Kalk-Muschel-Gemisch, die man bei Freilegung des Stupas 1910 stellenweise gut erhalten fand – geht auf eine Stiftung von Subhadra, einer der Frauen Parakramabahus zurück. In Chroniken wird er unter dem Namen Rupavati Thupa erwähnt. Mit 24 m ist er der zweithöchste Stupa von Polonnaruwa und besticht durch seine ausgewogenen Proportionen.

Hanumans Kinder

Vier Affenarten fegen durch das Ruinenfeld von Polonnaruwa: Weißbartlanguren, Hanuman-Languren, Ceylon-Hut-Affen und der nachtaktive Schlanklori. Sie gehören zu den am meisten erforschten Primaten der Welt, denn bereits seit 1968 untersucht das „Smithsonian Primate Biology Program" in Polonnaruwa ihr Verhalten. So wissen die Forscher unter Leitung von Dr. Wolfgang Dittus, dass sich etwa 40 Schlankloris im „Polonnaruwa Archeological and Nature Reserve" aufhalten oder dass sich 26 Gruppen von Hanuman-Languren mit je 20–40 Mitgliedern um die leckeren Baumblätter balgen. Regelmäßig werden „Monkey Camps" und Führungen organisiert. Kontakt: **Smithonian Primate Research Camp**, ℡ 027-2222552, oder Sunil Gunatillake, ℡ 071-8097555.

Im Westen des Kiri Vihara sind noch die Fundamentreste einer weiteren **Versammlungshalle** und weiter südlich jene eines rechteckigen Baus (26 x 17 m) zu sehen, den Archäologen dank einer Steinbadewanne *(beheth oruwa)* und medizinischer Instrumente als **Hospital** identifizieren konnten.

Lotosbad und Tivanka Pilimage

Folgt man dem nach Norden abzweigenden Weg, einige hundert Meter vom Gal Vihara entfernt, taucht linker Hand das **Lotosbad**, Nelum Pokuna, auf. Mit einem Durchmesser von 7,60 m und seinen nach unten verjüngenden Lotosblättern ist das unter Parakramabahu errichtete Becken äußerst realitätsnah gestaltet. Möglicherweise war es Teil einer Gartenanlage im Jetavana Vihara.

Zu diesem verschwundenen Kloster gehört auch das Statuenhaus **Tivanka Pilimage**, welches an seinen Außenfassaden Reste feiner Stuckverzierungen aufweist. Vor allem an dessen Südseite sind die Wächterfiguren in Nischen, welche von Gnomen gehalten werden, sowie die Löwen am unteren Band noch gut erhalten. Im Inneren des 40 m langen und 20,6 m breiten Baus sind noch die Ziegelsteinreste der stehenden Buddhafigur zu sehen. Ein „Elixier für die Augen", wie der Culavamsa aus dem 13. Jh. meint, ist sie wegen ihres schlechten Zustands nicht mehr. Dafür sind die Reste der Wandmalereien noch gut erkennbar. Sie greifen klassische buddhistische Themen auf: In der Vorhalle sind die letzten zehn Jatakas dargestellt, die über die letzten Inkarnationen Buddhas als Prinz berichten, bevor er als Siddharta Gautama wiedergeboren wurde. Im Hauptraum mit der zentralen Statue – er wird von einem Korridor umlaufen – ist an der rechten Wandseite der Abstieg des Erleuchteten aus dem Tavatimsa-Himmel erkennbar. Dort hielt er sich der Legende nach eine Regenperiode auf, um den Göttern zu predigen.

Südgruppe

Eine schöne Fahrradtour führt am Westufer des Parakrama Samudra entlang bis zur südlichen Ruinengruppe. Wenig ist von dem dort gelegenen Kloster zu sehen, außer den in vier

Wenn die frühe Morgensonne die Ruinenlandschaft in ein sanftes Licht hüllt, ist der Gal Vihara wohl Polonnaruwas schönster Ort. Das sanfte Lächeln der vier aus einem länglichen Granitfels geschlagenen Buddhafiguren, das Zwitschern der Vögel, die ihre Nester in den umliegenden Bäumen verstecken, die ersten Gläubigen, welche Blumenopfer darbringen, die fehlenden Touristen … Viele Sri Lanker betrachten diese Figuren als die eindrucksvollsten der ganzen Insel – und sie haben sicherlich recht. Als Teil des „Nordklosters", **Uttarama**, wurden drei der vier Skulpturen in der Ära Parakramabahus I. von meisterhaften Bildhauern geschaffen.

Die südliche 4,60 m hohe Figur, leider von einem wenig schönen Dach geschützt, stellt den meditierenden Buddha dar. Ein in die dahinter liegende Felswand gearbeiteter Zierbogen mit seitlichen Schreinen und Miniatur-Buddhas sowie Makaras mit Elefantenrüssel und Löwen im Maul mag als magischer Schutz gedacht gewesen sein. Eine zweite sitzende Figur des Erleuchteten befindet sich in einer Nische, die noch Reste von Wandmalereien birgt. Über ihr schweben die hinduistischen Gottheiten Brahma (rechts) und Vishnu (links). Sie sollen wohl ausdrücken, dass der Buddha über allen Göttern steht.

Viel Diskussionsstoff bietet die benachbarte stehende Figur, weil ihre Handhaltung nicht den klassischen Mudras der buddhistischen Ikonografie zuzuordnen ist. Ihre fehlende Erwähnung in den Chroniken lässt darauf schließen, dass sie erst später addiert wurde. Da die 7 m hohe Statue in sich versunken, in den Augen mancher Betrachter gar etwas traurig wirkt, soll sie Buddha als „Paradukkha dukkhita", als einer, der die Leiden der anderen annimmt, darstellen. Eine andere Interpretation sieht in der Statue das große Mitgefühl (Maha Karuna) des Erleuchteten allen Wesen gegenüber ausgedrückt. Wie auch immer, ihre elegante Linienführung und feine Verarbeitung wird nur von der nördlich anschließenden 12 m langen Buddhafigur übertroffen. So entspannt wie sie daliegt, wünschte man sich auch einmal die vollkommene Erlöschen (Parinirvana) zu erreichen. Ob ihre Gelassenheit wohl von dem realitätsnah gearbeiteten Rundkissen mit dem Lotos-Design herrührt?

Terrassen angelegten Fundamenten des **Potgul Vihara**. Ob das Gebäude wirklich zu einer „Klosterbibliothek" gehörte, wie der Name vermuten lässt, ist nicht sicher. Auf der dritten Terrasse sind noch die Reste von neun Zellen auszumachen, auf der obersten Terrasse die Überbleibsel eines runden Bauwerks mit zusammengefallener Kuppel.

Viel Stoff für fantasiereiche Spekulationen bietet die aus einer nördlich gelegenen Granitfelswand geschlagene **Statue**. Manche sehen in ihr den König Parakramabahu mit einem Gesetzbuch in der Hand dargestellt. Der lange Bart und die eigentümliche Kopfbedeckung lassen ihn jedoch eher wie einen Asket (Rishi) oder Guru erscheinen, der ein Palmblattmanuskript in den Händen hält. Doch um welchen Gelehrten oder Einsiedler es sich dabei handeln könnte, ist wiederum unklar.

Übernachtung und Essen

In Polonnaruwa gibt es einige nette Budget-Unterkünfte und gute Hotels am Stausee. Kulinarisch sieht es hingegen ziemlich düster aus, da hält man sich am besten an die Unterkünfte (z. B. Rest House, Anuja Holiday Resort,

Preisgünstig und wohnlich

Dank der netten Atmosphäre ist das **Devi Tourist Home**, Lake View Watte, New Town Rd., etwas hinter der katholischen Kirche, ✆/✉ 027-2223181, 077-9081250, ideal für Ruhesuchende. Die 5 Zimmer mit Bad (AC oder Ventilator) sind teilweise einfach, aber sauber. Auf Wunsch kocht die gastfreundliche Muslim-Familie leckere Curry-Gerichte. Fahrradverleih (250 Rs) und Tourenarrangements. ❷–❸ Die rührige Eigentümerin hat das nach ihr benannte **Manel Guest House**, New Town Rd., ✆ 027-2222481, gut im Griff. Bei den 11 geräumigen, wenn auch dekorarmen Zimmern mit Bad (8 AC, 3 mit Ventilator) stimmt das Preis-Leistungs-Verhältnis. Das ordentliche Essen (Reis und Curry für 350 Rs) kann man sich auf der Veranda oder auf dem Balkon schmecken lassen. Internet, Fahrradverleih. ❶–❸

Manel Guest House und Devi Tourist Home). Gute Backwaren und Snacks gibt es bei **Saumyasiri Bakers**, 736-738 Main Rd., in Kaduruwella.

Untere Preisklasse

Anuja Holiday Resort, innerhalb der „Sacred City", ✆ 027-2224021, 077-3072410. Zum beliebten Mittagsrestaurant ist ein nettes kleines Gästehaus mit 3 sauberen 2- bis 4-Bett-Zimmern mit Bad hinzugekommen. Symphatische Familie, die nach wie vor zur Einkehr einlädt. Fahrradverleih für 300 Rs. ❷–❸

Hotel Gajabha, Kuruppu Garden, Lake Bund, ✆ 027-2222394. Der Eigner hat sich finanziell übernommen: Eine hässliche Bauruine verschandelt nicht nur diese Unterkunft. Die 23 Zimmer mit Bad, 8 davon mit AC und Warmwasser, sind recht abgewohnt und daher überteuert. ❷–❸

Jayaru Guest House, Circular Rd., ✆ 027-2222633. 6 einfache, dunkle Zimmer mit Bad für wenig Geld. Freundliche Familie. ❶–❷

Summer Village, 71, 25th Post, Habarana Rd., ✆ 077-3796056. Das sympathische Gästehaus liegt in einer ruhigen Wohngegend am nördlichen Ortseingang. 6 saubere Zimmer (AC und Ventilator) und netter Innenhof zaubern eine entspannte Stimmung. Kostenloser Abholservice vom Ortszentrum. ❷–❸

Mittlere und obere Preisklasse

Polonnaruwa Rest House, direkt am Stausee, ✆ 027-2222299, ✉ 2225834, 🖥 www.ceylonhotels.lk. Selbst Königin Elisabeth II. war angesichts des traumhaften Ausblicks *amused,* als sie 1954 in Zimmer Nr. 1 übernachtete. Wer heute im „Queens Room" logieren möchte, darf dafür US$75 hinblättern. Doch auch die anderen 9 Zimmer (Warmwasser-Bad, AC) lassen bei Nicht-Royalen heimelige Gefühle aufkommen. Wer nicht dort wohnt, kann zum Sundowner unter Frangipani-Bäumen auf der Terrasse relaxen oder mittags das Curry-Buffet (700 Rs) stürmen. ❹–❺

Siyanko Holiday Resort, am Verkehrskreisel, ✆ 027-2226867. Stattliches Gästehaus mit 17 freundlichen Zimmern mit Bad. Gute Lage und solides Restaurant. Arrangiert Ausflüge, Fahrradverleih (250 Rs/Tag). ❸

Die folgenden drei Unterkünfte liegen etwa 2 km **südlich der Old City** am Stausee.

Seruwa, New Town, ☎ 027-2222411. Hier besticht die ruhige Lage am See. Doch die 38 Zimmer mit Seeblick (Warmwasser-Bad, AC) sind etwas in die Jahre gekommen, sollen aber demnächst renoviert werden. ❸

Sudu Araliya, New Town, ☎ 027-2224849, 🖥 www.hotelsuduaraliya.com. Bestes und familienfreundlichstes Hotel von Polonnaruwa mit 77 gemütlichen Zimmern (Warmwasser-Bad, AC). Der schöne große Garten grenzt direkt an den Stausee und bietet viel Auslauf. Die Gäste können sich im Pool (Außenstehende zahlen 100 Rs) oder im labyrinthartigen Ayurveda-Zentrum entspannen. Gutes Restaurant, coole Bar, WLAN. ❹–❺

The Village, New Town, ☎ 027-2222405, ✉ villapol@sltnet.lk. Komfortable 30 Zimmer (Warmwasser-Bad, AC) rund um einen Hof mit kleinem Pool. Nett gelegen, aber kein Seeblick. ❸

Sonstiges
Geld

Banken finden sich in der Old Town, z. B. die **People's Bank** unweit des Verkehrkreisels, sowie in Kaduruwela. Dort verfügen **Hatton National Bank** und **Commercial Bank** über Geldautomaten.

Internet

Sachira Communication, 13 Habarana Rd., nördlich des Verkehrskreisels, und **P.G. Focus Computer Internet**, direkt am Kreisel.

Medizinische Hilfe

General Hospital, Main Rd., ☎ 027-2222261, 2222384.

Polizei

☎ 027-2222222, 2222228.

Transport
Mietwagen

Entlang der Main Rd. östlich des Verkehrskreisels warten **Taxis** und **Three-Wheeler** auf

Kundschaft. Auch die meisten Gästehäuser arrangieren Mietwagen mit Fahrer. Für den Ausflug nach Dimbulagala muss man mit 1500 Rs rechnen. Per Three-Wheeler zahlt man um 1000 Rs.

Busse

Der **Busbahnhof**, ☎ 027-2222381, befindet sich im Ortsteil Kaduruwela, etwa 3 km südöstlich des alten Stadtkerns an der A 11 nach Batticaloa. Obwohl die meisten Busse durch Polonnaruwa hindurchfahren, empfiehlt es sich dort zuzusteigen, um sich einen Platz zu sichern. Von frühmorgens bis 16.45 Uhr fahren nahezu stdl. Busse nach KANDY (140 km, ca. 3 1/2 Std.).

Ebenfalls im Stundentakt verkehren von 6.30–15 Uhr Busse nach KURUNEGALA (122 km, 4 Std.). Die Abfahrten nach COLOMBO (216 km, 6 Std.) erfolgen von 6.10–17.45 Uhr etwa alle 30–40 Min., später unregelmäßiger.

Busse nach ANURADHAPURA (101 km, 3 Std.) fahren um 5.30, 6.15, 7.15, 8, 8.45, 9.30, 10.10, 10.50, 11.45, 12.30, 13.15, 13.45, 14.50, 15.30 und 16.30 Uhr ab.

Eisenbahn

Die zweite Königsstadt liegt an der Strecke Colombo-Batticaloa, etwa 30 km südöstlich der Gal Oya Junction, wo die Eisenbahntrasse nach Trincomalee abgeht. Der Bahnhof liegt schräg gegenüber dem Busbahnhof in Kaduruwela, ☎ 027-2222271. Zugfahrplan s. Kasten.

Zugfahrplan

Zug Nr.	79	83	0	81	11
Pol'ruwa	1.40	4.40	7.30	13.15	16.10
Batticaloa	4.10	7.10	11.00	15.45	18.40
Preise: 2. Kl. 150 Rs, 3. Kl. 85 Rs					

Zug Nr.	12*	91	84*	80
Pol'ruwa	9.58	13.15	20.30	22.28
Trinco.		17.30		
Col-Fort	15.40		4.15	4.55

*IC (1. Kl. 750 Rs, 2. Kl. 500 Rs, 3. Kl. 320 Rs)

Die Umgebung von Polonnaruwa

Dimbulagala

Ein lohnenswertes Ausflugsziel ist der 16 km südöstlich von Polonnaruwa gelegene Höhenzug Dimbulagala. Die jagdfreudigen Briten nannten diese ehrwürdige Stätte respektlos „Gunners Quoin", Jägerstand. Für singhalesische Besucher ist der Berg als uralte Einsiedelei von Bedeutung, glauben sie doch, dass Buddha selbst bei seinem Besuch einen Fußabdruck hinterlassen hat. Der in Ost-West-Richtung ausgestreckte bewaldete Bergrücken mit 545 m ü.M. an seinem höchsten Punkt war wahrscheinlich schon in den ersten christlichen Jahrhunderten ein populäres Rückzugsgebiet buddhistischer Einsiedler. Königliche Schenkungen können bis ins 4. Jh. zurückverfolgt werden. Im 12. Jh. waren die damals etwa 500 Mönche dafür bekannt, besonders streng die Mönchsdisziplin zu beachten, weshalb sie den Respekt und die Unterstützung des Königshauses erfuhren. Parakramabahu I. ersuchte die Hilfe des obersten Abtes Kassapa Mahathera, den korrupten Mönchsorden des Landes zu erneuern.

Heute können noch einige Reste der Einsiedeleien besucht werden. An der Nordwestseite des Berges befinden sich die Bauten eines modernen **Klosters**, nach dem großen Mönch des 12. Jhs. „Sri Maha Kasyapa Maha Pirivena" genannt. Dort zeigt eine fröhlich-bunt ausgestaltete Grotte naturnahe Darstellungen von Szenen aus dem Leben Buddhas, und in einem runden Pavillon sind geschnitzte Buddhafiguren aus den 1990er-Jahren versammelt.

Ein beschwerlicher Pfad führt etwas seitlich den Berg hinauf zum **Ashmalika Dagoba**. Er ist eigentlich nicht zu verfehlen, man muss nur dem Plastikmüll folgen. Oben sind neben der schönen Aussicht der Stupa und der verehrte Fußabdruck Buddhas von Interesse. Leider ist von dort der weitere Weg durch den Wald nicht ausgeschildert, sodass man eher zufällig auf die höchste Spitze und die weiter östlich gelegenen Einsiedeleien oder gar zu den Stupa-Resten unweit des **Namal Pokuna** stößt. Furchtlose können es

auf eigene Faust versuchen – es gibt ja keine Tiger in Sri Lanka, und der Wald spendet Schatten (trotzdem Wasser mitnehmen!).

Wieder unten am Klosterparkplatz angelangt, kann man mit dem eigenen Fahrzeug noch etwa 3 km weiter östlich, vorbei am **Bogas Wewa** fahren, um die wenigen Reste von Malereien in **Pulligoda** zu besuchen. Vom Hinweisschild am Wegesrand sind es noch knapp 500 m bis zu der am Berghang liegenden Grotte. In erstaunlich leuchtenden Farben sind fünf Adoranten zu erkennen, die möglicherweise einer heute verschwundenen Buddhafigur zugewandt waren.

Transport

Es empfiehlt sich, **mit dem eigenen Fahrzeug** anzureisen. Entlang der A 11 in Richtung Batticaloa muss man im Dorf Manampitiya gen Süden abbiegen. Dort ist der Dimbulagala-Höhenzug bereits zu sehen. Ein Halbtagsausflug dorthin einschließlich Wartezeit kostet mit dem Mietwagen etwa 1500 Rs bzw. 1000 Rs mit Three-Wheeler.

 HIGHLIGHT

Sigiriya

Die Felsenfestung Sigiriya ist wohl der spektakulärste Ort der Insel. Über 200 m ragt dieser Granitmonolith über der flachen Ebene hinaus und bietet von oben Ausblicke weit über das 18 km südlich gelegene Dambulla hinaus. Es empfiehlt sich unbedingt, entweder frühmorgens oder spätnachmittags die Festung zu besteigen, denn die zahllosen Treppenstufen sind schweißtreibend, und die Sonne brennt gnadenlos.

Geschichte

Der Ursprung der Felsenfestung ist Folge einer der größten innenpolitischen Krisen im ersten nachchristlichen Millennium. Und diese wiederum wurde von einem Familiendrama in Anuradhapura ausgelöst. **Kassapa**, Sprössling des Königs Dhatusena (reg. 455–473) aus der Verbindung mit einer Konkubine, riss im Jahr 473 zusammen mit dem militärischen Oberbefehlshaber,

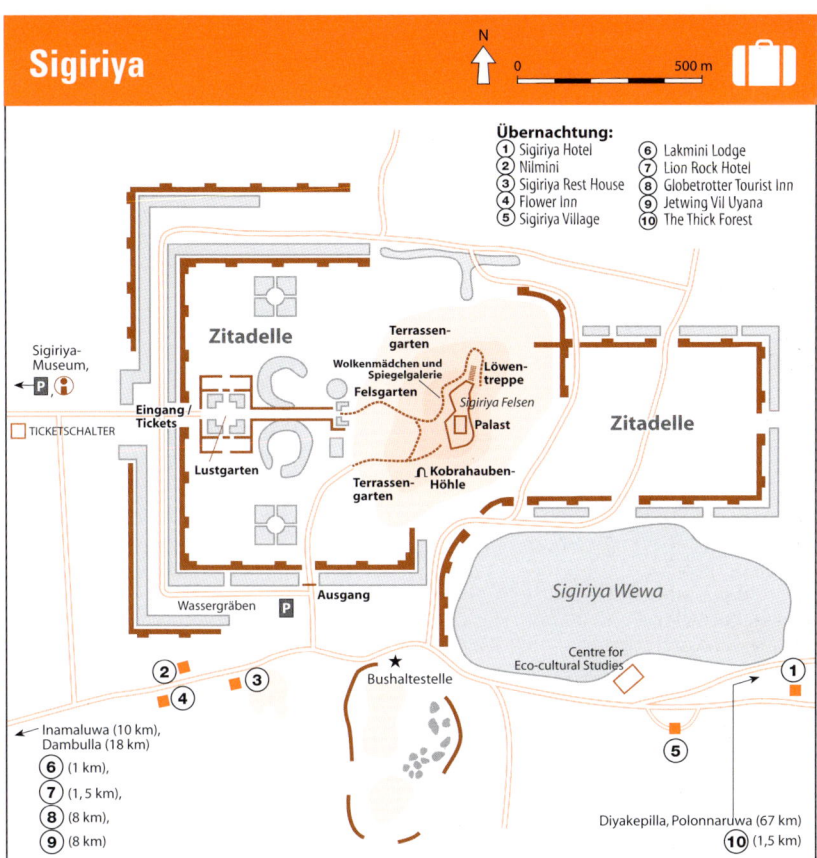

Sigiriya

Übernachtung:
1. Sigiriya Hotel
2. Nilmini
3. Sigiriya Rest House
4. Flower Inn
5. Sigiriya Village
6. Lakmini Lodge
7. Lion Rock Hotel
8. Globetrotter Tourist Inn
9. Jetwing Vil Uyana
10. The Thick Forest

Sigiriya-Museum,
P

TICKETSCHALTER

Zitadelle

Zitadelle

Terrassen-garten

Wolkenmädchen und Spiegelgalerie

Felsgarten

Löwen-treppe

Sigiriya Felsen

Palast

Eingang / Tickets

Lustgarten

Terrassen-garten

Kobrahauben-Höhle

Wassergräben   P

Ausgang

Sigiriya Wewa

Centre for Eco-cultural Studies

★ Bushaltestelle

2
4
3

1

5

Inamaluwa (10 km), Dambulla (18 km)
6 (1 km),
7 (1,5 km),
8 (8 km),
9 (8 km)

Diyakepilla, Polonnaruwa (67 km)
10 (1,5 km)

seinem Cousin Migara, den Thron an sich und ließ seinen Vater ermorden – laut Chronikberichten wurde er bei lebendigem Leib eingemauert. Daraufhin floh sein Halbbruder Moggallana ins südindische Reich der Pandya, wo der legitime Thronfolger eine Allianz zu organisieren versuchte. Aus Sicherheitsgründen ließ Kassapa auf dem uneinnehmbar erscheinenden Berg eine Feste errichten und nannte sie **Simha Giri**, „Löwenberg". Von dort aus vermochte er trotz starker Opposition zumindest Teile des Reiches über 18 Jahre lang zu kontrollieren. Bis es 491 **Moggallana I.** (reg. 491–508) endlich gelang, mit Unterstützung südindischer Söldner Kassapa zu vertreiben.

Die letzte Schlacht Kassapas unweit von Habarana verlief dramatisch. An der Spitze seiner Truppe auf dem Rücken eines Elefanten reitend, wollte er Moggallanas Soldaten ausmanövrieren. Doch er landete in einem Sumpfgebiet, woraufhin seine Mannen in chaotischer Weise den Rückzug antraten. Angesichts seiner Chancenlosigkeit nahm er sich daraufhin das Leben.

Moggallana verlegte seinen Herrschersitz wieder nach Anuradhapura, und Sigiriya versank in die Bedeutungslosigkeit. In der Folgezeit war der Berg bis ins 13. Jh. Rückzugsgebiet für Mönche und im 16./17. Jh. unter den Königen von Kandy ein militärischer Außenposten. Danach

Die Wolkenmädchen sind noch heute geheimnisumwittert: Wie kamen die Künstler dazu, sie in einer solch dramatischen Lage in den Felsen zu malen? Wen stellen die barbusigen Schönheiten dar? Viel spricht dafür, dass es sich bei ihnen um die in der süd- und südostasiatischen Kunst populären **Apsaras** handelt, also um himmlische Gespielinnen der Götter, die sie mit Musik, Gesang und Sex unterhalten. Der srilankische Archäologe Paranavitana interpretierte die helleren Gestalten als Gewitterprinzessinnen *(vijju kumari)* und die dunkleren als Wolkenmädchen *(meghalata)*. Folgt man diesen Deutungen, so symbolisiert die Felsenfeste Sigiriya als Ganzes einen himmlischen Palast. Ursprünglich waren etwa 500 Frauenporträts an einen 100 m langen Wandabschnitt gemalt. Heute sind nur noch 22 erhalten – leider …

geriet die Bergfestung in Vergessenheit. Erst als 1831 mit dem britischen Major Forbes erstmalig ein Vertreter der Kolonialregierung die Festung bestieg, drang dieser außergewöhnliche Ort wieder in das Bewusstsein der Öffentlichkeit. 1895 begannen unter dem Chef-Archäologen H. C. P. Bell die ersten **Restaurierungsarbeiten**. Sie wurden in den folgenden Jahrzehnten fortgesetzt und dauern bis heute an.

Sehenswertes

Sigiriya war nicht nur eine Bergfeste, sondern eine Metropole, die sich in rechteckiger Form östlich des Felsens auf 90 ha und westlich davon auf 40 ha ausbreitete. Die befestigte 15 ha große Zitadelle in der Mitte war von zwei Wassergrä-

ben und drei Wallanlagen umgeben, die heute noch teilweise existieren. Auf der Innenseite maß sie 900 x 800 m.

Königliche Gärten

Auf der Westseite des Felsens – von dort kommen die meisten Besucher – befindet sich der ausgedehnte **Lustgarten**. Die symmetrisch angelegte Parkanlage mit den Wasserspielen wurde bisher nur auf der Südseite restauriert. Raffiniert leiteten die Ingenieure das Wasser über unterirdische Kanäle vom Felsen zu den Gärten. Auf zwei von jeweils einem Wassergraben umgebenen Inseln befanden sich die heute nicht mehr vorhandenen „kühlenden Palais" (singh. *sitala maliga*). Am Fuß des Berges liegt der **Felsgarten** mit einigen markanten Granitblöcken, die auf ihrer Spitze Pavillons trugen: der einer Steinwanne ähnelnde Zisternenfels, der Predigtfels oder der oben abgeflachte Fels der Audienz, in welchen ein 5 m langer Thron herausgearbeitet wurde. Als Übergang zur Bergfeste wurde der stufenförmige **Terrassengarten** angelegt.

Nach dem Abstieg passiert man auf dem Weg in Richtung Parkplatz die **Kobrahauben-Höhle**. Sie trägt ihren Namen, weil über der Grotte der Fels wie eine aufgerichtete Kobraschlange geformt ist. Brahmi-Inschriften datieren ins 3. Jh. v. Chr. und berichten von einer Schenkung eines Mannes namens Naguli an einen Mönch. Von Einsiedlern bewohnt war sie wohl auch 800 Jahre später, wie Reste von Felsmalereien vermuten lassen.

Wolkenmädchen und Spiegelgalerie

Auf etwa halber Höhe gelangt man über eine eiserne Wendeltreppe zu einem Felseinschnitt mit den berühmtesten Wandmalereien Sri Lankas, den **Wolkenmädchen**. Sie stammen aus dem 5. Jh. und sind heute durch ein Gitter nach außen hin abgeschirmt. Man ist über die nach 1500 Jahren immer noch leuchtenden Farben überrascht. Die aus Pflanzen- und Erdpigmenten hergestellten Farben – vorwiegend Rot, Gelb und Grün – wurden auf eine aus Harzen und Kalk bestehende trockene Putzschicht (Secco-Technik) aufgetragen. Kunsthistoriker sehen trotz stilistischer Parallelen mit den Höhlenmalereien im indischen Ajanta eine eigenständige srilankische Maltradition.

Die Wolkenmädchen beflügelten bereits die Fantasie früherer Besucher. In der vorgelagerten **Spiegelgalerie**, welche nach außen durch eine 3 m hohe Mauer abgeschirmt ist, konnten Forscher über 800 in die spiegelglatte Wand geritzte Graffitis aus der Zeit zwischen dem 6. und 14. Jh. identifizieren. Darin versuchten die meisten Betrachter, ihre Erregung in poetische Worte zu fassen. So schreibt einer: „Ihre Körper erstrahlen wie der Mond, wandernd im kühlen Wind". An anderer Stelle heißt es unverblümt: „Frauen euresgleichen lassen die Herzen der Männer zerfließen und ihre Körper erbeben. Ihre Haare stehen zu Berge, bis in die Spitzen voller Verlangen." Die Graffitis können als die ältesten Zeugnisse profaner Dichtkunst gelten.

Plateau mit der Löwentreppe

Der Aufstieg zur eigentlichen Bergfeste liegt auf der Nordseite. Über eine Treppe gelangt man zuerst zu einem Plateau, auf dem sich die Ruinen nicht identifizierter Gebäude befinden. Gut erhalten sind nach der Restaurierung jedoch zwei kolossale „Löwenpranken", die den Treppenaufgang flankieren. Sie sind das einzige, was von dem ursprünglich etwa 14 m großen Löwen übrig geblieben ist, den Kassapa als Hauptaufgang zu seinem Palast an die Nordwand des Monoliths bauen ließ. Damit spielte der Usurpator sicherlich auf die legendäre Herkunft der Singhalesen an und drückte zugleich seinen Herrschaftsanspruch aus.

Wer nicht bereits bei den Wolkenmädchen ins Schwitzen kam, wird dies spätestens beim folgenden Aufstieg auf die oberste Ebene tun: Die in den steilen Fels geschlagenen Treppen und Steigen erfordern etwas Schwindelfreiheit und Ausdauer, auch wenn sie durch Geländer gut gesichert sind.

Palast

Die älteste existierende Palastanlage Sri Lankas auf dem 1,5 ha großen schräg ansteigenden Bergplateau (366 m ü. M.) ist eindrucksvoll genug, auch wenn alle Gebäude verschwunden und nur noch Fundamentreste zu sehen sind. Sie war in drei Teile unterteilt: der Untere Palast an der Ostseite des Plateaus, der Obere Palast an der Westseite und die Königlichen Gärten an der Südseite. Alle drei Bereiche grenzten an das 27 x 21 m große Wasserbecken an, das aus dem Fels geschlagen wurde und heute noch mit Wasser gefüllt ist. Herrliche Ausblicke entschädigen die Mühen des Aufstiegs wie z. B. in Richtung Norden auf die benachbarte Erhebung, den Pidurangala, wo sich noch die Reste eines Klosters befinden. Sehr gut kann man auch von oben die Struktur der Königlichen Gärten betrachten.

Sigiriya-Museum
Unweit des heutigen Zugangs zur einstigen Zitadelle befindet sich seit 2009 ein informatives Museum. In seinen klimatisierten Räumen können Besucher sich mit der prähistorischen Geschichte Sigiriyas beschäftigen, Funde aus frühbuddhistischen Einsiedeleien begutachten und üppige Frauenstatuen aus Terrakotta bestaunen, die vermutlich in Anspielung auf die Wolkenmädchen als Souvenirs verkauft wurden. ⊙ tgl. 8.30–17.30 Uhr, Eintritt im Ticketpreis enthalten.

Übernachtung
Sigiriya
In nächster Nähe zum Felsen befindet sich eine Reihe von Unterkünften unterschiedlicher Qualität. Wer früh die Bergfestung besuchen möchte, sollte bereits am Vorabend anreisen.
Flower Inn, ☎ 066-5672197, 5689953. Liegt von der Hauptstraße etwas zurückversetzt. Die nette Familie liebt es offenbar plüschigblumelig, denn die 7 sauberen Zimmer mit Bad sind bunt-kitschig eingerichtet. Auf Bestellung serviert sie schmackhafte Curry-Gerichte. Eine gute Wahl für wenig Geld. ❶–❷
Nilmini, ☎ 066-5670469, 3669313. Am Anfang stand hier eine einfache Hütte mit Strohdach. Heute können Besucher den Komfortstandard wählen: 2 Zimmer sind mit Gemeinschaftsbad, 1 AC-Zimmer mit Bad, 3 mit Bad und Ventilator. Fahrradverleih für 100 Rs/Tag. ❶–❷
🏠 **Sigiriya Hotel**, ☎ 066-2286821, 🖳 www.serendibleisure.com. Liegt in der Nähe des Sigiriya Wewa. Die 79 Bungalow-Zimmer (Warmwasser-Bad, AC) sind sauber

und komfortabel. Traumausblicke auf den Felsen bieten sich vom Swimming Pool (Nichtgäste zahlen 250 Rs) und vom guten Restaurant aus. Für Entspannung sorgen die King Kassapa Bar und das Ayurvedic Health Center. Bemüht sich um Umweltschutz und arrangiert Ökotouren. ❺–❻
Sigiriya Rest House, ☎/✆ 066-2286299, 🖳 www.ceylonhotels.lk. Schon die Lage ist das Geld wert. Das häufig ausgebuchte Haus liegt nur wenige hundert Meter von der Felsenfeste entfernt und besitzt 14 große, freundliche Zimmer mit Warmwasser-Bad. Die AC-Räume kosten derzeit US$55 (inkl. Frühstück). Nettes Restaurant, allerdings nicht billig. ❹
Sigiriya Village, ☎/✆ 066-2286803, ✉ sigirivillage@sltnet.lk, 🖳 www.forthotels.lk. Top-Resort in Nachbarschaft zum Sigiriya Hotel mit 120 elegant gestalteten Zimmern. Schöne Lage mit verschiedenen Ausblicken auf den Fels. Großer Pool. Ayurveda-Center und Gartenanlage laden zum Verweilen ein. ❻

In der Umgebung
Einige Unterkünfte liegen in der näheren und weiteren Umgebung und sind daher am besten mit dem eigenen Fahrzeug zu erreichen. Die folgenden Unterkünfte sind nach Entfernung zum Felsen gelistet:
Lakmini Lodge, Sigiriya Rd., ca. 1 km vom Felsen, ☎ 066-2286113, 071-7098126, lakmini lodge@hotmail.com. Die 7 Zimmer mit Bad, davon 3 große für Familien, sind schlicht und gut. Vom offenen Essraum hat man einen der schönsten Sigiriya-Blicke, nachts kann man von dort manchmal Wildelefanten beobachten. ❶–❷
Lion Rock Hotel, 183 Thalkote Rd., Ehelagala, ☎ 066-5670444, 0777-282820, 🖳 www.hotel thelionrock.com. Ruhig in einer Nebenstraße gelegen. Die 8 Zimmer, davon vier klimatisierte, befinden sich in zwei Gebäuden inmitten eines schattigen Gartens. Wunderbar gewürzte Curry-Gerichte werden im Restaurant aufgetischt. Der Eigentümer organisiert Safaris in die umliegenden Nationalparks. ❸–❹
🏠 **Jetwing Vil Uyana**, etwa 8 km von Sigiriya, ☎ 066-4923583, 🖳 www. jetwinghotels.com. Die für ihren sozialen und

Das kulturelle Dreieck

ökologischen Standard ausgezeichnete Edel-
Lodge zählt zu den besten Unterkünften der
Insel. Die 25 Bungalow-Einheiten liegen
inmitten von Teichen und Feldern. Es wird
sogar eigener Reis angebaut. Gutes Spa und
interessante Öko-Touren im Angebot. Tipp: eine
Vogelbeobachtungstour zum nahegelegenen
Reservoir. ❻

Globetrotter Tourist Inn, Sigiriya Rd., Rotawewa,
☎ 077-7801818. Ca. 1,5 km von der Kreuzung
in Inamaluwa und 8 km von Sigirya entfernt.
3 freundliche Zimmer mit Veranda, 2 davon mit
Klimaanlage. Nettes Restaurant. Gute Lage und
entspannte Atmosphäre. ❷

The Thick Forest, etwa 1,5 km von Sigiriya
an der Straße zur A 11, ☎ 077-7742404,
✉ kamalkh@sltnet.lk. Das Richtige für Öko-
Freaks: 3 Baumhütten und 2 Pfahlbauten
verteilen sich inmitten des Dschungels.
Schöner Blick auf Sigiriya und Pidurangala,
zuweilen nächtlicher Elefantenbesuch. Herr
Kamal arrangiert interessante Dschungel-
wanderungen. ❹

Sonstiges

Informationen

Tourist Information Centre, im Sigiriya-Museum,
🖥 www.adstp.sltda.lk. Hier gibt es Tipps
und Materialien zu den Sehenswürdigkeiten
im Umland, gute Website. ⏱ tgl. 8.30–17 Uhr.

Ökotourismus

Das **Centre for Eco-cultural Studies**
(CES) unterhält ein Informationszentrum
an der Straße südlich des Sigiriya Wewa. Dort
können „Jumbo-Safaris" nach Minneriya und
Kaudulla oder Öko-Touren rund um den Sigiriya
Wewa gebucht werden. Ein Teil des Profits
geht in Dorfentwicklungsprojekte. Infos unter
☎ 066-5675523, 078-8753710, 🖥 www.ces
srilanka.org. Am besten vorher anrufen, da das
Zentrum oft verwaist ist.

Wellness

Das **Health & Beauty Culture Resort** im
Dorf Audangawa an der A 6 (Habarana–
Dambulla), ☎ 077-6202720, bietet Dampfbäder
und Massagen (2100 Rs für 1 1/2 Std.).
⏱ tgl. 8.30–20 Uhr.

Transport

Direktbusse fahren tagsüber alle 30 Min.
(ab Mittag unregelmäßiger) zwischen Sigiriya
und DAMBULLA (etwa 3/4 Std., 30 Rs). Wer mit
dem **Bus** von Anuradhapura, Habarana oder
Polonnaruwa kommt, muss in Inamaluwa
aussteigen und dort auf den Bus aus Dambulla
warten. Mit dem **Three-Wheeler** kostet die
Fahrt von Dambulla (18 km) etwa 1000 Rs, von
Habarana etwa 800 Rs.

Dambulla

Das geschäftige Städtchen ist als Verkehrs-
knotenpunkt und Umschlagplatz für Gemüse von
Bedeutung, das dank eines ausgefeilten Bewässerungssystems in der Region angebaut wird.
Hier treffen die A 9 (Kandy–Jaffna) und die A 6
(Kurunegala–Trincomalee) aufeinander. Entsprechend finden sich dort auch Banken und zahlreiche Unterkünfte. Letztere sind jedoch auch
wegen der berühmten Höhlentempel vorhanden.
Der Ort selbst ist nicht sehr einladend, Kricket-
Fans finden sich regelmäßig zu den Spielen im
Rangiri Dambulla Cricket Stadion ein. Die Stadt
kann man problemlos im Rahmen eines Tagestrips von Kandy, Sigiriya oder Polonnaruwa aus
besuchen.

Höhlentempel

Die Höhlentempel des Dambulla Raja Maha Vihara liegen im südlichen Teil der Ortschaft an einem
felsigen Bergrücken (341 m ü. M.), der sich knapp
200 m über die umliegende Ebene erhebt. Das
unter den Singhalesen auch als **Rangiri Vihara**,
„Goldenes Kloster", bekannte Heiligtum blickt auf
eine über 2000-jährige Geschichte zurück. Während einer Tamilen-Invasion im 1. Jh. v. Chr. floh
König Vattagamani Abhaya aus Anuradhapura
nach Dambulla. Nach seiner erfolgreichen Rückkehr in die Königsstadt, 14 Jahre später, wan-
delte er sein temporäres Exil in ein Kloster um.
Seitdem lebten in den Höhlen unter dem Schutz
der Könige Einsiedlermönche. Brahmi-Inschriften
datieren ins 1. Jh. v. Chr. und geben Hinweise auf
Schenkungen, u. a. durch Nonnen.

Im Laufe der Zeit ließen die Herrscher immer
wieder die Höhlen renovieren und mit neuen

Das kulturelle Dreieck

Buddhafiguren versehen. So auch König Nissanka Malla (reg. 1187–96), der laut Inschrift „die liegenden, sitzenden und stehenden Statuen in den Höhlen Dambullas vergolden und ihnen zu Ehren einen Puja im Wert von 700 000 Goldstücken abhalten ließ (...) und ihnen den Namen Swarna Giriguhave (Goldene Felshöhle) gab". Aus diesem Grund errichtete man eine Statue zu seinen Ehren. Die Schenkungen gingen auch unter den Königen von Kandy weiter, wie z. B. unter Kirti Sri Rajasimha (reg. 1747–82), der die Ausgestaltung der Grotte Nr. 3. (Maha Aluth Vihara) veranlasste.

In den letzten Jahrzehnten wurden sowohl die Grotten als auch das dazugehörige Kloster am Fuß des Felsrückens unter Führung des regen Mönches Inamaluwe Sri Sumangala Thero grundlegend restauriert – nicht unbedingt nach jedermanns Geschmack. So ist der fast 30 m hohe goldfarbene Buddha zwar mächtig, aber nicht schön. Das Kloster versteht sich als Speerspitze eines modernen Buddhismus. Zu seinen Einrichtungen gehören eine Schule, eine Ausbildungsstätte für Mönche, ein Fernsehstudio und ein **Buddha-Museum**. ⏰ 7–19 Uhr.

Geschichte schrieb der Dambulla Raja Maha Vihara, als in seinen Mauern am 12. März 1998 nach fast einem Millennium erstmalig wieder in Sri Lanka Nonnenordinationen durchgeführt wurden. In einer feierlichen Zeremonie verpflichteten sich 22 Samaneris (Novizinnen) auf die von Buddha vorgelegten 311 Nonnenregeln. In einem Ausbildungszentrum im 8 km entfernen Kalundewa werden die Mitglieder des *Bhikkhuni Sasana Mandalaya* in Meditationstechniken, Englisch und der buddhistischen Lehre unterrichtet. Am Tag vor dem Vesak Poya, dem höchsten buddhistischen Feiertag am Vollmond im April/Mai, wird das **Rangiri Dambulla Maha Perahera** zelebriert.

Wie bei Peraheras üblich zieht dazu eine Prozession mit Elefanten durch die Straßen.

Grotte Nr. 1 – Devaraja Viharaya

In dieser recht beengten ersten Grotte ist eine 15 m lange liegende Figur des Erleuchteten im Parinirvana zu finden. Zu seinen Füßen wacht der langjährige Schüler Ananda. Der Name Devaraja („König der Götter") bezieht sich wahrscheinlich auf Vishnu, dessen Statue sich neben sitzenden Buddhafiguren am Kopfende des Liegenden befindet und dem außerhalb der Grotte ein Devale gewidmet ist. Der Legende nach soll dieser Hindu-Gott bei der Schaffung der Höhlen mitgeholfen haben.

Grotte Nr. 2 – Maharaja Viharaya

Mit etwa 37 m Länge, 23 m Tiefe und bis zu 7 m Höhe ist die Grotte Nr. 2 die größte und interessanteste. Ihren Namen „Großer König" erhielt sie wohl aufgrund der Standbilder der Monarchen Nissanka Malla und Vattagamani Abhaya. Dominiert wird der Raum von annähernd 60 lebensgroßen Statuen – vorwiegend des Erleuchteten – sowie einem Stupa, um den sich wiederum zehn sitzende Buddha-Darstellungen gruppieren. Zudem sind Sri Lankas Schutzgottheiten Nata, Upulvan, Kataragama und der zukünftige Buddha Maitreya zu finden.

Am beeindruckendsten sind jedoch die Wandmalereien, die Decke und Wände ausfüllen. Wahrscheinlich sind sie in der zweiten Hälfte des 18. Jhs. auf ältere Malereien aufgetragen worden. Sie stellen auf der linken Seite Jataka-Geschichten und Szenen aus dem Leben Buddhas sowie rechts zentrale Ereignisse des frühen srilankischen Buddhismus dar. In der rechten Ecke der Grotte sammelt ein Behälter das Kondenswasser, dem Gläubige heilende Funktion zuschreiben.

Grotte Nr. 3 – Maha Aluth Viharaya

Den „Großen Neuen Tempel" gestalteten Künstler auf Initiative von Mönchen aus Kandy in den 1770er-Jahren während der Regentschaft Kirti Sri Rajasimhas aus. Zwei Eingänge mit als Torbogen gestalteten krokodilartigen Wesen (Makara Torana) führen ins Innere. Der Tradition seiner Vorgänger folgend wurde vom stämmigen vollbärtigen Stifterkönig auf der rechten Seite der Grotte eine Statue angefertigt. Ansonsten ist der 27 m lange und 25 m tiefe Raum mit einem liegenden, 15 sitzenden und 42 stehenden Buddhafiguren ausgefüllt. Zudem schmückten Maler die Decke mit zahllosen Figuren des Erleuchteten aus.

Grotte Nr. 4 – Pachima Viharaya

Nur eine Zwischenwand trennt diese 16 m lange „Westliche Grotte" vom Maha Aluth Viharaya. In ihr ragt eine sitzende Buddhafigur in meditierender Haltung heraus. Eingerahmt ist sie von einem reich verzierten Makara Torana. Im Glauben, die Kronjuwelen von Somawathie zu entdecken, beschädigten Diebe vor geraumer Zeit den Stupa. Der Tradition nach soll er die sterblichen Überreste der ersten Königin von Vattagamani Abhaya enthalten.

Grotte Nr. 5 – Deveni Aluth Viharaya

Diese jüngste Grotte war ursprünglich ein Lagerraum und erfuhr eine grundlegende Renovierung im Jahr 1915. Der „Zweite Neue Tempel" enthält elf Figuren des Erleuchteten, darunter einen großen liegenden Buddha. Als ihre „Aufpasser" ließen Gläubige zudem Figuren von Vishnu, Kataragama und einer lokalen Gottheit namens Devata Bandara aufstellen. Manche mögen die Buddha gefüllten Grotten als kitschig empfinden, nichtsdestotrotz sind sie Zeugen einer über 2000 Jahre währenden Religiosität. Aufgrund dieser spirituellen und historischen Bedeutung verlieh die Unesco 1991 den Höhlentempeln Welterbestatus.

Übernachtung und Essen

Chamara Guest House, Kandy Rd., ☏ 066-2284488. 8 nicht sehr saubere Zimmer mit Kaltwasser-Bad in ruhiger Lage, einen Steinwurf vom Tempel entfernt. Gelobt wird das schmackhafte Essen. ❷
Dambulla Rest House, Anuradhapura Rd., ☏/☎ 066-2284799. Die 4 dunklen Zimmer (Kaltwasser-Bad, Ventilator) sind okay, aber überteuert. Dafür stimmt wie häufig bei den Rest Houses die Lage. ❸
Gimanhala Transit Hotel, Anuradhapura Rd., ☏ 066-2284864, ✉ gimanhala@gmail.com.

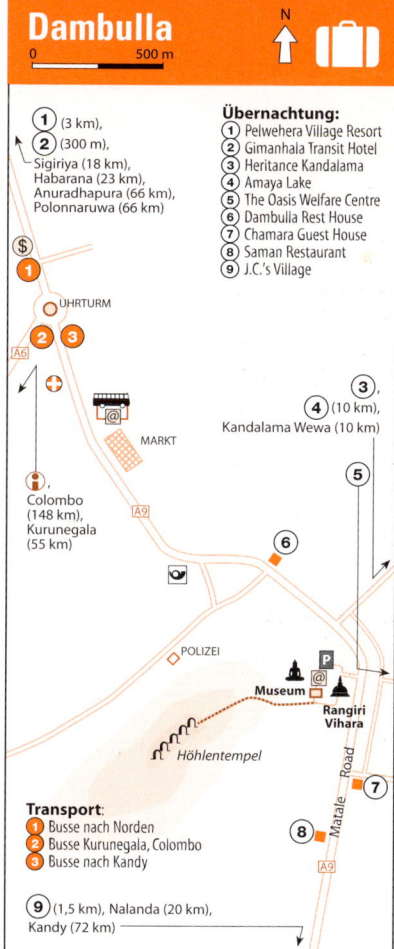

Dambulla

0   500 m

N

① (3 km),
② (300 m),
Sigiriya (18 km),
Habarana (23 km),
Anuradhapura (66 km),
Polonnaruwa (66 km)

UHRTURM

A6

MARKT

Colombo (148 km),
Kurunegala (55 km)

A9

③,
④ (10 km),
Kandalama Wewa (10 km)

⑤

⑥

POLIZEI

Museum
Rangiri Vihara

Höhlentempel

Matale Road

⑦

Übernachtung:
① Pelwehera Village Resort
② Gimanhala Transit Hotel
③ Heritance Kandalama
④ Amaya Lake
⑤ The Oasis Welfare Centre
⑥ Dambulla Rest House
⑦ Chamara Guest House
⑧ Saman Restaurant
⑨ J.C.'s Village

Transport:
① Busse nach Norden
② Busse Kurunegala, Colombo
③ Busse nach Kandy

⑧

A9

⑨ (1,5 km), Nalanda (20 km), Kandy (72 km)

Das kulturelle Dreieck

Sympathisches Hotel am Nordende von Dambulla mit 17 sauberen Zimmern (Warmwasser-Bad, AC). Netter Pool (Nichtgäste 400 Rs), gemütliches Restaurant und kostenloser Mountainbike-Verleih. Backpackern wird auf den Listenpreis (EZ mit Frühstück US$60, DZ US$70) ein Discount von 20 % gewährt. ❹–❺

J.C.'s Village, 175 Matale Rd., Kapuwatte, ☏ 066-5670234, ✉ www.jcvdambulla.info,

Es war eine der größten beruflichen Herausforderungen von **Ravi de Silva**. Mitten in das ökologisch sensible Gebiet um das **Kandalama Reservoir** zwischen Dambulla und Sigiriya sollte der Projektmanager der Aitken Spence-Hotelgruppe ein Luxushotel errichten. Der Protest war vorprogrammiert. Die Bewohner des nahe gelegenen Kandalama-Dorfes waren dagegen, befürchteten sie doch die Verschmutzung des fischreichen Reservoirs. Umweltgruppen warnten vor dem drohenden Öko-Desaster; selbst Mönche, Politiker und ausländische Touristikunternehmen schlossen sich der Kritikerfront an. Doch de Silva ließ sich nicht beirren. Mehrere Monate lebte er im Dorf und versuchte die Bewohner umzustimmen, indem er ihre Besorgnisse ernst nahm und ihnen Jobs versprach. Mit Erfolg. Nach Plänen des renommierten srilankischen Architekten **Geoffrey Bawa** wurde der Bau in 22 Monaten unter hohen Umweltauflagen hochgezogen – Bäume wurden umgepflanzt und abgestorbene durch neue ersetzt. Im Juni 1994 war der fast 1 km lange Komplex fertig.

Umwelt geht jeden etwas an

Heute ist das Kandalama eines der profitabelsten der Hotelgruppe und in seiner Kategorie eines der umweltfreundlichsten Sri Lankas. Alle Arbeitsabläufe unterliegen dem „3-R-Prinzip" (reuse, reduce, recyle) – wiederverwenden, reduzieren, wiederverwerten – und werden zweimal jährlich von zehn nach Themenschwerpunkten gebildeten Umweltkomitees überprüft. Dort sind nach dem Motto „Umwelt geht jeden etwas an" vom Direktor bis zum Rezeptionisten alle Hotelabteilungen vertreten. Müll soll keine Kosten verursachen, sondern nach Möglichkeit Gewinn bringen, weshalb er nach der Kompostierung im hauseigenen Klärwerk an die Bauern verkauft

wird. Diese erhalten zudem die Essensabfälle als Tierfutter. Durch Erziehungsprogramme will man auch die Bewohner in der Umgebung zu nachhaltigem Wirtschaften anhalten. Dazu wurde ein Verbund von 39 Schulen gebildet, in denen die Kinder durch Seminare und Aktivitäten in der Natur zu umweltfreundlichem Verhalten erzogen werden sollen. Ein Fünftel des Profits wird für Entwicklungsprojekte und Bildungsprogramme in den Dörfern aufgewendet. Um der Abwanderung der Jugend in die Städte entgegenzuwirken, wird ein hoher Anteil der Angestellten (derzeit weit über ein Drittel) aus den Bewohnern der Region rekrutiert.

Möglichst klimaneutral

Doch auch die Hausgäste sollen zu umweltfreundlichem Verhalten angehalten werden. Dazu dient der 1998 etablierte Ökopark, in welchem u. a. die Prinzipien der Kläranlage und des Recyclingsystems erläutert werden. Als eine der größten Herausforderungen gilt der hohe Stromverbrauch – vorwiegend wegen der Klimaanlagen. Dem will das Management durch Energieeinsparung und die Nutzung erneuerbarer Energien entgegenwirken. Ziel ist es, das Kandalama klimaneutral zu machen. Nach dem Motto „Green the Chain" werden auch die anderen Hotels von Aitken Spence zunehmend auf Umweltfreundlichkeit getrimmt. Ob das gelingt, liegt nach Meinung von Ravi de Silva vor allem an der Motivation und Qualifizierung der Angestellten. Mit ihnen, so der heutige Umweltmanager, steht und fällt nun mal die Qualität eines jeden Hotels. Die Bemühungen wurden durch mehrfache Auszeichnungen belohnt, u. a. mit dem „Green Globe"-Award. Zudem ist das Kandalama nach dem Umweltmanagementsystem ISO 14001 zertifiziert.

Martin H. Petrich

ca. 1,5 km südlich der Höhlen. Familienfreundliche Bleibe mit viel Auslauf in großem Garten samt Pool und Spielplatz. Insgesamt 12 Zimmer mit Veranda. ❹–❺

Pelwehera Village Resort, 📞 066-2284281, 🖥 www.pelweheraresort.com. Etwa 3 km nördlich von Dambulla, unweit der Abzweigung nach Habarana gelegen. Die 28 Zimmer

(Warmwasser-Bad, Ventilator oder AC) sind freundlich und sauber. Bei Touristengruppen beliebtes Restaurant mit schmackhaften, wenn auch abgemilderten Curry-Gerichten. Netter Garten und Pool. ❹–❺

Saman Restaurant, Matale Rd., ☎ 066-2284412. Der emsige Eigentümer macht sein Geld vor allem mit seinem Restaurant, das mittags von Touristengruppen angesteuert wird. Doch auch die 8 Zimmer mit Bad im hinteren Gebäudebereich können sich sehen lassen. ❷

The Oasis Welfare Centre, Matale Rd., ☎ 066-2284388. Das einfache Gästehaus gegenüber dem Dambulla Raja Maha Vihara ist etwas für Bedürfnislose, die der verwitweten Eigentümerin unter die Arme greifen wollen. Die 5 dunklen Zimmer mit Gemeinschaftsbad versprühen einen herben Charme und kosten nur 600–800 Rs. ❶

Beim Kandalama-Reservoir

Nordöstlich von Dambula liegen rund um den **Kandalama Wewa** einige weitere Unterkünfte, darunter mit dem Kandalama eines der umweltfreundlichsten der Insel.

Amaya Lake, knapp 10 km nordöstlich von Dambulla, am Kandalama Wewa, ☎ 066-4461500, 🖥 www.amayaresorts.com. Weitläufige 12 ha große Anlage mit 92 luxuriösen Chalets (Bad mit Warmwasser, AC). „Ökos" können auch in einem der 11 Eco-Lodges übernachten, die mit traditionellen Materialien errichtet wurden und deren Wasser mit Solarenergie erhitzt wird. Vielfältiges Angebot: 1 Swimming Pool, 2 Restaurants, 3 Bars, Vogelbeobachtungstouren, Joggen, Ayurvedic Health Center. ❻–❼

Heritance Kandalama, ☎ 066-5555000, 🖥 www.heritancehotels.com. Vereint in seinen 152 Zimmern (Bad, AC) Luxus und architektonische Innovation mit Umweltschutz. Vor einem Bergzug am Ufer des Kandalama Wewa errichtet, lässt es mit seinen 3 Pools, 3 Restaurants, 2 Bars und Six Senses Spa kaum Wünsche offen. Die Gäste können aus einer Vielzahl von Angeboten wählen, darunter Vogelbeobachtung, Elefantenreiten, Trekking, Fahrradfahren und dem Besuch des Ökoparks. S. auch Kasten S. 346. ❻–❼

S. auch Kasten S. 346.

Tourist Information Centre, Kurunegala Rd., auf dem Gelände des Dambulla Divisional Secretariate, ☎ 066-2283738, 🖥 www.adstp.sltda.lk. Gibt Tipps und Materialien zu den im Umland gelegenen Sehenswürdigkeiten und hat eine gute Webseite. ☉ Mo–Fr 9.30–11.30 Uhr.

Die Verkehrsanbindung Dambullas ist gut, da hier die A 6 (Colombo–Kurunegala–Trincomalee) und die A 9 (Kandy–Jaffna) aufeinandertreffen. Folglich halten alle **Busse** von Kandy in Richtung Norden und Colombo in Richtung Nordosten bzw. umgekehrt in Dambulla.

Mind. stdl. fahren Busse ins 66 km entfernte POLONNARUWA (1 1/2 Std.), nach KANDY (72 km, 2 Std.) und nach ANURADHAPURA (66 km, 2 Std.). Halbstündlich passieren CTB-Busse aus Colombo kommend (148 km, gute 4 Std.) den Ort.

Im **Busbahnhof** südlich des Uhrturms starten von Terminal 10 zwischen 6 und 19.30 Uhr alle 30–40 Min. Busse nach SIGIRIYA (18 km, knapp 45 Min.).

Der nächste **Bahnhof** liegt im 23 km nördlich gelegenen Habarana.

Nalanda

Auf etwa halbem Wege zwischen Dambulla und Matale liegen unweit der A 9 die selten besuchten Ruinen des buddhistischen Nalanda-Klosters. Weniger aufgrund seiner Größe, ist es vor allem wegen der architektonischen Ähnlichkeiten mit den Hindu-Tempeln aus dem 7. Jh. im südindischen Mahabalipuram von Bedeutung. Um den Nalanda nicht in den Fluten des Mahaveli-Bewässerungssystems untergehen zu lassen, wurden die Ruinen in den 1970/80er-Jahren abgebaut und an gleicher, aber erhöhter Stelle rekonstruiert.

Der ins 8.–10. Jh. datierte Klosterkomplex besteht aus einem Gedige (Statuenhaus) und einem Stupa. Von besonderem Reiz ist der **Gedige**,

Das kulturelle Dreieck

vermischt doch seine Architektur in origineller Weise hinduistische und buddhistische Elemente. Der auf einer Ost-West-Achse ausgerichtete Bau ist von einer Mauer umgeben und besteht aus dem Sanktuarium mit Vorbau. Während vom Vorbau nur noch die verzierten Säulenreihen vorhanden sind, konnte das Sanktuarium nahezu komplett wiederhergestellt werden. Das karg gehaltene Innere des 9 m hohen Tempelturms dominierten ursprünglich drei stehende Buddhafiguren, von denen jedoch nur noch die mittlere erhalten geblieben ist. An der rechten Seite des halbrunden Daches ist eine sitzende Figur auszumachen, bei der es sich vermutlich um den Hindu-Gott des Reichtums, Kubera, handelt. Während die Außenseite u. a. ein verwittertes Relief mit Kopulationsszene ziert, geht es über dem Eingang zum Sanktuarium keuscher zu: Auf dem dortigen Türsturz reihen sich zwischen Schreinen meditierende Buddhas nebeneinander. Vom benachbarten **Stupa** – er ruht auf einer quadratischen Plattform (13,7 x 13,7 m) aus Kalkstein – sind nur noch wenige Reste vorhanden.

Der Eintritt zur Anlage beträgt US$5 (Kinder von 6–12 Jahren: US$2,50). Es gilt das CCF-Rundticket, welches jedoch vor Ort nicht erworben werden kann.

Übernachtung

Country Side Hotel, an der Dambulla-Matale-Rd., ✆ 066-2246241. Mitten im Gewürzgarten des „Island Spice Grove 125" liegen 16 Cabanas mit ebenso vielen gemütlichen Zimmern (Bad mit Warmwasser, Ventilator). Nettes Restaurant. ❷–❸

Nalanda Rest House, an der Dambulla-Matale-Rd., ✆ 066-2246199. Hinter den Fassaden eines gemütlichen Kolonialbaus verbergen sich 5 einfache, aber saubere Zimmer mit Bad. Schöner Garten. ❷–❸

Transport

Alle zwischen Dambulla und Matale oder Kandy verkehrenden **CTB-Busse** halten bei Bedarf in Nalanda. Die Fahrt von Matale (25 km) bzw. Dambulla (20 km) dauert etwa 40 Min. Die Ruinen liegen 1,2 km östlich der A 9. Die Abzweigung ist unweit des Kilometersteins 49.

Matale

Diese mittelgroße Stadt liegt inmitten einer Hügellandschaft mit üppiger Vegetation auf etwa 300 m Meereshöhe. Wegen des angenehmen Klimas und des fruchtbaren Bodens haben sich in der Umgebung zahlreiche **Gewürzgärten** angesiedelt. Sie sind ein beliebter Stopp der Touristenbusse auf ihrem Weg ins nur 26 km entfernte Kandy. Hauptattraktion von Matale ist jedoch das im nördlichen Außenbezirk gelegene Höhlenkloster **Aluvihara**. Wer etwas Zeit hat, kann den 100 m nördlich des Busbahnhofs gelegenen **Sri Muthumariamman Thevasthanan** besuchen. Dieser Hindu-Tempel (Eintritt 200 Rs) ist vor allem zu den Pujazeiten um 6.30, 11.45, 17 und um 19.45 Uhr interessant, wenn zum Klang der Trommeln und Hörner in einer feierlichen Prozession die Hindu-Statuen vor das Sanktuarium getragen werden. Nach Zerstörungen während der anti-tamilischen Unruhen im Juli 1983 wurde er umfassend modernisiert. Auf dem weitläufigen Gelände stehen, von Gebäuden geschützt, fünf große Prozessionswagen, welche zum alljährlichen Tempelfest durch die Straßen gezogen werden.

Aluvihara

Die Bedeutung des Höhlenklosters Aluvihara (von *aloka lena*, „leuchtende Höhle") für den Theravada-Buddhismus kann nicht hoch genug eingeschätzt werden, war es doch dort, wo der **Pali-Kanon** (s. S. 125) nach über 400 Jahren mündlicher Überlieferung erstmalig schriftlich niedergelegt wurde. „Als sie sahen, dass die Menschen sich immer weiter von der Lehre entfernten, kamen die Mönche zusammen und, damit die wahre Lehre weiterbestehen bliebe, schrieben sie sie in Bücher auf", heißt es dazu im Mahavamsa. Dies geschah zur Zeit des Königs Vattagamani Abhaya (reg. 103 u. 89–77 v. Chr.), der infolge einer Tamilen-Invasion aus Anuradhapura nach Dambulla geflohen war. Etwa 500 Mönche versammelten sich im Schutz der Höhle zum Vierten Buddhistischen Konzil, um doktrinäre Unstimmigkeiten zu diskutieren. Anschließend schrieben sie den Text auf Ola-Blättern auf, wozu sie der Tradition zufolge sieben Monate benötigten. Im 5. Jh. hielt sich in Aluvihara auch der vermutlich aus Indien stammende

Mönchsgelehrte **Buddhaghosa** auf. Aus dessen Feder stammen einige der wichtigsten Kommentare zum Pali-Kanon, u. a. das noch heute bedeutende Standardwerk Visuddhimagga („Weg zur Reinheit"). Abgesehen von einigen Inschriften, die auf Renovierungen hinweisen, ist über die Geschichte des Klosters in den späteren Jahrhunderten fast nichts bekannt.

Als 1848 britische Armeeeinheiten zur Niederwerfung einer Rebellion die im Kloster verschanzten Aufständischen angriffen, gingen die Bibliothek und das Statuenhaus in Flammen auf. Obwohl die Kolonialmacht die angerichteten Schäden um die Jahrhundertwende wieder gutmachte, gingen einige wichtige Schriften für immer verloren. Zwischen 1981 und 1991 waren Mönche damit beschäftigt, den gesamten Pali-Kanon wieder auf Ola-Blättern zu schreiben. Insgesamt ritzten sie 9 464 000 Zeichen auf 10 360 Blätter (66 x 7,7 cm groß), die in 17 Büchern zusammengefasst wurden. Eine weitere Abschrift erfolgte zwischen 1993 und 2003 auf Bitten der koreanischen „Tipitaka-Tempelgesellschaft". Alljährlich wird zum Poson Poya, dem Vollmondtag im Juni, über zwei Tage hinweg das pompöse **Sangayana Perahera** mit Elefantenparaden abgehalten.

Sehenswertes

Angesichts der historischen Bedeutung des Aluvihara mögen manche Besucher von den Baulichkeiten enttäuscht sein (Eintritt 200 Rs). Das Innere der Höhlen ist erst in jüngerer Zeit bemalt worden, und auch das angeschlossene Museum könnte spannender aufgemacht sein. Umso attraktiver ist dagegen die Lage: Das Kloster liegt 3 km nördlich von Matale an einem Berghang mit hoch auftürmenden Felsen.

Eine der Höhlen ist eher eine Hölle – und von daher nicht gerade kinderfreundlich. In ihrem Inneren sind in realistischen Darstellungen die 32 **Höllenstrafen** dargestellt. Darunter wird ein Sexualverbrecher gezeigt, dem die Folterknechte das Hirn gespalten haben, um genussvoll glühende Steine hineinzuleeren. Weitere Grotten sind mit **Buddha-Darstellungen** ausgefüllt, eine ist dem großen Gelehrten Buddhaghosa gewidmet. Seine Statue stiftete 1992 der Abt des Wat Pak Nam im thailändischen Bangkok.

Ola-Blätter

Zur Herstellung der Ola-Blätter wird das junge Blatt einer Talipotpalme *(Corypha umbraculifera)* verwendet, das in einem mit Wasser und Ananas-Blättern, Papaya- und Avocado-Schnitzen gefüllten Tongefäß drei Stunden lang gekocht wird. Der Trocknungsprozess dauert etwa drei Tage. Zuerst mit Kokosnussöl bestrichen, wird das Blatt anschließend mit einem Stab aus dem Holz des Dita-Baumes *(Alstonia scholaris)* geglättet. Dadurch wird es rissfest und bleibt geschmeidig. Dann ritzen die Schreiber mit spitzen Griffeln die Schrift in das Palmblatt. Zu ihrer Hervorhebung tragen sie eine Mischung aus zerriebener Holzkohle und Kokosnussöl auf. Nach dem Abreiben mit einem feinen Tuch bleibt die dunkle Paste in den Ritzen haften und kann bei normaler Lagerung auch noch nach mehreren Jahrhunderten gelesen werden. Nicht nur der Pali-Kanon, sondern auch literarische Werke und Chroniken wurden auf Ola-Blättern niedergeschrieben.

Einen schönen Blick in die umgebende Hügellandschaft kann man – allerdings unbeschuht – von einem Felsen genießen, dessen Spitze ein harmonisch gestalteter Dagoba ziert. Im **Museum** wird gegen eine kleine Spende das Beschriften der Ola-Blätter demonstriert. Ansonsten sind Schreibgriffel, buddhistische Schriften und Buddhastatuen ausgestellt.

Übernachtung

Wegen der Nähe zu Kandy nächtigen nur wenige Reisende in Matale, was gerade für diejenigen von Reiz sein mag, die den Touristenströmen aus dem Weg gehen wollen.
Clover Grange, 95 King St., ✆ 066-2231144. Zentral gelegen. Mit Abstand die stilvollste Herberge von Matale. Die 6 komfortablen und geräumigen Zimmer (Warmwasser-Bad, Ventilator) sind in einem fast 100 Jahre alten Bungalow untergebracht. Restaurant mit guten Gerichten, ein netter Garten. ❸
Matale Rest House, Park Rd., ✆ 066-2222299. Etwas angeschmuddelte Unterkunft unweit des Millenium Parks. 14 Zimmer (Bad mit Warm-

wasser, Balkon, teilweise AC) in nüchternem Haus. Pluspunkte: ruhige Lage, Restaurant und Bar. Für eine Nacht durchaus okay. ❷–❸

Rock House, 17/16 Hulangamuwa Rd., ✆ 066-2223239. Der Weg ist ausgeschildert. 7 Zimmer mit Bad, sauber und ordentlich. Im offenen Restaurant des 2-stöckigen Gebäudes werden schmackhafte Curry-Gerichte serviert. Netter Garten, freundliches Personal. ❷

Essen

Fürs gepflegte Candlelight-Dinner mag Matale der falsche Ort sein, doch gibt es eine Reihe recht ordentlicher „Hotels" mit einer guten Auswahl an Curry-Gerichten.

A&C Restaurant, 3/5 Sir Richard Aluvihara Mw., ✆ 066-2232717. Etwa 2 km nördlich von Matale. Beliebter Mittagessensstop für Touristen mit Mietwagen und etwas gehobeneres Preisniveau. Aber durchaus gute Küche.

Arunaloka Hotel, Prince St., unweit des Uhrturms. Das immer gut besuchte Restaurant ist für seine Currys bekannt. Leckere Hopper und Gebäckstückchen. ◷ tgl. 6–20 Uhr.

Persian Hotel & Bakery, Prince St., nahe des Uhrturms. Bietet ähnlich gute Auswahl wie das benachbarte Arunaloka Hotel. ◷ tgl. 6–20 Uhr.

Sonstiges

Geld

Umtauschmöglichkeiten bieten die **Commercial Bank** in der King St., etwa 100 m nördlich des Uhrturms, und die **Seylan Bank**, 166 Main St.; beide haben Geldautomaten.

Internet

Crystal Cyber Café, 3 King St., knapp 200 m südlich des Uhrturms, 75 Rs/Std. ◷ tgl. 8.30–21 Uhr.

Transport

Busse

Dank der günstigen Lage Matales an der A 9 (Kandy–Jaffna) halten hier alle **Busse** aus bzw. nach Kandy. Deshalb muss man tagsüber nicht lange auf eine Fahrmöglichkeit in die jeweilige Richtung warten. Der **Busbahnhof** liegt an der King St., etwa 150 m nördlich des Uhrturms. Dort starten alle 30 Min. Busse nach DAMBULLA (47 km, 1 Std.). Klimatisierte IC-Busse fahren ganztägig im Viertelstundentakt nach KANDY (26 km, 45 Min.).

Wer vom Zentrum Matales aus das 3 km nördlich auf der linken Straßenseite gelegene **Felsenkloster Aluvihara** besuchen möchte, kann in jeden vorbeikommenden Bus gen Norden einsteigen. Mit dem Three-Wheeler kostet die Fahrt dorthin etwa 200 Rs.

Eisenbahn

Insgesamt 6 Züge fahren tgl. von Matale nach KANDY: um 5, 6.40, 10.15, 13.55, 17 und 18.40 Uhr. Die landschaftlich ausgesprochen reizvolle Fahrt dauert knapp 1 1/2 Std.

Kandy und Umgebung

Stefan Loose Traveltipps

Pinnawala Am Ma Oya-Fluss kann man den Elefanten beim Baden zusehen. S. 352

9 Kandy Beim Puja im Zahntempel zeigen die Buddhisten ihre tiefe Frömmigkeit. S. 355

Peradeniya Unter Palmen und Baumriesen flanieren Besucher durch ein Tropenparadies. S. 379

Tempeltour Per Tuk Tuk oder zu Fuß nach Embekke, Lankatilake und Gadaladeniya. S. 383

Knuckles Range Zünftige Wanderungen führen durch üppiges Grün und dichte Nebelfelder. S. 386

Zwischen Colombo und Kandy

Seit 1825 führt die A 1 von der Hauptstadt in die 116 km entfernte Königsstadt. Teilweise windet sie sich spektakulär entlang der Berge wie etwa bei Kadugannawa, wo sich ein herrlicher Blick auf den 798 m hohen Batgala bietet. Wegen seiner abgeflachten Spitze wird der Berg auch „Bible Rock" genannt. Die Straße ist eine für damalige Verhältnisse eindrucksvolle Ingenieursleistung des britischen Straßenbauers W. F. Dawson, dem man in Kadugannawa ein Denkmal gesetzt hat. Leider ist die A 1 meist sehr stark befahren, was das Fortkommen etwas erschwert. Entlang der Straße liegen einige interessante Sehenswürdigkeiten, die durchaus einen Stopp wert sind, allen voran der Botanische Garten Henaratgoda bei Gampaha und das Elefanten-Waisenhaus in Pinnawala.

Botanischer Garten Henaratgoda

In der Nähe von **Gampaha**, etwa 30 km nordöstlich von Colombo, befindet sich der Henaratgoda Botanic Garden (s. Karte S. 185). Nur wenige Touristen verlieren sich in dem 14,4 ha großen Gelände, da der 1876 gegründete Park im Schatten seines weit bekannteren (und auch schöneren) Gegenstücks in Peradeniya steht.

Für die Entwicklung der asiatischen **Kautschuk-Wirtschaft** – sie dominiert heute mehr als 95 % des Welthandels – ist die Bedeutung Henaratgodas jedoch nicht hoch genug einzuschätzen, war es doch hier, wo 1876 erstmals außerhalb Südamerikas 1700 Samen der auch als Para-Kautschuk bekannten *Hevea brasiliensis* gediehen und somit Kautschuk-Bäume kultiviert werden konnten. Als ab 1881 die ersten Samen aus Henaratgoda in die asiatischen Kolonien Englands und später Frankreichs geliefert wurden und dort riesige Plantagen entstanden, war das Monopol der Kautschukbarone im brasilianischen Amazonasgebiet endgültig zerbrochen (S. 115, Kasten). Der letzte Kautschuk-Baum aus der ersten Generation fiel 1988 einem Sturm zum

Opfer, doch stehen am Ort der ersten Pflanzung noch Vertreter seiner erstaunlich reichen Artverwandtschaft: der Panama-Kautschuk *(Castilla elastica)*, der Guttapercha-Baum *(Palaquium gutta)*, der Balata-Baum *(Mimusops globosa)* und die in Westafrika als Yamoa bekannte *Funtumia elastica*.

Ein Rundgang durch den Park ist in erster Linie für Botanikfreunde ein Genuss. Sie werden sicher an der **Amherstia Avenue** Gefallen finden, wo einige ansehnliche Exemplare des **Toha-Baumes** *(Amherstia nobilis)* stehen. Er gilt seit seiner Entdeckung 1826 in Birma als einer der attraktivsten Blütenbäume, weshalb die Briten ihn auch „Pride of Burma" oder die „Queen of Flowering Trees" nennen. Seinen lateinischen Namen verdankt er der Gattin des damaligen Generalgouverneurs von British India, Earl William Pitt Amherst (1773–1857). ☉ tgl. 8–17.45 Uhr, Eintritt US$10, Kinder bis 12 Jahre die Hälfte.

Transport

Gampaha liegt an einer Nebenstraße der A 1 (Colombo – Kandy), weshalb man am besten mit dem **Bus** in Richtung COLOMBO oder in Richtung KANDY fährt und von der Abzweigung für die restlichen 5 km einen **Three-Wheeler** nimmt. Die Stadt besitzt auch eine Haltestation an der **Bahnlinie** Colombo – Kandy.

Pinnawala Elefanten-Waisenhaus

Etwa 10 km nordöstlich von **Kegalle** und 40 km westlich von Kandy liegt das bekannte Pinnawala Elephant Orphanage. Seit seiner Eröffnung 1975 avancierte es zu einer der populärsten Touristenattraktion Sri Lankas – was sich auch im happigen Eintrittspreis niederschlägt. Kaum ein Inselgast, der nicht den Weg zu den Dickhäutern findet. Waren es zu Beginn nur sieben verwaiste Elefantenbabys, die in der ehemaligen Kokosnuss-Plantage eine neue Heimat fanden, so leben heute über 65 Tiere auf dem 9 ha großen Gelände am Ma Oya. Die meisten von ihnen sind Opfer eines schwer lösbaren Konfliktes mit der zunehmenden Landbevölkerung. Weil ihr Lebensraum immer weiter eingeengt wird, zerstö-

Er hat den ehrenwertesten Job der Insel: Beim jährlichen Esala Perahera darf Sri Lankas schönster und mächtigster Elefant als „Maligawa Atha" die Kopie der Zahnreliquie durch die Straßen Kandys tragen – in edelstes Tuch gehüllt, begleitet von ebenfalls mit feinsten Stoffen dekorierten Artgenossen. Keinem anderen Tier wird so viel Ehre zuteil, und keines ist mit dem Leben der Sri Lanker so eng verwoben wie der Elefant – ob in der Religion, Kunst oder Geschichte. Der Elefantengott Ganesha gilt als Beschützer des Dschungels, ein weißer Elefant zählte früher zum Glücksgaranten der Könige. Zahlreiche Heiligtümer sind mit Elefantenreliefs und -skulpturen verziert. Zudem weisen viele Chronikpassagen auf *aliya* oder *yanai* hin, wie der Dickhäuter auf Singhalesisch bzw. Tamil genannt wird.

Jumbos als Exportschlager

Kein Krieg und kein Fest fanden ohne seinen Einsatz statt. Im Jahr 1586 belagerte König Rajasimha I. mit seiner Armee und 2200 „exzellent trainierten" Elefanten das portugiesische Fort in Colombo – allerdings ohne Erfolg. Die gute Ausbildung der ceylonesischen Jumbos war über die Grenzen hinaus bekannt, weshalb sie ein begehrtes Exportgut waren. Selbst der Pontifex Maximus und Martin Luther-Verächter, Leo X., erhielt 1514 vom König Portugals einen *Elephas maximus* zum Geschenk. „Hanno", wie ihn die Römer nannten, starb leider bereits zwei Jahre später in den Armen des Medici-Papstes.

Das Elfenbein machte den Elefanten jedoch für die kolonialen Großwildjäger zur beliebten Jagdbeute, wie etwa für einen Major namens Thomas Rogers, der sich damit brüstete, innerhalb von vier Jahren 1500 Exemplare erlegt zu haben. Manche Experten sehen in der langjährigen extensiven Jagd einen der Hauptgründe dafür, dass nur 5 % der männlichen Elefanten

auf Sri Lanka Stoßzähne besitzen, während es in Südindien noch fast 90 % sind.

Schwindende Lebensräume

Zwei Unterarten des asiatischen Elefanten sind auf der Insel verbreitet: der Ceylonesische Elefant *(Elephas maximus maximus)* und der Ceylonesische Marschelefant *(Elephas maximus vilaliya)*. Seit Beginn des 20. Jhs. hat sich ihre Zahl um über zwei Drittel auf geschätzte 3100–4400 Exemplare reduziert. Dazu leben noch etwa 400 bis 600 domestizierte Elefanten auf der Insel, vorwiegend als „Arbeiter" in den Kautschuk- und Kokosplantagen. War in der Vergangenheit vor allem die Jagd für ihre Dezimierung verantwortlich, so ist es heute der Schwund ihrer natürlichen Lebensräume. Im Zuge des Mahaweli-Entwicklungsprojektes wurden im trockenen Osten der Insel seit den 1970er-Jahren 3642 km^2 Primärwald in landwirtschaftliche Nutzflächen verwandelt. Fast zwei Drittel des Waldes dienten den Elefanten als wichtiges Habitat. Den Verlust konnten die als Ersatz geschaffenen Schutzgebiete und Korridore, darunter die Nationalparks Minneriya und Kaudulla, jedoch nur bedingt kompensieren. Ihre Vorliebe für Bananen, Reispflanzen und Zuckerrohr machen sie nicht gerade zum Freund der Bauern. Durchschnittlich 200 kg verschlingt ein ausgewachsener 5 t schwerer Jumbo. Kaum ein Tag vergeht, an dem nicht eine Herde – bis zu 40 Tiere können das sein – die Felder heimsucht und zerstört. Beim Versuch, sie zu vertreiben, kommen jährlich durchschnittlich 200 Dickhäuter ums Leben. Schätzungen des World Wide Fund for Nature (WWF) zufolge sterben 6 % der wild lebenden Elefanten pro Jahr. Bei einer Geburtenquote von 5 % heißt dies, dass ihre Zahl weiter abnimmt. Mehr denn je benötigen die sensiblen Dickhäuter den Schutz der Menschen – und des Elefantengottes Ganesha.

Martin H. Petrich

ren Elefantenherden Felder oder gar Häuser der Bauern. Durch Feuer oder gar Gewehrschüsse versuchen die Bewohner die grauen Riesen zu vertreiben. Nicht wenige kommen dabei ums

Leben oder werden schwer verletzt – aber auch Menschen kommen zu Schaden.

Die zu Waisen gewordenen Elefantenjungen werden in die Obhut des unter dem Management des National Zoological Gardens stehenden Elefanten-Waisenhauses gebracht und dort aufgezogen. Sie finden nach einiger Zeit wieder ihren Weg in die Wildnis oder beginnen eine „Karriere" als Arbeitselefant. Einige der Dickhäuter sind auch Opfer des langen Bürgerkriegs geworden wie etwa die junge Elefantendame „Sama", die 1995 ein Bein durch eine Landmine verlor (s. auch 🖥 www.luckysama.de). Dass sich die Schwergewichte hier durchaus wohlfühlen, zeigt sich auch darin, dass fast jährlich neue Elefantenbabys zur Welt kommen – eine Schwangerschaft kann bis zu 22 Monate dauern. Damit ist Pinnawala eine der erfolgreichsten Elefantenzuchtstationen Asiens.

Die beste **Besuchszeit** ist zur Fütterung der Elefantenbabys um 9.15, 13.15 und 17 Uhr oder zur ausgiebigen Badezeit der Dickhäuter im Ma Oya-Fluss von 10–12 und 14–16 Uhr. 🕐 tgl. 8.30–18 Uhr, Eintritt 2000 Rs, Kinder bis 12 Jahre 1000 Rs, Video-Gebühr 500 Rs.

Weitere Sehenswürdigkeiten

Nahe Pinnawala liegen einige sehr touristische **Gewürzgärten**. Zudem können auch noch wenig bekannte, doch recht sehenswerte buddhisti-

sche Heiligtümer besucht werden wie der Höhlentempel **Kele Dambulla**, der **Daluggala-Tempel** oder der schöne Stupa von **Kota Vihara**.

Ein Großteil der Besucher, darunter sehr viele Reisegruppen, besucht Pinnawala im Rahmen eines Ausflugs von Kandy aus. Wer die Stimmung am Ma Oya jedoch in Ruhe genießen möchte, kann hier auch übernachten. Die genannten Unterkünfte befinden sich alle in unmittelbarer Nähe zum Elefanten-Waisenhaus, allerdings sind sie für den gebotenen Standard überteuert.

Elephant Park, 📞 035-2266171, 🖥 www.pinnalanda.com. Restaurant und Unterkunft in Flussnähe. 12 nette saubere Zimmer mit Warmwasser-Bad. ❸

Elephant View, 📞 035-2265292, 🖥 www.elephantview.com. Die insgesamt 16 AC-Zimmer mit Warmwasser-Bad sind freundlich und gemütlich eingerichtet. ❷–❸

Pinnalanda Restaurant, 📞 035-2265297, 🖥 www.pinnalanda.com. Das sehr beliebte Restaurant direkt am Ma Oya wird von vielen Reisegruppen frequentiert. Es bietet jedoch auch 2 Zimmer (Warmwasser-Bad) mit schönem Flussblick. ❸

Das Elefanten-Waisenhaus liegt nur 2 km nördlich von der A 1 (Colombo – Kandy). Die gängigste Option ist ein **Mietwagen** von KANDY aus, was je nach Wagenqualität etwa 3000–3500 Rs kostet. Auch die geschäftstüchtigen Three-Wheeler-Fahrer bieten Halbtagstouren ab Kandy an. Dies ist zwar etwas günstiger – ca. 2200 Rs – jedoch auch angesichts der sehr belebten A 1 um einiges ungemütlicher und ungesünder.

Busse

Man kann auch von KANDY mit dem Bus in Richtung KEGALLE fahren. Die privaten Busse starten von Goods Shed im Viertelstundentakt und benötigen etwa 1 Std. bis UDAMULLA, das ca. 4 km vor Kegalle liegt. Dort muss man aussteigen und auf einen der alle 20 Min. zwischen Kegalle und Rambukkana verkehren-

Papier aus Elefantendung

Die Nutzbarkeit von Elefanten umfasst sogar ihre Hinterlassenschaften. Dass die Handball-großen Haufen gute Dünger sind, ist bekannt. Dass sie auch für die Papierherstellung verwendet werden können, ist eine neue Errungenschaft. Der Dung wird mit Reisschrot, Teeabfällen, Altpapier und – ganz wichtig – Zimt gemischt, zerstampft, gekocht und anschließend für zwei Tage getrocknet. Das entstandene faserige Papier wird dem Bedarf entsprechend zugeschnitten und weiter verarbeitet. Als **Geschenk- und Briefpapier**, als **Lampenschirm** oder **Fotoalbum** findet es seine Abnehmer im ganzen Land. Für die Bewohner aus der Umgebung ist die Papierherstellung eine willkommene alternative Einkommensmöglichkeit. Eine gute Produktauswahl findet sich in der Millennium Elephant Foundation oder in den Souvenirshops von Pinnawala.

den Busse (Nr. 681) warten. Die Weiterfahrt bis ins 2 km weiter nördlich gelegene Pinnawala dauert nur 10 Min. Wer nicht warten will, kann für etwa 250 Rs mit dem Three-Wheeler weiterfahren.

Eisenbahn

Mit Ausnahme des Intercity Express halten alle Züge zwischen Kandy und Colombo im etwa 3 km nördlich von Pinnawala gelegenen Bahnhof RAMBUKKANA. Abfahrtszeiten in Kandy sind um 5 und 6.30 Uhr. Die Fahrzeit beträgt etwa 1 Std. In Rambukkana kann man einen Bus in Richtung Kegalle nehmen oder für etwa 300 Rs mit dem Three-Wheeler bis zum Elefanten-Waisenhaus fahren.

Millennium Elephant Foundation

Fraglos ist Pinnawala angesichts der dortigen großen Elefantenpopulation der eindrucksvollere Ort, doch die besseren Informationen über das Leben des *Elephas maximus* erhält man in der Millennium Elephant Foundation (MEF). Die Stiftung liegt an der Straße zum Pinnawala Elefanten-Waisenhaus, weshalb der Besuch gut kombiniert werden kann. Seit ihrer Gründung 1999 bemüht sich die Organisation mit ihrer mobilen Veterinäreinheit um das Wohlergehen der Elefanten in ganz Sri Lanka. Derzeit sind zwei männliche und sechs weibliche Elefanten untergebracht, darunter die Enddreißigerin Lakshmi mit ihrer 1984 geborenen Tochter Pooja sowie die selbstbewusste Malerin Rani.

Ein **Museum** gibt wichtige Einblicke in den Lebenszyklus des Dickhäuters. Wer will, kann auf dem Rücken der eindrucksvollen Kolosse durch die Gegend touren – oder in luftiger Höhe gar den Bund fürs Leben schließen. Die Stiftung ist auch ein beliebter Ort für Volontäre, vor allem für Studenten der Tiermedizin. Nebenan ist eine Werkstätte zur Herstellung von Elefantenpapier eingerichtet. Eine halb- bzw. einstündige Tour auf dem Rücken eines Dickhäuters kostet 3000–5000 Rs.

The Millennium Elephant Foundation, Randeniya, Hiriwadunna, Kegalle, ✆/✉ 035-2265377, 🖳 www.millenniumelephantfoundation.com. ⊙ tgl. 8.30–17 Uhr, Eintritt 675 Rs.

Kandy

„Die stolze Königsstadt Kandy könnte eigentlich besser als ein bescheidenes Dorf bezeichnet werden, dessen wenige Straßen mehr singhalesische Erdhütten als europäische Bungalows enthalten", notierte der deutsche Biologe Ernst Haeckel enttäuscht, als er am 6. Dezember 1881 erstmalig Kandy betrat. Damals lebten dort gerade mal um die 20 000 Menschen. Zwar ist heute in der mit etwa 160 000 Einwohnern drittgrößten Stadt der Insel von dieser dörflichen Beschaulichkeit zumindest im Zentrum wenig zu spüren, trotzdem ist sie auch weit von der typischen Hektik asiatischer Metropolen entfernt.

Nicht nur wegen des vergleichsweise moderaten Klimas lässt sich ein Aufenthalt in der auf durchschnittlich 500 m ü. M. gelegenen Stadt am Mahaweli recht angenehm gestalten, sondern auch aufgrund der Tatsache, dass sie von allem etwas zu bieten hat – und das auf völlig unspektakuläre Weise: Geschichte und Kultur, reichlich Natur, ein bisschen koloniales Flair und dazu einen Hauch Urbanität.

Für viele Sri Lanker ist Kandy das Synonym für singhalesische Kultur und Identität. Mit Stolz verweisen sie auf die Tatsache, dass sich die alte Königsresidenz über mehrere Jahrhunderte hinweg den Eroberungsversuchen der Kolonialmächte zu widersetzen vermochte und die kulturelle Eigenständigkeit bewahren konnte. Von diesem Selbstbewusstsein ist noch manches zu spüren: bei den kunstvollen **Kandy-Tänzen**, beim Puja im berühmten **Zahntempel** und ganz besonders während des bedeutendsten Festes von Sri Lanka, dem **Esala Perahera**.

Bei seinem Besuch 1911 fühlte sich Hermann Hesse vor allem von den dicht bewaldeten Bergen angezogen, führen doch „von Kandy weg nach allen Seiten die schönsten Spazierwege der Welt in eine wundervolle Landschaft hinaus", wie er notierte. Tatsächlich liegt der Reiz Kandys vor allem im Umland. Während die meisten Besucher den Botanischen Garten von **Peradeniya** und das **Pinnawala Elefanten-Waisenhaus** aufsuchen, bereisen nur wenige die äußerst stim-

Kandy und Umgebung

Mahaweli Mw.

Ratwatta Mw.

Kuda Mw.

Sriwath

Bodhi Rukkarama Mw.

Sri Sumangala Mw.

Sri Sumangala Mw.

Sri Dharmasiddi Mw.

A.A. Dharmasena Mw.

A9

Matale (26 km),
Dambulla (72 km)

FRIEDHOF

Asgiriya
Playground

Adahanamaluwa Rd.

Asgiriya
Maha
Vihara

Wariyapola

Sri Sumangala Mw.

Bahirawakanda

Sri Pushpadana Lane

Pushpadana Mw.

Katukele Lake Rd.

Sri Pushpadana Lane

Bahirawakanda Rd.

Sirimavo Bandaranaike Mw.

S.W.R.D. Bandaranaike Mw.

Keppetipola Mw.

Hiragedara

Srimath
Bennet
(Colombo

Bank of Ceylon

$ 10

POLIZEI

MARKT

Ehelepola

Bogambara
Grounds

Telecom

Gampola (21 km),
Kegalle (41 km),
Colombo (116 km)

Station Rd.

A1

Bahnhof

William Gopallawa Mw.

Hantana Rd.

24 (1 km),
Kandy War Cemetery

29

General
Hospital

Tee-Museum

Übernachtung:
1 Lake Bungalow
2 Star Light Guesthouse
3 Freedom Lodge
4 Golden View Rest
5 Expeditor
6 Lake Inn
7 Kandy Inn
8 Lakshmi Palm Garden 2
9 Sharon Inn
10 Highest View
11 Chaaya Citadel Kandy
12 Villa Rosa
13 Blue Haven
14 Forest Glen Guesthouse
15 Olde Empire Hotel
16 Queens Hotel
17 Gem Inn II
18 Hotel Thilanka
19 Hotel Suisse
20 Castle Hill Guesthouse
21 The Peak Residence
22 Mc Leod Inn
23 Devon Hotel
24 Palm Garden Guesthouse
25 Royal Tourist Lodge
26 Serene Garden Hotel
27 Breeze Hill Side
28 Helga's Folly
29 Prasanna Village Inn
30 Lake View Rest
31 Senani Hotel

Transport:
1 Sri Lankan Airlines
2 Mietwagen
3 Mietwagen
4 Lokale Busse,
 u.a. nach Peradeniya
5 IC-Busse→Colombo
6 Goods Shed Busbahnhof
7 Normalbusse→Colombo

Essen:
1 Sharon Inn Restaurant
2 Kandy City Mission
3 Flower Song Restaurant
4 Devon Bakers Best
5 The Soya Food Centre
6 Liquid for Life
7 Sriram Restaurant
8 Paiva's Restaurant
9 Pizza Hut
10 Muslim Hotel
11 The Pub, Bake House
12 Pub Royale
13 Devon Restaurant
14 History Restaurant
15 Bamboo Garden Restaurant & Pub
16 Senani Restaurant

Sonstiges:
1 VNS Internet Café
2 Pearl Video
3 British Council
4 Yuro Tea Centre
5 Junoid's
6 Kandy Lake Club
7 Sivaram Internet Café
8 Central Cultural Fund
9 Cybernet Place
10 One Plus One
11 Hotel Casamara
12 Vijitha Yapa Bookshop
13 New Titan Video
14 Cargills Food City, KFC
15 Kandyan Arts Association
16 YMBA
17 BPS Bookshop
18 Senani Silks Factory
19 The Kandy Garden Club
20 Weda-medura Ayurveda Center
21 Gunatilake Batiks
22 Rajanima Craft

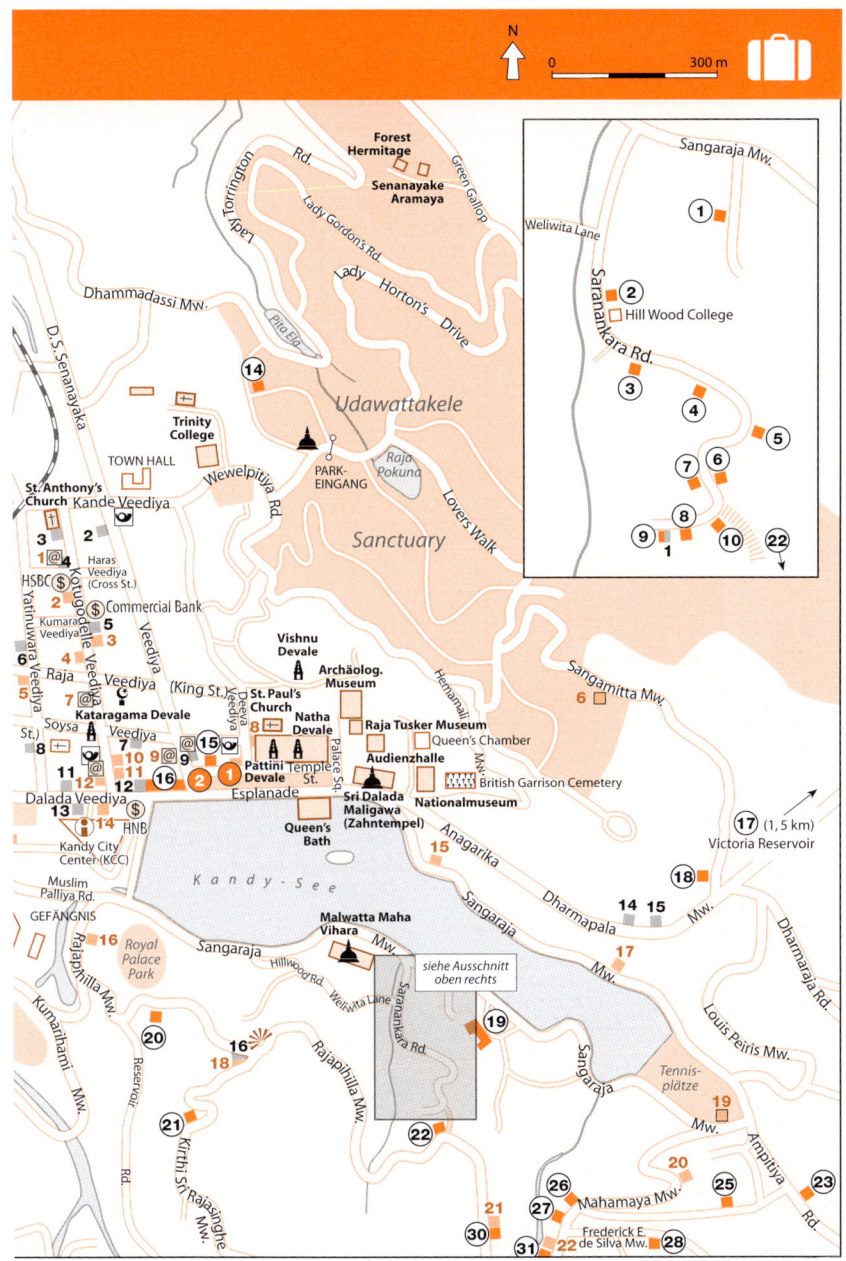

N

0   300 m

Forest Hermitage

Senanayake Aramaya

Lady Torrington Rd.

Green Gallop

Lady Gordon's Rd

Dhammadassi Mw.

Lady Horton's Drive

Pini Ela

Udawattakele

Sangaraja Mw.

Weliwita Lane

Saranankara Rd.

① 1

② 2

Hill Wood College

③ 3

④ 4

⑤ 5

⑥ 6

⑦ 7

⑧ 8

⑨ 9

10 ⑩

1

22 ㉒

D. S. Senanayaka

⑭ 14

Trinity College

TOWN HALL

Wewelpitiya Rd.

PARK-EINGANG

Raja Pokuna

Sanctuary

Lovers' Walk

St. Anthony's Church

Kande Veediya

3   2

1 @ 4

Haras Veediya (Cross St.)

HSBC $

2

Kotugodelle Veediya

Commercial Bank

Kumarade Veediya

5   3

Yatinuwara Veediya

6   4

Raja

5   Veediya (King St.)

7   @

Vishnu Devale

Archäolog. Museum

Sangamitta Mw.

6

Katunga Devale

Soysa (St.)

Veediya

7

8

11

12   @

St. Paul's Church

8   **Natha Devale**

Raja Tusker Museum

Queen's Chamber

Audienzhalle

Hemamali

10 ⑨ 9 ㊀

@

⑮ 15

⑯ 16 ② ①

Pattini Devale

Temple St.

Palace Sq.

British Garrison Cemetery

Dalada Veediya

13    $

HNB

⑭ 14

Esplanade

Sri Dalada Maligawa (Zahntempel)

Nationalmuseum

Kandy City Center (KCC)

Queen's Bath

⑰ 17 (1,5 km) Victoria Reservoir

Muslim Palliya Rd.

GEFÄNGNIS

K a n d y - S e e

Anagarika

15 ⑮

⑱ 18

16 ⑯

Royal Palace Park

Sangaraja

Malwatta Maha Vihara

Hillwood Rd.

Sangaraja Mw.

Dharmapala

14 15

17

Dharmapala Mw.

Rajapihilla Mw.

Weliwita Lane

Saranankara Rd.

siehe Ausschnitt oben rechts

⑲ 19

Louis Peiris Mw.

Dharmaraja Rd.

Kumarihami Mw.

Reservoir

⑳ 20

16 ⑯

18 ⑱

Rajapihilla Mw.

Sangaraja

Tennis-plätze

19 ⑲

Mw.

Ampitiya Rd.

Kirthi Sri Rajasinghe Mw.

㉑ 21

⑳ 20

25 ㉕

23 ㉓

㉒ 22

26 ㉖

Mahamaya Mw.

㉗ 27

21

30 ㉚

31 ㉛ 22 ㉒

Frederick E. de Silva Mw.

28 ㉘

mungsvolle Umgebung der interessanten Tempel **Embekke**, **Lankatilake** und **Gadaladeniya** südwestlich von Peradeniya oder den Osten Kandys mit den ebenfalls sehenswerten Heiligtümern **Gangarama**, **Degaldoruwa** und **Galmaduwa**. Outdoor-Fans kommen in der **Knuckles Range** und Freunde des gepflegten Ballspiels im **Victoria Golf & Country Resort** auf ihre Kosten.

Geschichte

Verglichen mit den anderen Königsstädten Sri Lankas ist Kandy noch recht jung. In einer Phase, als die Insel in verschiedene Machtzentren zerfallen war, gründete der in Gampola residierende Vikramabahu III. (reg. 1357–74) am Ufer des Mahaweli die Stadt „Senkadagalapura". Einer Legende nach diente ein dort lebender Eremit namens Senkada als Namensgeber. Doch zur Königsstadt avancierte sie erst im späten 15. Jh. unter Senasammata Vikramabahu. Damals war die Region als **Kanda Uda Pas Rata**, „Königreich der fünf Berge" – verkürzt Kanda Uda Rata oder schlicht Udarata – bekannt. Von diesem Namen ableitend nannten die Portugiesen die Stadt

„Kanda". Später machten die Briten „Kandy" daraus. Bis heute verwenden noch viele Alteingesessene zudem die allgemeine Bezeichnung **Maha Nuwara**, „Große Stadt".

Insgesamt zwölf Herrscher regierten von Kandy aus das kleine Reich. Politisch war Udarata seit der Ankunft der Portugiesen Anfang des 16. Jhs. jedoch stark geschwächt. Eine Verbesserung erhoffte sich Rajasimha II. (reg. 1635–87) durch einen 1638 mit der **Vereenigden Oostindischen Compagnie (VOC)** ausgehandelten Vertrag, der den Holländern im Gegenzug zu militärischer Hilfe das Monopol im Zimthandel zugestand. Doch diese Hoffnung erwies sich als trügerisch, denn die VOC brachte Schritt für Schritt die ganze Küstenregion unter ihre direkte Kontrolle. 1765 besetzten ihre Truppen sogar für neun Monate Kandy. Das kleine Königreich war isoliert und vollkommen von den Europäern abhängig, weshalb es sich verstärkt nach innen wandte und auf die kulturellen Wurzeln besann. Als Stadt des heiligen Zahns verstand sich Kandy als der Hort des Buddhismus.

Nach einem kläglich gescheiterten Invasionsversuch der **Briten** 1803 war der Untergang des letzten srilankischen Königreiches Udarata jedoch endgültig besiegelt, als das Empire am 2. März 1815 Sri Vikrama Rajasimha zur Abdankung zwang und ins südindische Exil schickte. Zum Sturz des Regenten trug wesentlich der Kolonialbeamte **Sir John D'Oyly** (1774–1824) bei. Wortgewaltig und mit Gespür für Stimmungen vermochte er dank seiner exzellenten Sinhala-Kenntnisse die unzufriedene, aber zersplitterte Aristokratie in ihrer Opposition gegen den ungeliebten Autokraten zu einen. Ohne dass es zu bemerkenswerten Kämpfen kam, nahmen die Briten die Stadt ein.

Als Verwaltungssitz hatte Kandy fortan nur noch geringe Bedeutung, denn der Sitz des britischen Gouverneurs war Colombo. Umso mehr spielte sie als Zentrum der aufkommenden Plantagenwirtschaft eine wachsende Rolle. Entsprechend wurde die Infrastruktur ausgebaut. 1825 war die bislang schwer zugängliche Königsstadt mit dem 116 km entfernten Colombo durch eine Straße verbunden, ab 1867 auch an das Eisenbahnnetz angeschlossen. Heute ist Kandy nicht nur ein wichtiger Ort für Verwaltung und Bildung –

in **Peradeniya** hat eine der besten Universitäten des Landes ihren Sitz –, sondern auch wegen des Klimas ein zunehmend beliebter Wohnsitz für die Inselbewohner.

Orientierung

Herzstück der Stadt ist fraglos der **Kandy Lake** mit dem nördlich von ihm liegenden **Zahntempel**. Auf der Anhöhe südlich des Sees befinden sich die meisten Billigunterkünfte. Im Westen breitet sich das **Stadtzentrum** mit den Geschäftsstraßen aus; dort liegen auch Bahnhof, Hauptpost, Markt und der Busbahnhof Goods Shed. Aufgrund der Bevölkerungszunahme wachsen die Wohngebiete der Stadt immer weiter in die umliegenden Täler und Anhöhen hinein.

Sehenswertes

Kandy-See

Die angenehme Atmosphäre hat Kandy außer den umliegenden Bergen vor allem seinem Stadtsee zu verdanken. Der letzte König, Sri Vikrama Rajasimha, ließ ihn zwischen 1810 und 1812 anstelle von Reisfeldern anlegen und nannte ihn in Anlehnung an das kosmische Milchmeer aus der Hindu-Mythologie „Kiri Muhuda" *(kiri =* Milch, *muhuda* = Gewässer). In der Behandlung der unloyalen Aristokraten, welche sich weigerten, ihre Untertanen für die Erdarbeiten zur Verfügung zu stellen, war der religiöse Regent jedoch wenig pietätvoll. Er ließ sie pfählen und im See versenken. Dafür zeigte er sich seinen Hofdamen gegenüber umso großherziger. Ihnen errichtete er auf einer künstlichen Insel einen Lustpavillon.

Nach der Einnahme Kandys nutzten die pragmatischen Briten den Pavillon für die Lagerung von Munition. Um mehr Platz für die Stadt zu schaffen, schütteten sie den Westteil des Sees zu. Zum Flanieren legten sie den etwa 4 km langen Uferweg an. Geht man ihn an der Südseite des Sees entlang, so bietet sich im Schatten alter Bäume ein wunderbares Fotomotiv mit dem sich im Wasser spiegelnden **Zahntempel**. Allerdings befinden sich dort auch viele Schlepper, in der Dunkelheit sollten sich Frauen dort nicht alleine aufhalten.

Sri Dalada Maligawa – Tempel des Heiligen Zahns

Der „Palast des heiligen Zahns", Sri Dalada Maligawa, ist fraglos das Wahrzeichen Kandys. Elegant wurden seine Gebäude an die natürlichen Gegebenheiten angepasst. Im Hintergrund beginnen die bewaldeten Berge des Udawattakelle-Schutzgebiets, südlich von ihm breitet sich der Kandy-See aus. Wenn auch nicht architektonisch spektakulär, so beeindruckt doch die für Kandy so typische Architektur. Besonders wenn die zum Puja geschlagenen Trommeln von den umliegenden Höhen widerhallen, geht von dem Tempel eine besonders würdevolle Stimmung aus.

Der Tradition seiner Vorgänger in den anderen Königsstädten folgend ließ Vimala Dharma Surya I. (reg. 1591–1604) auf dem Gelände seines Palastes für die von ihm nach Kandy mitgebrachte Reliquie einen Tempel errichten. Doch von diesem ist nichts mehr zu sehen. Der heutige Hauptbau stammt aus der Regentschaft von Vimala Dharma Surya II. (reg. 1687–1707), wurde jedoch in der Folgezeit immer wieder verändert. So ließ der letzte Kandy-König die Anlage mit einem Wassergraben umgeben und an das Hauptgebäude den markanten achtseitigen Turm anbauen. Das leuchtend gelbe Dach entstand 1987 auf Anlass des damaligen Präsidenten Premadasa. Fast die gesamte Front wurde jedoch völlig zerstört, als im Januar 1998 Mitglieder der LTTE mit einem Lkw voller Sprengstoff in das Gebäude hineinrasten. Heute sind die Schäden komplett beseitigt.

Auf dem großen Vorplatz werden alle Besucher zweimal einer strengen Kontrolle unterzogen. Vor dem Gebäudekomplex müssen die Schuhe ausgezogen werden, die gegen einen Obolus aufbewahrt werden. Man sollte darauf achten, nur mit dezenter Kleidung das Heiligtum zu betreten. Empfehlenswert ist ein Besuch zu den einstündigen Pujas um 5.30, 9.30 und 18.30 Uhr. ⊙ tgl. 6–20 Uhr, Eintritt 1000 Rs.

Der heilige Schrein

Der Tempelkomplex besteht aus einem zweistöckigen U-förmigen Bau, der einen Innenhof mit dem ebenfalls doppelstöckigen Schrein einschließt, in dem sich die Zahnreliquie befindet. Den Abschluss bildet ein dreigeschossiges Quergebäude, das sich vor dem auf der

Ostseite gelegenen bewaldeten Hügel optisch gut abhebt.

Vorbei am ummauerten Wassergraben passiert man rechter Hand den achteckigen Turm namens **Pattirippuwa**. Hier hielt der letzte König von Kandy gelegentlich öffentliche Audienzen ab und wohnte dem Esala Perahera bei. Heute noch ist es Tradition, dass der neu gewählte Präsident von ihm aus seine Antrittsrede hält. Im Inneren werden zudem Schriften aus dem Pali-Kanon aufbewahrt. Der Eingang in den Tempelkomplex erfolgt durch das „Große Tor", **Maha Vahalkada**, welches ursprünglich auch als Hauptportal des Königspalastes diente.

Über eine im rechten Winkel abgehende Treppe geht es ins sehr unübersichtlich wirkende Innere. Dort befindet sich auch die **Eingangskasse**. Ein mit Lotosblumen-Motiven bemalter Gang führt zum **Hewisi Mandapaya**, dem Hof der Trommler, die hier eindringlich dreimal täglich zum Puja einladen – das Trommeln ist weit über den Tempelbezirk hinaus zu vernehmen. Vor den Stufen sind Mondsteine mit schönen floralen Mustern in den Boden eingelassen.

Eingezwängt in diesen Hof befindet sich der zweistöckige längliche Schrein mit der Zahn-

reliquie im oberen Stock. Seiner Bedeutung angemessen heißt er „Himmlischer Wohnsitz", **Vadahitina Maligawa**. Die untere Kammer des Schreins ist von einem vergoldeten Zaun eingefasst und wirkt mit ihrer geschwungenen Pforte und reichen Verzierungen besonders eindrucksvoll. Flankiert wird die meist verschlossene Tür von zwei mächtigen Stoßzähnen – ein beliebtes Dekor im Zahntempel. Die Außenwände der Kammer sind fast vollständig bemalt; bevorzugtes Motiv sind Ranken sowie Löwen und andere Tiergestalten. Im Inneren des Raums werden wertvolle Opfergaben aufbewahrt.

Zum oberen Bereich mit der Reliquienkammer führen links vom Schrein abgehende Treppen. Vorbei an einem Behälter für die Reliquienkopie sowie Flaggen und Fächer – sie werden beim Esala Perahera mitgetragen – gelangt man oben zu einem Durchgang namens **Handunkudama**. Hier halten sich die Gläubigen auf, bis sie in Richtung Reliquienkammer weitergehen können. Diese wird poetisch **Gandha Kuti**, „Kammer des Wohlgeruchs", genannt. Beim Ausschmücken der durch geschwungene Pforten dreigeteilten Reliquienkammer scheute der letzte König keine Mühen. Feinstes Rankendekor aus Elfenbein und

Der berühmte Zahntempel birgt die bedeutendste Reliquie des Buddhismus.

Silberbeschläge zieren Türen und Seitenwände, der Rest ist üppig bemalt.

Die Kammer ist nicht zugänglich und wird nur zu den drei Pujazeiten geöffnet. Dann kann man einen Blick auf den Behälter mit der Reliquie erhaschen, bevor man von den nachfolgenden Gläubigen weitergedrängt wird. Der Zahn selbst ist nicht zu sehen, weil er in eine Elfenbeinkapsel eingeschlossen ist, über die sich sechs Dagoba-förmige Behälter stülpen. Nur wenn die drei Schlüsselträger – die Vorsteher des Zahntempels und der Klöster Malwatta und Asgiriya – anwesend sind, können die Behälter geöffnet werden.

Alut Maligawa und Sri Dalada Museum

Das dreistöckige Rückgebäude **Alut Maligawa** bildet den östlichen Abschluss des Tempelkomplexes und wurde 1956 zum Gedenken an den 2500. Todestag Buddhas errichtet. In einem großen länglichen Raum sind zahlreiche in Thailand angefertigte Buddha-Statuen ausgestellt, die von einer Kopie des berühmten, von Feuerflammen umgebenen „siegreichen" Buddha Jinnaraj aus dem thailändischen Phitsanulok dominiert werden. Mit den gestifteten Statuen will das südostasiatische Land seine enge Verbundenheit mit Sri Lanka ausdrücken. An den Wänden illustrieren 21 etwas naive Malereien die abenteuerlichen Wege des heiligen Zahns.

Über den Hinterausgang gelangt man zum **Sri Dalada Museum**, das sich in den beiden oberen Stockwerken des Alut Maligawa befindet. Im ersten Stockwerk dokumentieren Fotos jene Orte in Sri Lanka, an denen die Zahnreliquie in ihrer langen Geschichte aufbewahrt wurde. Zudem werden auch die verheerenden Zerstörungen durch den LTTE-Anschlag von 1998 gezeigt. Interessanter sind die im zweiten Stockwerk in Vitrinen ausgestellten Geschenke, darunter Schmuck aus Kandy, ein Zeremonialfächer aus Birma und ein Miniatur-Stupa aus Indien, ⊕ tgl. 7–9.30 Uhr.

Audienzhalle und Raja Tusker Museum

Im Norden des Tempelkomplexes befindet sich noch innerhalb von Außenmauer und Wassergraben die königliche **Audienzhalle** (Magul Maduwa), eine attraktive Konstruktion mit zahlreichen verzierten Holzsäulen, die das schwere

Walmdach im Kandy-Stil stützen. Sie wurde 1784 vom zweitletzten Kandy-König errichtet und 1803 bei einer Invasion der Briten schwer beschädigt. Von historischer Bedeutung ist sie vor allem deswegen, weil hier am 2. März 1815 mit der Abdankungserklärung von Sri Vikrama Rajasimha der Untergang der Monarchie und das Ende der srilankischen Unabhängigkeit besiegelt wurden.

Manche mögen jedoch das kleine **Museum** zu Ehren „Rajas" spannender finden. Über 50 Jahre hatte der „Tusker" (Elefant mit Stoßzähnen) die Ehre, beim jährlichen Perahera als **Maligawa Atha** die Zahnkopie zu tragen. 1988 starb er im Alter von 63 Jahren und wirkt auch noch im ausgestopften Zustand sehr würdevoll. Das Museum ist in einem schönen alten Palastgebäude nordwestlich der Audienzhalle untergebracht, ⊕ 9–16.30 Uhr.

Nationalmuseum und Umgebung

Außer der Audienzhalle gibt es noch weitere zum ehemaligen Königspalast gehörende Gebäude. Sie liegen etwas erhöht im Osten des Zahntempels und sind über einen von der Angarika Dharmapala Mw. abgehenden Weg zu erreichen. Als erstes gelangt man zum rechter Hand liegenden Nationalmuseum, ⏱ Di–Sa 9–17 Uhr, Eintritt 500 Rs, Studenten 300 Rs. Es gilt das CCF-Rundticket.

In den dortigen Räumlichkeiten lebte die Königin samt Gefolge in wohl eher bescheidener Weise. Bei seinem Besuch 1881 fand Ernst Haeckel ein „ebenerdiges düsteres Gebäude" vor, „dessen dunkle modrige Räume weder innerlich noch äußerlich irgend etwas Bemerkenswerthes darbieten". Zwar ist es nunmehr restauriert, doch noch immer wirkt es eher unscheinbar. Trotzdem lohnt sich der Rundgang, weil die Exponate einen Eindruck von der Handwerkskunst zur „guten alten Königszeit" vermitteln. Zu sehen sind Schmuck und Kleidungsstücke vom Königshof, Lackwaren und Ola-Blätter mit astrologischen und medizinischen Erläuterungen. Eine alte String-Hopper-Presse aus Holz ist ebenso ausgestellt wie Betelnuss-Behälter und Wasseruhren: kleine Kupferschalen mit einem kleinen Loch, die nach genau 24 Minuten gefüllt sind und im Wasser versinken. Historisch interessant ist auch der Auszug aus dem Zwölf-Punkte-Vertrag vom 2. März 1815, wo ein schlichter Satz in Artikel 4 den Untergang des Königreichs besiegelt: „Die Herrschaftsgewalt über die Provinz Kandy wird dem Souverän des Britischen Empires übertragen".

In Nachbarschaft des Museums liegt ein etwas heruntergekommenes, ebenfalls seinerzeit von der Königin genutztes Gebäude, die **Queen's Chamber**. Heute dient es als Planungsbüro. Das große Haus im Anschluss wurde 1880 unter Sir James Longden als **Gouverneurssitz** errichtet und diente bis 2005 dem High Court, der Obersten Zivilkammer, für seine Sitzungen. Das Bezirksgericht, der District Court, tagte ebenfalls bis 2005 in einer anschließenden offenen **Audienzhalle**. Zukünftig soll dort ein buddhistisches Museum einziehen.

Unter König Vimala Dharma Surya I. (reg. 1591–1604) entstand das längliche Gebäude im nördlichen Anschluss an den Zahntempel. Heute ist dort das **Archäologische Museum**, ⏱ Mi–Mo 8–17 Uhr, untergebracht. Der Zugang erfolgt über die Straße unterhalb des Vishnu Devales. Allerdings lohnt sich der Besuch mangels interessan-

ter Exponate kaum. Theoretisch ist der Eintritt im Cultural Triangle Ticket des CCF eingeschlossen, jedoch wird kaum danach gefragt. Für ein Trinkgeld wird man gerne herumgeführt.

Die vier Devales

Wie sehr in Sri Lanka hinduistische Vorstellungen Aufnahme in den Buddhismus gefunden haben, zeigt sich ganz besonders deutlich bei den vier Devales von Kandy. So wie die gesamte Insel ist auch die alte Königsstadt unter den Schutz der vier Gottheiten gestellt: Natha, Upulvan (Vishnu), Pattini und Kataragama (s. S. 132). Sie spielen besonders beim Esala Perahera eine wichtige Rolle. Die Devales der ersten drei genannten Gottheiten befinden sich auf dem Gelände des Zahntempels, Letzterer in der Innenstadt.

Pattini Devale

In einem ummauerten Bezirk nördlich der Temple Street liegt der Devale zu Ehren Pattinis. Der Eingang zum Gelände befindet sich neben dem Büro des Central Cultural Fund an der Deva Veediya. Pattini wird als Idealbild der ergebenen und tugendhaften Gattin vor allem von Frauen einfacher Herkunft verehrt – was mit ihrer Ursprungsgeschichte zu tun hat: Es lebte ein bescheidenes Mädchen namens Kannakai im südindischen Madurai und war glücklich mit Kovalan verheiratet. Doch ihr Mann begann nach einiger Zeit eine Affäre mit einer Tempeltänzerin. Eines Tage bat jene ihn um Geld, um Schulden bezahlen zu können. Kovalan ging zu seiner Frau, die ihm ohne Zögern ihren goldenen Fußschmuck gab. Bei einem Goldschmied konnte er den Schmuck gegen Geld einlösen, gerade zu einer Zeit, als die Königin verkünden ließ, sie habe ihre Fußringe verloren. Kovalan wurde des Diebstahls bezichtigt und sofort hingerichtet. Wutentbrannt eilte Kannakai daraufhin zum Königspalast, verlangte vom Herrscherpaar Rechenschaft, riss sich ihre Brüste heraus und schleuderte sie ihnen entgegen. Die Audienzhalle ging in Flammen auf und innerhalb kurzer Zeit waren der gesamte Palast samt Königsgefolge vernichtet. Kannakai wurde in den Himmel aufgenommen und zur mächtigen „Göttin der Ergebenheit", Pattini.

Der Schrein selbst ist eher bescheiden, doch weist der Eingang eine schöne, mit Messing be-

Als der Erleuchtete im Alter von 80 Jahren im nordindischen Kushinara verstarb, wurde seine Leiche nach alter Tradition verbrannt. Der Überlieferung nach verteilte man die Knochenreste an acht Nachbarstaaten, wo sie in Stupas eingeschlossen wurden. Es blieben aber noch die vier Eckzähne des Buddha übrig. Sie gingen an Shaka, den „König der Götter" und Schutzgott des Buddhismus, an die Nagas (Schlangengeister), den König von Gandhara (im heutigen Pakistan) und den König von Kalinga im ostindischen Orissa – so berichtet zumindest das Buch Digha Nikaya aus dem Pali-Kanon. In Kalinga wurde die heilige Reliquie über viele Jahrhunderte verehrt, bis der fromme König Guhasiva angesichts eines drohenden Krieges sie seiner Tochter Hemamali anvertraute, um sie einem befreundeten König, dem in Anuradhapura residierenden Sirimeghavanna, zu übergeben. In Hemamalis Haarknoten versteckt, gelangte der Zahn um etwa 310 n. Chr. auf die Insel.

Weit über ein halbes Jahrtausend blieb die Reliquie in Anuradhapura, bis sie im 11. Jh. in das unter Vijayabahu I. zur neuen Königsstadt aufgestiegene Polonnaruwa gelangte. Das folgende Auf und Ab in der Geschichte des 14. und 15. Jhs. ist auch an den weiteren Stationen der Zahnreliquie abzulesen. Eine Zeit lang wurde sie in Dambadeniya aufbewahrt, dann in Yapahuwa, von wo sie kurzzeitig nach Indien „entführt" wurde, und nach einem Kurzaufenthalt in Polonnaruwa landete sie in Kurunegala. Unter dem König Bhuvanekabahu IV. (reg. 1341–51) gelangte sie erstmalig in die Berge, wo der Monarch in Gampola bei Kandy seine Residenz etablierte. Auch in Kotte (bei Colombo) fand sie zeitweilige Heimstatt und soll dort im frühen 16. Jh. in die Hände der Portugiesen gefallen sein. Widersprüchlichen Informationen zufolge ist sie von den Portugiesen nach Goa gebracht, dort zermahlen und ins Meer geworfen worden. Dagegen wird behauptet, die fanatisch katholischen Südeuropäer hätten nur eine Kopie vernichtet und der Originalzahn habe die Insel nie verlassen.

Wie auch immer, unter Vimala Dharma Surya I. erreichte die Reliquie 1592 schließlich Kandy. Der König erbaute zu ihrer Verehrung unweit seines Palastes einen eigenen Tempel, der baulich immer wieder verändert wurde. Zwar musste die Zahnreliquie auch in der Folgezeit gelegentlich außerhalb Kandys in Sicherheit gebracht werden, sie kam jedoch immer wieder bald zurück. Nach dem Fall der Königsstadt an die Briten übernahmen die Kolonialherren das Patronat über den Eckzahn. Heute ist er dem Schutz des Präsidenten unterstellt.

Kandy und Umgebung

schlagene Tür auf, flankiert von Wächterfiguren und Makaras. Kleinere Nebenschreine sind Kali und Mariamman geweiht. Pujas zu Ehren Pattinis werden um 5.40, 10.15 und 19.15 Uhr abgehalten.

Im Norden des Devales steht ein mächtiger ummauerter Bodhi-Baum, **Wel Bodhiya**. Der Sprössling des berühmten Baumes aus Anuradhapura soll im frühen 18. Jh. von König Narendra Simha gepflanzt worden sein.

Natha Devale

In Nachbarschaft zum Pattini-Schrein liegt ebenfalls innerhalb des ummauerten Bezirks der Natha Devale. Dieses stadtälteste Heiligtum wurde im 14. Jh. von Vikramabahu III. gestiftet, als Kandy noch keine Königresidenz war. Dennoch spielte der Devale in späterer Zeit eine wichtige Rolle für das Königshaus, denn bei der Einführung eines neuen Regenten wurden ihm hier der offizielle Königstitel verliehen und das Schwert übergeben. Vor der Statue Nathas, welcher ja mit dem zukünftigen Buddha Maitreya identisch ist, sollte der neue Herrscher unter dessen Schutz gestellt werden. Der Name Maitreya (skt. „All-Liebender") wird häufig mit dem Suffix „-natha" (skt. beschützen) verknüpft, was dann so viel wie „der allliebende Beschützer" bedeutet.

Der gedrungen wirkende Hauptschrein erinnert mit dem runden Dachabschluss (Shikhara) an die Hindu-Tempel Polonnaruwas, welche wiederum starke südindische Einflüsse aufweisen. Ihm vorgelagert ist ein geschlossener Vorbau mit schönen Malereien an seiner Eingangsseite und eine längliche Säulenhalle *(digge)*. Beide sind mit dem für Kandy markanten abgeknickten Walmdach bedeckt. Auf der Südostseite des Devales befindet sich ein weißer Stupa.

Vishnu Devale

Der Tempel zu Ehren Vishnus liegt im Nordwesten des ehemaligen Palastgeländes an der Raja Veediya. Wegen der Bedeutung Vishnus – er zählt zu den zentralen Hindu-Gottheiten und ist zugleich Patron des Buddhismus – wird das Heiligtum auch „Maha Devale" (Großer Tempel) genannt. Seine Ursprünge gehen auf das 18. Jh. zurück, doch wurden die Gebäude 1957 umfassend erneuert. Er ist architektonisch wohl der interessanteste Tempelbau. Von ornamentierten Mauern flankierte Treppen führen zum erhöht liegenden Hauptkomplex. Er besteht aus dem Vishnu-Schrein, dessen auf allen Seiten abgeflachtes Walmdach sehr typisch für die traditionellen Kandy-Bauten ist. Die vergoldete Vishnu-Statue und weitere Abbilder der Gottheit finden sich im hinteren Bereich. Ihm ist ein offener *digge* mit verzierten Säulen aus Ceylonesischem Eisenholz vorgelagert. Ein weiterer Schrein zur Linken der Haupthalle ist Dadimunda (Devata Bandara) gewidmet, der etwa seit dem 17. Jh. als „General" Vishnus Verehrung findet. Seine Statue ist am Stab und dem traditionellen Kostüm der Aristokratie von Kandy zu erkennen. Die halbstündigen Pujas werden um 6, 10.45 und 18 Uhr abgehalten.

Kataragama Devale

Als einziger der vier Devales liegt der Schrein zu Ehren Kataragamas bzw. Skandas außerhalb des Zahntempelbezirks in der Kotugodelle Veediya. Trotz des großen bunten Eingangspavillons mit hölzernem Dachaufsatz ist er angesichts der vielen ebenso farbenfrohen Geschäfte in dieser Straße leicht zu übersehen. In diesem Tempel finden sich vorwiegend tamilische Hindus ein, unter denen der Kriegsgott Kataragama besonders populär ist. Sein Hauptschrein ist von einer schönen Balustrade umgeben. Die sechsköpfige Statue mit zwölf Händen – in jeder mit jeweils einer anderen Waffe – sitzt auf dem für Kataragama typischen Reittier, dem Pfau. Weitere

Schreine sind auf der Hinterseite des Devales dem Elefantengott Ganesha sowie den „Göttern der Neun Planeten", Navagrahas, auf der rechten Tempelseite den Gottheiten Ayyappan und Kali geweiht. Hinter dem schönen Mango-Baum befindet sich zudem ein Buddha-Schrein. Pujazeiten sind um 5.30, 6, 11, 18.30 und 20 Uhr.

British Garrison Cemetery

Nicht weit vom Nationalmuseum entfernt liegt in einer Seitenstraße der Anagarika Dharmapala Mw. der 1822 etablierte **Britische Garnisonsfriedhof**. Erst 1998 wurde er im Auftrag einer Bürgerinitiative restauriert, nachdem die längliche Anlage mit insgesamt 163 Gräbern immer mehr verwahrloste. Bis zur Schließung des Friedhofs im Jahr 1873 fanden hier unter den 450 Toten einige prominente Persönlichkeiten ihre letzte Ruhe, jedoch häufiger arme Schlucker, die fern ihrer Heimat in jungen Jahren starben: wie etwa John Spottiswood Robertson, der 23-jährig von einem wild gewordenen Elefanten zertrampelt wurde, oder A. McGill, dem 1873 ein Hitzschlag ein vorzeitiges Ende bereitete. Der 38-jährige David Findlay wurde während des Dinners unter seinem einstürzenden Haus begraben und J. P. L. Hardy 1830 von der Malaria dahingerafft, als er die Länge des Mahaweli erforschen wollte. Zwar überlebte Captain James McGlashan die große Schlacht von Waterloo, nicht jedoch eine tropische Erkältung, die ihn 1817 beim Wandern von Trincomalee nach Kandy befiel. Die prominenteste Gestalt ist sicherlich Sir John D'Oyly, der 1815 beim Vertrag von Kandy das Empire vertrat. 1824 starb er zurückgezogen im Alter von 50 Jahren. Auch eine Gouverneursgattin fand hier ihre letzte Ruhestätte: Lady Elizabeth Gregory, Frau von William Henry Gregory (reg. 1872–77).

Das Büro des Friedhofs ist in der ehemaligen Kapelle untergebracht. Dort residiert der herrliche Geschichtenerzähler, Mr. Charles. ⏰ Mo–Sa 8–17 Uhr. Der Eintritt ist frei, doch ist eine Spende zum Erhalt der Anlage angebracht.

Weitere buddhistische Heiligtümer

Eines der beiden bedeutendsten buddhistischen Klöster der Stadt ist der **Malwatta Maha Vihara** am Südufer des Kandy-Sees an der Sangaraja

Zu Fuß ans Ende der Welt

- **Länge:** 10 km
- **Dauer:** 3–4 Stunden
- **Schwierigkeitsgrad:** moderat
- **Eintritt:** US$17 plus Service Charge und Steuern

Aufgrund der eigentümlichen Landschaft zählen die Horton Plains zu den beliebtesten Wanderdestinationen Sri Lankas.

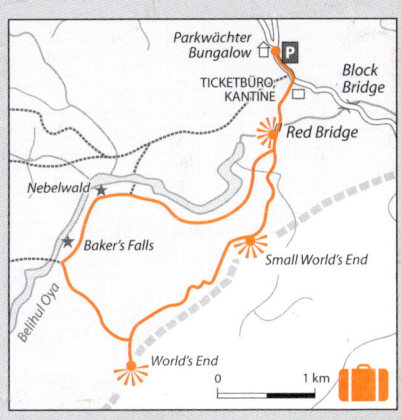

Die Route

Die Wanderung beginnt am Parkeingang. Von dort geht es zunächst über eine offene Ebene, bis man zu einem attraktiven Stück Nebelwald kommt. Nach einigen Kilometern ist das **Small World's End** erreicht, wo das Plateau 500 m abfällt. Von dort sind es nur einige hundert Meter bis zum berühmten **World's End**, das ca. 4 km vom Eingang entfernt liegt. Hier fällt das Plateau fast 900 m schräg ab und lässt einen atemberaubenden Blick frei, der bei guter Sicht bis zur Südküste reichen kann. Zudem ergeben sich schöne Ausblicke auf die Gipfel des Kirigalpota und des Thotupola Kande.

Nach einigen hundert Metern macht der Weg eine weit geschwungene Rechtskurve. Dem Weg weiter folgend, gelangt man nach nahezu 2 km zu einer Abzweigung, die zu den **Baker's Falls** führt. Für manche mag der Wasserfall zwar enttäuschend sein, doch ist er für srilankische Verhältnisse ziemlich eindrucksvoll. Seinen Namen erhielt er von dem britischen Abenteurer Samuel W. Baker (s. Geschichte von Nuwara Eliya). Vom Wasserfall zurück zum Parkeingang sind es noch weitere 2 km.

Vor einiger Zeit war es noch möglich, vom Parkeingang aus zum etwa 3 km entfernten **Poor Man's World's End** zu wandern und damit das saftige Eintrittsgeld zu sparen. Denn auch dort bietet sich ein Traumpanorama. Doch die Parkverwaltung ließ den Zugang sperren. Wer es trotzdem versucht, geht auf eigenes Risiko.

Praktische Tipps

Im Laufe des Vormittags, zwischen 10 und 11 Uhr, legt sich nicht selten eine Wolkendecke über die Horton Plains. Am World's End stehen die Besucher dann vor einer Nebelwand. Daher sollte man die Tour früh beginnen. An Wochenenden und Feiertagen fahren viele Einheimische zu den Horton Plains. Wer Ruhe sucht, sollte diese Tage meiden. Es ist zudem ratsam, feste Schuhe und warme Kleidung dabeizuhaben, auch eine Sonnencreme und genügend Wasser sind nicht verkehrt. Wer mehr über die Flora und Fauna wissen möchte, kann am Parkeingang einen Naturführer engagieren.

Dayagama (5 km)

Nuwara Eliya (29 km), Pattipola (5 km)

△ 2357
Thotupola Kande

Mahaeliya Lodge

Dormitory

Parkwächter Bungalow P

Ohiya-Bahnhof

TICKETBÜRO, KANTINE

Block Bridge

△ 2389
Kirigalpota

Red Bridge

Poor Man's World's End

Nepelwald

Ginihiriya Lodge

★ *Baker's Falls*

Small World's End

Belihul Oya

World's End

======= Hauptweg
.... Wanderweg

Das Hochland

Ebenfalls sehr apart wirken die weißen, blauen oder violetten Blüten der als „Binara" bekannten fünf einheimischen Blumenarten (lat. *Exacum*). Sie blühen meist im September, weshalb sie den singhalesischen Namen des entsprechenden Mondmonats tragen.

Übernachtung und Essen

Wer in den Horton Plains übernachten möchte, kann dies nur in den Unterkünften des Department of Wildlife Conservation tun. Neben den beiden Lodges, **Ginihiriya** (Anderson Lodge, 4 Zimmer) und **Mahaeliya** (3 Zimmer), ❸, gibt es noch 2 separate **Dormitorien** (Wana Nivahana) mit je 40 Schlafplätzen ❶. Campern stehen einige Plätze zur Verfügung, allerdings

müssen sie ebenfalls vorher die Erlaubnis der Schutzbehörde einholen.
In der **Kantine** am Parkeingang gibt es einfache Snacks und Getränke. Buchung: s. S. 99.

Transport

Die mit Abstand einfachste Option ist ein **Mietwagen**. In Nuwara Eliya oder Haputale gibt es genügend Anbieter, die für die Hin- und Rückfahrt um die 4500 Rs verlangen. Die Fahrtzeit beträgt von beiden Orten aus 1 1/2 Std. Es ist empfehlenswert, die Tour sehr früh zu beginnen – zwischen 5.30 und 7 Uhr –, um nicht im Nebel zu stehen. Zudem ist die Fahrt am frühen Morgen äußerst pittoresk.

Mawatha. Es entstand auf dem Gelände eines königlichen Lustgartens nach einer Initiative von Kirti Sri Rajasimha (reg. 1747–82). Der König hatte Mönche aus Siam eingeladen, um den in die Krise geratenen buddhistischen Orden zu reformieren. Hier empfingen 1753 die ersten Mönche die höhere Ordination aus der Hand dieser siamesischen Bhikkhus. Daher gehören die Angehörigen des Klosters dem sogenannnten „Siyam Nikaya" an, einem der drei buddhistischen Orden Sri Lankas. Allerdings ist der Vihara für Besichtigungen weniger interessant, weshalb sich hier auch kaum Touristen aufhalten.

Etwas mehr ausländische Besucher zählt das zweite bedeutende Kloster, der **Asgiriya Maha Vihara**. Dies liegt einerseits an seiner schönen Lage an der Nordseite des Bahirawakanda-Hügels und zum anderen an einer Statue des liegenden Buddha, die dort in einem Vihara verehrt wird. Das Kloster ist wahrscheinlich bereits im frühen 14. Jh. von dem in Kurunegala residierenden König Parakrama-bahu IV. gegründet worden. Der Name „Asgiriya" leitet sich vom Ortsnamen Walasgala bei Yapahuwa ab, woher die ersten Mönche stammten. Auf dem Klostergelände befinden sich verschiedenste Viharas, darunter der Adahana Maluwa Gedige Vihara, wo die königlichen Leichname aufgebahrt und später verbrannt wurden. Zum Kloster gelangt man über die Wariyapola Sri Sumangala Mawatha. Nebenan befindet sich das Asgiriya Stadion.

Am besten besucht man die beiden Klöster zum Puja gegen 16.30 Uhr, weil dann die Wahrscheinlichkeit am größten ist, dass die Gebäude geöffnet sind. Um diese Zeit ist auch wegen des nachmittäglichen Lichtes ein Aufstieg zum **Bahirawakanda Busddha** von Reiz. Von der 28 m hohen Statue reicht die Aussicht bis zu der östlich gelegenen Knuckles Range. Die weiße Figur thront seit 1993 über der Stadt, als sie nach über 15-jähriger Bauzeit endlich fertiggestellt war. Der etwa 20-minütige Aufstieg beginnt westlich des Uhrturms an der Sirimavo Bandaranaike Mw. Von dort folgt man der Sri Pushpadana Mw. und biegt nach ca. 5 Min. in einen rechts abgehenden steilen Weg ein. Den Eintritt von 200 Rs kann man sich jedoch sparen, wenn man außerhalb des Geländes bleibt – die Aussicht ist genauso gut.

Christliche Kirchen

Auch die Kirchen von Kandy haben durchaus ihren Reiz, wie etwa die **St. Paul's Church** südlich des Raja Veediya. Der massive neo-gotische Ziegelbau wurde 1843 zur Provokation der Buddhisten unweit des Zahntempels erbaut und weist einen strengen, aber sehr harmonischen Chorraum mit bemalten Glasfenstern auf. An den Wänden hängen zahlreiche Grabtafeln. Sonntägliche Gottesdienste finden um 6.45 und 7.45 Uhr statt.

Etwas beschwingt-barocker ist die Atmosphäre in der katholischen **St. Anthony's Cathedral** in der Kotugodelle Veediya. Nach nur eineinhalbjähriger Bauzeit wurde sie 1877 eingeweiht. Englischsprachige Gottesdienste finden Sa und So um 17 Uhr statt.

Ein interessanter Versuch, die traditionelle Architektur Kandys mit dem christlichen Glauben zu verbinden, lässt sich auf dem Gelände des **Trinity College** studieren. Das College wurde 1822 von der Christlichen Missionarsgesellschaft gegründet und war seinerzeit eine der besten Schulen. Die dazu gehörende Kirche wurde den offenen Versammlungshallen der Könige von Kandy nachempfunden. Mächtige Holzsäulen stützen das schwere Satteldach. Das College liegt an der Zufahrtsstraße zum Udawattakele-Schutzgebiet. Zum Betreten des Geländes muss man die Passnummer in ein Buch eintragen.

Royal Palace Park

Wen es mehr ins Grüne zieht, der kann durch den Royal Palace Park spazieren. Auch er ist dem schaffensfreudigen Sri Vikrama Rajasimha (reg. 1798–1815) zu verdanken. Der „Wace Park", wie er auch genannt wird, liegt etwas südlich der Rajapihilla Mw., die auf der Anhöhe südlich des Kandy-Sees entlangführt und sehr schöne Ausblicke auf die Stadt bietet. ⏱ tgl. 8.30–16.30 Uhr, Eintritt 100 Rs.

Udawattakele-Schutzgebiet

In den Bergen nordöstlich des Kandy-Sees breitet sich das 104 ha große Udawattakele-Schutzgebiet aus. Bis zum Untergang der Monarchie, 1815, war dieser dichte Urwald als Park dem Herrscherhaus vorbehalten. 1834 ließ der

In den beiden Wochen vor dem Vollmondtag Esala (Juli/Aug), wenn die gelben Blüten des Indischen Goldregens *(Cassia fistula)* sich voll entfalten, feiern die Bewohner Kandys Asiens größtes Fest zu Ehren Buddhas, das Esala Perahera. Die exakten Termine der 15-tägigen Feierlichkeiten werden vom obersten Verwalter des Zahntempels, dem Diyawadana Nilame, bestimmt und sind in drei Abschnitte unterteilt:

Kap Situvima: Zur Eröffnung schneidet man in der Neumondnacht von Esala vier Zweige eines Goldregen-Baumes ab – heute nimmt man dazu auch die Zweige eines Dita-Baumes *(Alstonia scholaris)* oder eines Jackfrucht-Baumes *(Artocarpus integrifolia)* – und bringt sie in Begleitung von Trommelschlägen zu den vier **Devales** (s. S. 362), um sie dort in Tontöpfe einzupflanzen. Mit diesem *Kap Situvima*, dem „Pflanzen *(situvima)* des Wunschbaumes *(kapa)*", sollen die vier Schutzgötter der Insel, Natha, Vishnu (Upulvan), Kataragama und Pattini, gnädig gestimmt werden. Zu ihren Ehren finden an den folgenden vier Tagen auf dem Gelände der vier Tempel kleinere Prozessionen (Perahera) statt.

Kumbal Perahera: Von der 6. bis 10. Nacht weiten sich die Prozessionen zum Kumbal Perahera aus – benannt nach den Tongefäßen *(kumbal)*, in welche die Bäume gepflanzt sind. Von Nacht zu Nacht werden die Perahera pompöser und länger.

Randoli Perahera: In den letzten fünf Tagen bis zum Esala-Vollmond ist die Pracht der nächtlichen Prozessionen kaum zu überbieten. In ihrem Zentrum schreitet die sogenannte Dalada-Gruppe mit dem **Ehrenelefanten** (Maligawa Atha), der den Behälter der Zahnreliquie auf dem Rücken trägt, flankiert von zwei weiteren Elefanten. Vor ihm marschiert eine Gruppe von Sängern, die Loblieder zu Ehren der Zahnreliquie intonieren.

Träger halten traditionelle Waffen und Insignien in ihren Händen. Dann folgen die Sektionen der vier Devales, ebenfalls mit einem Ehrenelefanten in der Mitte, der die Insignien des jeweiligen Schutzgottes trägt. Zuerst die Gruppe aus dem Natha Devale, gefolgt von jener aus dem Vishnu, Kataragama und dem Pattini Devale. Die Sektion zu Ehren Pattinis besteht vorwiegend aus Tänzerinnen. Das Ende des Perahera bilden Frauen, welche die Sänften *(randoli)* mit den Insignien der Schutzgötter tragen. Diese Randolis sind auch die Namensgeber dieser Perahera.

Die letzte Prozession in der Vollmondnacht führt zum etwas nördlich der Stadt gelegenen Adahana Maluwa Gedige Vihara, um dort für einige Stunden den **heiligen Zahn** zu präsentieren. Damit soll an die Zeit erinnert werden, als die Reliquie zeitweise in diesem Kloster aufbewahrt wurde. Zum Abschluss der Zeremonien finden sich die Vorsteher der vier Devales morgens in Gedambe bei Peradinya ein, um dort die „Zeremonie des Wasserschneidens" *(diya kapilla)* abzuhalten. Sie waten in die Mahaweli, „schneiden" mit dem Schwert symbolisch einen Kreis ins Wasser und füllen es in einen Kupferkessel, nachdem sie das Wasser des Vorjahres zurück in den Fluss geschüttet haben. Dieses Wasser soll den Schutz für das kommende Jahr garantieren. Dann sammeln sie sich im Adahana Maluwa Gedige Vihara, um von dort die Zahnreliquie wieder abzuholen und sie beim einzigen am Tage stattfindenden Perahera zurück in den Zahntempel zu bringen.

Prozession mit Geschichte

Das Esala Perahera geht in der heutigen Form auf den Regenten Kirti Sri Rajasimha (reg. 1747–82) zurück. In seinen Bemühungen um die Erneuerung des Buddhismus hatte er ranghohe

Gouverneur A. D. Horton den Hauptweg anlegen und benannte ihn nach seiner Frau. Die Briten erklärten das Gebiet in einem Dekret aus dem Jahre 1938 zum Schutzgebiet. Von besonderem Reiz sind der dichte alte Baumbestand und die Vogelwelt – zu deren Beobachtung ein Fernglas von Nutzen ist. Auch Affen säumen gelegentlich die gut ausgebauten Wege und hoffen, von den Passanten gefüttert zu werden – was man jedoch nicht tun sollte. Ansonsten halten sich hier vorwiegend junge Liebespaare auf. Wo sonst können sie so ungestört sein? Zu den un-

Mönche aus Siam nach Kandy eingeladen, welche bei ihrem Besuch des Perahera mit Erstaunen beobachteten, dass dort nur hinduistische Gottheiten herumgetragen wurden – und dies in einem buddhistischen Land. Auf ihr Anraten hin veranlasste er 1775, dass von nun an beim Perahera auch die Zahnreliquie mitgeführt werden sollte. Seine Nachfolger und selbst die britischen Kolonialherren behielten die Tradition bei. Seit 1848 wird jedoch aus Sicherheitsgründen nur noch ein Duplikat der bedeutendsten buddhistischen Reliquie mitgetragen.

Die Prozession mit der Zahnreliquie hatte jedoch auch in den früheren Königsstädten ihre Tradition, allen voran in Anuradhapura. So berichtet der Mahavamsa, dass König Sirimeghavanna (reg. 301–28) in einem Dekret veranlasst habe, die Reliquie einmal jährlich durch Anuradhapura zu tragen. Der chinesische Pilger aus dem 5. Jh., Fa Xian (Fa Hsien), beobachtete, wie in der Mitte des dritten Mondmonats die Reliquie in einer Prozession zum Abhayagiri Vihara gebracht wurde und dort über 90 Tage und Nächte hinweg ununterbrochen „Mönche und Laien in großer Zahl Räucherwerke und Lichter entzündeten und religiöse Zeremonien durchführten." Peraheras zu Ehren der hinduistischen Schutzgottheiten sind seit dem 13. Jh. nachgewiesen.

Tipps und Hinweise

Die exakten **Termine** des Esala Perahera kann man unter 🖥 www.sridaladamaligawa.lk erfahren, sie werden aber erst etwa drei Monate zuvor bekannt gegeben. Da die Hotels in dieser Zeit ausgebucht sind, empfiehlt sich eine frühzeitige Reservierung. Wer nicht stundenlang in der Volksmenge am Straßenrand auf die zwischen 20 und 21 Uhr beginnenden Peraheras warten will, kann über die Unterkünfte einen der begehrten Sitzplätze erwerben. Allerdings sollte man sich vorher über den Standort des Platzes erkundigen, bevor man die bis zu US$70 teuren Tickets kauft.

angenehmen Begleiterscheinungen gehören die Blutegel nach einem Regenguss und der völlig überzogene Eintrittspreis (Erwachsene 575 Rs, Kinder bis 12 Jahre die Hälfte, plus 13 %).

Wer alleine unterwegs ist, sollte sich nur auf den gut ausgebauten Hauptwegen aufhalten. Der Haupteingang ist über die Wewelpitiya Road zu erreichen, welche auf der Höhe des Rathauses rechts von der D. S. Senanayaka Veediya abzweigt. Vom Stadtzentrum sind es etwa 2–3 km. Am Buddhismus Interessierte können auch zur einstigen Einsiedelei des 1994 verstorbenen deutschen Mönchs **Nyanaponika** (s. S. 374, Kasten: Ein Leben für die Weisheit …) spazieren. ⊙ tgl. 6–18 Uhr.

Tee-Museum

Wer nicht ins Hochland fährt und dort eine der Tee-Plantagen besucht, kann im nur 5 km südwestlich von Kandy gelegenen **Hantane** das „Tea Museum" besichtigen. Es wurde auf Initiative des „Sri Lanka Tea Board" und der „Planters' Association of Sri Lanka" in der stillgelegten „Hantane Tea Factory" eröffnet. In dem vierstöckigen Fabrikgebäude aus dem Jahre 1925 sind antiquierte Gerätschaften ausgestellt, und Besucher können anhand von Dokumentationen die Entwicklungsgeschichte der Teeproduktion im kolonialen Ceylon verfolgen. Im Vordergrund steht hier vor allem die Pionierarbeit des James Taylor (s. S. 404, Kasten), der im nahen Loolecondra 1867 die erste kommerzielle Plantage anlegte. Unter den Ausstellungsstücken ist eine Trockenwalze, die der Teepionier benützt haben soll. Vom Restaurant im vierten Stock bietet sich zudem ein herrliches Panorama auf die Berglandschaft.

Das Museum ist über die Straße nach **Peradeniya** zu erreichen, von welcher die Hantane Road südlich abzweigt. ⊙ tgl. 8.15–16.45 Uhr, Eintritt 400 Rs.

An Übernachtungsmöglichkeiten herrscht wahrlich kein Mangel. Es ist für jeden Geldbeutel etwas dabei. Ein Großteil der günstigen Unterkünfte liegt südlich des Sees, die meisten Luxushotels haben sich in der schönen Berglandschaft rund um Kandy angesiedelt. Während des Esala Perahera im Juli/August muss man mit empfindlichen Aufschlägen rechnen. Oft sind die Hotels schon Monate vorher ausgebucht, weshalb eine frühzeitige Reservierung empfehlenswert ist.

Im Norden und Westen von Kandy
Untere Preisklasse

Blue Haven, 30/2 Poorna Lane, Asgiriya, ✆ 081-2229617, 077-7372066, 🖥 www.bluehaven guesthouse.com. Ein nettes, ruhig gelegenes Gästehaus in den Hügeln nördlich des Stadt-

zentrums. 10 farblich abgestimmte Zimmer mit Warmwasser-Bad samt netter Veranda zum Entspannen. Für AC plus 500 Rs. Gute Wahl! ❷

Forest Glen, 150/6 Lady Gordon's Drive, ✆ 081-4937000, 2222239, ✉ forestglensl@yahoo.com. Am Rande des Udawattakele-Schutzgebiets gelegenes Gästehaus mit 8 Zimmern (Warmwasser-Bad), das kostenbewusste Naturfreunde begeistern wird. Beim Frühstück kann man dem Vogelgezwitscher lauschen. Nur 10 Gehminuten vom Stadtzentrum; Pick-up-Service auf Anfrage. ❷–❸

Gem Inn II,102/90 Hewaheta Rd., Thalwatta, ✆ 081-2224239. Etwa 2,5 km nordöstlich der Stadt in Richtung Mahiyangana an einem Berghang oberhalb des Mahaweli. 10 Zimmer mit Warmwasser-Bad und Balkon. Großer Garten und gute Küche. Sehr beliebte Adresse bei Ruhesuchenden, allerdings schwer zu finden. Am besten vorher anrufen! Mit dem Three-Wheeler kostet eine Fahrt etwa 150 Rs. Alternativ kann man vom Uhrturm mit Bus Nr. 698 in Richtung Haragama oder Gurudeniya fahren und in Thalwatta aussteigen. ❷

Olde Empire Hotel, 21 Temple St., ✆ 081-2224284, 077-7619637, 🖥 www.oldeempire hotel.com. Seit das Empire untergegangen ist, hat sich in diesem originellen Bau von 1898 wenig verändert. Aufgrund seines antiquierten Ambientes und seiner Toplage in der Nähe des Zahntempels findet es trotz aller Kargheit zu Recht seine Liebhaber. Nur 4 der 20 Zimmer haben ein eigenes Bad. Etwas für nostalgische Asketen ist auch das günstige Essen im rustikalen Restaurant, denn es wird kein Alkohol ausgeschenkt. ❶–❷

Palm Garden Gh., William Gopallawa Mw., 8 Bogodawatte Rd., ✆ 081-2233903, 077-7809456, 🖥 www.palmgardenkandy.lk. Liegt in einer Seitenstraße, 1 km westlich vom Hospital. Netter 2-stöckiger Bau mit 11 sehr geschmackvollen Zimmern mit Balkon (Bad, TV, teilweise AC). Einladendes Dachrestaurant. Sehr gutes Preis-Leistungs-Verhältnis. Malik, der Eigentümer, vermietet Fahrzeuge und Motorräder. WLAN für 200 Rs/Tag, kostenloser Abholservice vom (Bus-)Bahnhof. ❷–❸

Prasanna Village Inn, 94 Sudharsharama Mw., Nagastenna, ✆ 081-4479869, 2232343.

Kandy und Umgebung

Sehr freundliche Unterkunft in einer von der William Gopallawa Mw. abgehenden Seitenstraße. In fast dörflichem Ambiente können die Gäste dem Rauschen des nahen Stromes lauschen. Für jeden etwas: 2 Zimmer mit Gemeinschaftsbad, 7 Zimmer mit Bad, 6 große AC-Zimmer. Schönes Restaurant mit Terrasse. Internetzugang. ❶–❷

Mittlere und obere Preisklasse

Chaaya Citadel Kandy, 124 Srimath Kuda Ratwatte Mw., ☎ 081-2234365, 🖥 www.chaayahotels.com. Ein romantischer Rückzugsort direkt am Mahaweli, etwa 5 km westlich des Stadtzentrums. Die Gebäude wurden an einen Berghang gebaut, weshalb alle 121 Zimmer mit Balkon dem Fluss zugewandt sind. Die sehr geschmackvollen Einrichtungen verbinden modernes und traditionelles Design. Beliebt sind Bootstouren auf dem Mahaweli. Großer Pool, der gegen Gebühr auch von Außenstehenden genutzt werden kann. ❻

Queens Hotel, Dalada Veediya, ☎ 081-2233026, 2222813, 🖥 www.queenshotel.lk. Seit seiner Eröffnung 1844 hat dieser ehrwürdige Kolonialbau viele Berühmtheiten ein- und ausgehen sehen, darunter 1911 Hermann Hesse. Die 64 Zimmer mit Bad, darunter 5 mit AC, mögen manche etwas kitschig empfinden. Wer es etwas ruhiger haben möchte, sollte die Zimmer in Richtung Innenhof nehmen. Zwei Restaurants und eine urige Bar gehören ebenso zur Einrichtung wie Pool und „Royal Ballroom". ❺–❼

Thilanka, 3 Sangamitta Mw., ☎ 081-4475200, 4475201, 🖥 www.thilankahotel.com. Liegt auf einer Anhöhe südlich des Kandy-Sees und wird besonders von Reisegruppen frequentiert. Die billigeren der 87 AC-Zimmer liegen im „Heritage Wing", die teuren im „Deluxe-Wing". Dazu gibt es noch 7 Suiten, Pool und Restaurant. Auf dem großzügigen Gelände befindet sich etwas abgelegen das architektonisch sehr originelle Ayurveda-Zentrum. ❹–❻

Villa Rosa, 71/18 Dodanwella Passage, Asgiriya, ☎ 081-2215556, 077-3260360, 🖥 www.villarosa-kandy.com. „Alles dürfen, nichts müssen", ein wunderbares Motto für die Villa am westlichen Stadtrand. Die Toplage ist wörtlich zu nehmen,

denn vom großen Garten bietet sich ein atemberaubender Blick auf dem im Tal fließenden Mahaweli. 6 sehr geschmackvolle Zimmer im Haupthaus, 4 im Nebenhaus mit allen Annehmlichkeiten. Für den professionellen freundlichen Service sorgt der deutsche Eigentümer Volker Bethke. Ein Paradies für individuelle Genießer, denen sicherlich auch die vielfältigen Ausflugsangebote zusagen. ❻–❼

Südlich des Sees

Ein Großteil der günstigeren Unterkünfte hat sich entlang der Saranankara Rd. angesiedelt. Die Konkurrenz belebt das Geschäft und hat ein gutes Preis-Leistungs-Verhältnis zur Folge. Wer Zimmer mit Aussicht möchte, sollte sich bei den höher gelegenen Gästehäusern umschauen oder in die Rajapihilla Mw. ausweichen.

Untere Preisklasse

Breeze Hill Side, 173/5 Rajapihilla Mw., ☎ 081-2235268, 071-6506171. Freundliche Pension mit 12 AC-Zimmern mit Warmwasserbad und Swimming Pool. Für den Preis eine gute Wahl. ❸

Castle Hill Gh., 22 Rajapihilla Mw., ☎/✆ 081-2224376, ✉ ayoni@sltnet.lk. Wunderschönes Beaux-Art-Haus aus den 1920er-, mit Möbeln aus den 1950er-Jahren, großem Garten und Traumblick auf die Stadt. Die vorderen der 4 eher kargen, wenn auch riesigen Zimmer mit Warmwasser-Bad eignen sich hervorragend für Familien. Essen wird im riesigen Wohnzimmer serviert. ❸

Expeditor, 41 Saranankara Rd., ☎ 081-2238316, 🖥 www.expeditorkandy.com. Äußerst empfehlenswerte Unterkunft mit 10 sauberen Zimmern mit Balkon und Warmwasser-Bad. Die Zimmer-Nr. 14 & 15 im obersten Stock können samt Balkon auch als Apartment gemietet werden. Es gibt WLAN und aus der Küche gute Hausmannskost. Der Eigentümer, Mr. Sumane Bandara Illangantilake, arrangiert u. a. Trekkingtouren zum Knuckles Range. ❶–❸

Freedom Lodge, 30 Saranankara Rd., ☎ 081-2223506, 077-9383171. Nette Unterkunft mit 8 recht sauberen Zimmern mit Bad im Haus der Familie plus 2 Apartments mit 3 Betten und

Wohnraum. WLAN und auf Wunsch Kochkurse. Kostenloser Transfer vom (Bus-)Bahnhof. ❷ – ❸

Golden View Rest, 46 Sarankara Rd., ✆ 081-2239418, ✉ goldenview@sltnet.lk. Der Ausblick ist nicht so „golden", wie der Name verspricht. Doch die 10 Zimmer mit Warmwasser-Bad sind sauber und nett, von den 3 oberen AC-Zimmern hat man einen tollen Blick. Wer durch das Treppensteigen noch nicht ins Schwitzen gekommen ist, kann dies in der finnischen Sauna tun. Der engagierte Eigentümer bemüht sich erfolgreich um eine gute Küche und interessante Trekkingtouren. ❷

Highest View, 129/3 Sarankara Rd., ✆ 081-2233778, 🖥 www.highestview.com. Der Name passt, denn von den meisten der 9 Zimmer mit Bad, 6 mit Balkon, hat man einen wunderbaren Panoramablick. 1 kleines Familienapartment. Die Zimmer sind sehr sauber. Dafür sorgt Tony, der lange in der Schweiz gearbeitet hat. Gutes Restaurant mit ebenfalls exzellenter Aussicht. ❷ – ❸

Kandy Inn, 70 Sarankara Rd., ✆ 081-2239406. Die 7 Zimmer mit Bad sind recht bescheiden, aber für den Preis okay. Zum Essen muss man zu den umliegenden Gästehäusern gehen. ❶

Lake Bungalow, 22/2 Sangaraja Mw., ✆ 081-2222075, ✉ shiyanthi.dunuwile@gmail.com. Familien können für 5500 Rs das gesamte Apartment mieten (eigene Küche), ansonsten sind die 5 Zimmer mit Bad – eines mit Badewanne und Balkon – auch individuell buchbar. Die freundliche Eigentümerfamilie wohnt im geschichtsreichen Nachbarhaus aus den 1880er-Jahren. Vieles erinnert noch an die Zeit, als sie über ein Dutzend Elefanten besaß. Nebenan sorgt der Montessori-Kindergarten für Belebung. ❷

Lake Inn, 43 Sarankara Rd., ✆ 081-2222208. Die 8 Zimmer mit Warmwasser-Bad sind durchweg in Ordnung. Von den vorderen mit Balkon hat man einen schönen Seeblick, zahlt dafür auch etwas mehr. ❷

Lakshmi Palm Garden II Gh., 57 Sarankara Rd., ✆ 081-2222154, 🖥 www.lakshmiguesthouse.lk. Die einfache Unterkunft mit 11 Zimmern – 6 davon haben ein Bad mit Warmwasser – ist schon allein der Küche wegen akzeptabel. Vom Gemeinschaftsbalkon bieten sich schöne

Ausblicke. WLAN für 200 Rs/Tag, kostenloser Abholservice vom (Bus-)Bahnhof. ❶ – ❷

Lake View Rest, 71 Rajapihilla Mw., ✆ 081-2239421, ✉ dayabma@hotmail.com. Ein etwas groß geratener Kasten mit 20 sauberen, wenn auch optisch wenig aufregenden Zimmern mit Warmwasser-Bad, die Hälfte mit Balkon. Guter Ausblick. ❸

Mc Leod Inn, 65A Rajapihilla Mw., ✆ 081-2222832, ✉ mcleod@sltnet.lk. Zu Recht eine der bevorzugten Low-Budget-Unterkünfte, denn hier stimmen Service und Preis. 10 Zimmer mit Warmwasser-Bad, davon 2 mit toller Aussicht. Die hat man auch vom guten Restaurant aus. Tipp: Seitlich des Highest View führt eine Treppe von der Sarankara Rd. zum Mc Leod Inn. ❷

Royal Tourist Lodge, 93 Rajapihilla Mw., ✆ 081-2222534. Die Familie vermietet in ihrer großen Villa 3 geräumige Zimmer mit Bad. Ruhig gelegen, schöner großer Garten. Das Essen sollte man vorher bestellen. ❸

Sharon Inn, 59 Sarankara Rd., ✆ 081-2222416, 2222446, 🖥 www.hotelsharoninn.com. Eine der besten Adressen des Viertels. Die 10 Zimmer mit Bad sind wie der Rest des Hauses klinisch sauber und geschmackvoll. Fast alle bieten eine exzellente Aussicht. Auch wer nicht hier wohnt, sollte vom täglich wechselnden Buffet kosten. Kostenloses WLAN und Internet. ❸

Star Light Gh., 15/A Sarankara Rd., ✆ 081-223 3573. Freundliche Herberge mit 7 schlichten Zimmern (Warmwasser-Bad) und 4 schönere in modernem Gebäude. Familien können den ganzen Bungalow mieten und die Kinder auf dem Hof herumtollen lassen. Die Besitzer arrangieren Ausflüge mit dem hauseigenen Minibus. ❶ – ❷

The Peak Residence, 20 Keerthi Sri Rajasingha Mw., ✆ 081-4923232, ✉ thepeakresidence@gmail.com. Der Waden trainierende Aufstieg zu diesem Hotel wird durch eine tolle Lage, 8 freundlich eingerichtete AC-Zimmer mit Bad, Balkon und Panoramablick entschädigt. Es gibt WLAN und ein ordentliches Restaurant. ❸

Mittlere und obere Preisklasse

Devon Hotel, 51 Ampitiya Rd., ✆ 081-2235164, 🖥 www.devonsrilanka.com. Ein solides

Helgas Narrheit

„An eccentric mess of a hotel", „bizarr", „eine erfrischende Abwechslung": die Kommentare der Hausgäste sind so widersprüchlich und schillernd wie die 40 individuell eingerichteten Räume. Auf deren Toiletten wurden Modezeitschriften zu Tapeten verarbeitet. „Helgas Narrheit", so hat die illustre Eigentümerin, Helga de Silva, ihr „Anti-Hotel" nicht umsonst genannt. Im Dschungel-umrankten Pool kann man im Blickfeld von Fantasy-Figuren in die Feenwelt abtauchen. Wem die Übernachtung zu teuer ist, der kann hier bei Kerzenlicht im lauschigen Restaurant speisen (reservieren!). Das Menü kostet US\$20.

Helga's Folly, Frederick E. De Silva Mw., Seitenstraße der Mahamaya Mw., ☎ 081-2234571, 4474314, 🖥 www.helgasfolly.com. ❼

Mittelklassehotel südwestlich des Kandy-Sees mit 27 komfortablen Zimmern: TV, Bar, Warmwasser-Bad und Balkon. ❹

Hotel Suisse, 30 Sangaraja Mw., ☎ 081-2233024, ✉ suisse@kandy.ccom.lk. Das Gebäude aus dem 19. Jh. diente dem legendären Lord Louis Mountbattan von 1943–45 als Hauptquartier für die in Südostasien stationierten Truppen des Empires. Heute ist es zu Recht eine der populärsten Mittelklasse-Unterkünfte, allein schon wegen der Lage am Kandy-See. Die 6 Suiten und 94 AC-Zimmer mit Bad und TV sind geschmackvoll eingerichtet, manche mit kolonialem Flair. Gutes Restaurant, Bar mit Billardtisch, Pool. ❹–❺

Senani Hotel, 167/1 Rajapihilla Mw., ☎ 081-2235118, 🖥 www.senanihotel.com. Ein empfehlenswertes Mittelklassehotel. Die 22 Zimmer mit Warmwasser-Bad, TV und Minibar, teils mit AC, sind nett eingerichtet. Leider ist das Restaurant etwas dunkel. Pool. ❺

Serene Garden Hotel, 189 Rajapihilla Mw., ☎ 081-7392392, 2227915, 🖥 www.serenegardenhotel.com. Treppenreiche Unterkunft mit 35 AC-Zimmern mit Warmwasser-Bad, Balkon und „störenden Fallen" wie Satelliten-TV (Eigenwerbung). Freundlicher Service, gutes Restaurant, kleiner Pool und recht teuer. ❼

Umgebung von Kandy

Das Umland Kandys ist nicht nur für Ausflüge interessant, sondern auch zum Wohnen. Hier sind einige der schönsten Unterkünfte zu finden. Zuweilen liegen sie jedoch recht isoliert, weshalb ein eigener fahrbarer Untersatz unabdingbar ist.

Amaya Hills, Heerassagala, Peradeniya, ☎ 081-4474022, 2233521, 🖥 www.amayaresorts.com. Etwa 7 km vom Stadtzentrum. Die meisten der 99 AC-Zimmer haben von ihrem Balkon aus eine schöne Aussicht auf das umgebende Bergpanorama. Zahlreiche Sportmöglichkeiten, darunter Tennis. Auch Swimming Pool und Ayurveda-Spa gehören zum Angebot. Abtanzen kann man im Le Garage. ❻–❼

Earl's Regency, ☎ 081-2422122, 🖥 www.aitkenspencehotels.com. Das Luxusresort mit 104 Zimmern liegt etwa 4 km östlich von Kandy oberhalb des Mahaweli mit einem traumhaftem Bergpanorama. Zu den vielen Annehmlichkeiten gehören Pool, Coco-Spa und 2 stilvolle Restaurants. Der Service ist entsprechend der renommierten Aitken Spence-Gruppe exzellent. ❼

Kandy House, Amunugama Walauwa, Gunnepana, ☎ 081-4921394, 077-3531582, 🖥 www.thekandyhouse.com. 20 Min. nordöstlich von Kandy. Man sollte nicht unbedingt spät anreisen, da es sehr schwer zu finden ist. Das Herrenhaus wurde 1804 von einem königlichen Minister erbaut. Heute können in den 8 individuell gestalteten Räumen voller Antiquitäten mit nötigem Kleingeld auch Bürgerliche nächtigen. Der umgebende Dschungel lässt sich besonders schön vom Garten oder dem kleinen Infinity-Pool erleben. ❼

Mahaweli Reach, 35 P. B. A. Weerakoon Mw., ☎ 081-4472727, 🖥 www.mahaweli.com. Das edle Fünf-Sterne-Resort liegt ca. 4 km nördlich von Kandy am Mahaweli. Hinter den Fassaden des weißen Palastes verbirgt sich jeder Komfort wie entsprechend luxuriös eingerichteten 112 Zimmern und 4 Suiten. Besonders schön sind Pool und Restaurants. ❼

Plantation Retreat, Ellepola Estate, Pathanpaha, Wattegama, ☎ 081-2475812, 077-9883050, 🖥 www.plantationretreatsl.com. Liegt ca. 20 km nordöstlich des Stadtzentrums. Eingebettet in eine 6 ha große Gewürzplantage unweit der A 9 in Richtung Matale, bieten die 4 Zimmer in der einstigen Villa eines Plantagenbesitzers dezenten Komfort. Es gibt einen kleinen Pool und viel Grün in der Umgebung. ❸

Essen

Abgesehen von den großen Hotels bieten auch die meisten günstigeren Unterkünfte warme Küche, was man nach einem langen Besichtigungstag zu schätzen weiß. Die USA haben auch Kandy ihren kulinarischen Stempel aufgedrückt: **KFC** gibt es in der Dalada Veediya, **Pizza Hut** an der D. S. Senanayaka Veediya, Ecke Temple St. ⊙ tgl. 11–23 Uhr.

Bake House, 36 Dalada Veediya. Im Erdgeschoss des Pubs. Beliebtes Café, um den kleinen oder größeren Hunger zu stillen. ⊙ 8–20.30 Uhr.

Devon Bakers Best, 135 Kotugodelle Veediya, im Nabeesa Shopping Complex gegenüber der Commercial Bank. Gute Bäckerei mit kleinen Snacks inkl. Samosas und Sandwiches. Weitere Filialen, u. a. in der Yatinuwara Veediya. ⊙ 7–19 Uhr

Flower Song, 137 Kotugodelle Veediya. Das wohl beste China-Restaurant von Kandy, wo die Ober ihr Handwerk verstehen. Ruhige, angenehme Atmosphäre. Zu Süß- oder Scharf-Saurem gibt es eine ganz passable Weinauswahl. Die Portionen sind üppig. ⊙ Di–So 11–22.30 Uhr.

History R., 27A Anagarika Dharmapala Mw., ✆ 081-4470642. In diesem stilvollen Lokal wird ein guter Mix von asiatischer und westlicher Küche geboten. Umgeben von historischen Aufnahmen aus dem 19. bis frühen 20. Jh. kann man sich die guten Fisch-, Pasta- oder Reisgerichten munden lassen. ⊙ tgl. 8–22 Uhr.

Kandy City Mission, D. S. Senanayaka Veediya, 200 m nördlich der Cross St. Wer in dieser Ecke weilt, kann hier als Zwischenmahlzeit ordentliches Gebäck und Sandwiches erstehen.

Muslim Hotel, Dalada Veediya, etwa 10 m nordöstlich des Uhrturms. Das ständige Kommen und Gehen der Gäste zeugt von seiner großen Beliebtheit. Für den kleinen Hunger gibt es Tee und Gebäck, ansonsten ist man mit

Roti, Biryani und verschiedenen Currys gut bedient. ⊙ tgl. 6–22.30 Uhr.

Paiva's Hotel, 37 Yatinuwara Veediya. Einfache Gaststätte, die besonders mittags gut besucht ist. Hier ist vor allem die indische Küche zu empfehlen. Neben schmackhaften vegetarischen Gerichten gibt es Reis und Curry ab 120 Rs. ⊙ tgl. 7.30–22.30 Uhr.

Senani R., 30 Rajapihilla Mw., ✆ 081-2202725. In diesem recht touristischen Restaurant wird solides asiatisches und europäisches Essen geboten – das kalt zu werden droht, falls man zu lange verträumt den schönen Panoramablick auf den Kandy-See genießt. ⊙ 12–22 Uhr.

Sharon Inn, 59 Sarankara Rd., ✆ 081-2222416. Eröffnet um 19.30 Uhr sein üppiges Buffet mit schmackhaften und täglich wechselnden Curry-Gerichten für 800 Rs. Man sollte unbedingt reservieren.

Sriram, 87 Srimath Bennet Soysa Veediya (Colombo St.). Angesichts der günstigen Preise werden Pfennigfuchser genauso zufrieden herausgehen wie Liebhaber südindischer *dosas*. Auch für Vegetarier eine gute Adresse. Die meisten Gerichte kosten 200–300 Rs. ⊙ tgl. 9–21.30 Uhr.

The Pub, 36 Dalada Veediya. Wem nach frischem Salat, Pasta und guten Fleischgerichten ist, wird sich hier wohlfühlen. Zum Bier und selbst gebrühten Kaffee kann man im unterkühlten Raum Musikclips oder Fußball auf dem riesigen Bildschirm verfolgen oder in schönen Rattansesseln auf dem Balkon dem Verkehrslärm lauschen. ⊙ tgl. 11–23 Uhr.

Kandy und Umgebung

Unterhaltung

Entsprechend des eher gediegenen Ambientes von Kandy dominiert hier vor allem ruhigere Unterhaltung. Einen Nightclub gibt es im **Amaya Hills**. An den monatlichen Poya-Tagen muss man auf Alkohol verzichten.

Bamboo Garden Restaurant & Pub, 29 A Anagarika Dharmapala Mw., ✆ 081-4476099. „Geiler Ausblick, entspannte Atmosphäre", finden viele Traveller bei ihrem Besuch in diesem sympathischen Lokal. Geboten werden hoch über den Dächern von Kandy solide chinesische Gerichte zum Lion-Bier. ☾ tgl. 11–14, 17–23 Uhr.

Hotel Casamara, 12 Kotugodelle Veediya. Vom hässlichen Äußeren sollte man sich nicht abschrecken lassen, auch gibt es nettere Unterkünfte. Aber auf der Dachterrasse kann man zum Bier ganz gut das Leben in den Straßen von Kandy beobachten.

Pub Royale, Dalada Veediya, neben dem Queens Hotel. Wie das benachbarte Hotel strahlt es eine wunderbar morbide Stimmung aus. Genau das Richtige, um beim billigen Fassbier über Buddha und die Welt nachzusinnen und zu diskutieren. ☾ 10–22 Uhr.

The Kandy Garden Club, Sangaraja Mw., ✆ 081-2222675, 3995959. Am Ostende des Kandy-Sees. Dieser „Club der ehrenwerten Herren" hat seit seiner Gründung 1878 schon bessere Zeiten gesehen, doch kann man hier bei Billard, Bier und Snacks ganz gut mit den einheimischen Herrschaften ins Gespräch kommen – und für 100 Rs Gebühr behaupten, zumindest temporär Mitglied eines alten britischen Clubs gewesen zu sein. Für Sportler gibt es vier Tennisplätze mit Flutlicht. ☾ 9–23 Uhr.

The Pub, 36 Dalada Veediya. Sehen und gesehen werden heißt das Motto des vor allem bei Travellern angesagten Pubs. Der gute Service, die Musik und vor allem das nicht unbedingt billige Fassbier zaubern die entsprechende Atmosphäre. ☾ tgl. 11–23 Uhr.

Sonstiges
Apotheken

Sri Lanka Pharmacy, 39 D. S. Senanayaka Veediya, ☾ Mo–Sa 8.30–19.30 Uhr.

Auto- und Motorradvermietung

Wegen der hohen Konkurrenz lohnt es sich immer, bei ein- bis mehrtägigen Ausflügen verschiedene Angebote einzuholen. Fahrer warten mit ihren Wagen an dem Parkplatz zwischen Queens Hotel und Zahntempel sowie am Markt. Zur Sicherheit sollte man checken, ob der Fahrer einen gültigen Führerschein besitzt.

Three-Wheeler verlangen für die einfache Fahrt nach Peradeniya etwa 350 Rs, für eine Rundreise zu den drei Tempeln Embekke, Lankatilake und Gadaladeniya wie auch nach Pinnawala 2200 Rs. Ein Besuch des Elefanten-Waisenhauses kostet mit Mietwagen 2500 Rs, inkl. Halt in Peradeniya 3000 Rs. Die Fahrt von Kandy nach Colombo schlägt mit 7500 Rs, zum Internationalen Flughafen und nach Negombo mit 6000 Rs zu Buche.

Ayurveda

Fast alle großen Hotels verfügen über ein Ayurveda-Center. Darüber hinaus gibt es jedoch einige sehr gute Einrichtungen, die zwar nicht

Gut gefahren

Ein sehr guter Kontakt ist Malik vom **Palm Garden Gh.**, William Gopallawa Mw., 8 Bogodawatte Rd., ✆ 077-7809456, 🖥 www.palmgarden kandy.lk. Malik vermietet Autos (ab 3000 Rs/Tag), Motorräder (ab 2000 Rs/Tag), ja sogar Three-Wheeler (2500 Rs/Tag) für Selbstfahrer und hat viele Tipps für interessante Touren parat. Auch Wagen mit Fahrer (ab 6000 Rs/Tag) und sogar einen Bus bis zu 29 Pers. kann er arrangieren.

Ein ausgesprochen freundlicher und bewährter Chauffeur ist Asitha N. Karandawala von **Safe Journey**, ✆ 077-3015306, 081-2236675, ✉ safejourneyasitha@yahoo.com, 🖥 www.lankasafejourney.com. Pro Tag sind ca. 6000 Rs zu veranschlagen.

Schließlich vermittelt auch Mr. Linton von **Blue Haven Tours & Travels**, ✆ 077-7372066, 🖥 www.bluehavenguesthouse.com, zuverlässige und verantwortungsvolle Chauffeure.

Der Weg in die Freiheit ist ein beschwerlicher Weg, weil er von uns verlangt, die selbstgewählten Fesseln unserer Gier und unseres Hasses, unserer Vorurteile und Dogmen – Fesseln, die wir dummerweise als Zierrat pflegen – zu zerschlagen.

Nyanaponika

Als der junge Siegmund Feniger am 4. Februar 1936 mit dem Schiff im Hafen von Colombo einlief, war es, als habe er endlich seine wahre Heimat gefunden. Der einzige Sohn moderat gläubiger Juden wurde 1901 in Hanau geboren. Bereits sehr früh kam er mit dem Buddhismus in Kontakt und nahm als 20-Jähriger seine Zuflucht zum Erleuchteten. In Berlin, wohin er mit seinen Eltern 1922 gezogen war, engagierte er sich in buddhistischen Kreisen. Dort traf er auch erstmals den in Ceylon lebenden deutschen Mönch **Nyanatiloka Mahathera**. Dessen Übersetzungen aus dem Pali-Kanon hatten ihn so sehr inspiriert, dass er sich ganz dem Buddhismus hingeben wollte. Von 1924–32 führte er im ostpreußischen Königsberg den elterlichen Laden, der gleichzeitig als buddhistische Leihbibliothek fungierte. Über den von ihm gegründeten Studienkreis pflegte er auch enge Kontakte mit dem renommierten Indologen **Helmuth von Glasenapp**, der zeitweilig an der Königsberger Universität lehrte.

„Der Weisheit zugeneigt"

Nachdem ab 1933 sein Leben in Nazi-Deutschland immer unerträglicher wurde – Feniger engagierte sich im „Zentralausschuss der deutschen Juden für Hilfe und Aufbau" –, fasste er den Entschluss, zusammen mit seiner Mutter nach Ceylon auszuwandern. Die erste Zeit lebten die beiden bei Nyanatiloka in der Island Hermitage bei Dodanduwa, die in einer Lagune südlich von Hikkaduwa liegt. Dort wurde der mittlerweile 36-Jährige am 29. Juni 1937 zum Mönch geweiht. Sein Lehrer gab ihm den Pali-Namen **Nyanaponika** („der Weisheit zugeneigt"). Wegen der Hitze zog es ihn jedoch ein Jahr später nach Gampola. Während des Zweiten Weltkrieges wurde der Mönch von den Engländern zunächst in einem Lager in Sri Lanka und ab Ende 1940 im nordindischen Dehra Dun am Fuße des Himalaya interniert. Dort erlebte er mit anderen internierten Buddhisten, allen voran mit **Lama Anagarika Govinda**, eine intensive Phase des Austauschs.

Gründung einer buddhistischen Buchgesellschaft

Nach dem Krieg konnte er auf die Insel zurückkehren. An der Vorbereitung der sechsten buddhistischen Synode in Birma – sie fand von 1954–56 statt – war er zusammen mit Nyanatiloka wesentlich beteiligt. Die Begegnung mit dem dort lebenden Meister der Vipassana-Meditation, Mahasi Sayadaw, führte zur Niederschrift des heutigen Klassikers *The Heart of Buddhist Meditation* (dt. Geistestraining durch Achtsamkeit). Einem größeren Publikum wurde Nyanaponika durch die Gründung der **Buddhist Publication Society** (BPS) im Januar 1958 bekannt. Damals lebte er in einer Einsiedelei im Udawattakele-Schutzgebiet bei Kandy. Was als einfacher Verlag begann, avancierte mit den Jahren zu einer der führenden buddhistischen Buchgesellschaften Sri Lankas. Zum einen widmete sich die BPS den Übersetzungen einiger Schriften aus dem Pali-Kanon, zum andern wurde sie zur Plattform bedeutender Diskussionen zu Fragen der Ethik, der buddhistischen Lehre und Geschichte. Aus der Feder Nyanaponikas stammen einflussreiche Publikationen wie *The Power of Mindfulness*, *The Roots of Good and Evil* und *The Vision of Dhamma*. Einige Bücher wurden auch ins Deutsche übersetzt.

Während der Mönchsgelehrte immer mehr mitteleuropäische Schüler um sich sammelte, begann er ab den 1980er-Jahren regelmäßig nach Deutschland und in die Schweiz zu reisen. Hochbetagt und hochgeehrt – seit 1978 war Nyanaponika Ehrenmitglied der Deutschen Morgenländischen Gesellschaft – starb er am 19. Oktober 1994. Seine sterblichen Überreste ruhen in der Island Hermitage.

Martin H. Petrich

so edel, dafür aber auch weitaus günstiger sind – und trotzdem professionell. Für die übliche 1 1/2-stündige Massage-mit-Dampfbad-Behandlungen muss man mit 2500–3000 Rs rechnen. Eine Filiale von **Siddhalepa Ayurveda Spa** im KCC bietet gute Spa-Produkte.
Weda-medura Ayurveda Center, 7 Mahamaya Mw., ✆ 081-4479484, 🖥 www.ayurvedaweda medura.com. Im Südosten des Sees gelegenes Zentrum mit gutem Ruf. Offeriert ein breites Behandlungsspektrum, darunter ein „Royal Treatment" mit Massagen und Anwendungen von 1–1 1/2 Std. für 2500–5000 Rs. Auch mehr-wöchige Panchakarma-Kuren sind möglich.

Bücher
Central Cultural Fund, 16 Deva Veediya. Verkauft Bücher über Kunst und Kultur des kulturellen Dreiecks. ⏰ tgl. 9–16.30 Uhr.
Vijitha Yapa Bookshop, 5 Kotugodelle Veediya. Hat eine gute Auswahl an englischsprachigen Büchern und Zeitschriften, vor allem auch zum Thema Sri Lanka. Filiale im Kandy City Center. ⏰ Mo–Sa 9–18 Uhr.

Einkaufen
In den wuseligen Straßen nördlich der Dalada Veediya finden sich zahlreiche kleine Geschäfte aller Art. Wer etwa CDs und DVDs kaufen will – ob aus Bollywood oder Holly-wood –, hat im **Pearl Video**, Nabesha Komplex, 135/4 Kotugodelle Veediya, eine gute Auswahl. Hochwertige Saris und Salwar Kameez wiede-rum bieten **One Plus One** in der 14 Kotugodella Veediya und **Junoid's – The Saree Gallery**, 17-19 Yatinuwara.
Der bunte **Zentralmarkt** liegt in der Nähe des Bahnhofs an der S. W. R. D. Bandaranaike Mw. und ist der geeignete Ort für den Kauf von Gewürzen. Allerdings tendieren die Händler dazu, den Touristen völlig überzogene Preise zu nennen – hier ist hartes Handeln angesagt. Unter den **Supermärkten** zählen **Cargills Food City** in der Dalada Veediya, ⏰ tgl. 8–21 Uhr, und **Keels Super** im KCC zu den besten Adressen. Ebenfalls gut bestückt ist die an der Straße nach Peradeniya liegende **Royal Mall**, 903/18 William Gopallawa Mw., mit einem Supermarkt im Erdgeschoss.

Für viele Buddhismus-Interessierte gehört mög-licherweise das Stöbern im BPS Bookshop am Nordufer des Kandy-Sees zu den Höhepunkten ihres Kandy-Aufenthaltes. Denn eine größere Auswahl an buddhistischen Publikationen bietet sonst kaum ein anderer Buchladen Sri Lankas. 1958 hatte der deutsche Mönch Nyanaponika Mahathera (1901–94) mit zwei engagierten Laien-Buddhisten zusammen die Buddhist Publication Society (BPS) gegründet, um die umfangreiche Lehre Buddhas samt vieler Kom-mentare auch westlichen Lesern zugänglich zu machen. Im geräumigen Buchladen finden sich englischsprachige Übersetzungen des Pali-Kanon und der alten srilankischen Chro-niken ebenso wie fachspezifische Themen. Auch einige deutschsprachige Bücher sind im Angebot. Ein Eldorado für Bücherwürmer ist die angeschlossene Bibliothek.
BPS Bookshop, 54 Sangaraja Mw., ✆ 081-2237283, 🖥 www.bps.lk. ⏰ Mo–Sa 9–16.30 Uhr.

Kandy City Centre (KCC), westlich des Kandy-Sees, 5 Dalada Veediya (Hauptzugang), 🖥 www.kandycitycentre.lk. In diesem großen Komplex gibt es u. a. Filialen von Mlesna Tea Centre, Vijitha Yapa Bookshop, Sarasavi Bookshop, Keels Super und dem renommierten

Von Kopf bis Fuß auf Touristen eingestellt sind diverse Geschäfte in der Rajapihilla Mawatha, die auf der Anhöhe südlich des Sees verläuft. Hier werden an Guides und Tuk Tuk-Fahrer fette Provisionen ausgezahlt. Trotzdem lohnt sich dort ein Besuch, etwa in der **Senani Silks Factory**, 30 Rajapihilla Mw., wo es schöne Stof-fe gibt, bei **Rajanima Craft**, 173 Rajapihilla Mw., mit hochwertigen Schnitzarbeiten und Möbeln aus Mahagoni oder Teak, vor allem aber bei **Gunatilake Batiks**, 173A Rajapihilla Mw., das eine reichhaltige Auswahl schöner Batikstoffe bietet. Weitere Souvenirgeschäfte liegen an der Straße nach Peradeniya.

Juwelier Mallika Hemachandra. ☺ Mo–Do 8.30–21, Fr–So 8.30–22.30 Uhr.
Kandyan Art Association & Cultural Centre, 321 Sangaraja Mw., am Nordufer des Sees. Dort wird in etwas verstaubter Atmosphäre eine große Auswahl an Lack- und Metallarbeiten sowie Batik geboten. ☺ tgl. 9–17 Uhr.
New Titan Video, Zufahrt von der Hiragedara Mw. zum KCC, ✆ 077-7070567. Wer auf indische Filme und Musik steht, findet hier eine reiche Auswahl. Der agile Deva gibt gute Tipps.
Yuro Tea Centre, 117 Kotugodelle Veediya, gegenüber dem British Council. Passionierte Teetrinker finden hier diverse Teesorten, im Beutel oder offen, zu günstigen Preisen. ☺ Mo–Sa 9–18.30 Uhr.

Geld
Die meisten Banken finden sich entlang der Dalada Veediya, darunter Filialen von **Hatton National Bank** und der **Bank of Ceylon**. Die Bank of Ceylon, 2nd City Branch, Dalada Veediya, Ecke Kotugodelle Veediya, tauscht Bargeld und Reiseschecks tgl. 8.30–22 Uhr, an Feiertagen 14–22 Uhr. Die Hauptfiliale der Bank of Ceylon befindet sich nördlich des Uhrturms. Weitere Niederlassungen gibt es im KCC. An der Kotugodelle Veediya liegen die Filialen der **Commercial Bank** und **HSBC**. Alle genannten Geldinstitute verfügen über Geldautomaten.

Informationen
Das **Sri Lanka Tourism Information Centre** befindet sich im Kandy City Centre (KCC), ✆ 081-2222661. Die freundlichen Angestellten helfen gerne mit Broschüren, Stadtplänen und Tipps. ☺ tgl. 8.30–17 Uhr.
Der **Central Cultural Fund** (CCF) ist in einem schönen gelblichen neo-klassizistischen Gebäude untergebracht, 16 Deva Veediya, am Ende der Srimath Bennet Soysa Veediya (Colombo St.). Dort ist das Rundticket für das Kulturelle Dreieck erhältlich (s. S. 294). In Kandy werden folgende Orte damit abgedeckt: das Nationalmuseum und das Archäologische Museum, die vier Devales und die beiden Klöster Asgiriya und Malwatta. In der Realität wird man jedoch selten nach dem CCF-Ticket gefragt.

Das Nationalmuseum verlangt von Besuchern ohne CCF-Ticket 500 Rs Eintritt, in den religiösen Stätten sind Spenden willkommen. Im CCF sind zudem auch Broschüren und Bücher zu kaufen, ✆ 081-2222738, ☺ tgl. 8–16 Uhr.

Internet
Immer mehr Gästehäuser und Hotels offerieren kostenloses WLAN. Ansonsten sind **Pro Speed Cybercafé** neben Pizza Hut, 16 D. S. Senanayaka Veediya, ☺ tgl. 7–24 Uhr, und gegenüber das **Cybernet Place**, 7 D. S. Senanayaka Veediya, ☺ tgl. 7–21.30 Uhr, gute Adressen. Ebenfalls im Stadtzentrum liegen das **Sivaram Internet Café**, 7 Kotugodelle Veediya, ☺ tgl. 8.30–21.30 Uhr, und das **VNS Internet Café**, Ecke Cross Street.

Meditation
In der Umgebung Kandys gibt es einige sehr bekannte Meditationszentren, darunter das populäre **Nilambe Meditation Centre**, ✆ 081-2225471, etwa 20 km südlich von Kandy, dessen Ableger in Kandy, das **Lewella Meditation Centre**, 160 Dharmashoka Mw., und das **Rockhill Hermitage** in der Nähe von Wegiriya, ✆ 081-2316448.
Nähere Infos und genauere Adressen s. S. 63.

Medizinische Hilfe
Lake Side Adventist Hospital, 40 Sangaraja Mw., ✆ 081-2223466, etwa 100 m östlich des Hotel Suisse. Bietet professionellen Service, auch bei Zahnschmerzen.

Polizei
Sirimavo Bandaranaike Mw., ✆ 081-2352222, 2352227.

Post
Die **Hauptpost** mit kostenlosem Poste restante-Service und Internet-Möglichkeiten (40 Rs/Std.) befindet sich an der S. W. R. D. Bandaranaike Mw. gegenüber dem Bahnhof, ☺ Mo–Sa 7–20, So 8–16 Uhr.
Etwas zentraler liegen das **Seetha Agency Post Office** mit einigen Internet-Terminals, 29 Kotugodelle Veediya, ☺ tgl. 7–20 Uhr, und das **Senkadagala Post Office** in der Temple St., ☺ Mo–Sa 9–16.30 Uhr.

Nahverkehr

Wem die Steigungen keine Probleme bereiten, kann sich im **Palm Garden Gh.**, William Gopallawa Mw., 8 Bogodawatte Rd., für 150 Rs/Tag ein **Fahrrad** ausleihen. Ansonsten bieten sich die allzeit bereiten **Three-Wheeler** an. Zu den Gästehäusern in der Saranankara Rd. sollte die Fahrt vom Bahnhof oder Goods Shed-Busbahnhof etwa 100 bzw. 150 Rs kosten.

Wer es komfortabler haben möchte, kann sich bei **Radio Cabs**, ✆ 081-2233322, ein **Taxi** rufen lassen.

Transport

Busse

Es ist eine Wissenschaft für sich, den genauen Abfahrtsort der Busse herauszufinden. Mit einigen Ausnahmen gilt, dass vom Busbahnhof **Goods Shed** nördlich des Bahnhofs, der einem röhrend-stinkenden Blechknäuel gleicht, die Überlandbusse starten.

Ausgangspunkt für Busse in die nähere Umgebung, etwa nach Matale und Peradeniya, ist einige hundert Meter weiter östlich beim Uhrturm an der Dalada Veediya.

Richtung Westen: Die privaten IC-Busse nach COLOMBO (116 km, 3–4 Std.) fahren schräg gegenüber der Hauptpost ab: 4.30–20.45 Uhr alle 20 Min. Die normalen CTB-Busse nach Colombo verlassen ihre Station gegenüber Goods Shed bis 20.30 Uhr alle 15 Min., nach Negombo bis 17.30 Uhr alle 30 Min. Nach KEGALLE sind die von 6–19 Uhr im Viertelstundentakt verkehrenden CTB-Busse ab Goods Shed 1 1/2 Std. unterwegs.

Nach Norden: IC-Busse fahren in Richtung KURUNEGALA (42 km, 1 1/4 Std.) tagsüber alle 40 Min., CTB-Busse alle 10 Min. Die Strecke via DAMBULLA (72 km, 2 Std.)

Zugfahrplan

Zug-Nr.	40*	30**	36	24	10*	20	26***
Kandy	5.00	6.10	6.30	10.30	15.00	15.35	16.20
Col-Fort	8.15	8.40	9.50	13.50	17.30	18.50	19.35

Preise: 1. Kl. 340 Rs, 2. Kl. 190 Rs
* weiter nach Galle (Ank. 11.18 Uhr)
** Intercity Express (1. Kl. 360 Rs, 2. Kl. 220 Rs)
*** In Peradeniya umsteigen

Kandy	5.00	7.10	10.20	14.00	17.10	18.40	
Matale	6.40	8.50	11.00	15.40	18.40	20.00	

Preise: 3. Kl. 25 Rs

Zug-Nr.	126	5*	15**	45
Kandy	3.30	8.20		22.00
Peradeniya	3.47	8.40	12.25	22.23
Gampola	4.13	8.58	12.48	23.35
Hatton	7.00	11.05	14.37	1.45
Nanu Oya	9.30	12.35	16.05	3.15
Haputale	11.50	14.10	17.40	4.59
Band'wela	12.30	14.38	18.08	5.32
Ella	13.07	15.08	18.37	6.06
Badulla	14.09	16.00	19.30	7.09

Preise (2. Kl.): Nanu Oya 160 Rs, Bandarawela 230 Rs, Ella 240 Rs, Badulla 270 Rs
* Podi Menike aus Colombo, in Peradeniya umsteigen!
** Udarata Menike aus Colombo, in Peradeniya zusteigen!

und ANURADHAPURA (138 km, 3 1/2 Std.) nach VAVUNIYA (179 km, 5 Std.) wird von Semi-Luxury-Bussen zwischen 4.30 und 18.50 Uhr im 25-Min.-Takt bedient. Nach POLONNARUWA (140 km, 4 Std.) fahren Busse alle 30–40 Min. über DAMBULLA (72 km, 2 Std.) und HABARANA (97 km, 3 Std.). Ein Direktbus nach SIGIRIYA (92 km, 2 1/2 Std.) startet um 8 Uhr. Für JAFFNA (320 km, 8 Std.) ist Abfahrt von Bus Nr. 43 um 6.30 und 18.30 Uhr, für CTB-Busse um 4, 5.30, 6.15, 8.30 und 10.30 Uhr. Reservierung für Jaffna unter ✆ 081-2200605.

Ins Hochland: NUWARA ELIYA wird von IC- und CTB-Bussen (Nr. 42) ganztägig bis 18 Uhr alle 30–40 Min. angefahren (77 km, 2 1/2 Std.). Nach HATTON (68 km, 2 1/2 Std.) startet Bus Nr. 725 von 5.30–16.30 im 30. Min.-Takt. 8 Uhr ist zudem Abfahrt für einen Direktbus via BANDARAWELA (124 km, 4 Std.) und WELLAWAYA (164 km, 5 Std.) nach KATARAGAMA (245 km, 7 Std.). Bei Fahrten ins Hochland schalten die IC-Busse sehr häufig vor Steigungen die Klimaanlage aus, was den Fahrgenuss doch stark mindert.

Gen Osten: Nach MAHIYANGANA starten Busse alle 40 Min. (73 km, 3 Std.), während AMPARA (170 km, 6 Std.) von Bus Nr. 22 alle 30 Min. angesteuert wird. Um 11 Uhr fährt ein Direktbus nach BATTICALOA (187 km, 5 Std.). Die Abfahrtszeiten für TRINCOMALEE (182 km, 5 Std.) sind um 4.35, 6.10, 6.45, 7.10, 7.45, 8.30, 9.30, 10.10, 10.45, 11.15, 11.45, 12.15, 12.45 und 13.15 Uhr.

Ins Umland: Vom Uhrturm starten die Busse Nr. 652 und 654 nach PERADENIYA (6 km, 20 Min.). IC-Bus Nr. 593 fährt zwischen 5.30 und 21.20 Uhr alle 15 Min. nach MATALE (26 km, 40 Min.).

Eisenbahn

Der schöne übersichtliche Bahnhof liegt süd-westlich des Stadtzentrums. Bei den Zugfahrten nach COLOMBO zeigt sich das schönere Panorama im Süden, ist also am besten von den Sitzen auf der linken Fahrseite zu sehen. **Wichtig:** Die zwischen Colombo und Badulla verkehrenden Podi und Udarata Menike halten **nicht** in Kandy, sondern nur im 6 km entfernten Peradeniya. Am besten fährt man mit dem Three-Wheeler dorthin (ca. 350 Rs.).

Die IC-Züge zwischen Kandy und Colombo sowie Podi bzw. Udarata Menike nach Badulla führen als Schlusswaggon den „Observation Saloon" mit sich. Wer an der großen Scheiben-front sitzen möchte, sollte bei den Aussichts-waggons mit 24 Plätzen die Sitznummern 11, 12 und 23, 24, bei den Aussichtswaggons mit 44 Plätzen die Sitznummern 21, 22 und 43, 44 frühzeitig reservieren. Unabhängig von der Entfernung kostet die Fahrt im Observation Saloon 350 bzw. 750 Rs.
Zugfahrplan s. Kasten S. 377

Flüge

Sri Lankan Airlines, 17 Temple St., ✆ 081-2233123, 2232495. ⏰ Mo–Fr 8.15–18, Sa 8.15–13 Uhr. Die Fahrt mit einem Mietwagen von Kandy zum Internationalen Flughafen bei Colombo kostet 6000 Rs.

Die Umgebung von Kandy

Ein Aufenthalt in Kandy wäre unvollständig ohne Ausflüge in die attraktive Umgebung der Stadt. Für Freunde der tropischen Flora ist ein Spazier-gang durch den Botanischen Garten von **Pera-deniya** wohl einer der Höhepunkte ihrer Reise. Herrliche Wanderungen lassen sich in den **Knuckles Range** unternehmen. Und Liebhaber srilankischer Sakralkunst werden beim Besuch der im Umland gelegenen **Tempel** mehr als auf ihre Kosten kommen – hier liegen noch kaum be-kannte architektonische Perlen verstreut!

Soldatenfriedhof

Etwa 3 km südwestlich von Kandy liegt an der Deveni Rajasinghe Mw. der **Kandy War Cemetery** (1939–1945). In der gepflegten, von hohen Bäu-men umgebenen Anlage fanden 201, vorwiegend während des Zweiten Weltkrieges im Dienste des Empires gefallene Soldaten ihre letzte Ru-hestätte, darunter auch Inder und Sri Lanker. ⏰ tgl. 7.30–16 Uhr.

Colombo

Kollupitiya, Bambalapitiya und Cinnamon Gardens

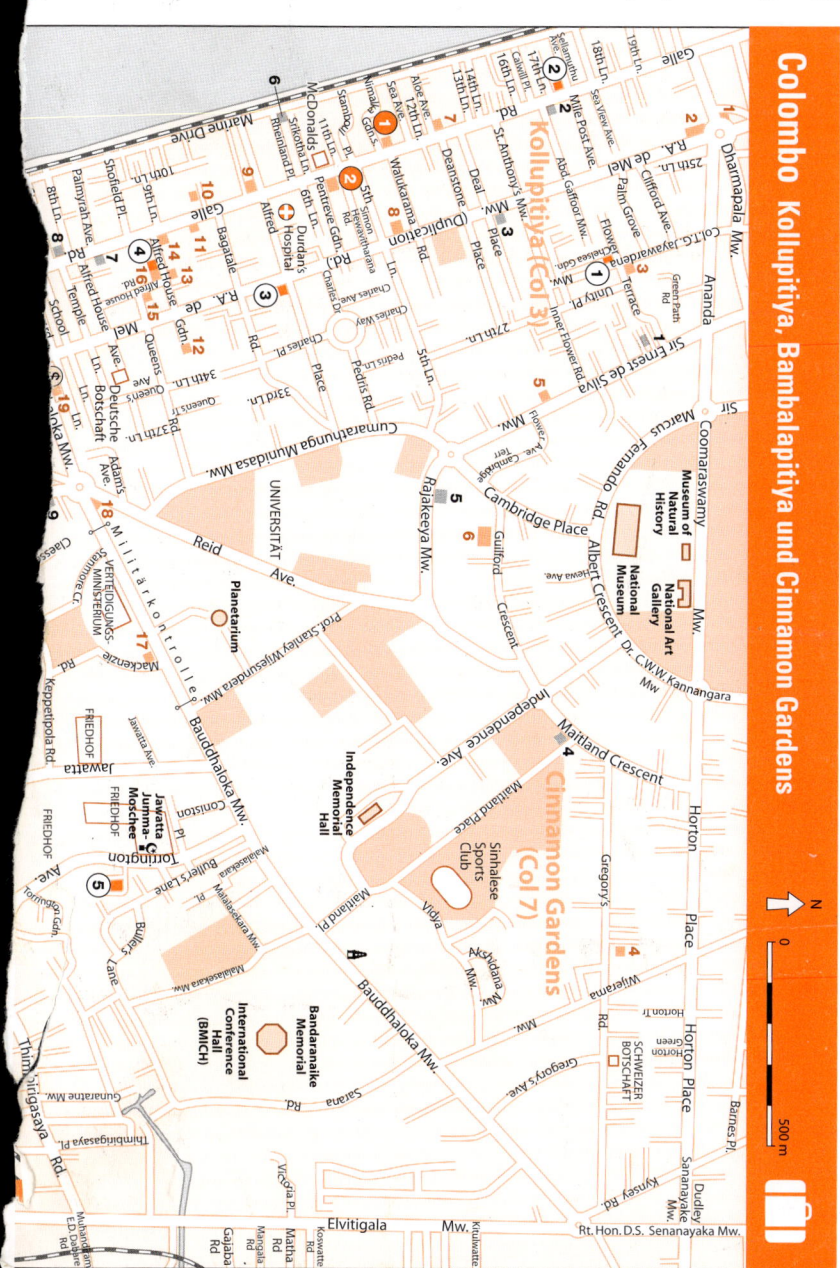

Kollupitiya (Col 3)

Cinnamon Gardens (Col 7)

Museum of Natural History

National Art Gallery

National Museum

Independence Memorial Hall

Sinhalese Sports Club

Planetarium

UNIVERSITÄT

VERTEIDIGUNGS-MINISTERIUM

Jawatta Jumma-Moschee

Bandaranaike Memorial International Conference Hall (BMICH)

SCHWEIZER BOTSCHAFT

FRIEDHOF

N

0   500 m

Transport:
1 John Keels, Walkers Tours, Condor
2 Jet Airways, Gulf Air
3 Cathay Pacific
4 Jetwing Travels, Jetwing Eco Holidays
5 Thai Airways
6 Aitken Spence, Kingfisher,
  Singapore Airlines
7 Hemtours, Emirates

9 Odel, Sifani
10 Lakmedura
11 Alliance Française
12 Citibank
13 Saskia Fernando Gallery
14 Mondy Seven Eight
15 Liberty Plaza
16 Photo Technica

Sonstiges:
1 Elphinstone Theatre
2 Automobile Assocation Building
3 DHL Service Point
4 Department of Immigration
5 TNT Express
6 House of Tea Tang
7 Crescat Boulevard
8 Paradise Road

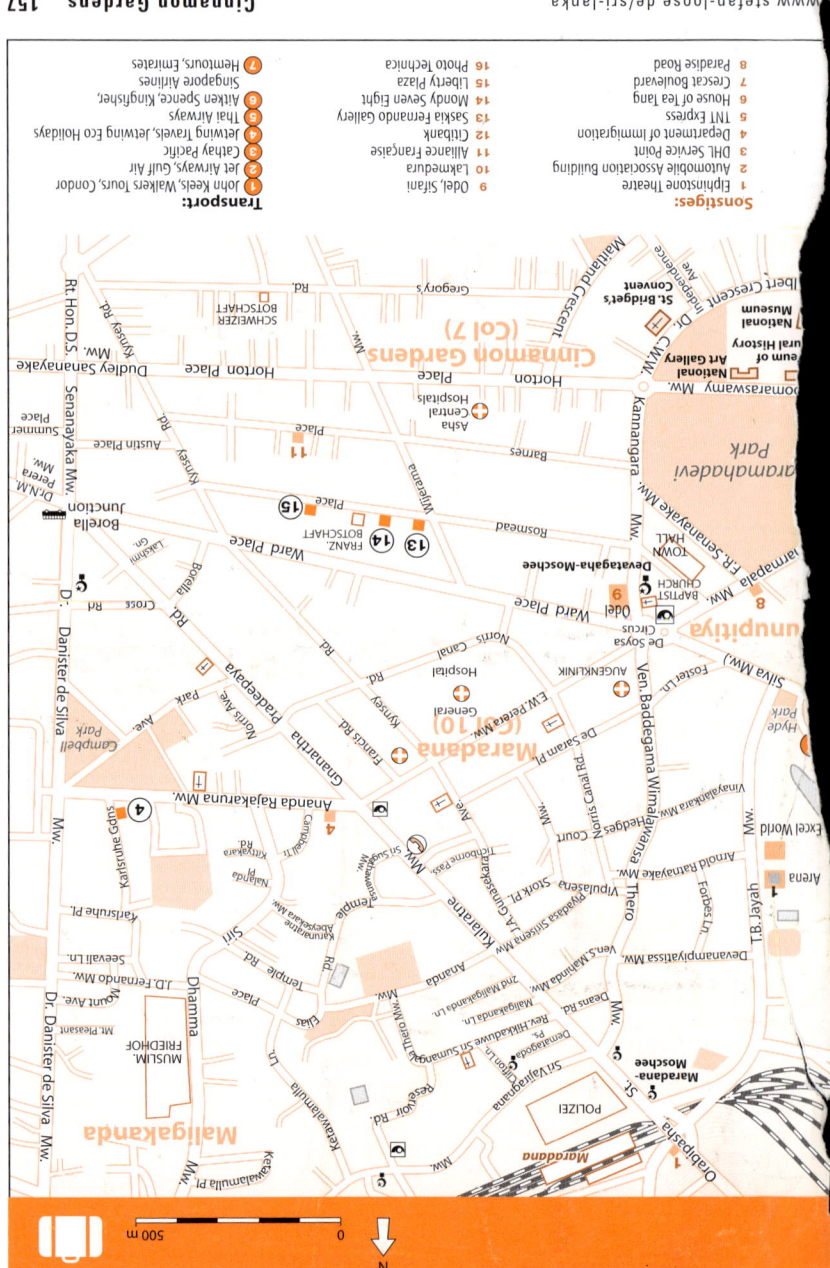

N
0   500 m

Rahaman al-Siddique.

Hinter dem Rathaus ist die ebenso komplett weiß gestrichene **Dewatagaha-Moschee** zu finden. Wie Streichhölzer ragen die vielen Mi-narette des 1905 errichteten Baus gen Himmel. Die Moschee birgt das über hundert Jahre zu-vor entdeckte Grab eines aus Saudi-Arabien stammenden Heiligen mit dem schönen langen Namen Seyyadina As-sheik Usman Ibn Abdur Rahaman al-Siddique.

umher. Doch den vielen jungen Pärchen ist dies ziemlich egal. Hinter Schirmen oder Baumriesen verborgen, genießen sie das Zusammensein – etwas, was ihnen in ihrem beengten Zuhause meist verwehrt bleibt.

Den nördlichen Abschluss des Parks bildet am Ende eines Wasserbeckens eine sitzende Buddha-Statue. Ihr Blick ist auf das gleißend weiße **Rathaus** auf der gegenüberliegenden Straßenseite gerichtet. Wegen seiner Farbe wird es auch „White House" genannt. An das Gegenstück in Washington erinnert der neo-klassizistische Bau zwar nicht, wohl aber an das dortige Kongressgebäude in Capitol Hill. Nach dreijähriger Bauzeit wurde die „Town Hall" 1927 fertiggestellt. Ein Jahr später zog die Stadtver-waltung dort ein.

Im südöstlichen Teil von Cinnamon Gardens liegt am Ende der Independence Avenue die **Independence Memorial Hall**. In der offene[n] Halle – der königlichen Audienzhalle in Kand[y] nachempfunden – entließ die Kolonialmacht i[n] Sri Lanka in die Unabhängigkeit. Bei einer feierlichen Zeremonie am 4. Februar 194[...]

Nicht weit davon entfernt, an der Bauddhal[o]-ka Mawatha, wird seit 1973 die gewaltige Ba[n]-daranaike Memorial International Conferen[ce] **Hall (BMICH)** für Versammlungen, Ausstellu[n]-gen und kulturelle Veranstaltungen genutzt. D[er] Name erinnert an S. W. R. D. Bandaranaike, Pr[e]-mier zwischen 1956 und 1959, dem ein klein[es] Museum gewidmet ist. Acht Jahre wurde an d[er] Halle gebaut.

National Museum

Sri Lankas bedeutendstes Museum ist am [...] Marcus Fernando Mawatha in einem zweistöcki-gen neoklassizistischen Bau untergebracht. In-mitten einer großen Parkanlage gelegen, zählt es zu den schönsten Kolonialgebäuden Colombos. Der kunstbeflissene Gouverneur Sir William H. Gregory ließ es am Ende seiner fünfjährigen Re-gierungszeit zum Neujahrstag 1877 einweihen –

Das 1927 fertiggestellte „White House" beherbergt heute die Stadtverwaltung.

Übernachtung:
1 Chelsea
2 Hotel Renuka & Renuka City Hotel
3 India Regent
4 Asian Villa
5 Ranjit's Ambalama
6 Sethupathy
7 Sunshine
8 Casa Colombo
9 Grand Concord
10 Ottery Inn
11 Havelock Place Bungalow

Essen:
1 The Commons
2 Amaravathi
3 Chess Swiss
4 Orient Hong Kong Seafood
5 Sakura Restaurant
6 Great Wall
7 Barefoot
8 Shanti Vihar
9 Barista, Il Gelate
10 Barista
11 Barista
13 Mathura
14 Saraswathie Lodge
15 Greenlands
16 Chinese Dragon Café

Sonstiges:
1 Liberty Cinema
2 Liberty Plaza
3 Cotton Collection
4 Goethe Institut
5 Leather Collection
6 Lionel Wendt Art Centre
7 Bookland
8 Beverly Street
9 Premadasa
10 Platé
11 India Visa Application Centre (IVAC)
12 British Council
13 Rithihi
14 Colombo Jewellers
15 Cricket Club Café
16 The Gallery Café
17 Central Cultural Fund (CCF)
18 Laksala
19 Indian Cultural Center
20 Ridhi Silver Studio
21 Majestic City
22 Romafour
23 Vijitha Yapa Books (Unity Plaza)
24 Rhythm & Blues
25 Survey Department
26 House of Fashion
27 Roux Brothers
28 Vishan's Colourlab

Transport:
1 Expo Air, Saudi Arabian Airlines
2 Deccan Aviation Lanka, Heli Tours

Knapp 6 km südwestlich von Kandy liegt in einem Knie des Mahaweli der Botanic Garden Peradeniya. Mit 62 ha ist er **der zweitgrößte botanische Garten Asiens** – und zweifelsohne einer der schönsten. Der Name setzt sich aus den beiden Wörtern *pera* (Guave) und *deniya* (Ebene) zusammen.

Bereits 1371 ließ auf dieser vom Fluss umspülten Landzunge der in Gampola residierende Vikramabahu III. einen Lustgarten anlegen. Kirti Sri Rajasimha etablierte hier im späten 18. Jh. seine Residenz, und auch seine beiden Nachfolger hielten auf der Halbinsel gerne Hof. Von Truppen des Empires wurden die königlichen Gebäude 1803 im Zuge einer gescheiterten Invasion zerstört.

Nachdem die Briten in Kandy endgültig die Macht übernehmen konnten, verlegten sie 1821 die zuvor auf Slave Island in Colombo und später in Kalutara etablierte **botanische Forschungsstation** hierher. Ab 1824 experimentierten sie mit dem Anbau von Teesträuchern, die sie aus China bezogen hatten. Knapp 40 Jahre später bezog der Tee-Pionier James Taylor seine ersten Büsche aus Peradeniya und begründete den kommerziellen Teeanbau. Von keinem Erfolg beschieden waren die Versuche der Pflanzenforscher, der ab 1869 in den Kaffeeplantagen grassierenden Blattkrankheit Herr zu werden. Einige der Direktoren des „Royal Botanic Gardens" machten sich auch als Pioniere der botanischen Wissenschaft einen Namen. Aus der Feder des Leiters von 1849–80, **Dr. Thwaites**, stammt ein renommiertes Nachschlagewerk über die Flora der Insel. An den Wissenschaftler erinnert heute ein Denkmal.

Alle **CTB-Busse** in Richtung Kegalle passieren auch Peradeniya, darunter vom Uhrenturm Bus Nr. 652 und 654. Mit dem **Three-Wheeler** kostet eine einfache Fahrt etwa 350 Rs. ☉ tgl. 8–17.45 Uhr, US$10, Kinder bis 12 Jahre die Hälfte.

Rundgang

Ein Spaziergang durch die Alleen führt einem die riesige Vielfalt der tropischen Flora vor Augen: Über **4000 Pflanzenarten und 10 000 Bäume** sind in Peradeniya zu finden. Leider ist die Beschriftung oft unzureichend und beschränkt sich nur auf die botanischen Namen. In den Baumkronen halten sich einige nur in Sri Lanka beheimatete Vogelarten auf, darunter Alexandersittiche, Blauschwanzsittiche und Blumenpapageien. Was bei einigen Bäumen wie große Früchte aussieht, sind in Wirklichkeit mit dem Kopf nach unten hängende Flughunde – wegen ihrer Kopfform auch „fliegende Füchse" genannt.

Der hufeisenförmige Garten wird von zahlreichen Wegen und Alleen durchquert. Die längste Tour führt entlang dem Mahaweli Ganga. In der Nähe des Eingangs sind vor allem der rechter Hand liegende **Gewürzgarten** und das **Orchideenhaus** interessant. Westlich eines kleinen Rondells bietet der üppige **Blumengarten** ebenso einen schönen Anblick wie eine stattliche **Bauhinia anguina**, die wegen ihres Wirrwarrs an Luftwurzeln im Englischen *snake creeper* genannt wird. Im Osten macht die **Kanonenkugelbaum-Allee** einen Knick nach Norden und geht in die 1905 gepflanzte **Kohlpalmen-Allee** über. Ihren Namen trägt die aus Panama stammende Palmart *(Euterpe oleracea)* wegen der Verdickung am Fuß des Stammes. Dieser äußerste Weg verläuft parallel zum Mahaweli und macht wie jener einen Knick nach Nordwesten. Linker Hand sind einige Bäume mit **Flughundkolonien** bevölkert.

Am Nordende des Parks ist die Ficus-Abteilung mit einem enormen **Banyanbaum** *(Ficus benjaminus)* – 1891 vom russischen Zaren gepflanzt – zu finden. Durch die 1950 neue bepflanzte **Königspalmen-Allee** geht es zurück ins Zentrum des Parks, wo sich um ein Rondell zahlreiche **Ehrenbäume** gruppieren. Hier haben Staatsgäste ihren Besuch verewigt: 1922 der Prinz von Wales mit einem Ceylonesischen Eisenholz-Baum; 1925 der König von Belgien mit einer „Königin der Blütenbäume", *Amherstia nobilis;* 1967 der deutsche Kanzler Kurt Georg Kiesinger mit einer Pink-Kassie *(Cassia nodosa)*. Auf einem südlich anschließenden freien Gelände – unweit der Cafeteria – steht seit 1861 der mächtigste Baum des Parks: ein **Javanischer Banyanbaum**, der eine Fläche von 2420 m² überschattet.

Vorbei an der weniger imposanten **Seychellennusspalmen-Allee** führen verschiedene Wege zum schön gelegenen „Sri Lanka-Teich", dem gegenüber sich der **Riesenbambus** in teilweise 40 m Höhe im Wind

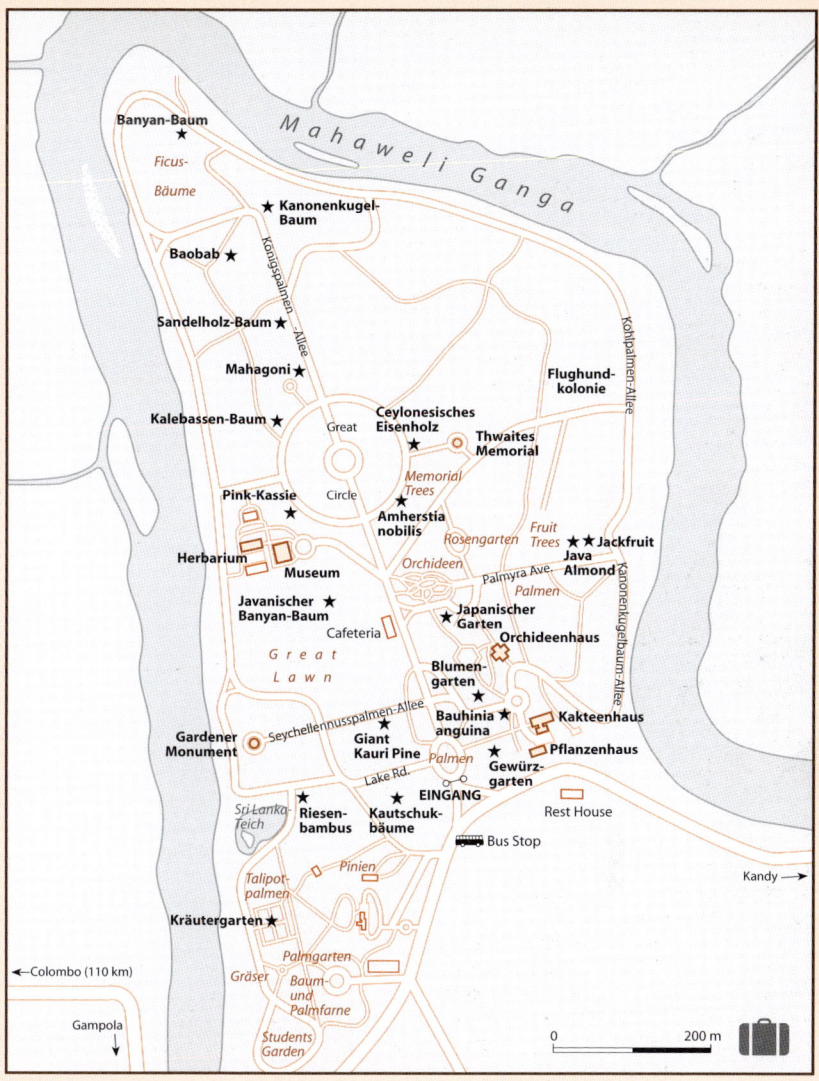

Banyan-Baum ★

Ficus-Bäume

M a h a w e l i   G a n g a

★ Kanonenkugel-Baum

Baobab ★

Sandelholz-Baum ★

Mahagoni ★

Kalebassen-Baum ★

Great Circle

Ceylonesisches Eisenholz ★

○ Thwaites Memorial

Memorial Trees

Flughund-kolonie

Pink-Kassie ★

★ Amherstia nobilis

Rosengarten

Fruit Trees

★★ Jackfruit

Herbarium

Museum

Orchideen

Palmyra Ave.

Java Almond

Palmen

Javanischer Banyan-Baum ★

Cafeteria

★ Japanischer Garten

G r e a t
L a w n

Orchideenhaus

Blumen-garten

Gardener Monument ○

Seychellennusspalmen-Allee

Bauhinia anguina ★

★ Kakteenhaus

Giant Kauri Pine ★

Palmen

Pflanzenhaus

Gewürz-garten

Lake Rd.

EINGANG

Sri-Lanka-Teich

Riesen-bambus ★

Kautschuk-bäume ★

Bus Stop

Rest House

Kandy →

Talipot-palmen

Pinien

Kräutergarten ★

← Colombo (110 km)

Palmgarten

Gräser

Baum und Palmfarne

Students Garden

Gampola ↓

0   200 m

wiegt. Der *Dendocalamus giganteus* ist die größte der rund 1000 weltweiten Bambusarten und vorwiegend in Birma verbreitet. Sehr eindrucksvolle **Talipotpalmen** säumen den folgenden Wegabschnitt. Diese Fächerpalmart diente in der Vergangenheit zur Herstellung der Palmblattmanuskripte. Linker Hand liegt der etwas bescheiden wirkende **Kräutergarten** und entlang eines parallel verlaufenden Weges der **Palmgarten** mit schönen Sagopalmen. Rund um den netten **Students Garden** finden sich ansehnliche **Baum- und Palmfarne**.

UMGEBUNG KANDY

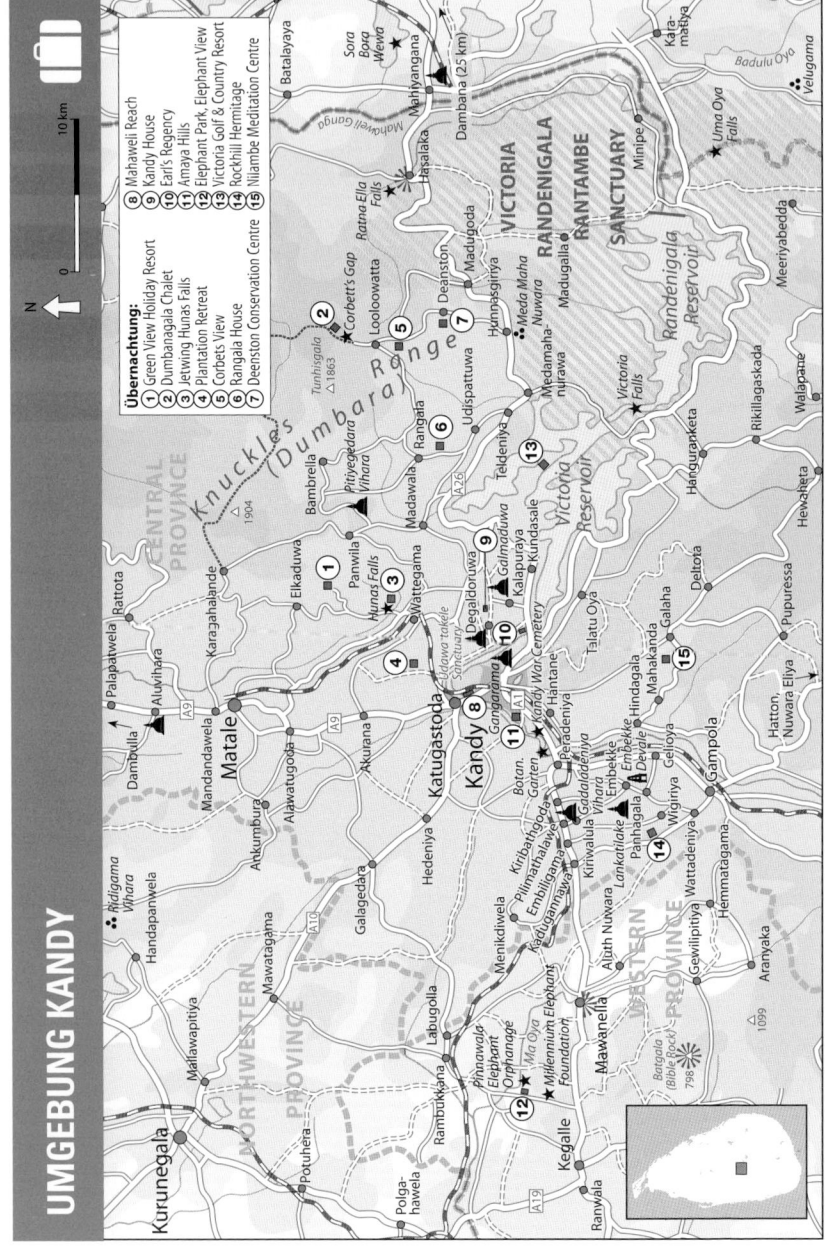

Übernachtung:
1. Green View Holiday Resort
2. Dumbanagala Chalet
3. Jetwing Hunas Falls
4. Plantation Retreat
5. Corbets View
6. Rangala House
7. Deeniston Conservation Centre
8. Mahaweli Reach
9. Kandy House
10. Earl's Regency
11. Amaya Hills
12. Elephant Park, Elephant View
13. Victoria Golf & Country Resort
14. Rockhill Hermitage
15. Nilambe Meditation Centre

N

10 km

0

Die westlichen Tempel

In die beschauliche Hügellandschaft südwestlich von **Peradeniya** eingebettet liegen drei äußerst geschichtsträchtige und sehenswerte Tempel aus dem mittleren 14. Jh., als die Könige für mehr als 70 Jahre von **Gampola** aus regierten. Ihre Besichtigung kann problemlos mit dem Besuch des Botanischen Gartens verbunden werden. Eine Three-Wheeler-Rundfahrt von Kandy aus kostet etwa 2200 Rs.

Embekke Devale

Der kleine Hindu-Schrein ist dem Kriegsgott Kataragama geweiht und vor allem wegen der fein geschnitzten Säulen aus Ceylonesischem Eisenholz (singh. *na*) in der Trommelhalle *(digge)* interessant. Sie stammen aus dem 14./15. Jh. und waren möglicherweise Teil der Audienzhalle der in Gampola residierenden Könige. Die Motive der Schnitzereien zeigen u. a. Tänzerinnen, Ringer und stillende Frauen, geometrische Muster und Fabelwesen wie Doppeladler und Vogelmenschen. Die Abschlüsse der Dachbalken sind mit Lotosblumen verziert. Sehr schöne Schnitzereien mit Blumenmustern sind auch an der geschwungenen Holztüre zu sehen, die zum Schreininneren führt. Die Puja-Zeiten sind um 6, 11 und 19 Uhr. Zehn Tage vor dem September-Vollmond wird hier das Embekke-Perahera gefeiert. Eintritt 150 Rs.

Bus Nr. 643 fährt von Goods Shed etwa alle 20 Min. in Richtung Wattadeniya und passiert auch das Dorf Embekke (ca. 1 Std.).

Lankatilake Raja Maha Vihara

Knapp 1,5 km westlich von **Embekke** thront über einem pittoresken Tal mit Reisfeldern und Teeplantagen das schönste Heiligtum in der Region. Bereits von Weitem ist der weiß getünchte Lankatilake-Tempel zu sehen. Er geht auf den König Bhuvanekabahu IV. zurück, der 1341 im nahen Gampola seine Residenz etablierte. In einen Felsen ließ der Monarch in tamilischer und singhalesischer Schrift festhalten, dass er in seinem dritten Regierungsjahr, also 1344, dieses Heiligtum gestiftet habe. Unverkennbar wurde das abgeknickte Dach später hinzugefügt. Das Heiligtum ist eine interessante interreligiöse Kombination:

Während der Ostteil buddhistisch ist, werden im westlichen Bereich Hindu-Gottheiten verehrt.

Besonders dekorativ ist der **Makara Torana** des massiven Eingangs zum buddhistischen Teil des Sanktuariums. Aus den aufgerissenen Mäulern eines Löwenkopfes und zweier Makaras – krokodilartigen Fabelwesen – strömen Girlanden mit kleinen Figuren. Die Wandmalereien im Inneren wurden im 18. Jh. auf Initiative von Kirti Sri Rajasimha geschaffen. Während den Vorraum Tänzer und die 24 Buddha-Existenzen vergangener Zeitperioden ausfüllen, ist der Hauptraum mit zahlreichen Adoranten verziert: dem großen sitzenden Samadhi-Buddha zugewandte verehrende Figuren, darunter die Hindu-Gestalten Ganesha und Hanuman. Offensichtlich wollten die Künstler damit die Überlegenheit des Erleuchteten ausdrücken. Sehr fantasiereich ist der Makara Torana über dem meditierenden Buddha gestaltet, denn die Körperteile des Makaras sind sieben verschiedenen Tieren entlehnt: Krokodilmaul, Elefantennase, Löwenfüße, Schweineohren, Affenaugen, Fischkörper und Pfauenschwanz. Die Originaltüren sind aus Jackfruchtholz.

Die Rückseite des Sanktuariums ist ein massiver quadratischer Ziegelanbau, in dessen Inneren ein Korridor mit vier Nischen verläuft. In ihnen werden einige der hinduistischen Schutzgottheiten Sri Lankas verehrt: im Westen Vishnu und Lakshmi; im Norden Saman und Sri Suvanna; im Osten Kataragama auf dem Pfau und in einem Extraschrein der Elefantengott Ganesha; im Süden Vibishana und Shakti. Der mächtige Bodhi-Baum auf dem Gelände ist möglicherweise von dem Gründerkönig selbst gepflanzt worden. Eintritt 200 Rs.

Der Tempel ist mit **Bus** Nr. 666 oder 643 von Kandys Goods Shed-Busbahnhof zu erreichen (ca. 1 Std.).

Gadaladeniya Raja Maha Vihara

Der „Große königliche Tempel" Gadaladeniya liegt knapp 2 km südlich der A 1 auf einem Felsrücken in der Nähe das Dorfes **Kiriwalula**. Viele Bewohner leben von der Messingverarbeitung, wovon die vielen Geschäfte entlang der Straße zeugen. Das buddhistische Sanktuarium ist ebenfalls eine Gründung des Königs Bhuvanekabahu IV. aus dem Jahr 1344. Inschriften zufolge war der Architekt ein Tamile namens Ganeshvarachari. Wohl deshalb zeigen sich im Heiligtum so eindeutig Einflüsse südindischer Hindutempel. Es besteht aus einem quadratischen Hauptbau mit östlich vorgelagertem Vorbau. Die Außenwände sind mit sogenannten „blinden Fenstern" umgeben, die Sockelfriese des Vorbaus mit Musikanten und Tänzern verziert. Elefantenfiguren flankieren die ebenfalls reichlich dekorierten Treppenstufen. Besonders bemerkenswert ist auch die achtseitige Kuppel als Dachaufsatz, die eine massive sitzende Buddha-Figur aus Bronze im Inneren schützt. Dort sind auch noch Reste von Wandmalereien zu sehen und an einer Säule ein tanzender Shiva. Dem Hindugott Vishnu ist ein weiterer Schrein gewidmet.

Dass der Tempel auch später noch eine Bedeutung gehabt haben muss, zeigt eine in einen Felsen geschlagene Inschrift aus dem achten Regierungsjahr des Königs Senasammata Vikramabahu (reg. 1469–1511). Künstliche Becken dienen als Lotosteiche. Etwas seitlich, unweit eines Bodhi-Baumes befindet sich ein überdachter Stupa, der an seinen Achsenpunkten von Schreinen, die mit kleineren Stupas gekrönt sind, umgeben ist. Etwa im September, nur wenige Wochen nach dem Esala Perahera in Kandy, wird hier pompös das Gadaladeniya Perahera gefeiert. Eintritt 200 Rs.

Alle **CTB-Busse** von Kandy in Richtung Kegalle passieren die etwa 1 km vor dem Ort Kadugannawa gelegene Abzweigung in Richtung Gadaladeniya-Kiriwulala. Die restlichen 2 km kann man entweder zu Fuß oder mit dem Three-Wheeler zurücklegen.

Tempel im Norden und Osten

In der nördlich und östlich von der alten Königsstadt gelegenen Berglandschaft finden sich weitere sehenswerte Tempel mit teilweise exzellent erhaltenen Wandmalereien. Sie gehen alle auf den baufreudigen Regenten Kirti Sri Rajasimha (reg. 1747–82) zurück und können je nach Zahl der besuchten Heiligtümer im Rahmen einer Halb- oder Ganztagsfahrt besichtigt werden. Abhängig vom Umfang der Besichtigung kostet eine Three-Wheeler-Rundtour 2500 Rs.

Gangarama

Etwa 2 km östlich von Kandy, an der Straße nach **Madawala** am Mahaweli, befindet sich der 1747 vollendete **Gangarama Vihara**. Sehenswert ist das kleine Kloster vor allem wegen seines an eine Felswand gebauten Statuenhauses *(gedige)* mit einer knapp 6 m großen, aus dem Fels geschlagenen stehenden **Buddhafigur** im Inneren. Die Wandmalereien sind noch in hervorragendem Zustand. Während die rechte Wandseite Szenen aus dem Leben des Erleuchteten dominieren, sind auf der linken vorwiegend Darstellungen Buddhas als Lehrer zu finden. Der obere Wandbereich ist von zahlreichen goldfarbenen Buddhafiguren auf rotem Grund ausgefüllt. Die Szenen reflektieren gleichzeitig das zeitgenössische Leben in Kandy, was besonders an der Tracht der Akteure zu sehen ist. Dem Statuenhaus vorgelagert ist eine Trommelhalle *(digge)*. Ein heute mit Wasser gefüllter Tunnel führt vom ummauerten Klostergelände zum Mahaweli und diente als Fluchtweg.

Degaldoruwa

Nur wenige Kilometer vom Gangarama Vihara entfernt liegt einer der schönsten Sakralbauten in Kandys Umland, der **Degaldoruwa Vihara**. Besucher verirren sich eher selten hierher. Zu Unrecht, enthält dieses künstlerische Juwel **Wandmalereien**, die zu den bedeutendsten von ganz Sri Lanka zählen und problemlos mit jenen von Dambulla konkurrieren können.

Der Tempel ist an und in eine Felswand gebaut. Einer Säulenhalle *(digge)* ist eine Vorkammer angeschlossen, durch deren mit einem Makara Torana eingerahmte Tür man in die vollständig in den Fels gearbeitete Hauptkammer kommt. Dort finden sich mehrere Buddhafiguren aus Stein, darunter eine liegende. Die Trennwand zwischen Vor- und Hauptkammer ist auf beiden Seiten komplett bemalt und illustriert den spirituellen Weg des Erleuchteten. Sehr detailvoll ist der Angriff des Dämons Mara mit seiner Armee auf die Meditierenden dargestellt, ebenso wie vier Jataka-Geschichten, darunter die vorletzte Inkarnation als Prinz Vessantara. Die Malereien stammen aus dem Jahr 1771 und werden dem Künstlermönch Devaragampola Silvatenne und seinen Mitarbeitern Nilagama Patabenda und

Immer größerer Beliebtheit erfreut sich eine Tempelwanderung von Embekke über Lankatilake zum Gadaladeniya-Tempel. Dazu fährt man von Goods Shed mit Bus Nr. 643 in Richtung Wattadeniya bis zum Dorf Embekke. Von dort führt ein Weg über eine Bergkuppe hinunter zum 1 km entfernten Embekke Devale.

Um weiter zum Lankatilake zu gehen, muss man den gleichen Weg zurück in Richtung Embekke wandern, nach etwa 200 m jedoch auf der Anhöhe links abbiegen und dem ansteigenden Weg weiter den Berg hinauf folgen. Der Weg verläuft etwa 500 m am Rande des Dorfes entlang, bis man am Ende der Ortschaft einen mächtigen Bodhi-Baum und etwas später rechter Hand einen Felsvorsprung passiert. Vorbei an Reisfeldern erreicht man etwa 500 m hinter dem Dorf eine Weggabelung, biegt rechts ab und überquert eine Bergkuppe. Von dort ist bereits der auf einer Anhöhe liegende **Lankatilake-Tempel** zu erkennen. Weiter geht es wieder hinunter durch Reis- und Teefelder bis zum Fuß dieser jetzt linker Hand liegenden Anhöhe. Der Weg stößt auf die Zufahrtsstraße zum Tempel.

Nach der Besichtigung geht man wieder etwas den Berg hinunter und folgt der sich links eine Anhöhe hochwindenden Straße in Richtung Norden. Sie mündet schon sehr bald in eine größere Straße. Hier geht es links ab und immer die belebte Straße entlang bis zum **Gadaladeniya-Tempel**. Insgesamt sind etwa 3 km zurückzulegen. Von dem Tempel kann man mit dem Three-Wheeler bis zur 2 km entfernten A 1 fahren und dort einen Bus zurück nach Kandy nehmen.

Koswatte Hitaranayide zugeschrieben. Silvatenne gilt als bedeutendster Vertreter der Malschule von Kandy. Auf dem Klostergelände steht noch ein kleiner Glockenturm.

Galmaduwa

Von Degaldoruwa zurück zur A 26 in Richtung **Mahiyangana** und nach etwa 5 km in eine nördlich abgehende Nebenstraße hinein, liegt im Dorf **Kalapuraya** der ungewöhnliche **Galmaduwa-Tempel**. Das unvollständige Bauwerk ist ein eigentümlicher architektonischer Mix: Auf das untere, aus Natursteinen erbaute quadratische Statuenhaus *(gedige)* mit markanten gewölbten Fensteröffnungen wurde eine weiß gestrichene siebenstufige Pyramide aus Ziegelstein gesetzt. Sie erinnert etwas an die südindischen Gopuras.

Golfsport am Victoria-Stausee

Das 1989 fertiggestellte Victoria Reservoir ist für die Energiewirtschaft Sri Lankas nicht hinwegzudenken. Mit drei weiteren Stauseen ist es Teil des umfangreichen **Mahaweli-Projektes**, das die Wasserversorgung weiter Landstriche sicherstellt und fast Zweidrittel des landesweiten Strombedarfs deckt. Für den Touristen ist das künstliche Gewässer vor allem aufgrund seiner Lage inmitten einer pittoresken Berglandschaft von Interesse. Besonders schöne Ausblicke kann man bei der Fahrt entlang der A 26 in Richtung **Hunnasgiriya** genießen.

Für die Freunde des gepflegten Ballspiels bietet der Stausee einen besonderen Reiz, da an seinem Nordrand seit 1999 der beste Golfplatz der Insel liegt: das **Victoria Golf & Country Resort**. Die *Green Fee* beträgt 4500 Rs unter der Woche, 6000 Rs am Wochenende. Während der Woche ist keine Reservierung notwendig. Das Equipment kann komplett gegen Gebühr ausgeliehen werden.

Kontakt: Victoria Golf & Country Resort, Rajawella, ☎ 081-2376376, 🖳 www.golfsrilanka.com.

Es gibt auf dem Golfgelände diverse Übernachtungsmöglichkeiten, darunter in den zehn sehr schmucken **Victoria Chalets**, die jeweils über zwei Räume verfügen. Auch ein Pool ist dabei. Buchung unter ☎ 072-7258730, ❺–❻. Noch nobler wohnt man im **Clingendael**. Die Villa mit 5 Räumen wurde im holländisch-kolonialen Stil errichtet und bietet alle Annehmlichkeiten wie Pool und Butler-Service. Näheres unter 🖳 www.theclingendael.com. ❼.

Knuckles Range – Gorbett's Gap

Nordöstlich von Kandy erhebt sich die oft in Wolken gehüllte **Knuckles Range** mit dem 1863 m hohen Tunhisgala als höchste Erhebung. Die Form des Bergmassivs erinnerte die britischen Kolonialherren offensichtlich an die Fingerknöchel (eng. *knuckles)* einer geballten Faust. Auf Singhalesisch heißt es **Dumbara**, „von Nebel eingehüllte Berge". Bislang lockt die abgelegene Bergwelt relativ wenige Touristen an, obwohl dort noch teilweise unberührte Nebelwälder und eine seltene Fauna zu finden sind. Aufgrund der hohen Zahl endemischer Vögel ist das 155 km² große Gebiet auch ein heißer Tipp unter Ornithologen. Der über 1500 m hoch gelegene Teil des Massivs steht unter Naturschutz und wurde 2010 zusammen mit den Horton Plains und den Peak Wilderless zum Unesco-Welterbe erklärt.

Den besten Zugang zum Bergmassiv hat man über den im östlichen Bereich gelegenen **Gorbett's Gap**. Der 1100 m hoch gelegene Ort ist über das 1 km entfernte **Looloowatta** zu erreichen, das mit dem an der A 26 gelegenen **Hunnasgiriya** durch eine 15 km lange, mäßig gute Straße verbunden ist. In **Deanston**, 8 km von Hunnasgiriya entfernt, befindet sich ein Büro des Forest Department, das für den Besuch von Gorbett's Gap eine Gebühr von 750 Rs erhebt. Dort beginnt auch ein Wanderweg zum „Mini World's End".

Gute Ausgangspunkte sind zudem die am westlichen Rand des Massivs unweit der **Hunas Falls** (761 m ü. M.) gelegenen Unterkünfte, die auch Touren arrangieren. Zu ihnen gelangt man über die von Wattegama nach Elkaduwa führende Straße. Nahe der Hunas Falls liegt auch das staatliche **Hunnasgiriya Estate** mit einer schönen Tee- und Nelken-Baum-Plantage.

Übernachtung

Corbets View, Kobonilla, ☎ 077-7411339, 🖥 www.corbetsview.com. Liegt auf 990 m Höhe an einem Berghang zwischen Kobonilagala and Dumbangala und ist Teil einer Teeplantage. Es gibt 3 einfache Zimmer mit 2–3 Betten und ein Esszimmer. Alles sehr einfach, aber nicht billig. Arrangiert Trekkingtouren. ❹–❺

Deenston Conservation Centre, Deanston, 11 km vom Corbett's Gap bzw. 5 km von Hunnasgiriya, ☎ 060-2885227. Einfaches Drei-Bett-Zimmer mit Bad. ❷

Dumbanagala Chalet, Dumbanagala Plantation, Looloowatta, ☎ 081-3804439, 077-9821434, 🖥 www.dumbanagalachalet.com. Das Chalet liegt 17 km von Hunnasgiriya, außerhalb von Looloowatta in Richtung Meemure. Das wunderschön gelegene Haus mit 4 Zimmern, einer Suite und lauschigem Wohnraum ist ein guter Ausgangspunkt für diverse Wanderungen. ❺

Green View Holiday Resort, Karagahahinna, ☎ 081-5671437, 077-7372066, 🖥 www.greenviewholidayresort.com. Das Hotel nahe der Hunas Falls bietet eine grandiose Aussicht auf die umliegende Berglandschaft. Die 10 Zimmer mit Warmwasser-Bad und Balkon sind sauber und freundlich. Guter Service, arrangiert Touren zur Knuckles Range. Ein Traumort zum Entspannen. ❷

🌳 **Jetwing Hunas Falls**, Elkaduwa, ☎ 081-2470041, 🖥 www.jetwinghotels.com. Luxuriöseste Bleibe in der Nähe der Hunas Falls mit schönem Bergpanorama. Sri Lanker verbringen hier gerne ihre Flitterwochen. 2 unterschiedlich eingerichtete Suiten: schottisch (Highlander) oder japanisch (Katsura); doch auch bei den 26 AC-Zimmern mit Warmwasser-Bad wird am Luxus nicht gespart. Beim Minigolf- und Tennisspiel kann man genauso die schöne Landschaft genießen wie beim Schwimmen im Pool oder beim Wandern in der Umgebung. Wem es abends zu kühl wird, kann in die Sauna entschwinden. Das Hotel engagiert sich im Rahmen des JEEP-Projekts um die Wiederaufforstung eines nahen Waldstücks, s. 🖥 www.eternalearth.net. ❻–❼

Rangala House, 92B Bobebila, Makuldeniya, Teldeniya, ☎ 081-2400294, 🖥 www.rangalahouse.com. Von der Abzweigung in Teldeniya ca. 25 Min. entfernt, liegt es auf 1000 m Höhe an einem Berghang und bietet atemberaubend schöne Ausblicke. Es gibt nur 3 Zimmer, Wohnraum und Küche mit Veranda und beheiztem Swimming Pool. ❻–❼

Der Ausflug zu den Knuckles Range ist wegen der Größe des Gebietes schwierig, individuell zu organisieren. Am besten lässt man dies über eines der Gästehäuser in Kandy arrangieren, etwa über das **Expeditor Gh.** (s. S. 369). Sonst nimmt man in Kandy einen der **Busse** nach Mahiyangana, steigt in HUNNASGIRIYA (36 km) aus und nimmt dort den nur 2x tgl. verkehrenden Minibus nach MEEMURE (35 km). Der Bus hält auch im 15 km von Hunnasgiriya entfernten LOOLOOWATTA. Über die Abfahrtszeiten kann man sich in der Schule von Meemure, ✆ 081-5683409, oder bei Mr. Lionel, ✆ 071-5802610, 081-3992575, erkundigen. Alternativ fährt unregelmäßig Bus Nr. 616 nach Looloowatta.

Mahiyangana

Östlich von Hunnasgiriya fallen die Berge abrupt ab und es folgt die weite Tiefebene bis zur Küste. Wer die A 26 entlang fährt, wird herrliche Ausblicke in die Ebene genießen können – falls ihm die steilen Serpentinen und der bedenkliche Fahrstil mancher Busfahrer nichts ausmachen. Schwindelanfällige sollten eventuell eine Reisetablette zu sich nehmen. Bei **Hasalaka** bietet sich ein schöner Blick auf die 111 m hohen **Ratna Ella Falls**. Eine weniger steile Straße führt von Kandy südöstlich um die Stauseen Victoria und Randenigala herum. Allerdings wird sie ab 18 Uhr gesperrt, weil sie durch das Victoria-Randenigala-Rantambe-Sanktuarium führt und hier nicht selten Wildelefanten die Wege kreuzen.

In der Ebene geht der Regen spärlich nieder, weshalb im Zuge des ambitionierten Mahaweli-Projektes seit den 1970er-Jahren einige große Stauseen zur Bewässerung angelegt wurden. Ein wichtiger Verkehrsknotenpunkt ist Mahiyangana. Für die srilankischen Buddhisten ist die 223 m ü. M. gelegene Kleinstadt am Mahaweli von großer Bedeutung, weil sie jenen Ort markiert, an dem Buddha beim ersten seiner insgesamt drei legendären Besuche auf der Insel geweilt haben soll – die anderen beiden sind Nagadipa (die Insel Nainativu bei Jaffna) und Kalyani (Kelaniya bei Colombo).

An der vermeintlichen Stelle, etwa 1 km südlich der Stadt, steht heute der 30 m hohe weiße Stupa des **Mahiyangana Raja Maha Vihara**. Der Mahavamsa, die „Große Chronik" Sri Lankas aus dem 6. Jh., erzählt von diesem Besuch: Als der Erleuchtete hörte, dass am „lieblichen Ufer des Mahaweli, im schönen Mahanaga-Waldpark", eine große Versammlung von Yakshas (Dämonen) stattfand, eilte er zu diesem Treffen und blieb über den Köpfen der Yakshas schwebend stehen. Durch Regen, Sturm und Finsternis schüchterte er die Herzen der Dämonen ein. „Und wenn wir Dir, oh Herr, sogar die ganze Insel geben müssen. Aber befreie uns von unserer Furcht!", flehten ihn die Yakshas an. Daraufhin legte der Erleuchtete ihnen seine Lehre dar und viele ließen sich bekehren. Zum Abschied überreichte er dem ebenfalls anwesenden „Prinzen aller Dämonen" Mahasumana (Saman) auf dessen Wunsch hin eine Hand voll Haare. Zur Erinnerung errichteten die Dämonen einen Stupa und schlossen darin eine goldene Urne mit den Haarreliquien ein.

Aufgrund dieser Geschichte wird das Heiligtum als erster buddhistischer Kultbau Sri Lankas betrachtet. Ein Mönch namens Sarabhu soll den Stupa vergrößert und ein Stück Schlüsselbein des Buddha darin verschlossen haben. Zahlreiche Könige Anuradhapuras – von Dutthagamani (reg. 161–137 v. Chr.) bis Vijayabahu I. (reg. 1055–1110) – ließen ihn restaurieren und erweitern. Das setzte sich auch in der Folgezeit bis in die Gegenwart fort. Das landesweit bekannte Pagodenfest wird zum Binara Poya, dem Vollmond im September, begangen.

Ansonsten hat Mahiyangana nichts zu bieten. Bis ins 17. Jh. war der Ort als Verkehrsknotenpunkt von Bedeutung, weil Reisende nach ihrer Ankunft im Hafen von Trincomalee mit dem Boot über den Mahaweli bis nach Mahiyangana fuhren und von dort nach Kandy weiterreisten. Der aus Holland stammende kalvinistische Missionar François Valentijn pries sie in seinen 1726 erschienenen Reisebeschreibungen *Oud en Nieuw Oost-Indiën* als eine der prächtigsten Städte der Insel. Doch im Zuge der Niederschlagung der Uva-Rebellion, 1817/18 (s. S. 113), machten die Briten Mahiyangana wie viele andere Hochburgen der Aufständischen dem Erdboden gleich.

Kandy und Umgebung

Idylle am See

15 km nordöstlich von Mahiyangana liegen am Rand des Madura Oya-Nationalparks die beiden Reservoirs **Ulhitiya und Ratkinda**. Am frühen Morgen sieht man auf dem gegenüberliegenden Ufer des Ulhitiya-Sees häufig wilde Elefanten. Die Gegend ist auch sehr gut für Fahrradtouren geeignet, da es kaum Verkehr gibt.

Rolf Hainbach

Übernachtung

New Rest House, Rest House Rd., ✆ 055-2257304. Direkt am Mahaweli gelegen, mit 10 geräumigen AC-Zimmern mit Bad. Eine gute Option, allerdings überteuert. ❷–❸

Sorabora Gedara, Sora Bora Wewa Rd., ✆ 055-2258307, 4927322, 🖥 www.sorabora gedara.com. Ein freundliches Hotel unweit des Sora Bora-Reservoirs mit 10 freundliche AC-Zimmern und Suiten mit Bad. Netter Pool und gutes Restaurant. ❸–❹

Sorabora Village Inn, Sora Bora Wewa Rd., ✆ 055-2257149, 🖥 www.soraboravillege.com. Das bei Einheimischen beliebte Hotel verfügt über 21 geräumige AC-Zimmer mit Bad und ein großes Restaurant. Alles wirkt ziemlich steril und eckig, aber dafür sauber. ❷–❸

Tharuka Inn, 89/1 Padiyathalawa Rd., ✆ 055-2257631. An der Straße nach Ampara gelegene Herberge mit 10 gesichtslosen, aber annehmbaren Zimmern mit Bad. ❶

The Nest, 45 Padiyathalawa Rd., ✆ 077-6199511, 🖥 www.nest-srilanka.com. Etwa 2 km östlich des Uhrturms, nahe des 75 km-Postens. Bei all dem Grün drum herum ist die Familienunterkunft wahrlich ein heimeliges Nest. 4 geräumige, saubere Zimmer mit Bad und Veranda. Moskitonetze vorhanden, für AC wird ein Aufschlag von 750 Rs verlangt. Im offenen rustikalen Restaurant werden gute Gerichte serviert. Herr Settinayake, der freundliche Besitzer, hilft auch beim Organisieren interessanter Touren zu den Veddas. Er arrangiert zudem Mountainbike- und Dschungeltrips. ❷–❸

Transport

Die Anbindung von Mahiyangana ist gut. Nach KANDY (73 km, 3 Std.) starten **Busse** alle 40 Min., auch nach BADULLA (65 km, 2 Std.), POLONNARUWA (110 km, 3 Std.) und AMPARA (120 km, 3 Std.) regelmäßig. Wer in Richtung Arugam Bay möchte, nimmt die alle 30 Min. startenden CTB-Busse über BIBILE (40 km, evtl. umsteigen) nach MONARAGALA (80 km, 1 1/2 Std.), das an der A 4 nach POTTUVIL (140 km) liegt.

Die Umgebung von Mahiyangana

Als möglicher Zwischenstopp auf der Weiterfahrt nach Norden oder Süden ist das Städtchen auch für Touristen von gewisser Bedeutung. Es ist ein geeigneter Ausgangspunkt für den Besuch des **Maduru Oya-Nationalparks**. Das 588,5 km^2 große Schutzgebiet zwischen Kandy und Batticaloa ist eine der letzten Refugien der Vedda (S. 104). Zudem bieten sich abwechslungsreiche Safaris im elefantenreichen **Wasgomuwa-Nationalpark** an oder eine Bootstour auf dem nahen **Sora Bora Wewa**. Dieser Stausee soll bereits während der Regierungszeit des Königs Dutthagamani im 2. Jh. v. Chr. entstanden sein und ist seitdem mit Wasser gefüllt. Noch gut erhalten ist der Schleusenschacht *(bisokotuva)* zur Regulierung des Wasserflusses. Hier kommen vor allem Vogelfreunde auf ihre Kosten.

Im Gebiet von **Dambana**, ca. 25 km östlich von Mahiyangana an der A 26 nach Maha Oya, gibt es noch vier Siedlungen mit insgesamt 350 Vedda-Familien, darunter **Kotabakina**, das „Dorf des Königs", **Watuwaya** und **Ganekumbura**. In Kotabakina dokumentiert das „Wariga Rukul Pojja", ein kleines Museum das Leben der Vedda und ihren Kampf um ihre Eigenständigkeit. In dem Dorf gibt es etwa zehn mit Strohdächern bedeckte Lehmhäuser. Möglicherweise trifft man dort auf Uruwarige Wanniyala Aetto, den Dorfvorsteher, oder dessen Sohn, Uruwarige Gunabanda. Da kaum jemand im Ort Englisch spricht, sollte man unbedingt mit einem Guide anreisen.

Kandy

Colombo

Ratnapura

Das Hochland

Stefan Loose Traveltipps

Adam's Peak Auf Pilgerpfaden zum heiligsten Berg der Insel. S. 390

10 Nuwara Eliya Leben wie die Briten zur Zeit des Empires. S. 396

Horton Plains Hier kann man durch urtümliche Landschaften bis ans Ende der Welt wandern. S. 406

11 Ella Kleinod inmitten einer dramatisch schönen Berglandschaft. S. 418

Ratnapura Noch heute schillert die „Stadt der Edelsteine" im Glanz ihrer wertvollen Bodenschätze. S. 426

Sinharaja Sri Lankas letzter Regenwald fasziniert durch seine Artenvielfalt. S. 432

Eine Reise ins Hochland ist klimatisches Kontrastprogramm. Tee und Kiefern ersetzen Reis und Palmen, Pullover und Wanderstiefel das T-Shirt und die Badeschlappen. Es ist schon erstaunlich, wie sich von Kilometer zu Kilometer die Landschaft verändert. Teeplantagen überziehen wie grüne Teppiche die Hügel – nirgendwo sonst auf der Insel hat das Empire dermaßen die Kulturlandschaft geprägt. Das gilt ganz besonders für das über 1800 m hoch gelegene **Nuwara Eliya**. Dort ist nicht nur das Stadtbild, sondern auch das regenreiche Wetter "very british".

Outdoor-Begeisterte werden mehr als einmal auf ihre Kosten kommen: beim nächtlichen Aufstieg zum **Adam's Peak**, beim Ausflug in die **Horton Plains**, beim Rafting in **Kitulgala** oder bei Wanderungen durch die pittoresken Landschaften rund um **Ella**, **Haputale** und **Bandarawela**. Der Besuch des **Sinharaja Forest Reserve** ist wegen der Vielfalt an endemischer Flora und Fauna vor allem für Naturfreunde ein Vergnügen. Auf ganz eigene Weise zeugt die Stadt der Edelsteine, **Ratnapura**, vom Reichtum dieser Insel.

Adam's Peak – Sri Pada

Der aus dem Paradies vertriebene Adam soll auf dem heiligen Berg gewesen sein und ebenso Buddha. Shiva war hier; aber auch Normalsterbliche zählen zu den Gipfelstürmern, darunter illustre Gestalten wie im 14. Jh. der arabische Weltreisende Abu Abdullah Mohammed ibn Batutta und ein halbes Jahrhundert zuvor der Venezianer Marco Polo. Ja selbst Alexander der Große habe hier vorbeigeschaut, sind manche überzeugt. Kein Wunder, dass der Adam's Peak, 16 km nordöstlich von Ratnapura am Südwestrand des Hochlandes, wohl das wichtigste Pilgerziel Sri Lankas ist.

Gewiss spielt auch die markante Form des 2243 m hohen Berges eine Rolle für seine Bedeutung: Wie ein Kegel ragt er aus der Umgebung heraus und ist daher von Weitem sichtbar. Einer Rauchsäule gleich steige der "Berg von Serendib" von der Insel empor, berichtet Seefahrer Ibn Batutta. Vieles spricht dafür, dass die Erhebung bereits zu Urzeiten von religiöser Bedeutung war. Die früheste Erwähnung findet sie im 11. Jh. in einer Inschrift des Königs Vijayabahu I. Dort ordnet der Monarch an, dass ein Dorf namens Gilimale die Pilger zu versorgen habe. Er selbst hat sich auf den Gipfel bemüht wie viele andere Könige nach ihm. Nissanka Malla aus Polonnaruwa veranlasste im 12. Jh. die Errichtung von Rasthäusern. Die im 16./17. Jh. anwesenden Portugiesen nannten den Berg "Pico de Adam", woraus sich der englische Name ableitet. Von Narendra Simha, dem König von Kandy, wird berichtet, er habe im mittleren 18. Jh. 780 Treppenstufen gestiftet. Der erste bekannte europäische Bergbesteiger war 1816 ein Leutnant namens Malcolm.

Heute sind zwischen Dezember und Februar an manchen Wochenenden und Vollmondtagen mehr als 20 000 Menschen unterwegs. Die offizielle Pilgersaison beginnt mit **Unduvap**, dem Vollmondtag im November/Dezember, und endet im April/Mai mit dem **Vesak-Fest**. Ziel ist der heilige Fußabdruck auf dem Gipfel – eine Vertiefung in rötlichem Gestein mit 1,56 m Länge und 76 cm Breite. Mit Freude und Erleichterung legen die Pilger Blumen darauf und schlagen die Glocke so oft wie sie den Gipfel bisher erreicht haben.

Das Hochland

Wer den Sonnenaufgang gegen 6 oder 6.30 Uhr erleben möchte, sollte etwa um 2.30 Uhr aufbrechen. Am Abend zuvor empfiehlt sich ein herzhaftes, aber nicht allzu schweres Mahl. Zudem sind ein paar Stunden Schlaf unabkömmlich. Da selbst geübte Bergsteiger angesichts der über 5000 Treppenstufen aus der Puste kommen, sollte man nicht zu schnell gehen, sondern für den 7 km langen Aufstieg einen gleichmäßigen Rhythmus finden. Kurzbeinigen empfiehlt sich, die Stufen diagonal zu gehen. Bei dem drei- bis vierstündigen Aufstieg helfen regelmäßige kurze Pausen, etwa bei den vielen Teestuben.

Genügend Proviant (Snacks und Wasser), warme windfeste Kleidung und rutschfeste bequeme Schuhe sind ebenso zu empfehlen wie eine Taschenlampe (für den Aufstieg) und Sonnenschutz (für den Abstieg). Zwischen Dezember und Februar werden nachts nicht selten nur wenige Grad über Null gemessen. Am Tage wiederum wird es sehr schnell heiß. Wer ungern im Pilgerstau steht, sollte die Wochenenden und Vollmondtage zwischen November und Mai meiden. Alleinreisende können über die Gästehäuser für etwa 1000 Rs einen Guide organisieren. Infos auch unter 🖥 www.sripada.org.

Dazu rufen sie *sadhu, sadhu, sadhu*, „heilig, heilig, heilig". Währenddessen hüllt die zügig aufgehende Sonne das Umland in sanftes Licht und wirft auf die weiter unten schwebenden Nebelwolken den Schatten des Bergkegels wie auf eine Leinwand – alle Mühen scheinen verflogen.

Der Aufstieg

Die meisten Pilger starten von Dalhousie („Delhaus" gesprochen). Der auf ca. 1200 m gelegene Ort bettet sich an die Nordostseite des Adam's Peak und verfügt über eine Reihe von Unterkünften und Restaurants. Kurz hinter der Brücke über den Strom beginnt von der Maskeliya Road abgehend rechter Hand der Aufstieg. Zuerst steigt der Weg sanft an und führt durch Teeplantagen vorbei an heiligen Schreinen bis zu einem großen Torbogen in Form einer Makara Torana.

Nach ungefähr einer halben Stunde passiert man die von Japan in den 1970er-Jahren gestiftete **Friedenspagode**. Ab dann wird es für den Rest des Aufstiegs ziemlich steil, und bald beginnen die Treppen. Während der Pilgersaison ist der Aufgang beleuchtet, ansonsten ist beim nächtlichen Aufstieg eine Taschenlampe unabkömmlich. Immer wieder gibt es kleine Teestuben für eine Erholungspause. Die Treppen werden immer steiler und enger. Dort, wo das Geländer beginnt, sind es „nur" noch 1500 Stufen bis zum Gipfel. Oben auf der Spitze drängen sich die Pilger, und der Wind pfeift einem um die Ohren.

Der Abstieg geht zwar schneller – rund 2 1/2 Std. –, dafür werden die Knie mehr belastet. Wer damit ernste Probleme hat, sollte auf den Aufstieg ganz verzichten oder entsprechende Vorsorge (Bandagen, etc.) treffen. Im Laufe des Vormittags brennt die Sonne auch immer heißer, entsprechend sinnvoll ist ein Sonnenschutz.

Übernachtung

Die nächsten Übernachtungsmöglichkeiten für den Adam's Peak sind in **Dalhousie**. Ansonsten kann man ins 28 km entfernte **Dickoya** (s. S. 394) ausweichen, in dessen Umgebung luxuriösere Kolonialvillen auf Gäste warten. Während der Pilgersaison sollte man an Wochenenden und Poya-Tagen unbedingt reservieren. Fast alle der genannten Unterkünfte verteilen sich entlang der Hauptstraße von Dalhousie.

Achinika, ☎ 052-3530377, 071-6058485. 6 Zimmer mit Warmwasser-Bad, Moskitonetz und Veranda sowie schmackhafte Hausmannskost, eine gute Wahl. Anbei ist ein kleiner Laden für Reiseproviant. ❶

Green House, ☎ 051-3519478, 2223956. Am Dorfende gelegen und wirklich grün. Beliebte Pension mit 15 schlichten Zimmern, davon 7 mit Gemeinschaftsbad, schöner Garten. Die engagierte Eigentümerin serviert kräftige Kost und bereitet nach dem Abstieg für 300 Rs ein wohltuendes Kräuterbad. Arrangiert bei Bedarf Mietwagen, ist aber bei Rikschafahrern unbeliebt, da sie keine Provision bezahlt. ❶–❷

Das Hochland

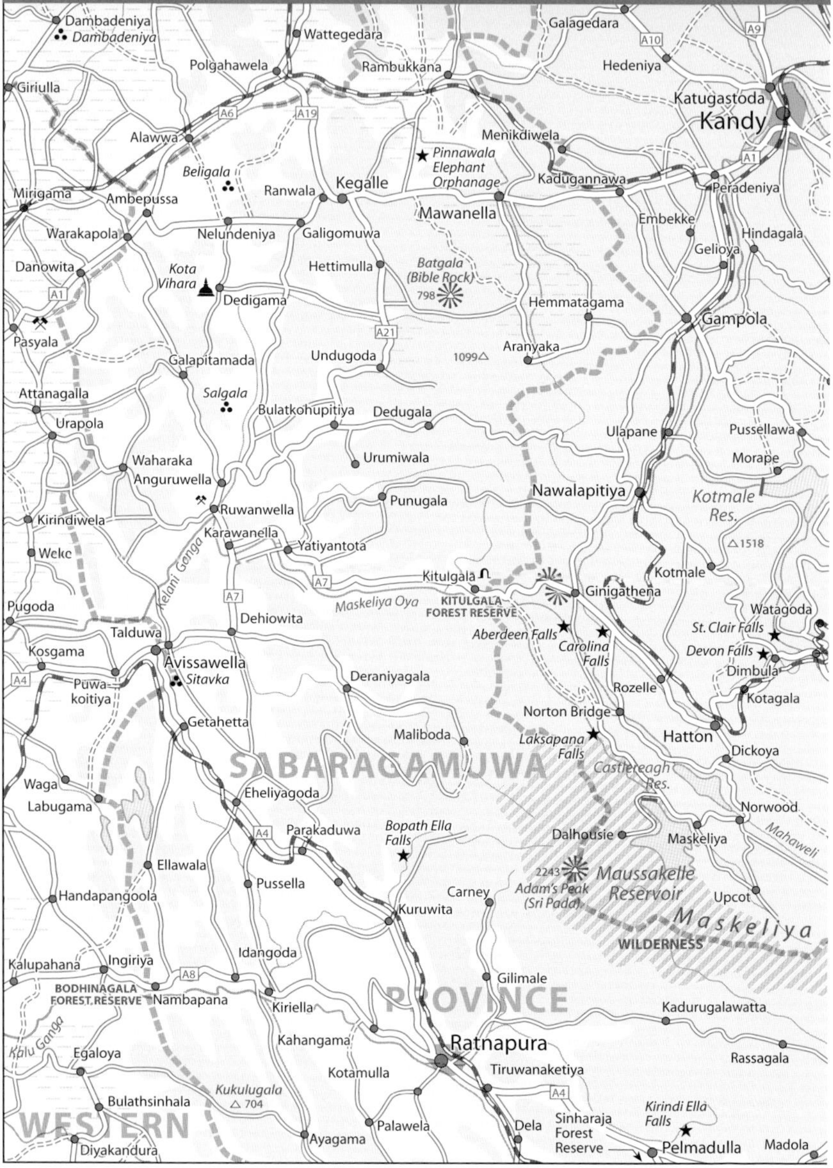

Dambadeniya
Dambadeniya
Wattegedara
Galagedara
A10
Hedeniya
A9
Giriulla
Polgahawela
Rambukkana
Katugastoda
Kandy
A6
Alawwa
Menikdiwela
A1
Beligala
A19
Kadugannawa
Peradeniya
Mirigama
Ambepussa
Ranwala
Kegalle
★ Pinnawala Elephant Orphanage
Embekke
Hindagala
Warakapola
Nelundeniya
Galigomuwa
Mawanella
Gelioya
Danowita
Hettimulla
Batgala (Bible Rock) 798 ☼
Hemmatagama
Gampola
A1
Kota Vihara ▲ Dedigama
Pasyala
A21
Aranyaka
Attanagalla
Galapitamada
Undugoda
1099△
Urapola
Salgala
Bulatkohupitiya
Dedugala
Ulapane
Pussellawa
Waharaka Anguruwella
Urumiwala
Morape
Kirindiwela
Ruwanwella
Punugala
Nawalapitiya
Kotmale Res.
Weke
Karawanella
Yatiyantota
△1518
Pugoda
A7
Kitulgala ⌂
☼ Ginigathena
Kotmale
Talduwa
Dehiowita
Maskeliya Oya
KITULGALA FOREST RESERVE
Watagoda
Kosgama
Aberdeen Falls ★
Carolina Falls ★
St. Clair Falls ★
Avissawella
A4
Puwakoitiya
Sitavka
Getahetta
Deraniyagala
Rozelle
Devon Falls ★
Dimbula
Kotagala
Norton Bridge
Hatton
Dickoya
Waga
Maliboda
Laksapana Falls ★
Castlereagh Res.
Labugama
Eheliyagoda
SABARAGAMUWA
Norwood
Mahaweli
Ellawala
A4
Parakaduwa
Bopath Ella Falls ★
Dalhousie
Maskeliya
Handapangoola
Pussella
Carney
2243 ☼ *Maussakelle Reservoir*
Upcot
Kalupahana
Ingiriya
Idangoda
Adam's Peak (Sri Pada)
Maskeliya
A8
Kiriella
Gilimale
WILDERNESS
BODHINAGALA FOREST RESERVE
Nambapana
PROVINCE
Kadurugalawatta
Kalu Ganga
Egaloya
Kahangama
Ratnapura
Tiruwanaketiya
Rassagala
Bulathsinhala
Kukulugala △704
Kotamulla
A4
Kirindi Ella Falls ★
WESTERN
Ayagama
Palawela
Dela
Sinharaja Forest Reserve
Pelmadulla
Madola
Diyakandura

N

0   20 km

Hunas Falls • Rangala • Looloo-watta • Ratna Ella Falls • Hasalaka • Welanpela
Matugama • Madawala • Mahiyangana
Knuckles Range • Mahiyangana Dagoba
Udispattuwa • Madugoda
Degaldoruwa • Medama-hanurawa
Kundasale • Hunnasgiriyiya
Meda Maha Nuwara • Madugalla • Andaulpotha
Victoria Reservoir • VICTORIA RANDENIGALA • Randenigala Reservoir
Talatu Oya • Victoria Falls • Minipe • Karamatiyawa • Uraniya
Galaha • Deltota • Potgul Magila Vihara • Uma Oya Falls • Diyakobola
Hanguraneta • RANTAMBE SANCTUARY • Arawa
Rikillagaskada • Meeriyabedda • Migahakiula • Yalakumbura
Pupuressa • Pannala • Mulhalkele • Velugama • Badulu Oya • Taldena • Dunedin
Hewaheta • Walapane • Watumulla • Nildandahinna • Dambagolla • Lunugala
Ramboda • Padiyapelella • Kurundu Oya Falls • Madulla • △1513
Ramboda Falls • Brookside • △1527 • Dunhinda Falls
Pundaluoya • Pidurutalagala • Ragala • Uda Pussellawa • Muthiyangana Vihara • Badulla
△2524 • Kandapola
Nuwara Eliya • 2039△ • Paranagama • Kirklees • Kahatapitiya
Talawakele • 2100△ • Sita-Eliya • Manawela Falls • Hali-Ela • Tennugewatta
Nanu Oya • Hakgala • Istripura-Höhle • Ettampitiya • Namunukula △1850 • Passara • Palagolla
Lindula • Botanischer Garten • Welimada • Demodara • Namunukula
HAKGALA STRICT NATURE RESERVE • Keppetipola • Malitta • Ella
Elgin Falls • Ambawela • Rawana-Höhle • Ballakatuwa
Agrapatana • Dayagama • Pattipola • Bandarawela • Rawana Ella Falls • UVA
Singarawatta • Thotupola Kande • Boralanda • 2357△
HORTON PLAINS NP • Ohiya • Bambarakanda Falls • Diyatalawa • Livangahawela
Kirigalpota 2389△
Bogawantalawa • Baker's Falls • Kalupahana • Haputale
Range • 2054△ • Beragala
SANCTUARY • Galagama Falls • Koslanda • Diyaluma Falls • Wellawaya
Pinnawala • Halpe
Belihul Oya • Gampaha
△723 Bintenna • Wadinahela △665
Balangoda • Samanala-wewa Reservoir • Budaruwagala • Watta
Uda Walawe Np • Uggalkaltota • Hituwalena Cave • PROVINCE • Talakolawewa

Punsisi Rest, ℡ 051-4920313. Die einfache Pension bietet einen tollen Blick auf den Berg. Von den 22 Zimmern mit Warmwasser-Bad sind die meisten zwar bescheiden und einige besitzen nur ein Fenster zum Gang, aber vor allem die neueren Zimmer sind in Ordnung. ❶–❷

River View Wathsala Inn, ℡ 051-3519606. Ein nüchterner Bau an der Straße mit 14 recht sauberen Zimmern mit Warmwasser-Bad, einige mit Balkon. Gutes Restaurant mit freundlichem Personal. Für 2012 ist eine Erweiterung geplant. ❷

Slightly Chilled, ℡ 051-3519430, 🖥 www. slightlychilled.tv. Hier ist die ganze Atmosphäre ziemlich entspannend: die 10 freundlichen Zimmer (meist) mit Balkon und Warmwasser-bad, das Restaurant mit schönen Ausblicken. Zudem gibt es Internet, kostenlosen Fahrradverleih und allerlei Angebote für kleinere und größere Wanderungen. ❷–❸

White Elephant, ℡/☏ 052-2277318. Die derzeit komfortabelste Bleibe bietet 15 Zimmer mit Balkon, Warmwasserbad und TV. Es gibt Internet, ein ordentliches Restaurant und Tipps für Trekkingtouren in die Umgebung. Fahrradverleih. ❸

White House, ℡ 077-7912009. Die rustikalen Hütten mit 6 kargen Zimmern samt Kaltwasser-Dusche und Plumpsklo inmitten eines lauschigen Gartens wirken recht klösterlich.

Baden kann man im nahen Fluss. Leser loben die Atmosphäre und das leckere Essen. Für den Preis eine gute Wahl. ❶

Transport

In der Pilgersaison (Dez–Mai) verkehren mehrmals tgl. **Direktbusse** zwischen Dalhousie und HATTON (31 km, 1 1/2 Std.), s. S. 395. In den anderen Monaten muss man in MASKELIYA (22 km, 3/4 Std.) umsteigen. Der nächste **Bahnhof** liegt in Hatton. Ein Three-Wheeler zwischen Hatton und Dalhousie kostet etwa 1000 Rs.

Dickoya

Eingebettet in eine wunderschöne Berglandschaft, liegt der Ort auf etwa 1100 m Höhe einige Kilometer nordöstlich des Castlereagh-Reservoirs. Dickoya selbst hat kaum Sehenswürdigkeiten zu bieten, aber rund um den Stausee verteilen sich einige stilvolle Unterkünfte – vielfach Bungalows kolonialer Plantagenverwalter –, die zu entspannenden Aufenthalten einladen. Nostalgiker können dem bereits 1868 gegründeten **Darawella Maskellya Cricket Club** (DMCC) wenige Kilometer südwestlich des Ortes einen Besuch abstatten und in dessen Clubhaus die Memorabilien begutachten. Südlich von Dickoya lohnt ein Halt bei der 1878 eingeweihten **Christ**

Luxusbetten auf Teeplantagen

Mit dem nötigen Kleingeld kann man in den Hügeln rund um Dickoya und Norwood inmitten von Teeplantagen wunderbar wohnen. Die Agentur **Tea Trails**, 46/38 Nawam Mawatha, Colombo 2, ℡ 011-2303888, 🖥 www.teatrails.com, vermittelt All-Inklusive-Arrangements in luxussanierten Bungalows kolonialer Plantagenverwalter:
Castlereagh Bungalow, ℡ 051-7388401. Auf 1227 m Höhe gelegen mit Blick auf den Castle-reagh-Stausee. Es gibt 3 Garden Suites und 2 Luxury Rooms. Zu den Annehmlichkeiten gehören ein Pool und Abendessen im Garten. ❼
Norwood Bungalow, ℡ 051-7388400. Gute 4 km von der Norwood Junction entfernt auf 1310 m

Höhe gelegen. Schöne Aussicht auf das östliche Ende des Bogawantalawa-Tales. 5 Suiten, netter Pool, Lesezimmer und großer Garten. ❼
Summerville Bungalow, ℡ 051-7388402. Über 80 Jahre altes Haus am Berghang unweit des Castlereagh-Stausees gelegen. Nur 4 Zimmer mit allem Komfort. Was gibt es Besseres, als nach der Adam's Peak-Besteigung ein Bad in der freistehenden Wanne zu nehmen? Schöner Garten. ❼
Tientsin Bungalow, ℡ 051-7388403. Im Stil „very british": der Garten, der Tennisplatz und die 6 Zimmer im 1888 erbauten Haupthaus. Etwa 8 km von der Norwood Junction entfernt. ❼

Das Hochland

Church of Warleigh. Umgeben von Teefeldern überblickt das schmucke Kirchlein von einem Bergvorsprung aus das **Castlereagh-Reservoir**. Das pittoreske Gewässer ist Teil des Bogawantalawa-Tales, welches als „The Golden Valley of Tea" bekannt ist und zu den besten Teeanbaugebieten der Insel zählt. Tatsächlich wirken die umliegenden Hügel wie von einem grünen Teppich überzogen. Bekannt sind die riesigen Norwood-Teeplantagen südöstlich des Stausees.

Übernachtung

Castlereigh Family Cottages, Norton Rd., ☎ 051-2223607, 🖥 www.castlereighcottages. com. Die familien- und kleingruppenfreundliche Unterkunft mit 2 Bungalows liegt auf einer Landzunge direkt am See an der Straße nach Norton. Das kleinere Gebäude verfügt über 2 DZ mit Bad und Essraum, das größere über 2 DZ, Gemeinschaftsbäder plus Schlafraum mit 8 Betten. ❸–❻
Lower Glencairn, ☎ 051-2222342, Res. ☎ 011-2447845, ✉ ceybankhh@gmail.com. Eine ehemalige Landvilla britischer Plantagenbesitzer, nur 500 m vom etwas erhöht liegenden Namensvetter entfernt. Die 5 Zimmer mit Bad sind für den Preis völlig in Ordnung. ❸
Upper Glencairn, ☎ 051-2222348, Res. ☎ 011-2447845, ✉ ceybankhh@gmail.com. Nette alte Villa aus dem Jahr 1906 in wunderschöner Umgebung, die man von der Terrasse aus genießen kann. Gemütliche Lobby und 5 saubere Zimmer mit Warmwasser-Bad. An Wochenenden reservieren. ❸

Transport

Busse

Der nächste größere Busbahnhof liegt im 4 km entfernten **Hatton** (300 Rs mit Three-Wheeler). Von dort bestehen gute Verbindungen rund ums Hochland. Zwischen 6.30 und 17.45 Uhr starten alle 30 Min. IC-Busse nach NUWARA ELIYA (48 km, 1 1/2 Std.). KANDY (68 km, 2 1/2 Std.) wird von 5.25–19 Uhr etwa alle 20 Min. angesteuert und COLOMBO (130 km, 4 1/2 Std.) tagsüber alle 40 Min. Wer nach DALHOUSIE (31 km, 1 1/2 Std.) zum Besuch des Adam's Peak möchte, muss zunächst den alle 20 Min. startenden Bus nach MASKELIYA nehmen

Zugfahrplan				
Zug Nr.	**45**	**126**	**5**	**15**
Hatton	1.54	7.20	11.00	14.30
Nanu Oya	3.21	8.53	12.30	15.55
Band'wela	5.37	12.21	14.33	18.01
Ella	6.11	12.41	15.04	18.31
Badulla	7.10	14.10	15.55	19.25
Zug Nr.	**16***	**6***	**596**	**46***
Hatton	10.56	13.54	19.10	23.39
Peradeniya	13.02	16.22	22.19	2.00
Kandy			22.40	
Col-Fort	15.40	19.30		5.15

* Für Kandy in Peradeniya aussteigen!

(1 Std.). In der Pilgersaison (Dez-Mai) fahren um 7.30, 11, 13, 18.15 und 20 Uhr Direktbusse nach Dalhousie.

Eisenbahn

Der Bahnhof vom nahen **Hatton** liegt an der Strecke Colombo–Badulla.
Zugfahrplan s. Kasten

Von Kandy nach Nuwara Eliya

Die 80 km lange Strecke von der letzten ceylonesischen Königsstadt in die alte britische Sommerfrische führt durch das pittoreske südliche Hochland. Insgesamt sind 1400 m Höhenunterschied zu überwinden, wobei es erst nach der zweiten Hälfte besonders steil wird. Zwar ist man mit dem Bus doppelt so schnell wie mit dem Zug (ca. 5 Std.), doch zählt die Bahnstrecke hier zu den schönsten der Insel.

Wer mit dem eigenen Fahrzeug unterwegs ist, kann auf der Strecke nach 58 km die Fahrt bei den **Ramboda Falls** unterbrechen. Vom gleichnamigen Hotel (gutes Essen) führt ein Weg zum Fuß des Wasserfalls. Auf der anderen Straßenseite eröffnet sich ein Blick auf das seinerzeit beim Bau umstrittene **Kotmale Reservoir**.

Viele Reisegruppen machen Halt beim durchschnittlich auf 1500 m Höhe gelegenen **Labookellie Tea Estate**, mit über 1000 ha Sri Lankas zweitgrößte Teeplantage. Das von „Mackwoods

Plantations", 🖥 www.mackwoods.lk, geführte Traditionsunternehmen wurde 1841 von dem Schotten Capt. W. M. Mackwood gegründet und ist in vielen Geschäftsbereichen aktiv. Durchschnittlich sind 1500 Teepflückerinnen beschäftigt, in der Teefabrik arbeiten weitere 50 Leute. Die Plantage liegt direkt an der Hauptstraße und ist mit dem Wagen einfach zu erreichen. Bei einem Rundgang wird Besuchern der Herstellungsprozess erklärt, danach können sie sich im „Labookellie Tea Centre" mit Souvenirs rund um den Tee eindecken. Auch ein rustikales Restaurant ist zu finden.

Die verbleibenden 15 km bis nach Nuwara Eliya sind sehr steil und kurvenreich. Wem sich nicht der Magen umdreht, kann die schöne Berglandschaft genießen – Teesträucher so weit das Auge reicht. Vor Sri Lankas höchst gelegener Stadt mehren sich die Gemüseplantagen, am Straßenrand werden die Produkte feilgeboten. Und schon ist man in der „Stadt des Lichts".

Ramboda Falls Hotel, 76 Nuwara Eliya Rd., 📞 052-2259582, 2259653, 🖥 www.rambodafall. com. Beliebter Mittagessensstopp für Touristen mit tollem Blick auf die Wasserfälle. Die 20 Zimmer mit Bad sind sauber, wenn auch funktional eingerichtet. ❹

10 HIGHLIGHT

Nuwara Eliya

Nirgendwo ist Sri Lanka britischer als in der am höchsten gelegenen Stadt der Insel. Hier erinnert noch vieles an die Zeit des untergegangenen Empires. Wie etwa das ehrwürdige Grand Hotel, der Golfplatz inmitten der Stadt oder die Pferderennbahn. Doch nicht genug: Man könnte meinen, die Briten hätten auch das Wetter von ihrer Insel mitgebracht. Die häufig in Wolken gehüllten umliegenden Berge und der kühle Regen lassen alles andere als tropische Gefühle aufkommen – und können gelegentlich auf das Gemüt schlagen. Niederschläge fallen hier das ganze Jahr über, und nicht selten nähert sich die

Quecksilbersäule nachts gefährlich nah dem Gefrierpunkt. Entsprechend muss man sich warm anziehen. Im Bett freut man sich eher über eine Wärmeflasche als über eine Klimaanlage.

Kein Wunder, dass der hitzegeplagte Kolonialbeamte Sir James Emmerson Tennent „Nurelia", wie die durchschnittlich 1890 m hoch gelegene Sommerfrische verkürzt genannt wird, als das „Elysium von Ceylon" betrachtete. Zumeist wird ihr Name mit „Stadt des Lichts" übersetzt. Möglicherweise bedeutet er aber auch „Stadt (nuwara) der weiten Ebene (eliya)". Wie auch immer, großer Beliebtheit erfreut sich Nuwara Eliya bis heute. Besonders in den beiden Wochen nach Aluth Avurudu, dem srilankischen Neujahrsfest Mitte April, entfliehen viele betuchte Einheimische der Hitze in den Ebenen. Sie vergnügen sich beim Pferderennen, flanieren im Victoria Park oder machen einen Einkaufsbummel. Ausländische Touristen werden vor allem die pittoreske Umgebung zu schätzen wissen, die Hermann Hesse bei seinem Besuch 1911 so sehr an den heimischen Schwarzwald erinnerte.

Geschichte

Erstmalig hörten die Kolonialherren von dem 6,5 km langen Hochtal, als der Beamte Dr. John Davy 1818 mit einigen Offizieren bei einer Elefantenjagd hier vorbeikam. Zehn Jahre später eröffnete der damalige Gouverneur Sir Edward Barnes (1824–31) für die an Tropenkrankheiten leidenden Engländer ein **Sanatorium** und ließ die Straße dorthin anlegen. Schnell etablierte sich der Ort am Fuß des höchsten Berges der Insel zu einer beliebten Sommerfrische mit den entsprechenden Einrichtungen.

Unter dem tatkräftigen Naturkundler **Samuel W. Baker** wurde das Gebiet ab 1846 auch zu einem wichtigen Anbaugebiet für Gemüse. Baker lebte hier bis 1855, bevor er zu seiner berühmt gewordenen Afrika-Expedition zur Erforschung des Nils aufbrach. Als 28-Jähriger gründete er 1849 am Fuß des Lovers Leap-Wasserfalls Sri Lankas erste Brauerei, aus der 1911 die Ceylon Brewery hervorging.

Nach dem Niedergang des Kaffeeanbaus in der zweiten Hälfte des 19. Jhs. avancierte Nuwara Eliya zum Zentrum der **Teeproduktion**. Für die Lieblingssportarten der Kolonialherren wurde

Nuwara Eliya

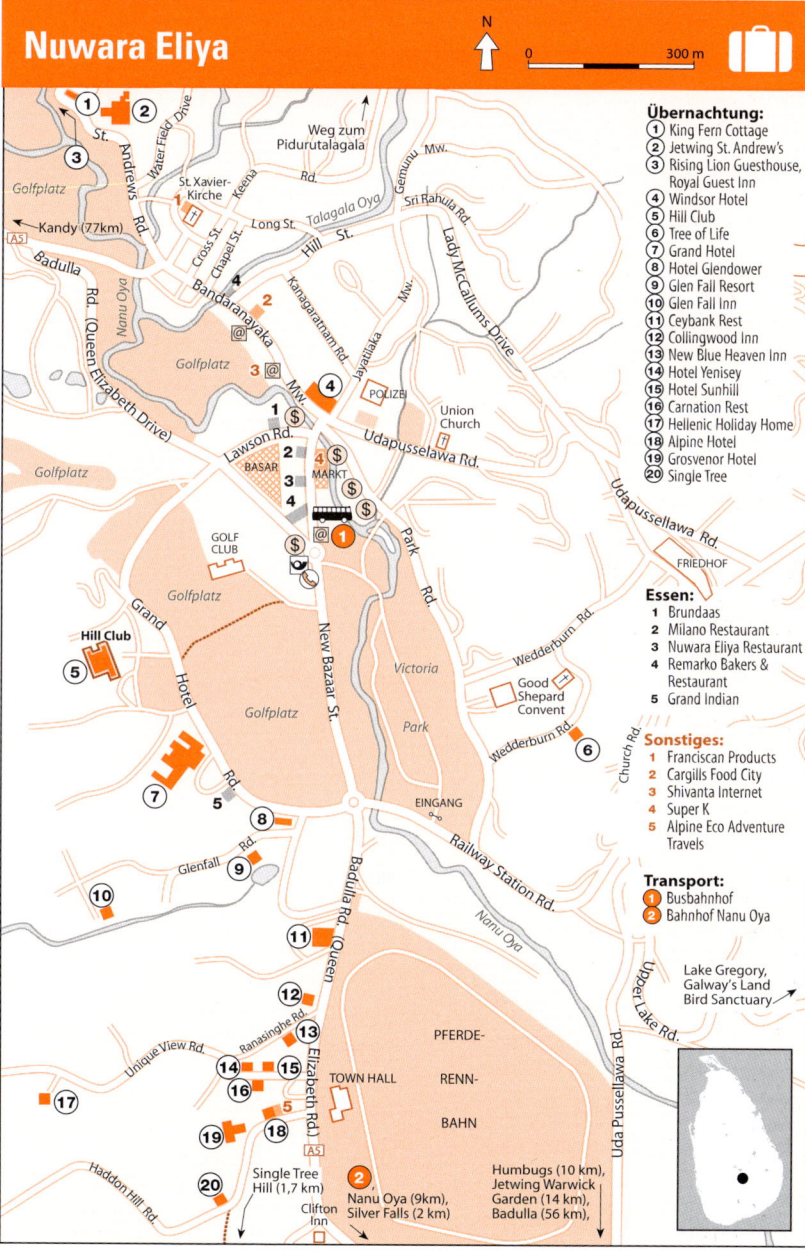

N

0   300 m

Übernachtung:
1. King Fern Cottage
2. Jetwing St. Andrew's
3. Rising Lion Guesthouse, Royal Guest Inn
4. Windsor Hotel
5. Hill Club
6. Tree of Life
7. Grand Hotel
8. Hotel Glendower
9. Glen Fall Resort
10. Glen Fall Inn
11. Ceybank Rest
12. Collingwood Inn
13. New Blue Heaven Inn
14. Hotel Yenisey
15. Hotel Sunhill
16. Carnation Rest
17. Hellenic Holiday Home
18. Alpine Hotel
19. Grosvenor Hotel
20. Single Tree

Essen:
1. Brundaas
2. Milano Restaurant
3. Nuwara Eliya Restaurant
4. Remarko Bakers & Restaurant
5. Grand Indian

Sonstiges:
1. Franciscan Products
2. Cargills Food City
3. Shivanta Internet
4. Super K
5. Alpine Eco Adventure Travels

Transport:
1. Busbahnhof
2. Bahnhof Nanu Oya

Das Hochland

Lake Gregory, Galway's Land Bird Sanctuary

Nanu Oya (9km), Silver Falls (2 km)

Humbugs (10 km), Jetwing Warwick Garden (14 km), Badulla (56 km),

1875 die Pferderennbahn angelegt, 1889 der Golf-platz. Um die Jahrhundertwende kam der Victoria Park hinzu, für den einige hundert Kriegsgefangene aus Südafrika zu schuften hatten. Ein wichtiges Agrar- und Erholungszentrum ist die Stadt auch heute noch. Nun entfliehen vorwiegend betuchte Sri Lanker in die Kühle der Berge.

Sehenswertes

Die Stadt erstreckt sich im Hochtal von Norden in Richtung Süden und zieht sich weit in die Seitentäler hinein. Das Zentrum mit dem Markt und vielen kleineren Geschäften entlang der New Bazaar Street wird südlich vom Victoria Park begrenzt. Dort befindet sich auch der Busbahnhof. Da die meisten Unterkünfte ziemlich verstreut liegen – viele konzentrieren sich am Berghang gegenüber der Pferderennbahn –, muss man nicht selten weite Wege zurücklegen.

Der Charme von Nuwara Eliya erschließt sich am besten bei einem Spaziergang oder einer Fahrradtour. Besonders empfehlenswert ist ein Gang durch den 11 ha großen **Victoria Park**, in dem sich vor allem zwischen März und Mai sowie im August eine herrliche Blumenpracht entfaltet. Der Eingang liegt im Süden des Parks an der Railway Station Road, ⏱ tgl. 8–17 Uhr, Eintritt 100 Rs. Auch eine Bootspartie über den **Lake Gregory** im Süden der Stadt hat ihre Reize. Seinen Namen erhielt der Stausee unter Gouverneur William Gregory (1872–77), der seine Wettleidenschaft vor allem auf der von ihm etablierten Pferderennbahn stillte. Für Vogelfreunde ist der sich nördlich des Sees anschließende Wald

des **Galway's Land Bird Sanctuary** von Interesse, da dort auf 58 ha über 50 Vogelarten leben.

Unter den vielen Bauten aus der Kolonialzeit ragt die 1924 erbaute **St. Xavier-Kirche** hervor. Sie wird vorwiegend von tamilischen Katholiken besucht. Samstags findet um 17 Uhr eine Messe in englischer Sprache statt. Auch das rote **Postamt** bietet mit Türmchen und Fachwerk ein schönes Fotomotiv. Neben **Jetwing St. Andrew's** und **Grand Hotel** ist Nuwara Eliyas beeindruckendstes Gebäude der legendäre **Hill Club** (s. S. 401, Kasten: Dinner im Hill Club), in dessen Souvenirshop Porzellan, Krawatten und Hemden mit dem Emblem des Hauses angeboten werden.

Ausflugsziele

Eine zünftige Wanderung führt hinauf zum Pidurutalagala, mit 2524 m Sri Lankas höchster Berg. Sein zungenbrecherische Name bedeutet „Matten (piduru) – Gewebe (tala) – Felsen (gala)" und bezieht sich auf die dort wachsenden, zum Weben von Matten verwendeten Binsen. Um ihre Zunge zu schonen, tauften die Briten den Hausberg der Stadt schlicht „Mount Pedro". Leider ist seine Spitze nicht zugänglich, da sich dort schwer gesicherte Sendeanlagen befinden. Doch der Reiz liegt sowieso eher in einer Tour durch den dichten Nebelwald mit seiner typischen Flora und Fauna. Neben Baumfarnen wachsen hier auch Rhododendren.

Bei gutem Wetter eröffnet sich ein schönes Panorama von der Spitze des **Single Tree Hills**. Der Aufstieg beginnt südlich der Pferderennbahn von der Straßenabzweigung beim Clifton Inn. Von dort führt der Weg durch Teeplantagen bis zu einer Umspannstation an der Spitze.

Schließlich ist auch noch **Shantipura**, „die Stadt des Friedens", ein lohnenswertes Ausflugsziel. Eher ein beschauliches Dorf 4 km südwestlich von Nuwara Eliya, liegt die von Tamilen bewohnte Siedlung auf 2050 m Meereshöhe. Vom Busbahnhof fahren stündlich Minibusse ab.

Übernachtung

Es gibt eine große Zahl guter Unterkünfte und sie nimmt weiter zu. Allerdings sind die Zimmerpreise höher als in anderen Orten des Hochlandes. In den beiden Wochen nach dem srilankischen Neujahrsfest Mitte April schießen die Preise in die Höhe. Wer Geld sparen will oder muss, sollte diese Zeit ebenso meiden wie verlängerte Wochenenden.

Untere Preisklasse

Carnation Rest, 1 Unique View Rd., ✆ 060-2522236. Die 8 Zimmer mit Warmwasser-Bad einschließlich eines **Family Room** sind ganz passabel. ❷

Collingwood Inn, 112 Queen Elizabeth (Badulla) Rd., ✆ 052-2223550. Gemütliches Gästehaus mit viel kolonialem Flair. 11 Zimmer mit schönem Mobiliar und Warmwasser-Bad. Gelobt wird das Restaurant. ❷–❹

Glen Fall Inn, 33/3 Glen Fall Rd., ✆ 052-2234394. Das ruhig gelegene Haus strahlt wegen der üppigen Holzvertäfelung eine wohlige Atmosphäre aus. 7 Zimmer mit Warmwasser-Bad, darunter die familienfreundliche „Red Rose Suite" mit 2 DZ, stilvolles Restaurant. ❷–❸

Glen Fall Resort, 3 Glen Fall Rd., ✆ 052-5222231, ✉ glendid@sltnet.lk. Sehr familiäre Bleibe mit 7 wohnlichen Zimmern mit Warmwasser-Bad. Auf Wunsch werfen die Eigner im schönen Garten den Grill an. Pluspunkt ist die ruhige, zentrale Lage. ❸

Grosvenor Hotel, 6 Haddon Hill Rd., ✆ 052-2222307. 10 geräumige Zimmer mit Warmwasser-Bad in einem über 100 Jahre alten Haus. Eine der ersten Adressen in dieser Preisklasse. Netter Aufenthaltsraum. ❸

Hellenic Holiday Home, 49/1 Unique View Rd., ✆/✆ 052-2234437. Erfordert einen strammen Marsch den Berg hinauf. Zur Belohnung gibt es einen tollen Panoramablick. Das Waden-Training geht auch innen weiter: Zu den 11 geräumigen Zimmern mit Warmwasser-Bad führen zig Treppen. ❸–❹

King Fern Cottage, 203/1A St. Andrew's Drive, ✆ 052-4900503, 077-3586284. Mit „klein aber fein" bewirbt der sympathische Eigner zu Recht seine urige Bleibe: ein vorwiegend aus Holz erbautes Haus mit gemütlichem Essraum und 8 individuell geschnittenen Zimmern. Die meisten haben eigenes Bad. Kostenloses Internet und gute Küche. Falls voll, bietet sich alternativ der im gleichen Besitz befindliche **King Fern Bungalow**, 19 St. Andrew's Drive, mit 6 Zimmern um 1500 Rs an. ❷–❸

Hotel-Check

Vor dem Einchecken im Hotel sollte man unbedingt testen, ob es im Bad tatsächlich **Warmwasser** gibt. Auch ein Blick in Bett und Schrank lohnt sich, um zu schauen, ob genügend Zusatzdecken für die kalte Nacht bereitliegen. Bei anhaltenden Regenfällen wird man sich möglicherweise länger als vorgesehen im Hotel aufhalten. Daher ist es empfehlenswert, ein Zimmer zu nehmen, in dem man sich wohlfühlt. Schließlich ist eine **Taschenlampe** für unterwegs nicht verkehrt, denn die Straßen und Wege von Nuwara Eliya sind nachts ziemlich schlecht beleuchtet.

New Blue Heaven Inn, 120/2 Ranasinghe Mw., ✆ 052-2223592. Überschaubares Gästehaus mit 8 Zimmern mit Warmwasser-Bad. Ganz gut und gemütlich. ❷

Rising Lion, 3 Piyatissa Pura, St. Andrew's Drive, ✆ 052-2222083, ✉ risinglion@sltnet.lk. Langer ansteigender Weg zu dieser äußerst sympathischen Bleibe im Norden der Stadt. Als Belohnung kann man das Traumpanorama von der Terrasse oder dem Restaurant aus genießen. 15 gute Zimmer mit Ofen. Warmwasser gibt es im Bad rund um die Uhr. Nr. 115 wird mit Stolz als „höchst gelegenes Zimmer" Sri Lankas angepriesen. ❸

Royal Guest Inn, 221 St. Andrew's Drive, ✆ 052-2234197. Eine akzeptable Herberge für „königliche Gäste" mit kleinem Geldbeutel. Die 9 Zimmer mit Warmwasser-Bad sind etwas dunkel. ❷

Single Tree, 1/8 Haddon Hill Rd., ✆ 052-2223009, 077-3560116 (Mr. Aruna). 16 Zimmer mit Warmwasser-Bad und TV, davon 2 mit Balkon. Gutes Preis-Leistungs-Verhältnis und daher empfehlenswert. Der freundliche Eigentümer und Besitzer von Jeeps und Minibussen arrangiert interessante Touren. Kostenloses WLAN. ❷–❸

Mittlere Preisklasse

Alpine Hotel, 4 Haddon Hill Rd., ✆ 052-2235999, 🖥 www.alpineecotravels.com. Sympathische Unterkunft mit 32 komfortablen Zimmern mit

Warmwasser-Bad. Von einigen bietet sich ein schöner Ausblick. Die angeschlossene Agentur „Alpine Eco Adventure Travels" offeriert interessante Ausflüge. Mountainbike-Verleih für 1000 Rs/Tag. Freier Pick-up-Service vom Bahnhof; kostenloser WLAN. ❸–❺

Ceybank Rest, 119 Badulla Rd., ☎ 052-2223053, 2223855, ✉ ceybank_ne@sltnet.lk. Herrschaftliche Haus in großem Garten, einst Ferienresidenz der britischen Gouverneure. Die 19 großen, in zwei Flügeln verteilten Zimmer verbreiten nach ihrer Renovierung 2010 wieder kolonialen Charme. Freundlicher Service und urige „Black Magic Bar". ❸–❺

Glendower, 5 Grand Hotel Rd., ☎ 052-2222501, ✉ glendower@sltnet.lk. Sympathisches koloniales Mittelklassehotel aus dem Jahr 1895. Die 6 Zimmer und 3 Suiten mit Warmwasser-Bad strahlen eine gemütliche Atmosphäre aus. Guter Service und exzellente Küche, leckere Kuchen; besonders die Thai-Gerichte finden Anklang. Großer Billardtisch, schöner Garten. Die beste Option in dieser Preisklasse. Kostenloses WLAN. Reservieren! ❹

Sunhill, 18 Unique View Rd., ☎ 052-2222878, 2222330. 18 saubere, wenn auch recht nüchterne Zimmer mit Bad. Die besseren Räume haben TV und teilweise einen schönen Ausblick. Wer friert, kann sich in der „Unique View Lounge" mit Karaoke warm singen. ❹–❺

Tree of Life, 2 Wedderburn Rd., ☎ 052-2223684, 📠 2223127. Über 100 Jahre alte Kolonialvilla mit 5 lauschigen, wenn auch etwas betagten Zimmern (Warmwasser-Bad). Schöner Garten, sehr entspannte Atmosphäre. ❹

Windsor Hotel, 2 Bandaranayaka Mw., ☎ 052-2222554, 📠 2222889. Von außen nicht unbedingt eine Schönheit, bietet das Windsor alle Annehmlichkeiten eines Drei-Sterne-Hotels: 50 große helle Zimmer mit Warmwasser-Bad, Restaurant, Spielraum und Bar. ❺–❻

Yenisey, 16B Unique View Rd., ☎ 052-222 3400. Die etwas teureren der 13 Zimmer mit Warmwasser-Bad sind recht wohnlich, insgesamt eine gute Wahl. ❹–❻

Obere Preisklasse

Grand Hotel, Grand Hotel Rd., ☎ 052-2222881, 🖥 www.tangerinehotels.com. Als „Barnes Hall"

Villa im Teefeld

Das schicke **Jetwing Warwick Garden**, Warwick Estate, Ambawela, ☎ 052-3532284, 🖥 www.jetwinghotels.com, liegt 14 km südöstlich von Nuwara Eliya auf 1884 m ü. d. M. inmitten einer knapp 20 ha großen Teeplantage an einem Berghang. Der Blick schweift weit in die Ebene hinab und reicht gen Süden bis nach Ambawela. In den 1880er-Jahren als Residenz eines Plantagenbesitzers errichtet, fristete das Anwesen zuletzt ein tristes Dasein. 2003 zu einer schicken Villa umgebaut, bietet das Warwick fünf individuell gestaltete Räume. In stilvollem Ambiente können die Gäste den Fernblick genießen, den hauseigenen Biotee- und -kaffee trinken oder das Biogemüse aus dem eigenen Garten verkosten. ❼

war Nurelias *Grand Dame* zu Beginn ihrer Karriere Residenz des damaligen Gouverneurs. Seit 1891 empfängt das Hotel unter dem heutigen Namen Gäste aus aller Welt. Leider verlor es durch vielfältige Umbauarbeiten etwas an Charme. Auch geht der Massenbetrieb auf Kosten des Service. Von den 156 Zimmern (inkl. 6 Suiten) liegen die besten im Golf Wing. Neben einem schönen Garten bietet das Grand Hotel alle Annehmlichkeiten von Billard bis Sauna. ❻–❼

Hill Club, Seitenstraße der Grand Hotel Rd., ☎ 052-2222653, ✉ hillclub@sltnet.lk. Nurelias versnobteste Bleibe. Ein Kaffee-Plantagenbesitzer ließ das Gebäude 1876 errichten, um mit seinen Freunden unter sich zu sein – Damen haben erst seit den 1970ern Zutritt zu allen Räumen. Heute noch wird das „Gentlemen's Feeling" genüsslich zelebriert: beim Billard- und Dartspiel, in der „Mixed Bar" und im Dining Room mit Krawattenzwang. Nicht alle der 39 geräumigen Zimmer werden jedoch dem elitären Ambiente gerecht, ihre Standards variieren erheblich. Internet und WLAN gibt es im „Reading Room". ❺–❻

Jetwing St. Andrew's, 10 St. Andrew's Drive, ☎ 052-2222445, 🖥 www.jetwinghotels.com. Nurelias beste Bleibe. Dieses Boutiquehotel aus dem frühen 20. Jh. versprüht viel kolonialen

Charme. Die 47 Zimmer und 5 Suiten bieten alle Annehmlichkeiten, bei Bedarf wird ein Elektro-Ofen bereitgestellt. Rustikales Restaurant, in dem Gemüse und Kräuter aus dem eigenen Biogarten serviert werden. Beim Transport des aus den 1880er-Jahren stammenden riesigen Billardtisches kamen die Träger wohl gehörig ins Schwitzen. Absolut empfehlenswert: eine Wanderung mit dem hauseigenen Naturführer. ❻–❼

Außerhalb von Nuwara Eliya

🏠 **Heritance Tea Factory**, Kandapola, ✆ 052-2229600, 🖥 www.heritancehotels. com. Zur preisgekrönten Luxusherberge umgebaute Teefabrik. Das Hotel liegt etwa 14 km östlich von Nuwara Eliya in herrlicher Berglandschaft auf etwa 2000 m Höhe. Die alten Gerätschaften der ehemaligen Hethersett Estate Tea Factory wurden raffiniert ins Gebäude integriert und auf der 57 Luxusräume folgen dem geschmackvollen Ambiente. Von Coco Spa bis Pool ist alles vorhanden. Wohnen wird zum Erlebnis. Das Hotel engagiert sich im Umweltschutz. ❼

Humbugs, Badulla Rd., Hakgala, ✆ 052-2222709. Unweit des Eingangs zum Botanischen Garten. Gut geführtes Gästehaus mit vielen Pluspunkten: tolle Aussicht, freundliche Zimmer mit Warmwasser-Bad, schmackhafte Curry-Gerichte.

Erdbeerliebhaber können ihre Gaumen mit Shake und Eiscreme entzücken. ❸–❹

Silver Falls, 23 Nanu Oya Rd., Windy Corner, Blackpool, ✆/📠 052-2234439, ✉ hotelsf@sltnet. lk. Liegt 2 km außerhalb der Stadt an der Straße nach Nanu Oya. Freundliches Mittelklassehotel mit 27 sauberen Zimmern mit Warmwasser-Bad und TV. Großes Restaurant. ❹

Essen

Essen

Die besten Restaurants befinden sich in den Hotels. Gelobt werden die Thai-Küche im **Glendower** und die europäischen Speisen im **Jetwing St. Andrew's**. Gute Lokale für eine Mittagspause liegen entlang der New Bazaar St.

Brundaas, 41 Lawson Rd. Einfaches Interieur, gute srilankische Gerichte. 🕐 tgl. 7–20.30 Uhr.

Grand Indian, Grand Hotel Rd. Das vor der Zufahrt zum **Grand Hotel** gelegene Lokal hat zwar das Ambiente eines Fastfood-Lokals, bietet jedoch leckere indische Gerichte zu günstigen Preisen. Gebäck gibt es ab 7.30 Uhr. 🕐 tgl. 12–15, 18–22 Uhr.

Milano Restaurant, 24 New Bazaar St. Vom gesichtslosen Bau sollte man sich nicht abschrecken lassen. In der Bäckerei im Erdgeschoss gibt es eine reichliche Auswahl an Backwaren. Im Restaurant im 1. Stock werden preiswerte chinesische und

Das Hochland

Dinner im Hill Club

Das Licht ist gedämpft, im Kamin knistert das Feuer. Der Kellner mit dem penibel geschnittenen Schnauzer und der frisch gestärkten weißen Jacke bringt eine Flasche Rotwein an den Tisch. Mit Kennerblick lässt sich der Herr in Krawatte den ersten Schluck des edlen Tropfens munden. Vom Foto an der Wand blickt die noch junge Queen Elizabeth II. auf die Gäste. Eine Szene, die sich in jedem schottischen Landgasthof abspielen könnte. Doch findet sie im Hill Club von Nuwara Eliya statt. Dort wird ein Dinner zum unvergesslichen Erlebnis.
Wichtig für jene, die sich dieses Erlebnis nicht entgehen lassen möchten: Ab 19 Uhr herrscht im Dining Room für Männer Jackett- und Krawat-

tenzwang – 1970er-Jahre-Modelle können ausgeliehen werden –, alternativ dürfen sie srilankische Nationaltracht tragen. Frauen sollen in passender Garderobe erscheinen, „die jener der Herren angemessen ist", wie es in der „Dresscode-Ordnung" verlangt wird. Sie bestimmt auch, dass Buben ab zwölf Jahren in Krawatte und langen Hosen erscheinen sollen. Dann kann es losgehen mit dem Verzehr der schmackhaften Fleisch- und Wildgerichte à la carte oder den Fünf-Gänge-Menüs ab US$22. Für den Aperitif oder Verdauungstrunk geht es in die Mixed Bar oder ins Billardzimmer. Wer es legerer haben möchte, kann aber auch im familienfreundlichen „Casual Restaurant" speisen.

srilankische Gerichte serviert. Die Portionen sind reichlich. ⊕ tgl. 7.30–22 Uhr.

Nuwara Eliya Restaurant, New Bazaar St. Ein gut frequentiertes Lokal mit günstiger chinesischer Küche. Im 1. Stock kann man sich zu den lokalen Barbesuchern gesellen. ⊕ tgl. 10.30–22.30 Uhr.

Remarko Bakers & Restaurant, New Bazaar St. & 100 Bandaranayaka Mw. Hier gibt es schmackhafte günstige Reis-Gerichte à la carte und für den kleinen Hunger eine Auswahl an Gebäck. ⊕ tgl. 5.30–21.30 bzw. 6.30–20.30 Uhr.

Sonstiges

Autovermietungen
Mietwagen warten in der Nähe der Post an der Badulla Rd. auf Kundschaft. Man sollte sich auf jeden Fall in hartem Handeln üben.

Einkaufen
Zahlreiche Geschäfte reihen sich entlang der New Bazaar Rd. und der Bandaranayaka Mawatha. In Ersterer ist **Super K**, ⊕ 8.30–21 Uhr, in Letzterer **Cargills Food City**, ⊕ tgl. 8–21 Uhr, zu finden. In beiden gibt es das übliche Supermarkt-Sortiment. In **Franciscan Products** an der 11 Long St. hinter der St. Xavier-Kirche verkaufen Nonnen des Franziskaner-Konvents selbst gemachte Marmelade, Chutney und Fruchtwein. Besonders lecker ist die Erdbeermarmelade, ⊕ tgl. 8–17.30 Uhr.

Geld
An Banken herrscht kein Mangel, alle genannten haben Geldautomaten: **Seylan Bank**, **Peoples Bank** sowie **Commercial Bank** in der Bandaranayaka Mw. und die **Hatton Bank** in der Badulla Rd. unweit der Post.

Golf
In Nuwara Eliya liegt einer der ältesten Golfplätze auf der Insel. 1889 gegründet, prägt der **Nuwara Eliya Golf Club** aufgrund seiner Lage das Gesicht der Stadt. Nichtmitglieder können für 100 Rs/Tag eine temporäre Mitgliedschaft erhalten. Die Green Fee beträgt Mo–Fr etwa US$20, am Wochenende umgerechnet US$25. Von Schuh bis Schläger kann alles gegen Gebühr ausgeliehen werden. Es wird

dezente Kleidung (Polo-Shirt) erwartet. Informationen im Golf Club-Gebäude und unter ☎ 052-2222835. Nach Wunsch kann man auch eine Einführung erhalten.

Internet
Beste Option ist das **Shivanta Internet**, Bandaranayaka Mw. Weitere Möglichkeiten gibt es im Busbahnhof, z. B. im 1. Stock **Achala Communications**, ⊕ tgl. 8.30–22 Uhr, und das **K. D. N. CD House**, ebenfalls im 1. Stock, ⊕ tgl. 9–22 Uhr. In Letzterem kann man auch CDs brennen lassen und internationale Ferngespräche führen.

Polizei
Jayatilaka Mw., Nähe Windsor Hotel, ☎ 052-2222222.

Post
Untergebracht in einem schönen Landhaus, liegt es an der Einmündung der Badulla Rd. in die New Bazaar Rd., ⊕ Mo–Sa 7–20 Uhr.

Tennis
Wer den Schläger schwingen will, kann dies beim **Hill Club** tun.

Touren
Nuwara Eliya ist ein guter Ausgangspunkt für Tagestouren in die weitere Umgebung, allen voran zu den Horton Plains. Ein Wagen mit Fahrer dorthin kostet 4500 Rs und kann über **Alpine Eco Adventure Travels** im Alpine Hotel oder das **Single Tree-Gästehaus** arrangiert werden.

Transport

Busse
Der übersichtliche **Busbahnhof** liegt relativ zentral an der New Bazaar St. am Nordende des Victoria Parks. Ins 180 km entfernte COLOMBO verkehren klimatisierte IC-Busse um 8.20, 13, 14, 15, 16, 17 und 19 Uhr, „Semi Luxury"-Busse um 9.20, 10.20, 11.20 und 13 Uhr (6 Std.). Nach KANDY starten sie zwischen 6.10 und 19.30 Uhr alle 40 Min. (77 km, 2 1/2 Std.), nach HATTON von 6.30–18.30 Uhr alle 30 Min. (48 km, 1 1/2 Std.).

In Richtung BADULLA fahren die Busse zwischen 6.30 und 16 Uhr halbstündlich ab (56 km, 2 Std.). Nach ELLA (56 km) nimmt man den Bus nach BANDARAWELLA (47 km) um 9.15, 15.30, 16.30, 17 und 17.30 Uhr und steigt dort um oder nimmt den Direktbus nach AMPARA (105 km, 3 1/2–5 Std.) um 6.30, 8, 10.45 oder 12.45 Uhr, der auch in Ella hält. Ein Direktbus nach MATARA (245 km, 7 Std.) und GALLE (290 km, 8 1/2 Std.) startet um 8 Uhr.

Eisenbahn

Nuwara Eliya verfügt über keine eigene Bahnstation. Der nächste Haltepunkt liegt im 9 km entfernten **Nanu Oya**. Viele Unterkünfte offerieren kostenlos oder gegen Gebühr einen Shuttle-Service, eine Fahrt mit dem Three-Wheeler kostet um 400 Rs. Aber es gibt auch zahlreiche Busverbindungen.
Zugfahrplan s. Kasten

Zugfahrplan				
Zug Nr.	**45**	**126**	**5**	**15**
Col-Fort	20.00		5.55	9.45
Kandy		3.30		
Nanu Oya	3.30	8.53	12.30	15.55
Haputale	5.07	11.25	14.09	17.34
Band'wela	5.37	12.21	14.33	18.01
Ella	6.11	13.05	15.04	18.31
Badulla	7.10	14.10	15.55	19.25
Zug Nr.	**16***	**6***	**596**	**46***
Nanu Oya	9.26	12.24	17.09	21.57
Hatton	10.56	13.54	19.00	23.39
Peradeniya	13.02	16.22	22.19	2.00
Kandy			22.40	
Col-Fort	15.40	19.30		5.15

* Für Kandy in Peradeniya aussteigen!

Die Umgebung von Nuwara Eliya

Der Reiz der Stadt liegt in erster Linie in seiner pittoresken Umgebung. Das sanfte Grün der Teesträucher gibt der Landschaft um Nuwara Eliya ein ganz eigenes Gepräge – und selbst bei tief hängenden Wolken wunderbare Fotomotive. Eine gute Gelegenheit, mehr über Sri Lankas berühmtestes Agrarprodukt zu lernen, bietet der Besuch einer Teeplantage.

Pedro Tea Estate

Das Pedro Tea Estate liegt nur 3 km nördlich der Stadt am Rand des 2524 m hohen Pidurutalagala. Dessen englische Bezeichnung – Mount Pedro – gab der 1885 gegründeten Plantage ihren Namen. Bis zur Verstaatlichung 1975 blieb sie in britischer Hand, heute wird sie von „Kelani Valley Plantations Ltd." bewirtschaftet. Derzeit sind etwa 1000 Pflückerinnen auf dem 267 ha großen Gelände beschäftigt. Wie in anderen Teeplantagen auch ist sehr häufig deren Arbeitsplatz zugleich ihr Wohnsitz. Auf dem Pedro Estate leben 3000 Familien, für die Kinder ist eine eigene Schule eingerichtet.

Die geernteten Blätter werden in die dreistöckige Teefabrik gebracht und dort verarbeitet.

Unter den Handelsnamen „Lovers Leap" und „Mahagastotte" – benannt nach der Lage der Teebüsche – finden sie ihren Weg nach Colombo zur wöchentlichen Versteigerung und von dort in alle Welt. Ein Angestellter führt die Besucher durch die Anlage. Zum Schluss kann man eine Teepackung auch im Shop erwerben. Mit einem Three Wheeler kostet die Fahrt einschließlich Wartezeit 700 Rs, ansonsten nimmt man den Bus Nr. 743 nach Ragala. ⊙ tgl. 8–12.30 und 14–17 Uhr, Eintritt 100 Rs.

Seetha Amman Kovil

Der Seetha Amman Kovil im Ort **Sita Eliya** liegt an der Straße nach Badulla, etwa 5 km südöstlich von Nuwara Eliya bei KM 83, am Sita-Fluss. Dieser üppig-bunte Hindu-Tempel wird mit dem Ramayana in Verbindung gebracht, denn hier lag der legendäre Ashoka-Hain, in welchem der Dämonenkönig Ravana seine Gefangene Sita festgehalten haben soll. Später, so glaubt man, habe er sie in der Rawana-Höhle bei Ella versteckt. Die Vertiefungen in den Felsen am nahe gelegenen Strom sollen die Fußabdrücke von Ravanas Elefanten sein. Ansonsten ist der Sita geweihte Tempel wie üblich reichlich mit Gottheiten und Dämonen verziert. Zu sehen sind u. a. die Hauptakteure des Ramayana: Rama, seine Gattin Sita und sein Halbbruder Lakshmana. Ein Tempel im

Als 1788 **Sir Joseph Banks** der britischen East India Company berichtete, dass im Nordosten Indiens, vor allem in Assam und Darjeeling, hervorragende Bedingungen für Teepflanzungen bestünden, stieß der Botaniker innerhalb der Handelsgesellschaft zunächst auf taube Ohren. Ihr Export aus China genügte damals, den Bedarf an dem edlen Gebräu zu decken. Erst als 1833 das Handelsmonopol der East India Company auf Tee abgeschafft wurde, schien der Markt interessanter zu werden. In Madras und Assam wurden Teeplantagen angelegt. Fünf Jahre später gelangten die ersten Teelieferungen aus British India nach England.

Zwar kamen die ersten Teesträucher der Sorte *Camellia sinensis* bereits 1824 aus China nach Ceylon, wo man mit ihnen im Botanischen Garten **Peradeniya** zu experimentieren begann. Doch war das Interesse dafür anfänglich gering,

da die Plantagenbesitzer mit Kaffee ihr Geld verdienten. Erst als ab 1869 eine Blattkrankheit zum rasanten Niedergang des Anbaus der schwarzen Bohne führte, begannen sie sich für die grünen Sträucher zu interessieren.

Aufstieg zum Teeland

Als Pionier des kommerziellen Teeanbaus in Ceylon gilt der Schotte **James Taylor**. Er gründete 1867 in Loolecondra südöstlich von Kandy die erste kommerzielle Plantage. Rasch breiteten sich die grünen Teefelder in den Gebieten um Kandy, Nuwara Eliya, Ratnapura und in der Provinz Uva aus. 1873 ließ Taylor seine ersten 23 Pfund Tee nach London verschiffen. Von nun an konnten die Briten ihre „Teatime" auch mit **Ceylon-Tee** abhalten. Vor allem Schotten machten mit dem feinen Getränk ein Geschäft, darunter Captain William Mackwood und **Sir**

vorderen Bereich ist dem Affengeneral Hanuman gewidmet. Alle Busse in Richtung Welimada und Badulla passieren den Tempel.

Botanischer Garten Hakgala

Die Gartenanlage am Fuß des Hakgala-Felsens liegt etwa 10 km südöstlich von Nuwara Eliya an

der Straße nach Badulla zwischen 1670 m und 1800 m Höhe. In der Kolonialzeit war Hakgala nach Peradeniya die zweite Forschungsstation für Nutzpflanzen. Der Direktor von Peradeniya, Dr. Thwaites, ließ sie 1861 anlegen, um mit dem aus Südamerika stammenden Chinarindenbaum (Cinchona) zur Gewinnung des natürlichen

Thomas Lipton, dessen Name auch im 21. Jh. noch ein Synonym für Tee ist.

Vizeweltmeister im Tee-Export

Heute ist Tee das mit Abstand wichtigste Agrarerzeugnis der Insel. Auf 2210 km² Fläche werden die etwa 1 m hohen Sträucher angebaut. Im Jahr 2010 wurden 314 000 t produziert und erbrachten einen Exporterlös von 1,37 Mrd. US$. Weltweit liegt Sri Lanka mit 7 % an vierter Stelle der Teeproduktion und ist nach Kenia die Nr. 2 im Export. Hauptabnehmer sind gegenwärtig Russland und die Vereinigten Arabischen Emirate. Deutschland belegt den 12. Platz. Die aktuellsten Exportzahlen werden vom **Sri Lanka Tea Board**, 🖥 www.pureceylontea.com, herausgegeben.

Die Qualität des Teeblattes ist abhängig von der Lage der Plantagen. Etwa 600 m ü. M. wachsen die Blätter an den Teesträuchern zwar schneller, jedoch ist ihr Aroma wesentlich schwächer. Eine höhere Güteklasse lässt sich auf Plantagen bis zu 1200 m ü. M. erzielen. Am besten ist das Aroma bei Pflanzungen auf über 1200 m.

In der Trockenzeit einmal wöchentlich, in der Regenzeit alle drei Tage, pflücken die zumeist tamilischen Frauen die beiden frischesten Blätter samt Blütenspitzen am Ende eines Triebes. Für etwa 13 kg, die sie pro Tag ernten, erhalten sie magere 1,50 €. Nachdem die Blätter in die Teefabrik gebracht wurden, müssen sie zuerst etwa 13 Stunden lang luftgetrocknet und anschließend durch Rütteln und Walzen zerkleinert werden. Bei hoher Luftfeuchtigkeit werden sie nun fermentiert, denn erst durch die Verbindung mit Sauerstoff erhält der Tee sein Aroma. Weitere Trocken- und Sortierdurchgänge sind nötig, um einen Qualitätsgrad zu erreichen. Bevor die fertigen Produkte zur Auktion nach Colombo gebracht werden und von dort in Teeballen oder Beutel verpackt in alle Welt gelangen, testen die Teeprüfer das Getränk im Labor.

Blattqualität

Orange Pekoe (OP): wird aus den ersten länglichen Blättern der jungen Teetriebe gewonnen.

Pekoe (P): einer der feinsten Tees, weil er aus den zarten jungen Blättern gewonnen wird. Ist besonders in arabischen Ländern geschätzt. „Pekoe" leitet sich vom südchinesischen *bai hao* (chin. *yin hao*) ab, was soviel wie „weiße Härchen" bedeutet. Dies bezieht sich auf den silbrig-weißlichen Flaum, den die jungen Blätter tragen.

Souchong (S): feste große Blätter, die grob zerkleinert werden. Das Wort leitet sich vom chinesischen *xiao zhong* ab und bedeutet „kleine Art" oder „Unterart". Damit ist auch ein geräucherter Schwarztee gemeint.

Zerkleinerungsgrade

Broken Orange Pekoe (BOP): er wird aus den jungen Blättern und Blüten hergestellt und ist sehr mild.

Flowery BOP: oberste Güteklasse. Es werden ausschließlich die Spitzen der am Zweigende sitzenden Blattknospen verwendet.

Broken Pekoe (BP): gebrochene (engl. *broken*) Blätter von mittlerer Größe ohne Blüten.

Broken Pekoe Souchong (PS): grob zerkleinerte große Blätter.

Fannings: etwa 1 mm große Teepartikel, die für Teebeutel Verwendung finden.

Dust: je nach Qualität unterschiedlich fein gemahlen und daher sehr stark. Wird ebenfalls fast nur für die Teebeutel verwendet.

Martin H. Petrich

Anti-Malariamittels Chinin zu experimentieren. Unter dem langjährigen Direktor William Nock (1882–1904) wurde die Station zum Botanischen Garten erweitert. Seitdem lässt es sich in der 27 ha großen Anlage wunderbar flanieren. Wegen seiner ureigenen Flora hat der Botanische Garten einen ganz anderen Charakter als jener in Peradeniya. Zu den Attraktionen zählen mit über 100 Arten der Rosengarten – vor allem zur Blüte zwischen April und August –, tolle Baumfarne, Zedern, Kampferbäume *(Cinnamomum camphora)*, Eichen und die 1893 gepflanzten Monterey-Zypressen *(Cupressus macrocarpa)*. In den Wipfeln sieht man zuweilen eine Unterart der endemischen Weißbartlanguren *(Trachypithecus vetulus monticola)* herumspringen. Der Garten grenzt an das knapp 12 km² große „Hakgala Strict Nature Reserve" mit einigen Teilen intakten Nebelwaldes und sich bis auf 2200 m Meereshöhe auftürmende Monolithe. Allerdings darf es nur mit besonderer Genehmigung besucht werden.

Der Name Hakgala (Maulfelsen) bezieht sich auf eine Szene aus dem berühmten Epos *Ramayana*. Nachdem bei der letzten großen Schlacht von Lanka Ramas Bruder Lakshmana schwer verwundet wurde, machte sich der Affengeneral Hanuman auf, um eine nur im Himalaya vorkommende Heilpflanze zu holen. Als er in der Aufregung vergessen hatte, um welche es sich handelte, schleppte er einen ganzen Gipfel in seinem Maul mit zurück. Dieser verstreute sich an verschiedenen Orten der Insel, neben Hakgala auch in Ritigala und Rumassala bei Unawatuna.

🕐 tgl. 8–17 Uhr, Eintritt US$10, Kinder bis zwölf Jahre die Hälfte, 🖥 www.botanicgardens. gov.lk. Zur Einkehr lädt das in der Nähe des Parkeingangs gelegene **Humbugs Restaurant** ein, wo es Erdbeer-Shakes und andere Köstlichkeiten gibt. Alle Busse in Richtung Welimada und Badulla passieren den Botanischen Garten.

Horton Plains und World's End

Zwischen Nuwara Eliya und Haputale breitet sich eine der eigentümlichsten Landschaften Sri Lankas aus: die Horton Plains. Der kühle Wind mit den schnell dahin ziehenden Wolken, das hohe Gras, die zerzausten Bäume und die leicht hügelige Hochebene lassen eher Erinnerungen an schottische und nordamerikanische Gegenden aufkommen. Die Tropeninsel zeigt sich hier von ihrer wildesten Seite. Wegen ihrer offenen Weite nennen sie die Sri Lanker maha eliya, „die weite Ebene".

Es ist der Jagdleidenschaft der Engländer zu verdanken, dass dieser Landstrich bis heute weitgehend erhalten geblieben ist. Benannt nach **Sir Robert W. Horton**, Ceylons Gouverneur von 1831–37, nutzten die Kolonialherren das durchschnittlich auf 2100 m Höhe gelegene Hochplateau als Jagdgrund für Leoparden und Elefanten. Daher beließen sie einen Teil der ursprünglichen Vegetation.

Seit 1969 steht das 3160 ha große Gebiet unter Naturschutz, 1988 wurden die Horton Plains zum Nationalpark erklärt und 2010 von der Unesco als Teil des Zentralen Hochlandes zum Welterbe. Hier sind Sri Lankas zweit- und dritthöchste Gipfel zu finden: **Kirigalpota** (2389 m) und **Thotupola Kande** (2357 m). Zudem entspringen auf dem regenreichen Plateau mit durchschnittlich 5000 mm Niederschlag pro Jahr einige der wichtigsten Flüsse: neben dem längsten Strom der Insel, dem Mahaweli Ganga, der Kelani Ganga und der Walawe Ganga. Die landschaftlichen Höhepunkte der Horton Plains sind fraglos die Baker's Falls und World's End.

Neben **Sambarhirschen** und **Leoparden** ist auf den Plains der endemische **Weißbartlangur** heimisch. Unter Primatenforschern ist die Hochebene auch wegen des äußerst seltenen und extrem bedrohten **Ceylon-Bergschlankloris** *(Loris lydekkerianus grandis)* bekannt, der nur 30 cm groß wird. Nach über 50 Jahren wurde erstmalig 2010 ein Exemplar fotografiert. Der Name Lori leitet sich von dem alt-holländischen Wort für Clown (*Loeri*) ab, was sich auf das markante Gesicht dieser nachtaktiven Primatenart bezieht.

Zu **Vogelbeobachtungen** ist die Hochebene ebenfalls geeignet, denn sie ist Heimat einiger seltener endemischer Arten, allen voran der Ceylonpfeifdrossel (engl. *Sri Lanka Whistling Thrush*, lat. *Myophonus blighi*) und der Ceylonesischen Erddrossel (engl. *Ceylon Scaly Thrush*, lat. *Zoothera dauma imbricata*). Beide Arten halten sich gerne rund um den Arrenga-Teich unweit des Parkeingangs auf. Unter den anderen endemischen Spezies sind Sri Lankas Nationalvogel, das Lafayette-Huhn (lat. *Gallus lafayettii),* und der Ceylonbrillenvogel (engl. *Sri Lanka White-eye*, lat. *Zosterops ceylonensis*) anzutreffen.

In der **Flora** dominieren Gras, Bambus, Baumfarne, Rhododendren und die hohen Kina-Bäume (singh. *keena*, lat. *Calophyllum Walkeri*), zu erkennen an ihren schirmartigen Kronen. Am Wegesrand fallen die zarten Blüten des Blauen Sterns *(Saristea ecklini)* und die grünvioletten grobfasrigen Blätter einer in Sri Lanka „Nellu" genannten Strobilanthes-Art *(Strobilanthes sp.)* auf.

Wer auf den Pfennig schauen muss, kann auch mit dem **Zug** fahren. Allerdings ist dies sehr umständlich, denn die nächstgelegene Bahnstation **Ohiya** liegt vom Eingang zu den Horton Plains mehr als 11 km entfernt. Wer von Nuwara Eliya kommt, muss bereits am Vortag anreisen, denn vormittags gibt es keine Zugverbindung. In HAPUTALE fährt Zug Nr. 16 um 7.47 Uhr ab und ist um 8.28 Uhr in Ohiya.

Haputale

Von den größeren Orten an der Südseite des Hochlands liegt Haputale wohl am schönsten. Auf einer Höhe von 1400–1500 m ü. M. zieht es sich einen Bergkamm entlang und fällt südlich dramatisch ab. Wegen seiner Hanglage ist das Wetter hier ziemlich wechselhaft. Im Laufe des Tages legt sich häufig eine Wolkendecke über den Ort, und eine überraschend kühle Brise lässt eine Gänsehaut entstehen. Nachmittags ist nicht selten ein Regenschirm nötig, denn Niederschläge sind hier das ganze Jahr über zu erwarten. Bei klarer Sicht jedoch reicht der Blick von Haputale bis weit in den Süden – die Küste ist in Luftlinie keine 100 km entfernt.

Teeplantagen prägen das Landschaftsbild. Die meisten Bewohner sind während der Kolonialzeit eingewanderte Tamilen und Muslime. Der Ort selbst ist wenig interessant und vor allem für die alltäglichen Besorgungen von Relevanz.

Hauptgrund für einen Aufenthalt – der nicht selten länger dauert als ursprünglich geplant – ist die wunderschöne Umgebung. Eines der beliebtesten Ausflugsziele ist der **Lipton's Seat** unweit der ebenfalls gern besuchten **Dambatenne-Teeplantage**, von dem sich ein traumhafter Rundblick bietet. Eine schöne Wanderung führt über das **Adisham-Kloster** nach **Idalgashinna**. Auch der 30 km entfernte **Diyaluma-Wasserfall** (s. S. 413) ist ein gerne besuchter Ort.

Die Stadt

Sehenswürdigkeiten sucht man in Haputale vergeblich. Im Zentrum befinden sich zahlreiche kleinere Geschäfte sowie ein netter Markt. An die koloniale Vergangenheit erinnert noch die **St. Andrew's Church** im Norden des Städtchens.

Der an der Straße nach Bandarawela gelegene neugotische Bau besticht in seinem Inneren durch schöne Holzvertäfelungen; im Kirchhof liegen koloniale Teepflanzer begraben.

Dambatenne-Teefabrik

Wer kennt sie nicht, die Teebeutel mit dem markanten gelben Label und der roten Schrift. In aller Welt ist der „Lipton Tea" verbreitet. Etwa 10 km östlich von Haputale liegt in Dambatenne eine der Wiegen dieser weltberühmten Teemarke. Die Geschichte ihres Erfolgs begann im Jahre 1890, als der Kaufmann Thomas Johnstone Lipton (1850–1931) in das lukrative Tee-Geschäft einstieg und in Ceylon fünf Teeplantagen kaufte, darunter die Pflanzungen bei Dambatenne.

Das Hochland

Bereits Ende des 19. Jhs. war der Sohn eines Glasgower Gemischtwarenhändlers Besitzer von 2200 ha, die er für die eigene Teeproduktion nutzte. Unter dem Motto „Direct from the Tea Gardens to the Teapot" schuf Thomas Lipton innerhalb weniger Jahre ein riesiges Tee-Imperium. Sein Name war dank einer innovativen Vermarktungsstrategie – als einer der ersten schaltete er Anzeigen in den Printmedien – sehr bald unverwechselbar mit dem Tee verbunden. 1898 wurde der königliche Hoflieferant von Queen Victoria geadelt. Bis zu seinem Tod 1931 besuchte „Sir Thomas" immer wieder Dambatenne, das er besonders wegen der schönen Lage liebte.

Gerne erklomm der lebenslange Junggeselle den nach ihm benannten, 1935 m hohen **Lipton's Seat**, von dem sich ein herrlicher Ausblick bietet. Der Aufstieg zum etwa 7 km entfernten Aussichtspunkt ist kein gemütlicher Spaziergang, aber ohne Frage die Mühe wert. Oben angelangt, öffnet sich der fast senkrechte Abgrund dramatisch vor den Füßen des Besuchers – fast so wie in World's End, nur ohne den saftigen Eintrittspreis. Den je nach Kondition 1 1/2- bis 2-stündigen Aufstieg sollte man früh beginnen, da sich der Berg am späten Vormittag häufig in Wolken hüllt. Für 200 Rs p. P. kann man das mächtige weiße **Fabrikgebäude** besichtigen und Spaziergänge durch die Teeplantage unternehmen.

Von der Südseite des Busbahnhofs in Haputale, gegenüber dem Muslim Hotel, fahren halbstündlich **Busse** in Richtung Dambatenne ab. Mit dem **Three-Wheeler** kostet eine Tour hin und zurück etwa 600 Rs.

Adisham-Kloster und Idalgashinna

Ein schöner einstündiger Fußmarsch führt westlich von Haputale zum Adisham Monastery. Zuerst muss man der Temple Road 2,6 km bis zu einer Abzweigung mit Hinweisschild folgen. Dann geht es 1,2 km den Berg hinauf, vorbei an dem nicht zugänglichen Vogelschutzgebiet Tangamalai. Das Klostergemäuer wurde während der Kolonialzeit von Sir Thomas Villiers erbaut. Mit dem recht finster wirkenden Haus aus Granitstein und Fenstern im Tudor-Stil verwirklichte der britische Pflanzer 1931 sein eigenes „castle" und benannte es nach seinem Geburtsort. Seit 1961 ist es im Besitz des katholischen Silvestrinerordens und kann an Wochenenden und Feiertagen besichtigt werden. Im Klosterladen verkaufen die Mönche Produkte aus eigener Herstellung, darunter Honig, Öle und Marmeladen. Einen „Adisham Shop" gibt es auch an der Straße nach Bandarawela. ⏲ Sa, So und Feiertage 9–12, 13–16 Uhr, Eintritt 25 Rs. Mit dem Three-Wheeler kostet die einfache Fahrt 200 Rs.

Vom Kloster kann man weiter bis zum Dorf **Idalgashinna** (ca. 8 km) wandern. Der idyllische Weg führt zuerst über 3 km einen Bergkamm entlang durch Wald und Heide. Gruppen mit Eukalyptusbäumen säumen den Weg. Im Tal sind die Bahngleise und die Glenanore-Teefabrik zu sehen. Weiter geht es den Berghang hinunter, wo man auf die Bahnlinie trifft. An ihr entlang ist es noch ca. 1 km bis zum Dorf. Anschließend kann man ins 8 km entfernte Haputale zurück wandern.

Haputale hat eine gute Auswahl netter Bleiben, die meist auch noch sehr schön liegen. Besonders die Gästehäuser sind weit günstiger als jene in Ella und Nuwara Eliya. Die meisten Unterkünfte bieten kostenlosen Pick-up-Service, ca. 1 Std. vorher anrufen!
ABC Guest Inn, 109 Sherwood Rd., ☎ 057-2268630, 077-1012113. Die Treppen seitlich der People's Bank nehmen und dem Weg nach rechts folgen. 10 freundlich gestaltete Zimmer, zumeist mit eigenem Warmwasser-Bad. Netter Gemeinschaftsbalkon. Besonders gelobt werden die im angeschlossenen Restaurant gezauberten Gerichte. Moped-Verleih für 1000 Rs/Tag. ❶–❷
Amarasinghe Gh., Thambapillai Ave., ☎ 057-2268175, ✉ agh777@sltnet.lk. Eine der besten Unterkünfte im Ort. 10 Zimmer mit unterschiedlichen Standards, davon 7 mit Warmwasser-

Entlang der Bahngleise

Besonders interessant ist eine Wanderung entlang der Bahngleise Richtung Westen bis nach Idalgashinna (9 km) mit Rückfahrt nach Haputale. So kommt man zum Vergnügen einer Bahnreise und kann unterwegs einige Züge filmen oder fotografieren.

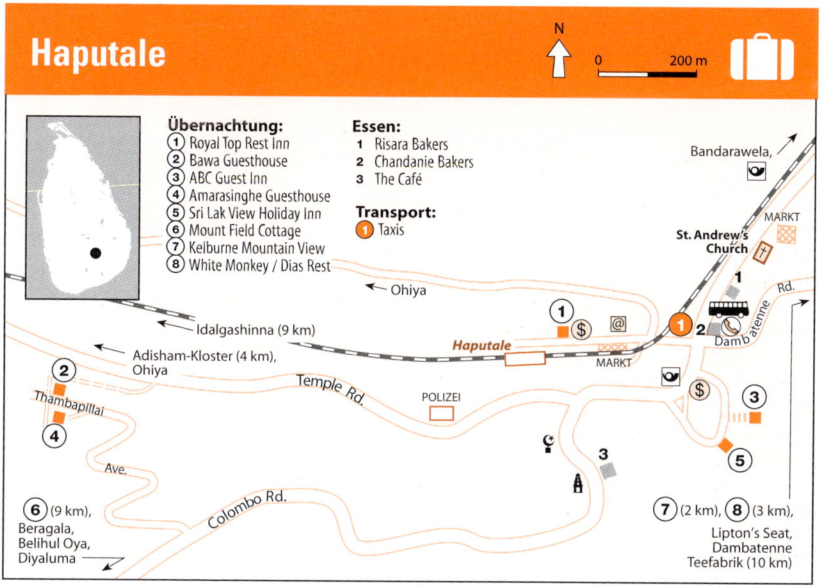
Haputale
N
0
200 m
Übernachtung:
1 Royal Top Rest Inn
2 Bawa Guesthouse
3 ABC Guest Inn
4 Amarasinghe Guesthouse
5 Sri Lak View Holiday Inn
6 Mount Field Cottage
7 Kelburne Mountain View
8 White Monkey / Dias Rest
Essen:
1 Risara Bakers
2 Chandanie Bakers
3 The Café
Transport:
1 Taxis
Bandarawela,
MARKT
St. Andrew's Church
Ohiya
Idalgashinna (9 km)
Adisham-Kloster (4 km), Ohiya
Haputale
MARKT
Dambatenne Rd.
Temple Rd.
POLIZEI
Thambapillai Ave.
Colombo Rd.
6 (9 km), Beragala, Belihul Oya, Diyaluma
7 (2 km), 8 (3 km), Lipton's Seat, Dambatenne Teefabrik (10 km)

Bad und Balkon. Ein Family Room mit 4 Betten. Die orange Wandfarbe und der Holzfußboden geben den Räumen eine wohnliche Atmosphäre. Internet für 60 Rs/Std. Die sehr freundlichen Eigentümer organisieren Touren. In der Hauptsaison oft ausgebucht. ❶–❷

Bawa Gh., Temple Rd., ✆ 057-2268260. Am Berghang unterhalb der Temple Rd. 5 schlichte, aber saubere Zimmer mit Bad, 2 davon eignen sich für Kleinfamilien. Auch wegen der gastfreundlichen Muslimfamilie und der leckeren Hausmannkost eine gute Wahl. ❶

Kelburne Mountain View, 2 km östlich der Stadt an der Straße nach Dambatenne, ✆ 057-2268029, 011-2573382 (Colombo-Büro), 💻 www.kelburnemountainview.com. Vielleicht die schönste Lage im Hochland. 3 Bungalows verteilen sich an einem Hang mit atemberaubenden Ausblicken: das „Aerie Cottage" mit 2 Zimmern, das „Wildflower Cottage" mit 3 Zimmern und Kamin sowie das „Rose Cottage" mit 3 Zimmern. Alle Bungalows besitzen Veranda, Wohn- und Esszimmer. Das Wildflower eignet sich besonders für Familien. Gutes Restaurant mit nettem Ambiente. ❼

Mount Field Cottage, Haldummulla, 9 km westlich von Haputale an der Colombo Rd., ✆ 057-3575336, 💻 www.mountfieldcottage.com. Stilvolle Unterkunft inmitten einer Plantage mit viel Holz und Naturstein-Elementen. 25 rustikale Zimmer mit Warmwasser-Bad, manche mit eigener Kochgelegenheit. Eine gute Option für Familien mit eigenem Fahrzeug. Empfehlenswertes Restaurant. ❷–❸

Royal Top Rest Inn, 22 Station Rd., ✆ 057-2268178. 6 Zimmer in unterschiedlicher Größe mit 2 Gemeinschaftsbädern. Vorteil dieser durchaus netten Bleibe ist neben dem Preis die Nähe zum Bahnhof. ❶

Sri Lak View Holiday Inn, A. W. Arthur Sirisena Mw., ✆ 057-2268125, ✉ srilakv@yahoo.com, 💻 www.srilakviewholidayinn.com. Eine gute Wahl: 20 solide Zimmer mit Warmwasser-Bad, die meisten mit guter Aussicht, 8 davon mit Balkon. 2 Family Rooms. Internet für 60 Rs/Std. Restaurant mit großer Menüauswahl. ❷–❸

White Monkey / Dias Rest, Thotulagala, 3 km östlich von Haputale, ✆ 057-5681027, 072-4143534, ✉ mailvaganamdias@yahoo.co.uk. In Toplage auf 1500 m Höhe, umgeben von

Teeplantagen, bietet einen Panoramablick bis tief in den Süden. Wird von dem freundlichen Herrn Dias und seiner Familie geführt. 2 geräumige Zimmer mit Bad sowie ein Bungalow mit Küche, Schlaf- und Wohnzimmer. Gute Hausmannskost! ❶–❷

Essen

Die Auswahl an Gaststätten ist äußerst dürftig. Am besten isst man in den Unterkünften. Wer Lust auf Gebäck hat, kann sich bei **Risara Bakers** oder **Chandanie Bakers** am Busbahnhof eindecken, ⏲ tgl. 6–20 Uhr. Für einfache Curry-Gerichte bietet sich das preisgünstige **The Café**, 180 Colombo Rd., unweit des Hindu-Tempels, an, ⏲ tgl. 7–21 Uhr.

Sonstiges

Südlich des Busbahnhofes liegen sich Post und People's Bank (Geldautomat) schräg gegenüber. Eine Filiale der Bank of Ceylon hat sich an der Station Road unweit des Bahnhofs etabliert.Eine hervorragende Infoquelle ist die von Oliver Eichelberg verantwortete Website 🖥 **www.haputale.de**.

Transport

Mietwagen

Tagesausflüge zu den Horton Plains kosten um die 4000 Rs. Die meisten Gästehäuser können Wagen mit Fahrer organisieren. Einen Van besitzt Ralahami, ein sehr zuverlässiger Fahrer, ✆ 071-2358027.

Busse

CTB-Busse nach COLOMBO (180 km, 6 Std.) kommen aus Badulla und verkehren zwischen 6.30 und 16.30 Uhr im Stundentakt, klimatisierte IC-Busse alle 1 1/2 Std. Direktbusse nach NUWARA ELIYA (2 Std.) starten um 8 und 14 Uhr. Ansonsten nimmt man den Bus nach WELIMADA (alle 20 Min., 1 1/2 Std. Fahrzeit) und fährt von dort weiter nach Nuwara Eliya. Im Halbstundentakt verkehren von 6.45–18.40 Uhr CTB-Busse nach BANDARAWELA (30 Min.). Stdl. sind die Busse von 6.30–18 Uhr in Richtung WELLAWAYA (2 Std.) unterwegs. Dort Anschluss gen Süden nach MATARA und GALLE sowie gen Osten nach AMPARA und POTTUVIL.

Zugfahrplan

Zug Nr.	45	126	5	15
Col-Fort	20.00		5.55	9.45
Kandy		3.30		
Haputale	5.07	11.25	14.09	17.34
Band'wela	5.37	12.21	14.33	18.01
Ella	6.11	13.05	15.04	18.31
Badulla	7.10	14.10	15.55	19.25
Zug Nr.	16*	6*	596	46*
Haputale	7.47	10.48	14.37	20.15
Nanu Oya	9.26	12.24	17.09	21.57
Hatton	10.56	13.54	19.00	23.39
Peradeniya	13.02	16.22	22.19	2.00
Kandy			22.40	
Col-Fort	15.40	19.30		5.15

* Für Kandy in Peradeniya aussteigen!

Eisenbahn

Haputale liegt an der Strecke Colombo–Kandy–Badulla, ✆ 057-2268071. Zugfahrplan s. Kasten

Wellawaya

Der Ort ist laut, staubig und wenig attraktiv. Zudem liegt er nicht mehr im Hochland. Trotzdem kann er für Besucher des Berglandes von Bedeutung sein, denn hier kreuzen sich die Bundesstraßen A 4 (Colombo–Ratnapura–Monaragala–Pottuvil) und A 2 (Ella–Hambantota–Matara). Jeder also, der in Richtung Süd- oder Ostküste unterwegs ist oder von dort kommt, wird Wellawaya zwangsläufig passieren. In der Nähe liegen auch zwei Attraktionen: die Diyaluma Falls und die Felsenreliefs von Buduruwagala.

Der Busbahnhof liegt ziemlich zentral, in seiner Nähe befinden sich Filialen der **Hatton National Bank** und der **Bank of Ceylon**.

Übernachtung

Das Angebot an Unterkünften ist recht bescheiden. **New Rest House**, Ella Rd., ✆ 055-2274899. 500 m nördlich des Ortzentrums an der Straße nach Ella. Wirkt ziemlich vernachlässigt.

Der Aufenthalt in den 6 Zimmer mit Bad weckt nicht unbedingt Glücksgefühle. ❶–❷

Saranga Holiday Inn, 37 Old Ella Rd., ☎ 055-2274891, ✉ sarangahotels@gmail.com. Liegt nördlich des Marktes. Die 15 Zimmer mit Bad, davon 2 mit AC, sind relativ sauber und für eine Nacht annehmbar. Das angeschlossene Restaurant bietet durchschnittliche Küche. ❷

Busse

Als Verkehrsknotenpunkt ist Wellawaya vor allem eine gute Basis für Fahrten in den Süden oder Osten. So fahren vom zentralen Busbahnhof alle 30 Min. CTB-Busse nach MONARAGALA (1 1/4 Std.), wo es Umsteigemöglichkeiten nach Pottuvil gibt. Nach TISSAMAHARAMA (59 km, 2 Std.) fahren die Busse im Stundentakt ab. Ansonsten kann man für Fahrten gen Süden die alle 30 Min. startenden Busse nach PANNEGAMUWA nehmen (1 3/4 Std.) und dort umsteigen. Ebenfalls im Stundentakt verkehren Busse in die Edelsteinstadt RATNAPURA (121 km, 4 Std.). ELLA (29 km, 45 Min.) wird von den CTB-Bussen alle 15 Min. angesteuert. BANDARAWELA (37 km, 45 Min.) ist alle 30 Min. und HAPUTALE (40 km, 1 Std.) jede Stunde Ziel eines Busses. Wer nach KANDY (164 km) will, muss in NUWARA ELIYA (87 km, 5 Std.) umsteigen.

Die Umgebung von Wellawaya

Diyaluma-Wasserfall

Etwa 12 km westlich von Wellawaya – und 30 km östlich von Haputale – befindet sich auf der Nordseite der A 4 der Diyaluma-Wasserfall. Mit 200 m ist er einer der höchsten Sri Lankas, auch wenn der Fall an sich eher schmal ist und sich in der Trockenzeit auf nicht viel mehr als ein Rinnsal reduziert. Trotzdem ist der Ausflug allein schon wegen der landschaftlichen Reize lohnend. Wer bei guter Kondition ist, kann einen steilen und daher anstrengenden Pfad nach oben klettern. Dort befinden sich einige Naturbecken zum Baden.

Von Wellawaya aus gelangt man zum Wasserfall, indem man einen der Busse in Richtung Beragala nimmt. Wer aus Haputale kommt, setzt sich in einen Bus Richtung Wellawaya. Ansonsten verlangen Three-Wheeler-Fahrer um die 500 Rs für die Rundtour.

Buduruwagala

Ungefähr 5 km südlich von Wellawaya führt von der A 2 eine schmale Straße weitere 5 km in Richtung Westen zu den geheimnisvollen Steinreliefs Buduruwagala. Die „Stein- (gala) bilder (ruwa) des Buddha (budu)" wurden in einen Granitfelsrücken geschlagen, der in einer für die Trockenzone typischen Landschaft unweit des Buduruwagala Wewa liegt.

Insgesamt handelt es sich um sieben Figuren. Sie werden von einem stehenden **Buddha** in der Mitte dominiert, der mit fast 17 m der größte auf der Insel ist; allerdings sind die Reliefs nicht sehr tief in den Felsen geschlagen. Für ein Theravada-buddhistisches Land wie Sri Lanka sehr ungewöhnlich sind die den Buddha flankierenden Figuren. Bei ihnen handelt es sich vorwiegend um **Bodhisattva**-Darstellungen, wie sie im Mahayana-Buddhismus bekannt sind. Ihre Datierung fällt schwer. Wahrscheinlich wurden sie zwischen dem 7. und 10. Jh. angefertigt, als der Mahayana-Buddhismus im Reich von Anuradhapura eine wichtige Rolle spielte.

Vom Betrachter aus gesehen linker Hand wird die Dreiergruppe in der Mitte von dem weiß getünchten Bodhisattva des Mitgefühls, Avalokiteshvara, bestimmt. Ihm zugeordnet sind Tara, die „Retterin", die aus einer von Avalokiteshvara vergossenen Träne des Mitleids entstanden ist (rechts), und eine unbekannte Figur zu dessen Linken. In der Mitte der rechten Dreiergruppe steht der gekrönte zukünftige Buddha Maitreya, flankiert zur Rechten von dem Bodhisattva Vajrapani mit dem Diamantzepter – er ist vor allem im tibetischen Buddhismus als Wächter der Lehre von Bedeutung – und zur Linken von einer nicht klar identifizierbaren Figur. Sowohl Buddha als auch die Bodhisattvas sind mit der beschwichtigenden Handhaltung (Abhaya-Mudra) dargestellt, welche die Gläubigen von ihrer Furcht befreien soll. Eintritt 200 Rs.

Mit dem Three-Wheeler sollte die Fahrt hin und zurück einschließlich der Wartezeit 600–700 Rs kosten.

Bandarawela

Zwischen Haputale (10 km) und Ella (8 km) liegt auf 1225 m Höhe Bandarawela. Der Ort ist ein wichtiger regionaler Verkehrsknotenpunkt und geschäftiger Umschlagplatz für Agrarprodukte. Von den Touristen wird er jedoch gerne links liegen gelassen, sie zieht es eher nach Ella oder Nuwara Eliya. Bandarawela bietet sich jedoch als gute Ausgangsbasis für Touren in die Umgebung an. Zudem verfügt der Ort über eine Reihe passabler Unterkünfte, allen voran das geschichtsträchtige Bandarawela Hotel. Den Plantagenbesitzern diente das ehrwürdige Gebäude aus dem Jahr 1893 über viele Jahrzehnte als Treffpunkt, wo sie unter sich waren, um am wärmenden Kaminfeuer zur Tea Time den neuesten Tratsch auszutauschen und über die aktuellen Teepreise zu diskutieren.

Der lebendige Marktflecken mag nicht den kolonialen Charme von Nuwara Eliya besitzen und auch nicht die landschaftlichen Reize von Ella, doch lohnt es sich hier mehr als nur ein paar Stunden zu verweilen – und sei es auch nur um die verglichen mit anderen Bergorten angenehmeren Temperaturen zu genießen. Eine halbe Fahrstunde südlich von Bandarawela – über die Straße nach Haputale erreichbar – bietet St. Catherine Seat auf einer Höhe von 1900 m herrliche Ausblicke bis nach Bandarawela, Diyatalawa und den umliegenden Bergen. Die Erhebung liegt inmitten der Nayabedda-Teeplantage.

Dowa-Felsentempel

In einem bewaldeten Seitental am Badulu Oya, etwa 6 km östlich von Bandarawela, an der Straße nach Badulla, liegt der kleine, aber feine Felsentempel Dowa Raja Maha Vihara. Bekannt ist das buddhistische Sanktuarium wegen seiner in den Granitfelsen geschlagenen Meditationsgrotte und einer ebenfalls in den Stein gearbeiteten stehenden Buddhafigur. Die 8 m hohe Figur soll unter dem in Anuradhapura residierenden König Vattagamani Abhaya (reg. 103 u. 89–77 v. Chr.) entstanden sein, als er sich auf seiner Flucht vor tamilischen Invasoren hier aufgehalten hat.

Eine langgezogene Treppe führt von einem schön gestalteten Tor hinunter zum Fluss. In den insgesamt drei Kammern der Grotte finden sich Wandmalereien und diverse Buddhafiguren, darunter eine liegende im hinteren Bereich. Die ins 17. Jh. datierten Malereien in der vorderen Halle zeigen Szenen aus dem Leben Buddhas und die drei letzten Jataka-Geschichten. Andere Malereien sind deutlich neueren Datums – und ziemlich kitschig. Eine der farbenfrohen Darstellungen zeigt die um den meditierenden Buddha tanzenden „drei Töchter des Mara", welche als Symbol für Gier, Hass und Verblendung den kurz vor der Erleuchtung Stehenden von seinem Weg abbringen wollen.

Busse von Bandarawela in Richtung Ella passieren den Dowa-Tempel. Da er jedoch etwas versteckt unten am Fluss liegt, sollte man den Busfahrer bitten, rechtzeitig anzuhalten. Ein Three-Wheeler kostet hin und zurück etwa 600 Rs, Eintritt 100 Rs.

Übernachtung

Bandarawela Hotel, 14 Welimada Rd., ☎ 057-2222501, 🖥 www.aitkenspencehotels. com. Mit Abstand schönste Bleibe in der näheren Umgebung und ein guter Grund, hier länger zu verweilen. Kolonialbau von 1893 mit 33 Zimmern, Restaurant und Bar, umgeben von einem schönen großen Garten. Rustikale Räume mit Komfort. Und das alles zu durchaus moderaten Preisen. ❹–❺
Chinese Union Hotel, 8 Dharmapala Rd., ☎ 057-2222502. Eine etwas angegraute Kolonialvilla mit 4 Zimmern mit Warmwasser-Bad, aber für den Preis okay. ❷–❸
Golden Pasindu Hotel, 82 1/10 Welimada Rd., ☎ 057-2232547, 071-9721754. Sollte eigentlich „lila Pasindu" heißen, denn das ist die

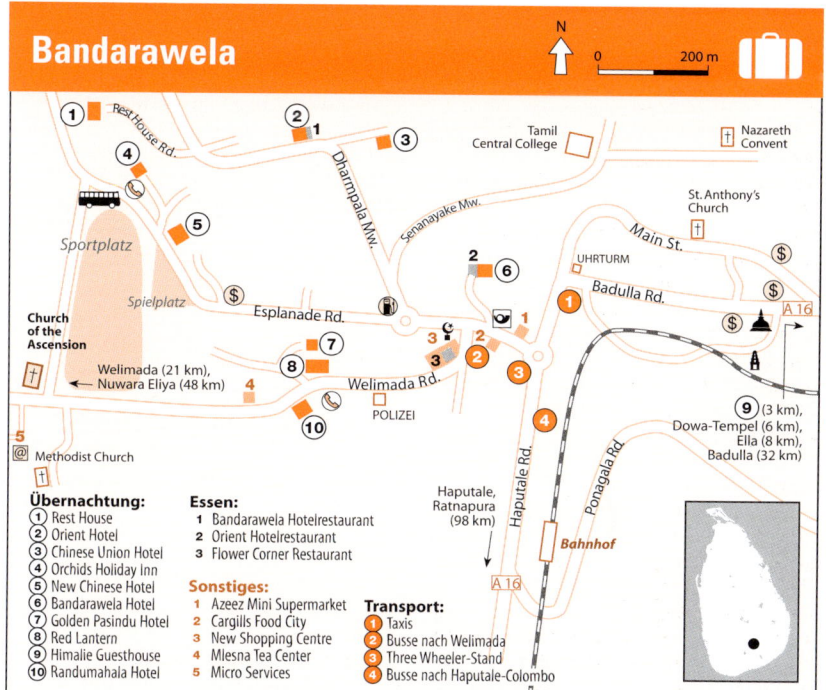

N

0   200 m

Bandarawela

Rest House Rd.

Tamil
Central College

Nazareth
Convent

Dharmapala Mw.

St. Anthony's
Church

Senanayake Mw.

Main St.

UHRTURM

Badulla Rd.

A 16

Sportplatz

Spielplatz

Esplanade Rd.

Church
of the
Ascension

Welimada (21 km),
Nuwara Eliya (48 km)

Welimada Rd.

POLIZEI

Dowa-Tempel (6 km),
Ella (8 km),
Badulla (32 km)

Methodist Church

Haputale,
Ratnapura
(98 km)

Haputale Rd.

Ponagala Rd.

Bahnhof

A 16

Das Hochland

Übernachtung:
1 Rest House
2 Orient Hotel
3 Chinese Union Hotel
4 Orchids Holiday Inn
5 New Chinese Hotel
6 Bandarawela Hotel
7 Golden Pasindu Hotel
8 Red Lantern
9 Himalie Guesthouse
10 Randumahala Hotel

Essen:
1 Bandarawela Hotelrestaurant
2 Orient Hotelrestaurant
3 Flower Corner Restaurant

Sonstiges:
1 Azeez Mini Supermarket
2 Cargills Food City
3 New Shopping Centre
4 Mlesna Tea Center
5 Micro Services

Transport:
1 Taxis
2 Busse nach Welimada
3 Three Wheeler-Stand
4 Busse nach Haputale-Colombo

Fassadenfarbe des mehrstöckigen Baus.
Alle 15 Zimmer sind mit Warmwasser-Bad und
Balkon ausgestattet. Nett eingerichtet und
sauber. Im 4. Stock gibt es eine große Terrasse.
Insgesamt eine gute Wahl. ❸
Himalie Gh., Bidunuwewa, Badulla Rd.,
✆ 057-2222362. Liegt auf einer Anhöhe, etwa
3 km in Richtung Badulla. Gemütliches Häuschen
mit Garten. 5 schöne, wenn auch einfache
Zimmer mit Warmwasser-Bad. ❷–❸
New Chinese Hotel, 32 Park Rd., ✆ 057-2231767,
✆ 2223125. Alles recht glanzlos, doch die
4 Zimmer mit Warmwasser-Bad im 1. Stock sind
sauber und geräumig. Möglicherweise werden
sich manche an dem lauten Restaurant im
Erdgeschoss stören. ❶
Orchids Holiday Inn, 32/9 Esplanade Rd., ✆ 057-
2222328. Schöner Kolonialbau mit stilvollen
Spiegelschränken im Inneren. Die 7 Zimmer,
teilweise mit Warmwasser-Bad, sind jedoch
recht karg. Ein Family Room mit 6 Betten. ❶–❷

Orient Hotel, 12 Dharmapala Mw., ✆ 057-
2222407, 2222377, ✉ www.orienthotelsl.com.
Solides Mittelklasse-Hotel in gute Lage mit
50 Zimmern mit Warmwasser-Bad, Minibar und
TV. Großes Restaurant, Karaoke-Lounge, Bar.
Zu empfehlen sind die Ausflugsangebote. ❸
Randumahala Hotel, 21 Welimada Rd., ✆ 057-
2231115. Kolonialer Flachbau mit 9 Zimmern mit
Warmwasser-Bad. Netter Garten. ❷
Red Lantern, 34 Welimada Rd., ✆ 057-2222212,
🖥 www.redlanternbandarawela.com. Der 1890
erbaute Bungalow liegt in einem netten Garten
und diente als Residenz des Gouverneurs.
Die 5 rosa bemalten Zimmer mit Warmwasser-
Bad sind enorm geräumig. Die Einrichtung,
darunter ein achteckige Sitzraum mit knallroten
Sesseln und TV, hat schon was … ❸
Rest House, Rest House Rd., ✆ 057-2222299.
Die 9 Zimmer mit Warmwasser-Bad und Balkon
sind ganz okay, 4 davon eignen sich für
Familien. Restaurant in dunkler Halle. ❷–❸

බණ්ඩාරවෙල ²⁵⁷
பண்டாரவெல
BANDARAWELA

Das Hochland

Essen

Das Angebot ist eher bescheiden, im Zentrum gibt es einige günstige Lokale wie das **Flower Corner Restaurant** im Obergeschoss des **New Shopping Centre** an der Welimada Rd. Wer gut speisen möchte, sollte im **Bandarawela**- oder **Orient Hotel** einkehren.

Sonstiges

Einkaufen

Die größte Auswahl an Waren ist im **Cargills Food City** gegenüber der Post zu finden. Dort gibt es auch eine Apotheke. Neben der Post liegt der **Azeez Mini Supermarket. Mlesna Tea Center** unterhält an der 84A Welimada Rd. eine Filiale, ⊙ tgl. 8.30–17 Uhr.

Geld

Bank of Ceylon und **Hatton National Bank** liegen an der Badulla Rd., die **People's Bank** an der Esplanade Rd.

Internet

Gibt es im **Micro Services**, südlich der Church of the Ascension.

Touren

Ausflüge in die nähere und weitere Umgebung arrangiert das **Orient Hotel**, darunter ein interessanter Besuch – nach Wunsch inkl. Übernachtung – in der 20 km entfernten Ampitikanda-Teeplantage.

Transport

Busse

Vom **Busbahnhof** an der Esplanade Rd. starten Busse tagsüber alle 10 Min. nach BADULLA (32 km), nach ELLA (8 km) und WELLAWAYA (27 km) alle 20 Min. und Richtung HAPUTALE (10 km) alle 30 Min. In Richtung Ostküste geht es um 6.40, 7.20, 14.25, und 18.25 Uhr über Badulla nach MONARAGALA (90 km), wo Anschluss nach AMPARA und POTTUVIL besteht. Ein Direktbus aus Welimada nach Ampara passiert gegen 6.10 und 9 Uhr die Stadt. Wer nach NUWARA ELIYA (47 km) möchte, muss in WELIMADA (21 km) umsteigen. Dorthin fährt man besser mit dem Zug.

Nach MATARA (195 km, 6–7 Std.) gibt es Direktbusse um 6, 9.20 und 9.45 (aus Nuwara Eliya) sowie gegen 11, 11.45 und 18.20 Uhr. In Richtung TISSAMAHARAMA muss man zuerst nach Wellawaya fahren.

Eisenbahn

Bandarawela liegt an der Strecke Colombo–Badulla.
Zugfahrplan s. Kasten

Zugfahrplan

Zug Nr.	45	126	5	15
Col-Fort	20.00		5.55	9.45
Kandy		3.30		
Band'wela	5.37	12.21	14.33	18.01
Ella	6.11	13.05	15.04	18.31
Badulla	7.10	14.10	15.55	19.25
Zug Nr.	16*	6*	596	46*
Band'wela	7.14	10.18	13.47	19.41
Haputale	7.47	10.48	14.37	20.15
Nanu Oya	9.26	12.24	17.09	21.57
Hatton	10.56	13.54	19.00	23.39
Peradeniya	13.02	16.22	22.19	2.00
Kandy			22.40	
Col-Fort	15.40	19.30		5.15

* Für Kandy in Peradeniya aussteigen!

Das Hochland

Ella

Auf der Popularitätsskala der Reisenden rangiert Ella ganz weit oben. Die Gründe liegen auf der Hand: Der Ort liegt in traumhaft schöner Berglandschaft auf durchschnittlich 1000 m Meereshöhe und bietet Ausblicke tief in den Süden – an guten Tagen bis zum über 100 km entfernten Leuchtturm im Meer vor Kirinda. Ella ist überschaubar und offeriert eine Reihe attraktiver und erschwinglicher Unterkünfte. Zudem liegen reizvolle Ziele in der näheren Umgebung, die zu ausgedehnten Wanderungen einladen – sei es entlang des sich nach Süden ziehenden Ella Gap, auf den 1350 m hohen **Ella Rock**, den **Little Adam's Peak** oder etwas entspannter durch die **Uva Halpewatte-Teeplantage**, ca. 7 km von Ella entfernt an der Straße in Richtung Badulla (🖥 www.halpetea.com, Eintritt 200 Rs.). Als Ausflugsziel bieten sich auch der 10 km entfernte Dowa-Felsentempel (s. Bandarawela) oder die nur 3 km außerhalb, an der Straße nach Passara gelegene **Newburgh-Teefabrik** an. Ella ist jedoch auch hervorragend dafür geeignet, einfach mal ein paar Tage nichts zu tun.

Einige Lokalitäten bei Ella werden in der srilankischen Tradition mit dem indischen Ramayana-Epos in Verbindung gebracht. So soll Ravana (auch „Rawana" geschrieben) nach der geglückten Entführung seine angebetete Gefan-gene Sita in einer Höhle versteckt gehalten haben. Immer wieder taucht der Name des Dämonenherrschers auf, bei einigen Unterkünften und bei den **Rawana Ella Falls**.

Untere und mittlere Preisklasse

Country Comfort, 32 Police Station Rd., ☎ 057-2228500, 🖥 www.hotelcountrycomfort.lk. Ein sympathisches Mittelklasse-Hotel mit 8 Zimmern in 100 Jahre alter Kolonialvilla und 12 Zimmern in neuerem Gebäude. Alle recht sauber. Netter Garten, schöne Ausblicke, gutes Restaurant. Kostenloses WLAN. ➌

Forest Paradise, ☎ 057-2228797. Das familienfreundliche Gästehaus mit 5 kleinen Zimmern mit Bad liegt inmitten eines Gartens sehr schön am Waldrand. Zum Frühstück auf der Terrasse heißt es: „all you can eat". Der engagierte Besitzer arrangiert interessante Touren und Wanderungen, etwa zu den Namunukula Hills, einschließlich BBQ-Lunch. Kostenloses WLAN. ➊ – ➋

Hill Top Gh., ☎ 057-2228780. Am Hang gelegen, vom Restaurant bietet sich ein tolles Panorama. 8 in lebendigen Farben gestaltete Zimmer mit Bad. Kostenoses WLAN, Internet ➊ – ➋

Lizzie Villa Gh., ☎ 057-2228643. Liegt knapp 200 m von der Main St. entfernt. Modernes Haus in nettem Garten mit 9 nüchternen, aber sauberen Zimmern mit Warmwasser-Bad. Die Standards variieren. Die Gewürze kommen aus dem eigenen Garten. ➊

Schöner könnte ein Gästehaus nicht liegen: Die Aussicht des an einem Berghang erbauten **Ambiente**, Kitalella Rd., ☎ 057-2228867, 🖥 www.ambiente.lk, ist schlicht traumhaft, weshalb manche länger bleiben als geplant. Eine Vorreservierung ist ratsam. Die 8 Zimmer (meist mit Warmwasser-Bad) sind unterschiedlichen Standards und teilweise recht klein. Es gibt gutes Essen, freundlichen Service sowie ein interessantes Tourangebot. Internet 5 Rs/Min. ➋ – ➌ Auch hier stimmt die Lage: Das **Zion View**, ☎ 057-2228799, 072-7855713, 🖥 www.ella-guesthouse-srilanka.com, schmiegt sich ebenfalls an einen Hang unweit der Bahnlinie. Das Bergpanorama mag Sena an seine zeitweilige Wahlheimat Schweiz erinnern. Wohl deshalb verbindet der Eigentümer perfekt die Präzision des Alpenstaates mit srilankischer Gastfreundschaft. Mit Blick aufs Detail ließ er die 7 Zimmer sehr schön ausstatten: Es gibt gute Hängematten und richtige Betten mit Lattenrost und Matratzen aus Schweizer Herstellung. Kostenloses WLAN, Ayurveda-Spa und gute Küche, was will man mehr. ➌ – ➍

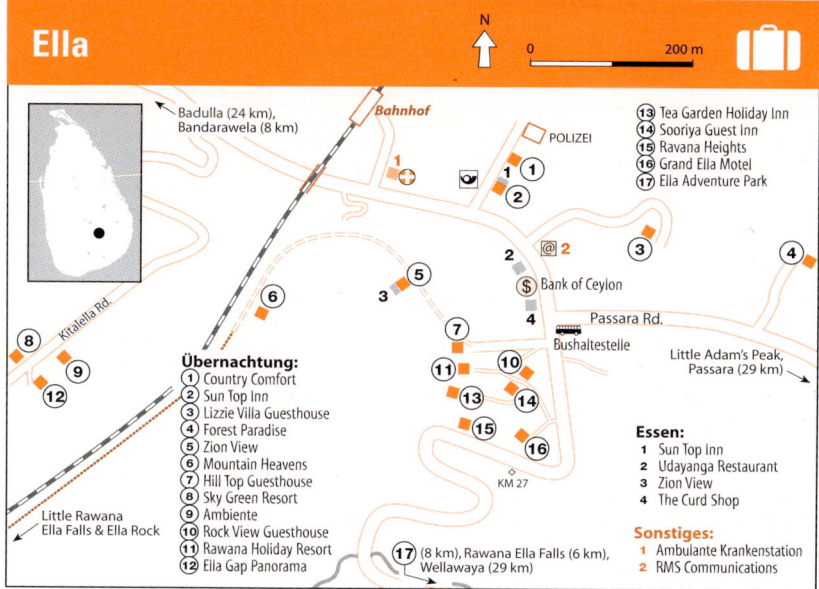

Ella

Badulla (24 km),
Bandarawela (8 km)

Bahnhof

POLIZEI

⑬ Tea Garden Holiday Inn
⑭ Sooriya Guest Inn
⑮ Ravana Heights
⑯ Grand Ella Motel
⑰ Ella Adventure Park

Bank of Ceylon

Passara Rd.

Bushaltestelle

Little Adam's Peak,
Passara (29 km)

KM 27

Kitalella Rd.

Little Rawana
Ella Falls & Ella Rock

Übernachtung:
① Country Comfort
② Sun Top Inn
③ Lizzie Villa Guesthouse
④ Forest Paradise
⑤ Zion View
⑥ Mountain Heavens
⑦ Hill Top Guesthouse
⑧ Sky Green Resort
⑨ Ambiente
⑩ Rock View Guesthouse
⑪ Rawana Holiday Resort
⑫ Ella Gap Panorama

(8 km), Rawana Ella Falls (6 km),
Wellawaya (29 km)

Essen:
1 Sun Top Inn
2 Udayanga Restaurant
3 Zion View
4 The Curd Shop

Sonstiges:
1 Ambulante Krankenstation
2 RMS Communications

Das Hochland

Mountain Heavens, ☎ 057-4925757, 🖳 www.mountainheavensella.com. Das Gästehaus liegt abseits in der parallel zur Bahnlinie verlaufenden Straße am Berghang. 11 Zimmer mit Bad und netten Sitzgelegenheiten, die meisten mit tollem Ausblick. Auch im Restaurant lässt sich das Essen mit schönem Panorama munden. Allerdings nicht so billig. ❸–❺

Rawana Holiday Resort, ☎ 057-2228561, 077-6043341. Lauschige Familienbleibe mit 15 einfachen Zimmern mit Bad und nettem Garten. Von der Veranda bietet sich eine schöne Aussicht. Gerühmt wird die servierte Hausmannskost im Restaurant. Auf Wunsch gibt es Kochkurse. Internet, kostenloses WLAN, Plan für den Ella Rock-Aufstieg. ❶–❸

Rock View Gh., ☎ 057-2228561. Einfaches Gästehaus mit 4 farblich abgestimmten Zimmern mit Bad im alten Gebäude sowie 2 Zimmern im separaten Bungalow. Toller Ausblick, Internet. ❶–❷

Sky Green Resort, Kitalella Rd. ☎ 057-2228854, 4920385. 9 komfortable Zimmer in Bungalows mit Balkon, TV, Minibar, Warmwasser-Bad und Moskitonetzen. ❸–❹

Sooriya Guest Inn, ☎ 057-2228906. 6 saubere Zimmer mit Bad, Gemeinschaftsbalkon. Ruhig gelegen, nette Atmosphäre. Internet und eigene Gästeküche. ❷

Sun Top Inn, 18 Police Station Rd., ☎ 057-2228673, ✉ suntopinn@yahoo.com. 3 DZ mit Balkon und Warmwasser-Bad im Obergeschoss des Familienhauses. Das leckere Essen wird auf der Terrasse serviert. WLAN, kostenloser Fahrradverleih, ein Motorrad gibt es für 1200 Rs/Tag. Eine gute Wahl! ❷

Tea Garden Holiday Inn, ☎ 057-2228860. Freundliches 3-stöckiges Gebäude, 11 Zimmer inkl. Bad und Balkon. Besitzer arrangiert Touren mit hauseigenen Fahrzeugen. Internet und WLAN. Essenstipp: *Lampries*, in Bananenblätter gewickeltes und gebackenes Rind, Fisch oder Huhn. ❶–❷

Obere Preisklasse

Ella Adventure Park, 10 m südlich von Ella an der Straße nach Wellawaya, ☎ 077-7352352, 057-2287263, 🖳 www.ellaadventurepark.com. Wer es rustikal liebt, wird sich hier wohlfühlen. In dem Resort dominieren die Baumaterialien

Holz und Bambus. Das gilt auch für die 9 Bungalows mit Warmwasser-Bad und das Baumhaus. „We are not a hotel, but a life-style", bewirbt der Eigentümer diese Unterkunft und bietet als Programm allerlei Survival-Trainings-Aktivitäten. Der Ökospaß kommt aber nicht ganz billig. ④–⑤

Ella Gap Panorama, Kitalella Rd., ✆ 077-2928065. Unweit des Ambiente und entsprechend toller Ausblick. 4 schöne Zimmer mit Balkon. ④

Grand Ella Motel, ✆ 057-2228536, 2228655. Angenehmer Platz zum Wohnen. Der Garten des früheren **Rest House** ist nicht nur schön, sondern bietet auch Traumausblicke. 14 Zimmer mit Warmwasser-Bad, TV und teilweise Balkon, allerdings ohne AC, sind überteuert. ④–⑤

Ravana Heights, Wellawaya Rd., gegenüber 27th Miles Post, ✆ 057-2228888, 🖥 www. ravanaheights.com. Eine der attraktivsten Unterkünfte Ellas. Die 4 Zimmer mit Warm-wasser-Bad sind geschmackvoll eingerichtet. Von 3 Räumen hat man tolles Panorama mit Blick auf den Ella Rock. ④

Essen

Die Konkurrenz unter den Gästehäusern schlägt sich auch in einer kreativen Küche nieder, wie etwa bei **Ravana Heights**, **Tea**

Garden und **Sun Top Inn**. Das Essen mit Aussicht können auch Nicht-Hausgäste im **Ambiente** und **Zion View** genießen.

Udayanga Restaurant an der Hauptstraße serviert reichhaltige Reis- und Curry-Gerichte ab 250 Rs.

The Curd Shop wird nicht nur wegen des leckeren Joghurts (mit/ohne Sirup) aufgesucht, sondern auch wegen der guten und billigen Reis- und Curry-Gerichte; auch fürs Frühstück zu empfehlen.

Sonstiges

Geld

An der Main St. gibt es eine **Bank of Ceylon** mit Geldautomaten.

Touren

Einige Gästehäuser wie **Forest Paradise** oder **Tea Garden Holiday Inn** besitzen einen eigenen Mietwagen und offerieren außerdem einige attraktive Tagestouren, etwa zum Rawana Ella-Wasserfall, den Felsenreliefs von Buduruwagala oder dem Diyaluma-Wasserfall.

Transport

Busse

Ella ist kein guter Ausgangspunkt für Reisen in die weitere Umgebung. Der Ort ist eine Durchgangsstation, weshalb die Fernbusse nicht selten bereits bei Ankunft voll sind. Daher sollte man für KANDY (133 km) zunächst nach BADULLA (24 km) fahren oder den einzigen Direktbus um 10.45 Uhr nehmen. Auch das nur 8 km entfernte BANDARAWELA ist ein guter Ausgangspunkt für Überlandbusse, etwa nach Nuwara Eliya. Nach NUWARA ELIYA (56 km, 2 Std.) gibt es ab Ella Direktbusse um 11.15 und 13.10 Uhr.
Wer an die Süd- oder Ostküste möchte, fährt am besten frühzeitig nach WELLAWAYA (29 km, ca. 45 Min.) – Busse dorthin gibt es im Viertelstundentakt – und von dort weiter. Meist volle Direktbusse nach MATARA (187 km, 7 Std.) gibt es um 7.10 (weiter nach GALLE), 9.20, 10.10, 11.15 und 12.30 Uhr.
Nach Nuwara Eliya oder Kandy empfiehlt sich die Weiterfahrt mit dem Zug.

Zugfahrplan				
Zug Nr.	**45**	**126**	**5**	**15**
Col-Fort	20.00		5.55	9.45
Kandy		3.30		
Band'wela	5.37	12.21	14.33	18.01
Ella	6.11	13.05	15.04	18.31
Badulla	7.10	14.10	15.55	19.25
Zug Nr.	**16***	**6***	**596**	**46***
Ella	6.42	9.46	13.03	19.05
Band'wela	7.14	10.18	13.47	19.41
Haputale	7.47	10.48	14.37	20.15
Nanu Oya	9.26	12.24	17.09	21.57
Hatton	10.56	13.54	19.00	23.39
Peradeniya	13.02	16.22	22.19	2.00
Kandy			22.40	
Col-Fort	15.40	19.30		5.15
* Für Kandy in Peradeniya aussteigen!				

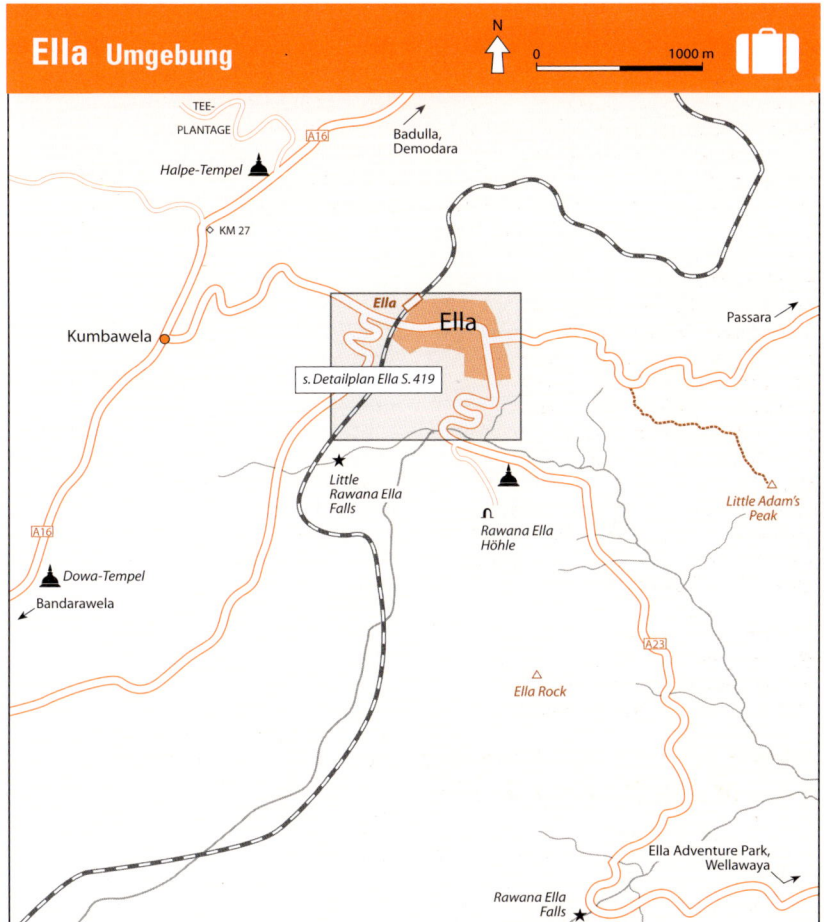

N
0   1000 m

TEE-
PLANTAGE
A16
Halpe-Tempel

Badulla,
Demodara

◇ KM 27

Ella

Ella

Passara

Kumbawela

s. Detailplan Ella S. 419

★ Little
Rawana Ella
Falls

Rawana Ella
Höhle

Little Adam's
Peak

A16

▲ Dowa-Tempel
Bandarawela

A23

△
Ella Rock

Ella Adventure Park,
Wellawaya

Rawana Ella
Falls ★

Das Hochland

Eisenbahn

Ella liegt an der Strecke Colombo–Badulla und hat einen schmucken Bahnhof, ☎ 057-2228571. Zugfahrplan s. Kasten

Die Umgebung von Ella

Der Ort Ella besteht aus nicht viel mehr als der Hauptstraße und verstreut liegenden Häusern. Vom Zentrum aus sind es etwa 1 1/2 km ent-lang der Straße in Richtung Wellawaya bis zu einer Abzweigung. Von dort führt rechter Hand ein steiler Weg zu einem kleinen Tempel und der sogenannten Rawana Ella-Höhle (eher eine Grotte), in welcher der Dämonenherrscher die schöne Sita festgehalten haben soll. Allerdings ist der Ort für Ramayana-Enthusiasten eher enttäuschend, denn es gibt kaum etwas zu sehen.

Da sind die über 100 m hohen **Rawana Ella Falls** wesentlich beeindruckender. Der auch

„Bambaragama" genannte Wasserfall liegt etwa 6 km südöstlich an der Straße nach Wellawaya. Wer beim Anblick durstig wird, kann sich von den fliegenden Händlern Softdrinks besorgen. Die sind mehr wert als die billigen Edelsteinimitate, die ebenfalls angeboten werden. Mit dem Three-Wheeler sollte die Fahrt von Ella aus inkl. Wartezeit 450–500 Rs kosten.

Little Adam's Peak und Ella Rock

Eine schöne Tour führt zum Little Adam's Peak südöstlich von Ella. Der Aufstieg ist relativ leicht, wegen der später aufziehenden Wolken empfiehlt sich ein früher Start. Zuerst folgt man 1 km der östlich von Ella abgehenden Straße nach Passara. Hinter der 1-km-Markierung zweigt bei einer scharfen Linkskurve rechter Hand ein Weg ab. Ihn geht man geradeaus durch eine Teeplantage und hält sich bei einer Abzweigung nach 500 m links. Nach weiteren 500 ansteigenden Metern – die Aussicht wird immer schöner – gehen rechter Hand kurz hintereinander zwei Wege ab. Dem zweiten Weg folgend erreicht man nach 1 km den Gipfel. Für die Rundwanderung sollte man etwa 2 Std. kalkulieren.

Doppelt so lange benötigt man insgesamt für die markanteste Erhebung im Umkreis, den **Ella Rock**. Der Aufstieg ist ziemlich anstrengend, aber die Mühen werden durch eine herrliche Aussicht belohnt. Es gibt mehrere Aufstiegsmöglichkeiten. Die eine Variante führt am Zion View vorbei ab dem 167 3/4 Meilen-Zeichen ca. 2,5 km entlang der Bahngleise in Richtung Süden. Eine Eisenbrücke passierend, die einen schönen Blick auf die Little Rawana Ella Falls bietet, geht man weiter, bis kurz vor dem 166 1/4 Meilen-Zeichen ein Weg links abbiegt. Er führt über eine Brücke, unter der die **Little Rawana Ella Falls** in die Tiefe stürzen. Gleich hinter der Brücke geht es rechts und nach einigen Metern links hoch. Der Weg verläuft durch Teefelder an zwei Gebäuden links vorbei. Auch auf dem weiteren Weg zum Gipfel sollte man sich immer links halten. Eine alternative Route beginnt unterhalb des Dorfes unweit des Gästehauses „Ravana Heights". Bei beiden Touren sind gutes Schuhwerk, genügend Proviant und je nach Witterung Sonnen- oder Regenschutz empfehlenswert. Frauen sollten nicht alleine unterwegs sein.

Badulla

Die Hauptstadt der Provinz Uva liegt auf der Ostseite des Hochlandes. Eingebettet in eine fruchtbare Landschaft ist die auf durchschnittlich 700 m ü. M. liegende Stadt ein wichtiges Landwirtschaftszentrum. Der Tee aus dieser Region gilt als einer der besten des Landes. Gleichzeitig ist die knapp 50 000-Seelen-Gemeinde ein bedeutender Verkehrsknotenpunkt. Hier endet die „Main Line" der Sri Lanka Railways, welche von Colombo über Peradeniya bei Kandy nach Badulla führt. Zudem ist Badulla das Tor zur Ostküste: Die A 5 führt nach Nordosten in Richtung Batticaloa, die A 22 (später A 4) über Monaragala nach Pottuvil und Arugam Bay.

Nichts erinnert daran, dass die Stadt eine der ältesten Sri Lankas ist. Spuren reichen bis ins dritte vorchristliche Jahrhundert zurück. Während der **portugiesischen Epoche** (1505–1658) war sie mehrmals Ziel von Angriffen, so im Januar 1615, als die Südeuropäer weite Teile des Hochlandes besetzten. Der streitbare Oberkommandeur General Constantino de Sa ließ Badulla 1627 gar niederbrennen. Nur die Tempel blieben stehen, wie der Brite Robert Knox ein halbes Jahrhundert später beobachtete. Als Constantino de Sa 1630 einen weiteren Angriff auf Badulla startete, wurden er und seine Armee von einer 21 000 Mann starken Truppe des Königs von Kandy, Senarat (reg. 1604–35), in Randeniwela bei Wellawaya vernichtend geschlagen. Später bauten die Briten die Stadt zum Teezentrum aus und ließen Kirchen, Landhäuser und eine Pferderennbahn errichten. Doch lässt Badulla heute den Charme anderer Hochland-Städte missen.

Die Stadt

Als bedeutendste buddhistische Stätte der Provinz Uva zieht der **Muthiyangana Maha Raja Vihara** am Nordende der Railway Station Road viele Pilger an. Das Heiligtum geht auf den großen König Devanampiya Tissa aus dem 3. Jh. v. Chr. zurück, der von Anuradhapura aus in seinem Reich die Religion des Buddha verbreiten ließ. Dem Glauben nach soll der Erleuchtete selbst hier für einige Zeit gerastet und meditiert haben. Architektonisch nicht spektakulär, bietet

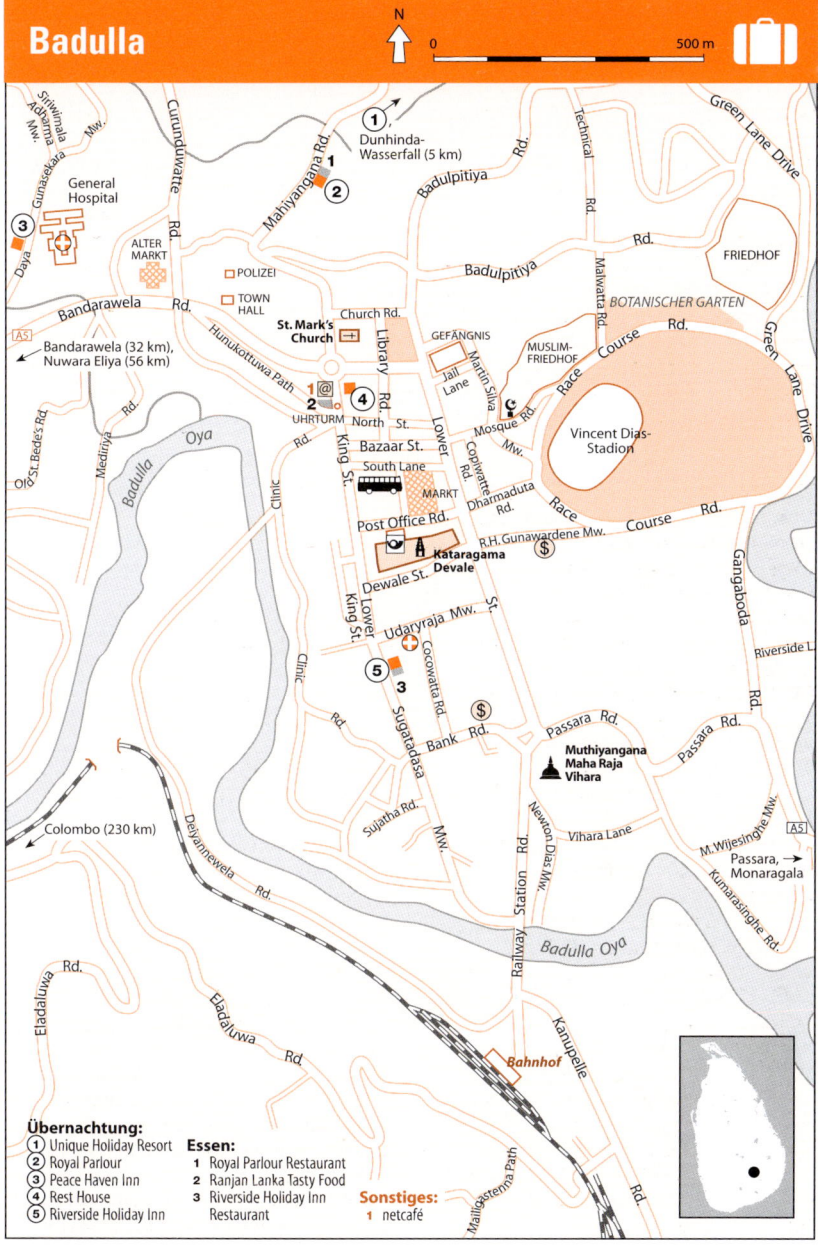

Badulla

N
0   500 m

Srikvimala Adwerma Mw.
Gunasekara Mw.
Curunduwatte Rd.
Mahiyangana Rd.
Dunhinda-Wasserfall (5 km)
Badulpitiya Rd.
Technical Rd.
Green Lane Drive
Rd.
Malwata Rd.
FRIEDHOF
Green Lane Drive

General Hospital
Daya
ALTER MARKT
POLIZEI
TOWN HALL
Bandarawela Rd.
Hunukottuwa Path
St. Mark's Church
Church Rd.
Library
GEFÄNGNIS
Badulpitiya
BOTANISCHER GARTEN
Race Course Rd.
MUSLIM-FRIEDHOF

Bandarawela (32 km), Nuwara Eliya (56 km)
As
Ol'St. Bede's Rd.
Mediriya Rd.
Badulla Oya
Clinic
Rd.
King St.
North St.
UHRTURM
@
Bazaar St.
South Lane
MARKT
Post Office Rd.
Dewale St.
Kataragama Devale
Martin Silva Mw.
Jail Lane
Mosque Rd.
Conawatte Mw.
Dharmaduta Rd.
Race Course Rd.
R.H. Gunawardene Mw.
Vincent Dias-Stadion
Gangaboda

Clinic
Rd.
Lower King St.
Udayraja Mw.
Cocowatta Rd.
Sugatadasa Mw.
Bank Rd.
Sujatha Rd.
Riverside L
Passara Rd.
Passara Rd.
Muthiyangana Maha Raja Vihara
Vihara Lane
Newton Dias Mw.

Colombo (230 km)
Deiyannewela Rd.
Eladaluwa Rd.
Eladaluwa Rd.
Station Rd.
Railway
Badulla Oya
Kanupelle
Bahnhof
Malligasterna Path
M.Wijesinghe Mw.
Passara, Monaragala
Kumarasinghe Rd.
A5

Übernachtung:
1 Unique Holiday Resort
2 Royal Parlour
3 Peace Haven Inn
4 Rest House
5 Riverside Holiday Inn

Essen:
1 Royal Parlour Restaurant
2 Ranjan Lanka Tasty Food
3 Riverside Holiday Inn Restaurant

Sonstiges:
1 netcafé

er sich an, dem Vorbild Buddhas zu folgen und sich eine Ruhepause zu gönnen.

Südlich des Busbahnhofs liegt zwischen King Street und Lower Street der **Kataragama Devale**. Das Heiligtum stammt aus dem ausgehenden 18. Jh. und ist mit seinen typischen Walmdächern eindeutig von der Kandy-Architektur beeinflusst. Der Zugang erfolgt von der Lower Street im Osten her. Von Interesse sind die Malereien und die hinter einem Vorhang verborgene Statue des Kriegsgottes Kataragama.

„Very british" ist der schwerfällig wirkende Bau der 1897 erbauten **St. Mark's Church**. Im Inneren erinnert noch eine Tafel an den legendären Elefantenjäger Major Thomas Rogers.

Dunhinda Falls

Hauptgrund für den Aufenthalt in Badulla ist fraglos der Besuch des Dunhinda-Wasserfalls. Er liegt knapp 5 km nördlich der Provinzhauptstadt in der Nähe der Straße nach Mahiyangana. Etwa 60 m stürzen die Wassermassen mit Getöse in die Tiefe. Damit zählt Dunhinda zu den höchsten Wasserfällen Sri Lankas. Am wasserreichsten ist er zwischen Juni und August.

Von der Hauptstraße führt ein etwa 1,5 km langer Fußweg zu einer Aussichtsplattform, wo man bei gekühlten Getränken dem tobenden Wasser zuschauen und lauschen kann. Insgesamt ein sehr schönes Fleckchen Erde, das die Einheimischen an Wochenenden und Feiertagen gerne aufsuchen. Ruhe Suchende sollten diese Tage meiden. Busse fahren jede halbe Stunde von Badullas Busbahnhof in Richtung Dunhinda, mit dem Three-Wheeler sollte die einfache Fahrt 200 Rs kosten. Der Eintritt beträgt 200 Rs.

Bogoda-Brücke

Ein weiteres hübsches Ausflugsziel ist die etwa 300 Jahre alte Bogoda-Brücke, ungefähr 15 km südwestlich von Badulla. Sie ist über den Verkehrsknotenpunkt Hali-Ela zu erreichen, der an der A 16 in Richtung Bandarawela–Haputale liegt. Die bei den Einheimischen als „Bogoda Palama" bekannte Brücke ist überdacht und vollständig aus Holz errichtet, ohne dabei einen Nagel zu verwenden. Auf 15 m Länge überspannt sie den Gallanda Oya und war Teil einer alten Handels- und Pilgerstraße.

In unmittelbarer Nähe liegt der **Bogoda Raja Maha Vihara**, dessen Entstehung in das erste vorchristliche Jahrhundert zurückgehen soll. Aus dieser Zeit wurden in den Fels geschlagene Brahmi-Inschriften gefunden. Möglicherweise befand sich hier eine Einsiedelei. Zu sehen sind ein liegender Buddha und Reste von Wandmalereien. Reizvoll ist jedoch in erster Linie die stimmungsvolle Umgebung. Mit dem Three-Wheeler sollte die Rundtour von Badulla aus um die 1500 Rs kosten.

Übernachtung und Essen

Insgesamt offeriert Badulla ein ziemlich dürftiges Angebot an Unterkünften und Restaurants, was sicherlich an den wenigen Attraktionen im Umkreis der Stadt liegt..
Eine Vielzahl von „Hotels" mit günstigen Curry- und Reisgerichten gibt es rund um den Uhrturm, darunter das **Ranjan Lanka Tasty Food**, und gegenüber dem Busbahnhof.
Peace Haven Inn, 18 Old St. Bede's Rd., ☎ 055-2222523. Fast am Stadtrand gelegene Bleibe, deren Zimmer mit Bad nicht unbedingt eine Friedensoase sind, aber für den Preis hinnehmbar. ❶
Rest House, King St., ☎ 055-2222299. Zentral gelegen, doch vom Standard und Service ziemlich bescheiden. 6 dunkle Zimmer mit Bad, dafür helles Bier. Für alleinreisende Frauen ungeeignet. ❶–❷
Riverside Holiday Inn, 27 Lower King St., ☎ 055-2222090. Den Namen sollte man nicht zu ernst nehmen, doch die Zimmer mit teilweise Warmwasser-Bad sind in Ordnung. In dem Dachrestaurant werden gute srilankische Gerichte serviert. Die beste Option in der Stadt. ❷
Royal Parlour, 74 Mahiyangana Rd., ☎ 055-222 9695. Freundliches Gästehaus mit 17 relativ sauberen Zimmern mit Warmwasser-Bad. Gutes Restaurant. ❷
Unique Holiday Resort, Mahiyangana Rd., ca. 100 m hinter dem Zugang zum Dunhinda-Wasserfall, ☎ 055-2224889. 3 Zimmer mit Kaltwasser-Bad, davon 2 Family Rooms, und 3 kleine Bungalows. Alles etwas dunkel, aber sonst akzeptabel. Vom Eingang toller Blick ins Tal. ❷

Geld

Die **Bank of Ceylon** in der Bank Rd. und die **People's Bank** östlich des Kataragama Devale verfügen über Bankautomaten.

Internet

Surfen kann man im **netcafé** an der 1 King St., südlich des Kreisels. ⊙ tgl. 9–19 Uhr.

Busse

Der zentral gelegene **Busbahnhof** ist überraschend übersichtlich und Ausgangspunkt der privaten wie der CTB-Busse. Info für die privaten unter ☏ 060-2595082. Zwischen 7 und 0.30 Uhr starten etwa alle 50 Min. klimatisierte IC-Busse nach COLOMBO (230 km, 6–7 Std.), alle 40 Min. „Semi-Luxury"-Busse.
Nach KANDY (134 km, 3 1/2–4 Std.) fahren CTB-Busse zwischen 5.30 und 16.10 Uhr alle 30–40 Min. los.
CTB-Busse steuern BANDARAWELA (32 km, 1 Std.) zwischen 4.20 und 19.20 Uhr im 15-Min.-Takt an. Nach BATTICALOA (167 km, 7 Std.) gibt es Direktbusse um 6.10, 12.30 und 13 Uhr, nach POTTUVIL (123 km, 6 Std.) einen um 6.30 Uhr. Ansonsten nimmt man den stdl. verkehrenden Bus nach MONARAGALA (60 km, 3 Std.) und fährt von dort weiter an die Ostküste.
Nach MATARA (211 km, 7 Std.) und GALLE (256 km, 8 Std.) besteht eine Direktverbindung mit CTB-Bussen um 6.30 und 18.10 Uhr. Wer zu anderen Zeiten an die Südküste möchte, fährt mit Bus Nr. 298 über ELLA (24 km, 40 Min.) nach WELLAWAYA (53 km, 1 1/2 Std.) und steigt dort um. Der Bus startet zwischen 5.30 und 18.30 Uhr jede halbe Stunde.

Eisenbahn

Zugfahrplan s. Kasten

Zugfahrplan				
Zug Nr.	16*	6*	596	46*
Badulla	5.45	8.50	12.00	18.00
Ella	6.42	9.46	13.03	19.05
Band'wela	7.14	10.18	13.47	19.41
Haputale	7.47	10.48	14.37	20.15
Nanu Oya	9.26	12.24	17.09	21.57
Hatton	10.56	13.54	19.00	23.39
Peradeniya	13.02	16.22	22.19	2.00
Kandy			22.40	
Col-Fort	15.40	19.30		5.15

* Für Kandy in Peradeniya aussteigen!

Kitulgala

Das Gebiet um Kitulgala ist Naturerlebnis pur. Bereits die Fahrt entlang der Bundesstraße A 7 – sie führt von Avissawella über Hatton nach Nuwara Eliya – ist spektakulär. Streckenweise verläuft sie parallel zum Kelani Ganga, der sich hier ziemlich wild gebärdet und daher hervorragend für Wildwasserfahrten geeignet ist. Im Kitulgala (Kelani Valley) Rainforest Reserve kommen Wanderer und Vogelfreunde auf ihre Kosten.

Cineasten indes pilgern zu den Drehorten des David Lean-Klassikers **„Bridge over the River Kwai"**. Der 1991 verstorbene britische Erfolgsregisseur verfilmte hier zwischen Januar und November 1956 den gleichnamigen Roman des französischen Autors Pierre Boulle. Er beschreibt das grauenvolle Schicksal der alliierten Kriegsgefangenen, die 1942/43 von den japanischen Besatzern gezwungen worden waren, eine Eisenbahnlinie von Thailand nach Birma zu bauen. Damals kamen 12 000 vorwiegend britische und australische Soldaten ums Leben. Leans zwölfter Film wurde zum Kassenschlager des Jahres 1957 und brachte sieben Oscars ein. Einige Memorabilien sind im Rest House ausgestellt, die Brückenkonstruktion existiert nur noch im Film. Etwa 1 km östlich des Plantation Hotels führt von der Hauptstraße ein Pfad zu ihrer einstigen Lage. Wer den Originalschauplatz besuchen möchte, muss ins thailändische Kanchanaburi reisen.

Kitulgala (Kelani Valley) Rainforest Reserve

In diesem kleinen Schutzgebiet gibt es noch Reste ursprünglichen Regenwaldes. Wer es besuchen möchte (derzeit keine Eintrittsgebühr), nimmt unweit des Rest Houses die Fähre über den Fluss. Auf der anderen Uferseite führt ein

Das Hochland

Weg zunächst durch ein Dorf weiter in den Wald. Vogelfreunde sollten ein Fernglas mitnehmen. Mit Glück erspähen sie dann eine der einheimischen Vogelarten wie die Ceylondrossel *(Zoothera spiloptera)*, den Ceylonkuckuck *(Centropus chlororhynchus)* oder den grauen Ceylontoko *(Ocyceros gingalensis)* mit seinem sichelförmigen gelben Schnabel. Das Rafter's Retreat vermittelt Guides.

Alle genannten Unterkünfte sind auf Natur- und Adventure-Touristen eingestellt und arrangieren Raftingtrips oder Naturführer.
Kitulgala Rest House, ✆ 036-2287783, 2287528, 🖥 www.ceylonhotels.lk. Insgesamt 19 komfortable Zimmer mit TV und Warmwasser-Bad, nur 4 mit AC. Die Terrasse liegt wunderbar am Fluss. Gutes Essen im David Lean Restaurant. Insgesamt überteuert. ❹–❺
Plantation Hotel, 250 Kalu Kohlithenne, zwischen KM 38 und 39, ✆ 036-2287574, 2287575, 🖥 www.plantationgrouphotels.com. Eine nette Bleibe direkt am wilden Kelani-Fluss, doch tur den Service und Standard überteuert. Die 8 AC-Zimmer mit Warmwasser-Bad sind stilvoll gestaltet, könnten aber sauberer sein. Schöne Atmosphäre im Restaurant. ❺–❻
Royal River Resort, Eduru Ella, ✆ 036-4920790, 011-4934923 (Reservierung). Das Resort liegt etwa 6 km von Kitulgala entfernt am Rande der rauschenden Stromschnellen des Ing Oya. Die Abzweigung befindet sich unweit des KM 38. Der wilde Fluss und der Wald vermitteln ein wahres Dschungelfeeling. Mit nur 4 Zimmern und schön ausgestattetem Interieur, einem Pool und einem stilvollen offenen Restaurant ist es eine gute Wahl für gehobene Ansprüche. ❺
The Rafter's Retreat, ✆ 036-2287598, 077-7421455, 🖥 www.raftersretreat.com. Das Richtige für Naturenthusiasten, die sich nicht vor Krabbeltieren fürchten. Auf dem direkt am Fluss gelegenen Gelände einer 90 Jahre alten Gouverneursresidenz befinden sich 10 rustikale Holzchalets und Baumhäuser. Schmackhaftes srilankisches Essen in offener Halle. Der freundliche Eigner Channa Perera arrangiert u. a. ein 3-tägiges Adventure-

Progamm mit Mountainbiking, Vogelbeobachtung, Wandern und natürlich Rafting. Ein Erlebnis der besonderen Art! ❻

Wer von COLOMBO (90 km) kommt, kann einen **Bus** nach HATTON (35 km) oder NUWARA ELIYA (80 km) nehmen. Der Busstopp liegt unweit des Kitulgala Rest House hinter dem KM 37. Die nächste größere Stadt ist AVISSAWELLA (27 km). Dort hat man eine Direktverbindung ins 43 km entfernte RATNAPURA.

Ratnapura

Kurvige Straßen führen hinauf ins klimatisch angenehme Hochland oder – über das reizvollste Dschungelgebiet der Insel – hinunter an die Südküste Sri Lankas: Nur 30 km von Adam's Peak, 100 km von Colombo und rund 150 km von Matara gelegen, bietet sich Ratnapura bei Rundreisen stets als ideale Zwischenstation an. Von Bergen umschlossen und sich selbst an Hügel schmiegend, erfreut die Hauptstadt der **Provinz Sabaragamuwa** mit einer üppig grünenden Vegetation, die auf das – besonders in den Monaten Januar und Februar – heiße, aber auch besonders regenreiche Klima der Region zurückzuführen ist. Von hier lässt sich mit einer erlebnisreichen Tagestour nicht nur vortrefflich das Sinharaja-Waldreservat erkunden, sondern auch der Nationalpark Uda Walawe.

Stadt der Edelsteine

Einst kam der Reichtum des Ortes von seiner Funktion als **Pilger-Tor** zum Adam's Peak, doch seit Jahrhunderten kommt er vor allem aus dem Schlamm. Wann Ratnapura als „Stadt der Edelsteine" (Übersetzung aus dem Sanskrit) gegründet wurde, ist ungewiss. Doch schon vor mehr als 2000 Jahren wussten Griechen, Chinesen und auch Araber den unterirdischen Reichtum der Region zu schätzen. Letztere gelten sogar als eigentliche Entdecker des hiesigen Bodenschatzes, und ihre Nachfahren – die **Moors** – haben den Handel lange kontrolliert. Heute liegt noch immer eine spürbare Goldgräber-Stimmung über dem Ort: Hier lassen sich **Schürfer** und **Schleifer** über

Das Hochland

Da Sri Lanka nicht nur als „Perle des Indischen Ozeans", sondern schon seit Jahrtausenden auch als „Insel der Juwelen" gilt, gehört die Begegnung mit den Preziosen zum Urlaubserlebnis. Der Wert von Edelsteinen richtet sich nach der Farbe und dem in Karat angegebenen Gewicht (1 Karat entspricht 0,2 Gramm), aber auch nach einer von dem deutschen Mineralogen Mohs entwickelten Skala der Härte (mit Einteilungen von eins bis zehn) sowie Transparenz und Glanz bzw. Schliff. Die auf Sri Lanka zu findenden Steine sind:

Alexandrit: erscheint unter natürlichem Licht grün, aber unter Kunstlicht rot
Amethyst: ein violetter, transparenter und relativ brüchiger Quarz
Aquamarin: hell bis dunkelblau gefärbt und je dunkler, desto wertvoller
Chrysoberyll: stark glänzend, farblos oder grau, gelblich, braun oder auch grün
Granat: meist leuchtend rot, aber gelegentlich auch in anderen Farben

Mondstein: milchig-weißer, leicht transparent wirkender Feldspat
Rubin: hell- bis tiefrot und besonders wertvoll mit einer Spur blau
Saphir: meist blau, aber auch rosa, orange, grün, lila oder sogar schwarz
Smaragd: grün und im Vergleich zu synthetischen Steinen oft etwas unrein
Spinell: viele Farben, aber auch meist transparent und intensiv leuchtend
Tigerauge: goldgelb, braun und schwarz, mit Katzenaugeneffekt
Topas: kommt farblos, weiß, gelb, rosa, bläulich oder sogar hellgrün vor
Turmalin: farblos, weiß oder bräunlich und am wertvollsten in rosa und grün
Türkis: grün- bis bläuliches Farbspektrum mit einem matten Glanz
Zirkon: kommt farblos, gelb bis rot oder grün vor, zumeist aber braun
Zitrin: gelber bis orange-gelber Quarz, der gern künstlich erzeugt wird

die Schulter sehen, während sich **Geschäftsleute** aus Thailand, Hongkong oder Singapur ein Stelldichein auf Ausstellungen und Auktionen geben, um die in Massen aus der Erde geborgenen Juwelen aufzukaufen. Insgesamt sollen es landesweit rund eine halbe Million Einheimische sein, die von der Suche des hiesigen Erdschatzes, der Verarbeitung und dem Verkauf leben.

In Flussbetten oder mitten zwischen Reisfeldern gelegen, finden sich die Edelsteinminen im Bereich des sogenannten **Ratnapura-Grabens**, der von den Flüssen **Kalu Ganga** und **Amban Ganga** flankiert wird und eine Fläche von insgesamt rund 8000 ha umfasst. Die während der Nacheiszeit entstandene Kiesschicht mit den Schätzen der Natur wurde später von einer Lehmschicht bedeckt. Außer Diamanten findet sich hier so ziemlich alles an Edelsteinen, was das Herz höherschlagen lässt. Deshalb sind sie nicht nur ein beliebtes Urlaubssouvenir (wobei der Kauf prinzipiell nur in Geschäften mit staatlichen Zertifikaten erfolgen sollte), sondern auch

das drittwichtigste **Exportgut** Sri Lankas. Der wohl bekannteste Stein aus Ratnapura dürfte ein blauer Saphir von 400 Karat sein, der heute als **Blue Bell of Asia** die Krone der englischen Königin schmückt. Sogar noch größer als ein Hühnerei war ein 478 Karat großer Saphir, der 2003 bei einer Auktion US$1,5 Mio. erzielte.

Sehenswertes

Wer sich an den funkelnden Schätzen Ratnapuras satt gesehen hat und auf die Suche nach örtlichen Heiligtümern begeben will, sollte sich über die Main Road oder die Bandaranayaka Mawatha auf den Weg zum **Maha Saman Devale** machen. Es mag nicht weiter überraschen, dass sich mit diesem Heiligtum rund 4 km westlich der wohlhabenden Stadt der vermutlich reichste hinduistisch-buddhistische Tempel Sri Lankas finden lässt. Natürlich ist er dem Gott Saman gewidmet, der nicht nur als Schutzpatron der Region, sondern auch der Edelsteinhändler betrachtet wird. Einst von **Parakramabahu II.** im

Wer als Tourist eine der privaten Edelsteinminen aufsucht, wird Mühe haben, sich ohne
das Entrichten eines Obolus wieder zu entziehen. Denn die dort spärlich bekleidet im
Erdschlamm wühlenden Männer arbeiten nicht
nur mit archaischen Methoden, sondern werden
auch so bezahlt – und sind nicht zuletzt deshalb
an zusätzlichen Geschäften interessiert. Oft
nutzen sie mehr oder weniger hartnäckig die
Gelegenheit, vorbeischauenden Besuchern
bunte Steinchen zu verkaufen, die sie angeblich
gerade erst in ihren Wannen und Sieben aus
dem Schlamm gewaschen haben. Doch dabei
handelt es sich gewiss eher um bunte, originale
Souvenir-Splitter als um echte Edelsteine.

Verteilung erfolgt auf Vertrauensbasis
Denn sollten tatsächlich einmal echte Kostbarkeiten ans Tageslicht kommen, werden
umgehend die Vorgesetzten verständigt: Das
Schürfen der Erdschätze basiert auf einem
althergebrachten, weitgehend funktionierenden
Vertrauensverhältnis, das mit einem anachro-
nistisch anmutenden, vielgliedrigen **Koope-
rationsgeflecht** verbunden ist. Daran sind die
Landbesitzer, Minen-Finanziers, Lizenzhalter
und Bergbau-Fachleute ebenso beteiligt wie die
einfachen, **Digger** genannten Schürfer – wenn
auch natürlich nicht zu gleichen Teilen. Jedoch
erhalten Arbeiter bei einem besonders wertvollen Fund oft eine Art Erfolgsprovision, und wer

in einem von den Aufsehern als ausgebeutet
deklarierten Areal fündig wird, darf die Steine
sogar behalten. Unterlag die Edelsteingewin-
nung früher dem Monopol der Könige, ist es
heute ausschließlich der Staat, der die Lizenzen
vergeben darf.

Schürfen mit Spitzhacken und Schaufeln
Rein gar nichts verändert hat sich indes an
den seit Jahrhunderten bewährten **Schürf-
methoden** – was westliche Touristen stets in
Erstaunen versetzt: Auch im High-Tech-Zeitalter
werden die Edelsteine noch immer mühselig
mit Spitzhacken, Schaufeln und Körben aus Gru-
ben, Schächten und Tunneln an die Oberfläche
befördert.
Am meisten verbreitet ist die Methode des
Pit Mining, bei dem – meist zwischen Reisfeldern, aber mitunter sogar auch mitten im Stadtgebiet – unter dem Schutz eines Strohdachs 2 x
4 m große und bis zu 15 oder 20 m tiefe Schächte
in den Boden getrieben werden. Während Holz-
gerüste die Grubenwände abstützen, schöpfen
Arbeiter mit Eimern oder geflochtenen Körben
den Schlamm des Schachtbodens oder kratzen
das Erdreich aus Stollen, die sie im spärlichen
Schein von Kerzen oder Petroleumlampen in
die Horizontale getrieben haben. Am Seilzug
nach oben gelangend, wird der Inhalt mit viel
Wasser ausgespült und immer wieder sorgfältig
durchsiebt. Beim einfachen **Surface Mining**

13. Jh. gegründet, wurde das Heiligtum Anfang
des 17. Jhs. von den Portugiesen zerstört, die
hier eine Festung und eine Kirche errichteten,
von der noch Überreste zu sehen sind. Später
restaurierten die Holländer den einstigen Tempel, bevor er von den Engländern als militärischer Unterschlupf genutzt wurde. Bei dem zum
Esala Poya im Juli/August zeitgleich mit Kandy
veranstalteten **Perahera** wird in einer prunkvol-
len Prozession eine Buddha-Reliquie auf einem
Elefantenrücken durch die Gegend geführt. Die
Wallfahrtsstätte fungiert auch als Ausgangspunkt der **Gilimalai Para** – eine der ältesten Pil-
gerrouten zum Adam's Peak.

Übernachtung

Die Unterkünfte liegen eher dezentral.
Sie entfalten meist einen ganz eigenen Reiz und
bieten häufig (Verkaufs-) Ausstellungen mit
Edelsteinen. Viele bieten Ausflüge zu den Naturschutzgebieten Sinharaja und Uda Walawe an.

Untere Preisklasse
Darshana Inn, 68/5 Inner Circular Rd. (unterhalb
des Rest House), ☎ 045-2222674. Ruhige Lage
auf einem Hügel mit 4 einfachen, teilweise
etwas abgewohnten Zimmern. ❷
Ratna Gems Halt, 153/5 Outer Circular Rd.,
☎ 045-2223745. Gutes Preis-Leistungs-

indes werden lediglich obere Erdschichten auf ihren Inhalt durchsucht, während es sich beim **River Dregging** um aus Flussbetten gepumpten Schlamm handelt.

Hand und Fuß sorgen für den Feinschliff

Der Verkauf der Funde funktioniert wie in alten Zeiten, wovon im Stadtgebiet die zahlreichen **Aufkäufer** mit ihren Feinwaagen und den typisch vor das Auge geklemmten **Lupen** zeugen. Selbst die Bearbeitung der Edelsteine erfolgt noch in reiner Hand- und Fußarbeit an traditionellen

Schleifmaschinen. Doch Sri Lanka bemüht sich zunehmend, die Verfeinerung von rohen Steinen zu modernisieren und die inseleigene **Schmuckherstellung** auszubauen. Dazu gehört auch die einst verpönte **Mogel-Technik**, Saphire mit geringem Reinheitsgrad nach einem besonderen Verfahren zu erhitzen, um sie mit einem stärkeren Blaustich aufzupeppen. Schließlich sind derartige Steine begehrt – auch wenn sie die künstlich eingehauchte Färbung nach einigen Jahren wieder verlieren.

Volker Klinkmüller

Verhältnis mit überraschend angenehmen, gepflegten Zimmern ab 800 Rs. In den oberen Etagen wesentlich schöner, aber auch etwas teurer. Verlockendes Angebot an bezahlbaren Ayurveda-Elementen. ❶–❸
Nilani Lodge, 21 Dharmapala Mawatha, ✆/✆ 045-2222170, ✉ hashani@sltnet.lk. Auf einer Anhöhe am Nordrand der Stadt mit 10 empfehlenswerten, sauberen Zimmern inkl. Warmwasser-Bad, davon 6 mit AC (Aufschlag bei Benutzung). Einbauschränke und Textilböden, gute Balkons und Bäder. ❸
Travellers Halt Family Guest Inn, 30 Outer Circular Rd., ✆/✆ 045-2223092, ✉ no30_

fernando@yahoo.com. Etwas abgelegen, ca. 10 Min. Fußweg zur Innenstadt. 16 einfache, saubere Zimmer, davon 4 mit AC. Es werden Tagestouren nach Sinharaja (fast 2 Std. Fahrt) angeboten, bei denen der Fahrer als Dschungelführer fungiert. Auch Adam's Peak und der Flughafen sind im Angebot. ❸

Mittlere und obere Preisklasse

Kalavati Holiday & Health Resort, Polhengoda, ✆ 045-2222465, ✆ 2230020. Fast 2 km von der Busstation, aber schlecht ausgeschildert und nicht leicht zu finden. Seit 1979 mit 23 Zimmern in einem großzügig angelegten Garten.

Ratnapura

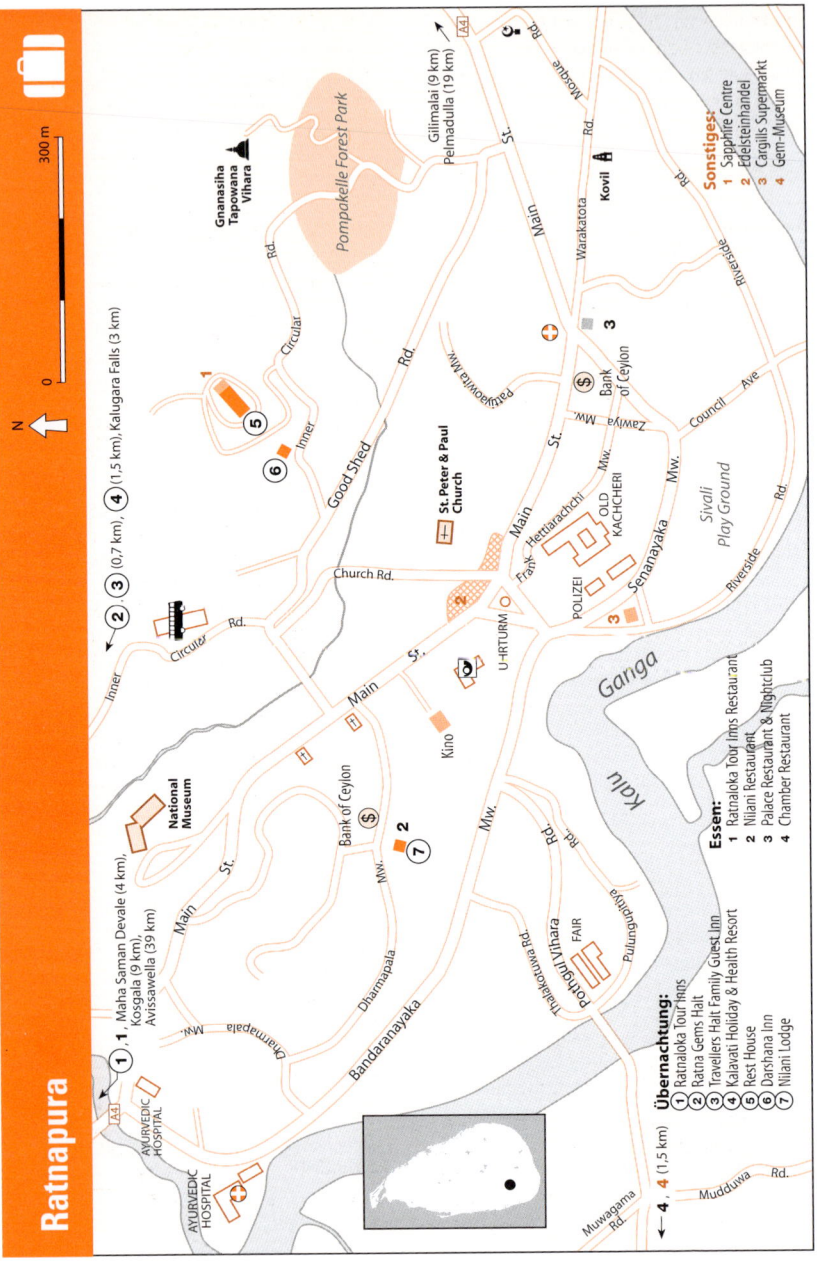

300 m

N

Pompakelle Forest Park

Gnanasiha
Tapowana
Vihara

Gilimalai (9 km)
Pelmadulla (19 km)

A4

Mosque Rd.

Warakatota Rd.

Kovil

Circular Rd.

Good Shed Rd.

Paththaowthinya Mw.

Inner

St. Peter & Paul
Church

Sonstiges:
1 Sapphire Centre
2 Edelsteinhandel
3 Cargills Supermarkt
4 Gem-Museum

5

6

Circular Rd.

2 (0,7 km)
3
4 (1,5 km), Kalugara Falls (3 km)

Church Rd.

Main St.

Frank- Hettiaradchi Mw.

OLD
KACHCHERI

Zawiya Mw.

Bank
of Ceylon

Council Ave.

Riverside

Sivali
Play Ground

Riverside Rd.

Senanayaka Mw.

POLIZEI

3

U-RTURM

Main St.

Kino

Inner

Circular Rd.

National
Museum

Main St.

Bank of Ceylon

7 2

Mw.

Dharmapala Mw.

Bandaranayaka Mw.

Dharmapala Mw.

Thabakumura Rd.

Pompul Vihara

FAIR

Pulunguguna Rd.

Pulunguguna

Rd.

Ganga

Kalu

Essen:
1 Ratnaloka Tour Inns Restaurant
2 Nilani Restaurant
3 Palace Restaurant & Nightclub
4 Chamber Restaurant

1 Maha Saman Devale (4 km),
Kosgala (9 km),
Avissawella (39 km)

A4

AYURVEDIC
HOSPITAL

AYURVEDIC
HOSPITAL

Übernachtung:
1 Ratnaloka Tour Inns
2 Ratna Gems Halt
3 Travellers Halt Family Guest Inn
4 Kalavati Holiday & Health Resort
5 Rest House
6 Darshana Inn
7 Nilani Lodge

4 (1,5 km)

Muwagama Rd.

Mudduwa Rd.

Die 4 schönsten finden sich mit AC (Aufschlag), Warmwasser-Bad und allerlei Antiquitäten im geräumigen Hauptgebäude, die übrigen sind etwas einfacher und weniger schön möbliert. Zuweilen werden Ayurveda-Elemente wie Kräuterbäder, Massagen, Inhalationen oder Meditation angeboten. Üppige Speisekarte mit gutem Essen. ❹

Ratnaloka Tour Inns, Kosgala/Kahangama (ca. 6 km außerhalb gelegen), ☎ 045-2222455, 🖥 www.ratnaloka.com. Bereits seit 1978 bestes Hotel von Ratnapura. 53 Komfort-Zimmer, davon 12 in der Deluxe-Kategorie. Schwimmbad sowie angenehmes, großzügiges und stilvoll gestaltetes Foyer. Mit Messing beschlagene Stufen führen zum 1. Stock hinauf, dessen Zimmer über große Balkons mit hübschem Ausblick verfügen. ❺

Essen

Es ist weitgehend üblich, das Abendessen im eigenen Hotel einzunehmen. Denn für eine reiche Edelsteinstadt erscheint die Gastronomie-Szene in Ratnapura überraschend spärlich

Chamber Restaurant, 6 Ehelepola Mw., ☎ 045-2230320. Gehört zum Gem Bank and Gemmological Museum und wartet mit dem Charme einer Mensa auf, wird jedoch für seine Mittags-Gerichte gelobt. Sauber und auch klimatisiert. Mahlzeiten 500–600 Rs. Die Tochter des Besitzers lebt in Deutschland. ⏰ 8.30–17 Uhr.

200 Jahre altes Gästedomizil

Auf einem Hügel mit hübschem Blick über die bewaldete Landschaft thronend, soll dieses **Rest House** an der Inner Circular Rd., ☎ 045-2222299, über 200 Jahre alt sein. Es erfreut durch viel Holz und sein nostalgisches Ambiente. Im Erdgeschoss liegt ein Arkadengang mit stilvollem Mobiliar und dem integrierten **Sapphire Centre**, im 1. Stock eine gemütliche Veranda. Es gibt 12 geräumige Zimmer, davon 4 als AC, mit Balkons und Blick auf den angrenzenden Pompakelle Forest Park. ❸

Nilani, (s. S. 429). Oft gelobtes Restaurant. Frühstück ca. 300 Rs, Currys 250–350 Rs, Fishermans Net, Grilled Prawns oder Mixed Grill ca. 600–700 Rs. ⏰ 7.30–22 Uhr.

Palace Restaurant & Night Club, 14 Senan Ayake Mw., ☎ 045-5616061. Eine illustre Spelunke, die sich allenfalls aus Gründen der Nostalgie empfiehlt. Freundliches Urgestein-Personal serviert chinesische Küche. Tgl. 11-15 Uhr Lunch-Büfett für sagenhafte 200 Rs, stets günstige Alkoholika. ⏰ 11–23 Uhr.

Ratnaloka, s. o. Auch wenn man nicht dort wohnt, die beste Option der Stadt. Schönes Restaurant mit einem romantischen Blick auf einen Lotus-Teich und eine Teeplantage. Frühstück 700 Rs, mittägliche Mahlzeiten 850 Rs und Abendessen 1350 Rs. ⏰ 7–23 Uhr.

Geschäfte, Glücksritter und Gestalten

Wer jenseits von Schürfgruben und Edelstein-Museen noch etwas von der Atmosphäre längst vergangener Zeiten schnuppern möchte und sich nicht weiter am eher schmuddeligen Ambiente stört, sollte ruhig mal im rot-plüschigen **Royal Palace Restaurant & Night Club** (bis 2006: Pattaya Garden Palace) einkehren, der im 2. Stock einen Nachtclub beherbergt. Mitunter fungiert dieses Establissement noch immer als Treffpunkt der Edelsteinhändler aus Südostasien. Einst gab es hier sogar ein Spielcasino, wo in vergnüglicher Atmosphäre die reichlich nach Ratnapura strömenden Edelstein-Dollars umgeschichtet

wurden – bis es 1991 wie alle anderen Glücksspiel-Stätten Sri Lankas schließen musste. Mit den geldschweren Geschäftsleuten und Glücksrittern zogen auch dubiosere Gestalten und thailändische Prostituierte ein. Zu den wichtigsten Drahtziehern gehörte ein gewisser „Josim", der wegen unlauterer Geschäfte bereits aus Singapur verbannt worden war und hier versuchte, sich ein neues Wirkungsfeld zu erschließen. Heutzutage sollten sich Touristen vor allem vor zwielichtigen Typen hüten, die stets auf der Suche nach leichtgläubigen Edelsteinkäufern umherschwirren.

Das Hochland

Herz des örtlichen Edelstein-Handels ist die rund 150 östlich des Uhrturms liegende **Saviya Street** (auch Zavier, Zaviya oder Zavia), wo jeden Tag bis gegen 15 Uhr emsiger Betrieb herrscht.

Interessanter als das örtliche und bereits 1946 gegründete **National Museum**, ✆ 045-2222451, ⏱ Di–Sa 9–17 Uhr, Eintritt 300 Rs, mit seinen ausgestopften Tieren, eingelegten Schlangen und allerlei Kunsthandwerk, kann der Besuch von privaten Stein-Sammlungen sein, die allerdings mehr oder weniger verkappte Verkaufsausstellungen sind. Sie haben täglich geöffnet und kosten keinerlei Eintritt.

Sehenswert ist das 1980 gegründete **Gem Bank and Gemmological Museum**, 6 Ehelepola Mw., Batugedara, ✆ 045-2222398, ⏱ 8.30–17 Uhr. Es präsentiert neben zahlreichen Arten von Edelsteinen, Fossilien und Muscheln auch interessante Infotafeln zur Schmuck-Verarbeitung sowie das aufschlussreiche Modell einer Schürfgrube inklusive der verschiedenen Erdschichten, die beim Schachtbau durchstoßen werden müssen.

Ein kleineres, aber populäres **Gem Museum** (auch: Ratnapura Gem Bureau) findet sich in der Pothgul Vihara Road, Getangama, einige Kilometer westl. des Zentrums, ⏱ 9.30–15.30 Uhr. Es wird von dem örtlichen Edelstein-Fachmann Purandara Sri Bhadra Marapana betrieben.

Auch das seit über 30 Jahren im **Rest House** untergebrachte **Sapphire Centre** (s. Kasten S. 431), ⏱ 8–18 Uhr, kann durch viele Glasvitrinen mit einer schönen, umfangreichen Sammlung an Erdschätzen aufwarten. Schließlich betreibt die Familie von J. H. Jayasena insgesamt sechs Edelsteinminen.

Sonstiges

Einkaufen

Der nicht weit südlich vom Uhrturm liegende **Cargill's Supermarkt** hat die Einkaufsmöglichkeiten erfreulich verbessert – zumal er auch einen gut sortierten Alkoholshop enthält. ⏱ 8–22 Uhr

Touren

Als unglaublich versiert und hilfsbereit hat sich der freundliche **Sunil Asoka Perera**, ✆ 071-5916206, erwiesen. Gegen ein geringes Tagessalär bringt er westliche Urlauber mit seinem Moped zu den Edelsteinstätten ihrer Wahl – ohne dabei aufdringlich zu werden oder seine Passagiere zum Kauf von irgendwelchen Preziösen zu überreden.

Transport

Der normale **Bus** nach COLOMBO kostet 100 Rs, in der gehobenen Kategorie 200 Rs. Die Fahrt führt über Avissawella (90 km) oder Panadura (96 km) und dauert rund 3 Std. Tickets nach KANDY kosten 80 Rs bzw. 140 Rs.

Nach GALLE gibt es keine direkte Verbindung, sodass in MATARA (4 1/2 Std., 100 Rs) umgestiegen werden muss. Busse nach Adam's Peak verkehren nur in der touristischen Hochsaison.

Ein eigenes **Taxi** (meist als **Minibus**) nach Adam's Peak liegt bei 2500 Rs, nach Colombo (2 Std.), Kandy oder Galle bei rund 4000–5000 Rs und nach Nuwara Eliya bei 5000 Rs.

Sinharaja Forest Reserve

Bis zu 50 m hohe, majestätische **Baumriesen** stemmen ein dichtes Blätterdach in den Himmel, unter dem sich eine einzigartige Flora und Fauna tummelt: Mit einer Fläche von 18 899 ha gehört dieses Fleckchen Erde zu den größten Naturschätzen Sri Lankas. Hier sprießt dichter, stattlicher und scheinbar unberührter **Regenwald**, der in dieser faszinierenden, immergrünen Pracht zugleich auch der einzige auf der Insel ist. Das Waldreservat von Sinharaja gehörte wahrscheinlich auch zu den letzten Rückzugsgebieten des in diesen Breitengraden ausgestorbenen Löwen, wie nicht zuletzt die Übersetzung „Löwen-König" vermuten lassen könnte. Heute leben hier immerhin noch **Leoparden**, aber auch Affen und Civet-Katzen, 45 verschiedene **Reptilien** (davon 21 endemisch) und insgesamt 147 **Vogelarten** (darunter 18 der 33 auf Sri Lanka endemischen). Damit das auch so bleibt, hat die Unesco das in west-östlicher Ausdehnung 21 km lange und rund 4 km tiefe Gebiet im Süden des Landes 1988 zum ersten Welt-Naturerbe des Landes erklärt.

Einst ein königliches Reservat, tauchte der Dschungel von Sinharaja, dessen höchste Erhebung sich im östlichen Teil mit dem 1171 m hohen Hinipitigala findet, in alten Berichten als „Rajasinghe Forest" auf. Seit 1840 unter der britischen Krone, gab es anfängliche Versuche, das einst noch sehr viel größere Gebiet zu retten. Doch noch 1971 rückten Holzfäller an, um mit **Selective Logging** die wertvollsten Harthölzer zu entfernen und ortsfremde Mahagoni-Bäume nachzupflanzen. Das jedoch rief den geharnischten Protest von Umweltschützern hervor, zumal sich in Sinharaja rund zwei Drittel der insgesamt 217 endemischen Baumarten Sri Lankas befinden. In zähem Ringen ließ sich die Regierung 1977 bewegen, jeglichen Holzeinschlag zu untersagen. Die Sägemühlen wurden abtransportiert, angelegte Straßen und Wege durften wieder zuwuchern.

Größere Eingriffe in die Natur hätten wohl auch fatale Auswirkungen gehabt, zumal das Naturschutzgebiet mit seinen häufigen Niederschlägen eine wichtige Rolle für den **Wasserhaushalt** in weiten Teilen der Insel spielt. Immerhin fallen hier – bei Durchschnittstemperaturen von 24 °C und einer Luftfeuchtigkeit von 87 % – 3500 bis 5000 mm **Regen** pro Jahr. Und selbst in den trockensten Monaten August und September sowie Januar bis März sind es zumeist noch 50 mm pro Monat. Eine gewisse Ausbeutung des Schutzgebiets lässt sich allerdings nicht vermeiden, zumal in der unmittelbaren Umgebung 22 Dörfer liegen. So ist es den rund 5000 Anwohnern in begrenztem Maß erlaubt, sich zwecks Gewinnung von Sirup an den Früchten der **Kitul-Palme** zu bedienen, Blätter und Holz oder zu bestimmten Jahreszeiten auch medizinisch nutzbare Pflanzen zu sammeln. Problematischer sind **illegale Jäger** oder auch **Edelstein-Sucher**, deren Aktivitäten Bodenerosion auslösen können.

Erkundungstouren

Der Zugang zum Reservat erfolgt zumeist von Ratnapura aus bei Kudawa, ist aber auch – von der Südküste kommend – bei Mederapitiya mög-

Ein Besuch des Sinharaja-Regenwalds, ⏱ 7– 18 Uhr, bietet sich am besten im Februar oder März an, wenn es meist nur am Nachmittag regnet. Wer sich in einer der umliegenden Unterkünfte einquartiert, wird dort meist auf umfassende Tourenangebote der Betreiber stoßen. Trotzdem besteht die Pflicht, am Eingang des Reservats in Kudawa für 400 Rs einen versierten Tracker Boy anzumieten.

Die entsprechend geführte Tour **Sinhagala** (Lion Rock, 28 km) ist mit einer Dauer von fast 10 Std. die längste und kostet 750 Rs, die Tour **Mulawella** (14 km) dauert 7–8 Std. und kostet wie auch die nur ca. 3-stündige **Normal Journey** (ca. 5 km) 400 Rs (plus Trinkgelder). Dazu kommen noch den **Eintrittsgebühr** für Ausländer, die bei Erwachsenen 660 Rs und für Kinder 330 Rs beträgt, sowie eine eventuelle Video-Gebühr von 500 Rs. Außerdem sind am Kassenhaus empfehlenswerte **Informationsbroschüren** erhältlich.

Für Wanderungen im Dschungelgebiet ist dringend festes Schuhwerk erforderlich. Wer das Gelände bei Regen durchstreift – und regnen tut es hier fast immer – muss mit vehementen Attacken hartnäckiger **Blutegel** rechnen, gegen die oft nicht einmal Spezialstrümpfe helfen. (Weitere Infos beim Forest Department in Colombo).

lich. Seine großen und kleinen Wunder lassen sich auf drei verschiedenen, zwischen 4 und 28 km langen Naturpfaden erkunden. Dass dabei eines der größeren Säugetiere wie Leoparden, Sambarhirsche oder Affen erspäht werden kann, ist eher unwahrscheinlich, doch lassen sich – oft verblüffend getarnt und nur mithilfe von versierten Führern – jede Menge Vögel, Reptilien und Insekten entdecken. Auf jeden Fall garantiert ist eine Begegnung mit Blutegeln, was aber niemanden wirklich schocken sollte und ganz einfach zum Dschungel-Abenteuer dazugehört. Schließlich haben die „Leeches" hier ja einst auch schon die eindringenden Kolonial-Armeen bekämpft …

Übernachtung und Essen

Wer den Dschungel nicht nur im Rahmen eines Tagesausflugs von Ratnapura erkunden will, kann in den zumeist einfachen Quartieren in Kudawa (direkt am Reservat) übernachten oder ein Hotel in den beiden an der Überlandroute A 17 liegenden Orten Rakwana (im Norden des Reservats) oder Deniyaya (im Süden des Reservats) wählen. In fast allen Unterkünften werden auch geführte Touren vermittelt.

Untere Preisklasse

Deniyaya Rest House, Deniyaya, ☎ 041-2273600. Schöne Lage mit Blick über die Stadt und die Landschaft. Recht gute und große Zimmer, Restaurant und Bar sowie die Möglichkeit, über das Personal Dschungel-Touren zu organisieren. ❷

Rakwana Rest House, Rakwana, ☎ 045-2246299. 4 ansprechende Zimmer mit Ventilatoren und guten Bädern. Schöne Veranda und schmackhafte Gerichte. ❷

Sathamala Ella Rest, Palegama/Deniyaya, ☎ 041-2273481. Rund 4 km vom Ort an der Straße nach Mederipitiya besin netter, ländlicher Einbettung. Zählt mit 10 ansprechenden Zimmern zu den besseren Unterkünften in der Umgebung des Naturschutzgebiets und wird von einer freundlichen Familie geführt. Inkl. Tourenangebot. ❷–❸

Sinharaja Forest Bungalow, Kudawa. Eine Anlage des Forest Departments. Aufgrund ihrer Nähe zum Parkeingang praktische, aber überaus schlichte und wenig anheimelnde Unterkunft mit Schlafsälen. ❷

Sinharaja Rest, Deniyaya, ☎ 041-2273368. Rund 500 m nördl. der Busstation bietet Besitzer Palitha Ratnayake – auch für nicht bei ihm wohnende Touristen – versierte, zwischen 4 Std. und 2 Tage dauernde Führungen durch das Schutzgebiet an. 7 einfache Zimmer mit Ventilatoren, gute Hausmannskost. ❷

Mittlere und obere Preisklasse

Blue Maqpie Lodge, Kudawa, ☎ 077-3206203, 011-2431872, ✉ bluemaqpielodge@gmail.com. Nach einer blau gefiederten Vogelart benannte, ansprechende Bungalowanlage in grünlichen Farbtönen und seit 2003 mit Abstand die komfortabelste Möglichkeit, in unmittelbarer Nähe zum Reservat unterzukommen. Mr. Santha Fonzeka bietet 12 Zimmer mit Ventilatoren für 5500 Rs (inkl. Halbpension) und von Solarenergie gespeisten schönen Warmwasser-Bädern. Romantisches Restaurant mit Blick über Reisfelder. ❹

Martin Wijesinghe's Guesthouse, Kudawa, ☎ 045-5681864. Rund 3 km vom Kassenhaus am Parkeingang. Auf einem Hügel mit hübscher Aussicht. Besitzer Mr. Martin ist freundlich und kennt sich hier bestens aus, zumal er im Schutzgebiet früher als Ranger unterwegs gewesen ist. Gerühmt werden die Kochkünste seiner Familie. Die Gäste wohnen in 9 einfachen Zimmern mit Ventilatoren für 3000 Rs, davon 4 mit eigenem Bad. Trotz überhöht wirkender Preise oft ausgebucht. Mahlzeiten kosten 400–600 Rs. Die Gäste können sich eventuell frische Lebensmittel zur gewünschten Zubereitung mitbringen. ❷

Singraj Rest, Koswatta/Kalawana, ☎ 045-2255201. Anlage in einem seltsam anmutenden, architektonischen Mischstil. 7 saubere, nicht besonders behagliche, aber dafür relativ teure Fliesen-Zimmer, davon 2 als AC. ❹

🌳 **Rainforest Lodge**, Weddagala, ☎ 045-2255912, 🖥 www.rainforestedge.com. Lockt nur 10 Min. vom Nationalpark und auf

Faszinierend zwischen Felsen gelegen

Der Zugang erfolgt über bewässerte Stufen, das atemberaubende Restaurant für unvergessliche Kerzenlicht-Dinner liegt unter einer 15 m hohen Felswand. Der **Boulder Garden** in Koswatta/Kalawana, ☎ 045-2255812-3, 🖥 www.bouldergarden.com, zählt mit seinem völlig in die felsige Berglandschaft integrierten, paradiesischen Konzept zu den eindrucksvollsten Hotels Sri Lankas. Die 10 urigen, behaglichen Suiten, davon 2 als Deluxe mit Jacuzzis, sind völlig unterschiedlichen Charakters. Die Zimmerpreise beginnen bei US$280 (inkl. Halbpension). Mahlzeiten ca. US$12–24. Außerdem gehören zur Anlage ein Schwimmbad und Meditationsplätze sowie eine Bücherei, Internet und TV-Geräte. ❼–❽

Das Hochland

einem Berg liegend als ebenso perfekt und naturnah geschaffenes Hideaway wie der Boulder Garden (s. Kasten). Die in erdfarbenen Bauten liegenden, stilvoll ausgestatteten Zimmer sind denkbar behaglich und kosten US$212, mit Vollpension US$250. Offene Bäder mit Warmwasser aus Solartechnik. ➌

Transport

Zu den wichtigsten Unterkunftsorten für die Erkundung des Sinharaja-Waldreservats gehörend, wird das an der Überlandroute A 17 liegende Deniyaya – wie auch der mögliche Übernachtungsort Rakwana – für rund 200 Rs von allen **Bussen** passiert, die die Strecke zwischen RATNAPURA (70 km), MATARA (65 km) und GALLE (80 km) bedienen. Sie verkehren von morgens bis nachmittags fast stdl. Der **Intercity Express Bus** nach COLOMBO kostet rund 250 Rs und benötigt fast 6 Std.
Charter-Taxis nach Colombo oder zum Airport liegen bei US$40–50, nach Kandy, Galle oder Matara bei US$60–70. Für kürzere Distanzen bieten sich **Three-Wheeler** an.

Uda Walawe-Nationalpark

Rund 170 km oder drei Auto-Stunden von Colombo liegt der 1972 gegründete, insgesamt 310 km² große Uda Walawe-Nationalpark. Zu rund 10 % besteht er aus dem gleichnamigen Stausee, der von dem Fluss Walawe Ganga gespeist wird, während der Rest der Fläche von wenig Wald und viel hohem Gras geprägt wird. Dass dieses Schutzgebiet nicht so sehr von Besuchern frequentiert wird, dürfte vor allem daran liegen, dass sich der Focus der meisten Touristen auf den spektakulären Yala-Nationalpark richtet und hier nicht eine so üppige Fauna zu bestaunen ist, aber möglicherweise auch an den vergleichsweise hohen Eintrittspreisen.

Gerühmt wird dieser Nationalpark vor allem dafür, dass sich hier noch ganze **Elefantenherden** beim Massenbad im Stausee beobachten lassen. Schließlich leben hier ja auch noch schätzungsweise 500 bis 600 Dickhäuter. Als beste Tageszeiten, Elefanten zu sehen, gelten 6.30 bis 10 Uhr

morgens sowie 16 bis 18.30 Uhr abends – und das stets in Wassernähe. Das Parkgelände ist sogar mit einem stabilen Zaun eingefriedet, um die Abwanderung der Rüsseltiere zu verhindern, aber auch die Zuwanderung von domestizierten Büffeln, sodass sich diese nicht mit ihren wilden Artgenossen vermischen können. Außerdem durchstreifen Leoparden, Füchse und Sambarhirsche das Schutzgebiet, das auch Krokodile sowie 30 Schlangen-Arten beheimatet und in dem zwischen November und April Scharen von Zugvögeln überwintern.

Ein Besuch des Uda Walawe-Nationalparks empfiehlt sich vor allem für Touristen, die mit einem Taxi oder Mietwagen zwischen Ratnapura und Yala West, Kataragama, Tissamaharama und oder Hambantota unterwegs sind – und dafür die direkt über den Staudamm verlaufende Straßenverbindung zwischen der A 18 (Abzweigung in Timbolketiya) und der A 2 benutzen.

Als **Eintritt** zu berappen sind: US$15 pro Erwachsenem (Kinder unter 6 Jahren frei, 6–12 Jahre: 50 %), plus US$8 pro Gruppe (Service Charge), plus 250 Rs pro Fahrzeug (Vehicle Fee) – und all das besteuert mit 2 % NBT (Nature Building Tax) plus 12 % VAT (Value Added Tax) macht unter dem Strich fast US$34 für eine Person oder rund US$46 für zwei Personen. Der obligatorische Tracker-Boy ist inklusive, als Tipp erwartet dieser in der Regel um 300–500 Rs. Geländewagen für Halbtagestouren werden von den meisten Unterkünften für 2500–3500 Rs (4–6 Pers.) angeboten.

Rund 5 km westlich des Parkeingangs findet sich das 1995 gegründete **Elephant Orphanage** (oder Elephant Transit Home), das allerdings nicht so bekannt ist wie das von Pinnawala. Hier werden Dickhäuter aus dem Nationalpark aufgepäppelt, die ihre Eltern verloren haben. Die Waisenfütterung erfolgt um 9, 15 und 18 Uhr, der Zutritt ist kostenlos.

Übernachtung

Für den Besuch des Uda Walawe-Nationalparks bietet sich außer den in unmittelbarer Nähe gelegenen Hotels auch eine Übernachtung in dem nur 21 km südlich liegenden Embilipitiya an, wo es sogar ein Hotel mit westlichem Standard gibt.

Das Hochland

Safari-Hotel mit Zelt-Cabanas

Als die etwas andere Unterkunft bzw. abenteuerliche und naturnahe Möglichkeit, in unmittelbarer Nähe des Nationalparks zu übernachten, lockt das **Tasks Safari Camp**, ☎ 011-4862225, 🖥 www.taskssafari.donceylon.com. Die Gäste können in 27 Cabanas mit Zelt-Charakter bzw. herrlichem Dschungel- oder Flussblick übernachten, wobei ganz bewusst nur eine partielle Stromversorgung geboten wird. Für Abwechselung sorgen unter anderem stimmungsvolle BBQ-Events und ein spannendes Tourenangebot inkl. Nachtsafaris. ❻

Untere Preisklasse

Lake View Lanka, Embilipitiya, nahe Centauria Resort, ☎ 077-8652102, 077-6973427, 🖥 www.lakeviewlanka.com. Empfehlenswerte, kleine Unterkunft mit einem originellen Baumhaus und einem geräumigen Bungalow direkt am See. Die freundlichen Betreiber Kumudu und Nimal Kumaresiri garantieren Familienanschluss und beste Hausmannskost. ❷–❸

Sarathchandra Rest, Embilipitiya, ☎ 047-2230044. 11 gefliste, saubere und recht gut möblierte Zimmer, 5 davon mit AC, Warmwasser-Bad und Balkons (Obergeschoss). Gutes Restaurant mit Mahlzeiten für 250–300 Rs und kleine Bar. ❷–❸

Walawa Park View Hotel, ca. 8 km vom Parkeingang, Thanamalwila Rd., Udawalawa, ☎ 047-2233312. 9 nicht besonders behagliche Zimmer, davon 2 mit altersschwacher AC, die dann auch gleich fast doppelt so teuer sind wie die mit Ventilatoren. ❷

Walawa Safari Village, ca. 10 km vom Parkeingang, RB Canal Rd., Udawalawa, ☎ 047-2233201, ✉ kinjou@dialogsl.net. In üppiges Grün eingebettete Anlage mit 19 Zimmern als Cabanas mit aus Solartechnik gespeisten Warmwasser-Bädern, davon 4 wesentlich teurere mit AC. Jeweils eine Terrasse vorn und hinten. ❸–❹

Mittlere und obere Preisklasse

Centauria Ayurveda Lake Resort (Centauria Tourist Hotel), Embilipitiya, ☎ 047-2230514, 🖥 www.centauriahotel.com. Seit 1980 romantisch an einem See liegendes, empfehlenswertes Hotel mit 51 Komfort-Zimmern ab US$65, davon 22 als Stelzen-Bungalows über dem Wasser. Urige, freundliche Atmosphäre, gute Küche, schöner Pool und Ayurveda-Angebote ab 5000 Rs pro Tag. ❺

Transport

Von Embilipitiya gibt es für rund 100 Rs **Bus**-Verbindungen nach RATNAPURA, TANGALLA und MATARA. Alle 30 Min. starten für rund 300 Rs **Intercity-Busse** in das 170 km entfernte COLOMBO.

Wer von hier zum Sinharaja Forest Reserve möchte und über ein eigenes Fahrzeug verfügt, sollte trotz des Umwegs unbedingt die wenig befahrene, einsame Nebenstrecke von Embilipitiya über Panamure, Rakwana, Kolonna, Suriyakandha, Potupitiya und Weddagala nach Kudawa wählen, die durch herrliche, landschaftliche Reize sowie einen faszinierenden, bunt blühenden Bewuchs der Straßenränder erfreuen kann.

Die Ostküste

Stefan Loose Traveltipps

Trincomalee   Einer der weltgrößten Naturhäfen als historischer Zankapfel der Kolonialmächte. S. 441

12 **Nilaveli**   Schneeweiße Strände und eine fischreiche Unterwasserwelt locken Badeurlauber in den Osten. S. 447

Kalkudah und Passekudah   An den einst menschenleeren Stränden sprießen schicke Resorts aus dem Sand. S. 449

Batticaloa   Die Stadt an der landesweit größten Meereslagune wartet noch auf ihre Entdeckung. S. 450

Lahugala Kitulana-Nationalpark   Wo sich größere Elefantenherden schon von der Straße aus sichten lassen. S. 460

13 **Arugam Bay**   Hippe Surfer-Enklave an einer malerischen Bucht. S. 463

Ein Abstecher an die vom Tourismus kaum berührte Ostküste kann die schönsten und spannendsten Erlebnisse einer Sri Lanka-Reise bescheren. Die Exotik beginnt hier schon mit den Ortsnamen, die meist sehr viel harmonischer klingen als die Zungenbrecher im übrigen Teil der Insel. Auch sonst erscheint die Region als ein gewisses Spiegelbild zur Westküste: Wenn dort zwischen April und Oktober Regenzeit ist, herrscht hier zumeist Bilderbuch-Wetter. Während die Westküste ausschließlich von Singhalesen bewohnt wird, leben hier fast ausschließlich Tamilen und Muslime. Und erscheint so manches Reiseziel zwischen Negombo und Unawatuna schon fast überlaufen, so stößt man zwischen Nilaveli und der Arugam Bay – aufgrund der Bürgerkriegs-Nachwirkungen und großen Entfernung zum Flughafen – vergleichsweise selten auf andere ausländische Urlauber.

Das dürfte sich aber schon sehr bald ändern, denn die Regierung hat große Hotelanlagen und Freizeiteinrichtungen im Stil der Westküste geplant. Bis es soweit ist, sollte die Ursprünglichkeit dieses Fleckchens Erde noch genossen, aber zuweilen auch etwas Pioniergeist und reichlich Zeit mitgebracht werden: Denn hier steckt die touristische Infrastruktur noch in den Kinderschuhen und hat durch den Tsunami, der diese Region Sri Lankas am schwersten getroffen hatte, noch einmal einen Rückschlag erlitten.

Der Bürgerkrieg hat hier starke Spuren hinterlassen und ganze Dörfer entvölkert. Gerade als sich Anfang der 1980er-Jahre in den beliebtesten Urlaubsorten die ersten Gästehäuser

Die Ostküste nach dem Krieg

Soldaten in Kampfmontur, Kontrollposten mit Sandsäcken oder Armee-Camps hinter Stacheldraht gehörten viele Jahre zum Reiseerlebnis an der Ostküste dazu. Doch das ist glücklicherweise Vergangenheit und die über Jahrzehnte gesperrten Touristenziele wie auch die Naturschutzgebiete sind wieder problemlos bereisbar. In den letzten Jahren wurden auch die an der Küste entlangführenden Nationalrouten A 15 und A 4 sowie die A 6 nach Trincomalee bzw. die A 11 nach Batticaloa ausgebaut.

und Hotelanlagen etabliert hatten, wurde den Betreibern ein gewaltiger Strich durch die Rechnung gemacht. Nach dem Ausbruch des Tamilen-Konflikts vergraulten die immer schlechtere Versorgungslage und Ausgangssperren die Urlauber. Viele Ferien-Domizile wurden niedergebrannt und geplündert oder von den Rebellen als Stützpunkte genutzt. Als die LTTE 1995 ihr Hauptquartier im nördlichen Jaffna aufgeben musste, tauchte sie verstärkt im Bereich Batticaloa auf. Zwar gab es in dieser Region nicht so viele militärische Aktionen, doch patrouillierten die „Sea Tigers" sogar vor den Traumstränden mit bewaffneten Booten.

Heute wollen besonders **Trincomalee** und die **Arugam Bay** an den einstigen Touristen-Boom anknüpfen. An entsprechenden Reizen jedenfalls mangelt es in diesem Landesteil gewiss nicht. Die Attraktionen reichen von der großartigen Freundlichkeit der Einheimischen bis zu einer Fahrt über die Küstenstraße, die vielerorts durch eine faszinierende, nur spärlich besiedelte Amphibienlandschaft führt. Unterwegs darf das Auge immer wieder über unendlich weite und menschenleere Strände schweifen, die von vielen Landeskennern als schönste Sri Lankas bewertet und in **Nilaveli** oder **Uppuveli** bereits touristisch genutzt werden. Ebenfalls schon in den 1970er-Jahren große Urlauberscharen angelockt haben die beiden lang gestreckten Sandbuchten von **Kalkudah** und **Passekudah**, die nun erneut mit etlichen Großhotels bebaut werden sollen.

Will **Batticaloa** sich mit angeblich in Vollmond-Nächten „singenden Fischen" Gehör verschaffen, so präsentiert sich die Arugam Bay mit ihrer hartgesottenen Traveller-Gemeinde als eines der besten Surf-Reviere der Welt. Indessen warten unter Wasser vielerorts bunt-belebte Korallenriffe und historische Schiffswracks auf Erkundung. Weiter im Landesinneren bieten sich die größten Bewässerungsprojekte des Landes und mehrere, bisher kaum besuchte **Nationalparks** mit Sumpf- und Savannenlandschaften für unvergessliche Eindrücke an, teilweise durchzogen von dem legendären Pilgerpfad zwischen Jaffna und Kataragama, an dessen Rändern sich so manche kulturhistorische Sehenswürdigkeit verbirgt.

Trincomalee

Azurblaue Strände, einer der weltgrößten Naturhäfen und eine selbstbewusste, vorwiegend tamilische Bevölkerung prägen die mit gut 100 000 Einwohnern größte Stadt an der Ostküste. Ihre strategische Lage machte „Trinco", wie sie meist genannt wird, immer wieder zum Zankapfel der Machtinteressen. Der Name leitet sich aus dem tamilischen *thiru kona malai*, der „Heilige Berg des Koneshvara", ab.

In der Vergangenheit waren es die Kolonialmächte, welche um die Kontrolle der Hafenstadt rangen. Kaum hatten die Portugiesen 1623 ein kleines Fort erbaut, eroberten es 16 Jahre später die Holländer. Die Mauern des Forts widerstanden 1672 erfolgreich einem Eroberungsversuch der Franzosen, nicht jedoch den Angriffen der Briten im Januar 1782 und noch einmal der Franzosen im Juli 1782. Bereits im folgenden Jahr hatten wieder die Holländer das Sagen, doch ab 1795 wehte nach einem vier Tage währenden Bombardement die Flagge des Empires von den Zinnen. Die britische Vorherrschaft blieb für über 150 Jahre unangefochten und wurde nur am 9. April 1942 von einem Angriff der japanischen Luftwaffe kurzzeitig gestört. Als Basis für die Rückeroberung der an Japan verloren gegangenen Kolonien wie Birma und die malaiische Halbinsel war in dieser Zeit der **Hafen** von enormer Bedeutung. Er blieb noch bis 1957 der britischen Marine als Stützpunkt erhalten und wurde dann der srilankischen Regierung übergeben.

Ab den 1980er-Jahren geriet die Stadt in den Sog des ethnischen Konflikts. Die LTTE beanspruchte den Hafen für Tamil Eelam, ihren unabhängigen Tamilenstaat. Noch zu Beginn des dritten Millenniums war die Küstenregion Schauplatz heftiger Kämpfe. Seit Kriegsende ist der Tourismus wieder ein wichtiger Wirtschaftsfaktor, zumal für die nördlich gelegenen Strände Uppuveli und Nilaveli. Während sie vom Tsunami im Jahr 2004 erheblich betroffen waren, blieb Trincomalee dank der geschützten Bucht verschont.

Die Stadt liegt auf einer Landzunge am nördlichen Ende der **Koddiyar Bay**, deren hügeliges Ende vom Militär genutzt wird und daher nicht zugänglich ist. Das schmale Stadtzentrum wird von der riesigen Bucht im Westen und dem Golf von Bengalen eingerahmt. Viel gibt es allerdings nicht zu besichtigen. Wegen der Unterströmung nicht zum Baden, wohl aber zum abendlichen Flanieren eignet sich der weiße Strand mit dem türkisen Wasser an der **Dutch Bay**.

Fort Frederick

Lohnenswert ist auf jeden Fall der Besuch des Fort Frederick, das auf einer Halbinsel im Osten der Stadt liegt. Es trägt diesen Namen seit 1803 zu Ehren des damaligen Herzogs von York. Vom Fort selbst ist außer einigen Resten der massiven Befestigungsmauer nur das mächtige Tor erhalten geblieben. Die Holländer ließen es 1676 erweitern, um den drohenden Angriffen der Franzosen standzuhalten. Vor dem Tor grüßt eine Ganesha-Figur die Passanten. Das anschließende Gelände wird vom Militär genutzt, kann jedoch betreten werden. Der Weg führt vorbei an schönen Niembäumen – erkennbar an den hellgrünen fedrigen Blättern – und einem mächtigen Banyan-Baum.

Unter den Gebäuden ragt das koloniale **Wellington House** – auch Wellesley Lodge genannt – heraus. Benannt ist es nach dem englischen Feldmarschall Arthur Wellesley (1769–1852), der sich hier im Jahr 1799 von der erfolgreichen Schlacht gegen den Herrscher von Mysore erholt hatte. 1814 zum Herzog von Wellington ernannt, erlangte der „Iron Duke" ein Jahr später durch den Sieg gegen Napoleon in Waterloo Heldenstatus.

Ziel der meisten Besucher ist am Ende des Landzipfels der **Thiru Koneswaram Kovil**. Er zählt zu den fünf bedeutendsten Hindu-Tempeln Sri Lankas und ist vor allem zu den Puja-Zeiten um 7, 11.30 und 16 Uhr sehr stimmungsvoll. Der heutige moderne Bau wurde auf den Ruinen eines von den Portugiesen 1624 zerstörten Vorgängertempels errichtet. Reste, darunter der verehrte Lingam, konnten von Tauchern aus dem nahen Meer geborgen werden. **Swami Rock**, das Felskliff am Ende des Zipfels, wird im Volksmund auch „Lover's Leap" genannt, seitdem sich dort 1687 die holländische Beamtentochter Francina Van Rheede aus Liebeskummer in die Tiefe stürzte, als ihr Liebster davonsegelte. Sie überlebte und heiratete später noch zwei Mal.

Tempel und Kirchen

Schräg gegenüber der Esplanade mit dem McHeyzer-Stadion ist der **Pathirakali Amman Kovil** wegen seines mächtigen, reichlich verzierten Torturmes (Gopuram) sehenswert. Er ist Kali geweiht, die als Schutzgöttin von Trincomalee gilt, und besonders zu den Puja-Zeiten um 6.30, 11.30 und 17.15 Uhr gut besucht. Historikern zufolge wurde das Heiligtum bereits unter dem Chola-König Rajendra I. im 11. Jh. errichtet. Alljährlich im März finden anlässlich des zehntägigen Tempelfestes feierliche Prozessionen statt, bei denen geschmückte Wagen zu Ehren von Kali, Skanda (Murugan) und Ganesha (Pillaiyar) gezogen werden. Rechts davor ist der kleinere **Kali Kovil** (Puja-Zeiten: 7, 12 und 17 Uhr) ebenfalls der Totengöttin geweiht.

Unter den Kirchen zählt die wegen ihrer neobarocken blauen Fassade recht auffallende **St. Mary's Cathedral** zu den interessanteren Gotteshäusern. Seit 1893 ist der innen eher schlichte Bau Bischofssitz der Diözese Trincomalee-Batticaloa. Wer in der kolonialen Vergangenheit der Hafenstadt schwelgen möchte, mag dem verwilderten **St. Stephen's Cemetery** an der Dockyard Road einen Besuch abstatten. Auf dem Friedhof erinnert u. a. ein Grabstein an Sir Charles John Austen, jüngerer Bruder von Jane Austen und hochdekorierter Admiral der britischen Marine. Der 73-Jährige starb 1852 während des Zweiten anglo-birmanischen Krieges in Pyay an Cholera. Mit der *H.M.S. Eattler* sollte sein Leichnam nach Großbritannien verschifft werden, doch blieb er offensichtlich in Trincomalee „hängen". Ein weiterer Grabstein erinnert an den Kanonier M. H. Scott, der 1877 bei einer Affenjagd im Dschungel verschollen ging. Erst ein Jahr später fand man seine sterblichen Überreste.

Übernachtung

Die meisten Besucher zieht es verständlicherweise an die nördlich von Trinco gelegenen Strände. Wer in der Stadt übernachten möchte oder muss, hat eine beschränkte Auswahl. Am besten, wenn auch am teuersten wohnt man im Green Park Beach und Welcombe Hotel.
Dyke Corner Inn, 210/1 Dyke St., ✆ 026-2220318. 6 schuhschachtelkleine Zimmer, einige mit Bad

und Meerblick, darunter Nr. 2. Neben der Lage ist der unschlagbar günstige Preis ein weiterer Pluspunkt dieser bescheidenen Herberge. ❶
Green Park Beach Hotel, 312 Dyke St., ✆ 026-2222369, ✆ 2227518, ✉ lathu@sltnet.lk. Alles etwas plüschig und mit Plastiksesseln bestückt, aber die Lage am Strand inkl. netter Terrasse und die 18 sauberen AC-Zimmer mit Bad machen es zu einer guten Wahl. ❸–❹
Medway Hotel, 250 Inner Harbour Rd., ✆ 026-2227655. Das 1-stöckige Gebäude mit 8 sauberen geräumigen AC-Zimmern mit Warmwasser-Bad und Veranda kommt bei Reisenden recht gut an. ❸
Sunraay Beach Inn, 304 1/1 Dyke St., ✆ 026-2223361, ✉ jeyaa@yahoo.com. Das sympathische Gästehaus mit 13 Zimmern (Ventilator oder AC) zählt zu den besseren in dieser Strandstraße. Eignet sich gut für längere Aufenthalte. ❷–❸
Welcombe Hotel, 66 Lower Rd., Orr's Hill, ✆ 026-2222373, 🖳 www.welcombehotel.com. Attraktive Lage am Berghang mit Blick auf die Bucht. Mit 26 stilvoll gestalteten AC-Zimmern mit Warmwasserbad und Balkon die erste Adresse von Trincomalee. Gutes Restaurant, Pool. ❹–❺

Essen

Genial Hotel, 362 Court Rd., Ecke Post Office Rd., serviert zum Frühstück gute Stringhoppers und ab Mittag preiswertes „Reis und Curry". ⏱ tgl. 7–21 Uhr.
Kumars Cream House, 102/2A Post Office Rd., ✆ 026-2227792. Die meisten kommen wegen des leckeren Eises. Aber auch Pizza und Samosa zieht die Kundschaft an. ⏱ Mo–Sa 7–18.30 Uhr.
Sunflower Bake House, 154 Post Office Rd. Die Bäckerei ist eine gute Adresse für Samosas und andere „Shorties". ⏱ tgl. 6.30–21 Uhr.
Trinco Village, 243 Dockyard Rd., Ecke Dyke St., ✆ 026-2222558. In diesem lauschigen Gartenlokal kann man zum Bier recht gut essen, allerdings sind die Speisen nicht gerade billig; Reisgerichte ab 500 Rs. ⏱ tgl. 11–14, 17–22 Uhr.

Sonstiges

Geld

Die **Hatton National Bank**, 59 North Coast Rd., die **Commercial Bank** und die **Seylan Bank**, beide am Westende der Central Rd., verfügen über Geldautomaten (ATM). ⊙ Mo–Fr 9–15 Uhr.

Internet

Die hier genannten Internet-Cafés liegen entlang der Court Rd. unweit der Kreuzung mit der Custom Rd. Im **PC Jame Internet**, ⊙ tgl. 7.30–19.30 Uhr, gegenüber der Hatton Bank, kann man für 40 Rs/Std. surfen und im **JSP Internet Café** für 20 Rs/15 Min. Der gegenüber JSP liegende **Internet Browsing Spot** verlangt 60 Rs/Std.

Medizinische Hilfe

Hospital, Dyke St., ✆ 026-2222260, 2222261.

Polizei

✆ 026-2222222.

Post

Die Post in der Post Office Rd. besitzt auch einen Laden für Fotokopien und E-Mails. ⊙ tgl. 8.30–16.30 Uhr

Transport

Busse

Die beiden **Busbahnhöfe** für die privaten und staatlichen Busse liegen sich unweit des McHeyzer-Stadions gegenüber. Die Busse Nr. 49 nach COLOMBO (257 km, 6–7 Std.) starten um 6 Uhr und ab 6.30 Uhr im Stundentakt. Der klimatisierte Darshan-Express fährt um 20.30 und 22.30 Uhr, Maya Tours um 23 Uhr in Richtung Hauptstadt los. Direktverbindungen nach KANDY (182 km, 5–6 Std.) gibt es mit Bus Nr. 45 um 4, 6, 6.45, 10.15, 13.45 und 14.45 Uhr, vom CTB-Busbahnhof um 6, 7.15, 9.45, 11.50 und 13.15 Uhr. Nach ANURADHAPURA (106 km, 3–4 Std.) verlässt ein privater Bus um 7 Uhr die Stadt. Zwischen 5.45 und 21 Uhr fahren Busse stdl. nach BATTICALOA (138 km, 6–7 Std.). Noch müssen die Busse den Umweg über Habarana und Polonnaruwa nehmen, das wird sich jedoch nach Ausbau der Küstenstraße A 15 via Mutur ändern.

Zugfahrplan

Zug Nr.	886	82	84	
Trincomalee	7.45	10.00	19.30	
Gal Oya	9.45	11.59	21.55	
Colombo-Fort	16.30	19.00	4.05	

Zug Nr.	81	11	79	83
Gal Oya	12.00	15.06	0.24	3.00
Polonnaruwa	13.02	16.08	1.18	4.29
Batticaloa	15.35	18.30	3.27	7.20

Direktverbindungen nach VAVUNIYA gibt es um 10.15 Uhr (97 km, 3 Std.) und nach Jaffna um 5.15 und 8 Uhr (237 km, 6 Std.). In Richtung Nilaveli/ Kuchchaveli starten die Busse Nr. 967/2 vom CTB-Busbahnhof etwa alle 30 Min.

Eisenbahn

Die Fahrt nach COLOMBO kostet in der 1. Klasse (nur beim Nachtzug) 750 Rs und in der 2. Klasse 370 Rs (Nachtzug 450 Rs). Infos unter ✆ 026-2222271. Zugfahrplan s. Kasten.

Flüge

Vom Ratmalana-Flughafen in COLOMBO fliegt Mo und Fr eine Maschine von **Heli Tours** nach Trincomalee gegen 8 Uhr (zurück 14 Uhr). Info und Buchung unter ✆ 011-3144944, 3144244, ✉ slafhelitours@yahoo.com.

Die Umgebung von Trincomalee

Trincomalee War Cemetery (1939–1945)

Knapp 5 km nördlich von Trincomalee liegt nicht weit vom Uppuveli-Strand entfernt an der Nilaveli Road ein Soldatenfriedhof. In der liebevoll gepflegten Anlage ruhen die sterblichen Überreste von 362 Gefallenen. Viele von ihnen starben während des japanischen Luftangriffs am 9. April 1942 an Bord der versenkten *H. M. S. Erebus*. Bei ihrem Besuch 1995 pflanzte die britische Prinzessin Margaret zu ihrem Gedenken einen Niembaum und übergab neue Grabsteine, welche die alten, während des Bürgerkriegs beschädigten Gedenksteine ersetzten. Falls verschlossen, kann der Schlüssel für das Eingangstor bei der benachbarten Gärtnerin besorgt werden. Sie führt auch gerne gegen ein kleines Trinkgeld durch das Gräberfeld.

Velgam Raja Maha Vihara

Ein schöner Ausflug führt zu einem der ältesten buddhistischen Klöster in der Umgebung. Die abgelegene Anlage liegt zwischen der Nilaveli Road und der 6 km weiter südlich vorbeiführenden A 12 (Trincomalee – Anuradhapura). König Devanampiya Tissa soll hier laut einer Inschrift im 3. Jh. v. Chr. einen Bodhi-Baum gepflanzt haben, doch die heutigen Ruinen stammen vorwiegend aus dem 11. Jh., als die Insel unter der Besatzung des südindischen Chola-Königs Rajendra I. litt. Der in Polonnaruwa residierende Parakramabahu I. (reg. 1153–86) hat neben vielen anderen Klosteranlagen des Landes auch den Velgam Vihara restaurieren lassen.

Vom Kloster sind nur die Reste eines Dagoba und des Statuenhauses mit einer stehenden Buddha-Figur übrig geblieben. Die dortigen drei noch erhaltenen Inschriften lassen darauf schließen, dass der Vihara von überregionaler Bedeutung war.

In etwa 500 m Entfernung liegt der künstlich angelegte „Große See". Der **Periya Kulam**, wie die tamilische Bezeichnung lautet, wurde 1868 unter den Briten restauriert und ist seitdem für die Bewässerung der kargen Umgebung wieder von großer Bedeutung.

Riffhaie und Geistermuränen

Durch die Vielfalt an vorgelagerten Korallenriffen und felsigen Unterwasserformationen eignet sich die Küste vor Trincomalee sowohl für Anfänger als auch erfahrene Taucher. Großfische wie Rochen, Wal- und Riffhaie gehören ebenso zum Unterwasserbild wie Netz- und Geistermuränen. Eine gute Stelle dafür ist der bis 40 m tiefe „Klathi-Park" im Gewässer vor Trincomalee. Beim Swami Rock kann in 22 m Tiefe das Replikat einer Statue des Elefantengottes Ganesha bewundert werden. Unweit des Fischerdorfes Errakkandy nördlich von Nilaveli liegen in 10–11 m Tiefe Reste eines über 100 Jahre alten Wracks. Die Felsformationen Eel Rock (18 m tief), Small Grouper Rock (15 m) oder Sitanampara (18 m) sind nur 15-20 Bootsminuten vom Festland entfernt und wegen ihres Fischreichtums interessant.

Die Tauchschulen operieren nur während der Saison zwischen Mai und Oktober:

Dive Sites Lanka, Shivas Beach Resort, Uppuveli, 🖥 www.srilanka-diving.com. Der Veranstalter bietet auch PADI-Kurse an.

Scuba Diving Centre, Nilaveli Beach Hotel, Nilaveli, 🖥 www.scubasrilanka.com. Die Tauchbasis steht unter Leitung des erfahrenen Tauchlehrers Eric D. Fernando, 📞 077-7728277, und arrangiert auch Tauchtrips zum Coral Garden oder zum nördlich von Nilaveli gelegenen Red Rock.

Die heißen Quellen von Kanniyai

Etwa 4 km südlich der A 12 nach Trincomalee befinden sich die heißen Quellen von Kanniyai. Sie sind besonders deshalb bei den Einheimischen beliebt, weil der Legende nach ihr Ursprung auf den Dämonenherrscher Ravana zurückgeht. Der im Ramayana auftretende Gegenspieler Ramas soll sieben Mal mit seinem Schwert in die Erde gestochen haben, um nach einem alten Ritual den Tod seiner Mutter zu betrauern. Dabei schoss heißes Wasser heraus, dem heilende Kräfte nachgesagt werden.

Heute fließt es in ein gekacheltes offenes Becken. Es ist sinnvoll, anstelle knapper Badekleidung einen eigenen Wickelrock sowie ein Handtuch mitzubringen.

Transport

Kanniyai und Velgam Raja Maha Vihara können zusammen im Rahmen eines Halbtagsausflugs besucht werden. Die Rundfahrt mit dem **Three-Wheeler** kostet je nach Ausgangspunkt um die 1500 Rs.

Mutur

Am südlichen Ende der Koddiyar Bay liegt an der Mündung des Mahaweli Ganga das lebendige muslimische Fischerstädtchen Mutur. Bereits die dreiviertelstündige Anfahrt mit der öffentlichen Fähre macht diesen Halbtagsausflug reizvoll.

Der Ort erlebte in der Vergangenheit teilweise heftige Kämpfe zwischen Einheiten der LTTE und

N
0   10 km

Girihandu
Vatadage ❖   Tiriyai

Kuchchaveli

Red Rocks
Bay

Adampane   Kumpurupiddi

                                      Errakkandy

Pankulam Aru   Nilaveli   PIGEON ISLAND
                                      Beach

Trappanai
❖ Heiße Quelle

Gomarankadawela   Nilaveli

                                      Periya
Anuradhapura   Velgam Raja   Kulam
(106 km)   Pankulam Maha Vihara ❖   Salli
                                      Sempativu   ⚓ Salli Amman Kovil
Kambakkodai   Chirupiddy
                    A12   Kulam   Uppuveli
                          Kanniyai   Uppuveli Beach
                          Kanniyai
Mora   Heiße Quellen ❖   Back
Wewa   Vayiruttu   Bay
                                                  Trincomalee (Trinco)
                                China   Dutch Bay
                                Bay
                                             s. Detailplan Trincomalee S. 440
                          A6   Kappalturai
NAVAL   ☀ Foul Point
HEADWORKS   Tampalakam
         Tampalakamam Bay   Kinniyai   Koddiyar
                                                  Bay
SANCTUARY   Tamaravillu
                Vannattitidal   Upparu   Sampur   Ilangkantai
      Mullippottalai   Mutur   Ankankuli
Anaolondawa   Pottaanai   Kaddaiparichchan
      Kantalavai   Tinneriveli   A15   Malaimuntai
                                                  Pachsanor Toppur
Kantale   Habarana (86 km),   Ullackle
Wewa   Kandy (182 km)   Palattadichchenai Pavattooppu
                          Sankuveli

Die Ostküste

Regierungstruppen. Viele der schiitischen Bewohner leben als Gastarbeiter in Saudi-Arabien.

Am besten mietet man sich einen Three-Wheeler (ca. 500 Rs) zum Besuch der interessantesten Stätten: dem Fischmarkt, dem Mündungsbereich des Mahaweli und dem „White Man's Tree" unweit der Iqbal Street. Ein heute ummauerter Tamarinden-Baum ersetzte einen 1893 verschwundenen Gedenkstein und wurde an jene Stelle gepflanzt, an welcher Robert Knox 1668 gefangen genommen wurde. Der Kapitän des britischen Segelschiffes *Ann* lebte 19 Jahre als Gefangener des Königs von Kandy, konnte sich aber auf der Insel relativ frei bewegen. Er nutzte diese Zeit für intensive Studien. Seine daraus entstandene Schrift *A Historical Relation of Ceylon* gibt wertvolle Einblicke in das Leben der damaligen Zeit. Um 8 und 15 Uhr legt die 100-Personen-Fähre *Seruwila II* in Trincomalee ab und fährt um 11 bzw. 17 Uhr von Mutur wieder zurück (140 Rs). Es verkehren auch regelmäßig CTB-Busse vom Busbahnhof.

Uppuveli

Hauptgrund für den Besuch Trincomalees sind fraglos die kilometerlangen schneeweißen Strände entlang der nördlich anschließenden Küste. Der insgesamt etwa 5 km lange Uppuveli-Strand beginnt bei Trincomalee und endet an der Salli-Lagune, auf deren anderer Seite das gleichnamige tamilische **Fischerdorf Salli** liegt. Dessen geschäftstüchtige und freundliche Bewohner fahren mit ihren schnellen Booten nicht nur zum Fischfang auf das Meer hinaus, sondern befördern auch Touristen.

Beliebtestes Ausflugsziel ist die unbewohnte **Pigeon Island** (Taubeninsel), die aufgrund der bunten Fischwelt trotz stark beschädigter Korallen zum Schnorcheln einlädt. Hin- und Rückfahrt plus Wartezeit inkl. Schnorchelausrüstung kosten etwa 8000 Rs/Boot. Den gleichen Preis zahlen bis zu vier Personen für eine Bootsfahrt zur Beobachtung von Delphinen, die bevorzugt zwischen Uppuveli und dem kriegsbeschädigten, derzeit leider nicht zugänglichen **Leuchtturm** am Südende der Koddiyar Bay herumspringen. Im August ist zudem die Chance gegeben, Blauwale zu sichten. Nähere Infos u. a. bei Yannam, der sich oft am Strand vor dem Chaaya Blue aufhält, ☏ 071-8977801.

Übernachtung und Essen

Die meisten Unterkünfte liegen im Ortsteil Alles Garden, der sich zwischen der nach Nilaveli führenden Straße und dem Meer

Bella Italia in Uppuveli

Vielen Gästen wird das **Palm Beach Resort** zur festen Adresse für das abendliche Dinner, denn Dona Luca und ihr Team zaubern in ihrem lauschigen Hotel wahre Köstlichkeiten auf den Tisch. Fischgerichte ab 1000 Rs. Ohne Reservierung wird man jedoch wieder weggeschickt. Man kann aber in den 8 AC-Zimmern mit Bad auch sehr gut wohnen. Der Strand ist nur wenige Gehminuten entfernt. 12 Alles Garden, ☏ 026-2221250, ✉ lpalemi@hotmail.com. ❸

Fantasiepreise in der Hochsaison

Seit Kriegsende steigt die Zahl der Besucher an den Stränden von Uppuveli und Nilaveli kontinuierlich an. Besonders während der srilankischen Sommerferien im Juli und August sind die Unterkünfte fast immer ausgebucht. Selbst für schlechte Zimmer werden dann Fantasiepreise verlangt. Einige Reisende beklagen, dass eine rechtzeitige Reservierung „vergessen" wurde, um von Walk-In-Gästen höhere Preise verlangen zu können. Hoffentlich verbessert sich die Situation mit der Öffnung neuer Unterkünfte. Bis dahin sollten nach Möglichkeit diese beiden Monate gemieden werden.

erstreckt. Eine Fahrt mit dem Three-Wheeler von und nach Trinco kostet je nach Distanz 150–250 Rs.

Untere und mittlere Preisklasse

Beach Bangal, 27 Beach Bangal Lane, Alles Garden, ☏ 026-2227599, ✉ sivacbs@hotmail.com. Bungalows mit 7 einfachen, aber netten Zimmern mit Bad, teilweise mit AC. Von der Veranda hat man Meerblick; das Restaurant bietet internationale Gerichte. ❸
French Garden Anton Guesthouse, 170/5 Alles Garden, ☏ 026-3263640. Liegt etwas zurückversetzt an einem Weg zum Strand. Die 6 Zimmer mit Bad sind bescheiden, aber für den Preis in Ordnung. ❶
French Garden Pragash Guesthouse, Alles Garden, ☏ 026-3200397, 071-2672629. Mit Abstand beliebteste Traveller-Unterkunft, was allerdings nicht am unpersönlichen Service liegen kann. Die Strandlage ist jedoch top. Die 18 Zimmer mit Bad sind teils heruntergekommen, teils aber auch freundlich bunt bemalt und einladend. ❷
Golden Beach Cottages, Alles Garden. Das einfache Gästehaus neben dem Silver Beach bietet inmitten eines netten Gartens 10 saubere Zimmer, teilweise mit AC. ❷–❸
Jaysh Beach Resort, 7 (42) Alles Garden, ☏ 026-2224043, 077-6055821. Hinter dem Lotus Park Hotel gelegene Anlage mit schönen Niem-

bäumen. Die 9 Zimmer mit Kaltwasser-Bad sind groß und sauber. 1000 Rs Zuschlag für AC. Ein 100 m langer Pfad führt zum Strand. Weitere 9 Zimmer sind in Planung. ❸

Shivas Beach Resort, 178/32 Alles Garden, ✆ 077-0650832. Das architektonisch wenig ansprechende Strandhotel mit 16 Zimmern mit Bad, die Hälfte davon mit AC, ist für seine bescheidene Ausstattung überteuert. Nettes Restaurant am Beach. Derzeit ist die Tauchschule Dive Sites Lanka hier stationiert. ❸–❹

Silver Beach, 66/12 Alles Garden, ✆ 026-3263750, ✉ silverbeachtrinco@hotmail.com. Das Gästehaus neben dem Chaaya Blue bietet 4 große Zimmer mit Bad und Veranda. Auf Wunsch gibt es AC. Schöner Meerblick, aber saftige Preise. ❸–❹

Obere Preisklasse

Chaaya Blue, ✆ 026-2222307, 2221611, 🖥 www.chaayahotels.com. Mit Abstand schönstes Resort in Uppuveli mit nettem Strandabschnitt und gutem Service. 45 stilvolle Zimmer und Suiten sowie 36 Chalets, alles ansprechend in Weiß und Blau gehalten. Auch der Pool und das Restaurant können sich sehen lassen. ❻–❼

Lotus Park Hotel, 33 Alles Garden, ✆ 026-2225327, 2225328, 🖥 www.lotustrinco.com. In dieser am Strand gelegenen Anlage mit Bungalows und 2-geschossigen Gebäuden plus kleinem Swimming Pool mag das Ambiente etwas unterkühlt sein, aber die 58 AC-Zimmer mit Bad sind sauber und funktionell, wenn auch recht klein. Restaurant mit mäßigem Essen. ❹

12 HIGHLIGHT

Nilaveli

Trendiger als Uppuveli ist der ca. 15 km nördlich von Trincomalee sich erstreckende Nilaveli Beach mit einer zunehmenden Zahl von Resorts. Bereits heute sind die besten Grundstücke am Strand in der Hand großer Hotelketten. Wer nicht nur in der Sonne liegen möchte, kann von hier aus ebenfalls interessante Bootstouren unternehmen, vor allem zum Schnorcheln nach **Pigeon Island** (1800 Rs pro Boot) oder zu den **Coral Garden** (ca. 2500 Rs). Weitere schöne Strände liegen bei **Kuchchaveli** und sind am besten mit dem Boot zu erreichen.

Die Ostküste

In Uppuveli lockt nicht nur der Strand, sondern auch das Fischerdorf Salli.

Übernachtung und Essen

Die günstigeren Unterkünfte befinden sich auf der Höhe des Dorfes Nilaveli (10th Mile Post), die etwas teueren verteilen sich etwa 1,5 km weiter nördlich beim Dorf Errakkandy (11th Mile Post). Derzeit blockiert ein Marinestützpunkt den Strandabschnitt zwischen Shahira- und Nilaveli Beach Hotel. Spaziergänge sind dort verboten. Allerdings soll das Militär in naher Zukunft abziehen. Außerhalb der Hotels gibt es am Strand keine Essensmöglichkeiten. Zu empfehlen sind das **Nilaveli Beach Hotel** und das **Pidgeon Island Beach Resort**.

Untere und mittlere Preisklasse

Coral Bay, 389 Fishermans Lane, ℰ 026-3266196, ▭ www.hotelcoralbay.com. Die familienfreundliche Anlage direkt am Strand liegt einige

hundert Meter südlich des Nilaveli-Dorfes. 10 Zimmer mit Bad und Veranda sowie 8 Suiten. Netter Pool und WLAN. Gutes Preis-Leistungs-Verhältnis. ❸–❹

Nilaveli Garden Inn, 11th Mile Post, ℰ/℮ 026-2232228. Buchung in Deutschland: ℰ 069-24271997, ▭ www.hotel-garden-inn.de. Neben dem Nilaveli Beach Hotel, ca. 200 m vom Strand. Gemütliches Hotel in netter Gartenanlage, bislang ohne Pool. 15 freundliche Zimmer mit Bad, einige mit AC. Guter Service. ❸

Sea View Hotel, 10th Mile Post, ℰ 026-4920016, ▭ www.seaviewlk.com. Etwas klobiger Kasten mit 21 sauberen, angenehmen Zimmern mit Bad. Liegt südlich des kleinen Hindu-Tempels direkt am Strand. Großes Restaurant mit solider Küche. Swimming Pool ist in Planung. Organisiert Bootstouren und Fischfangtrips. ❸

Seaway Hotel, 11th Mile Post, ℰ 077-4150758. Die 2010 eröffnete Anlage soll einmal 4 Cabanas mit je 4 Zimmern und Bad haben. Auch ein Pool ist geplant. Offenes Restaurant direkt am Meer. Macht insgesamt einen guten Eindruck. ❸

Shahira Hotel, ℰ 026-5670276, 071-3090393. Der Abschnitt zwischen dem 100 m entfernten Strand und dem Hotelgelände ist derzeit von der Marine okkupiert. Freundliche Unterkunft mit 20 sauberen Zimmern mit Bad und Veranda, die sich um einen großen Hof gruppieren. Durch die farblich unterschiedliche Abstimmung erhalten sie eine persönliche Note. ❸

Obere Preisklasse

Nilaveli Beach Hotel, 11th Mile Post, ℰ 026-2232295, ▭ www.tangerinehotels.com. Dieses familienfreundliche, weitläufige Resort öffnete bereits 1974 seine Pforten. Nach umfassender Renovierung bietet es derzeit 45 schöne AC-Zimmer mit Bad, einen großen Pool samt Strandlokal sowie ein offenes Restaurant mit leckerem Buffet. Standort des Scuba Diving Centre. ❻

Pigeon Island Beach Resort, ℰ/℮ 026-4920633, ▭ www.pigeonislandresort.com. Gestyltes Strandresort mit Pool, 38 Zimmern und 6 Suiten, 2 Bars und einer Kinderecke für den Nachwuchs. Im schön dekorierten Restaurant werden ebenso optisch ansprechende Gerichte aufgetischt. ❻–❼

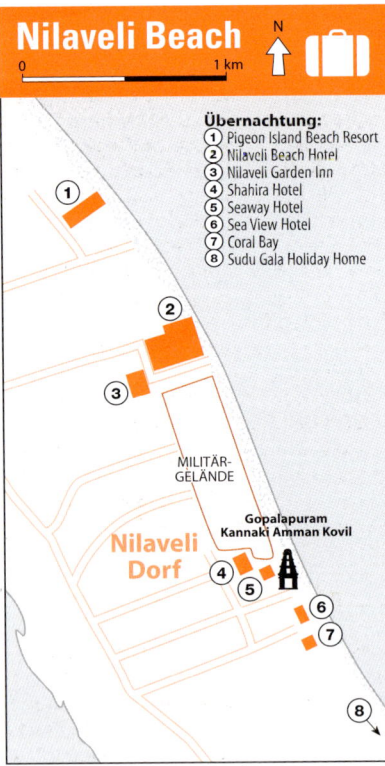

Nilaveli Beach

0   1 km

N

Übernachtung:
1. Pigeon Island Beach Resort
2. Nilaveli Beach Hotel
3. Nilaveli Garden Inn
4. Shahira Hotel
5. Seaway Hotel
6. Sea View Hotel
7. Coral Bay
8. Sudu Gala Holiday Home

MILITÄR-GELÄNDE

Gopalapuram
Kannaki Amman Kovil

Nilaveli Dorf

Die Ostküste

Sudu Gala Holiday Home, ☎ 071-7361724, 🖥 www.sg-holdings.net. Privater geht es nicht: Das freundliche Gästehaus am Südende des Nilaveli Beach mit derzeit 2 stilvollen Zimmern plus Wohnraum und Küche kann für 10 000 Rs/Tag komplett gemietet werden. ➐

Transport

Zwischen TRINCOMALEE/UPPUVELI und Nilaveli verkehren zahlreiche private und öffentliche **Busse**. Die meisten fahren weiter bis nach Kuchchaveli. Eine Three-Wheeler-Fahrt von Trinco aus kostet um 700 Rs, von Uppuveli 500 Rs.

Tiriyai

Mit Verbesserung der Straßenverhältnisse wird der Ausflug zur buddhistischen Ruinenstätte **Girihandu Vatadage** sicherlich zum Standardprogramm gehören. Derzeit ist die Fahrt von Nilaveli zum 35 km nordwestlich gelegenen Dorf Tiriyai noch ziemlich strapaziös. Zu sehen sind im Westen des Dorfes die auf einer Anhöhe gelegenen Reste eines Reliquienhauses (Vatadage): eine erhöhte runde Plattform mit zwei konzentrischen Säulenreihen, die einen Dagoba umgeben. Vom Dagoba ist jedoch nur noch die Basis erhalten. Umso eindrucksvoller sind die Wächtersteine seitlich der vier Treppenaufgänge mit feinen Darstellungen von Naga-Königen. Zu sehen sind zudem Mondsteine und Opferaltäre. Datiert wird die Anlage anhand einer Inschrift ins 8. Jh., doch Brahmi-Inschriften in einer nahe gelegenen Grotte lassen darauf schließen, dass es wohl bereits um die Zeitenwende hier ein buddhistisches Heiligtum gab.

Mit dem Girihandu Vatadage wird die Geschichte der beiden Kaufleute Tapussa und Bhallika in Verbindung gebracht. Sie stammt aus dem Mahavagga, einer zum Palikanon gehörenden Schrift, und ist auch in Birma bekannt. Dort ist sie Bestandteil der Entstehungslegende der berühmten Shwedagon-Pagode in Yangon. Die beiden Händler hatten sich mit einem Schiff nach Indien aufgemacht. Aufgrund einer Weissagung kamen sie zu Buddha, der die vierte Woche nach seiner Erleuchtung unter einem Rájáyatana-Baum meditierte. Sie boten ihm Reisbrei und Honigkuchen an, lauschten seiner Lehrrede und wurden daraufhin zu seinen ersten Laienanhängern. Der Erleuchtete überreichte ihnen einige seiner Haare. Nach ihrer Rückkehr landeten sie unweit von Tiriyai. Als sie den Reliquienbehälter auf einer Anhöhe abstellten und nicht mehr fortbewegen konnten, sahen sie dies als besonderes Zeichen und erbauten dort einen Stupa.

Maduru Oya-Nationalpark

Wie fast alle Naturschutzgebiete im Bereich der Ostküste war auch der entlegene, 1983 gegründete Maduru Oya-Nationalpark wegen des Bürgerkriegs lange geschlossen – und wird bis heute nur von wenigen Touristen besucht. Fast 20 % seiner Fläche bestehen aus insgesamt fünf Wasserbecken, von denen das **Maduru Oya Reservoir** das mit Abstand größte ist. Im Südwesten gibt es einige felsige Berge, die bis zu einer Höhe von fast 700 m aufsteigen. Viele tiefer liegende Flächen des Nationalparks wurden früher für den Brandrodungs-Feldbau genutzt, doch inzwischen hat sich die Natur weitgehend erholt, indem diese Wunden der Zivilisation mit Grasflächen und Büschen zugewuchert sind. Es ist sogar geplant, einen Verbindungs-Korridor zum südlich gelegenen Gal Oya-Nationalpark zu schaffen. Bevölkert wird diese Region von einer üppigen Vogelwelt, aber auch von Elefanten, Affen oder eher selten zu beobachtenden Bären und Leoparden.

Der Zugang zum Park erfolgt zumeist über das 14 km östlich von **Polonnaruwa** (hier werden für US$50–60 Tagestouren angeboten) an der Nationalroute A 11 gelegene Dorf **Mannampitiya**, von wo es in Richtung Süden noch rund 25 km bis zum Parkeingang sind. Aus Süden erfolgt der Zugang über **Dambana**, einem Dorf der Vedda.

Kalkudah und Passekudah

Sie werden gern als schönste Strände Sri Lankas gerühmt und sollen ihrer einstigen Rolle als grandiosem Badeziel bald wieder gerecht werden. Denn während des Bürgerkriegs und danach suchte man hier nach Urlauber-Unterkünften

Wohnen bei Victoria

Obwohl die neuen Großhotels jede Menge Komfort versprechen, wird sich auch weiterhin das in unmittelbarer Nähe der beiden Badebuchten von Kalkudah und Passekudah liegende **Simla Inn**, Valaichenai Rd., ☎ 077-9265506, ✉ simlainn@yahoo.com, als Unterkunft empfehlen. Bereits 1980 gegründet, hat es – unter Leitung der 66-jährigen Mrs. Victoria und direkt am Strand gelegen – als einzige Unterkunft der Region die Jahre des Bürgerkriegs überlebt, um nach dem Tsunami im Hinterland neu zu entstehen. Die Anzahl der in zwei blauen Bungalows liegenden 4 Zimmer, davon 1 AC, soll sich alsbald vervierfachen. Exzellente Hausmannskost gilt hier als Ehrensache. ❷–❸

vergebens. Das jedoch war an den legendären, sich rund 180 km südlich und 30 km nördlich von Batticaloa an die Küste schmiegenden Badebuchten von Kalkudah und Passekudah nicht immer so gewesen. Anfang der 1980er-Jahre zog es scharenweise Besucher an die 2 km bzw. 4 km langen, flachen und deshalb besonders für Kinder geeigneten Strände, deren vorgelagerte Korallenriffe stets für kristallklares Wasser und geschützte Badefreuden sorgten. Mehrere große Strand-Resorts, private Gästehäuser und Restaurants garantierten unbeschwerte Badefreuden.

Doch die politischen Unruhen bewirkten die Aufgabe und Zerstörung sämtlicher Urlauber-Einrichtungen, die vielversprechende Namen wie „Imperial Ocean", „Sun'n Sea" oder „Sun'n Fun" trugen. 1987 gab es nur noch ein einziges Guesthouse (s. Kasten). Die aufgegebenen Gebäude wurden geplündert und verfielen, bevor die Überreste von den Tsunami-Flutwellen endgültig bis auf Grundmauern, Fundamente und Ziegelschrott dezimiert wurden. Einen Versuch, den Tourismus wiederzubeleben, gab es bereits während des kurzen Waffenstillstands von 1995. Doch daraus wurde nichts, und auch seit 2002 waren es lediglich einheimische Wochenend-Urlauber, die hier Strand- und Badefreuden genossen und allenfalls in spartanisch-provisorischen Unterkünften nächtigten.

Nun jedoch gleichen die beiden Buchten einer Großbaustelle. Während die Sandstrände wenig einladend wirken, verraten Bautafeln erste Einzelheiten über das von der Regierung konzipierte „National Holiday Resort Passekudah" oder als privates Investment geplante Resorts wie das neue „Nilahkuda Resort & Spa" oder das „Maalu Maalu Resort & Spa", während das Mega-Projekt von Aitken Spence offenbar vorerst noch ein gut gehütetes Geheimnis bleiben soll. Urlauber, die sich künftig in diesen Strandhotels einquartieren wollen, dürften sich quasi wie auf einer Insel fühlen – zumal sich in der unmittelbaren Umgebung keinerlei Attraktionen finden.

Batticaloa

Als zweitgrößte Stadt der Ostküste liegt Batticaloa an der landesweit größten Lagune. Diese ist durch zwei Mündungen mit dem Meer verbunden und erstreckt sich über 54 km parallel zur Küste. Zwischen **Chenkaladi** im Norden und **Kalmunai** im Süden ist die Lagune auf ihrer gesamten Länge mit Booten befahrbar. Das Zentrum der von westlichen Touristen bisher kaum besuchten Stadt liegt auf einer Insel, die über Brücken erreicht werden kann. Die Kallady-Brücke stammt von 1948 und soll künftig nur dem Eisenbahnverkehr dienen, sobald mit chinesischer Hilfe ein Neubau entstanden ist.

Die Entwicklung der knapp 100 000 Einwohner zählenden Küstenstadt, die im Volksmund gern als „Batti" abgekürzt wird, blieb im Vergleich zum knapp 140 km nördlich liegenden Trincomalee stets weit zurück, da der dortige Naturhafen erheblich günstigere Bedingungen zu bieten hat. Doch lebt auch diese Stadt von ihrer zentralen Küstenlage und dem hier noch reichhaltigen Fischfang sowie dem Anbau von Reis und Kokosnüssen und von der Viehwirtschaft. Die Bevölkerung besteht aus einer Mischung von Hindus (meist Reisbauern), Christen (meist Fischer) und Muslimen. Die Tamilen hatten sich hier schon früh angesiedelt und den Ort Madakala Puwa („sumpfige Lagune") genannt. Batticaloa war die erste Region, an der die Holländer 1602 den Boden Sri Lankas betraten. Im Auftrag der Könige von Kandy versuchten sie, die Portugiesen zu

0 _____ 50 km

vertreiben, was ihnen 1638 unter Admiral Coster schließlich auch gelang. Später aber übernahmen sie die Stadt selbst – unter dem Vorwand von nicht bezahlten Kriegsschulden – und bauten die in Koddamunai (tamilisch: „Landspitze mit Fort") gelegene Festung aus.

1795 ergaben sich die Holländer nach einer dreiwöchigen Schlacht den Briten, die später unter anderem die Straße nach Kandy bauen lie-

ßen. Nach 1983 fungierte Batticaloa neben Jaffna als zweite Hochburg der LTTE, bis die Regierungsarmee die Stadt 1991 in einem Handstreich eroberte: Die Rebellen wurden von dem Angriff völlig überrascht, zumal sie sich hier – schließlich befand sich ja auch die gesamte Umgebung in ihrer Hand – absolut sicher gefühlt und sogar schon damit begonnen hatten, ihre eigenen Denkmäler zu errichten. Eines davon findet sich

Lagune mit Leuchtturm

Ein reizvoller Ausflug kann zum Leuchtturm von Batticaloa führen, der rund 5 km vom Zentrum an der Lagune bzw. in Meeresnähe liegt. Wer das 1913 errichtete Bauwerk besteigen möchte, sollte schwindelfrei sein, denn der Aufstieg erfolgt über die Eisenleitern im Inneren – wird jedoch mit einem herrlichen Ausblick belohnt. Den Schlüssel zum Turm verwalten die Männer, die zwischen den grünen Pavillons am Ufer warten, um mit ihren 4 überdachten Ausflugsbooten beschauliche Fahrten über die 48 m² große Lagune anzubieten (z. B. Rajan, ☎ 077-6071122, 1 Std. 2000 Rs). In die Sichtweite an der Mündung liegenden, herrlichen Strände locken zum Baden, die weitläufige Lagune selbst jedoch weniger – zumal sie von Krokodilen bevölkert wird.

noch heute – wohl kaum ein Besucher wird es erahnen – als Hauptbestandteil des heutigen Uhrturms.

Hauptattraktion von Batticaloa sind die wundervollen, langen und fast menschenleeren Strände, die sich in der näheren und ferneren Umgebung finden. Ein Besuch lohnt sich aber auch wegen des historischen, gut erhaltenen Forts, das 1628 von den Portugiesen erbaut und von den Holländern übernommen worden war – sowie natürlich auch wegen der „Singenden Fische" (s. Kasten, S. 454).

Die Anreise von Colombo kann über eine nördliche Route bzw. Kandy und die Berge (rund 320 km, streckenweise überlastet) erfolgen oder über die südlich verlaufende Nationalstraße A 4 bzw. Ratnapura und Pottuvil (360 km, teilweise bessere und weniger kurvenreiche Straße), wobei im Idealfall jeweils mit einer Fahrtzeit von rund 6 Std. zu rechnen ist.

Orientierung und Sehenswertes

Die Stadt untergliedert sich in insgesamt drei Hauptteile. Wer aus Kalmunai kommt, gerät zuerst nach Kallady und bei einer östlich-westlichen Überquerung der Kallady-Brücke nach Koddamunai, wo auch der Bahnhof liegt. Die Koddamunai-Brücke indes führt weiter in den südlichsten Stadtteil, der mit seinen Banken und der Busstation als Geschäftszentrum gilt.

Insgesamt hat Batticaloa den Bürgerkrieg überraschend gut überstanden. Es gibt recht stattliche Kirchen, das graziöse St. Michael's College und sogar noch einige Kolonialvillen. Als besonders dominant erscheinen die hinduistischen Tempelanlagen: Anders als es ihre Aura oft vermuten lässt, stammen sie jedoch ausschließlich aus neuerer Zeit und sind daher ohne größeren, kunsthistorischen Wert.

Eindrucksvollstes Monument ist mit Abstand das gut erhaltene, malerisch wirkende **Fort** mit seinen wuchtigen, 6 m dicken Felssteinmauern und trutzigen Eckbastionen, Wassergräben und Bunkerkuppeln. Das Haupttor wird von zwei rostigen Kanonenrohren geziert, während sich im Inneren eine historische Steinmetzarbeit mit der Jahreszahl 1682 findet bzw. das „VOC" der einstigen holländischen „Vereenigde Oostindische Compagnie". Im Bürgerkrieg durfte die historische Befestigungsanlage nicht besichtigt und fotografiert werden, da sie wichtiger Stützpunkt der Armee und Hauptquartier der 233. Brigade war. Heute beherbergt das Fort zahlreiche Behörden.

Die wichtigste Sehenswürdigkeit Batticaloas aber ist vielmehr eine „Hörenswürdigkeit" und besteht in einem Konzert der legendären „**Singenden Fische**" (s. Kasten S. 454).

Übernachtung

Die Unterkünfte sind über den ganzen Ort verteilt und verfügen meist über ein eigenes Restaurant, in dem das Abendessen rechtzeitig vorbestellt werden sollte.

Bestes Haus am Ort

Das bereits vier Jahrzehnte alte, aber nach umfassender Renovierung 2008 neu eröffnete **Rest House**, Brayne Drive, ☎ 065-2227882, ☎ 2227881, gilt als bestes Haus der Stadt. Es verwöhnt mit seiner wunderbaren Lage direkt am Fort, traumhaftem Ausblick und 11 sauberen Komfort-Zimmern. Das ansprechend konzipierte Gebäude verfügt über ein Restaurant, ⏱ 7–9.30, 12.30–14.30 und 19.30–22.30 Uhr, und eine Bar mit Alkoholverkauf.

Batticaloa

N

0   500 m

Kumara Kovil Rd.No.1

Cemetery Road

Tavern Rd.

Sinna Uppodai Rd.

Uppodai Kuda Road

Uppodai Lake Road

Chandra Lane

Rosairo Lane

Bharathi Lane

Bahnhof

Bar Road

Bailey Cross Rd.

Bailey 3rd Cross St.

Station Cross Rd.

New Road

Bailey Rd. No. 2

Übernachtung:
1 Riviera Resort
2 Bridge View Hotel
3 Subaraj Inn
4 Rest House

Trincomalee Road

Aerons Lane

Cyril Lane

Fatimagiri Lane

Boundary Road

Station Road

Thamarakerni Cross Rd.

Thamarakerni Rd.

Wanigasinghe St.

St. Sebastian St.

New Kalmunai Rd.

Kallady-Brücke

Kannagiamman Road

Church of our Lady of Sorrow

Boundary Rd.

Arunagiri Rd.

Dias Lane

Lloyd's Avenue

Olive Lane

1

2

Wesleyan Church

Bar Road

Pioneer Road

$

Polizei

Old Rest House Rd.

Goldsmith St.

Fisher's St.

St. Sebastian Church

1
2

Essen:
1 Sunshine Bakery
2 Sunshine Fast
3 Lake View Inn

Sonstiges:
1 Food City

Transport:
1 Busstation
2 Busstation (privat)

Thomas Lane

3

3

MARKT

Buddhistischer Tempel

Collette's Lane

Climber Lane

Climber St.

Eliza's Lane

Lady Manning Drive

Koddamunai Brücke

1

Munai St.

No. 1

St. Anthonys St.

2

Customs Rd.

Bazaar St.

Main St.

BIBLIOTHEK

Court House Rd.

GERICHT

Fort

EINGANG

Lake Road

Guntings Lane

Up Stair Rd.

Stoners Lane

$

Advocate's Rd.

$

St. Mary's Pro-Kathedrale

St. Michale's St.

St. Mary's St.

Moor St.

Amen Corner

Fort Rd.

Fort Rd.

4

STADTHALLE

New Vanniah's Lane

Vanniah's Lane

Covington Rd.

Makiladi Rd.

Notarys Rd.

Tamarin Rd.

Green St.

Casie St.

Love Lane

Children's Park

Brayne Drive

Esplanade Lake Road

Suriya Lane

Hospital Lane

Gefängnis

Temple Lane

2rd Cross Street

Central Rd.

Hospital Road

Esplanade

KRANKENHAUS

Mathews Rd.

3rd Cross St.

Reservoir St.

Adlgar Rd.

Mudaliar St.

Muhandiram Rd.

Die Ostküste

Speisen im Oktaeder

Im Herzen des **Bridge View Hotel** bzw. einem Oktaeder-Pavillon lockt ein von einem kleinen Ziergraben umrahmtes AC-Restaurant mit großen Rundtischen. Hier findet sich die wohl beste Speisekarte Batticaloas, die auch einige westliche Gerichte umfasst. Pommes kosten 250 Rs, Currys 100–500 Rs, Tintenfisch mit Zwiebeln 400 Rs und gemischte Seafood-Platten 950 Rs. 63/24, ⏱ 7–24 Uhr.

Bridge View, Kallady, New Dutch Bar Rd., ☎ 065-2223723, 🖥 www.hotelbridgeview.com. Nicht weit vom Riviera Resort bzw. 50 m von der Lagune und 200 m vom Strand, bietet dieses beliebte Hotel 21 Zimmer, davon zwei Drittel mit AC zum doppelten Preis. Die 12 Zimmer im Neubau von 2005 zählen zu den besten am Ort. ❶–❷

Riviera Resort, Kallady, New Dutch Bar Rd., rund 1,5 km von der Stadt entfernt, ☎ 065-22221645, 23447, 22165, 🖥 www.riviera-online.com. Seit den 1980er-Jahren eines der ersten Hotels. Der freundliche Manager Mr. Shiromian bietet 15 ganz unterschiedliche Zimmer, davon 9 AC und 1 Honeymoon (1000 Rs) auf dem Wasserturm. Am schönsten sind Nr. 19 und Nr. 20 (3500–4500 Rs). Die Zimmer mit Lagunenblick sind oft durch NGOs oder Diplomaten belegt. 5 ha große Gartenanlage mit einfachen Sitzbänken am Ufer, von wo sich ein Blick auf die große Brücke eröffnet. Vermietung von Ruderbooten. ❷–❸

Subaraj Inn, 6/1 Lloyds Ave., ☎ 065-2225983, ✉ subaraj_inn@yahoo.com. Günstiges, betriebsames Hotel mit populärem Restaurant. 19 saubere, große Zimmer, davon 16 mit AC und 2 mit Gemeinschaftsbad. ❷

Essen

Lake View Inn, 6B Lloyds Ave., ☎ 065-2222339. Als Unterkunft mit 5 schmuddeligen Zimmern weniger empfehlenswert, doch das hoteleigene Restaurant ist günstig und verfügt über eine Bar mit Alkoholverkauf. Netter Ausblick auf die Lagune, besonders zum Sonnenuntergang. ⏱ 6–22 Uhr.

Sunshine Bakery, 136 Trinco Rd., ☎ 094-6525159. Zentral gelegen und empfehlenswert, um sich mit einer Vielfalt an landestypischen, sehr leckeren Backwaren zu versorgen. ⏱ 5.30–23 Uhr.

Musik aus dem Meer

Böse Zungen behaupten, dass die Bewohner von Batticaloa diese Sehenswürdigkeit erfunden hätten, da ihre Stadt sonst keine Touristen-Attraktionen zu bieten hat. Doch die weitverbreitete Legende von den „**Singenden Fischen**" entpuppt sich als reales Phänomen: Zwischen April und September sowie am besten in Vollmondnächten und besonders deutlich von der Mitte der Kallady-Brücke zu vernehmen, dringen sieben verschiedene, fein klingende Töne aus den Tiefen der Lagune – und erinnern an jenes Geräusch, das beim sanften Streichen einer Violinensaite oder beim Reiben eines feuchten Fingers am Rand eines Glases entsteht.

Es gibt einige Erklärungen, die das Mysterium aber bis heute noch nicht befriedigend enträtseln konnten: Unter anderem wird darüber spekuliert, dass die hier reichlich vorhandenen Katzenfische in irgendeiner Weise dafür verantwortlich sein könnten, indem sie ihre Flossen aneinander reiben oder Ortungssignale aussenden. Etwas plausibler allerdings klingt die Theorie, dass die Töne von den leeren Schalen der Mollusken – sie zählen zur Gruppe der wirbellosen Tiere – erzeugt werden könnten. Denn diese liegen hier in Massen auf dem Lagunengrund und sind in Vollmondnächten einer besonders starken Meeresströmung ausgesetzt.

Die Einheimischen erzählen gern, dass man zum Hören der Singenden Fische lediglich das Ohr an ein Ruder legen muss, wenn dieses ins stille Wasser getaucht wird. Wahrscheinlich nicht zuletzt aus geschäftlichem Interesse, denn immerhin müssen dafür ja auch ihre Boote (ca. 200 Rs bei 2 Pers.) angemietet werden …

Sunshine Fast, 315 Trinco Rd., ☏ 065-7200304. Erst 2010 eröffnet, aber bereits unverzichtbar. Gehört mit seinem Buffetverkauf und Take away, Hotline ☏ 065-7429900, zur schräg gegenüber liegenden Sunshine Bakery. Einheimische, indische und chinesische Speisen für 120–250 Rs, Seafood-Gerichte ab 250 Rs. ⏰ 6–21 Uhr.

Sonstiges

Geld
Die **Bank of Ceylon** an der Covington Rd., im Süden der Busstation, und die an der Bar Rd. liegende Commercial Bank verfügen über einen Geldautomaten.

Internet
Zugang zum Internet sowie Geldtransfers mit Western Union ermöglicht **Riviera Enterprises**, 19 Boundary Rd., ☏/✆ 065-222 3447, ✉ riviera@sltnet.lk, ⏰ tgl. außer So 8.30–18 Uhr.

Transport

Taxis
Charter-Taxis nach COLOMBO kosten rund US$120–140, nach TRINCOMALEE US$80–90 und nach POTTUVIL/ARUGAM BAY US$70–80.

Three-Wheeler
Aufgrund der in dieser Stadt eher selten verfügbaren Three-Wheeler und der damit zusammenhängenden Preistreibereien sollte man sich die gewünschten Transfers am besten gleich von der Unterkunft organisieren lassen. Die Charter für einen halben Tag liegt bei 700 Rs, für einen ganzen Tag bei 1300 Rs und für einen Transfer nach Pottuvil/Arugam Bay bei US$40–50.

Busse
Die **Busstation** von Batticaloa liegt fast mitten im Zentrum. Meist gibt es tgl. zwei bis drei Busse nach COLOMBO (300 km, 8 Std.), BADULLA (167 km, 5 1/2 Std.), POTTUVIL/ARUGAM BAY (106 km, 4 1/2 Std.) und TRINCO-MALEE (138 km, 3 1/2 Std.).
Häufiger werden die wesentlich kürzeren Verbindungen nach POLONNARUWA (95 km, 2 1/2 Std.), Kalmunai (30 km, 1 1/2 Std.) und

Zugfahrplan

Zug Nr.	12	80		
Batticaloa	7.45	20.15		
Polonnaruwa	9.54	22.21		
Gal Oya*	10.42	23.06		
Colombo-Fort	15.40	4.52		

Zug-Nr.	81**	11**	79	83**
Col-Fort	6.05	10.30	19.15	21.00
Gal Oya	12.00	15.06	0.24	3.00
Polonnaruwa	13.02	16.08	1.18	4.29
Batticaloa	15.35	18.30	3.27	7.20

* für Trincomalee in Gal Oya umsteigen!
** für Batticaloa in Gal Oya umsteigen!

Valachchenai (30 km, 1 1/2 Std.) bedient. Wer mit dem Bus nach KANDY gelangen will, muss bisher noch unterwegs umsteigen.

Eisenbahn
Nachdem der Schienenweg zwischen Batticaloa und Valachchenai erst Anfang 2003 wieder in Betrieb genommen werden konnte, gibt es für Ticketpreise von 300–900 Rs tgl. zwei Züge über POLONNARUWA nach COLOMBO. Zugfahrplan s. Kasten.

Flüge
Jeden Dienstag hebt **Helitours**, ☏ 011-3144944, 3144244, ✉ slafhelitours@yahoo.com, mit einem Hubschrauber für 6100 Rs p. P. um 14 Uhr von Batticaloa nach COLOMBO (Ratmalana) ab, von Ampara um 14.30 Uhr kostet es 5600 Rs (Abflug von Colombo jeweils 8 Uhr morgens).

Ampara

Als größere Distriktstadt liegt Ampara nicht direkt an der Küste, zählt aber – rund 300 Straßenkilometer von Colombo und 90 km von Arugam-Bay entfernt – zu den wichtigsten **Verkehrsknotenpunkten** der Region und wird oft von Reisenden durchquert, die zum **Gal Oya-Nationalpark** oder zu den Stränden der Ostküste unterwegs sind. Die Stadt im Tal des Gal Oya wurde zwar schon im 10. Jh. gegründet, doch ist aus den vergangenen Jahrhunderten kaum etwas erhalten – wie nicht zuletzt auch ein Besuch des kleinen, spärlich bestückten **Stadtmuseums** beweist.

Seine wichtigste historische Bedeutung gewann Ampara als Ausgangspunkt für das größte Entwicklungsprojekt in der Geschichte Sri Lankas. Wegen der Unzuverlässigkeit des Nordostmonsuns entstand zwischen 1949 und 1951 vor den Toren der Stadt der mit einer Fläche von 78 km^2 größte Stausee des Landes, der für die Bewässerung der umliegenden, ausgedehnten Reiskulturen sorgt. Benannt wurde der **Senanayake Samudra** (*samudra* = Meer) nach dem ersten Premierminister Sri Lankas. Der Stausee kann nur von Ampara aus über den rund 20 km westlich von Ampara liegenden Ort **Inginiyagala** angefahren werden, der am Ostende des Sees liegt.

Als kulturelle Sehenswürdigkeiten der Region finden sich die Tempelruinen von **Digayapi** (s. Kasten S. 461) oder auch die rund 20 km nordwestlich liegenden **Hamangala-Höhlen** von **Bandaraduwa**, die einst von den Vedda bewohnt worden waren, wovon einige erhaltene Inschriften und Wandmalerein künden.

Ampara zählt zu den wichtigsten Stützpunkten der 1993 gegründeten Hilfsorganisation **Sewalanka Foundation**, 🖳 www.sewalanka.org, die unter anderem zahlreiche Projekte für nachhaltigen Tourismus an der Ostküste ins Leben gerufen hat, vor allem im Bereich der Arugam Bay (s. Kasten S. 470: Nachhaltige Touren).

Übernachtung und Essen

An der Senanayake Veediya, der aus Richtung Westen kommenden Hauptstraße des Orts, befinden sich mehrere Banken und Geldautomaten. Die meisten Unterkünfte indes liegen eher dezentral.

Aririawan Rest, 1st Ave. (Nawagampura Rd.), ✆ 063-2223801. Gehört seit 2002 zu den besseren Unterkünften der Stadt. 30 gefliese, saubere Komfort-Zimmer mit guten Warmwasser-Bädern und meist auch AC. ❷ – ❸

Chinese & Western Food Court, Gabada Rd., ✆ 063-2222215, 🖳 www.wcfchotel.com. Unter diesem Namen findet sich östlich der Stadt und inmitten einer hübschen Gartenanlage seit 1999 nicht nur das populärste Restaurant am Ort – mit Hauptspeisen zu rund 500 Rs und Mittags-

buffet für 350 Rs, ☉ 10–15 und 18–23 Uhr, sondern auch das schönste Hotel am Ort. Die 10 AC-Zimmer sind in bunten Farben wie Orange oder Grün gehalten, während originelles Mobiliar erfreut. Sie haben zwar keine AC, aber lauschige Balkons sowie Sat-TV, DVD-Geräte und Internet. ❸ – ❹

Monty Hotel, C 32, 1st Ave., ✆ 063-2222169, 🖳 www.montyhotel.com. Rund 10 Min. vom Zentrum und seit 1989 die größte, zweitbeste Unterkunft der Stadt. 45 akzeptable, aber nicht gerade günstige AC-Zimmer in 4 Kategorien. Neuerdings gibt es sogar ein Schwimmbad. Das Hotel und dazugehörige Restaurant sind beliebt bei NGOs. ❸ – ❺

New City Food Cabin, Senanayake Rd. Zählt zu den besten Imbiss-Restaurants im Bereich des Uhrturms im Zentrum. Sauber und preisgünstig, abends *Kotthu Roti.* ☉ 9–19 Uhr.

Rest House, Dutugemunu Rd., am westlichen Stadtrand gelegen, ✆ 063-2223612. 7 sehr einfache, spärlich möblierte und teilweise etwas muffige Zimmer mit Ventilator als Familien-Unterkünfte mit jeweils 5 Betten. ❶

Transport

Der **Busbahnhof** liegt in Nähe des Uhrturms. Von 16–20 Uhr starten tgl. private Busse nach COLOMBO (ca. 10 Std.), aber auch zwei staatliche. Morgens gegen 7 Uhr gibt es eine Verbindung über Polonnaruwa und Habarana nach TRINCOMALEE (9 Std.).
Zwischen 6.30 und 13.30 Uhr fahren alle 45 Min. AC-Busse nach KANDY (4 1/2 Std.), aber auch nicht klimatisierte (6 Std.).
Auf der Strecke nach Pottuvil/Arugam Bay wird in Akkaraipattu umgestiegen, nach Batticaloa in Kalmunai. Hubschrauber von Helitours, s. Batticaloa.

Gal Oya-Nationalpark

Der riesige Stausee **Senanayake Samudra** und weite Gebiete des Umlands, das vorwiegend aus hohem Grasland und zu einem Drittel aus Regenwald besteht, bilden seit 1954 den Gal Oya-Nationalpark. Benannt wurde das 259 km^2 große Naturschutzgebiet nach dem 110 km langen Fluss **Gal Oya**. Durch den rund 50 km von der Küste gelegenen Nationalpark gibt es kaum Wege und keinerlei Straßen. Elefantenherden (vor allem von März bis Juli), Wasserbüffel und Vogelschwärme lassen sich am besten aus kleinen Motorbooten mit bis zu 15 Plätzen beobachten, mit denen zumeist von **Inginiyagala** (rund 22 km westlich von Ampara) am Staudamm gestartet wird. Dort befindet sich auch das Parkbüro, wo für den Zutritt 1200 Rs entrichtet werden müssen, etwa genauso viel wie für die hier üblichen, zweistündigen Bootstouren.

Zur Übernachtung stehen im Osten des bisher nur wenig besuchten Nationalparks einige staatliche Bungalows und ein Campingplatz zur Verfügung, doch empfiehlt sich das „Safari Inn Hotel" mit fünf teilweise recht netten,

750 Rs teuren Zimmern in der Nähe des Parkeingangs, ☏ 063-2242147 oder 011-2693189 (Büro/Colombo).

Monaragala und Umgebung

Durch dünn besiedeltes, waldreiches und von weitläufigen Plantagen begrüntes Gebiet führt die Nationalroute A 4 nach Monaragala. Eindrucksvoll vom 1111 m hohen Hausberg **Peacock Rock** mit seiner Spitze aus runden Felsen überragt, bildet es den wichtigsten, verkehrstechnischen Schnittpunkt zwischen dem Hochland, der Ost- und der Südküste. Die kleine, sympathische Distrikt-Hauptstadt verfügt zwar selbst über keine Sehenswürdigkeiten, bietet sich jedoch als

Reizvolle Küstenstrecke

Wer die Siedlungsgebiete an der Ostküste durchfährt, bekommt nicht nur allerlei Ruinen zu sehen, sondern wird sich auch über die abweisend wirkende Einfriedung zahlreicher Grundstücke wundern: Teilweise sind sie noch immer – als Folge des Tamilen-Konflikts – durch Stacheldraht und schäbig wirkende Wellblech-Wände abgegrenzt, die bis zur Augenhöhe reichen und offenbar jede Sicht auf die Behausungen nehmen sollen. Andernorts fallen im Rahmen von internationalen Hilfsprojekten errichtete Siedlungen auf, die für die Überlebenden des Tsunami konzipiert wurden.

Das krasse Gegenteil dazu bieten die Impressionen außerhalb der Ortschaften: Die Küstenstrecke der **Nationalroute A 4 von Batticaloa nach Kalmunai** (und teilweise auch darüber hinaus in Richtung Ampara oder Pottuvil) ist vor allem in der Regenzeit von besonderem landschaftlichem Reiz. Das einst schmale, an den Rändern stark ausgefranste Asphaltband wurde in den vergangenen Jahren zu einer zweispurigen Straße ausgebaut. Über aufgeschüttete Dämme geht es von Horizont zu Horizont durch eine faszinierende **Amphibien-Landschaft** aus weitläufigen **Lagunen** mit kleinen Holzbooten, von Wasserhyazinthen, Seerosen oder Linsen bedeckten

Wasserflächen, sumpfigen **Mangrovenwäldern** und grünen **Reisfeldern**.

In den Monaten des Monsuns ergießen sich die weitläufigen Lagunen unter Straßenbrücken hindurch mit starker Strömung eindrucksvoll in die tosenden Meeresfluten, während Fischer von der Fahrbahn aus ihr Glück mit feinmaschigen Wurfnetzen versuchen. Da die Region relativ arm an Bäumen ist, empfiehlt es sich stets, einen Blick hoch zu den Strommasten und -leitungen zu werfen, die von vielen Eisvögeln oder auch mal jungen Adlern als Ruheplatz genutzt werden.

Zudem bieten sich auf der Strecke – vor allem in der Trockenzeit – zahlreiche Badestopps an, zu denen endlos lange, völlig unverbaute und menschenleere Sandstrände locken. Wer bei **Kalmunai** in die Meeresfluten steigt, sollte mal im „London Guest House" vorbeischauen. Es liegt nicht weit vom Strand und verfügt über einen lauschigen Innenhof mit Baum, unter dem man sich unter anderem mit kleinen, frisch gebrutzelten Fischen für 50–80 Rs stärken kann, ⏰ 10–22 Uhr. Wer mag, kann hier sogar in einem der 6 einfachen, aber akzeptablen AC-Zimmer übernachten. No. 103, Rest House Road, ☏ 067-2224525. ❷

Die Schönheit Sri Lankas endet nicht an seinen Küsten, sondern setzt sich mit einem Wunderland unter der Wasseroberfläche fort. Mittendrin finden sich über 300 Schiffswracks – als geheimnisvolles Vermächtnis von mehr als 2000 Jahren Seefahrtsgeschichte. Noch heute werden immer neue Wracks entdeckt, zumal nicht zuletzt die der Insel vorgelagerten Korallengürtel so manchem Schiff zum Verhängnis geworden sind. Einst nur ein Abenteuer für Schatzsucher, ist Wracktauchen rund um Sri Lanka heute eher etwas für moderne Meeresarchäologen, die auch – ganz im Sinne von Tauch-Touristen – die Bewahrung der gesunkenen Schiffe und deren Schätze im Auge haben.

Schiffsfriedhof bei Hikkaduwa

Zu den interessantesten Funden vor der Südküste gehört ein Kriegsschiff mit 20 Kanonen, das mehrere hundert Kilogramm Silbermünzen aus dem Jahr 1703 an Bord hatte. Diese konnten in einwandfreiem Zustand gehoben werden und sind heute teilweise im Washingtoner Smithsonian Institute zu bewundern. Allein vor dem beliebten Badeort Hikkaduwa finden sich 20 Wracks, die sich mit kurzen Bootsfahrten erreichen lassen. Darunter der 1893 versunkene britische Stahlrumpf-Viermaster *Earl of Shaftsbury* und die *Conch*, die mit ihrem Dampfantrieb einer der weltweit ersten Öltanker gewesen ist, 1903 einen Felsen rammte und sich gut erhalten auf dem Meeresgrund findet – wie auch das moderne Frachtschiff *Lord Nelson*, das mit seiner Zementladung im Jahr 2000 bei einem Sturm sank.

Als einer der wenigen Schiffsriesen, die für Sporttaucher erreichbar sind, zählt die *H. M. S. Hermes* zu den wichtigsten und faszinierendsten Wrack-Tauchzielen der Welt: Am 9. April 1942 wurde der 10 850 Brutto-Register-Tonnen große Flugzeugträger in der Nähe von Batticaloa von 70 Flugzeugen der japanischen Luftwaffe gestellt und mitsamt seinem Begleitschiff *Vampire* versenkt. Insgesamt sollen es um die 30 Bomben- und Torpedo-Treffer gewesen sein, die das Schiff innerhalb von nur 10 Min. zum Kentern brachten. Neun Offiziere, 283 Matrosen sowie neun Marine-

Soldaten der Vampire kamen dabei ums Leben. Lediglich zwei Besatzungsmitglieder hatten sich schwimmend an das Ufer retten können.

Bedrohlich sogar unter Wasser

In einer für Taucher nicht ungefährlichen Tiefe von fast 60 m präsentiert sich die Hermes nicht nur von ihrer Größe her als ein außergewöhnlich attraktives Wrack. In ihrer Substanz gut erhalten und mit der Steuerbord-Seite auf dem flachen Sandboden ruhend, macht sie mit ihrer großen, noch immer bedrohlich wirkenden Kanone einen fast intakten Eindruck. Eine ideale Kulisse auch für die Nachtaufnahmen des Films *Blue Water, White Death* und eine spannende, im Jahr 2006 ausgestrahlte Reportage des australischen TV-Senders ABC. Der Rumpf des Flugzeugträgers ist überwiegend mit schneeweißen Weichkorallen bewachsen. Nicht zuletzt weil diese Meeresregion durch die Bürgerkriegs-Wirren nur wenig befischt worden war, ist sie außergewöhnlich fischreich. Rund um die Hermes tummeln sich riesige Fischschwärme, aber auch bunte Korallenbewohner, imposante Zackenbarsche oder auch selten gewordene Meeres-Schildkröten. Aus einem in der Nähe verlaufenden, rund 1000 m tiefen Meeresgraben steigen gelegentlich sogar Haie zum Wrack hinauf.

Experten für Expeditionen

Wie überall an der Ostküste Sri Lankas müssen Tauch-Safaris, für die die Monate von März bis September als am günstigsten gelten, besonders gut durchdacht und ausgerüstet sein. Die Expeditionen zur Hermes werden u. a. von Sri Lanka Diving Tours, ▭ www.srilanka-divingtours.com, durchgeführt. Übrigens: Nach dem Zweiten Weltkrieg bauten die Briten einen neuen Flugzeugträger mit dem Namen Hermes. Er stammt aus dem Jahr 1959 und wurde 1984 ausgemustert, um an die indische Marine übergeben zu werden. In 2001 aufwendig saniert, aber trotzdem noch ziemlich marode, durchpflügt er als „Viraat" und einziger Flugzeugträger dieses Landes noch heute die Meeresfluten.

Volker Klinkmüller

Ausgangspunkt zur Erkundung der näheren Umgebung an. Von besonderem Reiz sind die in der Umgebung liegenden Öko-Lodges.

Bei dem nur wenige km östlich gelegenen Dorf **Obbegoda** finden sich die Ruinen des aus dem 12. Jh. stammenden Palastes von **Galebedda**. Er diente als befestigte Residenz für den Fürsten von Ruhuna und lohnt einen Besuch vor allem wegen eines restaurierten, als „Bad der Königin" bezeichneten Wasserbeckens.

Etwa 16 km in südlicher Richtung stößt man – über Okkampitiya kommend – bei **Maligawila** auf zwei große, stehende **Buddhastatuen** aus Kalkstein-Kristall. Vermutlich aus dem 6. oder 7. Jh. stammend, lagen sie als Bruchstücke im Dschungel, bevor sie in den 1950er-Jahren geborgen, von 1989 bis 1991 wieder zusammengesetzt und dann aufgerichtet wurden. Die größere der beiden Figuren (10 Min. vom Parkplatz) präsentiert sich in der Abhaya Mudra-Haltung und zählt mit ihren 11 m zu den höchsten, frei stehenden Buddhas der Welt. Die zweite, nur 1 m kleinere, dafür aber mit mehr schmückendem Beiwerk versehene Skulptur (5 Min. vom Parkplatz bzw. 500 m entfernt von der ersten) war einst in mehr als 100 Einzelteile zerstückelt und stellt den Bodhisattva Avalokiteshvara dar.

Rund 6 km westlich von Maligawila findet sich mit dem **Detamahal Vihara** eine Tempelanlage mit rotem Backstein-Stupa aus dem 2. oder 1. Jh. v. Chr. Der Besuch lohnt sich vor allem wegen des grandiosen Ausblicks auf die umliegenden Reisfelder.

Südlich der A 4 von Monaragala nach Wellawaya verbergen sich einige Höhlenlabyrinthe, von denen am ehesten das von **Budugalge** erkundet werden sollte. Im Inneren zeugen Statuen von einem buddhistischen Heiligtum, das allerdings nur über einen rund 1,5 km langen Fußweg und eine imposante Steintreppe zu erreichen ist.

Östlich von Monaragala fungiert der kleine Ort **Siyambalanduwa** als wichtige Kreuzung der Nationalroute A 4 zwischen Monaragala und Pottuvil mit der A 25, die in das 57 km entfernte Ampara bzw. das 130 km entfernte Batticaloa führt. 3 km nördlich der A 4 befindet sich zwischen Siyambalanduwa und Pottuvil (am ersten Checkpoint links ab) die älteste **Woodlands Hermitage**, die aus dem 3. Jh. v. Chr. stammen soll.

Die meisten Hotels von Monaragala liegen an der Hauptstraße, Zimmer mit AC sind oft dreimal so teuer. In der weiteren Umgebung der Stadt empfehlen sich 3 faszinierende, naturnah konzipierte Öko-Lodges.

Frashi Guest Inn, 1/83 Pottuvil Rd., ☎ 055-2276852. Rund 300 m vom Uhrturm mit 51 akzeptablen, relativ geräumigen Zimmern, teilweise mit AC. Das Restaurant bietet gute Küche. ❷–❸

🏠 **Kumbuk River**, ☎ 077-2930874, 011-7399000-3 (Colombo-Büro), 🖥 www.kumbukriver.com. Exklusives, preisgekröntes (World Travel Award 2008) Öko-Hideaway, errichtet mit örtlichen Naturmaterialien auf einem 16 ha großen Gelände. 2 Zimmer in einem 12 m langen, 2-stöckigen Elefanten aus Holz, bis zu 14 weitere Gäste können in Chalets unterkommen. Alkohol muss bei Bedarf selbst mitgebracht werden. Die Unterbringung von 2 Pers. liegt bei US$250–275 pro Nacht. ❼

🏠 **Tree Tops Jungle Lodge**, ☎ 077-7036554, 🖥 www.treetopsjunglelodge.com. Etwa 9 km von Buttala. Mitten in der Wildnis mit rustikal-romantischen Bungalows aus Lehm und Holz. Weder Strom noch moderne Kommunikationsmittel. Der Check-in sollte zwischen 9 und 15 Uhr erfolgen, um unterwegs die Begegnung mit wilden Elefanten zu vermeiden. Nur mit Vollpension, reizvolle Touren. ❺–❻

🔶 **Naturnah zwischen Felsen**

Die etwa auf halber Strecke zwischen Buttala und Kataragama an einem Berghang liegende **Galapita Eco Lodge**, ☎ 011-2587110 (schwer erreichbar) findet sich in einer denkbar naturnahen Lage. Auf einem insgesamt 60 ha großen Areal mit Wasserfall und Felsen-Schwimmbad verteilen sich fünf Lehm(stein)-Bungalows und neuerdings auch ein Ayurveda-Pavillon. Ebenso urig wie dieses magische Resort ist das Tourenangebot, zu dem u. a. Fahrradtouren, die Edelsteinsuche im Menik Ganga-Fluss oder nächtliche Kanufahrten zählen. ❺–❻

Victory Inn, ✆/📠 055-2276100. Gegenüber vom Rest House mit 30 Zimmern. Die neuen im Obergeschoss sind ansprechender als die alten, mit gefliesten Böden und Balkons zu einem begrünten Innenhof. Nützliche Infos für Ausflüge. ❶ – ❸

Wellassa Inn Rest House, ✆ 055-2276815. Rund 200 m westlich vom Uhrturm bzw. 500 m südlich von der Busstation. Ansprechendes Gebäude mit schöner Gartenanlage und 5 relativ einfachen Zimmern mit Ventilator. Terrassen-Restaurant mit gutem Essen. ❷ – ❸

Taxis

Ein Taxi nach POTTUVIL/ARUGAM BAY kostet um die 4500 Rs, die Strecke nach MALIGAWILA wird für rund 1800 Rs bedient, mit Three-Wheelern schon für 1200 Rs.

Busse

Die **Busstation** befindet sich im Zentrum von Monaragala. Intercity-Busse nach COLOMBO starten alle 45 Min. (7 Std.).
Eine stündliche Anbindung erfolgt nach MATARA (4 1/2 Std.) sowie zwischen 6.30 und 15.30 Uhr nach AMPARA (3 Std.). Von 9.30 bis 12.30 Uhr gibt es drei Bus-Verbindungen nach POTTUVIL/ARUGAM BAY (3 Std.).
2x tgl. geht es nach KATARAGAMA (1 1/2 Std.), alle 30 Min. nach WELLAWAYA (1 1/4 Std.) und BUTTALA (45 Min.).
Zu den Buddha-Statuen von MALIGAWILA starten die Busse alle 45 Min. (1 Std.).

Lahugala Kitulana-Nationalpark

Dieser rund 18 km westlich von Pottuvil beginnende Nationalpark – mit nur 15,5 km[2] der kleinste Sri Lankas – wurde erst 1980 geschaffen, um den Elefanten bei ihren Wanderungen zwischen den Naturschutzgebieten von Yala und Gal Oya einen sicheren **Korridor** bieten zu können. Deshalb bestehen (besonders im August und Oktober) gute Chancen, bei einer Fahrt über die A 4 zwischen Pottuvil und Siyambalanduwa einige Dickhäuter zu erspähen. Sie stehen mitten auf der Straße, äsen an den Ufern der fast völlig vom schilfähnlichen **Beru-Gras** überwucherten Wasser-Reservoirs **Lahugala** (gesprochen „lao gala"), **Kitulana und Sengamuwa** oder schwimmen darin. Der Nationalpark ist aber auch eine Fundgrube für Vogelfreunde, denn hier lassen sich über 100 verschiedene Arten beobachten. Es gibt ein Ranger-Büro in Lahugala, der Eintritt ist bisher noch frei. Von Arugam Bay aus werden Halbtagestouren angeboten (s. S. 470, Kasten: Nachhaltige Touren).

Pottuvil

Eigentlich ist dieser verschlafene, von den *Moors* geprägte Küstenort eher bedeutungslos, doch wird er oft – beispielsweise auf Busbahnhöfen – statt der sehr viel bekannteren, benachbarten Arugam Bay genannt. Ein mehrere Meter hoher Dünenwall, der mit dem Nordostmonsun jedes Jahr ein Stückchen landeinwärts wandert, schirmt Pottuvil vom Meer ab. Dieser hat nicht nur den Bau eines Hafens verhindert, sondern mit seinem Sand auch schon einen Teil der kulturhistorischen Ruinenstätte **Mudu Maha Vihara** (s. Kasten S. 461) zugedeckt.

Am wichtigsten für Touristen ist Pottuvil als Busstation. Zudem bietet sich die hier rund 3 km weit ins Landesinnere reichende, gleichnamige **Lagune** für spannende Bootstouren an (s. S. 470, Kasten: Nachhaltige Touren). Die Einnahmen aus dem Tourismus fließen teilweise in die Wiederaufforstung der Mangrovenwälder, von denen in den 1990er-Jahren rund die Hälfte als Sicherheitsmaßnahme und auch zur Gewinnung landwirtschaftlich nutzbarer Flächen vernichtet wurden. In und an dem bis zu nur 3 m tiefen, fischreichen Gewässer leben u. a. Krokodile, Warane, Affen und Unmengen exotischer Vögel. Besonders zum Sonnenuntergang ergeben sich stets unglaublich reizvolle Fotomotive. Der wohl schönste Ort der Lagune ist der rund 3 km östlich der Stadt direkt am Meer liegende **Pottuvil Point**. Hier sorgen kleine Inselchen und malerische Felsformationen für ein magisches

Nach längerer Unterbrechung durch den Bürgerkrieg begeben sich die Gläubigen seit 2002 wieder alljährlich im Juli/August vom nördlichen Jaffna auf einen langen Weg, um 45 Tage später am Festival von Kataragama im Süden der Insel teilzunehmen. Im letzten Teil führt der über Trincomalee und Batticaloa verlaufende Pilgerpfad ab Pottuvil auf rund 75 km – entlang der Route Okanda, Madametota, Pothana, Yala, Warahan am Menik Gnag sowie Katagamuwa – durch mehrere Naturschutzgebiete. Hier wird die Landschaft unter anderem von bizarr aufragenden Felsgruppen geprägt, die schon vor über 2000 Jahren Eremiten angelockt haben und noch heute von einigen Mönchen in Einsiedeleien und historischen Höhlen bewohnt werden. Nur rund 1 km von der Nationalroute A 4 entfernt, lädt auf einem Felsrücken zum Beispiel das Waldkloster Mha Tapowanaya zur Meditation ein.

225 Höhlen als Unterschlupf

Ein Tagesausflug von Panama (ca. 17 km südlich von Arugam Bay) kann zu den markanten **Kudimbigala-Felsen** westlich des Sumpfs der **Helawa-Lagune** führen, wo einfache Behausungen und ein großer Brunnen an die Scharen von Wallfahrern erinnern, die hier Station zu machen pflegen. Allein in dieser Gegend soll es rund 225 Höhlen geben, die im Bürgerkrieg von der LTTE als Unterschlupf benutzt wurden, bevor sie buddhistische Mönche nach dem Waffenstillstand erneut besiedelten.

Mancherorts finden sich in Pilgerpfad-Nähe auch noch historische Ruinen: Eine restaurierte, große Dagoba und ein archäologisches Museum zum Beispiel lassen sich in **Digayapi** (von Ampara ca. 6 km nach Süden auf der A 25, dann 11 km nach Osten) bewundern, wo sich Buddha anlässlich seines dritten Besuchs auf Sri Lanka aufgehalten haben soll, nachdem er auf dem Adam's Peak seinen berühmten Fußabdruck hinterlassen hat.

Das in den 1960er-Jahren teilweise restaurierte Kloster **Magul Maha Vihara** (vom Dorf Lahugala über eine rund 1 km lange Straße zu erreichen) indes soll von König Dhatusena (459–477), Vater des skandalösen Sigririya-Erbauers Kassapa, errichtet worden sein. Einige Inschrifttafeln beweisen eine lange Geschichte, während die steinernen Überbleibsel von Dagoba, Statuenhaus, Versammlungshalle, Mönchsgebäude und einer gut erhaltenen Bodhighara von einer teilweise noch erkennbaren Umfassungsmauer umschlossen werden.

Wanderdünen tilgen historische Spuren

Rund 2 km südlich von Pottuvil werden die Überreste von **Mudu Maha Vihara** (Großes Kloster am Meer) immer mehr von den Dünen begraben, die der Nordostmonsun weiter landeinwärts treibt. Von der Dagoba zeugen inzwischen nur noch verstreute Ziegelbruchreste in den Dünen. Bei Ausgrabungen war ein Tivanka mit einer Buddhafigur zum Vorschein gekommen. Die Ruinen des Statuenhauses mit seinen reich geschmückten Figuren aus der Epoche des Mahayana-Einflusses indes waren vor vielen Jahren restauriert worden. Der Ort wird von einer 3 m hohen, stehenden Buddhastatue mit zwei kleineren Bodhisattvafiguren gekennzeichnet.

Flair, das nicht zuletzt besonders gern für stimmungsvolle Strandpartys und Fotoshootings der Modebranche genutzt wird.

Wer hungrig in Pottuvil strandet, sollte Rafeek's Techno Bakery, ☎ 0728-648459, ⏰ 5–21 Uhr, aufsuchen, die als eine von stadtweit insgesamt rund zehn Bäckereien an der Hauptstraße liegt. Am Busbahnhof soll im Oktober 2011 – von den Bewohnern dieser Region schon lange ersehnt – wahrscheinlich eine Filiale von Cargills Food City eröffnen.

Vom südlichen Ortseingang führt eine rund 300 m lange **Brücke** über die Lagune zur Arugam Bay. Die betagte, vom Tsunami aus der Verankerung gehobene Eisenkonstruktion wurde 2009 mit amerikanischer Hilfe für US$14 Mio. durch eine neue aus Spannbeton ersetzt, die als Fertigbau in Indonesien vorproduziert worden war.

Die sanft geschwungene Arugam Bay ist nur eine von insgesamt über 60 Sandbuchten, die sich im tiefen Südosten Sri Lankas erstrecken.

Arugam Bay

Rund 100 km südlich von Batticaloa und 2,5 km hinter dem kleinen Ort Pottuvil erstreckt sich in einem malerischen Bogen die legendäre Arugam Bay. Zu den wichtigsten Surfspots der Welt zählend (s. Kasten S. 468), wird sie geprägt von einem breiten Sandstrand, Fischerhütten aus Schilf und zahlreichen Urlauber-Unterkünften, die sich rechts und links einer parallel zur Küste verlaufenden, erst seit Ende 2010 asphaltierten Durchgangsstraße aufreihen. Im Gegensatz zu allen anderen Touristenzielen der Ostküste, die durch den Bürgerkrieg beeinträchtigt wurden, konnten sich hier die meisten Resorts behaupten.

Selbst in den schwierigsten Zeiten durchgehend geöffnet und prägend für die Geschichte des Orts blieben das **Siam View Beach Hotel** (s. S. 466, Kasten: Das Siam View Beach Hotel – ein Meilenstein), aber auch das **Stardust Beach Hotel**, das 1982 von dem Dänen und Arugam Bay-Original Per Goodman (beim Tsunami ums Leben gekommen) gegründet wurde und lange als beste Unterkunft gegolten hat. Von besonderer Bedeutung erscheint auch das **Tsunami Hotel**: Der Brite Lee Blackmore hatte es 1999 unter diesem Namen eröffnet – als noch kaum jemand wusste, was sich dahinter verbergen kann …

Nach dem Waffenstillstand vor 2003 wurden alle Anlagen mit atemberaubender Geschwindigkeit ausgebaut, sodass es bis zum Tsunami schon insgesamt rund 40 Hotels mit über 400 Zimmern gab. Die hier besonders schweren Flutwellen-Schäden haben die Entwicklung zwar auf extrem martialische Weise, aber nur relativ kurz unterbrochen. Die meisten Unterkünfte liegen auf der Meeresseite und bestehen in kleinen, von Familien oder auch westlichen Aussteigern betriebenen Resorts, die sich vielfach auf Low-Budget- und Langzeit-Touristen eingerichtet haben. Die neueste Generation von Bungalow-Anlagen – meist großzügig angelegt, mit einem gehobenen Zimmer-Standard und teilweise etwas überzogenen Preisvorstellungen – sprießt auf der gegenüberliegenden Seite aus dem Boden.

Die Regierung ist bestrebt, die Arugam Bay sogar mit einem Flughafen zu beglücken, um sie von der abenteuerlichen Insider- zu einer offiziellen Urlaubs-Destination für Surfing, Tauchen und Whale-Watching zu entwickeln. Am 1. März 2006 wurde die Arugam Bay (mit Hambantota) von der Regierung offiziell zur *designated tourist zone* erhoben, der große Zuwachsprognosen zugeschrieben werden. Schließlich bezeichnet dieser Ort nicht mehr allein ein Surfer-Paradies, sondern bietet sich nun auch als bester Ausgangspunkt für die wieder zugänglichen Nationalparks Lahugala und Yala East an. Zudem gilt die Arugam Bay als heißester **Partyspot** der Ostküste, wo sogar rauschende Vollmond-Partys locken, während die Restaurants tagtäglich mit kulinarischen Gaumenfreuden in Form von frisch angelandeten Fischen und Meeresfrüchten aufwarten können.

Der Besucherverkehr der Arugam Bay ist stark von der kurzen **Saison** (als Kernmonate gelten der Juni, Juli und August) abhängig – oder treffender: wird gern davon abhängig gemacht. Denn das Schwimmen im Meer ist hier eigentlich das ganze Jahr über möglich und die hiesige Wetterlage ermöglicht erfahrungsgemäß auch in den Monsunmonaten von Oktober bis März üppige Sonnenbäder. Die breite, goldgelbe Sandsichel wird geprägt von einer Armada aus den angelandeten Booten der Fischer und den dicht an dicht stehenden Schilfhütten, die diese hier – vor allem zwischen September und März – als Materiallager zu errichten pflegen. Die einheimischen Wochenend-Urlauber scheinen sich ebenso wenig daran zu stören wie die westlichen Aussteiger, Rucksack-Touristen und Surferfreaks. Wesentlich sauberer und menschenleerer als die Arugam Bay präsentiert sich meist der südlich angrenzende, fast schon wüstenartige Sandstrand.

Dass es sich bei der Arugam Bay um eine muslimische Ecke Sri Lankas handelt, bekam schon mancher Resortbesitzer zu spüren: Einflussreiche Kreise drängten darauf, dass in der Region möglichst wenig Schweinefleisch auftaucht und der Alkoholkonsum streng reglementiert wird, sodass sich nicht einmal in Pottuvil ein Laden für Bier, Wein oder Schnaps fand …

Die Ostküste

Übernachtung

Insgesamt finden sich nur etwa 100 Zimmer gehobenen Standards, wobei AC keine Selbstverständlichkeit ist. Angesichts des Potenzials der Region überrascht es, dass sich hier bisher kein einziges professionelles Großhotel findet bzw. auch keines im Bau ist. Doch liegt in den vielfältigen, teilweise originellen Resorts der Arugam Bay natürlich auch ein besonderer Reiz. Wer sich östl. der Hauptstraße einquartiert, wohnt meist direkt am Meer.

Surfer-Resorts mit Stil

Da ihre Besitzer zu den Ikonen der örtlichen Surfer-Szene zählen, bieten sich vor allem zwei Resorts für passionierte Wellenreiter an – können aber mit ihrem charmanten Boutique-Charakter und überraschend günstigen Preisen auch alle übrigen Gäste verwöhnen.

Das von Saman Priyantha und seiner schwedischen Frau Minna betriebene, in einem Dschungel-Garten an der Hauptstraße liegende **Surf n Sun**, ✆ 063-2248600, 077 6065099, 🖳 www.thesurfnsun.com, zählt zu den stilvollsten Unterkünften der Bucht. Die preiswerten 9 Bungalow-Zimmer erfreuen mit ebenso viel Behaglichkeit wie die urgemütlich unter einem großen Baum lockende Lounge, das lauschige Restaurant, 🕐 7–24 Uhr, oder die ebenfalls aus Naturmaterialien errichtete, in der Saison oft bis 3 oder 4 Uhr morgens geöffnete Reggae Bar. ❷

Das tief im Süden der Arugam Bay, nahe dem Surfspot Baby Point liegende Strandresort **Mambo's** (gleichnamiger, besonders populärer Stützpunkt in Hikkaduwa), ✆ 063-5687983, 077-7822524, 🖳 www.mambo.nu, verfügt über 10 neue Bungalows, die mit warmen Farben, hohen Decken und großen Terrassen ein hohes Maß an Wohnlichkeit versprechen. Das mit quadratischen, bunten Säulen originell gestaltete Restaurant, 🕐 6–24 Uhr, erfreut mit guter, recht preiswerter Küche. Außenposten am rund 8 km südl. liegenden Surfspot Peanut Farm. ❷–❸

Untere Preisklasse

Aloha, ✆/📠 063-224379, 🖳 www.aloha-arugambay.com. Eine originelle Anlage unter Beteiligung des Schweizers St. Thomas. Die 9 Bungalows aus Naturmaterialien, davon 4 aus Stein, sind einfach, aber stilvoll. Einige verfügen über Vordach-Plattformen zum lauschigen Relaxen. ❷

Freedom Beach Cabanas, ✆ 077-2312057, ✉ krishsurf@gmail.com. Seit 2005 als kleine, familiär geführte Anlage in strandnaher Lage am Südende der Bucht. Ein von Bäumen beschatteter Block bietet 4 schöne, preiswerte Zimmer mit hohen Decken, außerdem gibt es 1 Zimmer als „Castle" mit Wendeltreppe. Das Management liegt bei 2 Brüdern, die auch Surfunterricht erteilen. ❶

Lahiru Place, ✆ 077-9005322. Die wohl billigste Unterkunft am Ort mit 5 einfachen Bungalows mit Ventilator, etwas im Verborgenen liegend und vermietet von dem freundlichen, jungen Ehepaar Ravi und Kanthi für 400–800 Rs. ❶

Ranga's Beach Hut, ✆ 063-2248202, ✉ rangas beachhut@gmail.com. Bereits seit 1987, von einer Familie betrieben, zweiteilig und zu den günstigsten Unterkünften zählend. 9 ganz unterschiedlich gestaltete, einfache Zimmer direkt am Strand, die anderen liegen am Restaurant. ❶–❷

Rock View, ✆ 077-6424616. Schön bepflanzte Anlage am Strand. 6 einfache, preisgünstige Zimmer, einige davon in einem 2-stöckigen Holzhaus. Falls sie ausgebucht sein sollte: Gleich nebenan liegt das ebenfalls einfache Bungalow-Resort **Sea Rock**, ✆ 063-2248341. ❶

Shashni Beach Resort, ✆ 076-6047113, ✉ shashnibeachresort@yahoo.com. Ruhige Anlage in unmittelbare Nähe der Fischerhütten (gute Versorgung mit Frischfisch). Einfache, einladende Traveller-Unterkunft mit 5 strohgedeckten, dicht aneinandergereihten Holz-Cabanas und 5 (bessere Bäder) in Reihenbau. Alle Räume besitzen einen Ventilator, sind bunt gestrichen und verschieden ausgestaltet. ❶–❷

Mittlere und obere Preisklasse

Arugambay Surf Resort (ehemals Hillton), ✆/📠 063-2248189, 🖳 www.arugambay.lk. Freiwillig erfolgt ist die Umbenennung im Juli

N

0   500 m

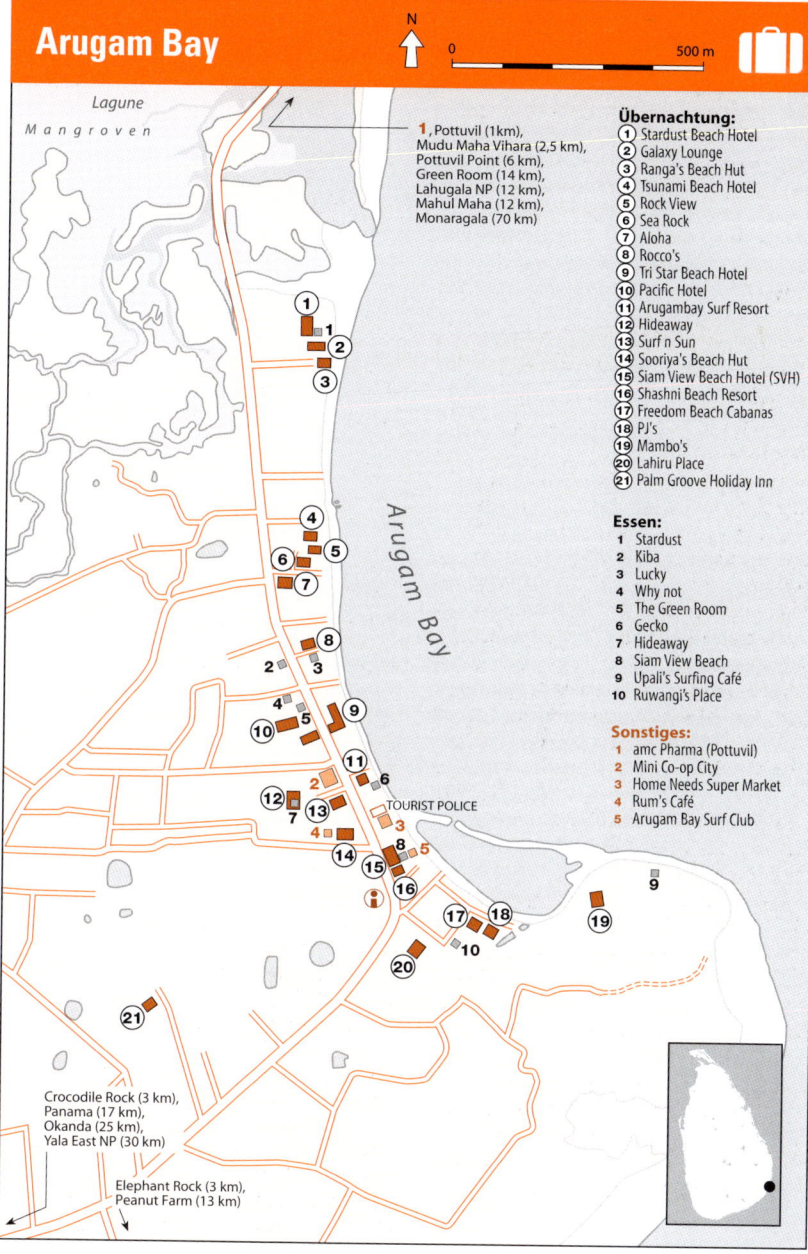

Lagune
Mangroven

1, Pottuvil (1km),
Mudu Maha Vihara (2,5 km),
Pottuvil Point (6 km),
Green Room (14 km),
Lahugala NP (12 km),
Mahul Maha (12 km),
Monaragala (70 km)

Arugam Bay

TOURIST POLICE

Crocodile Rock (3 km),
Panama (17 km),
Okanda (25 km),
Yala East NP (30 km)

Elephant Rock (3 km),
Peanut Farm (13 km)

Übernachtung:
1 Stardust Beach Hotel
2 Galaxy Lounge
3 Ranga's Beach Hut
4 Tsunami Beach Hotel
5 Rock View
6 Sea Rock
7 Aloha
8 Rocco's
9 Tri Star Beach Hotel
10 Pacific Hotel
11 Arugambay Surf Resort
12 Hideaway
13 Surf n Sun
14 Sooriya's Beach Hut
15 Siam View Beach Hotel (SVH)
16 Shashni Beach Resort
17 Freedom Beach Cabanas
18 PJ's
19 Mambo's
20 Lahiru Place
21 Palm Groove Holiday Inn

Essen:
1 Stardust
2 Kiba
3 Lucky
4 Why not
5 The Green Room
6 Gecko
7 Hideaway
8 Siam View Beach
9 Upali's Surfing Café
10 Ruwangi's Place

Sonstiges:
1 amc Pharma (Pottuvil)
2 Mini Co-op City
3 Home Needs Super Market
4 Rum's Café
5 Arugam Bay Surf Club

Die Ostküste

Die schlichte, holzverkleidete Fassade lässt kaum vermuten, dass sich dahinter ein kultiges Hotel, ein besonderer Menschenschlag und ein wichtiges Stück Ortsgeschichte verbergen. Eine Handvoll Freunde um den deutsch-britischen Ingenieur Dr. Fred Miller hat diesen unscheinbare Meilenstein einst an die Arugam Bay gesetzt. Seitdem fungiert das 1979 eröffnete Siam View Beach Hotel (SVH) – im Bürgerkrieg zur waffenfreien Zone erklärt und von allen Parteien auch als solche respektiert – als Zufluchtsort fern- oder heimwehgeplagter Ausländer, Treffpunkt von Surfern und wichtige Informationsbörse.

Pioniergeist als Passion

Der Name „Siam View" soll andeuten, dass man von hier – theoretisch jedenfalls – ungehindert bis nach Thailand schauen kann, erklärt Fred, der selbst lange dort drüben gelebt hat und sich auch lieber an das dortige Tsunami-Frühwarn-System anschließen ließ als auf den am Ende der Arugam Bay errichteten Sirenenturm zu vertrauen. Als Spross einer Diplomaten-Familie unter anderem in Afrika aufgewachsen, träumt der 61-Jährige davon, die 2000 km lange Strecke über den großen Teich einmal mit einem Jetski zurückzulegen … Das mag etwas großspurig klingen: Immerhin war Fred ja auch 1977 von der britischen Isle of Man aufgebrochen, um mit seinem Motorrad auf dem Landweg bis nach Indien zu gelangen – und von dort dann nach Sri Lanka überzusetzen.

Es gibt wohl niemanden, der diesen Winkel der Welt so gut kennt wie er. Bis Hambantota hinunter hat Fred entlang der Küste insgesamt 63 Buchten gezählt. Und zweimal schon ist der ehemalige Verbindungsoffizier der britischen Rhein-Armee mit einem Unimog – angetrieben von einem wassergeschützten Motor – mitten durch den Yala East-Nationalpark und seine Flüsse bis nach Colombo gefahren. „Ist ja auch die kürzeste Strecke", wie er meint. So scheint nicht verwunderlich, dass zu seinem Hotel auch schon sechs ATV (All Terrain Vehicles) gehört hatten, während 1800 Watt-Lautsprecher und 1000 CDs einen würdigen Rahmen der vom SVH ins Leben gerufenen Vollmond-Partys garantierten. Ab 1989 ließ ein hoteleigener, 180 PS starke Generator in diesen Breitengraden die ersten Klima-Anlagen surren.

2010 nicht unbedingt, doch erfreut die Anlage des freundlichen Mr. Raheem noch immer mit unverwechselbarem Charakter. Die 7 Zimmer und 5 Cabanas (Nr. 5 ist am schönsten) haben keine AC und sind unterschiedlich gestaltet, 4 davon bieten Meeresblick. Vermietung von Fahrrädern und Mopeds. ❷–❸

Galaxy Lounge, ✆ 063-2248415, 🖳 www.galaxysrilanka.com. Diese Anlage eines Australiers zählt mit ihrer Hängematten-Atmosphäre sicher zu den originellsten und ist schon durch ihre Lage am Meer empfehlenswert. 8 reizvolle Bungalows aus Naturmaterialien, im vorderen Teil sogar 2-stöckig. Nr. 8 liegt direkt am Strand, plus ein einfaches Cabana für nur 500 Rs. Im Restaurant gibt es viele Speisen, die andere Resorts nicht bieten. ❷–❸

Hideaway, ✆ 063-2248259, 🖳 www.hideaway arugambay.com. Seit 1978 bzw. Oktober 2000 mit Boutique-Charakter und familiärer Atmosphäre auf einem langen Garten-Grundstück. Umwerfendes, stilvoll möbliertes Foyer und 14 originelle Zimmer, davon nur 2 als AC. 5 Zimmer liegen in einem 2-stöckigen Altbau, die übrigen in Villen und Cabanas. Der freundliche Manager David wirkt wie ein Ausländer, ist aber Angehöriger einer Burgher-Familie. ❹

Palm Groove Holiday Inn, ✆/🖷 063-2248457, 🖳 www.palmgrooveholidayinn.com. Etwas abgelegen hinter dem südlichen Ortsausgang mit 16 Zimmern, davon 13 mit AC und reichlich teurer. Etwas schlicht möbliert, aber mit recht passablen Warmwasser-Bädern und Terrassen. Überzeugender wirken das gepflegte Restaurant, die beliebte Bar und der in Arugam

Symbol des Überlebens

Der Tsunami jedoch hatte vom einst größten Hotel am Ort nur den Hauptbau und fünf von 26 Gästezimmern übrig gelassen, aber auch weiter an seiner Legende gestrickt: Am Morgen des 26. Dezembers hatte sich der Gärtner des SVH gegen 8.45 Uhr erdreistet, hartnäckig alle Gäste zu wecken, was angesichts der vorangegangenen, feucht-fröhlichen und erst zum Sonnenaufgang endenden Weihnachts-Party kein leichtes Unterfangen gewesen ist ... Doch der alte Mann hatte das an jenem tragischen Tag irgendwie merkwürdige Meer beobachtet und war überzeugt, dass großes Unheil nahen würde. Dieses ließ dann mit bis zu 15 m hohen Flutwellen auch nicht mehr lange auf sich warten. Dank der Vorwarnung überlebten alle 165 Gäste – also auch die, die im Garten gezeltet oder Zuflucht im Restaurant gesucht hatten.

Doch ringsherum gab es massenhaft Tote, Verletzte und nur noch eine einzige Trümmerwüste. In dieser Apokalypse wurde das Hotel zum Symbol des Überlebens, von Hoffnung und Wiederaufbau: Von den geborgenen Vorräten wurden in den ersten Tagen Hunderte Gratis-Mahlzeiten an Überlebende verteilt. „Viel wichtiger sind damals aber Alkohol und Zigaretten gewesen", erinnert sich Fred und fügt – wie es ihm als eloquente Mischung aus Pionier und Paradiesvogel zu eigen ist – mit Genugtuung hinzu, dass in seinem Hotel schon am 31. Dezember 2004 – mitten im Chaos – wieder die erste kleine Party gestiegen ist.

Hippie-Revival mit VW-Bullis

Heute wird im SVH, das bisher gänzlich ohne Visitenkarten oder Prospekte ausgekommen ist, natürlich längst wieder ausgelassen gefeiert. Die drei im Garten dösenden, betagten VW-Bullis möchte Alt-Hippie Fred alsbald zu Cocktail- oder Partybussen umbauen – und sogar in Sachen Emanzipation tut sich etwas: Der zweite Stock der neuen, aus Naturmaterialien am Meer erbauten Strandbar, die zu den beliebtesten Szene-Spots der Bucht zählt, ist als Ladys Lounge ausgewiesen. Sie ist ausschließlich weiblichen Gästen vorbehalten und nur in Ausnahmefällen – auf eine persönliche Einladung der Damenwelt – für Männer zugänglich ...

Volker Klinkmüller

Bay einzige Laden für lizenzierten Alkohol-Verkauf. ❸–❹

Pacific Hotel, ✆ 063-2248340, 077-7515243. Neu seit Mitte 2011 mit zunächst 8 AC-Bungalows ab 12 000 Rs als teuerste Unterkunft der Arugam-Bay. Schwimmbad geplant. Ab ❽.

PJ's, ✆ 077-6065765, 💻 www.onya.se. Wirkt fast schon etwas zu avantgardistisch für die Arugam Bay. Eigenwilliger, kastenförmiger Bau mit 5 Zimmern, teilweise mit AC. Moderne Einrichtung mit Sat-TV, DVD-Player und WIFI, große Terrassen mit entsprechendem Mobiliar. ❹–❺

Rocco's, ✆/✉ 077-6642991, 💻 www.roccos hotel.com. Das frisch gebackene, britische Ehepaar Steve und Liz bietet eine Anlage mit eigenwilliger Architektur bzw. 12 Zimmern mit Ventilator in schöner Lage direkt am Meer.

Das gemütliche, einst 2-stöckige Restaurant aus Naturmaterialien hat durch den Umbau leider an Flair verloren. ❷–❸

Siam View Beach Hotel (SVH), ✆ 077-3200201, 💻 www.arugam.com. Stammt aus der Pionierzeit der Arugam Bay, zählt zu den Sehenswürdigkeiten am Ort (s. Kasten) und bemüht sich neuerdings um einen künstlerischen Anstrich. 5 unterschiedliche Zimmer mit AC (am schönsten ist Nr. 9) sowie 1 Apartment mit 2 Zimmern für US$75 und überall gratis WIFI. Die thailändische Managerin Khun Somlak und ihre Familie verleihen der Anlage ein gewisses Thai-Flair. Beliebtes Restaurant mit Imbiss/Straßenverkauf im Erdgeschoss und Strandbar. ❸–❹

Sooriya's Beach Hut, ✆ 063-2248232. Nachdem sich der freundliche Besitzer Mr. Ram auf den hinteren Teil des langen Garten-Grundstücks zurückgezogen hat (s. S. 470, Sonstiges), wurde das lange etablierte Hotel Ende 2010 unter neuer Leitung gründlich modernisiert und aufgepeppt (evtl. auch umbenannt). 16 Zimmer versprechen neuen Schick und Komfort. ❸–❹

Stardust Beach Hotel, am nördlichen Ortseingang, ☎/☏ 063-2248191, 🖥 www.arugam bay.com. Über viele Jahre gern als beste Anlage zitiert und geführt von der Dänin Merete Scheller (Ehefrau des Gründers). Etwas kahl wirkendes Resort mit 14 teuren Zimmern ohne AC und Heißwasser-Bad. Die besten mit einem

Die Arugam Bay – ein Paradies für Surfer

Wer aus Pottuvil kommend die Brücke überquert, merkt sofort, dass die Arugam Bay ein ganz besonderer Ort – und allein schon vom Wetter her – ein ideales Urlaubsziel ist: Denn dieser Winkel der Welt wird durch die natürliche Bergkette bei Monaragala vom Westmonsun und durch die große Pottuvil-Lagune vom Ostmonsum verschont. Deshalb verfügt diese Gegend sogar über rund 330 Sonnentage pro Jahr, was einmalig ist in Asien. Gleich mit zwei Flussmündungen gesegnet, gerät die Region trotzdem nie in Gefahr, auszutrocknen.

Zehn verlockende Surfspots

Die fantastischen geografischen Gegebenheiten mitsamt ihren Winden und Strömungen wussten als Erste die Surfer zu schätzen, die die Arugam Bay schon in den 1960er-Jahren zu den zehn besten Surf-Zielen der Welt zählten. Von Ende März bis Anfang Oktober und an einigen Tagen auch bis in den November hinein herrschen mit Wassertemperaturen zwischen 24 und 28 °C (kein Schutzanzug erforderlich) sowie bis zu 4 m hohen Wellen ideale Bedingungen für diesen Wassersport. Dieser wurde noch nie von Haien beeinträchtigt, sondern höchstens von Elefanten beäugt, die aus den Tiefen der nahen Nationalparks bis hierher an das Meer kommen.

Nach dem idealen „Righthander Surfbreak" des beliebten Surf Points wurden nach und nach noch zehn weitere, besonders attraktive Surf-Reviere in der Umgebung entdeckt, wo bis zu 500 m lange Runs locken. Zu den populärsten Spots zählen der **Main Surf Point**, **Pottuvil Point**, **Crocodile Rock**, **Green Room**, **Whisky Point**, **Peanut Farm** oder auch Stellen in **Panama** und **Okanda**.

Vom Brett zur nächsten Party

Die Arugam Bay scheint wie ein Magnet zu wirken, denn es gibt nicht viele Besucher, die nur einmal und nie wieder kommen. So ist es den hartgesottenen Surfern sogar gelungen, diesen Küstenort auch in den 20 Jahren des Bürgerkriegs offenzuhalten. Die Hippies von einst tragen – inzwischen mutiert zu grauhaarigen Stammkunden – in besonderer Weise zur faszinierenden Atmosphäre bei. Und natürlich mischen sie sich noch heute unter die bis zu 800 ausgelassenen Menschen, die die 48-stündigen Vollmond-Partys der Arugam Bay schon als Alternative zu den institutionalisierten Happenings von Koh Phangan oder Goa schätzen.

Und wen mag es verwundern, dass hier trotz schlimmster Tsunami-Zerstörungen schon im Juli 2005 wieder eine **internationale Surf-Meisterschaft** mit insgesamt 300 Teilnehmern aus Australien, England, Südafrika und Israel ausgetragen wurde, der im Sommer 2010 eine weitere folgte. Auch viele Resorts sowie fünf Geschäfte haben sich auf den rasanten Wassersport eingestellt – und vermieten entsprechende Ausrüstung für 600–1000 Rs pro Tag.

Trocken-Surfen im Internet

Es wird aber nicht nur auf dem Meer gesurft, sondern auch im Internet: Die spezielle Zusammensetzung der Besucher-Gemeinde bringt es mit sich, dass die Arugam Bay – mehr als jeder andere Ort Sri Lankas – in etlichen Informations- und Diskussions-Foren präsent ist, wie z. B. unter 🖥 www.arugam.info (mit einer aktiven, rund 30 000-köpfigen Facebook-Gemeinde) oder 🖥 www.sri-lanka-board.de.

Dr. Fred Miller

Hauch Kolonialstil, eigenem Balkon, Minibar und Meeresblick kosten US$70–75 und liegen im Obergeschoss eines Blockbaus, 6 Zimmer für US$30–35 in Bungalows (teilweise extern im Rainbow Village). **❸–❺**

Tri Star Beach Hotel, ☎ 063-2248404, 2248455, 🖳 http://tristar3hotels.com. In Blautönen gehalten, zählt dieses Resort mit dem bisher einzigen Schwimmbad am Ort zu den professionellsten Hotels. In der gepflegten Gartenanlage verteilen sich Bungalows mit insgesamt 20 Komfort-Zimmern, davon 3 mit Ventilator. Lauschige Terrassen, aber wenig zeitgemäße AC und Bäder. 20 weitere, rund ein Drittel teurere Zimmer gibt es in einem massiven Reihenbau auf der anderen Straßenseite direkt am Strand. **❸–❹**

Tsunami Beach Hotel, ☎ 063-4923373, 🖳 www.thearugambayhotel.com. Der britische Besitzer war der Zeit auf tragische Weise voraus, als er seinem Resort diesen Namen verpasste (Umbenennung in der Diskussion, evtl. als „Sun Hotel"). Empfehlenswertes Resort am einzigen Felsen der sandigen Arugam Bay. 10 originelle Bungalows mit Ventilator und viel Wohlfühl-Charakter, davon 2 mit Warmwasser-Bad (am schönsten ist Nr. 1 direkt am Strand). **❸–❹**

Essen

Beim Service sollte noch nicht der an der West- oder Südküste übliche Standard erwartet werden. Die meisten Hotels, Resorts und Gästehäuser verfügen über ein eigenes Restaurant, was natürlich nicht vom „Fremdgehen" abhalten sollte. Dafür empfehlen sich besonders:

Hideaway (s. S. 466). Im stilvoll-romantischen Restaurant des gleichnamigen Hotels verwöhnt Mrs. Sharon, die nette Tochter des Besitzers, ihre Gäste mit fantasievoller Fusionsküche und einer reichhaltigen Wein-Auswahl. Das Restaurant soll ausgebaut werden und eine Bar erhalten. ☉ 7–22 Uhr.

Kiba, ☎ 072-5987796. Neu seit 2010 als spartanisches Restaurant mit einfachen, günstigen Gerichten und Rotis, ☉ 6–22 Uhr. Ein weiterer der während der Hochsaison buchtweit um die 20 Roti-Shops liegt mit dem **Afla** gleich neben

dem Siam View Beach Hotel, ☉ 6–11 und 16–21 Uhr.

Lucky, ☎ 072-6157176. Lauschiges 2-stöckiges Restaurant aus Naturmaterialien mit Hängematten im Obergeschoss und schönem Ausblick auf das Meer. Kleine Gläser mit Arak schon ab 150 Rs, BBQ am Strand 1050 Rs – sonnabends oft mit Disco und Tanz. ☉ 6–1 Uhr.

Ruwangi's Place, ☎ 0754-564532. Nur 100 m vom Strand, aber reichlich versteckt gelegen. In einfachem Ambiente wird günstige Hausmannskost serviert, BBQ für 600 Rs, Pizzas für 1000 Rs oder auf Vorbestellung sogar Hummer. Zudem gibt es 12 spartanisch eingerichtete, billige Bungalows. ☉ 8–24 Uhr.

Siam View Beach (s. S. 467). Urig-rustikales und durch viel Holz gemütliches Restaurant im Obergeschoss. Allein schon durch den Ausschank von mehreren Sorten frisch gezapftem Fassbier ein attraktiver abendlicher Treffpunkt. Das üppige Angebot an Thai-Spezialitäten wird als Ehrensache betrachtet. ☉ 10–24 Uhr. Unten am Meer findet sich eine beliebte 2-stöckige Strandbar mit „Lady Lounge" im Obergeschoss.

Stardust (s. S. 468). Angenehme Atmosphäre und kreative Speisekarte mit Gerichten, die es woanders nicht gibt – wie Paella, Tartar oder selbst gemachte Eiscreme. Exklusiv, aber nicht gerade preiswert. ☉ 7.30–22 Uhr.

Die Ostküste

The Green Room, ✆ 0773-339126. Genauso klein, einfach und an der Hauptstraße bzw. am Straßenleben gelegen wie das benachbarte, zur gleichen Familie gehörende Restaurant **Why Not**. Authentische, einheimische Küche, aber keine Schnäppchenpreise. ⊙ 7–22 Uhr.

Upali's Surfing Café, liegt mit einem Baywatch-Turm einsam im tiefen Süden der Bucht bzw. am bedeutenden Main Surf Point. Der Name geht auf den Vater des heutigen Betreibers Mr. Asanka zurück, der dieses Restaurant schon in den 1970er-Jahren gegründet hat. Kalte und heiße Getränke sowie westliche Snacks. ⊙ 7–21 Uhr.

Sonstiges

Bücher

Der 66-jährige Mr. Ram, der zweifellos zu den Originalen am Ort zählt, hat sein „Sooriya's Beach Hut" neuerdings verpachtet und sich in den hinteren Teil des Grundstücks zurückgezogen, um in **Ram's Café**, ✆ 063-5670958, ein nettes Schwätzchen und bis zu 2000 Bücher anzubieten. ⊙ 5–22 Uhr.

Einkaufen

Bisher gibt es erst einige kleine, nicht klimatisierte Supermärkte. Die beiden größten sind der schlauchartige, aber professionell geführte und recht gut sortierte **Home Needs Super Market**, ✆ 063-2248188, von Mr. Vijan – und der am Hideaway liegende **Mini Co-op City**, ⊙ ca. 7–22 Uhr. In Pottuvill ist eine Filiale von Cargills Food City geplant.

Geld

In Pottuvil gibt es 4 Banken mit **Geldautomaten**, wo tgl. ein Limit zwischen 20 000 und 80 000 Rs abgehoben werden kann. Mitte 2011 soll ein Automat am Siam View Beach Hotel installiert werden.

Infos und Touren

Im Untergeschoss des Siam View Hotels fungiert der **Arugam Bay Surf Club**, ✆ 075-4896583, als Vertretung der Surf Federation of Sri Lanka. Vermittlung von Surfunterricht, Equipment-Verleih, Ausrichtung von Wettbewerben und Buchung von Touren aller Art.

Medizinische Hilfe

Die an der Hauptstraße von Pottuvil bzw. ca. 100 m vom District Hospital liegende, Anfang 2011 von Dr. T.L.A. Manaf betriebene **amc pharma**, ✆ 063-3636778, ⊙ 6–22 Uhr, gilt als beste Apotheke der Region und umfasst sogar eine kleine Privatklinik, Sprechstunden: 6–8 und 16–22 Uhr.

Nachhaltige Touren

Es hapert zuweilen leider noch mit den Buchungsmöglichkeiten über die Hotels, doch bemüht sich die seit 2008 in Ampara ansässige nichtstaatliche Hilfsorganisation **Sewalanka Foundation**, 🖳 www.sewalanka.org, im Bereich der Arugam Bay „community based tourism" aufzubauen. Insgesamt wurden 32 Projekte initiiert, von denen Einheimische verstärkt profitieren sollen. Dazu zählen z. B. 5 Homestay-Projekte (die Ausbildung erfolgt teilweise sogar in Thailand) in **Panama**, aber auch 1 1/2-stündige, von entsprechend geschulten Fischern geführte, empfehlenswerte Catamaran-Touren (1500 Rs) auf der **Pottuvil-Lagune** oder Wan-

derungen zu den Elefanten im Nationalpark **Lahugala** (inkl. Verpflegung 3000 Rs). Für Tagestouren in den Nationalpark **Yala East** stehen bisher drei Jeeps (Mambo, Surf n Sun, Tristar) zur Verfügung (3000 Rs p. P. bzw. 9000–10 000 Rs für das ganze Fahrzeug, plus Eintritt). Als preiswerte Alternative bietet sich an, mit einem Fahrrad, Moped oder Three-Wheeler nur bis zum Hauptquartier/Eingang des Schutzgebiets zu fahren, um auf der 30 km langen, reizvollen Strecke einen Eindruck von der Natur der Region zu gewinnen. Sämtliche Touren lassen sich auch über den Arugam Bay Surf Club (s. o.) buchen.

Die Ostküste

Polizei

Sein Glück mit der Tourist Police kann man bei Bedarf unter ☎ 011-3081044 oder 063-2248022 versuchen.

Nahverkehr

Für den Transport zwischen Pottuvil und Arugam Bay empfehlen sich **Three-Wheeler** für 150 Rs, als Sammeltransport 50 Rs p. P. Von Arugam Bay zum Crocodile Rock kostet es 500 Rs, bis nach Panama 1500–1800 Rs. Eine abendliche Tour zum Lahugala-Nationalpark liegt bei 3000 Rs, ein Tagestrip nach Kumana bei 10 000 Rs.

Transport

Taxis

Es ist bequem, aber nicht billig, den Transfer von/zum Flughafen mit einem eigenen Charter-Fahrzeug zu bewältigen. Ein Taxi nach COLOMBO kostet ca. US$140–160, nach TRINCOMALEE US$160 und nach BATTICALOA US$60–70. Die günstigsten Transporte bietet die **Arugam Taxi Initiative** von Mr. Shana, ☎ 077-8888877, ✉ arugamtaxi@gmail.com, die auch einen Stützpunkt am Flughafen in Negombo unterhält. Airport-Transfers (z. B. als Vermeidung von Leerfahrten) schon ab US$75, aber auch kostensparende Organisation von Sammeltaxis.

Busse

Die meisten Busse starten vom Busbahnhof in Pottuvil, doch es gibt auch Abfahrten direkt von der Arugam Bay (bzw. Siam View Beach Hotel).
Die tgl. 2–3 Express-Busse nach COLOMBO (ca. 500 Rs) fahren über Monaragala (60 km, 3 Std.) oder Badulla, das neben Wellawaya als wichtigste Umsteigestation fungiert. Ein Minibus-Platz nach Colombo liegt bei 700 Rs. Nach BATTICALOA fahren tgl. 1–2 Express-Busse (5 Std.). Die einfachen, örtlichen Busse brauchen erheblich länger. 3x tgl. bedienen sie auch die 2,5 km lange Strecke von Pottuvil zur Arugam Bay und weiter bis nach Panama.

Flüge

Sri Lankan Airlines plant im Rahmen des „Air Taxi"-Angebots Flüge zwischen Colombo

Abreise aus Arugam Bay

Wer von hier aus per Minibus oder Taxi direkt zum Abflug bzw. Bandaraike-Airport in Negombo fahren will, sollte als Faustformel 12 Std. einkalkulieren. Dann zumindest verbleibt in Anrechnung der 2 1/2–3 Std., die man vor dem Start eines internationalen Fluges am Fughafen sein sollte, noch rund 1 Std. als Reserve für unvorhergesehene Ereignisse (wie z. B. eine Reifenpanne). Der Streckenabschnitt zwischen Haputale und Balangoda sollte auf jeden Fall bei Tageslicht absolviert werden, da sich die A4 hier als schmales Asphaltband herrlich durch Berge und Dschungel bzw. zwischen urigen Baumriesen hindurchschlängelt. Zudem eröffnet sich bei Koslanda ein herrlicher Ausblick auf den Wasserfall Diyaluma – mit rund 170 m der zweithöchste, aber wohl schönste Sri Lankas.

und Trincomalee mit Ampara inkl. Transfer zur Arugam Bay (min. 4, max. 8 Passagiere). Erwogen wird wohl auch eine direkte Anbindung über die Lagune von Pottuvil.

Die Umgebung von Arugam Bay

Südlich der Arugam Bay, nach einer Landzunge beginnend und zu Fuß am Meer oder mit Fahrzeugen über das Nachbardorf Pasarichenai zu erreichen, dehnt sich ein wunderschöner, rund 3 km langer Sandstrand aus – bis hin zum **Crocodile Rock** und zum **Elephant Rock**, von wo gelegentlich sogar wilde Elefanten über die Wellen-Akrobatik der Ausländer rätseln. Überhaupt können Umgebung und Hinterland der Surfer-Destination atemberaubende Naturerlebnisse bieten – besonders während oder nach der von November bis Dezember dauernden Haupt-Regenzeit, die die Region in frischem Grün erwachen lässt. Allein schon an der landschaftlich reizvollen, rund 17 km langen Holperpiste zum Dorf **Panama** (gesprochen „Paanama") lassen sich meist eine bunte Vogelwelt, Affen, Füchse, Wildbüffel, Elefanten und mitunter sogar Krokodile beobachten, die auf den Sandbänken der Wasserläufe rasten. Die schönste Tageszeit für das Befahren der in der Regenzeit teilweise überfluteten Strecke ist der späte Nachmittag.

In Panama enden die asphaltierte Straße und der öffentliche Busverkehr. Die reizvolle, singhalesische Enklave hat sich noch viel von ihrer Ursprünglichkeit bewahrt, doch umfangreiche Rodungen, Planier- und Bauarbeiten scheinen den Weg in die Zukunft der Region zu weisen. An seinem Süd-Ende schlängelt sich ein unbefestigter Fahrweg zum Meer, das sich hier mit einer einsamen, atemberaubenden Schönheit präsentiert und von einem reizvollen, hohen **Dünenwall** begrenzt wird. Am Fuß der Sandberge finden sich einige Soldaten-Gräber, aber es gibt auch Ruinen von einstigen Urlauber-Unterkünften, die noch an den Bürgerkrieg erinnern. 3 km westlich des Dorfs liegt ein romantischer See, der sich besonders zur Zeit des Vogelzugs im Oktober belebt. Von hier sind es nur noch wenige Kilometer zum **Nationalpark Yala East**, der sich über den Küstenort **Okanda** erreichen lässt.

Yala East-Nationalpark

Dieser 180 km² große Nationalpark im äußersten Südosten Sri Lankas beginnt nur rund 30 km südlich der Arugam Bay und wird im Vergleich zum benachbarten Naturschutzgebiet Yala West (Ruhuna) bisher kaum besucht – zumal es auch keine direkte Verkehrsverbindung gibt. Seine Hauptattraktion besteht in dem rund 20 km vom Eingang entfernten, 200 ha großen **Kumana-Stausee** mit seinen angrenzenden Mangroven-Wäldern. Hier tummeln sich zahlreiche Vogelarten wie Pelikane und Störche, aber auch der weiße Ibis oder der auf Sri Lanka seltene Schwarznacken-Storch. Zudem besteht die Möglichkeit, Elefanten oder mit etwas Glück sogar Leoparden und Bären zu sichten.

Der Nationalpark wurde 2003 wieder eröffnet und erneut in 2010, weil der Bürgerkrieg hier in besonderem Maße wieder aufgeflammt war und mit versprengten LTTE-Einheiten sogar noch wochenlang über die Kapitulation hinaus angedauert haben soll. Der Zugang zu Yala East erfolgt – meist mit organisierten Tagestouren von den Unterkünften in Arugam Bay (s. S. 470, Kasten: Nachhaltige Touren) – über **Panama** und den Küstenort Okanda, der mit einem hinduistischen Tempel als bedeutende Zwischenstation des **Pilgerpfads** nach Kataragama (s. S. 461, Kasten: Pilgerpfad durch die Nationalparks), einer buddhistischen Einsiedelei, aber auch einem leuchtend weißen Surferstrand aufwarten kann. Der Eintritt kostet 2000 Rs p. P., der als Begleitung vorgeschriebene Tracker-Boy muss per Tipp bezahlt werden. Im Unterschied zum Nationalpark Yala West darf das Fahrzeug hier zwischendurch verlassen werden. Übernachtungsmöglichkeiten gibt es hier zurzeit noch nicht. Dafür hält sich hartnäckig das Gerücht, dass mitten durch das Naturschutzgebiet eine neue Straße gebaut werden soll, um Hambantota über Kataragama und Yala mit Panama bzw. Arugam Bay und Pottuvil zu verbinden.

Der Norden

Stefan Loose Traveltipps

Madhu Fromm-fröhliche Pilgerfahrt zum Marienheiligtum. S. 475

Jaffna Trotz Kriegszerstörungen verströmt die Metropole viel Charme. S. 479

Nallur Kandaswamy Kovil In diesem prächtigen Tempel kann man den Hinduismus intensiv erleben. S. 482

14 Jaffna-Halbinsel Hier begegnen Besucher der Tamilen-Kultur auf Schritt und Tritt. S. 485

Nainativu Wo einst Buddha seine Spuren hinterließ. S. 489

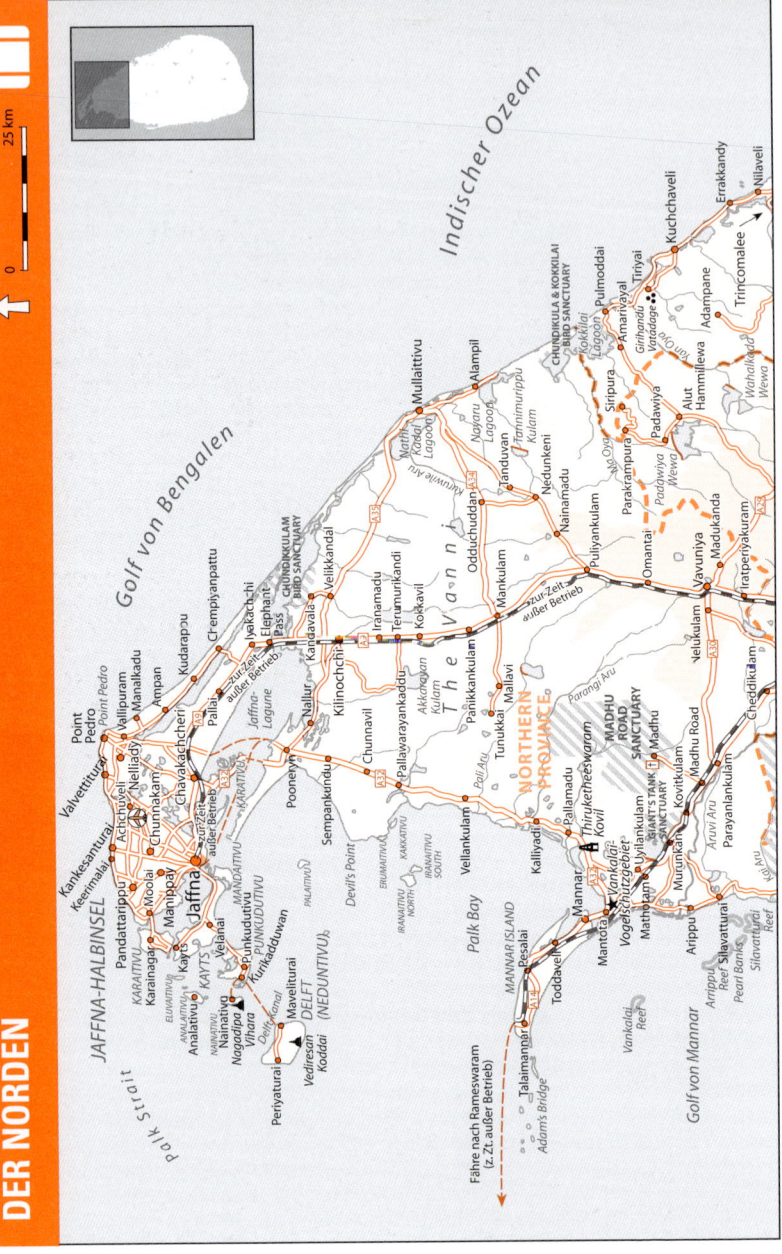

DER NORDEN

Indischer Ozean

Golf von Bengalen

Point Pedro
Point Pedro
Valvettiturai
Kankesanturai
Keerimalai
Pandattarippu
Achchuveli
Vallipuram
Manalkadu
Ampan
Kudarapu
Nelliady
Chunnakam
Chavakachcheri
Kudarapu
Crempiyanpattu
Iyakkachi
Elephant Pass
Velikkandal
CHUNDIKULAM BIRD SANCTUARY
Mullaittivu
Alampil
Nayaru Lagoon
Kokkulai
Kokkilai
Karaveli
Kuchchaveli
Erakkandy
Nilaveli
Trincomalee
Adampane
CHUNDIKULA & KOKKILAI BIRD SANCTUARY
Pulmoddai
Tiriyai
Amariyaval
Vatodage
Sripura
Padawiya
Alut Hammillewa
Madukanda
Tratpeniyakuram

Moolai
Manipay
Jaffna
Velanai
Kayts
Karainagar
KARAITIVU
ANALAITIVU
Nainativu
Nagadipa Vihara
Analaitivu
Vedaresan Koddai
Periyaturai
Talaimannar
Pesalai
MANNAR ISLAND
Mannar
Toddaveli
Arippu
Silavattural
Pearl Banks
Vankalai Reef

JAFFNA-HALBINSEL

Jaffna-Lagune
Pallai
zur Zeit außer Betrieb
Kandavalai
Paranthan
Kilinochchi
Nallur
Pooneryn
Chunnavil
Pallawarayankaddu
Sempankundu
Devil's Point
Palk Bay
Vellankulam
Kalliyadi

Palk Strait

Adam's Bridge
Fähre nach Rameswaram
(z. Zt. außer Betrieb)

Golf von Mannar

The Vanni

NORTHERN PROVINCE

Akkarayan Kulam
Tunukkai
Mallavi
Paikkankulam
Puliyankulam
Odduchuddan
Mankulam
Nedunkeli
Nainamadu
Nedunkandi
Panduvan
Tarinimurippu
Nedunkulam
Vavuniya
Velukulam
Omantai
Madhu Road
Chedikulam
Parakrampura
Padaviya Wewa
Wahalkada Wewa
Girihandu Vatodage

MADHU ROAD SANCTUARY
Madhu
Kovitkulam
Murunkan
Parayanlankulam
Mathottam
Uyilankulam
GIANT'S TANK SANCTUARY
Thiruketheeswaram Kovil
Vankalai Vogelschutzgebiet
Mamtotai

25 km

0

N

Im Norden wird besonders deutlich, dass die Insel nicht nur ein Tropenparadies ist, sondern auch eine „Träne im Meer". Der Alltag der Menschen ist nach wie vor bestimmt von den Folgen des langen Bürgerkrieges – eine Welt entfernt vom Leben anderswo in Sri Lanka. Und dennoch gehört die Region genauso zu Sri Lanka wie das teegrüne Hochland und die goldfarbenen Buchten der Südküste. Wer in den Norden fährt, den erwartet keine bequeme Reise. Die Zerstörungen sind überall sichtbar und die Infrastruktur ist teilweise sehr schlecht. Warnschilder weisen auf vermintes Gebiet hin und die starke Militärpräsenz zeugt davon, dass das Misstrauen zwischen den Singhalesen und den Tamilen noch immer sehr groß ist. Trotzdem: Eine Reise ins Ungewisse ist es nicht. Die A 9 ist mittlerweile gut ausgebaut und die Unterkunftssituation hat sich seit Kriegsende wesentlich verbessert.

Der Aufwand lohnt sich: Besucher lernen die facettenreiche Kultur der Tamilen und das bunt schillernde Leben in den Hindu-Tempeln kennen. **Jaffna** ist trotz Zerstörungen eine einladende Stadt, und das Umland der nördlichen Metropole wartet mit überraschend interessanten Sehenswürdigkeiten auf. Im Nordwesten liegt in **Madhu** der wichtigste Marienwallfahrtsort Sri Lankas und auf der Insel **Mannar** wähnt man sich schon im nahen Indien. „Vanakkam", so heißen die tamilischen Bewohner die Gäste willkommen und sind froh, dass nicht mehr nur Soldaten das Straßenbild prägen, sondern auch neugierige Fremde, die diesen zweieinhalb Dekaden lang verschlossenen Landstrich erkunden wollen.

Der Norden kann ganzjährig besucht werden, mit 28 °C Durchschnittstemperatur gehört er zu den heißesten Regionen Sri Lankas. Die spärlichen Niederschläge – nur 1200 mm im Jahr – fallen während des Nordostmonsuns zwischen November und Januar/Februar. In den Folgewochen zeigt sich die Natur dann von ihrer schönsten Seite.

Madhu

Als es im Jahr 1544 zu einer Katholikenverfolgung durch den König von Jaffnapattam kam – er ließ 600 Gläubige aus Mannar hinrichten –, flohen

viele Christen in das Hinterland, einige auch nach Madhu, wo sie einen Schrein zur Verehrung Marias errichteten. Nachdem unter den Holländern in der zweiten Hälfte des 17. Jhs. die Katholiken wiederum verfolgt wurden, ließ sich eine Gruppe von 30 Familien in den Wäldern bei Madhu nieder und errichtete dort 1670 eine Kapelle zu Ehren **„Unserer lieben Frau von Madhu"**. Seitdem ist Madhu, 45 km westlich von Vavuniya, der bedeutendste Marienwallfahrtsort der Insel. 1870 bestimmte der Bischof den 2. Juli zum Hauptfest der Madonna. Zwei Jahre später legte er den Grundstein einer vergrößerten Wallfahrtskirche. 1924 setzte ein Abgesandter des Papstes der prächtig gekleideten Maria mit Kinde eine Krone auf. Die heutige Kirche wurde 1944 geweiht.

Während des Bürgerkrieges lag der Wallfahrtsort zwischen den Fronten, weshalb die Sicherheitskontrollen auch heute noch sehr stark sind. Zu den jährlichen Marienfesten, vor allem zum 2. Juli und zu Mariä Himmelfahrt am 15. August, pilgern Hunderttausende von Gläubigen nach Madhu.

Transport

Zwischen VAVUNIYA und MANNAR verkehren stdl. **Busse** entlang der A 30 mit Stopp an der

Der Norden

Madhu Rd. (45 km, 2 Std.). Von dort sind es noch 14 km bis zum Wallfahrtsort. Oft ist es jedoch schwierig, ein Fahrzeug dorthin aufzutreiben. Am besten arrangiert man daher von Vavuniya oder Mannar aus ein **Taxi**.

Insel Mannar

Bis Anfang der 1980er-Jahre war die 30 km lange Insel Mannar ein geschäftiger Transitpunkt für den Verkehr mit dem Subkontinent. Von Talaimannar fuhren die Fähren ins indische Rameshwaram. Doch mit Beginn des Bürgerkriegs versank dieser schmale Zipfel in einen Dornröschenschlaf. Über die Insel Mannar flohen viele Menschen nach Indien, darunter eine beträchtliche Zahl von Muslimen, welche unter den Einwohnern dieses Küstenabschnittes die Mehrheit bildeten. Die Region wirkt karg und ausgedörrt, denn sie zählt zu den regenärmsten Gebieten Sri Lankas. Kein Wunder, dass sich kaum Touristen hierher verirren – zu sehen gibt es nämlich ziemlich wenig. Wo sonst würde die auffallend hohe Eselpopulation oder ein Affenbrotbaum zur Touristenattraktion avancieren?

Noch auf dem Festland ist der bunte **Thiruketheeswaram Kovil** unweit der A 32 einen Stopp wert, der zu den fünf wichtigsten Shiva-Heiligtümern der Insel zählt und bereits im 6. Jh. existierte. Zu Beginn eines 3 km langen Damms, der

Fähre nach Indien

Bis 1982 gab es regelmäßige Fährverbindungen zwischen Talaimannar und dem nur 32 km entfernten südindischen RAMESHWARAM. Die Anlegestelle wurde 2011 erneuert, sodass mit der baldigen Wiederaufnahme des Fährbetriebs zu rechnen ist. Die Fahrtzeit wird etwa 3–3 1/2 Std. betragen.

die Insel mit dem Festland verbindet, breitet sich das knapp 5 km² große **Vankalai-Vogelschutzgebiet** aus. Am Südostende der bananenförmigen Insel liegt das Städtchen **Mannar**, wo die Portugiesen 1560 ein Fort errichteten. Nach ihrer Vertreibung durch die Holländer vergrößerten diese 1686 die Befestigungsanlage und fügten vier Bastionen hinzu. Bis heute ist das Fort in gutem Zustand, wird aber leider vom srilankischen Militär genutzt. Der riesige **Affenbrotbaum** (Baobab) etwas außerhalb in Richtung Westen an der Pallimunai Road zählt zu den Hauptattraktionen Mannars. Möglicherweise brachten ihn arabische Händler von seiner afrikanischen Heimat hierher. An klaren Tagen kann man beim Baden vor dem baumlosen **Urumali Beach** an der Inselspitze den Leuchtturm von Rameshwaram sehen.

Talaimannar am Westende der Insel war einst berühmt für die Perlenfischerei und bedeutsam als Tor Sri Lankas für Reisende aus Indien. Durch die Wiederaufnahme der Fährverbindung nach Rameshwaram – vermutlich 2012 – wird die derzeit ziemlich verschlafene Hafenstadt wieder an ihre alte Rolle anknüpfen können.

Übernachtung und Essen

Die Unterkunftssituation ist schlecht. Man sollte sich also auf weniger gemütliche Nächte einstellen, bitte vorher reservieren! **Four Tees Rest Inn**, Talaimannar Rd., 7,5 km außerhalb von Mannar, unweit eines Telekom-Mastes, ✆ 023-3230008. 5 geräumige, wenn auch karge Zimmer mit Bad, eines mit AC. Freundlicher Eigentümer, ordentliches Essen, darunter gute Seafood-Gerichte. ❷ **Hawaii Residence**, 2nd Lane, Paintas St., ✆ 023-3230013, 077-6999741. Die 6 Räume mit

Der Norden

Gemeinschaftsbad verteilen sich auf zwei Etagen. Für AC wird 500 Rs Aufschlag verlangt. ❶–❷

Manjula Inns, 2nd Cross St., ☏ 023-2232037, 2222445. Die Zimmer, teilweise mit Bad und AC, sehen selten einen Putzlappen. Trotzdem oft ausgebucht, deshalb besser vorher anrufen. ❶

Star Guest House, 298 Moor St., ☏ 023-2232177. Unweit der Bank of Ceylon. Bescheidene Räume, einige mit AC und Bad. Es wird kein Essen zubereitet. ❶–❷

Zwischen Mannar und COLOMBO verkehren tagsüber nahezu stdl. **Privatbusse** (312 km, 6–7 Std.). Regelmäßige Verbindungen gibt es auch nach TALAIMANNAR (27 km, 1 Std.), VAVUNIYA (77 km, 2 Std.) und TRINCOMALEE (174 km, 5 Std.).

Vavuniya

Der Ort ist Ausgangspunkt für Fahrten in den Norden. Hier endet die „Northern Line" der sri-lankischen Eisenbahn. Vor dem Krieg führte sie bis nach Jaffna, derzeit wird die zerstörte Trasse wieder schrittweise instand gesetzt. Vavuniya ist auch eine Art unsichtbare Grenze zwischen tamilisch und singhalesisch dominierter Kultur. Der Landstrich nördlich der Stadt ist als **Vanni** bekannt und führte über die Jahrhunderte ein politisches Schattendasein. Vanni stand weder unter totaler Kontrolle der Könige von Jaffna noch derer von Kandy. Vielmehr hatten hier sogenannte Vanniyars – Provinzfürsten – das Sagen. Der Bürgerkrieg wütete in dieser Region besonders heftig. Unter den Folgen des ethnischen Konflikts hatten auch die knapp 65 000 Einwohner Vavuniyas zu leiden. Mit Kriegsende und dem regen Verkehr auf der A 9 von und nach Jaffna hat sich die wirtschaftliche Situation wesentlich verbessert.

Auf der touristischen Landkarte ist die Stadt ein weißer Fleck. Sehenswert ist höchstens das **Archäologische Museum**, ⏱ Mi–Mo 9–17 Uhr, mit Buddhastatuen aus Madukanda. Es liegt nördlich der Busstation an der Jaffna Road. Von den zahlreichen Hindu-Tempeln bietet sich der Besuch des **Sinthamani Pillayar Kovil** an, der recht hübsch am Ufer des Vavuniya-Reservoirs liegt. Auch der **Kandasamy Kovil** in der gleichnamigen Straße östlich des Uhrturms lohnt einen Besuch.

Madukanda Raja Maha Vihara

Das buddhistische Heiligtum aus dem 4. Jh. liegt etwa 4 km außerhalb der Stadt an der A 29 in Richtung Trincomalee. Für die Singhalesen ist Madukanda deshalb von Bedeutung, weil dort für kurze Zeit die Zahnreliquie Buddhas aufbewahrt wurde. Hemamali, die Tochter des indischen Königs Guhasiva, und ihr Gatte brachten Buddhas Eckzahn um 310 n. Chr. nach Sri Lanka und reisten vom Landungsplatz im damaligen Lankapattana (vermutlich Ilankaithurai südlich von Trincomalee) nach Anuradhapura. Einer ihrer Rastplätze war Madukanda. Heute ist dort noch ein aktives Kloster. Zu sehen sind Reste eines Vihara mit schönen Wächtersteinen, ein prächtiger Bodhi-Baum und ein weißer Stupa.

Nelly Star, 84 2nd Cross St., ☏ 024-2224477. Pool und WLAN sind in diesem modernen Kasten von Vorteil, auch die 20 AC-Zimmer mit Bad sind akzeptabel, wenn auch teilweise recht klein. Beliebtes Restaurant. ❸

Puley's Balmorl, gegenüber dem Bahnhof, ☏ 024-2222364. 12 einfache Zimmer mit Bad, einige mit AC, in Flachbau hinter großem Garten. Trotz zentraler Lage ruhig gelegen. ❷–❸

Resthouse, Station Rd., ☏ 024-2222299. Die 9 Zimmer mit Moskitonetz und freundlicher Veranda könnten ein Lifting gebrauchen. Für den Preis ist die Unterkunft annehmbar. ❶

Swarkka, 33 Soosaipillaiyar Kulam Rd., ☏ 024-2221090. Die 7 Zimmer, teilweise mit AC, sind eher bescheiden, doch im Restaurant, ⏱ 7–21 Uhr, werden gute Curry- und Biryani-Gerichte serviert. ❷

Royal Park Garden Restaurant, Horowapathana Rd., ☏ 024-2224026. Das beliebte Gartenlokal serviert gute srilankische und indische Gerichte und ist vor allem zum Dinner zu empfehlen. ⏱ tgl. 11.30–22 Uhr.

Der Norden

Jaffna

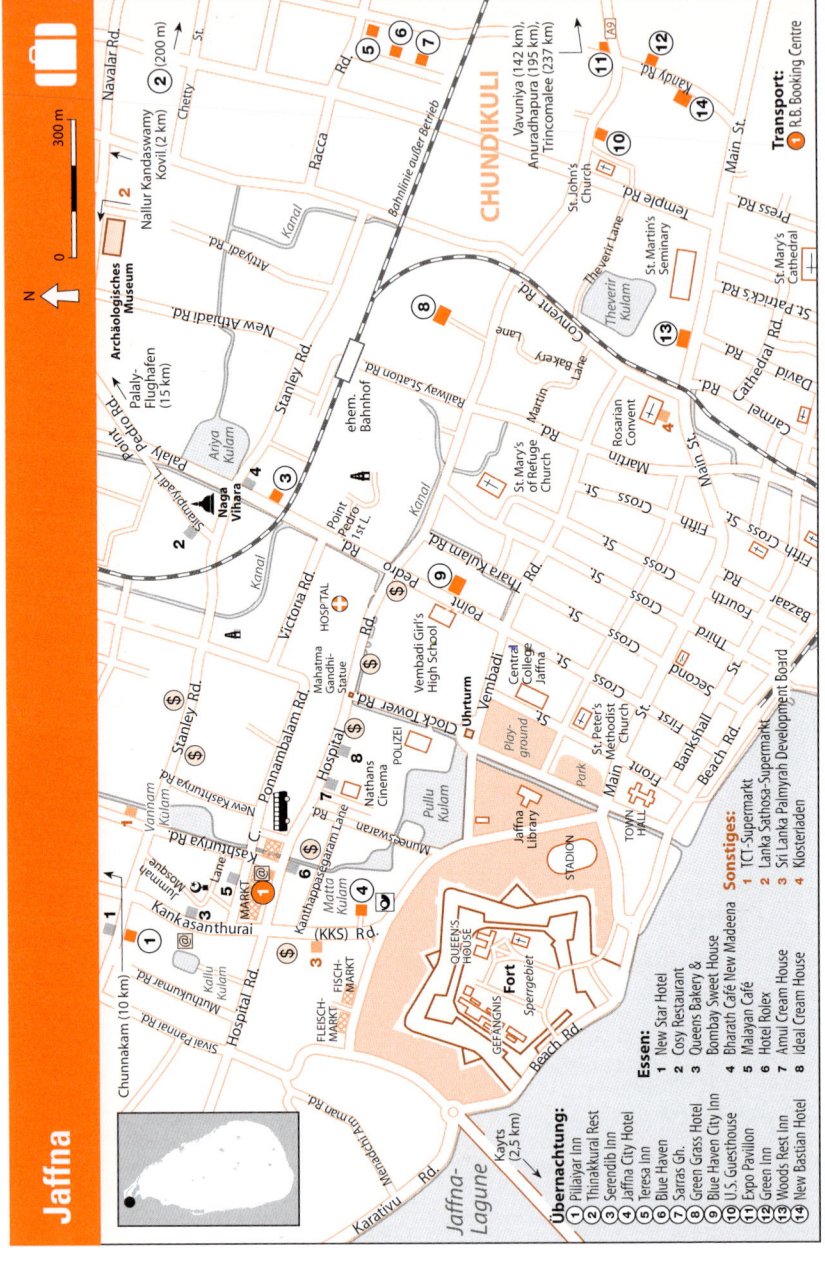

CHUNDIKULI

Transport:
1 R.B. Booking Centre

Vavuniya (142 km),
Anuradhapura (195 km),
Trincomalee (237 km)

Palaly-
Flughafen
(15 km)

Nallur Kandaswamy
Kovil (2 km)

Chunnakam (10 km)

Kayts
(2.5 km)

Übernachtung:
1 Pillaiyar Inn
2 Thinakkural Rest
3 Serendib Inn
4 Jaffna City Hotel
5 Terea Inn
6 Blue Haven
7 Sarras Gh.
8 Green Grass Hotel
9 Blue Haven City Inn
10 U.S. Guesthouse
11 Expo Pavillon
12 Green Inn
13 Woods Rest Inn
14 New Bastian Hotel

Essen:
1 New Star Hotel
2 Cosy Restaurant
3 Queens Bakery &
  Bombay Sweet House
4 Bharath Café New Madeena
5 Malayan Café
6 Hotel Rolex
7 Amul Cream House
8 Ideal Cream House

Sonstiges:
1 TCT-Supermarkt
2 Lanka Sathosa-Supermarkt
3 Sri Lanka Palmyah Development Board
4 Klosterladen

Busse

Die Verkehrsanbindung ist gut, der **Busbahnhof** an der Kandy Rd. recht übersichtlich. Richtung COLOMBO starten Busse um 8.30, 10.30 und 12.30 Uhr (254 km, 6 Std.), nach KANDY um 6.15, 6.45, 9.15, 9.30, 10.30, 12.30, 13.30 und 14.30 Uhr (179 km, 4 Std.). ANURADHAPURA (53 km, 1 1/2–2 Std.) wird direkt um 10.15 und 16.15 Uhr angesteuert.

Fast stdl. verkehren Busse nach MANNAR (77 km, 2 Std.) und TRINCOMALEE (97 km, 2 1/2 Std.), sowie alle halbe Stunde nach Jaffna (142 km, 4 Std.).

Eisenbahn

Als Endstation der „Northern Line" ist Vavuniya an das Schienennetz angebunden. Nach COLOMBO starten die Züge tgl. um 3.20 Uhr (an: 10.05 Uhr), ein IC um 5.45 und 15.30 Uhr (an: 10.30 bzw. 20.30 Uhr) sowie ein Nachtzug um 22 Uhr (an: 4.45 Uhr). Der Bahnhof von ANURADHAPURA wird nach gut einer Stunde erreicht.

Jaffna

Zerbombte Häuser, schlechte Straßen, eine hohe Militärpräsenz – in Jaffna sind die Spuren des über 25 Jahre währenden Bürgerkriegs nicht zu übersehen. Doch seit Kriegsende findet die einst so quirlige **Handelsstadt** wieder zu ihrer einstigen Dynamik zurück. Besonders gut zu beobachten ist dies rund um den Markt der 160 000-Einwohner-Stadt. Hier wähnt man sich eher in Südindien als in Sri Lanka. Dies verwundert nicht, liegt doch der Subkontinent jenseits der Palk Strait gerade mal 50 km entfernt. Nach Colombo sind es etwa 400 km.

Modische Saris à la Bollywood zieren die Schaufenster, aus den Boxen plärrt tamilische Popmusik, hinduistische Tempel dominieren das religiöse Leben. Irgendwie scheint auch die Zeit etwas hinter anderen srilankischen Orten her zu hinken. Da schaukelt noch mancher Oldtimer durch die Straßen, und von den Wänden der hübschen Bauten aus der Kolonialzeit blättert der Putz.

Noch wagen sich wenige ausländische Besucher in die zweitgrößte Stadt der Insel, doch sie werden belohnt mit freundlichen Menschen, unverfälschtem Charme und einer bemerkenswerten Umgebung. Diese Mischung macht **Yalppanam**, die „Stadt der Laute", wie sie von den Tamilen poetisch genannt wird, trotz ihrer tragischen jüngeren Vergangenheit so sympathisch und besuchenswert.

Geschichte

Aufgrund der geringen Distanz zum Subkontinent wanderten überwiegend südindische Tamilen auf die Jaffna-Halbinsel ein. Bereits im 3. Jh. v. Chr. entstanden die ersten Niederlassungen. Verstärkte Zuströme tamilischer Händler und Soldaten gab es ab dem 10. Jh. im Zuge der Chola-Invasion. Ein selbstständiges Tamilen-Reich etablierte sich dann Mitte des 13. Jhs. nach dem Niedergang Polonnaruwas. Es profitierte auch von dem Zusammenbruch des indischen Pandya-Reiches, als nach der Zerstörung von dessen Hauptstadt Madurai durch Truppen des muslimischen Sultans von Delhi (1323) viele Tamilen nach Sri Lanka flohen. Die Herrscher Jaffnas sind jedoch mangels Chroniken namentlich kaum bekannt, man weiß nur, dass sie sich den Titel **Arya Chakravati**, „Edle Weltenherrscher", gaben.

Abgesehen von einer kurzen Periode, als der König von Kotte, Parakramabahu VI. (reg. 1411–66) die Kontrolle über die gesamte Insel innehatte, blieb das unter Tamilen als Yalppanam (singh. *yapa patunam*) bekannte Jaffna-Reich unabhängig. Mit seinen gefragten Meeresprodukten – allen voran Perlen und Muscheln – profitierte es vom zunehmenden regionalen Seehandel. So war es nur eine Frage der Zeit, bis die sich im Laufe des 16. Jhs. auf „Ceilão" immer weiter ausbreitenden **Portugiesen** auch ein Auge auf „Jaffnapatam" warfen, wie das Königreich auf Seekarten genannt wurde.

Nachdem der dortige König portugiesische Missionare hatte hinrichten lassen, um deren Einfluss auf die Bevölkerung zu stoppen, eroberten die Portugiesen 1591 Jaffna, entmachteten den Monarchen und setzten einen Vasallen ein. Unter dem kaltschnäuzigen Oberkommandeur General Constantino de Sa wurde dessen

Der Norden

Die Jaffna Public Library – Symbol tamilischen Geistes

Der Norden

Sie ist der Stolz der Jaffna-Tamilen. Wie ein indischer Mogul-Palast sticht das gleißend weiße, 1959 errichtete Gebäude aus der tristen Umgebung hervor. Aber erst seit 2004 ist die Bibliothek wieder geöffnet, nachdem sie jahrelang als traurigs Mahnmal eines ethnischen Fanatismus in Trümmern lag – seit der tragischen Nacht des 31. Mai 1981, als eine singhalesische Polizeieinheit sie in Brand gesteckt hatte. Damals musste die Bevölkerung hilflos mit ansehen, wie über

Nachfolger 1619 ebenfalls abgesetzt. Damit war der Untergang von Jaffnapatam besiegelt. Ohne Rücksicht auf die lokale Kultur zerstörten die Portugiesen die Hindu-Tempel und unternahmen aggressive Missionsversuche. Vor allem unter den Karaiya, den Mitgliedern der Fischerkaste, waren ihre eifrigen Padres erfolgreich.

Doch bereits 1658 wurde die südeuropäische Seemacht von den **Holländern** verdrängt, welche Jaffna zu einem wichtigen Handelsstützpunkt für Stoffe, Perlen und Elefanten ausbauten und das mächtige Fort errichteten. Allerdings konnten die dicken Mauern der Wehranlage nicht verhindern, dass dort ab 1796 der Union Jack im heißen Tropenwind wehte. Unter den Briten stieg Jaffna zu einem wichtigen Bildungs- und Verwaltungszentrum auf. Viele koloniale Bauten erinnern daran.

Nach der Unabhängigkeit geriet die nördliche Metropole immer mehr in den Sog der ethnischen Spannungen, die 1981 mit der Zerstörung der Jaffna-Bibliothek einen ersten traurigen Höhepunkt erreichten. Mit dem Ausbruch des **Bürgerkriegs** wurde die Stadt zum Schauplatz endloser Kämpfe. 1990 führte die LTTE ihr totalitäres Regime ein, doch gelang es Regierungssoldaten 1995 unter großen Verlusten auf beiden Seiten Jaffna zurückzuerobern. Damals lebte hier nur noch ein Viertel der einstigen Stadtbevölkerung, der Rest war geflohen. Erst seit 2002 kehren die Menschen zurück.

Orientierung und Sehenswertes

Der Stadtkern erstreckt sich entlang der gleichnamigen Lagune. Das Zentrum mit Markt und Busbahnhof liegt nordöstlich des Forts an der quirligen Hospital Road. Zwischen ihr und der weiter nördlich liegenden Stanley Road spielt sich das Geschäftsleben ab. Vor dem Krieg schlug der Puls der Stadt rund um den Uhrturm,

97 000 Bücher und Dokumente für immer verloren gingen, darunter wertvolle Schriften wie die Jaffna-Chronik *Yalppanam Vaipavama* oder Manuskripte des Intellektuellen Ananda Coomaraswamy (1877–1954). Der Sohn einer Engländerin und eines Tamilen war seinerzeit mit seinen Publikationen zu Kunst, Philosophie und Religion wichtiger Impulsgeber für die nationalistische Bewegung und ein bedeutender Brückenbauer zwischen Ost und West.

Als ein Vorgängerbau der Bibliothek 1848 erstmals seine Pforten öffnete, begann sich eine wachsende Zahl tamilischer Intellektueller auf die eigene Kultur zurückzubesinnen. Dies ist vor allem einer Person zu verdanken: dem aus Nallur (südlich der Jaffna-Lagune) stammenden **Arumuga Navalar** (1822–79). Mit ihm erlebte die tamilische Literatur einen neuen Höhepunkt, nachdem sie während der britischen Kolonialzeit immer bedeutungsloser geworden war. Der Absolvent und zeitweilige Lehrer am renommierten methodistischen Jaffna Central College suchte eine hinduistische Antwort auf die aggressiven Missionsversuche westlicher Christen und etablierte für die Hindus ein eigenes Schulsystem.

Als „Mann enormer Belesenheit und gewaltiger Energien", wie ihn der Historiker K. M. de Silva charakterisiert, hat Navalar dem tamilischen Hinduismus bis heute seinen Stempel aufgedrückt – vor allem durch seine systematischen Studien zum Shivaismus. Dank eigener Druckerei verbreiteten sich seine Schriften weit über die Grenzen hinaus. Mit seinen eingängigen Gedichten avancierte er im Volk zum „Vater der tamilischen Prosa". Als er im 58. Lebensjahr starb, hatte der lebenslange Junggeselle 75 Bücher publiziert.

In seine Fußstapfen trat später der in Jaffna geborene Jurist **Thamotharam Pillai** (1832–1901). Er war der erste tamilische Graduierte der südindischen Madras University und wurde durch eine Grammatik bekannt. Zudem sammelte er alte Palmblattmanuskripte tamilischer Klassiker und gab sie neu heraus.

Das geistige Erbe dieser und anderer Persönlichkeiten drohte im militärischen Gedröhne des ethnischen Konfliktes unterzugehen. Zu hoffen ist, dass die Bibliothek sich nach Kriegsende wieder mit Leben füllt und zu einem wichtigen Zentrum des intellektuellen Lebens wird.

Martin H. Petrich

doch wurde dieser Bezirk nahezu vollständig dem Erdboden gleichgemacht. Der Wiederaufbau geht langsam voran, noch wirken Hauptpost und Jaffna-Bibliothek wie Fremdkörper. Der elegante **Uhrturm** geht auf das Jahr 1875 zurück, um an den Besuch des damaligen Prince of Wales zu erinnern. Ein zeitgenössischer Prince of Wales, nämlich Prinz Charles, stiftete 2002 die Restaurierung samt neuen Ziffernblättern.

Insgesamt bietet Jaffna wenige Sehenswürdigkeiten, es lohnt sich von daher mehr, die Stimmung der Stadt zu erleben – am besten mit dem Fahrrad. Besonders schönes koloniales Ambiente strahlen die alten Kirchen und Colleges im Stadtteil Chundikuli aus, wie etwa das **Rosarian Convent** an der Convent Road, das **St. Martin's Seminary** und die große **St. Mary's Cathedral** an der Main Street sowie die 1928 eingeweihte neogotische **St. Mary's of Refuge Church** an der Hospital Road.

Immerhin blieb das Gebäude des **Archäologischen Museums** an der Navalar Road vom Krieg verschont, auch wenn die Exponate in seinem Inneren ziemlich vor sich hin gammeln. Zu sehen sind hinduistische Prozessionswagen, Buddhafiguren aus Stein und Holzschnitzereien. ⏲ Mo-Sa 9–17 Uhr, Spende erwünscht.

Das Holländische Fort

Wie ein riesiger Seestern liegt das Holländische Fort am Rand der Jaffna-Lagune unweit des Dammes zur Insel Kayt. 1680 begannen die Holländer mit dem Ausbau der früheren portugiesischen Festung nach den Prinzipien des großen französischen Festungsbaumeisters Sébastien le Prestre de Vauban (1633–1707), indem sie die mächtigen Außenmauern zum besseren Schutz vor Kanonenbeschuss spitz zulaufen ließen. Erst 1792 konnten sie den Außenring der 22 ha großen Anlage fertigstellen. Leider ist das

Innere des Forts für Besucher nicht zugänglich, da sich dort die srilankische Armee verschanzt hat. Traurigerweise ist auch nicht mehr viel zu sehen, da das Fort Anfang der 1990er-Jahre massiv bombardiert wurde. Zum Opfer fielen das **King's House** (oder „Queen's House"), in welchem der holländische bzw. später britische Kommandeur residierte, und die 1706 eingeweihte calvinistische **Kruys Kerk** (Kreuzkirche) oder Groote Kerk (Große Kirche), deren Grundriss einem griechischen Kreuz glich.

Nallur Kandaswamy Kovil

Der bedeutende Nallur Kandaswamy Kovil liegt knapp 2 km nordöstlich des Stadtkerns und ist das religiöse Zentrum des Nordens. Sri Lankas größter **Hindu-Tempel** zählt zu den fünf wichtigsten hinduistischen Heiligtümern auf der Insel und ist fraglos das eindrucksvollste. Die Anfänge des Tempels liegen im Dunkeln. Bekannt ist nur, dass die Portugiesen 1620 einen Vorgängerbau zerstörten. Die ältesten Teile der heutigen Anlage gehen auf das Jahr 1749 zurück, doch wurde sie stetig erweitert. So kam die rot-weiß gestreifte Mauer 1909 hinzu. Der gewaltige Eingangsbereich mit dem geschwungenen Dach und dem fünfstöckigen Gopuram stammt aus dem Jahr 1964. Im Inneren befinden sich auf der Südseite ein überdachter Hof mit Wasserbecken und auf der Nordseite das Hauptsanktuarium, umgeben von mehreren Einzelschreinen. Besonders eindrucksvoll ist die Stimmung zu den Puja-Zeiten um 5.30, 10.30, 12.30, 16.30 und 17 Uhr. Über Mittag ist der Tempel geschlossen. Im Inneren herrscht Fotografierverbot.

Der Kovil ist **Murugan** geweiht. So nennen die Tamilen den hinduistischen Kriegsgott Skanda, der bei den Singhalesen wiederum als Kataragama bekannt ist (s. S. 130). Seine sechs Köpfe symbolisieren Weisheit, Leidenschaftslosigkeit, Stärke, Ruhm, Reichtum und göttliche Macht. Als Reittier dient ihm der Pfau. In den zwölf Händen hält er Waffen, darunter einen Speer, den **Vel**. Damit vernichtet er alle Ungerechtigkeit und stellt die Weltordnung wieder her. Murugan beherrscht das letzte der vier Weltalter (Mahayuga), in welchem sich die Menschheit befindet. Es ist das *Kali Yuga*, das „finstere Weltalter", und dauert 432 000 Jahre.

Im Juli/August findet das berühmte **Nallur Festival** statt. Massen an Menschen nehmen daran teil, die Tempelanlage versinkt in einem Meer von bunten Saris und den nackten Oberkörpern der Männer. Das Fest beginnt am sechsten Tag nach dem Juli-Neumond und dauert 26 Tage. Jeden Tag findet eine Prozession statt, doch am feierlichsten wird es gegen Schluss. So wird am Morgen des 24. Tages zum „Car-Fest" ein riesiger Prozessionswagen mit der Statue Murugans herumgezogen. Ähnliches wiederholt sich am nächsten Tag zum „Theertham-Fest". Viele Gläubige stechen sich spitze Gegenstände durch die Haut oder hängen sich an Fleischerhaken auf. Damit ist ihr Wunsch verbunden, wie Murugan unangreifbar zu werden.

Übernachtung

Seit Kriegsende hat sich die Übernachtungssituation wesentlich gebessert, zuweilen kann es aber zu Engpässen kommen. Die Zimmerpreise liegen höher als anderswo und können in den Ferien (Juli/Aug) Fantasiewerte erreichen. Eine größere Auswahl an Gästehäusern liegt in den östlichen Stadtteilen Chundikuli, Somasutharam und Nallur.

Untere Preisklasse

Green Inn, 60 Kandy Rd., ✆/✆ 021-2223898. Alles ziemlich bescheiden und trotzdem nicht billig. 7 AC-Zimmer mit Bad, nicht unbedingt sauber. ❸

Sarras Gh., 20 Somasundram Rd., Chundikuli, ✆ 021-5674040. Nicht weit vom Teresa Inn. In dieser verwunschenen Kolonialvilla atmet man noch den kolonialen Geist und leider auch den Staub von vielen, vielen Jahren. Die 4 individuell geschnittenen AC-Zimmer mit Bad sind karg, vergammelt, aber sehr atmosphärisch. Zimmer Nr. 1 ist noch das beste. ❸

Serendib Inn, 86 Point Pedro Rd., ✆ 021-2223984. Zentrale Lage und annehmbare Preise

machen das Gästehaus mit 11 einfachen AC-Zimmern mit Bad, Kühlschrank und TV zu einer guten Wahl. ❷–❸

Teresa Inn, 72 Racca Rd., ☏ 021-2228615, 071-8565375, ✉ calistusjoseph@gmail.com. Einfaches familiäres Gästehaus mit 10 AC-Zimmern, meist mit Bad. Sehr sympathisch. Arrangiert Mietwagen. ❸

Thinakkural Rest, 45 Chetty St., ☏ 021-2226476. Sehr angenehmes Gästehaus mit 12 sauberen Zimmern, fast alle mit Bad. 9 Zimmer sind mit AC ausgestattet. Große Veranda. ❷–❸

U.S. Gh., 874 Hospital Rd., ☏ 021-2221017, ☏ 2227029. Neben der St. John's Church. 7 saubere AC-Zimmer mit Bad, teilweise mit TV und Kühlschrank. Gut geführt und empfehlenswert. WLAN. ❸

Woods Rest Inn, 317/1 Main St., ☏ 021-5671212. Das freundliche Gästehaus mit 6 einfachen AC-Zimmern mit Bad wirkt durch die Farben und den Balkon recht einladend. Preisreduzierung von 500 Rs bei Benutzung der Ventilatoren. ❷–❸

Mittlere Preisklasse

Blue Haven City Inn, 166 1st Cross St., ☏ 021-2223721. Mrs. Ramalingam und ihr Gatte vermieten in ihrem Wohnhaus gegenüber dem Jaffna Girls College 7 einfache, wohnliche AC-Zimmer mit Gemeinschaftsbad. Der Name des Gästehauses ist nicht angeschrieben. Ein weiteres Gästehaus der Eigentümerfamilie liegt in der Pallali Rd. ein Block weiter. ❸

Expo Pavillon, 40 Kandy Rd., ☏ 021-2223790, ✉ expopavilion@expoavi.com. Das Boutiquehotel ist mit Abstand Jaffnas schönste Bleibe. Untergebracht in einem netten Bungalow

Gute Mittelklasse

Die folgenden beiden Unterkünfte empfehlen sich mit ihrem Pool besonders auch für Familien. Das **Blue Haven**, 70 Racca Rd., ☏ 021-2229958, 🖥 www.bluehavenjaffna.com, liegt in einer ruhigen Gegend und bietet 9 glanzlose, aber saubere AC-Zimmer mit Bad. ❸

Das zentral und trotzdem ruhig gelegene **Green Grass Hotel**, 33 Aseervatham Lane, Hospital Rd., ☏/☏ 021-2224385, verfügt über 30 ebenfalls recht sterile, aber annehmbare AC-Zimmer mit TV, teilweise auch mit WLAN. Restaurant mit solider srilankischer Küche, netter Innenhof. ❸

mit 7 farblich abgestimmten AC-Zimmern kann man im angeschlossenen Restaurant auch stilvoll essen. Es gibt WLAN. ➎–➏

Jaffna City Hotel, 70/6, K.K.S. Rd., ✆ 021-2225969, 🖳 www.cityhoteljaffna.com. Jaffnas derzeit bestes Hotel liegt unweit der Post und besteht aus einem netten Vorhof mit modernem Bau und 40 ziemlich plüschigen AC-Zimmern. Es gibt eine Sauna, einen Fitnessraum und ein akzeptables Restaurant. ➍–➎

New Bastian Hotel, 11 Kandy Rd., ✆ 021-2227374. 10 unterschiedlich große AC-Zimmer mit Bad, darunter ein Family Room und eine Suite für US$80. Wird oft von Mitarbeitern nicht-staatlicher Organisationen gebucht. Arrangiert auch Mietwagen, Internet-Service. ➌–➍

Pillaiyar Inn, 31 Manipay Rd., ✆ 021-2222829, ✉ pillaiyar.in@gmail.com. Gästehaus mit 35 AC-Zimmern mit Bad in großem Neubau. Ordentliches Essen und freundlicher Service. Die Sauberkeit der Zimmer lässt jedoch zuweilen zu wünschen übrig. Arrangiert auch Touren ins Umland. ➍

Im kulinarischen Bereich muss man Abstriche machen, Jaffna ist hier außerhalb der Hotels noch kaum auf Touristen eingestellt. Doch wer wenig Wert auf Ambiente legt, kann hier leckere tamilische Speisen kennenlernen wie etwa Tool, eine mit zahlreichen Zutaten wie Tapioka, Tamarindensaft und Thymian angereicherte

---

Vegetarisches auf Bananenblättern

Gandhi und Nehru blicken freundlich in das Lokal, zwischen ihren Porträts führt eine Tür zum „Ladies room". Das **Malayan Café**, 36-38 Grand Bazaar, gegenüber dem Markt ist eine Institution von Jaffna. Sehr beliebt und daher häufig voll, serviert es auf Bananenblättern vegetarische Reisgerichte und Snacks. Gelobt werden die Dosas *(thosai)* und Thairu Vadais, mit Joghurt gefüllte Teigtaschen. Und zum Nachtisch bereiten Gaju, zuckersüße Kalorienbomben aus Mais, wahre Gaumenfreuden. ⏱ tgl. 7–21 Uhr.

Fischsuppe. Himmlische Freuden erleben viele beim Genuss von Mangos, die zu den besten der Insel zählen. Zum stilvollen Dinner bietet sich der Expo Pavillon an.

Bharath Café New Madeena, 302 Stanley Rd., Ecke Palali Rd. Alles ziemlich finster, doch serviert das muslimische Lokal ordentliche Curry-Gerichte zu günstigen Preisen. ⏱ tgl. 4.30–24 Uhr.

Cosy Restaurant, 15 Sirampiyadi Ln., off Stanley Rd., ✆ 021-2227100. Von außen nichts Aufregendes, doch innen werden bei „Jaffnas bestem Inder" sehr gute Gerichte vom Subkontinent geboten. Gute Nachricht für alle, die etwas „Reis-müde" sind: Hier gibt es einen Tandoor-Ofen. ⏱ tgl. 6.30–23 Uhr.

Hotel Rolex, 340 Hospital Rd. Betriebsames Restaurant mit Curry-Buffet und vielen Snacks. Beliebt bei Kind und Kegel. Und viel billiger als eine Rolex …⏱ tgl. 6.30–22 Uhr.

New Star Hotel, 108 Manipay Rd. Ein weiteres muslimisches Lokal mit guten Curry- und Biryani-Gerichten zu günstigen Preisen. ⏱ tgl. 5.30–23.30 Uhr.

Queens Bakery & Bombay Sweet House, 210 K.K.S. Rd. Hier gibt es Sirup triefende Naschereien, die schlecht für die Figur, aber beliebt bei den Einheimischen sind.

Palmyrapalmen sind auf der Jaffna-Halbinsel weit verbreitet. Aus deren Blättern und Stämmen stellen die Einheimischen schon seit alters her Gebrauchsgegenstände her.

🌳 Zur Unterstützung der lokalen Wirtschaft unterhält der **Sri Lanka Palmyrah Development Board** in der 129 K.K.S. Rd. einen Laden mit netten Taschen, Bestecken und Hüten. ⏱ Mo–Fr 9–17, Sa 9–13.30 Uhr.

Etwa 100 m nördlich der Kreuzung mit der Stanley Rd. liegt an der 140 Kasthuriya Rd. der **Lanka Sathosa-Supermarkt** mit einer guten Auswahl an Hygieneartikeln und Lebensmitteln, ⏱ tgl. 8.30–18.30 Uhr. Ebenfalls über ein großes Warenangebot verfügt der **TCT-Supermarkt**, 527 Nawalar Rd., ⏱ 7–22 Uhr.

Die Schwestern des **Rosarian Convents** in der Convent Rd., Ecke Main St., produzieren einen mit Zimt und Nelken angesetzten Wein, dessen

Geschmack an Glühwein erinnert. In ihrem Laden gibt es zudem Nelli- und Traubensirup, ℡ 021-2223388, ⏰ tgl. 8–13, 14–17 Uhr.

Sonstiges

Geld

Entlang der Hospital Rd. gibt es eine Reihe von Geldinstituten, darunter die **Bank of Ceylon** an der Ecke Point Pedro Rd. und die benachbarte **Seylan Bank**, 560/562 Hospital Rd. In der gleichen Straße gibt es auch eine Filiale der **Hatton National Bank**, 212/214 Hospital Rd. Alle verfügen über Geldautomaten.

Internet

Im **Thirumurugam Com Net**, 259 K. K. S. Rd., steht nur ein PC zur Verfügung, 50 Rs/Std. Im **Express Net Café**, 328 Stanley Rd., kann man für 40 Rs/Std. surfen, ⏰ tgl. 8.30–21 Uhr. Auch RAM Communications am Markt hat einige PC-Terminals.

Medizinische Hilfe

Das staatliche Krankenhaus liegt zentral an der Hospital Rd., ℡ 021-2222260.

Post

Das Postamt liegt an der K.K.S. Rd. in der Nähe des Forts. ⏰ Mo–Sa 7–18, So 7–16 Uhr.

Transport

Busse

Zwischen COLOMBO und JAFFNA verkehren zahlreiche, meist klimatisierte Nachtbusse privater Reiseunternehmen. Die Fahrt über die etwa 400 km lange Strecke kann wegen der Checkpoints – derzeit in Omantai, nördlich von Vavuniya, und am Beginn des Elefantenpasses – bis zu 12 Std. dauern und führt von Colombo über Kurunegala, Dambulla, Mihintale (bei Anuradhapura) und Vavuniya nach Jaffna. Nähere Infos über die Abfahrten in Colombo s. Kasten S. 179.
In Jaffna starten die meisten Nachtbusse zwischen 18 und 20 Uhr von der Hospital Rd. beim Markt. Die Tickets kosten zwischen 600 und 1500 Rs. Eine Vielzahl von kleinen Reisebüros befindet sich am Markt an der Hospital Rd., darunter das Varami Mission

Sales Center. Zu den etablierten Unternehmen zählen:
D.S. Gunasekara, ℡ 021-2222868.
R.B. Booking Centre, 15 Grand Bazaar, ℡ 021-2227016, 2228356.
Thinakaran Express, Lake House Branch Office, Stanley Rd., ℡ 021-2235361.
Der **Busbahnhof** für Fahrten in die nähere und weitere Umgebung liegt an der Hospital Rd. Dort starten non-AC-Busse nach VAVUNIYA um 5 Uhr (142 km, 4 Std.), nach TRINCOMALEE um 6, 7 und 11.30 Uhr (237 km, 6 Std.), nach KANDY um 6.15, 7.15 und 8.30 Uhr (320 km, 8 Std.), nach COLOMBO um 7 Uhr und nach MANNAR um 6.45 und 12.30 Uhr (218 km, 6 Std.). Reservierungen können von einem Schalter innerhalb des Busbahnhofs vorgenommen werden, ⏰ tgl. 8.30–15.30 Uhr.
Zudem fahren alle 30 Min. Bus Nr. 750 über PUTTUR und Bus Nr. 751 über VALVETTITURAI nach POINT PEDRO (33 km). Die CTB-Busse Nr. 776 und 780 verkehren zur Fähranlegestelle KURIKADDUWAN (K. K. D.) auf der Insel PUNKUDUTIVU (etwa 45 Min.). Die Abfahrten sind um 7, 7.45, 8.30, 9.15, 10.30, 12, 14, 16.15 und 19 Uhr.

Flüge

Heli Tours, ℡ 011-3144944, 3144244, ✉ slafhelitours@yahoo.com, unterhält Mo, Mi, Fr Flüge zwischen COLOMBO-RATMALANA und dem Palali-Flughafen nördlich von Jaffna. Die Flüge starten um 8 Uhr in Colombo und um 9 Uhr in Palali (Preis: 9550 Rs bzw. 19 100 Rs).

14 HIGHLIGHT

Jaffna-Halbinsel

Jaffna ist eine exzellente Basis für Ausflüge in die Umgebung, sei es auf die westlich vorgelagerten Inseln oder zu den Sehenswürdigkeiten in Richtung Nordküste. Für beides sollte man jeweils einen Tag einkalkulieren. Trotz durchaus reizvoller Strandabschnitte ist die Jaffna-Halbinsel nicht der richtige Ort, sich Badefreuden hinzugeben, dazu fehlt noch weitgehend die

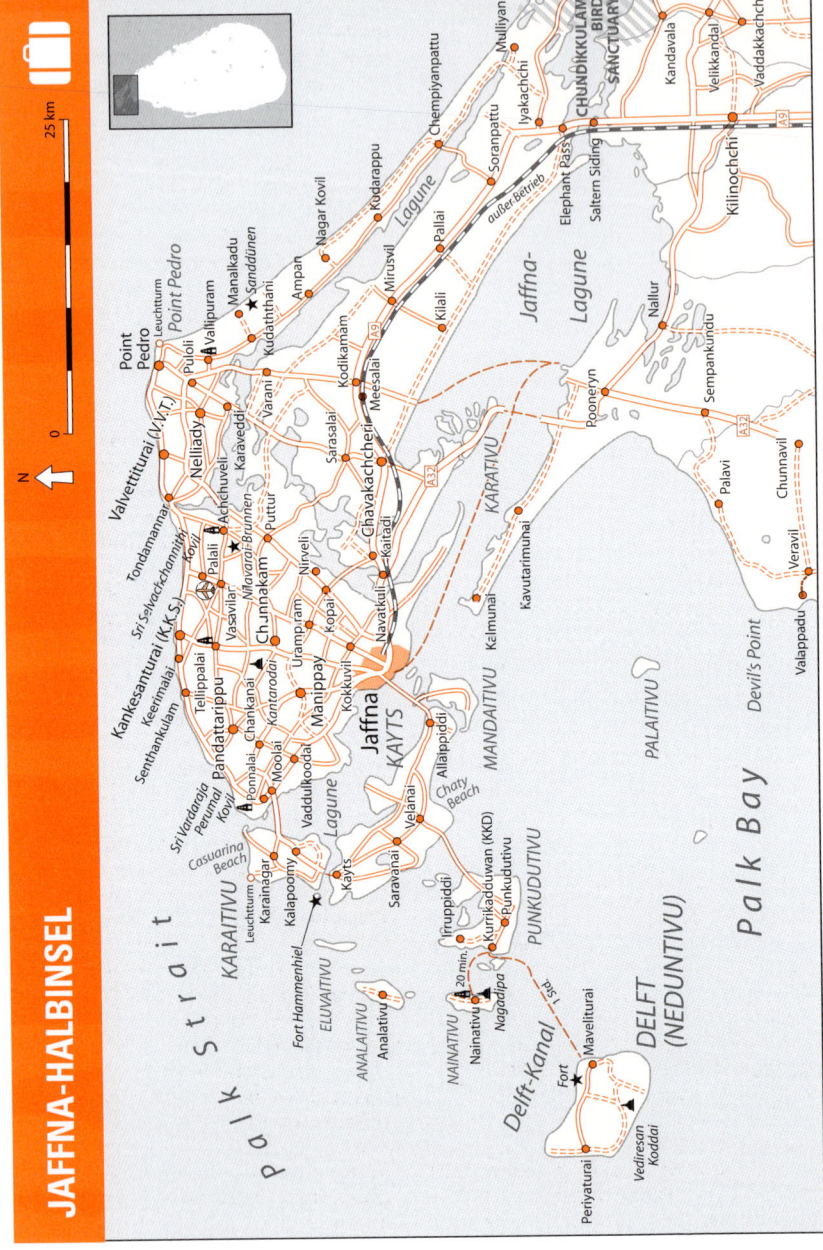

JAFFNA-HALBINSEL

Der Norden

25 km

N

Point Pedro
Point Pedro
Leuchtturm
Puloli
Manalkadu
Sanddünen
Vallipuram
Kudaththani
Ampan
Nagar Kovil
Kudarappu
Chempiyanpattu
Mulliyan
CHUNDIKKULAM BIRD SANCTUARY
Kandavala
Velikkandal
Vaddakkakachchi
Soranpattu
Iyakachchi
Pallai
Mirusvil
Kilali
außer Betrieb
Elephant Pass
Saltern Siding
Kilinochchi
A9
Kodikamam
Meesalai
Nallur
Sempankundu
A32
Pooneryn
Palavi
Chunnavil
Veravil
Valappadu
Valvettiturai (V.V.T.)
Nelliady
Karaveddi
Varani
Sarasalai
Chavakachcheri
Kaitadi
KARATIVU
Jaffna-Lagune
Devil's Point
Nilavarai-Brunnen
Achchuvely
Puttur
Niveli
Urampiram
Kopai
Navatkuli
Kalmunai
Kavutarimunai
Kavatarimunai
PALAITIVU
Palk Bay
Kankesanturai (K.K.S.)
Keerimalai
Kovil
Palali
Tondamannar
Sri Selvachchannithi
Vasavilan
Chunnakam
Chankanai
Kantarodai
Manippay
Kokkuvil
Jaffna
KAYTS
Allaipiddi
Chaty Beach
MANDAITIVU
Tellippalai
Senthankulam
Sri Vardaraja Perumal Kovil
Pandattarippu
Moolai
Vaddukkoddai
Velanai
Saravanai
Allaippiddi
Casuarina Beach
Karainagar
Kalapoomy
Kayts
Tiruppiddi
Kurikadduwan (KKD)
Punkudutivu
PUNKUDUTIVU
KARAITIVU
Leuchtturm
Fort Hammenhiel
ELUVAITIVU
ANALAITIVU
Analativu
NAINATIVU
Nainativu
Nagadipa
20 min.
Delft-Kanal
Fort
Mavellturai
DELFT (NEDUNTIVU)
Periyaturai
Vediresan Koddai

Palk Strait

Jaffna-Halbinsel

Infrastruktur. Touristisches Potenzial haben sicherlich **Casuarina Beach** auf der Insel Karaitivu und **Chaddy Beach** auf den Kayts.

Nördlich von Jaffna

Etwa 12 km nördlich der Tamilenmetropole und 2 km westlich von Chunnakam liegt im Ort **Kantarodai** das buddhistische Heiligtum **Purana Maha Raja Vihara**. Dort wurden bislang 20 Miniatur-Stupas ausgegraben und restauriert, allerdings waren es ursprünglich mit Sicherheit viel mehr. Der größte hat einen Umfang von 7 m und ist 2 m hoch. Der Archäologe Paul E. Pieris fand bei Ausgrabungen im Jahr 1916 mehrere Buddhastatuen und glasierte Ziegel, wie sie auch in Anuradhapura Verwendung fanden. Es wird vermutet, dass hier zwischen dem 2. Jh. v. Chr. und dem 13. Jh. ein bedeutsames Kloster lag. Möglicherweise handelt es sich um Grabstupas für die sterblichen Überreste der Mönche. Die halbkugelförmigen Dagobas liegen etwas versteckt inmitten von Palmyraplmen an einer Nebenstraße von Chunnakam nach Chankanai.

Der **Nilavarai-Brunnen** – an einer Kreuzung südlich von Achchuveli gelegen – ist einer jener antiken tiefen Brunnen, in denen sich das Wasser aus den unteren Kalksteinschichten sammelt. Diese Brunnen sorgen für die Bewässerung des fruchtbaren Bodens und haben den Ruf der Region als Gemüsezentrum begründet. Vor allem Kartoffeln, Zwiebeln und Chili gedeihen hier vorzüglich. Nach einer Überlieferung soll Rama, der Held aus dem Ramayana, hier ein Loch gegraben haben, um seinen Durst zu stillen. Daher ist er ein beliebter Halt vieler Gläubiger.

Ein attraktives Hindu-Heiligtum ist im Osten des Palali-Flughafens direkt am Rand der High Security Zone zu finden: der **Sri Selvachchannithi Kovil**. Er ist dem Schutzgott der Insel, Murugan (singh. Kataragama) geweiht. Hindus glauben, dass der Kriegsgott hier als Naga-Schlange erschien. Von hier startet alljährlich der 45-tägige „Pada Yatra", die hinduistische Wallfahrt nach Kataragama (s. S. 288).

Point Pedro und Vallipuram

An Sri Lankas nördlichstem Zipfel liegt **Point Pedro**. Wie im südlichen Gegenpart in Dondra bei Matara markiert auch hier ein Leuchtturm den nördlichsten Punkt der Insel. Ansonsten hat dieser Fischerflecken nicht viel zu bieten. Die Vielzahl der Kirchen, darunter die schöne St. Thomas-Kirche an der Strandstraße oder die 1833 erbaute St. Antonius-Kirche in der 4th Cross St., macht deutlich, dass die Missionsversuche der Portugiesen unter den tamilischen Fischern besonders Früchte trugen. Im Osten des ziemlich hässlichen, derzeit nicht zugänglichen Leuchtturms liegt ein schöner Strandabschnitt. Etwa 6 km weiter erstrecken sich entlang der Küste die bekannten Wanderdünen von **Manalkadu**, die der ohnehin kargen Landschaft ein fast wüstenhaftes Gepräge geben. Das gleichnamige Fischerdorf war durch den Tsunami dermaßen zerstört worden, dass es weiter im Landesinnern mit Hilfe der deutschen Gesellschaft für Internationale Zusammenarbeit (GIZ) neu aufgebaut wurde.

In **Vallipuram**, etwa 5 km südlich von Point Pedro, befindet sich der zweitgrößte Hindutempel der Jaffna-Halbinsel. Die großzügige Anlage ist der ersten Inkarnation Vishnus als Fisch Matsaya geweiht. Sehenswert sind die Darstellungen der zehn Erscheinungsformen (Avatar), in denen dieser Hindugott bislang erschienen ist oder noch erscheinen wird. Der Legende nach kam **Vishnu** in folgenden Formen zur Welt: 1. als Fisch Matsaya, 2. als Schildkröte Kurma, 3. als Eber Varaha, 4. als Menschenlöwe Narasimha, 5. als Zwerg Vamana, 6. als Axt schwingender Rama, Parasurama, 7. als Rama, 8. als Krishna, 9. als Buddha. Die zehnte Inkarnation als Pferd Kalki steht noch aus. Weitere interessante Darstellungen sind Vishnu auf der Schlange Ananta liegend, Krishna und Arjuna (aus der Bhagavad Gita), Vishnu und Lakshmi sowie Krishna, der mit einer Schlange kämpft.

Vallipuram ist eine der ältesten Siedlungen im Norden Sri Lankas. Bei Ausgrabungen kamen gelochte Münzen zum Vorschein, die in vorchristlicher Zeit in Indien verwendet wurden. Bekannt ist der Ort für den Fund eines Goldtabletts mit einer Inschrift aus dem 1./2. Jh., welche erwähnt, dass ein unter König Vasabhu eingesetzter Statthalter in Vallipuram ein buddhistisches Kloster gestiftet habe. Zum prominentesten Fund zählt eine stehende Buddhastatue aus dem 8. bis 10. Jh., die heute im Wat Benjamabophit in Bangkok zu finden ist.

Essen

Etwa 2 km südlich des Marktes von Point Pedro, an der Straße nach Jaffna, bietet **Raja Suvaichcholai** akzeptable Curry-Gerichte.

Transport

Bus Nr. 750 fährt halbstündl. von JAFFNA über Puttur, Bus Nr. 751 über Valvettiturai nach Point Pedro (33 km, 1 Std.).

Valvettiturai (V. V. T.)

Dieses Fischer- und Schmugglerstädtchen, gut 30 km nordöstlich von Jaffna, ist in erster Linie als Geburtsort des LTTE-Führers **Velupillai Prabhakaran** (s. S. 117, Kasten) bekannt. Das einst grün gestrichene Haus, in dem er am 26. November 1954 als jüngstes von vier Kindern das Licht der Welt erblickte, wurde nach Kriegsende von der Armee dem Erdboden gleichgemacht, um jeglichen Kult zu verhindern. In seiner Kindheit galt Prabhakaran als schüchterner und mittelmäßiger Schüler, der mit Vorliebe Bücher über berühmte Heeresführer, insbesondere Alexander den Großen und Napoleon, verschlang. Nach der fünften Klasse brach er die Schule ab. Bereits mit 21 Jahren beging er seinen ersten Mord: an dem tamilischen Bürgermeister von Jaffna. Bei den letzten Gefechten mit der Armee wurde der gefürchtete Guerillaführer am 17. Mai 2009 bei Mullaitivu getötet. Die Hausruine liegt in einer Seitenstraße, 200 m westlich des sehenswerten **Amman Kovil**. Bus Nr. 751 fährt auf seinem Weg nach Point Pedro über Valvettiturai.

Die Inseln

Im seichten Gewässer der Palk Strait, die Sri Lanka vom indischen Subkontinent trennt, liegen entlang der Küste einige flache, meist dünn besiedelte Inseln. Auf ihnen ist nichts Spektakuläres zu finden, doch allein die Anfahrt über Land oder Wasser hat ihren Reiz: die braun schimmernden Fischernetze, die im Wind schwankenden Palmyrapalmen, das gemächliche Leben in den Dörfern oder das fromme Murmeln der Gläubigen in den Tempeln. Am besten mietet man sich ein Fahrzeug, denn die von Jaffna kommenden Busse sind hoffnungslos überfüllt. Es gibt noch mehrere Kontrollposten der srilankischen Armee. Drei der Inseln sind mit Dämmen verbunden: **Karaitivu**, **Kayts** und das anschließende **Punkudutivu**. Von letzterer Insel legen Fähren nach **Nainativu** und **Delft** ab.

Fischerboote in Point Pedro,
Sri Lankas nördlichster Spitze

Kayts und Punkudutivu

Kayts, die größte Insel, ist auch die von Jaffna aus gesehen am nächsten gelegene. Von den Holländern „Leyden" genannt, war sie in der Vergangenheit ein bedeutender Ort für den Schiffsbau. Die Portugiesen haben hier erfolgreich missioniert, wie an den zahlreichen Kirchen zu sehen ist. Von ihnen stammen auch noch die kläglichen Reste des **Fort Eyrie** (heute Urundi genannt) im Insel-Hauptort Kayts. Zusammen mit dem vor der Insel Karaitivu gelegenen Fort Hammenhiel sollte von hier aus die Zufahrt der Schiffe nach Jaffna kontrolliert werden. Ansonsten hat der Ort Kayts nichts an Sehenswürdigkeiten zu bieten. Von gewisser Attraktion ist die 1716 errichtete Fassade der **St. James-Kirche**.

An der Südseite der Insel zieht unweit des Dorfes Velanai der **Chaty Beach** („White Sand Beach") vor allem Einheimische zum Baden an. Leider ist er ziemlich vermüllt. In unmittelbarer Nähe des Strandes ist die St. Mary Church, ein Soldatenfriedhof mit 135 LTTE-Gräbern und eine Moschee für die Anhänger des 1986 verstorbenen srilankischen Sufimeisters Sheikh Muhammad Raheem Bawa Muhaiyadeen.

Über einen 4 km langen Damm ist das südwestlich gelegene **Punkudutivu** mit Kayts verbunden. Im ehemaligen holländischen „Middleburg" gibt es nicht viel zu sehen oder zu tun. Außer dass man über den Hafen in **Kurikadduwan (K. K. D.)** eine der Fähren nach Nainativu und Delft nimmt.

Transport

Von JAFFNA starten die **CTB-Busse** Nr. 779 und 780 über die Kayts zur Fähranlegestelle KURIKADDUWAN (K. K. D.) auf der Insel Punkudutivu (s. o.). Von K. K. D. aus fahren sie um 6, 9.15, 10.30, 11.30, 12.15, 14.45, 16 und 18 Uhr in die Tamilen-Metropole. Vom Inselhauptort Kayts startet eine **Autofähre** nach KARAITIVU (s. u.).

Karaitivu

Es bleibt ein Geheimnis der Niederländer, warum sie gerade die verschlafene Insel Karaitivu nach ihrer schillernden Metropole „Amsterdam" nannten. Das über einen Damm mit der Jaffna-Halbinsel verbundene Eiland ist vor allem wegen des **Casuarina Beach** bekannt, der sich an der Inselnordseite bis zu einem Leuchtturm erstreckt und mit seinem schmalen Sandstrand und den namensgebenden Kasuarinen-Bäumen zum Plantschen im flachen Gewässer einlädt.

Vor der Südseite Karaitivus liegt auf einer kleinen Insel das holländische **Fort Hammenhiel**. Ende des 17. Jhs. erbaut, diente es zum Schutz der schmalen Durchfahrt nach Jaffna. Es ist in einem relativ guten Zustand und wurde bis vor geraumer Zeit als Gefängnis genutzt – konnte also folglich nur von dessen Insassen besichtigt werden. Der Name zeugt von kulinarischer Fantasie: Er heißt übersetzt „Hammelkeule", denn diese Form erkannten die Seefahrer beim Betrachten der Jaffna-Halbinsel offensichtlich auf ihren Karten.

In regelmäßigen Abständen fahren Busse von Jaffna in die „Insel-Metropole" **Karainagar**. Wer mit dem Auto unterwegs ist, kann auf dem Festland im Ort **Vaddulkoodai** die portugiesische Kirche besuchen oder in **Ponnalai** den Vishnu geweihten Tempel Sri Vardaraja Perumal Kovil.

Transport

Zwischen dem Ort KAYTS auf der gleichnamigen Insel und Karaitivu verkehrt eine **Autofähre**, von den Kayts um 7, 8, 9.30, 12, 14, 15, 16.30 und 17.15 Uhr, von Karaitivu um 7.35, 8.15, 10, 12.30, 14.30, 15.30, 16.45 und 17.30 Uhr.

Nainativu (Nagadipa)

„Harlem" hieß die westlich von Punkudutivu gelegene Insel bei den Holländern. Sie ist ein wichtiges Pilgerziel für Buddhisten, denn der Tradition nach soll auf diesem Eiland Buddha selbst erschienen sein. An der legendären Stelle steht der schlichte **Nagadipa Raja Maha Vihara** mit einem wohl proportionierten Stupa und einem mit Fähnchen dekorierten Bodhi-Baum.

Hindus wiederum ist der einige hundert Meter weiter gelegene **Naga Pooshani Amman Kovil** heilig, weil hier Minakshi, die „Fischäugige", über das Wohlergehen von Neugeborenen wacht. Die tamilische Erscheinungsform der Shiva-Gattin Parvati wird daher vor allem von Schwangeren und Eltern mit ihren Babys aufgesucht. Der baulich nicht sehr attraktive Kovil liegt unweit der Bootsanlegestelle. Sein Na-

Als ein Streit zwischen dem Naga-König Mahodara und seinem Neffen Chulodara um den rechtmäßigen Besitz des Edelsteinthrons zu eskalieren drohte, reiste der Erleuchtete nach Lanka. Es war nach einem Aufenthalt in Mahiyangana östlich von Kandy sein zweiter Besuch auf der Insel. Buddha ließ Finsternis über die Kontrahenten kommen, um so den Kampf zu verhindern. Als es wieder hell wurde, versammelten sich die verfeindeten Nagas vor ihm, um seine Predigt von der Eintracht und Friedfertigkeit zu hören. Zuletzt übergaben sie ihm den Thron. Daher nennen die singhalesischen Buddhisten das Eiland auch Nagadipa, „Insel der Naga-Schlangen" (Tamil: Nainativu).

me bedeutet „Schlangengeschmeide" (*naga* = Schlange, *pooshan* = Edelstein) und bezieht sich auf die Erscheinungsform der Gottheit. Ein zweiwöchiges Tempelfest wird im Juni begangen.

Transport

Fähren zur Insel Nainativu starten in KURIKADDUWAN (K. K. D.) je nach Passagieraufkommen. Die Fahrt dauert etwa 20 Min. Für die individuelle Überfahrt mit dem **Privatboot** werden hin und zurück 1100 Rs verlangt.

Delft (Neduntivu)

Ist der Name ein Relikt aus der holländischen Vergangenheit, so sind die frei herumlaufenden „Delft-Ponys" ein Überbleibsel aus portugiesischer Zeit, als das Eiland noch „Ilha das Vacas" (Kuhinsel) hieß. Seit ihrer Einführung durch die Südeuropäer ziehen sie mit Vorliebe im südlichen Teil der 8 km langen und 6 km breiten Insel über das karge Flachland. Eine weitere portugiesische Hinterlassenschaft ist das ehemalige **Fort** an der Nordostecke der Insel, unweit der Schiffsanlegestelle. Allerdings gibt es außer ein paar Ruinen nicht viel zu sehen. Viele Steine aus abgestorbenen Korallen wurden für das Aufschichten von Schutzmauern verwendet, die sich entlang der Wege ziehen und zum Markenzeichen Delfts geworden sind.

Zum Landschaftsbild gehören auch die wie Nadeln in die Höhe ragenden Palmyrapalmen. Von den Holländern stammt das schicke Wohnhaus des Garnisonskommandeurs. Die Anlegestelle liegt bei der Siedlung **Maveliturai**. Auf der anderen Inselseite, im Westen, gibt es einen netten Strandabschnitt, auch wenn er den feinen weißen Sand missen lässt. Wer nicht einen der wenigen Three-Wheeler ergattert, muss auf Schusters Rappen die Insel erkunden. Da über die Mittagsstunden die Sonne erbarmungslos scheint, sollte man genügend Wasser, etwas Nahrung und Sonnenschutz dabeihaben.

Transport

Delft liegt von der Fähranlegestelle in KURIKADDUWAN (K. K. D.) etwa 10 km entfernt. Von dort legen die **Fähren** um 10.30 und 16.30 Uhr ab. Von der Delfter Anlegestelle bei Maveliturai fahren sie um 8.30 und 14.30 Uhr los. Die Fahrtzeit beträgt etwa 1 Std.

Anhang

Bücher

Es gibt zum Thema Sri Lanka eine erstaunliche Zahl von Reisebeschreibungen und ins Deutsche übersetzten Romanen. Wer sich intensiver mit dem Land auseinandersetzen möchte, muss auf englischsprachige Werke zurückgreifen. Viele davon sind in Indien oder Sri Lanka erschienen und vor Ort in den einschlägigen Buchhandlungen erhältlich. Wie etwa bei Vijitha Yapa Bookshop, der Neuerscheinungen auch auf seiner Website 🖥 www.srilankanbooks.com publiziert.

Reise- und Erlebnisberichte

Bernd Schiller, *Am Teich der roten Lotusblüten*, Wien 2011. Gewitzt und kenntnisreich unternimmt der Inselkenner in seinen Reportagen Streifzüge durch das Land, erklimmt den Adam's Peak, reist durch das Bergland und spaziert durch die Straßen Colombos.

Hermann Hesse, *Aus Indien*, Frankfurt 1980. Der Sohn eines Indienmissionars und geistiger Vater vieler Oriententhusiasten startete am 4. September 1911 zu einer dreimonatigen Asienreise, die ihn außer nach Malaysia und Indonesien auch vom 11. bis 25. November nach Ceylon führte – aber nicht nach Indien, wie der Titel vermuten lässt. Dieser 1980 erstmals posthum erschienene Sammelband vereint Aufzeichnungen, Erzählungen, Gedichte und Betrachtungen. Hesses Beschreibungen und Notizen kommen ziemlich ungeschminkt daher, ganz ohne die klebrigsüßliche Ästhetik vieler anderer Reisebeschreibungen.

Jacob Haafner, *Reise zu Fuß durch die Insel Ceylon,* Mainz 2004. Der Deutsch-Niederländer Jacob Haafner (1754–1809) schildert im dritten Band seiner Lebensbeschreibung seine abenteuerliche Expedition von 1783 ins Innere Sri Lankas, die er beinahe mit dem Leben bezahlt hätte. Hübsche Natur- und Landschaftsbeschreibungen mit einer Sympathie für Land und Leute. Ein spannendes historisches Dokument. Näheres über den Autor unter 🖥 www.jacob-haafner.de.

Belletristik

Ernst Solèr, *Staub im Paradies*, Dortmund 2009. Der vierte und leider letzte Krimi aus der Feder des verstorbenen Autors über den kauzigen Hauptmann Fred Staub. Beim Besuch seiner Tochter in Sri Lanka wird Staub Zeuge eines Anschlags auf einen Schweizer Wissenschaftler. Während seiner Ermittlungen stößt das Züricher Original auf Zusammenhänge mit einem in der Schweiz ermordeten Sri Lanker …

Hilda Hemelatha, *Lustige Volksgeschichten aus Sri Lanka für Jung und Alt*, Willebadessen 2010. In diesem von Bandule S. Wijenarayene illustrierten Buch gibt die Autorin srilankische Volksgeschichten wieder. Ein unterhaltsames Buch für den Familienurlaub.

Michael Ondaatje, *Anils Geist*, München 2002. Ein wunderbarer Sri Lanka-Roman aus der Feder des Autors von *Der Englische Patient*. Dabei zeigt sich sein Gespür für die Schönheit und Tragik der Insel.

Michael Ondaatje, *Es liegt in der Familie*, München 2005. In diesem 200-Seiten-Roman taucht der Starautor ein in die Geschichte seiner Großfamilie Ondaatje und entdeckt dabei die eigene Vergangenheit.

Ranjith Henayaka, *Mit dem Wind fliehen*, Berlin 2010. Der Autor lebt seit 1980 in Deutschland und beschreibt in diesem Roman die Odyssee des Freiheitskämpfers Nathan, der während des Bürgerkriegs als Tamile zwischen alle Fronten gerät, nach Deutschland flieht und dort mit dem bürokratischen Dschungel genauso zu kämpfen hat wie gegen Rassismus. Trotz hartem Tobak ein stilles Buch.

Romesh Gunesekera, *Riff*, Zürich 1998. Der Roman schildert das Erwachsenwerden eines Jungen im Hause seines Dienstherrn Mr. Salgado, der sich als Meeresbiologe für die Erhaltung der Korallenriffe einsetzt. Angesiedelt in der Zeit der Unabhängigkeit, lernt er die gesellschaftlichen und amourösen Ränkespiele seiner Umgebung zu reflektieren. „Ein Entwicklungsroman von wunderbarer Leichtigkeit", meint Deutschlands Lesemutter Elke Heidenreich.

Romesh Gunesekera, *Am Rand des Himmels*, Berlin 2005. Dieser mitreißende Abenteuerroman lässt einen die Insel sehen und riechen: Marc verlässt seine Heimatstadt London und fliegt auf eine kleine Insel im Indischen Ozean, wo seine Vorfahren lebten. Dort trifft er auf die Öko-Aktivistin Uva. Beide verlieben sich, werden aber durch den Bürgerkrieg getrennt. Marc macht sich daraufhin auf die Suche nach seiner Geliebten und gerät dabei …

Shyam Selvadurai, *Die Zimtgärten*, München 2002. Angesiedelt im Colombo der 1920er-Jahre wird hier der Kampf einer jungen Frau zwischen Tradition und Unabhängigkeit beschrieben.

V. V. Ganeshananthan, *Die Liebesheirat*, München 2010. Das Romandebüt der in New York lebenden Autorin ist eine witzige Familiensaga über Yalini, die in Amerika lebende Tochter srilankischer Einwanderer. Als eines Tages ihre Familie vor der Tür steht, beginnt eine turbulente Auseinandersetzung über Tradition und Identität. Sehr zu empfehlen!

Geschichte

K. M. De Silva, *A History of Sri Lanka,* Colombo 2005. Sri Lankas Nestor der Geschichtswissenschaften hat auf 782 Seiten sein Lebenswerk verfasst: eine umfassende Darstellung der Geschichte Sri Lankas von den Anfängen bis heute.

Wilhelm Geiger, *Mahavamsa – The Great Chronicle of Ceylon*, Dehiwala 2003 (Reprint von 1912). Die Übersetzung der „Großen Chronik" aus dem 6. Jh. durch den Münchener Indologen Wilhelm Geiger (1856–1943) gehört heute noch zum Grundlagenwerk der Geschichtswissenschaft.

Walpola Rahula, *History of Buddhism in Ceylon*, Dehiwala 1993. Der große Mönchsgelehrte Walpola Rahula (1906–97) hat in diesem Buch die Entwicklungsgeschichte des srilankischen Buddhismus vom 3. Jh. v. Chr. bis ins 10 Jh. beschrieben.

International Centre for Ethnic Studies

Wer sich mit dem Thema „Ethnien in Sri Lanka" auseinandersetzen möchte, kann sich an das International Centre for Ethnic Studies in Kandy wenden. Dort gibt es eine gute Bibliothek mit Dokumentationszentrum, ☉ Mo–Fr 9–16 Uhr. Das ICES bietet auch Seminare zu diversen Themen an.
ICES, 554/6 A Peradeniya Rd., Kandy, ✆ 081-2234892, 2232381, ▭ www.ices.lk.

Ethnischer Konflikt

K. M. De Silva, *Reaping the Whirlwind – Ethnic Conflict, Ethnic Politics in Sri Lanka*, New Delhi 1998. Leider schwer zu bekommen, gehört dieses Buch doch zu den Standardwerken für alle, die sich mit der ethnischen Frage befassen möchten.

Rohan Gunaratne, *Sri Lanka's Ethnic Crisis and National Security*, Colombo 1998. Trotz des akademisch ziemlich trockenen Titels liest sich diese Publikation des „South Asian Network on Conflict Research" streckenweise wie ein Spionagethriller. Der Autor beleuchtet detailliert die Aktivitäten und Verflechtungen der LTTE.

Devanesan Nesiah, *Tamil Nationalism – A History of Ethnic Conflict in Sri Lanka,* Monograph Series Nr. 6, Colombo 2001. Der anerkannte Menschenrechtsexperte und Mitarbeiter am Marga Institute, ▭ www.margasrilanka.org, analysiert in dieser Monografie die Gründe des ethnischen Konflikts und liefert eine Perspektive für die Politik.

Natur

De Silva, **Gehan Wijeyaratna u. a.**, *Birds of Sri Lanka*, London 2008. Ein handliches Werk mit Abbildungen und Texten zur Erkundung von Sri Lankas Vogelwelt. Passt in jede Jackentasche.

John Harrison, *A Field Guide to the Birds of Sri Lanka*, Oxford 1999. Gilt als Standardwerk für Ornithologen und ist daher unabkömmlich für jeden Vogelfreund.

Mark Ashton, **Savithri Gunatilleke u. a.**, *Field Guide to the Common Trees and Shrubs of Sri Lanka*, Colombo 1997. Wer alles über die Bäume und Sträucher der Insel wissen will, wird an diesem gewichtigen 432-Seiten-Werk des „Wildlife Heritage Trust of Sri Lanka" nicht vorbei kommen.

Religion

Hans Wolfgang Schumann, *Der historische Buddha – Leben und Lehre des Gotama*, München 2004. Detailfreudig und fundiert gibt einer der großen deutschen Buddhismus-Kenner eine Einführung in das Leben Siddharta Gautamas.

Anhang

Michael von Brück, *Einführung in den Buddhismus*, Berlin 2007. In kompakter Form gibt der Münchener Religionswissenschaftler eine kompetente Einführung in den Buddhismus und seine Entwicklungsgeschichte.

Richard Gombrich, *Der Theravada-Buddhismus – Vom alten Indien bis zum modernen Sri Lanka*, Stuttgart 1996. Wegen der häufig verwendeten Fachausdrücke kein leichter Lesestoff, jedoch vom emeritierten Direktor des Oxford Centre for Buddhist Studies, 🖳 www.ocbs.org, fundiert geschrieben.

U Pandita Sayadaw, *Im Augenblick liegt alles Leben*, Bern, München, Wien 1999. Eine verständliche Anleitung zur buddhistischen Praxis durch einen der renommiertesten Meditationslehrer des Theravada-Buddhismus. Nur noch antiquarisch.

Küche und Kultur

Wer sich speziell für Sri Lankas Kunstgeschichte interessiert, kann auf die vielfältigen Publikationen des **Central Cultural Funds** (CCF) zurückgreifen, sei es zu Sigiriya, Anuradhapura oder Polonnaruwa. Die Schriften sind vor Ort bei den Sehenswürdigkeiten erhältlich.

David Robson, *Geoffrey Bawa – The Complete Works*, London 2002. Ein gehaltvoller – und schwerer! – Bildband mit vielen Informationen und Fotos zu den Projekten von Sri Lankas Stararchitekten. Detailliert und doch gut lesbar geschrieben von einem seiner engsten Mitarbeiter. Ein Genuss nicht nur für Architekturfreunde.

David Robson & Dominic Sansoni, *Bawa – The Sri Lanka Gardens*, London 2008. Gewichtiger Bildband über Sri Lankas berühmteste Gärten, Lunuganga und Brief Garden. Wunderschöne Aufnahmen und begleitende Texte stellen die Liebe der Gebrüder Geoffrey und Bevis Bawa für tropische Gartengestaltung vor.

Peter Kuruvita, *Serendip – Die echte Sri-Lanka-Küche*, München 2010. Der in London geborene Starkoch mit srilankischen Wurzeln macht mit seinen Familiengeschichten und leicht umsetzbaren Rezepten Lust auf die Vielfalt der Küche Sri Lankas. Ein inspirierendes Koch- und Werbebuch für eine kulinarische Entdeckungsreise.

Sprachführer

In der Verfassung sind Singhalesisch und Tamil als „Nationale Sprachen" (Kap. IV, Art. 19) festgeschrieben, Englisch wird von einer kleinen Elite als erste Sprache benutzt, ansonsten haben sich viele Anglizismen in die Alltagssprache eingeschlichen. Etwa bei der Begrüßung verwenden die Singhalesen eher „hello" als das förmliche „Ayubowan".

Sprachführer

Arjuna Hulugalle Dictionaries, *Sri Lanka Words & Phrases*, Colombo 1998. Mit Abstand die günstigste Variante, einige Brocken Singhalesisch zu lernen. Im gleichen Verlag erscheint auch ein Wörterbuch speziell für Geschäftsleute, das *English-Sinhala Dictionary of Business Terms*.

H. Schweia / K. Muruganandam, *Tamil – Wort für Wort*, Bielefeld 2010. Dank des kleinen Bandes aus der Kauderwelsch-Reihe des Reise-Know-How-Verlages können sich Zungenakrobaten an das Erlernen dieser Sprache machen. Die Begleitkassette taugt aber nicht viel, da die Reihenfolge der Lektionen nicht mit denen des Buches übereinstimmt. Wortliste mit wichtigen Begriffen.

Swarna Pragnaratne, *Sinhala phrasebook*, Melbourne 2008. Lonely Planets kompakter Sprachführer erläutert anhand der Alltagssituation der Reisenden die Grundlagen der Sprache.

Singhalesisch

Die Sprache der Singhalesen gehört der indoarischen Sprachgruppe an und nahm aufgrund der Nähe zum indischen Subkontinent sowie der Bedeutung des Buddhismus zahlreiche Pali- und Sanskritbegriffe auf. Beispiele dafür sind der Begriff kam von dem Sanskritwort „karma" (machen, tun); oder tena von dem Paliwort „thana" (Platz). Die Sprache besteht in ihrer Basisform (Elu hodiya) aus 12 Vokalen und 25 Konsonanten.

Da es keine einheitliche Transkription gibt und die Umschrift sich vorwiegend an die englische Aussprache anlehnt, lässt man sich am besten die Begriffe von Einheimischen langsam und deutlich vorsprechen. Die Laute „d" und „t" werden im Allgemeinen weicher als im Deutschen gesprochen, das „r" wird auf der Zunge gerollt. Doppelt geschriebene Konsonanten, wie bei *digge* (Säulenhalle) oder *amma* (Mutter), werden wie im Deutschen entsprechend betont ausgesprochen.

Tamil

Tamil zählt zur dravidischen Sprachfamilie und wird weltweit von mehr als 90 Mio. Menschen gesprochen. In Sri Lanka sind es zusammen mit den ebenfalls Tamil sprechenden Muslimen etwa ein Viertel der Gesamtbevölkerung, also ungefähr 5 Mio. Menschen. Allerdings gibt es zahlreiche regionale Dialekte. Die Sprache besteht aus 12 Vokalen (einschließlich der beiden Diphthonge „ai" und „au") und 18 Konsonanten. Jeweils 6 Konsonanten werden hart, nasal oder weich gesprochen. Die Aussprache der Vokale und Konsonanten ist dem Deutschen ziemlich ähnlich. Langgezogene Vokale werden durch Doppelung gekennzeichnet, also „aa" oder „uu". Die Aussprache der Konsonanten „dh" oder „th" ist wie beim englischen „Thomas" weich und stimmhaft.

Gruß- und Höflichkeitsformeln

Deutsch
Singhalesisch
Tamil

Hallo / Willkommen
hello / ayubowan — vanakkam
Auf Wiedersehen
ayubowan — vara vaanga
Entschuldigen Sie
sama venna — enga
Verzeihung
kana gartui — mannikkavum
Wie heißen Sie?
oyaage nama mokaddä?
unga peaaru ennanga?
Ich heiße …
maaghe nama … — eaen peaaru …
Wie geht es?
kohomadä? — epadi irukienga?
Mir geht es gut!
hondin innava — Nan nallaa irukeanga
(sehr) gut!
(bohome) hondai — (miitschi) nalla

Lesehilfe für Ortsnamen

Bei genauerem Hinsehen zeigt sich hinter Sri Lankas zungenbrecherischen Ortsnamen meist ein System. Vele Namensendungen beziehen sich überwiegend auf örtliche Besonderheiten wie -gama (Dorf) bei Weligama, Ahangama und Aluthgama oder -gala (Fels) bei Kurunegala und Monaragala. Im Folgenden einige Erklärungen:

oya	Fluss
pitiya	Garten, Park
pura	Stadt
tara, tota	Hafen
wela/wala	Feld
watte	Garten
wewa	Wasserreservoir

Singhalesische Begriffe

kadu	Wald
ela	Strom
madu	Wasserreservoir
gala	Fels
mulai, mulla	Ecke
ganga	Fluss
tivu	Insel
kanda	Berg
turai	Gebiet
maha	groß
nuwara	(Königliche) Stadt

Tamilische Begriffe

(a)rama	Park, Kloster
aru	Fluss
duwa	Insel
kulam	Wasserreservoir
gaha	Baum
malai	Berg
gama	Dorf
nadu	Land
giri	Berg, Felserhebung
tiru	schön
ke(l)le	Dschungel

Ich verstehe nicht!
Matah obahvah thehrum
eanaku puriyavilinga gahna baha

ja	*oh-ooh*	aam, aamam
nein	*nai*	illai
bitte	*karuna karala*	thayavu seithu
danke	*es tuuthii*	nandri

Zahlen

0	*binduwä*	seidhu
1	*ekhä*	ondru
2	*dekkä*	irandu
3	*tunä*	muundru
4	*hatarä*	nangu
5	*pahä*	aindhu
6	*hayä*	aaru
7	*hatä*	eilu
8	*ahtä*	ettu
9	*navighyä*	onpathu
10	*dah highyä*	pattu
11	*ekhol highyä*	pathi nonnu
20	*wissäi*	erpathu
21	*wisi ekhä*	irupathi onnu
30	*tihä*	mupathu
100	*siiyä*	nuru
200	*day siiyä*	irunuru
1000	*dahä*	aiyuram

Zeit und Wochentage

morgens	*udai*	kaalai
nachmittags	*havasa*	mathiyaam
abends	*haendeh*	sayang kaalam

Notfall		
Deutsch	*Singhalesisch*	Tamil
Hilfe!	*aanih! aayoh! amboh!*	udavi!
Ein Arzt!	*dostara gennannä!*	daktarä kupparavum!
Polizei!	*polisiyata kiyannä*	polisiä kupparavum!
Hau ab!	*metanin yanna!*	pohngoh!

nachts	*reh*	rathiri
gestern	*iye*	neaathu
heute	*ada*	innaiku
morgen	*heta*	naalaiku
Montag	*sandu dä*	thingal
Dienstag	*angaharuwaa dä*	seavaai
Mittwoch	*badaa dä*	buthein
Donnerstag	*braha spetin dä*	vyaalein
Freitag	*sikuraa dä*	vealli
Samstag	*senasuraa dä*	sanni
Sonntag	*iri dä*	njairu

Fragewörter

Wo?	*kohedh?*	enge?
Was?	*mokkadäh?*	enna?
Wann?	*kawathatä?*	eppuu?
Wie viel?	*kiyadä?*	evalavu?
Wie viel (kostet es)?		

May kaw ganä kiyadä
Ihdan vilai enna?

Unterkunft

Hotel	*hotel ekä*	hotel
Gästehaus	*gesthouse ekä*	virun-dhinnar vidhudheh
Bad	*nahnah kamarayak*	kulikkum aria
schmutzig	*apirisidui*	azhukku

Haben Sie Zimmer?
kamara tiyenavadä?
arekil kidehkkumah?
Gibt es AC-Zimmer?
AC kamaraya tiyenavadä?
kulir seithu araiä parka mudiyama?
Für eine Nacht
ek rayak pamanä
ondru iravukku
Für zwei Nächte
raya dekak pamanä
irandu iravukku
Wie viel kostet eine Nacht?
ek rayakata kiyadä?
oru iravukku evvalavur?

Anhang

Gibt es Warmwasser?
unuvatura tiyenavadä?
sudu thani irukkuma?

Unterwegs

Bus	*bas ekka*	bas
Busbahnhof	*bas stand*	baas nilayem
Zug	*kohchiya*	rayil
Bahnhof	*dumriya pala*	rayil nilayem
Erste Klasse	*palamu veni paantiya*	mudalahaam vahuppur
Zweite Klasse	*deveni paantiya*	irandaam vahuppur

Ich möchte aussteigen
mama metina bahinawa
iranga po-orem

Auto	*car*	eka
langsam	*himing*	meathuva
schnell	*hayyen*	veagama
rechts	*dakuna*	valathu
links	*vama*	idathu
geradeaus	*kelin yanna*	naera kapogavum
Fahrrad	*baysikalaya*	saikal
Boot	*bohutwa*	padadur

Essen und Trinken

Bitte die Speisekarte!
menu eka penvanna
thayavu seithu thinpandangall patti tharavum

Die Rechnung bitte!
karuna karala bila ganna
bill tharavum

Grundnahrung

Brot	*pan*	rotti
Gekochter Reis	*bat*	sapaadu
Butter	*bahta*	butter

Eier	*bittaraya*	muttai
Hoppers	*appa*	
Chili	*miris wadi*	karam

Meeresfrüchte und Fleisch

Garnelen	*isso*	erraa
Fisch	*malu*	mien
Krebs	*kakuluvo*	nandu
Lobster	*pokirissa*	periya iraal
Rind	*harak mas*	maattu mamism
Huhn	*kukul mas*	koli
Ziege	*elu mas*	aattu mamism
Schwein	*uru mas*	pantri

Gemüse

Gemüse	*elavelu*	kaikaari
Blumenkohl	*malgova*	puukos
Gurken	*waetakolu*	vellari
Kartoffel	*aloo*	urulai kelzngu
Tomaten	*thakaali*	thakaali
Pilze	*haatu*	naikudai
Okra (Lady's Fingers)	*baandaka*	vendaikai

Obst und Süßspeisen

Ananas	*annasi*	annasi
Bananen	*keselkan*	valzai pazlam
Joghurt mit Honig	*kiri paeni*	thair
Kokosnuss	*pol*	thengali
Mango	*amba*	maam pazlam
Papaya	*paepol*	pappaali

Getränke

Kaffee	*kopi*	kapi
Milch	*kiri*	paal
Tee	*tay*	tea
Zucker	*seeni*	chakkarai
Wasser	*waturah*	thannir

Flasche Mineralwasser
drink botalayak genna
oru pottal soda panam tharavum

Glossar

Viele der aufgeführten Begriffe stammen aus den altindischen Sprachen Sanskrit (skt.) oder Pali. Bei der phonetischen Umschrift wurde auf die üblichen diakritischen Zeichen verzichtet.

Ambalama singh., Pavillon zur Erholung Reisender

Anda skt., „Ei"; glocken- oder halbkugelförmiger Hauptkörper des Stupas

Bhikkhu (m), Bhikkhuni (f) Pali, buddhistischer Mönch bzw. Nonne

Bodhigara singh., quadratische Einfassung eines Bodhi-Baumes

Bodhisattva skt., „Erleuchtungswesen", das aus Mitgefühl zu den leidenden Wesen auf das vollkommene Erlöschen verzichtet

Cadjan singh., gewebte Matten aus Palmblättern zum Bedecken von Dächern und Mauern

Chaitya skt., „Heiligtum"; Synonym eines Stupas

Culavamsa Pali, eine „Kleine Chronik" aus dem 13. Jh.

Dagoba singh., s. Stupa

Deva (m), Devi 🖳, Devata skt., „strahlend"; allg. Bezeichnung für eine Gottheit, die jedoch noch dem Geburtenkreislauf unterliegt; *Devi* ist auch der Name der höchsten Göttin und Frau von Shiva

Devale singh., Schrein / Tempel zur Verehrung einer Schutzgottheit, häufig hinduistischen Ursprungs

Dharma, Dhamma skt./Pali, „Gerechtigkeit, Gesetz"; im Hinduismus auch Naturprinzip, im Buddhismus Bezeichnung für Lehre Buddhas

Dhoti singh., Wickelrock der Männer

Digge singh., offene Säulen- und Trommelhalle eines Tempels

Dipavamsa Pali, „Insel-Chronik" aus dem 5. Jh.

Dvarapala skt., „Wächterfigur"

Ganesha skt., elefantenköpfiger Gott der Weisheit, Sohn von Shiva und Parvati

Garuda skt., mythologischer Vogel und Reittier von Vishnu; Gegner der Nagas

Gedige singh., Statuenhaus

Gopura(m) skt., Eingangspavillon

Jataka skt., „Geburtsgeschichte"; Bezeichnung der 547 Geschichten über die Vorexistenzen des Buddha

Kataragama singh., von „Karttikeya", anderer Name für Skanda

Ketumala skt., Flammenauswuchs auf Buddha-Kopf, Symbol der Erleuchtung

Kolam singh., Maskentanz

Kovil Tamil, Hindu-Tempel

Kubera skt., hinduistischer Gott des Reichtums und Herr über die Dämonen

Lingam skt., „Zeichen, Merkmal"; phallischer Stein, der die Schöpfungskraft Shivas repräsentiert

Mahavamsa Pali, „Große Chronik" aus dem 6. Jh.

Maitreya, Metteya skt./Pali, „Der All-Liebende"; Bodhisattva, der im Tushita-Himmel darauf wartet, im nächsten Zeitalter als Buddha geboren zu werden

Makara skt., krokodilartiges Seeungeheuer, das die Lebenskraft des Wassers symbolisiert

Makara Torana skt., verzierter Torbogen mit Makara-Motiv

Mandala skt., konzentrisches Diagramm, in Form von Kreisen oder Quadraten

Mandapa skt., zum Sanktuarium führende Vorhalle, manchmal separat stehend

Mariamman skt., „Mutter der Pocken"; ursprünglich nur in Südindien verehrte Göttin

Mawatha singh., Straße

Meru skt., Berg und Sitz des Gottes Indra, Mittelpunkt der Welt und Weltachse

Mondstein halbkreisförmiger Stein mit Verzierungen vor Eingängen

Moors Sammelbegriff für Muslime

Mudra skt./Pali, Handhaltung des Buddha

Murugan Tamil, von „muruku" (wohlduftend, jung, schön); anderer Name für Skanda

Naga skt., mythologisches Schlangenwesen, lebt in Flüssen, Seen und Meeren, Hüter der Lebensenergie; wird oft mehrköpfig dargestellt

Nagaraja skt., „Schlangenkönig", Herrscher über die Nagas

Natha skt., „beschützen", Name für Maitreya

Nirvana, Nibbana skt./Pali, „Erlöschen"; vollkommene Freiheit und Beendigung des Wiedergeburtenkreislaufs

Ola singh., Palmblattmanuskript

Pasada singh., Palast

Patana singh., Grassteppe

Pattini singh., Schutzgöttin, Symbol der weiblichen Treue

Perahera singh., Prozession

Peraherage singh., Prozessionsschrein

Pirivena singh., Mönchsschule

Pirit singh., Rezitation der Mönche zum spirituellen Schutz

Poya singh., Mondtag

Puja singh., Gebetszeit

Rahu skt., körperloser Dämon, verantwortlich für Sonnen- und Mondfinsternis

Raja Maha Vihara Pali, „königliches großes Kloster"; vom König gestiftetes Kloster

Samadhi skt./Pali, wörtl. „fest-zusammen-gefügt-sein", Sammlung, Konzentration

Samadhi-Buddha Buddha in meditativer Haltung (Pali: Samadhi-Mudra)

Sangha Pali, Mönchsorden

Shikhara skt., verzierter pyramidenförmiger Tempelturm eines Hindu-Heiligtums

Sinha singh., Löwe

Sinhasana singh., Löwenthron

Skanda skt., Gott des Krieges

Somasutra skt., Abfluss für das im Sanktuarium verwendete heilige Wasser

Sri Pada Pali, heiliger Fußabdruck

Stupa skt., ursprünglich „Grabhügel"; Monument zur Aufbewahrung der Reliquien Buddhas

Surya skt., Sonnengott

Swastika skt., Hakenkreuz, altes Symbol für die Sonne

Sutra/Sutta skt./Pali, buddhistischer Lehrtext

Tapovana singh., „Waldkloster"

Thupa Pali, Stupa

Torana skt., Zierbogen über Eingang

Upulvan skt., anderer Name für Vishnu

Vahana skt., Begleit- oder Reittier einer Hindugottheit

Varuna skt., Gott des Ozeans und Wächter des Westens

Vatadage singh., „rundes Reliquienhaus" zur Einschließung eines Stupas

Vihara/Vehera skt./singh., „Aufenthaltsort"; in Sri Lanka auch Bezeichnung des gesamten Klosters

Vishnu skt., „der Eintretende"; Erhalter des Universums; manifestierte sich mehrmals in menschlicher Gestalt z. B. als Rama oder Krishna

Yaksha (m), Yakshi (f) skt., Sammelbezeichnung für Dämonenwesen; ursprünglich Naturgottheiten

Yama skt., Totenrichter und Wächter des Südens

Yantra skt., magisches Diagramm

Yantragala skt., Gitterstein zur Aufnahme von Hindu-Figuren mit magischer Funktion

Yoni skt., Symbol für die Vulva und Basis des Lingam

Reisemedizin zum Nachschlagen

Bilharziose (Schistosomiasis)

Bilharziose ist eine Wurmerkrankung, die man sich im Uferbereich von stehendem oder langsam fließendem Süßwasser zuziehen kann. Der erste Wirt des Parasiten ist eine Wasserschnecke. In ihr entwickeln sich die Eier zu kleinen Larven, den sogenannten Zerkarien, die anschließend ins Wasser abgegeben werden. Dort machen sie sich auf die Suche nach ihrem zweiten Wirt.

Zerkarien gelangen in den menschlichen Organismus, indem sie sich durch die Haut, bevorzugt an den Fußsohlen, bohren. Von dort bahnen sie sich den Weg in den Darm oder die Blase, wo sie heranwachsen und neue Eier produzieren.

Manchmal tritt um die Stelle, an der die Larven in den Körper eingedrungen sind, eine leichte Rötung auf. Deutlichere Symptome machen sich jedoch in der Regel erst nach sechs bis zehn Wochen bemerkbar. Dann kann es zu Fieber, Durchfall und einem allgemeinen Krankheitsgefühl kommen. Im schlimmsten Fall treten nach einigen Monaten Unterleibsschmerzen und Blut im Stuhl oder Urin auf.

Cholera

Im Gegensatz zu anderen südasiatischen Staaten tritt die Cholera in Sri Lanka nur sehr selten auf. Sie wird vom Bakterium *Vibrio cholerae* verursacht und durch direkten Kontakt mit infizierten Personen, deren Ausscheidungen oder durch verunreinigte Nahrungsmittel übertragen. Die Symptome – wässrige Durchfälle und Erbrechen – treten nach ein bis fünf Tagen auf und können schnell zur Dehydrierung führen. Wer erkrankt, muss umgehend zum Arzt und die verlorene Flüssigkeit ersetzen.

Die Impfung gegen Cholera wird von der WHO nicht mehr empfohlen. Solange man auf eine saubere Umgebung und hygienische Nahrungsmittel achtet und nicht geschwächt ist, wird man kaum gefährdet sein.

Dengue-Fieber

Diese Viruserkrankung wird durch die tagaktive *Aedes-aegypti*-Mücke übertragen, die an ihren schwarzweiß gebänderten Beinen zu erkennen ist. Nach der Inkubationszeit von bis zu einer Woche kommt es zu plötzlichen Fieberanfällen, Kopf- und Muskelschmerzen. Nach drei bis fünf Tagen kann ein Hautausschlag am ganzen Körper auftreten. Bei dieser Erstinfektion klingen die Krankheitssymptome in der Regel nach ein bis zwei Wochen ab.

Sehr gefährlich wird die Krankheit bei einer Zweitinfektion, die zu inneren und äußeren Blutungen führen kann. Wie bei der Malaria sind ein Moskitonetz und der Schutz vor Mückenstichen die beste Vorsorge. Es gibt keine Impfung oder spezielle Behandlung. Schmerztabletten, fiebersenkende Mittel und kalte Wadenwickel lindern die Symptome. Keinesfalls sollten ASS, Aspirin oder andere acetylsalicylsäurehaltige Medikamente genommen werden, da diese zu einem lebensgefährlichen Verlauf beitragen können.

Durchfälle und Verstopfungen

Das Hauptübel, mit dem sich Tropenreisende herumplagen, ist Durchfall (Diarrhöe). Verdorbene Lebensmittel, nicht kontinuierlich gekühlter Fisch, zu kurz gegartes Fleisch, ungeschältes, schon länger liegendes, aufgeschnittenes Obst (z. B. Wassermelonen), Salate, kalte Getränke oder schlecht gekühlte Eiscreme sind häufig die Verursacher.

Eine **Elektrolyt-Lösung** *(Elotrans*; für Kinder *Oralpädon)*, die die verlorene Flüssigkeit und Salze ersetzt, reicht bei harmlosen Durchfällen völlig aus. Man kann sich auch selbst eine Lösung herstellen aus 4 gehäuften Teelöffeln Zucker oder Honig, 1/2 Teelöffel Salz und 1 l Orangensaft oder abgekochtem Wasser. Zur Not, z. B. vor langen Fahrten, kann auf *Imodium*, das die Darmtätigkeit lähmt, zurückgegriffen werden (aber nur in geringen Dosen, da die Ausscheidung von Krankheitserregern verzögert wird!). Außerdem hilft eine Bananen- oder Reis-und-Tee-Diät und Cola in Maßen, denn es enthält Zucker, Spurenelemente, Elektrolyte und ersetzt das verloren gegangene Wasser. Generell sollte man viel trinken und die Zufuhr von Salz nicht vergessen. Bei länger anhaltenden Erkrankungen empfiehlt es sich, einen Arzt aufzusuchen – es könnte sich auch um eine bakterielle Ruhr, eine Amöben-**Ruhr** (Dysenterie) oder eine Cholera handeln.

Verstopfungen können durch eine große Portion geschälter Früchte, z. B. Ananas oder eine halbe Papaya (mit Kernen essen), verhindert werden.

Erkältungen

Paradoxerweise gehören Erkältungen zu den häufigsten Erkrankungen in den feuchtheißen Tropen. Das liegt vor allem an den Ventilatoren und Klimaanlagen, die krasse Temperaturwechsel und zu viel Zugluft bescheren. Nass geschwitzt in klimatisierte Räume zu flüchten ist nicht ratsam, wenn man nicht etwas zum Überziehen dabeihat. In klimatisierten Bussen und in den Bergen ist halbwegs warme Kleidung wichtig. Daher sollte man immer ein Tuch oder eine leichte Jacke mit sich führen.

Geschlechtskrankheiten

Gonorrhoe und die gefährlichere **Syphilis** sind in Asien weit verbreitete Infektionskrankheiten, vor allem bei Prostituierten. Dass der Verkehr mit Prostituierten ohne Kondom ein großes Risiko darstellt, muss sicher nicht mehr betont werden. Bei den ersten Anzeichen einer Erkrankung (Ausfluss/Geschwüre) ist unbedingt ein Krankenhaus zum Anlegen einer Kultur und zur Blutentnahme aufzusuchen.

Hauterkrankungen

Bereits vom Schwitzen kann man sich unangenehm juckende Hautpilze holen. Gegen zu starkes Schwitzen hilft Körperpuder, *Ice Powder*, das angenehm kühlt und in Apotheken erhältlich ist. Für andere Erkrankungen sind häufig Kopf-, Kleider-, Filzläuse, Flöhe, Milben oder Wanzen verantwortlich.

Nicht selten treten an Stellen, an denen die Kleidung eng aufliegt, Hitzepickel auf. Man kann sie mit *Prickly Heat Powder* behandeln. Gegen Kopfläuse hilft *Organoderm,* oder – falls man bereits wieder in Deutschland ist – *Nyda.*

Hepatitis

Hepatitis ist eine Infektion der Leber, die von verschiedenen Virus-Typen verursacht wird (inzwischen sind die Typen A–G bekannt). Für Reisende spielen nur die ersten beiden eine Rolle:

Hepatitis A, auch Reisegelbsucht genannt, wird oral durch infiziertes Wasser und Lebensmittel übertragen. Die Symptome ähneln am Anfang denen einer Grippe mit Übelkeit, Erbrechen, gelegentlichen Durchfällen und allgemeiner Abgeschlagenheit. Später kommt es zu einer Gelbfärbung der Haut, der Stuhl wird heller und der Urin dunkler. Einen guten Schutz bietet der Impfstoff *Havrix,* der auch als Kombi-Impfung *Twinrix* für Hepatitis A und B erhältlich ist. Tropenmediziner raten dazu, sich vor einer Tropenreise gegen Hepatitis A impfen zu lassen.

Hepatitis B wird genau wie HIV vor allem durch Intimkontakte oder durch Blut (ungenü-

gend sterilisierte Injektionsnadeln, Bluttransfusionen, Tätowierung, Piercing, Akupunktur) übertragen. Die Symptome ähneln denen einer Hepatitis A, jedoch kann eine Hepatitis B chronisch werden. Im schlimmsten Fall führt sie nach einigen Jahren zu einer schweren Leberzirrhose und zum Tod. Eine vorbeugende Impfung, z. B. mit *Gen H-B-Vax,* ist bei langen Aufenthalten zu erwägen.

Japanische B Enzephalitis

Diese Virusinfektion, die zu einer schweren Hirnentzündung führt, wird durch nachtaktive Moskitos übertragen und kann in ländlichen Regionen, vor allem während der Regenzeit, vorkommen. Die Symptome entwickeln sich nach vier bis zehn Tagen und umfassen Fieber, Kopfschmerzen, Nackensteife und Erbrechen. Die Vermeidung von Mückenstichen ist die beste Vorbeugung.

In Deutschland gibt es keinen zugelassenen Impfstoff gegen die Japanische B Enzephalitis. Der Impfstoff der japanischen Firma Biken kann jedoch über Impfzentren direkt aus Japan mit Kühlkette importiert werden. Eine Impfung ist allerdings höchstens für Reisende zu erwägen, die einen langen Aufenthalt in gefährdeten Regionen oder Endemie-Gebieten planen.

Kinderlähmung (Polio)

Der Name ist irreführend, denn auch Erwachsene können an Kinderlähmung erkranken. Die Ansteckung mit dem Virus geschieht oral über infiziertes Essen und Wasser. Die Krankheit kann bleibende Lähmungen verursachen. Die Grundimmunisierung gehört in Deutschland zu den Standard-Impfempfehlungen für Kinder und sollte – unabhängig von einer Sri-Lanka-Reise – alle zehn Jahre aufgefrischt werden.

Malaria

In Sri Lanka gibt es laut WHO ein ganzjähriges Malariarisiko. Nur die Distrikte Colombo, Galle, Kalutara und Nuwara Eliya gelten als malaria-

Anhang

frei. Am häufigsten tritt die *Malaria Tertiana* auf. In weniger als 20 % der Fälle kommt die potenziell tödliche *Malaria tropica* vor. Der Erreger *Plasmodium falciparum* wird von der weiblichen Anopheles-Mücke übertragen, die vor allem zwischen Beginn der Dämmerung und Sonnenaufgang aktiv ist.

Die beste Vorbeugung besteht darin, nicht gestochen zu werden: Am Abend schützt helle Kleidung (einige Reisende schwören auch auf dunkle). Wichtig sind lange Hosen, langärmlige Hemden, engmaschige lange Socken und ein Mücken abweisendes Mittel auf der Basis von *DEET,* das auf die Haut aufgetragen wird und die Geschmacksnerven stechender Insekten lähmt. Als gutes **Mückenmittel** auf dem deutschen Markt gilt das österreichische *No Bite.* Seit Kurzem wird in den Produkten der *Autan*-Reihe der Wirkstoff Bayrepel verwendet. Er ist laut Hersteller ähnlich zusammengesetzt wie DEET, soll jedoch etwas besser verträglich sein. Einige Apotheken und Bioläden bieten sanftere Mittel an, die auf Zitronella- und Nelkenöl basieren.

Nicht alle Hotelzimmer in Sri Lanka haben Mückengitter an Fenstern und Türen oder ein **Moskitonetz** über dem Bett. Wer ganz sichergehen will, sollte deshalb ein eigenes Netz mitbringen. Löcher verschließt man am besten mit Klebeband. Bei niedrigen Temperaturen in klimatisierten Räumen sind Mücken zwar weniger aktiv, aber keineswegs ungefährlich.

Über die beste **medikamentöse Prophylaxe** ist in den vergangenen Jahren immer wieder heftig debattiert worden. Die Deutsche Gesellschaft für Tropenmedizin und Internationale Gesundheit e. V., 🖥 www.dtg.org, empfiehlt Sri-Lanka-Reisenden derzeit lediglich die Mitnahme einer **Standby-Therapie** mit Medikamenten des Wirkstoffes Mefloquin *(Lariam)* oder alternativ mit den Wirkstoffen Atovaquon/Proguanil *(Malarone).*

Die Frage über die richtigen Maßnahmen sollte unbedingt mit Hilfe eines Tropenarztes individuell auf Reiseart, -dauer und gesundheitliche Verfassung abgestimmt werden, denn allen Mitteln ist gemein, dass sie unangenehme Nebenwirkungen hervorrufen können.

Wer sich in einem Gebiet ohne ärztliche Versorgung infiziert hat, kann zur Überbrückung mit einer Standby-Therapie mit Mefloquin *(Lariam),* Atovaquon/Proguanil *(Malarone)* oder in Gebieten mit mittlerem oder geringem Malariarisiko mit Artmether/Lamefantrin *(Riamet)* beginnen. Die Dosierung ist dem Beipackzettel zu entnehmen.

Wer aus Sri Lanka zurückkehrt und an einer nicht geklärten fieberhaften Erkrankung leidet, auch wenn es sich nur um leichtes Fieber und Kopfschmerzen handelt und erst Monate nach der Rückkehr auftritt, sollte dem Arzt unbedingt vom Tropenaufenthalt berichten. Die ersten Symptome einer Malaria können denen eines banalen grippalen Infektes ähneln.

Pilzinfektionen

Frauen leiden im tropischen Klima häufiger unter Pilzinfektionen im Genitalbereich. Vor der Reise sollten sie sich entsprechende Medikamente verschreiben lassen. Eine Creme oder Kapseln sind besser als Zäpfchen, die bei der Hitze schmelzen. Ungepflegte Saunen und Schwimmbäder sind Brutstätten für Pilze aller Art.

Schlangenbisse

In Sri Lanka sind nur wenige der mehr als 80 Schlangenarten giftig: die nachtaktiven Indischer Krait (*Bungarus caeruleus*) und Ceylon Krait (*Bungarus ceylonicus*), die Königskobra, die Kettenviper (engl. Russel's Viper, *Daboia russelli*), die Sandrasselotter (engl. Saw-scaled Viper, *Echis carinatus*) und zwei Seeschlangenarten. Doch steht die weitverbreitete Angst vor einem Biss in keinem Verhältnis zum Risiko.

Besondere Vorsicht ist in der Zeit nach Sonnenuntergang und bei Regen geboten. Deshalb sollte man im Dunkeln nie ohne Taschenlampe unterwegs sein und immer darauf achten, wohin man tritt und greift. Giftschlangen greifen nur an, wenn sie selbst attackiert werden. Daher bitte nicht auf eine Schlange zugehen, auch dann nicht, wenn sie leblos wirkt! Es ist ratsam, Rucksäcke und Taschen in der Nacht zu verschließen oder in geschlossenen Schränken zu verstauen. Da Schlangen in unwegsamem Gelände relativ leicht zu übersehen sind, sollten beim Wandern knöchelhohe Schuhe und lange Hosen getragen werden. Das gilt z. B. beim Besuch der Ruinenstätten von Anuradhapura und Polonnaruwa sowie beim Trekken in den Nationalparks.

Oft ist nach einem Biss die schnelle Verabreichung des richtigen Gegenmittels wichtig. Das Krankenhaus, in das der Betroffene schnellstens gelangen sollte, muss sofort vorab informiert werden, damit ein Arzt und das Gegenmittel beim Eintreffen bereitstehen. Ideal wäre, die (getötete) Schlange mitzubringen, was allerdings angesichts der potenziellen Gefahr nicht immer möglich ist. Doch wer sich einige äußere Merkmale (Größe, Farbe, Musterung) merkt, kann dazu beitragen, die Schlange zu identifizieren.

Stiche und Bisse

Die Tropenlandschaft Sri Lankas ist reich an Insekten und anderen Tieren, die leider unangenehme Stiche und Verletzungen herbeiführen können. Dazu gehören z. B. **Sandfliegen**, die an Stränden vor allem nachmittags und abends auftreten. Ihre Bisse machen sich erst nach einiger Zeit durch juckende, extreme Hautrötungen bemerkbar. Zur Vorbeugung hilft das vorige Einreiben durch *Skin So Soft* von Avon. Bitte die befallenen Stellen nicht aufkratzen, sondern mit einer Salbe gegen Entzündungen einreiben. Das gilt auch für die recht schmerzhaften Bisse von **Flöhen** und **Wanzen**, die sich am wohlsten in unsauberen Betten und Decken fühlen. **Zecken** fallen auch in Sri Lanka von den Bäumen, lassen sich aber mit einer Pinzette normalerweise problemlos herausziehen (niemals mit Öl oder Ähnlichem ersticken!).

Blutegel sind vor allem in den Feuchtgebieten eine Plage, allen voran im Sinharaja Forest Reserve. Ihnen fielen bei der Eroberung der Insel mehr Engländer zum Opfer als durch die Hand gegnerischer Soldaten. Sri Lanka besitzt sogar eine eigene Art, den fadendünnen, etwa 2,5 cm langen *Hirudo ceylanica*. Nachdem die Egel sich genüsslich vollgesogen haben, fallen sie von selbst ab. Wer dem zuvorkommen möchte, kann sie mit Hitze (Zigarette, Feuerzeug) oder Salz zum Loslassen zwingen. Nichtraucher können auch dem Rat des berühmten Biologen Ernst Haeckel (1834–1919) folgen: Er hatte

während seines Ceylon-Besuches 1881/82 beim Gang durch den Dschungel immer eine Limone in der Tasche, die er bei Bedarf über dem Egel auspresste. Auf jeden Fall sollte man einen Egel nicht mit den Fingern berühren, sondern mit einem Gegenstand, z. B. einem Zweig, wegschleudern! Zur Vorbeugung helfen wadenhohe feste Socken. Nach einer Tour durch ein Feuchtgebiet ist eine Ganzkörperkontrolle empfehlenswert.

Bienen- und andere **Insektenstiche** bitte sofort mit Eis kühlen und anschließend eine spezielle Salbe auftragen; ggf. müssen Antihistamin-Tabletten genommen werden. **Skorpionstiche** sind bei Erwachsenen generell nicht lebensbedrohlich. Tipp: den Körperteil ruhigstellen, Wasserkontakt vermeiden und einen Arzt konsultieren. Normalerweise lassen die anfangs starken Schmerzen nach einigen Tagen nach. Vor dem Anziehen empfiehlt sich ein Blick in die Schuhe, da sich Skorpione dort gern einquartieren. Im Falle einer hautnahen Begegnung mit **giftigen Meerestieren** wie Stachelrochen, Steinfischen, Feuerkorallen, Seeigeln oder **Quallen**, die zu schlimmen Ausschlägen und/oder starken Schmerzen führen können, sofort einen Arzt aufsuchen.

Tetanus (Wundstarrkrampf)

Verletzungen kann man nie ausschließen, und Wundstarrkrampf-Erreger finden sich überall auf der Erde. Die Grundimmunisierung erfolgt über zwei Impfungen im Abstand von vier Wochen, die nach einem Jahr aufgefrischt werden müssen. Danach genügt eine Impfung alle zehn Jahre. Am besten ist für Personen ab fünf Jahre die Impfung mit dem Tetanus-Diphtherie-(Td-)Impfstoff. So erhält man gleichzeitig einen Schutz vor Diphtherie.

Thrombose

Durch das stundenlange Sitzen auf Langstreckenflügen oder in Bussen verringert sich der Blutfluss, vor allem in den Beinen. Dadurch kann es zur Bildung von Blutgerinnseln kommen, die, wenn sie sich von der Gefäßwand lösen und durch den Körper wandern, eine akute Gefahr darstellen (Lungenembolie). Zur Risikogruppe gehören Ältere, Schwangere, starke Raucher, Menschen mit Venenleiden und Frauen, die die Pille nehmen. Es genügen jedoch schon ein paar Maßnahmen, um das Risiko zu minimieren. Die beste Vorbeugung ist, sich während des Fluges oder einer Fahrt viel zu bewegen (mindestens einmal pro Stunde aufstehen) und viel zu trinken (Kaffee, Tee und Alkohol zählen nicht). Wer ganz sichergehen will, kann zudem spezielle medizinische Stützstrümpfe tragen, die für rund 15–25 € in Apotheken erhältlich sind. Risikopatienten sollten ihren Arzt zurate ziehen.

Tollwut

Theoretisch können alle Säugetiere mit dem Tollwutvirus infiziert sein, in Sri Lanka geht die Gefahr in der Regel von streunenden Hunden, Katzen, Affen und Fledermäusen (deren Ausfluss und Exkremente) aus. Wo verendete Tiere zu sehen sind, ist besondere Vorsicht geboten. Das Virus wird meist durch einen Biss mit dem Speichel übertragen, aber auch Kratzen kann ausreichen. Wer von einem Hund oder einer Katze gekratzt oder gebissen wurde, muss sich sofort immunisieren lassen, da eine Infektion mit Tollwut tödlich endet.

Eine vorbeugende Impfung ist nur bei längerem Aufenthalt in ländlichen Gegenden oder bei vorhersehbarem Umgang mit Tieren notwendig.

Typhus

Typhus gehört mit Hepatitis A zu den häufigsten Tropenkrankheiten. Es wird vom Bakterium *Salmonella typhi* verursacht und oral übertragen (z. B. Nahrungsmittel). Typische Symptome sind ansteigendes Fieber einhergehend mit einem eher langsamen Puls und Benommenheit. Später folgen eventuell Hautausschlag, Verstopfung oder Durchfall und Bauchschmerzen. In schlimmen Fällen treten unter anderem Blasenentzündungen, Herzentzündungen und Darmblutungen als Komplikationen auf.

Eine Injektion des Typhus-Impfstoffs *Typhim VI* bietet drei Jahre lang Schutz, ehe er wieder aufgefrischt werden muss. Tropenärzte raten in der Regel zu einer Impfung gegen Typhus.

Wurmerkrankungen

Würmer können überall lauern: in rohem oder halbgarem Fleisch und Fisch, verunreinigtem Wasser oder auf Gemüse. Sie setzen sich an den verschiedensten Organen fest und sind oft erst Wochen nach der Rückkehr festzustellen. Die meisten sind harmlos und durch eine einmalige Wurmkur zu vernichten.

Nach einer Reise in abgelegene Gebiete ist es empfehlenswert, den Stuhl auf Würmer untersuchen zu lassen. Dies ist vor allem dann notwendig, wenn über einen längeren Zeitraum hinweg Durchfälle (auch leichte!) auftreten.

Wundinfektionen

Unter unhygienischen Bedingungen können sich schon aufgekratzte Moskitostiche zu beträchtlichen Infektionen auswachsen. Wichtig ist, dass jede noch so kleine Wunde desinfiziert, saubergehalten und eventuell mit einem Pflaster geschützt wird. Antibiotika-Salben, im feuchtwarmen Klima noch besser Antibiotika-Puder, unterstützen den Heilungsprozess.

Index

Anhang

Anhang

Anhang

Anhang

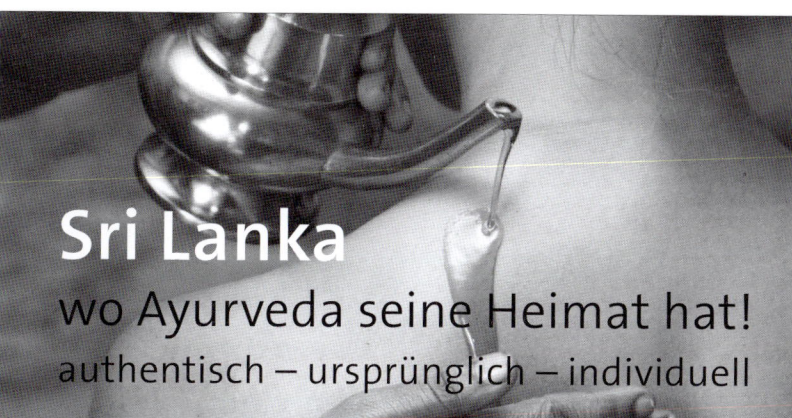

Sri Lanka

wo Ayurveda seine Heimat hat!
authentisch – ursprünglich – individuell

Wir beraten Sie gern über den **ABLAUF** einer Ayurveda-Kur, welches Haus welche Schwerpunkte setzt und wo Sie sich in guten Händen fühlen können.

Unsere langjährigen, intensiven Kontakte und regelmäßige Besuche vor Ort garantieren Ihnen eine sorgfältige **AUSWAHL** an gut geführten Ayurveda-Häusern – in traumhafter Lage, ob mit familiärem, nostalgischem oder denkbar komfortablem Charakter.

Wir gestalten unsere Reisen mit sozialer und ökologischer **VERANTWORTUNG**, damit nicht nur Sie und Ihr Körper davon profitieren, sondern auch die Beteiligten und die Natur vor Ort.

Leben ist jetzt...

aytour
Ihr Spezialist für Ayurveda-Kuren

Katalog & Informationen:
fon (08151) 99 87 99-0 • fax (08151) 99 87 99-99
info@aytour.de • www.aytour.de

Anhang

Anhang

Notizen

Danksagung

Volker Klinkmüller

Ein Name als gutes Omen: Ohne die bemerkenswerte, buddhistische Gelassenheit und Liebenswürdigkeit, das stets enorme Sicherheitsgefühl – ob beim ständigen Überqueren der unbeschrankten Eisenbahngleise entlang der Westküste oder bei den häufigen Wendemanövern auf der berühmt-berüchtigten Galle Road – sowie die unermüdliche Einsatzbereitschaft von Chauffeur Buddhika Perera hätte sich das Ergebnis dieser Neuauflage wohl ungleich schwieriger erzielen lassen. Ein nicht minderes Lob ist Sajeewa Kalambaarachchige auszusprechen, der immer wieder seine guten Kontakte als Manager von Aitken Spence genutzt hat, um während der langwierigen Recherche manche Tür zu öffnen. Auch Garwin Murray von der Gruppe der Taj- und Vivanta-Hotels hat in engagierter Weise dazu beigetragen, Stress und Strapazen zu mindern oder zuweilen sogar ins Gegenteil zu verkehren. Dennis und Judy Leard haben bereitwillig geholfen, das dichte touristische Geflecht im Großraum Beruwela-Bentota zu entknoten, während mithilfe von Hikkaduwa-Insider André Noatsch (und Lydia) erfreulich mehr Szene-Tipps in die Neuauflage gelangt sind. Ähnliches gilt für Dr. Fred Miller aus der Arugam Bay: Nun schon drei Jahrzehnte in Sri Lanka lebend, vermag er wie kein anderer, in die vielen kleinen und großen Geheimnisse der Ostküste einzuweihen sowie immer wieder spannende wie überraschende Hintergründe in seiner Wahlheimat aufzuzeigen. Nicht unerwähnt bleiben darf kollegialer Dank an Koautor Martin, der von Anfang an die treibende Kraft für dieses Gemeinschaftswerk gewesen ist, nie den Gesamt-Überblick verloren und dieses Mal glücklicherweise auch die komplette Recherche auf dem Busbahnhof von Colombo übernommen hat …

Nicht an letzter, sondern eigentlich erster Stelle dieser Auflistung erwähnt werden müsste Nipaporn Yanklang: Sie ist auf all den gemeinsamen gereisten Kilometern als energetische Loose-Mitarbeiterin unverzichtbar gewesen, was nicht zuletzt auch für die zuweilen etwas kniffligen Kartenarbeiten gilt …

Martin Petrich

Für viele interessante Gespräche, Informationen und tatkräftige Unterstützung bedanke ich mich bei meiner Frau Nicole Häusler; Hiran Cooray und seiner Familie von Jetwing Hotels; Shani Dacunha aus Anuradhapura; Chandrika Maelge von Paradise Road; A.H.A. Malik aus Kandy; Anjalo Mendis von Bernhard Tours; Faiesz Samad und seiner Frau Sue aus Kandy; Jehan Perera vom National Peace Council of Sri Lanka; meinem treuen Chauffeur Nimal Perera; den Wildlife-Enthusiasten Gehan de Silva Wijeyeratne und Paramie Perera von Jetwing Eco Holidays; den Sri-Lanka-Kennern Oliver Eichelberg und Rolf Hainbach. Last but not least bei meinem Kollegen Volker, der mittlerweile zu einem guten Freund geworden ist.

Gemeinsam danken wir

Besonderen Dank möchten wir unserem duldsamen und immer freundlich gebliebenen Bintang-Team zukommen lassen, allen voran Anja Linda Dicke, Anja Krapat und Gudrun Raether-Klünker. Außerdem ein herzliches Dankeschön an alle Leser, die uns in Briefen und Mails mit Infos versorgt haben.

Anhang

Mitarbeiter dieser Auflage

Nipaporn Yanklang aus Thailand hat bereits an den Stefan-Loose-Reiseführern für ihre Heimat und das Nachbarland Myanmar mitgewirkt. Immer wieder zeigt sie sich fasziniert von Sri Lanka – durch die ständige Begegnung mit den freundlichen, aufgeschlossenen Einheimischen oder die endlos langen, herrlich unverbauten Sandstrände. Besonders angetan hat es ihr jedoch die reiche und vielfältige Fauna, die auf dieser Insel – ganz anders als in Thailand – meist in keiner Weise bejagt wird.

Bildnachweis

Umschlag
Volker Klinkmüller: Titelfoto; Souvenirhändler am Strand von Wadduwa, Westküste
Bildagentur Huber/Pavan Aldo: Umschlagklappe vorn; Boote Ahungalla im Süden Sri Lankas
Bildagentur Huber/Schmid Reinhard: Umschlagklappe hinten; Samadhi Buddha und Klostergebäude im Wehwurukannala-Tempel von Dikwella, Südküste

Farbteil
Volker Klinkmüller: S. 2/3, 4 (oben), 5 (beide), 7 (oben), 14/15
Renate Loose: S. 8 (oben), 9, 12 (beide)
Martin H. Petrich: S. 8 (unten beide), 10/11, 13, 16
Nipaporn Yanklang: S. 4 (unten), 6, 7 (unten)

Schwarz-Weiß
Nicole Häusler: S. 367, 473, 483
Volker Klinkmüller: S. 32, 35, 69, 70, 73, 93, 112, 143, 154, 160, 179, 183, 206, 226, 227, 253, 261, 278, 288, 429, 437, 462, 491
Renate Loose: S. 22, 340, 351, 389
Martin H. Petrich: S. 23, 24, 31, 74, 102, 131, 151, 233, 293, 306, 335, 360, 379, 404, 416, 447, 480, 488
Klaus Schätte: S. 407
Nipaporn Yanklang: S. 29, 34, 48, 219, 241

Anhang

Impressum

Sri Lanka
Stefan Loose Travel Handbücher
2., vollständig überarbeitete Auflage **2012**
© DuMont Reiseverlag, Ostfildern

Anhang

Gesamtredaktion und -herstellung
Bintang Buchservice GmbH
Zossener Str. 55/2, 10961 Berlin
www.bintang-berlin.de
Redaktion: Gudrun Raether-Klünker
Karten: Anja Krapat, Klaus Schindler
Grafisches Konzept: Groschwitz, Hamburg
Layout und Herstellung: Anja Linda Dicke, Jan Düker
Farbseitengestaltung: Anja Linda Dicke, Jan Düker
Umschlaggestaltung: Anja Linda Dicke

Printed in China

Kartenverzeichnis

Anhang